Enciclopedia de Microsoft® Visual Basic™ 6

Enciclopedia de Microsoft® Visual Basic™ 6

Fco. Javier Ceballos Sierra

Profesor titular de la
Escuela Politécnica
Universidad de Alcalá

ra-ma

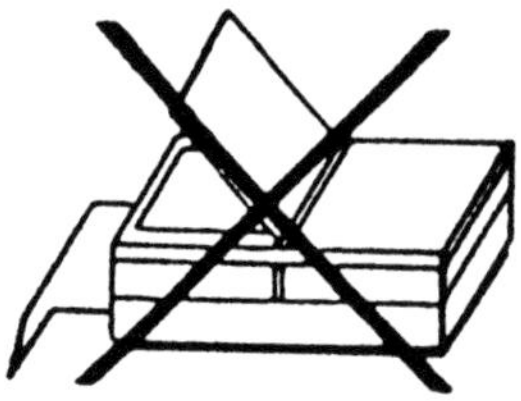

Editado por:
RA-MA Editorial
Ctra. de Canillas, 144
28043 MADRID
Teléfono: 91 381 03 00
Fax: 91 381 03 72
Correo electrónico: rama@arrakis.es
Web Internet: **http://www.ra-ma.es**
ISBN: 84-7897-386-9
Depósito Legal: M-39961-1999
Autoedición: Autor
Filmación e impresión: Albadalejo, S.L.
Impreso en España
Primera impresión: Noviembre 1999

Cuando las barbas de tu vecino veas pelar
echa las tuyas a remojar.

Dedico esta obra
a María del Carmen, mi esposa,
y a mis hijos Francisco y Javier.

RESUMEN DEL CONTENIDO

CONTENIDO

PARTE 3. PROGRAMACIÓN ORIENTADA A OBJETOS . 545

PRÓLOGO

Visual Basic es actualmente el lenguaje de programación más popular del mundo, y constituye el sueño del programador de aplicaciones. Se trata de un producto con una interfaz gráfica de usuario que sirve para crear aplicaciones para Windows basado en el lenguaje Basic y en la programación orientada a objetos. Cuántas veces trabajando con Windows nos hemos preguntado: ¿Cómo crearía yo una interfaz gráfica para mi aplicación, similar a esas ventanas de Windows de una forma sencilla? Hoy tenemos la respuesta: con Visual Basic.

La palabra "Visual" hace referencia al método que se utiliza para crear la interfaz gráfica de usuario. En lugar de escribir numerosas líneas de código para implementar una interfaz, se utiliza el ratón para arrastrar y colocar los objetos prefabricados al lugar deseado dentro de un formulario.

La palabra "Basic" hace referencia al lenguaje Basic (*Beginners All-Purpose Symbolic Instruction Code*), un lenguaje utilizado por más programadores que ningún otro en la historia de la informática. Visual Basic ha evolucionado a partir del lenguaje Basic original y ahora contiene centenares de instrucciones, funciones y palabras clave, muchas de las cuales están directamente relacionadas con la interfaz gráfica de Windows.

Es importante saber, por otra parte, que la inversión realizada en el aprendizaje de Visual Basic le ayudará a abarcar otras áreas, ya que este lenguaje de programación no es exclusivo de la aplicación Visual Basic, sino que es utilizado también por Microsoft Excel, Microsoft Access y muchas otras aplicaciones Windows. El sistema de programación de Visual Basic Script para programar en Internet constituye además un subconjunto del lenguaje Visual Basic.

Visual Basic le permite crear programas para su uso personal, para su grupo de trabajo, para una empresa, aplicaciones distribuidas a través de Internet, aplicaciones de bases de datos y otras muchas que usted puede imaginar.

Para crear una aplicación, se crean *ventanas* y sobre ellas se dibujan otros objetos llamados *controles* (etiquetas, botones, cajas de texto, etc.) y a continuación se escribe el código fuente relacionado con cada objeto. Esto es, cada objeto está ligado a un código que permanece inactivo hasta que se dé el evento que lo activa (por ejemplo, un clic del ratón).

Visual Basic proporciona herramientas que permiten crear *ventanas* y *controles* sin escribir código. También incluye un entorno de desarrollo que permite ejecutar todas las tareas de edición, ejecución y mantenimiento de programas de una forma fácil y cómoda. Así mismo, pone a disposición del usuario una ayuda en línea completa, lo que permitirá solucionar cualquier duda que surja mientras se crea una aplicación. Todo esto hará posible que un usuario, en muy poco tiempo, pueda escribir programas simples y potentes.

Este libro inicialmente fue escrito con la versión 1 de Microsoft Visual Basic; fue reescrito y ampliado con versiones sucesivas y vuelto a reescribir y a ampliar con la versión 6 de Microsoft Visual Basic empresarial. Está organizado en seis partes:

- *Repaso de los conceptos básicos*
- *Trabajar con bases de datos*
- *Programación orientada a objetos*
- *Objetos COM*
- *Extensiones de Visual Basic*
- *Internet*

La primera parte está pensada para que en poco tiempo pueda convertirse en programador de aplicaciones Windows. Y para esto, ¿qué necesita? Pues necesita tener conocimientos de programación con el lenguaje Basic. Si no es así, le recomiendo que lea mi otro libro *Visual Basic. Curso de programación* también publicado por la editorial RA-MA.

Las restantes partes están dirigidas a usuarios de Visual Basic, ya que en ella se tratan temas más profesionales, como acceso a bases de datos, objetos ADO, clases de objetos, herencia y polimorfismo, controles *ActiveX*, llamadas a las funciones de la API de Windows, multimedia, comunicaciones, añadir un sistema de ayuda a una aplicación, servicios de Internet, HTML, aplicaciones para Internet, etc. No obstante, este tipo de usuarios también podrá enriquecer sus conocimientos con los ejemplos prácticos de la primera parte.

Todo ello se ha documentado con abundantes problemas resueltos. Cuando complete todas las partes, todavía no sabrá todo lo que es posible hacer con Visual Basic, pero sí casi todo.

Agradecimientos

He recibido ayuda de algunas personas durante la preparación de este libro, y por ello estoy francamente agradecido; pero en especial, quiero expresar mi agradecimiento a **David Jurado**, **Javier Peletier** y a **Rafael Torcida** por sus buenas recomendaciones y aportaciones en la consecución de este libro; y muy especialmente a **Alfons González** por sus ideas desde su experiencia como desarrollador y como autor de libros acerca de la programación de bases de datos con Visual Basic, publicados también por la editorial RA-MA.

Francisco Javier Ceballos Sierra

PARTE 1

Repaso de los conceptos básicos

- ¿Qué es Visual Basic?
- Resumen del lenguaje Basic
- Formularios y controles
- Controlar errores
- Sistema de ficheros
- Controles ActiveX
- Imágenes, gráficos y eventos del ratón
- Arrastrar controles y datos
- Aplicaciones MDI

CAPÍTULO 1

¿QUÉ ES VISUAL BASIC?

Windows, producto introducido por Microsoft en 1985, es el entorno más popular de interfaz gráfica de usuario (GUI). Microsoft Visual Basic es un sistema de desarrollo diseñado especialmente para crear aplicaciones con interfaz gráfica, de una forma rápida y sencilla. Para soportar este tipo de desarrollos, Visual Basic utiliza fundamentalmente dos herramientas, una que permite realizar los diseños gráficos y un lenguaje de alto nivel.

Al escribir este libro, el autor ha supuesto que el lector conoce los conceptos fundamentales para utilizar Windows y que posee conocimientos de programación. Si no es así, empiece por adquirir conocimientos sobre las sentencias y estructuras básicas de un lenguaje de programación; para ello le recomiendo mi otro libro, *Visual Basic. Curso de programación*, publicado por la editorial RA-MA. En cambio, si ya tiene conocimientos de Basic, le resultará mucho más fácil aprender a desarrollar programas con Visual Basic.

CARACTERÍSTICAS DE VISUAL BASIC

Visual Basic incluye como características más sobresalientes las siguientes:

- Una biblioteca de clases que da soporte a los objetos Windows tales como ventanas, cajas de diálogo, controles (por ejemplo, etiquetas, cajas de texto, botones de pulsación, etc.).

- Un control que permite utilizar las cajas de diálogo más comúnmente utilizadas (abrir, guardar como, imprimir, color y fuentes).

- Un entorno de desarrollo integrado (editor de texto, intérprete, depurador, examinador de objetos, explorador de proyectos, compilador etc.). Visual Basic fue diseñado para ser un intérprete, lo que favorece la creación y la depuración de una aplicación, y a partir de la versión 5 incluyó también un compilador que permite generar ficheros *.exe* favoreciendo así la ejecución. En adición, puede crear también ficheros *.ocx* y *.dll*, lo que permitirá manipular controles *ActiveX*.

- El editor de textos le ayuda ahora a completar cada una de las sentencias visualizando la sintaxis correspondiente a las mismas.

- Asistentes para el desarrollo de aplicaciones: asistente para aplicaciones, asistente para barras de herramientas, asistente para formularios de datos, asistente para empaquetado y distribución, asistente para crear la interfaz pública de controles *ActiveX*, asistente para páginas de propiedades, asistente para objetos de datos, generador de clases, diseñador de complementos y asistente para migración de documentos *ActiveX*.

- Galería de objetos incrustados y vinculados (OLE - *Object Linking and Embedding*). Esto es, software autocontenido en pequeñas y potentes unidades o *componentes software* para reutilizar en cualquier aplicación.

- Visualización y manipulación de datos de otras aplicaciones Windows utilizando controles OLE.

- Una interfaz para múltiples documentos (MDI - *Multiple Document Interface*) que permite crear una aplicación con una ventana principal y múltiples ventanas de documento. Un ejemplo de este tipo de aplicaciones es *Microsoft Word*.

- Editar y continuar. Durante una sesión de depuración, se pueden realizar modificaciones en el código de la aplicación sin tener que salir de dicha sesión.

- Creación y utilización de bibliotecas dinámicas (DLL - *Dynamic Link Libraries*).

- Soporte para la programación de aplicaciones para Internet; forma parte de este soporte la tecnología de componentes activos (*ActiveX*).

- Soporte para el estándar COM (*Component Object Model* - Modelo de objeto componente; en otras palabras, componente software) al que pertenecen los componentes activos (*ActiveX* o formalmente controles OLE).

- Acceso a bases de datos a través del control de datos ADO, utilizando el motor de *Access* o controladores ODBC.

- Acceso a bases de datos utilizando OLE DB como un proveedor de datos y objetos ADO (*ActiveX Data Objects* - Objetos *ActiveX* para acceso a datos), como tecnología de acceso a datos, para satisfacer los nuevos escenarios demandados por las empresas, tales como los sistemas de información basados en la *Web*.

- Biblioteca para SQL que permite manipular bases de datos relacionales, tales como *Microsoft Access* (SQL - *Structured Query Language*).

- Un *administrador visual de datos* para manipular bases de datos.

- Un programa para añadir ayuda en línea; esta herramienta permite la creación de ficheros de ayuda estilo Windows (*hcw.exe* - *Help Workshop*).

Cuando se combinan estas características, algunas de ellas sólo disponibles en la versión profesional y empresarial, se dispone de un sistema de desarrollo que permite diseñar rápidamente aplicaciones sofisticadas.

NUEVAS CARACTERÍSTICAS EN VISUAL BASIC 6

Visual Basic 6.0 incorpora novedades en: los asistentes, en el lenguaje, en los controles, en el acceso a datos, en la creación de componentes y en el soporte de Internet. Algunas de estas novedades se indican a continuación.

Asistentes

El *asistente para aplicaciones* permite guardar sus configuraciones como perfiles para su uso posterior de forma que pueda crear múltiples aplicaciones con el mismo formato. Cuando tiene cargado el asistente para aplicaciones, se abre automáticamente el *asistente para barra de herramientas* que le permite crear barras de herramientas personalizadas.

El *asistente de empaquetado y distribución* permite distribuir su aplicación en un servidor *Web*, en un espacio compartido de red o bien en otra carpeta. También incorpora soporte técnico de acceso a datos para ADO, OLE DB, RDO, ODBC y DAO, así como compatibilidad con las nuevas aplicaciones para IIS y DHTML.

Características del lenguaje

Los tipos definidos por el usuario pueden ser argumentos o tipos devueltos de propiedades y métodos públicos.

Los procedimientos permiten devolver matrices, lo que significa que las clases pueden tener matrices como propiedades. Asimismo, es posible asignar el contenido completo de una matriz a otra matriz, siempre y cuando la del lado izquierdo de la asignación sea una matriz dinámica. Las matrices estáticas sólo pueden aparecer a la derecha de una asignación.

Los objetos del sistema de ficheros permiten desplazarse por el sistema de ficheros y crear ficheros de texto y directorios.

Ahora el objeto **Dictionary** resuelve muchas de las limitaciones propias del objeto **Collection** y es más sencillo de usar.

La función **CallByName** permite obtener o establecer una propiedad, o bien invocar un método durante la ejecución utilizando un nombre de cadena, en vez de tener que definir su nombre explícitamente en el código.

La función **CreateObject** permite crear un objeto sobre una máquina remota.

La función **StrConv** permite especificar un ID local para utilizarlo durante un proceso de conversión.

También se han añadido varias funciones nuevas de cadena: Filter, FormatCurrency, FormatDateTime, FormatNumber, FormatPercent, InStrRev, Join, MonthName, Replace, Round, Split, StrReverse y WeekdayName.

Controles nuevos

Control de datos ADO. Se trata de un nuevo control de origen de datos compatible con OLEDB que funciona como los controles intrínsecos **Data** y **RemoteData** al permitirle crear una aplicación de bases de datos con un mínimo de código.

Controles **DataGrid**, **DataList** y **DataCombo**. Estos controles son versiones para OLE DB de los controles **DBGrid**, **DBList** y **DBCombo**. También admiten el nuevo control de datos ADO.

Control **MSHFlexGrid**. Se trata del control **FlexGrid** jerárquico diseñado para visualizar conjuntos de datos jerárquicos desde múltiples orígenes.

Otros controles: DateTimePicker, FlatScrollBar, ImageCombo, MonthView, Coolbar, DataRepeater, etc.

Acceso a datos

La nueva tecnología de acceso a datos ADO aporta un modelo de objetos más sencillo que sus predecesores, los modelos de objetos DAO y RDO, proporcionando una manera más uniforme de acceso a los datos almacenados tanto en bases de datos como en no bases de datos tal como *Outlook*.

El *diseñador de entorno de datos* (*Data Environment*) proporciona un entorno interactivo durante el diseño para crear objetos ADO.

El *diseñador de informes* (*Data Report*) ofrece una mayor flexibilidad y proporciona una mejor integración con Visual Basic que *Crystal Report*.

Asimismo, la edición empresarial incluye un *diseñador de bases de datos* y un *diseñador de consultas* que simplifican el manejo de bases de datos, y un *editor SQL*, que permite crear procedimientos almacenados en SQL Server y Oracle.

Creación de componentes

Ahora puede crear sus propios receptores de datos y orígenes de datos basados en un control de usuario o en una clase. También puede crear controles de usuario sin ventana y transparentes, que consumen menos cantidad de recursos.

Soporte de Internet

Microsoft Visual Basic ha añadido también nuevo soporte para la programación en Internet: aplicaciones IIS (*Internet Information Server*) y aplicaciones DHTML (*HTML Dinámico*).

En versiones anteriores, para construir un programa *ActiveX* utilizando la API de IIS (ISAPI) que fuera llamado desde IIS y retornara un documento HTML, había que escribir un programa C++, o bien llamar a OLEISAPI para traducir las llamadas ISAPI a llamadas OLE. Ahora, Visual Basic incluye el tipo de proyecto *Aplicación IIS* que permite escribir un programa conectado directamente con IIS.

Asimismo, el tipo de proyecto *Aplicación DHTML* permite obtener ventaja de las capacidades proporcionadas por Internet Explorer 4.x para procesar HTML dinámico.

INSTALACIÓN DE VISUAL BASIC

Existen tres ediciones de Visual Basic: la estándar o de aprendizaje, la profesional y la empresarial. La edición estándar permite crear robustas aplicaciones para Microsoft Windows 9x y Windows NT; incluye todos los controles intrínsecos, los controles rejilla, cuadro de diálogo estándar y los controles enlazados a datos, además de los controles fichas etiquetadas, barra de herramientas, barra de estado, barra de progreso, vista en forma de árbol, vista en forma de lista, lista de imágenes, control deslizante y lista desplegable de imágenes. También incluye una versión compilada del administrador visual de bases de datos (*VisData*). La edición profesional incluye todas las características de la edición estándar, así como controles *ActiveX* adicionales, el diseñador de aplicaciones para *Internet Information Server*, el diseñador de páginas HTML dinámicas y el código fuente del administrador visual de bases de datos. La edición empresarial incluye todas las características de la edición profesional, así como herramientas de *Back Office* como *SQL Server*, *Microsoft Transaction Server*, *Internet Information Server*, *Visual SourceSafe*, *SNA Server*, etc.

Antes de instalar Visual Basic compruebe que su ordenador cumple los requisitos mínimos que se indican a continuación:

- Microprocesador Pentium® 90MHz o superior.
- Un disco duro con un espacio mínimo disponible de 80 Mb para poder realizar una instalación completa de la edición estándar.
- Una unidad de CD-ROM.
- Un ratón.
- Una tarjeta de vídeo soportada por Windows.
- 32 Mb de memoria o más.
- Microsoft Windows 95 o posterior, o Windows NT 3.51 o posterior.
- Microsoft Internet Explorer versión 4.01 o posterior.

Si su sistema cumple los requerimientos mínimos, puede comenzar a instalar Visual Basic. Para iniciar la instalación introduzca el disco compacto en la unidad de CD-ROM y ejecute el programa *setup* (instalar) desde Windows. El resto de los pasos se los indicará el propio programa de instalación. Si su sistema tiene activada la opción "notificación de autoinserción" (*AutoPlay*) del CD, el programa de instalación se cargará automáticamente cuando inserte el disco compacto. Seleccione *Instalar Visual Basic 6.0* y siga las instrucciones de instalación que aparecen en la pantalla.

Si posteriormente necesita agregar o quitar componentes de Visual Basic, hágalo desde *Agregar o quitar programas* del *Panel de control.*

OBJETOS Y MENSAJES

Las unidad fundamental de una aplicación Visual Basic es el *formulario*. Un *formulario* es realmente una *ventana* sobre la que se dibujan otros objetos llamados *controles*, tales como etiquetas, cajas de texto, marcos, casillas de verificación, botones de opción, botones de pulsación, etc., con fines de aceptar, ejecutar o visualizar datos.

En una aplicación se pueden utilizar tantos formularios como se necesiten, y dependiendo de la utilidad que se les dé, éstos serán de diferentes tipos. Así, se puede crear un formulario para que contenga un gráfico, para visualizar información o bien para aceptar datos.

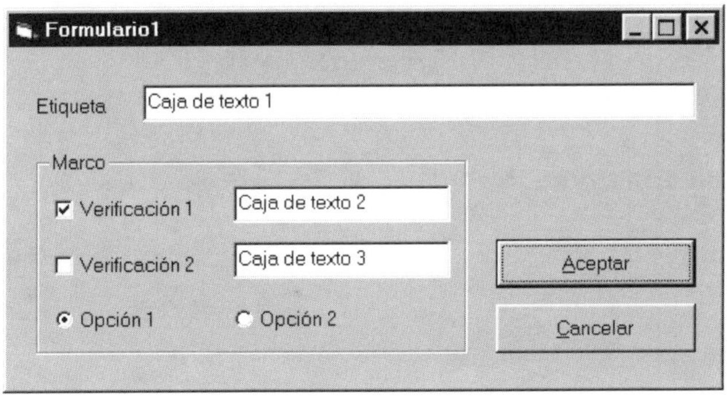

Como veremos más adelante, Visual Basic permite crear formularios sin escribir nada de código. Para añadir un nuevo formulario se ejecuta la orden *Agregar formulario* del menú *Proyecto.*

Para dibujar los controles se utiliza la caja de herramientas de Visual Basic (*Toolbox*). También es posible incluir cualquier imagen diseñada a medida o proporcionada por un icono, un mapa de bits, un metarchivo (*.wmf*), un metarchivo mejorado, un fichero *.jpeg* o un fichero *.gif.*

Además, podemos añadir menús desplegables y menús desplegables flotantes, para proporcionar al usuario un amplio rango de órdenes seleccionables.

Finalizado el diseño de la interfaz gráfica (medio de comunicación con el usuario de la aplicación) se escribe el código fuente relacionado con cada objeto (*ventanas* y *controles*). Quiere esto decir que cada *objeto* (*ventanas* y *controles*) está ligado a un código que permanece inactivo hasta que se produzca el evento que lo activa. Por ejemplo, podemos programar un botón de órdenes (objeto que se puede pulsar) para que responda a un clic del ratón.

Según lo expuesto, una aplicación Windows trabaja estableciendo una comunicación entre los objetos mediante *mensajes*, los cuales son producidos por *eventos*. Cuando un mensaje llega a un objeto, éste tiene que procesarlo.

TIPOS DE PROYECTOS

Visual Basic permite construir varios tipos diferentes de aplicaciones. La figura siguiente, correspondiente al entorno de desarrollo de Visual Basic, muestra dichos tipos:

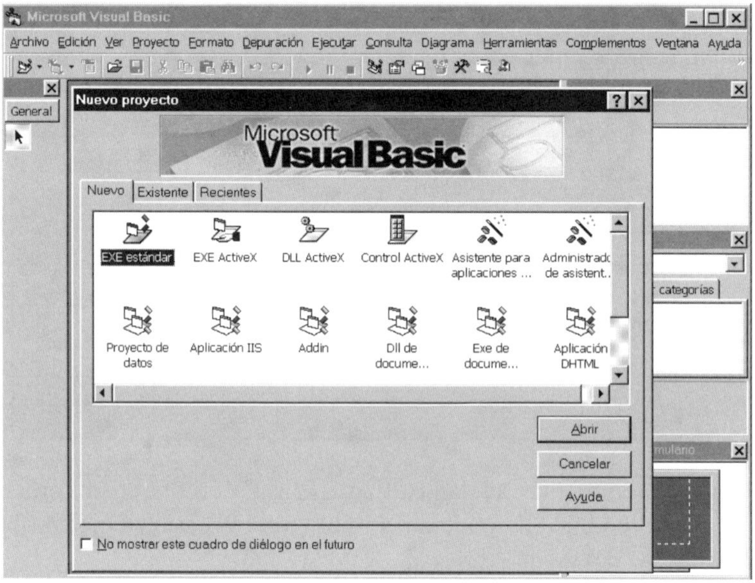

La ventana *Nuevo proyecto* permite seleccionar el tipo de proyecto que se desea crear:

- *EXE estándar*. Este tipo de aplicación se construye a partir de uno o más formularios, módulos y clases.

- *EXE ActiveX*. Crea un componente *ActiveX* (fichero *.exe*). Un componente *ActiveX* es una unidad de código ejecutable, como un fichero *.exe*, *.dll* u *.ocx*, que sigue la especificación *ActiveX* para proporcionar código reutilizable en forma de objetos.

- *DLL ActiveX*. Crea un componente *ActiveX* (fichero *.dll*). Los componentes proporcionan código reutilizable en forma de objetos.

- *Control ActiveX*. Crea un control *ActiveX*. Los controles no son simplemente código, sino que tienen componentes visuales como los formularios, aunque a diferencia de éstos, no pueden existir sin algún tipo de contenedor.

- *EXE de documento ActiveX*. Se trata de un formulario que puede aparecer en un explorador *Web*.

- *Aplicación IIS* (*Internet Information Server*). Se trata de una aplicación Visual Basic hecha para residir en un servidor *Web* y responder a peticiones enviadas por un explorador.

- *Aplicación DHTML*. Se trata de una o más páginas de código HTML que utilizan código Visual Basic y el modelo de objetos HTML dinámico para responder instantáneamente a las acciones que se producen en dichas páginas.

- *Asistente para aplicaciones de VB*. Genera una aplicación nueva completamente funcional desde la cual se puede generar una aplicación más compleja.

- Todos los proyectos con las extensiones *.vbp* (ficheros de proyecto), *.vbz* (ficheros de asistente) o *.vbg* (grupo de proyectos) que están en el directorio *...\Template\Projects* de Visual Basic.

Si al crear un proyecto hubiera abierto otro proyecto o grupo de proyectos, se solicitará guardar los cambios efectuados antes de crear el nuevo proyecto o grupo de proyectos. Para agregar un proyecto a un grupo de proyectos hay que ejecutar la orden *Agregar proyecto* del menú *Archivo*.

FICHEROS QUE COMPONEN UN PROYECTO

Cuando se desarrolla un aplicación, un fichero de proyecto administra todos los diferentes ficheros que se crean como componentes de la misma. Veamos los ficheros que comúnmente forman un proyecto:

- Un fichero de proyecto (*.vbp*) que realiza el seguimiento de todos los componentes de la aplicación. Contiene una lista de todos los ficheros y objetos asociados con el proyecto, así como información acerca de las opciones de entorno establecidas.

- Un fichero (*.frm*) para cada formulario.

- Un fichero binario (*.frx*) por cada formulario que contenga datos sobre propiedades en formato binario, como **Picture** o **Icon**. Estos ficheros no se pueden modificar y los genera automáticamente el formulario que utiliza este tipo de propiedades.

- Opcionalmente, un fichero para cada módulo de clase (*.cls*), para cada módulo estándar (*.bas*) y para cada control *ActiveX* (*.ocx*).

- Opcionalmente, un único fichero de recursos (*.res*).

Cuando ha completado el proyecto puede convertirlo en un fichero ejecutable (*.exe*) ejecutando la orden *Generar proyecto.exe* del menú *Archivo*.

Para abrir un fichero de proyecto existente, haga doble clic en el icono, elija la orden *Abrir proyecto* en el menú *Archivo*, o bien arrastre el fichero y colóquelo en la ventana del *Explorador de proyectos*.

EXTENSIONES DE LOS FICHEROS DE UN PROYECTO

Microsoft Visual Basic utiliza y crea una serie de ficheros tanto durante el diseño como durante la ejecución. Los ficheros que el proyecto o la aplicación requerirán dependen de su alcance y funcionalidad. Éstos se pueden dividir como sigue:

Ficheros varios y de diseño

La siguiente tabla muestra todos los ficheros de diseño y otros que se pueden crear al desarrollar una aplicación:

Extensión	Descripción
.bas	Módulo estándar de Visual Basic
.cls	Módulo de clase
.ctl	Código de un control *ActiveX* creado por el usuario
.ctx	Fichero binario de un control *ActiveX* creado por el usuario
.dca	Caché del diseñador activo
.ddf	Fichero de información asociado con un fichero .cab generado por el *asistente de empaquetado y distribución*
.dep	Fichero de dependencias del *asistente de empaquetado y distribución*

.dob	Fichero de formulario de un documento *ActiveX*
.dox	Fichero binario de formulario de un documento *ActiveX*
.dsr	Fichero de un diseñador
.dsx	Fichero binario de un diseñador
.frm	Fichero de formulario
.frx	Fichero binario de formulario
.log	Fichero de registro de errores de carga
.oca	Fichero de caché de biblioteca de tipos de controles
.pag	Fichero de página de propiedades
.pgx	Fichero binario de página de propiedades
.res	Fichero de recursos
.tlb	Biblioteca de tipos de automatización remota
.vbg	Fichero de grupo de proyectos de Visual Basic
.vbl	Fichero de control de licencia
.vbp	Fichero de proyecto de Visual Basic
.vbr	Fichero de registro de automatización remota
.vbw	Fichero de espacio de trabajo de un proyecto Visual Basic
.vbz	Fichero de inicio del asistente
.wct	Plantilla HTML de una clase Web (*WebClass*)

Ficheros de ejecución

Al compilar la aplicación, todos los ficheros necesarios para la ejecución se incluyen en ficheros ejecutables. La siguiente tabla muestra los ficheros de ejecución:

Extensión	**Descripción**
.dll	Componente *ActiveX* en proceso
.exe	Fichero ejecutable o componente *ActiveX*
.ocx	Control *ActiveX*
.vbd	Fichero de estado de documento *ActiveX*
.wct	Plantilla HTML de una clase Web (*WebClass*)

CONFIGURACIÓN DEL ENTORNO DE DESARROLLO

Para acceder a la caja de diálogo *Opciones* del entorno de desarrollo de Visual Basic, ejecutaremos la orden *Opciones* del menú *Herramientas*. Como muestra la figura siguiente, este diálogo contiene seis páginas: *Editor, Formato del editor, General, Acople, Entorno* y *Avanzado*.

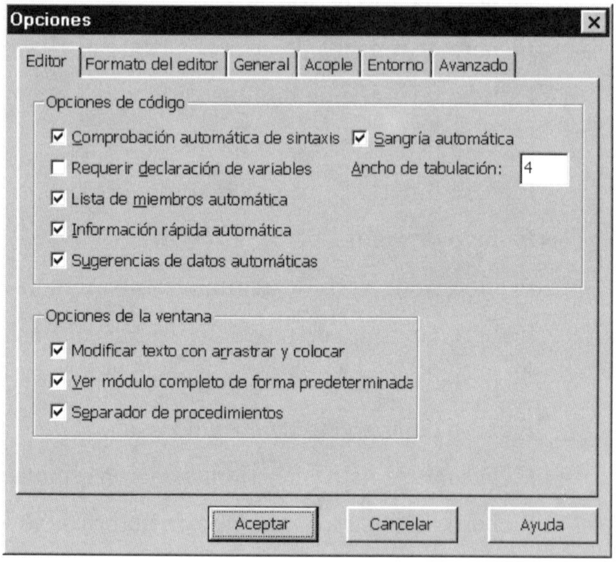

Mediante estas opciones podremos:

- Establecer las características del editor de código, como comprobar automáticamente la sintaxis, requerir la declaración de variables, mostrar sugerencias acerca de la sintaxis, etc.

- Especificar la apariencia que tendrá el código de Visual Basic, como sus colores, fuente, tamaño, si hay una barra indicadora al margen, etc.

- Especificar la configuración y las opciones de compilación y de tratamiento de errores del proyecto actual.

- Seleccionar las ventanas que puede acoplar.

- Especificar los atributos del entorno de desarrollo para cuando se inicie Visual Basic o se inicie un programa, o bien determinar qué plantillas quiere que aparezcan en el cuadro de diálogo *Agregar <elemento>* cuando agrega un elemento al proyecto.

- Especificar la configuración de varias características avanzadas, como determinar si el código debe cargarse en segundo plano, si se debe notificar o no cuando cambia un elemento compartido del proyecto, o bien activar o no el entorno de desarrollo SDI.

CÓMO CREAR UNA APLICACIÓN

Para crear una aplicación con Visual Basic, hay tres pasos fundamentales:

1. Crear la interfaz gráfica del usuario.
2. Establecer las propiedades de los objetos.
3. Escribir el código asociado con cada objeto.

Para diseñar la interfaz (medio de comunicación entre el usuario y la aplicación) siga los pasos que se indican a continuación:

1. Cree un nuevo formulario.
2. Añada los controles al formulario.

Sirva como ejemplo una aplicación que utilice como interfaz de usuario un formulario con una caja de texto y tres botones, según se puede observar en la figura siguiente:

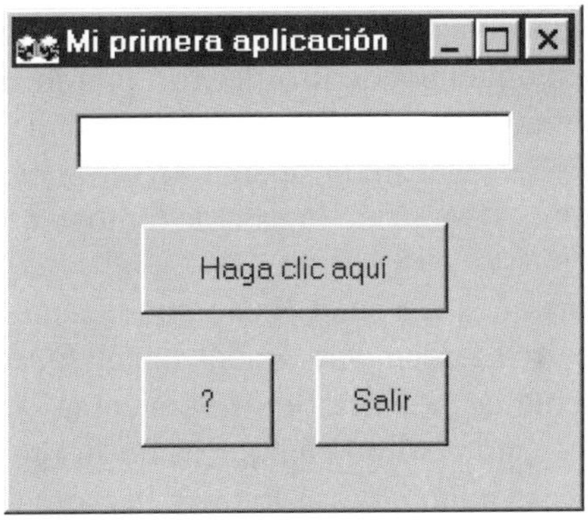

En esta aplicación, cuando el usuario pulse el botón "Haga clic aquí", en la caja de texto tiene que aparecer el mensaje "Bienvenido a Visual Basic"; cuando pulse el botón "?" en la caja de texto, tiene que aparecer el mensaje "¿Contento?"; y cuando pulse el botón "Salir", la aplicación finalizará.

Crear un nuevo formulario

Este paso se ejecuta automáticamente cuando se arranca Visual Basic. En otro caso, esto es, se ha finalizado con una aplicación y se desea empezar otra nueva, ejecutaremos la orden *Nuevo proyecto* del menú *Archivo*. A continuación, elija la plantilla seleccionada por omisión, *EXE estándar*, de la ventana que se visualiza y pulse el botón *Aceptar*.

En este momento, se visualiza en la pantalla una ventana titulada *Form1* denomina a esta ventana *formulario*:

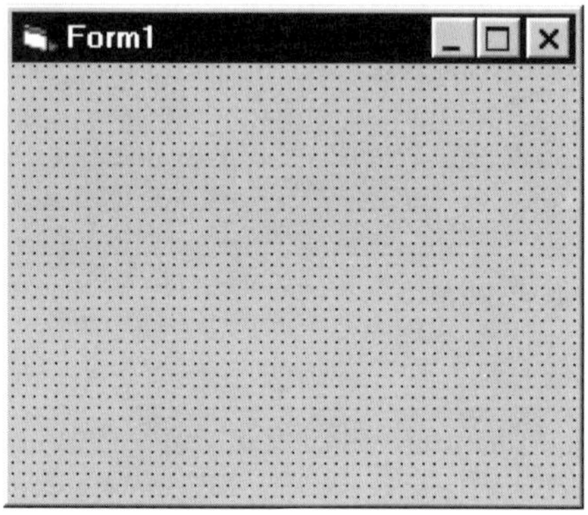

En la figura se puede observar que el área del usuario está llena de puntos regularmente distribuidos. Estos puntos forman una rejilla que nos ayudará a alinear los controles que coloquemos dentro del formulario. Para hacer que la rejilla desaparezca, ejecutaremos la orden *Opciones* del menú *Herramientas* y en la página *General* quitaremos la señal de la opción *Mostrar cuadrícula*. Para finalizar, haremos clic en el botón *Aceptar* de la caja de diálogo *Opciones*.

Si ahora le indicamos a Visual Basic que ejecute este programa, para lo cual tendremos que elegir la orden *Iniciar* del menú *Ejecutar* o bien hacer clic en el botón correspondiente de la barra de herramientas, aparecerá sobre la pantalla la ventana y podremos actuar sobre cualquiera de sus controles (minimizar, maximizar, mover, ajustar el tamaño, etc.). Ésta es la parte que Visual Basic realiza por nosotros y para nosotros; pruébelo. Para finalizar, haga clic en el botón  para cerrar la ventana.

Dibujar los controles

Los controles, tales como cajas de texto, botones, etiquetas, marcos, listas y temporizadores, son objetos gráficos que permiten introducir o extraer datos. El formulario más los controles forman la interfaz o medio de comunicación.

En Visual Basic, tanto los formularios como cada uno de los controles tienen predefinidos un conjunto de propiedades o datos y un conjunto de procedimientos para actuar sobre sus datos.

Para añadir un control a un formulario, utilizaremos la caja de herramientas. Cada herramienta de la caja crea un único control. Todos los controles que se muestran en la figura siguiente son los *controles intrínsecos* de Visual Basic. Estos controles se encuentran dentro del archivo *.exe* de Visual Basic; por lo tanto, están siempre incluidos en la caja de herramientas.

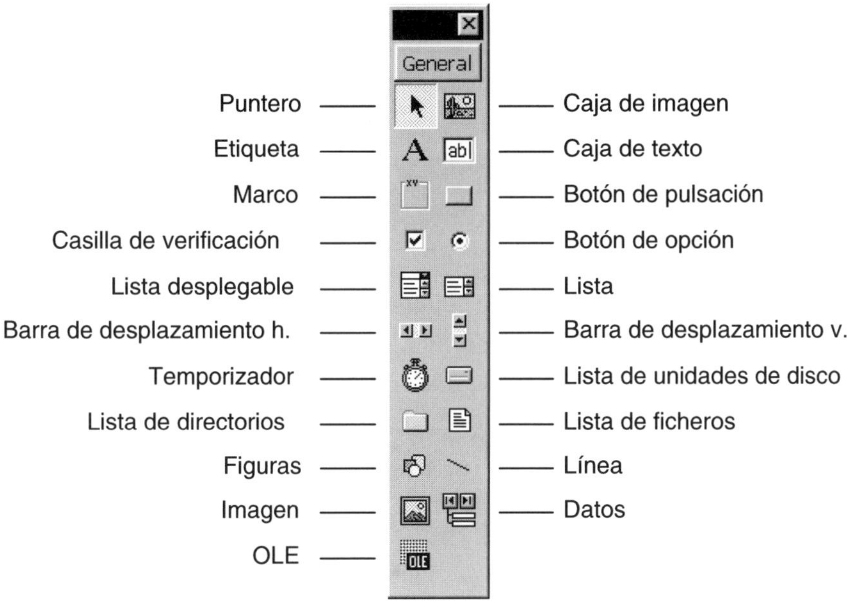

Hay dos categorías más de controles: controles activos (llamados también controles *ActiveX* estándar), como el control diálogo estándar, y controles insertables, como una hoja de cálculo. Éstos, a diferencia de los intrínsecos, se pueden agregar o quitar de la caja de herramientas.

Los controles activos existen como ficheros independientes con extensión *.ocx*. Entre éstos se incluyen los controles que se indican a continuación y que están disponibles en todas las ediciones de Visual Basic:

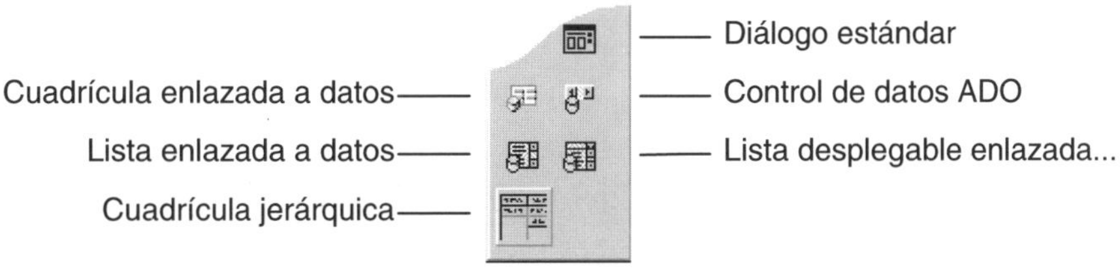

Los controles anteriores se localizan en los ficheros *comdlg32.ocx* (*Microsoft Common Dialog Control*), *msdatgrd32.ocx* (*Microsoft DataGrid Control*), *msadodc.ocx* (*Microsoft ADO Data Control*), *msdatlst.ocx* (*Microsoft DataList Controls*) y *mshflxgd.ocx* (*Microsoft Hierarchical FlexGrid Control*).

Otros controles *ActiveX* incluidos con todas las ediciones de Visual Basic, que se encuentran en el fichero *mscomctl.ocx* (*Microsoft Windows Common Controls*), son:

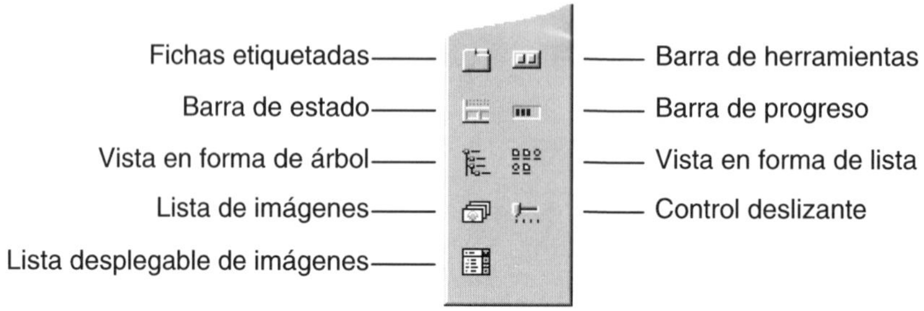

Hay otros que sólo están disponibles en la edición profesional y la edición empresarial, como *ListView*, *TreeView*, *Toolbar*, *Animation* y *Tabbed Dialog*.

Tanto los controles intrínsecos como los controles *ActiveX* fueron explicados en mi otro libro *Visual Basic. Curso de programación*. Como en esta parte lo que se pretende es dar un breve repaso a los conceptos básicos, no abundaremos en más detalles.

Para agregar un control *ActiveX* a la caja de herramientas:

1. Ejecute la orden *Componentes* del menú *Proyecto* o del menú contextual de la caja de herramientas.

2. En la página *Controles* de la ventana *Componentes*, active la casilla de verificación situada junto al control *.ocx* y después haga clic en *Aceptar*. Cuando el control esté colocado en la caja de herramientas, puede agregarlo a un formulario como si fuera un control intrínseco.

Para quitar un control *ActiveX*:

1 Quite todas los ejemplares del control agregados a los formularios del proyecto. Elimine las referencias al control que se encuentren en el código del proyecto. Si deja en el código referencias a un control eliminado, aparecerá un mensaje de error al compilar la aplicación.

2 Ejecute la orden *Componentes* del menú *Proyecto* o del menú contextual de la caja de herramientas.

3 En la página *Controles* de la ventana *Componentes*, desactive la casilla de verificación situada junto al control *.ocx* y después haga clic en *Aceptar*. Si en el proyecto queda algún ejemplar del control, aparecerá un mensaje de error.

Siguiendo con nuestra aplicación, seleccionamos de la caja de herramientas que acabamos de describir los controles que vamos a utilizar, los colocamos sobre el formulario y establecemos las propiedades indicadas en la tabla siguiente:

Objeto	**Propiedad**	**Valor**
Formulario	Caption Nombre	Mi primera aplicación Form1
Caja de texto	Nombre BackColor Text	Mensaje &H00C0FFFF& (en blanco)
Botón ?	Caption Nombre	? Orden2
Botón Salir	Caption Nombre	Salir Orden3

Una vez finalizado el diseño, el resultado puede ser similar al siguiente:

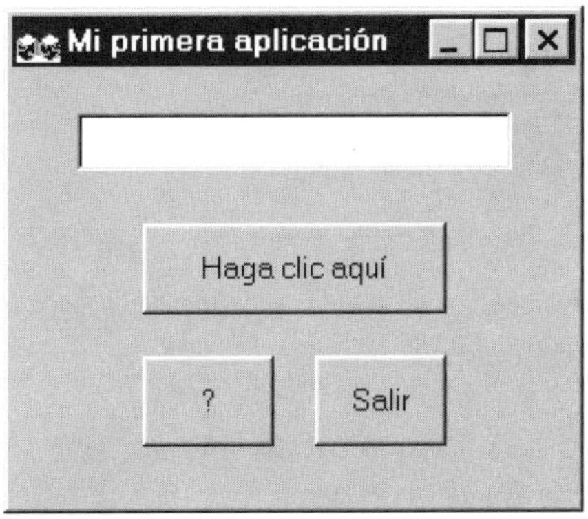

Puede mover un control a un lugar deseado dentro del formulario, seleccionándolo y arrastrándolo hasta situarlo en el lugar deseado, manteniendo pulsado el botón izquierdo del ratón. Para seleccionar un control haga clic sobre él.

También puede borrar un control, seleccionándolo y pulsando la tecla *Supr* (*Del*). Para borrar dos o más controles, primero selecciónelos haciendo clic sobre cada uno de ellos al mismo tiempo que mantiene pulsada la tecla *Ctrl*, y después pulse *Supr*.

Se pueden seleccionar también dos o más controles contiguos, arrastrando el ratón alrededor de ellos, con el botón izquierdo pulsado.

Propiedades de los objetos

Cada tipo de objeto tiene predefinido un conjunto de propiedades, como título, nombre, color, etc. Las propiedades de un objeto representan todos los datos que por definición están asociados con ese objeto.

Para cambiar las propiedades de un objeto tenemos que utilizar la ventana de propiedades que se muestra en la figura siguiente:

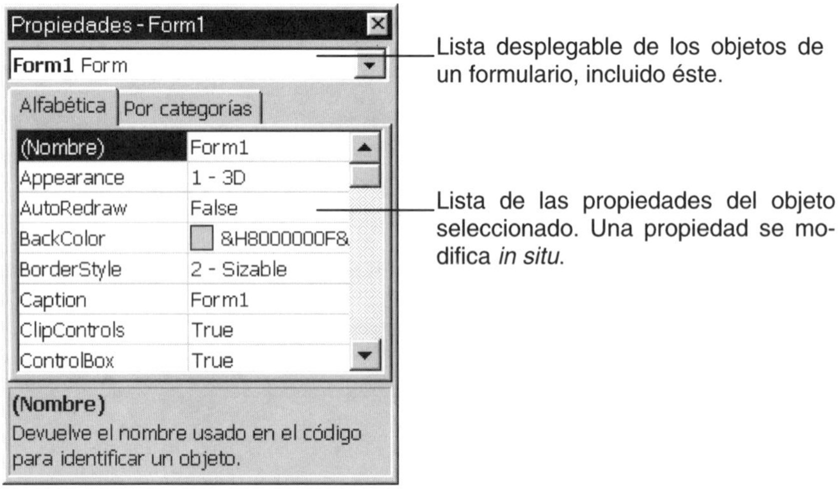

Cuando se selecciona un objeto, puede verse la lista entera de sus propiedades en la ventana de propiedades.

Cada propiedad de un objeto tiene un valor por defecto que puede ser modificado *in situ* si se desea. Por ejemplo, la propiedad **Caption** del formulario del ejemplo que nos ocupa tiene inicialmente el valor *Form1*.

Para verificar el valor de una misma propiedad en varios objetos, se selecciona ésta en la ventana de propiedades para uno de ellos, y a continuación se pasa de un objeto al siguiente haciendo clic con el ratón sobre cada uno de ellos, o simplemente pulsando la tecla *Tab*.

Para modificar el valor de una propiedad de un objeto durante el diseño, seleccione el objeto, seleccione la propiedad que desea cambiar en la lista de propiedades y modifique el valor que actualmente tiene la propiedad seleccionada. Otra forma de modificar una propiedad es durante la ejecución de la aplicación. Esto implica añadir el código necesario en el procedimiento que deba realizar la modificación.

Bloquear la posición de todos los controles

Una vez que haya ajustado el tamaño del formulario y de los controles y haya situado éstos en su posición definitiva, puede seleccionar el formulario y bloquear sus controles para que no puedan ser movidos accidentalmente. Para ello, ejecute la orden *Bloquear controles* del menú *Formato*, o bien haga clic en el botón *Alternar bloqueo de controles* de la barra de herramientas *Editor de formularios*. Para desbloquearlos, proceda de la misma forma.

Icono de la aplicación

Todos los formularios visualizan un icono en la esquina superior izquierda que generalmente ilustra la finalidad de la aplicación y que también aparece cuando se minimiza el formulario. Por omisión, Visual Basic utiliza un icono genérico.

Para utilizar su propio icono (de 16 × 16 o de 32 × 32 píxeles), sólo tiene que asignarlo a la propiedad **Icon** del formulario; esto es, seleccione el formulario, vaya a la ventana de propiedades, elija la propiedad **Icon**, pulse el botón de la derecha y asigne el fichero *.ico* que contiene el icono.

Unir código a los objetos

Sabemos que el nombre de un objeto, propiedad **Name**, nos permite referirnos a él dentro del código de la aplicación. Por ejemplo, a la caja de texto se le ha dado el nombre *Mensaje*. Pues bien, para poder asignar el valor *Bienvenido a Visual Basic* a la propiedad **Text** del objeto *Mensaje* escribiremos dentro del procedimiento apropiado la sentencia:

```
Mensaje.Text = "Bienvenido a Visual Basic"
```

En otras palabras, en Visual Basic la forma general de referirse a una propiedad de un determinado objeto es:

Objeto.Propiedad

donde *Objeto* es el nombre del formulario o control y *Propiedad* es el nombre de la propiedad del objeto referenciada.

Hemos dicho que una aplicación en Windows es conducida por *eventos* y *orientada a objetos*. Esto significa que nosotros ligamos unidades de código escritas para un determinado objeto a eventos que pueden ocurrir sobre dicho objeto, de tal forma que cuando ocurra un evento se ejecute la unidad de código correspondiente. Por ello, la unidad que agrupa ese código recibe el nombre de *procedimiento conducido por un evento*.

Para ver, mientras diseñamos una aplicación, los posibles eventos que se pueden asociar con un objeto, se hace un doble clic sobre el objeto. Por ejemplo, si hace doble clic sobre el botón *Orden1* del formulario, aparece entonces una nueva ventana, como se muestra en la figura siguiente, llamada *ventana de código*.

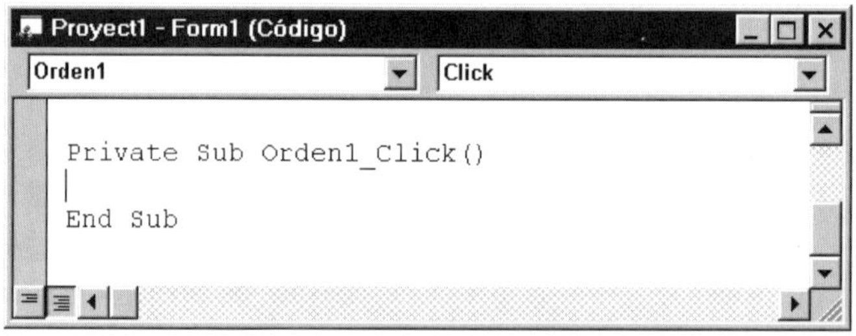

La ventana anterior muestra el procedimiento, vacío, que se ha de ejecutar cuando sobre el objeto *Orden1* ocurra el evento **Click**.

Además del evento **Click**, hay otros eventos asociados con un botón de pulsación. Observe en la figura siguiente, en la lista de la derecha, los eventos que se pueden dar para el objeto particular *Orden1*.

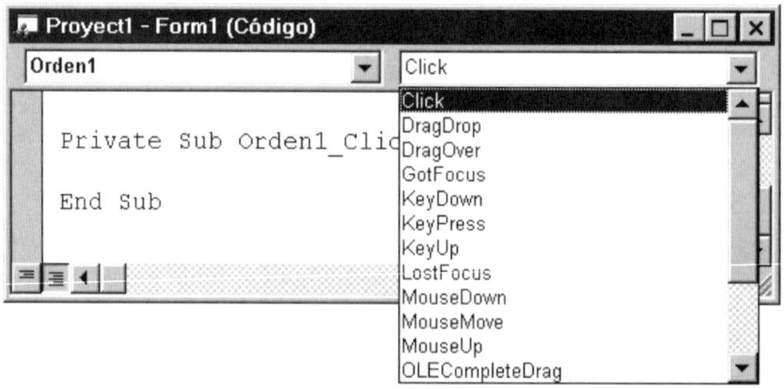

Observe que para distinguir visualmente qué eventos están siendo utilizados y cuáles no, Visual Basic pone en negrita los eventos de la lista que vayamos utilizando.

En la ventana de código también podemos observar, en la lista de la izquierda, la lista de todos los objetos pertenecientes al formulario sobre el que estamos trabajando. Para ver el procedimiento asociado a cualquiera de ellos para el evento elegido, haga clic sobre su nombre.

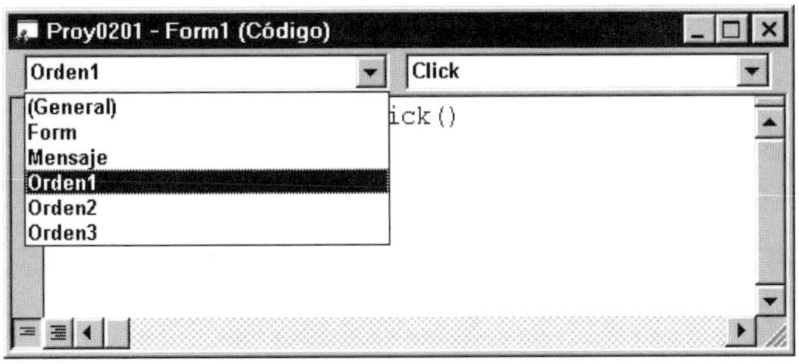

Observe la lista de la figura anterior. Además de los objetos añadidos al formulario hay otro objeto simbólico, (*General*), que es añadido por Visual Basic. Utilizaremos (*General*) para definir las variables y constantes comunes a todos los procedimientos pertenecientes al formulario al que se refiere la ventana de código (su nombre aparece en la barra de título de esta ventana).

En la lista anterior aparece también el nombre del formulario. Esto significa que hay varios eventos que se pueden dar al actuar sobre el formulario; por ejemplo, **Load**. Cuando un formulario es cargado por una aplicación por primera vez, se produce el evento **Load** y, por lo tanto, se ejecuta el procedimiento *Form_Load* si lo hemos escrito.

Finalmente, observe los dos botones que aparecen en la esquina inferior izquierda de la ventana de código. El primero permite ver sólo el procedimiento asociado con el objeto y evento elegidos, y el segundo permite ver todos los procedimientos del formulario (ver el módulo completo).

Sigamos con nuestro ejemplo y pensemos en la función que tiene que realizar cada uno de los controles. La caja de texto tiene que visualizar el texto que se envía cuando se pulsa el botón primero o el segundo. Quiere esto decir que como tal objeto no lleva código asociado, puesto que el evento ocurre sobre los botones.

Cuando el usuario haga clic en el botón *Haga clic aquí*, tiene que visualizarse en la caja de texto el mensaje "Bienvenido a Visual Basic". Por lo tanto el procedimiento asociado con este objeto para el evento clic es:

```
Private Sub Orden1_Click ()
  Mensaje.Text = "Bienvenido a Visual Basic"
End Sub
```

Haga doble clic en el botón *Haga clic aquí* y escriba el cuerpo de este procedimiento, en la ventana de código presentada. Proceda de la misma forma para cada uno de los otros dos botones.

El botón *?* tiene que visualizarse en la caja de texto el mensaje "¿Contento?". Por lo tanto, el procedimiento asociado con este objeto para el evento clic es:

```
Private Sub Orden2_Click ()
  Mensaje.Text = "¿Contento?"
End Sub
```

El botón *Salir* tiene que finalizar la aplicación. Por lo tanto, el procedimiento asociado con este objeto para el evento clic es:

```
Private Sub Orden3_Click ()
  End
End Sub
```

Observe que al escribir el código se ha realizado un sangrado en las líneas (puede hacerlo con espacios en blanco o con tabulaciones). Este sangrado no es obligatorio, pero es una buena práctica en programación, ya que de esta forma se consiguen programas más fáciles de leer. El sangrado se efectúa sobre un grupo de sentencias para indicar su pertenencia a otra sentencia.

Guardar la aplicación

Una vez finalizada la aplicación, se debe guardar en el disco para que pueda tener continuidad; por ejemplo, por si más tarde se quiere modificar. Para ello, ejecute la orden *Guardar proyecto* del menú *Archivo* y asigne un nombre de fichero al formulario y al proyecto cuando le sean solicitados.

Verificar la aplicación

Para ver cómo se ejecuta la aplicación y los resultados que produce, hay que seleccionar la orden *Iniciar* del menú *Ejecutar* o pulsar *F5*.

Si durante la ejecución encuentra problemas o la solución no es satisfactoria y no es capaz de solucionarlos por sus propios medios, puede utilizar, fundamentalmente, las órdenes *Paso a paso por instrucciones* (*F8*), *Paso a paso por procedimientos* (*Mayús+F8*), *Alternar puntos de interrupción* (*F9*), todas ellas del menú *Depuración*, para hacer un seguimiento paso a paso de la aplicación, y las órdenes *Agregar inspección...*, *Inspección rápida...* y *Modificar inspección...*, también del menú *Depuración*, para observar los valores que van tomando las variables y expresiones de la aplicación.

La orden *Paso a paso por instrucciones* permite ejecutar cada procedimiento de la aplicación paso a paso. Esta modalidad se activa y se continúa pulsando *F8*. Si no quiere que los procedimientos y funciones llamados a su vez por el procedimiento en ejecución se ejecuten línea a línea, sino de una sola vez, utilice las teclas *Mayús+F8* (*Paso a paso por procedimientos*).

La orden *Alternar puntos de interrupción* permite colocar una pausa en cualquier línea. Esto permite ejecutar la aplicación hasta la pausa en un solo paso (*F5*), y ver en la ventana de *Inspecciones* o *Inmediato* los valores que tienen las variables y expresiones en ese instante. Para poner o quitar una pausa, se coloca el cursor en el lugar donde va a tener o tiene lugar dicha pausa y se pulsa *F9*, o bien se hace clic con el ratón sobre la barra situada a la izquierda del código.

Alternativamente al menú de depuración, puede utilizar la barra de herramientas de depuración. La figura siguiente le muestra esta barra dentro de la ventana de código en un proceso de depuración. La línea de código sombreada es la siguiente sentencia a ejecutar.

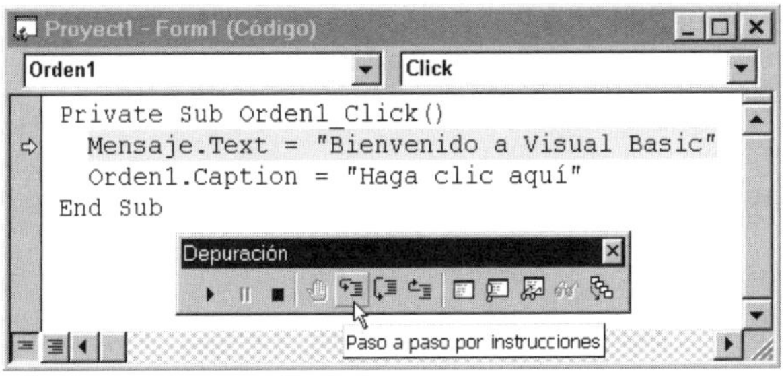

También pude utilizar el ratón para arrastrar el puntero de ejecución (observe la flecha en el margen izquierdo de la ventana anterior) a otro lugar dentro del mismo procedimiento con la intención de alterar el flujo normal de ejecución.

Durante el proceso de depuración, puede ver en la ventana *Inspecciones* los valores de las variables y expresiones que desee; utilice para ello *Agregar inspección...* y *Modificar inspección...*

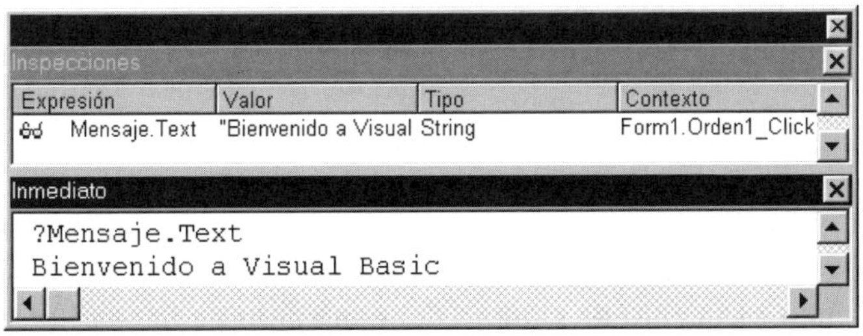

También puede seleccionar en la ventana de código la expresión cuyo valor quiere inspeccionar y ejecutar *Inspección rápida...* Una forma más rápida de hacerlo es situando el puntero del ratón sobre la expresión; le aparecerá una etiqueta con el valor.

Así mismo, como se puede observar en la figura anterior, puede ejecutar en la ventana *Inmediato* cualquier sentencia de una forma inmediata. Para mostrar u ocultar esta ventana ejecute la orden *Ventana Inmediato* del menú *Ver*. El resultado del ejemplo mostrado es el contenido de la propiedad **Text** de la caja *Mensaje* (el símbolo ? equivale a la palabra clave **Print**).

Una vez iniciada la ejecución de la aplicación, si se pulsa la tecla *F5*, la ejecución continúa desde la última sentencia ejecutada en un procedimiento hasta finalizar ese procedimiento o hasta un punto de parada.

Crear un fichero ejecutable

Una vez que la aplicación tiene el aspecto deseable y que su ejecución transcurre satisfactoriamente, se puede generar un fichero ejecutable que permita ejecutar dicha aplicación fuera del entorno de Visual Basic.

Para generar un fichero ejecutable de la aplicación, ejecute la orden *Generar nombre-proyecto.exe...* del menú *Archivo*. Para ejecutar un fichero de este tipo se requiere Windows 95 o posterior y el fichero *msvbvm60.dll*. Dependiendo de los requerimientos de la aplicación, puede ser que necesite otros ficheros.

Cambio de propiedades en ejecución

Supongamos ahora que necesitamos realizar algunas modificaciones sobre nuestra aplicación anterior. Por ejemplo, nos hemos dado cuenta de que cuando se visualiza un mensaje, el usuario puede destruirlo sólo con escribir sobre la caja de texto, y deseamos que esto no suceda.

Uno de los eventos que se pueden dar al actuar sobre una caja de texto es **Change** (cambio). Esto ocurre cada vez que el usuario intenta cambiar el contenido de la caja de texto. Cuando esto ocurre, se activa el procedimiento conducido por **Change**, si es que ha sido escrito para este control.

Para nuestra aplicación, como la caja de texto se llama *Mensaje*, el procedimiento que se ejecutaría sería *Mensaje_Change*. Entonces, lo que hay que hacer es interceptar el intento de cambio del contenido de la caja de texto añadiendo el código necesario en este procedimiento. Una posible solución puede ser modificar el título del botón para que le indique al usuario que restaure el mensaje.

Haciendo doble clic sobre la caja de texto, se visualiza la ventana de código para este control. En ella se puede observar que uno de los eventos que se pueden dar sobre el objeto *Mensaje* es **Change**. Nosotros hemos completado el procedimiento *Mensaje_Change* con la sentencia:

```
Orden1.Caption = "Restaurar Msg"
```

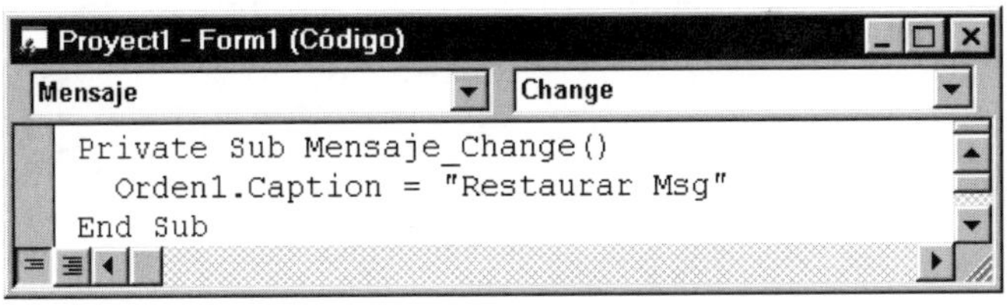

Lo que hace esta sentencia es cambiar el título *Haga clic aquí* del botón por *Restaurar Msg*. Esto sucederá siempre que el usuario intente cambiar el contenido de la caja de texto, y con ello se advierte al usuario que restaure el mensaje. Para que el botón, una vez restaurado el mensaje, vuelva a adquirir su título inicial, tendremos que modificar el procedimiento ligado al mismo que responde al evento **Click**, de la forma siguiente:

```
Private Sub Orden1_Click ()
  Mensaje.Text = "Bienvenido a Visual Basic"
  Orden1.Caption = "Haga clic aquí"
End Sub
```

Ejecute el programa y observe cómo cada vez que intenta escribir sobre la caja de texto se ejecuta el procedimiento *Mensaje_Change*. Esto le enseña que cada vez que se modifique el contenido de una caja de texto, se ejecutará el evento **Change** asociado a la misma.

PROPIEDADES DEL PROYECTO

Para establecer las propiedades para un proyecto hay que ejecutar la orden *Propiedades de ...* del menú *Proyecto*. Como muestra la figura siguiente, este diálogo contiene cinco páginas: *General*, *Generar*, *Compilar*, *Componente* y *Depurar*.

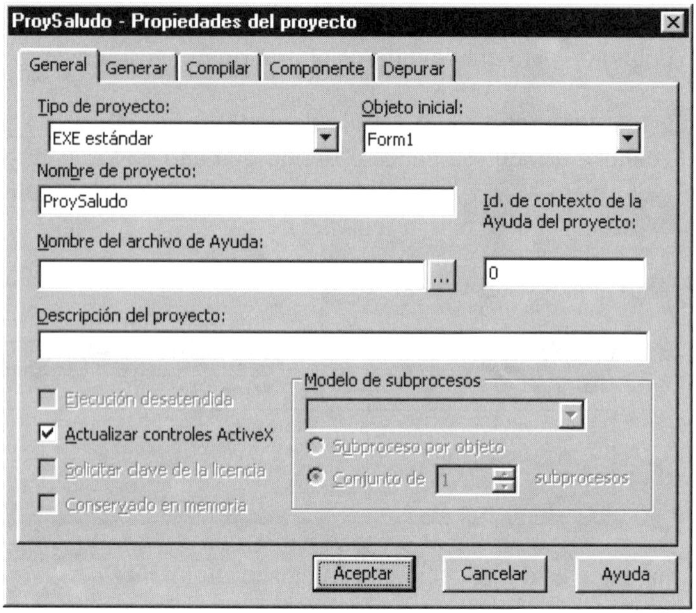

Mediante estas opciones podremos:

- Especificar la configuración del proyecto actual: título del proyecto, objeto inicial, nombre del proyecto, etc.
- Establecer los atributos del fichero ejecutable que se genera.
- Establecer las condiciones de compilación del proyecto.
- Determinar la forma en que arranca el proyecto.
- Especificar acciones adicionales que se tomarán cuando el entorno de desarrollo se encuentre en modo ejecución.

EXAMINADOR DE OBJETOS

Para visualizar el examinador de objetos hay que ejecutar la orden *Examinador de objetos* del menú *Ver* o bien del menú contextual que se visualiza al hacer clic con el botón derecho del ratón sobre la ventana de código.

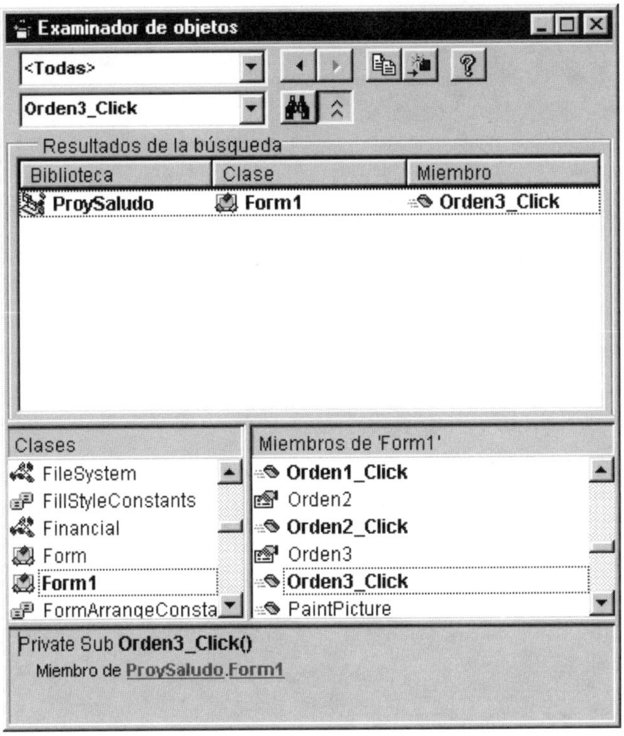

El *examinador de objetos* muestra las clases, propiedades, métodos, eventos y constantes disponibles para paquetes y bibliotecas de objetos, así como los métodos de un proyecto. Puede emplear el examinador para buscar y utilizar los objetos propios y los de otras aplicaciones.

CAPÍTULO 2

RESUMEN DEL LENGUAJE BASIC

Visual Basic es un lenguaje de programación basado en el popular lenguaje Basic. Por ello, si no tiene conocimientos acerca de este lenguaje, le sugiero adquiera mi otro libro *Visual Basic. Curso de programación* publicado por la editorial *RA-MA*. No obstante, este capítulo explica algunos mecanismos del lenguaje para que usted los recuerde y pueda continuar leyendo esta obra con comodidad. También introduce los nuevos mecanismos que aporta el lenguaje Visual Basic sobre sus predecesores. En definitiva, lea este capítulo para conocer su contenido y recurra al mismo en el momento en que lo necesite; esto es, a medida que vaya avanzando sobre el resto de los capítulos.

Visual Basic adopta los tipos de datos, estructuras y muchas de las reglas sintácticas de sus predecesores. Sin embargo, hay algunas diferencias, como las que se indican a continuación, que tendrá que aprender:

- El ámbito de trabajo de las variables ahora es diferente.
- El tipo de los datos por omisión es **Variant**.
- Las variables de tipo **Currency** contienen cantidades fraccionarias.
- Los procedimientos **Property** permiten crear y manipular las propiedades de los objetos que creemos en una aplicación.
- Se incorporan mecanismos de la programación orientada a objetos como son las *clases* y los *objetos*.

Evidentemente, hay otras diferencias entre Visual Basic y QuickBasic (o simplemente Basic) que se verán mas adelante.

COMENTARIOS

Cuando una frase va precedida de una comilla simple ('), Visual Basic interpreta que esa frase es un comentario y no ejecuta acción alguna sobre ella. Por ejemplo,

```
' Cálculo de la velocidad media
suma = 0   ' Se inicia la variable suma al valor 0
```

CONSTANTES NUMÉRICAS Y DE CARACTERES

Una constante es un valor que no cambia durante la ejecución de un programa. Visual Basic admite números decimales (base 10), hexadecimales (base 16) y octales (base 8). Un número hexadecimal va precedido por *&H* y un número octal va precedido por *&O* (letra O). El siguiente ejemplo muestra los mismos números en decimal, hexadecimal y octal.

`9`	`15`	`1034`	son números decimales
`&H9`	`&HF`	`&H40A`	son números hexadecimales
`&O11`	`&O17`	`&O2012`	son números octales

Una constante de caracteres o constante alfanumérica es una cadena de caracteres encerrada entre comillas dobles. Por ejemplo,

```
"Grados centígrados:"
```

VARIABLES

Una variable contiene un valor que puede modificarse a lo largo de la ejecución de la aplicación. Cada variable tiene atributos propios, como:

- *Nombre*. Es el nombre que utilizamos para referirnos a la variable en la aplicación.
- *Tipo*. El tipo determina qué clase de valores puede almacenar la variable.
- *Ámbito*. El ámbito de una variable especifica en qué parte de la aplicación la variable es conocida y por lo tanto puede utilizarse.

Nombres de variables

El nombre de una variable tiene que comenzar por una letra, puede tener hasta 255 caracteres de longitud y debe ser único dentro de su ámbito.

Los caracteres pueden ser letras, dígitos, el carácter de subrayado y los caracteres de declaración del tipo de la variable (%, &, !, #, @, y $).

No se puede utilizar el punto ni otros caracteres que tienen un significado especial para Visual Basic; por ejemplo, los paréntesis. Los caracteres de declaración del tipo, cuando se utilicen, tiene que ocupar la última posición.

El nombre de una variable no puede ser una palabra reservada. Una *palabra reservada* tiene un significado especial para Visual Basic. Son palabras reservadas las sentencias predefinidas (como **For**), los nombres de funciones (como **Val**), métodos (como **Hide**), propiedades (como **Caption**), tipos (como **Long**) y operadores (como **And**).

Tipos de datos intrínsecos

Todas las variables tienen un tipo de dato que determina la clase de datos que pueden almacenar. Una variable puede ser de alguno de los tipos siguientes:

Tipo	Descripción	Car-tipo	Rango
Integer	Entero (2 bytes)	%	-32.768 a 32.767
Long	Entero largo (4 bytes)	&	-2.147.483.648 a 2.147.483.647
Single	Coma flotante. Precisión simple (4 bytes)	!	-3,40E+38 a 3,40E+38
Double	Coma flotante. Precisión doble (8 bytes)	#	-1,79D+308 a 1,79D+308
Currency	Número con punto decimal fijo (8 bytes)	@	+/– 922.337.203.685.477, 5807
String	Cadena de caracteres de longitud fija: (1 byte por carácter)	(ninguno)	Hasta 64K aproximadamente
String	Cadena de caracteres de longitud variable: (10 bytes + 1 byte por carácter)	$	Hasta 2^{31} caracteres aproximadamente
Byte	Carácter (1 byte)	(ninguno)	0 a 255
Boolean	Boolean (2 bytes)	(ninguno)	**True** o **False**
Date	Fecha/Hora (8 bytes)	(ninguno)	1/Enero/100 a 31/Diciembre/9.999
Object	Referencia a un objeto (4 bytes)	(ninguno)	Cualquier referencia a tipo **Object**

Variant (*por omisión*)	Con números: 16 bytes	(ninguno)	Cualquier valor numérico hasta el intervalo de un tipo **Double**
Variant (*por omisión*)	Con caracteres: 22 bytes + 1 byte por carácter	(ninguno)	El mismo intervalo que para un tipo **String** de longitud variable
Decimal	Números con 0 a 28 decimales (14 bytes) (*No se puede declarar una variable de este tipo. Sólo se puede utilizar con un* **Variant**)	(ninguno)	Valor mayor con 0 decs: +/–79.228.162.514.264. 337.593.543.950.335 Valor mayor con 28 dec: +/–7,9228162514264 337593543950335

Declaración de variables

Antes de utilizar una variable, es aconsejable declarar su tipo. Una forma de hacerlo es utilizando la sentencia **Dim** (o una de las palabras **Public**, **Private** o **Static**). Cualquier declaración de éstas inicia las variables numéricas con el valor cero y las variables alfanuméricas con el carácter nulo. Por ejemplo:

```
Dim I As Integer
Dim R As Double
Dim Nombre As String
Dim Etiqueta As String * 10
Dim F As Currency
Dim L As Long, X As Currency
```

Las sentencias anteriores declaran *I* como una variable entera, *R* como una variable real de precisión doble, *Nombre* como una variable para contener una cadena de caracteres de longitud variable, *Etiqueta* como una cadena de caracteres de longitud fija (10 caracteres), *F* como una variable fraccionaria, *L* como una variable entera larga y *X* como una variable fraccionaria. Observe que en una sentencia **Dim** puede realizar más de una declaración. La cláusula opcional **As** *tipo* de la instrucción **Dim** le permite definir el tipo de dato o de objeto de la variable que va a declarar.

Cuando se declara una variable y no se especifica su tipo, se asume que es de tipo **Variant**. Por ejemplo,

```
Dim A, B As Integer
```

La sentencia anterior le puede inducir a pensar que *A* y *B* son de tipo entero, lo cual no es cierto; *A* es de tipo **Variant** (por omisión) y *B* es de tipo **Integer**.

Otra forma de declarar una variable es utilizando los caracteres de declaración de tipo. Por ejemplo,

`I%`	Variable entera
`R#`	Variable real de precisión doble
`Nombre$`	Cadena de caracteres de longitud variable
`F@`	Variable fraccionaria

Cuando una variable se utiliza y no se declara explícitamente, se asume que es de tipo **Variant**. Por ejemplo,

```
L = "Dato:" 'variable de tipo String
'...
L = 3.25678 'variable de tipo Double
```

Suponiendo que *L* no ha sido declarada explícitamente, las sentencias anteriores declaran *L* como una variable **Variant** que ha cambiado su tipo para comportarse como una cadena de caracteres, y a continuación vuelve a cambiar su tipo para comportarse como una variable real de precisión doble.

Si de una variable se sabe que nunca va a contener un valor fraccionario, es mejor declararla como entera, ya que las operaciones con enteros son más rápidas. En caso contrario, si el valor no va a tener más de 4 dígitos decimales y no más de 14 dígitos enteros, es conveniente declararla como fraccionaria (**Currency**). Esto es así porque, partiendo de que un ordenador internamente trabaja en binario, en las variables de tipo **Currency** no tiene lugar el error producido al convertir un valor en base 10 al mismo valor en base 2 y viceversa, que sí tiene lugar cuando la variable es de tipo **Single** o **Double**. Pruebe, por ejemplo, a representar 1/5 en binario puro. Observará que la representación no es exacta.

Cuando una variable numérica de un tipo se asigna a otra variable numérica de un tipo diferente, Visual Basic realiza la conversión correspondiente.

Declaración explícita

En Visual Basic no es necesario declarar una variable antes de utilizarla. Sin embargo, esta forma de trabajar puede ser una fuente de errores. Por ejemplo,

```
Dim M As Integer, N As Integer
VarTemp = M
'...
N = VaTemp
```

En este ejemplo, *VarTemp* no se ha declarado explícitamente. Esto no supone un error, ya que Visual Basic se encarga de crear dicha variable. Ahora observe que, por error, el nombre de esa variable se ha escrito mal en la última sentencia (falta la r). Cuando Visual Basic encuentra un nuevo nombre, no puede determinar si es debido a un error o a la definición de una nueva variable.

Para evitar este tipo de errores, podemos indicar a Visual Basic que genere un mensaje de error siempre que encuentre una variable no declarada explícitamente. Para ello, como ha podido observar en la figura del ejemplo anterior, escribiremos la sentencia `Option Explicit` en la sección de declaraciones del formulario, del módulo o de la clase.

Esta sentencia opera sólo en el formulario o en el módulo donde se haya puesto. Para tener esta opción activa para todo el código de una aplicación, ejecute la orden *Opciones* del menú *Herramientas*, haga clic en la pestaña *Editor* y seleccione la opción *Requerir declaración de variables*.

Módulos de Visual Basic

El código de una aplicación Visual Basic se edita en módulos. Los módulos tienen incorporadas funciones automáticas de formato y comprobación de sintaxis. Hay tres tipos de módulos: de formulario, estándar y de clase. Para agregar uno de estos módulos en una aplicación, simplemente tenemos que ejecutar la orden correspondiente del menú *Proyecto*. Cada uno de ellos puede contener declaraciones y procedimientos. Un formulario (*.frm*) incluye controles más código y un módulo (*.bas*) o una clase (*.cls*) incluyen sólo código.

Ámbito de las variables

Se entiende por ámbito o alcance de una variable el espacio de la aplicación donde la variable es visible y por lo tanto se puede utilizar. La tabla siguiente resume cómo debe declararse una variable en función del espacio donde deseamos que sea visible.

Ámbito	*Declaración*
Local	**Dim**, **Static**, o **ReDim** (dentro de un procedimiento)
Módulo	**Dim** o **Private** (sección de declaraciones del módulo)
Global	**Public** (sección de declaraciones de un módulo)

A nivel del módulo, no hay diferencias entre **Dim** y **Private**, pero se aconseja utilizar **Private** en contraste con **Public**. En un procedimiento no tiene lugar esta observación, ya que no se puede utilizar **Public**.

Variables locales

Una *variable local* se reconoce solamente en el procedimiento en el que está definida. Fuera de ese procedimiento, la variable no es conocida. Su utilización más común es intervenir en cálculos intermedios.

Para declarar una variable local a un procedimiento, coloque la sentencia **Dim** correspondiente dentro del mismo. Por ejemplo, el procedimiento *Form_Load* que se muestra a continuación define *ent1* y *ent2* como variables locales.

```
Private Sub Form_Load()
  Dim ent1 As Integer, ent2 As Integer
  ent1 = 40.17
  ent2 = 37.83
  Print ent1, ent2
End Sub
```

Una variable local es reiniciada cada vez que se entra en el procedimiento. En otras palabras, una variable local no conserva su valor entre una llamada al procedimiento y la siguiente. Para hacer que esto suceda, hay que declarar la variable estática. Visual Basic inicia una variable estática solamente la primera vez que se llama al procedimiento. Para declarar una variable estática, utilice la palabra clave **Static** en lugar de **Dim**. Por ejemplo:

```
Static ent1 As Integer
```

Para hacer que todas las variables de un procedimiento sean estáticas, puede también proceder declarando el procedimiento estático. Por ejemplo:

```
Private Static Sub Form_Load()
  '...
End Sub
```

Si una variable aparece en un procedimiento y no está explícitamente declarada, es por omisión local. En cualquier caso, se aconseja declarar todas las variables explícitamente.

Variables utilizadas dentro del módulo

Una *variable declarada a nivel del módulo* (formulario, módulo estándar o clase) puede ser compartida por todos los procedimientos de ese módulo. Una variable a nivel del módulo hay que declararla con **Dim** o **Private** en la sección de declaraciones del módulo (sección *General*). Para editar esta sección, hay que abrir la ventana de código del formulario, de un módulo estándar o de una clase, para lo que tiene que dirigirse al explorador de proyectos, seleccionar el módulo y hacer clic en el botón *Ver código*. Después en la ventana de código seleccionará "*(General)*" de la lista de la izquierda, lista de objetos y "*(Declaraciones)*" de la lista de la derecha, lista de procedimientos.

Este tipo de variables son por omisión *estáticas*.

Variables globales

Una *variable global* es una variable declarada a nivel del módulo pero que puede ser accedida desde cualquier otro módulo. Para hacer que una variable sea global o pública, hay que declararla **Public** en la sección de declaraciones del módulo. Para ello, si el módulo ya existe, selecciónelo en la ventana *Proyecto* y haga clic en el botón *Ver código*, y si no existe, créelo ejecutando la orden correspondiente del menú *Proyecto*. Por ejemplo,

```
Public var1_global As Double, var2_global As String
```

Cuando una variable **Public**, por ejemplo *Conta*, se declara en un formulario, por ejemplo *Form1*, para acceder a ella desde otro módulo es necesario especificar su pertenencia; esto es, de qué objeto es dato miembro dicha variable:

```
MsgBox Form1.Conta 'visualiza el valor de Conta
```

No se pueden declarar variables globales en un procedimiento.

Variables con el mismo nombre

Una variable local y otra a nivel del módulo pueden tener el mismo nombre, pero no son la misma variable. La regla para estos casos es que el procedimiento siempre utiliza la variable de nivel más cercano (local, módulo y global; en este orden). En otro caso, debe calificar la variable. Por ejemplo:

```
Public Temp As Integer 'declaración en Form1

Public Sub Test()      'procedimiento en Modulo1
  Dim Temp As Integer
  Temp = 10            'referencia a la variable local
  MsgBox Form1.Temp    'referencia a la variable global
End Sub
```

Si varias variables públicas comparten el mismo nombre en diferentes módulos, para diferenciarlas en el momento de referenciarlas es necesario especificar su pertenencia. Por ejemplo, si hay una variable entera *X* declarada tanto en el módulo *Form1* como en el *Modulo1*, debemos referirnos a ella así:

```
MsgBox Form1.X   'visualiza el valor de la X de Form1
MsgBox Modulo1.X 'visualiza el valor de la X de Modulo1
```

Es aconsejable en programación que los nombres de las variables sean diferentes entre sí, así como los nombres de las propiedades y de los módulos.

CONSTANTES SIMBÓLICAS

A menudo utilizamos valores constantes una y otra vez en el código, o bien el código depende de ciertos números difíciles de recordar. En estos casos, la mejor solución es definir estos valores como *constantes simbólicas* y utilizar en lo sucesivo los nombres que identifican estas constantes.

Para definir una constante simbólica, utilice la siguiente sintaxis:

[**Public**|**Private**] **Const** *constante* [**As** *tipo*] = *expresión*

Si no declara explícitamente el tipo de constante (utilizando **As** *tipo*), se asigna a la constante el tipo de datos más apropiado a su valor.

Para nombrar una *constante*, se utilizan las mismas reglas que se aplican para nombrar variables. La *expresión* puede ser numérica, alfanumérica o de tipo fecha y hora. Por ejemplo:

```
Public Const MAX_ELEMS = 99
Public Const VERSION = "ver. 4.05.0A"
Const PI = 3.1415926, DOS_PI = 2 * PI
Const FECHA_POR_DEFECTO = #1/01/97#
```

Es aconsejable definir todas las constantes globales en un único módulo. El ámbito de una constante se define por las mismas reglas que las variables.

Utilizando el examinador de objetos puede insertar en su código muchas de las constantes intrínsecas o definidas por el sistema.

OPERADORES

La tabla que se muestra a continuación presenta el conjunto de operadores que soporta Visual Basic ordenados de mayor a menor prioridad respecto a cómo se evalúan cuando varios de ellos intervienen en una misma expresión. Los operadores que aparecen sobre una misma línea tienen igual prioridad. Las operaciones que se incluyan entre paréntesis se evaluarán antes, ejecutándose primero los paréntesis más internos.

Tipo	**Operación**	**Operador**
Aritmético	Exponenciación	^
	Cambio de signo	–
	Multiplicación y división	*, /
	División entera	\
	Resto de una división entera	**Mod**
	Suma y resta	+, –
Concatenación	Concatenar o enlazar	&
Relacional	Igual, distinto, menor, mayor ...	=, <>, <, >, <=, >=
Otros	Comparar dos expresiones de cars.	**Like**
	Comparar dos referencias a objetos	**Is**
Lógico	Negación	**Not**
	And	**And**
	Or inclusiva	**Or**
	Or exclusiva	**Xor**
	Equivalencia (opuesto a Xor)	**Eqv**
	Implicación (falso si primer operando verdadero y segundo operando falso)	**Imp**

Si al evaluar una expresión sucede que alguno de los operandos tiene un valor **Null**, el resultado es **Null**. Vea más adelante en este mismo capítulo "Utilización del tipo **Variant**".

Cuando en una expresión aritmética intervienen operandos de diferentes tipos, el resultado se expresa, generalmente, en la precisión del operando que la tiene más alta. El orden, de menor a mayor, según la precisión, es **Integer**, **Long**, **Single**, **Double** y **Currency** (para conocer más detalles consulte la ayuda).

Los operadores relacionales, también conocidos como operadores de comparación, comparan dos expresiones dando un resultado **True** (verdadero), **False** (falso) o **Null** (no válido).

El operador **&** realiza la concatenación de dos operandos. Para el caso particular de que ambos operandos sean cadenas de caracteres, puede utilizarse también el operador **+**. No obstante, para evitar ambigüedades utilice **&**. El resultado es de tipo **String** si ambas expresiones son de tipo **String**; en otro caso, el resultado es de tipo **Variant**.

Los operadores lógicos podemos utilizarlos de dos formas: para obtener un resultado de tipo **Boolean** (**True** o **False**), una vez evaluadas dos expresiones a **True** o a **False**, o para realizar una operación lógica bit a bit entre dos expresiones numéricas, colocando el resultado en la variable que se especifique.

Cuando otros tipos de datos numéricos se convierten a **Boolean**, 0 pasa a ser **False**, mientras que todos los demás valores pasan a ser **True**. Cuando los valores **Boolean** se convierten en otros tipos, **False** pasa a ser 0, mientras que **True** se transforma en –1.

El operador **Like** se utiliza para comparar dos cadenas de caracteres. La sintaxis para este operador es la siguiente:

[*resultado* =] *expresión* **Like** *patrón*

El *resultado* será **True** si la *expresión* coincide con alguna de las definidas por el *patrón*, **False** si no hay coincidencia y **Null** si la *expresión* y/o el *patrón* son **Null**. Por omisión, en las comparaciones, se diferencian mayúsculas de minúsculas; esta característica puede ser alterada por la sentencia **Option Compare** (ver esta sentencia en la ayuda). En el *patrón* se pueden incluir los caracteres comodín siguientes:

En el patrón	Se empareja en la expresión con
?	un solo carácter
*	cero o más caracteres
#	un solo dígito (0-9)
[*lista_cars*]	un solo carácter de los pertenecientes a la lista
[!*lista_cars*]	un solo carácter de los no pertenecientes a la lista

En el siguiente ejemplo el resultado de la comparación será **True** cuando la cadena de caracteres *Cadena* coincida con una cadena de tres caracteres, en la que el primero sea una 'a', el segundo cualquier carácter que no sea 'i', 'j', 'k', 'l', 'm' o 'n', y el tercero un dígito 0 a 9.

```
Dim Cadena As String
'...
If Cadena Like "a[!i-n]#" Then
  'acciones a ejecutar si el resultado es True
End If
```

El operador **Is** se utiliza para comparar si una variable definida se refiere a un objeto de los existentes, o si dos variables definidas se refieren al mismo objeto. Por ejemplo:

```
Dim A As Form      'referencia a un formulario
Dim B As Control   'referencia a un control
Set A = Form1      'hacer que A se refiera al mismo
                   'formulario identificado por Form1
Set B = Text1      'hacer que B se refiera a la misma
                   'caja de texto identificada por Text1
If A Is Form1 And B Is Text1 Then
  'acciones a ejecutar si el resultado es True
Else
  'acciones a ejecutar si el resultado es False
End If
```

Form y *Control* son clases de objetos predefinidas en Visual Basic. En cambio, *Form1* y *Text1* son objetos definidos por el usuario al diseñar la aplicación (un formulario y una caja de texto).

SENTENCIAS

Una sentencia es una línea de texto que indica una o más operaciones a realizar. Una línea puede tener varias sentencias, separadas unas de otras por dos puntos:

```
total = cantidad * precio: suma = suma + total
```

Una sentencia Visual Basic puede escribirse en varias líneas físicas utilizando el carácter de continuación de línea (un espacio en blanco seguido del carácter de subrayado). Por ejemplo,

```
PagoMensual = CantidadPrest * _
    (Interés / (1 - (1 / ((1 + Interés) ^ Meses))))
```

La sentencia más común en Visual Basic es la sentencia de asignación. Su forma general es

variable = expresión

que indica que el valor que resulte de evaluar la *expresión* tiene que ser almacenado en la *variable* especificada. Por ejemplo,

```
Dim Cont As Integer
Dim Intereses As Double, Capital As Double
Dim TantoPorCiento As Single
Dim Mensaje As String
```

```
'...
Cont = Cont + 1
Intereses = Capital * TantoPorCiento / 100
Mensaje = "La operación es correcta"
```

Además, Visual Basic aporta otras muchas sentencias, que según su funcionalidad agrupamos de la forma siguiente:

- Declaración de variables y constantes.
- Control del flujo del programa.
- Manipulación de matrices.
- Entrada/salida.
- Manipulación de procedimientos y funciones.
- Manipulación de la fecha y de la hora.
- Manipulación de errores.
- Realización de gráficos.
- Sentencias varias.

UTILIZACIÓN DEL TIPO Variant

El tipo de datos **Variant** permite almacenar todos los tipos de datos definidos en el sistema; por ejemplo, datos enteros, fraccionarios en coma fija o variable, cadenas de caracteres, o datos relativos a la fecha y a la hora. Esto le define como un tipo de datos genérico. Cuando Visual Basic opera con datos de tipo **Variant**, ejecuta automáticamente las conversiones necesarias. No obstante, hay que tener en cuenta las siguientes consideraciones:

- Cuando se ejecutan operaciones aritméticas con variables de tipo **Variant**, su contenido tiene que poderse convertir a un valor numérico.

- Cuando se ejecutan operaciones aritméticas sobre una variable **Variant** que contiene un **Byte**, un **Integer**, un **Long** o un **Single** y el resultado excede del rango del tipo original, el tipo de la variable pasa a ser el necesario para contener el resultado.

- Como el operador + puede ser utilizado para sumar valores y concatenar cadenas de caracteres, dependiendo del contenido de las variables, los resultados pueden ser inesperados. Por ello, para concatenar variables de tipo **Variant**, y en general para evitar ambigüedades, utilizaremos el operador **&** en lugar del operador **+**. El operador **&** ejecuta la concatenación sin tener en consideración qué contienen las variables.

Cuando utilice el operador **&**, tenga cuidado de dejar un espacio entre el nombre de la variable y el operador, de lo contrario Visual Basic interpretaría que se trata del carácter de declaración de tipo **Long**.

Si intenta ejecutar una operación o función matemática sobre una variable **Variant** que no contenga un valor que pueda ser interpretado como un número, ocurrirá un error. Para evitar esto, utilice la función **IsNumeric** para interrogar si dicha variable contiene un valor que pueda ser utilizado como un número. Por ejemplo:

```
Dim Dato                  'Variant por omisión
Dato = "123"              'cadena de caracteres "123"
If IsNumeric(Dato) Then
  Dato = Dato + 1111      'resultado Double 1234
End If
Dato = Dato & "5"         'cadena de caracteres "12345"
```

Cuando asignamos un valor numérico a una variable **Variant**, Visual Basic utiliza la representación más compacta para registrar el valor.

```
Dim Dato                'variable de tipo Variant
Dato = 123              'contiene un valor Integer
Dato = Dato + 1111      'resultado Integer 1234
```

Una variable **Variant** no es una variable sin tipo; más bien, es una variable que puede cambiar su tipo libremente (una variable genérica). Cuando usted quiera conocer el tipo de dato que almacena una variable **Variant**, utilice la función **VarType**. Cada tipo de dato tiene asociado en Visual Basic un número entero que lo diferencia de los demás (por ejemplo, **Integer** tiene asociado el 2, **Single** el 4, etc.). Ese número entero es devuelto por la función **VarType**. En el ejemplo siguiente puede ver el valor asociado con cada tipo:

```
Sub TipoDato(Dato As Variant)
  Dim Tipo As Integer

  Tipo = VarType(Dato) 'almacena en Tipo un entero
  Select Case Tipo
    Case 0 'si Tipo es 0, la variable Dato no está iniciada (Empty)
      MsgBox "Vacío"
    Case 1 'si Tipo es 1, Dato no tiene datos válidos (Null)
      MsgBox "Null"
    Case 2 'si Tipo es 2, Dato se corresponde con un entero
      MsgBox "Integer: " & dato
    Case 3
      MsgBox "Long: " & dato
    Case 4
      MsgBox "Single: " & dato
```

```
    Case 5
      MsgBox "Double: " & dato
    Case 6
      MsgBox "Currency: " & dato
    Case 7
      MsgBox "Fecha/Hora: " & dato
    Case 8
      MsgBox "String: " & dato
    Case 11
      MsgBox "Boolean: " & dato
    Case 17
      MsgBox "Byte: " & dato
  End Select
End Sub
```

En ocasiones, cuando operamos con variables **Variant** obtenemos resultados de tipo **Double**, cuando en realidad esperamos otro tipo de resultado. Por ejemplo:

```
Dato = Dato + 1111 'para Dato="123", valor double 1234
```

En este ejemplo quizá usted esperaba obtener un valor **Integer**. Para que así sea, utilice la función **CInt** para convertir la variable **Variant** a un valor entero.

```
Dato = CInt(Dato) + 1111 'valor entero
```

Visual Basic proporciona las funciones de conversión siguientes:

CBool(*expresión***)**	conversión a un valor de tipo **Boolean**
CByte(*expresión***)**	conversión a un valor de tipo **Byte**
CCur(*expresión***)**	conversión a un valor de tipo **Currency**
CDate(*expresión***)**	conversión a un valor de tipo **Date**
CDbl(*expresión***)**	conversión a un valor de tipo **Double**
CInt(*expresión***)**	conversión a un valor de tipo **Integer**
CLng(*expresión***)**	conversión a un valor de tipo **Long**
CSng(*expresión***)**	conversión a un valor de tipo **Single**
CStr(*expresión***)**	conversión a un valor de tipo **String**
CVar(*expresión***)**	conversión a un valor de tipo **Variant**
CErr(*expresión***)**	conversión a un valor de tipo **Error**

Las variables **Variant** también pueden contener valores de tipo **Date** y, con ellas, puede ejecutar operaciones aritméticas y comparaciones. Por ejemplo:

```
Dim Dato                'Variant por omisión
Dato = Now              'contenido: dd/mm/aa hh:mm:ss
Dato = Dato - 1         'menos 1 día
```

```
If Dato > #24/10/99 3:00:00# Then
  Dato = Dato - 1 / 24      'menos 1 hora
End If
Dato = Dato - 10 / 24 / 60 'menos 10 minutos
```

Visual Basic acepta para una variable **Variant**, datos en diversos formatos de fecha/hora, incluidos entre **#**. Por ejemplo:

```
Dim Dato    'Variant por omisión
Dato = #18-4-99 15:30#
Dato = #18 Apr, 1999 3:30pm#
Dato = #18-Apr-99#
Dato = #18 April 1999#
```

Para verificar si un determinado valor puede considerarse como uno del tipo **Date** (fecha/hora), utilice la función **IsDate**. Para convertir dicho valor en uno del tipo **Date**, utilice la función **CDate**. Por ejemplo, suponga que el contenido de una caja de texto *Text1* es *18 4 99*. Las siguientes sentencias

```
If IsDate(Text1.Text) Then
  Dato = CDate(Text1.Text)
End If
```

almacenan en la variable *Dato* el valor *18/04/99*. Una alternativa a la función **CDate** es **DateValue**.

Para saber si una variable **Variant** no ha sido iniciada, esto es, si está vacía, utilice la función **IsEmpty**. El valor **Empty** (vacío) denota una variable **Variant** que no ha sido iniciada (no se le ha asignado un valor inicial). Una variable **Variant** que contiene el valor **Empty** es 0 si se usa en un contexto numérico o una cadena de longitud cero (“”) si se usa en un contexto de cadenas.

Para indicar que una variable **Variant** contiene un dato no válido, se utiliza el valor especial **Null**. Evidentemente, **Null** no es lo mismo que **Empty**.

Cualquier operación entre expresiones que contengan **Null** da como resultado **Null**. Esto puede ser útil cuando en las expresiones intervienen funciones escritas para que retornen **Null** cuando ocurra un error. Para verificar si el resultado final de la expresión es **Null**, utilice la función **IsNull**. Por ejemplo,

```
Dim R As Integer, S As Integer, T As Integer
Dim X As Variant
'...
X = FDiv(R, S) + T 'si ocurre un error, FDiv retorna Null
If IsNull(X) Then
  MsgBox "Dato no válido"
```

```
Else
  X = CDbl(X)
End If
'...
```

donde la función *FDiv* es de la forma:

```
Function FDiv(N As Integer, D As Integer) As Variant
  If D = 0 Then
    FDiv = Null
  Else
    FDiv = N / D
  End If
End Function
```

Observe que el resultado devuelto por la función *FDiv* es de tipo **Variant**.

EL TIPO String

Una variable de tipo **String** permite almacenar una cadena de caracteres y manipularla utilizando las funciones proporcionadas por Visual Basic. Por ejemplo,

```
Private Sub Command1_Click()
  Dim Nombre As String
  Nombre = "Francisco Javier"
  Nombre = Left(Nombre, 4)
  MsgBox Nombre
End Sub
```

Después de ejecutarse este procedimiento, el contenido de *Nombre* es "Fran". La variable *Nombre* está definida como una cadena de caracteres de longitud variable. Para declarar *Nombre* como una cadena de caracteres de longitud fija, por ejemplo, de 60 caracteres, proceda como se indica a continuación:

```
Dim Nombre As String * 60
Nombre = "Francisco Javier"
```

En el ejemplo anterior, si asignamos a *Nombre* menos de 60 caracteres, se completa con espacios en blanco hasta 60 caracteres. En estos casos pueden ser útiles las funciones **LTrim**, **RTrim** y **Trim**, que devuelven la cadena de caracteres sin espacios a la izquierda, sin espacios a la derecha o sin espacios a la izquierda y a la derecha, respectivamente.

En un módulo estándar hay que declarar las cadenas de caracteres de longitud fija, como **Private** o **Public**. En un formulario o en una clase hay que declararlas **Private**.

Si el contenido de una cadena de caracteres coincide con un valor numérico, se puede asignar la cadena de caracteres a una variable numérica. También es posible asignar un valor numérico a una cadena de caracteres. Por ejemplo,

```
Dim X As Integer, Y As Single
Dim Str As String

Y = 50.65
Str = Y          'o también Str = "50,65"
X = Str          'el valor de X es 51
```

TIPO ENUMERADO

La declaración de un tipo enumerado es simplemente una lista de valores que pueden ser tomados por una variable de ese tipo. Los valores de un tipo enumerado se representarán con identificadores, que serán las constantes del nuevo tipo. Por ejemplo:

```
Public Enum DíasSemana
  lunes
  martes
  miércoles
  jueves
  viernes
  sábado
  domingo
End Enum

Dim hoy As DíasSemana
```

Este ejemplo declara la variable *hoy* del tipo enumerado *DíasSemana*. Esta variable puede tomar cualquier valor de los especificados, *lunes* a *domingo*. Las constantes son de tipo **Long** y sus valores por omisión son 0, 1, 2, etc. Según esto, el valor de *lunes* es 0, el valor de *martes* es 1, y así sucesivamente. Por lo tanto, una sentencia como

```
hoy = domingo
```

sería equivalente a

```
hoy = 6
```

A cualquier identificador de la lista se le puede asignar un valor inicial de tipo **Long** por medio de una expresión constante. Los identificadores sucesivos tomarán valores correlativos a partir de éste. Por ejemplo:

```
Public Enum DíasLaborables
  sábado
  domingo = 0
  lunes
  martes
  miércoles
  jueves
  viernes
  NoVálido = -1
End Enum
```

Este ejemplo declara un tipo enumerado llamado *DíasLaborables*. Los valores asociados con cada una de las constantes son: *sábado* = 0, *domingo* = 0, *lunes* = 1, *martes* = 2, *miércoles* = 3, *jueves* = 4, *viernes* = 5, *NoVálido* = –1.

A los tipos enumerados se les aplican las siguientes reglas:

- Un tipo enumerado puede declarase **Private** o **Public**.
- De forma predeterminada, la primera constante de una enumeración se inicia a 0 y las siguientes constantes reciben un valor superior en una unidad al de la constante anterior.
- Dos o más constantes pueden tener un mismo valor.
- Una constante puede aparecer en más de un tipo.
- Para evitar referencias ambiguas cuando haga referencia a una constante individual, califique el nombre de la constante mediante su enumeración. Por ejemplo:

  ```
  hoy = DíasSemana.domingo
  ```

- No es posible leer o escribir directamente un valor de un tipo enumerado; esto es, cuando se escribe una variable de un tipo enumerado lo que se escribe es el valor asociado, y cuando se lee, hay que introducir el valor asociado. En cambio en asignaciones o en comparaciones sí se pueden utilizar los identificadores del tipo enumerado.

En un capítulo posterior veremos cómo se utilizan los tipos enumerados.

SENTENCIAS DE CONTROL

Las sentencias de control, denominadas también *estructuras de control*, permiten tomar decisiones y realizar un proceso repetidas veces. Visual Basic dispone de las siguientes estructuras, algunas de ellas idénticas a las de sus predecesores, como QuickBasic:

- **If ... Then**
- **If ... Then ... Else**
- **Select Case**
- **For ... Next**
- **While ... Wend**
- **Do ... Loop**
- **Goto**

Veamos a continuación la sintaxis correspondiente a cada una de ellas; cualquier expresión entre corchetes - [ ] - es opcional.

If ... Then ... Else ...

Esta estructura permite ejecutar condicionalmente una o más sentencias y puede escribirse de las dos formas siguientes:

If *condición* **Then** *sentencia(s)* [**Else** *sentencia(s)*]

If *condición* **Then**
  sentencia(s)
[**Else**
  sentencia(s)]
End If

La condición es generalmente una expresión de *Boole*, pero puede ser cualquier expresión que sea evaluada a un valor numérico, ya que un valor cero es considerado como **False** y un valor distinto de cero como **True**. Si la *condición* es **True** (verdadera), se ejecutan las sentencias que están a continuación de **Then** y si la condición es **False** (falsa), se ejecutan las sentencias que están a continuación de **Else**, si esta cláusula ha sido especificada. Por ejemplo,

```
If KeyAscii = 13 Then
  GradosFahr = Val(Grados_C.Text) * 9 / 5 + 32
  Grados_F.Text = Format(GradosFahr)
End If
```

Una expresión de *Boole* da un resultado **True** (verdadero) o **False** (falso). Desde un análisis riguroso, los operadores booleanos son los operadores lógicos **And**, **Or** y **Not**. Ahora bien, por ejemplo, observe que las comparaciones producen un resultado de tipo **Boolean**. Quiere esto decir que el resultado de una comparación puede utilizarse como operando en una expresión de *Boole*. Según esto, podemos enunciar que los operadores que intervienen en una expresión de Boole pueden ser de relación (=, <>, <, <=, >, y >=), lógicos (**And**, **Or**, **Xor**, **Eqv**, **Imp**, y **Not**) y otros, como **Like** e **Is**. Por ejemplo,

```
If A > B Or (A >= 1 And A <= 5) Then
```

Para indicar que se quiere ejecutar uno de varios bloques de sentencias dependientes cada uno de ellos de una condición, la estructura adecuada es la siguiente:

If *condición-1* **Then**
  sentencias-1
[**ElseIf** *condición-2* **Then**
  sentencias-2] ...
[**Else**
  sentencias-n]
End If

Si se cumple la *condición-1*, se ejecutan las *sentencias-1* y si no se cumple, se examinan secuencialmente las condiciones siguientes hasta **Else**, ejecutándose las sentencias correspondientes al primer **ElseIf** cuya condición se cumpla. Si todas las condiciones son falsas, se ejecutan las *sentencias-n* correspondientes a **Else**. En cualquier caso, se continúa en la sentencia que sigue a **End If**. Por ejemplo,

```
If C > 100 Then
  Resu = C * P * 0.6
ElseIf C >= 25 Then
  Resu = C * P * 0.8
ElseIf C >= 10 Then
  Resu = C * P * 0.9
Else
  Resu = C * P
End If
```

Select Case

Esta sentencia permite ejecutar una de varias acciones en función del valor de una expresión. Es una alternativa a **If ... Then ... ElseIf** cuando lo que se necesita es comparar la misma expresión con diferentes valores. Su sintaxis es

Select Case *expr-test*
  Case *lista-1*
    [*sentencias-1*]
  [**Case** *lista-2*
    [*sentencias-2*]] . . .
  [**Case Else**

[*sentencias-n*]]
End Select

donde *expr-test* es una expresión numérica o alfanumérica, y *lista-1*, *lista-2*, ... representan una lista que puede tener cualquiera de las formas siguientes:

expresión[, *expresión*] . . .
expresión **To** *expresión*
Is *operador-de-relación expresión*
combinación de las anteriores separadas por comas

Aquí, *expresión* es cualquier expresión numérica o de caracteres del mismo tipo que *expr-test*. Por ejemplo,

```
Case Is < x          'expr-test < x
Case 3               'expr-test = 3
Case x To 20         'expr-test = x, x+1, ...,20
Case 3, x            'expr-test = 3, x
Case -1, x To 5      'expr-test = -1, x, x+1, ...,5
Case "si", "SI"      'expr-test = "si", "SI"
Case Is >= 10        'expr-test >= 10
```

Cuando se utiliza la forma *expresión* **To** *expresión*, el valor más pequeño debe aparecer en primer lugar.

Cuando se ejecuta una sentencia **Select Case**, Visual Basic evalúa la *expr-test* y busca el primer **Case** que incluya el valor evaluado, ejecutando a continuación el correspondiente bloque de sentencias. Si no existe un valor igual a la *expr-test*, entonces se ejecutan las sentencias a continuación de **Case Else**. En cualquier caso, el control pasa a la siguiente sentencia a **End Select**. Por ejemplo,

```
Select Case X
  Case 1
    Text1.Text = "1"
  Case 2, 3
    Text1.Text = "2 o 3"
  Case 4 To 9
    Text1.Text = "4 a 9"
  Case Else
    Text1.Text = "X<1 o X>9"
End Select
```

Do ... Loop

Un **Loop** (bucle) repite la ejecución de un conjunto de sentencias mientras una condición dada sea cierta, o hasta que una condición dada sea cierta. La condición puede ser verificada antes o después de ejecutarse el conjunto de sentencias.

Formato 1:

> **Do** [{**While**|**Until**} *condición*]
> [*sentencias*]
> [**Exit Do**]
> [*sentencias*]
> **Loop**

Formato 2:

> **Do**
> [*sentencias*]
> [**Exit Do**]
> [*sentencias*]
> **Loop** [{**While**|**Until**} *condición*]

donde *condición* es cualquier expresión que se evalúe a **True** o a **False**.

Esta sentencia permite realizar varias estructuras diferentes. Permite, como se puede apreciar en los formatos, crear bucles con la condición de terminación al final o al principio del bloque de sentencias. Por ejemplo,

```
Sub Form_Click()
  Dim I As Integer, Suma As Integer
  I = 1
  Do While I <= 99   ' Hacer mientras I <= 99
    Suma = Suma + I
    I = I + 2
  Loop
  Print Suma
End Sub
```

Este ejemplo indica que cuando hagamos clic sobre el formulario se visualizará sobre el mismo la suma de los números impares entre 1 y 99. El mismo resultado se obtiene con el ejemplo que se presenta a continuación:

```
Sub Form_Click()
  Dim I As Integer, Suma As Integer
  I = 99
```

```
  Do                        ' Hacer hasta que I < 1
    Suma = Suma + I
    I = I - 2
  Loop Until I < 1
  Print Suma
End Sub
```

La sentencia **Exit Do** permite salir de un bucle **Do ... Loop** antes de que finalice éste.

For ... Next

La sentencia **For** da lugar a un lazo o bucle, y permite ejecutar un conjunto de sentencias cierto número de veces.

> **For** *variable* = *expresión 1* **To** *expresión 2* [**Step** *expresión 3*]
> [*sentencias*]
> [**Exit For**]
> [*sentencias*]
> **Next** [*variable* [,*variable*]. . .]

Cuando se ejecuta una sentencia **For** en la que el valor de la *expresión 3* es positivo o no se ha especificado, primero se asigna el valor de la *expresión 1* a la *variable* y a continuación se comprueba si la *variable* es mayor que la *expresión 2*, en cuyo caso se salta el cuerpo del bucle y se continúa en la línea que esté a continuación de la sentencia **Next**. En otro caso, se ejecutan las líneas de programa que haya entre la sentencia **For** y la sentencia **Next**. Por último, la *variable* se incrementa en el valor de la *expresión 3*, o en *1* si **Step** no se especifica, volviéndose a efectuar la comparación entre la *variable* y la *expresión 2*, y así sucesivamente.

La sentencia **Exit For** permite salir de un bucle **For ... Next** antes de que éste finalice.

Un bucle **For** ... **Next** se ejecuta más rápidamente cuando la *variable* es entera, y las *expresiones 1*, *2*, *3*, constantes. Por ejemplo:

```
Sub Form_Click()
  Dim I As Integer, Suma As Integer
  For I = 1 To 99 Step 2 ' Para I=1,3,5,... hasta 99
    Suma = Suma + I
  Next I
  Print Suma
End Sub
```

Este ejemplo indica que cuando hagamos clic sobre el formulario se visualizará sobre el mismo la suma de los números impares entre 1 y 99.

Si el valor de la *expresión 3* es negativo, se comprueba si la *variable* es menor que la *expresión 2*, en cuyo caso se pasa a ejecutar la siguiente sentencia a **Next**. En otro caso, se ejecuta el bucle y se decrementa la *variable*. Este proceso se repite hasta que la *variable* sea menor que la *expresión 2*. Por ejemplo, el siguiente procedimiento conduce al mismo resultado que el anterior.

```
Sub Form_Click()
  Dim I As Integer, Suma As Integer
  For I = 99 To 1 Step -2 ' Para I=99,97,... hasta 1
    Suma = Suma + I
  Next I
  Print Suma
End Sub
```

Este ejemplo conduce al mismo resultado que el anterior.

SENTENCIA For Each ... Next

For Each ... Next es similar a la sentencia **For**, con la diferencia de que ahora se repite un grupo de sentencias por cada elemento de una colección de objetos o de una matriz (excepto matrices de elementos de un tipo definido por el usuario). Esto es especialmente útil cuando no conocemos cuántos elementos hay en la colección o en la matriz. Su sintaxis es la siguiente:

For Each *elemento* **In** *grupo*
  [*sentencias*]
  [**Exit For**]
  [*sentencias*]
Next *elemento*

donde *elemento* es una variable de tipo **Variant** que representa a cada uno de los elementos de la colección o de la matriz representada por *grupo*. Por ejemplo, el procedimiento que se muestra a continuación suma los elementos de una matriz pasada como argumento:

```
Public Sub Sum(MatrizX() As Integer)
  Dim X, Suma
  For Each X In MatrizX
    Suma = Suma + X
  Next X
  MsgBox Suma
End Sub
```

La sentencia **For** de este ejemplo indica que por cada valor *X* en la matriz *MatrizX* se ejecute la sentencia:

```
Suma = Suma + X
```

MATRICES

Una matriz es un conjunto de elementos contiguos, todos del mismo tipo, que comparten un nombre común, a los que se puede acceder por la posición (índice) que ocupa cada uno de ellos dentro de la matriz.

Visual Basic, igual que sus predecesores, permite definir matrices de una o más dimensiones y de cualquier tipo de datos (tipos intrínsecos y tipos definidos por el usuario), e introduce una nueva clase de matrices, *matrices de controles*, necesarias para escribir menús, crear nuevos controles durante la ejecución o bien hacer que un conjunto de controles tenga vinculado un mismo procedimiento para cada evento asociado con ellos.

Matrices de variables

Las matrices discutidas en este apartado permiten referirse a una serie de variables por un mismo nombre y acceder individualmente a cada una de ellas utilizando un índice (variables subindicadas). Este tipo de matrices tiene que declararse en el código y pueden tener una o más dimensiones.

Matrices estáticas

Para declarar una matriz estática (matriz con un número fijo de elementos), Visual Basic hace tres consideraciones importantes:

- Para declarar una matriz global, hágalo en la sección de declaraciones de un módulo utilizando la sentencia **Public**.
- Para declarar una matriz a nivel de un módulo, hágalo en la sección de declaraciones del módulo utilizando la sentencia **Private** o **Dim**.
- Para declarar una matriz local a un procedimiento, utilice la sentencia **Dim** o **Static** dentro del propio procedimiento.

A diferencia de otras versiones de Basic, Visual Basic no permite declarar implícitamente una matriz. Una matriz tiene que ser declarada explícitamente, y los índices del mismo deben estar en el rango -2^{31} a 2^{31}. A continuación se muestran algunos ejemplos:

```
Dim Matriz_A(19) As String
```

Este ejemplo declara una matriz de una dimensión, *Matriz_A*, con veinte elementos, *Matriz_A(0), Matriz_A(1), ..., Matriz_A(19)*, cada uno de los cuales permite almacenar una cadena de caracteres de longitud variable.

```
Dim Matriz_B(3, 1 To 6) As Integer
```

Este ejemplo declara una matriz de dos dimensiones, *Matriz_B*, con 4×6 elementos, *Matriz_B(0,1), ..., Matriz_B(3,6)*, de tipo entero.

```
Static Matriz_C(1 To 5, 1 To 5) As Integer
```

Este ejemplo declara una matriz de dos dimensiones, *Matriz_C*, con 5×5 elementos, *Matriz_C(1,1), ..., Matriz_C(5,5)*, de tipo entero.

```
Public Matriz_D(1 To 12) As String * 60
```

Este ejemplo declara una matriz de una dimensión, *Matriz_D*, con doce elementos, *Matriz_D(1), ..., Matriz_D(12)*, cada uno de los cuales permite almacenar una cadena de caracteres de longitud fija (60 caracteres).

Matrices dinámicas

Cuando las dimensiones de una matriz no son siempre las mismas, la mejor forma de especificarlas es mediante variables. Una matriz declarada de esta forma es una matriz dinámica. El espacio necesario para una matriz estática se asigna al iniciarse el programa y permanecerá fijo. El espacio para una matriz dinámica será asignado durante la ejecución del programa. Una matriz dinámica puede ser redimensionada en cualquier momento durante la ejecución.

Para crear una matriz dinámica:

- Declare la matriz en la sección de declaraciones de un módulo con una sentencia **Public** si lo quiere global o con **Private** o **Dim** si lo quiere a nivel del módulo, o en un procedimiento con **Static** o **Dim** si lo quiere local. Para especificar que la matriz va a ser dinámica deje la lista de dimensiones vacía. Por ejemplo,

  ```
  Dim Matriz_A()
  ```

- Asigne el número actual de elementos con la sentencia **ReDim**.

  ```
  ReDim Matriz_A(N + 1)
  ```

La sentencia **ReDim** puede aparecer solamente en un procedimiento y permite cambiar el número de elementos de la matriz, no el número de dimensiones.

Por ejemplo, si declaramos la matriz *Matriz_A* a nivel de un módulo,

```
Private Matriz_A() As Integer
```

más tarde, un procedimiento *Cálculo* puede asignar espacio para la matriz, como se indica a continuación:

```
Sub Cálculo()
  Dim F As Integer, C As Integer
  '...
  ReDim Matriz_A(F, C)
  '...
End Sub
```

Cada vez que se ejecuta la sentencia **ReDim**, todos los valores almacenados en la matriz se pierden. Cuando le interese cambiar el tamaño de la matriz conservando sus valores, ejecute **ReDim** con la palabra clave **Preserve**. Por ejemplo, supongamos una matriz *A* de dos dimensiones. La sentencia

```
ReDim Preserve A(D1, UBound(A, 2) + 2)
```

incrementa el tamaño de la matriz *A* en dos columnas más. La función **UBound** del ejemplo devuelve el valor más alto de la segunda dimensión.

Para aumentar o disminuir el tamaño actual de una matriz multidimensional, sólo se puede cambiar el límite superior de la última dimensión. Cualquier otro intento produce un error. Evidentemente, si se disminuye el tamaño de la matriz hay una pérdida parcial de datos.

Es posible asignar el contenido completo de una matriz a otra matriz, siempre y cuando la matriz del lado izquierdo de la asignación sea una matriz dinámica. Las matrices estáticas sólo pueden aparecer a la derecha de una asignación. Por ejemplo:

```
Dim m() As Integer
Dim x() As Integer
' ...
ReDim m(1 To nf, 1 To nc)
ReDim x(1 To nf, 1 To nc)
' ...
x = m
```

Matrices que contienen otras matrices

Visual Basic permite crear una matriz de tipo **Variant** y a su vez, asignar a cada uno de sus elementos una matriz del tipo deseado. Por ejemplo,

```
Public Sub Test()
  Dim I As Integer
  Dim Matriz_I(1 To 10) As Integer 'matriz de enteros
  Dim Matriz_S(1 To 10) As String  'matriz de cadenas
  Dim Matriz_V(1 To 2) As Variant  'matriz genérica
  For I = 1 To 10
    Matriz_I(I) = I
  Next I
  For I = 1 To 10
    Matriz_S(I) = "Cadena" & I
  Next I
  'Iniciar la matriz genérica con otras matrices
  Matriz_V(1) = Matriz_I
  Matriz_V(2) = Matriz_S
  'Visualizar cada uno de los miembros de las matrices
  For I = 1 To 10
    MsgBox Matriz_V(1)(I) & " - " & Matriz_V(2)(I)
  Next I
End Sub
```

En el ejemplo anterior puede observar cómo a cada elemento de la matriz **Variant** se le asigna una matriz. Para acceder al elemento *I* de la matriz de enteros *Matriz_V(1)*, escribiríamos:

```
Matriz_V(1)(I) 'elemento I de la matriz de enteros
```

Para la matriz de cadenas, el razonamiento sería análogo.

Matrices de controles

Una *matriz de controles* es un grupo de controles que comparten el mismo nombre y tipo. A su vez, comparten los mismos procedimientos conducidos por eventos. Una matriz de controles tiene al menos un elemento y el número de elementos que puede llegar a tener depende de los recursos y de la memoria disponible. En cualquier caso el número de elementos no puede exceder de 32767.

Para crear una matriz de controles es suficiente con asignar el mismo nombre a dos o más controles (propiedad **Name**) durante el diseño de una aplicación, o bien asignar un valor a la propiedad **Index** de un control. En el último caso se genera una matriz de un solo elemento, lo cual es útil cuando se quieren crear controles en tiempo de ejecución.

A diferencia de una matriz de variables, una matriz de controles no se declara en el código, está limitada a una sola dimensión, la cual no tiene definido el límite superior (el límite inferior es cero), para ser pasada como un único argumento hay que utilizar en el procedimiento un parámetro de tipo **Variant**, y los índices no necesariamente tienen que ser consecutivos. Por ejemplo, *MiMatriz(1)* y *MiMatriz(7)* ambos pueden corresponder a controles, aunque no haya controles con los índices 2 a 6. Cuando Visual Basic crea una matriz de controles, asigna por omisión los índices 0, 1, ..., los cuales pueden modificarse a voluntad del usuario, cambiando el valor de la propiedad **Index**. Esta operación sólo puede realizarse durante el diseño.

Cuando cualquier control de la matriz reconoce un evento, Visual Basic pasa el índice como un argumento extra. Este argumento siempre va antes que cualquier otro argumento. Por ejemplo:

```
Sub MiMatriz_Click(Index As Integer, Dato As Integer)
```

El valor de *Index* puede utilizarse dentro del procedimiento para determinar qué control ha recibido el evento. Un elemento de la matriz de controles puede referenciarse escribiendo *NombreMatriz(Index)*, nomenclatura que puede utilizarse en cualquier lugar donde pueda especificarse el nombre del control.

ESTRUCTURAS

Una estructura o registro es un nuevo tipo de datos definido por el usuario que puede ser manipulado de la misma forma que los tipos predefinidos. Una estructura puede definirse como una colección de datos de diferentes tipos evidentemente relacionados.

Para crear una estructura hay que utilizar la sentencia **Type ... End Type**. Esta sentencia solamente puede aparecer en la sección de declaraciones de un módulo. Por ejemplo:

```
Private Type Ficha
  Nombre As String * 60
  Dirección As String * 40
  Teléfono As Long
  DNI As Long
End Type
```

Este ejemplo declara un tipo de datos denominado *Ficha* que consta de cuatro miembros o campos, denominados *Nombre*, *Dirección*, *Teléfono* y *DNI*.

Una vez definido un tipo de datos, podemos declarar variables de ese tipo, globales, a nivel de un módulo o locales. Por ejemplo:

```
Dim Alum As Ficha
```

Este ejemplo declara la variable *Alum* de tipo *Ficha*. Esta variable está formada por los miembros *Nombre*, *Dirección*, *Teléfono* y *DNI*.

La siguiente tabla indica dónde y con qué ámbito se pueden declarar tipos definidos por el usuario, así como variables de esos tipos.

Procedimiento/Módulo	**Puede *crear* una estructura como...**	**Las *variables* de una estructura pueden ser...**
Procedimientos	No puede	Sólo locales
Módulos estándar	Private o Public	Private o Public
Formularios	Sólo Private	Sólo Private
Clases	Sólo Private	Sólo Private

Para referirse a un determinado miembro de una estructura se utiliza la notación *variable.miembro*. Por ejemplo:

```
Alum.DNI = 111333444
```

A su vez, un miembro de una estructura puede ser otra estructura. Por ejemplo, observe a continuación el miembro *Alta*.

```
Private Type Fecha
  Día As Integer
  Mes As Integer
  Año As Integer
End Type

Private Type Ficha
  FechaContrato As Fecha
  Nombre As String * 60
  Dirección As String * 40
  Teléfono As Long
  DNI As Long
End Type
```

Puesto que el miembro *FechaContrato* es a su vez una estructura, para acceder a uno de sus miembros, por ejemplo a *Día*, escribiríamos:

```
Dim Alum1 As Ficha
Alum1.FechaContrato.Día = 15
```

También, una estructura puede asignarse a otra estructura. Por ejemplo,

```
Dim Alum1 As Ficha, Alum2 As Ficha
'...
Alum2 = Alum1
```

Un tipo definido por el usuario puede también contener miembros que sean matrices estáticas (de longitud fija) y matrices dinámicas.

```
Private Type Ficha
  Nombre As String * 60
  Dirección As String * 40
  Asignaturas() As String      'matriz dinámica
  AsigsOptativas(3) As String 'matriz de longitud fija
  Teléfono As Long
  DNI As Long
End Type
```

Para acceder a un elemento de un miembro que es una matriz, por ejemplo al elemento *AsigsOptativas(0)*, escribiríamos:

```
Dim Alum1 As Ficha
Alum1.AsigsOptativas(0) = "Informática I"
```

También es posible declarar una matriz de estructuras. Por ejemplo,

```
Dim Alum(99) As Ficha
```

Este ejemplo define una matriz de 100 elementos, *Alum(0)* a *Alum(99)*, cada uno de los cuales es una estructura de tipo *Ficha*. Para acceder a un miembro del elemento *I* de la matriz, por ejemplo a *Nombre*, escribiríamos:

```
Alum(I).Nombre = "Fco. Javier"
```

En muchas ocasiones, una alternativa más flexible a un tipo definido por el usuario puede ser una matriz **Variant** (dinámica, si es necesario); sin embargo, la cantidad de memoria necesaria es mayor.

SENTENCIA With ... End With

A menudo necesitará realizar varias acciones diferentes sobre el mismo objeto. Por ejemplo, puede que necesite establecer varias propiedades de un mismo objeto. Una manera de hacerlo es la siguiente:

```
Private Sub Form_Load()
  MiBotón.Caption = "Aceptar"
  MiBotón.Visible = True
  MiBotón.Top = 250
  MiBotón.Left = 5500
  MiBotón.Enabled = True
End Sub
```

Observe que todas estas sentencias utilizan la misma variable objeto, *MiBotón*. Puede hacer que este código resulte más fácil de escribir, más legible y más eficiente si utiliza la sentencia **With ... End With**.

```
Private Sub Form_Load()
  With MiBotón
    .Caption = "Aceptar"
    .Visible = True
    .Top = 200
    .Left = 5000
    .Enabled = True
  End With
End Sub
```

La sentencia **With** puede aplicarla también sobre un objeto o variable de un tipo definido por el usuario. Por ejemplo:

```
Dim Alum1 As Ficha
'...
With Alum1
  .Nombre = "Javier"
  .DNI = 111222333
End With
```

También puede anidar instrucciones **With** si coloca una sentencia **With ... End With** dentro de otra.

PROCEDIMIENTOS Y FUNCIONES

En Visual Basic, el código es almacenado en módulos. Hay tres clases de módulos: formularios (*.frm*), módulos estándar (*.bas*) y clases (*.cls*). Cada módulo puede contener:

- Declaraciones de constantes, de tipos, de variables y de procedimientos de DLL).
- Procedimientos conducidos por eventos.
- Procedimientos y funciones generales (estándar).
- Procedimientos **Property**.

La base de una aplicación en Visual Basic la forman sus procedimientos conducidos por eventos. Un *procedimiento conducido por un evento* es el código que es invocado cuando un objeto reconoce que ha ocurrido un determinado evento.

Cuando varios procedimientos conducidos por eventos necesiten ejecutar un mismo proceso, por ejemplo visualizar un diagrama de barras, la mejor forma de proceder es colocar el código común en un *procedimiento estándar*, perteneciente a un módulo estándar, que será invocado desde cada procedimiento conducido por un evento que necesite ejecutar dicho código. De esta forma se elimina la necesidad de duplicar código. Un *procedimiento estándar* es invocado cuando se hace una llamada explícita al mismo.

Un procedimiento estándar puede escribirse como procedimiento **Sub** o como función **Function**. Un procedimiento conducido por un evento siempre es un procedimiento **Sub**.

Un procedimiento **Property** permite crear propiedades para una clase y manipularlas. Los módulos de clases son la base de la programación orientada a objetos en Visual Basic. Los objetos de estas clases pueden incluir su propias propiedades y métodos, pero no sus propios eventos. Tanto las clases como los procedimientos **Property** serán estudiados en otro capítulo dedicado a objetos.

Ámbito de un procedimiento

Cuando un procedimiento no se califica explícitamente con las palabras reservadas **Public** o **Private** es, por omisión, *público* en todos los módulos. Lógicamente el carácter *público* de un procedimiento puede ser cambiado a *privado*, modificando así su accesibilidad. Por ejemplo, el siguiente procedimiento escrito en cualquier módulo es público:

```
Sub MiProc()
  'Declaraciones y sentencias
End Sub
```

Consecuentemente, un procedimiento público (**Public**) puede invocarse desde cualquier parte de la aplicación, pero un procedimiento privado (**Private**) sólo puede ser llamado desde otros procedimientos que estén en el mismo módulo.

Cuando un procedimiento es llamado para su ejecución, Visual Basic busca ese procedimiento en el módulo donde nos encontremos. Si no lo encuentra, entonces continúa la búsqueda en el resto de los módulos de la aplicación.

Crear un procedimiento general

Para crear un procedimiento general, primero diríjase a la ventana del proyecto, elija el módulo donde quiere definir el procedimiento y abra la ventana de código correspondiente haciendo clic en el botón *Ver código*. A continuación ejecute la orden *Agregar procedimiento...* del menú *Herramientas*. También, puede escribir **Sub** o **Function** seguido del nombre del procedimiento directamente sobre la ventana de código; en este último caso, al pulsar la tecla *Entrar* Visual Basic completará la esqueleto del procedimiento.

Para editar un procedimiento general existente, seleccione "*(General)*" en la lista *objeto* de la ventana de código y a continuación seleccione el procedimiento en la lista *procedimiento*.

Funciones (Function)

Una función es un procedimiento que cuando se ejecuta devuelve un resultado. La sintaxis correspondiente a una función es la siguiente:

[**Private**|**Public**] [**Static**] **Function** *nombre*[(*parámetros*)] [**As** *tipo*]
  [*sentencias*]
  [*nombre* = *expresión*]
  [**Exit Function**]
  [*sentencias*]
  [*nombre* = *expresión*]
End Function

nombre — es el nombre de la función; su tipo determina el tipo de datos que devuelve la función. Para especificar el tipo, utilice los caracteres de declaración de tipo o la cláusula **As** *tipo* (**Integer**, **Long**, **Single**, **Double**, **Currency**, **String** (sólo de longitud variable), **Variant**, *tipo definido por el usuario*, etc.); el tipo es **Variant** por omisión.

parámetros — son una lista de variables separadas por comas que se corresponden con los argumentos que son pasados cuando es invocada la función. Cuando se llama a una función, Visual Basic asigna el valor de cada argumento en la llamada al parámetro que ocupa su misma posición en la lista de parámetros de la función.

expresión — define el valor devuelto por la función. Este valor es almacenado en el propio *nombre* de la función, que actúa como variable dentro del cuerpo de la misma. Si no se efectúa esta asignación, el resultado devuelto será 0 si ésta es numérica, nulo ("") si la función es de caracteres, o vacío (**Empty**) si la función es **Variant**.

Exit Function permite salir de una función. **Exit Function** no es necesaria a no ser que se necesite retornar a la sentencia situada inmediatamente a continuación de la que efectuó la llamada antes de que la función finalice.

End Function esta sentencia, al igual que **Exit Function**, devuelve el control a la sentencia que se encuentra inmediatamente a continuación de la que efectuó la llamada, continuando de esta forma la ejecución del programa.

La llamada a una función es de la forma:

[*variable* =] *nombre* [*(argumentos)*]

argumentos son una lista de constantes, variables o expresiones separadas por comas. El número de argumentos debe ser igual al número de parámetros de la función. Los tipos de los argumentos deben coincidir con los tipos de sus correspondientes parámetros.

Por compatibilidad con otros lenguajes, es aconsejable escribir los paréntesis cada vez que se llama a una función, aunque ésta no tenga argumentos. Una llamada a una función puede formar parte de una expresión.

El siguiente ejemplo corresponde a una función que devuelve como resultado el factorial de un número N.

```
Public Function Factorial(N As Integer) As Long
  Dim F As Long
  If N = 0 Then
    Factorial = 1
  Else
    F = 1
    Do While N > 0
      F = N * F
      N = N - 1
    Loop
    Factorial = F
  End If
End Function
```

La llamada a esta función se hará de la forma siguiente:

```
Fact = Factorial(Num)
```

Procedimientos (Sub)

La sintaxis que define un procedimiento es la siguiente:

> [**Private**|**Public**] [**Static**] **Sub** *nombre*[(*parámetros*)]
>   [*sentencias*]
>   [**Exit Sub**]
>   [*sentencias*]
> **End Sub**

La explicación es análoga a la dada para las funciones (**Function**).

La llamada a un procedimiento puede ser de alguna de las dos formas siguientes:

> **Call** *nombre* [(*argumentos*)]
> *nombre* [*argumentos*]

A diferencia de una función, un procedimiento no puede ser utilizado en una expresión, ya que un procedimiento no retorna un valor a través de su nombre.

Para declarar procedimientos externos, esto es, procedimientos contenidos en una DLL, utilice la sentencia **Declare**. Una sentencia **Declare** debe aparecer en la sección de declaraciones del módulo.

El siguiente ejemplo corresponde a un procedimiento (**Sub**) que devuelve como resultado el factorial de un número N.

```
Public Sub Factorial(N As Integer, F As Long)
  If N = 0 Then
    F = 1
  Else
    F = 1
    Do While N > 0
      F = N * F
      N = N - 1
    Loop
  End If
End Sub
```

La llamada a este procedimiento puede ser de cualquiera de las dos formas siguientes:

```
Factorial N, F
Call Factorial(N, F)
```

Llamar a procedimientos en otros módulos

Para llamar a un procedimiento público (**Sub** o **Function**) de un formulario o de una clase desde cualquier otro módulo hay que utilizar la siguiente sintaxis:

form.procedimiento(args)

donde *form* representa el formulario al cual pertenece el procedimiento llamado.

Para llamar a un procedimiento público de un módulo estándar desde cualquier otro módulo puede hacerlo de las dos maneras siguientes:

módulo.procedimiento(args)
procedimiento(args)

donde *módulo* se refiere al nombre del módulo estándar al que pertenece el procedimiento. El nombre del módulo será obligatorio especificarlo cuando existan dos o más procedimientos con el mismo nombre, en diferentes módulos.

Declarar todas las variables locales como estáticas

Para hacer que todas las variables locales de un procedimiento (**Sub** o **Function**) sean por omisión estáticas, hay que colocar al principio de la cabecera del procedimiento la palabra clave **Static**. Por ejemplo:

```
Public Static Sub Proc_1(X As Double, N As Integer)
  '...
End Sub
```

Declarar un procedimiento privado

Para hacer que un procedimiento (**Sub** o **Function**) sólo sea accesible desde los procedimientos del módulo al cual pertenece, hay que colocar al principio de la cabecera del procedimiento la palabra clave **Private**. Por ejemplo,

```
Private Sub Proc_1(X As Double, N As Integer)
  '...
End Sub
```

Si no se especifica la palabra clave **Private** se supone que el procedimiento es **Public**, lo que significa que puede ser invocado desde otros módulos.

Argumentos por referencia y por valor

En los procedimientos (**Sub** o **Function**), los argumentos se pasan por *referencia*; de este modo, cualquier cambio de valor que sufra un parámetro en el cuerpo del procedimiento, también se produce en el argumento correspondiente de la llamada al procedimiento.

Cuando se llama a un procedimiento (**Sub** o **Function**), se podrá especificar que el valor de un argumento no sea cambiado por ese procedimiento, poniendo dicho argumento entre paréntesis en la llamada. Un argumento entre paréntesis en la llamada es un argumento pasado por *valor*. Por ejemplo:

```
Factorial (Num), Fact
```

Observe la llamada al procedimiento *Factorial*; el argumento *Num* es pasado por valor, lo cual significa que se pasa una copia de *Num*. Si el procedimiento cambia ese valor, el cambio afecta sólo a la copia y no a la propia variable *Num*.

Otra forma de especificar que un argumento será pasado por valor es anteponiendo la palabra **ByVal** a la declaración del parámetro en la cabecera del procedimiento (**Sub** o **Function**). Análogamente, **ByRef** especifica que el parámetro será pasado por referencia; por omisión se supone **ByRef**. Por ejemplo:

```
Sub Factorial(ByVal N As Integer, F As Long)
```

Una estructura (tipo definido por el usuario) también se puede pasar como argumento a un procedimiento. Así mismo, una función puede retornar una estructura. Pero en el caso de un formulario o de una clase, el procedimiento (**Sub** o **Function**) tiene que ser **Private**. Los argumentos de un tipo definido por el usuario son siempre pasados por referencia.

Argumentos que son matrices

A una función o a un procedimiento se le puede pasar como argumento una matriz íntegra. Las matrices tienen que ser pasadas por referencia. Por ejemplo,

```
Private Sub Form_Click()
  Static A(3) As Integer
  A(0) = 10: A(1) = 20: A(2) = 30: A(3) = 40
  Call Sum(A)
End Sub
```

```
Public Sub Sum(MatrizX() As Integer)
  Dim X, Suma
  For Each X In MatrizX
    Suma = Suma + X
  Next X
  MsgBox Suma
End Sub
```

En el ejemplo anterior, el procedimiento *Form_Click* invoca al procedimiento *Sum* pasándole como argumento una matriz de enteros *A* (en versiones anteriores para pasar una matriz como argumento se escribía, por ejemplo, *A()*)

Argumentos opcionales

La lista de parámetros de un procedimiento puede incluir parámetros opcionales utilizando la palabra clave **Optional**. Si se especifica un argumento opcional, todos los argumentos subsiguientes de la lista de argumentos deben ser también opcionales y se deben declarar con la palabra clave **Optional**.

También es posible especificar un valor predeterminado para un argumento opcional. Si no se especifica, tomará el valor predeterminado por Visual Basic (0 para los parámetros numéricos, **Empty** para los **Variant**, etc.). Por ejemplo:

```
Public Sub Visualizar(a As Integer, _
                      Optional b As Single = 2.5, _
                      Optional c As Double = 3.456)
  Debug.Print "Parámetro 1 = "; a;
  Debug.Print ", parámetro 2 = "; b;
  Debug.Print ", parámetro 3 = "; c
End Sub
```

Este procedimiento puede ser invocado de las formas siguientes:

```
Private Sub Command1_Click()
  Visualizar 2
  Visualizar 2, 3.7
  Visualizar 2, 3.7, 8.125
  Visualizar 2, , 8.125
End Sub
```

Observe en este ejemplo que el primer parámetro no está definido como opcional, por lo que siempre habrá que especificar al menos un argumento en la llamada.

Número indefinido de argumentos

La palabra clave **ParamArray** permite especificar que un procedimiento aceptará un número arbitrario de argumentos. Eso permite escribir funciones como la siguiente:

```
Public Sub Visualizar(ParamArray matriz())
  Dim x As Variant, i As Integer
  For Each x In matriz
    i = i + 1
    Debug.Print "parámetro"; i; "="; x;
  Next x
  Debug.Print
End Sub
```

Este procedimiento puede ser invocado de las formas siguientes:

```
Private Sub Command1_Click()
  Visualizar 2
  Visualizar 2, 3.7
  Visualizar 2, 3.7, 8.125
End Sub
```

Argumentos con nombre

En algunas funciones, sentencias y métodos, Visual Basic proporciona la opción de utilizar argumentos con nombre. Utilizando argumentos con nombre puede pasar algunos o todos los argumentos, en cualquier orden, asignando un valor al argumento con nombre. Para ello, tiene que utilizar la siguiente sintaxis:

MiArgumento:= *dato*

Estas asignaciones las puede colocar en cualquier secuencia, delimitadas con comas.

```
Sub AñadirDatos(nombre As String, Optional sueldobase As Variant)
  Form1.List1.AddItem nombre
  Form1.List2.AddItem sueldobase
End Sub

Private Sub Command1_Click()
   AñadirDatos sueldobase:=327456, nombre:="Su nombre"
End Sub
```

Observe que los argumentos pasados por *Command1_Click* a *AñadirDatos* son los declarados en este último procedimiento, razón por la que no hay que declararlos en el procedimiento que llama. Observe también que se pasan en orden inverso a como se esperan.

Esto no es más que una alternativa a los argumentos opcionales vistos anteriormente.

Procedimientos recursivos

Se dice que un procedimiento (**Sub** o **Function**) es recursivo si se llama a sí mismo.

La función **Factorial**, cuyo código se presenta a continuación, es recursiva.

```
Function Factorial(N As Integer) As Long
  If N = 0 Then
    Factorial = 1
  Else
    Factorial = N * Factorial(N - 1)
  End If
End Function
```

OBJETOS

Un *objeto* es una entidad que tiene unos atributos particulares, los *datos* o *propiedades*, y unas formas de operar sobre ellos, los *métodos* o *procedimientos*. Cada objeto en Visual Basic está definido por una clase (*class*), entendiendo por *clase* un tipo de objetos.

Cuando usted crea una aplicación en Visual Basic, trabaja con objetos; usted crea formularios y sobre ellos dibuja controles; los formularios y los controles son objetos. Cada uno de estos objetos tiene asociadas un conjunto de propiedades.

Propiedades y métodos de los objetos

La forma general de referirse a una propiedad o a un método de un objeto es

objeto.propiedad
objeto.método

Por ejemplo, supongamos el objeto *Texto* y su propiedad *Text*. Las siguientes operaciones serían válidas:

```
Dim Suma As Single, Total As Single
```

```
'...
Suma = CDbl(Texto.Text)
'...
Texto.Text = "El total es " & Str(Total)
```

La función **Val** sólo reconoce el punto (.) como separador decimal válido. Cuando el separador decimal pueda ser otro (por ejemplo, en aplicaciones internacionales), se debe utilizar **CDbl** para convertir una cadena a un número. **Str** convierte un número en una cadena de caracteres. El operador **&** enlaza las dos cadenas para formar otra.

Estas conversiones pueden también ser realizadas implícitamente por Visual Basic, lo que permite escribir el ejemplo anterior así:

```
Suma = Texto.Text
'...
Texto.Text = "El total es " & Total
```

Recuerde que el operador & fuerza la concatenación de dos expresiones (si alguna de las expresiones no es una **String**, es convertida a una **String**). Por lo tanto, puede asignar a la propiedad **Text** de una caja de texto, de una lista o de una lista desplegable, una mezcla de cadenas de caracteres y datos numéricos sin tener que realizar la conversión explícita de estos últimos.

Cuando usted se refiera a una propiedad de un formulario en el código de ese formulario, puede omitir el nombre del formulario.

```
Sub Form_Click()
  Caption = "Nuevo Título"
End Sub
```

Todos los controles tienen una propiedad que usted puede utilizar para almacenar o recuperar información. Por ejemplo, en una caja de texto esta propiedad es **Text**, en una etiqueta es **Caption**, en una lista de ficheros es **Name**, etc. Pues bien, a esta propiedad se puede acceder utilizando simplemente el nombre del control. Esto da lugar a que el código se ejecute más rápido. Por ejemplo,

```
Text1 = "La nota es " & 9.5

Sub File1_Click()
  '...
  Label1 = File1
  '...
End Sub
```

Propiedades y controles de otros formularios

Cuando una aplicación tiene varios formularios y/o módulos, usted se encontrará más de una vez en la necesidad de tener que referirse a las propiedades y a los controles de un formulario desde el código de otro formulario o módulo.

Para referirse a una *propiedad* de un formulario desde otro formulario o módulo, debe especificar el nombre del formulario. Por ejemplo:

```
Form1.Caption = "Formulario 1"
Form1.Height = 2200
```

Para referirse a un *control* de un formulario desde otro formulario o módulo, es aconsejable especificar el nombre del formulario separado del nombre del control por el operador **!**:

```
Form1!Text1.Text = "Introduce la clave aquí"
Form1!Text1.BackColor = &H8080&
Form1!Text1.ForeColor = &H0
```

En el caso de que un control tenga el mismo nombre que una propiedad del formulario que lo contiene, con un punto siempre haría referencia a la propiedad, y con una admiración, al control. Por ejemplo,

```
Form2.Font = "Arial"
Form2!Font.Text = "Introduce la fuente aquí"
```

En el ejemplo anterior, la primera sentencia hace referencia a la propiedad *Font* del formulario *Form2* y la segunda al control *Font*. En cualquier caso, evite utilizar nombres ya predefinidos en Visual Basic.

Crear objetos

La forma más sencilla de crear un objeto es hacer doble clic en un control de la caja de herramientas. Sin embargo, puede obtener mayores ventajas utilizando las características de programación de Visual Basic para crear objetos durante la ejecución. Por ejemplo, puede crear referencias a un objeto con variables objeto.

Una variable objeto no contiene una copia de un objeto, sino una *referencia* a dicho objeto.

Utilizar una variable objeto es similar a utilizar una variable convencional. En este caso, declarábamos la variable y le asignábamos un valor inicial; después, la variable podía cambiar de valor. Con variables objeto, ocurre exactamente igual:

- Primero, declárela:

  Dim *variable* **As** *clase*

- Luego, asígnele un objeto:

  Set *variable* = *objeto*

Una variable objeto se declara igual que cualquier otra variable, con la diferencia de que ahora interviene una *clase* y opcionalmente la palabra clave **New**. La sintaxis es:

{**Dim** | **ReDim** | **Static** | **Private** | **Public**} *VarObj* **As** [**New**] *clase*

donde *VarObj* es el nombre dado a la variable objeto y *clase* se refiere a:

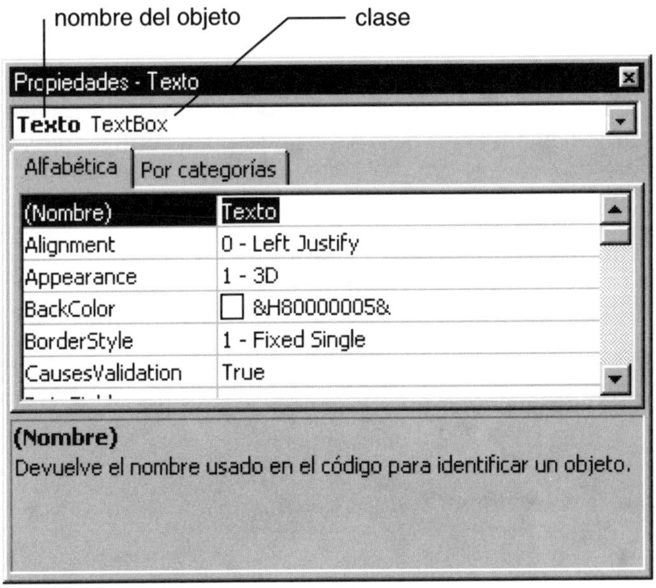

- Un formulario existente en la aplicación (un tipo de objeto particular):

```
'Variables objeto de tipo Form1
Dim F1 As New Form1 'puede referenciar un form de tipo Form1
Dim F2 As Form1     'puede referenciar un form de tipo Form1
```

- Un tipo de objeto genérico como **Object**, **Form**, **Control** o **MDIForm**. Por ejemplo:

```
'Variables genéricas
Dim Ob As Object  'puede referenciar cualquier objeto
```

```
Dim F3 As Form      'puede referenciar cualquier formulario
Dim C2 As Control   'puede referenciar cualquier control
```

- Una clase específica de objetos como **TextBox** o **CommandButton**. Por ejemplo:

```
'Variable objeto de tipo TextBox
Dim Texto As TextBox 'puede referenciar cualquier caja de texto
```

Es más rápido enlazar con el objeto referenciado cuando la variable es de una clase específica que cuando es genérica.

Observe que es posible declarar una variable objeto que se refiera a un formulario particular de la aplicación o a un control de un tipo específico, pero no a un control particular de la aplicación como, por ejemplo, *Texto* (un objeto particular se identifica por su nombre: propiedad **Name**).

Si al declarar la variable se utiliza la palabra clave **New**, la primera vez que se utilice esa variable se creará un objeto de la clase especificada. Esto evita tener que utilizar la palabra clave **Set**. **New** no se puede utilizar para crear:

- Variables de los tipos intrínsecos.

```
Dim Var As New Integer
```

- Variables de cualquier tipo genérico de objetos.

```
Dim Var As New Control
```

- Variables de cualquier tipo de control específico.

```
Dim Var As New TextBox
```

- Variables de cualquier control específico.

```
Dim Var As New Texto
```

Por ejemplo, cree un formulario *Form1* con un botón de pulsación *Command1* y escriba el siguiente código:

```
Private Sub Command1_Click()
  Dim MiForm As New Form1    'Variable objeto;
                             'se crea un nuevo ejemplar.
  MiForm.Show    'Carga y visualiza MiForm

  'Mover y colorear el nuevo ejemplar
  MiForm.Move Left + (Width \ 10), TOP + (Height \ 6)
  MiForm.BackColor = RGB(Rnd * 256,Rnd * 256,Rnd * 256)
End Sub
```

La primera línea del procedimiento *Command1_Click* anterior declara la variable *MiForm*, que representa un formulario del tipo de *Form1*. **New** hace que Visual Basic cree automáticamente un nuevo ejemplar de *Form1* y asignará una referencia del objeto la primera vez que la variable *MiForm* sea utilizada. Esto ocurre en la siguiente línea; el método **Show** carga y visualiza el nuevo formulario, el cual es una copia exacta del original. Las siguientes sentencias se encargan de moverlo a una posición relativa a la posición actual y de colorearlo. Esto es, cada nuevo ejemplar inicia sus propiedades con los valores que tenía el formulario original en tiempo de diseño, pero una vez creado, podemos modificar sus propiedades independientemente del resto de los ejemplares.

Cuando ejecute esta aplicación, visualizará algo parecido a la siguiente figura:

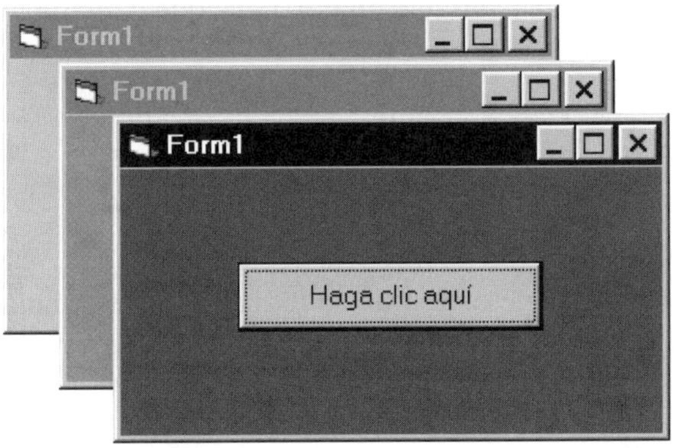

Como la variable objeto *MiForm* es local, deja de existir cuando el procedimiento finaliza, pero el formulario continúa existiendo (en este punto, el ejemplar podría referenciarse por **Me**, **Screen.ActiveForm** o **MDI.ActiveForm**, o por la colección de formularios, como veremos más adelante) hasta que sea cerrado o descargado. La siguiente vez que se ejecute el procedimiento, la variable es nuevamente iniciada; por lo tanto, no referencia ningún formulario, lo que hace que la siguiente línea (**Show**) cargue y visualice un nuevo formulario, y así sucesivamente. Pruebe a definir la variable objeto **Public** en un módulo estándar y observe cómo ahora se crea un nuevo formulario sólo la primera vez. Las siguientes veces, como ya existe la variable y está referenciando al formulario creado, no se creará un nuevo formulario, simplemente se moverá y cambiará de color. Esto demuestra que la variable objeto que referencia un ejemplar de un tipo de formulario y el propio ejemplar tienen existencias separadas. Por eso, cuando un ejemplar sea descargado se debe poner también la variable objeto que lo referenciaba a valor **Nothing** (ver el siguiente apartado).

Utilizar variables declaradas con **New** puede hacer más lenta la aplicación, porque cada vez que Visual Basic encuentra una variable declarada mediante **New**, debe probar si ya se ha asignado a la variable una referencia a un objeto.

A diferencia de los formularios, los objetos creados de una *clase* propia son automáticamente destruidos cuando no haya una variable que los referencie.

Asignación de un objeto a una variable objeto

Para asignar un objeto a una variable objeto, utilice la sentencia **Set**:

Set *VarObj* = *RefObj*

donde *VarObj* es la variable objeto y *RefObj* es un objeto o una referencia a un objeto (otra variable objeto).

Cuando declare una variable objeto, tiene que iniciarla antes de utilizarla:

```
Dim FormA As Form      'puede referenciar cualquier formulario
Dim TextA As Control   'puede referenciar cualquier control
Set FormA = Screen.ActiveForm   'FormA se refiere al
                                'formulario activo
Set TextA = Text1               'TextA se refiere a Text1
```

Cuando una variable objeto no se refiere a un determinado objeto, tiene asignado el valor especial **Nothing** (nada). Usted puede asignar explícitamente este valor a una variable objeto utilizando la sentencia **Set**:

```
Set FormA = Nothing
```

Set asigna a la variable objeto una referencia al objeto especificado, no una copia del objeto. Quiere esto decir que cuando un objeto está referenciado por más de una variable objeto, un cambio en el objeto desde una de las referencias se ve desde todas ellas. Por ejemplo:

```
Dim C1 As Control, C2 As Control
Set C1 = Form1.Label1
Set C2 = C1
C1.BackColor = RGB(0, 255, 0)
```

Si ahora usted verifica la propiedad **BackColor** de *C2*, observará que su valor es el mismo que se ha establecido para *C1*.

También se puede utilizar **New** con **Set** para crear un nuevo ejemplar de un formulario. La forma genérica de hacerlo es:

Set *VarObj* = **New** *TipoObj*

Por ejemplo, podemos declarar una variable objeto global *MiForm*, y utilizarla en cualquier parte del código de forma similar a como se indica a continuación:

```
Public MiForm As Form

Set MiForm = New Form1
MiForm.Show
```

Utilizar **New** con **Set** es más rápido y es el método que se recomienda. Por ejemplo, el procedimiento anterior también puede escribirlo así:

```
Private Sub Command1_Click()
  Dim MiForm As Form1     'Variable objeto de tipo Form1
  Set MiForm = New Form1 'Crea un formulario de la clase Form1

  MiForm.Show   'Carga y visualiza MiForm
  'Mover y colorear el nuevo ejemplar
  MiForm.Move Left + (Width \ 10), Top + (Height \ 6)
  MiForm.BackColor = RGB(Rnd * 256, Rnd * 256, Rnd * 256)
End Sub
```

Tipo de una variable objeto

Para determinar el tipo de una variable objeto, utilice alguna de las sentencias siguientes:

{**If** | **ElseIf**} **TypeOf** *VarObj* **Is** *TipoObj* **Then**

donde *VarObj* es la variable que representa un objeto y *TipoObj* es un tipo de objeto general o específico:

Por ejemplo, el siguiente fragmento coloca una cadena de caracteres en un control, si el control es una caja de texto.

```
Public Sub InicioControl(Fuente As Control)
  '...

  If TypeOf Fuente Is TextBox Then
    Fuente.Text = "Correcto"
  End If
End Sub
```

La cláusula **ElseIf** se utiliza como se indicó al hablar de la estructura **If** en este mismo capítulo. Por ejemplo,

```
Public Sub InicioControl(Fuente As Control)
  '...

  If C = 1 Then
    Exit Sub
  ElseIf TypeOf Fuente Is TextBox Then
    Fuente.Text = "Correcto"
  End If
End Sub
```

Múltiples ejemplares de un formulario

Todos los ejemplares de un tipo particular de formulario comparten el mismo código (procedimientos conducidos por eventos y procedimientos generales del formulario), pero cada ejemplar de ese formulario tiene su propia copia de los datos (propiedades, controles y variables locales, estáticas y a nivel del formulario). Una variable pública (**Public**) definida en un formulario, pertenece al formulario, pero se puede acceder a ella desde otros módulos.

Cuando ocurre un evento en uno de los ejemplares del formulario, se ejecuta el procedimiento conducido por ese evento con los datos propios del ejemplar. La mayoría de las veces el código que se ejecuta no necesita distinguir el ejemplar sobre el que se está actuando. Sin embargo, algunas veces sí que es necesario. Por ejemplo, la sentencia **Unload** necesita saber sobre qué formulario tiene que aplicarse. Esta información nos la proporciona la palabra clave **Me**. Por ejemplo:

```
Private Sub Command2_Click()
  Unload Me
End Sub
```

Me *siempre se refiere al ejemplar del formulario en el que el código se está ejecutando.*

En muchas ocasiones **Me** y **Screen.ActiveForm** significan lo mismo. Pero también una referencia a **Me** puede referirse a un formulario diferente a **Screen.ActiveForm**. Por ejemplo, como se verá más adelante, un evento originado por un temporizador puede suceder en un formulario que no es el formulario activo. De ahí la importancia de la definición anterior.

Me se puede utilizar en cualquier parte del código donde pueda utilizarse una variable objeto que representa un formulario.

Matrices de objetos

Para declarar una matriz de un tipo de objetos, aplique los mismos conocimientos que utiliza para declarar una matriz de cualquier otro tipo. Estas matrices pueden ser estáticas o dinámicas. Dependiendo del tipo de los objetos, las matrices de objetos se clasifican en:

- Matrices de variables objeto que representan formularios.
- Matrices de variables objeto que representan controles.

Cuando declare una matriz de objetos para almacenar controles de un tipo específico, sólo podrá asignar controles de ese tipo a cada uno de los elementos de la matriz. Para poder asignar un control cualquiera a cada uno de los elementos, declare una matriz de objetos de tipo **Control**.

```
Public MiControl() As Control 'matriz dinámica
'...
ReDim Preserve MiControl(NuevoInd)
```

No confunda una matriz de variables objeto que representan controles, con una matriz de controles expuesta anteriormente en este mismo capítulo.

Liberar recursos

Cada objeto usa memoria y recursos del sistema. Por lo tanto, es una buena práctica liberar los recursos utilizados por un objeto cuando éste no se vaya a utilizar más. Para ello, puede utilizar la sentencia **Unload** para descargar el objeto de memoria y asignar a la variable objeto el valor **Nothing** para liberar los recursos.

COLECCIONES

Un control de un formulario está contenido en el formulario. Esto coloca los controles en una jerarquía que determina cómo se relacionan los controles entre sí (en general los objetos) y cómo se puede tener acceso a ellos. En la mayoría de los casos, no es necesario conocer la jerarquía de objetos de Visual Basic. Sin embargo, tiene que aplicar este concepto cuando quiere acceder a un control de un formulario desde otro módulo. En este caso debe hacer primero referencia al formulario.

Como consecuencia de lo anterior, Visual Basic proporciona colecciones que podemos utilizar para acceder a todos los formularios de una aplicación, o bien a todos los controles de un formulario particular. Las colecciones simplifican el código cuando es necesario ejecutar una misma operación sobre todos los miembros de la misma. Una colección es similar a una matriz de objetos con la diferencia de que es más rápido trabajar sobre una colección.

Una aplicación tiene una *colección de formularios* global denominada **Forms** y cada formulario tiene su propia *colección de controles* denominada **Controls**.

Se hace referencia a los objetos de una colección, como *miembros* de la colección. Para acceder a un miembro de una colección puede optar por cualquiera de las dos formas siguientes:

- Especificando el nombre del miembro:

  ```
  Controls("Text1")
  Controls!Text1
  ```

  El operador ! indica que *Text1* es un control y no una propiedad. Un punto en lugar de la admiración interpretaría *Text1* como una propiedad de **Controls**.

- Utilizando el índice del miembro. Cada miembro de una colección está numerado secuencialmente empezando por cero:

  ```
  Controls(4)
  ```

Colección de formularios

La colección de formularios contiene solamente los formularios cargados. Los formularios descargados no aparecen en la colección hasta que no sean cargados. En el caso de que existan varios ejemplares de un formulario, cada ejemplar cargado aparece como un formulario separado en la colección de formularios. La sintaxis para referirse a la colección de formularios es:

Forms(*índice***)**

donde *índice* es un valor entre *0* y *Forms.Count - 1*. La propiedad **Count** retorna el número de formularios en la colección. **Forms** es un nombre predefinido, no una palabra reservada. Por lo tanto, evite nombrar alguna de sus variables con este nombre.

Forms(índice) se puede utilizar en cualquier parte del código donde pueda utilizarse una variable objeto que represente un formulario. Por ejemplo:

```
If Not (MiForm Is Forms(i)) Then
  Forms(i).BackColor = RGB(0, 255, 0)
  Set MiForm = Forms(i)
End If
```

Observe cómo utilizando el operador **Is** se pueden comparar dos referencias a objetos. Sepa también que no existe una relación entre cada uno de los formularios y su posición dentro de la colección.

Colección de controles

La colección de controles permite referirse solamente a los controles cargados en un formulario. Cuando en un formulario hay matrices de controles, cada elemento de cada una de las matrices es incluido en la colección. La sintaxis para referirse a la colección de controles de un formulario es:

[*formulario.*]**Controls(***índice***)**

donde *formulario* es opcional sólo si nos estamos refiriendo a la colección de controles de un formulario desde el código del propio formulario; en otro caso, hay que especificarlo. *Índice* es un valor entre *0* y *Controls.Count - 1*. La propiedad **Count** retorna el número de controles en la colección.

La expresión [*formulario.*]**Controls(***índice***)** se puede utilizar en cualquier parte del código donde pueda utilizarse una variable objeto que representa un control. Por ejemplo, el siguiente procedimiento cambia el color a cada control de un formulario:

```
Sub CambiarColor(FrmFuente As Form, BColor, FColor)
  Dim i As Integer
  On Error Resume Next        'Necesaria porque algunos
    'controles no tienen las propiedades referenciadas.
    'Significa: si ocurre un error, continúa en la
    'sentencia siguiente.
  For i = 0 To FrmFuente.Controls.Count - 1
    FrmFuente.Controls(i).BackColor = BColor
    FrmFuente.Controls(i).ForeColor = FColor
  Next i
End Sub
```

No existe una relación entre cada uno de los controles y su posición dentro de la colección.

Colección genérica de objetos

Visual Basic permite construir también colecciones genéricas de objetos que podemos utilizar, por ejemplo, para seguir la pista de los objetos que creemos de una determinada clase. Para ello proporciona la clase genérica **Collection**. A diferencia de una matriz de objetos, una colección:

- Utiliza menos memoria que una matriz.
- Proporciona un acceso más flexible a los miembros.
- Proporciona métodos para añadir y borrar miembros.
- Ajusta su tamaño automáticamente después de añadir o borrar miembros.

Por ejemplo, el siguiente procedimiento crea una colección de objetos y almacena en ella los controles del formulario *Form1*. Para acceder a los controles de *Form1* se utiliza la sentencia **For Each ... Next** que se explica un poco más adelante.

```
'Declaración a nivel del formulario
Public MiColección As New Collection

Private Sub Command1_Click()
  Dim Control As Control
  For Each Control In Form1.Controls
    'Añadir el control a mi colección
    MiColección.Add Control
  Next Control
End Sub
```

Una colección genérica de objetos tiene la propiedad **Count**, que proporciona el número de miembros de la colección, y los métodos **Add** que permite añadir un miembro a la colección, **Remove** que permite eliminar un miembro de la colección, e **Item** que permite acceder a los miembros de la colección.

Por ejemplo, el siguiente procedimiento añade los nombres de los controles de la colección *MiColección* creada en el ejemplo anterior, a una lista *List1*.

```
Private Sub Command2_Click()
  Dim I As Long
  For I = 1 To MiColección.Count
    'Añadir el nombre de cada control a una lista
    List1.AddItem MiColección.Item(I).Name
  Next I
End Sub
```

Observe que, en este caso, el índice menor es 1.

Como cualquier otro objeto, el objeto **Collection** se destruye cuando se asigna el valor **Nothing** a la última variable que contiene una referencia a él, o cuando pierde su alcance. En este instante se liberarán todas las referencias a objetos.

Objeto Dictionary

El objeto **Dictionary** (diccionario) resuelve muchas de las limitaciones propias del objeto **Collection** y es más sencillo de utilizar. Un objeto de este tipo es equivalente a una matriz que almacena pares de valores *clave-elemento*. La clave tiene que ser única para cada elemento.

Por ejemplo, el siguiente procedimiento crea una colección de objetos y almacena en ella los controles del formulario *Form1* junto con sus nombres. Los nombres son guardados como claves y los controles como datos, formando así un diccionario.

```
'Declaración a nivel del formulario
Public MiDiccionario

Private Sub Command1_Click()
  Dim Control As Control
  Set MiDiccionario = CreateObject("Scripting.Dictionary")
  For Each Control In Form1.Controls
    'Añadir el control a mi diccionario
     MiDiccionario.Add Control.Name, Control
  Next Control
End Sub
```

Un diccionario tiene, entre otras, la propiedad **Count**, que proporciona el número de miembros de la colección y los métodos, **Add** que permite añadir un par *clave-elemento* al diccionario, **Remove** que permite eliminar un par *clave-elemento* del diccionario, **Keys** que devuelve una matriz con todas las claves existentes, **Items** que devuelve una matriz con todos los elementos existentes y **RemoveAll** que quita todos los pares *clave-elemento* de un diccionario.

Por ejemplo, el siguiente procedimiento añade los nombres de los controles del diccionario *MiDiccionario* creado en el ejemplo anterior, a una lista *List1*.

```
Private Sub Command2_Click()
  Dim I As Long, Nombre
  'Obtener una matriz con las claves
  Nombre = MiDiccionario.Keys
  For I = 0 To MiDiccionario.Count - 1
    'Añadir el nombre de cada control a una lista
    List1.AddItem Nombre(I)
  Next I
End Sub
```

Observe que, en este caso, el índice menor es 0.

OBJETOS DEL SISTEMA

Visual Basic provee varios objetos especiales para obtener información acerca del entorno en el cual se está trabajando. Estos objetos son:

App	Suministra información específica de la aplicación.
Clipboard	Permite manipular texto y gráficos a través del portapapeles.
Debug	Permite enviar información a la ventana de depuración.
Err	Contiene información acerca de los errores de ejecución.
Font	Contiene información acerca de los tipos de letra.
Printer	Permite enviar texto y gráficos a la impresora.
Screen	Indica el formulario activo, el control activo y otros datos.

Estos objetos puede utilizarlos en cualquier parte de la aplicación, puesto que son globales. No obstante hay algunas restricciones: no se pueden declarar variables objeto del tipo de éstos y no pueden ser pasados como argumentos a un procedimiento.

CAPÍTULO 3

FORMULARIOS Y CONTROLES

Cuando una aplicación Windows en un instante determinado de su ejecución necesita aceptar nuevos datos o bien visualizarlos para poder continuar, debemos utilizar un nuevo formulario con los controles que permitan esas operaciones. En estos casos, los formularios reciben el nombre de *cajas de diálogo*. Hay tres formas de añadir cajas de diálogo a una aplicación:

- *Cajas de diálogo personalizadas*. Son cajas de diálogo hechas a medida, bien añadiendo controles a un formulario, o bien modificando cajas de diálogo existentes.
- *Cajas de diálogo predefinidas*. Son cajas de diálogo creadas por medio de las funciones **InputBox** y **MsgBox**.
- *Cajas de diálogo comunes*. Son cajas de diálogo muy comunes en Windows; por ejemplo, la caja de diálogo *Abrir* o *Imprimir*.

Visual Basic tiene una serie de controles para ser utilizados como mecanismos de entrada/salida (E/S). Algunos, como las *cajas de texto* o los *botones de pulsación*, ya los hemos venido utilizando. Otros, como las *casillas de verificación*, *botones de opción*, *listas*, *listas desplegables* y *barras de desplazamiento*, los veremos en este capítulo.

EVENTOS DE UN FORMULARIO

Si echamos un vistazo a la lista de *Procedimientos* de la ventana de código correspondiente a un formulario, podemos observar los eventos que éste reconoce y a los cuales puede responder. Cada evento tiene relación con una determinada acción que puede ocurrir en o con el formulario (se carga el formulario, se pulsó un botón del ratón, se repinta el formulario, etc.), pero sólo se desencadenará una respuesta para aquellos eventos para los cuales hayamos escrito código.

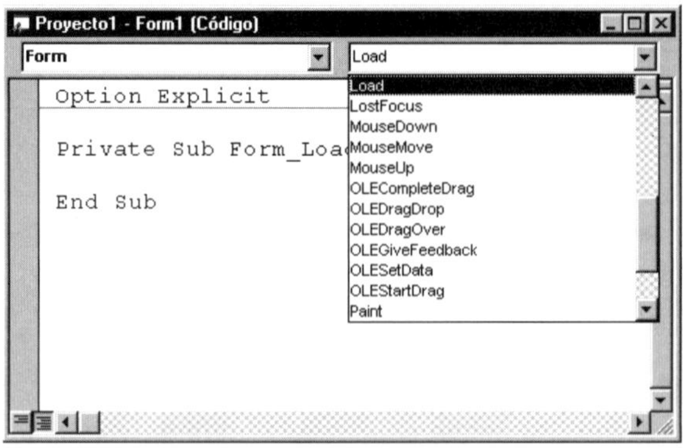

Eventos que ocurren cuando se carga el formulario

Cuando un formulario se carga la primera vez ocurren varios eventos, los cuales se resumen en la tabla siguiente:

Evento	*Ocurre cuando*
Initialize	Una aplicación crea un ejemplar de un formulario.
Load	Se carga un formulario.
Resize	El formulario se muestra o cambia el estado del mismo.
Activate	El formulario pasa a ser la ventana activa.
Paint	Un formulario se expone total o parcialmente después de haberse movido o ampliado, o después de haberse movido otro formulario que lo estaba cubriendo.

Dichos eventos ocurren en el orden expuesto.

Eventos que ocurren cuando se cierra el formulario

Cuando un formulario se cierra ocurren varios eventos, los cuales se resumen en la tabla siguiente:

Evento	*Ocurre cuando*
QueryUnload	Se cierra un formulario, pero antes de producirse este hecho.
Unload	El formulario está a punto de cerrarse.

Terminate	Todas las variables que hacen referencia al formulario pasan a valer **Nothing** o cuando la última referencia al formulario queda fuera de su ámbito.

Dichos eventos ocurren en el orden expuesto.

Eventos que pueden ocurrir en un formulario o en un control

De los muchos eventos que pueden ocurrir para un formulario o para un control merecen destacar los siguientes:

Evento	*Ocurre cuando*
KeyDown	El usuario pulsa una tecla.
KeyUp	El usuario suelta la tecla pulsada.
KeyPress	El usuario pulsa una tecla; este evento ocurre después del evento **KeyDown** y antes de **KeyUp**.
MouseDown	El usuario pulsa un botón del ratón.
MouseUp	El usuario suelta el botón pulsado del ratón.
Click	El usuario pulsa y suelta un botón del ratón.

Un formulario puede recibir los eventos de teclado sólo si no tiene controles visibles y habilitados o si la propiedad **KeyPreview** vale **True**.

AÑADIR PROPIEDADES A UN FORMULARIO

Un formulario tiene numerosas propiedades predefinidas, a las que nosotros podemos añadir otras que consideremos de interés. Hay dos formas de añadir una propiedad a un formulario: declarando una variable pública en la sección de declaraciones del formulario o utilizando procedimientos **Property**.

Crear una propiedad por medio de una variable

La forma más sencilla de crear una propiedad en un formulario es declarar una variable **Public** en la sección *(General)* del formulario. Por ejemplo:

```
Public TipoForm As Integer
```

La variable *TipoForm* definida de esta forma puede ser accedida desde cualquier parte del programa especificando el nombre del formulario y el nombre de la variable (propiedad). No obstante, esta manera de crear propiedades presenta inconvenientes: como el de que no es posible validar el valor establecido por otras partes del programa o por el usuario, o como el de que no es posible hacer que dicha propiedad sea de sólo lectura.

Crear una propiedad por medio de un procedimiento

La mejor forma de crear una propiedad en un formulario es utilizando procedimientos **Property**. Hay tres clases de procedimientos **Property**:

- **Property Get**. Procedimiento que retorna el valor de una propiedad.
- **Property Let**. Procedimiento que establece el valor de una propiedad.
- **Property Set**. Es una variación del procedimiento **Property Let** que se utiliza para establecer el valor de propiedades que son objetos.

La sintaxis para declarar estos procedimientos es la siguiente:

Property Get *nombre_propiedad*([arg_1, ..., arg_n]) **As** *tipo*
Property Let *nombre_propiedad*([arg_1, ..., arg_n,] arg_{n+1})
Property Set *nombre_propiedad*([arg_1, ..., arg_n,] arg_{n+1})

Los procedimientos **Property** generalmente son utilizados por parejas: **Property Get** con **Property Let** y **Property Get** con **Property Set**. Observe que **Property Get** tiene un parámetro menos que los otros procedimientos. El *tipo* de datos que retorna **Property Get** tiene que coincidir con el tipo de arg_{n+1} en los otros procedimientos.

La sintaxis utilizada para llamar a estos procedimientos es la siguiente:

Property Get: *variable* = [*objeto*.]*nombre_propiedad*[(*argumentos*)]
Property Let: [*objeto*.]*nombre_propiedad*[(*argumentos*)] = *argumento*
Property Set: **Set** [*objeto*.]*nombre_propiedad*[(*argumentos*)] = *variable*

Por ejemplo:

```
PropiedadX(a, b, c) = d
```

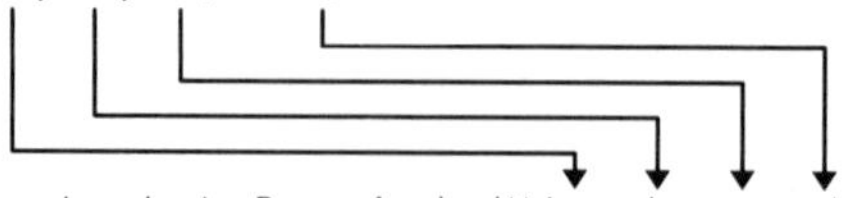

```
Public Property Let PropiedadX(a, b, c, d)
  '...
End Property
```

Como puede observar en la figura anterior, cuando se invoca al procedimiento **Property Let** o al **Property Set**, el argumento especificado a la derecha del signo igual es pasado al último argumento especificado en la definición del mismo.

Como ejemplo, vamos a añadir la propiedad *TipoForm* para que almacene los valores 1, 2 o 3. Para ello:

1. Defina a nivel del formulario una variable privada que almacene el valor de la propiedad:

```
Private nTipoForm As Integer
```

2. Ejecute la orden *Agregar procedimiento* del menú *Herramientas*:

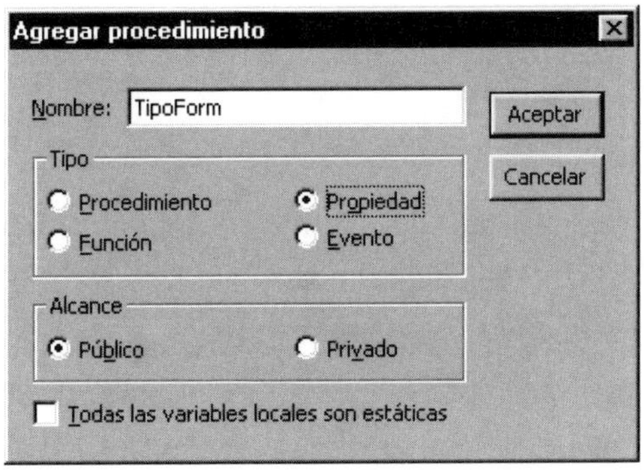

Después edite los procedimientos propiedad como se indica a continuación:

```
Public Property Get TipoForm() As Integer
  TipoForm = nTipoForm
End Property

Public Property Let TipoForm(ByVal nNuevoValor As Integer)
  If nNuevoValor < 1 Or nNuevoValor > 3 Then
    MsgBox "Valor de TipoForm incorrecto"
  Else
    nTipoForm = nNuevoValor
  End If
End Property
```

Los procedimientos de propiedad permiten ejecutar código cuando se asigna o se obtiene el valor de una propiedad. Por ejemplo:

```
Dim n As Integer
'...
Form1.TipoForm = n ' llama a Property Let TipoForm
'...
```

```
n = TipoForm        ' llama a Property Get TipoForm
'...
```

CAJAS DE DIÁLOGO MODALES Y NO MODALES

Una caja de diálogo puede crearse *modal* o *no modal*. Cuando una aplicación visualiza una caja de diálogo que tiene que ser cerrada para poder continuar (normalmente pulsando el botón *Aceptar* o el botón *Cancelar*), estaremos en el caso de una *caja de diálogo modal*. Si no es así, estaremos en el caso de una *caja de diálogo no modal*.

Para visualizar una caja de diálogo modal utilice el método **Show** con el estilo 1 (*vbModal*). Por ejemplo,

```
'Visualizar MiDiálogo como una caja de diálogo modal
MiDiálogo.Show vbModal
'...
```

Para visualizar una caja de diálogo no modal utilice el método **Show** con el estilo 0 (*vbModeless*) o sin especificar dicho estilo. Por ejemplo,

```
'Visualizar MiDiálogo como una caja de diálogo no modal
MiDiálogo.Show
'...
```

Cuando se visualiza una caja de diálogo modal, el código que sigue a la llamada al método **Show** no se ejecuta hasta que el diálogo se cierre. Sin embargo, si la caja de diálogo es no modal el código que sigue a **Show** se ejecuta inmediatamente después de ser visualizado el diálogo.

CAJAS DE DIÁLOGO PREDEFINIDAS

La forma más fácil de solicitar un dato del usuario o de visualizar un resultado o un mensaje, es utilizando las cajas de diálogo que Visual Basic provee para estos propósitos y que se visualizan utilizando **InputBox** y **MsgBox**, respectivamente.

Requerir datos con InputBox

La función **InputBox** visualiza una caja de diálogo semejante a la de la figura siguiente, con un mensaje que indica al usuario el tipo de información que debe introducir. Su sintaxis es,

InputBox(*mensaje*, [*título*][, *por_omisión*][, *posx*][, *posy*])

Por ejemplo, la sentencia

```
Clave = InputBox("Palabra de paso:")
```

visualiza la caja de diálogo que se presenta en la figura siguiente:

La cadena de caracteres *mensaje* contiene el mensaje que indica al usuario el tipo de información que debe introducir; en el ejemplo "Palabra de paso:". Si el mensaje contiene varias líneas, hay que introducir explícitamente al final de cada una de ellas un retorno de carro (*Chr(13)* o la constante VB equivalente *vbCr*), un avance de línea (*Chr(10)* o la constante VB equivalente *vbLf*), o bien los caracteres de retorno de carro y avance de línea (*Chr(13) & Chr(10)* o la constante VB equivalente *vbCrLf*). **InputBox** devuelve un dato de tipo **Variant** (de **VarType** igual a 8 - **String**).

El resto de los parámetros son opcionales. Si queremos omitir un argumento que precede a otro especificado, hay que poner las correspondientes comas delimitadoras. Por ejemplo,

```
Clave = InputBox("Palabra de paso:", , "Javier")
```

La cadena de caracteres *título* será visualizada en la barra de título del diálogo; si se omite se pone como título el nombre de la aplicación. La cadena de caracteres *por_omisión* especifica el texto que aparecerá en la caja de texto; si se omite, la caja de texto aparecerá vacía. Los argumentos *posx* y *posy* son las coordenadas *x* e *y* medidas desde la izquierda y desde la parte superior de la pantalla, respectivamente, expresadas en *twips* (1 *twip* = 1/1440 pulgadas); si se omiten, la caja de diálogo se visualizará centrada horizontalmente y a un tercio de la parte superior de la pantalla.

Visualizar datos con MsgBox

La sentencia o la función **MsgBox** visualizan un mensaje en una caja de diálogo semejante a la de la figura siguiente. Su sintaxis es:

MsgBox *mensaje*[, *botones*][, *título*]

ValorRetornado = **MsgBox**(*mensaje*[, *botones*][, *título*])

Por ejemplo, la sentencia

```
MsgBox "La palabra de paso no es correcta", 16, "Palabra de paso"
```

visualiza la caja de diálogo que se presenta en la figura siguiente:

La cadena de caracteres *mensaje* contiene el mensaje que se desea visualizar. El resto de los parámetros son opcionales.

El valor de la expresión numérica *botones* coincide con una suma de valores que describe el número y el tipo de botones a visualizar, el estilo del icono, cuál es el botón por omisión y la modalidad de la caja de diálogo; por omisión este valor es cero. Para ver estos valores, vea la ayuda que Visual Basic proporciona para **MsgBox**. La cadena de caracteres *título* será visualizada en la barra de título de la caja de diálogo; si se omite se pone como título el nombre de la aplicación.

El valor retornado por la función **MsgBox** indica qué botón se ha pulsado (*vbOk* = *Aceptar*, *vbCancel* = *Cancelar*, *vbAbort* = *Anular*, *vbRetry* = *Reintentar*, *vbIgnore* = *Ignorar*, *vbYes* = *Si* y *vbNo* = *No*).

Por ejemplo, si necesitamos visualizar una caja de diálogo como la de la figura siguiente y saber qué botón se pulsó, utilizaremos la función **MsgBox** en lugar de la sentencia, según muestra el código escrito a continuación:

```
If MsgBox("¿Desea continuar?", 20, _
          "Error") = vbYes Then
  ' ...
End If
```

CASILLAS DE VERIFICACIÓN

Una *casilla de verificación* es un control que indica si una opción particular está activada o desactivada. Cada casilla de verificación es independiente de las demás, ya que cada una de ellas tiene su propio nombre (propiedad **Name**). El número de opciones representadas de esta forma puede ser cualquiera y el usuario *puede seleccionar todas las que desee* cada vez.

Si en tiempo de ejecución se hace clic en una casilla de verificación, la opción queda seleccionada (☑). Una opción ya seleccionada puede pasar a no estarlo haciendo clic de nuevo sobre la casilla de verificación correspondiente (☐). Todo esto suponiendo que el convenio adoptado es: ☑, opción seleccionada, y ☐, opción no seleccionada.

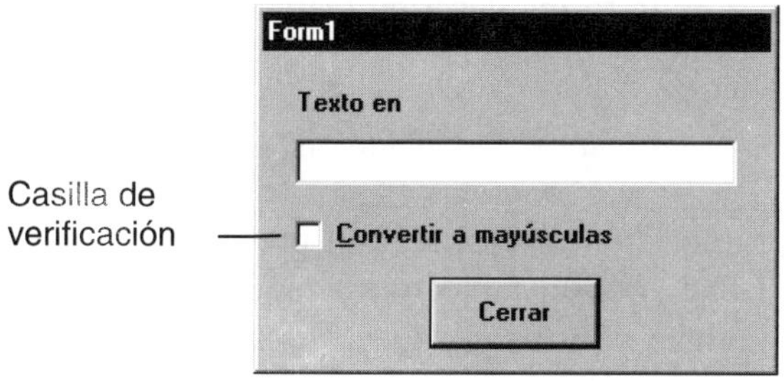

Para saber si una determinada opción está seleccionada, hay que verificar el valor de su propiedad **Value**. Este valor puede ser: 0, la casilla aparece vacía; 1, la casilla aparece con una ☑, y 2, la casilla aparece en gris.

También se puede inhabilitar una casilla de verificación (aparece en gris) poniendo su propiedad **Enabled** a valor **False**.

Por ejemplo, diseñe una caja de diálogo como la de la figura anterior, de tal forma que cuando el usuario seleccione la opción "Convertir a mayúsculas", todo el texto que haya escrito en la caja de texto aparezca en mayúsculas y todo el texto que escriba a continuación, mientras la opción esté activa, también aparezca en mayúsculas. Inserte un *&* antes del carácter que desea que aparezca subrayado en el título de la casilla de verificación, por ejemplo antes de la *C*, y podrá activar o desactivar la opción pulsando *Alt* + *C*. Asigne a la caja de texto el nombre *Text1*, a la casilla de verificación *ConverMayus* y a la propiedad **BorderStyle** del diálogo el valor 3 para evitar que se pueda redimensionar.

Añada una etiqueta titulada *Texto en*. Durante la ejecución, el título de esta etiqueta será "Mayúsculas y minúsculas" cuando el valor de la propiedad **Value** de la casilla de verificación sea igual a 2, "Minúsculas" cuando sea igual a 0 y

"Mayúsculas" cuando sea igual a 1. Haga que la propiedad **Value** de la casilla de verificación valga por omisión 2 y que al hacer clic en dicha casilla los valores asignados a **Value** se vayan sucediendo en el orden 0, 1, 2.

Añada un botón de pulsación que nos permita cerrar la aplicación y hagamos que sea el botón por omisión (propiedad **Default** a valor **True**).

Ponga la propiedad **ControlBox** del formulario a valor **False** para que no se visualicen los botones de minimizar, maximizar y cerrar el formulario.

Guarde la aplicación con el nombre *mayus.vbp*, y el formulario con el nombre *mayus.frm*.

Una vez diseñado el formulario, escribimos el código que permita que la caja de diálogo se comporte de la forma descrita. Defina a nivel del formulario las siguientes variables:

```
Private ValorCero As Boolean, ValorUno As Boolean
```

Cuando inicie la aplicación se ejecutará el procedimiento *Form_Load* como respuesta al evento **Load**. Por lo tanto, inicie aquí la etiqueta *Label1* al valor "Mayúsculas y minúsculas", el estado de la casilla de verificación a 2, y las variables *ValorCero* y *ValorUno* a **False**.

```
Private Sub Form_Load()
  Label1.Caption = "Mayúsculas y minúsculas"
  ConverMayus.Value = 2 'equivale a hacer clic
  ValorCero = False
  ValorUno = False
End Sub
```

Cada vez que el usuario escriba un carácter en la caja de texto, se ejecutará el procedimiento *Text1_KeyPress* que se escribe a continuación. Si la propiedad **Value** de *ConverMayus* es 0, el carácter se convierte en minúsculas, si es 1, el carácter se convierte en mayúsculas, y si es 2, se deja como se introdujo:

```
Private Sub Text1_KeyPress(KeyAscii As Integer)
  Dim car As String * 1

  Select Case ConverMayus.Value
    Case 0 'convertir en minúscula
      car = LCase(Chr(KeyAscii))
      KeyAscii = Asc(car)
    Case 1 'convertir en mayúscula
      car = UCase(Chr(KeyAscii))
      KeyAscii = Asc(car)
```

```
    Case 2
      'no modificar el carácter
  End Select
End Sub
```

Cada vez que el usuario haga clic en la casilla de verificación, se ejecutará el procedimiento *ConverMayus_Click* en respuesta al evento **Click**. Para conseguir que los valores de su propiedad **Value** se sucedan en el orden *2, 0, 1, 2, 0, 1, 2, ...* hemos utilizado las variables *ValorCero*, que toma el valor **True** cuando **Value** es igual a 0, y *ValorUno*, que toma el valor **True** cuando **Value** es igual a 1. Cuando estas dos variables valgan **True**, significa que el siguiente valor de **Value** tiene que ser 2. Ambas variables toman el valor **False** cuando **Value** sea igual a 2:

```
Private Sub ConverMayus_Click()
  If ValorCero And ValorUno Then
    ConverMayus.Value = 2
  End If
  If ConverMayus.Value = 0 Then
    Label1.Caption = "Minúsculas"
    Text1.Text = LCase(Text1.Text)
    ValorCero = True
  ElseIf ConverMayus.Value = 1 Then
    Label1.Caption = "Mayúsculas"
    Text1.Text = UCase(Text1.Text)
    ValorUno = True
  ElseIf ConverMayus.Value = 2 Then
    Label1.Caption = "Mayúsculas y minúsculas"
    ValorCero = False
    ValorUno = False
  End If
  Text1.SetFocus
  Text1.SelStart = Len(Text1.Text)
End Sub
```

Observe cómo para **Value** = 0 la etiqueta es "Minúsculas" y el texto se visualiza en minúsculas, para **Value** = 1 la etiqueta es "Mayúsculas" y el texto se visualiza en mayúsculas, y para **Value** = 2 la etiqueta es "Mayúsculas y minúsculas" y el texto se visualiza como se escribe.

Para que la aplicación finalice al hacer clic en el botón *Cerrar* (o al pulsar *Entrar*), escriba el siguiente procedimiento:

```
Private Sub Command1_Click()
  End
End Sub
```

BOTÓN DE OPCIÓN

Un *botón de opción* es un control que indica si una determinada opción está activada o desactivada. Cada botón de opción es independiente de los demás, ya que cada uno de ellos tiene su propio nombre (propiedad **Name**). El número de opciones representadas de esta forma puede ser cualquiera, y de ellas el usuario *sólo puede seleccionar una* cada vez.

Si durante la ejecución se hace clic sobre un botón de opción, la opción queda seleccionada (⊙). La selección de una opción de este tipo hace que si hay otra opción del mismo grupo actualmente seleccionada pase a no estarlo.

Botón de opción

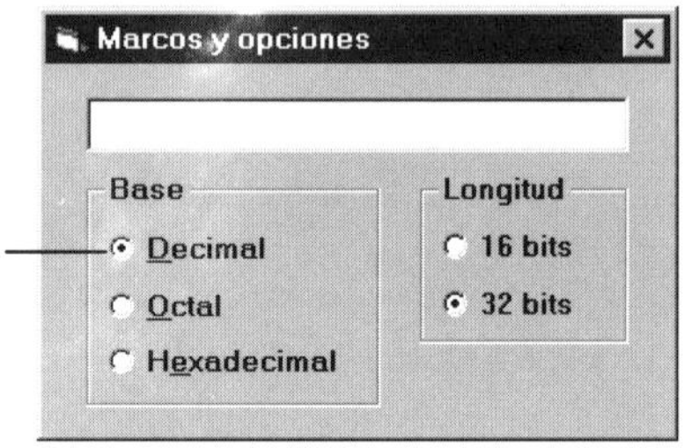

Para saber si una determinada opción está seleccionada, hay que verificar el valor de su propiedad **Value**. Este valor puede ser falso (**False**), el botón aparece vacío, o verdadero (**True**), el botón aparece con un •. Cuando se hace clic sobre un botón de opción, se da el evento **Click**.

Cuando una de estas opciones está inhabilitada, la etiqueta asociada aparece en gris. Esto se consigue poniendo su propiedad **Enabled** al valor **False**.

MARCOS

Un *marco*, también denominado *caja de grupo*, permite identificar fácilmente un grupo de controles. Un marco tiene propiedades propias (por ejemplo, título, color, etc.), característica que aprovechamos cuando queremos realzar el aspecto de un formulario.

Para crear un marco, proceda como se indica a continuación:

1. Diríjase a la caja de herramientas y haga un doble clic sobre la herramienta marco, o bien seleccione esta herramienta utilizando la tecla *Tab* y pulse *Entrar*.
2. Ajuste el tamaño del marco y muévalo hacia la posición deseada. Puede hacerlo con el ratón o modificando las propiedades correspondientes.

3. Si lo desea, ponga un título al marco. Seleccione su propiedad **Caption** y escriba el título que desee.

Una vez creado el marco, puede añadir los controles que van a estar agrupados en el mismo. Para añadir un control, diríjase a la caja de herramientas, haga *un clic* sobre él, desplace el cursor del ratón (+) al interior del marco y con el botón izquierdo del ratón pulsado, arrastre hasta dibujarlo.

Para garantizar que los controles pertenezcan al marco, usted no puede dibujar un control fuera del marco y después arrastrarlo dentro de él. Si hace esto, el control estaría encima del marco, no dentro de él.

Para seleccionar varios controles pertenecientes a un marco, mantenga pulsada la tecla *Mayús* o *Ctrl* y haga clic en cada uno de los controles, o bien arrastre el ratón con el botón izquierdo pulsado hasta rodear los controles deseados (para selecciones múltiples combine con las teclas *Mayús* o *Ctrl*).

AGRUPANDO BOTONES DE OPCIÓN

Un botón de opción siempre trabaja como parte de un grupo; esto es, cuando se selecciona uno, automáticamente quedan los demás sin seleccionar.

Todos los botones de opción que coloquemos directamente en un formulario forman un único grupo. Para crear diferentes grupos de botones de opción, hay que encerrar cada uno de ellos en un marco, como muestra la figura siguiente, o bien en una caja de imagen:

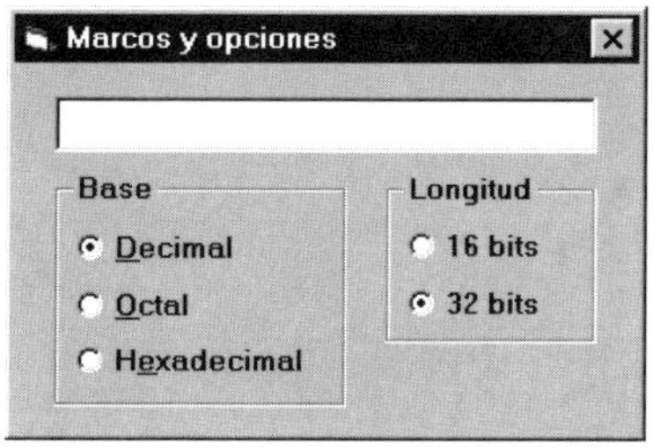

Como ejemplo, diseñe una caja de diálogo de manera que contenga dos grupos de botones de opción, como indica la figura anterior. Asigne a la propiedad **BorderStyle** del diálogo el valor 3 para evitar que se pueda redimensionar durante la ejecución y para que éste no visualice los botones de maximizar y minimizar.

El primer grupo, *Base*, permitirá elegir la base en la que será visualizado el número de la caja de texto; y el segundo grupo, *Longitud*, permitirá elegir su longitud; esto es, 16 bits (valor de tipo **Integer**) o 32 bits (valor de tipo **Long**). Para añadir estos dos grupos de opciones, siga las reglas descritas en el apartado anterior, titulado "Marcos".

Forme una matriz de controles, denominada *Base*, con los botones de opción encerrados en el marco *Base*, y otra matriz de controles, denominada *Longitud*, con los botones de opción encerrados en el marco *Longitud*. Guarde la aplicación con el nombre *deochex.vbp*, y el formulario con el nombre *deochex.frm*.

Las variables que aparecen en los siguientes procedimientos están definidas en la sección *(General)* del formulario, y son iniciadas por el procedimiento *Form_Load* como se indica a continuación:

```
Private NúmeroActual As Variant
Private Deci As String * 14
Private Octa As String * 10
Private Hexa As String * 18
Private Car As String * 1, vr As Integer, Texto As String
Private MáxEnt As Variant

Private Sub Form_Load()
  Deci = "+-0123456789" & vbBack
  Octa = "01234567" & vbBack
  Hexa = "0123456789ABCDEF" & vbBack
  MáxEnt = 2147483647 ' valor por omisión
End Sub
```

Para limitar la entrada a los caracteres que forman parte de cada base, escriba el procedimiento siguiente:

```
Private Sub Text1_KeyPress(keyAscii As Integer)
  Car = UCase(Chr(keyAscii))
  If Base(0).Value Then       ' decimal
    vr = InStr(Deci, Car)
  ElseIf Base(1).Value Then ' octal
    vr = InStr(Octa, Car)
  ElseIf Base(2).Value Then ' hexadecimal
    vr = InStr(Hexa, Car)
  End If
  If vr = 0 Then
    Beep
    keyAscii = 0
  End If
End Sub
```

Cada vez que el usuario escriba o modifique el contenido de la caja de texto, almacenaremos el valor decimal, octal o hexadecimal en una variable genérica denominada *NúmeroActual*. Esta variable pasará a ser de tipo **Integer** si la longitud del número es de 16 bits, o de tipo **Long** si la longitud es de 32 bits:

```
Private Sub Text1_Change()
  Texto = LTrim(Text1.Text)
  If Base(1).Value Then       ' octal
    Texto = "&O" & Texto
  ElseIf Base(2).Value Then ' hexadecimal
    Texto = "&H" & Texto
  End If
  If Val(Texto) < (-MáxEnt - 1) Or Val(Texto) > MáxEnt Then
    MsgBox "Valor fuera de los límites", vbCritical
  ElseIf Longitud(0).Value Then      ' 16 bits
    NúmeroActual = CInt(Val(Texto)) ' Integer
  ElseIf Longitud(1).Value Then      ' 32 bits
    NúmeroActual = CLng(Val(Texto)) ' Long
  End If
End Sub
```

Cuando el usuario seleccione una de las opciones *Decimal*, *Octal* o *Hexadecimal*, ocurrirá el evento **Click** asociado con ese control que hará que el valor *NúmeroActual* se visualice en decimal, octal o hexadecimal, respectivamente:

```
Private Sub Base_Click(Index As Integer)
  If Index = 0 Then
    Text1.Text = Format(NúmeroActual)
  ElseIf Index = 1 Then
    Text1.Text = Oct(NúmeroActual)
  Else
    Text1.Text = Hex(NúmeroActual)
  End If
  Text1.SetFocus
End Sub
```

Cuando el usuario seleccione una de las opciones, *16 bits* o *32 bits*, ocurrirá el evento **Click** asociado con ese control que hará que en *MáxEnt* se almacene el valor límite para los datos de tipo **Integer** (16 bits) o de tipo **Long** (32 bits):

```
Private Sub Longitud_Click(Index As Integer)
  If Index = 0 Then ' 16 bits
    MáxEnt = 32767
  Else              ' 32 bits
    MáxEnt = 2147483647
  End If
  Actualizar
End Sub
```

Este procedimiento, a su vez, llama al procedimiento *Actualizar* para adaptar el valor de la caja de texto al número de bits especificado:

```
Private Sub Actualizar()
  ' Obtener el valor en el nº de bits elegido
  Text1_Change
  ' Actualizar Text1.Text al nº de bits elegido
  If Base(0).Value Then      ' decimal
    Base_Click (0)
  ElseIf Base(1).Value Then ' octal
    Base_Click (1)
  ElseIf Base(2).Value Then ' hexadecimal
    Base_Click (2)
  End If
End Sub
```

Guarde la aplicación, ejecútela y pruebe las distintas opciones escribiendo en la caja de texto un valor –1, por ejemplo.

CAJA DE TEXTO MULTILÍNEA

El aspecto y el comportamiento de una caja de texto está muy influenciado por dos propiedades, **MultiLine** y **ScrollBars**, las cuales sólo pueden establecerse durante el diseño. La propiedad **ScrollBars** de una caja de texto no tiene que confundirse con el control *scroll bar* (barra de desplazamiento) que veremos más adelante.

Cuando la propiedad **MultiLine** de una caja de texto tiene un valor **True**, ésta permite escribir varias líneas de texto. Por omisión, esta propiedad tiene el valor **False**, lo que indica que la caja de texto sólo puede contener una línea.

Así mismo, la propiedad **ScrollBars** permite dotar a la caja de texto con barras de desplazamiento horizontal y/o vertical. Por omisión, esta propiedad tiene un valor 0, lo cual indica que no hay barras de desplazamiento. Un valor 1 añade a la caja de texto solamente la barra de desplazamiento horizontal, un valor 2 añade a la caja de texto solamente la barra de desplazamiento vertical y un valor 3 añade ambas barras de desplazamiento.

Si en una caja de texto multilínea no hay una barra de desplazamiento horizontal y una línea de texto alcanza el extremo derecho de la caja, ésta continúa automáticamente en la siguiente línea.

Cuando por software asigne texto a una caja de texto multilínea y necesite introducir un salto de línea, proceda como se indica a continuación. Por ejemplo, el procedimiento *Form_Load* que se escribe a continuación hace que se visualicen en la caja de texto multilínea *Text1* dos líneas de texto, "línea 01" y "línea 02".

```
Private Sub Form_Load()
  Text1.Text = "línea 01" & vbCrLf & "línea 02"
End Sub
```

Trabajar con el texto de la caja de texto multilínea

Visual Basic dota automáticamente con capacidad de selección a las cajas de texto. Puede seleccionar texto utilizando el ratón o el teclado. Con el ratón, apunte al comienzo del texto a seleccionar y arrastre con el botón izquierdo del ratón pulsado hasta haber seleccionado todo el texto; con el teclado, sitúe el punto de inserción donde desea iniciar la selección y manteniendo pulsada la tecla *Mayús* (mayúsculas) desplace el punto de inserción utilizando las teclas de desplazamiento.

Además de la capacidad de selección, las cajas de texto tienen una serie de propiedades que permiten trabajar con el texto seleccionado. Estas propiedades son **SelStart**, **SelLength** y **SelText**.

La propiedad **SelStart** es un entero (**Long**) que especifica la posición de comienzo del bloque de texto seleccionado. Si no hay texto seleccionado, entonces esta propiedad hace referencia al punto de inserción (cursor intermitente que marca la posición de escritura). Un valor cero especifica la posición justo antes del primer carácter de la caja de texto, y un valor igual a la longitud del texto especifica la posición justo después del último carácter de la caja de texto. Por ejemplo:

```
Text1.SelStart = 10
```

fija el punto de inserción en la posición 10 de la caja *Text1* y

```
pos = Text1.SelStart
```

devuelve la posición del punto de inserción.

La propiedad **SelLength** es un entero (**Long**) que especifica el número de caracteres seleccionados. Por ejemplo:

```
Text1.SelLength = 5
```

selecciona 5 caracteres a partir del punto de inserción en la caja *Text1* y

```
n = Text1.SelLength
```

devuelve el número de caracteres seleccionados.

La propiedad **SelText** devuelve o establece una cadena de caracteres con el texto actualmente seleccionado. Si no hay texto seleccionado, su valor es una cadena de longitud cero. El ejemplo siguiente muestra una forma rápida de añadir texto a una caja de texto multilínea sin necesidad de reescribir el contenido de la caja:

```
Text1.SelStart = Len(Text1) 'situarse al final
Text1.SelText = NuevoTexto  'añadir texto
```

MENÚS

Muchas aplicaciones simples tienen un formulario y varios controles, pero no cabe duda de que su aspecto puede ser mejorado utilizando menús. Un menú es una forma de proporcionar al usuario un conjunto de órdenes, lógicamente relacionadas, agrupadas bajo un mismo título. El conjunto de todos los títulos correspondientes a los menús diseñados aparecerá en la barra de menús situada debajo del título del formulario.

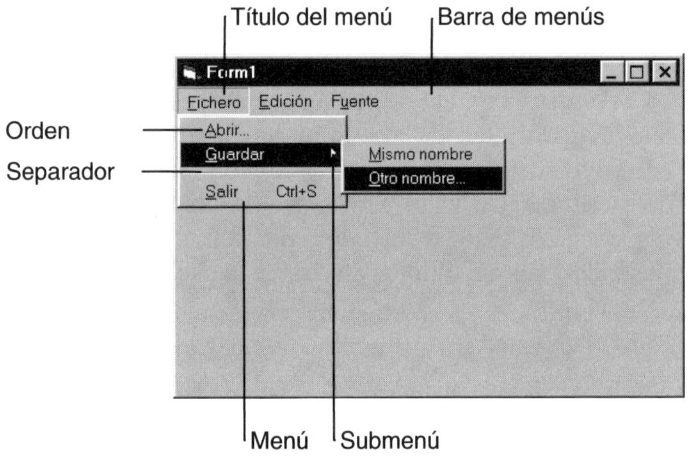

Cuando el usuario haga clic en un título de un menú, se desplegará una lista visualizando los elementos que contiene el menú, o si no contiene elementos, se ejecutará directamente una acción. Los elementos de un menú pueden ser *órdenes*, *submenús* y *separadores*. Cuando se hace clic en una *orden*, o se selecciona y se pulsa *Entrar*, se ejecuta una acción o se despliega una caja de diálogo. Por convenio, una orden seguida de tres puntos (...) indica que se desplegará una caja de diálogo. Cuando se hace clic en un *submenú* se despliega una nueva lista de elementos. Un separador tiene como finalidad separar grupos de órdenes de un mismo menú en función de su actividad.

Diseño de un menú

Para diseñar un menú, utilizaremos el *editor de menús* que se muestra en la figura siguiente:

Para crear un menú, los pasos a ejecutar son los siguientes:

1. *Abrir el editor de menús*. Para ello, seleccione el formulario para el que desea crear el menú y a continuación ejecute la orden *Editor de menús* del menú *Herramientas*, o bien haga clic en el botón dispuesto para tal fin en la barra de herramientas estándar.

2. *Introducir el título del menú*. Escriba en la caja de texto **Caption** el título del menú que se desea crear, el cual aparecerá en la barra de menús. Inserte un *ampersand* (&) antes de la letra que da acceso directo al menú para que aparezca subrayada. El usuario podrá seleccionar este menú, además de con el ratón, pulsando la tecla *Alt* más la tecla correspondiente a la letra que aparece subrayada. Escriba en la caja de texto **Name** el nombre utilizado en el código para referirse al menú. A continuación, haga clic en el botón *Next* o pulse *Entrar*. Por ejemplo, en la figura anterior, *Fichero* y *Edición* son menús.

3. *Introducir los elementos que componen el menú*. Escriba en la caja de texto **Caption** el título del elemento del menú y en la caja de texto **Name** el nombre utilizado en el código para referirse a dicho elemento. Por ejemplo, en la figura anterior *Abrir...* es una orden. Por convenio, un elemento de un menú seguido de tres puntos significa que cuando se haga clic sobre él, se desplegará una caja de diálogo.

Para diferenciar un elemento de un menú del propio menú, hay que sangrar el título del elemento. Para ello, selecciónelo y haga clic en el botón flecha hacia la derecha (➔).

4. *Crear un submenú*. Un elemento puede ser una orden si el elemento siguiente aparece sangrado al mismo nivel, o el título de un submenú si el elemento siguiente aparece sangrado un nivel más. Por ejemplo, en la figura siguiente *Guardar* es un submenú:

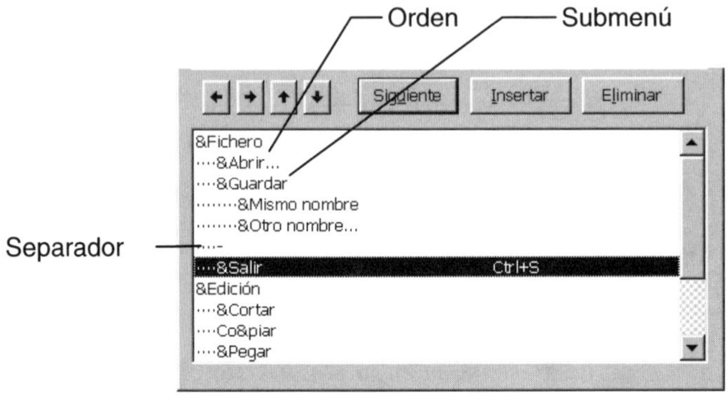

5. *Añadir un separador*. Utilizando separadores puede agrupar las órdenes en función de su actividad. Para insertar un separador, escriba un único guión (–) en la caja **Caption** del editor de menús. Tiene que especificar también un nombre cualquiera (**Name**). Por ejemplo, en la figura anterior puede ver un separador antes de la orden *Salir*.

6. *Cerrar el editor de menús*. Una vez que haya finalizado el diseño, pulse la tecla *Aceptar* y observe cómo en la barra de menús del formulario aparecen los menús diseñados.

Como ejemplo puede construir los menús mostrados en las figuras anteriores. Después, guarde la aplicación, ejecútela y compruebe su funcionalidad.

Lógicamente, los elementos que componen cada menú no estarán operativos hasta que no se una el código correspondiente. Para definir cómo debe responder una orden de un menú cuando reconozca el evento **Click**, hay que escribir un procedimiento para que esa orden responda a ese evento.

Las órdenes de un menú sólo responden al evento **Click**. Como ejemplo, a continuación se muestra el procedimiento para la orden *Salir* del menú *Fichero* que se visualiza en la figura anterior, cuyo nombre (**Name**) es *FicheroSalir*:

```
Private Sub FicheroSalir_Click()
  End
End Sub
```

Para crear un procedimiento para una orden de un menú, haga clic sobre el menú y a continuación haga clic sobre la orden. Observe que se visualiza el esqueleto del procedimiento, lo que le permite escribir el cuerpo del mismo. Otra forma de realizar este mismo proceso es la siguiente:

1. Abra la ventana de código ejecutando la orden *Código* del menú *Ver*, pulsando *F7*, o bien pulsando el botón *Ver código* del *Explorador de proyectos*.

2. Seleccione el nombre del control en la lista *Objeto*; en nuestro caso seleccionaremos el nombre de la orden del menú.

3. Escriba el código entre **Sub** y **End Sub**.

Propiedades de un menú

Las propiedades que pueden seleccionarse en el editor de menús para un elemento de un menú son **Index**, **Shortcut**, **HelpContextID**, **NegotiatePosition**, **Checked**, **Enabled**, **Visible** y **WindowList**. A continuación, comentamos algunas de ellas.

La propiedad **Index** permite que un conjunto de órdenes sean agrupadas en una matriz de controles. Cuando un usuario selecciona una orden de una matriz de controles, Visual Basic utiliza el valor **Index** para identificar qué orden de la matriz fue seleccionada.

La propiedad **Shortcut** define un acelerador; esto es, una tecla o combinación de teclas que permiten activar un elemento. Las combinaciones válidas se visualizan en la lista asociada con esta propiedad. Por ejemplo, abra el editor de menús, seleccione la orden *Salir* del ejemplo anterior y asigne a la propiedad **Shortcut** la combinación de teclas *Ctrl+S*. Cierre el editor de menús y ejecute la aplicación. Compruebe cómo al pulsar *Ctrl+S* se ejecuta la orden *Salir*.

La propiedad **Checked** es útil para indicar si una orden está activa o no lo está. Cuando se especifica esta propiedad aparece una marca ✓ a la izquierda del elemento del menú. Por ejemplo, puede utilizar esta propiedad en el menú *Fuente* de la aplicación ejemplo para especificar el tipo de letra que está activo.

La propiedad **Enabled** es útil para desactivar una orden en un momento en el cual no tiene sentido que esté activa. Por ejemplo, si estamos trabajando con un editor y no tenemos seleccionado un bloque de texto, no tiene sentido que la orden *Copiar* del menú *Edición* esté activa. Cuando se hace clic en una orden de un menú, ésta será ejecutada si su propiedad **Enabled** está señalada. Si la propiedad **Enabled** no está señalada, la orden se muestra en tono gris y no se puede ejecutar.

La propiedad **Visible** es útil cuando durante la ejecución se desea ocultar una orden. Cuando esta propiedad no está señalada, la orden no aparece y por lo tanto no puede ejecutarse.

Añadir una barra de menús a una aplicación

Para ver en la práctica el trabajo con menús, vamos a diseñar un reloj despertador digital como el que se muestra en la figura siguiente:

El reloj tiene una pantalla para visualizar la hora y una caja denominada *Despertador* donde el usuario puede escribir la hora a la que quiere ser avisado. Para activar o desactivar el despertador, el usuario dispone de un menú denominado también *Despertador*.

La pantalla para visualizar la hora será una etiqueta con el fin de que el usuario no pueda modificarla. Para que la hora varíe segundo a segundo, el título de la etiqueta a la que hemos hecho referencia, que representa la hora, debe actualizarse a intervalos iguales o inferiores a un segundo. Para realizar esto, Visual Basic dispone de un control denominado *temporizador*.

Hay un segundo menú, denominado *País*, que permitirá al usuario añadir países al propio menú, para después, haciendo clic sobre cualquiera de ellos, obtener en una tercera caja, formada por una etiqueta, la hora actual en ese país.

Inicie una nueva aplicación y asigne al formulario por omisión el título *Reloj Despertador* y a su propiedad **BorderStyle** el valor 3. A continuación añada los controles y establezca sus propiedades según indica la tabla siguiente:

Objeto	**Propiedad**	**Valor**
Menú Despertador	Caption Name	&Despertador MenúDespertador
Orden Despertador No	Caption Name Shortcut	&Despertador No DespertadorSiNo (Ninguno)
Orden Cerrar	Caption Name Shortcut	&Cerrar Cerrar Ctrl+C
Menú País	Caption Name	&País MenúPaís
Orden Añadir	Caption Name Shortcut	&Añadir AñadirPaís (Ninguno)
Orden Borrar	Caption Name Shortcut	&Borrar BorrarPaís (Ninguno)
Separador	Caption Name Shortcut	- separador (Ninguno)
Orden País(0)	Caption Name Index Visible	(un espacio en blanco) País 0 sin señalar
Etiqueta	Caption Name	Hora: Label1
Etiqueta	Caption Name BorderStyle Font	(ninguno) Hora 1 tamaño 24
Temporizador	Name Interval	Timer1 1000
Etiqueta	Caption Name	Despertador: Label2
Caja de texto	Name Font Text	Despertador tamaño 14 (nada)
Etiqueta	Caption Name	Hora en Etiqueta
Etiqueta	Caption Name	? EtiquetaPaís

Etiqueta	Caption Name BorderStyle Font	(ninguno) OtraHora 1 tamaño 14

Una vez finalizado el diseño, el aspecto de la caja de diálogo será similar al de la figura siguiente:

Un temporizador es un control de Visual Basic que responde a intervalos regulares de tiempo. Es útil para realizar procesos en segundo plano. Esto quiere decir que en el procedimiento asociado con el mismo especificaremos las acciones que deseemos que se ejecuten cada vez que transcurra un intervalo de tiempo.

Cada temporizador tiene una propiedad **Interval** que especifica el intervalo de tiempo en milisegundos que tiene que transcurrir para que su procedimiento asociado se ejecute independientemente del usuario. El valor de la propiedad **Interval** puede oscilar entre 0 y 65535 milisegundos (0 a 65,5 segundos). Un valor 0, valor predeterminado, desactiva el temporizador. No obstante, tenga en cuenta que como el sistema genera 18 tics de reloj por segundo, la precisión no puede ser mayor de 1000/18 milésimas de segundo.

Ahora uniremos el código correspondiente a los controles para un correcto funcionamiento del reloj. Empecemos por el despertador. Nuestra intención es que el usuario escriba en esta caja la hora a la que quiere ser avisado. Por lo tanto, restringiremos los caracteres a escribir a los dígitos "0" a "9" y ":". Para realizar el procedimiento correspondiente, haga un doble clic sobre la caja de texto despertador, seleccione el evento **KeyPress** y escriba:

```
Private Sub Despertador_KeyPress(KeyAscii As Integer)
  Dim Car As String * 1

  Car = Chr(KeyAscii)
  If (Car < "0" Or Car > "9") And Car <> ":" Then
    Beep          'aviso acústico
```

```
    KeyAscii = 0  'borrar carácter
  End If
End Sub
```

El paso siguiente es presentar la hora a través del control *Hora*. Para visualizar la hora, Visual Basic tiene la función **Time** que devuelve un valor de 8 bytes (tipo **Date**) de la forma "hh:mm:ss". Entonces, haga un doble clic sobre el temporizador y escriba:

```
Private Sub Timer1_Timer()
  Hora.Caption = Time
End Sub
```

Pero hay algo más, supongamos que el usuario escribe una hora en el despertador. Para que se produzcan avisos acústicos cuando se alcance esa hora, tienen que darse dos condiciones: una, que el despertador esté activado; y otra, que la hora actual sea igual o mayor, o simplemente mayor, que la hora especificada en el despertador. La condición mayor es para que el pitido continúe hasta que el usuario desactive el despertador.

Defina una variable **Boolean** *DespertadorSi* a nivel del formulario y asígnele un valor inicial **False**. Un valor **False** (falso) significa despertador desactivado, y un valor **True** (verdad) significa despertador activado.

```
Private DespertadorSi As Boolean
```

El procedimiento adecuado para iniciar las variables es *Form_Load*, ya que es el primero que se ejecuta cuando se arranca la aplicación:

```
Private Sub Form_Load()
  DespertadorSi = False
  Despertador.Text = "00:00:00"
End Sub
```

De acuerdo con lo expuesto, modifique el procedimiento *Timer1_Timer* como se indica a continuación:

```
Private Sub Timer1_Timer()
  If (Despertador.Text < CStr(Time) And DespertadorSi) Then
    Beep: Beep: Beep
  End If
  Hora.Caption = Time
End Sub
```

Desarrollemos ahora el código para las órdenes del menú *Despertador* empezando por la más sencilla, *Cerrar*. Haga clic en este menú y después en la orden *Cerrar*. A continuación escriba:

```
Private Sub Cerrar_Click()
  End
End Sub
```

Nos queda escribir el código para activar y desactivar el despertador, tarea que realizaremos a través de la orden nombrada *DespertadorSiNo*.

Cambiar una orden de un menú durante la ejecución

El título de la orden para activar y desactivar el despertador que acabamos de comentar vale inicialmente *Despertador No*, indicando que el despertador no está activado, lo que implica que la variable *DespertadorSi* tenga un valor **False**, valor que ha sido asignado en *Form_Load*. Cuando el usuario haga clic sobre esta orden, el título de la misma deberá cambiar para indicar *Despertador Sí*, que quiere decir que el despertador está activado, y la variable *DespertadorSi* tomará el valor **True**. En definitiva, un clic en esta orden activa o desactiva el despertador.

Según lo expuesto, haga clic en el menú *Despertador* y después en la orden *Despertador No*. A continuación escriba el código necesario para asignar el título deseado a la propiedad **Caption** de la orden denominada *DespertadorSiNo*.

```
Private Sub DespertadorSiNo_Click()
  If (DespertadorSi) Then
    DespertadorSi = False
    DespertadorSiNo.Caption = "Despertador No"
  Else
    DespertadorSi = True
    DespertadorSiNo.Caption = "Despertador Sí"
  End If
End Sub
```

Añadir órdenes a un menú durante la ejecución

En Visual Basic es posible añadir una orden a un menú durante la ejecución utilizando la sentencia **Load**, y también eliminarla utilizando **Unload**. No obstante, para poder realizar estas operaciones, las órdenes que vayan a pasar a formar parte del menú tienen que pertenecer a una matriz de controles. La razón es que una vez añadida una orden, no podríamos añadir un nuevo procedimiento para la misma, mientras que con una matriz el procedimiento es común a todas las órdenes. Quiere esto decir que durante el diseño hay que crear una matriz de controles y esto exige que dicha matriz tenga al menos un elemento, al que uniremos el procedimiento común.

Como inicialmente nosotros no sabemos qué órdenes van a añadirse al menú, la solución es que cuando lo diseñemos hagamos que la primera orden, la de índice 0, sea invisible. De esta forma, las órdenes que se añadan después irán a continuación de esta primera orden invisible.

Observe en la tabla anterior que *País(0)* es una orden del menú *País*, que se corresponde con el primer elemento de la matriz de controles denominada también *País* (su índice es cero), que tiene un título que es un espacio en blanco, y que es invisible (propiedad **Visible** sin señalar). En otras palabras, a través de la interfaz gráfica podremos acceder a las órdenes *País(1)*, *País(2)*, etc. del menú *País*, ya que la orden *País(0)* permanece invisible.

Los títulos de las órdenes *País(1)*, *País(2)*, etc. serán nombres de países y se añadirán al menú *País* a través de la orden *Añadir* del menú *País*. Lo que se pretende es que cuando el usuario haga clic en la orden *Añadir*, pueda introducir dos nuevos datos: uno, el nombre del país que será el título de una nueva orden, y otro, la diferencia horaria con respecto a nuestro país, para posteriormente poder calcular la hora actual en el país especificado.

Para, posteriormente, tener acceso a estos datos, los guardaremos en una matriz de estructuras denominado *PaísHora*, donde cada elemento será del tipo indicado a continuación. Por lo tanto, otro dato al que tenemos que seguir la pista es al número de elementos de la matriz *PaísHora*, que denominaremos *NumPaíses*, el cual nos va a proporcionar el valor del índice del elemento donde almacenamos los datos correspondientes a la siguiente orden a añadir. Este valor también coincide con el índice del elemento de la matriz de controles *País* donde será ubicada la nueva orden añadida al menú *País*. Según esto, escriba las siguientes declaraciones en un módulo estándar *reloj.bas* (tenga presente que, por omisión, el valor inicial de *NumPaíses* es cero):

```
Type TipoPaísHora
  País As String * 20
  DifH As Integer
End Type
Public PaísHora() As TipoPaísHora 'matriz dinámica
Public NumPaíses As Integer
```

Según lo expuesto, el conjunto de operaciones que tienen que ejecutarse cuando el usuario haga clic sobre la orden *Añadir* del menú *País* es:

1. Introducir los datos “país” y “diferencia horaria”:

```
DatosEnt.Show vbModal
```

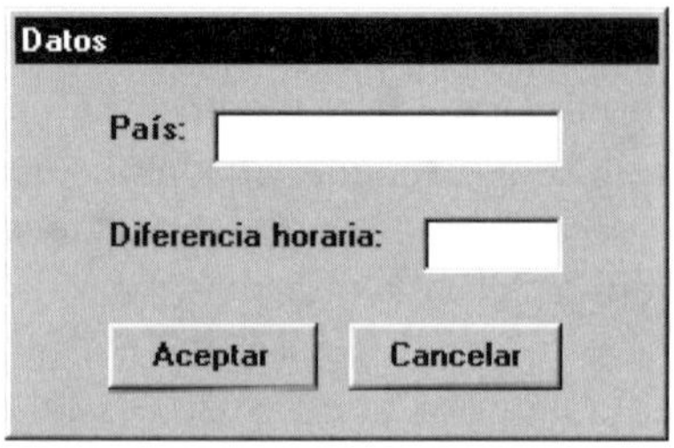

2. Cargar una nueva orden en el menú *País* (*NumPaíses* se incrementa al pulsar el botón *Aceptar*):

```
Load País(NumPaíses)
```

3. Asignar a la propiedad **Caption** de esta orden, el nombre del país y hacerla visible:

```
País(NumPaíses).Caption = PaísHora(NumPaíses).País
País(NumPaíses).Visible = True
```

Los puntos 2 y 3 no se realizarán si se pulsó el botón *Cancelar*, hecho que conoceremos a través de la variable *bCancelar* de *DatosEnt*. En definitiva, el procedimiento *AñadirPaís_Click* queda como sigue:

```
Private Sub AñadirPaís_Click()
  DatosEnt.Show vbModal
  If DatosEnt.bCancelar Then Exit Sub
  Load País(NumPaíses)
  País(NumPaíses).Caption = PaísHora(NumPaíses).País
  País(NumPaíses).Visible = True
End Sub
```

Cuando ejecute esta orden y añada órdenes al menú *País*, el aspecto del menú será como el que se muestra a continuación:

Según hemos visto en el apartado anterior, para añadir una nueva orden al menú *País* se visualiza un segundo formulario o caja de diálogo que permite introducir los datos país y diferencia horaria. Por lo tanto, añada este nuevo formulario. Para ello ejecute la orden *Agregar formulario* del menú *Proyecto*, asigne al formulario el título *Datos*, el nombre *DatosEnt* y a su propiedad **ControlBox** el valor **False**. Después añada los controles especificados en la tabla siguiente:

Objeto	Propiedad	Valor
Etiqueta	Caption Name	País: Label1
Caja de texto	Name Text	PaísEnt (nada)
Etiqueta	Caption Name	Diferencia horaria: Label2
Caja de texto	Name Text	DifHora (nada)
Botón de pulsación	Caption Name Default	Aceptar Aceptar True
Botón de pulsación	Caption Name	Cancelar Cancelar

Para colocar los controles y ajustar su posición y tamaño, fíjese en el formulario *Datos* mostrado anteriormente.

Una vez creado el formulario, uniremos el código a cada uno de los controles. Cuando se ejecuta la orden *DatosEnt.Show vbModal* del procedimiento *AñadirPaís_Click* anterior, se muestra el formulario titulado *Datos* con el punto de inserción situado en la caja denominada *PaísEnt*. A continuación se espera que el usuario escriba el nombre del país que desea añadir y la diferencia horaria.

Si el usuario pulsa el botón *Cancelar*, simplemente ocultaremos el formulario y tomaremos nota de este hecho poniendo la variable *bCancelar* de tipo **Boolean** a valor **True**. Defina esta variable a nivel del formulario *DatosEnt*.

```
Private Sub Cancelar_Click()
  bCancelar = True
  DatosEnt.Hide
End Sub
```

Una vez que el usuario teclee los datos y pulse el botón *Aceptar*, queremos que sucedan tres cosas:

1. Que se almacene el contenido de las cajas de texto en el elemento correspondiente de la matriz. Recuerde que el elemento de la matriz se referencia por el mismo índice que la orden correspondiente del menú. Esto es, el elemento 1 de la matriz contiene los datos para la orden *País(1)* del menú *País*, el elemento 2 contiene los datos para la orden *País(2)*, y así sucesivamente. Este índice viene dado por la variable global *NumPaíses*.
2. Que el punto de inserción quede colocado en la caja *PaísEnt* para una próxima entrada.
3. Que el formulario quede oculto.

El procedimiento asociado se muestra a continuación:

```
Private Sub Aceptar_Click()
  bCancelar = False 'se pulsó el botón Aceptar
  NumPaíses = NumPaíses + 1
  'Asignar memoria para un registro más
  ReDim Preserve PaísHora(NumPaíses)
  PaísHora(NumPaíses).País = PaísEnt.Text
  PaísHora(NumPaíses).DifH = Val(DifHora.Text)
  PaísEnt.SetFocus
  DatosEnt.Hide
End Sub
```

El método **SetFocus** permite enfocar el objeto especificado. Este objeto puede ser un formulario o un control *visible*. Su sintaxis es:

objeto.**SetFocus**

Después de enfocar un objeto, cualquier entrada del usuario irá dirigida a ese objeto. Si en algún momento necesita saber qué objeto está enfocado, utilice las propiedades **ActiveControl** y **ActiveForm** del objeto **Screen**.

{*form*|*formmdi*|**Screen**}.**ActiveControl**
{*formmdi*|**Screen**}.**ActiveForm**

La propiedad **ActiveControl** devuelve el control que está enfocado y la propiedad **ActiveForm** devuelve el formulario que está enfocado. Por ejemplo, el siguiente código indica que si el botón *Command1* está enfocado, que se enfoque el botón *Command2*, y si no está enfocado, enfocarlo.

```
If Screen.ActiveControl.Caption = "Command1" Then
  Command2.SetFocus
Else
  Command1.SetFocus
End If
```

Cuando en lugar de utilizar el objeto **Screen** se especifica un formulario, **ActiveControl** indica el control que tendría el foco si el formulario especificado estuviera activo, y **ActiveForm** indica el formulario hijo que está activo.

Cuando un objeto se enfoca por alguna acción como hacer clic sobre él, pulsar la tecla *Tab*, cargar y visualizar un formulario, utilizar el método **SetFocus**, etc., ocurre un evento denominado **GotFocus**, y cuando un objeto pierde el foco (se desenfoca), ocurre otro evento denominado **LostFocus**.

Como ejemplo, al hacer clic en el botón *Aceptar*, la sentencia *PaísEnt.SetFocus* del procedimiento *Aceptar_Click* presentado anteriormente enfoca el objeto *PaísEnt* al mismo tiempo que el botón *Aceptar* pierde el foco. Esto implica que en el objeto *PaísEnt* ocurra el evento **GotFocus**, lo que permite ejecutar el procedimiento *PaísEnt_GotFocus*, y en el botón *Aceptar* el evento **LostFocus**, lo que permite ejecutar el procedimiento *Aceptar_LostFocus*.

Así mismo, cada vez que se visualiza el formulario, como el objeto enfocado es *PaísEnt*, se da el evento **GotFocus** para este objeto.

Como para cada entrada de datos el objetivo que se persigue, además de que el objeto enfocado sea la caja de texto *PaísEnt*, es que ambas cajas de texto se presenten en blanco, podemos escribir:

```
Private Sub Aceptar_LostFocus()
  PaísEnt.Text = ""
  DifHora.Text = ""
End Sub
```

Procedimiento común para las órdenes añadidas

Cada una de las órdenes añadidas al menú *País* permite saber la hora actual del país cuyo nombre coincide con el título de la orden seleccionada. Cuando el usuario haga clic en alguna de esas órdenes, tiene que:

1. Mostrarse debajo de la etiqueta *Hora en* otra etiqueta que especifique el nombre del país del cual queremos saber la hora:

   ```
   EtiquetaPaís.Caption = País(Index).Caption
   ```

2. Visualizarse en la caja de texto que hay debajo de la etiqueta anterior, denominada *OtraHora*, la hora actual correspondiente a ese país, la cual será la hora actual de nuestro país más la diferencia horaria (positiva o negativa).

El procedimiento común para estas órdenes que realiza lo anteriormente expuesto es el siguiente:

```
Private Sub País_Click(Index As Integer)
  Dim Horas As Integer
  EtiquetaPaís.Caption = País(Index).Caption
  Horas = Val(Hora.Caption) + PaísHora(Index).DifH
  If Horas > 24 Then Horas = Horas - 24
  If Horas < 0 Then Horas = 24 + Horas
  OtraHora.Caption = Horas & Right(Hora.Caption, 6)
  If Len(OtraHora.Caption) < 8 Then
    OtraHora.Caption = "0" & OtraHora.Caption
  End If
End Sub
```

El formato de *Hora.Caption* es *hh:mm:ss*. Por lo tanto, la función **Val** devuelve el valor *hh*, al que se suma la diferencia horaria (positiva o negativa). Si el resultado de esta operación es mayor que 24, la hora vendrá dada por la expresión *Horas – 24*, y si es negativo, por la expresión *24 + Horas*.

La expresión *Horas & Right(Hora.Caption, 6)* une la cadena "hh" con la cadena ":mm:ss". La función **Right** toma los *n* caracteres más a la derecha de la cadena especificada.

Si la cadena resultante, debido a que la variable *Horas* tiene un dígito, es de la forma *h:mm:ss*, se añade un cero a la izquierda. La función **Len** da como resultado el número de caracteres de la cadena especificada.

Borrar órdenes de un menú

La sentencia **Unload** solamente puede utilizarse para borrar un objeto que haya sido creado con la sentencia **Load**; esto es, **Unload** no puede utilizarse para borrar un objeto creado durante el diseño.

Cuando el usuario seleccione la orden *Borrar* del menú *País*, se ejecutará el procedimiento asociado *BorrarPaís_Click*, que tiene que realizar lo siguiente:

1. Solicitar el índice (1, 2, ...) de la orden del menú que se desee borrar y verificar que dicho valor está dentro del rango.

2. Siendo *NumOrden* el índice de la orden a borrar, reemplazar el título de la orden *NumOrden* con el título de la orden *NumOrden+1*, el título de la orden *NumOrden+1* con el título de la orden *NumOrden+2*, y así sucesivamente

hasta el final del menú. La misma operación hay que realizarla sobre la matriz *PaísHora*.

3. Eliminar la última orden del menú *País*.

4. Decrementar en una unidad la variable que cuenta el número total de órdenes.

5. Eliminar el último elemento ocupado de la matriz *PaísHora*.

Según lo expuesto, el código del procedimiento *BorrarPaís_Click* será el siguiente:

```
Private Sub BorrarPaís_Click()
  Dim NumOrden As Integer, N As Integer
  Dim Mensaje As String
  Mensaje = "Número del país a borrar entre 1 y " & NumPaíses
  NumOrden = Val(InputBox(Mensaje))
  If NumOrden > NumPaíses Or NumOrden < 1 Then
    MsgBox "Número fuera de rango"
    Exit Sub
  End If
  For N = NumOrden To NumPaíses - 1
    País(N).Caption = País(N + 1).Caption
    PaísHora(N) = PaísHora(N + 1)
  Next N
  Unload País(NumPaíses)
  NumPaíses = NumPaíses - 1
  'Asignar memoria para un registro menos
  ReDim Preserve PaísHora(NumPaíses)
End Sub
```

Menús emergentes

Un menú emergente es visualizado sobre un formulario independiente de la barra de menús, como se puede observar en la figura siguiente.

Para visualizar un menú emergente, también denominado menú contextual, utilice el método **PopupMenu**, cuya sintaxis es

[*formulario*.]**PopupMenu** *NombreMenú*[, *indicadores*[, *x*[, *y*]]]

donde *NombreMenú* es el nombre (**Name**) del menú, *indicadores* define la ubicación y comportamiento del menú, y *x* e *y* son las coordenadas, referidas a la esquina superior izquierda y relativas al formulario, que definen dónde será visualizado el menú. Por omisión, estas coordenadas coinciden con las coordenadas del cursor del ratón.

Por ejemplo, la siguiente sentencia visualiza el menú *MenúPaís* centrado en *x* (por omisión, es el borde izquierdo el que se sitúa en *x* - *vbPopupMenuLeftAlign*). El menú se visualiza utilizando tanto el botón izquierdo del ratón como el derecho (por omisión sólo reconoce el botón izquierdo - *vbPopupMenuLeftButton*):

```
PopupMenu MenúPaís, vbPopupMenuCenterAlign Or _
                    vbPopupMenuRightButton, x, y
```

Siguiendo con nuestra aplicación, para que se visualice el menú emergente que se muestra en la figura anterior cuando el usuario haga clic sobre el formulario, escriba el siguiente procedimiento:

```
Private Sub Form_Click()
  PopupMenu MenúPaís
End Sub
```

Si no desea que el menú emergente esté disponible también en la barra de menús, abra el editor de menús y ponga su propiedad **Visible** no señalada. Por ejemplo, puede poner la propiedad **Visible** del menú *País* no señalada y éste no aparecerá en la barra de menús.

REGISTRO DE WINDOWS

En Windows versión 3.1, la información OLE y las asociaciones de ficheros se guardaban en una base de datos específica de Windows y las configuraciones de las aplicaciones se almacenan en los ficheros de inicialización de Windows (.INI). En Windows 9x y Windows NT, el registro de Windows actúa como una base de datos central para el usuario, la aplicación, y para la información específica del ordenador, incluyendo la información que registraba Windows 3.1 (base de datos y ficheros .INI).

Los datos registrados de una aplicación Visual Basic se localizan en la carpeta

HKEY_CURRENT_USER\Software\VB ...

Para ver las entradas del registro de Windows, utilice la aplicación *Regedit* incluida con Windows 9x y Windows NT.

Para manipular los datos registrados de una aplicación, Visual Basic proporciona las funciones y sentencias siguientes:

Función o sentencia	*Descripción*
Función **GetSetting**	Recupera un único dato del registro de Windows.
Sentencia **SaveSetting**	Guarda un dato en el registro Windows.
Función **GetAllSettings**	Recupera todos los datos en una matriz.
Sentencia **DeleteSetting**	Borra datos del registro de Windows.

Guardar datos en el registro de Windows

Para guardar datos relativos a una aplicación utilice la sentencia **SaveSetting** en el procedimiento *Form_Unload* asociado con el formulario principal. De esta forma **SaveSetting** será ejecutada cada vez que el usuario cierre la aplicación. La sintaxis de esta sentencia es:

SaveSetting *NombreAplicación, Sección, Clave, Dato*

Por ejemplo, en la aplicación anterior nos interesaría guardar el contenido relacionado con el menú *País*. De esta forma, cada vez que ejecutemos la aplicación dispondremos de los últimos datos manejados. Según lo expuesto, para registrar los datos relacionados con un país escribiríamos:

```
Private Sub Form_Unload(Cancel As Integer)
  SaveSetting "Reloj", "País-DifH", "País1", PaísHora(1).País
  SaveSetting "Reloj", "País-DifH", "DifH1", PaísHora(1).DifH
End Sub
```

El procedimiento anterior registra el dato *PaísHora(1).País* con la clave *País1* y el dato *PaísHora(1).DifH* con la clave *DifH1*, ambos en la sección *País-DifH* de la aplicación *Reloj.*

Suponiendo que el país es *Londres* y que la diferencia horaria es *–1*, el esquema del registro efectuado es:

```
Reloj
      País-DifH
            País1 = "Londres"
            DifH1 = "-1"
```

Según lo expuesto, para registrar los datos correspondientes al menú *País* de nuestra aplicación, escriba el procedimiento siguiente:

```
Private Sub Form_Unload(Cancel As Integer)
  For I = 1 To NumPaíses
    SaveSetting "Reloj", "País-DifH", "País" & I, PaísHora(I).País
    SaveSetting "Reloj", "País-DifH", "DifH" & I, PaísHora(I).DifH
  Next I
End Sub
```

El evento **Unload** se da cuando el formulario se descarga de la aplicación. También se produce cuando el usuario ejecuta la orden *Cerrar* del menú de control, o bien pulsa el botón de cerrar el formulario. Cuando el formulario reconoce este evento, se ejecuta el procedimiento *Form_Unload*. Quiere esto decir que cuando el usuario ejecuta la orden *Cerrar* del menú *Despertador*, finaliza la aplicación pero no se produce el evento **Unload**. Para que esto suceda tenemos que descargar explícitamente el formulario *Form1*. Por lo tanto, modifique el procedimiento *Cerrar_Click* como se indica a continuación:

```
Private Sub Cerrar_Click()
  Unload Form1
  End
End Sub
```

Recuperar datos del registro de Windows

Normalmente una aplicación recupera datos del registro para incorporar las características que tenía cuando fue cerrada la última vez. Para realizar este trabajo disponemos de las funciones **GetSetting** y **GetAllSettings**.

Recuperar un dato cada vez

Para recuperar un único dato, utilice la función **GetSetting** cuya sintaxis es:

GetSetting(*NombreAplicación*, *Sección*, *Clave*[, *ValorRetornado*])

Por ejemplo, el siguiente procedimiento recupera los datos registrados bajo las claves *País1* y *DifH1* de la sección *País-DifH* de la aplicación *Reloj*:

```
Private Sub Form_Load()
  'Recuperar datos del registro de Windows
  PaísHora(1).País = GetSetting("Reloj", "País-DifH", "País1", "0")
  PaísHora(1).DifH = GetSetting("Reloj", "País-DifH", "DifH1", "0")
End Sub
```

El último parámetro, *ValorRetornado*, es opcional y es el valor retornado cuando no hay un valor registrado con la clave especificada.

Recuperar todos los datos

Para recuperar todos los datos registrados utilice la función **GetAllSettings** cuya sintaxis es:

GetAllSettings (*NombreAplicación*, *Sección*)

La función **GetAllSettings** devuelve un valor de tipo **Variant** cuyo contenido se corresponde con una matriz bidimensional. En la primera columna están almacenadas todas las claves de la sección especificada y en la segunda columna sus valores correspondientes.

Por ejemplo, recuerde que en el ejemplo anterior habíamos registrado los datos siguientes para la aplicación *Reloj*:

```
Reloj
      País-DifH
            País1 = "Londres"
            DifH1 = "-1"
            ...
```

El código siguiente recupera estos datos y los almacena en una matriz *Config*:

```
Dim Config As Variant
Dim I As Integer
Config = GetAllSettings("Reloj", "País-DifH")

For I = 0 To UBound(Config, 1)
  MsgBox Config(I, 0) & " " & Config(I, 1)
Next I
```

La función **UBound** da como resultado el límite superior de la dimensión indicada de la matriz especificada.

Observe que la matriz *Config* se ha definido de tipo **Variant** y que al recuperar la sección *País-DifH* de la aplicación *Reloj*, se recuperan tanto las claves como sus datos asociados; esto es, la matriz y su contenido son así:

	0	1
0	País1	Londres
1	DifH1	–1
...	...	...

Según lo expuesto, para recuperar los datos registrados de nuestra aplicación *Reloj* modifique el procedimiento *Form_Load* así:

```
Private Sub Form_Load()
  DespertadorSi = False
  Despertador.Text = "00:00:00"

  'Recuperar los datos registrados de la aplicación
  Dim Config As Variant
  Dim I As Integer
  Config = GetAllSettings("Reloj", "País-DifH")
  If IsEmpty(Config) Then Exit Sub
  'Borrar los datos registrados que acabamos de recuperar.
  'Form_Unload registrará los nuevos datos.
  DeleteSetting "Reloj"
  NumPaíses = 0
  'Almacenar los datos recuperados en la matriz PaísHora
  'y visualizar los países en el menú País
  For I = 0 To UBound(Config, 1) Step 2
    NumPaíses = NumPaíses + 1
    PaísHora(NumPaíses).País = Config(I, 1)
    PaísHora(NumPaíses).DifH = Val(Config(I + 1, 1))
    Load País(NumPaíses)
    País(NumPaíses).Caption = PaísHora(NumPaíses).País
    País(NumPaíses).Visible = True
  Next I
End Sub
```

Cuando se ejecuta la aplicación *Reloj*, la primera acción es cargar el formulario y como consecuencia se ejecuta el procedimiento *Form_Load*, el cual invoca a la función **GetAllSettings** para recuperar los datos registrados de la aplicación y almacenarlos en la matriz *Config*.

A continuación la función **IsEmpty** verifica si había datos registrados. Por ejemplo, la primera vez que ejecute la aplicación no habrá datos registrados y *Config* valdrá **Empty**.

Una vez recuperados los datos registrados realizamos los siguientes pasos:

1. Borramos los datos del registro de Windows. Esto lo hacemos porque cuando finalice la ejecución de la aplicación se registrarán nuevamente los datos. Los nuevos datos registrados no borran los anteriores, sino que los sobreescriben. Entonces, si el registro antiguo comprende más datos que el nuevo, los datos en exceso no desaparecerán.

2. Almacenamos los datos *País* y *DifH*, que según hemos explicado están en la segunda columna de la matriz *Config*, en la matriz *PaísHora*. Al mismo tiempo, asignamos los países como órdenes al menú *País*.

Borrar los datos registrados de una aplicación

Para borrar todos o parte de los datos registrados de una aplicación utilice la sentencia **DeleteSetting**, que tiene la sintaxis siguiente:

DeleteSetting(*NombreAplicación*, *Sección*, *Clave*)

Borrar un dato cada vez

Supongamos que la información registrada es:

```
Reloj
        País-DifH
                País1 = "Londres"
                DifH1 = "-1"
```

El código siguiente borra la entrada *País1*:

```
DeleteSetting "Reloj", "País-DifH", "País1"
```

El resultado es:

```
Reloj
        País-DifH
                DifH1 = "-1"
```

Borrar una sección

También es posible borrar toda una sección. Por ejemplo, la sentencia siguiente borra la sección *País-DifH* de la aplicación *Reloj*:

```
DeleteSetting "Reloj", "País-DifH"
```

Borrar todos los datos

También puede borrar todos los datos registrados de una aplicación. Por ejemplo, la siguiente sentencia borra los datos registrados de la aplicación *Reloj*.

```
DeleteSetting "Reloj"
```

LISTAS Y LISTAS DESPLEGABLES

Una *lista* es un control que pone a disposición del usuario un conjunto de elementos, de los cuales elegirá uno. Si la cantidad de elementos rebasa el número de los que pueden ser visualizados simultáneamente en el espacio disponible en la *lista*, aparecerá automáticamente una barra de desplazamiento vertical para que el usuario pueda desplazar los elementos de la lista hacia arriba o hacia abajo. Generalmente, una lista es apropiada cuando se quiere limitar la entrada a una serie de elementos determinados.

Por omisión, los elementos de una *lista* son visualizados verticalmente en una sola columna, aunque usted puede, si quiere, establecer múltiples columnas (sólo en listas simples no en listas desplegables, propiedad **Columns**). Si la anchura total de las columnas supera la anchura de la *lista*, aparecerá automáticamente una barra de desplazamiento horizontal para que el usuario pueda desplazar las columnas hacia la izquierda o hacia la derecha.

Un *lista desplegable* es un control que combina las características de una caja de texto y de una lista. Esto permite al usuario elegir un elemento de varios, escribiéndolo directamente en la caja de texto o seleccionándolo de la lista. Generalmente, un control combinado es apropiado cuando hay una lista de elementos sugeridos; además, el usuario puede introducir otros que no estén en la lista.

Utilización de listas

Supongamos una pequeña base de datos para llevar la cuenta de los libros de nuestra biblioteca particular, de los cuales, en ocasiones, prestamos algunos a otras personas. Para seguir la pista a estos libros, vamos a almacenar los siguientes datos:

Título de libro
Autor
Editorial
Datos sobre el préstamo

Cada uno de estos datos elementales se denomina *campo*, y el conjunto de todos los campos referentes a un mismo libro recibe el nombre de *registro*.

Nuestra aplicación va a constar de una ventana principal que permita introducir o visualizar los datos de un registro y de un menú que permita, entre otras cosas, buscar un determinado registro. Cuando el usuario seleccione en este menú la orden "Buscar Registro..." aparecerá una caja de diálogo con una lista clasificada de los títulos de los libros prestados. Cuando el usuario haga un doble clic sobre uno de los títulos, los datos correspondientes a ese libro se visualizarán en la ventana principal.

Generalmente, una base de datos está clasificada por alguno de sus campos, en nuestro caso lo va a estar por el campo "Título". Para realizar esta operación nos va a ser de gran ayuda la propiedad **Sorted** de las listas y listas desplegables; cuando esta propiedad tenga un valor **True**, la lista se visualizará clasificada.

Para diseñar esta aplicación, comience un nuevo proyecto y asigne al formulario el nombre *Libros Prestados*. Asigne a su propiedad **BorderStyle** el valor 3 para evitar que se pueda redimensionar durante la ejecución y para que no visualice los botones de maximizar y minimizar. A continuación, según indica la tabla siguiente, añada cuatro cajas de texto, cada una de las cuales se corresponderá con un campo del registro, y cuatro etiquetas que las identifiquen.

Objeto	**Propiedad**	**Valor**
Etiqueta	Caption Name	Título: Label1
Caja de texto	Name	Título
Etiqueta	Caption Name	Autor: Label2
Caja de texto	Name	Autor
Etiqueta	Caption Name	Editorial: Label3
Caja de texto	Name	Editorial
Etiqueta	Caption Name	Prestado: Label4
Caja de texto	Name MultiLine ScrollBars	Prestado True 2

Ahora añada un menú denominado *Fichero* con la órdenes *Añadir Registro*, *Buscar Registro...* y *Salir*. Para identificar estas órdenes, asígnelas los nombres *AñadirReg*, *BuscarReg* y *Salir*, respectivamente.

Guarde el trabajo realizado hasta ahora y asigne al formulario el nombre *bibli.frm* y a la aplicación el nombre *bibli.vbp*. El resultado obtenido será similar al mostrado en la figura siguiente:

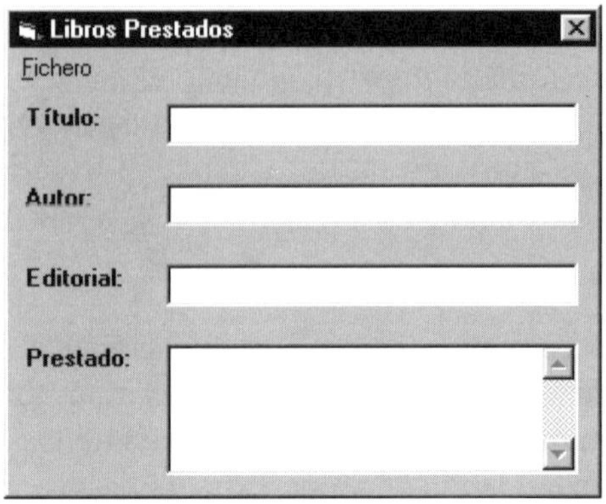

Seleccionar el texto de una caja de texto

En primer lugar vamos a hacer que cuando el usuario enfoque alguna caja de texto, *Título*, *Autor*, *Editorial* o *Prestado*, el texto de la misma quede seleccionado. Esto permite reemplazar automáticamente el texto de la caja por el nuevo texto escrito. Para ello recuerde que cuando un objeto se enfoca reconoce el evento **GotFocus**.

De acuerdo con lo expuesto, el procedimiento para que el texto de la caja *Título* quede seleccionado cuando ésta se enfoque, sería el siguiente:

```
Private Sub Título_GotFocus()
  ' Seleccionar el texto de la caja
  Título.SelStart = 0
  Título.SelLength = Len(Título.Text)
End Sub
```

Proceda de forma análoga con las cajas de texto *Autor*, *Editorial* y *Prestado*.

Validar datos reteniendo el foco en el control

La propiedad **CausesValidation** se utiliza conjuntamente con el evento **Validate** para comprobar, antes de permitir que el usuario se mueva a otro control, que los datos introducidos en un control son válidos. Por ejemplo, estando la caja de texto *Título* enfocada queremos impedir que el usuario cambie a otro control mientras esté vacía.

De manera predeterminada, la propiedad **CausesValidation** de los controles está establecida a **True**. De esta forma, siempre que se intente cambiar el foco de un control a otro, ocurrirá el evento **Validate**. Entonces, para impedir el cambio del foco si *Título* está vacía, añada el procedimiento que responda a este evento para este control y edítelo como se muestra a continuación:

```
Private Sub Título_Validate(Cancel As Boolean)
  'Si la caja está vacía, mantener el foco

  If Len(Título.Text) = 0 Then
    Cancel = True
    MsgBox "Tiene que escribir un título", , "Libros"
  End If
End Sub
```

El procedimiento que responde al evento **Validate** tiene un argumento *Cancel* que cuando esté establecido a **True**, hará que el control retenga el foco, lo que impide que el usuario haga clic sobre cualquier otro control.

Suponga que la ventana tiene un botón de ayuda (no es nuestro caso) ¿Qué habría que hacer para permitir al usuario obtener ayuda a través de este botón? Simplemente poner su propiedad **CausesValidation** a **False**.

El evento **Validate** es más apropiado para la validación de datos que el evento **LostFocus**, ya que este último, por definición, se produce después de que haya cambiado el foco.

Crear un módulo estándar

Nuestra base de datos va a estar formada por una matriz de registros denominada *Libros* en la que cada registro será del tipo *Registro*, tipo que definiremos, como se indica a continuación, en el módulo estándar *bibli.bas*. Más adelante veremos cómo almacenar estos datos en un fichero.

```
Type Registro
  Título As String * 30
  Autor As String * 30
  Editorial As String * 12
  Prestado As String * 240
End Type
Public Libros() As Registro
Public TotalRegs As Integer
```

Cree un nuevo módulo, para lo cual tiene que ejecutar la orden *Agregar módulo* del menú *Proyecto*. Después escriba las declaraciones y definiciones anteriores y guarde el módulo con el nombre *bibli.bas*.

Una matriz definida de esta forma puede ser accedida desde cualquier procedimiento de la aplicación. Observe que la matriz puede tener un máximo de 40 registros. Para llevar la cuenta de los registros que hay almacenados, se ha definido la variable *TotalRegs*. El valor inicial de esta variable es 0.

Añadir un registro

A continuación vamos a escribir el código correspondiente a la orden *Añadir Registro* del menú *Fichero*. Cuando el usuario haga clic en esta orden, deseará que el contenido actual de las cajas de texto sea almacenado en la base de datos.

Para guardar un registro, *Libros(TotalRegs)*, en la matriz, primero incremente la variable *TotalRegs*, después reserve memoria preservando los datos actuales para la matriz que ahora tiene un registro más, y almacene la información de cada una de las cajas de texto en los campos correspondientes del registro. A continuación hay que añadir el *Título* a la lista que aparecerá en la caja de diálogo que se visualizará cuando se ejecute la orden *Buscar Registro*. El procedimiento completo para guardar todos los registros se muestra a continuación:

```
Private Sub AñadirReg_Click()
  TotalRegs = TotalRegs + 1
  'Asignar memoria para un registro más
  ReDim Preserve Libros(1 To TotalRegs)
  'Asignar los datos de las cajas a los campos del registro
  Libros(TotalRegs).Título = Título.Text
  Libros(TotalRegs).Autor = Autor.Text
  Libros(TotalRegs).Editorial = Editorial.Text
  Libros(TotalRegs).Prestado = Prestado.Text
  'Añadir el título a la lista "ListaLibros"
  Form2.ListaLibros.AddItem Título.Text
End Sub
```

El método **AddItem** permite añadir un elemento a una lista o lista desplegable. Su sintaxis es la siguiente:

*nombre-lista.***AddItem** *elemento*[, *índice*]

donde *nombre-lista* es el nombre del control (lista o lista desplegable) y *elemento* es una cadena de caracteres correspondiente al elemento a añadir. El argumento *índice*, si se especifica, indica la posición donde se insertará el nuevo elemento. Un valor 0 indica la primera posición. Si el *índice* no se especifica, el elemento se añade al final de la lista, o bien en la posición que le corresponda si la lista está ordenada.

Si la propiedad **Sorted** de la lista o de la lista desplegable tiene asignado un valor **True**, como sucede en nuestro caso, la lista se visualizará ordenada.

Buscar un registro

Siguiendo con nuestra aplicación, el paso siguiente es añadir la caja de diálogo que tiene que visualizarse cuando se ejecute la orden *Buscar Registro* del menú *Fichero*. Para ello cree un nuevo formulario, *Form2*, y asígnele el título *Buscar Registro*. Ponga la propiedad **BorderStyle** a valor 3 para evitar durante la ejecución que se pueda cambiar el tamaño de la caja de diálogo. A continuación añada los controles que se especifican en la tabla siguiente:

Objeto	**Propiedad**	**Valor**
Lista	Name Sorted	ListaLibros True
Botón de pulsación 1	Caption Name Default	Aceptar Aceptar True
Botón de pulsación 2	Caption Name Cancel	Cancelar Cancelar True
Botón de pulsación 3	Caption Name	Borrar Borrar

El resultado puede observarlo en la figura que se muestra a continuación:

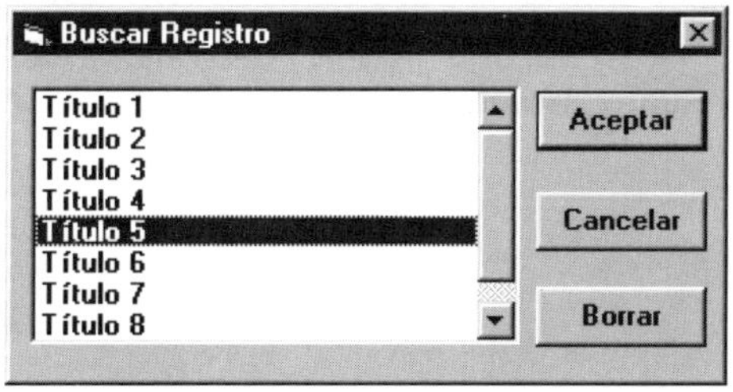

Cuando la propiedad **Default** de un botón tiene un valor **True**, el usuario puede ejecutar la acción indicada por ese botón pulsando la tecla *Entrar*. En un formulario sólo puede haber un botón con su propiedad **Default** a **True**.

Cuando la propiedad **Cancel** de un botón tiene un valor **True**, el usuario puede ejecutar la acción indicada por ese botón pulsando la tecla *Esc*. En un formulario sólo puede haber un botón con su propiedad **Cancel** a **True**.

Usted puede también especificar el botón que tiene que quedar enfocado cuando la caja de diálogo se visualice. Esto puede hacerlo de dos maneras:

1. Poniendo la propiedad **TabIndex** de dicho botón a valor 0.
2. Invocando al método **SetFocus** para el botón que desea que tenga el foco, una vez que se haya visualizado la caja de diálogo.

Según lo expuesto, cuando el usuario haga clic en la orden *Buscar Registro* se tiene que visualizar la caja de diálogo presentada en la figura anterior con el botón *Cancelar* enfocado. Entonces, el procedimiento asociado con esta orden invocará al método **Show** para visualizar la caja de diálogo *Buscar Registro* con una lista de libros clasificada, y al método **SetFocus** para enfocar el botón *Cancelar*:

```
Private Sub BuscarReg_Click()
  Form2.Show
  Form2!Cancelar.SetFocus
End Sub
```

A continuación, el usuario seleccionará el libro que busca (clic en el nombre del libro), del cual quiere conocer el resto de los datos, y hará clic en el botón *Aceptar* (o simplemente pulsará la tecla *Entrar*) para que los datos relativos a dicho libro se visualicen en la ventana principal. También, en lugar de hacer clic sobre el botón *Aceptar*, el usuario podría optar por hacer un doble clic sobre el elemento seleccionado, obteniendo el mismo resultado.

Quiere esto decir que tanto el procedimiento ligado al botón *Aceptar* como el procedimiento ligado a la lista para un doble clic tienen que invocar a un mismo procedimiento, *VisualizarRegistro*, que se encargue de buscar el registro en la base de datos y de visualizarlo en la ventana principal:

```
Private Sub Aceptar_Click()
  Call VisualizarRegistro
End Sub

Private Sub ListaLibros_DblClick()
  Call VisualizarRegistro
End Sub
```

Para que un procedimiento (**Sub** o **Function**), como *VisualizarRegistro*, pueda ser invocado desde cualquier parte de la aplicación, hay que colocarlo en un módulo estándar, proceso que realizamos más adelante.

Una vez presentada la caja de diálogo *Buscar Registro*, el usuario se puede encontrar con que el libro que busca no está en la lista y, debido a ello, simplemente quiere abandonar esta caja de diálogo, para lo cual hará clic en el botón *Cancelar* (o simplemente pulsará la tecla *Esc*). Quiere esto decir que el procedimiento ligado al botón *Cancelar* tiene que ocultar el formulario *Form2*:

```
Private Sub Cancelar_Click()
  Form2.Hide
End Sub
```

La función de la orden *Salir* es finalizar la aplicación, lo que se consigue ejecutando la sentencia **End**:

```
Private Sub Salir_Click()
  Unload Form2
  End
End Sub
```

Si para salir de la aplicación el usuario hace clic en la orden *Cerrar* del menú de control de *Form1* o en el botón de cerrar y *Form2* está cargado, *Form1* se cerrará, pero la aplicación no descargará *Form2*. La solución es descargarlo previamente:

```
Private Sub Form_Unload(Cancel As Integer)
  Unload Form2
End Sub
```

Siguiendo con la aplicación y teniendo en cuenta lo expuesto anteriormente, el procedimiento *VisualizarRegistro* tiene que realizar en primer lugar una búsqueda secuencial a partir del registro 1 para hallar la posición *I* en la que se encuentra el registro correspondiente al nombre buscado y, una vez localizado, tiene que visualizar los datos en las cajas de texto correspondientes. Según esto, añada el siguiente procedimiento al módulo *bibli.bas*.

```
Public Sub VisualizarRegistro()
  Dim I As Integer
  For I = 1 To TotalRegs
    If (RTrim(Libros(I).Título) = _
        RTrim(Form2.ListaLibros.Text)) Then
      Exit For
    End If
  Next I
  Form1.Título.Text = RTrim(Libros(I).Título)
  Form1.Autor.Text = RTrim(Libros(I).Autor)
  Form1.Editorial.Text = RTrim(Libros(I).Editorial)
  Form1.Prestado.Text = RTrim(Libros(I).Prestado)
End Sub
```

Tenga en cuenta que al ser las cadenas de caracteres de los registros de la matriz de longitud fija, Visual Basic las completa con blancos. Dos cadenas de caracteres, con la única diferencia de que una de ellas tenga al final más espacios en blanco que la otra, son desiguales. Por ello, para evitar resultados inesperados, utilice la función **RTrim**, que elimina los espacios en blanco a la derecha de una cadena de caracteres.

Acceso a los elementos de una lista

Si la lista es muy larga, es interesante aproximarse a la zona por donde tiene que estar el nombre buscado, pulsando simplemente la inicial. Esto supone comparar la tecla pulsada con el primer carácter de cada elemento de la lista, y cuando se produzca la primera coincidencia, seleccionar ese elemento de la lista. El procedimiento que realice este proceso tiene que responder al evento **KeyUp** que ocurra sobre la lista. Por lo tanto, muestre la ventana de código, seleccione el objeto *ListaLibros*, el evento **KeyUp**, y edite el procedimiento resultante así (se utiliza el evento **KeyUp** y no **KeyPress** para que el procedimiento funcione correctamente también con listas desplegables):

```
Private Sub ListaLibros_KeyUp(KeyCode As Integer, Shift As Integer)
  Dim I As Integer
  For I = 0 To TotalRegs - 1
    If Left(ListaLibros.List(I), 1) = LCase(Chr(KeyCode)) Then
      ListaLibros.ListIndex = I
      Exit For
    End If
  Next I
End Sub
```

Para acceder a los elementos de una lista fija o de una lista desplegable, puede utilizar alguna de las propiedades siguientes: **Text**, **List**, **ListIndex**, o **ListCount**.

La propiedad **Text** para una lista fija o desplegable estilo 2, devuelve el elemento seleccionado en la lista. Para una lista desplegable estilo 0 o 1, devuelve o establece el texto contenido en el área de edición (caja de texto). Las listas desplegables serán vistas a continuación.

[*formulario*!]*control*.**Text**[= *cadena de caracteres*]

La propiedad **List** se corresponde con una matriz de cadenas de caracteres que contiene los elementos de la lista. Por lo tanto, para acceder a uno de estos elementos, simplemente hay que interpretar que **List** es una matriz. Esto es,

[*formulario*!]*control*.**List**(*índice*)[= *cadena de caracteres*]

El primer elemento tiene como *índice* 0, y el último, **ListCount** –1.

La propiedad **ListCount** da como resultado el número de elementos que hay en la lista o lista desplegable. Su sintaxis es

[*formulario.*]*control.***ListCount**

La propiedad **ListIndex** da la posición respecto de 0 del elemento actualmente seleccionado. Si no hay seleccionado ningún elemento, el valor de la propiedad **ListIndex** es –1. También permite fijar dicha posición. Su sintaxis es,

[*formulario.*]*control.***ListIndex**[= *posición*]

Eliminar un registro

Para finalizar nuestra aplicación, queda por escribir el procedimiento asociado con el botón *Borrar* de la caja de diálogo *Buscar Registro.*

Para eliminar un elemento de una lista o de una lista desplegable, se utiliza el método **RemoveItem**. La sintaxis es la siguiente:

*nombre-lista.***RemoveItem** *índice*

donde *nombre-lista* es el nombre del control (lista o lista desplegable) y el argumento *índice* indica la posición del elemento que se desea eliminar. Un valor 0 indica la primera posición.

La propiedad **ListIndex** da la posición respecto de 0 del elemento actualmente seleccionado. También permite fijar dicha posición. Su sintaxis es

[*formulario.*]*control.***ListIndex**[= *posición*]

Cuando el usuario pulse el botón *Borrar*, el elemento seleccionado tiene que borrarse de la lista *ListaLibros* y de la matriz *Libros*. Tenga en cuenta que la lista está clasificada y la matriz que forma la base de datos no lo está. Quiere esto decir que un determinado libro generalmente ocupará posiciones diferentes en la lista y en la matriz. Para borrar el registro de la matriz correspondiente al elemento seleccionado de la lista, primero realizamos una búsqueda secuencial para localizarlo y después lo borramos escribiendo el siguiente registro sobre él, lo que implica retroceder una posición todos los registros que estén a continuación del que queremos borrar. Y para borrar el elemento seleccionado de la lista, calculamos su posición por medio de la propiedad **ListIndex** y lo eliminamos utilizando el método **RemoveItem**. El siguiente procedimiento realiza estas dos funciones:

```
Private Sub Borrar_Click()
  Dim I As Integer, R As Integer
  'Borrar el registro de la matriz
  'Comienza la búsqueda
  For I = 1 To TotalRegs
    If (RTrim(Libros(I).Título) = _
        RTrim(Form2.ListaLibros.Text)) Then
      Exit For
    End If
  Next I
  If I > TotalRegs Then Exit Sub 'No encontrado
  'Se borra
  For R = I To TotalRegs - 1
    Libros(R) = Libros(R + 1)
  Next R
  TotalRegs = TotalRegs - 1
  'Asignar memoria para un registro menos
  If TotalRegs Then
    ReDim Preserve Libros(1 To TotalRegs)
  Else
    Erase Libros
  End If
  'Borrar el registro de la lista
  'Posición en la lista
  R = Form2.ListaLibros.ListIndex
  'Se borra
  Form2.ListaLibros.RemoveItem R
End Sub
```

Inhabilitar controles

Cuando la utilización de un control en momentos determinados de la ejecución de una aplicación no tiene sentido, es aconsejable impedir al usuario su utilización. Para inhabilitar un control, ponga su propiedad **Enabled** a valor **False**. Por ejemplo, cuando se visualice la caja de diálogo *Buscar Registro*, mantendremos los botones *Aceptar* y *Borrar* inhabilitados hasta que el usuario seleccione un elemento de la lista. Para realizarlo, modifique el procedimiento *BuscarReg_Click* como se indica a continuación:

```
Private Sub BuscarReg_Click()
  Form2.Show
  Form2!Cancelar.SetFocus
  Form2!Aceptar.Enabled = False
  Form2!Borrar.Enabled = False
End Sub
```

Cuando el usuario haga clic en un elemento de la lista para seleccionarlo, habilitaremos los botones *Aceptar* y *Borrar*. Para ello añada el procedimiento que se especifica a continuación:

```
Private Sub ListaLibros_Click()
  Aceptar.Enabled = True
  Borrar.Enabled = True
End Sub
```

También, cuando la lista está vacía porque ha borrado todos sus elementos, los botones *Aceptar* y *Borrar* pasarán a estar inhabilitados:

```
Private Sub Borrar_Click()
  ' ...
  'Asignar memoria para un registro menos
  If TotalRegs Then
    ReDim Preserve Libros(1 To TotalRegs)
  Else
    Erase Libros
    Aceptar.Enabled = False
    Borrar.Enabled = False
  End If
  ' ...
End Sub
```

Utilización de listas desplegables

La diferencia entre una *lista* fija y una *lista desplegable* (también denominada cuadro combinado) es que la *lista desplegable* es una combinación de una lista y una caja de texto. Hay tres estilos diferentes de *listas desplegables*, los cuales se muestran en la figura siguiente como *Combo1*, *Combo2* y *Combo3*.

El control *Combo1* representa una lista desplegable estándar y se obtiene poniendo la propiedad **Style** de dicho control a valor 0 (*Dropdown Combo*). Cuando el usuario haga clic en la flecha, se visualizará la lista de elementos y podrá optar por elegir un elemento de la lista o por escribir directamente el elemento deseado en la caja de texto.

El control *Combo2* representa una lista desplegable en la que la lista de elementos siempre está visualizada y se obtiene poniendo la propiedad **Style** de dicho control a valor 1 (*Simple Combo*). El usuario podrá optar por elegir un elemento de la lista o por escribir directamente el elemento deseado en la caja de texto.

El control *Combo3* representa una lista desplegable en la que a diferencia de las anteriores, el usuario sólo tiene la posibilidad de elegir uno de sus elementos; esto es, no se le permite escribir en la caja de texto. Se obtiene poniendo la propiedad **Style** de dicho control a valor 2 (*Dropdown List*). En otras palabras, *Combo3*, más que un combinado, es una lista enrollable.

Para ver cómo trabaja este control, modifique la aplicación *listín* sustituyendo la lista fija por una lista desplegable. Pruebe los diferentes estilos y compruebe que en los estilos 0 y 2 no sirve el procedimiento *ListaLibros_DblClick*.

Así mismo, modifique la aplicación para que cuando el usuario escriba en la caja de texto de la lista desplegable (estilos 0 y 1) una cadena de caracteres que no esté en la lista se visualice un formulario con un mensaje que lo indique. Como vimos al principio de este capítulo, esto se puede hacer fácilmente utilizando la sentencia **MsgBox**.

Para conseguir lo especificado, modifique el módulo *VisualizarRegistro* como se indica a continuación:

```
Public Sub VisualizarRegistro()
  Dim I As Integer, Encontrado As Boolean
  Encontrado = False 'elemento no encontrado
  For I = 1 To TotalRegs
    If (RTrim(Libros(I).Título) = _
        RTrim(Form2.ListaLibros.Text)) Then
      Encontrado = True 'elemento encontrado
      Exit For
    End If
  Next I
  If (Encontrado) Then
    Form1.Título.Text = RTrim(Libros(I).Título)
    Form1.Autor.Text = RTrim(Libros(I).Autor)
    Form1.Editorial.Text = RTrim(Libros(I).Editorial)
    Form1.Prestado.Text = RTrim(Libros(I).Prestado)
  Else
    MsgBox "El libro especificado no se encuentra", 48, "Libros"
  End If
End Sub
```

Lista con múltiples columnas

Una lista fija puede tener una columna o múltiples columnas. La propiedad **Columns** permite especificar esta característica. Cuando esta propiedad tiene un valor 0 (valor por omisión), la lista tendrá una sola columna y añadirá una barra de desplazamiento vertical cuando su número de elementos sobrepase la altura visible en la misma. Si tiene un valor 1, la lista visualizará una sola columna y añadirá una barra de desplazamiento horizontal cuando su número de elementos sobrepase el espacio visible en la misma. Si tiene un valor *n* mayor que 1, la lista visualizará *n* columnas y añadirá una barra de desplazamiento horizontal cuando el número de elementos de la lista supere las *n* columnas.

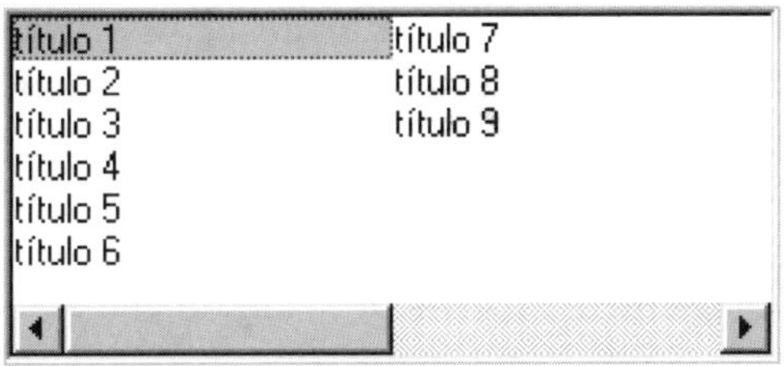

Seleccionar múltiples elementos en una lista

Utilizando la propiedad **MultiSelect** podemos permitir al usuario seleccionar múltiples elementos de una lista. Cuando esta propiedad tiene un valor 0 (valor por omisión), sólo se puede seleccionar un elemento. Si tiene un valor 1, se pueden seleccionar múltiples elementos haciendo clic (o pulsando la barra espaciadora) en cada uno de ellos. Si tiene un valor 2, se pueden seleccionar múltiples elementos utilizando conjuntamente con el ratón las teclas *Mayús* (*Shift*) y/o *Ctrl*. La combinación *Mayús+clic* permite seleccionar dos o más elementos consecutivos, y *Ctrl+clic* permite seleccionar dos o más elementos no consecutivos.

BARRAS DE DESPLAZAMIENTO

Las *barras de desplazamiento* son a menudo utilizadas en cajas de texto y ventanas para desplazar la información hacia abajo o hacia arriba de la ventana, o bien hacia la izquierda o hacia la derecha de la ventana. Pero también pueden utilizarse como controles de entrada, como muestra la figura siguiente.

Una barra de desplazamiento representa un valor entero. Cada barra de desplazamiento tiene un cuadrado que se desplaza a lo largo de la misma para fijar un valor. La posición más a la izquierda o más arriba se corresponde con el valor mínimo, la posición más a la derecha o más abajo se corresponde con el valor máximo, y cualquier otra posición es un valor entre estos dos.

El valor mínimo se especifica mediante la propiedad **Min**, y el valor máximo mediante la propiedad **Max**. Cualquier valor comprendido entre el mínimo y el máximo especificados depende de la posición del cuadrado de desplazamiento de la barra y viene dado por la propiedad **Value**.

Cuando el usuario hace clic encima o debajo del cuadrado de desplazamiento, éste se desplaza una cantidad fija, negativa o positiva, con respecto a la posición actual, que está fijada por la propiedad **LargeChange**. Igualmente, cuando el usuario hace clic en alguna de las flechas de los extremos de la barra, el cuadrado de desplazamiento se mueve una cantidad fija, negativa o positiva, con respecto a la posición actual, que está fijada por la propiedad **SmallChange**.

Cada vez que el usuario mueve el cuadro de desplazamiento a lo largo de la barra se produce el evento **Change**. El evento **Change** ocurre después de que el cuadrado de desplazamiento ha sido movido; mientras es movido ocurre el evento **Scroll** (este evento sólo ocurre cuando el cuadrado se arrastra, no ocurre si se mueve haciendo clic sobre la barra o sobre las flechas de los extremos).

Como ejemplo vamos a realizar una aplicación que permita visualizar un panel de control. Un panel de control sirve para definir ciertas características de una aplicación. En nuestro caso, nos va a permitir definir el tamaño, el color de fondo y el título de la ventana principal, titulada por omisión *Form1*. La figura siguiente muestra dicha ventana principal y el panel de control que queremos diseñar.

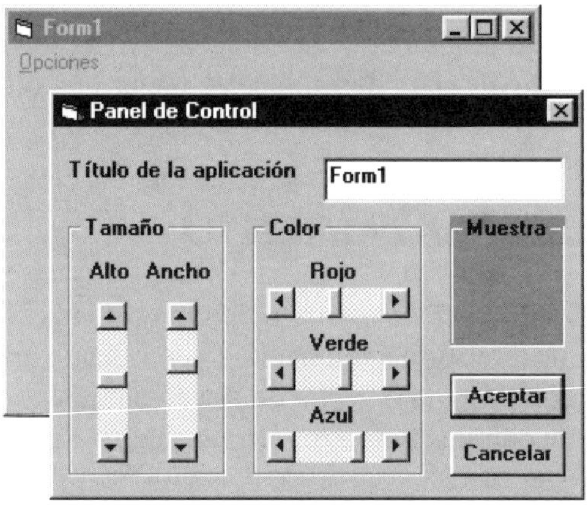

Para empezar, cree una nueva aplicación, *panel.vbp*, y añada al formulario *Form1* el menú *Opciones* con las órdenes que se indican en la tabla siguiente:

Orden	**Propiedad**	**Valor**
Panel de control	Caption Name	&Panel de Control... OpcionesPanel
Salir	Caption Name	&Salir OpcionesSalir

El siguiente paso es diseñar el *Panel de Control.* Cree un nuevo formulario y asígnele el título *Panel de Control*, el nombre (**Name**) *PanelDeControl* y el estilo 3 de borde (**BorderStyle**).

Este formulario va a contener los siguientes controles: una caja de texto que permitirá al usuario introducir un nuevo nombre para la ventana principal; dos barras de desplazamiento vertical que permitirán al usuario modificar el tamaño de la ventana principal (recuerde que las medidas para una ventana hay que expresarlas en *twips*); tres barras de desplazamiento horizontal que permitirán al usuario variar el color de fondo de la ventana principal; un marco, *Muestra*, para ver una muestra del color seleccionado. Para resaltar la funcionalidad del panel de control, agruparemos las barras de desplazamiento de acuerdo con su función, para lo que utilizaremos dos marcos: *Tamaño* y *Color*. Un botón, *Aceptar*, permitirá al usuario aceptar las características nombre, tamaño y color especificadas, y otro botón, *Cancelar*, permitirá retornar a la ventana principal sin realizar ninguna modificación.

Recuerde que para agrupar dentro de un marco un determinado número de controles, primero hay que añadir el marco al formulario y después se incluyen los controles en el marco.

Observe la figura anterior y añada al formulario *Panel de Control*, los controles que en ella se muestran y que acabamos de comentar, especificando las propiedades que se indican en la tabla siguiente:

Objeto	**Propiedad**	**Valor**
Etiqueta	Caption	Título de la aplicación
Caja de texto	Name Text	NuevoTítulo (nada)
Marco	Caption Name	Tamaño Tamaño
Etiqueta	Caption	Altura
Etiqueta	Caption	Anchura

Barra de desplazamiento vertical	Name Min Max SmallChange LargeChange	Altura 2000 5000 57 570
Barra de desplazamiento vertical	Name Min Max SmallChange LargeChange	Anchura 3000 8000 57 570
Marco	Caption Name	Color Color
Etiqueta	Caption	Rojo
Etiqueta	Caption	Verde
Etiqueta	Caption	Azul
Barra de desplazamiento horizontal	Name Min Max SmallChange LargeChange	Rojo 0 255 1 20
Barra de desplazamiento horizontal	Name Min Max SmallChange LargeChange	Verde 0 255 1 20
Barra de desplazamiento horizontal	Name Min Max SmallChange LargeChange	Azul 0 255 1 20
Marco	Caption Name	Muestra Muestra
Botón de pulsación	Caption Name Default	Aceptar Aceptar True
Botón de pulsación	Caption Name Cancel	Cancelar Cancelar True

Cuando el usuario haga clic en la orden *Panel de Control* del menú *Opciones*, tiene que visualizarse el panel de control, el cual tiene que quedar automáticamente iniciado con los valores actuales de las propiedades de la ventana principal:

```
Private Sub OpcionesPanel_Click()
  PanelDeControl.Show
End Sub
```

Cuando se carga un formulario, éste reconoce el evento **Load**, circunstancia que aprovecharemos para realizar las iniciaciones correspondientes para el panel de control. El procedimiento que responde a este evento se ejecuta solamente la primera vez que se visualiza el panel de control, ya que, como veremos más adelante, los botones *Aceptar* y *Cancelar* ocultan el formulario, no lo descargan. Las siguientes veces que se visualice el panel de control, conservará los valores que el usuario fijó la última vez:

```
Private Sub Form_Load() 'se carga el panel de control
  Dim Color As Long
  Dim NivelRojo As Integer, NivelVerde As Integer
  Dim NivelAzul As Integer
  'Iniciar caja de texto
  NuevoTítulo.Text = Form1.Caption
  'Iniciar barras de tamaño
  Altura.Value = Form1.Height
  Anchura.Value = Form1.Width
  'Iniciar la muestra de color
  Muestra.BackColor = Form1.BackColor
  'Iniciar barras de color
  Color = Form1.Point(0, 0)
  NivelRojo = Color And &HFF&
  Color = Color \ 256
  NivelVerde = Color And &HFF&
  Color = Color \ 256
  NivelAzul = Color And &HFF&
  Rojo.Value = NivelRojo
  Verde.Value = NivelVerde
  Azul.Value = NivelAzul
End Sub
```

Este procedimiento pone el nombre actual de la ventana principal en la caja de texto, inicia la propiedad **Value** de cada una de las barras *Altura* y *Anchura* con la altura y anchura actuales de la ventana, inicia el color de fondo del marco *Muestra* con el color de fondo de la ventana principal, e inicia la propiedad **Value** de cada una de las barras *Rojo*, *Verde* y *Azul* con los niveles de rojo, verde y azul actuales. La operación **And** de *Color* con *FF* nos da el byte menos significativo y la división entera de *Color* entre *256* realiza un desplazamiento a la derecha de un byte.

El método **Point** tiene dos argumentos de tipo real de precisión simple que especifican las coordenadas de un punto de un formulario o de una imagen y devuelve como resultado un entero de cuatro bytes (**Long**) correspondiente al color RGB que tiene el punto especificado. Las coordenadas están referidas al objeto.

La variable *Color* es un entero de cuatro bytes que representa el color RGB especificado. Este valor, expresado en hexadecimal de una forma genérica, es de la forma **&H***00AAVVRR***&**. El byte más significativo es cero, y los tres bytes siguientes especifican el nivel de color *Azul*, *Verde* y *Rojo*, respectivamente.

Si el usuario quiere introducir un nuevo título para la ventana principal, lo escribirá en la caja de texto. Si quiere modificar el tamaño de la ventana principal, actuará sobre las barras *Altura* y *Anchura*. Si quiere modificar el color de fondo de la ventana principal, actuará sobre las barras *Rojo*, *Verde* y *Azul* observando al mismo tiempo en el marco *Muestra* las variaciones de color que está produciendo.

Cada vez que se mueve el cuadrado de desplazamiento a lo largo de una barra, se da el evento **Change**. Si el cuadrado se arrastra, también ocurre el evento **Scroll** (no ocurre si se mueve haciendo clic sobre la barra o sobre las flechas de los extremos). Por lo tanto, al fijar el nivel de color en las barras *Rojo*, *Verde* y *Azul*, los procedimientos invocados tienen que ejecutar la función **RGB** para esos valores, con el fin de actualizar el color de fondo del marco *Muestra*.

La función **RGB** tiene tres parámetros enteros en el rango de 0 a 255 que especifican el nivel de color rojo, verde y azul, respectivamente.

Procedimientos para responder al evento **Change** en las barras de color:

```
Private Sub Rojo_Change()
  Muestra.BackColor = RGB(Rojo.Value, Verde.Value, Azul.Value)
End Sub

Private Sub Verde_Change()
  Muestra.BackColor = RGB(Rojo.Value, Verde.Value, Azul.Value)
End Sub

Private Sub Azul_Change()
  Muestra.BackColor = RGB(Rojo.Value, Verde.Value, Azul.Value)
End Sub
```

Procedimientos para responder al evento **Scroll** en las barras de color:

```
Private Sub Rojo_Scroll()
  Muestra.BackColor = RGB(Rojo.Value, Verde.Value, Azul.Value)
End Sub

Private Sub Verde_Scroll()
  Muestra.BackColor = RGB(Rojo.Value, Verde.Value, Azul.Value)
End Sub
```

```
Private Sub Azul_Scroll()
  Muestra.BackColor = RGB(Rojo.Value, Verde.Value, Azul.Value)
End Sub
```

Una vez fijados los valores deseados, el usuario pulsará el botón *Aceptar*, momento en el que se trasladarán dichos valores a la ventana principal y se ocultará el panel de control. El procedimiento asociado con este botón se presenta a continuación:

```
Private Sub Aceptar_Click()
  Form1.Caption = NuevoTítulo.Text
  Form1.Height = Altura.Value
  Form1.Width = Anchura.Value
  Form1.BackColor = Muestra.BackColor
  'Ocultar el panel
  PanelDeControl.Hide
End Sub
```

Si en lugar de pulsar el botón *Aceptar* el usuario pulsa el botón *Cancelar*, no se tendrán en cuenta los valores fijados y se ocultará el panel de control:

```
Private Sub Cancelar_Click()
  PanelDeControl.Hide
End Sub
```

Finalmente, cuando el usuario haga clic en la orden *Salir*, la aplicación tiene que finalizar. El procedimiento siguiente realiza esta operación:

```
Private Sub OpcionesSalir_Click()
  Unload PanelDeControl
  End
End Sub
```

Si para salir de la aplicación el usuario hace clic en la orden *Cerrar* del menú de control de la ventana principal o en el botón de cerrar y el formulario *PanelDeControl* está cargado, la ventana principal se cerrará pero no se descargará el formulario *PanelDeControl*. La solución es descargarlo previamente:

```
Private Sub Form_Unload(Cancel As Integer)
  Unload PanelDeControl
End Sub
```

CAJAS DE DIÁLOGO COMUNES

El control *Microsoft Common Dialog* (diálogo común) permite visualizar las cajas de diálogo más comúnmente empleadas en el diseño de aplicaciones, tales como

Abrir (*Open*), *Guardar como* (*Save As*), *Imprimir* (*Print*), *Fuente* (*Font*) y *Color* (*Color*). Este control viene incluido con todas las ediciones de Visual Basic.

Para utilizar una de estas cajas de diálogo, ejecute los pasos siguientes:

1. Seleccione el control *diálogo común* en la caja de herramientas y dibújelo sobre el formulario. Este control fija su tamaño automáticamente, y durante la ejecución es invisible.

   Si este control no se encuentra en la caja de herramientas, entonces hay que añadirlo. Esto puede hacerlo ejecutando la orden *Componentes...* del menú *Proyecto* y eligiendo el control *diálogo común* de Microsoft (*Microsoft Common Dialog Control 6.0*). Observe que se añade el fichero *comdlg32.ocx* al proyecto; este tipo de ficheros se localizan en el directorio *...\system.*

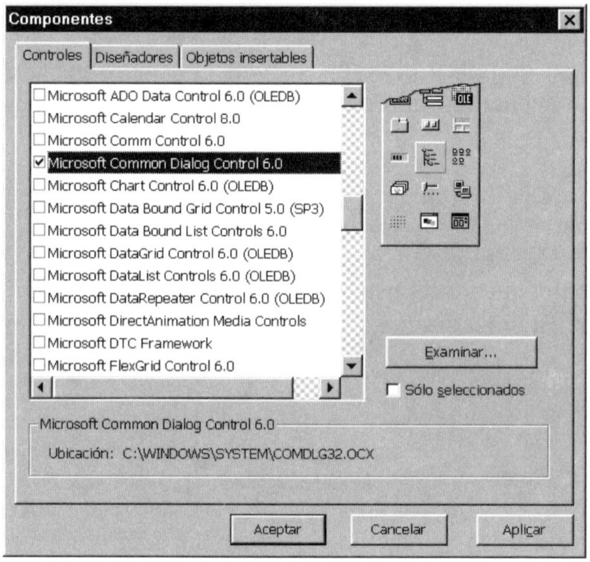

2. Para visualizar alguna de las cajas de diálogo mencionadas, invoque durante la ejecución de la aplicación a alguno de los métodos siguientes:

Método	*Caja de diálogo*
ShowOpen	Abrir
ShowSave	Guardar como
ShowColor	Color
ShowFont	Fuente
ShowPrinter	Imprimir
ShowHelp	Invoca al motor de ayuda de Windows

Por ejemplo, la siguiente línea de código visualiza la caja de diálogo común *Abrir*, suponiendo que se ha añadido al formulario un control *diálogo común* denominado *CommonDialog1*:

```
CommonDialog1.ShowOpen
```

Añadir una caja de diálogo común

Para ver cómo se utilizan estas cajas de diálogo, cree un nuevo proyecto, asigne al formulario el título *Cajas de diálogo comunes*, ponga sobre él una caja de texto *Text1* y un control de diálogo común *CommonDialog1*; guarde el proyecto con el nombre *dialogos.vbp*, y el formulario con el nombre *dialogos.frm*.

Añada al formulario los menús *Fichero*, *Opciones* y *Ayuda* con las órdenes que se indican en la tabla siguiente:

Objeto	**Propiedad**	**Valor**
Fichero	Caption Name	&Fichero MenúFichero
Abrir...	Caption Name Shortcut	&Abrir... FicheroAbrir Ctrl+A
Guardar como...	Caption Name Shortcut	&Guardar como... FicheroGuardar Ctrl+G
Separador	Caption Name	- Separador1
Imprimir...	Caption Name Shortcut	&Imprimir... FicheroImprimir Ctrl+I
Separador	Caption Name	- Separador2
Salir	Caption Name Shortcut	&Salir FicheroSalir Ctrl+S
Opciones	Caption Name	&Opciones MenúOpciones
Color...	Caption Name Shortcut	&Color... OpciónColor Ctrl+C

Fuente...	Caption Name Shortcut	&Fuente... OpciónFuente Ctrl+F
Ayuda	Caption Name	&Ayuda MenúAyuda
Contenido	Caption Name Shortcut	&Contenido AyudaContenido Ctrl+H

Después de estas operaciones, el resultado será similar al mostrado en la figura siguiente:

El objetivo es hacer que cada una de las órdenes *Abrir*, *Guardar como*, *Imprimir*, *Color* y *Fuente* visualice la caja de diálogo estándar correspondiente.

Cajas de diálogo Abrir y Guardar como

La caja de diálogo *Abrir* permite al usuario seleccionar una unidad de disco, un directorio, una extensión de fichero y un nombre de fichero, así como indicar si éste va a ser abierto sólo para lectura. Una vez realizada la selección, la propiedad **FileTitle** de la caja de diálogo contiene el nombre del fichero elegido.

La caja de diálogo *Guardar como* es idéntica a la caja de diálogo *Abrir*, excepto en el título.

Para visualizar la caja de diálogo *Abrir* (o *Guardar como*):

1. Especifique la lista de tipos de ficheros que desea visualizar. Para ello, asigne a la propiedad **Filter** una cadena de caracteres de la forma:

   ```
   descripción1|filtro1|descripción2|filtro2...
   ```

2. Asigne a la propiedad **FilterIndex** el filtro por omisión de los de la lista especificada anteriormente (el primero es el 1).

3. Visualice la caja de diálogo y seleccione o escriba un nombre de fichero.

   ```
   CommonDialog1.ShowOpen 'visualiza Abrir
   CommonDialog1.ShowSave 'visualiza Guardar como
   ```

4. Una vez elegido el fichero, la propiedad **FileTitle** contiene el nombre del fichero.

Cuando el usuario visualiza una caja de diálogo común y pulsa el botón *Cancelar*, se produce un error que interrumpe la aplicación. Para evitarlo, hay que generar un error interceptable justo cuando el usuario haga clic en el botón *Cancelar* de una caja de diálogo predefinida. Para ello, asigne a la propiedad **CancelError** el valor **True** y proceda de forma similar a como se indica en el ejemplo siguiente. Un error interceptable es aquel que podemos tratar a voluntad utilizando la sentencia **On Error** que estudiaremos en un capítulo posterior. El error que se genera es el 32755 (*cdlCancel*).

El control diálogo común tiene una propiedad, *(Personalizado)*, que le permite establecer algunas propiedades de las mencionadas durante el diseño.

De acuerdo con lo expuesto, el procedimiento asociado con la orden *Abrir...* del menú *Fichero* puede ser el siguiente:

```
Private Sub FicheroAbrir_Click()
  Dim Filtros As String

  ' Si ocurre un error ejecutar ManipularErrorAbrir
  On Error GoTo ManipularErrorAbrir

  ' Generar un error cuando se pulse Cancelar
  CommonDialog1.CancelError = True
```

```
  ' Filtros
  Filtros = "Ficheros de proyecto (*.vbp)|*.vbp|" & _
            "Imágenes(*.bmp;*.ico)|*.bmp;*.ico|" & _
            "Todos los ficheros (*.*)|*.*"
  CommonDialog1.Filter = Filtros
  ' Filtro por omisión
  CommonDialog1.FilterIndex = 1

  ' Visualizar la caja de diálogo
  CommonDialog1.ShowOpen

  ' CommonDialog1.FileTitle contiene el nombre
  ' del fichero elegido
  Text1.Text = CommonDialog1.FileTitle

SalirAbrir:
  Exit Sub

ManipularErrorAbrir:
  ' Manipular el error
  If Err.Number = cdlCancel Then Exit Sub
  MsgBox Err.Description
  Resume SalirAbrir
End Sub
```

Según lo expuesto anteriormente, cuando este procedimiento se ejecute y el usuario pulse la tecla *Cancelar*, la sentencia **On Error** hará que se ejecute la rutina *ManipularErrorAbrir*. Si el número de error (propiedad **Number** del objeto **Err**) es *cdlCancel* salimos del procedimiento; en caso de que no sea así, visualizamos el mensaje de error (propiedad **Description** del objeto **Err**) y devolvemos el control a la sentencia situada a continuación de la etiqueta *SalirAbrir*.

El procedimiento para visualizar la caja de *Guardar como* es idéntico al anterior, excepto en que ahora en lugar de invocar al método **ShowOpen**, hay que invocar al método **ShowSave**.

Otras propiedades de estas cajas de diálogo estándar son:

- **DefaultExt**, devuelve o fija la extensión por omisión del fichero. Si se especifica un filtro, entonces la extensión viene dada por el filtro.

  ```
  CommonDialog1.DefaultExt = "vbp"
  ```

- **FileName**, devuelve o fija el camino y el nombre del fichero.
- **MaxFileSize**, devuelve o fija la longitud máxima del nombre del fichero que por omisión es de 256 bytes.
- **InitDir**, devuelve o fija un directorio de inicio diferente al de trabajo.

```
CommonDialog1.InitDir = "c:\ejemplos"
```

- **Flags** facilita una serie de indicadores que especifican el comportamiento de la caja de diálogo. Para obtener más información puede consultar la ayuda de Visual Basic.

Caja de diálogo Color

La caja de diálogo *Color* permite al usuario seleccionar un color de una paleta o crear y seleccionar un color personalizado. Una vez realizada la selección, la propiedad **Color** de la caja de diálogo permite obtener el color.

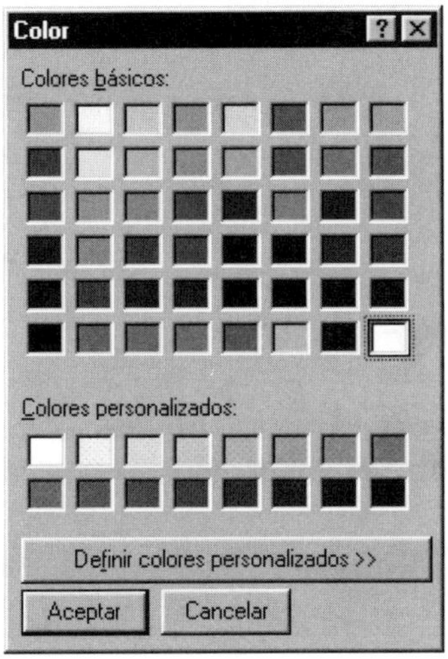

Para visualizar la caja de diálogo *Color*:

1. Asigne a la propiedad **Flags** el valor *cdlCCRGBInit* (&H1&) si desea que el color asignado a la propiedad **Color** sea el color por omisión. En el siguiente procedimiento se fija como color por omisión el blanco.
2. Visualice la caja de diálogo.
3. Una vez seleccionado el color, utilice la propiedad **Color** para obtener el mismo.

De acuerdo con lo expuesto, el procedimiento asociado con la orden *Color...* del menú *Opciones* puede ser el siguiente:

```
Private Sub OpciónColor_Click()
  ' Si ocurre un error ejecutar ManipularErrorColor
  On Error GoTo ManipularErrorColor
```

```
  ' Generar un error cuando se pulse Cancelar
  CommonDialog1.CancelError = True
  ' Poner flags para establecer el color por omisión
  CommonDialog1.Color = RGB(255, 255, 255) 'blanco
  CommonDialog1.Flags = cdlCCRGBInit
  ' Visualizar la caja de diálogo
  CommonDialog1.ShowColor

  ' CommonDialog1.Color contiene el color elegido
  ' Por ejemplo: establecer el color de fondo de Text1
  Text1.BackColor = CommonDialog1.Color

SalirColor:
  Exit Sub
ManipularErrorColor:
  ' Manipular el error
  If Err.Number = cdlCancel Then Exit Sub
  MsgBox Err.Description
  Resume SalirColor
End Sub
```

Caja de diálogo Fuente

La caja de diálogo *Fuente* permite al usuario seleccionar un tipo de letra, especificando la fuente, el estilo, el tamaño, efectos y el color.

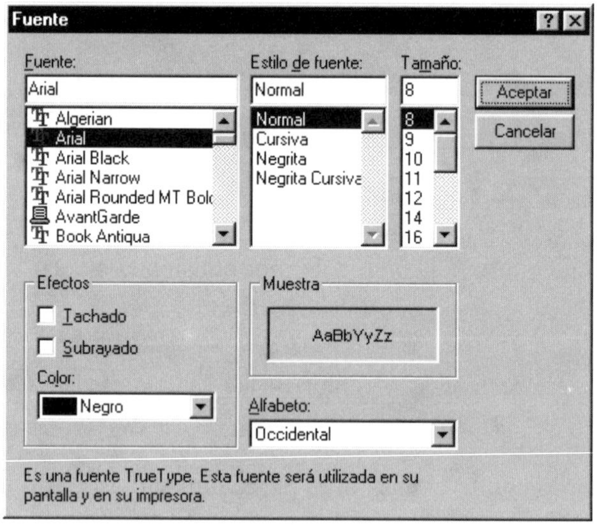

Para visualizar la caja de diálogo *Fuente*:

1. Antes de visualizar la caja de diálogo *Fuente* hay que instalar las fuentes que se van utilizar, asignando una de las constantes siguientes a la propiedad **Flags**:

   cdlCFScreenFonts (&H1&), que hace referencia sólo a las fuentes de pantalla soportadas por el sistema.

   CdlCFPrinterFonts (&H2&), que hace referencia sólo a las fuentes soportadas por la impresora.

   CdlCFBoth (&H3&), que hace referencia a las fuentes de pantalla soportadas por el sistema y por la impresora.

2. Si desea habilitar los efectos de tachado, subrayado y color debe especificar también la constante *cdlCFEffects*.

3. Visualice la caja de diálogo.

4. Una vez realizada la selección, las propiedades **FontBold** (negrita), **FontItalic** (cursiva), **FontStrikethru** (tachada), **FontUnderline** (subrayado), **FontName** (nombre), **FontSize** (tamaño) y **Color** (color del texto) de la caja de diálogo definen el tipo de letra.

De acuerdo con lo expuesto, el procedimiento asociado con la orden *Fuente...* del menú *Opciones* puede ser el siguiente:

```
Private Sub OpciónFuente_Click()
  ' Si ocurre un error ejecutar ManipularErrorColor
  On Error GoTo ManipularErrorFuente
  ' Generar un error cuando se pulse Cancelar
  CommonDialog1.CancelError = True
  ' Poner flags
  CommonDialog1.Flags = cdlCFBoth Or cdlCFEffects
  ' Visualizar la caja de diálogo
  CommonDialog1.ShowFont

  ' Establecer las propiedades del tipo elegido
  Text1.FontBold = CommonDialog1.FontBold
  Text1.FontItalic = CommonDialog1.FontItalic
  Text1.FontStrikethru = CommonDialog1.FontStrikethru
  Text1.FontUnderline = CommonDialog1.FontUnderline
  Text1.FontName = CommonDialog1.FontName
  Text1.FontSize = CommonDialog1.FontSize
  Text1.ForeColor = CommonDialog1.Color
  Text1.Text = "Tipo de letra seleccionado"

SalirFuente:
  Exit Sub
```

```
ManipularErrorFuente:
  ' Manipular el error
  If Err.Number = cdlCancel Then Exit Sub
  MsgBox Err.Description
  Resume SalirFuente
End Sub
```

Caja de diálogo Imprimir

La caja de diálogo *Imprimir* visualiza el tipo de impresora que se está utilizando y permite al usuario especificar una nueva impresora y/o indicar cómo se va a realizar la impresión; esto es, cuántas páginas van a ser escritas, calidad de la impresión, número de copias, si la impresión se dirige a un fichero, etc. Una vez realizada la selección, las propiedades **Copies** (número de copias), **FromPage** (número de página donde comienza la impresión), **ToPage** (número de la última página a imprimir) y **hDC** (contexto de dispositivo para la impresora seleccionada) determinan la información relativa a la impresión.

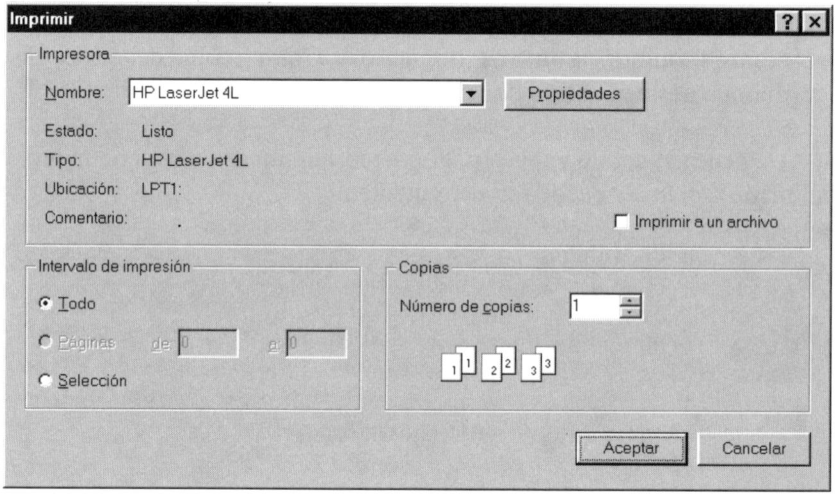

Para visualizar la caja de diálogo *Imprimir*:

1. Establezca los valores por omisión que deseamos que aparezcan en la caja de diálogo asignándolos a las propiedades correspondientes.

2. Visualice la caja de diálogo.

3. Una vez seleccionadas las características de impresión, utilice las propiedades **Copies**, **FromPage**, **ToPage**, **Flags**, **Max**, **Min**, **PrintDefault** y **hDC** para obtener dichas características.

De acuerdo con lo expuesto, escriba el procedimiento asociado con la orden *Imprimir...* del menú *Fichero*, el cual puede ser el siguiente:

```
Private Sub FicheroImprimir_Click()
  ' Valores de impresión
  Dim PrimeraPag, ÚltimaPag, NumCopias, ImpArchivo, I

  ' Si ocurre un error ejecutar ManipularErrorImprimir
  On Error GoTo ManipularErrorImprimir

  ' Generar un error cuando se pulse Cancelar
  CommonDialog1.CancelError = True

  ' Visualizar la caja de diálogo
  CommonDialog1.ShowPrinter

  ' Obtener las propiedades de impresión
  PrimeraPag = CommonDialog1.FromPage
  ÚltimaPag = CommonDialog1.ToPage
  NumCopias = CommonDialog1.Copies
  ImpArchivo = CommonDialog1.Flags And cdlPDPrintToFile
    'ImpArchivo será True si en la caja se eligió imprimir a
    'archivo y False en caso contrario. Para obtener esta constante
    'y otras, utilice el examinador de objetos.

  ' Imprimir
  If ImpArchivo Then
    For I = 1 To NumCopias
      ' Escriba el código para enviar datos a un archivo
    Next I
  Else
    For I = 1 To NumCopias
      ' Printer.Print "Esta línea será enviada a la impresora"
      ' Escriba el código para enviar datos a la impresora
    Next I
  End If

SalirImprimir:
  Exit Sub

ManipularErrorImprimir:
  ' Manipular el error
  If Err.Number = cdlCancel Then Exit Sub
  MsgBox Err.Description
  Resume SalirImprimir
End Sub
```

Invocando ayuda

Para obtener ayuda en línea, hay que ejecutar el método **ShowHelp** del control de diálogo estándar. Esto hace que el programa *winhlp32.exe* sea invocado, pero no se presenta una caja de diálogo. Para visualizar la ventana de ayuda tiene que especificar previamente el fichero de ayuda que va a utilizar (propiedad **HelpFile**) y el tipo de ayuda requerida (propiedad **HelpCommand**).

De acuerdo con lo expuesto, el procedimiento asociado con la orden *Contenido* del menú *Ayuda* puede ser el siguiente:

```
Private Sub AyudaContenido_Click()
  ' Especificar el fichero de ayuda a utilizar
  CommonDialog1.HelpFile = "Winhlp32.hlp"
  ' Indicar que se visualice el índice de la ayuda
  CommonDialog1.HelpCommand = cdlHelpContents
  ' Ejemplo de cómo buscar por una palabra
  ' CommonDialog1.HelpCommand = cdlHelpKey
  ' CommonDialog1.HelpKey = "CommonDialog"
  CommonDialog1.ShowHelp ' Ejecutar Winhelp.exe
End Sub
```

Más adelante veremos cómo personalizar la ayuda para una aplicación.

Para más información sobre las cajas de diálogo estándar y sus propiedades, busque por *CommonDialog* en la ayuda en línea.

INICIAR UNA APLICACIÓN

Cuando se inicia un nuevo proyecto Visual Basic añade automáticamente un formulario a la aplicación; es el *formulario inicial*. Dicho formulario es el que se presenta cuando se inicia la ejecución de la aplicación. Por lo tanto, cuando se necesite presentar un formulario diferente, hay que modificar el formulario inicial en la ventana *Propiedades del proyecto*. Para visualizar esta ventana ejecute la orden *Propiedades* del menú *Proyecto*.

Definir el formulario inicial

Para modificar el formulario inicial, tiene que seleccionarlo de la lista *Objeto inicial* que puede observar en la figura siguiente. En esta lista, además de los nombres de los formularios de la aplicación, aparece otro que es **Sub Main**. Este nombre hace referencia a un procedimiento que permite iniciar la aplicación sin un formulario inicial.

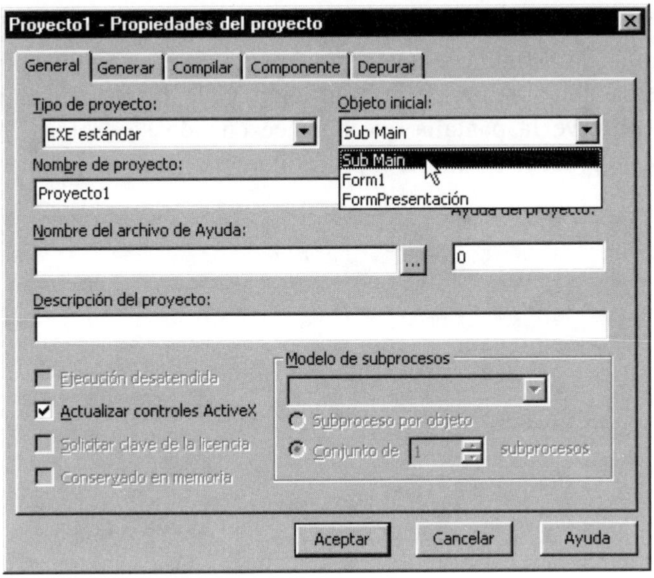

Inicio sin formulario inicial

Quizás, en alguna ocasión, puede desear que la aplicación se inicie sin cargar ningún formulario. Por ejemplo, porque inicialmente necesite cargar una base de datos y quiera aliviar la espera mostrando una ventana de presentación. En este caso, de la lista *Objeto inicial* que se puede observar en la figura anterior, seleccione el procedimiento **Main** y edítelo en un módulo estándar, de forma análoga a como se observa en el siguiente ejemplo. Para agregar un módulo estándar ejecute la orden *Agregar módulo* del menú *Proyecto*.

```
Sub Main()
  Screen.MousePointer = vbArrowHourglass ' puntero del ratón
  ' Ejecute aquí sus procedimientos de inicio
  ' ...
  ' Mostrar la pantalla principal
  Load Form1                           ' llama a Form_Load
  Unload FormPresentación              ' descargar este formulario
  Form1.Show                           ' cargar Form1
  Screen.MousePointer = vbDefault ' puntero predeterminado
End Sub
```

Mostrar una pantalla de presentación

Según se ha expuesto en el apartado anterior, cuando sea necesario ejecutar un procedimiento largo al iniciar la aplicación, como cargar una base de datos o varios mapas de bits, es aconsejable mostrar una pantalla de presentación que distraiga la atención del usuario mientras termina el proceso inicial de carga. Se trata de presentar un formulario que normalmente muestra un mapa de bits e información acerca del nombre de la aplicación y de la propiedad intelectual. Como ejemplo observe la pantalla que aparece cuando se arranca Visual Basic. Para realizar este proceso se utiliza el procedimiento **Main** mencionado anteriormente:

```
Sub Main()
  ' Mostrar la pantalla de presentación
  FormPresentación.Show       ' mostrar formulario
  FormPresentación.Refresh    ' refrescar para que se pinte
  Screen.MousePointer = vbArrowHourglass ' puntero del ratón
  ' Ejecute aquí sus procedimientos de inicio
  ' ...
  ' Mostrar la pantalla principal
  Load Form1                          ' llama a Form_Load
  Unload FormPresentación             ' descargar este formulario
  Form1.Show                          ' cargar Form1
  Screen.MousePointer = vbDefault     ' puntero predeterminado
End Sub
```

Terminar una aplicación

Una aplicación termina cuando se cierran todos sus formularios y no se ejecuta ningún código. Si un formulario se mantiene oculto cuando se cierre el último formulario visible, parecerá que la aplicación ha terminado, pero en realidad no es así hasta que se cierren todos los formularios ocultos. Para evitar este problema asegúrese de descargar todos los formularios cuando cierre la aplicación. Por ejemplo, si su aplicación tiene un botón o una orden *Salir*, puede escribir el siguiente procedimiento para descargar el formulario principal:

```
Private Sub Salir_Click()
  Unload Me ' llama a Form_Unload
End Sub
```

Si tiene más de un formulario, puede utilizar la colección **Forms** y la instrucción **Unload**. Por ejemplo:

```
Private Sub Form_Unload(Cancel As Integer)
  Dim i As Integer
  ' Recorrer la colección Forms y descargar todos los formularios
  For i = Forms.Count - 1 To 0 Step -1
    Unload Forms(i)
  Next
End Sub
```

CAPÍTULO 4

CONTROLAR ERRORES

Visual Basic proporciona utilidades que permiten analizar cómo se desarrolla la ejecución desde un lugar de la aplicación a otro, lo que constituye una forma de determinar qué ocurre en una aplicación que aparentemente parece correcta, pero cuyos resultados mostrados no son satisfactorios. Las técnicas de depuración empleadas por Visual Basic incluyen puntos de interrupción, ejecución paso a paso y la posibilidad de visualizar valores de variables y de propiedades.

Cuando se realiza una aplicación se pueden presentar tres clases de errores: errores de sintaxis, errores durante la ejecución y errores lógicos.

Los *errores de sintaxis* son el resultado de escribir incorrectamente una sentencia. Si tiene activada la opción *Comprobación automática de sintaxis* (ejecute la orden *Opciones* del menú *Herramientas* y haga clic en la pestaña *Editor* del diálogo *Opciones*), Visual Basic detecta estos errores tan pronto como se producen; esto es, en el momento de escribir una sentencia incorrecta en la ventana de código.

Los *errores durante la ejecución* ocurren cuando al ejecutar una aplicación una sentencia intenta una operación que es imposible realizar. Un ejemplo típico es una división por cero. Una buena programación exige que la aplicación se anticipe a muchos de estos errores, manipulándolos adecuadamente.

Los *errores lógicos* se producen cuando siendo la aplicación sintácticamente correcta, se ejecuta sin producirse errores en tiempo de ejecución, pero los resultados que se obtienen no son correctos. Para detectar este tipo de errores, es necesaria una minuciosa depuración, analizando cada parte de código y verificando resultados intermedios.

INTERCEPTACIÓN Y MANIPULACIÓN DE ERRORES

Desde el punto de vista teórico, las aplicaciones no necesitan rutinas para la manipulación de errores. Desde el punto de vista práctico, esto no es cierto, ya que hay que prever cualquier manipulación errónea del usuario. Por ejemplo, un usuario ejecuta una aplicación para buscar determinados ficheros en la *unidad A* y no ha introducido el disquete, o bien especifica un camino incorrecto, o el nombre no es correcto sintácticamente; en estos casos, la aplicación fallará.

Interceptar errores

Para interceptar los errores a los que hemos aludido en el apartado anterior y cualquier otro tipo de error, vamos a introducir la sentencia

On Error GoTo *etiqueta*

donde *etiqueta* identifica la primera línea de la rutina que manipula el error.

Una vez ejecutada la sentencia **On Error GoTo**, cualquier error que suceda en el procedimiento que la contiene, invocará a la rutina de error. En la rutina de error escribiremos el código necesario para manipular el mismo a nuestra conveniencia. Para devolver el control desde esta rutina utilizaremos una sentencia **Resume**, **Exit Sub**, **Exit Function** o **Exit Property**.

La sentencia **Resume** permite continuar la ejecución del programa después de realizar el proceso de recuperación de un error. Dicha sentencia puede utilizarse de cualquiera de las formas siguientes:

Resume [0]	La ejecución se reanuda en la sentencia que provocó el error.
Resume Next	La ejecución se reanuda en la sentencia inmediatamente posterior a la que provocó el error.
Resume *etiqueta*	La ejecución se reanuda a partir de la etiqueta o número de línea especificado.

Si en algún caso desea desactivar la interceptación de errores, ejecute la sentencia **On Error GoTo 0**. Si desea simular que ha ocurrido un error, ejecute la sentencia **Err.Raise** *código* o explícitamente a **Err.Raise Number:=***código*. Observe a continuación el objeto **Err**. Por ejemplo:

```
If condición Then Err.Raise NumError
```

Objeto Err

Visual Basic, a partir de la versión 4, encapsula la información relativa a un error de ejecución en un objeto denominado **Err**.

En una aplicación en ejecución sólo existe un objeto **Err** que almacenará la información relativa al último error que se haya producido.

Las propiedades más comunes del objeto **Err** son: **Description**, que contiene la descripción del error, **Number**, que contiene el número de error, y **Source**, que contiene el nombre del objeto o de la aplicación que ha generado el error. La propiedad por omisión es **Number**; de esta forma cuando en una expresión utilizamos sólo **Err**, equivale a haber utilizado **Err.Number**; esto se ha hecho así por compatibilidad con versiones anteriores.

Así mismo, el objeto **Err** tiene los métodos **Clear** que inicia las propiedades a cero (cero o nulo) y **Raise** que permite lanzar un error.

Las propiedades del objeto **Err** se inician automáticamente después de ejecutarse alguna de las sentencias **Resume**, **On Error**, **Exit Sub**, **Exit Function**, o **Exit Property**. El objeto **Err** puede también iniciarse explícitamente invocando al método **Clear**. Esto es necesario cuando se utiliza **On Error Resume Next**.

Manipular un error

Cuando ocurre un error en un procedimiento que no tiene una rutina de manipulación del error, o cuando ocurre dentro de la propia rutina de manipulación, Visual Basic busca hacia atrás en la secuencia de llamadas otra rutina de manipulación. Por ejemplo, considere que un procedimiento *A* que tiene una rutina de manipulación llama a un procedimiento *B* y que éste, a su vez, llama a un procedimiento *C*. Mientras el procedimiento *C* se está ejecutando, la secuencia de llamadas es *A*, *B*, *C*. Si ocurre un error en el procedimiento *C* que no tiene rutina de manipulación del error, Visual Basic busca esa rutina primero en *B* y después en *A*. Cuando Visual Basic encuentra una rutina de manipulación, la ejecuta; si no la encuentra, entonces visualiza el mensaje de error apropiado y detiene la ejecución.

Para manipular un error siga estos pasos:

1. Escriba una sentencia **On Error** previa al código donde se puede producir el error, para indicar dónde hay que saltar cuando se produzca.

2. Escriba el código para manipular el error precedido por la etiqueta especificada en la sentencia **On Error**.

3. Salga de la rutina de error empleando una de las sentencias **Resume**, **Exit Sub**, **Exit Function**, **Exit Property**, **End Sub** o **End Function**.

Por ejemplo, vamos a realizar una aplicación que permita buscar en un directorio específico, ficheros que cumplan un determinado patrón. Para ello, inicie una nueva aplicación y cree un formulario titulado *Buscar Ficheros* con los controles que se indican en la tabla siguiente. Guarde la aplicación con el nombre *errores.vbp*, y el formulario con el nombre *errores.frm*.

Objeto	**Propiedad**	**Valor**
Formulario	Name BorderStyle Caption	Form1 3 Buscar Ficheros
Etiqueta	Name Caption	Label1 Nombre:
Caja de texto	Name TabIndex Text	Nombre 0 (nada)
Botón	Name Caption Default	Buscar Buscar True
Botón	Name Caption	Salir Salir

El formulario resultante será similar al de la figura siguiente:

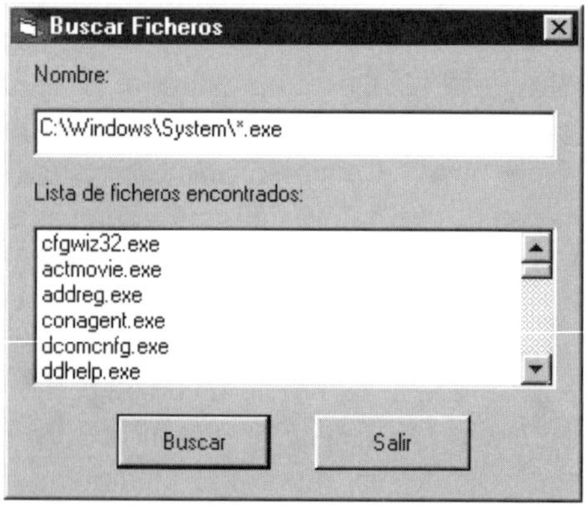

A continuación escribimos el código. Empecemos por el botón *Salir*; cuando el usuario haga clic en este botón, la aplicación tiene que finalizar. Para ello, escriba:

```
Private Sub Salir_Click()
  End
End Sub
```

Si el usuario sale haciendo clic en el botón cerrar del formulario, entonces se ejecutará este otro procedimiento:

```
Private Sub Form_Unload(Cancel As Integer)
  Unload Me
End Sub
```

Para que inicialmente, cuando se arranque la aplicación, aparezca en la caja de texto el directorio actual, escriba en el procedimiento *Form_Load*:

```
Private Sub Form_Load()
  ' Asignar a la caja el Nombre actual
  Form1!Nombre.Text = CurDir
  ' Seleccionar el texto de la caja
  Form1!Nombre.SelStart = 0
  Form1!Nombre.SelLength = Len(Form1!Nombre.Text)
End Sub
```

La función **CurDir** devuelve el camino correspondiente al directorio actual de la unidad de disco actual o de la unidad de disco especificada. Su sintaxis es:

CurDir [(*unidad*)]

Si la *unidad* no se especifica o es una cadena vacía, **CurDir** devuelve el camino para la unidad de disco actualmente seleccionada.

Cuando el usuario haya escrito el camino de búsqueda en la caja de texto, pulsará el botón *Buscar*. Esto hará que se ejecute el procedimiento *Buscar_Click*, que, a su vez, invocará al procedimiento que tiene que realizar la búsqueda:

```
Private Sub Buscar_Click()
  BuscarFichero
End Sub
```

El procedimiento *BuscarFichero* utiliza la función **Dir** para buscar uno o más ficheros. Su sintaxis es:

Dir [(*camino*[, *atributos*])]

El argumento *camino* especifica el patrón, incluyendo la ruta de acceso, del fichero o ficheros que queremos buscar. Este argumento hay que especificarlo siempre que se llame por primera vez a la función.

La primera vez que se ejecuta la función **Dir**, devuelve el nombre del primer fichero que coincida con las especificaciones realizadas. Para seguir buscando más ficheros con las mismas especificaciones, ejecute **Dir** sin argumentos. Cuando la cadena devuelta sea nula, quiere decir que la búsqueda ha finalizado. Por ejemplo:

```
Fichero = Dir(Form1!Nombre.Text) 'busca el primero
Do While Len(Fichero)
  Form1!List1.AddItem Fichero
  Conta = Conta + 1
  Fichero = Dir 'sin argumentos busca el siguiente
Loop
```

Abra la ventana de código y ejecute la orden *Agregar procedimiento...* del menú *Herramientas* para escribir el procedimiento *BuscarFichero* que se muestra a continuación:

```
Private Sub BuscarFichero()
  'Utilización de Dir para buscar ficheros
  Dim Fichero As String, Msg As String
  Dim Conta As Integer

  'Activar la interceptación de errores
  On Error GoTo RutinaDeError

  'Si ya existe una lista borrarla
  If Form1!List1.ListCount Then
    Form1!List1.Clear
  End If
  'Visualizar la lista de ficheros buscados
  Fichero = Dir(Form1!Nombre.Text) 'busca el primero
  Do While Len(Fichero)
    Form1!List1.AddItem LCase(Fichero)
    Conta = Conta + 1
    Fichero = Dir 'sin argumentos busca el siguiente
  Loop
  If Form1!List1.ListCount Then
    Msg = "Se encontraron" & Str(Conta) & " ficheros"
  Else
    Msg = "No se encontraron ficheros"
  End If
  MsgBox Msg, VbInformation, Form1.Caption
  Form1!Nombre.SetFocus
  Exit Sub
```

```
RutinaDeError:
  'Errores
  'Nombre o número de archivo incorrecto = 52
  'El dispositivo no está disponible = 68
  If (Err.Number = 52) Or (Err.Number = 68) Then
    Msg = "Introducir disquete y cerrar la puerta"
    If MsgBox(Msg, VbExclamation + vbOKCancel) = vbCancel Then Exit Sub
  Else
    Msg = "Ha ocurrido el error " & Err.Number & " no previsto"
    Msg = Msg & vbCrLf & Err.Description
    MsgBox Msg, vbCritical
    Form1!Nombre.SetFocus
    Exit Sub
  End If
  Resume
End Sub
```

Este procedimiento que acabamos de escribir prevé que si ocurre un error porque se especifica una unidad de disquete y ésta no tiene dentro el disquete o no está disponible, el usuario sea notificado de ello. Así mismo, notificará cualquier otro error no previsto. Para ello, hemos utilizado la sentencia **On Error**, que permite interceptar cualquier error que ocurra durante la ejecución y manipularlo ejecutando la rutina etiquetada como *RutinaDeError*.

SENTENCIAS End y Stop

La sentencia **End** finaliza la ejecución de una aplicación liberando la memoria ocupada por las variables definidas a nivel del módulo y por las variables estáticas; además, cierra todos los ficheros abiertos. Cuando se necesite conservar el valor de estas variables, no utilice **End** sino **Stop**. Una sentencia **Stop** simplemente suspende la ejecución de un programa, lo que permite reanudar la ejecución del mismo partiendo de los valores finales de esas variables.

La sentencia **End** detiene la ejecución de la aplicación inmediatamente, sin que se ejecute más código; esto es, sin que se produzcan los eventos **Unload**, **QueryUnload**, o **Terminate**, y por lo tanto, sin que se puedan ejecutar los procedimientos conducidos por estos eventos.

La sentencia **End** facilita una forma de forzar la interrupción de la ejecución de la aplicación. No obstante, Visual Basic recomienda descargar todos los formularios antes de finalizar la aplicación, para una terminación normal. Puede utilizar la colección **Forms** para encontrar y cerrar todos los formularios. De esta forma la aplicación finalizará tan pronto como lo hagan otras aplicaciones que mantienen referencias a objetos creados desde módulos públicos que definen clases, y no haya código ejecutándose.

```
Private Sub Salir_Click()
  Unload Me 'invoca a Form_Unload
  End
End Sub

Private Sub Form_Unload(Cancel As Integer)
  Dim i As Integer
  'Cerrar todos los formularios
  For i = Forms.Count - 1 To 1 Step -1
    Unload Forms(i)
  Next
End Sub
```

DEPURACIÓN

Durante el diseño y puesta en marcha de una aplicación distinguimos tres modos en los que nos podemos encontrar: diseño, ejecución o interrupción. Observe la barra de título de Visual Basic y observe que siempre le muestra el modo en el que se encuentra.

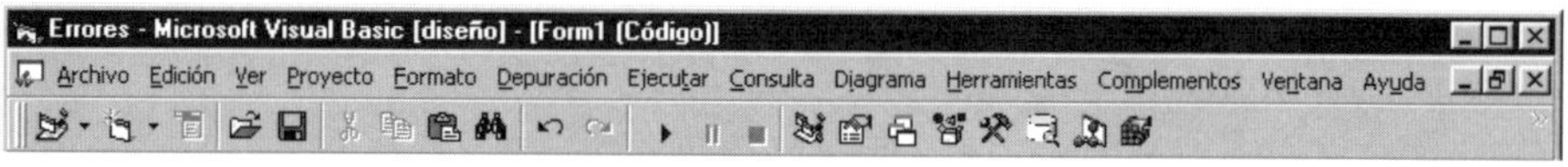

En la barra de herramientas hay tres botones para cambiar de un modo a otro:

 *Iniciar* la aplicación en modo de diseño.

 *Interrumpir* o hacer una pausa durante la ejecución de la aplicación.

 *Terminar* la ejecución y volver al modo de diseño.

Asimismo, dispone de otra barra de herramientas titulada *Depuración*, que puede visualizar a través de la orden *Barra de herramientas* del menú *Ver*, que le proporciona un acceso rápido a las herramientas de depuración:

La barra de *Depuración* de la figura anterior muestra, además de los botones mencionados anteriormente, estos otros que se enumeran a continuación en el orden en el que aparecen en la figura:

- Alternar puntos de interrupción.
- Paso a paso por instrucciones.
- Paso a paso por procedimientos.

- Paso a paso para salir.
- Ventana *Locales*.
- Ventana *Inmediato*.
- Ventana *Inspección*.
- Inspección rápida
- Pila de llamadas.

El modo de *diseño* se caracteriza porque es donde se realiza la mayor parte del trabajo de creación de la aplicación. En este modo se diseñan formularios, se dibujan controles, se escribe código y se utiliza la ventana de propiedades para ver o modificar algunas de ellas, pero no se puede ejecutar el código. Para pasar de este modo al de *ejecución*, ejecute la orden *Iniciar* del menú *Ejecutar*, pulse la tecla *F5* o haga clic en el botón *Iniciar*. Para pasar al modo de *interrupción*, ejecute la orden *Interrumpir* del menú *Ejecutar* y para proceder a la ejecución paso a paso ejecute la orden *Paso a paso por instrucciones* o *Paso a paso por procedimientos* del menú *Depuración*, o bien pulse la tecla *F8* o las teclas *Shift+F8*, o también haga clic en el botón *Paso a paso por instrucciones* o en el *Paso a paso por procedimientos*, de la barra de herramientas *Depuración*. Para ejecutar el código existente desde la posición actual hasta donde coloquemos el punto de inserción, pulse las teclas *Ctrl+F8*, o bien ejecute la orden *Ejecutar hasta cursor* del menú *Depuración*.

El modo de *ejecución* se caracteriza porque aquí la aplicación toma el control. En este modo podemos ver el código, pero no podemos modificarlo. Para pasar de este modo al de *diseño*, ejecute la orden *Terminar* del menú *Ejecutar* o haga clic en el botón *Terminar*. Para pasar al modo de *interrupción*, ejecute la orden *Interrumpir* del menú *Ejecutar*, pulse las teclas *Ctrl+Inter*, o también haga clic en el botón *Interrumpir*.

El modo de *interrupción* se caracteriza porque permite ejecutar la aplicación paso a paso. En este modo se puede editar código, examinar variables y propiedades, dar un paso más en la ejecución, ejecutar la aplicación hasta el final, iniciar la ejecución, o finalizar la misma. Para pasar de este modo al de *ejecución*, ejecute la orden *Iniciar* del menú *Ejecutar*, pulse la tecla *F5* o bien haga clic en el botón *Iniciar*. Para pasar de este modo al de *diseño*, ejecute la orden *Terminar* del menú *Ejecutar* o haga clic en el botón *Terminar*.

Para entrar a depurar una aplicación, es necesario entrar en el modo de *interrupción*. Esto se puede hacer de varias formas, dependiendo del lugar donde quiera entrar en la aplicación. Si quiere entrar a realizar una ejecución paso a paso justamente desde el principio, ejecute algunas de las órdenes *Paso a paso* del menú *Depuración*, o bien pulse las teclas aceleradoras correspondientes, o también haga clic en el botón de la barra de herramientas asociado a dichas órdenes. Si la ejecución paso a paso la quiere realizar a partir de un determinado lugar dentro de la aplicación, coloque en ese punto un *punto de interrupción* (una *pausa*) y ejecútela de una vez (orden *Iniciar*). Un *punto de interrupción* detiene la ejecución de la aplicación pasando del modo de *ejecución* al modo de *interrupción*.

Un punto de interrupción puede ponerse durante el diseño o durante la ejecución. Para poner o quitar un punto de interrupción, sitúe el punto de inserción sobre la línea donde desea que se produzca la interrupción temporal de la ejecución y ejecute la orden *Alternar puntos de interrupción* del menú *Depuración* o haga clic en el botón con el mismo título en la barra de *Depuración*, o bien pulse la tecla *F9*, o también haga clic con el ratón en el margen izquierdo (columna en gris) de la línea. Cuando en una línea hay un punto de interrupción, ésta aparece coloreada.

Por ejemplo, cargue la aplicación *errores.vbp* anterior y observe que el título de la ventana de Visual Basic, pone [*diseño*]. Ponga un punto de interrupción en el lugar que indica la figura siguiente. A continuación pulse *F5* o haga clic en el botón *Iniciar* para iniciar la ejecución de la aplicación y observe de nuevo el título de la ventana de Visual Basic, que pone [*ejecución*]. Introduzca el dato solicitado por la aplicación y pulse el botón *Buscar* del formulario; observará que la ejecución se detiene donde ha puesto el punto de interrupción; ahora en la ventana de Visual Basic pone [*interrupción*].

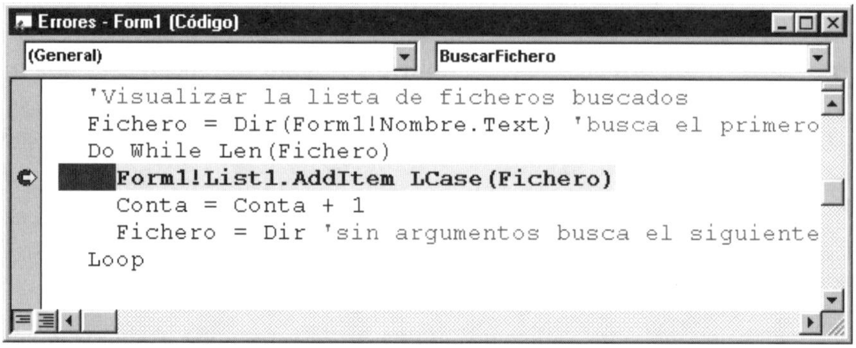

Entre colocar un *punto de interrupción* o una sentencia **Stop** hay una diferencia importante. Cuando se abandona la aplicación y se carga otra vez, se observa que todos los puntos de interrupción fueron borrados. En cambio, las sentencias **Stop** son permanentes.

Ahora pruebe a pulsar *F8* o a hacer clic en el botón *Paso a paso por instrucciones* una y otra vez. Observará que la ejecución continúa paso a paso.

Si en lugar de pulsar *F8* ejecuta la orden *Paso a paso por procedimientos* del menú *Depuración*, o bien pulsa las teclas *Shift+F8*, o hace clic en el botón *Paso a paso por procedimientos*, el proceso es idéntico, excepto cuando la sentencia es una llamada a un procedimiento, como ocurre en el procedimiento *Buscar_Click*. En este caso la llamada se ejecuta en un solo paso; esto es, el procedimiento *BuscarFichero* no se ejecuta paso a paso.

Como ejemplo, detenga la ejecución, si aún no lo ha hecho, y pruebe desde el inicio las dos modalidades de ejecución anteriores, *paso a paso por instrucciones* y *paso a paso por procedimientos*.

Otras veces, iniciada la ejecución paso a paso, puede querer iniciar la ejecución desde una línea anterior; esto es, desde una línea por la que ya ha pasado. Quizá desee hacer esto porque desde la ventana *Inmediato* ha cambiado el valor de alguna variable o propiedad y quiere ver los resultados que se producen. Visual Basic le permite realizar esta operación desde diferentes puntos dentro del mismo procedimiento. Para ello, coloque el punto de inserción en la línea donde desee iniciar la ejecución y ejecute la orden *Establecer siguiente instrucción* del menú *Depuración*.

Si quiere reanudar la ejecución hasta el final, pulse la tecla *F5* o haga clic en el botón *Iniciar*.

Ventana Inmediato

La mayoría de las veces, para encontrar la causa de un problema mientras ejecutamos paso a paso una parte del código de nuestra aplicación, necesitamos asignar valores y evaluar y verificar expresiones. Este tipo de operaciones son las que nos permite realizar la ventana *Inmediato* y las órdenes del menú *Depuración*.

Para visualizar valores en esta ventana hay tres formas: utilizar la sentencia **Print** o **?** para visualizar directamente sobre esta ventana los valores actuales de las variables y propiedades deseadas, colocar sentencias *Debug.Print* o *Debug.Assert* en el código de la aplicación o utilizar la orden *Agregar inspección...* del menú *Depuración*.

Una vez que haya entrado en la ventana *Inmediato*, haciendo clic sobre ella o ejecutando la orden *Ventana Inmediato* del menú *Ver*, utilice las teclas comunes a cualquier procesador de textos (teclas de movimiento del punto de inserción, página arriba, página abajo, suprimir, etc.) para moverse dentro ella.

Por ejemplo, coloque un punto de interrupción en el procedimiento *BuscarFichero* en el lugar que se indicó en la figura anterior. A continuación pulse *F5* o haga clic en el botón *Iniciar* para iniciar la ejecución de la aplicación, indique en la caja de texto los ficheros que desea buscar y pulse el botón *Buscar*. Observará que la ejecución se detiene donde ha puesto el punto de interrupción. Active la ventana *Inmediato* haciendo clic sobre ella y pregunte por los valores de las variables y propiedades que desee, como se indica en la figura siguiente, o bien ejecute la orden *Agregar inspección...* del menú *Depuración* para añadir las expresiones que desea evaluar.

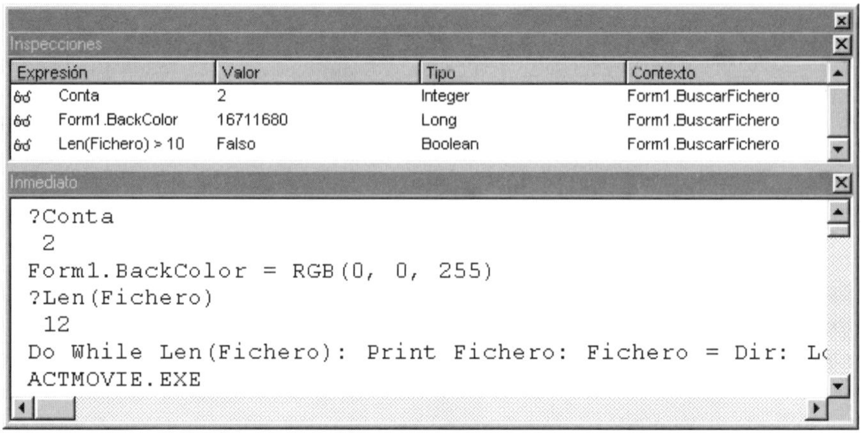

Cuando se ejecuta la orden *Agregar inspección...* se muestra una nueva ventana *Inspecciones* como la que se puede observar en la figura anterior. Asimismo, puede visualizar una ventana con una lista de los procedimientos actualmente invocados y no finalizados, haciendo clic en el botón *Pila de llamadas* de la barra *Depuración.*

Cuando se ejecuta la orden *Agregar inspección...*, durante el diseño o en modo de *interrupción*, se visualiza la ventana *Agregar inspección* que se muestra a continuación:

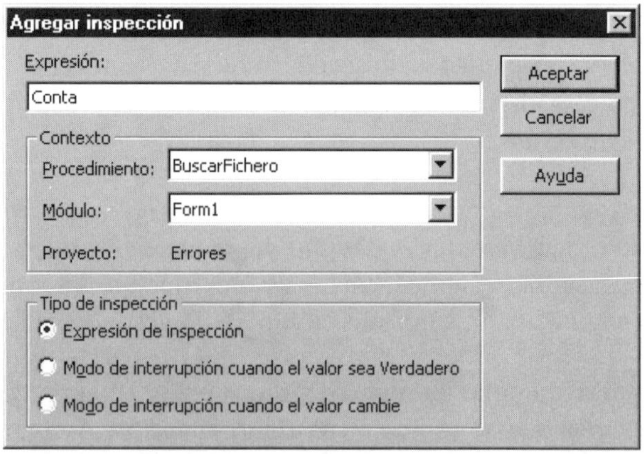

La finalidad de esta ventana es permitirnos:

- Añadir la expresión cuya evolución deseamos seguir durante la ejecución de la aplicación.

- Especificar el ámbito de las variables cuando existan variables con el mismo nombre en diferentes ámbitos.

- Especificar cómo tiene que responder Visual Basic cuando evalúe la expresión. Visual Basic puede simplemente visualizar su valor, o bien puede hacer que la aplicación pase automáticamente al modo de *interrupción* cuando el valor de la expresión sea **True** o cuando la expresión cambie de valor.

También puede visualizar resultados en la ventana *Inmediato*, utilizando los métodos **Print** o **Assert** con el objeto **Debug**. El objeto **Debug** sólo se tiene en cuenta dentro del entorno de desarrollo. Por ejemplo, puede insertar en el código del procedimiento sentencias como las siguientes:

```
Debug.Print Fichero
Debug.Assert i < 10
```

La primera sentencia escribe el valor de *Fichero* en la ventana *Inmediato* y la segunda interrumpe la ejecución en esa línea cuando la condición sea falsa.

Otra forma rápida de ver el valor de una determinada variable durante la ejecución paso a paso es colocando el puntero del ratón sobre ella. En el caso de una expresión, selecciónela primero y después coloque el puntero del ratón sobre ella. También puede utilizar la orden *Inspección rápida* del menú *Depuración* o el botón correspondiente de la barra de herramientas *Depuración*.

Mensajes de error

También podemos utilizar la ventana *Inmediato* para visualizar el mensaje asociado con un número determinado de error. Por ejemplo:

Argumentos de la línea de órdenes

Los argumentos de línea de órdenes proporcionan datos al iniciar una aplicación. Fuera del entorno de Visual Basic, el usuario puede introducirlos si elige la orden *Ejecutar* del entorno del sistema operativo y escribe los argumentos a continuación del nombre de la aplicación. También puede especificarlos cuando cree un icono para la aplicación.

Dentro del entorno de Visual Basic, puede probar cómo se comporta con estos argumentos, haciendo clic en la pestaña *Generar* del diálogo *Propiedades del proyecto* que se visualiza al ejecutar la orden *Propiedades* del menú *Proyecto*, y escribiendo en la caja *Argumentos de la línea de comandos* dichos argumentos.

La función **Command** de Visual Basic devuelve precisamente como resultado los argumentos enviados. Si esta cadena es nula, no hay argumentos.

Consideraciones especiales

Cuando se depura un programa es importante pensar en las dificultades que nos pueden presentar procedimientos conducidos por algunos eventos, como los referentes al ratón o al teclado.

Por ejemplo, si durante la ejecución de un procedimiento asociado con el evento **MouseDown** hace una pausa, suelta el botón del ratón, realiza las operaciones que estima convenientes, etc., cuando continúe la ejecución se le presentará el problema de que la aplicación asume que el botón del ratón está todavía pulsado. Quiere esto decir que no se reconocerá un evento **MouseUp** hasta que no pulse otra vez el botón del ratón y lo suelte. El mismo efecto ocurre con los eventos **KeyDown** y **KeyUp**.

Igualmente, si se hace una pausa cuando se está ejecutando un procedimiento conducido por alguno de los eventos **GotFocus** o **LostFocus**, pueden darse resultados inesperados.

COMPILACIÓN CONDICIONAL

La compilación condicional permite compilar selectivamente ciertas partes de una aplicación. También permite incluir características específicas de su aplicación en versiones diferentes, lo que permitirá instalarla en plataformas diferentes.

Para compilar condicionalmente una parte del código de su aplicación, inclúyalo entre las directrices **#If...Then** y **#EndIf**, utilizando una constante booleana como condición. La sintaxis para la directriz **#If** es la siguiente

#If *expresión* **Then**
    sentencias
[**#ElseIf** *expresión-n* **Then**
    [*sentencias-elseif*]]
[**#Else**
    [*sentencias-else*]]
#End If

Para incluir el segmento de código dentro del código compilado, la *expresión* debe evaluarse a **True**. Por ejemplo:

```
#If VersionDebug Then
  ' Código, declaraciones, etc.
#End If
```

Dentro del entorno de Visual Basic, para declarar una constante y utilizarla en una compilación condicional, haga clic en la pestaña *Generar* del diálogo *Propiedades del proyecto* que se visualiza al ejecutar la orden *Propiedades* del menú *Proyecto*, y declare en la caja *Argumentos de compilación condicional* la constante o constantes. Por ejemplo,

```
VersionDebug = 1: OtraConstante = 0
```

Otra forma de definir una constante para utilizarla en una compilación condicional es declararla en el propio código de la aplicación mediante la directriz **#Const**. Por ejemplo:

```
#Const VersionDebug = True
' ...
#If VersionDebug Then
  If IndX > 10000 Or IndX < 0 Then
    MsgBox "Argumento fuera de límites"
  End If
#End If
```

Una constante de este tipo es privada para el módulo donde se ha definido y sólo se puede utilizar para una compilación condicional.

OPTIMIZACIÓN DE UNA APLICACIÓN

Una aplicación puede optimizarse en velocidad y en tamaño. Para ello tendrá que:

- Aumentar la velocidad en el código utilizando algoritmos más eficientes, asignado el valor de una propiedad a una variable cuando se necesita acceder al valor consecutivas veces; utilizando tipos de objetos específicos, en lugar de tipos genéricos, y en los cálculos, utilizando variables enteras siempre que sea posible.

- Aumentar la velocidad de visualización utilizando el control *imagen* para visualizar mapas de bits. No utilice una caja de imagen a no ser que necesite la funcionalidad que este control proporciona, como métodos gráficos, contener a otros controles o DDE. Asigne a la propiedad **ClipControls** de los formularios, marcos y cajas de imagen el valor **False**. Utilice la propiedad **AutoRedraw** apropiadamente; esto es, si la aplicación dibuja gráficos que cambian frecuentemente, es mejor asignar a la propiedad **AutoRedraw** el valor **False** y utilizar métodos gráficos en el procedimiento asociado con el evento **Paint**. Utilice el método **Show** en la primera línea del procedimiento *Form_Load* para visualizar el formulario, de lo contrario Visual Basic no visualiza el formulario hasta que no ejecuta todo el código de este procedimiento. Utilice el método **Clear** para borrar el contenido de una lista o de una lista desplegable; esto es más rápido que eliminar elemento a elemento. Oculte los formularios, no los descargue. Por ejemplo, pruebe el siguiente procedimiento primero sin utilizar el método **Show** y después utilizándolo.

```
Private Sub Form_Load()
  Dim i As Long
  Show                              ' visualizar el formulario
  MousePointer = 11                 ' reloj de arena
  For i = 0 To 1000000: Next i      ' retardo
  MousePointer = 0                  ' restaurar el cursor del ratón
End Sub
```

- La primera impresión es importante. La velocidad con la que arranca una aplicación depende en gran medida del tiempo que tarde en cargar el primer formulario. Para conseguir un tiempo de inicio mínimo, minimice el número de mapas de bits y el código del formulario de arranque cargando otros formularios desde el de arranque. No incluya en el formulario de arranque componentes software (controles personalizados o a medida). Visual Basic carga un componente software al mismo tiempo que carga el formulario que lo utiliza. Si el formulario de arranque llama a procedimientos que se encuentran en diversos módulos, todos esos módulos tienen que ser cargados también en el arranque. Éstas son suficientes razones por las que el formulario inicial suele ser en muchos casos una ventana de presentación o de espera.

  Para mostrar una ventana de presentación, hágalo desde el procedimiento **Sub Main** y utilice el método **Show** para presentar el formulario. Por ejemplo:

```
Public fMainForm As frmMain
```

```
Sub Main()
  ' Mostrar la pantalla de presentación
  frmSplash.Show
  frmSplash.Refresh
  Screen.MousePointer = vbArrowHourglass
  ' Ejecute aquí sus procedimientos de inicio
  ' ...
  ' Mostrar la pantalla principal
  Set fMainForm = New frmMain
  Load fMainForm ' llama a Form_Load
  Unload frmSplash
  fMainForm.Show
  Screen.MousePointer = vbDefault
End Sub
```

- Reducir la cantidad de memoria ocupada por la aplicación cuando se está ejecutando (este tamaño no depende de la longitud de los identificadores, de los comentarios ni de las líneas en blanco, ya que son suprimidos al crear el fichero *.exe*). Para ello, reduzca el número de formularios cargados simultáneamente, cárguelos cuando los necesite y descárguelos en vez de ocultarlos cuando no los necesite más. Siempre que sea posible utilice etiquetas en lugar de cajas de texto. Los datos y recursos (por ejemplo, mapas de bits y cadenas de caracteres) colocados en la aplicación durante el diseño consumen memoria; es preferible que los cargue durante la ejecución. Coloque los procedimientos distribuidos adecuadamente en módulos, ya que Visual Basic no carga un módulo hasta que no llama a un procedimiento contenido en el mismo. Considere alternativas al tipo **Variant**, ya que aunque éste es muy flexible, ocupa más memoria que cualquier otro tipo. Limite el número de formularios que actúan como servidores en un DDE. Utilice matices dinámicas en lugar de matrices fijas y libere la memoria que ocupan cuando no las necesite. Elimine el código innecesario.

- Minimice la memoria ocupada por los gráficos. Para ello, utilice un control imagen, y no la caja de imagen, para visualizar un mapa de bits. Almacene las imágenes en ficheros de recursos y utilice el función **LoadResPicture** para cargarlos durante la ejecución. Cuando no vaya a utilizar más una imagen que asignó a la propiedad **Picture** de un objeto, utilice la sentencia **Set** y asigne a dicha propiedad el valor **Nothing**. Cuando utilice la propiedad **Image** de una caja de imagen para almacenar un mapa de bits persistente (aunque la propiedad **AutoRedraw** sea **False**) y no vaya a utilizar más esa imagen, libere la memoria ocupada por la misma así:

```
MiImag.AutoRedraw = True  ' asignar a AutoRedraw el valor True
MiImag.Cls                ' liberar la memoria
MiImag.AutoRedraw = False ' asignar a AutoRedraw el valor False
```

- Minimizar el uso de la pila (*stack*). Visual Basic utiliza una pila de tamaño fijo para almacenar las variables locales, los argumentos pasados en las llamadas a los procedimientos y para almacenar valores intermedios (los procedimientos recursivos consumen mucha pila). Para evitar agotar este espacio, reduzca el número y el tamaño de los argumentos y de las variables locales. Si el procedimiento no es recursivo, declárelo **Static** para que no utilice la pila, o bien declare algunas de sus variables **Static**.

El siguiente ejemplo pone de manifiesto algunas de estas reglas.

BUSCAR FICHEROS

Este ejemplo tiene como objetivo buscar determinados ficheros en un directorio previamente especificado y en sus subdirectorios. Se trata, por lo tanto, de una mejora del proyecto anteriormente expuesto que sólo permitía buscar ficheros en un directorio específico.

Esta aplicación presenta una ventana como la de la figura siguiente. En ella, la caja de texto "Criterio de búsqueda" sirve para especificar qué tipo de ficheros se quieren buscar, y la caja de texto justamente debajo sirve para visualizar el directorio en el que se iniciará la búsqueda. Para elegir este directorio, pulse el botón *Directorio*; por omisión, se muestra el directorio actual de trabajo. Una vez establecidos el criterio de búsqueda y el directorio de inicio, el usuario pulsará el botón *Buscar* y los ficheros encontrados serán visualizados en una lista. Si no hubiera ningún fichero que cumpla el criterio de búsqueda, aparecerá un mensaje indicándolo, y si los hubiera, también aparecerá un mensaje indicando cuántos ficheros se han encontrado. Una búsqueda puede ser cancelada pulsando el botón *Cancelar*. La aplicación finalizará cuando se pulse el botón *Salir*.

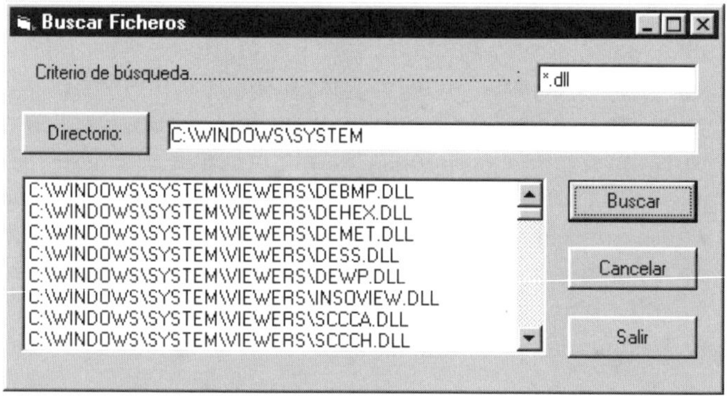

Inicie una nueva aplicación y cree un formulario titulado *Buscar Ficheros* con los controles que se indican en la tabla siguiente. Guarde la aplicación con el nombre *buscar.vbp*, y el formulario con el nombre *buscar.frm*.

Objeto	**Propiedad**	**Valor**
Formulario	Name	Form1
	BorderStyle	3
	Caption	Buscar Ficheros
Etiqueta	Name	Label1
	Caption	Criterio de búsqueda:
Caja de texto	Name	Patrón
	TabIndex	0
	Text	(nada)
Botón	Name	cmdDirectorio
	Caption	Directorio:
Caja de texto	Name	txtDirectorio
	Text	(nada)
Botón	Name	Buscar
	Caption	Buscar
	Default	True
Botón	Name	Cancelar
	Caption	Cancelar
Botón	Name	Salir
	Caption	Salir
Lista	Name	List1
	Sorted	False

La propiedad **TabIndex** devuelve o asigna la posición *Tab* para un control dentro del conjunto de controles de un formulario. Cuando usted pulsa la tecla *Tab* para dirigirse de un control a otro, el orden que se sigue es el indicado por el valor de esta propiedad. El valor por omisión de esta propiedad para el primer control dibujado es cero, y cada control que se añade toma el siguiente valor. Si usted modifica uno de estos valores, Visual Basic realiza una renumeración automática para el resto de los controles.

Para hacer que el punto de inserción se sitúe en la caja de texto "Criterios de búsqueda" cuando se arranque la aplicación, hemos asignado el valor 0 a su propiedad **TabIndex**. Esta operación puede también realizarla ejecutando desde el procedimiento *Form_Load* la sentencia *Patrón.SetFocus*, puesto que nada más iniciar la aplicación el formulario ya está presente (la primera sentencia que se ejecuta es *Form1.Show*).

A continuación escribimos el código para que la aplicación ejecute lo enunciado. En primer lugar escriba el controlador del evento **Click** del botón *Salir*. El objetivo de este procedimiento es finalizar la aplicación:

```
Private Sub Salir_Click()
  Unload Me 'invoca a Form_Unload
  End
End Sub

Private Sub Form_Unload(Cancel As Integer)
  Dim i As Integer
  'Cerrar todos los formularios
  For i = Forms.Count - 1 To 1 Step -1
    Unload Forms(i)
  Next
End Sub
```

Para que inicialmente, cuando se arranque la aplicación, se visualice el formulario y aparezca el criterio de búsqueda "*.*" (todos los ficheros) y el directorio actual como valores por omisión en las cajas de texto correspondientes, escriba el siguiente procedimiento:

```
Private Sub Form_Load()
  Form1.Show
  Form1!txtDirectorio.Caption = CurDir 'directorio actual
  Patrón.Text = "*.*" 'todos los ficheros
End Sub
```

Si el usuario lo desea, puede modificar el criterio de búsqueda por omisión escribiendo el nuevo directamente en la caja de texto *Patrón* destinada a este fin; por ejemplo, **.vbp*. Recuerde que cuando el contenido de una caja de texto cambia, se da el evento **Change**; por ello, utilice el procedimiento *Patrón_Change* para asignar a la lista de ficheros *File1* del formulario "Sistema de Ficheros" que diseñaremos a continuación, el patrón de los ficheros a visualizar:

```
Private Sub Patrón_Change()
  SistemaDeFi!File1.Pattern = Patrón.Text
End Sub
```

A continuación, el usuario pulsará el botón *Directorio* para seleccionar el directorio donde desea iniciar la búsqueda, y seguidamente el botón *Buscar*. Esto hará que se ejecute el procedimiento *Buscar_Click* que invocará al procedimiento *BuscarFichero*, que realizará el proceso de búsqueda:

```
Private Sub Buscar_Click()
  MousePointer = vbArrowHourglass
  BuscarFichero
  MousePointer = vbDefault
End Sub
```

Una vez iniciada una búsqueda, el usuario quizás desee cancelarla, para lo cual pulsará el botón *Cancelar*. Esto exige escribir el siguiente procedimiento:

```
Private Sub Cancelar_Click()
  'Permitir al usuario abandonar la búsqueda
  NoAbandonarBuscar = False
End Sub
```

Ejecute la orden *Agregar módulo* del menú *Proyecto* para crear un módulo *buscar.bas* y declare en él las siguientes variables necesarias para los procedimientos de búsqueda que se exponen a continuación:

```
Public NoAbandonarBuscar As Boolean
Private NumFicheros As Integer
```

El procedimiento *Buscar* realiza el siguiente proceso: verifica si ya existe una lista, consecuencia de una búsqueda previa, en cuyo caso la borra, pone el contador de ficheros a cero, inicia la búsqueda de los ficheros especificados a partir del directorio elegido, y cuando ésta finaliza, presenta un mensaje indicando cuántos ficheros se encontraron, o si se abandonó el proceso de búsqueda por algún error.

Abra la ventana de código correspondiente a *buscar.bas* y ejecute la orden *Agregar procedimiento...* del menú *Herramientas* para crear y escribir el procedimiento *BuscarFichero* que se muestra a continuación:

```
Public Sub BuscarFichero()
  'Iniciar el proceso de búsqueda para después llamar a
  'RecorrerArbolDirs para ejecutar una búsqueda recursiva
  Dim Abandono As Boolean, Msg As String

  'Si ya existe una lista, borrarla
  If Form1!List1.ListCount Then
    Form1!List1.Clear
  End If

  'Número de ficheros encontrados
  NumFicheros = 0
```

```
    'Comenzar la búsqueda recursiva de directorios
    Abandono = RecorrerArbolDirs((Form1!txtDirectorio.Caption), "")
    SistemaDeFi!File1.Path = SistemaDeFi!Dir1.Path
    If Not Abandono Then
      If Form1!List1.ListCount Then
        Msg = "Se encontraron" + Str(NumFicheros) + " ficheros"
      Else
        Msg = "No se encontraron ficheros"
      End If
      MsgBox Msg, VbInformation, Form1.Caption
    Else
      Msg = "Error: se abandonó la búsqueda"
      MsgBox Msg, VbCritical, Form1.Caption
    End If
End Sub
```

Como vemos, el procedimiento *BuscarFichero* llama, a su vez, a la función recursiva *RecorrerArbolDirs* pasándole como argumento el directorio donde debe comenzar la búsqueda (se dice que una función es recursiva cuando se llama a sí misma). Por ejemplo, supongamos que la búsqueda comienza en el directorio *ejemplos*, como muestra la figura siguiente:

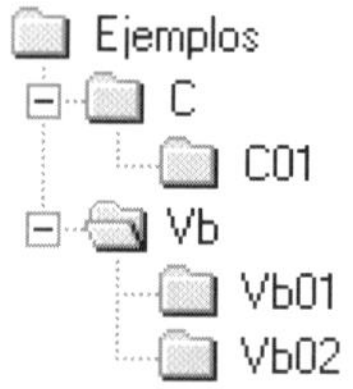

En esta figura se distinguen tres niveles (esto es, si *Ejemplos* pertenece al nivel *n*, *C* pertenece al nivel *n+1* y *C01* pertenece al nivel *n+2*). La función *RecorrerArbolDirs* desciende por el árbol de directorios hasta el último subdirectorio de la lista de directorios del mismo nivel, y así sucesivamente por cada nivel en cada nodo (en el ejemplo desciende hasta el directorio *V02*). Añade los ficheros de éste a la lista, después se coloca en el directorio anterior, añade los ficheros de éste a la lista, y así sucesivamente con el resto de directorios del mismo nivel (en el ejemplo añade a la lista los ficheros de *V02* y *V01*). Lo expuesto se aplica sucesivamente a cada nodo dentro de cada nivel, recorridos ahora en orden inverso. El resultado en nuestro ejemplo es que se añaden los ficheros a la lista en el siguiente orden: *V02*, *V01*, *Vb*, *C01*, *C* y *Ejemplos*.

La función *RecorrerArbolDirs* tiene dos parámetros: *DirActual*, que especifica el directorio en el que se busca, y *DirPadre*, que se corresponde con el directorio padre de *DirActual* en la lista de directorios (cuando ascendiendo en un nivel, nos encontramos con que ya no hay un directorio anterior del mismo nivel, el anterior es el directorio padre de éstos).

Recuerde que el directorio especificado por la propiedad **Path** pertenece a una lista de directorios en la que éste siempre tiene como índice –1. El directorio que está inmediatamente encima de él tiene como índice –2, y así sucesivamente hasta el directorio raíz. El primer subdirectorio que está inmediatamente a continuación tiene como índice 0. Si hay varios directorios en el primer nivel de subdirectorios, el siguiente tiene índice 1, y así sucesivamente. Observe que una lista sólo está compuesta por el directorio especificado por la propiedad **Path** más los directorios que hay hasta llegar desde éste hasta el directorio raíz, más los directorios correspondientes a su primer nivel de subdirectorios. Por ejemplo, si el directorio seleccionado es *ejemplos*, la lista podría ser la siguiente:

```
ListIndex = -3
ListIndex = -2
ListIndex = -1
ListIndex =  0
ListIndex =  1
```

La propiedad **ListCount** de la lista anterior almacena el número de elementos de la misma contados a partir del de índice cero (en el ejemplo almacena 2). Lógicamente, si **ListCount** vale cero significa que el directorio seleccionado no tiene subdirectorios.

Abra la ventana de código correspondiente a *buscar.bas* y ejecute la orden *Agregar procedimiento...* del menú *Proyecto* para crear y escribir la función *RecorrerArbolDirs* que se muestra a continuación:

```
Function RecorrerArbolDirs(DirActual As String, _
                           DirPadre As String) As Boolean
  'Buscar directorios recursivamente desde DirActual hacia abajo.
  Dim DirsDebajo As Integer, AbandonarBuscar As Boolean
  Dim DirViejo As String, DirActu As String, Entrada As String
  Dim vr As Integer, I As Integer, Msg As String

  NoAbandonarBuscar = True 'permitir al usuario abandonar la búsqueda
  RecorrerArbolDirs = False 'si ocurre un error, la función devuelve True
  vr = DoEvents() 'ejecutar otros eventos (por ej. Cancelar, Salir)
  'Ahora Cancelar puede poner NoAbandonarBuscar a False

  On Error GoTo ManipularErrorRecorrerArbolDirs

  'Descender por el árbol de directorios
  DirsDebajo = SistemaDeFi!Dir1.ListCount 'directorios hijo de éste
  Do While DirsDebajo > 0 And NoAbandonarBuscar
    DirViejo = DirActual
    If SistemaDeFi!Dir1.ListCount > 0 Then 'otro nodo
      SistemaDeFi!Dir1.Path = SistemaDeFi!Dir1.List(DirsDebajo - 1)
      'DirViejo se guarda en DirPadre para la próxima recursión
```

```
      AbandonarBuscar = RecorrerArbolDirs((SistemaDeFi!Dir1.Path), DirViejo)
    End If
    'Otra rama dentro del nivel de directorios
    DirsDebajo = DirsDebajo - 1
    If NoAbandonarBuscar = False Then
      RecorrerArbolDirs = True
      Exit Function
    End If
  Loop
  'Añadir \ al final del camino excepto para el directorio raíz
  If SistemaDeFi!File1.ListCount Then
    'En general, DirActual es de la forma: c:\...\...\...
    If Len(DirActual) <= 3 Then
      DirActu = DirActual 'raíz
    Else 'poner "\" antes del nombre del fichero
      DirActu = DirActual + "\"
    End If
    'Añadir ficheros a la lista
    For I = 0 To SistemaDeFi!File1.ListCount - 1
      Entrada = DirActu & SistemaDeFi!File1.List(I)
      Form1!List1.AddItem Entrada
      NumFicheros = NumFicheros + 1
    Next I
  End If
  If DirPadre <> "" Then 'directorio padre del actual
      SistemaDeFi!Dir1.Path = DirPadre
  End If
  Exit Function
ManipularErrorRecorrerArbolDirs:
  If Err.Number = 7 Then 'Insuficiente memoria (lista llena)
    'Visualizar mensaje y retornar True en AbandonarBuscar
    Msg = "Lista llena. Se abandona la búsqueda."
    MsgBox Msg, VbExclamation
    RecorrerArbolDirs = True
    Exit Function  'Exit pone Err.Number a 0
  Else  'En otro caso, visualizar mensaje de error y salir
    MsgBox Err.Description, VbCritical
    End
  End If
End Function
```

El procedimiento *RecorrerArbolDirs* utiliza el siguiente código para añadir los ficheros buscados a la lista *List1*:

```
'Añadir ficheros a la lista
For I = 0 To SistemaDeFi!File1.ListCount - 1
  Entrada = DirActu & SistemaDeFi!File1.List(I)
  Form1!List1.AddItem Entrada
  NumFicheros = NumFicheros + 1
Next I
```

Este mismo proceso podríamos haberlo realizado utilizando la función **Dir** que permite buscar uno o más ficheros. Por ejemplo:

```
'Añadir ficheros a la lista
Entrada = Dir(DirActu) 'busca el primer fichero
Do While Len(Entrada)
  Form1!List1.AddItem DirActu & Entrada
  NumFicheros = NumFicheros + 1
  Entrada = Dir 'sin argumentos busca el siguiente
Loop
```

Cuando el usuario pulse el botón *Directorio* se ejecutará el procedimiento *cmdDirectorio_Click*, que presenta una caja de diálogo como la siguiente y que permitirá al usuario situarse en cualquier parte del sistema de ficheros:

```
Private Sub cmdDirectorio_Click ()
  SistemaF.Show 1 'caja de diálogo modal
End Sub
```

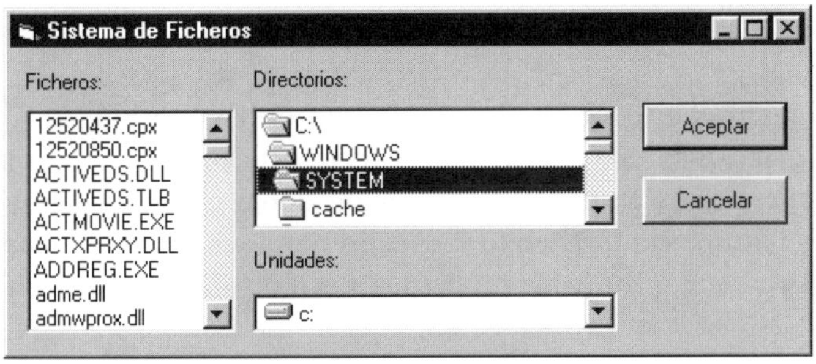

Cree este formulario titulado *Sistema de Ficheros* con los controles que se indican en la tabla siguiente. Guárdelo con el nombre *sistdefi.frm*.

Objeto	Propiedad	Valor
Formulario	Name BorderStyle Caption	SistemaDeFi 3 Sistema de Ficheros
Etiqueta 1	Name Caption	Label1 Ficheros:
Lista de ficheros	Name	File1
Etiqueta 2	Name Caption	Label2 Directorios:
Lista de directorios	Name	Dir1
Etiqueta 3	Name Caption	Label3 Unidades:
Lista de unidades	Name	Drive1

Botón	Name Caption Default	Aceptar Aceptar True
Botón	Name Caption	Cancelar Cancelar

Para sincronizar los controles *Drive1*, *Dir1* y *File1* de la caja de diálogo que acabamos de diseñar, escriba los procedimientos siguientes:

```
Private Sub Drive1_Change()
  On Error GoTo Driver
  Dir1.Path = Drive1.Drive
  Exit Sub
Driver:
  MsgBox "Error: unidad no preparada", 48, "Editor"
End Sub

Private Sub Dir1_Change()
  File1.Path = Dir1.Path
End Sub
```

Es importante recordar que un clic en la lista de unidades genera el evento **Change**; sin embargo, para que se genere este mismo evento al actuar sobre la lista de directorios es necesario hacer un doble clic. Por eso, cuando el usuario cambia de directorio utilizando las teclas de movimiento del cursor y pulsando la tecla *Entrar*, actualizamos la propiedad **Path** de dicha lista:

```
Private Sub Aceptar_Click()
  'Actualizar SistemaDeFi!Dir1.Path al directorio
  'actualmente seleccionado
  SistemaDeFi!Dir1.Path = SistemaDeFi!Dir1.List(SistemaDeFi!Dir1.ListIndex)
  Form1!txtDirectorio.Caption = SistemaDeFi!Dir1.Path
  SistemaDeFi.Hide
End Sub
```

Cuando el usuario pulse el botón *Cancelar* de la caja de diálogo *Sistema de Ficheros*, simplemente se tiene que ocultar dicha caja:

```
Private Sub Cancelar_Click()
  SistemaDeFi.Hide
End Sub
```

CAPÍTULO 5

SISTEMA DE FICHEROS

Muchas aplicaciones requieren almacenar y recuperar datos de una sesión a otra. Los ficheros de datos permiten almacenar información que el usuario introduce a través de una caja de diálogo, y por lo tanto, son también la fuente de información para visualizar datos sobre un formulario o para escribir datos en una impresora.

TIPOS DE ACCESO A FICHEROS EN VISUAL BASIC

Visual Basic permite utilizar tres tipos diferentes de acceso a ficheros de datos: secuencial, aleatorio y binario.

El tipo de acceso más simple a un fichero de datos es el secuencial. Un fichero abierto para *acceso secuencial* es un fichero que puede almacenar registros de cualquier longitud. Cuando la información se escribe registro a registro, éstos son colocados uno a continuación de otro, y cuando se lee, se empieza por el primer registro y se continúa por el siguiente hasta alcanzar el final. Este tipo de acceso generalmente se utiliza con ficheros de texto en los que se escribe toda la información desde el principio hasta el final y se lee de la misma forma (esto es, ficheros en los que los datos no están divididos en registros). En cambio, los ficheros abiertos para acceso secuencial no son los más apropiados para almacenar grandes series de números, porque cada uno de ellos es almacenado como una cadena de caracteres. Esto significa que un número entero de cinco dígitos ocupa cinco bytes en lugar de los dos requeridos para un entero. Las sentencias y funciones para tratar ficheros abiertos para acceso secuencial son:

Open, Print #, Write #, Close, Input #, Line Input #, Input, EOF, Loc, LOF, Seek, Dir, FileCopy, FileDateTime, FileLen, GetAttr, SetAttr

Un fichero abierto para *acceso aleatorio* es asumido como un conjunto de *registros* de la misma longitud, los cuales pueden ser accedidos en cualquier secuencia. Cada registro individual se identifica con un único número y puede ser leído, escrito o actualizado. La utilización de ficheros abiertos para acceso aleatorio la veremos prácticamente cuando modifiquemos la aplicación referente a la base de datos de libros. Las sentencias y funciones para tratar ficheros abiertos para acceso aleatorio son:

Open, Type...End Type, Put, Get, Close, EOF, Loc, LOF, Seek, Dir, FileCopy, FileDateTime, FileLen, FreeFile, GetAttr, SetAttr

El *acceso binario* ofrece la posibilidad de tratar cualquier fichero como una secuencia numerada de caracteres, independientemente de la estructura del mismo. Los caracteres ocupan las posiciones 1, 2, 3, etc. Ya que los ficheros abiertos para acceso binario ofrecen la posibilidad de almacenar los datos como queramos, debemos conocer precisamente cómo fueron escritos esos datos para poder recuperarlos correctamente. Por ejemplo, si recuperamos un dato de la posición 75 del fichero como un entero (2 bytes), serían recuperados los bytes 75 y 76 para poder formar el valor del entero. Las sentencias y funciones para tratar ficheros abiertos para acceso binario son:

Open, Put, Get, Close, Input, Input, EOF, Loc, LOF, Seek, Dir, FileCopy, FileDateTime, FileLen, FreeFile, GetAttr, SetAttr

Los tres tipos de acceso a ficheros de datos a los que nos acabamos de referir fueron ampliamente comentados en mi otro libro *Visual Basic. Curso de programación*, razón por lo que el autor no entrará en este tema en excesivos detalles.

ACCESO SECUENCIAL

Para realizar el proceso de almacenar la información en un fichero, hay que realizar los siguientes pasos:

1. *Abrir el fichero para escribir* utilizando la sentencia **Open**. En este caso abriremos el fichero en modo **Output**. La sintaxis de esta sentencia es:

   Open *nombre-fich* [**For** *modo*] **As** [*#*]*nº fichero*

   nombre-fich es el nombre del fichero (puede incluir el camino);
   modo puede ser Output, Input, Append, Binary o Random;
   nº fichero es un número entre 1 y 511 para referenciar el fichero. Utilice la función **FreeFile** para obtener, de forma segura, un número de fichero libre.

2. *Escribir los datos en el fichero* utilizando la sentencia **Print #** o **Write #**. **Print** escribe los datos de la misma forma que aparecen en pantalla y **Write** utiliza un formato fijo. Su sintaxis es:

   Print *#nº fichero*, *expresiones*

Write *#nº fichero*, *expresiones*

nº fichero es el número con el que se abrió el fichero para escribir; *expresiones* es una lista de expresiones numéricas y/o de caracteres separadas por espacios, comas o puntos y comas en el caso de **Print** y por comas en el caso de **Write**.

3. *Cerrar el fichero* mediante la sentencia **Close**. La sintaxis de esta sentencia es:

   Close [[#]*nº fichero* [,[#]*nº fichero*]...]

   nº fichero es el número con el que se abrió el fichero.

Por ejemplo, en el siguiente procedimiento la sentencia **Open** abre el fichero elegido para escribir (**Output**) y le asigna el número *NumFichero*. Si el fichero no existe, se crea, y si existe, se destruye y se crea de nuevo. La sentencia **Print** *#NumFichero* escribe en el fichero número *NumFichero* el texto referenciado por *Form1!Text1.Text*. Finalmente, la sentencia **Close** *NumFichero* cierra el fichero especificado. Un fichero cerrado no puede ser accedido. Para acceder de nuevo al mismo, hay que volverlo a abrir con igual o diferente número.

```
Private Sub FicheroGuardar_Click()
  ' ...
  Dim NumFichero As Integer
  ' Obtener un número libre de fichero
  NumFichero = FreeFile
  ' Abrir el fichero para escribir
  Open CommonDialog1.FileTitle For Output As NumFichero
  ' Guardar el texto en el fichero
  Print #NumFichero, Form1!Text1.Text
  ' Cerrar el fichero
  Close NumFichero
  ' ...
End Sub
```

Si al abrir un fichero existente para escribir no deseamos que se destruya su contenido, tenemos que abrirlo en modo **Append**, en lugar de modo **Output**. El modo **Append** permite añadir la nueva información al final del fichero.

Para realizar el proceso de leer la información de un fichero utilizando el acceso secuencial hay que realizar los siguientes pasos:

1. *Visualizar la caja de diálogo común Abrir*. Elegir el nombre del fichero que se desea leer.

2. *Abrir el fichero para leer* utilizando la sentencia **Open**. En este caso abriremos el fichero en modo **Input**. La sintaxis de esta sentencia es:

Open *nombre-fich* [**For** *modo*] **As** [*#*]*nº fichero*

nombre-fich es el nombre del fichero (puede incluir el camino);
modo puede ser Output, Input, Append, Binary o Random;
nº fichero es un número entre 1 y 511 para referenciar el fichero.

3. *Leer los datos del fichero* utilizando la sentencia **Input #** o **Input**. La primera lee datos y los asigna a la variables y la segunda lee *n* caracteres y los asigna a la variable. Su sintaxis es:

   Input *#nº fichero*, *variable*[, *variable*] ...
   v$ = **Input** (*n*, *#nº fichero*)

   n es el número de caracteres a leer;
   nº fichero es el número con el que se abrió el fichero para leer.

4. *Cerrar el fichero* mediante la sentencia **Close**. La sintaxis de esta sentencia es:

   Close [[*#*]*nº fichero* [,[*#*]*nº fichero*]...]

   nº fichero es el número con el que se abrió el fichero.

Por ejemplo, el siguiente procedimiento presenta dos partes bien diferenciadas: visualizar la caja de diálogo común *Abrir* para obtener el nombre del fichero y abrir el fichero seleccionado para leer:

```
Private Sub FicheroAbrir_Click()
  ' Si ocurre un error ejecutar ManipularErrorAbrir
  On Error GoTo ManipularErrorAbrir
  ' Filtros
  CommonDialog1.Filter = "Ficheros de texto (*.txt; *.doc)|" & _
                         "*.txt;*.doc|Todos los ficheros (*.*)|*.*"
  ' Filtro por omisión
  CommonDialog1.FilterIndex = 1
  ' Visualizar la caja de diálogo
  CommonDialog1.ShowOpen

  ' CommonDialog1.FileTitle contiene el nombre del
  ' fichero elegido. Leer el contenido de este fichero.
  Dim NumFichero As Integer

  ' Obtener un número libre de fichero
  NumFichero = FreeFile
  ' Abrir el fichero para leer
  Open CommonDialog1.FileTitle For Input As NumFichero
  ' Leer el texto del fichero
  Form1!Text1.Text = Input(LOF(NumFichero), #NumFichero)
  ' Cerrar el fichero
  Close NumFichero
```

```
SalirAbrir:
  Exit Sub

ManipularErrorAbrir:
  Dim Msg As String
  ' Manipular el error
  If Err.Number = 7 Then
    Msg = "El fichero es demasiado grande"
  ElseIf Err.Number = 53 Then
    Msg = "El fichero no existe"
  Else
    Msg = Err.Description
  End If
  MsgBox Msg, vbExclamation, "Editor"
  Close
  Resume SalirAbrir
End Sub
```

La sentencia **Open** abre el fichero seleccionado para leer (**Input**) y le asigna el número *NumFichero*. La función **Input** lee del fichero un número de caracteres igual a la longitud del mismo (*LOF(NumFichero)*) y almacena la información en la caja de texto *Text1* de *Form1*. Finalmente, la sentencia **Close** cierra el fichero.

La función **Input** está limitada a leer 65534 caracteres de un fichero abierto en modo secuencial o binario. Así mismo, las variables de tipo **String**, como es *Text1.Text*, no pueden exceder de 64Kb de longitud.

Similarmente, la sentencia **Line Input #** lee de un fichero cadenas de caracteres delimitadas por retornos de carro (el delimitador no se lee). Esto significa que otra forma de leer un fichero es utilizando esta sentencia como se especifica a continuación. En cualquier caso, esta forma resulta muy lenta, por lo que no es aconsejable:

```
Dim Línea As String

Do
  Line Input #NumFichero, Línea
  Form1.Text1.Text = Form1.Text1.Text + Línea + vbCrLf
Loop Until EOF(NumFichero)
```

Observe que por cada *Línea* de texto que añadimos a la caja de texto hay que añadir también el retorno de carro que no se lee (*vbCrLf*).

La función **EOF** retorna un valor **True** si se ha alcanzado el final del fichero especificado, en nuestro caso el fichero *NumFichero*, y un valor **False** en caso contrario.

ACCESO ALEATORIO

Vamos a añadir soporte a nuestra aplicación *Bibli*, para lo que añadiremos al menú *Fichero* las órdenes de *Abrir* y *Guardar*.

Cargue la aplicación *Bibli* que realizó en el capítulo 3 y añada al menú *Fichero* las órdenes con las propiedades que se indican en la tabla siguiente:

Objeto	Propiedad	Valor
Abrir	Caption Name Shortcut	Ab&rir... FicheroAbrir Ctrl+R
Guardar	Caption Name Shortcut	&Guardar... FicheroGuardar Ctrl+G
Separador	Caption Name	- Separador

Recuerde que nuestra base de datos estaba formada por una matriz de registros denominada *Libros*, definida en el módulo global *bibli.bas* como se indica a continuación. Añada la variable *bdLibros* para especificar la base de datos con la que estamos trabajando:

```
Type Registro
  Título As String * 30
  Autor As String * 30
  Editorial As String * 12
  Prestado As String * 240
End Type

Public Libros() As Registro
Public TotalRegs As Integer
Public bdLibros As String
```

Escribir en un fichero utilizando el acceso aleatorio

Cuando el usuario haga clic en la orden *Guardar* del menú *Fichero*, será porque quiere guardar la base de datos, matriz *Libros*, en un fichero. Para realizar esta operación, podemos utilizar la caja de diálogo común *Guardar como*. Para ello, añada al formulario un objeto *CommonDialog1*.

A continuación visualice la ventana de código correspondiente a la orden *Guardar* del menú *Fichero* y escriba:

```
Private Sub FicheroGuardar_Click()
  On Error GoTo ManipularErrorGuardar
  ' Generar un error cuando se pulse Cancelar
  CommonDialog1.CancelError = True
  CommonDialog1.Filter = "BD de libros (*.bdl)|*.bdl|" & _
                         "Todos (*.*)|*.*"
  ' Filtro por omisión
  CommonDialog1.FilterIndex = 1
  ' Visualizar la caja de diálogo Guardar como
  CommonDialog1.ShowSave
  ' CommonDialog1.FileName contiene el camino y
  ' el nombre del fichero elegido
  bdLibros = CommonDialog1.FileName
  GuardarFichero
SalirGuardar:
  Exit Sub
ManipularErrorGuardar:
  ' Manipular el error
  If Err.Number = cdlCancel Then Exit Sub
  MsgBox Err.Description
  Resume SalirGuardar
End Sub
```

El procedimiento *GuardarFichero* permite guardar la información requerida en un fichero de nombre, el especificado en la caja de diálogo *Guardar como*. Para guardar los registros de la base de datos utilizaremos ahora un fichero que abriremos para acceso aleatorio. Para escribir en un fichero utilizando el acceso aleatorio, hay que realizar tres pasos:

1. *Abrir el fichero para acceso al azar* utilizando la sentencia **Open**. La sintaxis en este caso es la siguiente:

   Open *nombre-fich* **[For Random] As** *[#]nº fichero* **Len** = *longitud reg*

   nombre-fich es el nombre del fichero (puede incluir el camino);
   nº fichero es un número entre 1 y 511 para referenciar el fichero;
   longitug reg es una expresión entera que indica la longitud de cada uno de los registros de un fichero abierto para acceso aleatorio.

2. *Escribir los datos en el fichero* utilizando la sentencia **Put**. La sintaxis de esta sentencia es:

   Put *[#]nº fichero*, [*nº registro*], *variable*

   nº fichero es el número con el que se abrió el fichero;
   nº registro es el número 1, 2, 3, ..., del registro. Si se omite, se toma el número siguiente al utilizado en la última sentencia **Put**;
   variable contiene los datos a escribir en el fichero.

3. *Cerrar el fichero* una vez finalizadas las operaciones de E/S mediante la sentencia **Close**.

Cuando se abre un fichero en modo **Random**, si no existe, se crea, y si existe, simplemente se abre. En cualquier caso, el fichero queda abierto para leer y escribir a menos que se especifique otra cosa mediante la cláusula **Access**. Escribir encima de cualquier registro del fichero significa modificar ese registro.

Para escribir la base de datos, ahora almacenada en la matriz *Libros*, en el fichero referenciado por *bdLibros*, las operaciones son las siguientes:

```
Open bdLibros For Random As #NumFichero Len = Len(Libros(1))
For I = 1 To TotalRegs
  Put #NumFichero, , Libros(I)
Next I
Close #NumFichero
```

En el supuesto de que el fichero ya exista, el proceso anterior sobreescribirá los registros existentes a partir del 1. Cuando se modifique la base de datos y se guarde una y otra vez en el fichero, sucederá que si el número de registros de la matriz *Libros* es menor que el número actual de registros del fichero, los registros en demasía quedarán, cuando la realidad es que tienen que desaparecer. Una forma fácil de dar solución a este problema es verificar antes de escribir en el fichero si éste existe, en cuyo caso lo borramos y lo creamos de nuevo. Las sentencias siguientes realizan este proceso:

```
Open bdLibros For Random As #NumFichero Len = Len(Libros(1))
If (LOF(NumFichero) <> 0) Then
  Cadena = "El fichero ya existe" & vbCrLf
  Cadena = Cadena & "¿desea sobreescribirlo?"
  If MsgBox(Cadena, 36, "Libros") = vbYes Then
    Close #NumFichero
    Kill bdLibros
    Open bdLibros For Random As #NumFichero Len = Len(Libros(1))
  Else
    Close #NumFichero
    Exit Sub
  End If
End If
```

En el caso de que el fichero exista (su longitud no es 0), la función **MsgBox** visualizará el mensaje dado por *Cadena* en un formulario con un icono "?" y con dos botones *Sí* y *No* (icono (32) + botones *Sí/No* (4) = 36). Si se pulsa el botón *Sí*, la función devuelve el valor 6 (*vbYes*), y si se pulsa el botón *No*, devuelve el valor 7 (*vbNo*). Observe que el mensaje escrito por la función **MsgBox** consta de dos líneas.

Si el usuario pulsa el botón *Sí*, la sentencia **Kill** borra el fichero especificado, el cual tiene que estar cerrado, y la sentencia **Open** crea de nuevo el fichero; si pulsa el botón *No*, se abandona este procedimiento.

Ejecute la orden *Agregar procedimiento...* del menú *Herramientas* para añadir el procedimiento *GuardarFichero* al formulario y escriba el código que realice las operaciones indicadas. El procedimiento completo se muestra a continuación:

```
Private Sub GuardarFichero()
  Dim I As Integer, Cadena As String
  Dim NumFichero As Integer

  ' Obtener un número libre de fichero
  NumFichero = FreeFile
  On Error GoTo RutinaErrorGuardar
  'Escribir en el fichero
  Open bdLibros For Random As #NumFichero Len = Len(Libros(1))
  If (LOF(NumFichero) <> 0) Then
    Cadena = "El fichero ya existe" & vbCrLf
    Cadena = Cadena & "¿desea sobreescribirlo?"
    If MsgBox(Cadena, 36, "Libros") = vbYes Then
      Close #NumFichero
      Kill bdLibros
      Open bdLibros For Random As #NumFichero Len = Len(Libros(1))
    Else
      Close #NumFichero
      Exit Sub
    End If
  End If
  ' Escribir los registros de la matriz en el fichero
  For I = 1 To TotalRegs
    Put #NumFichero, , Libros(I)
  Next I
  Close #NumFichero
  Form1.Título.SetFocus
SalirGuardar:
  Exit Sub

RutinaErrorGuardar:
  MsgBox "Error: " & Err.Description, 48, "Libros"
  Resume SalirGuardar
End Sub
```

Leer de un fichero utilizando el acceso aleatorio

Cuando el usuario haga clic en la orden *Abrir* del menú *Fichero* será porque quiere leer la base de datos guardada en un fichero conocido y almacenarla en la matriz *Libros*. Para realizar esta operación, podemos utilizar la caja de diálogo común *Abrir* provista por el mismo objeto anterior *CommonDialog1*. Para ello, visualice la ventana de código correspondiente a la orden *Abrir* del menú *Fichero* y escriba:

```
Private Sub FicheroAbrir_Click()
  On Error GoTo ManipularErrorAbrir
  ' Generar un error cuando se pulse Cancelar
  CommonDialog1.CancelError = True
  CommonDialog1.Filter = "BD de libros (*.bdl)|*.bdl|" & _
                         "Todos (*.*)|*.*"
  ' Filtro por omisión
  CommonDialog1.FilterIndex = 1
  ' Visualizar la caja de diálogo Abrir
  CommonDialog1.ShowOpen
  ' CommonDialog1.FileName contiene el camino y
  ' el nombre del fichero elegido
  bdLibros = CommonDialog1.FileName
  AbrirFichero
SalirAbrir:
  Exit Sub
ManipularErrorAbrir:
  ' Manipular el error
  If Err.Number = cdlCancel Then Exit Sub
  MsgBox Err.Description
  Resume SalirAbrir
End Sub
```

El procedimiento *AbrirFichero* permite almacenar en la matriz *Libros* la información de un fichero de nombre, el especificado en la caja de diálogo *Abrir*. Para leer los registros de la base de datos, teniendo en cuenta que el tipo de acceso es aleatorio, hay que realizar tres pasos:

1. *Abrir el fichero para acceso al azar* utilizando la sentencia **Open**.
2. *Leer el registro deseado del fichero* utilizando la sentencia **Get**. La sintaxis de esta sentencia es la siguiente:

   Get [#]*nº fichero*, [*nº registro*], *variable*

   nº fichero es el número con el que se abrió el fichero;
   nº registro es el número 1, 2, 3, ... del registro. Si se omite, se toma el número siguiente al utilizado en la última sentencia **Get**;
   variable almacena los datos del registro leído del fichero.
3. *Cerrar el fichero* una vez finalizadas las operaciones de E/S mediante la sentencia **Close**.

Para leer la base de datos referenciada por *bdLibros* y almacenarla en la matriz *Libros*, éstas son las operaciones a realizar:

```
Open bdLibros For Random As #NumFichero Len = LongReg
NumRegsFich = LOF(NumFichero) \ LongReg
ReDim Libros(1 To NumRegsFich)
For I = 1 To NumRegsFich
  Get #NumFichero, , Libros(I)
Next I
Close #NumFichero
```

La operación de leer datos del fichero y cargar la matriz con ellos no actúa sobre la lista clasificada de la caja de diálogo *Buscar Registro*. Por eso, a continuación, tenemos que añadir a la lista clasificada *ListaLibros* los títulos de cada uno de los registros de la matriz, con el fin de que el usuario pueda seleccionar en la misma cualquiera de ellos. Para realizar esta operación, es necesario previamente borrar todas las entradas actuales de la lista clasificada. De no hacerlo así, la carga de una base de datos se añadiría a la anteriormente cargada. Finalmente, se visualiza en el formulario *Libros Prestados* (*Form1*) el primer registro. Estas operaciones se realizan de la forma siguiente:

```
' Borrar todas las entradas de la lista
Form2.ListaLibros.Clear
' Número de elementos de la lista
TotalRegs = NumRegsFich
' Añadir los títulos almacenados en la matriz a la lista
For I = 1 To TotalRegs
  Form2.ListaLibros.AddItem Libros(I).Título
Next I
'Visualizar el primer registro
Form1.Título.Text = Libros(1).Título
Form1.Autor.Text = Libros(1).Autor
Form1.Editorial.Text = Libros(1).Editorial
Form1.Prestado.Text = Libros(1).Prestado
```

Ejecute la orden *Agregar procedimiento...* del menú *Herramientas* para añadir el procedimiento *AbrirFichero* al formulario y escriba el código que realice las operaciones indicadas. El procedimiento completo se muestra a continuación:

```
Private Sub AbrirFichero()
  Dim NumRegsFich As Integer, LongReg As Integer, I As Integer
  Dim NumFichero As Integer
  ' Obtener un número libre de fichero
  NumFichero = FreeFile
  LongReg = Len(Libros(1))
  On Error GoTo RutinaErrorAbrir

  ' Abrir el fichero
  Open bdLibros For Random As #NumFichero Len = LongReg
  NumRegsFich = LOF(NumFichero) \ LongReg
  ' Asignar memoria para la matriz
```

```
    ReDim Libros(1 To NumRegsFich)
    ' Leer los registros del fichero
    For I = 1 To NumRegsFich
      Get #NumFichero, , Libros(I)
    Next I
    Close #NumFichero

    ' Borrar todas las entradas de la lista
    Form2.ListaLibros.Clear
    ' Número de elementos de la lista
    TotalRegs = NumRegsFich
    ' Añadir los títulos almacenados en la matriz a la lista
    For I = 1 To TotalRegs
      Form2.ListaLibros.AddItem Trim(Libros(I).Título)
    Next I

    ' Visualizar el primer registro
    Form1.Título.Text = Trim(Libros(1).Título)
    Form1.Autor.Text = Trim(Libros(1).Autor)
    Form1.Editorial.Text = Trim(Libros(1).Editorial)
    Form1.Prestado.Text = Trim(Libros(1).Prestado)
SalirAbrir:
    Exit Sub

RutinaErrorAbrir:
    MsgBox "Error: " & Err.Description, 48, "Libros"
    Close
    Resume SalirAbrir
End Sub
```

Trabajando directamente sobre el fichero

La matriz *Libros* ocupa una cantidad de memoria considerable y, dependiendo del tamaño de la base de datos, puede incluso que no podamos crearla. Esto nos conduce a pensar en cómo prescindir de la matriz y trabajar directamente sobre el fichero en disco, aunque esta forma de trabajo resulte un poco más lenta.

En primer lugar, prescindimos de la matriz *Libros* y definimos la variable global *Libro* como un registro. *bdLibros* especifica la base de datos (fichero) sobre la que estamos trabajando:

```
Type Registro
  Título As String * 30
  Autor As String * 30
  Editorial As String * 12
  Prestado As String * 240
End Type
```

```
Public Libro As Registro
Public TotalRegs As Integer
Public bdLibros As String
```

Esto implica que el procedimiento *VisualizarRegistro* cargue el registro seleccionado en la lista directamente del fichero.

```
Public Sub VisualizarRegistro()
  Dim I As Integer, Encontrado As Boolean
  Dim NumFichero As Integer
  ' Obtener un número libre de fichero
  NumFichero = FreeFile
  Encontrado = False 'elemento no encontrado
  'Buscar el registro seleccionado
  Open bdLibros For Random As #NumFichero Len = Len(Libro)
  For I = 1 To LOF(NumFichero) \ Len(Libro)
    Get #NumFichero, I, Libro
    If (Trim(Libro.Título) = Trim(Form2.ListaLibros.Text)) Then
      Encontrado = True 'elemento encontrado
      Exit For
    End If
  Next I
  Close NumFichero
  If (Encontrado) Then
    'Visualizar registro
    Form1.Título.Text = Trim(Libro.Título)
    Form1.Autor.Text = Trim(Libro.Autor)
    Form1.Editorial.Text = Trim(Libro.Editorial)
    Form1.Prestado.Text = Trim(Libro.Prestado)
  Else
    MsgBox "El libro especificado no se encuentra", 48, "Libros"
  End If
End Sub
```

El procedimiento *AbrirFichero* se modifica en el sentido de que ahora no carga una matriz con los registros del fichero, y en que la lista clasificada, *ListaLibros*, se crea leyendo cada registro directamente del fichero. Recuerde que la variable *bdLibros* se ha definido como global.

```
Private Sub AbrirFichero()
  Dim NumRegsFich As Integer, LongReg As Integer, I As Integer
  Dim NumFichero1 As Integer

  ' Obtener un número libre de fichero
  NumFichero1 = FreeFile
  LongReg = Len(Libro)
  On Error GoTo RutinaErrorAbrir
  Open bdLibros For Random As #NumFichero1 Len = LongReg
  NumRegsFich = LOF(NumFichero1) \ LongReg
```

```
  ' Borrar todas las entradas de la lista
  Form2.ListaLibros.Clear
  ' Número de elementos de la lista
  TotalRegs = NumRegsFich
  ' Añadir los títulos almacenados en el fichero a la lista
  For I = 1 To TotalRegs
    Get #NumFichero1, I, Libro
    Form2.ListaLibros.AddItem Trim(Libro.Título)
  Next I
  'Visualizar el primer registro
  Get #NumFichero1, 1, Libro
  Form1!Título.Text = Trim(Libro.Título)
  Form1!Autor.Text = Trim(Libro.Autor)
  Form1!Editorial.Text = Trim(Libro.Editorial)
  Form1!Prestado.Text = Trim(Libro.Prestado)
  Close NumFichero1
SalirAbrir:
  Exit Sub
RutinaErrorAbrir:
  MsgBox "Error: " & Err.Description, 48, "Libros"
  Close
  Resume SalirAbrir
End Sub
```

Modifique el procedimiento *FicheroGuardar_Click* asociado con la orden *Guardar* del menú *Fichero* como se indica a continuación (se ha eliminado la sentencia *bdLibros = CommonDialog1.Filename*):

```
Private Sub FicheroGuardar_Click()
  On Error GoTo ManipularErrorGuardar
  ' Generar un error cuando se pulse Cancelar
  CommonDialog1.CancelError = True
  CommonDialog1.Filter = "BD de libros (*.bdl)|*.bdl|" & _
                         "Todos (*.*)|*.*"
  ' Filtro por omisión
  CommonDialog1.FilterIndex = 1
  ' Visualizar la caja de diálogo Guardar como
  CommonDialog1.ShowSave
  ' CommonDialog1.FileName contiene el camino y
  ' el nombre del fichero elegido
  GuardarFichero

SalirGuardar:
  Exit Sub
ManipularErrorGuardar:
  ' Manipular el error
  If Err.Number = cdlCancel Then Exit Sub
  MsgBox Err.Description
  Resume SalirGuardar
End Sub
```

El procedimiento *GuardarFichero*, puesto que ya no existe la matriz *Libros*, se modifica de la forma siguiente: como es posible que hayamos borrado elementos de la lista, debemos crear un nuevo fichero, con el nombre especificado por el usuario, que contenga sólo los registros del fichero viejo (*bdLibros*) que pertenezcan a la lista. Para ello, primero renombramos *bdLibros* con el nombre *Temp*, a continuación abrimos el fichero especificado por el usuario para guardar la base de datos y copiamos en él todos los registros de *Temp* que se encuentren en la lista de libros (*ListaLibros*).

Este proceso resulta satisfactorio si no hay títulos repetidos. Dejo para el lector el tratamiento de este problema si lo cree necesario.

La sentencia **Name** permite modificar el nombre de un fichero. Si al escribir el nombre nuevo se indica un camino diferente al camino original, el fichero, además de ser renombrado, es movido al nuevo directorio especificado:

```
Private Sub GuardarFichero()
  Dim I As Integer, Cadena As String, bdNueva As String
  Dim NumFichero1 As Integer, NumFichero2 As Integer, R As Integer

  On Error GoTo RutinaErrorGuardar
  ' Fichero especificado por el usuario para guardar los datos
  bdNueva = CommonDialog1.FileName
  ' Renombrar el fichero viejo
  Name bdLibros As "Temp" 'si "bdLibros" no existe, error 53
  ' Obtener un número libre de fichero
  NumFichero1 = FreeFile
  ' Escribir en el fichero
  Open bdNueva For Random As #NumFichero1 Len = Len(Libro)
  If (LOF(NumFichero1) <> 0) Then
    Cadena = "El fichero ya existe" & vbCrLf
    Cadena = Cadena & "¿desea sobreescribirlo?"
    If MsgBox(Cadena, 36, "Libros") = vbYes Then
      Close NumFichero1
      Kill bdNueva
      Open bdNueva For Random As #NumFichero1 Len = Len(Libro)
    Else
      Close NumFichero1
      Exit Sub
    End If
  End If
  ' Obtener un número libre de fichero
  NumFichero2 = FreeFile
  ' Escribir en el fichero los registros que tienen su
  ' correspondencia en la lista
  Open "Temp" For Random As #NumFichero2 Len = Len(Libro)
  For R = 1 To LOF(NumFichero2) \ Len(Libro)
   Get #NumFichero2, , Libro
```

```
    For I = 0 To TotalRegs - 1
     If (Trim(Libro.Título) = Trim(Form2.ListaLibros.List(I))) Then
       Put #NumFichero1, , Libro
       Exit For
     End If
    Next I
   Next R
   Close NumFichero1, NumFichero2
   Kill "Temp"
   bdLibros = CommonDialog1.FileName 'nuevo fichero creado
   Form1.Título.SetFocus

SalirGuardar:
   Exit Sub
RutinaErrorGuardar:
   Select Case Err
     Case 53 'el fichero no existe
       Resume Next
     Case Else
       MsgBox "Error: " & Err.Description, 48, "Libros"
   End Select
   Resume SalirGuardar
End Sub
```

En el procedimiento *Borrar_Click* asociado con el botón *Borrar* del formulario *Buscar Registro* desaparece la parte que borraba un registro de la matriz *Libros*, quedando dicho procedimiento como sigue:

```
Private Sub Borrar_Click()
   Dim I As Integer
   'Borrar el registro de la lista
   'Posición en la lista
   I = Form2!ListaLibros.ListIndex
   'Se borra
   Form2.ListaLibros.RemoveItem I
   TotalRegs = Form2!ListaLibros.ListCount
End Sub
```

El procedimiento *AñadirReg_Click* asociado con la orden *Añadir Registro* del menú *Fichero*, ahora debe añadir el registro al final del fichero, y el título a la lista de libros:

```
Private Sub AñadirReg_Click()
   Dim NumRegs As Integer
   Dim NumFichero1 As Integer
   ' Obtener un número libre de fichero
   NumFichero1 = FreeFile
   Libro.Título = Form1!Título.Text
   Libro.Autor = Form1!Autor.Text
```

```
  Libro.Editorial = Form1!Editorial.Text
  Libro.Prestado = Form1!Prestado.Text
  Open bdLibros For Random As #NumFichero1 Len = Len(Libro)
  NumRegs = LOF(NumFichero1) \ Len(Libro)
  Put #NumFichero1, NumRegs + 1, Libro
  Close NumFichero1
  Form2.ListaLibros.AddItem Título.Text
  TotalRegs = TotalRegs + 1
End Sub
```

Si el usuario ejecuta la aplicación e introduce registros directamente para guardarlos después en el fichero deseado, ejecutando la orden *Guardar* del menú *Fichero*, entonces es necesario iniciar la variable *bdLibros* (utilizada inicialmente, en este caso, por el procedimiento *AñadirReg_Click*) a un valor, operación que realiza el procedimiento *Form_Load*:

```
Private Sub Form_Load()
  bdLibros = "Temporal"
End Sub
```

Según lo expuesto, el procedimiento *AñadirReg_Clik* añadirá los registros al fichero denominado *Temporal*, y el procedimiento *GuardarFichero* lo copiará sobre el nuevo fichero especificado.

Para un fichero secuencial, **Loc** devuelve el número de bloques de 128 bytes leídos o escritos; para un fichero aleatorio, devuelve el número del último registro leído o escrito, y para un fichero abierto en modo binario, devuelve la posición del último byte leído o escrito.

Para un fichero aleatorio, el valor devuelto por la función **LOF** dividido por la longitud del registro (argumento **Len** o 128 por omisión) da el número de registros del fichero. Para un fichero secuencial en el que los registros son de longitud variable, este cálculo no tiene lugar.

Para obtener la longitud de un fichero que no está abierto, utilice la función **FileLen**.

ACCESO BINARIO

El *acceso binario* ofrece la posibilidad de tratar cualquier fichero como una secuencia numerada de caracteres, independientemente de la estructura del mismo. Los caracteres ocupan las posiciones 1, 2, 3, etc. Ya que los ficheros abiertos para acceso binario ofrecen la posibilidad de almacenar los datos como queramos, debemos conocer precisamente cómo fueron escritos esos datos para poder recuperarlos correctamente. Por ejemplo, si recuperamos un dato de la posición 75 del fichero como un entero (**Integer**, 2 bytes), serían recuperados los bytes 75 y 76 para poder formar el valor del entero.

Escribir en un fichero abierto en modo binario

Para escribir en un fichero utilizando el acceso binario, hay que realizar tres pasos:

1. *Abrir el fichero para acceso binario* utilizando la sentencia **Open**. La sintaxis en este caso es la siguiente:

   Open *nombre-fich* **For Binary As** [#]*nº fichero*

   nombre-fich es el nombre del fichero (puede incluir el camino);
   nº fichero es un número comprendido entre 1 y 511 para referenciar el fichero.

2. *Escribir los datos en el fichero* utilizando la sentencia **Put**. La sintaxis de esta sentencia es:

   Put [#]*nº fichero*, [*posición*], *variable*

   nº fichero es el número con el que se abrió el fichero;
   posición es el número 1, 2, 3, ... del byte en el que comenzará la escritura. Si se omite, se toma el número siguiente al utilizado en la última sentencia **Put**;
   variable contiene los datos a escribir en el fichero.

3. *Cerrar el fichero* una vez finalizadas las operaciones de E/S mediante la sentencia **Close**.

Por ejemplo, la aplicación *Libros* vista anteriormente utiliza registros con campos de longitud fija (como requiere el acceso aleatorio) para almacenar la información relativa a los libros:

```
Type Registro
  Título As String * 30
  Autor As String * 30
  Editorial As String * 12
  Prestado As String * 240
End Type
```

Cada registro de este tipo ocupa 312 bytes, independientemente de su contenido. Utilizando el acceso aleatorio, hay que establecer la longitud de cada campo pensando en el número máximo de caracteres que tiene que contener. Es evidente, que esto origina un desperdicio de espacio. Para evitar este desperdicio, utilice el acceso binario, que no exige campos de longitud fija. Por ejemplo,

```
Type Registro
  Título As String
```

```
    Autor As String
    Editorial As String
    Prestado As String
End Type

Dim Libro As Registro
```

Ahora, cada registro de este tipo almacena sólo el número de bytes requeridos (registros de longitud variable). Sin embargo, esto presenta un problema, y es que para recuperar la información tenemos que conocer la longitud de cada uno de los campos de longitud variable almacenados. Es aconsejable almacenar un entero antes de cada variable de caracteres de longitud variable que indique su longitud. Por ejemplo,

```
Dim Longitud As Integer, Posición As Long
' ...
Seek #1, Posición
Longitud = Len(Libro.Título)
Put #1, , Longitud
Put #1, , Libro.Título

Longitud = Len(Libro.Autor)
Put #1, , Longitud
Put #1, , Libro.Autor
' ...
```

Está claro que el precio pagado por un mejor aprovechamiento del espacio es escribir mucho más código.

Leer de un fichero abierto en modo binario

Para leer de un fichero utilizando el acceso binario, hay que realizar tres pasos:

1. *Abrir el fichero para acceso binario* utilizando la sentencia **Open**.
2. *Leer los datos deseados del fichero* utilizando la sentencia **Get**. La sintaxis de esta sentencia es la siguiente:

   Get [#]*nº fichero*, [*posición*], *variable*

   nº fichero es el número con el que se abrió el fichero;
   posición es el número 1, 2, 3, ... del byte en el que comenzará la lectura. Si se omite, se toma el número siguiente al utilizado en la última sentencia **Get**;
   variable almacena los datos leídos del fichero.
3. *Cerrar el fichero* una vez finalizadas las operaciones de E/S mediante la sentencia **Close**.

Por ejemplo, para leer los datos escritos en el ejemplo anterior, procederemos de la manera siguiente:

```
Dim Longitud As Integer, Posición As Long
' ...
Seek #1, Posición
Get #1, , Longitud
Libro.Título = String(Longitud, " ")
Get #1, , Libro.Título

Get #1, , Longitud
Libro.Autor = String(Longitud, " ")
Get #1, , Libro.Autor
' ...
Posición = Seek (#1) ' salvar la posición actual
```

Recuerde que si la variable es una cadena de caracteres de longitud variable, **Get** lee un número de caracteres igual a la longitud actual de dicha variable.

Otra forma de recuperar la información es utilizando la sentencia **Input**. Por ejemplo:

```
Get #1, , Longitud
Libro.Autor = Input(Longitud, #1)
```

PRESENTAR INFORMACIÓN

Visualizar o imprimir texto no sólo consiste en indicar lo que queremos expresar, sino también cómo se debe presentar desde el punto de vista gráfico para que sugiera algo al lector. Esta segunda parte se consigue utilizando distintos tipos y tamaños de fuentes (*fonts*).

Los diferentes tipos de fuentes los podemos agrupar en:

- Fuentes de pantalla
- Fuentes de impresora

Las diferencias entre unas y otras empiezan a ser importantes en el momento en que queramos que nuestra aplicación escriba el texto en la impresora tal cual aparece en la pantalla (*WYSIWYG - What You See Is What You Get*" - Lo que ve es lo que obtiene), ya que esto depende de la correspondencia existente entre las fuentes de pantalla y de la impresora.

A su vez, podemos clasificar las fuentes en *escalables* y *no escalables*. Las fuentes escalables están definidas por rutinas matemáticas que permiten reproducirlas a cualquier tamaño, y las fuentes no escalables vienen dadas por mapas de bits de tamaños específicos, lo que supone una limitación importante.

Por ejemplo, las fuentes *TrueType™* que acompañan al paquete de Windows son un importante grupo de fuentes escalables que trabajan igualmente bien en la impresora que en la pantalla y además, existe una amplia variedad de ellas. En contraposición, las fuentes de pantalla y de impresora no son escalables, por lo que sólo dispondremos de los tamaños predefinidos.

Propiedades de las fuentes

Las propiedades de una fuente determinan las características visuales del texto, tales como su aspecto (*Times New Roman*, *Curier New*, etc.), tamaño (10, 11, 12, etc.) y estilo (negra, cursiva, subrayada, etc.).

El tamaño de una fuente es la distancia existente entre la parte superior de una letra minúscula ascendente, y la inferior de una descendente. La figura siguiente muestra esto con claridad. Se mide en puntos; una pulgada tiene 72 puntos y un punto tiene 20 *twips*.

En las versiones anteriores a Visual Basic 4.0, las fuentes y sus propiedades se incluían como propiedades de los objetos que visualizaban texto (por ejemplo, formularios, cajas de texto, objeto **Printer**, etc.). Estas propiedades son:

Propiedad	*tipo*	*descripción*
FontName	String	Especifica el nombre de la fuente; por ejemplo, *Times New Roman*).
FontSize	Integer	Especifica el tamaño en puntos de la fuente; por ejemplo, 11 (imprimiendo son 72 puntos por pulgada).
FontBold	Boolean	Si es **True**, el texto se presenta en **negra**.
FontItalic	Boolean	Si es **True**, el texto se presenta en *cursiva*.
FontStrikethru	Boolean	Si es **True**, el texto se presenta ~~tachado~~.
FontUnderline	Boolean	Si es **True**, el texto se presenta subrayado.

Estas propiedades pueden establecerse durante el diseño o durante la ejecución. Cuando vaya a establecer las propiedades de una fuente, elija primero la propiedad **FontName**, ya que no todas las fuentes soportan todas las variaciones.

Los formularios, las cajas de imagen y el objeto **Printer** aportan una propiedad más, **FontTransparent**, de tipo **Boolean**. Cuando es **True** (valor por omisión), el color de fondo del objeto sobre el que se escribe no se modifica.

A partir de Visual Basic 4.0, las propiedades de una fuente son establecidas a través del objeto **Font**, al cual se accede a través de la propiedad **Font** de los objetos que permiten visualizar texto.

Escribir texto

Desde el punto de vista gráfico, Visual Basic puede escribir texto en un formulario, en una caja de imagen y en la impresora. Al decir desde el punto de vista gráfico nos referimos a texto escrito en controles no orientados a texto. En este caso, un carácter escrito, por ejemplo en un formulario o en una caja de imagen, no se almacena, sino que se pinta una imagen de dicho carácter; esto es, más que escribir lo que hacemos es pintar caracteres.

Cuando escribimos texto en un formulario, dicho texto aparece por detrás de los controles que hayan sido colocados en el formulario. Por otra parte, escribir texto en una caja de imagen tiene como ventaja que el área de escritura queda perfectamente definida, y por lo tanto separada del resto de los controles.

Método Print

Para escribir texto en un formulario, en una caja de imagen o en la impresora, utilizaremos el método **Print**, cuya sintaxis es:

[*objeto.*]**Print** [*lista de expresiones*][{ ; | , }]

Si no se especifica el objeto sobre el cual queremos escribir, se supone el formulario actual. Por ejemplo,

```
Print Mensaje         'escribe Mensaje en el formulario actual
Imagen1.Print Mensaje 'escribe Mensaje en Imagen1
```

El texto escrito aparecerá a partir del origen de coordenadas. La razón es que la posición de salida para el texto viene fijada por las propiedades **CurrentX** y **CurrentY**, que por omisión tienen valor 0. Quiere esto decir que nosotros podemos fijar la posición de salida del texto asignando las coordenadas de dicha posición a las propiedades **CurrentX** y **CurrentY**. Por ejemplo:

```
Font.Size = 18
CX = ScaleWidth / 2 + ScaleLeft
CY = ScaleHeight / 2 + ScaleTop
```

```
Cls  ' limpiar el formulario
Mensaje = "Hola a todos"
' Coordenadas para escribir Mensaje
CurrentX = CX - TextWidth(Mensaje) / 2
CurrentY = CY - TextHeight(Mensaje) / 2
' Color verde
ForeColor = RGB(0, 255, 0)
Print Mensaje
```

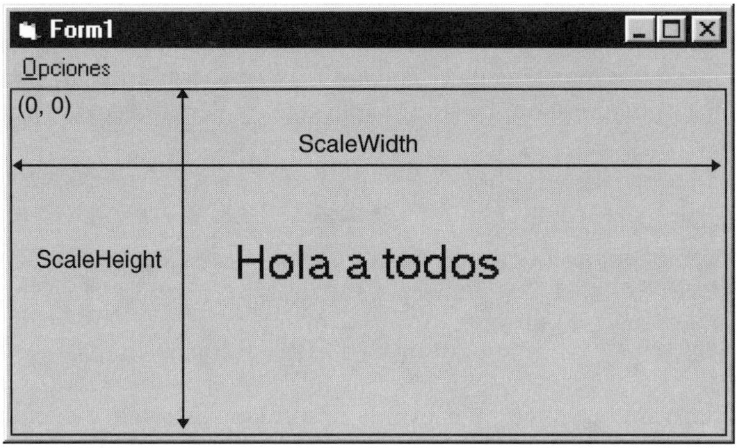

El ejemplo anterior fija para el texto un tamaño de 18 puntos, calcula el centro del área actual de dibujo (*CX*, *CY*), limpia el formulario, calcula la posición de salida (**CurrentX**, **CurrentY**) del texto para que quede centrado, fija el color verde para el primer plano y escribe el texto "Hola a todos". La fuente empleada es la especificada por omisión por el sistema (**FontName** = *MS Sans Serif*).

Los métodos **TextWidth** y **TextHeight** devuelven como resultado la anchura y la altura, respectivamente, del texto tal cual va a ser escrito en el formulario, caja de imagen o impresora.

[*object.*]**TextWidth**(*string*)
[*object.*]**TextHeight**(*string*)

Si utiliza el procedimiento *Form_Load* para dibujar gráficos (líneas o texto) en un formulario o en una caja de imagen, tiene que poner la propiedad **AutoRedraw** de ese objeto a valor **True**, de lo contrario el gráfico no se visualizará.

Como ejemplo, vamos a escribir texto en una caja de imagen:

Inicie una nueva aplicación *Texto* y asigne al formulario el título *Texto*, añada una caja de imagen, póngale el nombre *CajaTexto* y escriba el procedimiento que se indica a continuación. Guarde la aplicación y a continuación ejecútela:

```
Private Texto As String

Private Sub Form_Load()
  Texto = "En un lugar de la Mancha de cuyo nombre "
  Texto = Texto + "no quiero acordarme ..."
  CajaTexto.Print Texto
End Sub
```

Observará que si no ha puesto la propiedad **AutoRedraw**, en este caso de la caja de imagen, a valor **True** no se visualiza nada. Si no lo ha hecho, hágalo ahora y ejecute de nuevo la aplicación. Ahora, como puede observar en la figura anterior, el texto sí se visualiza, pero la línea se corta cuando supera la anchura de la caja. La solución a este problema es formar a partir del texto cadenas de caracteres que no superen la anchura de la caja de imagen y al mismo tiempo ir escribiendo una cadena a continuación de otra.

Para realizar el proceso descrito, vamos a escribir un nuevo procedimiento denominado *FormatoTexto*. Este procedimiento será invocado desde *Form_Load* y recibirá como parámetros el objeto en el que vamos a escribir y el texto. Por lo tanto, el procedimiento *Form_Load* queda de la forma siguiente:

```
Sub Form_Load ()
  Texto = "En un lugar de la Mancha de cuyo nombre "
  Texto = Texto + "no quiero acordarme ..."
  Call FormatoTexto(CajaTexto, Texto)
End Sub
```

Ejecute la orden *Agregar módulo* del menú *Proyecto* para añadir a la aplicación un nuevo módulo *FormatoTexto* cuyo prototipo es el siguiente:

```
Public Sub FormatoTexto(Objeto As Control, ByVal Texto As String)
```

En este esquema, el parámetro *Objeto* se refiere al área en la que vamos a escribir, y el parámetro *Texto* al texto que aún nos falta por escribir; este último parámetro es pasado por valor para que no se modifique el origen.

Vamos a denominar *Línea* a la cadena de caracteres mayor que no supere la anchura de la caja (en nuestro ejemplo, la cadena es de palabras completas) y que, por lo tanto, dará lugar a la siguiente línea en la caja. La función *UnaPalabra* devuelve la siguiente palabra de *Texto*, que añadiremos a *Línea* siempre y cuando la longitud actual de *Línea* más la de la palabra no supere la anchura de la caja; en otro caso, escribimos *Línea* y la palabra devuelta por la función *UnaPalabra* pasará a ser la primera de la siguiente *Línea*. Para saber si *Línea* más la siguiente palabra supera la anchura de la caja, utilizamos la variable temporal *Temp*. Esta variable almacena *Línea* más la siguiente palabra que pretendemos añadir. El resultado que se obtiene se puede observar en la figura siguiente:

Con todo lo dicho, el procedimiento *FormatoTexto* puede ser como se indica a continuación:

```
Public Sub FormatoTexto(Objeto As Control, ByVal Texto As String)
  Dim Línea As String, SiguientePalabra As String
  Dim Temp As String
  SiguientePalabra = UnaPalabra(Texto)
  Do
    Temp = Línea & SiguientePalabra
    If (Objeto.TextWidth(Temp) > Objeto.ScaleWidth) Then
      Objeto.Print Línea
      Línea = SiguientePalabra
    Else
      Línea = Temp
    End If
    SiguientePalabra = UnaPalabra(Texto)
  Loop Until (SiguientePalabra = "")
  Objeto.Print Línea
End Sub
```

La función *UnaPalabra* devuelve la primera palabra de la cadena *Texto* al mismo tiempo que la elimina de dicha cadena. De esta forma, cada vez que la función *UnaPalabra* es invocada, devuelve la siguiente palabra. Para tomar la siguiente palabra de *Texto*, lo único que tenemos que hacer es buscar dónde se encuentra el siguiente espacio en blanco. De esta tarea se encarga la función **InStr**(*X$*, *Y$*), que devuelve la posición que ocupa el primer carácter de *Y$* en *X$*. En nuestro caso, la cadena *Y$* es un espacio en blanco, y *X$* es el texto que aún queda por escribir. Si *Y$* no se encuentra en *X$*, la función **InStr** devuelve un 0.

Visualice el módulo anterior y ejecute la orden *Agregar procedimiento...* del menú *Herramientas* para agregar la función *UnaPalabra* que realice lo anteriormente expuesto tal y como se especifica a continuación:

```
Public Function UnaPalabra(Texto As String) As String
  Dim Pos As Long
  Pos = InStr(Texto, " ")
  If Pos = 0 Then
    UnaPalabra = Texto
    Texto = ""
  Else
    UnaPalabra = Left(Texto, Pos)
    Texto = Right(Texto, Len(Texto) - Pos)
  End If
End Function
```

Cambiar el tipo de letra

Visual Basic proporciona objetos que definen fuentes de caracteres. Para utilizar una determinada fuente de Windows, puede construir un objeto del tipo **StdFont** y asignar la fuente a la propiedad **Font** del formulario o del control, utilizando la sentencia **Set**. Por ejemplo,

```
Dim X As StdFont
' ...
Set X = New StdFont
With X
  .Name = CommonDialog1.FontName
  .Bold = CommonDialog1.FontBold
  .Italic = CommonDialog1.FontItalic
  .Strikethrough = CommonDialog1.FontStrikethru
  .Underline = CommonDialog1.FontUnderline
  .Size = CommonDialog1.FontSize
End With
Set CajaTexto.Font = X
```

Observe que cuando se crea un objeto para definir una fuente, no utilizamos la clase **Font**, sino **StdFont**. La clase **Font** se deriva de la clase base **StdFont** y es compatible con todos los controles. Para utilizar la clase **StdFont** para crear sus propios tipos de fuentes, tiene que establecer una referencia a los tipos OLE estándar (*OLE Automation*) mediante el cuadro de diálogo *Referencias*.

Las propiedades **Name** y **Size** de un objeto **Font** determinan el tipo de letra que utilizamos con un formulario, con un control o con el objeto **Printer**. Un tipo de letra es una colección completa de caracteres de un tipo de impresión (*Arial*, *Courier New*, *Times New Roman*, etc.) y de un tamaño determinado.

Las propiedades **Bold**, **Italic**, **Strikethrough**, **Underline** y **Weight** de un objeto **Font** definen el estilo del texto.

Como ejemplo, vamos a añadir a nuestra aplicación *Texto* un menú *Opciones* con una orden *Fuentes...* que visualice la caja de diálogo común *Fuente* para así poder definir el tipo de letra deseado. De esta forma, no tendremos más que asignar las propiedades de la fuente elegida a las propiedades correspondientes del control *CajaTexto* y volver a escribir de nuevo el texto sobre ese control.

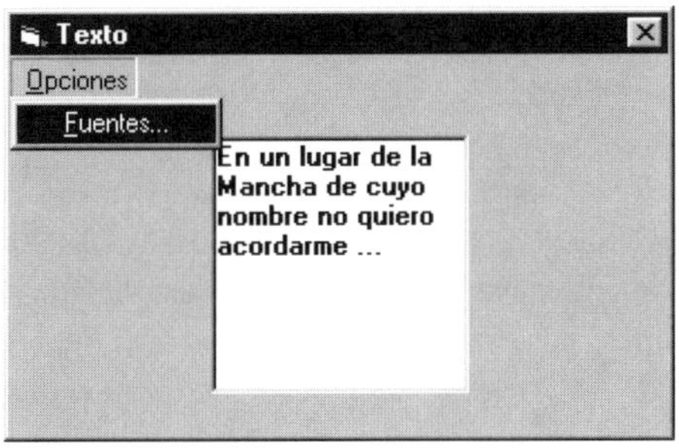

Escriba el procedimiento *OpcionesFuentes_Click* asociado con la orden *Fuentes...* para que, como puede observarse a continuación:

- Visualice la caja de diálogo común *Fuente*.
- Cree un objeto **StdFont** con las propiedades del tipo de letra deseado.
- Asigne la fuente creada a la propiedad **Font** del control *CajaTexto*.
- Repinte el texto en el control *CajaTexto*.

```
Private Fuente As StdFont 'a nivel del formulario

Private Sub OpcionesFuentes_Click()
  Set Fuente = New StdFont
  On Error GoTo RutinaDeError
  ' Establecer los indicadores para disponer:
  ' tanto de las fuentes de pantalla como de impresora y
  ' de los efectos de tachado, subrayado y color
  CommonDialog1.Flags = cdlCFBoth Or cdlCFEffects
  ' Generar un error cuando se pulse Cancelar
```

```
  CommonDialog1.CancelError = True
  ' Visualizar la caja de diálogo Fuente
  CommonDialog1.ShowFont
  ' Establecer las propiedades del tipo de fuente elegida
  With Fuente
    .Name = CommonDialog1.FontName
    .Bold = CommonDialog1.FontBold
    .Italic = CommonDialog1.FontItalic
    .Strikethrough = CommonDialog1.FontStrikethru
    .Underline = CommonDialog1.FontUnderline
    .Size = CommonDialog1.FontSize
  End With
  Set CajaTexto.Font = Fuente
  CajaTexto.ForeColor = CommonDialog1.Color
  ' Escribir el texto según la nueva fuente
  CajaTexto.Cls
  Call FormatoTexto(CajaTexto, Texto)
  Exit Sub
RutinaDeError:
  ' Si se pulsa la tecla Cancel, salir.
  If Err.Number = cdlCancel Then Exit Sub
  MsgBox Err.Description
End Sub
```

Ejecute la aplicación y pruebe a cambiar el tipo de letra del texto que se visualiza. Observe, también, cómo si pulsa la tecla *Cancelar*, el tipo de letra actual permanece invariable.

IMPRIMIR DESDE UNA APLICACIÓN

Visual Basic proporciona tres técnicas para imprimir texto y gráficos en la impresora especificada. Una consiste en enviar el texto y los gráficos al objeto **Printer** e imprimirlos utilizando los métodos **NewPage** y **EndDoc**; otra en enviar el texto y los gráficos a una impresora asignada a un miembro de la colección **Printers**; y la otra en utilizar el método **PrintForm**.

Utilizar el objeto Printer

El objeto **Printer** nos permite comunicar con la impresora del sistema. Es un dispositivo independiente del espacio de dibujo, que soporta los métodos **Print, PSet**, **Line**, **PaintPicture** y **Circle** para crear texto y gráficos. Usted puede utilizar estos métodos sobre el objeto **Printer** exactamente igual a como lo haría en un formulario o en una caja de imagen. El objeto **Printer**, además de otras propiedades que veremos a continuación, dispone de todas las propiedades explicadas anteriormente para las fuentes.

Para imprimir una determinada información siga los pasos indicados a continuación:

1. Envíe la información al objeto **Printer**. Por ejemplo,

```
Printer.Print Libro.Clave,
              Libro.Título,
              Tab(50); Libro.Editorial
```

2. Invoque al método **NewPage** (siguiente página) o al método **EndDoc** (final del documento) para enviar dicha información a la impresora:

```
Printer.NewPage
```

Cuando la aplicación finaliza (cerrar), se invoca automáticamente al método **EndDoc** para enviar a la impresora la información pendiente en el objeto **Printer**.

El principal inconveniente en la utilización del objeto **Printer** es que hay que escribir mucho código para obtener buenos resultados. Además, la impresión de mapas de bits consume bastante tiempo.

Propiedades y métodos del objeto Printer

El objeto **Printer** permite comunicarse con una impresora del sistema; inicialmente con la impresora predeterminada. Sus propiedades y métodos son:

Propiedades			
ColorMode	Copies	CurrentX	CurrentY
DeviceName	DrawMode	DrawStyle	DrawWidth
DriverName	Duplex	FillColor	FillStyle
Font	FontBold	FontCount	FontItalic
FontName	Fonts	FontSize	FontStrikethru
FontTransparent	FontUnderline	ForeColor	hDC
Height	Orientation	Page	PaperBin
PaperSize	Port	PrintQuality	ScaleHeight
ScaleLeft	ScaleMode	ScaleTop	ScaleWidth
TrackDefault	TwipsPerPixelX	TwipsPerPixelY	Width
Zoom			

Algunas de estas propiedades y métodos ya se han visto en este capítulo. Otras las veremos en este capítulo y en el siguiente. Piense que para ver cómo se utilizan propiedades y métodos, no tenemos que utilizar precisamente el objeto **Printer**, sino que podemos utilizar cualquier otro que tenga acceso a las mismas.

Para que Windows pueda utilizar una impresora, necesita tener instalado el controlador de la misma. La propiedad **DriverName** permite obtener el nombre del controlador correspondiente a la impresora del sistema. Para obtener el nombre de la impresora utilizaremos la propiedad **DeviceName**.

Las impresoras láser normalmente tienen varios alimentadores de papel. Para indicar cuál se utilizará disponemos de la propiedad **PaperBin**. Por ejemplo,

```
If Printer.PaperBin = vbPRBNAuto Then
  MsgBox "Alimentación: Automática"
Else
  MsgBox "Alimentación: no automática"
End If
```

Asimismo, la propiedad **PaperSize** permite conocer cuál es el tamaño del papel que se está utilizando y modificarlo si así lo requerimos. También podemos obtener y modificar las dimensiones del papel utilizando las propiedades **Height** y **Width**; estas dimensiones vienen expresadas en *twips*. Para modificar la unidad de medida empleada, utilice la propiedad **ScaleMode**.

```
If Printer.PaperSize = vbPRPSA4 Then
  MsgBox "Tamaño: A4"
Else
  MsgBox "Tamaño: distinto de A4"
End If
```

En algunas ocasiones necesitará escribir en el papel en sentido horizontal. La propiedad **Orientation** permite obtener la orientación del papel, vertical u horizontal, y modificarla si es preciso. También podemos indicar el número de copias que deseamos obtener, utilizando la propiedad **Copies**.

```
MsgBox "Copias: " & Printer.Copies
```

La propiedad **Port** permite obtener el puerto al que está conectado la impresora. La propiedad **ColorMode** permite obtener y modificar el modo de impresión, blanco y negro o color; la propiedad **PrintQuality** permite obtener y modificar la resolución de la impresora; y la propiedad **Duplex** especifica si se debe imprimir a doble cara. Lógicamente, algunas propiedades, como estas tres últimas, dependen del tipo de impresora.

```
MsgBox "Resolución: " & Printer.PrintQuality
```

Métodos

Circle	Dibuja un círculo, una elipse o un arco.
EndDoc	Finaliza una operación de impresión.

KillDoc	Aborta una operación de impresión.
Line	Dibuja una línea o un rectángulo.
NewPage	Finaliza la página actual y avanza a la siguiente página.
PaintPicture	Dibuja el contenido de un fichero gráfico (*.bmp*, *.wmf*, *.emf*, *.cur*, *.ico*, o *.dib*).
Print	Escribe texto sobre la página actual.
Pset	Imprime un punto sobre la página actual.
Scale	Define el sistema de coordenadas.
ScaleX, ScaleY	Convierte unidades de un modo de escala a otro.
TextHeight	Altura del texto tal cual se va a imprimir.
TextWidth	Anchura del texto tal cual se va a imprimir.

Como ejemplo, vamos a añadir al menú *Opciones* de nuestra aplicación *Texto* una orden *Imprimir...* que visualice la caja de diálogo común *Imprimir* para así, poder especificar las características de impresión. De esta forma, las propiedades elegidas en la caja de diálogo *Imprimir* quedarán automáticamente asignadas al objeto **Printer**. Otras propiedades, como las que definen el tipo de letra, las tendremos que asignar escribiendo el código correspondiente.

Escriba el procedimiento *OpcionesImprimir_Click* asociado con la orden *Imprimir...* para que, como puede observarse a continuación:

- Visualice la caja de diálogo común *Imprimir*.

```
CommonDialog1.ShowPrinter
```

- Obtenga las propiedades de impresión y las visualice en una caja de diálogo. Estas propiedades quedan automáticamente asociadas al objeto **Printer**.

```
Dim Pro As String 'propiedades
Pro = Pro & "Impresora: " & Printer.DeviceName & vbCrLf
Pro = Pro & "Puerto: " & Printer.Port & vbCrLf
Pro = Pro & "Copias: " & Printer.Copies & vbCrLf
If Printer.PaperSize = vbPRPSA4 Then
  Pro = Pro & "Tamaño: A4" & vbCrLf
Else
  Pro = Pro & "Tamaño: distinto de A4" & vbCrLf
End If
If Printer.Orientation = vbPRORPortrait Then
  Pro = Pro & "Orientación: Vertical" & vbCrLf
Else
  Pro = Pro & "Orientación: Horizontal" & vbCrLf
End If
If Printer.PaperBin = vbPRBNAuto Then
  Pro = Pro & "Alimentación: Automática" & vbCrLf
Else
```

```
    Pro = Pro & "Alimentación: no automática" & vbCrLf
  End If
  Pro = Pro & "Resolución: " & Printer.PrintQuality & vbCrLf
  If Printer.Duplex = 0 Then
    Pro = Pro & "Doble página: Característica no disponible" & vbCrLf
  ElseIf Printer.Duplex = vbPRDPSimplex Then
    Pro = Pro & "Doble página: No" & vbCrLf
  Else
    Pro = Pro & "Doble página: Sí" & vbCrLf
  Fnd If
  ' Visualizar un diálogo con las propiedades de impresión
  MsgBox Pro
```

- Asigne al objeto **Printer** las propiedades de la fuente seleccionada por omisión o de la creada en el procedimiento *OpcionesFuentes_Click*.

```
  Set Printer.Font = Fuente
```

- Imprima el texto visualizado en el control *CajaTexto*.

```
  For I = 1 To Printer.Copies
    ' Imprimir el texto
  Next I
  Printer.EndDoc
```

El procedimiento completo se muestra a continuación:

```
Private Sub OpcionesImprimir_Click()
  Dim PrimeraPag, ÚltimaPag, ImpArchivo, I

  ' Si ocurre un error ejecutar ManipularErrorImprimir
  On Error GoTo ManipularErrorImprimir
  ' Generar un error cuando se pulse Cancelar
  CommonDialog1.CancelError = True
  ' Visualizar la caja de diálogo Imprimir
  CommonDialog1.ShowPrinter

  ' Obtener las propiedades de impresión
  Dim Pro As String 'propiedades
  Pro = Pro & "Impresora: " & Printer.DeviceName & vbCrLf
  Pro = Pro & "Puerto: " & Printer.Port & vbCrLf
  Pro = Pro & "Copias: " & Printer.Copies & vbCrLf

  If Printer.PaperSize = vbPRPSA4 Then
    Pro = Pro & "Tamaño: A4" & vbCrLf
  Else
    Pro = Pro & "Tamaño: distinto de A4" & vbCrLf
  End If
  If Printer.Orientation = vbPRORPortrait Then
```

```
    Pro = Pro & "Orientación: Vertical" & vbCrLf
  Else
    Pro = Pro & "Orientación: Horizontal" & vbCrLf
  End If
  If Printer.PaperBin = vbPRBNAuto Then
    Pro = Pro & "Alimentación: Automática" & vbCrLf
  Else
    Pro = Pro & "Alimentación: no automática" & vbCrLf
  End If
  Pro = Pro & "Resolución: " & Printer.PrintQuality & vbCrLf
  If Printer.Duplex = 0 Then
    Pro = Pro & "Doble página: Característica no disponible" & vbCrLf
  ElseIf Printer.Duplex = vbPRDPSimplex Then
    Pro = Pro & "Doble página: No" & vbCrLf
  Else
    Pro = Pro & "Doble página: Sí" & vbCrLf
  End If
  ' Visualizar un diálogo con las propiedades de impresión
  MsgBox Pro
  ' Otras características
  PrimeraPag = CommonDialog1.FromPage
  ÚltimaPag = CommonDialog1.ToPage
  ImpArchivo = CommonDialog1.Flags And cdlPDPrintToFile

  ' Asignar al objeto Printer las propiedades de la fuente elegida
  Set Fuente = New StdFont
  With Fuente
    .Name = CommonDialog1.FontName
    .Bold = CommonDialog1.FontBold
    .Italic = CommonDialog1.FontItalic
    .Strikethrough = CommonDialog1.FontStrikethru
    .Underline = CommonDialog1.FontUnderline
    .Size = CommonDialog1.FontSize
  End With
  Set Printer.Font = Fuente

  ' Imprimir
  If ImpArchivo Then
    For I = 1 To Printer.Copies
      ' Escriba el código para enviar datos a un archivo
    Next I
  Else
    For I = 1 To Printer.Copies
      Call FormatoTexto(Printer, Texto)
    Next I
    Printer.EndDoc
  End If

SalirImprimir:
  Exit Sub
```

```
ManipularErrorImprimir:
  ' Se pulsó cancelar
  If Err.Number = cdlCancel Then Exit Sub
  ' La impresora no soporta una propiedad especificada
  If Err.Number = 438 Or Err.Number = 483 Then Resume Next
  ' Otro error
  MsgBox Err.Description, 48, "Error"
  Printer.KillDoc
  Resume SalirImprimir
End Sub
```

Para imprimir el texto, el procedimiento *OpcionesImprimir_Click* invoca al procedimiento *FormatoTexto* que desarrollamos anteriormente para visualizar el texto en el control *CajaTexto*. Observe que los argumentos pasados son el objeto **Printer**, destino del texto, y la **String** *Texto*, origen del texto. Por lo tanto, el procedimiento *FormatoTexto* tiene que preocuparse ahora también de controlar cuándo finaliza una página para saltar a la siguiente.

```
Public Sub FormatoTexto(Objeto As Control, ByVal Texto As String)
  Dim Línea As String, SiguientePalabra As String
  Dim Temp As String
  Dim espacio As Long
  SiguientePalabra = UnaPalabra(Texto)
  Do
    Temp = Línea & SiguientePalabra
    If (Objeto.TextWidth(Temp) > Objeto.ScaleWidth) Then
      If Objeto Is Printer Then
        espacio = Printer.ScaleHeight - Printer.CurrentY
        If espacio < 4 * Printer.TextHeight(Línea) Then
          Printer.Print "Página: " & Format(Printer.Page, "###")
          Printer.NewPage ' escribir el número de página
        End If
      End If
      Objeto.Print Línea
      Línea = SiguientePalabra
    Else
      Línea = Temp
    End If
    SiguientePalabra = UnaPalabra(Texto)
  Loop Until (SiguientePalabra = "")
  Objeto.Print Línea
End Sub
```

Cuando el objeto donde hay que escribir el texto es **Printer**, antes de escribir una línea verificamos si hay sitio en la página actual (se deja un margen de cuatro líneas, una de ellas se ocupa con el número de página). Si no hay sitio, se escribe el número de página y se avanza a la página siguiente.

Utilizar la colección Printers

El sistema operativo Windows puede tener varios controladores de impresoras instalados, lo que permitirá utilizar distintas impresoras. El objeto **Printer** representa a la impresora actualmente seleccionada y **Printers** es una colección de todas las impresoras (objetos **Printer**) que podemos utilizar. La propiedad **Count** de esta colección indica el número de impresoras utilizables. Por ejemplo, el siguiente código añade a una lista las impresoras que podemos utilizar:

```
Private Sub Command1_Click()
  Dim X As Printer
  For Each X In Printers
    List1.AddItem X.DeviceName
  Next
End Sub
```

Para seleccionar una impresora de la colección de impresoras, utilice el siguiente código:

```
Set Printer = Printers(n)
```

donde *n* es un valor entre *0* y *Printers.Count - 1*. La propiedad **Count** retorna el número de impresoras en la colección.

Utilizar el método PrintForm

Cuando necesitemos imprimir un formulario con todos sus controles y mapas de bits, la forma fácil de hacerlo es utilizando el método **PrintForm**. La sintaxis es:

[*formulario.*]**PrintForm**

Si se omite el nombre del formulario, Visual Basic imprime el formulario actual. **PrintForm** imprime el formulario entero. Si el formulario contiene gráficos, éstos sólo se imprimen si la propiedad **AutoRedraw** del formulario tiene valor **True**. **PrintForm** llama automáticamente al método **EndDoc** para finalizar el trabajo de impresión.

El método **PrintForm** siempre envía píxeles a la impresora. Esto quiere decir que con una impresora de mayor resolución que el monitor obtendremos peor calidad que si utilizamos el método **Print** a través del objeto **Printer**. En este último caso, cada píxel sería pintado como un rectángulo de color de dimensiones **TwipsPerPixelX** por **TwipsPerPixelY**.

MODELO DE OBJETOS DEL SISTEMA DE FICHEROS

A partir de la versión 6, Visual Basic pone a nuestra disposición una nueva forma de trabajar con carpetas y ficheros fundamentada en el modelo de *objetos del sistema de ficheros* (OSF). Este modelo de objetos permite crear, modificar, mover y eliminar carpetas, detectar si existen carpetas en particular, obtener información acerca de las carpetas, y facilita el trabajo con ficheros.

El modelo de objetos al que nos referimos tiene los siguientes objetos:

Objeto	*Descripción*
Drive	Permite obtener información acerca de las unidades del sistema, el espacio disponible, el nombre de la unidad compartida (disco duro, CD-ROM, disco RAM, unidad lógica en una LAN), etc.
Folder	Permite crear, eliminar o mover carpetas, así como obtener información de las mismas.
File	Permite crear, eliminar o mover ficheros, así como obtener información de los mismos.
TextStream	Permite leer y escribir ficheros de texto.
FileSystemObject	Es el objeto principal del sistema de ficheros. Proporciona métodos para crear, eliminar y obtener información así como para controlar unidades, carpetas y ficheros. Muchos de los métodos asociados con este objeto duplican los de los otros objetos.

El modelo de objetos del sistema de ficheros es proporcionado por la biblioteca de tipos *Scripting* contenida en *scrrun.dll.* Para utilizarla debe establecer una referencia a la misma. Para ello, ejecute la orden *Referencias* del menú *Proyecto* y seleccione *Microsoft Scripting Runtime* en el diálogo *Referencias* que se visualiza. Puede usar el *Examinador de objetos* para ver sus objetos, colecciones, propiedades, métodos y eventos, así como sus constantes.

Propiedades del objeto FileSystemObject

Drives

Devuelve una colección **Drives** que contiene todos los objetos **Drive** disponibles en el sistema.

Métodos del objeto FileSystemObject

objeto.**CreateTextFile(***NombreFichero* **[,** *sobreescribir*[, *unicode*]])

Crea el fichero especificado y devuelve un objeto **TextStream** que se puede utilizar para leer o escribir en el fichero. Cuando el fichero exista, será sobreescrito si *sobreescribir* es **True** (el valor predeterminado es **False**).

objeto.**OpenTextFile(***NombreFichero* **[,** *modoES* **[,** *crear*[**,** *formato*]]])

Abre el fichero especificado y devuelve un objeto **TextStream** que se puede utilizar para leer o añadir datos al fichero. El argumento *modoES* puede ser: *ForReading* o *ForAppending*.

objeto.**CopyFile** *origen*, *destino* [, *sobreescribir*]

Copia uno o más ficheros desde una ubicación a otra. El argumento *origen* puede incluir caracteres comodín. Cuando los ficheros *destino* existan, serán sobreescritos si *sobreescribir* es **True** (valor predeterminado).

objeto.**MoveFile** *origen*, *destino*

Mueve uno o más ficheros desde una ubicación a otra. El argumento *origen* puede incluir caracteres comodín.

objeto.**DeleteFile** *NombreFichero*[, *forzar*]

Elimina el fichero especificado. Se pueden utilizar caracteres comodín. Cuando el argumento *forzar* sea **True** se eliminan también los ficheros de sólo lectura. El valor predeterminado para este argumento es **False**.

objeto.**CreateFolder(***NombreCarpeta***)**

Crea una carpeta. Si la carpeta especificada existe, se produce un error.

objeto.**CopyFolder** *origen*, *destino*[, *sobreescribir*]

Copia recursivamente una carpeta desde una ubicación a otra. El argumento *origen* puede incluir caracteres comodín. Cuando la carpeta *destino* exista, será sobreescrita si *sobreescribir* es **True** (valor predeterminado).

objeto.**MoveFolder** *origen*, *destino*

Mueve una o más carpetas desde una ubicación a otra. El argumento *origen* puede incluir caracteres comodín.

objeto.**DeleteFolder** *NombreCarpeta*[, *forzar*]

Elimina la carpeta especificada. Se pueden utilizar caracteres comodín. Cuando el argumento *forzar* sea **True** se eliminan también las carpetas de sólo lectura. El valor predeterminado para este argumento es **False**.

objeto.**DriveExists(***NombreUnidad***)**

Devuelve **True** si la unidad especificada existe y **False** si no existe.

objeto.**FileExists(***NombreFichero*)

Devuelve **True** si el fichero especificado existe y **False** si no existe.

objeto.**FolderExists(***NombreCarpeta*)

Devuelve **True** si la carpeta especificada existe y **False** si no existe.

objeto.**BuildPath(***ruta*, *nombre*)

Introduce, si es necesario, un separador entre la *ruta* especificada y el *nombre*.

objeto.**GetAbsolutePathName(***ruta*)

Devuelve la ruta absoluta desde la especificación de *ruta* proporcionada.

objeto.**GetFileName(***ruta*)

Devuelve una cadena que contiene el nombre base y la extensión del último componente especificado por *ruta*.

objeto.**GetBaseName(***ruta*)

Devuelve una cadena que contiene el nombre base del último componente especificado por *ruta* (sin la extensión del fichero).

objeto.**GetExtensionName(***ruta*)

Devuelve una cadena que contiene la extensión del último componente especificado por *ruta*.

objeto.**GetDrive** *NombreUnidad*

Devuelve un objeto **Drive** que corresponde a la unidad especificada.

objeto.**GetDriveName(***ruta*)

Devuelve una cadena que contiene el nombre de la unidad correspondiente a la ruta especificada.

objeto.**GetFile(***NombreFichero*)

Devuelve un objeto **File** que corresponde al fichero especificado.

objeto.**GetFolder**(*NombreCarpeta*)

Devuelve un objeto **Folder** correspondiente a la carpeta especificada.

objeto.**GetParentFolderName**(*ruta*)

Devuelve una cadena que contiene el nombre de la carpeta padre del último componente especificado por *ruta*.

objeto.**GetSpecialFolder**(*CteCarpetaEspecial*)

Devuelve la ruta de la carpeta especial especificada por alguna de las siguientes constantes: *WindowsFolder*, *SystemFolder* o *TemporaryFolder*

objeto.**GetTempName**

Devuelve un nombre que puede ser utilizado para crear una carpeta o fichero temporal.

Trabajar con FileSystemObject

El primer paso para trabajar con un sistema de ficheros es crear un objeto sistema de ficheros. Hay dos formas de hacerlo:

1. Declarar una variable del tipo **FileSystemObject**:

```
Dim osf As FileSystemObject
Set osf = New FileSystemObject
```

2. Crear un objeto **FileSystemObject** utilizando el método **CreateObject**:

```
Dim osf As Object
Set osf = CreateObject("Scripting.FileSystemObject")
```

La primera forma sólo funciona en Visual Basic, mientras que la segunda funciona en Visual Basic y *VBScript*.

El siguiente paso es utilizar las propiedades y métodos adecuados del objeto **FileSystemObject** para la operación que deseemos realizar.

Propiedades del objeto TextStream

objeto.**AtEndOfLine**

Devuelve **True** si el puntero de lectura precede inmediatamente al marcador de final de línea en el fichero vinculado con el objeto **TextStream** y **False** en caso contrario.

objeto.**AtEndOfStream**

Devuelve **True** si el puntero de lectura está al final del fichero vinculado con el objeto **TextStream** y **False** en caso contrario.

objeto.**Column**

Devuelve el número de la columna de la posición actual en el fichero vinculado con el objeto **TextStream**.

objeto.**Line**

Devuelve el número de línea actual en el fichero vinculado con el objeto **TextStream**.

Métodos del objeto TextStream

objeto.**Close**

Cierra el fichero vinculado con el objeto **TextStream**.

objeto.**Read**(*NumCaracteres*)

Lee el número de caracteres especificado desde el fichero vinculado con el objeto **TextStream** y devuelve la cadena resultante.

objeto.**ReadAll**

Lee el fichero vinculado con el objeto **TextStream** completo y devuelve la cadena resultante.

objeto.**ReadLine**

Lee una línea completa (hasta el carácter de nueva línea pero sin incluir éste) desde el fichero vinculado con el objeto **TextStream** y devuelve la cadena resultante.

objeto.**Skip**(*NumCaracteres*)

Salta el número de caracteres especificado, en el fichero vinculado con el objeto **TextStream**.

objeto.**SkipLine**

Salta la próxima línea del fichero vinculado con el objeto **TextStream**.

objeto.**Write**(*cadena*)

Escribe la cadena especificada en el fichero vinculado con el objeto **TextStream**.

objeto.**WriteBlankLines(***nNL***)**

Escribe el número de caracteres nueva línea especificado en el fichero vinculado con el objeto **TextStream**.

objeto.**WriteLine(**[*cadena*]**)**

Escribe la cadena especificada finalizada con el carácter nueva línea en el fichero vinculado con el objeto **TextStream**.

Trabajar con TextStream

El primer paso para trabajar con un objeto **TextStream** vinculado a un fichero del sistema de ficheros es crear un objeto sistema de ficheros:

```
Dim osf As FileSystemObject
Set osf = New FileSystemObject
```

El segundo paso es crear un objeto **TextStream** y vincularlo con el fichero sobre el que queremos trabajar del sistema de ficheros:

```
Dim FichTxt As TextStream
Set FichTxt = osf.OpenTextFile(CommonDialog1.FileTitle, _
                                ForWriting, True)
```

El siguiente paso es utilizar las propiedades y métodos adecuados del objeto **TextStream** para la operación que deseemos realizar. Por ejemplo, para guardar en un fichero el texto de una caja de texto *Text1* tendríamos que escribir:

```
' Objeto sistema de ficheros
Dim osf As FileSystemObject
Set osf = New FileSystemObject

' Abrir el fichero para escribir
Dim FichTxt As TextStream
Set FichTxt = osf.OpenTextFile(CommonDialog1.FileTitle, _
                                ForWriting, True)
' Guardar el texto en el fichero
FichTxt.Write (Form1!Text1.Text)

' Cerrar el fichero
FichTxt.Close
```

Análogamente, para leer el texto de un fichero tendríamos que utilizar las sentencias siguientes:

```
' Abrir el fichero para leer
Dim FichTxt As TextStream
Set FichTxt = osf.OpenTextFile(CommonDialog1.FileTitle, ForReading)
' Leer el texto del fichero
Form1!Text1.Text = FichTxt.ReadAll()

' Cerrar el fichero
FichTxt.Close
```

El modelo de objetos del sistema de ficheros no es compatible con la creación de ficheros de acceso aleatorio o binarios. Para crear ficheros de acceso aleatorio o binarios, hay que utilizar la sentencia **Open** con los indicadores **Random** o **Binary**, según se ha expuesto anteriormente en este mismo capítulo.

Propiedades del objeto Drive

objeto.**AvailableSpace**

Devuelve la cantidad de espacio disponible en la unidad especificada por *objeto*.

objeto.**DriveLetter**

Devuelve la letra de la unidad especificada por *objeto*.

objeto.**DriveType**

Devuelve un valor que indica el tipo de la unidad especificada por *objeto*:
0 = desconocida, 1 = removible, 2 = fija, 3 = red, 4 = CD-ROM y 5 = Disco RAM .

objeto.**FileSystem**

Devuelve el tipo de sistema de archivos (FAT##, NTFS o CDFS) que utiliza la unidad especificada por *objeto*.

objeto.**FreeSpace**

Devuelve la cantidad de espacio libre disponible en la unidad especificada por *objeto*.

objeto.**IsReady**

Devuelve **True** si la unidad especificada por *objeto* está preparada y **False** si no lo está.

objeto.**Path**

Devuelve la ruta de la unidad especificada por *objeto*. Por ejemplo, la ruta de la unidad C es C:, no C:\.

objeto.**RootFolder**

Devuelve un objeto **Folder** que representa la carpeta raíz de la unidad especificada por *objeto*.

objeto.**SerialNumber**

Devuelve el número de serie que se utiliza para identificar la unidad especificada por *objeto*.

objeto.**ShareName**

Devuelve el nombre del recurso compartido de red para la unidad especificada por *objeto*.

objeto.**TotalSize**

Devuelve el espacio total, en *bytes*, de la unidad especificada por *objeto*.

objeto.**VolumeName** [= *NombreNuevo*]

Establece o devuelve el nombre del volumen de la unidad especificada por *objeto*.

Trabajar con Drive

El primer paso para trabajar con una unidad del sistema de ficheros es crear un objeto sistema de ficheros:

```
Dim osf As Object
Set osf = CreateObject("Scripting.FileSystemObject")
```

El segundo paso es crear un objeto **Drive** y vincularlo con la unidad deseada del sistema de ficheros:

```
Dim unidad As Drive
Set unidad = osf.GetDrive(osf.GetDriveName(ruta))
```

El siguiente paso es utilizar las propiedades adecuadas del objeto **Drive** para la operación que deseemos realizar. Por ejemplo, para obtener el espacio libre de la unidad correspondiente a una ruta determinada, tendríamos que escribir:

```
Sub MostrarEspacioLibre(ruta)
  Dim osf As Object
  Dim unidad As Drive
  Dim str As String
  Set osf = CreateObject("Scripting.FileSystemObject")
  Set unidad = osf.GetDrive(osf.GetDriveName(ruta))
  str = "Unidad " & unidad & unidad.VolumeName & vbCrLf
```

```
  str = str & "Espacio Libre: " & _
        FormatNumber(unidad.FreeSpace / 1024 / 1024, 0) & " Mb"
  MsgBox str
End Sub

Private Sub UnidadDisco_Click()
  MostrarEspacioLibre (App.Path)
End Sub
```

Propiedades del objeto Folder

objeto.**Attributes** [= *AtributosNuevos*]

Establece o devuelve los atributos de la carpeta especificada por *objeto*.

objeto.**DateCreated**

Devuelve la fecha y hora en la que se creó la carpeta especificada por *objeto*.

objeto.**DateLastAccessed**

Devuelve la fecha y hora a la que se accedió por última vez a la carpeta especificada por *objeto*.

objeto.**DateLastModified**

Devuelve la fecha y hora en la que se modificó por última vez la carpeta especificada por *objeto*.

objeto.**Drive**

Devuelve la letra de la unidad en la que reside la carpeta especificada por *objeto*.

objeto.**Files**

Devuelve una colección **Files** que contiene los objetos **File** de la carpeta especificada por *objeto*, incluyendo los que tienen atributos de sistema y oculto.

objeto.**Name** [= *NombreNuevo*]

Establece o devuelve el nombre de la carpeta especificada por *objeto*.

objeto.**Path**

Devuelve la ruta de la carpeta especificada por *objeto*.

objeto.**Size**

Devuelve el tamaño, en *bytes*, de todos los ficheros y subcarpetas contenidos en la carpeta especificada por *objeto*.

objeto.**Type**

Devuelve información acerca del tipo de la carpeta.

objeto.**IsRootFolder**

Devuelve **True** si la carpeta especificada por *objeto* es la carpeta raíz y **False** si no lo es.

objeto.**ParentFolder**

Devuelve el objeto **Folder** que identifica la carpeta padre de la carpeta especificada por *objeto*.

objeto.**ShortName**

Devuelve el nombre corto utilizado por los programas que necesitan la convención de nomenclatura 8+3 utilizada en MS-DOS.

objeto.**ShortPath**

Devuelve la ruta corta utilizada por los programas que necesitan la convención de nomenclatura 8+3 utilizada en MS-DOS.

objeto.**SubFolders**

Devuelve una colección **Folders** compuesta por todas las carpetas contenidas en la carpeta especificada por *objeto*, incluyendo las que tienen establecidos atributos de sistema y oculto.

Métodos del objeto Folder

objeto.**Copy** *destino*[, *sobreescribir*]

Copia la carpeta especificada por *objeto* desde una ubicación a otra. Cuando la carpeta exista, será sobreescrita si *sobreescribir* es **True** (valor predeterminado).

objeto.**CreateTextFile(***NombreFichero* **[,** *sobreescribir*[**,** *unicode*]])

Crea el fichero especificado y devuelve un objeto **TextStream** que se puede utilizar para leer o escribir en el fichero. Cuando el fichero exista, será sobreescrito si *sobreescribir* es **True** (el valor predeterminado es **False**).

objeto.**Delete** *forzar*

Elimina un archivo o carpeta especificada. Cuando el argumento *forzar* sea **True** se eliminan también las carpetas de sólo lectura. El valor predeterminado para este argumento es **False**.

objeto.**Move** *destino*

Mueve la carpeta especificada por *objeto* desde una ubicación a otra.

Trabajar con Folder

El primer paso para trabajar con una carpeta del sistema de ficheros es crear un objeto sistema de ficheros:

```
Dim osf As Object
Set osf = CreateObject("Scripting.FileSystemObject")
```

El segundo paso es crear un objeto **Folder** y vincularlo con la carpeta deseada del sistema de ficheros:

```
Dim Carpeta As Folder
Set Carpeta = osf.GetFolder(ruta)
```

El siguiente paso es utilizar las propiedades y métodos adecuados del objeto **Folder** para la operación que deseemos realizar. Por ejemplo, para obtener la fecha de la creación de la carpeta especificada por una ruta determinada, tendríamos que escribir:

```
Sub InfoCarpeta(ruta)
  Dim osf As Object
  Dim Carpeta As Folder
  Dim str As String
  Set osf = CreateObject("Scripting.FileSystemObject")
  Set Carpeta = osf.GetFolder(ruta)
  str = Carpeta.DateCreated
  MsgBox str
End Sub

Private Sub Carpeta_Click()
  InfoCarpeta (App.Path)
End Sub
```

Propiedades del objeto File

Las propiedades **Attributes**, **DateCreated**, **DateLastAccessed**, **DateLastModified**, **Drive**, **Name**, **Path**, **Size**, **Type**, **ParentFolder**, **ShortName** y **ShortPath** tienen el mismo significado que el expuesto para el objeto **Folder**, sólo que ahora se aplican a un fichero en lugar de a una carpeta.

Métodos del objeto File

Los métodos **Copy**, **Delete** y **Move** tienen el mismo significado que el expuesto para el objeto **Folder**, sólo que ahora se aplican a un fichero en lugar de a una carpeta.

objeto.**OpenAsTextStream**([*modoES*, [*formato*]])

Abre el fichero especificado y devuelve un objeto **TextStream** que se puede utilizar para leer, escribir o añadir información al fichero. El argumento *modoES* puede ser: *ForReading*, *ForWriting* o *ForAppending*.

Trabajar con File

El primer paso para trabajar con un fichero del sistema de ficheros es crear un objeto sistema de ficheros:

```
Dim osf As Object
Set osf = CreateObject("Scripting.FileSystemObject")
```

El segundo paso es crear un objeto **File** y vincularlo con el fichero deseado del sistema de ficheros:

```
Dim Fichero As File
Set Fichero = osf.GetFile(ruta)
```

El siguiente paso es utilizar las propiedades y métodos adecuados del objeto **File** para la operación que deseemos realizar. Por ejemplo, para obtener el tamaño de un fichero especificado por una ruta determinada, tendríamos que escribir:

```
Sub InfoFichero(ruta)
  Dim osf As Object
  Dim Fichero As File
  Dim str As String
  Set osf = CreateObject("Scripting.FileSystemObject")
  Set Fichero = osf.GetFile(ruta)
  str = "Tamaño de " & Fichero.Name & ": "
  str = str & Fichero.Size & " bytes"
  MsgBox str
End Sub

Private Sub Fichero_Click()
  InfoFichero (App.Path & "\bibli.frm")
End Sub
```

CAPÍTULO 6

CONTROLES ACTIVEX

En los capítulos anteriores ya ha experimentado las ventajas de utilizar los controles intrínsecos de Visual Basic, como las cajas de texto, los botones, las listas, etc. Los controles intrínsecos están siempre incluidos en la caja de herramientas, no como los controles *ActiveX*, que se pueden quitar o agregar a la caja de herramientas.

Los controles *ActiveX,* existen como ficheros independientes con extensión *.ocx*. Algunos de los controles *ActiveX* incluidos con todas las ediciones de Visual Basic son: fichas etiquetadas (*TabStrip*), barra de herramientas (*Toolbar*), barra de estado (*Statusbar*), barra de progreso (*ProgressBar*), vista en forma de árbol (*TreeView*), vista en forma de lista (*ListView*), lista de imágenes (*ImageList*), control deslizante (*Slider*) y lista desplegable de imágenes (*ImageCombo*). Este grupo de controles *ActiveX* se encuentran en el fichero *mscomctl.ocx* (*Microsoft Windows Common Controls*).

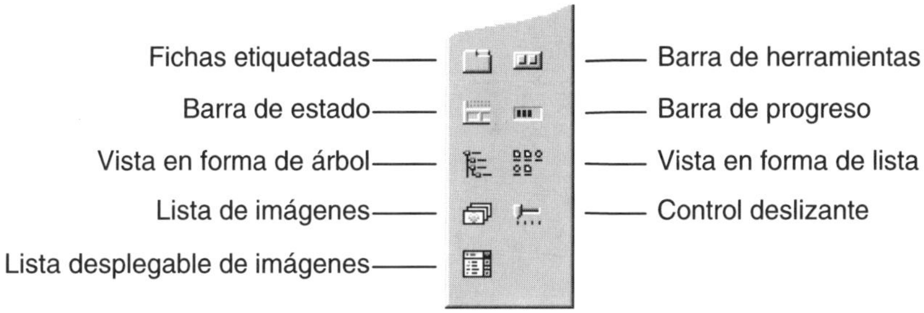

Además de los controles *ActiveX*, una aplicación Visual Basic puede incluir también componentes *ActiveX* (fragmentos reutilizables de código y datos, compuestos por uno o más objetos creados mediante la tecnología *ActiveX*). Por ejemplo, las aplicaciones como Microsoft Excel, Microsoft Word o Microsoft Access, proporcionan objetos que puede manipular desde la aplicación de Visual Basic mediante programación.

En este capítulo nos vamos a centrar en la manipulación de controles *ActiveX*. Cuando se agrega un control *ActiveX* a una aplicación, pasa a formar parte del entorno de desarrollo de Visual Basic, y el hecho de que conserve algunos métodos, propiedades y eventos ya familiares, facilita la programación. Pero, además, como añade nuevos métodos y propiedades, incrementa enormemente la flexibilidad y capacidad del programador de Visual Basic.

La forma de agregar un control *ActiveX* a la aplicación ya fue expuesta al hablar de controles intrínsecos y controles *ActiveX* en el capítulo 1.

CONTROL LISTA DE IMÁGENES

En ocasiones, al desarrollar una aplicación, necesitamos muchas imágenes relacionadas de alguna forma; por ejemplo, una barra de herramientas con botones de mapa de bits. En estos casos sería útil disponer de un control que contuviera las imágenes y que permitiera un acceso fácil a las mismas. Esto es precisamente lo que hace el control "lista de imágenes" (*ImageList*).

Una *lista de imágenes* es una colección de imágenes del mismo tamaño accesibles por su índice (la imagen primera tiene como índice el uno). Aunque una lista de imágenes se puede utilizar por sí sola, lo más normal es que se utilice con otros controles, como *Toolbar*, *TabStrip*, *ListView* o *TreeView*.

Agregar una lista de imágenes

Lógicamente, para utilizar *ImageList* es necesario agregar dicho control a la aplicación. Si no está disponible en la caja de herramientas de Visual Basic, ejecute la orden *Componentes* del menú *Proyecto* y añada el componente *ActiveX* denominado *Microsoft Windows Common Controls*.

El paso siguiente es añadir las imágenes. Para agregar una imagen durante el diseño, primero tiene que visualizar el diálogo *Páginas de propiedades* del control *ImageList*. Para ello, haga clic sobre el control utilizando el botón derecho del ratón y elija la orden *Propiedades* del menú contextual que se visualiza. Después siga los pasos indicados a continuación:

1. Haga clic en la ficha *General* y elija el tamaño de la imagen.

2. Haga clic en la ficha *Imágenes*. Se visualiza el diálogo de la figura siguiente:

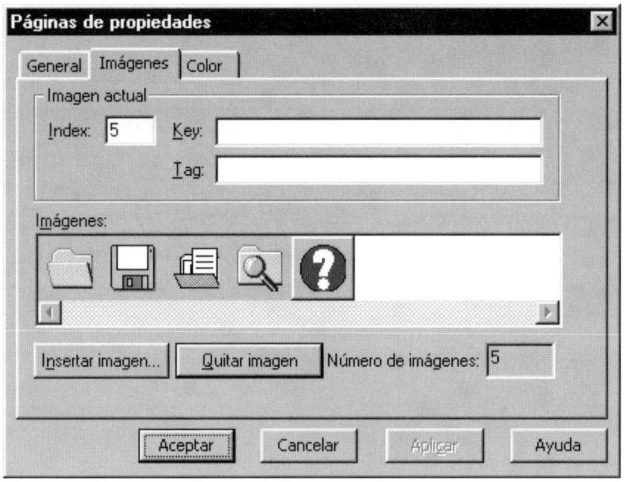

3. Haga clic en el botón *Insertar imagen* y por medio de la caja de diálogo que se visualiza seleccione la imagen deseada (mapa de bits, icono, etc.).

4. Opcionalmente puede asignar un valor único a la propiedad **Key** (cadena que identifica unívocamente un miembro de una colección). También, opcionalmente, puede asignar un valor a la propiedad **Tag** (almacena cualquier dato adicional necesario para su aplicación).

5. Repita los pasos 3 y 4 hasta que haya añadido al control todas las imágenes deseadas.

6. Cuando haya acabado de añadir las imágenes haga clic en el botón *Aceptar*.

En el apartado siguiente veremos cómo se utiliza una lista de imágenes.

CONTROL BARRA DE HERRAMIENTAS

Generalmente, una barra de herramientas contiene botones que realizan la misma función que las órdenes de uso más frecuente de los menús de la barra de menús de una aplicación. Lo que se persigue con una barra de herramientas es proporcionar al usuario una interfaz gráfica que le permita tener un acceso rápido a las operaciones que se realizan con más frecuencia en una aplicación.

Una forma rápida y sencilla de añadir una barra de herramientas a una aplicación es utilizando el control *Toolbar*.

El control *Toolbar* consta de uno o más objetos **Button** (botones) de una colección **Buttons**. Cada botón puede tener una imagen, un título, un texto breve que informa acerca de su funcionalidad, o bien las tres cosas, según se puede observar en la figura siguiente:

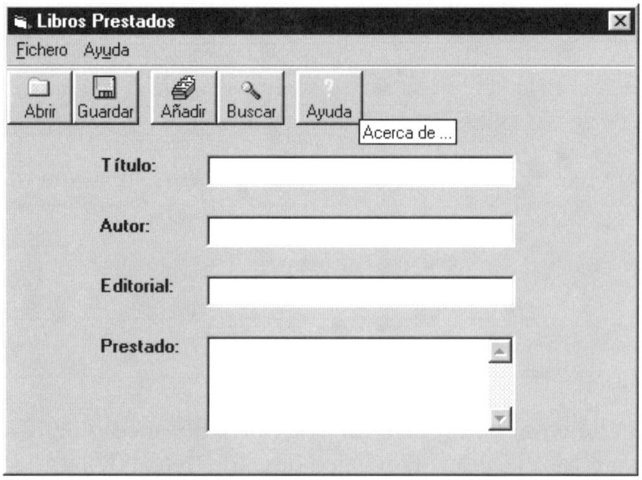

Agregar una barra de herramientas

Para utilizar una barra de herramientas en un formulario de una aplicación es necesario agregar un control *Toolbar* y un control *ImageList* a dicho formulario. A continuación, siguiendo los pasos descritos anteriormente, añada al control *ImageList* las imágenes que desea utilizar con cada uno de los botones de la barra de herramientas.

El paso siguiente es añadir los botones. Para agregar un botón durante el diseño, primero tiene que visualizar el diálogo *Páginas de propiedades* del control *Toolbar*. Para ello, haga clic sobre el control utilizando el botón derecho del ratón y elija la orden *Propiedades* del menú contextual que se visualiza. Después siga los pasos indicados a continuación:

1. Haga clic en la ficha *General*, seleccione la propiedad **ImageList** y asígnela el nombre del control *ImageList* que está utilizando.

   Opcionalmente puede utilizar dos listas de imágenes más: una asignada a la propiedad **DisabledImageList** para que contenga las imágenes que se muestran cuando los botones están inhabilitados (propiedad **Enabled** del objeto **Button** a **False**) y otra asignada a la propiedad **HotImageList** para que contenga las imágenes que se muestran cuando el ratón se sitúa sobre una zona activa en la que se puede hacer clic. Esta última lista tiene sentido con barras de herramientas planas (propiedad **Style** del objeto *ToolBar* a *tbrFlat*).

Si se emplean varias imágenes para un mismo botón, debe establecer para todas ellas la misma propiedad **Index** o **Key**, así como el mismo tamaño, cada una dentro de su lista de imágenes respectiva.

La propiedad **Appearance** permite visualizar la barra de herramientas totalmente plana (valor *ccFlat*) o con un borde con efecto 3D (valor *cc3D*).

La propiedad **Style** determina la apariencia de la barra de herramientas: una barra estándar con botones 3D (valor *tbrStandar*) o totalmente plana (valor *tbrFlat*).

2. Haga clic en la ficha *Botones*. Se visualiza el diálogo de la figura siguiente.

3. Haga clic en *Insertar botón* y asigne valores a las propiedades del botón que está insertando; por ejemplo, a **Caption** (título del botón), **Key** (cadena que identifica unívocamente un miembro de una colección), **Style** (estilo del botón: *tbrDefault* para un botón de pulsación o *tbrSeparator* para añadir un separador; un separador no requiere ninguna otra propiedad), **ToolTipText** (texto breve que informa acerca de la funcionalidad del botón) o **Image** (índice de la imagen o clave utilizada en la lista de imágenes, que desea asignar al botón).

4. Repita el paso 3 hasta que haya añadido todos los botones deseados.

5. Cuando haya acabado de añadir los botones, haga clic en el botón *Aceptar*.

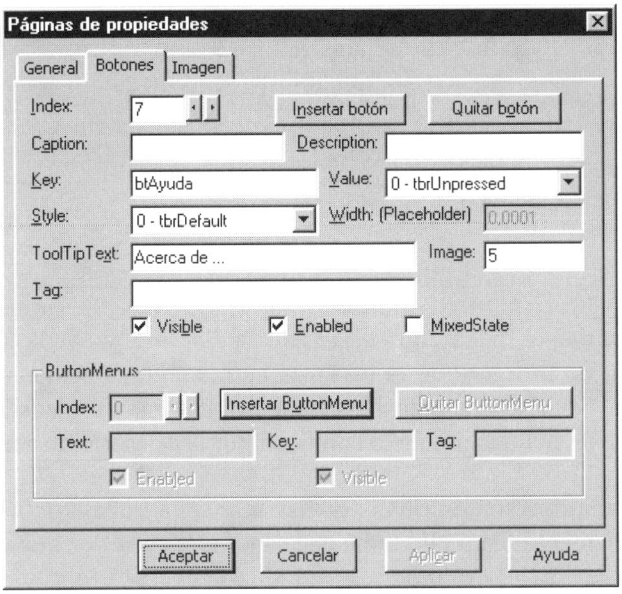

Como ejemplo y siguiendo los pasos descritos, cargue el proyecto *bibli* y añada una barra de herramientas *Toolbar1* como la mostrada a continuación:

Dicha barra obtendrá las imágenes de dos listas de imágenes (*ImageList1* e *ImageList2*) asignadas a sus propiedades **ImageList** e **HotImageList**, respectivamente:

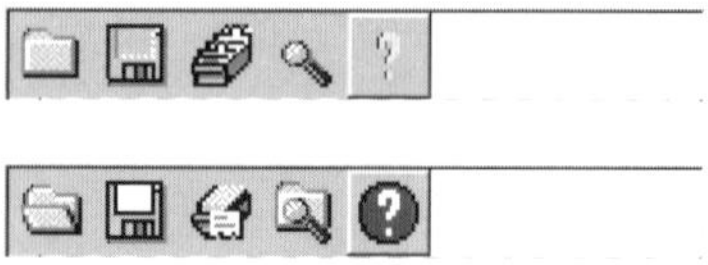

Una vez creadas las listas de imágenes asigne a la barra de herramientas las propiedades que puede observar en la figura siguiente:

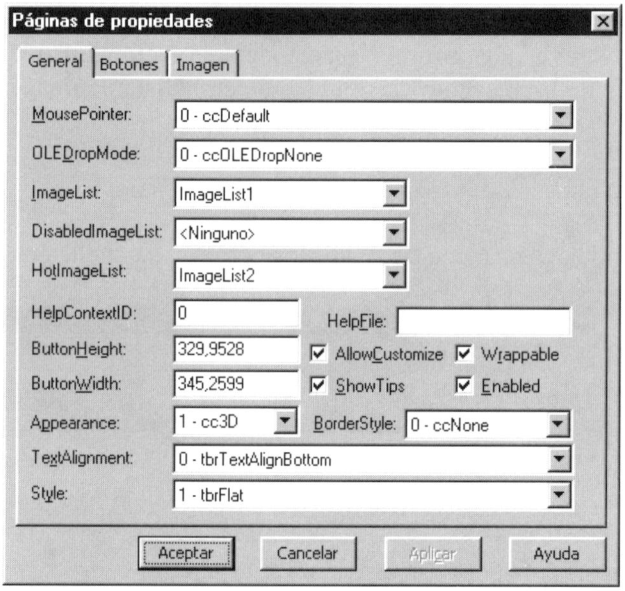

Finalmente, haga clic en la pestaña *Botones* y añada los botones que puede observar en la figura de la barra de herramientas mostrada anteriormente, incluyendo los dos separadores. No olvide asignar a la propiedad **Image** de cada botón el índice de la imagen que le corresponde (la primera imagen es la 1).

A continuación escriba el código que haga trabajar a la barra de herramientas adecuadamente. Para ello tiene que saber que cada vez que el usuario haga clic en uno de los botones ocurre el evento **ButtonClick**. Para responder a este evento añada al formulario el procedimiento siguiente asociado con el control *Toolbar1*:

```
Private Sub Toolbar1_ButtonClick(ByVal Botón As Button)
```

El argumento *Botón* del procedimiento anterior es una referencia al objeto **Button** representativo del botón sobre el que se ha hecho clic.

Para programar la respuesta al evento **ButtonClick** de un objeto **Button** individual, podemos interrogar, por ejemplo, la propiedad **Key** del objeto **Button** para determinar sobre qué botón se hizo clic y ejecutar el código apropiado a la acción que se quiere desencadenar. En nuestro caso, simplemente ejecutaremos el procedimiento vinculado con la orden de los menús a la que hace referencia el botón:

```
Private Sub Toolbar1_ButtonClick(ByVal Button As MSComctlLib.Button)
  Select Case Button.Key
    Case "btAbrir"
      FicheroAbrir_Click
    Case "btGuardar"
      FicheroGuardar_Click
    Case "btAñadir"
      AñadirReg_Click
    Case "btBuscar"
      BuscarReg_Click
    Case "BtAyuda"
      AyudaAcercaDe_Click
  End Select
End Sub
```

Para interrogar sobre qué botón hizo clic el usuario, la propiedad **Key** es la más adecuada, porque su valor está garantizado como único, pero también podríamos haber utilizado otra propiedad como **Index**, o bien **Caption** si ésta contiene valores diferentes.

El procedimiento que responde al evento **Validate** escrito cuando diseñamos esta aplicación en el capítulo 3, impide que el usuario haga clic sobre cualquier otro control. Entonces, para permitir al usuario hacer clic sobre los botones de la barra de herramientas cuando inicie la aplicación, eliminaremos dicho procedimiento, ya que la barra de herramientas no tiene la propiedad **CausesValidation**, y realizaremos la verificación de los datos en el procedimiento *AñadirReg_Click*:

```
Private Sub AñadirReg_Click()
  If Len(Título.Text) = 0 Then
    MsgBox "Tiene que escribir un título", , "Libros"
    Exit Sub
  End If
```

```
    Dim NumRegs As Integer
    Dim NumFichero1 As Integer
    ' Obtener un número libre de fichero
    NumFichero1 = FreeFile
    Libro.Título = Form1!Título.Text
    Libro.Autor = Form1!Autor.Text
    Libro.Editorial = Form1!Editorial.Text
    Libro.Prestado = Form1!Prestado.Text
    Open bdLibros For Random As #NumFichero1 Len = Len(Libro)
    NumRegs = LOF(NumFichero1) \ Len(Libro)
    Put #NumFichero1, NumRegs + 1, Libro
    Close NumFichero1
    Form2.ListaLibros.AddItem Título.Text
    TotalRegs = TotalRegs + 1
End Sub
```

Estilos de un botón de la barra de herramientas

Además de los estilos *tbrDefault* (botón normal) y *tbrSeparator* (separador) disponemos también de los siguientes estilos:

tbrCheck. El botón actúa como una casilla de verificación, que puede estar activada o desactivada.

tbrButtonGroup. El botón permanece pulsado hasta que se pulsa otro botón del grupo. Solamente un botón del grupo puede estar pulsado en un momento determinado.

tbrPlaceholder. El botón es un separador ajustable. Se utiliza para crear un sitio para otros objetos como, por ejemplo, una lista desplegable.

tbrDropDown. Se añade un botón con una flecha hacia abajo (objeto **MenuButton**) a la derecha del botón de la barra de herramientas, cuya finalidad es desplegar un menú.

Vincular un menú a un botón

Para vincular un menú a un botón de la barra de herramientas, visualice el diálogo *Páginas de propiedades* de la barra, haga clic en la pestaña *Botones* y sitúese sobre el botón al que quiere vincular el menú. A continuación, asígnele el estilo *tbrDropDown*. Después, añada los elementos del menú. Para ello, siga los pasos indicados a continuación:

1. Haga clic en el botón *Insertar ButtonMenu*, dentro del marco *ButtonMenus*. La propiedad índice especifica el índice del primer elemento del menú vinculado al botón seleccionado.

2. Escriba en la propiedad **Text** el título del elemento del botón.

3. Si lo cree necesario, establezca el resto de las propiedades **Key**, **Tag**, **Enabled** y **Visible**.

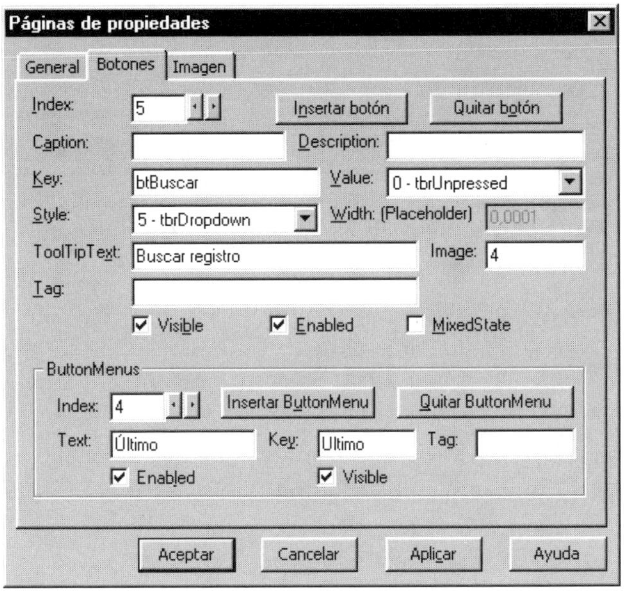

4. Repita los pasos anteriores hasta que haya añadido todos los elementos del menú.

Como ejemplo, añada al botón *Buscar* de la barra de herramientas de la aplicación *bibli*, un menú con las órdenes *Primero*, *Anterior*, *Siguiente* y *Último*. Estas órdenes permitirán visualizar los registros a los que hacen referencia.

Asociar código con las órdenes del menú del botón

Cuando el usuario hace clic en el botón que tiene una flecha hacia abajo situado a continuación del botón de la barra de herramientas, ocurre el evento **ButtonDropDown**, y cuando hace clic en una orden del menú que se despliega, ocurre el evento **ButtonMenuClick**. Como puede observar a continuación, el procedimiento conducido por este último evento tiene un parámetro *MenuBoton*, objeto **ButtonMenu**, a través del cual podrá acceder a las propiedades **Index**, **Text**, **Key**, etc.

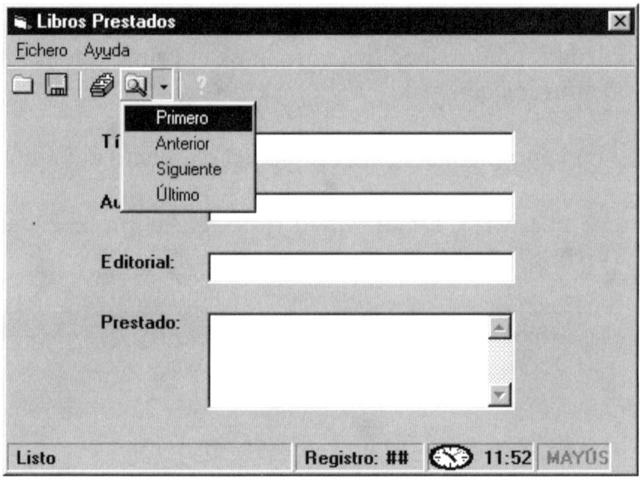

Según lo expuesto, edite el procedimiento *Toolbar1_ButtonMenuClick* como se indica a continuación:

```
Private Sub Toolbar1_ButtonMenuClick(ByVal MenuBoton As MSComctlLib.ButtonMenu)
  ' Manipular el menú del botón "Buscar"
  If TotalRegs = 0 Then Exit Sub
  Dim I As Integer, NumFichero As Integer
  ' Obtener un número libre de fichero
  NumFichero = FreeFile
  Open bdLibros For Random As #NumFichero Len = Len(Libro)
  ' Obtener el número de registro a leer del panel "nreg"
  Select Case MenuBoton.Key
    Case "elementoPrimero"
      I = 1
    Case "elementoAnterior"
      I = Mid(StatusBar1.Panels("nreg").Text, 10) - 1
      If I = 0 Then I = 1
    Case "elementoSiguiente"
      I = Mid(StatusBar1.Panels("nreg").Text, 10) + 1
      If I > TotalRegs Then I = TotalRegs
    Case "elementoUltimo"
      I = TotalRegs
  End Select
  ' Leer el registro
  Get #NumFichero, I, Libro
  Close NumFichero
  'Visualizar registro
  Form1.Título.Text = Trim(Libro.Título)
  Form1.Autor.Text = Trim(Libro.Autor)
  Form1.Editorial.Text = Trim(Libro.Editorial)
  Form1.Prestado.Text = Trim(Libro.Prestado)
  StatusBar1.Panels("nreg").Text = "Registro: " & I
End Sub
```

Personalizar la barra de herramientas durante la ejecución

Antes de finalizar el apartado de barra de herramientas, un último apunte. Durante la ejecución de una aplicación y suponiendo que su barra de herramientas tiene establecida la propiedad **AllowCustomize** a valor **True**, el usuario puede personalizar dicha barra de herramientas haciendo doble clic sobre ella (no sobre un botón). En este instante se visualiza el diálogo siguiente que le permitirá añadir, quitar o alterar el orden de los botones de la barra de herramientas.

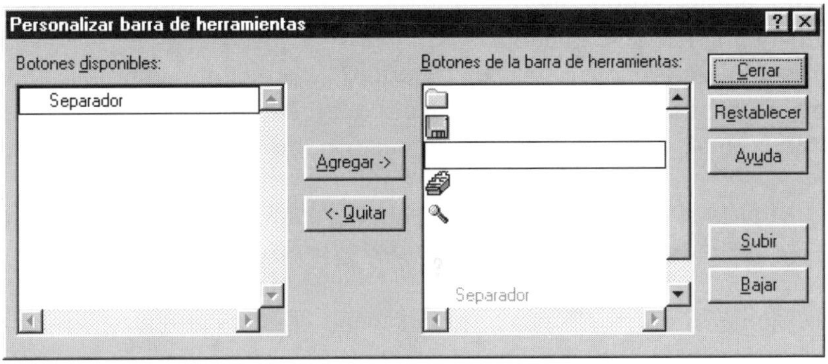

CONTROL BARRA DE ESTADO

Una barra de estado es una ventana, normalmente ubicada en la parte inferior de un formulario, a través de la cual una aplicación puede mostrar información de ayuda al usuario.

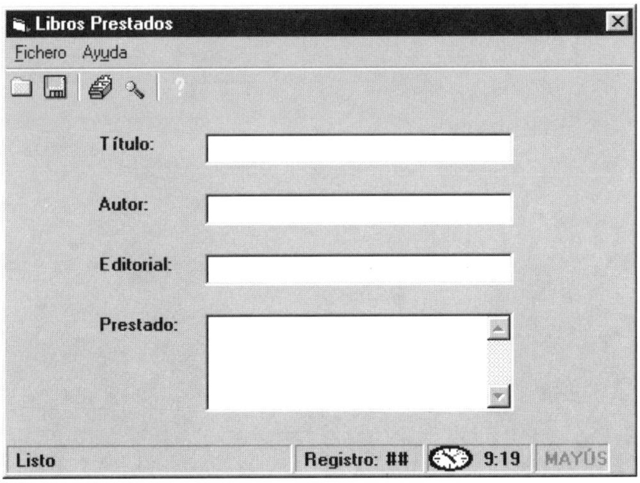

Una forma rápida y sencilla de añadir una barra de estado a una aplicación es utilizando el control *StatusBar*.

El control *StatusBar* consta de uno o más paneles (objetos **Panel**), hasta un máximo de 16, contenidos en una colección **Panels**. Cada panel puede tener una imagen y un texto, según se puede observar en la figura anterior.

Agregar una barra de estado

Para utilizar una barra de estado en un formulario de una aplicación es necesario agregar un control *StatusBar*. Hay dos estilos de barra de estado (propiedad **Style**): normal (*sbrNormal*) y simple (*sbrSimple*). El estilo normal es el predeterminado y la barra de estado muestra todos los paneles. En el estilo simple la barra de estado sólo muestra un panel grande. En el estilo simple hay que utilizar la propiedad **SimpleText** para establecer texto en el único panel. En cambio, en el estilo normal, como veremos a continuación, utilizaremos la colección **Panels**.

El paso siguiente es añadir los paneles. Para agregar un panel durante el diseño, primero tiene que visualizar el diálogo *Páginas de propiedades* del control *StatusBar*. Para ello, haga clic sobre el control utilizando el botón derecho del ratón y elija la orden *Propiedades* del menú contextual que se visualiza. Después siga los pasos indicados a continuación:

1. Haga clic en la ficha *Paneles*. Se visualiza el diálogo de la figura siguiente.

2. Haga clic en *Insertar panel* y asigne valores a las propiedades del panel que está insertando.

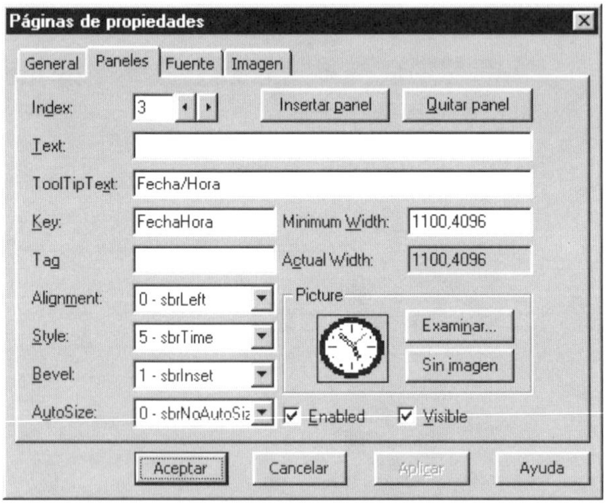

Las propiedades normalmente utilizadas son: **Text,** texto inicial que aparecerá en el panel, **ToolTipText,** texto breve que informa acerca de la funcionalidad del panel, **Key**, cadena que identifica unívocamente un miembro de una colección, **Style**, estilo del panel (por ejemplo, *sbrText* para un panel de texto, *sbrTime* para un panel que visualice la hora, o *sbrCaps* para un panel que visualice *MAYÚS*, en tono normal o apagado, para indicar el estado de la tecla *Bloqueo Mayús* o *Caps Lock*), **Bevel** especifica si el panel simulará una profundidad, un relieve o estará plano, o **AutoSize** que determina cómo el panel ajustará su tamaño cuando el tamaño del contenedor cambie.

3. Repita el paso 2 hasta que haya añadido todos los paneles deseados.

4. Cuando haya acabado de añadir los paneles, haga clic en el botón *Aceptar*.

Como ejemplo y siguiendo los pasos descritos, cargue el proyecto *bibli* y añada una barra de estado *StatusBar1* como la mostrada a continuación:

La propiedad **Key** del primer panel es *Info* y su estilo *sbrText*; la del segundo *nreg* y su estilo *sbrText*; la del tercero *FechaHora* y su estilo *sbrTime*; y la del cuarto *mayus* y su estilo *sbrCaps*. Los estilos *sbrTime*, *sbrDate*, *sbrCaps*, *sbrIns*, etc., hacen que se visualice automáticamente la información a la que se refieren en el panel correspondiente.

Para que en el panel segundo se muestre el número de registro que se está visualizando tiene que modificar los procedimientos que tengan código para visualizar un registro; esto es: *VisualizarRegistro*, *AbrirFichero* y *AñadirReg_Click*.

```
Public Sub VisualizarRegistro()
  ' ...
  If (Encontrado) Then
    'Visualizar registro
    Form1.Título.Text = Trim(Libro.Título)
    Form1.Autor.Text = Trim(Libro.Autor)
    Form1.Editorial.Text = Trim(Libro.Editorial)
    Form1.Prestado.Text = Trim(Libro.Prestado)
    Form1.StatusBar1.Panels("nreg").Text = "Registro: " & I
  Else
    MsgBox "El libro especificado no se encuentra", 48, "Libros"
  End If
End Sub
```

Modifique usted de forma análoga los otros procedimientos. *AbrirFichero* siempre visualiza el primer registro y *AñadirReg_Click* el último añadido.

Cada vez que el usuario haga clic en uno de los paneles ocurre el evento **PanelClick**, sólo si el estilo de barra de estado es normal. Para responder a este evento añada al formulario el siguiente procedimiento asociado con el control *StatusBar1*:

```
Private Sub StatusBar1_PanelClick(ByVal Panel As MSComctlLib.Panel)

End Sub
```

El argumento *Panel* del procedimiento anterior es una referencia al objeto **Panel** representativo del panel sobre el que se ha hecho clic.

Según lo expuesto, para programar la respuesta de un objeto **Panel** individual al evento **PanelClick**, podemos interrogar, por ejemplo, la propiedad **Key** del objeto **Panel** para determinar sobre qué panel se hizo clic y ejecutar el código apropiado a la acción que se quiere desencadenar. Por ejemplo, vamos a hacer que el panel tercero alterne entre la hora y la fecha al hacer clic sobre él. Para ello, escriba el código siguiente:

```
Private Sub StatusBar1_PanelClick(ByVal Panel As MSComctlLib.Panel)
  Static bFechaHora As Boolean

  bFechaHora = Not bFechaHora
  If Panel.Key = "FechaHora" And bFechaHora Then
    StatusBar1.Panels("FechaHora").Picture = Nothing
    StatusBar1.Panels("FechaHora").Style = sbrDate
  Else
    StatusBar1.Panels("FechaHora").Picture = _
                     LoadPicture(App.Path & "\Reloj.ico")
    StatusBar1.Panels("FechaHora").Style = sbrTime
  End If
End Sub
```

La propiedad **Picture** de un panel permite hacer referencia a una imagen. El procedimiento anterior indica que cada vez que el usuario haga clic en el panel identificado por *FechaHora* y dependiendo del valor de la variable *bFechaHora*, que alterna entre **True** y **False**, mostrará la fecha sin imagen o la hora con la imagen *Reloj.ico* que es cargada a través del función **LoadPicture**.

Para interrogar sobre qué panel hizo clic el usuario, la propiedad **Key** es la más adecuada, porque su valor está garantizado como único, pero también podríamos haber utilizado otra propiedad como **Index**.

También podemos utilizar la barra de estado para visualizar mensajes varios acerca de las acciones que tienen lugar en la aplicación. Por ejemplo, para mostrar en el panel primero información relativa a la acción ejecutada a través de la barra de herramientas podemos escribir:

```
Private Sub Toolbar1_ButtonClick(ByVal Button As MSComctlLib.Button)
  Select Case Button.Key
    Case "btAbrir"
      StatusBar1.Panels(1).Text = "Fichero cargado"
      FicheroAbrir_Click
    Case "btGuardar"
      StatusBar1.Panels(1).Text = "Fichero guardado"
      FicheroGuardar_Click
    Case "btAñadir"
      StatusBar1.Panels(1).Text = "Registro añadido"
      AñadirReg_Click
    Case "btBuscar"
      StatusBar1.Panels(1).Text = "Diálogo buscar"
      BuscarReg_Click
    Case "btAyuda"
      StatusBar1.Panels(1).Text = "Acerca de..."
      AyudaAcercaDe_Click
  End Select
End Sub
```

También es posible utilizar la barra de estado para visualizar mensajes de error. Por ejemplo, todas las llamadas a **MsgBox** *mensaje* podrían ser sustituidas por *Form1.StatusBar1.Panels("Info").Text = mensaje*. Por ejemplo:

```
Private Sub AñadirReg_Click()
  Dim mensaje As String
  If Len(Título.Text) = 0 Then
    mensaje = "Tiene que escribir un título"
    Form1.StatusBar1.Panels("Info").Text = mensaje
    Exit Sub
  End If
  ' ...
End Sub
```

BARRA DE BARRAS

Un control *CoolBar* (barra de barras; *Microsoft Windows Common Controls - comctl332.ocx*) puede contener una gran variedad de ventanas hija, normalmente otros controles, incluyendo etiquetas, cajas de texto, listas desplegables y barras de herramientas.

Un control *CoolBar* actúa como un contenedor para las ventanas hija (controles). Estos controles son distribuidos en *bandas* (tiras). En la figura siguiente, correspondiente al explorador de Windows, observamos tres bandas relativas a las barras: *Menú*, *Herramientas* y *Direcciones*.

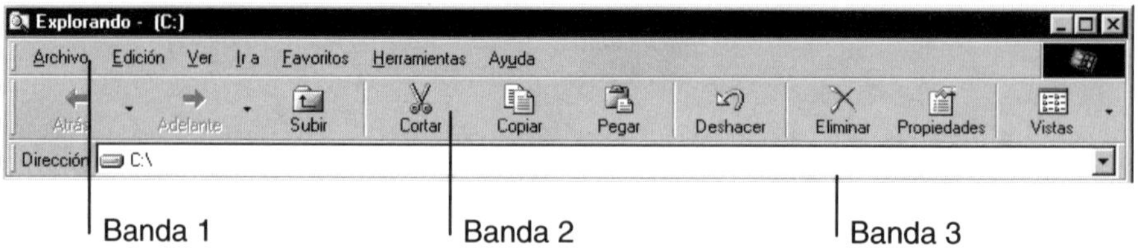

Un control *CoolBar* puede tener una o más bandas (objetos **Band**). Cada banda puede contener cualquier combinación de un tirador (asa), una etiqueta, un mapa de bits y un control hijo. No puede contener más de un control hijo (control secundario o control **Child**), pero una control hijo puede ser una barra de herramientas. Disponer sólo de un control hijo no deja de ser un inconveniente, que puede ser salvado colocando un control contenedor como **PictureBox**, en la banda y asociarle controles adicionales.

Agregar una barra de barras

Para agregar un control hijo a un control *CoolBar*, ejecute los pasos indicados a continuación:

1. Seleccione un control de la caja de herramientas y póngalo sobre el control *CoolBar*.

2. Abra el diálogo *Páginas de propiedades* del control *CoolBar* y seleccione la ficha **Bandas**.

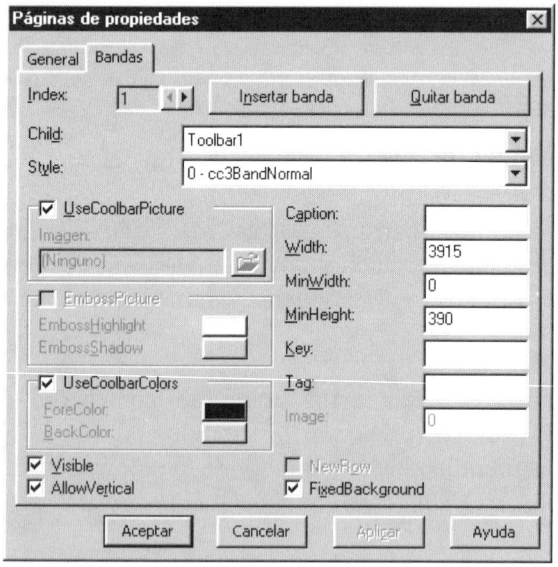

3. Use los botones **Index** para seleccionar la banda (índice del objeto **Band**) en la que desea que aparezca el control.

4. Seleccione el control hijo de la lista **Child**. El control hijo se desplazará y se dimensionará con el objeto **Band** durante la ejecución.

Observe que si agrega simplemente un control sin asociarlo a una banda, aparecerá como un control flotante sobre el control *CoolBar*. Para evitarlo, establezca la propiedad **Visible** del control a **False**.

Como ejercicio, cree un nuevo proyecto *coolbar* y añada un menú *Archivo* con la orden *Salir*. Después, coloque sobre el formulario una barra de barras como la de la figura siguiente. Observe que la banda 1 contiene una barra de herramientas plana, la banda 2 contiene una lista de imágenes y la banda tres una etiqueta y una barra de progreso.

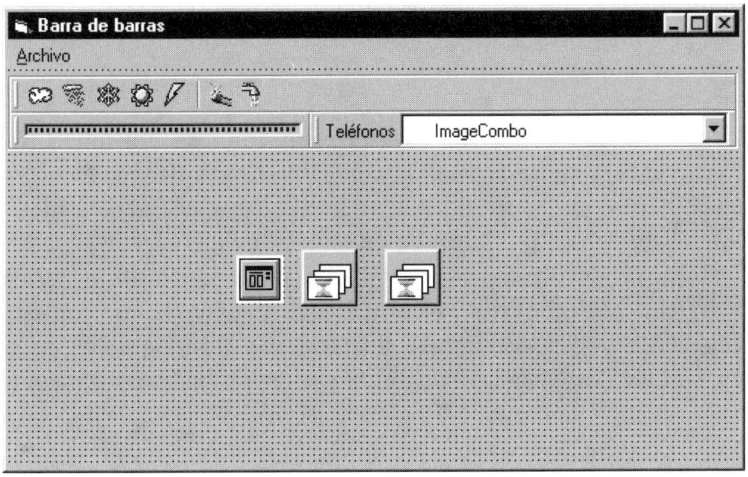

Hacer que los controles de la barra de barras respondan a los eventos que puedan ocurrir sobre ellos, no difiere de lo estudiado para cada control en particular. Por ejemplo, para hacer que los botones de la barra de herramientas de la banda 1 respondan al evento **ButtonClick**, haga doble clic sobre la barra y escriba un procedimiento según el esquema siguiente:

```
Private Sub Toolbar1_ButtonClick(ByVal Button As MSComctlLib.Button)
  Select Case Button.Key
    Case "btNubes"
      ' ...
    Case "btLluvia"
      ' ...
    Case "btNieve"
      ' ...
```

```
    Case "btSol"
      ' ...
    Case "btTormenta"
      ' ...
    Case "btFuego"
      ' ...
    Case "btAgua"
      ' ...
  End Select
End Sub
```

En los apartados siguientes aprenderá acerca de la lista con imágenes y de la barra de progreso.

CONTROL LISTA DESPLEGABLE CON IMÁGENES

El control *ImageCombo* es una versión de la lista desplegable estándar habilitada para aceptar imágenes. Esto es, utilizando este control es posible asociar una imagen con cada elemento de la lista.

Cada elemento de la lista es un objeto **ComboItem** único, y todos los elementos de la lista juntos forman la colección **ComboItems**. De esta forma se simplifica el manejo de las entradas de la lista, ya que podemos utilizar los conceptos aprendidos en el capítulo 2 acerca de objetos y de colecciones, como los métodos **Add**, **Remove** y **Clear**, las propiedades **Item** y **Count**, y las sentencias **For Each**, **With...** y **End With**. Por esta causa, algunas de las propiedades de la lista desplegable estándar, como **List**, **ListIndex** o **ItemData**, ya no son necesarias, porque su función puede ser sustituida por las propiedades y métodos de la colección.

Un objeto **ComboItem** pueden mostrar texto, imágenes o ambos a la vez y aparecer sangrado en relación con los demás elementos de la lista. Puede estar asociado a dos imágenes: la primera, especificada por la propiedad **Image**, aparecerá junto al texto del elemento de la lista, y la segunda, especificada por la propiedad **SelImage**, aparecerá cuando se selecciona el elemento en la lista.

Propiedades de un objeto ComboItem

Las propiedades asociadas con un objeto **ComboItem** particular que permitirán el acceso al mismo son:

- **Image**. Referencia la imagen de la lista de imágenes que será visualizada junto con el texto.

- **Indentation**. Especifica el número de espacios correspondiente al sangrado de la entrada formada por el objeto **ComboItem**.
- **Index**. Índice que identifica el objeto en la colección.
- **Key**. Cadena que identifica unívocamente el objeto en la colección.
- **Selected**. Cuando vale **True** significa que el objeto está seleccionado.
- **SelImage**. Referencia la imagen de la lista de imágenes que será visualizada en lugar de la especificada por **Image** cuando el objeto está seleccionado.
- **Text**. Especifica el texto que será visualizado junto con la imagen.

Propiedades de un control ImageCombo

Algunas propiedades de interés del control *ImageCombo* son las siguientes:

- **ComboItems**. Devuelve una referencia a la colección de objetos **ComboItem** del mismo nombre.
- **SelectedItem**. Devuelve una referencia a un objeto **ComboItem** seleccionado.
- **ImageList**. Especifica, si existe, el control *ImageList* que está vinculado con el control *ImageCombo*.

Agregar elementos al control ImageCombo

Para agregar un elemento nuevo a un control **ImageCombo**, utilice el método **Add** de la colección **ComboItems**. La sintaxis de este método es:

objeto.**Add(** *Index* **As Variant,**
Key **As Variant,**
Text **As Variant,**
Image **As Variant,**
SelImage **As Variant,**
Indentation **As Variant) As** *ComboItem*

Esta función crea un objeto **ComboItem**, lo agrega a la colección especificada por *objeto* y devuelve una referencia al objeto creado. Por ejemplo:

```
Dim elemento As ComboItem
Set elemento = ImageCombo1.ComboItems.Add(, , "elemento 1", 4, 5, 1)
```

Como ejemplo, cargue la aplicación *coolbar* anterior y añada al menú *Archivo* la orden *Abrir* con la intención de cargar los datos para los elementos del control *ImageCombo* desde un fichero. Según esto añada un control *CommonDialog1* para visualizar la caja de diálogo común *Abrir* y obtener el nombre del fichero.

El fichero que vamos a utilizar, *listin.lst*, equivale a un listín de teléfonos. El primer dato grabado en el fichero es el número de registros y a continuación están todos los registros que componen el mismo. La longitud de cada registro es variable y su estructura está definida por el tipo:

```
Public Type tipoPersona
  Nombre As String
  Apellidos As String
  Teléfono As String
  Dirección As String
  Categoría As String
End Type
```

El miembro *Categoría* identifica a las personas en uno de los tres grupos siguientes: amigos (valor "1"), clientes (valor "2") y proveedores (valor "3"). Esto no significa que el fichero esté ordenado. La declaraciones siguientes hacen referencia a estos datos.

```
Public Const NCATEGORÍAS = 3
Public mcategoría(1 To 3) As String
```

Incluya las declaraciones anteriores en un módulo denominado *CoolBar.bas*. Después inicie *mcategoría* en el procedimiento conducido por el evento **Load** del formulario:

```
Private Sub Form_Load()
  mcategoría(1) = "Amigos"
  mcategoría(2) = "Clientes"
  mcategoría(3) = "Proveedores"
End Sub
```

A continuación, añada un control lista de imágenes *ImageList2* con las imágenes que desee: una para el grupo amigos, otra para el grupo clientes, otra para el grupo proveedores, otra para un elemento particular de la lista y una última para un elemento particular de la lista cuando esté seleccionado:

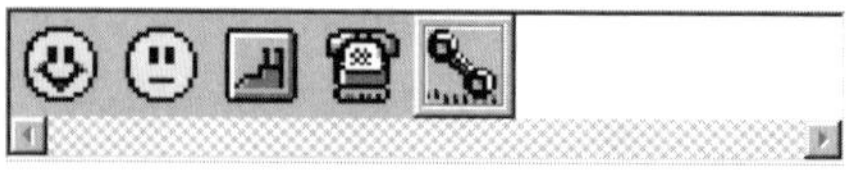

Visualice el diálogo *Páginas de propiedades* del control *ImageCombo* y asigne a su propiedad **ImageList** la lista de imágenes *ImageList2*.

Finalmente, edite el procedimiento vinculado con la orden *Abrir* para que abra el fichero que contiene la lista de teléfonos, lea los registros del fichero y los añada al control *ImageCombo1* agrupados por categorías.

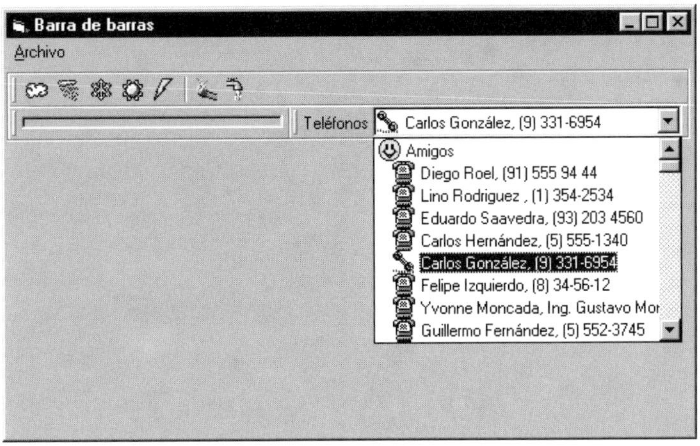


```
Private Sub ArchivoAbrir_Click()
  Dim sNombreFichero As String, NumFichero As Integer
  Dim reg As tipoPersona, regnulo As tipoPersona
  Dim categ As Integer, nregs As Integer
  With CommonDialog1
    .DialogTitle = "Abrir"
    .CancelError = False
    .Filter = "Todos los archivos (*.lst)|*.lst"
    .ShowOpen
    If Len(.FileName) = 0 Then
      Exit Sub
    End If
    sNombreFichero = .FileName
  End With

  ' Abrir el fichero
  NumFichero = FreeFile
  Open sNombreFichero For Input As #NumFichero
  ' Número de registros
  Input #NumFichero, nregs

  ' Leer los registros del fichero
  For categ = 1 To NCATEGORÍAS
    reg = regnulo
    reg.Categoría = categ
    AñadirElemento reg
```

```
    Do Until EOF(NumFichero)
      Input #NumFichero, reg.Nombre, reg.Apellidos, _
                         reg.Dirección, reg.Teléfono, reg.Categoría
      If reg.Categoría = categ Then
        AñadirElemento reg
      End If
    Loop
    Seek #NumFichero, 1
    Input #NumFichero, nregs ' para saltar el primer dato
  Next categ
  Close #1
End Sub

Private Sub AñadirElemento(datos As tipoPersona)
  Dim texto As String, categ As Integer
  Dim elemento As ComboItem
  If datos.Nombre = "" And datos.Apellidos = "" Then
    categ = datos.Categoría
    Set elemento = ImageCombo1.ComboItems.Add(, , mcategoría(categ), categ, categ, 0)
  Else
    texto = datos.Nombre & " " & datos.Apellidos & ", " & datos.Teléfono
    Set elemento = ImageCombo1.ComboItems.Add(, , texto, 4, 5, 1)
  End If
End Sub
```

CONTROL BARRA DE PROGRESO

El control **ProgressBar** muestra la evolución de una operación prolongada llenando un rectángulo en bloques de izquierda a derecha o de forma continuada, dependiendo del valor de la propiedad **Scrolling**: *ccScrollingStandard* (progreso con segmentos) o *ccScrollingSmooth* (progreso continuado).

Para poner a trabajar este control son esenciales dos parámetros, el intervalo y la posición actual:

- La duración completa de una operación está especificada por el intervalo, cuyos límites son establecidos por las propiedades **Max** y **Min**.
- La posición actual dentro del intervalo viene especificada por la propiedad **Value**.

Por ejemplo, vamos a suponer que al cargar el fichero desde el disco cuando ejecutamos la orden *Abrir* de la aplicación *coolbar*, queremos hacer un seguimiento visual de este proceso utilizando la barra de progreso colocada en la banda 2 de la barra de barras mostrada en la figura anterior.

Para realizar lo expuesto, en primer lugar estableceremos la propiedad **Max** del control *ProgressBar1*:

```
ProgressBar1.Max = nregs * NCATEGORÍAS
```

Si observa el procedimiento *ArchivoAbrir_Click* anterior comprobará que el total de registros del fichero se lee una vez por categoría, de ahí el valor asignado a la propiedad **Max** de *ProgressBar1*. Recuerde que el número de registros del fichero está grabado en la primera posición del mismo.

Finalmente, añada al procedimiento *ArchivoAbrir_Click* el código que se indica a continuación:

```
Private Sub ArchivoAbrir_Click()
  Dim sNombreFichero As String, NumFichero As Integer
  Dim reg As tipoPersona, regnulo As tipoPersona
  Dim categ As Integer, nregs As Integer, N As Integer

  With CommonDialog1
    .DialogTitle = "Abrir"
    .CancelError = False
    .Filter = "Todos los archivos (*.lst)|*.lst"
    .ShowOpen
    If Len(.FileName) = 0 Then
      Exit Sub
    End If
    sNombreFichero = .FileName
  End With

  ' Abrir el fichero
  NumFichero = FreeFile
  Open sNombreFichero For Input As #NumFichero
  ' Número de registros
  Input #NumFichero, nregs
  ' Barra de progreso
  ProgressBar1.Max = nregs * NCATEGORÍAS
  N = 1 ' primer valor para ProgressBar1.Value

  ' Leer los registros del fichero
  For categ = 1 To NCATEGORÍAS
    reg = regnulo
    reg.Categoría = categ
    AñadirElemento reg
    Do Until EOF(NumFichero)
      Input #NumFichero, reg.Nombre, reg.Apellidos, _
                         reg.Dirección, reg.Teléfono, reg.Categoría
      If reg.Categoría = categ Then
        AñadirElemento reg
      End If
```

```
      ' Barra de progreso
      ProgressBar1.Value = N
      N = N + 1
    Loop
    Seek #NumFichero, 1
    Input #NumFichero, nregs ' para saltar el primer dato
  Next categ
  Close #1
End Sub
```

CONTROL TreeView

El control *TreeView* visualiza una lista jerárquica de elementos, denominados también nodos, compuestos cada uno de ellos por una etiqueta y, opcionalmente, por un icono procedente de una lista de imágenes. A su vez, cada elemento puede tener asociados una lista de subelementos que el usuario puede expandir o recoger haciendo clic sobre dicho elemento. Un ejemplo del control *TreeView* es el árbol de directorios visualizado en el panel izquierdo del explorador de Windows.

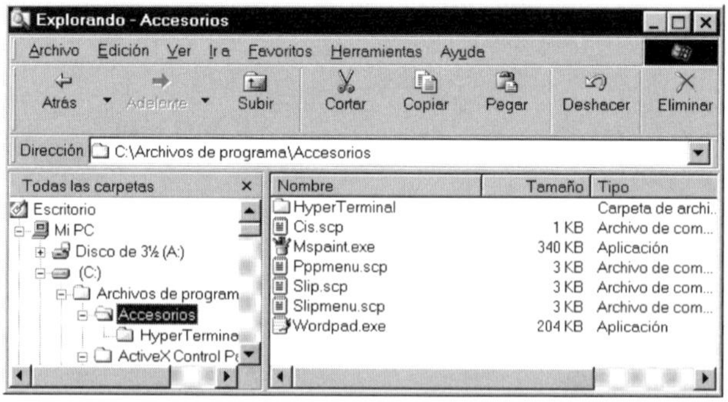

El control *TreeView* puede visualizar su contenido utilizando diferentes estilos. Para establecer un determinado estilo, asignaremos a la propiedad **Style** de *TreeView* un valor de los siguientes:

- *tvwTextOnly*. Utilizar sólo texto.
- *tvwPictureText*. Utilizar imagen y texto.
- *tvwPlusMinusText*. Utilizar +, – y texto.
- *tvwPlusPictureText*. Utilizar +, –, imagen y texto.
- *tvwTreelinesText*. Utilizar líneas y texto.
- *tvwTreelinesPictureText*. Utilizar líneas, imagen y texto.
- *tvwTreelinesPlusMinusText*. Utilizar líneas, +, – y texto.

- *tvwTreelinesPlusMinusPictureText*. Utilizar líneas, +, –, imagen y texto. Es el estilo predeterminado.

Si la propiedad **Style** incluye líneas, la propiedad **LineStyle** determinará la apariencia de éstas; en otro caso, la propiedad **LineStyle** no se tiene en cuenta. Los valores que puede tomar esta propiedad son los siguientes:

- *tvwTreeLines*. Muestra líneas entre los nodos del mismo nivel y su nodo primario. Es el estilo predeterminado.
- *tvwRootLines*. Además de las líneas entre los nodos del mismo nivel y su nodo primario, se muestran líneas entre los nodos raíz.

Como ejemplo, construya una aplicación utilizando el *Asistente para aplicaciones de VB* denominada *TreeListView* con las características que puede observar en la figura siguiente:

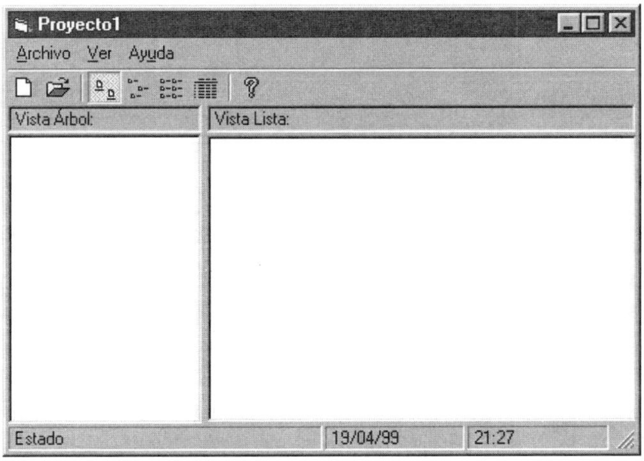

Para ello, ejecute el *Asistente para aplicaciones de VB* y responda a los diálogos que se le presentan según lo especificado a continuación:

Introducción: ninguno.
Tipo de interfaz: de *tipo explorador.*
Menús: *Archivo* con las órdenes *Abrir*, *Nuevo* y *Cerrar.*
Ver con las órdenes *Barra de herramientas*, *Barra de estado*, *Iconos grandes*, *Iconos pequeños*, *Lista* y *Detalles.*
Ayuda con la orden *Acerca de.*
Barra de herramientas: con los botones correspondientes a las órdenes de *Abrir*, *Nuevo*, *Iconos grandes*, *Iconos pequeños*, *Lista*, *Detalles* y *Ayuda.*
Recursos: No.
Conexión a Internet: No.

Formularios estándar: cuadro de diálogo *Acerca de.*
Formularios de acceso a datos: No.
Finalizado: ninguno.

Si ejecuta la aplicación generada, observará que se visualiza una ventana principal con dos paneles, según se puede observar en la figura anterior. La vista del panel izquierdo es un control *TreeView* y la vista del panel derecho es un control *ListView*. Además, el *Asistente para aplicaciones de VB* ha añadido el código necesario para permitir al usuario cambiar de tamaño cualquiera de los paneles arrastrando la barra separadora que hay entre ambos, o bien para que su tamaño se ajuste automáticamente al tamaño de la ventana cuando se redimensione ésta.

Añada un control *ImageList* denominado *imlTreeViewIcons* con los iconos de 16 × 16 que vamos a utilizar en el árbol. Después, vincule esta lista de imágenes al control *TreeView* asignando dicha lista a su propiedad **ImageList**.

Nodos de un control TreeView

Un árbol se compone de ramas sucesivas de nodos. Cada nodo es un objeto **Node** perteneciente a la colección **Nodes** y consta normalmente de una imagen proporcionada por una lista de imágenes (propiedad **Image**) y una etiqueta (propiedad **Text**). Además, puede tener asociada otra imagen más (propiedad **SelectedImage**) que será visualizada cuando se seleccione el nodo.

Nodos padre e hijo

En un control *TreeView* cualquier nodo puede tener nodos secundarios. Un nodo que contiene nodos secundarios se denomina *nodo padre*, y sus nodos secundarios, *nodos hijo*.

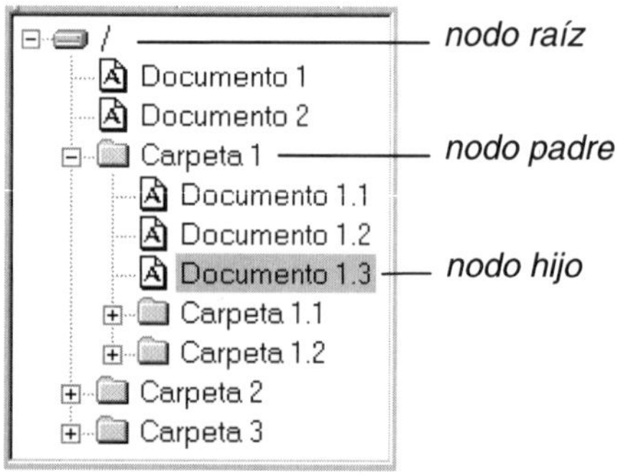

Un nodo hijo es visualizado debajo de su nodo padre y desplazado a la derecha para mostrar visualmente que está subordinado. Un nodo que no tiene *padre* aparece en la cima de la jerarquía y se denomina *raíz*.

Añadir elementos a un control TreeView

Para añadir nodos a un control *TreeView* utilizaremos el método **Add** de la colección **Nodes** asociada con el control. La sintaxis de esta función es la siguiente:

objeto.**Add**(*NodoReferencia, PosRelativa, clave, texto, imagen, imgSelección*)

Esta función crea un objeto **Node** y lo añade a la colección **Nodes** del control *TreeView* especificada por *objeto*. El nuevo nodo se añade en la posición especificada por *PosRelativa* respecto del nodo indicado por *NodoReferencia*. Los valores para el argumento *PosRelativa* pueden ser:

- *tvwFirst*. El nodo se añade antes de todos los nodos del mismo nivel que el especificado por *NodoReferencia*.
- *tvwLast*. El nodo se añade después de todos los nodos del mismo nivel que el especificado por *NodoReferencia*.
- *tvwNext*. El nodo se añade después del especificado por *NodoReferencia*.
- *tvwPrevious*. El nodo se añade antes del especificado por *NodoReferencia*.
- *tvwChild*. El nodo que se añade es hijo del especificado por *NodoReferencia*.

Si el argumento *NodoReferencia* no se especifica, el nuevo nodo se situará en la última posición del nivel superior de la jerarquía de nodos.

El significado del resto de los argumentos es: *clave* es una cadena única que puede utilizarse para recuperar el nodo con el método **Item**; *texto* es la etiqueta que aparece en el nodo, junto a la imagen, si existe; *imagen* es el índice o la clave de la imagen del nodo en la lista de imágenes asociada; *imgSelección* es el índice o la clave de la imagen en la lista de imágenes asociada, que visualizará el nodo cuando esté seleccionado. Todos los argumentos son opcionales excepto *texto*.

Por ejemplo, el código siguiente crearía el árbol de la figura mostrada a continuación:

```
TreeView1.LineStyle = tvwRootLines
Dim nodoX As Node ' variable nodoX de tipo Node
```

```
' Primer nodo "Raíz" con el texto "Teléfonos"
Set nodoX = TreeView1.Nodes.Add(, , "Raíz", "Teléfonos")
' Nodo "Amigos" hijo de "Raíz"
Set nodoX = TreeView1.Nodes.Add("Raíz", tvwChild, "Amigos", "Amigos")
' Nodos con texto "Persona" hijos de "Amigos"
Set nodoX = TreeView1.Nodes.Add("Amigos", tvwChild, , "Persona 1")
Set nodoX = TreeView1.Nodes.Add("Amigos", tvwChild, , "Persona 2")
' Nodo "Clientes" hijo de "Raíz"
Set nodoX = TreeView1.Nodes.Add("Raíz", tvwChild, "Clientes", "Clientes")
' Nodos "Persona" hijos de "Clientes"
Set nodoX = TreeView1.Nodes.Add("Clientes", tvwChild, , "Persona 3")
Set nodoX = TreeView1.Nodes.Add("Clientes", tvwChild, , "Persona 4")
Set nodoX = TreeView1.Nodes.Add("Clientes", tvwChild, , "Persona 5")
' Nodo "Proveedores" hijo de "Raíz"
Set nodoX = TreeView1.Nodes.Add("Raíz", tvwChild, "Proveedores", "Proveedores")
' Nodo "Persona" hijo de "Proveedores"
Set nodoX = TreeView1.Nodes.Add("Proveedores", tvwChild, , "Persona 6")
```

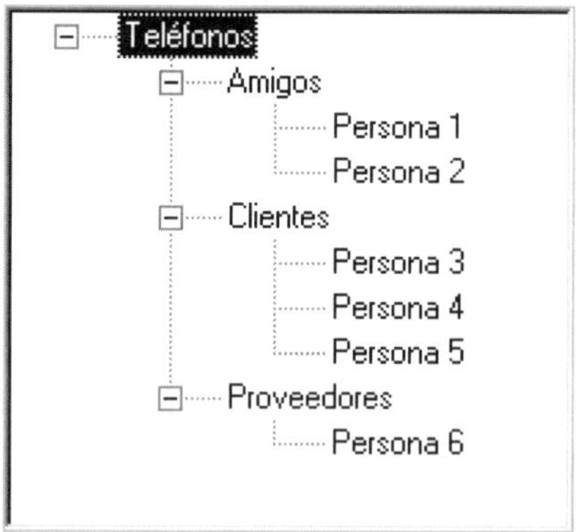

Eliminar uno o más nodos de un control TreeView

Para eliminar un nodo de la colección asociada con un control *TreeView* invoque al método **Remove** y para eliminar todos los nodos, invoque al método **Clear**. Por ejemplo, cuando se ejecuta el siguiente procedimiento se elimina el nodo seleccionado, incluyendo sus nodos hijos.

```
Private Sub BorrarNodo_Click()
  TreeView1.Nodes.Remove (TreeView1.SelectedItem.Index)
End Sub
```

La propiedad **SelectedItem** devuelve una referencia al nodo seleccionado de un árbol.

Propiedades de un objeto Node

Después de insertar un nodo en el control *TreeView*, puede acceder a sus atributos utilizando las propiedades del objeto **Node**. Algunas de ellas son:

- **Text**. Permite acceder al texto que se visualiza a continuación de la imagen de un nodo.
- **Index**. Índice del nodo en la colección.
- **Key**. Cadena que identifica unívocamente un nodo de la colección.
- **Tag**. Almacena cualquier dato adicional necesario en la aplicación.
- **Image**. Permite acceder a la imagen que representa al nodo cuando no está seleccionado y cuando está seleccionado, si no hay una segunda imagen proporcionada por la propiedad **SelectedImage**.
- **SelectedImage**. Permite acceder a la imagen utilizada por el nodo cuando está seleccionado.
- **Parent**. Permite acceder al nodo padre de un nodo.
- **Root**. Devuelve una referencia al nodo raíz del árbol.
- **Child**. Permite acceder al primer nodo hijo de un nodo.
- **Expanded**. Determina si un nodo se encuentra expandido o contraído.
- **FirstSibling**. Devuelve el primer nodo del mismo nivel que el especificado.
- **LastSibling**. Devuelve el último nodo del mismo nivel que el especificado.
- **Next**. Devuelve el siguiente nodo del mismo nivel que el especificado.
- **Previous**. Devuelve el nodo anterior del mismo nivel que el especificado.
- **FullPath**. Devuelve la ruta completa del nodo en el árbol.
- **Sorted**. Cuando esta propiedad vale **True** para un nodo específico, indica que sus nodos hijos aparecerán ordenados alfabéticamente por la propiedad **Text**.

Continuando con el desarrollo del proyecto *TreeListView*, vamos a ver cómo crear un árbol en base al contenido del fichero *listin.lst* utilizado en la aplicación *coolbar* anterior (listín de teléfonos). Recuerde que los registros de este fichero eran de longitud variable y su estructura estaba definida por el tipo:

```
Public Type tipoPersona
  Nombre As String
  Apellidos As String
  Teléfono As String
  Dirección As String
  Categoría As String
End Type
```

donde *Categoría* identificaba a las personas en uno de los tres grupos, amigos (valor "1"), clientes (valor "2") y proveedores (valor "3"). Por lo tanto, añada la declaración *tipoPersona* al módulo *module1* del proyecto.

El árbol tendrá la estructura que puede observar en la figura siguiente:

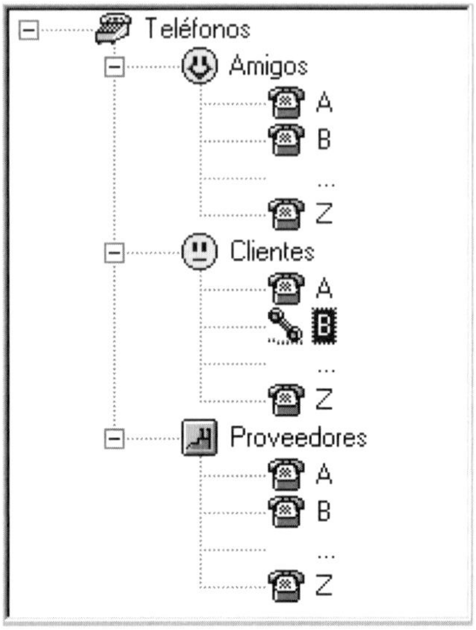

Lo que se persigue con la estructura en árbol anterior, es tener clasificado el listín de teléfonos por categorías y cada categoría por orden alfabético. Un clic sobre uno de los nodos A, B, etc. supondrá visualizar en otro control (por ejemplo, en el control *ListView*) las personas cuyos apellidos empiecen por la inicial seleccionada en el grupo al que pertenezca el nodo.

Para crear el árbol de la figura anterior vamos a escribir un procedimiento incluido en el formulario denominado *CrearArbol*. Previamente, escriba las declaraciones siguientes en *Module1*.

```
Public Const NCATEGORÍAS = 3
Public mcategoría(1 To 3) As String
```

Después inicie *mcategoría* en el procedimiento conducido por el evento **Load** del formulario:

```
Private Sub Form_Load()
  mcategoría(1) = "Amigos"
  mcategoría(2) = "Clientes"
  mcategoría(3) = "Proveedores"
End Sub
```

Finalmente, añada el procedimiento *CrearArbol* y edítelo como se indica a continuación:

```
Private Sub CrearArbol()
  Dim nodoX As Node, N As Integer, C As Byte

  ' Primer nodo "Raíz" con el texto "Teléfonos"
  Set nodoX = tvTreeView.Nodes.Add(, , "Raíz", "Teléfonos", "raíz")
  nodoX.Tag = "Raíz" ' nodo raíz
  ' Nodos restantes
  For N = 1 To NCATEGORÍAS
    ' Nodos hijo de "Raíz"
    Set nodoX = tvTreeView.Nodes.Add("Raíz", tvwChild, _
                mcategoría(N), mcategoría(N), N)
    nodoX.Tag = N ' categoría N
    ' Nodos hijo de mcategoría(N)
    For C = Asc("A") To Asc("Z")
      Set nodoX = tvTreeView.Nodes.Add(mcategoría(N), tvwChild, , _
                  Chr(C), "persona", "selección")
    Next C
  Next N
End Sub
```

Observe que para identificar posteriormente en la aplicación qué nodos corresponden a personas y cuáles no, hemos utilizado la propiedad **Tag** del nodo. Los nodos correspondientes a personas no almacenan ninguna información en esta propiedad; los otros sí.

Enlazar el árbol con los datos

Cuando el usuario haga clic sobre un nodo del árbol para seleccionarlo, ocurrirá el evento **NodeClick**. Por lo tanto, el procedimiento que responda a este evento nos permitirá ejecutar las acciones deseadas.

Siguiendo con nuestro proyecto, la respuesta al evento **NodeClick** debe ser visualizar los registros almacenados en el fichero de la categoría elegida y cuyo campo apellidos comience por la inicial visualizada por la etiqueta del nodo. Esto significa realizar una búsqueda en el fichero por los registros que cumplan esa características. Con el fin de agilizar todo este proceso, vamos a almacenar los datos del fichero en una matriz de registros de tipo *tipoPersona* que tenga un número de columnas igual al de categorías. Para ello añada al módulo *Module1* las siguientes declaraciones:

```
Public mlistin() As tipoPersona
Public nfilas(1 To NCATEGORÍAS) As Integer
```

La variable *mlistin* es la matriz dinámica que almacenará los registros del fichero y *nfilas* es una matriz que almacenará el número de registros por categoría (el número de filas ocupadas por columna en *mlistin*).

Cuando el usuario ejecute la aplicación, lo primero que debe hacer es seleccionar la orden *Abrir* del menú *Archivo* y cargar el fichero que contiene el listín de teléfono con el que deseamos trabajar. Este proceso lo realizará el procedimiento *mnuFileOpen_Click* asociado con la orden *Abrir* para el evento **Click**. Si la carga resulta satisfactoria, entonces *mnuFileOpen_Click* invocará a su vez al procedimiento *CrearArbol*.

De forma resumida, el procedimiento *mnuFileOpen_Click* realiza las siguientes operaciones:

- Visualiza el diálogo *Abrir* para obtener el nombre del fichero que deseamos cargar.

- Lee el número de registros del fichero (dato almacenado en la primera posición del fichero) con el fin de asignar memoria para la matriz *mlistin*. El número de filas de esta matriz será, en el caso más desfavorable, igual al número de registros del fichero, y tendrá una columna por categoría.

- Lee los registros del fichero y los almacena en la matriz *mlistin* por categorías. En nuestro ejemplo, la columna 1 contiene los teléfonos correspondientes a las personas clasificadas como "amigos", la columna 2 los teléfonos de los "clientes" y la 3 los teléfonos de los "proveedores". Simultáneamente se guardan en la matriz *nfilas* los registros almacenados en cada columna de *mlistin* (*nfilas(1)* contiene el número de registros almacenados en la columna uno de *mlistin*, y así sucesivamente).

- Finalmente, construye el árbol invocando a la función *CrearArbol* expuesta anteriormente.

```
Private Sub mnuFileOpen_Click()
  Dim sNombreFichero As String, NumFichero As Integer
  Dim reg As tipoPersona
  Dim categ As Integer, N As Integer
  With CommonDialog1
    .DialogTitle = "Abrir"
    .CancelError = False
    .Filter = "Todos los archivos (*.lst)|*.lst"
    .ShowOpen
    If Len(.FileName) = 0 Then
      Exit Sub
    End If
```

```
    sNombreFichero = .FileName
  End With

  On Error GoTo RutinaError
  ' Abrir el fichero
  NumFichero = FreeFile
  Open sNombreFichero For Input As #NumFichero
  ' Matriz mlistin
  Input #NumFichero, N
  ReDim mlistin(1 To N, 1 To NCATEGORÍAS)

  ' Leer los registros del fichero
  For categ = 1 To NCATEGORÍAS
    N = 0
    Do Until EOF(NumFichero)
      Input #NumFichero, reg.Nombre, reg.Apellidos, _
                         reg.Dirección, reg.Teléfono, reg.Categoría
      If reg.Categoría = categ Then
        N = N + 1
        mlistin(N, categ) = reg
      End If
    Loop
    nfilas(categ) = N ' número de filas por columna
    Seek #NumFichero, 1
    Input #NumFichero, N ' para saltar el dato número de registros
  Next categ
  Close #1
  CrearArbol
  Exit Sub
RutinaError:
  MsgBox Err.Description
End Sub
```

Seleccionar un elemento

Una vez creado el árbol, lo que nos queda por hacer es escribir el código que responda a la acción de seleccionar un elemento, evento **NodeClick**. Según dijimos anteriormente, lo que queremos es que cada vez que el usuario haga clic sobre uno de los nodos A, B, etc. se visualicen en otro control los datos de las personas pertenecientes al grupo al que pertenezca el nodo cuyos apellidos empiecen por la inicial seleccionada. El procedimiento siguiente realiza el proceso descrito.

```
Private Sub tvTreeView_NodeClick(ByVal Node As MSComctlLib.Node)
  ' Enlace del árbol con el fichero de datos a través
  ' de la matriz mnlista
  Dim N As Integer, categ As Integer, str As String
  If Node.Tag <> "" Then Exit Sub
  categ = Node.Parent.Tag
```

```
    For N = 1 To nfilas(categ)
      With mlistin(N, categ)
        If Left(.Apellidos, 1) = Node.Text Then
          ' Pertenece a este nodo.
          ' Añadirlo al control de visualización.
          str = str & .Apellidos & " " & .Teléfono & vbCrLf
        End If
      End With
    Next N
    MsgBox str
    str = ""
  End Sub
```

Inicialmente, hemos utilizado una caja de diálogo para visualizar los teléfonos de un grupo que empiecen por una determinada inicial. A continuación sustituiremos este modo de presentación por uno más adecuado, una vista en forma de lista (control *ListView*).

CONTROL ListView

El control *ListView* visualiza una colección de elementos compuestos cada uno de ellos por un icono procedente de una lista de imágenes y una etiqueta. Dichos elementos son expuestos de cuatro formas diferentes, denominadas "vistas".

La utilización de una u otra vista viene determinada por la propiedad **View**. A continuación se exponen de una forma breve las características de estas vistas:

- *Vista de iconos*. Predeterminada. Se obtiene asignando a la propiedad **View** el valor *lvwIcon*. Cada elemento aparece como un icono de 32 × 32 píxeles con una etiqueta debajo del mismo.

- *Vista de iconos pequeños*. Se obtiene asignando a la propiedad **View** el valor *lvwSmallIcon*. Cada elemento es un icono de 16 × 16 píxeles con una etiqueta a la derecha del mismo. Los elementos aparecen horizontalmente.

- *Vista de lista*. Se obtiene asignando a la propiedad **View** el valor *lvwList*. Cada elemento aparece como un icono pequeño con una etiqueta a la derecha del mismo. Los elementos son colocados en columnas.

- *Vista de informe*. Se obtiene asignando a la propiedad **View** el valor *lvwReport*. Cada elemento aparece sobre su propia línea, con información adicional colocada en columnas a la derecha. En este caso, cada elemento puede tener varios subelementos. La columna situada más a la izquierda contiene el icono pequeño y la etiqueta, y las columnas siguientes contienen el resto de la información proporcionada por los subelementos del elemento.

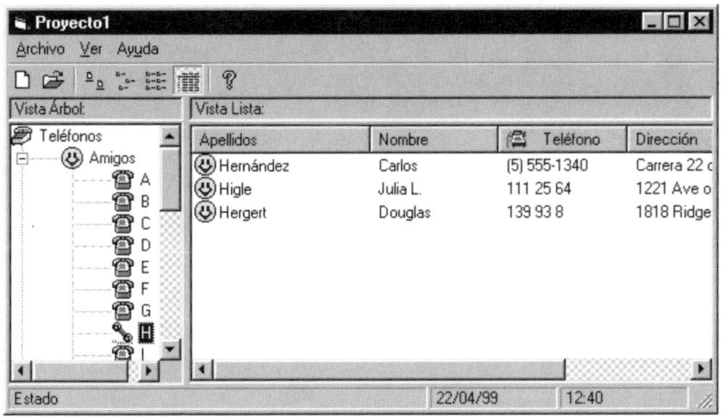

Si piensa utilizar más de una vista y desea mostrar iconos, debe establecer las propiedades **SmallIcon** e **Icon** de cada elemento (objeto **ListItem**).

En la vista de informe el usuario puede cambiar el tamaño de la columna si arrastra el borde derecho de un encabezado de columna hasta obtener el tamaño deseado. También puede utilizar el evento **ColumnClick** y las propiedades **Sorted**, **SortOrder** y **SortKey** para ordenar los elementos o los subelementos cuando el usuario hace clic en un encabezado de columna. Si lo desea puede ocultar los encabezados de columna asignando a la propiedad **HideColumnHeaders** el valor **True**.

Listas de imágenes para un control ListView

Como ejemplo, cargue la aplicación *TreeListView* desarrollada anteriormente y añada al formulario dos controles *ImageList*: uno, *imlListViewSmallIcons*, para los iconos pequeños (16 × 16); y otro, *imlListViewIcons*, para los iconos normales (32 × 32). El aspecto de ambas puede ser el siguiente:

Asigne las listas de imágenes al control *ListView*. Para ello, abra el diálogo *Páginas de propiedades* del control, haga clic en la pestaña *Lista de imágenes* y asigne a *Normal* (propiedad **Icons**) la lista *imlListViewIcons* y a *Pequeño* (propiedad **SmallIcons**) la lista *imlListViewSmallIcons*.

En la *vista de iconos* se utilizan los iconos normales para representar cada objeto **ListItem**. Por el contrario, en las vistas de *iconos pequeños*, de *lista* e *informe*, se utilizan los iconos pequeños.

Añadir elementos a un control ListView

Los elementos de un control *ListView* son objetos **ListItem**. Cada uno de estos objetos consta de una etiqueta (propiedad **Text**) y una imagen opcional suministrada por un control *ImageList*.

Para añadir elementos a un control *ListView* utilizaremos el método **Add** de la colección **ListItems**. Su sintaxis es la siguiente:

objeto.**Add**(*índice, clave, texto, icono, iconoPequeño*)

El significado de cada uno de los argumentos es el siguiente: *índice* es la posición en la que desea insertar el elemento (si no se especifica, el elemento se agregará al final de la colección **ListItems**), *clave* es una expresión de cadena única que puede utilizarse para tener acceso a un miembro de la colección, *texto* es la etiqueta que se visualizará junto al icono, e *icono* e *iconoPequeño* son los índices o las claves de las imágenes, en sus respectivas listas de imágenes, que se desean mostrar.

El código siguiente declara primero una variable de tipo **ListItem**. Después vincula la lista de imágenes para la vista de iconos, *ImageList1*, con el control *ListView*, establece el tipo de vista, y a continuación invoca al método **Add** que crea un objeto **ListItem**, lo añade a la colección **ListItems** y devuelve una referencia que se asigna a la variable *elementoX*. Después se asigna a la propiedad **Icon** del elemento la clave de la imagen que se quiere mostrar en al vista de iconos, y a **Text** la etiqueta que se mostrará junto a la imagen:

```
Dim elementoX As ListItem

ListView1.Icons = ImageList1 ' imágenes para la vista de iconos
ListView1.View = lvwIcon     ' vista de iconos
' Añadir un elemento vacío a la colección
Set elementoX = ListView1.ListItems.Add()
' Datos para el elemento
elementoX.Icon = "amigos"
elementoX.Text = "Apellidos"
```

También puede acceder a la colección de objetos **ListItems** del control *ListView* a través de su propiedad **ListItems**. Esta propiedad devuelve una referencia a la colección **ListItems** del objeto *ListView* especificado.

Añadir columnas a un control ListView

Cuando el control *ListView* visualiza su contenido en el estilo *vista de informe* muestra varias columnas, una por cada subelemento de los elementos de dicho control. El *explorador* de Windows es un ejemplo. La primera columna muestra los iconos y las etiquetas. Las columnas siguientes muestran el tamaño del fichero, su tipo, la fecha de la última vez que fue modificado, etc. Esto indica que siempre hay una columna en el control *ListView*, la columna 1. Esta columna contiene los elementos (objetos **ListItem**), no sus subelementos. Los subelementos están a partir de la segunda columna.

Cada columna es un objeto **ColumnHeader** perteneciente a la colección **ColumnHeaders** del control *ListView*.

Para añadir columnas a un control *ListView* utilizaremos el método **Add** de la colección **ColumnHeaders**. Su sintaxis es la siguiente:

objeto.**Add**(*índice, clave, texto, ancho, alineación, icono*)

El significado de cada uno de los argumentos es el siguiente: *índice* es la posición de la cabecera en la colección, *clave* es una expresión de cadena única que puede utilizarse para tener acceso a un miembro de la colección, *texto* es la cadena que se visualiza como cabecera, *ancho* especifica la anchura de la cabecera, *alineación* determina la alineación del texto en la cabecera, e *icono* es el índice o la clave de una imagen de la lista de imágenes a la que hace referencia la propiedad **SmallIcons**.

El código siguiente declara primero una variable de tipo **ColumnHeader**. Después vincula la lista de imágenes para las cabeceras, *ImageList1*, con el control *ListView*, establece el tipo *vista de informe*, y a continuación invoca al método **Add** que crea un objeto **ColumnHeader**, lo añade a la colección **ColumnHeaders** y devuelve una referencia que se asigna a la variable *columnaX*. Después se asigna a la propiedad **Width** de la cabecera la anchura de ésta, y a **Text** el texto que se mostrará en dicha cabecera. Finalmente, se asigna un icono al elemento de cabecera 3:

```
Dim columnaX As ColumnHeader ' variable cabecera de columna
Dim ncol As Integer

ListView1.ColumnHeaderIcons = ImageList1 ' imágenes para las cabec.
ListView1.View = lvwReport               ' vista de informe
For ncol = 1 To 3
  ' Añadir una cabecera vacía a la colección
  Set columnaX = ListView1.ColumnHeaders.Add()
```

```
    ' Datos para la cabecera
    columnaX.Width = ListView1.Width / 3
    columnaX.Text = "Columna " & ncol
Next ncol
ListView1.ColumnHeaders(3).Icon = "icono5"
```

Los elementos de cabecera pueden también ser establecidos a través del diálogo *Página de propiedades* del control *ListView*.

Los elementos de cabecera sólo se pueden ver en la vista de informe, y cuando se hace clic en uno de ellos ocurre el evento **ColumnClick**. Por lo tanto, el procedimiento que responda a ese evento es idóneo, por ejemplo, para ordenar los elementos por ese elemento de datos.

También se puede eliminar un elemento de cabecera. Cuando esto suceda, se eliminarán todos los subelementos asociados a la columna y se actualizarán los índices del resto de las columnas.

Asimismo, es posible ocultar todos los elementos de cabecera utilizando la propiedad **HideColumnHeaders** de *ListView*.

También puede acceder a la colección de objetos **ColumnHeader** del control *ListView* a través de su propiedad **ColumnHeaders**. Esta propiedad devuelve una referencia a dicha colección para el objeto *ListView* especificado.

Como ejemplo, vamos a añadir elementos de cabecera a nuestra aplicación *TreeListView*. Previamente, añada un icono más a la lista *imlListViewSmallIcons* representativo de la columna *Teléfono* que añadiremos a continuación. Después, abra el diálogo *Página de propiedades* del control *ListView* y realice los puntos indicados a continuación:

- Haga clic en la pestaña *Lista de imágenes* y vincule con los *Encabezado de columna* la lista *imlListViewSmallIcons*.

- Haga clic en la pestaña *Encabezados de columna* y añada las cabeceras: *Apellidos*, *Nombre*, *Teléfono* y *Dirección* con las claves *ape*, *nom*, *tfno* y *direc*, respectivamente. Asigne a la propiedad *Index* de *Teléfono* el índice del icono que añadió anteriormente. Después ajuste las anchuras de las columnas.

Añadir los subelementos

Según se desprende del apartado anterior, un elemento de un control *ListView* puede tener asociados uno o más subelementos. Un subelemento es una cadena de caracteres que, en la *vista de informe*, puede ser visualizado en una columna a la derecha del icono y la etiqueta.

Todos los elementos en un control *ListView* deben tener el mismo número de subelementos y, según vimos en el apartado anterior, cada columna está asociada con uno de estos subelementos.

Cada subelemento es un objeto **ListSubItem** perteneciente a la colección **ListSubItems** del control *ListView*.

Para añadir subelementos a un elemento de un control *ListView* utilizaremos el método **Add** de la colección **ListSubItems**. Su sintaxis es la siguiente:

objeto.**Add** (*índice, clave, texto, icono, ToolTipText)*

El significado de cada uno de los argumentos es el siguiente: *índice* es la posición donde se insertará el subelemento en la colección (si no se especifica se agregará al final de la colección), *clave* es una expresión de cadena única que puede utilizarse para tener acceso a un miembro de la colección, *texto* es la cadena que se visualiza en la vista de informe, *icono* es el índice o la clave de una imagen de la lista de imágenes a la que hace referencia la propiedad **SmallIcons** y *ToolTipText* es una cadena que se muestra cuando el puntero del ratón se sitúa sobre el subelemento.

El código siguiente declara primero una variable de tipo **ListSubItem**. Después invoca al método **Add** que crea un objeto **ListSubItem**, lo añade a la colección **ListSubItems** de elemento uno de la colección **ListItems** y devuelve una referencia que se asigna a la variable *subElementoX*. Después se asigna a la propiedad **Text** el texto que se mostrará en dicho subelemento. Finalmente, se repite el proceso para añadir un segundo subelemento al mismo elemento:

```
Dim subElementoX As ListSubItem

Set subElementoX = ListView1.ListItems(1).ListSubItems.Add()
subElementoX.Text = "Subelemento A"
Set subElementoX = ListView1.ListItems(1).ListSubItems.Add()
subElementoX.Text = "Subelemento B"
```

También puede acceder a la colección de objetos **ListSubItems** de un objeto **ListItem** a través de la propiedad **ListSubItems** del control *ListView*. Esta propiedad devuelve una referencia a dicha colección para el objeto **ListItem** especificado.

Como ejemplo, vamos a aplicar lo expuesto a nuestro proyecto *TreeListView*. Concretamente lo que vamos a hacer es modificar el procedimiento *tvTreeView_-NodeClick* para que cada vez que el usuario haga clic sobre uno de los nodos A, B, etc. del control *TreeView*, se visualicen en el control *ListView* los datos de las personas pertenecientes al grupo al que pertenezca el nodo cuyos apellidos empiecen por la inicial seleccionada:

```
Private Sub tvTreeView_NodeClick(ByVal Node As MSComctlLib.Node)
  ' Enlace del árbol con el fichero de datos a través
  ' de la matriz mnlista
  Dim ElementoX As ListItem 'elemento de la lista
  Dim subElementoX As ListSubItem ' subelemento
  Dim N As Integer, categ As Integer

  lvListView.ListItems.Clear ' limpiar la lista
  If Node.Tag <> "" Then Exit Sub

  categ = Node.Parent.Tag
  For N = 1 To nfilas(categ)
    With mlistin(N, categ)
      If Left(.Apellidos, 1) = Node.Text Then
        ' Pertenece a este nodo.
        ' Añadirlo al control ListView.
        Set ElementoX = lvListView.ListItems.Add()
        ElementoX.Icon = categ
        ElementoX.SmallIcon = categ
        ElementoX.Text = .Apellidos
        ' Añadir los subelementos del elemento añadido
        Set subElementoX = ElementoX.ListSubItems.Add()
        subElementoX.Text = .Nombre
        Set subElementoX = ElementoX.ListSubItems.Add()
        subElementoX.Text = .Teléfono
        Set subElementoX = ElementoX.ListSubItems.Add()
        subElementoX.Text = .Dirección
      End If
    End With
  Next N
End Sub
```

Vistas del control ListView

Según dijimos anteriormente, el control *ListView* puede visualizar su contenido de cuatro formas diferentes, denominadas vistas, dependiendo la elección del valor de la propiedad **View**.

Observando el código generado por el asistente, concretamente el procedimiento *tbToolBar_ButtonClick*, vemos que el código que se ejecuta para alternar entre las distintas vistas al pulsar el botón correspondiente de la barra de herramientas es muy simple; asignar a la propiedad **View** el valor adecuado a la vista solicitada.

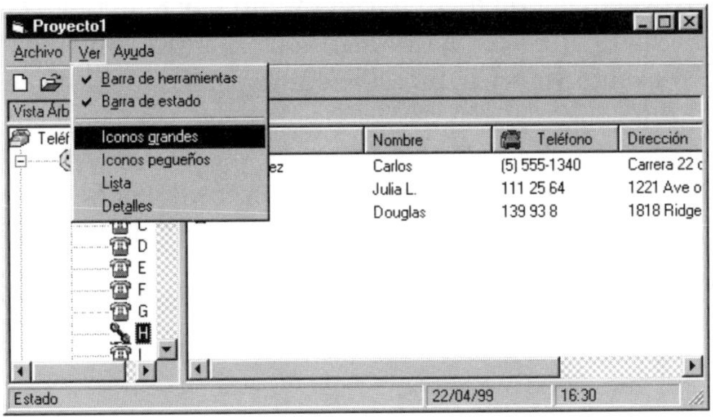

Para que las órdenes *Iconos grandes*, *Iconos pequeños*, *Lista* y *Detalles* del menú *Ver* actúen de forma igual que los botones correspondientes en la barra de herramientas, escriba el procedimiento indicado a continuación.

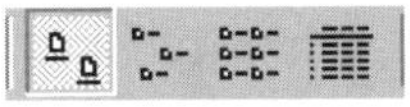

Observe a través del editor de menús que las órdenes a las que nos hemos referido forman una matriz de controles (propiedad **Index**). De ahí la existencia de un procedimiento común.

```
Private Sub mnuListViewMode_Click(Index As Integer)
  On Error Resume Next
  Select Case Index
    Case 0 ' ver iconos grandes
      lvListView.View = lvwIcon
      tbToolBar.Buttons(LISTVIEW_MODE0).Value = tbrPressed
    Case 1 ' ver iconos pequeños
      lvListView.View = lvwSmallIcon
      tbToolBar.Buttons(LISTVIEW_MODE1).Value = tbrPressed
    Case 2 ' ver lista
      lvListView.View = lvwList
      tbToolBar.Buttons(LISTVIEW_MODE2).Value = tbrPressed
    Case 3 ' ver detalles
      lvListView.View = lvwReport
      tbToolBar.Buttons(LISTVIEW_MODE3).Value = tbrPressed
  End Select
End Sub
```

Elemento seleccionado en un control ListView

Cuando se hace clic en un elemento (objeto **ListItem**) ocurre el evento **ItemClick**. Este evento ocurre antes que el evento **Click**, que se genera cuando se hace clic en cualquier parte del control *ListView*. El procedimiento que se ejecuta como respuesta al evento **ItemClick** recibe como parámetro el objeto **ListItem** sobre el que se ha hecho clic.

Como ejemplo, implementaremos el procedimiento que responda al evento **ItemClick** para que visualice sobre la barra de estado la etiqueta correspondiente al elemento seleccionado:

```
Private Sub lvListView_ItemClick(ByVal Item As MSComctlLib.ListItem)
  sbStatusBar.Panels(1).Text = Item.Text
End Sub
```

Ordenar los elementos de un control ListView

En más de una ocasión habrá notado que cuando se hace clic en el encabezado de una columna, los elementos mostrados en la vista de informe quedan ordenados según el contenido de esa columna. Por esta razón, la propiedad **SortKey** suele incluirse en el evento **ColumnClick** para ordenar la lista según la columna en la que se ha hecho clic y de acuerdo al criterio de ordenación establecido.

```
Private Sub lvListView_ColumnClick( _
                 ByVal ColumnHeader As MSComctlLib.ColumnHeader)
  ' Clic en una cabecera. Ordenar por esa columna
  lvListView.Sorted = True
  lvListView.SortOrder = lvwAscending
  lvListView.SortKey = ColumnHeader.Index - 1
End Sub
```

La propiedad **SortOrder** determina si los objetos **ListItem** de un control *ListView* se muestran en orden ascendente o descendente.

La propiedad **SortKey** determina cómo se ordenan los objetos **ListItem** de un control *ListView*: un valor 0 indica que se ordenarán según la propiedad **Text**, y un valor 1, 2, etc. indica que se ordenarán según el subelemento 1, 2, etc. (o lo que es lo mismo, columna 2, 3, etc.) cuyo índice de colección sea el especificado.

Para que las propiedades **SortOrder** y **SortKey** surtan efecto, la propiedad **Sorted** debe ser **True**.

CONTROL CUADRÍCULA

Algunas veces necesitará visualizar información distribuida en filas y columnas. Para realizar esto de una forma sencilla, Visual Basic, a partir de su versión 6, proporciona un control *ActiveX* denominado cuadrícula jerárquica (*MSHFlexGrid - Microsoft Hierarchical FlexGrid*) que amplía la funcionalidad del control cuadrícula estándar (*FlexGrid*) suministrado con Visual Basic 5.0.

El control cuadrícula visualiza la información en celdas. Una *celda* es la región formada por la intersección de una fila y una columna. El usuario puede situarse en una celda cualquiera haciendo clic sobre ella o utilizando las teclas de movimiento del cursor. Durante la ejecución, el usuario puede seleccionar una o más celdas, pero no puede modificar su contenido escribiendo directamente sobre ellas. La forma de modificar una celda es ejecutando el código apropiado.

En una cuadrícula pueden existir dos clases de filas o columnas, *fijas* y *no fijas*. El color por omisión de las filas o columnas fijas es gris, y el de las no fijas, blanco. Las más comunes son las filas y columnas *no fijas*. Cuando el número de filas y/o columnas es superior a la superficie de la cuadrícula, es posible utilizar barras de desplazamiento.

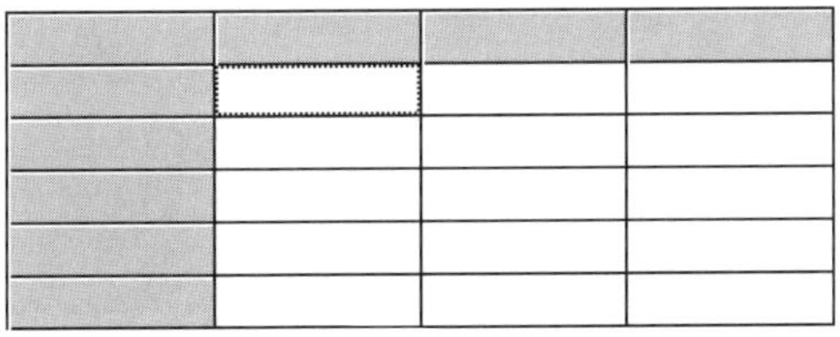

Durante la ejecución, puede actuar con el ratón sobre las filas o columnas fijas y modificar el tamaño de las celdas igual que lo hace en una hoja de cálculo, siempre que haya establecido la propiedad **AllowUserResizing**. Para ello, sitúe el cursor del ratón sobre cualquier línea divisoria y cuando cambie su aspecto, pulse el botón izquierdo y arrastre.

El control *Hierarchical FlexGrid* está basado en el control *FlexGrid* utilizado en Visual Basic 5.0, pero proporciona más opciones de presentación con las que puede definir un formato personalizado más ajustado a sus necesidades.

El control *MSHFlexGrid* muestra los datos en celdas y puede efectuar operaciones sobre ellos como si de una hoja de cálculo se tratara. Permite ordenar columnas, fusionar celdas y dar formato a los datos que contienen cadenas e imágenes. Puede trabajar de forma independiente o estar enlazado a un control de datos, en cuyo caso las celdas son de sólo lectura.

Construir una aplicación con una cuadrícula

Para ver la manera de utilizar una cuadrícula, vamos a desarrollar un aplicación para que a partir de los datos *zona*, *marca*, *modelo* y *ventas* relativos a objetos que usted puede imaginar, podamos visualizar qué número de ventas se han efectuado de cada modelo de cada marca y en cada zona.

La aplicación deberá reunir fundamentalmente las siguientes características:

- Visualizará una columna por cada concepto.
- Opcionalmente, combinará las celdas que sean iguales para que no aparezcan repetidas.
- Simulará la fuente de datos creando una matriz con valores para cada concepto obtenidos aleatoriamente.

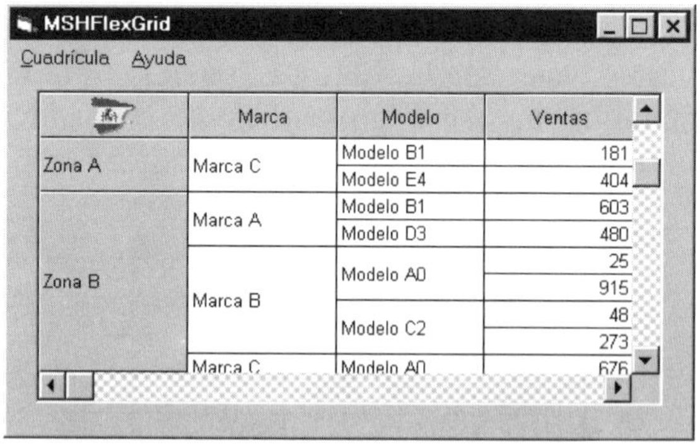

Para empezar, cree una nueva aplicación y asigne al formulario el título *MSHFlexGrid*. A continuación sitúe sobre el formulario un control *MSHFlexGrid* y establezca las propiedades que se especifican a continuación. Algunas de las propiedades tendrá que establecerlas obligatoriamente desde las páginas de propiedades del control. Ajuste los tamaños y guarde la aplicación con el nombre *flexgrid.vbp*, y el formulario con *flexgrid.frm*.

Name	MSHFlexGrid1
Rows	20
Cols	4
HighLight	0 - *Never*
ScrollBars	3 - *flexScrollBarBoth*
MergeCells	2 - *flexMergeRestrictRows*
FontName	Arial

La propiedad **Rows** establece o retorna el número total de filas, fijas y no fijas, y la propiedad **Cols**, el número total de columnas. El valor por omisión para ambas propiedades es *2*.

Las propiedades **FixedRows** y **FixedCols** establecen o retornan el número de filas y columnas fijas, respectivamente. El valor por omisión es *1*.

La propiedad **HighLight**, cuando su valor es *1* (*flexHighlightAlways*) o *2* (*flexHighlightWithFocus*), hace que las celdas seleccionadas aparezcan resaltadas.

La propiedad **ScrollBars** especifica si el objeto, en este caso la cuadrícula, no tiene barras de desplazamiento (valor *0*), tiene una barra de desplazamiento horizontal (valor *1*), tiene una barra de desplazamiento vertical (valor *2*) o tiene ambas barras de desplazamiento (valor *3*).

A continuación diseñe los menús que se muestran en la figura siguiente. El propósito de estos menús es puramente didáctico. Es una forma de exponer paso a paso las posibilidades básicas que le brinda un control *Cuadrícula*.

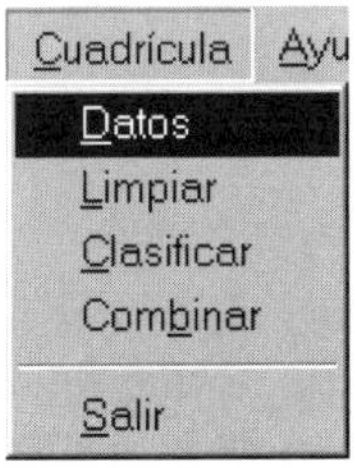

Iniciar la cuadrícula

Utilizaremos el procedimiento *Form_Load* para establecer el número de *zonas*, *marcas* y *modelos* relativos a los objetos puestos a la venta en esas zonas (defina a nivel del formulario las variables *nZonas*, *nMarcas* y *nModelos*), escribir en la fila fija los encabezados correspondientes a las columnas, establecer la anchura de las columnas, asignar a la celda (0, 0) un gráfico representativo del país donde se realiza la distribución y hacer que la celda (1, 1) pase a ser la celda actual.

Para recuperar o asignar el valor de una celda podemos proceder de dos formas: utilizando la propiedad **Text**, o bien la propiedad **TextArray**.

Al asignar valores, la propiedad **Text** establece el contenido de la celda actual o de la selección actual según el valor de la propiedad **FillStyle** que veremos un poco más adelante, y al recuperar valores la propiedad **Text** siempre devuelve el contenido de la celda actual. La celda actual está definida por las propiedades **Row** y **Col**. Por ejemplo, para asignar un valor a la celda (0, 0), escribiremos:

```
MSHFlexGrid1.Row = 0
MSHFlexGrid1.Col = 0
MSHFlexGrid1.Text = valor
```

La propiedad **TextArray** permite asignar o recuperar el contenido de una celda sin cambiar las propiedades **Row** y **Col**. **TextArray** es un *array* unidimensional que contiene los valores de todas las celdas de la cuadrícula. Las celdas están numeradas por filas. Por ejemplo, la línea siguiente asigna un valor a la celda *I*:

```
MSHFlexGrid1.TextArray(I) = valor
```

Análogamente, la propiedad **TextMatrix** permite asignar o recuperar el contenido de una celda sin cambiar las propiedades **Row** y **Col**. **TextMatrix** es un *array* de dos dimensiones que contiene los valores de todas las celdas de la cuadrícula. Por ejemplo, la línea siguiente asigna un valor a la celda (*I*, *J*):

```
MSHFlexGrid1.TextMatrix(I, J) = valor
```

La propiedad **RowHeight** determina la altura de la fila especificada, y la propiedad **ColWidth** determina la anchura de la columna especificada. Por ejemplo, la siguiente línea establece la anchura de la columna *I*:

```
MSHFlexGrid1.ColWidth(I) = Ancho
```

Para establecer la alineación en una celda con texto, en una celda con una imagen, en una columna, o bien en una columna fija, utilizaremos las propiedades **CellAlignment**, **CellPictureAlignment**, **ColAlignment** o **ColAlignmentFixed**, respectivamente. El tipo de alineación viene dado por constantes 0 a 9. Por ejemplo, la siguiente línea de código establece la alineación "centrado horizontal y verticalmente" en la columna fija *I*:

```
MSHFlexGrid1.ColAlignmentFixed(I) = flexAlignCenterCenter
```

Para asignar una imagen a una celda utilizaremos la propiedad **CellPicture**. Por ejemplo, las siguientes líneas de código almacenan la imagen proporcionada por el control *image1*de tipo **Image** en la celda (0, 0):

```
MSHFlexGrid1.Row = 0
MSHFlexGrid1.Col = 0
MSHFlexGrid1.ColWidth(0) = Ancho
MSHFlexGrid1.RowHeight(0) = Image1.Height
MSHFlexGrid1.CellPictureAlignment = flexAlignCenterCenter
Set MSHFlexGrid1.CellPicture = Image1.Picture
```

Según lo explicado, el procedimiento *Form_Load* puede escribirse así:

```
Private nZonas As Integer, nMarcas As Integer, nModelos As Integer

Private Sub Form_Load()
  Dim I As Integer, Ancho As Integer
  Dim CabColum(3) As String

  nZonas = 3   'número de zonas
  nMarcas = 4  'número de marcas por zona
  nModelos = 5 'número de modelos por marca
  CabColum(1) = "Marca": CabColum(2) = "Modelo": CabColum(3) = "Ventas"
  Ancho = 1280

  'Encabezados en las columnas fijas y anchura de las columnas
  For I = MSHFlexGrid1.FixedCols To MSHFlexGrid1.Cols - 1
    'Alineación para las columnas fijas
    MSHFlexGrid1.ColAlignmentFixed(I) = flexAlignCenterCenter
    MSHFlexGrid1.TextArray(I) = CabColum(I)
    'Anchura de la columna I
    MSHFlexGrid1.ColWidth(I) = Ancho
  Next

  'Asignar una imagen a la celda (0,0)
  MSHFlexGrid1.Row = 0
  MSHFlexGrid1.Col = 0
  MSHFlexGrid1.ColWidth(0) = Ancho
  MSHFlexGrid1.RowHeight(0) = Image1.Height
  MSHFlexGrid1.CellPictureAlignment = flexAlignCenterCenter
  Set MSHFlexGrid1.CellPicture = Image1.Picture

 'Celda actual inicial (1,1)
  MSHFlexGrid1.Row = 1
  MSHFlexGrid1.Col = 1
End Sub
```

Las funciones *Celdas* y *TextoCelda* se exponen a continuación.

Cargar datos en la cuadrícula

La orden *Datos* del menú *Cuadrícula* obtendrá los datos de un origen determinado. En nuestro caso, para centrarnos en mostrar la funcionalidad de la cuadrícula, hemos simulado el proceso de carga de datos generándolos aleatoriamente, según se puede observar en el siguiente procedimiento vinculado con la orden *Datos* que responde al evento **Click**.

```
Private Sub CuadriculaDatos_Click()
  Dim I As Integer

  'Crear la matriz de datos. Simula los datos que serán
  'proporcionados por un origen determinado
```

```
  For I = MSHFlexGrid1.FixedRows To MSHFlexGrid1.Rows - 1
    'Zona
  MSHFlexGrid1.TextMatrix(I, 0) = TextoCelda(0)
   'Marca
    MSHFlexGrid1.TextMatrix(I, 1) = TextoCelda(1)
    'Modelo
    MSHFlexGrid1.TextMatrix(I, 2) = TextoCelda(2)
    'Ventas
    MSHFlexGrid1.TextMatrix(I, 3) = TextoCelda(3)
  Next
  'Celda actual (1,1)
  MSHFlexGrid1.Row = 1
  MSHFlexGrid1.Col = 1
End Sub
```

El valor asignado a la celda es obtenido por la función *TextoCelda* que utilizando como argumento el número de la columna a la que pertenece la celda devuelve una zona, una marca, un modelo o un número de ventas (el valor es elegido aleatoriamente entre los posibles).

```
Function TextoCelda(Colum As Integer)
  Dim s As String, x(4) As String * 1, r As Integer
  x(0) = "A": x(1) = "B": x(2) = "C": x(3) = "D": x(4) = "E"
  Randomize

  Select Case Colum
    Case 0   'Zona
      s = "Zona " & x((Rnd * 1000) Mod nZonas)
    Case 1   'Marca
      s = "Marca " & x((Rnd * 1000) Mod nMarcas)
    Case 2   'Modelo
      r = (Rnd * 1000) Mod nModelos
      s = "Modelo " & x(r) & r
    Case 3   'Modelo
      s = Int(Rnd * 1000)
  End Select
  TextoCelda = s 'valor devuelto
End Function
```

Limpiar la cuadrícula

La orden *Limpiar* del menú *Cuadrícula* tiene como finalidad borrar el contenido de las celdas no fijas. Para realizar este proceso, primeramente el procedimiento seleccionará el rectángulo de celdas a borrar, y a continuación, a través de la propiedad **Text**, establecerá el contenido de la selección actual según el valor de la propiedad **FillStyle**. Este valor puede ser: *flexFillSingle*, el valor asignado a la propiedad **Text** sólo afecta a la celda activa, o bien *flexFillRepeat*, indicando que afecta a todas las celdas seleccionadas.

La selección realizada en la cuadrícula está definida por el rectángulo cuya diagonal está definida por las celdas (**Row**, **Col**) y (**RowSel**, **ColSel**). La fila especificada por **RowSel** puede estar encima o debajo de **Row** y la columna especificada por **ColSel** puede estar a la izquierda o a la derecha de **Col**.

```
Private Sub CuadriculaLimpiar_Click()
  Dim Fila As Integer, Colum As Integer
  ' Borrar el texto de las celdas no fijas
  MSHFlexGrid1.Col = 1
  MSHFlexGrid1.Row = 1
  MSHFlexGrid1.ColSel = MSHFlexGrid1.Cols - 1
  MSHFlexGrid1.RowSel = MSHFlexGrid1.Rows - 1
  MSHFlexGrid1.FillStyle = flexFillRepeat
  MSHFlexGrid1.Text = ""
  MSHFlexGrid1.FillStyle = flexFillSingle
  MSHFlexGrid1.ColSel = 1
  MSHFlexGrid1.RowSel = 1
End Sub
```

Cada vez que se asignan valores a las propiedades **Row** y **Col**, automáticamente se asignan los mismos valores a **RowSel** y **ColSel** quedando así definida la celda actual. Por lo tanto, para seleccionar un bloque de celdas desde el código, hay que asignar primero los valores a las propiedades **Row** y **Col** y después a las propiedades **RowSel** y **ColSel**.

Editar una celda

La funcionalidad soportada por la cuadrícula permite utilizar las teclas de movimiento para desplazarse de una celda a otra, pero no permite la edición. Esto es, no permite escribir ni borrar el texto de una celda.

Para permitir al usuario escribir texto en una celda, vamos a añadir el procedimiento vinculado con la cuadrícula que responda al evento **KeyPress**. Este procedimiento verificará el carácter tecleado y si es uno de los permitidos (ASCII 32 a 127) lo añadirá a la celda.

```
Private Sub MSHFlexGrid1_KeyPress(KeyAscii As Integer)
  If KeyAscii >= 32 And KeyAscii <= 127 Then
    MSHFlexGrid1.Text = MSHFlexGrid1.Text & Chr(KeyAscii)
  End If
End Sub
```

Para permitir al usuario borrar toda la celda o el último carácter añadido a la misma, vamos a añadir el procedimiento vinculado con la cuadrícula que responda al evento **KeyUp**. Este procedimiento borrará toda la celda si el usuario pulsó la tecla *Supr* (*Del*) o el último carácter tecleado si el usuario pulsó la tecla de retroceso (*BackSpace*).

```
Private Sub MSHFlexGrid1_KeyUp(KeyCode As Integer, Shift As Integer)
  'Manipular las teclas Supr (Del) y Retroceso (BackSpace)
  Select Case KeyCode
    Case vbKeyDelete
      MSHFlexGrid1.Text = ""
    Case vbKeyBack
      If Len(MSHFlexGrid1.Text) > 0 Then
        MSHFlexGrid1.Text = _
          Left(MSHFlexGrid1.Text, Len(MSHFlexGrid1.Text) - 1)
      End If
  End Select
End Sub
```

Clasificar las columnas

El proceso de ordenación desencadenado por la propiedad **Sort** mueve siempre filas completas. El intervalo de filas que se ordena está definido por las propiedades **Row** y **RowSel**. Las claves utilizadas en el proceso de ordenación se corresponden con las columnas que son especificadas por las propiedades **Col** y **ColSel**, tomando éstas siempre de izquierda a derecha. Si los valores de **Row** y **RowSel** son iguales, el intervalo de filas que se ordena coincide con todas las filas que no sean fijas. El método de ordenación (ascendente, descendente, etc.) que se aplica queda definido por el valor asignado a la propiedad **Sort**. Para más detalles consulte la ayuda de Visual Basic.

La orden *Clasificar* del menú *Cuadrícula* tiene como misión ordenar todas las filas en orden ascendente empleando como claves todas las columnas. Por lo tanto, añada el procedimiento vinculado con esta orden y edítelo como se indica a continuación:

```
Private Sub CuadriculaClasificar_Click()
  MSHFlexGrid1.Col = 0
  MSHFlexGrid1.ColSel = MSHFlexGrid1.Cols - 1
  MSHFlexGrid1.Sort = flexSortGenericAscending
End Sub
```

En el ejemplo anterior **Row** y **RowSel**, por omisión, son iguales, lo que implica que se ordenen todas las filas que no sean fijas. **Col** es igual a 0 y **ColSel** es igual al índice de la última columna, lo que implica que se utilicen como claves en la ordenación todas las columnas de izquierda a derecha. En definitiva se ordenan todas las filas que no son fijas utilizando como claves todas las columnas. Esto es, las filas quedarán ordenadas primero por el valor de la primera columna, después por el de la segunda y así sucesivamente.

Agrupar celdas adyacentes

La propiedad **MergeCells** especifica si las celdas con el mismo contenido deben o no agruparse en una celda única que abarca múltiples filas o columnas. Los valores posibles son: 0 no se agrupan, 1 siempre se agrupan, 2 sólo se agrupan las celdas adyacentes de la *fila*, 3 sólo se agrupan las celdas adyacentes de la *columna*, 4 sólo se agrupan las celdas adyacentes de la *fila* o de la *columna*. Puede establecer esta propiedad a través del diálogo *Páginas de propiedades*.

Las propiedades **MergeRow** y **MergeCol** determinan, respectivamente, qué filas y qué columnas deben combinar su contenido. Para poder utilizar la propiedad **MergeCells** estas propiedades deben ser **True**. Por ejemplo:

```
MSHFlexGrid1.MergeCol(0) = True
MSHFlexGrid1.MergeCol(1) = True
MSHFlexGrid1.MergeCol(2) = True
```

La orden *Combinar* del menú *Cuadrícula* tiene como misión combinar las celdas que tengan el mismo contenido. Por lo tanto, añada el procedimiento vinculado con esta orden y edítelo como se indica a continuación:

```
Private Sub CuadriculaCombinar_Click()
  'Configurar la combinación
  MSHFlexGrid1.MergeCol(0) = True
  MSHFlexGrid1.MergeCol(1) = True
  MSHFlexGrid1.MergeCol(2) = True

  'Clasificar para ver el efecto de la combinación
  CuadriculaClasificar_Click
End Sub
```

Orden Salir

Cuando el usuario quiera finalizar la aplicación hará clic en la orden *Salir* del menú *Cuadrícula*. La respuesta será la ejecución del siguiente procedimiento:

```
Private Sub CuadriculaSalir_Click()
  End
End Sub
```

Acerca de

Añada un nuevo formulario *AcercaDe* al proyecto y edítelo de forma que indique los detalles que quiera destacar acerca de la aplicación. Por ejemplo:

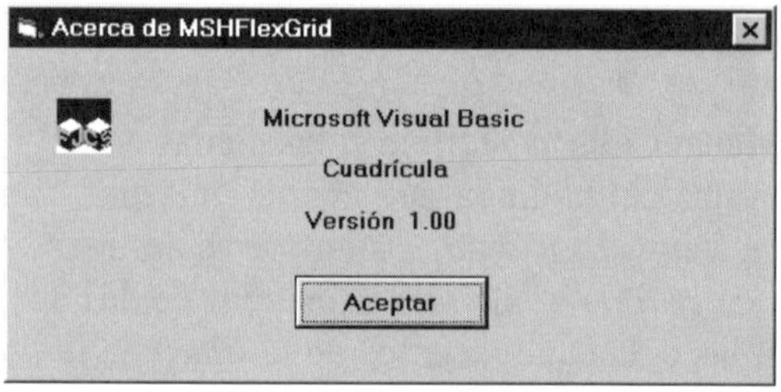

Para visualizar el formulario anterior añada el procedimiento vinculado con la orden *Acerca de* del menú *Ayuda* que responda al evento **Click**:

```
Private Sub AyudaAcercaDe_Click()
  AcercaDe.Show vbModal
End Sub
```

Para ocultar el formulario anterior cuando el usuario haga clic en el botón *Aceptar*, o bien cuando pulse una tecla cualquiera, añada los procedimientos que se indican a continuación

```
Private Sub Aceptar_Click()
  AcercaDe.Hide
End Sub

Private Sub Aceptar_KeyDown(KeyCode As Integer, Shift As Integer)
  Aceptar.Value = True 'llama a Aceptar_Click
End Sub
```

UTILIZAR LA CUADRÍCULA

Para ver con detalle la manera de utilizar una cuadrícula, vamos a desarrollar un aplicación para que a partir de los datos *crédito*, *tiempo* de amortización y tipo de *interés* al que se presta el mismo podamos visualizar qué pago mensual debemos realizar para amortizar dicho crédito y cuál es la tabla de amortización mes a mes hasta la finalización del período del préstamo.

La aplicación deberá reunir fundamentalmente las siguientes características:

- Instrucciones para manipular la aplicación.
- El período de tiempo podrá venir dado en meses o en años.
- El pago mensual a calcular podrá visualizarse para más de un período y para más de un tipo de interés.

%	10 Años	11 Años	12 Años
3,00%	96.561 pta	89.038 pta	82.779 pta
3,50%	98.886 pta	91.383 pta	85.145 pta
4,00%	101.245 pta	93.767 pta	87.553 pta

- La tabla de amortización incluirá por cada mensualidad su desglose en capital e intereses, el capital pendiente después de realizar ese pago y el total de los intereses pagados hasta ese momento.

Pago/Mes 101.245 pta	Capital	Intereses	Capital pendiente
1	67.912 pta	33.333 pta	9.932.088 pta
2	68.138 pta	33.107 pta	9.863.950 pta
3	68.365 pta	32.880 pta	9.795.585 pta

- Posibilidad de seleccionar un conjunto de celdas para que a través del portapapeles podamos incluir dicha información en otro lugar; por ejemplo, en un documento *Word*.

La figura siguiente muestra el aspecto final de la aplicación. Observe, además de lo expuesto anteriormente, otros detalles, como una imagen en la celda de la esquina superior izquierda, una lista desplegable para fijar el incremento para el intervalo de tipos de interés y cómo aparecen barras de desplazamiento cuando la información no cabe en las celdas visualizadas.

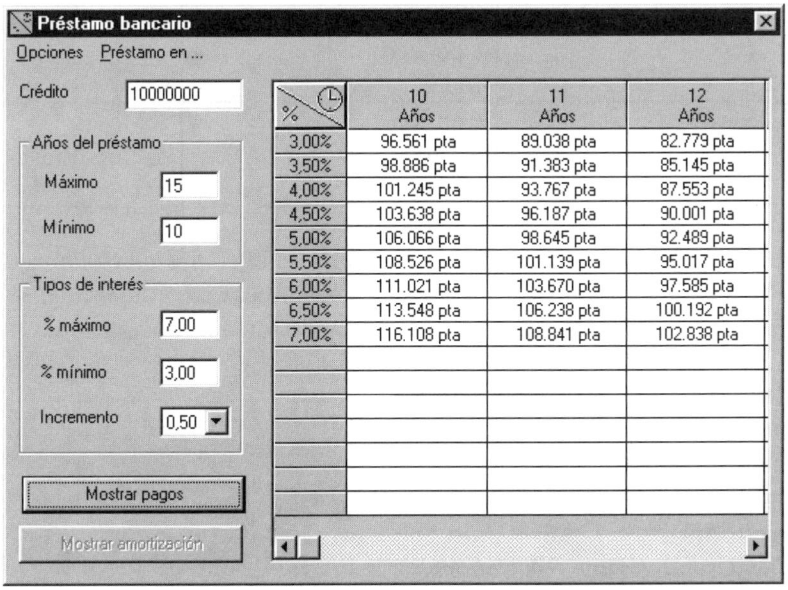

Para empezar, cree una nueva aplicación y asigne al formulario por omisión el título *Préstamo bancario*. A continuación sitúe sobre el formulario los controles con las propiedades que se especifican a continuación. Ajuste los tamaños y guarde la aplicación con el nombre *prestamo.vbp*, y el formulario con el nombre *prestamo.frm*.

Primeramente añadiremos los menús *Opciones* y *Préstamo en...* con las órdenes que se especifican en la tabla siguiente:

Objeto	**Propiedad**	**Valor**
Opciones	Caption Name	&Opciones MenúOpciones
Copiar	Caption Name Enabled	&Copiar OpciónCopiar No
Instrucciones	Caption Name	&Instrucciones... OpciónInstruc
Separador	Caption Name	- Separador
Salir	Caption Name	&Salir OpciónSalir
Préstamo en	Caption Name	&Préstamo en… PréstamoEn
Años	Caption Name Checked Index	&Años TiempoPrest Sí 0
Meses	Caption Name Index	&Meses TiempoPrest 1

Ahora añada una cuadrícula. Haga clic en el control personalizado cuadrícula de la caja de herramientas y coloque la cuadrícula en el lugar que se indica en la figura que se muestra más adelante. Ajuste su tamaño y asígnele las propiedades:

Name	Cuadrícula
Rows	17
Cols	4
HighLight	0 - *Never*
ScrollBars	0 - *None*
AllowUserResizing	1 - *Columns*
WordWrap	True

La propiedad **Rows** establece o retorna el número total de filas, fijas y no fijas, y la propiedad **Cols** el número total de columnas. El valor por omisión para ambas propiedades es *2*.

Las propiedades **FixedRows**y **FixedCols** establecen o retornan el número de filas y columnas fijas, respectivamente. El valor por omisión es *1*.

La propiedad **HighLight**, cuando su valor es *0* (*flexHighlightNever*), hace que las celdas seleccionadas no aparezcan resaltadas.

La propiedad **ScrollBars** especifica si el objeto, en este caso la cuadrícula, no tiene barras de desplazamiento (valor *flexScrollNone*), tiene una barra de desplazamiento horizontal (valor *flexScrollHorizontal*), tiene una barra de desplazamiento vertical (valor *flexScrollVertical*) o tiene ambas barras de desplazamiento (valor *flexScrollBoth*).

La propiedad **AllowUserResizing** indica si el usuario puede modificar el tamaño de las filas y columnas del control.

La propiedad **WordWrap**, determina si una celda debe mostrar múltiples líneas de texto o una sola línea de texto.

A continuación añadimos el resto de los controles especificados en la tabla que se expone a continuación:

Objeto	**Propiedad**	**Valor**
Etiqueta	Caption Name	Crédito Label1
Caja de texto	Name Index	Caja 0
Marco	Caption Name	Duración del préstamo Frame1
Etiqueta	Caption Name	Máximo Label2
Caja de texto	Name Index	Caja 1
Etiqueta	Caption Name	Mínimo Label3
Caja de texto	Name Index	Caja 2
Marco	Caption Name	Tipo de interés Frame2

Etiqueta	Caption Name	% máximo Label4
Caja de texto	Name Index	Caja 3
Etiqueta	Caption Name	% mínimo Label5
Caja de texto	Name Index	Caja 4
Etiqueta	Caption Name	Incremento Label6
Lista desplegable	Name Style	Inc 2
Botón de pulsación	Caption Name Default	Mostrar pagos CálculoPagos True
Botón de pulsación	Caption Name Enabled	Mostrar amortización CálculoAmort False

Observe que las cajas de texto correspondientes a los datos *crédito*, *período máximo*, *período mínimo*, *interés máximo* e *interés mínimo*, forman una matriz de controles denominado *Caja*.

Para especificar de una forma gráfica que cada columna corresponde a un período de tiempo y cada fila a un tipo de interés, añada un control *Imagen* con las propiedades siguientes:

Name	Imagen
Picture	(Mapa de bits)
Visible	False

Para asignar un mapa de bits al control *Imagen*, tendrá que crearlo previamente. Pinte un mapa de bits similar al mostrado a continuación y asígneselo a la propiedad **Picture** del control *Imagen*. Para esta aplicación, el mapa de bits de 50 × 32 *píxeles* que aparece en el formulario debajo de la caja de texto *crédito*, lo hemos creado con el accesorio *Paint* de Windows.

Dicho mapa de bits será insertado en la primera celda de la cuadrícula cuando iniciemos la ejecución de la aplicación. Para ello, utilizaremos la propiedad

CellPicture de la cuadrícula. Esta propiedad no se puede establecer en tiempo de diseño.

Después de realizar las operaciones indicadas, el resultado será similar al presentado en la figura siguiente:

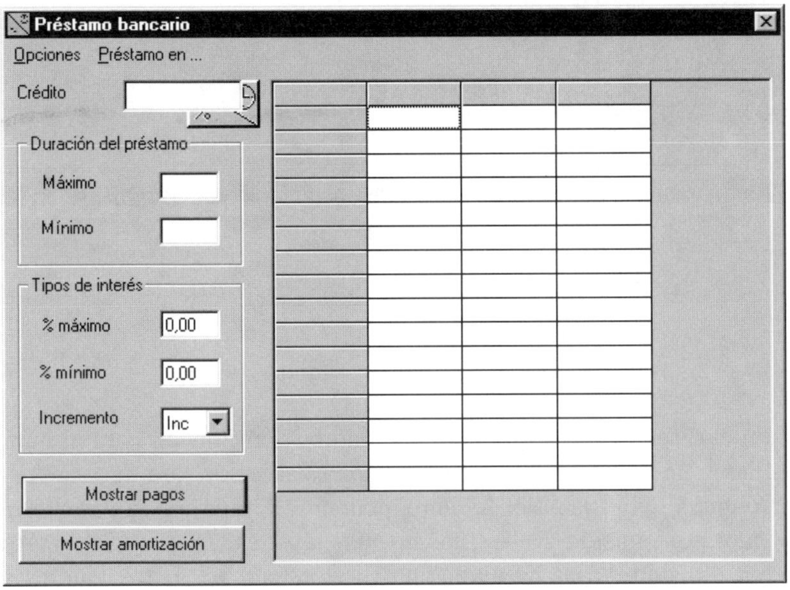

Iniciar la ventana de la aplicación

El siguiente paso es añadir el código necesario para que nuestra aplicación realice las funciones especificadas anteriormente. En primer lugar, vamos a pensar en lo que deseamos que ocurra cuando se inicie la ejecución de la aplicación. Esto puede resumirse en los puntos siguientes:

- Por estética, colocaremos el formulario en el centro de la pantalla. Para determinar la altura y la anchura, **Height** y **Width**, de la pantalla utilizaremos el objeto **Screen**. Así mismo, la altura y la anchura del formulario *PréstamoB* vienen dados por *PréstamoB.Height* y *PréstamoB.Width*, respectivamente.

```
PréstamoB.Left = (Screen.Width - PréstamoB.Width) / 2
PréstamoB.Top = (Screen.Height - PréstamoB.Height) / 2
```

- Asumiremos por omisión que la duración del préstamo viene dada en años. Ésta es la razón por la que durante el diseño hemos asignado **True** a la propiedad **Checked** de la orden *Años* del menú *Préstamo en*. Por lo tanto, sustituiremos el título del marco *Frame1* por el título *Años del préstamo*.

```
Frame1.Caption = "Años del préstamo"
```

- La lista desplegable *Inc* hay que llenarla con los incrementos que estimemos convenientes; por ejemplo, *0.1*, *0.25*, *0.5* y *1*, y seleccionaremos por omisión el valor *0.5*.

```
Inc.AddItem Format(0.1, "0.00")
Inc.AddItem Format(0.25, "0.00")
Inc.AddItem Format(0.5, "0.00")
Inc.AddItem Format(1, "0.00")
Inc.ListIndex = 2 'incremento 0.5
```

- La imagen a la que hemos hecho referencia tiene que visualizarse en la celda [0, 0].

```
Cuadrícula.Row = 0
Cuadrícula.Col = 0
Cuadrícula.ColWidth(0) = Imagen.Width
Cuadrícula.RowHeight(0) = Imagen.Height
Set Cuadrícula.CellPicture = Imagen.Picture
```

- En el diseño hemos asignado los valores por omisión para el número total de filas y de columnas. También hemos establecido que de ésas, una fila y una columna sean fijas. Por lo tanto, podemos definir con la variable *TiposIntrs* el valor por omisión de las filas no fijas; esto es, *16*, y con *AñosMeses* el valor por omisión de las columnas no fijas; esto es, *3*. Estos valores variarán durante la ejecución de la aplicación en función del intervalo y del incremento elegidos para los tipos de interés, y del intervalo elegido para la duración del préstamo. Defina estas variables a nivel del formulario.

```
Private AñosMeses As Integer, TiposIntrs As Integer
```

- Por último, con los valores asignados por omisión, estableceremos la anchura de las columnas no fijas y la altura de las filas no fijas. La anchura y la altura de la fila y columna fijas es función de la imagen colocada en la celda [0, 0] y de la anchura y altura establecidas para las no fijas. Este proceso lo realizaremos en un procedimiento aparte que denominaremos *TamañoCeldas*.

  Según lo expuesto, el procedimiento *Form_Load* puede ser así:

```
Private Sub Form_Load()
  Dim Contador
  ' Colocar el formulario en el centro de la pantalla
  PréstamoB.Left = (Screen.Width - PréstamoB.Width) / 2
  PréstamoB.Top = (Screen.Height - PréstamoB.Height) / 2
  ' Por defecto, la duración del préstamo viene dada en años
  Frame1.Caption = "Años del préstamo"
```

```
  ' Valores iniciales
  CantidadPrest = 1000000: Caja(0).Text = CantidadPrest
  TiempoMáx = 1: Caja(1).Text = TiempoMáx
  TiempoMín = 1: Caja(2).Text = TiempoMín
  InterésMáx = 7: Caja(3).Text = Format(InterésMáx, "0.00")
  InterésMín = 3: Caja(4).Text = Format(InterésMín, "0.00")
  ' Llenar la lista con los incrementos
  Inc.AddItem Format(0.1, "0.00")
  Inc.AddItem Format(0.25, "0.00")
  Inc.AddItem Format(0.5, "0.00")
  Inc.AddItem Format(1, "0.00")
  ' Seleccionar el elemento 2 de la lista
  ' Automáticamente se invoca Inc_Click
  Inc.ListIndex = 2 ' incremento 0.5
  ' Poner un gráfico en la celda 0, 0
  Cuadrícula.Row = 0
  Cuadrícula.Col = 0
  Cuadrícula.ColWidth(0) = Imagen.Width
  Cuadrícula.RowHeight(0) = Imagen.Height
  Set Cuadrícula.CellPicture = Imagen.Picture
  ' Establecer los valores por omisión
  TiposIntrs = 16  'tipos de interés
  AñosMeses = 3    'años o meses
  ' Permite resaltar las celdas seleccionadas
  Cuadrícula.HighLight = flexHighlightAlways
  ' Establecer la anchura y la altura de las celdas no fijas
  TamañoCeldas Cuadrícula, TiposIntrs, AñosMeses
End Sub
```

Altura y anchura de las celdas

Las propiedades **Row** y **Col** de la cuadrícula determinan cuál es la celda activa de la cuadrícula, de tal forma que una referencia a la propiedad **CellPicture** o a la propiedad **Text** de la cuadrícula se aplica a la celda activa. Las filas y columnas son numeradas a partir de *0*, comenzando por la esquina superior izquierda de la cuadrícula:

```
Cuadrícula.Row = 0
Cuadrícula.Col = 0
Cuadrícula.CellPicture = Imagen.Picture ' celda 0,0
```

Estas sentencias añaden el mapa de bits contenido en *Imagen* a la primera celda de la cuadrícula.

La propiedad **RowHeight** determina la altura de la fila especificada, y la propiedad **ColWidth** determina la anchura de la columna especificada:

```
Cuadrícula.ColWidth(0) = Imagen.Width
Cuadrícula.RowHeight(0) = Imagen.Height
```

Estas sentencias ajustan la anchura de la columna *0* y la altura de la fila *0* para que la celda correspondiente se ajuste exactamente al tamaño del mapa de bits.

El procedimiento *TamañoCeldas* que se escribe a continuación calcula, en primer lugar, la anchura y la altura de la cuadrícula formada por las celdas no fijas:

```
AltoCuadri = EstaCuadri.Height - EstaCuadri.RowHeight(0)
AnchoCuadri = EstaCuadri.Width - EstaCuadri.ColWidth(0)
```

Las propiedades **Height** y **Width** determinan la altura y la anchura, respectivamente, del objeto especificado, en este caso de la cuadrícula.

En segundo lugar, en función del rango establecido para los tipos de interés y del número de períodos elegidos, calcula el número de filas y columnas de la cuadrícula, y añade barras de desplazamiento si son necesarias, para a continuación establecer en función de estos valores el tamaño de las celdas no fijas.

Para modificar el tamaño de cada una de las filas y columnas, utilizamos las propiedades **RowHeight** y **ColWidth**:

```
For Contador = 1 To 16
  EstaCuadri.RowHeight(Contador) = AltoCuadri / 16
Next Contador
For Contador = 1 To 3
  EstaCuadri.ColWidth(Contador) = AnchoCuadri / 3
Next Contador
```

El procedimiento *TamañoCeldas* completo se muestra a continuación:

```
Private Sub TamañoCeldas(EstaCuadri As Control, _
                         FNoFijas As Integer, CNoFijas As Integer)
  Dim Contador As Integer
  Dim Filas As Integer, Colns As Integer, Barras As Integer
  Dim AltoCuadri As Integer, AnchoCuadri As Integer
  Dim AltoBarDesH As Integer, AnchoBarDesV As Integer

  ' Calcular la altura y la anchura de la Cuadrícula formada
  ' por las celdas no fijas
  AltoCuadri = EstaCuadri.Height - EstaCuadri.RowHeight(0)
  AnchoCuadri = EstaCuadri.Width - EstaCuadri.ColWidth(0)
```

```
    ' Para cuando se añadan barras de desplazamiento
    AltoBarDesH = 0
    AnchoBarDesV = 0

    ' Ajustar el número de filas y columnas, e indicar si
    ' son necesarias barras de desplazamiento
    If FNoFijas <= 16 And CNoFijas <= 3 Then
       Filas = 17  ' total filas; valor por omisión
       Colns = 4   ' total columnas; valor por omisión
       Barras = 0  ' no hay barras de desplazamiento
    ' Si hay más de 3 columnas no fijas
    ElseIf FNoFijas <= 16 And CNoFijas > 3 Then
       Filas = 17              ' total filas
       Colns = CNoFijas + 1    ' total columnas
       Barras = 1              ' barra de desplazamiento H.
       AltoBarDesH = 255       ' altura barra desplazamiento H.
    ' Si hay más de 16 filas no fijas
    ElseIf FNoFijas > 16 And CNoFijas <= 3 Then
       Filas = FNoFijas + 1    ' total filas
       Colns = 4               ' total columnas
       Barras = 2              ' barra de desplazamiento V.
       AnchoBarDesV = 255      ' anchura barra desplazamiento V.
    ' Si hay más de 16 filas y más de 3 columnas no fijas
    ElseIf FNoFijas > 16 And CNoFijas > 3 Then
       Filas = FNoFijas + 1    ' total filas
       Colns = CNoFijas + 1    ' total columnas
       Barras = 3 ' barras de desplazamiento H. y V.
       AltoBarDesH = 255       ' altura barra D.H.
       AnchoBarDesV = 255      ' anchura barra D.V.
    End If
    EstaCuadri.Rows = Filas
    EstaCuadri.Cols = Colns
    EstaCuadri.ScrollBars = Barras
    ' Establecer la altura y la anchura de las celdas no fijas
    For Contador = 1 To Filas - 1
      EstaCuadri.RowHeight(Contador) = (AltoCuadri - AltoBarDesH)/16
    Next Contador
    For Contador = 1 To Colns - 1
      EstaCuadri.ColWidth(Contador) = (AnchoCuadri - AnchoBarDesV)/3
    Next Contador
End Sub
```

Manejo de la aplicación

Una vez que hayamos visualizado el formulario, el usuario quizás necesite instrucciones acerca del manejo de la aplicación. Esto lo implementaremos a través de la orden *Instrucciones* del menú *Opciones*, de forma que cuando el usuario ejecute dicha orden se visualice una ventana con los pasos a seguir:

```
Private Sub OpciónInstruc_Click()
  Dim Mensaje As String, NL2 As String * 4
  NL2 = vbCrLf & vbCrLf
  ' Visualizar mensaje
  Mensaje = "Introduzca el crédito, la duración del " & _
            "préstamo y el tipo de interés. Pulse el botón " & _
            "[Mostrar pagos] para visualizar los pagos " & _
            "mensuales en la cuadrícula." & NL2 & _
            "Elija un pago mensual y pulse el botón [Mostrar " & _
            "amortización] para visualizar el plan de  " & _
            "amortización para el interés y períodos  " & _
            "correspondientes al pago elegido." & NL2 & _
            "Para copiar datos en el portapapeles, seleccione " & _
            "las celdas que desee y ejecute la orden Copiar " & _
            "del menú Opciones."
  MsgBox Mensaje, 64, "Instrucciones préstamo bancario"
End Sub
```

La biblioteca de VBA (Visual Basic para Aplicaciones) define las siguientes constantes, algunas de las cuales utilizaremos en nuestra aplicación:

Retorno de carro más avance de línea	*vbCrLf* = Chr(13)+Chr(10)
Carácter nulo	*vbNullChar* = Chr(0)
Retorno de carro	*vbCr* = Chr(13)
Avance de línea	*vbLf* = Chr(10)
Retroceso	*vbBack* = Chr(8)
Tabular	*vbTab* = Chr(9)

El siguiente paso es introducir los datos *crédito*, *duración del préstamo* y *tipos de interés*. Ahora bien, la duración del préstamo es de ¿meses o años? Este concepto puede definirlo el usuario a través de las órdenes *Años* y *Meses* del menú *Préstamo en ...* Ambas órdenes forman una matriz de controles *TiempoPrest*, de forma que cuando se hace clic en *Años* se ejecuta el procedimiento asociado *TiempoPrest_Click* para *Index = 0*, y cuando se hace clic en *Meses* se ejecuta el mismo procedimiento, pero para *Index = 1*. Este procedimiento señalará la orden *Años* o *Meses* elegida, que especifica en qué se mide la duración del préstamo, y pondrá en el marco titulado *Duración del préstamo* un nuevo título, *Años del préstamo* o *Meses del préstamo*, acorde con la elección realizada:

```
Private Sub TiempoPrest_Click(Index As Integer)
  Select Case Index
    ' Duración del préstamo en años
    Case 0
      TiempoPrest(0).Checked = True
      TiempoPrest(1).Checked = False
      Frame1.Caption = "Años del préstamo"
    ' Duración del préstamo en meses
```

```
    Case 1
      TiempoPrest(0).Checked = False
      TiempoPrest(1).Checked = True
      Frame1.Caption = "Meses del préstamo"
  End Select
End Sub
```

Cada vez que el usuario intenta moverse de un control a otro se produce el suceso **Validate** para ese control. Por lo tanto, el procedimiento que utilizaremos para recuperar el dato escrito en cada una de las cajas de texto es de la forma:

```
Private Sub Caja_Validate(Index As Integer, Cancel As Boolean)
  ' ...
End Sub
```

La caja de texto *caja(0)*, crédito, recoge la cantidad prestada, que almacenamos en la variable *CantidadPrest* de tipo **Long**. Las cajas de texto *caja(1)* y *caja(2)*, *período máximo* y *período mínimo*, recogen la duración máxima y mínima, respectivamente, del préstamo, que almacenamos en las variables *TiempoMáx* y *TiempoMín* de tipo **Integer**. Las cajas de texto *caja(3)* y *caja(4)*, *interés máximo* e *interés mínimo*, recogen el tipo de interés máximo y mínimo, respectivamente, del préstamo, que almacenamos en las variables *InterésMáx* e *InterésMín* de tipo **Currency**. Defina todas estas variables a nivel del formulario. Según esto, el procedimiento *Caja_Validate* será así:

```
Private Sub Caja_Validate(Index As Integer, Cancel As Boolean)
  'Si la caja está vacía o tiene un cero, mantener el foco
  If Val(Caja(Index).Text) = 0 Then
    Cancel = True
    MsgBox "Dato no válido", 48, "Error préstamo bancario"
    Exit Sub
  End If
  Select Case Index
    Case 0 ' crédito
      CantidadPrest = Caja(0).Text
    Case 1 ' período máximo
      TiempoMáx = Caja(1).Text
    Case 2 ' período mínimo
      TiempoMín = Caja(2).Text
    Case 3 ' interés máximo
      InterésMáx = Caja(3).Text
    Case 4 ' interés mínimo
      InterésMín = Caja(4).Text
  End Select
End Sub
```

Utilizaremos el evento **KeyPress** en las cajas de texto anteriores para restringir el número de caracteres exclusivamente al tipo de dato que cada una de ellas puede aceptar, incluido el *back space* para poder borrar el último carácter tecleado. Según lo expuesto, el procedimiento conducido por este evento será así:

```
Private Sub Caja_KeyPress(Index As Integer, KeyAscii As Integer)
  Dim car As String * 1, cars As String

  Select Case Index
    Case 0, 1, 2 ' crédito, período máximo, período mínimo
      cars = "0123456789" & vbBack
    Case 3, 4 ' interés máximo, interés mínimo
      cars = "0123456789," & vbBack
  End Select

  car = Chr(KeyAscii)
  If InStr(cars, car) = 0 Then
    KeyAscii = 0
    Beep
  End If
End Sub
```

Para que el contenido de las cajas de texto anteriores quede seleccionado cuando reciban el foco, escriba el procedimiento común conducido por el evento **GotFocus** de la forma siguiente:

```
Private Sub Caja_GotFocus(Index As Integer)
  ' Seleccionar el texto de la caja
  Caja(Index).SelStart = 0
  Caja(Index).SelLength = Len(Caja(Index).Text)
End Sub
```

A continuación, el usuario seleccionará un elemento de la lista desplegable *Inc*, cuyo valor almacenaremos en la variable *Incremento*; defina *Incremento* a nivel del formulario. Este valor se corresponde con el incremento a aplicar para obtener los tipos de interés entre el mínimo y el máximo especificados. La selección de este valor en la lista hace que se ejecute el procedimiento *Inc_Click* asociado con este control:

```
Private Sub Inc_Click()
  Incremento = Inc.Text
End Sub
```

Este procedimiento también es invocado automáticamente cuando desde el procedimiento *Form_Load* se ejecuta la sentencia

```
Inc.ListIndex = 2 ' incremento 0.5
```

que establece el valor *0.5* como incremento por omisión.

Una vez introducidos todos los datos, el usuario hará clic en el botón *Mostrar pagos* (el botón *Mostrar amortización*, lógicamente, está inhabilitado), lo cual hace que se ejecute el procedimiento *CálculoPagos_Click*, que tiene como función:

- Verificar que los valores introducidos son correctos.
- Invocar al procedimiento *CálculosPg*, que calcula la cantidad a pagar mensualmente para cada período y tipo de interés.
- Invocar al procedimiento *MostrarPagos*, que visualiza en la cuadrícula los cálculos anteriores.

```
Private Sub CálculoPagos_Click()
  If TiempoMáx < TiempoMín Then
    MsgBox "El período máximo debe ser igual o mayor que el mínimo", _
           48, "Error préstamo bancario"
    Caja(1).Text = Caja(2).Text
    Caja(1).SetFocus ' período máximo
    Exit Sub
  End If
  ' Verificación del tipo de interés
  If InterésMáx < InterésMín Then
    MsgBox "El interés máximo debe ser igual o mayor que el mínimo", _
           48, "Error préstamo bancario"
    Caja(3).Text = Caja(4).Text
    Caja(3).SetFocus ' interés máximo
    Exit Sub
  End If

  MousePointer = 11 ' reloj de arena
  CálculosPg        ' calcular pagos
  MostrarPagos      ' visualizar pagos
  MousePointer = 0  ' cursor por omisión del ratón
End Sub
```

En este procedimiento, las dos asignaciones a la propiedad **MousePointer** muestran y ocultan el reloj de arena. La razón de hacerlo es para advertir al usuario que espere cuando los cálculos resulten demasiados largos.

Para calcular los pagos para cada período y tipo de interés, el procedimiento *CálculoPagos_Click* invoca al procedimiento *CálculosPg*, que se presenta a continuación. Este procedimiento:

- Calcula el número de períodos y de tipos de interés para los que se quieren realizar los cálculos.

- Reserva memoria para una matriz *Pago* de tipo **Variant** de dos dimensiones. En la fila *0* de esta matriz almacenamos los distintos períodos de tiempo, y en la columna *0* los distintos tipos de interés. En el resto de los elementos de la matriz almacenamos los pagos mensuales correspondientes a cada período y tipo de interés. En definitiva, esta matriz es un espejo de la tabla que a continuación se va a visualizar en la cuadrícula. Defina *Pago* a nivel del formulario:

```
Private Pago() As Variant

Private Sub CálculosPg()
  Dim Fila As Integer, Columna As Integer, M As Integer

  ' Calcular el número de períodos y de tipos de interés
  AñosMeses = (TiempoMáx - TiempoMín) + 1
  TiposIntrs = ((InterésMáx - InterésMín) / Incremento) + 1
  ' Tamaño de la matriz Pago
  ReDim Pago(TiposIntrs, AñosMeses)
  ' Almacenar en la columna 0 los tipos de interés
  Pago(1, 0) = InterésMín
  For Fila = 2 To TiposIntrs
    Pago(Fila, 0) = Pago(Fila - 1, 0) + Incremento
  Next Fila
  ' Almacenar en la fila 0 las distintas duraciones del préstamo
  For Columna = 1 To AñosMeses
    Pago(0, Columna) = TiempoMín + (Columna - 1)
  Next Columna

  ' Los períodos ¿en qué vienen dados? ¿En años o en meses?
  If TiempoPrest(0).Checked = True Then
    M = 12 ' si AñosMeses son Años
  Else
    M = 1  ' si AñosMeses son Meses
  End If
  ' Calcular pagos
  For Fila = 1 To TiposIntrs
    Interés = Pago(Fila, 0) / 100 / 12
    For Columna = 1 To AñosMeses
      Meses = Pago(0, Columna) * M
      Pago(Fila, Columna) = PagoMensual(Interés, Meses)
    Next Columna
  Next Fila
End Sub
```

Para calcular la cantidad mensual a pagar para un período y un tipo de interés determinados, *CálculosPg* invoca al procedimiento *PagoMensual*, que recibe los argumentos *Interés* y *Meses*, que contienen los valores correspondientes al interés mensual y a la duración del préstamo en meses, respectivamente. Defina estas variables a nivel del formulario.

```
Private Interés As Double
Private Meses As Integer
```

A continuación escriba la función *PagoMensual* así:

```
Private Function PagoMensual(Interés As Double, Meses As Integer)
  PagoMensual = CantidadPrest * (Interés / (1 - (1 / ((1 + Interés) ^ Meses))))
End Function
```

Para visualizar la cantidad a pagar mensualmente para cada período y tipo de interés, el procedimiento *CálculoPagos_Click* invoca al procedimiento *MostrarPagos* que se presenta a continuación. Este procedimiento obtiene de la matriz *Pago* los datos que se visualizan en la cuadrícula. La secuencia de operaciones para volcar los datos en la cuadrícula es:

- No permitir que la rejilla se repinte (propiedad **Redraw** a valor **False**) hasta no haber finalizado todas las variaciones de forma y contenido sobre ella. Esto repercute directamente en la velocidad de ejecución.
- Limpiar el contenido actual de la cuadrícula (la cuadrícula puede estar visualizando otros cálculos).
- Colocar de nuevo el mapa de bits en la celda [0, 0].
- Establecer el tamaño de las celdas no fijas.
- Establecer la alineación centrada para todas las columnas. Visualizar en la primera fila (la cero) los distintos períodos, especificando si son años o meses. Visualizar en la primera columna (la cero) los distintos tipos de interés. Visualizar a partir de la celda [1, 1] los pagos mensuales correspondientes a cada período y tipo de interés.
- Permitir que la rejilla se repinte (propiedad **Redraw** a valor **True**).
- Poner el indicador de amortización *IndicadorAmort* a valor **False**. Este indicador vale **False** cuando no se visualiza la tabla de amortizaciones, y **True** cuando se visualiza. Defina esta variable a nivel del formulario.

```
Private IndicadorAmort As Boolean
```

Las propiedades **CellAlignment**, **CellPictureAlignment**, **ColAlignment** o **ColAlignmentFixed** permiten, respectivamente, establecer la alineación en una celda con texto, en una celda con una imagen, en una columna, o bien en una columna fija. El tipo de alineación viene dado por constantes 0 a 9. Por ejemplo, la siguiente línea de código establece la alineación "centrado horizontal y verticalmente" en la columna no fija *I*:

```
Cuadrícula.ColAlignment(I) = flexAlignCenterCenter
```

El procedimiento *MostrarPagos* completo se muestra a continuación:

```
Private Sub MostrarPagos()
  Dim Fila As Integer, Columna As Integer
  Dim PeríodoTxt As String

  ' No repintar la rejilla
  Cuadrícula.Redraw = False
  ' Limpiar el contenido de la Cuadrícula
  CuadriculaLimpiar
  ' Volver a poner la imagen en la celda 0, 0
  Cuadrícula.Row = 0
  Cuadrícula.Col = 0
  Set Cuadrícula.CellPicture = Imagen.Picture
  Cuadrícula.ColWidth(0) = Imagen.Width
  ' Tamaño de las celdas no fijas
  TamañoCeldas Cuadrícula, TiposIntrs, AñosMeses
  ' Texto que identifica el período: años o meses
  If TiempoPrest(0).Checked = True Then
    PeríodoTxt = "Años"
  Else
    PeríodoTxt = "Meses"
  End If

  ' Alineación centrada para las columnas
  Cuadrícula.ColAlignmentFixed(0) = flexAlignCenterCenter
  For Columna = 1 To AñosMeses
    Cuadrícula.ColAlignmentFixed(Columna) = flexAlignCenterCenter
    Cuadrícula.ColAlignment(Columna) = flexAlignCenterCenter
    ' Poner en la primera fila las duraciones del préstamo
    Cuadrícula.TextMatrix(0, Columna) = Pago(0, Columna) & _
                                        vbCrLf & PeríodoTxt
  Next Columna

  For Fila = 1 To TiposIntrs
    ' Poner en la columna 0 los tipos de interés centrados
    Cuadrícula.TextMatrix(Fila, 0) = Format(Pago(Fila, 0), "0.00") & "%"
    For Columna = 1 To AñosMeses
      ' Poner en el resto de las celdas los valores
      ' almacenados en la matriz Pago
      Cuadrícula.TextMatrix(Fila, Columna) = Format( _
                              Pago(Fila, Columna), "Currency")
    Next Columna
  Next Fila
```

```
    ' Repintar la rejilla
    Cuadrícula.Redraw = True
    ' Poner el indicador de amortización a valor False
    IndicadorAmort = False
End Sub
```

Una vez visualizada la tabla, el usuario podrá seleccionar una o más celdas, haciendo clic en una de ellas y arrastrando el ratón, y copiarlas en el portapapeles. Si además, la propiedad **HighLight** tiene un valor distinto de cero, cosa que hicimos en el procedimiento *Form_Load*, las celdas seleccionadas aparecerán resaltadas. Esta propiedad puede también establecerse desde el diálogo *Páginas de propiedades*.

Cuando la cuadrícula contiene una fila y una columna fijas, usted puede seleccionar todas las celdas de la cuadrícula haciendo clic en la celda [0, 0], una fila haciendo clic en la celda fija de esa fila y una columna haciendo clic en la celda fija de esa columna.

También se puede seleccionar un rango de celdas utilizando las propiedades **Col**, **Row**, **ColSel** y **RowSel**. Estas propiedades definen, respectivamente, la celda superior izquierda y la celda inferior derecha del rango del celdas seleccionado.

Dependiendo de que haya o no un rango de celdas seleccionado, habilitaremos o no la orden *Copiar* del menú *Opciones*. Esto lo podemos verificar cuando el usuario haga clic en el menú *Opciones*:

```
Private Sub MenúOpciones_Click()
    ' Habilitar/inhabilitar "Copiar"
    OpciónCopiar.Enabled = _
        Cuadrícula.Row <> Cuadrícula.RowSel Or _
        Cuadrícula.Col <> Cuadrícula.ColSel
End Sub
```

Para añadir el mismo texto a un rango de celdas seleccionadas, utilice la propiedad **Text** y la propiedad **FillStyle** conjuntamente. Cuando **FillStyle** vale *0*, el texto se añade solamente a la celda identificada por las propiedades **Row** y **Col**. Cuando **FillStyle** vale *1*, el texto asignado a la propiedad **Text** se añade a todas las celdas seleccionadas.

El procedimiento *CuadriculaLimpiar* es un ejemplo claro de lo expuesto. Este procedimiento limpia todas las celdas de la cuadrícula:

```
Private Sub CuadriculaLimpiar()
    Dim Contador As Integer

    ' Borrar el texto de la primera columna
```

```
    For Contador = 0 To Cuadrícula.Rows - 1
      Cuadrícula.TextMatrix(Contador, 0) = ""
    Next Contador
    ' Borrar el texto de la primera fila
    Cuadrícula.Row = 0
    For Contador = 1 To Cuadrícula.Cols - 1
      Cuadrícula.TextArray(Contador) = ""
    Next Contador
    ' Borrar el texto de las celdas no fijas
    Cuadrícula.Col = 1
    Cuadrícula.Row = 1
    Cuadrícula.ColSel = Cuadrícula.Cols - 1
    Cuadrícula.RowSel = Cuadrícula.Rows - 1
    Cuadrícula.FillStyle = flexFillRepeat
    Cuadrícula.Text = ""
    ' Restaurar FillStyle
    Cuadrícula.FillStyle = flexFillSingle
  End Sub
```

Cuando la cuadrícula visualiza la cantidad a pagar mensualmente para cada período y tipo de interés, el usuario puede seleccionar una de las celdas haciendo clic en ella, con el fin de visualizar la tabla de amortización para el crédito, en el período y tipo de interés a los que corresponde la mensualidad elegida. Se ejecuta entonces el procedimiento *Cuadrícula_Click*, que activa el botón *Mostrar amortización* siempre que la celda sea una celda válida; esto es, que contenga una cantidad, y la tabla visualizada sea la de pagos y no la de amortización. Visualice la ventana de código, seleccione el objeto *Cuadrícula* y añada el procedimiento conducido por el suceso *Click*. A continuación edítelo así:

```
Private Sub Cuadrícula_Click()
  ' Activar el botón "Mostrar amortización" si la celda
  ' contiene un valor y aún no está activado
  CálculoAmort.Enabled = Cuadrícula.Text <> "" And _
                         IndicadorAmort = False
End Sub
```

Para visualizar la tabla de amortización a la que nos hemos referido anteriormente, el usuario hará clic en el botón *Mostrar amortización*. En este instante se ejecuta el procedimiento *CálculoAmort_Click*, que tiene como finalidad:

- Invocar al procedimiento *CálculosAm*, que calcula los pagos mes a mes, hasta la finalización del período del préstamo, desglosados en capital amortizado e intereses pagados.
- Invocar al procedimiento *MostrarAmort*, que visualiza en la cuadrícula los cálculos anteriores:

```
Private Sub CálculoAmort_Click()
  MousePointer = 11 ' reloj de arena
  CálculosAm        ' calcular tabla de amortización
  MostrarAmort      ' visualizar tabla de amortización
  MousePointer = 0  ' cursor del ratón por omisión
End Sub
```

La tabla de amortización incluirá, por cada mensualidad, su desglose en capital e intereses, el capital pendiente después de realizar ese pago y el total de los intereses pagados hasta ese momento. Para realizar estos cálculos, *CálculoAmort_Click* invoca al procedimiento *CálculosAm*. Este procedimiento:

- Almacena la mensualidad a pagar en *TotalPorMes*, y el interés y el período correspondientes en *Interés* y *Meses*, respectivamente. Defina *TotalPorMes* a nivel del formulario.
- Reserva memoria para una matriz *DatosAmort* de tipo **Currency** de *Meses* filas por dos columnas. En la fila *0* columna 1 se almacena la cantidad prestada. El resto de la matriz almacena en la columna 1 el capital pendiente después de cada pago, y en la columna 2 los intereses a pagar mensualmente. Defina *DatosAmort* a nivel del formulario:

```
Private DatosAmort() As Currency

Private Sub CálculosAm()
  Dim Contador As Integer

  ' Almacenar el pago mensual de la celda seleccionada
  TotalPorMes = Pago(Cuadrícula.Row, Cuadrícula.Col)
  ' Almacenar el tipo de interés correspondiente a la celda seleccionada
  Interés = (Pago(Cuadrícula.Row, 0) / 100) / 12
  ' Si AñosMeses = Años
  If TiempoPrest(0).Checked = True Then
    ' Almacenar el período correspondiente a la celda seleccionada
    Meses = Pago(0, Cuadrícula.Col) * 12
  Else
    Meses = Pago(0, Cuadrícula.Col)
  End If
  ' Tamaño de la matriz para contener la tabla de amortización
  ' La primera columna contiene el capital pendiente
  ' La segunda columna contiene el interés mensual a pagar
  ReDim DatosAmort(Meses, 1 To 2)
  DatosAmort(0, 1) = CantidadPrest ' cantidad prestada
  ' Calcular la tabla de amortización
  For Contador = 1 To Meses
    ' Cálculo de los interés a pagar en el mes actual
    DatosAmort(Contador, 2) = DatosAmort(Contador - 1, 1) * Interés
```

```
    ' Cálculo del capital pendiente de pagar
    DatosAmort(Contador, 1) = DatosAmort(Contador - 1, 1) - _
              (TotalPorMes - DatosAmort(Contador; 2))
  Next Contador
End Sub
```

Para visualizar la tabla de amortización anteriormente calculada, el procedimiento *CálculoAmort_Click* invoca al procedimiento *MostrarAmort* que se presenta a continuación. Este procedimiento obtiene de la matriz *DatosAmort* los datos que se visualizan en la cuadrícula. La secuencia de operaciones para volcar los datos en la cuadrícula es:

- No permitir que la rejilla se repinte (propiedad **Redraw** a valor **False**) hasta no haber finalizado todas las variaciones de forma y contenido sobre ella. Esto repercute directamente en la velocidad de ejecución.
- Limpiar el contenido actual de la cuadrícula (la cuadrícula puede estar visualizando otros cálculos).
- Quitar la imagen de la celda [0, 0] y poner la cantidad mensual elegida ajustando convenientemente la anchura de la columna 0. Para quitar un gráfico de una celda, utilice la función **LoadPicture** sin argumentos.
- Establecer el tamaño de las celdas no fijas.
- Visualizar en la primera fila (la cero) los títulos que especifican el contenido de cada una de las columnas.
- Visualizar en la primera columna (la cero) los números de fila.
- Visualizar a partir de la celda [1, 1] las amortizaciones.
- Permitir que la rejilla se repinte (propiedad **Redraw** a valor **True**).
- Inhabilitar el botón *Mostrar amortizaciones* y poner el indicador de amortización *IndicadorAmort* a valor **True**. Este indicador vale **False** cuando no se visualiza la tabla de amortizaciones, y **True** cuando se visualiza:

```
Private Sub MostrarAmort()
  Dim Contador As Integer, Fila As Integer
  Dim TotalIntereses As Currency

  ' No repintar la rejilla
  Cuadrícula.Redraw = False
  ' Limpiar el contenido de la Cuadrícula
  CuadriculaLimpiar
  ' Quitar la imagen de la celda 0, 0 y poner una cabecera
  Cuadrícula.Row = 0
  Cuadrícula.Col = 0
  Set Cuadrícula.CellPicture = LoadPicture()
```

```
    Cuadrícula.Text = "Pago/Mes" & vbCrLf & Format(TotalPorMes, "Currency")
    ' Anchura de la primera columna para que quepa el texto
    Cuadrícula.ColWidth(0) = 1.2 * TextWidth(Cuadrícula.Text)
    ' Tamaño de las celdas no fijas
    TamañoCeldas Cuadrícula, Meses, 4
    ' Establecer las cabeceras en la fila 0
    Cuadrícula.TextMatrix(0, 1) = "Capital"
    Cuadrícula.TextMatrix(0, 2) = "Intereses"
    Cuadrícula.TextMatrix(0, 3) = "Capital pendiente"
    Cuadrícula.TextMatrix(0, 4) = "Total intereses"
    ' Numerar las filas
    For Contador = 1 To Meses
      Cuadrícula.TextMatrix(Contador, 0) = Contador
    Next Contador
    ' Poner en el resto de las celdas los valores
    ' almacenados en la matriz DatosAmort
    TotalIntereses = 0
    For Fila = 1 To Meses
      ' Capital
      Cuadrícula.TextMatrix(Fila, 1) = Format(TotalPorMes - DatosAmort(Fila, 2), "Currency")
      ' Intereses
      Cuadrícula.TextMatrix(Fila, 2) = Format(DatosAmort(Fila, 2), "Currency")
      ' Capital pendiente
      Cuadrícula.TextMatrix(Fila, 3) = Format(DatosAmort(Fila, 1), "Currency")
      ' Total intereses
      TotalIntereses = TotalIntereses + DatosAmort(Fila, 2)
      Cuadrícula.TextMatrix(Fila, 4) = Format(TotalIntereses, "Currency")
    Next Fila
    ' Repintar la rejilla
    Cuadrícula.Redraw = True
    ' Inhabilitar el botón "Mostrar amortización"
    CálculoAmort.Enabled = False
    ' True: la tabla que se visualiza es de amortizaciones
    IndicadorAmort = True
    ' Celda actual
    Cuadrícula.Row = 1
    Cuadrícula.Col = 1
End Sub
```

Transferir texto al portapapeles

La orden *Copiar* del menú *Opciones* permite copiar en el portapapeles el contenido de las celdas seleccionadas. Cuando el usuario hace clic en esta orden, se ejecuta el procedimiento asociado *OpciónCopiar_Click*.

El procedimiento *OpciónCopiar_Click* almacena el contenido de las celdas seleccionadas en la variable *TextoSelect* de tipo **String** y define una variable *TextoSalida* del mismo tipo en la que copia el texto almacenado en *TextoSelect* con el formato que tiene que tener cuando se añada a otra aplicación. Por ejemplo, supongamos que seleccionamos un conjunto de celdas de la tabla de pagos mensuales, las copiamos en el portapapeles y las pegamos en un documento *Word*. El resultado será similar al siguiente:

	10 Años	11 Años	12 Años
4,00%	101.245 ptas	93.767 ptas	87.553 ptas
4,50%	103.638 ptas	96.187 ptas	90.001 ptas
5,00%	106.066 ptas	98.645 ptas	92.489 ptas

Esto indica que en la variable *TextoSalida* hemos almacenado carácter a carácter, incluidos tabuladores y retornos de carro más cambios de línea, cada una de las líneas del ejemplo. Además, a la información seleccionada le hemos añadido las cabeceras de las columnas y de las filas.

La propiedad **Clip** permite añadir texto a un rango de celdas seleccionado o copiar el texto de un rango de celdas seleccionado. Por ejemplo, la sentencia

```
Cuadrícula.Clip = ""
```

limpia el rango de celdas seleccionado, y la sentencia

```
TextoSelec = Cuadrícula.Clip
```

copia el contenido del rango de celdas seleccionado en la variable especificada.

El procedimiento *OpciónCopiar_Click* que se expone a continuación recoge lo expuesto con claridad:

```
Private Sub OpciónCopiar_Click()
  Dim TextoSelec As String, TextoSalida As String
  Dim Contador As Integer
  Dim ColIni As Integer, ColFin As Integer
  Dim FilaIni As Integer, FilaFin As Integer
  Dim TextoCabecera As String, car As String
  Dim Pos As Integer

  ' Filas y columnas seleccionadas
  ColIni = Cuadrícula.Col
  ColFin = Cuadrícula.ColSel
  FilaIni = Cuadrícula.Row
  FilaFin = Cuadrícula.RowSel

  If ColIni > ColFin Then
    Contador = ColIni: ColIni = ColFin: ColFin = Contador
  End If
```

```
  If FilaIni > FilaFin Then
    Contador = FilaIni: FilaIni = FilaFin: FilaFin = Contador
  End If

  ' Almacenar el contenido de las celdas seleccionadas
  TextoSelec = Cuadrícula.Clip
  ' Formar la nueva cabecera
  TextoSalida = ""
  Cuadrícula.Row = 0 ' fila actual
  For Contador = ColIni To ColFin
    Cuadrícula.Col = Contador ' columna actual
    TextoCabecera = ""
    For Pos = 1 To Len(Cuadrícula.Text)
      car = Mid(Cuadrícula.Text, Pos, 1)
      ' Si el carácter actual no es un retorno de carro
      If car <> vbCr And car <> vbLf Then
        TextoCabecera = TextoCabecera & car
      ElseIf Pos <> 1 Then
        TextoCabecera = TextoCabecera & " "
      End If
    Next Pos
    ' Añadir a la variable de salida la cabecera de esta columna
    TextoSalida = TextoSalida & vbTab & TextoCabecera
  Next Contador
  TextoSalida = TextoSalida & vbCrLf

  ' Añadir a la variable de salida la cabecera de la
  ' primera línea seleccionada
  Cuadrícula.Col = 0
  Cuadrícula.Row = FilaIni
  TextoSalida = TextoSalida & Cuadrícula.Text & vbTab
  ' Copiar el texto seleccionado en la variable de salida
  For Contador = 1 To Len(TextoSelec)
    car = Mid(TextoSelec, Contador, 1)
    ' Si el carácter actual no es un retorno de carro
    If car <> vbCr Then
      TextoSalida = TextoSalida & car
    Else ' si el carácter actual es un retorno de carro
      Cuadrícula.Row = Cuadrícula.Row + 1 ' siguiente fila
      ' Añadir Cr+Lf  y la cabecera de la fila actual
      TextoSalida = TextoSalida & vbCrLf & Cuadrícula.Text & vbTab
    End If
  Next Contador
  ' Copiar el contenido de la variable de salida en el portapapeles
  Clipboard.Clear
  Clipboard.SetText TextoSalida
End Sub
```

Observe que primero se vacía el portapapeles, ya que éste no lo hace automáticamente porque está diseñado para almacenar varias unidades de datos simultáneamente con formatos diferentes. En un capítulo posterior hablaremos de esto con más detalle.

Para finalizar la ejecución de la aplicación, haga clic en la orden *Salir* del menú *Opciones*. El procedimiento asociado con esta orden es:

```
Sub OpciónSalir_Click ()
  End
End Sub
```

El conjunto de declaraciones que hemos tenido que hacer a nivel del formulario se muestra a continuación:

```
' Cantidad prestada
Private CantidadPrest As Long
' Tiempo máximo y mínimo del préstamo
Private TiempoMín As Integer, TiempoMáx As Integer
' Tipo de interés máximo y mínimo
Private InterésMín As Currency, InterésMáx As Currency
' Incremento para recorrer el intervalo InterésMín-InterésMáx
Private Incremento As Currency
' Matriz dinámica para almacenar los pagos
Private Pago() As Variant
' Variables relacionadas con columnas y filas
Private AñosMeses As Integer, TiposIntrs As Integer
' Variables para los valores actuales del interés mensual y de la
' duración en meses. Intervienen en el cálculo del pago mensual
Private Interés As Double
Private Meses As Integer
' Matriz con las amortizaciones
Private DatosAmort() As Currency
' Pago mensual utilizado en el cálculo de la amortización
Private TotalPorMes As Currency
' Indicador de si la Cuadrícula muestra amortizaciones
Private IndicadorAmort As Boolean
```

CAPÍTULO 7

IMÁGENES, GRÁFICOS Y EVENTOS DEL RATÓN

Una de las partes más interesantes de un programa, y consecuentemente de un lenguaje, la constituyen sus elementos gráficos. Visual Basic proporciona varias utilidades para manipular gráficos, las cuales serán expuestas a lo largo de este capítulo.

En general, los gráficos se pueden agrupar en dos grandes categorías: gráficos vectoriales y mapas de bits. Los gráficos vectoriales están formados exclusivamente por vectores y son generados a partir de sentencias gráficas tales como **Line** y **Circle**. Los mapas de bits son imágenes representadas como una matriz de puntos (*píxeles*) y por lo tanto pueden ser procesadas punto por punto.

Otro tema a tener en cuenta es la resolución gráfica y la capacidad de color de los dispositivos de color. Para que una aplicación se ajuste a diferentes adaptadores de vídeo con diferentes resoluciones, el lenguaje gráfico tiene que proporcionar herramientas para poder determinar las características del hardware, lo que nos permitirá realizar los ajustes necesarios.

La diferencia entre un gráfico vectorial y un mapa de bits es que el primero no está supeditado a un tamaño específico en una determinada resolución; esto es, como es generado por sentencias gráficas, puede dibujarse fácilmente en cualquier tamaño. En cambio, para que un mapa de bits conserve su tamaño, tiene que insertar líneas de puntos cuando se amplía y eliminarlas cuando se reduce, lo que repercute en una degradación de la calidad de visualización.

Por último recuerde que con las funciones **RGB** y **QBColor** puede utilizar una gran variedad de colores con sus objetos.

SISTEMA DE COORDENADAS

Cualquier operación gráfica, colocación de controles, movimientos de controles, cambio de tamaño, etc, se hace sobre el sistema de coordenadas del contenedor (objeto **Screen** (pantalla), formulario, caja de imagen, objeto **Printer** (impresora), etc.) Por lo tanto, es importante saber cómo utilizar el sistema de coordenadas para definir la posición de los objetos en la pantalla, en el formulario o en cualquier otro contenedor:

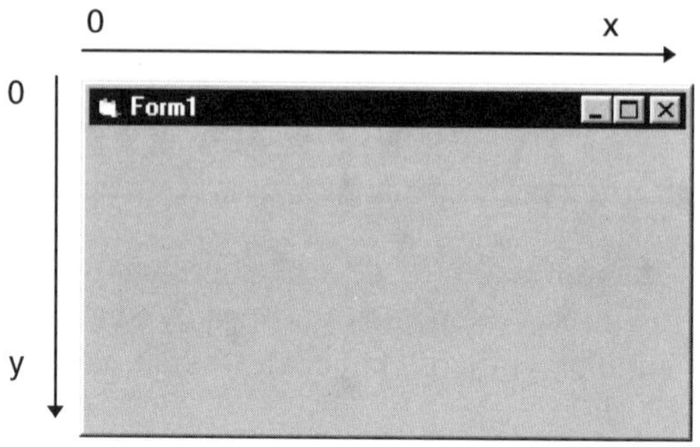

Un punto queda determinado por las coordenadas (*x*, *y*). El valor de *x* es la posición del punto a lo largo del *eje x* (por omisión esta posición es 0 y se localiza en la parte izquierda del área de dibujo). El valor de *y* es la posición del punto a lo largo del *eje y* (por omisión esta posición es 0 y se localiza en la parte superior del área de dibujo). La figura anterior le muestra esto con claridad.

Cuando se mueve o se modifica el tamaño de un control, en general, cuando se realiza cualquier operación gráfica, se utiliza el sistema de coordenadas del contenedor.

Por omisión, Visual Basic considera todas las coordenadas y medidas empleadas en operaciones gráficas en *twips*. Una pulgada son 1440 *twips*, por lo tanto, un centímetro son 567 *twips*.

Las unidades de medida utilizadas para definir un sistema de coordenadas se denominan genéricamente *escala*. En Visual Basic, cada eje del sistema de coordenadas puede tener su escala propia.

También es posible modificar la dirección de los ejes, esto es, el punto de partida, y la escala del sistema de coordenadas, pero esto, lo veremos más adelante. Por ahora utilizaremos el sistema de coordenadas por omisión.

CONTROLES GRÁFICOS

Visual Basic proporciona varios controles diseñados para crear efectos gráficos en una aplicación. Estos controles son:

Líneas (control **Line**)

Figuras (control **Shape**)

Imagen (control **Image**)

Las ventajas de la utilización de controles gráficos son que requieren menos recursos del sistema que otros controles de Visual Basic, lo que redunda en una mayor velocidad de ejecución, y que requieren escribir menos código que cuando se utilizan métodos gráficos (piense, por ejemplo, en dibujar un círculo).

También tienen algunas limitaciones:

- No pueden aparecer encima de otros controles, a no ser que estén incluidos dentro de un contenedor que sí pueda estar encima de otros controles; por ejemplo, dentro de una caja de imagen.

  Caja de imagen (**PictureBox**)

  Un control caja de imagen puede visualizar un gráfico a partir de un mapa de bits, un icono, un metarchivo, un metarchivo mejorado, un fichero *.jpeg* o un fichero *.gif*. Si el control no es lo suficientemente grande como para visualizar la imagen entera, ésta se recorta automáticamente al tamaño del control.

- No pueden recibir el foco durante la ejecución.
- No pueden contener a otros controles.
- No disponen de la propiedad **hWnd**.

Control líneas

El control *líneas* permite dibujar líneas en tiempo de diseño. Un objeto de esta clase tiene propiedades que permiten controlar su posición, longitud, color, estilo, etc. El siguiente formulario utiliza tres líneas para separar las distintas figuras.

Control figuras

El control *figuras* permite dibujar rectángulos, cuadrados (con sus esquinas redondeadas o sin redondear), círculos y elipses. Un objeto de esta clase tiene propiedades que permiten controlar su posición, tamaño, color del borde, color del interior, recubrimiento, tipo de figura, estilo del borde, etc. El formulario siguiente visualiza las distintas figuras por las que se puede optar:

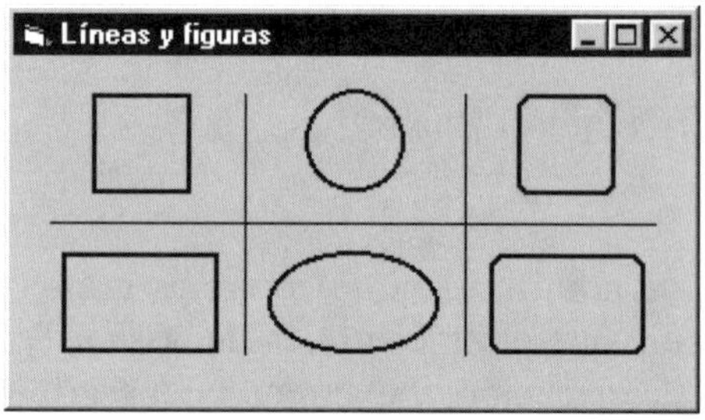

Control imagen

Un control *imagen* es un área rectangular dentro de la cual se pueden cargar ficheros de imágenes.

En Visual Basic es posible añadir una imagen (una figura en general) a un formulario de alguna de las formas siguientes: colocándola directamente sobre el formulario, dentro del contenedor *caja de imagen* o utilizando el control gráfico *imagen*. Esta imagen puede cargarse desde los siguientes tipos de ficheros: *.jpg* y *.gif*, *.bmp*, *.dib*, *.ico*, *.cur*, *.wmf* y *.emf*. Estos ficheros pueden ser creados por muchos paquetes gráficos. Por ejemplo, Windows puede crear ficheros *.bmp* por medio de la utilidad gráfica *Paint*. Además, Visual Basic proporciona una amplia biblioteca de ficheros *.bmp*, *.cur*, *.ico* y *.wmf*.

Un mapa de bits representa una imagen digital del dibujo; esto es, un diseño de puntos del dibujo (píxeles). Cada píxel del dibujo corresponde a uno o más bits del mismo; esto depende de que la imagen sea monocroma o de color.

Un mapa de bits es un fichero con extensión *.bmp* o *.dib* y puede utilizar por cada píxel, 2, 4, 8, 16, 24, o 32 bits para definir su color. Sin embargo, un mapa de bits sólo se visualiza correctamente si el controlador utilizado con la tarjeta de vídeo soporta el número de colores utilizado por el mapa de bits. Por ejemplo, una tarjeta de vídeo con capacidad para 256 colores utilizada con un controlador de vídeo de 16 colores no podrá visualizar imágenes de 256 colores; éstas serán visualizadas utilizando sólo 16 colores.

Un icono, fichero con extensión *.ico*, es un tipo especial de mapa de bits. Los iconos tienen un tamaño de 32 × 32 o de 16 × 16 píxeles.

Un metarchivo define una imagen codificada en líneas y figuras; esto es, el fichero contiene el código necesario para dibujar la imagen. Un metarchivo convencional es un fichero con extensión *.wmf*. Los metarchivos de mayor calidad tienen extensión *.emf*.

Un cursor es también básicamente un mapa de bits. Un cursor tienen un píxel que se toma como referencia para obtener las coordenadas *x* e *y* relativas a su posición. Los cursores tienen la extensión *.cur*.

Jpeg o *jpg* (*Joint Photographic Experts Group*) es un mapa de bits comprimido que acepta colores de 8 y 24 bits. Es un formato popular en Internet.

Gif (*Graphic Interchange Format*) es un mapa de bits comprimido desarrollado originalmente por *CompuServe*. Acepta hasta 256 colores y también es utilizado en Internet.

Los controles *imagen* y *caja de imagen* aparentemente tienen la misma funcionalidad, pero no es así. Las diferencias fundamentales son que el control *imagen* no es un contenedor, esto es, no puede contener a otros controles Visual Basic, y que se ajusta automáticamente a la imagen.

AÑADIR UNA IMAGEN A UN FORMULARIO

Una imagen puede ser añadida durante el diseño y durante la ejecución de la aplicación. Visual Basic proporciona varias imágenes en los directorios *bitmaps*, *cursors*, *icons* y *metafile* que pueden añadirse a un formulario, a un control caja de imagen o a un control imagen.

Añadir una imagen durante el diseño

Para añadir una imagen durante el diseño, siga los pasos que se indican a continuación:

1. Añada, si es preciso, un control *imagen* o *caja de imagen* al formulario.

2. Seleccione el formulario, el control *caja de imagen* o el control *imagen*.

3. Diríjase a la ventana de propiedades, seleccione **Picture** en la lista de propiedades y haga clic en el botón [...] situado a la derecha.

4. En la caja de diálogo visualizada, elija el fichero *jpg*, *.gif*, *.bmp*, *.dib*, *.ico*, *.cur*, *.wmf* o *.emf* que desee.

La imagen seleccionada se coloca en el formulario o en el control imagen, detrás de cualquier control que hubiera colocado allí, o en la caja de imagen.

También puede añadir una imagen de otra aplicación utilizando el portapapeles. Por ejemplo, dibuje una imagen con *Paint*, cópiela en el portapapeles y péguela en el formulario, caja de imagen o control imagen de su aplicación.

Para eliminar una imagen, ponga de nuevo la propiedad **Picture** a valor "(Ninguno)". Para ello, seleccione el formulario o el control, elija la propiedad **Picture** en la ventana de propiedades, haga un doble clic en el valor que se visualiza para seleccionarlo y pulse la tecla *Supr* (*Del*).

Añadir una imagen durante la ejecución

Para añadir una imagen durante la ejecución, utilice la función **LoadPicture**. Esta función permite asignar un fichero *jpg*, *.gif*, *.bmp*, *.rle*, *.ico*, *.cur*, *.wmf* o *.emf* a la propiedad **Picture** de un formulario, de una caja de imagen o de un control imagen. Por ejemplo, diseñe un formulario con los siguientes controles:

Objeto	**Propiedad**	**Valor**
Caja de imagen (*PictureBox*)	Name AutoSize BorderStyle	Imagen1 True 1
Etiqueta	Caption Name BackStyle	FJCS S.L. Etiqueta1 0 (transparente)
Caja de imagen (*PictureBox*)	Name AutoSize BorderStyle	Imagen2 False 1
Imagen (*Image*)	Name BorderStyle	Imagen3 0
Etiqueta	Caption Name BackStyle	942 23 25 26 Etiqueta2 0 (transparente)
Botón de pulsación	Caption Name	Salir Salir

Ponga al formulario el título *Imágenes* y establezca el estilo 1 para el borde. Guarde la aplicación con el nombre *imagen.vbp* y el formulario con el nombre *imagen.frm*.

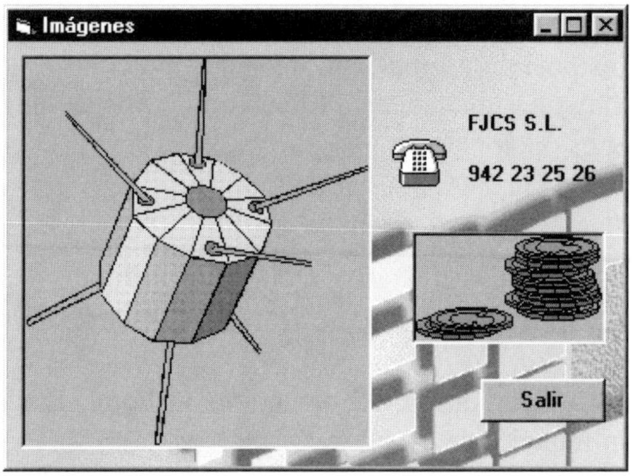

La propiedad **AutoSize** del control caja de imagen cuando vale **True** permite que la caja se adapte automáticamente al tamaño de la imagen. Si esta propiedad tiene valor **False**, la imagen se recorta por la derecha y por abajo para adaptarse al tamaño del control.

Un control imagen (como *imagen3*) no tiene propiedad **AutoSize**, pero automáticamente sus dimensiones se ajustan al tamaño de la imagen cargada. Al revés, para que la imagen cargada se adapte al tamaño del control, tiene que asignar a su propiedad **Stretch** el valor **True**.

Continuando con el ejemplo, escriba el procedimiento *Form_Load* para que utilizando la función **LoadPicture** cargue en el formulario *Form1* la imagen *logowin.bmp*, en *Imagen1* la imagen *satelite.bmp*, en *Imagen2* la imagen *coins.wmf* y en *Imagen3* la imagen *phone01.ico*. Ponga también durante la ejecución los títulos de las etiquetas 1 y 2. El resultado se presenta a continuación:

```
Private Sub Form_Load()
  ChDir App.Path
  Form1.Picture = LoadPicture("logowin.bmp")
  Etiqueta1.Caption = "FJCS S.L."
  Imagen1.Picture = LoadPicture("satelite.bmp")
  Imagen2.Picture = LoadPicture("monedas.wmf")
  Imagen3.Picture = LoadPicture("telefono.ico")
  Etiqueta2.Caption = "942 23 25 26"
End Sub
```

Las imágenes cargadas durante el diseño son guardadas y cargadas con la aplicación. Quiere esto decir que cuando cree un fichero *.exe* de su aplicación, no necesitará acompañarlo de los ficheros de imágenes utilizados. En cambio, cuando las imágenes se carguen en tiempo de ejecución, utilizando la función **LoadPicture**, y cree un fichero *.exe* de su aplicación, debe acompañar éste con los ficheros de imagen utilizados.

También es posible asignar una imagen a un control desde otro control. Si en el destino ya hay una imagen, ésta es sustituida por la nueva imagen. Por ejemplo (la palabra **Set** es opcional),

```
[Set] Imagen2.Picture = Imagen1.Picture
```

Eliminar una imagen durante la ejecución

Para borrar una imagen durante la ejecución, utilice la función **LoadPicture** como se indica a continuación:

```
[Set] Imagen2.Picture = LoadPicture()
```

FICHEROS DE RECURSOS

Un fichero de recursos permite separar los recursos utilizados por la aplicación (cadenas de caracteres, menús, fuentes, tabla de aceleradores, mapas de bits, iconos, cursores, etc.) del código de la misma. Para acceder a los mismos se utilizan las funciones **LoadResString**, **LoadResPicture** y **LoadResData**.

La función **LoadResString** permite cargar una cadena de caracteres desde el fichero de recursos de la aplicación. La función **LoadResPicture**permite cargar un mapas de bits, un icono o un cursor. Y la función **LoadResData** permite cargar datos de varios tipos y devuelve una matriz de **Byte**.

El hecho de utilizar un fichero de recursos supone dos ventajas:

- El rendimiento y la capacidad se incrementan, ya que las cadenas, imágenes y datos pueden cargarse cuando se necesiten desde el fichero de recursos, en lugar de cargarlos todos de una vez al cargar un formulario o un módulo.
- Si la aplicación se va a distribuir en otro idioma, los recursos que necesiten traducción se pueden aislar en un fichero de recursos. Esto supone no tener que acceder al código original ni volver a compilar la aplicación.

Crear un fichero de recursos

Para crear un fichero de recursos siga los pasos que se indican a continuación:

1. Cerciórese de que en el menú *Proyecto* se encuentra la orden *Agregar nuevo archivo de recursos* o el botón equivalente en la barra de herramientas. Si no es así, ejecute la orden *Administrador de complementos* del menú *Complementos* y añada el editor de recursos de Visual Basic.

2. Ejecute la orden *Agregar nuevo archivo de recursos* o haga clic en el botón equivalente en la barra de herramientas. Se visualizará el diálogo *Editor de recursos de VB*:

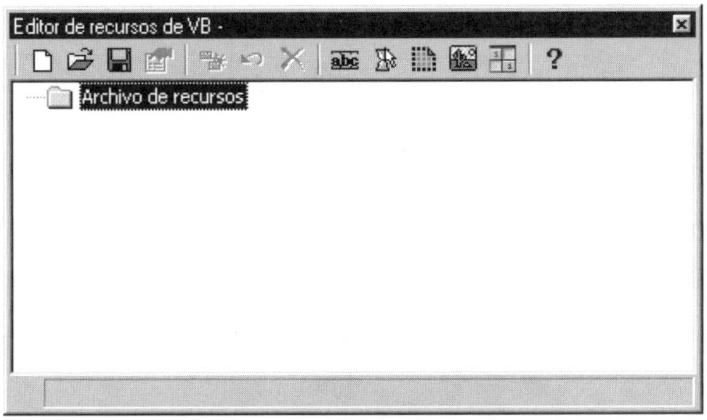

3. Utilizando la barra de herramientas del *Editor de recursos de VB*, puede añadir los recursos que desee para su aplicación. Asimismo, utilizando el botón *Propiedades*, si lo desea, puede cambiar los identificadores de recurso numéricos por cadenas de caracteres.

4. Una vez añadidos los recursos, haga clic en el botón *Guardar* para guardar el fichero de recursos.

Recursos estándar

Si observa la barra de herramientas de la figura anterior verá que dispone de botones para agregar cadenas de caracteres, cursores, iconos y mapas de bits como recursos para su aplicación. Para cargar este tipo de recursos estándar a partir del fichero de recursos dispone de las funciones **LoadResString** y **LoadResPicture**.

Como ejemplo, diseñe la misma aplicación anterior, utilizando ahora un fichero de recursos para almacenar los recursos estándar utilizados en dicha aplicación, incluyendo el título del formulario. Para ello diseñe un formulario como el anterior, sin especificar el texto de las etiquetas y del título del formulario.

A continuación, añada un fichero de recursos siguiendo los pasos enunciados anteriormente. Cuando ejecute el paso 3, añada los recursos que se pueden observar en el diálogo siguiente: *TELEFONO* de tipo *Icono*, *LOGOWIN* y *SATELITE* de tipo *Mapa de bits* y una tabla de cadenas de caracteres.

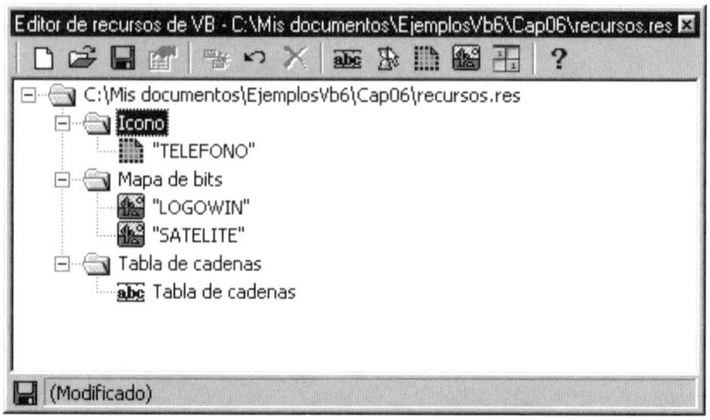

Cuando añada el recurso *tabla de cadenas*, Visual Basic le mostrará el diálogo *Modificar tablas de cadenas*. Utilizando la funcionalidad de este diálogo podrá agregar, modificar o eliminar cadenas de la tabla. La figura siguiente muestra las cadenas que tiene que añadir para nuestro ejemplo:

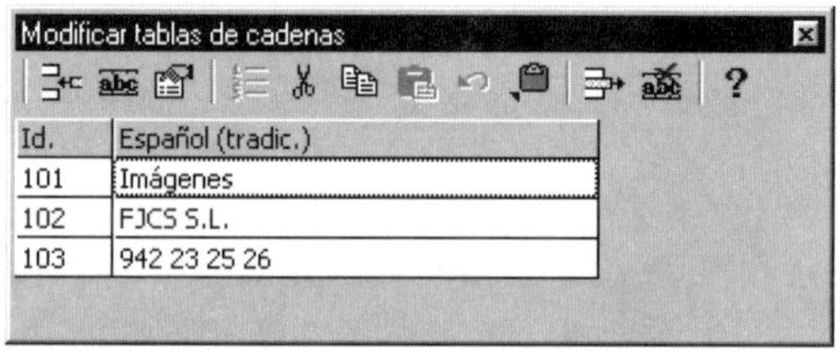

Finalmente, guarde la aplicación con el nombre *recursosstd* y edite el procedimiento *Form_Load* como se indica a continuación. Observe que el fichero *.wmf* no es un recurso estándar, por lo que no ha sido incluido en el fichero de recursos.

```
Private Sub Form_Load()
  ChDir App.Path
  Form1.Caption = LoadResString(101)
  Form1.Picture = LoadResPicture("logowin", vbResBitmap)
  Etiqueta1.Caption = LoadResString(102)
  Imagen1.Picture = LoadResPicture("satelite", vbResBitmap)
  Imagen2.Picture = LoadPicture("monedas.wmf")
  Imagen3.Picture = LoadResPicture("telefono", vbResIcon)
  Etiqueta2.Caption = LoadResString(103)
End Sub
```

Recursos personalizados

Además de los botones para agregar cadenas de caracteres, cursores, iconos y mapas de bits comentados en el apartado anterior, el *Editor de recursos de VB* dispone de otro botón para añadir recursos personalizados. Por ejemplo, imágenes con formato *jpg*, *.gif*,*.wmf* o *.emf*, o bien ficheros de sonido *.wav*.

Como ejemplo, diseñe una aplicación que presente un formulario como el de la figura siguiente. Asígnele el título *Recursos personalizados* y los controles indicados en la tabla mostrada a continuación. Cuando finalice, guarde el proyecto y el formulario con el nombre *recursospers*.

Objeto	**Propiedad**	**Valor**
Caja de imagen (*PictureBox*)	Name AutoSize BorderStyle	Imagen1 True 1
Botones de pulsación (matriz de 4 controles)	Caption Name Index	GIF, JPG, WMF, WAV Recurso 0, 1, 2, 3
Botón de pulsación	Caption Name	Salir Salir

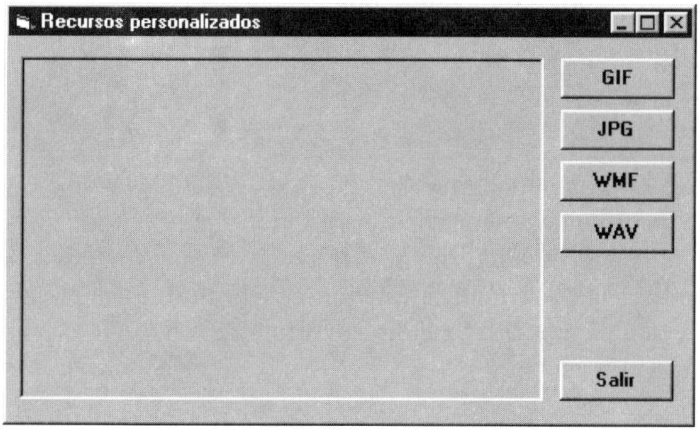

A continuación añada un fichero de recursos denominado *recursospers* con cuatro recursos personalizados: tres imágenes (una *.gif*, otra *.jpg* y otra *.wmf*) y un fichero *.wav*. Las imágenes las agruparemos bajo el tipo de recurso *IMAGEN* y las identificaremos por *GIF*, *JPG* y *WMF*. El sonido será un recurso de tipo *SONIDO* identificado por *WAV*.

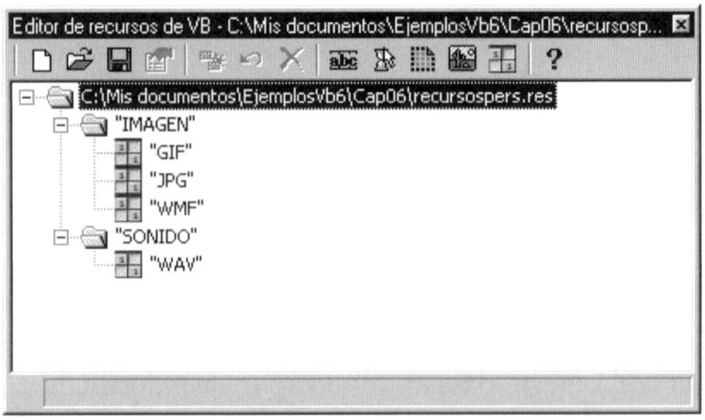

A diferencia de lo que sucedía con los recursos estándar, ahora no disponemos de funciones que permitan cargar estos recursos directamente cuando se inicie la aplicación. Por este motivo, vamos a escribir una función *LoadResCustom* que permita cargar recursos sólo de tipo *IMAGEN* y *SONIDO*. Esta función realizará básicamente lo siguiente:

1. Invocará a la función **LoadResData** para cargar los datos del recurso en una matriz de tipo **Byte**. Por lo tanto, la función *LoadResCustom* tendrá dos parámetros: el identificador del recurso y su tipo. Ambos parámetros serán de tipo **Variant**.

2. Pensando en los argumentos que requieren las funciones que tenemos que utilizar para mostrar los recursos (**LoadPicture** y **PlaySound**), crearemos un fichero temporal de acceso binario (*res723ceb.tmp*) para almacenar esos datos.

3. Cuando el recurso cargado sea de tipo *IMAGEN* la función *LoadResCustom* retornará el valor devuelto por la función *LoadPicture("res723ceb.tmp")*. En cambio, cuando sea de tipo *SONIDO* devolverá el nombre del fichero temporal para ser utilizado por la función **PlaySound**. Puesto que el tipo de los datos devueltos por la función es diferente en cada caso, lo declararemos **Variant**.

```
Private Function LoadResCustom(id, Optional tipo) As Variant
  Dim bytes() As Byte, idf As Integer, snd As String
  On Error GoTo RutinaError:

  ' Leer los datos del recurso y almacenarlos en un fichero
  idf = FreeFile
  Open "res723ceb.tmp" For Binary As #idf
  bytes = LoadResData(id, tipo)
  Put #idf, , bytes ' escribir los datos en el fichero
  Close #idf
```

```
  Select Case tipo
    Case "imagen"
      Set LoadResCustom = LoadPicture("res723ceb.tmp")
    Case "sonido"
      LoadResCustom = "res723ceb.tmp"
    Case Else
      MsgBox "Tipo no correcto"
  End Select
  Exit Function
RutinaError:
  MsgBox Err.Description
End Function
```

El siguiente paso es escribir el procedimiento común que responda a un clic sobre cualquiera de los botones *GIF*, *JPG*, *WMF*, *WAV*. Recuerde que estos botones pertenecen a una matriz de controles denominada *Recurso*.

```
Private Sub Recurso_Click(Index As Integer)
  Dim vr, snd
  Select Case Index
    Case 0 ' botón GIF
      Imagen1.Picture = LoadResCustom("gif", "imagen")
    Case 1 ' botón JPG
      Imagen1.Picture = LoadResCustom("jpg", "imagen")
    Case 2 ' botón WMF
      Imagen1.Picture = LoadResCustom("wmf", "imagen")
    Case 3 ' fichero wav
      snd = LoadResCustom("wav", "sonido")
      vr = PlaySound(snd, 0, SND_ASYNC Or SND_NODEFAULT Or SND_NOSTOP)
  End Select
End Sub
```

La función **PlaySound** pertenece a la API de Windows y será explicada con detalle en el capítulo de multimedia. Ahora simplemente hay que saber que para utilizar una función de la API de Windows es necesario declararla, operación que se puede observar si lo desea, en el módulo *módulo1.bas* añadido al proyecto.

Para finalizar el proyecto, añada los procedimientos que deben ejecutarse al cerrar la aplicación:

```
Private Sub Salir_Click()
  Unload Me
End Sub

Private Sub Form_Unload(Cancel As Integer)
  On Error Resume Next
  Kill ("res723ceb.tmp")
End Sub
```

EL PORTAPAPELES

El portapapeles (**Clipboard**) es un objeto que no tiene propiedades ni eventos, pero sí tiene una serie de métodos (procedimientos) que permiten transferir datos a y desde su entorno. Los métodos más útiles son **SetText** y **GetText**.

El método **SetText** copia en el portapapeles el texto seleccionado, destruyendo cualquier otra información que hubiera en el mismo con el mismo formato (ver un poco más adelante el método **Clear**) y el método **GetText** recupera el texto almacenado en el portapapeles. Por ejemplo, suponiendo que tenemos una caja de texto denominada *Text1*, la sentencia siguiente guarda en el portapapeles el texto seleccionado en la caja de texto

```
Clipboard.SetText Text1.SelText
```

y esta otra sentencia que se puede observar a continuación, copia el contenido del portapapeles en la caja de texto *Text1* sobre el texto seleccionado, o bien, si no hubiera texto seleccionado, a partir del punto de inserción.

```
Text1.SelText = Clipboard.GetText()
```

Colocar imágenes en el portapapeles

Acabamos de ver cómo utilizar los métodos **GetText** y **SetText** del portapapeles para transferir texto entre una aplicación Visual Basic y cualquier otra aplicación que utilice el portapapeles. Además de estos métodos, disponemos de otros como **GetData** y **SetData** para transferir imágenes, y **GetFormat** y **Clear** que se aplican tanto a los formatos de texto como a los gráficos.

El método **SetData** pone una imagen en el portapapeles. Tiene dos argumentos: el primero es la imagen que se va a colocar en el portapapeles y el segundo, que es opcional, el tipo de imagen (*vbCFBitmap*, *vbCFMetafile*, *vbCFDIB*). Si este argumento no se especifica, **SetData** determina automáticamente el formato de la imagen. El gráfico se obtendrá a partir de la función **LoadPicture** o de la propiedad **Picture** del control que contenga la imagen.

Para obtener la imagen almacenada en el portapapeles utilizaremos el método **GetData**. Este método tiene un argumento opcional que especifica el formato de la imagen. Si no se especifica, **GetData** lo determina automáticamente.

Como ejemplo vamos a construir un nuevo proyecto denominado *Portapapeles*, que visualice un formulario similar al mostrado en la figura siguiente. Dicho formulario tiene una barra de menús con los menús *Opciones* y *Edición*. El menú

Opciones está compuesto por la orden *Salir* y el menú *Edición* por las órdenes *Cortar*, *Copiar* y *Pegar*. Además tiene una lista desplegable, una caja de imagen, una etiqueta con información para el usuario y otra etiqueta que indica qué control ha seleccionado el usuario, el elemento de texto de la lista o la imagen.

La idea es que el usuario haga clic en la caja de texto de la lista cuando desee cortar, copiar o pegar texto, y en la imagen cuando requiera realizar estas operaciones sobre la caja de imagen.

El procedimiento *Form_Load* se encargará de almacenar en la lista los nombres de los personajes que pueden mostrarse en la caja de imagen:

```
Private Sub Form_Load()
  Combo1.AddItem ("Bridjust")
  Combo1.AddItem ("Buchstev")
  Combo1.AddItem ("Calllaur")
  Combo1.AddItem ("Ceballos")
  Combo1.AddItem ("Davonanc")
  Combo1.AddItem ("Dodsanne")
End Sub
```

Cuando el usuario despliegue la lista y seleccione un elemento de la misma, en la caja de imagen se mostrará la imagen correspondiente al nombre seleccionado. Las imágenes son mapas de bits que hemos almacenado en un fichero de recursos denominado *portapapeles.res*.

```
Private Sub Combo1_Click()
  Select Case Combo1.Text
    Case ("Bridjust")
      Picture1.Picture = LoadResPicture(101, vbResBitmap)
    Case ("Buchstev")
      Picture1.Picture = LoadResPicture(102, vbResBitmap)
```

```
    Case ("Calllaur")
      Picture1.Picture = LoadResPicture(103, vbResBitmap)
    Case ("Ceballos")
      Picture1.Picture = LoadResPicture(104, vbResBitmap)
    Case ("Davonanc")
      Picture1.Picture = LoadResPicture(105, vbResBitmap)
    Case ("Dodsanne")
      Picture1.Picture = LoadResPicture(106, vbResBitmap)
  End Select
End Sub
```

La etiqueta del fondo del formulario indicará cuál es el control seleccionado, la caja de texto de la lista o la caja de imagen:

```
Private Sub Combo1_GotFocus()
  Label2.Caption = "Selección: texto"
End Sub

Private Sub Picture1_GotFocus()
  Label2.Caption = "Selección: imagen"
End Sub
```

Una vez que el usuario haya seleccionado un control, podrá optar por copiar o cortar los datos de ese control y pegarlos en otra aplicación, o por pegar en ese control los datos que en ese instante almacene el portapapeles.

Para saber cuál es el control seleccionado utilizaremos la sentencia **TypeOf** para interrogar la propiedad **ActiveControl** del objeto **Screen**. Esta propiedad devuelve el control que tiene el foco; por lo tanto, podremos también utilizarla para acceder a las propiedades de ese control.

Los procedimientos vinculados con las órdenes *Copiar*, *Cortar* y *Pegar* se muestran a continuación. La orden *Cortar* copia los datos del portapapeles y los elimina del origen.

```
Private Sub EdicionCopiar_Click()
  Clipboard.Clear
  If TypeOf Screen.ActiveControl Is ComboBox Then
    Clipboard.SetText Screen.ActiveControl.Text
  ElseIf TypeOf Screen.ActiveControl Is PictureBox Then
    Clipboard.SetData Screen.ActiveControl.Picture
  ' ElseIf TypeOf ... Then
    ' Otros controles
  Else
    ' ...
  End If
End Sub
```

```
Private Sub EdicionCortar_Click()
  ' Primero se copia:
  EdicionCopiar_Click
  ' Después se borra el contenido del control activo
  If TypeOf Screen.ActiveControl Is ComboBox Then
    Screen.ActiveControl.Text = ""
  ElseIf TypeOf Screen.ActiveControl Is PictureBox Then
    Screen.ActiveControl.Picture = LoadPicture()
  ' ElseIf TypeOf ... Then
    ' Otros controles
  Else
    ' ...
  End If
End Sub

Private Sub EdicionPegar_Click()
  If TypeOf Screen.ActiveControl Is ComboBox Then
    Screen.ActiveControl.Text = Clipboard.GetText()
  ElseIf TypeOf Screen.ActiveControl Is PictureBox Then
    Screen.ActiveControl.Picture = Clipboard.GetData()
  ' ElseIf TypeOf ... Then
    ' Otros controles
  Else
    ' ...
  End If
End Sub
```

Método Clear

Observe que antes de ejecutar una operación de copiar o cortar se invoca al método **Clear** para vaciar el portapapeles. Esto se hace así porque el portapapeles permite almacenar datos en varios formatos simultáneamente, razón por la que no se vacía automáticamente. En un caso en el que haya almacenados varias unidades de datos con formatos diferentes, los datos que se escribirán al ejecutar la orden *Pegar* dependerá del formato que acepte el contenedor.

Para verificar lo expuesto, elimine o comente la llamada al método **Clear** de la aplicación que acabamos de escribir. Después, ejecute la aplicación y seleccione una imagen de la lista. A continuación seleccione la caja de texto de la lista y haga clic en *Cortar*, seleccione la caja de imagen y haga clic en *Cortar*. Ahora tiene en el portapapeles el texto y la imagen. Para comprobarlo, seleccione la caja de texto de la lista y haga clic en *Pegar*, seleccione la caja de imagen y haga clic en *Pegar*. Observará que ha recuperado del portapapeles ambos tipos de datos.

Verificar los formatos de datos

Para determinar si los datos del portapapeles tienen un formato concreto, utilizaremos el método **GetFormat**. Como ejemplo, podemos escribir el procedimiento que responda al evento **Click** del menú *Edición* para que desactive la orden *Pegar* si los datos del portapapeles no tienen el formato que requiere el control activo.

```
Private Sub menuEdicion_Click()
  EdicionCortar.Enabled = True
  EdicionCopiar.Enabled = True
  EdicionPegar.Enabled = False
  If TypeOf Screen.ActiveControl Is ComboBox Then
    If Clipboard.GetFormat(vbCFText) Then
      EdicionPegar.Enabled = True
    End If
  ElseIf TypeOf Screen.ActiveControl Is PictureBox Then
    If Clipboard.GetFormat(vbCFBitmap) Then
      EdicionPegar.Enabled = True
    End If
  'Otros controles
  '...
  Else
    ' No existe un control que acepte el formato de
    ' los datos almacenados en el portapapeles
    EdicionCortar.Enabled = False
    EdicionCopiar.Enabled = False
  End If
End Sub
```

El método **GetFormat** devuelve **True** si el formato especificado (*vbCFLink, vbCFText, vbCFBitmap, vbCFMetafile, vbCFDIB* o *vbCFPalette*) coincide con alguna unidad de datos del portapapeles. En otro caso, devuelve **False**.

MOVER OBJETOS DINÁMICAMENTE

Durante la ejecución de una aplicación se puede mover cualquier objeto a otra posición, modificar su tamaño, ocultarlo y añadir nuevos objetos.

Para mover un objeto durante la ejecución de una aplicación lo único que hay que hacer es utilizar el método **Move** indicando la nueva posición: *izquierda* (**Left**) y *superior* (**Top**); y para modificar su tamaño, simplemente tenemos que especificar los nuevos valores *ancho* (**Width**) y *alto* (**Height**). Ambas operaciones pueden realizarse con el método **Move**, cuya sintaxis es la siguiente:

[*objeto.*]**Move** *izquierda*[, *superior*[, *ancho*[, *alto*]]]

Objeto se refiere al formulario o al control que se desea mover y/o redimensionar, y los cuatro parámetros siguientes son datos reales en precisión simple, cuyo significado es el siguiente: el parámetro *izquierda* especifica la distancia entre la esquina superior izquierda del objeto y el lado izquierdo del contenedor; el parámetro *superior* especifica la distancia entre la esquina superior izquierda del objeto y el lado superior del contenedor; el parámetro *ancho* especifica la anchura del objeto, y el parámetro *alto* especifica la altura del objeto.

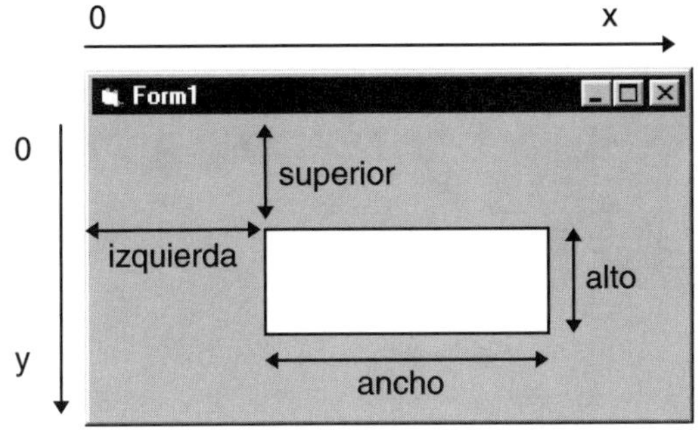

Por ejemplo, la siguiente sentencia mueve el control *Text1* a las coordenadas (250, 10). Esta posición se mide con respecto a la esquina superior izquierda del área de trabajo del formulario; esto es, del contenedor. También modifica el tamaño del control a los valores 2000 de anchura por 1000 de altura.

```
Text1.Move 250, 10, 2000, 1000
```

La siguiente sentencia mueve el control *Text1* a la posición (–1000, +300) relativa a su posición actual.

```
Text1.Move Text1.Left - 1000, Text1.Top + 300
```

Como ejemplo, cargue el proyecto *recursospers* anterior y observe que cuando se visualiza una imagen más grande que el tamaño de la caja de imagen, ésta se extiende por debajo de los botones, como mucho hasta el tamaño del formulario. Recuerde que la propiedad **AutoSize** de la caja de imagen vale **True**. El ejercicio que vamos a realizar consiste en ajustar el tamaño del formulario y la posición de los botones en función del tamaño de la imagen.

Según lo expuesto, cuando el usuario pulse el botón *GIF*, *JPG* o *WMF* se tienen que realizar las siguientes operaciones:

- El formulario tomará una nueva dimensión en función del tamaño de la imagen visualizada. Hay que tener en cuenta el tamaño de los márgenes, de la barra de título y del espacio que ocupan los botones.

- Todos los botones se desplazarán hacia la derecha, fuera de la imagen. El botón *Salir* se desplazará, además, hacia el fondo del formulario.

Para realizar lo expuesto, añadiremos un procedimiento *RedimensionarMover* con un parámetro de tipo **Picture** que almacene el valor de la propiedad **Picture** de la caja de imagen. Por lo tanto, modifique el procedimiento *Recurso_Click* así:

```
Private Sub Recurso_Click(Index As Integer)
  Dim vr, snd
  Select Case Index
    Case 0 ' botón GIF
      Imagen1.Picture = LoadResCustom("gif", "imagen")
      RedimensionarMover Imagen1.Picture
    Case 1 ' botón JPG
      Imagen1.Picture = LoadResCustom("jpg", "imagen")
      RedimensionarMover Imagen1.Picture
    Case 2 ' botón WMF
      Imagen1.Picture = LoadResCustom("wmf", "imagen")
      RedimensionarMover Imagen1.Picture
    Case 3 ' fichero wav
      snd = LoadResCustom("wav", "sonido")
      vr = PlaySound(snd, 0, SND_ASYNC Or SND_NODEFAULT Or SND_NOSTOP)
  End Select
End Sub
```

Utilice los métodos **ScaleX** y **ScaleY** para convertir las unidades *Himetric* en las que vienen expresados los valores **Width** y **Height** del objeto **Picture** a la escala que necesite. Su sintaxis es:

objeto.**ScaleX** (*ancho*, *escalaOrigen*, *escalaDestino*)
objeto.**ScaleY** (*alto*, *escalaOrigen*, *escalaDestino*)

Los métodos **ScaleX** y **ScaleY** toman un valor, *ancho* o *alto*, en unidades *escalaOrigen*, y lo convierten al valor correspondiente en unidades *escalaDestino*. La unidad de medida (*twip*, punto, píxel, mm, décimas de mm, etc.) empleada por un objeto (formulario, caja de imagen, etc.) viene expresada por su propiedad **ScaleMode**. Un poco más adelante se expone con detalle esta propiedad.

Según lo expuesto el procedimiento *RedimensionarMover* puede ser así:

```
Private Sub RedimensionarMover(pic As Picture)
  Dim m As Integer, br As Integer, bt As Integer, i As Integer
  m = 200 ' margen
  br = 325 ' barra de título
  bt = Form1.Recurso(0).Width
  ' Redimensionar el formulario.
  ' pic.Width y pic.Height están en unidades Himetric.
```

```
    ' En la escala Himetric, una unidad lógica = 0,01 mm.
    Form1.Width = Form1.ScaleX(pic.Width, vbHimetric, vbTwips) + _
                  m * 2 + bt + m
    Form1.Height = Form1.ScaleX(pic.Height, vbHimetric, vbTwips) + _
                   m * 2 + br
    ' Mover los botones hacia la derecha
    For i = 0 To Recurso.UBound
      Form1.Recurso(i).Move Form1.Width - m - bt
    Next i
    Form1.Salir.Move Form1.Width - m - bt, Form1.Height - br - m -
  Salir.Height
  End Sub
```

ANIMACIÓN DE IMÁGENES

Básicamente hay dos formas de animar una imagen: produciendo una secuencia de imágenes que presentadas una a continuación de otra en una determinada posición de la sensación de animación, o bien producir la animación moviendo la imagen sobre una superficie. Si combinamos ambas formas obtendremos presentaciones muy cercanas a la realidad.

Animación por secuencia de imágenes

En la biblioteca de iconos de Visual Basic hay series de dos o más iconos que utilizados conjuntamente producen animación. Por ejemplo, observe los iconos *file03a.ico* (fichero cerrado) y *file03b.ico* (fichero abierto). Para crear un efecto de animación utilizando estos iconos, siga estos pasos:

1. Durante el diseño añada al formulario tres controles *imagen*.
2. Denomine al primero *Fichero* y ponga su propiedad **BorderStyle** a 0.
3. Denomine a los otros dos *FicheroGuardado* y *FicheroAbierto* y ponga la propiedad **Visible** de cada uno de ellos a valor **False**. Significa esto que queremos utilizar las imágenes de estos controles, pero no queremos que se vean.
4. Asigne a la propiedad **Picture** del control *FicheroGuardado* la imagen del fichero cerrado (*file03a.ico*) y a la propiedad **Picture** del control *FicheroAbierto*, la imagen del fichero abierto (*file03b.ico*).
5. Guarde la aplicación con el nombre *anima.vbp*, y el formulario con el nombre *anima.frm*.

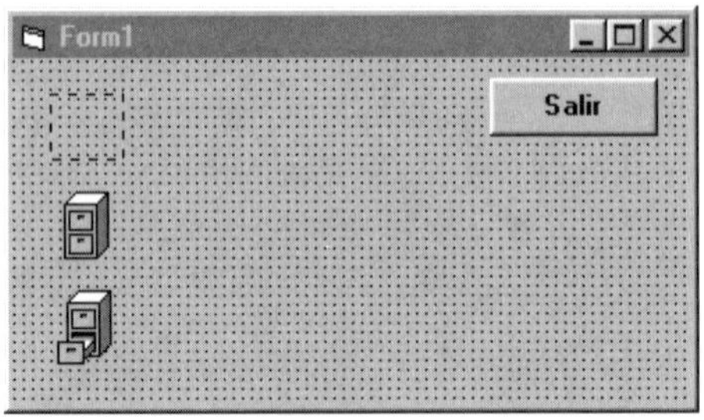

Recuerde la aplicación *Bibli* que hicimos en un capítulo anterior. En el menú *Fichero* de esta aplicación había dos órdenes, *Abrir* y *Guardar*, que ahora queremos implementar de una forma simbólica; esto es, queremos sustituir la orden *Abrir* por la imagen abrir el fichero (pasa a fichero abierto), y la orden *Guardar*, por la imagen guardar el fichero (pasa a fichero cerrado). El código necesario para realizar este proceso se indica a continuación.

En el momento en el que se carga el formulario se inicia la imagen *Fichero* para que muestre un fichero cerrado. Observe en la figura anterior que esta imagen aparecerá en el rectángulo vacío, mientras que las otras dos permanecerán ocultas:

```
Private Sub Form_Load()
  Fichero.Picture = FicheroGuardado.Picture
End Sub
```

A continuación, cuando el usuario quiera abrir un fichero, hará clic sobre la imagen *Fichero* y se mostrará la imagen fichero abierto. Cuando el usuario finalice la sesión y quiera guardar el fichero, hará clic sobre la imagen *Fichero* y se mostrará la imagen fichero guardado:

```
Private Sub Fichero_Click()
  If Fichero.Picture = FicheroGuardado.Picture Then
    Fichero.Picture = FicheroAbierto.Picture
    ' Mostrar la caja de diálogo Abrir
  Else
    Fichero.Picture = FicheroGuardado.Picture
    ' Mostrar la caja de diálogo Guardar como
  End If
End Sub
```

Animación moviendo imágenes

La siguiente aplicación tiene como finalidad enseñarle a animar una imagen desplazándola. Concretamente, la aplicación que vamos a diseñar permite mover una línea o una pelota dentro del área de dibujo definida por un formulario. La línea está representada por un control gráfico *líneas* y la pelota por un icono contenido en un control *caja de imagen*.

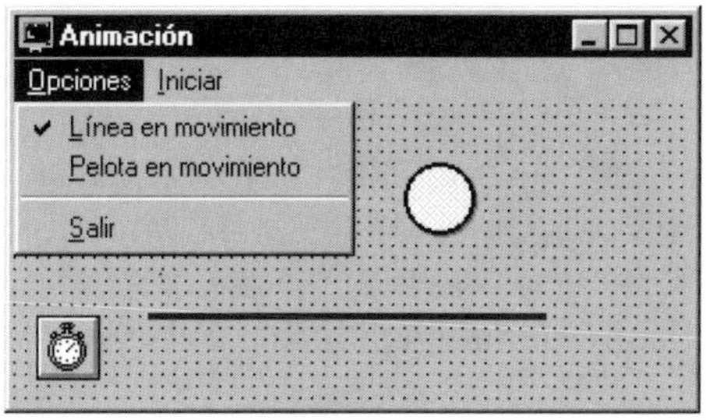

Según lo expuesto, diseñe un formulario *Form1* con los menús y controles que se pueden observar en la figura de encima y que se especifican en la tabla siguiente:

Objeto	**Propiedad**	**Valor**
Menú Opciones	Caption Name	&Opciones menuOpciones
Línea en movimiento	Caption Name Checked	&Línea en movimiento OpcionLinea Sí
Pelota en movimiento	Caption Name Checked	&Pelota en movimiento OpcionPelota No
Separador	Caption Name	- separador
Salir	Caption Name	&Salir OpcionSalir
Menú Iniciar	Caption Name	&Iniciar IniciarParar
Caja de imagen	Name AutoSize BorderStyle Picture Visible	Pelota True 0 (ninguno) Moon05.ico False
Control líneas	Name Visible	Linea False
Temporizador	Name Interval Enabled	Timer1 1 False

Una vez dibujados los controles, guarde la aplicación con el nombre *move.vbp*, y el formulario con el nombre *move.frm*.

Declare a nivel del formulario las variables *Iniciar* y *Dirección* como se indica a continuación:

```
Private Iniciar As Boolean
Private Direccion As Integer
```

La variable *Iniciar* valdrá inicialmente **False**,

```
Private Sub Form_Load()
  Iniciar = False
End Sub
```

Cuando la variable *Iniciar* vale **False** y el usuario hace clic en el menú *Iniciar* (iniciar la animación) el título de dicho menú cambia a *Parar* (parar la animación) la variable *Iniciar* toma el valor **True**, y se habilita el temporizador. Mientras se ejecuta la animación, el menú *Opciones* queda inhabilitado y el objeto a animar (línea o pelota) se hace visible.

Cuando la variable *Iniciar* vale **True** y el usuario hace clic en el menú *Parar* (parar la animación) el título de dicho menú cambia a *Iniciar* (iniciar la animación) la variable *Iniciar* toma el valor **False**, y se inhabilita el temporizador. El menú *Opciones* queda habilitado y el objeto animado (línea o pelota) se hace invisible.

Según lo expuesto, el procedimiento asociado con el menú identificado por *IniciarParar* puede ser el siguiente:

```
Private Sub IniciarParar_Click()
  Select Case Iniciar
    Case False
      IniciarParar.Caption = "Parar"
      Iniciar = True
      Timer1.Enabled = True
      menuOpciones.Enabled = False
      If OpcionPelota.Checked Then
        ' Hacer visible la pelota
        Pelota.Visible = True
        ' Establecer la dirección inicial de la pelota
        Direccion = Int(4 * Rnd + 1) ' valor de 1 a 4
        ' Intervalo para el temporizador
        Timer1.Interval = 1
      ElseIf OpcionLinea.Checked Then
        ' Hacer la línea visible
        Linea.Visible = True
```

```
        ' Intervalo para el temporizador
        Timer1.Interval = 150
      End If
    Case True
      IniciarParar.Caption = "Iniciar"
      Iniciar = False
      Timer1.Enabled = False
      menuOpciones.Enabled = True
      If OpcionPelota.Checked Then
        ' Ocultar la pelota
        Pelota.Visible = False
      ElseIf OpcionLinea.Checked Then
        ' Ocultar la línea
        Linea.Visible = False
        ' Limpiar la ventana
        Cls
      End If
  End Select
End Sub
```

La variable *Dirección* tomará un valor aleatorio 1, 2, 3 o 4, al iniciarse el movimiento de la pelota, para indicar la dirección de la misma. El significado de cada uno de estos valores es:

1. Mover la pelota a la izquierda y a arriba K *twips*
2. Mover la pelota a la derecha y a arriba K *twips*
3. Mover la pelota a la derecha y a abajo K *twips*
4. Mover la pelota a la izquierda y a abajo K *twips*

Generalmente, antes de que el usuario haga clic en el menú *Iniciar*, seleccionará en el menú *Opciones* el objeto que desea animar: línea o pelota. La opción elegida, quedará señalada. Para ello, escriba los procedimientos siguientes:

```
Private Sub OpcionPelota_Click()
  OpcionPelota.Checked = True
  OpcionLinea.Checked = False
End Sub

Private Sub OpcionLinea_Click()
  OpcionPelota.Checked = False
  OpcionLinea.Checked = True
End Sub
```

Cuando el temporizador esté habilitado (se ha iniciado la animación de un objeto) se invocará a la función asociada, *Timer1_Timer*, por cada tic de reloj. Esta función se encargará de invocar a la función *MovimientoPelota* que realizará la animación de la pelota o a la función *MovimientoLinea* que realizará la animación de la línea, en función de la opción elegida en el menú *Opciones*.

```
Private Sub Timer1_Timer()
  If OpcionPelota.Checked And Iniciar Then
    MovimientoPelota
  ElseIf OpcionLinea.Checked And Iniciar Then
    MovimientoLinea
  End If
End Sub
```

Para finalizar la aplicación, el usuario hará clic en el botón *Cerrar* del formulario, se ejecuta el procedimiento *Form_Unload*, o en la orden *Salir* del menú *Opciones*, se ejecuta el procedimiento *OpcionSalir_Click*.

```
Private Sub Form_Unload(Cancel As Integer)
  Unload Me
End Sub

Private Sub OpcionSalir_Click()
  End
End Sub
```

Tanto los movimientos ejecutados sobre la línea como los ejecutados sobre la pelota, deben producirse dentro del área de trabajo del contenedor. Esta área queda definida por las propiedades **ScaleWidth** y **ScaleHeight**, que se corresponden con la anchura y altura de la misma. Un poco más adelante veremos el significado exacto de estas propiedades.

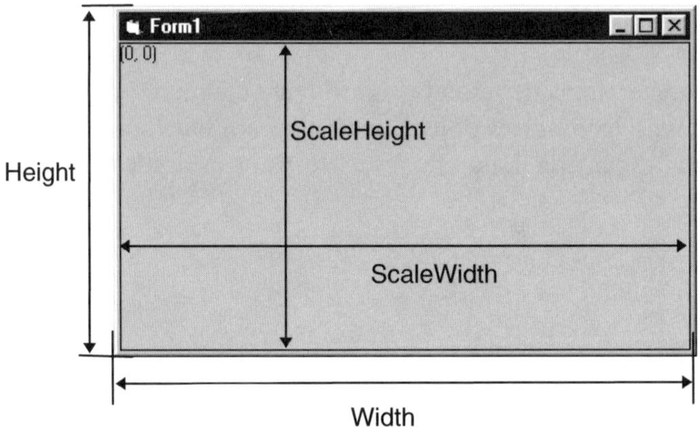

Las propiedades **ScaleHeight** y **ScaleWidth** son distintas de las propiedades **Height** y **Width**.

Las funciones *MovimientoPelota* y *MovimientoLinea* se exponen a continuación. Los comentarios incluidos en el código de estas funciones explican detalladamente el proceso seguido.

```
Private Sub MovimientoPelota()
  Const K = 30
  Select Case Direccion
    Case 1 ' Mover la pelota a la izquierda y arriba K twips
      Pelota.Move Pelota.Left - K, Pelota.Top - K
      ' Si la pelota toca el borde izquierdo del formulario,
      ' moverla a la derecha y arriba
      If Pelota.Left <= 0 Then
        Direccion = 2
      ' Si la pelota toca el borde superior del formulario,
      ' moverla a la izquierda y abajo
      ElseIf Pelota.Top <= 0 Then
        Direccion = 4
      End If
    Case 2 ' Mover la pelota a la derecha y a arriba K twips
      Pelota.Move Pelota.Left + K, Pelota.Top - K
      ' Si la pelota toca el borde derecho del formulario,
      ' moverla a la izquierda y arriba
      If Pelota.Left >= (Form1.ScaleWidth - Pelota.Width) Then
        Direccion = 1
      ' Si la pelota toca el borde superior del formulario,
      ' moverla a la derecha y abajo
      ElseIf Pelota.Top <= 0 Then
        Direccion = 3
      End If
    Case 3 ' Mover la pelota a la derecha y a abajo K twips
      Pelota.Move Pelota.Left + K, Pelota.Top + K
      ' Si la pelota toca el borde derecho del formulario,
      ' moverla a la izquierda y abajo
      If Pelota.Left >= (Form1.ScaleWidth - Pelota.Width) Then
        Direccion = 4
      ' Si la pelota toca el borde inferior del formulario,
      ' moverla a la derecha y arriba.
      ElseIf Pelota.Top >= (Form1.ScaleHeight - Pelota.Height) Then
        Direccion = 2
      End If
    Case 4 ' Mover la pelota a la izquierda y abajo K twips
      Pelota.Move Pelota.Left - K, Pelota.Top + K
      ' Si la pelota toca el borde izquierdo del formulario,
      ' moverla a la derecha y abajo
      If Pelota.Left <= 0 Then
        Direccion = 3
      ' Si la pelota toca el borde inferior del formulario,
      ' moverla a la izquierda y arriba.
      ElseIf Pelota.Top >= (Form1.ScaleHeight - Pelota.Height) Then
        Direccion = 1
      End If
  End Select
End Sub
```

```
Private Sub MovimientoLinea()
  ' Coordenadas de la línea obtenidas aleatoriamente
  Linea.X1 = Int(Form1.ScaleWidth * Rnd)
  Linea.Y1 = Int(Form1.ScaleHeight * Rnd)
  Linea.X2 = Int(Form1.ScaleWidth * Rnd)
  Linea.Y2 = Int(Form1.ScaleHeight * Rnd)

  ' Establecer un color aleatoriamente
  Linea.BorderColor = RGB(256 * Rnd, 256 * Rnd, 256 * Rnd)

  ' Limpiar la ventana
  Cls
End Sub
```

DIBUJAR UTILIZANDO MÉTODOS GRÁFICOS

Además de los controles gráficos que hemos visto anteriormente, Visual Basic proporciona los métodos gráficos siguientes para dibujar sobre un contenedor:

Método	*Descripción*
Cls	Borra todos los gráficos, además de lo impreso por **Print**.
PSet	Pone color a un píxel individual.
Point	Retorna el color del punto especificado.
Line	Dibuja una línea, un rectángulo, o una caja coloreada.
Circle	Dibuja un círculo, una elipse, o un arco.
PaintPicture	Pinta un gráfico en una posición arbitraria.

En Visual Basic se puede realizar un dibujo en un formulario, en una caja de imagen, en la impresora, en una página de propiedades, en un control del usuario, o bien en un documento del usuario. El origen de coordenadas para cualquiera de estos objetos coincide con la esquina superior izquierda de los mismos; la coordenada *X* aumenta de izquierda a derecha y la coordenada *Y*, de arriba a abajo.

Cuando necesite crear los gráficos durante la carga del formulario, es recomendable colocar los métodos gráficos en el procedimiento *Form_Paint*. Los gráficos desde *Form_Paint* serán repintados automáticamente por cada evento **Paint** que se produzca. Si colocamos los métodos gráficos en el procedimiento *Form_Load*, entonces deberemos asignar a la propiedad **AutoRedraw** el valor **True**. De esta forma, *Form_Load* mostrará el formulario y a continuación pintará los gráficos. Recuerde, los formularios no están visibles durante la ejecución de *Form_Load*.

Ya que Visual Basic no procesa métodos gráficos sobre un formulario que no esté visible, los métodos gráficos en el procedimiento *Form_Load* serán ignorados a menos que la propiedad **AutoRedraw** sea puesta a valor **True**.

Establecer un sistema de coordenadas

Todas las operaciones gráficas que realicemos en un proyecto utilizan el sistema de coordenadas del área de dibujo del contenedor. El sistema de coordenadas predeterminado de cualquier contenedor tiene la coordenada (0, 0) en la esquina superior izquierda del contenedor. Las unidades de medida utilizadas para definir una posición (x, y) en los ejes se denominan colectivamente *escala*. En Visual Basic, cada eje del sistema de coordenadas puede tener su propia escala. De forma predeterminada, todos los métodos de dibujo, movimiento y cambio de tamaño utilizan la unidad *twip*. Un *twip* es 1/20 de punto de impresora (1.440 twips equivalen a una pulgada y una pulgada equivale a 25,4 milímetros).

Para establecer una escala para un sistema de coordenadas, podemos proceder de alguna de las formas siguientes:

- Utilizar la escala por omisión.
- Utilizar una escala estándar (escalas predefinidas).
- Crear una escala personalizada.

Para ajustar el sistema de coordenadas a una determinada escala, hay que poner la propiedad **ScaleMode** a uno de los valores que se especifican en la tabla siguiente. Cada vez que asignamos a **ScaleMode** un valor de los de la tabla, Visual Basic vuelve a definir **ScaleWidth** y **ScaleHeight** para adecuarlos a la nueva escala. Después asigna a **ScaleTop** y **ScaleLeft** el valor 0. Y viceversa, la definición directa de **ScaleWidth**, **ScaleHeight**, **ScaleTop** o **ScaleLeft** establece **ScaleMode** a 0 de forma automática.

Los métodos **ScaleWidth** y **ScaleHeight** devuelven o establecen las divisiones de los ejes *X* e *Y*, respectivamente, del objeto para el que son invocados, y los métodos **ScaleTop** y **ScaleLeft** devuelven o establecen las coordenadas de la esquina superior izquierda del contenedor, que de forma predeterminada es (0, 0).

Escala	*Descripción*
0	Escala personalizada. Los valores de las propiedades **ScaleLeft**, **ScaleTop**, **ScaleWidth** y **ScaleHeight** son establecidos por nosotros. En este caso, la propiedad **ScaleMode** es puesta automáticamente a cero.
1	*Twips*. Ésta es la escala predeterminada. Hay 1440 *twips* por pulgada.
2	Puntos. Hay 72 puntos por pulgada.

3	Píxeles. Un píxel es la unidad más pequeña de resolución de un monitor o de una impresora. El número de píxeles por pulgada depende de la resolución del dispositivo.
4	Caracteres. Un carácter se define como un área de 1/12 pulgadas de anchura (120 *twips*) y de 1/6 pulgadas de altura (240 *twips*).
5	Pulgadas. Una pulgada es igual a 25,4 milímetros.
6	Milímetros.
7	Centímetros. Hay 567 *twips* por centímetro.

Por ejemplo,

```
Form1.ScaleMode = 6   ' Escala en mm. para el formulario Form1
Imagen1.ScaleMode = 6 ' Escala en mm. para Imagen1
```

Cuando se utiliza una escala estándar, excepto la 0 y la 3, las unidades empleadas se corresponden con la longitud que se va a emplear para imprimir. Por ejemplo, utilizando la escala 6, un elemento de 5 unidades de longitud ocupará 5 milímetros cuando se pinte.

Sistema de coordenadas personalizado

Según lo expuesto, para definir un sistema de coordenadas personalizado hay que asignar valores a las propiedades **ScaleLeft**, **ScaleTop**, **ScaleWidth** y **ScaleHeight**. Por ejemplo, si queremos representar *y=sen(x)* para valores de *x* entre 0 y 6,3, sabiendo que los valores de *y* están comprendidos entre –1 y 1, un sistema de coordenadas adecuado es:

```
objeto.ScaleLeft = 0    ' X de la esquina superior izquierda
objeto.ScaleTop = -1    ' Y de la esquina superior izquierda
objeto.ScaleWidth = 6.3 ' anchura del área de dibujo del formulario
objeto.ScaleHeight = 2  ' altura del área de dibujo del formulario
```

Las propiedades **ScaleLeft** y **ScaleTop** definen las coordenadas de la esquina superior izquierda del objeto sobre el que se dibuja. Por lo tanto, el ejemplo anterior define un área de dibujo como la siguiente:

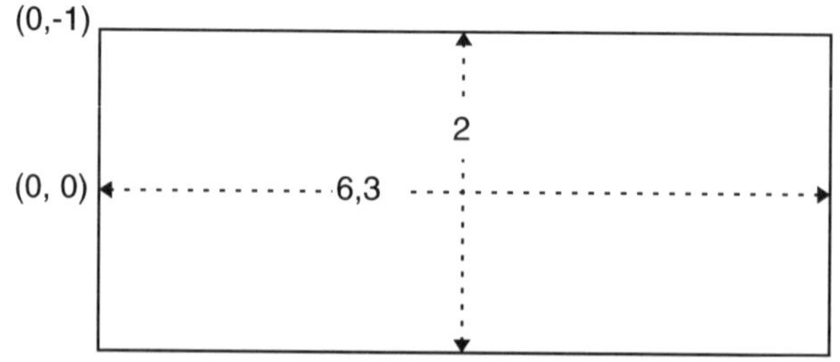

Observe que cuando se asignan valores negativos a estas propiedades, lo que estamos haciendo es desplazar el origen (0, 0) hacia el interior del área de trabajo.

Una escala personalizada para un sistema de coordenadas se puede establecer también utilizando el método **Scale**, cuya sintaxis es:

[*objeto.*]**Scale** (*x1*, *y1*)–(*x2*, *y2*)

donde *x1* e *y1* se corresponden con **ScaleLeft** y **ScaleTop**, y *x2* e *y2* con las sumas **ScaleWidth** + **ScaleLeft** y **ScaleHeight** + **ScaleTop**, respectivamente. Desde otro punto de vista, (*x1*, *y1*) y (*x2*, *y2*) se corresponden con la esquina superior izquierda y con la esquina inferior derecha, respectivamente, del rectángulo que define el área de dibujo. Por ejemplo:

```
objeto.Scale (0, -1)-(6.3, 1) ' escala para objeto
```

Para invertir el eje de coordenadas (valores positivos por encima del eje *x*), basta con cambiar de signo a **ScaleHeight** y asignar a **ScaleTop** el valor superior del eje *y*. Por ejemplo, para que los valores positivos queden por encima del eje *x* en la definición del sistema de coordenadas del ejemplo anterior, escriba:

```
objeto.ScaleLeft = 0     ' X de la esquina superior izquierda
objeto.ScaleTop = 1      ' Y de la esquina superior izquierda
objeto.ScaleWidth = 6.3  ' anchura del área de dibujo del formulario
objeto.ScaleHeight = -2  ' altura del área de dibujo del formulario
```

o, lo que es lo mismo,

```
objeto.Scale (0, 1)-(6.3, -1) ' escala para Form1
```

Conversión de unidades entre escalas

Los métodos **ScaleX** y **ScaleY** toman un valor *ancho* o *alto*, respectivamente, de un objeto *Form*, *PictureBox* o **Printer** en una escala *escalaOrigen* (**ScaleMode**) y lo convierten a otra *escalaDestino*. También puede utilizar **ScaleX** y **ScaleY** con el método **PaintPicture**. Su sintaxis es,

objeto.**ScaleX** (*ancho*, *escalaOrigen*, *escalaDestino*)
objeto.**ScaleY** (*alto*, *escalaOrigen*, *escalaDestino*)

Por ejemplo, las líneas escritas continuación convierten los valores *xCm* e *yCm* de centímetros a pulgadas:

```
Dim xCm As Integer, xTwips As Integer
```

```
Dim yCm As Integer, yTwips As Integer
' ...
xTwips = ScaleX(xCm, vbCentimeters, vbTwips)
yTwips = ScaleY(yCm, vbCentimeters, vbTwips)
```

Las constantes *vbCentimeters* y *vbTwips* están definidas en Visual Basic los valores 7 y 1, respectivamente (observe la tabla de escalas expuesta ante mente). Utilice el examinador de objetos para insertar dichas constante en el go de su aplicación. Además de las escalas 0 a 7, se puede especificar otra e 8 denominada *HiMetric* en la que una unidad lógica es 0,01 mm.

Gráficos persistentes

Cuando la propiedad **AutoRedraw** de un formulario o de una caja de imagen **True**, Visual Basic crea una copia del objeto en memoria con el fin de pode producir automáticamente los dibujos pintados con métodos gráficos (imáge texto) cuando la ventana es maximizada, restaurada a su tamaño original des de haberla maximizada o minimizada, o cuando se oculta total o parcialment otra ventana. De aquí el nombre de *gráficos persistentes*. Si la propiedad A **Redraw** tiene un valor **False**, los gráficos no serán reproducidos.

Esta operación tiene un coste de memoria elevado. En el caso de un form rio con su propiedad **AutoRedraw** a valor **True** supone una copia en memor todo el formulario, o bien de toda la pantalla si su propiedad **MaxButton** es y el borde permite modificar su tamaño. En el caso de una caja de imagen, l pia sólo es de la caja. Por ello, si quiere optimizar la memoria tiene dos opci poner a valor **False** la propiedad **AutoRedraw** del formulario y crear una ca imagen para todos los dibujos, o bien poner a valor **False** la propiedad **Aut draw** del formulario y de todas las cajas de imagen, y reproducir los gráfico rectamente. Esta segunda opción es mejor cuando tiene una cantidad de grá limitada que se pueden reconstruir fácilmente.

Para reproducir los gráficos directamente hay que incluir el código nece en un procedimiento conducido por el evento **Paint** del objeto (formulario o de imagen). El evento **Paint** ocurre cada vez que una parte del objeto necesit redibujada (por ejemplo, cuando durante un instante la ventana se cubre par mente con otra). Este evento no ocurre si la propiedad **AutoRedraw** está a **True**.

Limpiar el área de dibujo

El método **Cls** borra gráficos y texto pintados durante la ejecución en un formulario o en una caja de imagen. Las propiedades **CurrentX** y **CurrentY** son puestas a 0. Su sintaxis es:

[*objeto*].**Cls**

Cualquier gráfico o texto pintado durante la ejecución mientras la propiedad **AutoRedraw** era **True**, no se puede borrar con el método **Cls** si cambia **AutoRedraw** a valor **False**. Para poderlos borrar hay que asignar a **AutoRedraw** nuevamente **True**. Por ejemplo:

```
AutoRedraw = True
Print "(0, 0)"
Line (0, 0)-(ScaleWidth - 10, ScaleHeight - 10), , B
MsgBox "Continuar"
AutoRedraw = False
Cls ' no borra
MsgBox "Continuar"
AutoRedraw = True
Cls ' sí borra
```

Regiones de recorte

Una *región de recorte* define las partes del contenedor que tienen que ser dibujadas cuando se presenten de nuevo. Sólo son útiles cuando una aplicación necesita simultáneamente guardar una parte de la vista y volver a dibujar el resto.

Cuando la propiedad **ClipControls** de un objeto tiene un valor **True**, valor predeterminado, Windows define, antes de que se produzca el evento **Paint**, una región de recorte para el fondo del contenedor que rodea a todos los controles no gráficos; esto es, rodea a todos los controles excepto a **Shape**, control **Line** (no el método **Line**), **Image**, **Label** y controles *ActiveX* que son controles gráficos. Entonces, cuando ocurre un evento **Paint**, Windows sólo vuelve a dibujar el fondo de la región de recorte, no los controles no gráficos que han sido recortados.

Si la propiedad **ClipControls** tiene un valor **False**, Windows no define una región de recorte para el fondo del contenedor. En este caso, al no tener que calcular y administrar una región de recorte, se consigue una velocidad de presentación mayor. Asimismo, el resultado de los métodos gráficos invocados por el procedimiento que responde al evento **Paint** sólo se manifiesta en las partes del contenedor que se deben volver a dibujar (partes nuevamente expuestas).

El siguiente ejemplo muestra cómo la propiedad **ClipControls** afecta al repintado de los gráficos contenidos en dos cajas de imagen, una con su propiedad **ClipControls** a valor **True**, y la otra con la misma propiedad a valor **False**. Para verlo, construya un formulario como el presentado en la figura siguiente. Tiene dos cajas de imagen, *Picture1* y *Picture2*, y dos etiquetas. A su vez cada caja de imagen tiene una etiqueta y una caja de texto (control no gráfico). Asigne a la propiedad **AutoRedraw** de ambos controles el valor **False** y a la propiedad **ClipControls** el valor indicado por la etiqueta que hay debajo de los mismos. Ajuste el tamaño del formulario y de los controles y guarde la aplicación con el nombre *clipc.vbp*.

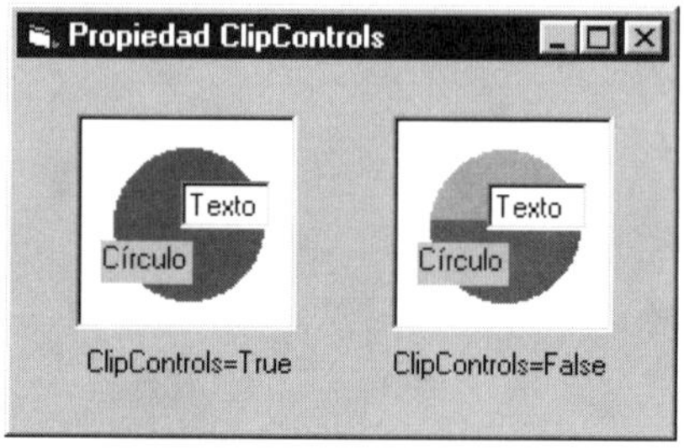

A continuación escriba los procedimientos conducidos por el evento **Paint** de ambas cajas de imagen. Recuerde que este evento no ocurre si la propiedad **AutoRedraw** de las cajas de imagen está a valor **True**.

```
Private Sub Picture1_Paint()
  Dim Color As Long
  Picture1.ScaleMode = 3
  Color = &HFFFFFF * Rnd
  Picture1.FillStyle = 0       ' color sólido
  Picture1.FillColor = Color   ' color utilizado
  Picture1.Circle (43, 41), 30, Color
End Sub

Private Sub Picture2_Paint()
  Dim Color As Long
  Picture2.ScaleMode = 3
  Color = &HFFFFFF * Rnd
  Picture2.FillStyle = 0       ' color sólido
  Picture2.FillColor = Color   ' color utilizado
  Picture2.Circle (43, 41), 30, Color
End Sub
```

Este ejemplo muestra cómo la propiedad **ClipControls** afecta a los objetos visualizados en el formulario. Para probarlo, ejecute la aplicación. Después, utilizando el ratón, arrastre un formulario cualquiera sobre el de su aplicación hasta cubrir parcialmente los círculos; retírelo de nuevo y observe cómo el color del círculo en *Picture1* se repinta totalmente y cómo el color del círculo en *Picture2* se repinta sólo en la parte que se expone nuevamente.

Capas gráficas

Cuando cree gráficos, recuerde que los controles no gráficos, los controles gráficos y las etiquetas, y los métodos gráficos, aparecen sobre diferentes capas en el contenedor. Normalmente, las capas de gráficos sobre un formulario o sobre otro contenedor están colocadas en el orden que se indica a continuación:

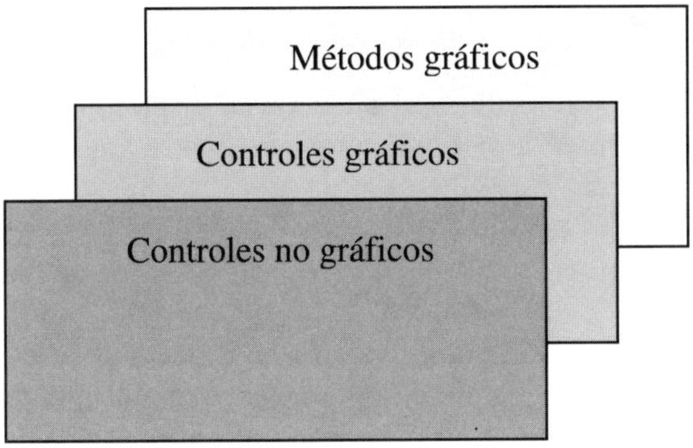

Delante: Controles no gráficos como botones de pulsación, casillas de verificación, etc.

En medio: Controles gráficos y etiquetas.

Detrás: Es donde aparecen los resultados de los métodos gráficos.

El comportamiento de estas capas depende de tres de factores:

- Del valor de **AutoRedraw**.
- Del valor de **ClipControls**.
- De si los métodos gráficos aparecen dentro o fuera del procedimiento conducido por el evento **Paint**.

La tabla siguiente resume los efectos producidos en función de estos factores:

AutoRedraw	*ClipControls*	*Gráficos* **Paint**	*Comportamiento de las capas*
True	True	Ignorado	Normal
True	False	Ignorado	Normal
False	True	Dentro	Normal

False	True	Fuera	En medio y detrás, mezcladas
False	False	Dentro	Normal
False	False	Fuera	Las tres mezcladas

La conclusión es que cuando **AutoRedraw** sea **False**, debe utilizar el procedimiento conducido por el evento **Paint** para ejecutar los métodos gráficos. Los casos que no son normales no se recomiendan; se pueden producir gráficos inestables, pudiendo tapar cualquier control o gráfico existente.

Dibujar puntos

Para dibujar un punto en la pantalla, Visual Basic dispone del método **PSet**. Este método pone color al píxel de la posición especificada. La sintaxis para este método es la siguiente:

[*objeto.*]**PSet**(*X*, *Y*)[, *color*]

Los argumentos *X* e *Y* son valores reales de precisión simple que indican las coordenadas del punto, y *color* es un argumento opcional que especifica el color que se quiere asignar a dicho punto. Si *color* no se especifica, se supone el del primer plano (**ForeColor**). Cuando se ejecuta **PSet**, las propiedades **CurrentX** y **CurrentY** son puestas, respectivamente, a los valores *X* e *Y*.

Como ejemplo, dibuje en un formulario las curvas correspondientes a las funciones *sen(x)* y *cos(x)* para valores de *x* entre 0 y 6,3. Paralelamente, realice el mismo gráfico en una caja de imagen. El resultado puede verlo en la figura siguiente:

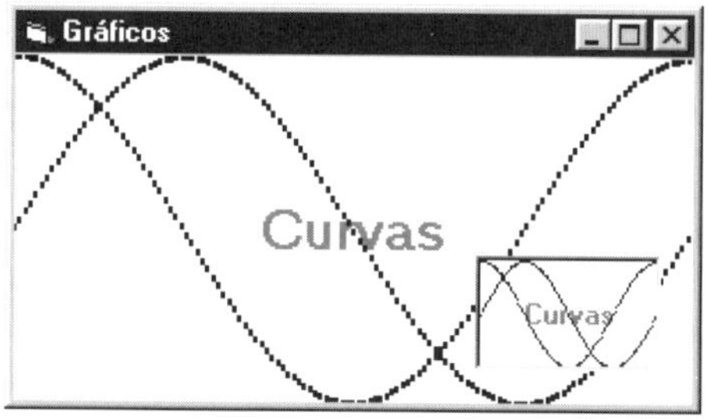

Para empezar, cree una nueva aplicación y asigne al formulario el título *Gráficos*. A continuación añada al formulario una caja de imagen, según se muestra en la figura, y póngala el nombre *Imagen1*. Ajuste el tamaño del formulario y de la caja y guarde la aplicación con el nombre *curvas*.

Para pintar las curvas, añada al formulario un procedimiento conducido por el evento **Paint**, que haga lo siguiente:

- Cree un sistema de coordenadas para valores de *x* entre 0 y 6,3 y para valores de *y* entre 1 y –1, de forma que los valores positivos queden por encima del eje *x*, lo que implica dar un valor negativo a la propiedad **ScaleHeight**.

```
ScaleLeft = 0
ScaleTop = 1
ScaleWidth = 6.3
ScaleHeight = -2
```

- Fije el grosor del trazo dibujado a 2, propiedad **DrawWidth**, y el tamaño de los caracteres gráficos a 18, propiedad **Font.Size**.

```
DrawWidth = 2
Font.Size = 18
```

- Escriba el título "Curvas" centrado en el formulario y en la caja.

```
CX = ScaleWidth / 2 + ScaleLeft
CY = ScaleHeight / 2 + ScaleTop
' Coordenadas para escribir Msg centrado
Msg = "Curvas"
CurrentX = CX - TextWidth(Msg) / 2
CurrentY = CY - TextHeight(Msg) / 2
Print Msg
```

- Dibuje las curvas en el formulario y en la caja de imagen simultáneamente.

```
For x = 0 To 6.3 Step 0.05
  yc = Cos(x): ys = Sin(x)
  PSet (x, yc): Imagen1.PSet (x, yc) ' coseno
  PSet (x, ys): Imagen1.PSet (x, ys) ' seno
Next x
```

El procedimiento completo se especifica a continuación:

```
Private Sub Form_Paint()
  Dim CX As Single, CY As Single
  Dim Msg As String
  Dim x As Single, yc As Single, ys As Single
  Cls

  ' Escala del sistema de coordenadas
  ScaleLeft = 0
  ScaleTop = 1
  ScaleWidth = 6.3
  ScaleHeight = -2
  ' Anchura de la traza y tamaño de los caracteres
  DrawWidth = 2
  Font.Size = 18
```

```
  ' Coordenadas del punto central del formulario
  CX = ScaleWidth / 2 + ScaleLeft
  CY = ScaleHeight / 2 + ScaleTop

  ' Coordenadas para escribir Msg centrado
  Msg = "Curvas"
  CurrentX = CX - TextWidth(Msg) / 2
  CurrentY = CY - TextHeight(Msg) / 2

  ' Visualizar el literal "Curvas"
  ForeColor = RGB(0, 192, 0) ' color verde
  Print Msg
  ForeColor = RGB(0, 0, 0) ' restablecer el color negro

  ' Análogamente, establecemos los parámetros para la imagen
  Imagen1.Cls
  Imagen1.Scale (0, 1)-(6.3, -1)
  Imagen1.CurrentX = CX - Imagen1.TextWidth(Msg) / 2
  Imagen1.CurrentY = CY - Imagen1.TextHeight(Msg) / 2
  Imagen1.ForeColor = RGB(0, 192, 0)
  Imagen1.Print Msg
  Imagen1.ForeColor = RGB(0, 0, 0)

  'Dibujar curvas
  For x = 0 To 6.3 Step 0.05
    yc = Cos(x): ys = Sin(x)
    PSet (x, yc): Imagen1.PSet (x, yc) ' coseno
    PSet (x, ys): Imagen1.PSet (x, ys) ' seno
  Next x
End Sub
```

Ejecute la aplicación y observe los resultados. Verifique que el valor de la propiedad **AutoRedraw** del formulario y de la caja de imagen es **False** y que el valor de su propiedad **ClipControls** es **True**.

Cambie ahora el procedimiento *Form_Paint* por *Form_Click*. Ejecute de nuevo la aplicación, haga clic sobre el formulario y observe los resultados. Compruebe que al hacer clic sobre el formulario, los gráficos se visualizan independientemente de que el valor de la propiedad **AutoRedraw** del mismo y/o de la caja de imagen sea **False** o **True**. Pero hay una diferencia: si la propiedad **AutoRedraw** es **False**, los gráficos (imágenes o texto) no son persistentes, cosa que sí ocurre cuando la propiedad **AutoRedraw** es **True**.

Suponiendo en nuestro ejemplo que la propiedad **AutoRedraw** es **False**, ejecute la aplicación y minimice el formulario. Cuando lo restaure, observará que los gráficos no persisten. Recuerde que Visual Basic restaura los gráficos solamente si la propiedad **AutoRedraw** es **True**. Este problema no ocurría cuando los gráficos se dibujaban desde el procedimiento *Form_Paint*, ya que el evento **Paint** se da cada vez que el formulario necesite ser redibujado (por ejemplo, si se minimiza y después se restaura a su tamaño, si se redimensiona, o cuando se hace visible de nuevo una zona del formulario que había sido ocultada por otra ventana).

Dibujar líneas

Para dibujar una línea entre dos puntos, Visual Basic dispone del método **Line**, cuya sintaxis es:

[*objeto*.]**Line**[(*X1*, *Y1*)]–(*X2*, *Y2*)[, *color*]

Si *objeto* no se especifica, se asume que la línea se dibuja sobre el formulario actual. Las coordenadas pueden especificarse como valores enteros o reales. Si el punto (*X1*, *Y1*), que es opcional, no se especifica, se supone la posición actual. Por ejemplo,

```
Private Sub Form_Click()
  Line (0, 0)-(ScaleWidth / 2, ScaleHeight / 2)
  Line -(ScaleWidth, ScaleHeight / 2)
End Sub
```

Este procedimiento indica que cuando el usuario haga clic sobre el formulario se dibujarán las dos líneas que se muestran en la figura siguiente. Observe cómo la segunda línea empieza donde finalizó la primera.

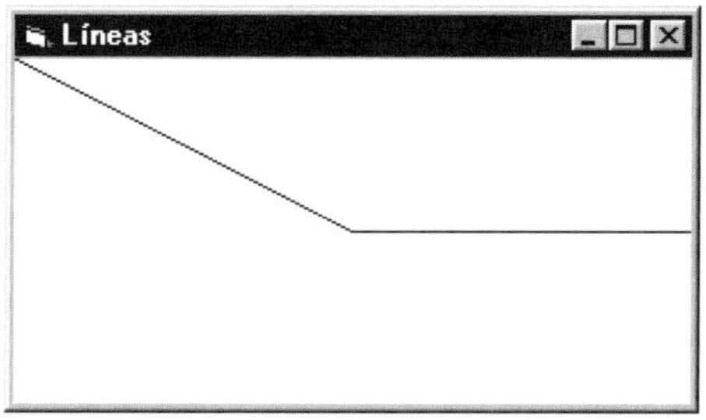

Las propiedades **CurrentX** y **CurrentY** son automáticamente actualizadas al último punto dibujado.

Las coordenadas pueden expresarse también en forma relativa utilizando la palabra reservada **Step**. Por ejemplo,

```
Line (350, 400)-Step(150, 100)
Line -Step(500, 500)
Line Step(200, 0)-Step(500, -100)
```

Estas sentencias son equivalentes a las siguientes:

```
Line (350, 400)-(500, 500)
Line (CurrentX, CurrentY)-(CurrentX + 500, CurrentY + 500)
Line (CurrentX + 200, CurrentY)-(CurrentX + 500, CurrentY - 100)
```

El argumento *color* es un entero largo que indica el color RGB utilizado para dibujar la línea. Si se omite, se toma el color especificado por la propiedad **ForeColor**. Para especificar el color, puede utilizar la función **RGB** o la función **QBColor**.

Puede modificar el proyecto *curvas* anterior para que ahora las curvas se pinten utilizando líneas (uniendo puntos):

```
'Dibujar curvas
PSet (0, Cos(0)): Imagen1.PSet (0, Cos(0)) ' punto inicial
For x = 0 To 6.3 Step 0.1
  yc = Cos(x)
  Line -(x, yc): Imagen1.Line -(x, yc) ' coseno
Next x

PSet (0, Sin(0)): Imagen1.PSet (0, Sin(0)) ' punto inicial
For x = 0 To 6.3 Step 0.1
  ys = Sin(x)
  Line -(x, ys): Imagen1.Line -(x, ys) ' seno
Next x
```

Estilos y modos del dibujo

Si necesita variar el grosor de una línea, utilice la propiedad **DrawWidth**, y si necesita cambiar el estilo, utilice la propiedad **DrawStyle**.

Como ejemplo, diseñe un formulario y dibuje en él los siete estilos de línea existentes (**DrawStyle** = 0 a **DrawStyle** = 6). El resultado que se quiere obtener puede verlo en la figura anterior. Observe que el estilo 5 es una línea transparente. El estilo 0 se denomina línea sólida y es el estilo predeterminado; el estilo 6 se denomina línea sólida interior y es igual que el estilo 0, excepto cuando se utiliza para dibujar cajas, como veremos a continuación.

El procedimiento conducido por el evento **Click** que da lugar a los resultados solicitados es el siguiente:

```
Private Sub Form_Click()
  Dim I As Integer, Y As Integer, H As Integer, Msg As String
  Msg = " Estilo "
  H = TextHeight(Msg) / 2
  For I = 0 To 6
    DrawStyle = I
    CurrentX = 0
    CurrentY = CurrentY + 1.8 * H
    Print Msg; I;
    Line (1000, CurrentY + H)-(ScaleWidth - 500, CurrentY + H)
  Next I
End Sub
```

Una anchura de línea mayor que 1 da lugar a que los estilos 1 a 4 produzcan líneas sólidas.

Hasta ahora, hemos aprendido a cambiar el grosor de las líneas y su estilo. Para entender mejor esto, piense que cada objeto gráfico tiene una pluma que puede dibujar en diferentes estilos, dependiendo éstos de las propiedades que se definan (anchura, estilo, color). Dando un paso más, piense ahora cómo puede afectar lo que dibuja, si lo hace encima de un gráfico existente. Este concepto es el que define la propiedad **DrawMode**.

La propiedad **DrawMode** afecta a los objetos **Form**, **Line**, **PictureBox**, **Printer**, **PropertyPage**, **Shape**, **UserControl** y **UserDocument**. Por ejemplo:

```
Dim modo As Integer
' ...
Form1.DrawMode = modo
Printer.DrawMode = modo
```

y puede tomar valores de 1 a 16. Los valores más utilizados son los siguientes:

DrawMode	*Nombre cte.*	*Significado*
4	*vbNotCopyPen*	Se dibuja el inverso de la pluma.
6	*vbInvert*	Se dibuja el inverso de la pantalla.
7	*vbXorPen*	Se dibuja el resultado de hacer la operación *Xor* entre la pluma y la pantalla.
10	*vbNotXorPen*	Inversa de *Xor*.

11	*vbNop*	No dibuja; la salida permanece igual.
13	*vbCopyPen*	Se dibuja directamente lo de la pluma. Es el valor que se toma por omisión.

Utilice esta propiedad para producir efectos visuales con los controles *línea* y *figuras* o cuando dibuje utilizando métodos gráficos. Visual Basic compara cada píxel del dibujo patrón con el correspondiente píxel del fondo y entonces aplica sobre ambos la operación especificada. Por ejemplo, con *Xor*

Pluma dibujando un píxel en el patrón		*Destino. Un píxel existente en la pantalla*		*Píxel resultante en la pantalla*
1111	**Xor**	0011	=	1100

Como veremos más adelante, el modo de dibujo *vbXorPen* (**DrawMode** = 7) es útil para producir animación. Esto es posible porque dibujando un objeto dos veces en este modo, el plano de fondo queda restaurado a su valor inicial. Por ejemplo, partiendo de la situación después de ejecutar la operación **Xor** anterior:

Pluma dibujando un píxel en el patrón		*Destino. Un píxel existente en la pantalla*		*Píxel resultante en la pantalla*
1111	**Xor**	1100	=	0011

Dibujar cajas

Para dibujar una caja se utiliza el método **Line** que acabamos de exponer, pero añadiendo la opción *B*, según se especifica a continuación.

[*objeto.*]**Line** [(*X1!*, *Y1!*)] – (*X2!*, *Y2!*) [,[*color&*],**B**[**F**]]]

Cuando se especifica la opción *B* (*box*), las coordenadas (*X1*, *Y1*) y (*X2*, *Y2*) hacen referencia a las esquinas superior izquierda e inferior derecha de la caja. Si se especifica la opción *BF* (*box fill*), se obtiene una caja coloreada. Por ejemplo,

```
Line (100, 100)-(1000, 1000), RGB(0, 0, 255), BF
```

Anteriormente dijimos que a la hora de dibujar cajas u otras figuras, había una diferencia entre los estilos 0 y 6. Esta diferencia se ve claramente en las dos figuras siguientes. Las medidas de la caja en esas dos figuras se corresponden con lo indicado por las líneas finas. La primera figura visualiza una caja con una anchura de línea de 10 y estilo 0; en este caso se observa cómo la línea gruesa que dibuja la caja se reparte por igual a ambos lados de la línea fina. En cambio, la segunda figura visualiza una caja con la misma anchura de línea y estilo 6; ahora se puede observar cómo la línea gruesa que dibuja la caja es interior a las líneas finas.

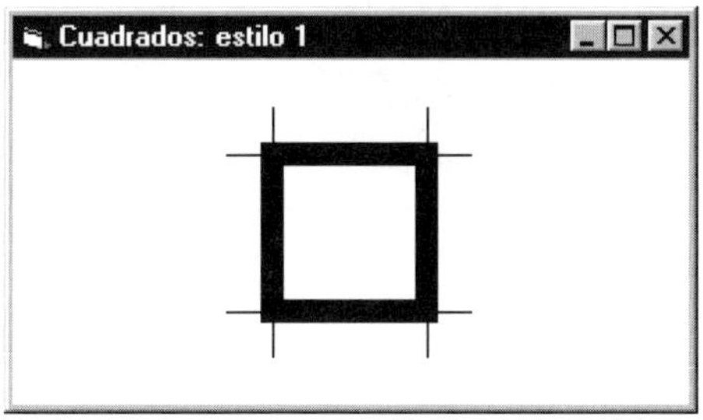

El procedimiento que da lugar a la figura anterior es:

```
Private Sub Form_Click()
  Line (1400, 600)-(3000, 600)
  Line (1400, 1600)-(3000, 1600)
  Line (1700, 300)-(1700, 1900)
  Line (2700, 300)-(2700, 1900)
  DrawWidth = 10
  DrawStyle = 1
  Line (1700, 600)-(2700, 1600), , B
  ' Restaurar valores
  DrawWidth = 1
  DrawStyle = 0
End Sub
```

Ahora, cambie el estilo a 6 poniendo **DrawStyle** = 6. El resultado es la figura siguiente:

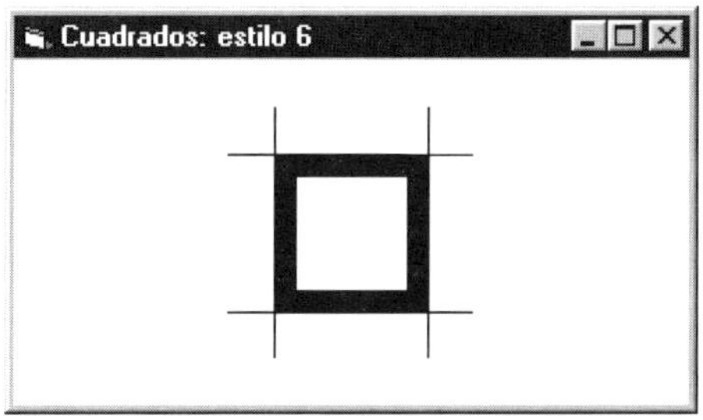

Como ejemplo, diseñe una caja como la de la figura siguiente. Para ello, comience una nueva aplicación, ponga al formulario el título *Cajas* y a continuación abra la ventana de código y cree el procedimiento *Form_Load* para que escriba las líneas de texto que se observan en la figura, y dibuje la caja que las contiene. Guarde la aplicación con el nombre *cajas.vbp*.

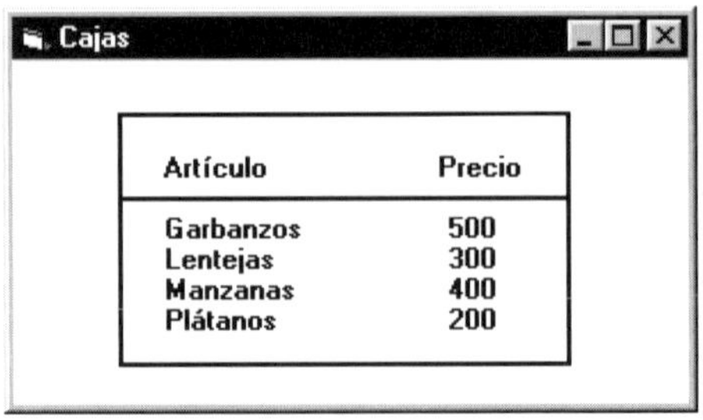

El código para el procedimiento que da lugar al gráfico anterior se presenta a continuación:

```
Private Sub Form_Load()
  AutoRedraw = True
  Print
  Print
  Print
  Print Tab(12); "Artículo"; Tab(32); "Precio"
  Print
  Print Tab(12); "Garbanzos"; Tab(32); 500
  Print Tab(12); "Lentejas"; Tab(32); 300
  Print Tab(12); "Manzanas"; Tab(32); 400
  Print Tab(12); "Plátanos"; Tab(32); 200
  DrawWidth = 2
  Line (700, 350)-(3650, 1950), , B
  Line (700, 880)-(3650, 880)
End Sub
```

La función **Tab** indica la posición (columna para un carácter) donde se desea que comience la impresión de una determinada expresión.

Dibujar círculos, elipses y arcos

Para dibujar un círculo, una elipse o parte de estas figuras en la pantalla con centro (*X*, *Y*) utilizaremos el método **Circle**. La sintaxis para este método es:

[*objeto.*]**Circle** (*X!*, *Y!*), *radio!*[, [*color&*][, [*comienzo!*][, [*final!*][, *aspecto!*]]]]

El argumento *radio* es el radio del círculo o el eje mayor de la elipse. Cuando se trate de una elipse, el *radio* se mide en sentido horizontal si *aspecto* < *1*, y en sentido vertical, si *aspecto* > *1*. El argumento *aspecto* es una expresión numérica que afecta a la relación *X/Y*.

Los argumentos *comienzo* y *final* son ángulos en radianes, de valores comprendidos en el rango -2π a 2π, que especifican dónde comienza y finaliza el arco.

Si se omiten, se traza una curva completa. Si se les antepone un signo menos, se dibujarán los radios correspondientes desde las terminaciones del arco al centro.

Como ejemplo, diseñe una nueva aplicación, ponga al formulario el título *Círculos* y a continuación abra la ventana de código y cree el procedimiento *Form_Load* para que dibuje un círculo, una elipse y dos sectores circulares complementarios como se muestra en la figura siguiente. Guarde la aplicación con el nombre *circulos.vbp*.

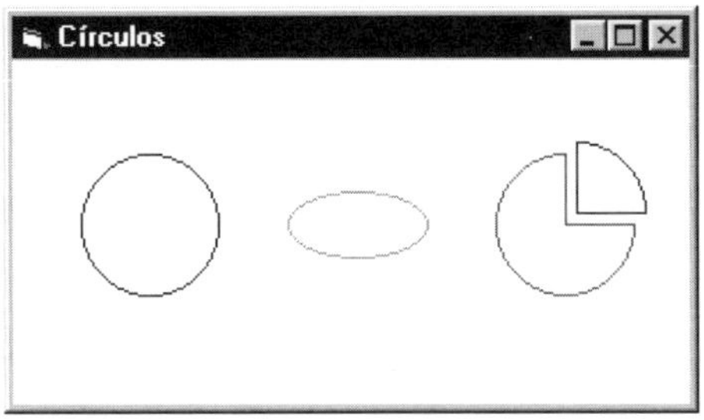

El código para el procedimiento que da lugar al gráfico anterior se presenta a continuación:

```
Private Sub Form_Load()
  Dim Pi As Double
  Dim C1 As Long, C2 As Long, C3 As Long
  Pi = 3.1415926
  C1 = RGB(0, 0, 255): C2 = RGB(0, 255, 0): C3 = RGB(255, 0, 0)
  AutoRedraw = -1
  ScaleMode = vbPixels
  Circle (60, 70), 30, C1 'círculo
  Circle (150, 70), 30, C2, , , 5 / 11 'elipse
  Circle (240, 70), 30, C3, -Pi / 2, -2 * Pi 'sector
  Circle Step(5, -5), 30, C1, -2 * Pi, -Pi / 2 'sector
End Sub
```

Observe que se ha empleado la escala estándar *vbPixels*, que significa que las unidades de medida de las coordenadas son píxeles.

Las propiedades **CurrentX** y **CurrentY** son puestas, respectivamente, a los valores *X* e *Y* especificados en **Circle**.

Colorear figuras

Una figura puede ser rellenada con un color sólido o con un determinado patrón. Para indicar cómo se va a rellenar, asignaremos el valor correspondiente a la propiedad **FillStyle** del objeto sobre el que se dibuja. Los valores posibles para esta propiedad se indican en la tabla que se muestra a continuación:

Valor para FillStyle	*Significado*
0 - *vbFSSolid*	Color sólido.
1 - *vbFSTransparent*	Color transparente. Valor predeterminado.
2 - *vbHorizontalLine*	Líneas horizontales.
3 - *vbVerticalLine*	Líneas verticales.
4 - *vbUpwardDiagonal*	Diagonales ascendentes.
5 - *vbDownwardDiagonal*	Diagonales descendentes.
6 - *vbCross*	Líneas cruzadas.
7 - *vbDiagonalCross*	Diagonales cruzadas.

Si para rellenar una figura se utiliza un color sólido (**FillStyle** = 0), por omisión se utiliza el color negro. Para especificar otro color, utilice la propiedad **FillColor**. El valor para la propiedad **FillColor** puede ser especificado por alguna de las funciones **RGB** o **QBColor**. Así mismo, el valor para ambas propiedades puede ser especificado por las constantes predefinidas en Visual Basic (vea *ColorConstants* y *FillStyleConstants* en el examinador de objetos). Por ejemplo:

```
FillColor = RGB(0, 255, 0)   ' verde intenso
Fomr1.FillColor = QBColor(2) ' verde oscuro
Imagen1.FillColor = vbGreen  ' verde intenso
```

Como ejemplo, coloree el círculo y la elipse de la figura anterior con un color sólido y los sectores circulares con algunos de los patrones de la tabla anterior. Una posible solución puede ser la que se muestra a continuación:

```
Private Sub Form_Load()
  Dim Pi As Double
  Dim C1 As Long, C2 As Long, C3 As Long
  Pi = 3.1415926
  C1 = RGB(0, 0, 255): C2 = RGB(0, 255, 0): C3 = RGB(255, 0, 0)
  AutoRedraw = True
  ScaleMode = vbPixels ' medidas en píxeles
  FillStyle = vbFSSolid ' color sólido
  FillColor = C1 ' azul intenso
  Circle (60, 70), 30, C1 ' círculo
  FillColor = C2 ' verde intenso
  Circle (150, 70), 30, C2, , , 5 / 11 ' elipse
  FillColor = C3 ' rojo intenso
  FillStyle = vbUpwardDiagonal ' diagonales ascendentes
  Circle (240, 70), 30, C3, -Pi / 2, -2 * Pi ' sector
  FillColor = C1
```

```
  FillStyle = vbDownwardDiagonal ' diagonales descendentes
  Circle Step(5, -5), 30, C1, -2 * Pi, -Pi / 2 ' sector
End Sub
```

El resultado que se obtiene se muestra a continuación:

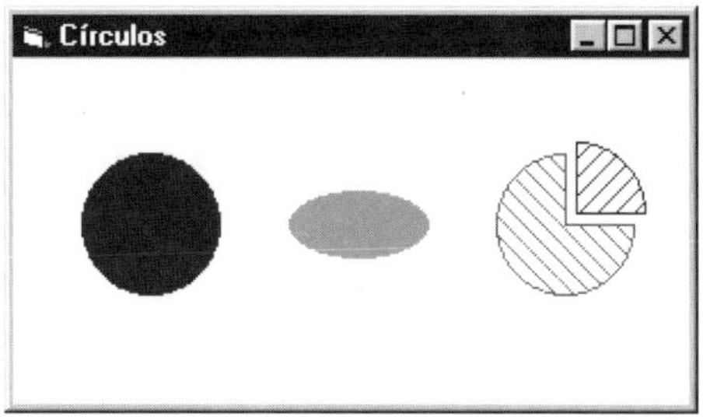

Objeto Picture

El objeto **Picture** proporciona una forma sencilla de asignar mapas de bits, iconos, metarchivos, metarchivos mejorados e imágenes *.gif* y *.jpg* a objetos que tengan la propiedad **Picture**. Es posible utilizar una matriz de objetos **Picture** para guardar series de imágenes.

Para utilizar la clase **Picture** (derivada de **StdPicture**) para crear sus propios objetos, tiene que establecer una referencia a los tipos OLE estándar (*OLE Automation*) mediante el cuadro de diálogo *Referencias.*

Por ejemplo, si tenemos un control caja de imagen denominado *Picture1* y un objeto **Picture** denominado *X*, podemos asignar uno a otro así:

```
Dim X As Picture
Set X = LoadPicture("calendar.bmp")
Picture1.Picture = X
```

Un objeto **Picture** tiene las propiedades **Width** (anchura de la imagen en unidades de la escala *HiMetric*), **Height** (altura de la imagen en unidades de la escala *HiMetric*) y **Type** (devuelve el tipo de la imagen: 0 indica una imagen vacía, 1 un mapa de bits, 2 un metarchivo, 3 un icono y 4 un metarchivo mejorado). Además de las propiedades mencionadas, tiene también las propiedades **Handle** (controlador de la imagen almacenada) y **hPal** (controlador de la paleta de colores de la imagen almacenada).

No puede crear un objeto **Picture** así:

```
Dim X As Picture
```

```
Set X = New Picture
```

Si desea crear un objeto **Picture**, debe utilizar la clase **StdPicture** que es la clase base de **Picture**:

```
Dim X As StdPicture
Set X = New StdPicture
```

Dibujar el contenido de un fichero gráfico

El método **PaintPicture** permite dibujar el contenido de un fichero gráfico (*.bmp*, *.wmf*, *.emf*, *.cur*, *.ico* o *.dib*) sobre un **Form**, **PictureBox**, o sobre la impresora (objeto **Printer**). También es posible crear animación con este método, si mueve imágenes dentro de una caja de imagen y cambia rápidamente entre varias imágenes diferentes. Su sintaxis es la siguiente:

[*objeto*.]**PaintPicture** *imagen*, *xDest*, *yDest*[, *anchoDest*[, *altoDest*[, _
xOrig[, *yOrig*[, *anchoOrig*[, *altoOrig*[, *códigoOp*]]]]]]

El *objeto* de destino es el formulario, la caja de imagen o el objeto **Printer** donde la *imagen* se va a representar. Si el *objeto* se omite, se asume el formulario actual. El argumento *imagen* debe ser un objeto **Picture** o la propiedad **Picture** de un formulario o de un control.

Los argumentos *xDest* y *yDest* son las coordenadas en donde sería representada la imagen según la escala del objeto (la propiedad **ScaleMode** indica las unidades de medida utilizadas). Los argumentos *anchoDest* y *altoDest* son opcionales; permiten establecer la anchura y la altura del objeto destino.

Los argumentos *xOrig* y *yOrig* son opcionales; definen las coordenadas *x* e *y* de la esquina superior izquierda de la región de la *imagen* a copiar. Los argumentos *anchoOrig* y *altoOrig* son opcionales; permiten establecer la anchura y la altura de la región de la *imagen* a copiar.

El argumento *códigoOp* es opcional, y se utiliza sólo con mapas de bits; define una operación bit a bit que se ejecutará sobre la imagen cuando sea pintada en el objeto destino. Los valores que puede utilizar son los siguientes:

Constante	Descripción
vbDstInvert	Invierte el mapa de bits del destino.
vbMergeCopy	Combina el patrón dado por el valor almacenado en la propiedad **FillStyle** del destino y el mapa de bits del origen.

vbMergePaint	**Or** entre el mapa de bits del origen invertido y el mapa de bits del destino.
vbNotSrcCopy	Copia el mapa de bits del origen invertido al destino.
vbNotSrcErase	Invierte el resultado de la operación **Or** entre los mapas de bits del origen y del destino.
vbPatCopy	Copia el patrón dado por el valor almacenado en la propiedad **FillStyle** al mapa de bits de destino.
vbPatInvert	**Xor** entre el mapa de bits de destino y el patrón dado por el valor almacenado en la propiedad **FillStyle**.
vbPatPaint	**Or** entre el mapa de bits del origen invertido con el patrón (propiedad **FillStyle**); y **Or** entre el resultado de la operación anterior y el mapa de bits del destino.
vbSrcAnd	**And** entre los píxeles de los mapas de bits del origen y del destino.
vbSrcCopy	Copia el mapa de bits del origen en el destino.
vbSrcErase	Invierte el mapa de bits del destino y hace la operación **And** entre el resultado obtenido y el mapa de bits de origen.
vbSrcInvert	**Xor** entre los píxeles de los mapas de bits del destino y del origen.
vbSrcPaint	**Or** entre los píxeles de los mapas de bits del destino y del origen.

El método **PaintPicture** puede utilizarse en lugar de la función **BitBlt** de la API de Windows para ejecutar una amplia variedad de operaciones a nivel de bits, cuando movemos una región rectangular de un gráfico, de una posición a otra.

Analice el código siguiente. Suponga que *Destino1* y *Destino2* son dos cajas de imagen con su propiedad **AutoSize** a valor **True**. Cuando ejecute este código observará que la caja de imagen *Destino1* se ajusta al tamaño de la imagen, pero no sucede lo mismo con *Destino2*. Esto es así porque el método **PaintPicture** se limita a copiar píxeles en el destino especificado.

```
Dim Origen As Picture
Set Origen = LoadPicture("planetas.bmp")
Destino1.Picture = Origen
Destino2.PaintPicture Origen, 0, 0, , , , , , , vbSrcCopy
```

Como ejemplo, vamos a utilizar el método **PaintPicture** para copiar un mapa de bits almacenado en un objeto **Picture**, en una caja de imagen. La aplicación permitirá realizar la copia utilizando distintos códigos de operación. Por lo tanto, cree un nuevo proyecto, añada al formulario los controles visualizados en la figura siguiente y guarde el formulario y el proyecto con el nombre *paintpic*. Haga que los botones de opción formen una matriz de controles denominada *Option1*.

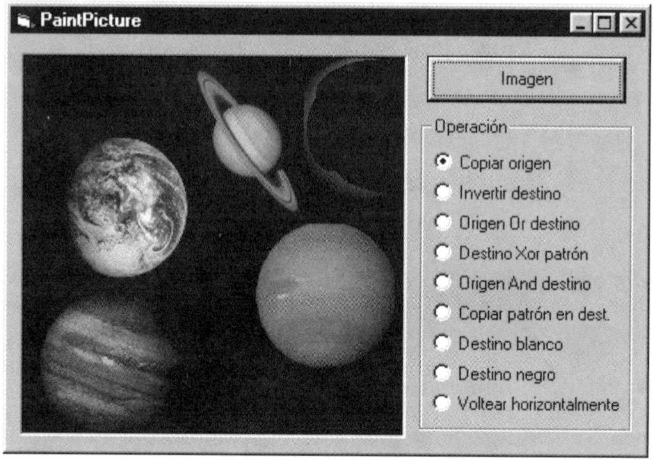

Según lo expuesto, inicialmente la aplicación cargará la imagen en el objeto **Picture**, iniciará una matriz con los códigos de operación que vayamos a utilizar con **PaintPicture** y seleccionará como opción predeterminada "Copiar origen". Por lo tanto, defina a nivel del formulario el objeto **Picture** *Origen*, la matriz *Operación* y la variable *CodOp* para almacenar el código de operación seleccionado. Después edite el procedimiento *Form_Load* así:

```
Dim Origen As Picture
Dim Operacion(8) As Long, CodOp As Long

Private Sub Form_Load()
  Dim xTwips As Integer, yTwips As Integer
  ChDir App.Path

  ' Cargar imagen
  Set Origen = LoadPicture("planetas.bmp")
  ' Patrón
  Destino.FillStyle = vbCross
  ' Operaciones
  Operacion(0) = vbSrcCopy
  Operacion(1) = vbDstInvert
  Operacion(2) = vbSrcPaint
  Operacion(3) = vbPatInvert
  Operacion(4) = vbSrcAnd
  Operacion(5) = vbPatCopy
```

```
  Operacion(6) = &HFFFFFF ' destino blanco
  Operacion(7) = &H0      ' destino negro
  Operacion(8) = -1       ' voltear horizontalmente
  ' Operación predeterminada
  Option1(0).Value = True
End Sub
```

Una vez iniciada la aplicación, lo primero que hará el usuario será elegir la opción con la que quiere copiar la imagen en la ventana. El valor de la opción elegida debe ser almacenado en la variable *CodOp* para utilizarlo posteriormente con el método **PaintPicture**, proceso que realizará el procedimiento conducido por el evento **Click** desencadenado por los botones de opción:

```
Private Sub Option1_Click(Index As Integer)
  CodOp = Operacion(Index)
End Sub
```

Después de elegir una opción, el usuario hará clic en el botón *Imagen* para visualizar la imagen resultante de la copia. Como respuesta a este evento se ejecutará el procedimiento *Imagen_Click* cuyo código puede ser así:

```
Private Sub Imagen_Click()
  Dim xTwips As Integer, yTwips As Integer
  If CodOp >= 0 Then
    Destino.PaintPicture Origen, 0, 0, , , , , , , CodOp
  Else
    ' Voltear horizontalmente
    xTwips = ScaleX(Origen.Width, vbHimetric, vbTwips)
    yTwips = ScaleY(Origen.Height, vbHimetric, vbTwips)
    Destino.PaintPicture Origen, _
      0, 0, xTwips, yTwips, _
      xTwips, 0, -xTwips, yTwips, _
      vbSrcCopy
  End If
End Sub
```

Observará en el procedimiento *Imagen_Click*, que hemos dado un tratamiento diferente a la opción "Voltear horizontalmente", ya que no se trata de un código para **PaintPicture**. Lo que deseamos con esta opción, a la que hemos asignado el valor -1, es girar la imagen original 180 grados alrededor de su eje vertical.

Optimización

Una de las propiedades más importantes que afectan a los gráficos Visual Basic es **AutoRedraw**. Según se expuso en el apartado "Gráficos persistentes", cuando esta propiedad tiene el valor **False**, un dibujo pintado con métodos gráficos es presentado inmediatamente sobre el contenedor. Por el contrario, el dibujo desaparece cuando el contenedor es cubierto por otra ventana, ya que Windows no puede repintarlo porque no ha guardado una copia en memoria referenciada por la propiedad **Image**, proceso que sólo hace cuando el valor de la propiedad **AutoRedraw** es **True**. Por esta misma razón tampoco podríamos guardar una copia en un fichero utilizando la sentencia **SavePicture**. En cambio, cuando **AutoRedraw** es **True** se presenta otro problema, y es que el resultado de los métodos gráficos sólo será presentado en el contenedor cuando el proceso de dibujo esté finalizado.

Veamos un ejemplo basado en un viejo juego consistente en dos ruedas dentadas para dibujar curvas bastante complicadas desde el punto de vista matemático. La figura siguiente detalla el aspecto de este juego:

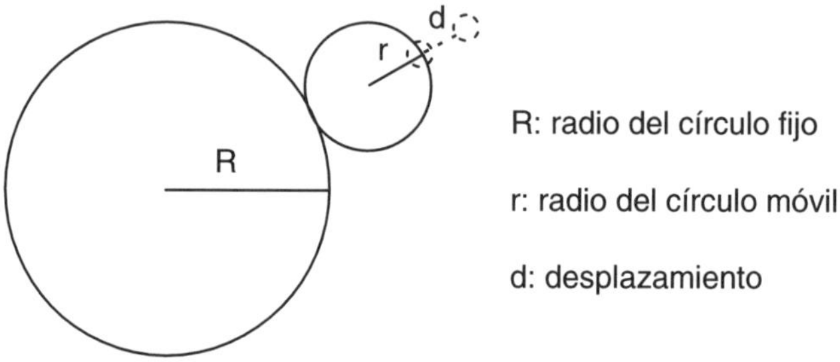

El círculo grande permanece fijo, mientras el más pequeño, movido por un lápiz introducido en un orificio a lo largo de su radio, da vueltas alrededor de él. El orificio donde se introduce el lápiz puede ser desplazado más allá o más acá del límite del radio del círculo pequeño mediante algún mecanismo; es decir, el orificio del lápiz está en $r \pm d$ (para d igual a cero el orificio está en el borde del círculo pequeño). El resultado es una curva similar a la de la figura siguiente:

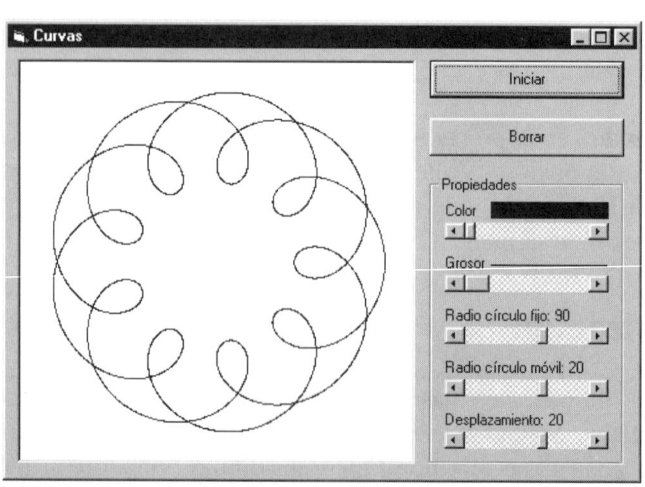

Las curvas dibujadas con este juego pueden ser descritas matemáticamente así:

```
X = (R + r) * Cos(α) - (r + d) * Cos(((R + r) / r) * α)
Y = (R + r) * Sin(α) - (r + d) * Sin(((R + r) / r) * α)
```

La variable α es el ángulo de rotación y se incrementa con el tiempo. Una rotación completa (2π radianes) del círculo pequeño alrededor del grande puede que no sea suficiente para completar la curva. El número de rotaciones depende de la relación **Int(*R*/*r*)** = *R*/*r*, como comprobará a continuación. El código completo para dibujar las curvas es el siguiente:

```
Public Sub Dibujar()
  Dim ColorPluma, RCirMovil, RCirFijo, DesRCirMovil, pi

  ColorPluma = QBColor(Form1.bdColor.Value)
  RCirMovil = Form1.bdRadCirMovil.Value
  ' El radio del círculo no puede ser cero
  If RCirMovil = 0 Then RCirMovil = 0.000000000001
  RCirFijo = Form1.bdRadCirFijo.Value
  DesRCirMovil = Form1.bdDesplazamiento.Value
  Form1.Picture1.DrawWidth = Form1.bdGrosor.Value
  pi = 4 * Atn(1)

  Dim rotación, radianes
  Dim ar, X, Y As Double
  Dim rotaciones As Integer
  ' Calcular el número de rotaciones
  If Int(RCirFijo / RCirMovil) = RCirFijo / RCirMovil Then
    rotaciones = 1
  Else
    rotaciones = Abs(RCirMovil / 10)
    If Int(RCirMovil / 10) <> RCirMovil / 10 Then
      rotaciones = 10 * rotaciones
    End If
  End If
  ' Dibujar la curva
  For rotación = 0 To rotaciones - 1
    For radianes = 0 To 2 * pi Step pi / (4 * 360)
      ar = rotación * 2 * pi + radianes ' ángulo de rotación
      X = (RCirFijo + RCirMovil) * Cos(ar) - (RCirMovil + DesRCirMovil) * _
          Cos(((RCirFijo + RCirMovil) / RCirMovil) * ar)
      Y = (RCirFijo + RCirMovil) * Sin(ar) - (RCirMovil + DesRCirMovil) * _
          Sin(((RCirFijo + RCirMovil) / RCirMovil) * ar)
      Form1.Picture1.PSet (Form1.Picture1.ScaleWidth / 2 + X, _
          Form1.Picture1.ScaleHeight / 2 + Y), ColorPluma
    Next
  Next
End Sub
```

El procedimiento utiliza un algoritmo, rápido pero oscuro, para calcular el número de rotaciones, y dos bucles anidados. Si la relación de los radios es un entero, el algoritmo trabaja bien; en otro caso, el número de rotaciones calculadas puede no coincidir con el final de la curva. El bucle interior dibuja la parte de la curva correspondiente a una rotación completa de la rueda móvil alrededor de la fija, y el bucle externo determina cuántas rotaciones debe realizar la rueda móvil alrededor de la fija para cerrar la curva.

Para ver el resultado gráficamente, realice un nuevo proyecto llamado *curvas2* que tenga una interfaz gráfica de usuario igual a la de la figura mostrada anteriormente. En la tabla siguiente puede observar los controles que debe utilizar y el valor de las propiedades que debe establecer:

Objeto	**Propiedad**	**Valor**
Caja de imagen	Name AutoRedraw BackColor ScaleHeight ScaleWidth	Picture1 False blanco 350 350
Botón de pulsación	Name Caption	btIniciar Iniciar
Botón de pulsación	Name Caption	btBorrar Borrar
Marco	Caption	Propiedades
Etiqueta	Caption	Color
Etiqueta	Name BackColor	etColor negro
Barra de desplazamiento	Name Min Max SmallChange LargeChange Value	bdColor 0 14 1 1 0
Etiqueta	Caption	Grosor
Control Line	Name	lineaGrosor
Barra de desplazamiento	Name Min Max SmallChange LargeChange Value	bdGrosor 1 5 1 1 1

Etiqueta	Name Caption	etRadCirFijo Radio círculo fijo
Barra de desplazamiento	Name Min Max SmallChange LargeChange Value	bdRadCirFijo 140 0 1 10 100
Etiqueta	Name Caption	etRadCirMovil Radio círculo móvil
Barra de desplazamiento	Name Min Max SmallChange LargeChange Value	bdRadCirMovil -70 70 1 10 30
Etiqueta	Name Caption	etDesplazamiento Desplazamiento
Barra de desplazamiento	Name Min Max SmallChange LargeChange Value	bdDesplazamiento -70 70 1 10 0

Las barras de desplazamiento proporcionarán los valores de los radios, del desplazamiento, así como el color y el grosor de la pluma con la que se desea pintar. Estos valores serán presentados en las etiquetas correspondientes.

```
Private Sub Form_Load()
  ' Iniciar los títulos de las etiquetas con el valor
  ' predeterminado de las barras
  etColor.BackColor = QBColor(bdColor.Value)
  lineaGrosor.BorderWidth = bdGrosor.Value
  etRadCirFijo.Caption = "Radio círculo fijo: " & bdRadCirFijo.Value
  etRadCirMovil.Caption = "Radio círculo móvil: " & bdRadCirMovil.Value
  etDesplazamiento.Caption = "Desplazamiento: " & bdDesplazamiento.Value
End Sub
```

Una acción sobre una barra de desplazamiento para seleccionar un nuevo valor desencadena los eventos **Change** y **Scroll**. La respuesta a estos eventos será presentar el nuevo valor seleccionado en la etiqueta correspondiente.

```
Private Sub bdColor_Change()
  etColor.BackColor = QBColor(bdColor.Value)
End Sub

Private Sub bdColor_Scroll()
  etColor.BackColor = QBColor(bdColor.Value)
End Sub

Private Sub bdGrosor_Change()
  lineaGrosor.BorderWidth = bdGrosor.Value
End Sub

Private Sub bdGrosor_Scroll()
  lineaGrosor.BorderWidth = bdGrosor.Value
End Sub

Private Sub bdRadCirMovil_Change()
  etRadCirMovil.Caption = "Radio círculo móvil: " & bdRadCirMovil.Value
End Sub

Private Sub bdRadCirMovil_Scroll()
  etRadCirMovil.Caption = "Radio círculo móvil: " & bdRadCirMovil.Value
End Sub

Private Sub bdRadCirFijo_Change()
  etRadCirFijo.Caption = "Radio círculo fijo: " & bdRadCirFijo.Value
End Sub

Private Sub bdRadCirFijo_Scroll()
  etRadCirFijo.Caption = "Radio círculo fijo: " & bdRadCirFijo.Value
End Sub

Private Sub bdDesplazamiento_Change()
  etDesplazamiento.Caption = "Desplazamiento: " & bdDesplazamiento.Value
End Sub

Private Sub bdDesplazamiento_Scroll()
  etDesplazamiento.Caption = "Desplazamiento: " & bdDesplazamiento.Value
End Sub
```

Cuando el usuario haya fijado los valores deseados para dibujar las curvas, pulsará el botón *Iniciar* para mostrar los resultados sobre la caja de imagen. Por lo tanto, el procedimiento vinculado con este botón simplemente invocará al procedimiento *Dibujar* expuesto anteriormente.

```
Private Sub btIniciar_Click()
  Dibujar
End Sub
```

Cuando el usuario desee borrar el gráfico que se está mostrando actualmente, pulsará el botón *Borrar*. Quiere esto decir que el procedimiento vinculado con este botón tiene que invocar al método **Cls** de la caja de imagen:

```
Private Sub btBorrar_Click()
  Form1.Picture1.Cls
End Sub
```

Ejecute ahora la aplicación y observe los resultados. Comprobará que si oculta la ventana y la vuelve a descubrir, el gráfico no se repinta. Una solución para esto puede ser invocar al procedimiento *Dibujar* desde el procedimiento conducido por el evento **Paint** de la caja de imagen. Otra solución más eficiente es asignar a la propiedad **AutoRedraw** el valor **True**, pero en este caso observe que el resultado de los métodos gráficos sólo será presentado en el contenedor cuando el proceso de dibujo haya finalizado. ¿Por qué este comportamiento?

Cuando la propiedad **AutoRedraw** es **True**, la aplicación dibuja en un área especial de memoria denominada *contexto de dispositivo*. Cuando haya finalizado el proceso de dibujar, la aplicación mostrará una copia del contexto de dispositivo en el contenedor vinculado con el mismo. Esta copia será transferida al contenedor siempre que sea necesario actualizar el dibujo y Windows tenga una oportunidad, o cuando forcemos a hacerlo por medio del método **Refresh**.

Según hemos indicado, Windows actualizará el control siempre que sea necesario y tenga una oportunidad, y esto sucede siempre que la aplicación no esté ocupada ejecutando código, que es lo que sucede con los dos bucles anidados. Según esto, y suponiendo que la propiedad **AutoRedraw** de la caja de imagen es **True**, pruebe a escribir una sentencia **DoEvents** después de método **PSet**:

```
Form1.Picture1.PSet (Form1.Picture1.ScaleWidth / 2 + X, _
          Form1.Picture1.ScaleHeight / 2 + Y), ColorPluma
DoEvents
```

DoEvents cede el control al sistema operativo, para que éste pueda procesar otros eventos que están esperando. En nuestro caso, Windows tendrá ahora la oportunidad de actualizar la caja de imagen por cada nuevo punto que se pinte. Pero esto resulta demasiado lento. Si mueve la sentencia **DoEvents** entre las dos sentencias **Next**, la actualización se producirá después de cada rotación:

```
For rotación = 0 To rotaciones - 1
  For radianes = 0 To 2 * pi Step pi / (4 * 360)
    ' ...
  Next
  DoEvents
Next
```

Obtendrá el mismo resultado si en lugar de **DoEvents** utiliza **Refresh**. El método **Refresh** fuerza a volver a dibujar un formulario o un control completo.

```
Form1.Picture1.Refresh
```

Las soluciones planteadas no proporcionan, para esta aplicación, una presentación natural. Entonces, según lo que hemos visto hasta ahora, necesitamos una solución que nos proporcione una presentación suave como sucedía cuando **AutoRedraw** era **False** y los beneficios de **AutoRedraw** cuando vale **True**. Esto nos conduce a utilizar dos cajas de imagen: la actual *Picture1* para mostrar la imagen, con un valor **False** en su propiedad **AutoRedraw**, y una segunda *Picture2* no visible para mantener una copia de *Picture1*.

Objeto	**Propiedad**	**Valor**
Caja de imagen	Name **AutoRedraw** BackColor ScaleHeight ScaleWidth **Visible**	Picture2 **True** blanco 350 350 **False**

Como la propiedad **AutoRedraw** de *Picture2* vale **True**, el gráfico persistente proporcionado por su propiedad **Image** está siempre disponible para cuando lo necesitemos.

Otra característica que vamos a añadir a nuestra aplicación es que permita al usuario detener el proceso de dibujo cuando lo requiera. Para ello utilizaremos el mismo botón *Iniciar*, que cambiará su título a *Parar* después que el usuario haya hecho clic sobre él. Esto implica modificar los procedimientos *btIniciar_Click* y *Dibujar*, y lo que es más importante, tener una sentencia **DoEvents**, según se explicó anteriormente, en el lugar idóneo dentro de los bucles que realizan los cálculos para la representación gráfica. Esto posibilita que Windows pueda procesar otros eventos que ocurran durante los cálculos, como un clic sobre el botón *Parar*.

```
Private Sub btIniciar_Click()
  If btIniciar.Caption = "Parar" Then
    bParar = True ' detener el proceso de dibujar
  Else
    bParar = False ' se inicia el dibujo
    btIniciar.Caption = "Parar"
    Dibujar
  End If
End Sub
```

Defina la variable *bParar* en el módulo *curvas2.bas* así:

```
Public bParar As Boolean
```

A continuación, añada una segunda caja de imagen *Picture2* (por ejemplo, debajo de la anterior), asigne a las propiedades especificadas en la tabla anterior los valores allí indicados, y modifique el procedimiento *Dibujar* así:

```
Public Sub Dibujar()
  Dim ColorPluma, RCirMovil, RCirFijo, DesRCirMovil, pi

  ColorPluma = QBColor(Form1.bdColor.Value)
  RCirMovil = Form1.bdRadCirMovil.Value
  ' El radio del círculo no puede ser cero
  If RCirMovil = 0 Then RCirMovil = 0.000000000001
  RCirFijo = Form1.bdRadCirFijo.Value
  DesRCirMovil = Form1.bdDesplazamiento.Value
  Form1.Picture1.DrawWidth = Form1.bdGrosor.Value
  pi = 4 * Atn(1)

  Dim rotación, radianes
  Dim ar, X, Y As Double
  Dim rotaciones As Integer

  ' Calcular el número de rotaciones
  If Int(RCirFijo / RCirMovil) = RCirFijo / RCirMovil Then
    rotaciones = 1
  Else
    rotaciones = Abs(RCirMovil / 10)
    If Int(RCirMovil / 10) <> RCirMovil / 10 Then
      rotaciones = 10 * rotaciones
    End If
  End If

  ' Dibujar la curva
  For rotación = 0 To rotaciones - 1
    If bParar Then
      Form1.btIniciar.Caption = "Iniciar"
      bParar = False ' permitir iniciar el dibujo otra vez
      Exit Sub
    End If
    For radianes = 0 To 2 * pi Step pi / (4 * 360)
      ar = rotación * 2 * pi + radianes ' ángulo de rotación
      X = (RCirFijo + RCirMovil) * Cos(ar) - (RCirMovil + DesRCirMovil) * _
          Cos(((RCirFijo + RCirMovil) / RCirMovil) * ar)
      Y = (RCirFijo + RCirMovil) * Sin(ar) - (RCirMovil + DesRCirMovil) * _
          Sin(((RCirFijo + RCirMovil) / RCirMovil) * ar)
      Form1.Picture1.PSet (Form1.Picture1.ScaleWidth / 2 + X, _
          Form1.Picture1.ScaleHeight / 2 + Y), ColorPluma
```

```
      Form1.Picture2.PSet (Form1.Picture1.ScaleWidth / 2 + X, _
        Form1.Picture1.ScaleHeight / 2 + Y), ColorPluma
    Next
    DoEvents
  Next
  Form1.btIniciar.Caption = "Iniciar"
  bParar = False
End Sub
```

Para repintar el gráfico cada vez que la ventana quede visible después de haber sido ocultada, añada al formulario el procedimiento conducido por el evento **Paint** para que realice una copia en *Picture1* de la imagen persistente referenciada por *Picture2.Image*.

```
Private Sub Form_Paint()
  Picture1.Refresh
  Picture1.PaintPicture Picture2.Image, 0, 0
End Sub
```

Invocar a **Refresh** para actualizar el control *Picture1* antes de copiar el gráfico parece innecesario, pero la aplicación no visualiza la imagen sin esa operación.

Gráficos temporales

Una utilidad interesante de la propiedad **AutoRedraw** puede ser la siguiente: puesto que cada gráfico que pintamos cuando su valor es **False** sólo aparece en el contenedor, sin posibilidad de actualización automática por no existir una copia en memoria, podemos hacer uso durante la ejecución de esta cualidad para eliminar instantáneamente del contenedor capas gráficas pintadas con carácter temporal. La siguiente figura muestra la aplicación *cuadrícula*, que permite visualizar o quitar una cuadrícula sobre el gráfico que actualmente muestra el contenedor.

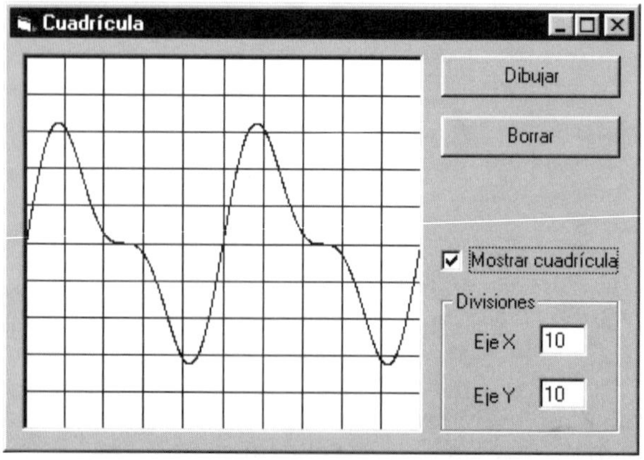

Inicie un nuevo proyecto denominado *cuadrícula* y diseñe una interfaz como la anterior. Asegúrese de asignar durante el diseño a la propiedad **AutoRedraw** de la caja de imagen el valor **True**.

Para pintar la cuadrícula sobre la caja de imagen, escribiremos en un módulo *cuadricula.bas* el procedimiento *MostrarCuadricula* indicado a continuación. El número de divisiones de la cuadrícula en los ejes *X* e *Y* viene dado por las cajas de texto *divX* y *divY*, respectivamente.

```
Public Sub MostrarCuadricula()
  Dim i As Single, ColorAnterior As Long
  Dim xcelda As Single, ycelda As Single
  Dim X1 As Single, Y1 As Single, X2 As Single, Y2 As Single

  ' Dimensiones de la celda
  xcelda = Form1.Picture1.ScaleWidth / Int(Form1.divX.Text)
  ycelda = Form1.Picture1.ScaleHeight / Int(Form1.divY.Text)
  ' Coordenadas del contenedor
  X1 = Form1.Picture1.ScaleLeft: Y1 = Form1.Picture1.ScaleTop
  X2 = X1 + Form1.Picture1.ScaleWidth
  Y2 = Y1 + Form1.Picture1.ScaleHeight

  ' Pintar cuadrícula
  ColorAnterior = Form1.Picture1.ForeColor
  Form1.Picture1.ForeColor = RGB(0, 0, 255) 'color de la cuadrícula
  For i = Y1 To Y2 Step ycelda
    ' Pintar línea horizontal
    Form1.Picture1.Line (0, i)-(X2, i)
  Next
  For i = X1 To X2 Step xcelda
    ' Pintar línea vertical
    Form1.Picture1.Line (i, Y1)-(i, Y2)
  Next
  Form1.Picture1.ForeColor = ColorAnterior
End Sub
```

Para mostrar la cuadrícula, el usuario hará clic en la casilla de verificación "Mostrar cuadrícula" que tiene por nombre *btCuadricula*:

```
Private Sub btCuadricula_Click()
  If btCuadricula.Value Then
    Picture1.AutoRedraw = False
    MostrarCuadricula
    Picture1.AutoRedraw = True
  Else
    Picture1.Refresh
  End If
End Sub
```

Observe el procedimiento anterior. Antes de iniciar el dibujo de la cuadrícula, asigna a la propiedad **AutoRedraw** de la caja de imagen el valor **False**, y después de dibujarla la restablece al valor **True** que tenía. Esto hace que la cuadrícula se dibuje sobre la caja de imagen, pero no sobre la copia del gráfico que reside en memoria. De esta forma eliminarla será tan sencillo como invocar al método **Refresh** que actualiza el contenedor con la copia que hay en memoria.

Escriba el procedimiento *Form_Load* para inhabilitar la casilla de verificación "Mostrar cuadrícula". La idea es permitir mostrar la cuadrícula sólo cuando haya un gráfico en el contenedor.

```
Private Sub Form_Load()
  btCuadricula.Enabled = False
End Sub
```

El botón *Dibujar* permitirá al usuario visualizar la curva correspondiente a la ecuación $y = 2\ sen(x) + sen(2x)$. Después de dibujar la curva se verifica si está la casilla de verificación señalada para, en este caso, dibujar también la cuadrícula.

```
Private Sub btDibujar_Click()
  Dibujar
  btCuadricula_Click
End Sub
```

El procedimiento *Dibujar*, cuyo código se muestra a continuación, realiza los cálculos con la ecuación a representar para obtener los valores de *y* correspondientes a los valores de *x* de 0 a 4π radianes con incrementos de π/360 radianes, y pinta la curva sobre la caja de imagen *Picture1*. Una vez pintada la curva, habilita la casilla de verificación que permite mostrar la cuadrícula. Escriba este procedimiento en el módulo *cuadricula.bas*.

```
Public Sub Dibujar()
  Dim x As Single, y As Single, pi As Single
  pi = 4 * Atn(1)

  ' Sistema de coordenadas
  Form1.Picture1.Scale (0, 4)-(4 * pi, -4)
  ' Eje x
  Form1.Picture1.Line (0, 0)-(Form1.Picture1.ScaleWidth, 0)

  'Dibujar curva
  For x = 0 To 4 * pi Step pi / (180 * 2)
    y = 2 * Sin(x) + Sin(2 * x)
    Form1.Picture1.PSet (x, y)
  Next x
  Form1.btCuadricula.Enabled = True
End Sub
```

El botón *Borrar* permitirá al usuario limpiar la caja de imagen. Después de invocar al método **Cls** se inhabilita la casilla de verificación.

```
Private Sub btBorrar_Click()
  Picture1.Cls
  btCuadricula.Enabled = False
End Sub
```

Finalmente, desde el procedimiento conducido por el evento **Paint** generado por la caja de imagen, invocaremos a *btCuadricula_Click* por si hubiera que repintar la rejilla cuando Windows, por las causas que ya conocemos, repinta la caja de imagen.

```
Private Sub Form_Paint()
  btCuadricula_Click
End Sub
```

Animación utilizando métodos gráficos

La animación de una imagen utilizando métodos gráficos se realiza de acuerdo con la siguiente secuencia de pasos:

1. Se dibuja una imagen en la pantalla.
2. Se introduce un retardo que será función de la velocidad con la que se quiere que se mueva el objeto.
3. Se borra la imagen, se calcula una nueva posición y se repite la secuencia.

Como ejemplo, vamos a diseñar una aplicación que muestre una pelota lanzada contra una pared y que rebota al chocar contra la misma.

Diseñe una nueva aplicación, ponga al formulario el título *Animación*, añada un menú *Lanzar pelota* y a continuación abra la ventana de código y cree el procedimiento *MoverPelota* como se muestra a continuación. Guarde el formulario con el nombre *anima1.frm* y la aplicación con el nombre *anima1.vbp*.

Utilizaremos el evento **Load** del formulario para establecer sus colores del fondo y del primer plano, asignar valores a las propiedades **FillStyle** y **FillColor** que permiten rellenar círculos de color cuando se dibujan con **Circle**, establecer el color de la barrera o pared contra la que rebotará la pelota y dibujar la misma.

```
Private ColorBarrera As Long

Private Sub Form_Load()
  Dim X As Integer

  Form1.Show
  ScaleMode = vbPixels ' escala en píxeles

  ' Colores del formulario
  BackColor = RGB(255, 255, 255) ' blanco
  ForeColor = RGB(0, 0, 192)     ' azul

  ' Para llenar un círculo hay que establecer estas propiedades:
  FillStyle = vbFSSolid          ' color sólido
  FillColor = ForeColor          ' color pelota

  ' Dibujar la barrera sobre la que rebota la pelota
  ColorBarrera = RGB(0, 192, 0) ' verde
  X = ScaleWidth / 4 * 3 ' X barrera
  Line (X, 10)-(X + 20, ScaleHeight - 10), ColorBarrera, BF
End Sub

Private Sub Form_Unload(Cancel As Integer)
  Unload Me
  End
End Sub
```

Una vez visualizado el formulario, la orden *Lanzar pelota* permitirá tirar la pelota contra la barrera. El procedimiento que responderá a un clic sobre este menú es el siguiente:

```
Private Sub LanzarPelota_Click()
  LanzarPelota.Enabled = False
  MoverPelota
  LanzarPelota.Enabled = True
End Sub
```

LanzarPelota_Click primero inhabilita el menú *Lanzar pelota* hasta que el movimiento de la pelota haya finalizado y después invoca al procedimiento *MoverPelota*. Este procedimiento establece el modo de dibujo *vbNotXorPen* (operación *Xor* negada, entre la pluma y el fondo del formulario, porque el fondo es blanco) y efectúa la animación de la pelota. Observe que primero dibuja la pelota en una posición determinada, después introduce un retardo llamando al procedimiento *Retardo* y dibuja la pelota por segunda vez en la misma posición. Esto hace que la pelota se borre, ya que cada vez que se dibuja se está haciendo la operación *Xor* negada entre la pluma y el fondo del formulario. El siguiente paso es dibujar la pelota en la siguiente posición, y así sucesivamente.

```
Private Sub MoverPelota()
  Dim desplazamiento As Integer, ModoDibujoAnterior As Integer
  Dim X As Integer, Y As Integer, radio As Integer

  ' Posición inicial de la pelota
  radio = 15
  Y = ScaleHeight / 2
  X = radio

  ' Animación de la pelota. Si choca contra la barrera rebota.
  desplazamiento = 3 ' positivo = derecha, negativo = izquierda
  ModoDibujoAnterior = DrawMode
  DrawMode = vbNotXorPen ' Not Xor
  ' Mover la pelota por la pantalla
  Do While (X > radio Or desplazamiento = 3)
    DoEvents 'permitir interrumpir la aplicación
    Circle (X, Y), radio ' dibuja pelota
    ' Point da el color de la barrera cuando hay contacto
    If Point(X + radio + 1, Y) = ColorBarrera Then
      desplazamiento = -3
    End If
    Retardo
    Circle (X, Y), radio 'borra pelota
    X = X + desplazamiento
  Loop
  DrawMode = ModoDibujoAnterior ' Not Xor
End Sub

Private Sub Retardo()
  Dim T1 As Single, T2 As Single
  T1 = Timer
  Do
    T2 = Timer
  Loop Until (T2 > T1 + 0.02)
End Sub
```

El efecto exacto de **DrawMode** depende del color de la figura que se dibuja y del color de fondo del formulario. Por ejemplo, el modo de dibujo *vbXorPen* realiza la operación *Xor* de cada píxel que se dibuja con cada píxel del formulario. Si el punto del formulario es negro (todo ceros), la operación *Xor* es el propio punto dibujado; ahora, si el punto del formulario es blanco (todo unos) la operación *Xor* es el punto dibujado, pero negado; en cambio, si en este último caso la operación es *Not Xor*, el resultado es el propio punto.

Observe que mientras la variable *desplazamiento* sea positiva la pelota se mueve hacia la derecha y cuando sea negativa la pelota se mueve hacia la izquierda. Esto es así porque la coordenada X cuando se dibuja la pelota, se ve incrementada o decrementada en el valor de *desplazamiento*.

El método **Point** da como resultado el color RGB de un punto (*X*, *Y*) correspondiente a un formulario o a una caja de imagen. Su sintaxis es:

[*objeto*.]**Point**(*X*, *Y*)

Observe que para saber si la pelota ha llegado a tocar la barrera, cada vez que se dibuja se analiza el color del punto justamente a continuación de la misma. Cuando el color coincida con el color de la barrera, quiere decir que se tiene que producir el rebote de la pelota.

EVENTOS DEL RATÓN

Los formularios y la mayoría de los controles reconocen tres eventos producidos por el ratón:

- **MouseDown**. Ocurre cuando el usuario pulsa cualquier botón.
- **MouseUp**. Ocurre cuando el usuario suelta cualquier botón.
- **MouseMove**. Ocurre cada vez que el usuario mueve el puntero del ratón a una nueva posición.

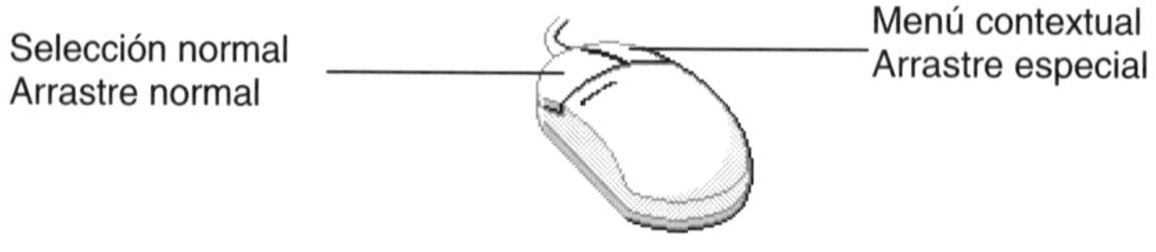

Un formulario reconoce un evento del ratón cuando el puntero del mismo está en una zona en la que no hay ningún control, y un control reconoce un evento del ratón cuando el puntero del ratón está sobre el propio control.

Cuando el usuario hace clic sobre un objeto y mantiene pulsado el botón del ratón, después de que el objeto haya reconocido el evento **MouseDown**, aunque mueva el puntero fuera del objeto, éste continúa reconociendo el evento **MouseMove**, y el evento **MouseUp** cuando suelte el botón del ratón.

Según lo expuesto, el evento **MouseMove** le permitirá modificar durante la ejecución el puntero del ratón, modificando el valor de la propiedad **MousePointer** del objeto. Esta operación puede implementarla también durante el diseño.

Argumentos de los procedimientos del ratón

Los procedimientos conducidos por los eventos **MouseDown**, **MouseUp** y **MouseMove** tienen todos los mismos argumentos: *Button*, botón que da lugar al evento; *Shift*, tecla pulsada o teclas pulsadas (*Shift*, *Ctrl* o *Alt*); *X* e *Y*, coordenadas correspondientes a la posición del puntero del ratón.

```
Private Sub Form_MouseDown(Button As Integer, Shift As Integer, _
                          X As Single, Y As Single)
  Print "Se pulsó un botón del ratón"
End Sub

Private Sub Form_MouseUp(Button As Integer, Shift As Integer, _
                        X As Single, Y As Single)
  Print "Se soltó el botón pulsado del ratón"
End Sub

Private Sub Form_MouseMove(Button As Integer, Shift As Integer, _
                          X As Single, Y As Single)
  Print "El ratón se ha movido"
End Sub
```

Argumento Button

Es un entero cuyos tres bits menos significativos indican el botón que da lugar al evento. Por lo tanto, es un valor entre 0 y 7 relacionado con el evento y con los botones que se hayan pulsado simultáneamente. En la siguiente figura, *I* es el bit correspondiente al botón izquierdo, *D* es el bit correspondiente al botón derecho y *M* es el bit correspondiente al botón del medio. El resto de los bits no se utilizan.

0	0	0	0	0	0	0	0	0	0	0	0	0	M	D	I

Eventos **MouseDown** y **MouseUp**:

Se ha pulsado el botón izquierdo (*Button* = 1)	0	0	1
Se ha pulsado el botón derecho (*Button* = 2)	0	1	0
Se ha pulsado el botón del medio (*Button* = 4)	1	0	0

Para los eventos **MouseDown** y **MouseUp**, solamente un bit del argumento *Button* se pone a 1, el correspondiente al botón que se ha pulsado. Esto quiere decir que es posible saber qué botón fue utilizado, pero no cuántos se pulsaron simultáneamente.

Para saber qué botón fue utilizado o cuántos botones se pulsaron, hay que verificar el valor del argumento *Button* para el evento **MouseMove**. Este valor puede ser, además de los anteriores, uno de los de la tabla siguiente:

Evento **MouseMove**:

No hay botones pulsados (*Button* = 0)	0	0	0
Se pulsaron los botones izquierdo y derecho (*Button* = 3)	0	1	1
Se pulsaron los tres botones (*Button* = 7)	1	1	1

Para determinar qué botón causó el evento **MouseDown** o **MouseUp**, escriba los siguientes procedimientos:

```
Private Sub Form_MouseDown(Button As Integer, Shift As Integer, _
                           X As Single, Y As Single)
  If Button = 1 Then ... ' botón izquierdo
  If Button = 2 Then ... ' botón derecho
  If Button = 4 Then ... ' botón del medio
End Sub

Private Sub Form_MouseUp(Button As Integer, Shift As Integer, _
                         X As Single, Y As Single)
  If Button = 1 Then ... ' botón izquierdo
  If Button = 2 Then ... ' botón derecho
  If Button = 4 Then ... ' botón del medio
End Sub
```

Para determinar si se ha pulsado un solo botón o más de uno, hay que recurrir al evento **MouseMove**. El siguiente procedimiento presenta las combinaciones posibles:

```
Private Sub Form_MouseMove(Button As Integer, Shift As Integer, _
                           X As Single, Y As Single)
  If Button = 0 Then Exit Sub
  If Button = 1 Or Button = 2 Or Button = 4 Then
    If (Button = 1) Then ... ' izquierdo
    If (Button = 2) Then ... ' derecho
    If (Button = 4) Then ... ' medio
  Else
    If (Button And 1) Then ... ' izquierdo y ?
    If (Button And 2) Then ... ' derecho y ?
```

```
    If (Button And 4) Then ... ' medio y ?
    If (Button And 3) = 3 Then ... ' izquierdo y derecho
    If (Button And 7) = 7 Then ... ' izquierdo, derecho y medio
  End If
End Sub
```

Para saber si sólo se pulsó un botón (por ejemplo, el izquierdo), la sentencia tiene que ser similar a la siguiente:

```
If (Button = 1) Then ...
```

Para saber si se pulsó un determinado botón entre otros (por ejemplo, el izquierdo) la sentencia tiene que ser similar a la siguiente:

```
If (Button And 1) Then ...
```

Para saber si se pulsaron los botones izquierdo y derecho, la sentencia tiene que ser la siguiente:

```
If (Button And 3) = 3 Then ...
```

Observe que la sentencia anterior no puede ser sustituida por las sentencias siguientes, ya que los resultados no son los mismos. Para verificarlo suponga que sólo ha pulsado el botón izquierdo (*Button* = 1 = 001_2) y realice la operación **And** a nivel de bits. En todos los casos el resultado es **True**, pero no se han pulsado los botones izquierdo y derecho.

```
If (Button And 3) Then ...
If (Button And 1) And (Button And 3) Then ...
```

Argumento Shift

La utilización del ratón puede ser más diversa cuando se utiliza conjuntamente con las teclas *Shift*, *Ctrl* o *Alt*.

El argumento *Shift* es un entero cuyos tres bits menos significativos indican las teclas pulsadas. Por lo tanto, es un valor entre 0 y 7 relacionado con las teclas que se hayan pulsado simultáneamente. En la siguiente figura, *S* es el bit correspondiente a la tecla *Shift*, *C* es el bit correspondiente a la tecla *Ctrl* y *A* es el bit correspondiente a la tecla *Alt*. El resto de los bits no se utilizan.

0	0	0	0	0	0	0	0	0	0	0	0	0	A	C	S

No hay teclas pulsadas (argumento *Shift* = 0)	0	0	0
Se ha pulsado la tecla *Shift* (argumento *Shift* = 1)	0	0	1
Se ha pulsado la tecla *Ctrl* (argumento *Shift* = 2)	0	1	0
Se ha pulsado la tecla *Alt* (argumento *Shift* = 4)	1	0	0
Se han pulsado las teclas *Ctrl+Shift* (argumento *Shift* = 3)	0	1	1
Se han pulsado las teclas *Alt+Shift* (argumento *Shift* = 5)	1	0	1
Se han pulsado las teclas *Alt+Ctrl* (argumento *Shift* = 6)	1	1	0
Se han pulsado las teclas *Alt+Ctrl+Shift* (arg. *Shift* = 7)	1	1	1

Por ejemplo, para saber si conjuntamente con el botón izquierdo del ratón se ha pulsado la tecla *Alt*, la sentencia adecuada es:

```
If Button = 1 And Shift = 4 Then ...
```

El estudio para saber si se ha pulsado una o más teclas, es similar al realizado para los botones.

Argumentos X, Y

Los argumentos *X* e *Y* se corresponden con las coordenadas del puntero del ratón referidas al objeto para el que se da el evento.

Como ejemplo, vamos a modificar la aplicación *cuadrícula* anterior con la intención de añadir a la caja de imagen un cursor formado por una línea vertical.

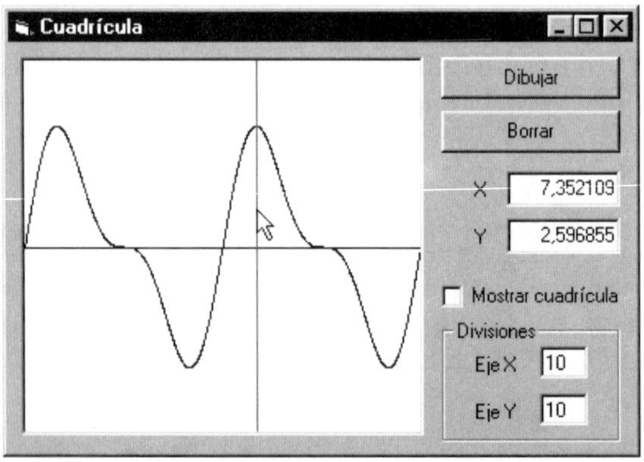

Dicho cursor se desplazará a lo largo del eje *x* conjuntamente con el cursor del ratón. La idea es visualizar el valor de *y* correspondiente al valor de *x* de la posición del cursor del ratón, según se puede observar en la figura siguiente. Para ello, añada al formulario los controles de la tabla siguiente:

Objeto	Propiedad	Valor
Control **Shape** (línea vertical colocada en cualquier posición)	Name BackColor Visible Width	Cursor fucsia claro False 15
Etiqueta	Caption	X
Caja de texto	Name Alignment Text	ValorX 1 (nada)
Etiqueta	Caption	X
Caja de texto	Name Alignment Text	ValorY 1 (nada)

Supongamos que la aplicación está en ejecución y muestra en su caja de imagen la curva $y = f(x)$. Cuando el usuario haga clic pulsando el botón izquierdo del ratón en una posición determinada de la caja de imagen, tiene que visualizarse el objeto *Cursor*. Para ello, edite el procedimiento conducido por el evento **MouseDown** de la caja de imagen:

```
Private Sub Picture1_MouseDown(Button As Integer, Shift As Integer, _
                               x As Single, y As Single)
  If Button = 1 Then
    Cursor.Move x, Cursor.Top
    Cursor.Visible = True
  End If
End Sub
```

Cuando el usuario desplace el cursor del ratón manteniendo pulsado el botón izquierdo del mismo, el objeto *Cursor* debe desplazarse conjuntamente a la misma posición. Simultáneamente, las cajas de texto *ValorX* y *ValorY* deben mostrar el valor de *x* de la posición del cursor y el valor correspondiente de *y* resultante de evaluar la función. Lógicamente este proceso se realizará en el procedimiento conducido por el evento **MouseMove** de la caja de imagen:

```
Private Sub Picture1_MouseMove(Button As Integer, Shift As Integer, _
                               x As Single, y As Single)
  If Button <> 1 Then Exit Sub
  Cursor.Move x, Cursor.Top
```

```
    ValorX.Text = Format(x, "###0.000000")
    y = 2 * Sin(x) + Sin(2 * x)
    ValorY.Text = Format(y, "###0.000000")
    btCuadricula_Click
End Sub
```

Observe que un movimiento rápido del ratón genera saltos más grandes que si lo mueve más lentamente. Esto quiere decir que Visual Basic no genera necesariamente un evento **MouseMove** por cada unidad de medida, sino que genera un número limitado de eventos por segundo.

Finalmente, cuando el usuario suelte el botón izquierdo del ratón el objeto *Cursor* se ocultará. Para ello edite el procedimiento conducido por el evento **MouseUp** de la caja de imagen así:

```
Private Sub Picture1_MouseUp(Button As Integer, Shift As Integer, _
                             x As Single, y As Single)
  If Button = 1 Then
    Cursor.Visible = False
    btCuadricula_Click
  End If
End Sub
```

Adicionalmente, tanto el procedimiento *Picture1_MouseMove* como *Picture1_MouseUp* invocan al procedimiento *btCuadricula_Click* para restaurar la cuadrícula si es que está visible.

EJEMPLO DE UN TABLERO DE DIBUJO

Vamos a desarrollar una aplicación que se comporte como un tablero de dibujo. Dicha aplicación mostrará una ventana con una barra de menús, una barra de herramientas y una barra de estado para mostrar los valores *X*, *Y* correspondientes a las coordenadas de la posición actual del puntero del ratón.

La barra de menús tiene los menús: *Archivo*, *Ver*, *Dibujar* y *Ayuda*. El menú *Archivo* consta de dos órdenes: *Nuevo* y *Salir*. La orden *Nuevo* limpia la pantalla para iniciar un nuevo dibujo, y la orden *Salir* finaliza una sesión de trabajo. El menú *Ver* consta de dos órdenes: *Barra de herramientas* y *Barra de estado*, cada una de ellas permiten visualizar u ocultar la barra a la que hacen mención. El menú *Dibujar* tiene una orden por cada herramienta de dibujo que a continuación describimos. Y el menú *Ayuda* consta de dos órdenes: *Instrucciones...* y *Acerca de*. La orden *Instrucciones* visualiza una ventana que presenta en una caja de texto multilínea las instrucciones para manejar el tablero de dibujo, y la orden *Acerca de* visualiza una caja de diálogo con información acerca de la aplicación.

La caja de herramientas consta de las herramientas: dibujar a mano alzada, dibujar líneas, dibujar rectángulos o cuadrados, dibujar elipses o círculos, dibujar rectángulos o cuadrados coloreados, dibujar elipses o círculos coloreados, rellenar un área de color, escribir texto y elegir un color. El cursor del ratón será una cruz sobre el área de cliente y una flecha fuera de ella.

Para *dibujar a mano alzada*, primero haga clic sobre esta herramienta. A continuación sitúe el cursor en la posición del área de cliente donde desea comenzar a dibujar y pulse el botón izquierdo del ratón; con este botón pulsado, arrastre en la dirección deseada. Para finalizar, suelte el botón.

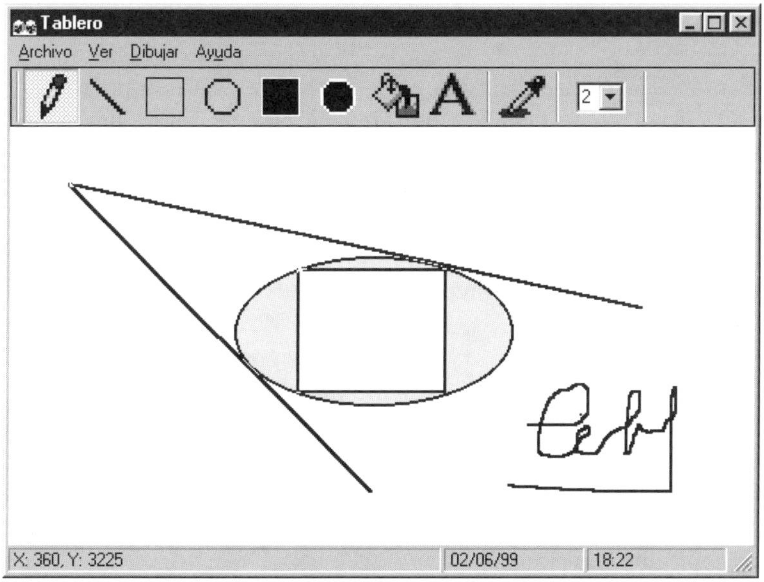

Para *dibujar líneas*, primero haga clic sobre esta herramienta. A continuación sitúe el cursor en la posición del área de cliente donde desea que comience la línea, pulse el botón izquierdo del ratón y con él pulsado mueva el ratón en la dirección deseada hasta dejar la línea con la longitud e inclinación requeridas. Para finalizar, suelte el botón.

Para *dibujar cajas*, rellenas o no de color, primero haga clic sobre esta herramienta. A continuación sitúe el cursor en la posición del área de cliente donde desea situar la esquina superior izquierda de la caja, pulse el botón izquierdo del ratón y con él pulsado mueva el ratón en la dirección deseada hasta dibujar la caja. Para dibujar un cuadrado perfecto, pulse al mismo tiempo la tecla *Ctrl*. Para finalizar, suelte el botón.

Para *dibujar círculos o elipses* rellenas o no de color, primero haga clic sobre esta herramienta. A continuación sitúe el cursor en la posición del área de cliente donde desea situar la elipse o el círculo, pulse el botón izquierdo del ratón y con él pulsado mueva el ratón en la dirección deseada hasta dibujar la elipse. Si quiere asegurarse de que lo que dibuja es un círculo, pulse al mismo tiempo la tecla *Ctrl*. Para finalizar, suelte el botón.

Para *rellenar un área de color*, primero haga clic sobre esta herramienta. A continuación sitúe el cursor dentro del área que desea colorear y pulse el botón izquierdo del ratón.

Para *elegir un color*, primero haga clic sobre esta herramienta. A continuación sitúe el cursor en el color deseado de la paleta de colores y pulse el botón izquierdo del ratón.

Para *escribir texto*, primero haga clic sobre esta herramienta. A continuación sitúe el cursor en la posición del área de cliente donde desea que comience el texto, pulse el botón izquierdo del ratón y escriba el texto.

Inicialmente, la utilidad por omisión es la de *dibujar a mano alzada*. Posteriormente, la elección de cualquier otra herramienta cancela la anteriormente seleccionada. Si hace clic sobre el botón que está pulsado, no se ejecutará ninguna acción.

Para empezar, ejecute el *Asistente para aplicaciones de VB* y cree el esqueleto para una nueva aplicación SDI (interfaz de un único documento) denominada *Tablero*. El asistente le permitirá añadir la barra de menús descrita anteriormente, la barra de herramientas, la barra de estado y el diálogo *Acerca de*. Si no quiere utilizarlo, puede realizar todo este trabajo aplicando los conocimientos aprendidos en los capítulos anteriores.

Recuerde que para diseñar la barra de herramientas necesita previamente crear los ficheros *.ico* que proporcionarán las imágenes para los botones de la misma y que serán almacenadas en la lista de imágenes vinculada con dicha barra de herramientas.

Personalice la caja de diálogo *Acerca de*. Después, añada un nuevo formulario de nombre *frmInstr* y de título *Instrucciones*. Coloque sobre él una caja de texto multilínea *Text1* con una barra de desplazamiento vertical y su propiedad **Locked** a valor **True** para que el texto del control se pueda desplazar y resaltar pero no se pueda modificar. Este formulario será visualizado cuando el usuario haga clic en la orden *Instrucciones* del menú *Ayuda*:

```
Private Sub menuAyudaInstr_Click()
  frmInstr.Show
End Sub
```

Cree un fichero de texto *tablero.txt* con las instrucciones que el usuario debe seguir para trabajar con la aplicación. El texto de este fichero será visualizado en la caja de texto multilínea *Text1* cuando se cargue el formulario *frmInstr*:

```
Private Sub Form_Load()
  ' El código siguiente exige seleccionar "Microsoft Scripting
  ' Runtime" en el diálogo Referencias.

  ' Objeto sistema de ficheros
  Dim osf As FileSystemObject
  Set osf = New FileSystemObject

  ' Abrir el fichero para leer
  Dim FichTxt As TextStream
  Set FichTxt = osf.OpenTextFile(App.Path & "\tablero.txt", ForReading)
  ' Leer el texto del fichero
  frmInstr!Text1.Text = FichTxt.ReadAll()

  ' Cerrar el fichero
  FichTxt.Close
End Sub
```

El siguiente procedimiento, asociado con la orden *Nuevo*, da lugar a que cuando el usuario ejecute dicha orden, se limpie el área de dibujo:

```
Private Sub menuArchivoNuevo_Click()
  ' Limpiar el área de dibujo
  Cls
End Sub
```

El procedimiento que se muestra a continuación, asociado con la orden *Salir*, permite al usuario finalizar la aplicación:

```
Private Sub menuArchivoSalir_Click()
  ' Descargar el formulario
  Unload Me
End Sub
```

Las órdenes *Barra de herramientas* y *Barra de estado* del menú *Ver* de forma predeterminada visualizan las respectivas barras, por lo que inicialmente aparecen señaladas. Un clic en cualquiera de estas órdenes alternará entre los estados visible y no visible de las barras y señalado o no señalado de la orden respectiva.

```
Private Sub menuVerBarraHerramientas_Click()
  menuVerBarraHerramientas.Checked = Not menuVerBarraHerramientas.Checked
  BarraDeHerramientas.Visible = menuVerBarraHerramientas.Checked
End Sub
```

```
Private Sub menuVerBarraEstado_Click()
  menuVerBarraEstado.Checked = Not menuVerBarraEstado.Checked
  BarraDeEstado.Visible = menuVerBarraEstado.Checked
End Sub
```

En este instante tenemos una aplicación con una barra de herramientas, una barra de estado y una barra de menús totalmente operativas, a falta de escribir el código para que las órdenes del menú *Dibujar* y los botones correspondientes de la barra de herramientas realicen la función que tienen encomendada.

En resumen, la aplicación debe cumplir las siguientes características:

- Mostrará en todo momento las coordenadas (*x*, *y*) del cursor del ratón en la barra de estado.
- Cuando el usuario apunte a una determinada posición y pulse el botón izquierdo del ratón, las coordenadas (*x*, *y*) correspondientes a la posición elegida se guardan en (*CX*, *CY*). También (*x*, *y*) pasarán a ser las coordenadas actuales (**CurrentX**, **CurrentY**). Las **CurrentX**, **CurrentY** (posición actual) son establecidas automáticamente por los métodos gráficos.
- Cuando el usuario arrastre el ratón manteniendo pulsado el botón izquierdo, realizará un dibujo continuo.
- Cuando el usuario pulse el botón derecho del ratón, se dibujará una recta desde las coordenadas (*CX*, *CY*) a la posición señalada.

Nuestro primer paso va a ser preparar la barra de estado para que visualice las coordenadas (*x*, *y*) del cursor del ratón. Para ello, añada el procedimiento conducido por el evento **MouseMove** desencadenado por el formulario y edítelo como se indica a continuación:

```
Private Sub Form_MouseMove(Button As Integer, Shift As Integer, _
                           X As Single, Y As Single)
  ' Mostrar en la barra de estado las coordenadas X, Y del ratón
  If menuVerBarraHerramientas.Checked Then
    BarraDeEstado.Panels(1).Text = "X: " & X & ", Y: " & _
                                   Y - BarraDeHerramientas.Height
  Else
    BarraDeEstado.Panels(1).Text = "X: " & X & ", Y: " & Y
  End If
End Sub
```

El siguiente paso es añadir el código necesario para que nuestra aplicación realice las operaciones gráficas especificadas anteriormente. Primeramente vamos a hacer que el botón seleccionado en la barra de herramientas permanezca pulsado hasta que se pulse cualquier otro botón, instante en el que el botón pulsado volverá automáticamente a su posición normal (sin pulsar). Para conseguir esta forma de trabajo, visualice el diálogo *Páginas de propiedades* de la barra de herramientas y asigne a la propiedad **Style** de cada uno de los botones el valor 2 (*tbrButtonGroup*), excepto a la del último botón, utilizado para mostrar la caja de diálogo color con el fin de cambiar el color de la pluma de dibujo.

Los botones que tienen el estilo *tbrButtonGroup* deben estar agrupados. Para ello, se recomienda situar todos esos botones entre dos botones con el estilo *tbrSeparator*.

Ahora ya tenemos en marcha la barra de herramientas y hay que saber que la propiedad **Value** de un botón vale 1 cuando está pulsado, y 0 en otro caso.

Iniciación

Para continuar, defina a nivel del formulario (*(General)*) las variables que se indican a continuación, y que explicaremos según aparezcan:

```
Private CX As Single, CY As Single
Private PrimeraVez As Boolean
```

Cuando se arranque la aplicación, deseamos que el color de fondo del tablero sea blanco y el color del primer plano (dibujo) negro. También aparecerá como opción por omisión, dibujar a mano alzada. El procedimiento *Form_Load* escrito a continuación realiza estas operaciones. Para conseguir que el botón de dibujo a mano alzada aparezca inicialmente pulsado, asignamos a su propiedad **Value** el valor *tbrPressed*.

```
Private Sub Form_Load()
  ForeColor = RGB(0, 0, 0)         ' negro
  BackColor = RGB(255, 255, 255)   ' blanco
  DrawWidth = 2                    ' anchura del lápiz
  BarraDeHerramientas.Buttons("lapiz").Value = tbrPressed
End Sub
```

Cambiar el puntero del ratón

Para dibujar sobre el formulario vamos a utilizar el cursor +. La operación de cambiar el puntero del ratón que se visualiza cuando dicho ratón se sitúa sobre un área determinada de un objeto se puede realizar también, si se prefiere, durante el diseño. Para ello, seleccione su propiedad **MousePointer** y asígnela un valor de los predefinidos. Si quiere asignar un puntero personalizado, asigne el valor 99 (*Custom*) a esta propiedad y a la propiedad **MouseIcon** el fichero *.ico* que contiene la imagen del puntero del ratón. Nosotros realizaremos el cambio de puntero durante la ejecución, justo cuando se inicie la aplicación. Para ello, añada al procedimiento *Form_Load* anterior la siguiente línea:

```
MousePointer = ccCross ' puntero en cruz
```

Si ejecuta ahora la aplicación observará que el puntero del ratón seleccionado para el formulario ha pasado a ser el predeterminado para todos los controles que están sobre el mismo. Pero, lo que queremos es que el puntero del ratón sea la flecha (*ccArrow*) para todos los controles que hay sobre el formulario. Para conseguirlo tenemos dos opciones, cambiarlo cuando se ejecute el procedimiento conducido por el evento **MouseMove** para ese objeto, o bien cambiarlo durante el diseño. En nuestro caso, lo estableceremos durante el diseño asignando a la propiedad **MousePointer** el valor 1 (*ccArrow*). Si optáramos por escribir el procedimiento mencionado, por ejemplo, para la barra de herramientas, sería así:

```
Private Sub BarraDeHerramientas_MouseMove(Button As Integer, _
                       Shift As Integer, X As Single, Y As Single)
  BarraDeHerramientas.MousePointer = ccArrow
End Sub
```

Dibujar gráficos

Lo primero que vamos a hacer antes de empezar a desarrollar cada una de las herramientas de dibujo es implementar la selección del color con el que se desee dibujar; esto es, elegir el color de la pluma de dibujo, que a su vez será el color con el que se rellenen las figuras y el color del texto.

En definitiva, lo que se pretende es que cuando el usuario haga clic en la herramienta *Color* se visualice una paleta con todos los colores posibles. A continuación, haciendo clic en uno de ellos, el color quedará seleccionado para dibujar, para colorear figuras y como color del texto. Para llevar a cabo el proceso descrito añada el siguiente código en el procedimiento conducido por el evento **ButtonClick** de la barra de herramientas:

```
Private Sub BarraDeHerramientas_ButtonClick(ByVal Button As _
                                           MSComctlLib.Button)
  On Error Resume Next
  Select Case Button.Key
    ' ...
    Case "color"
      ' Establecer el indicador para fijar el color por omisión
      CommonDialog1.Color = RGB(0, 0, 0) ' negro
```

```
      CommonDialog1.Flags = cdlCCRGBInit
      ' Visualizar la caja de diálogo
      CommonDialog1.ShowColor
      ' Establecer el color del primer plano del formulario
      ForeColor = CommonDialog1.Color
  End Select
End Sub
```

El paso siguiente es dibujar. Una vez que el usuario haya elegido la herramienta deseada de la caja de herramientas, lo primero que hará será situar el puntero del ratón en el lugar dentro del formulario donde desee comenzar el dibujo y pulsar el botón izquierdo. Esto hace que se genere el evento **MouseDown**. El procedimiento que responde a este evento tiene que almacenar las coordenadas actuales del puntero del ratón, en las variables *CX* y *CY* y en las propiedades **CurrentX** y **CurrentY**. También es necesario, como veremos más adelante al explicar la rutina de dibujar, poner la variable *PrimeraVez* a **True**:

```
Private Sub Form_MouseDown(Button As Integer, Shift As Integer, _
                           X As Single, Y As Single)
  If Button = 1 Then
    CX = X: CurrentX = X
    CY = Y: CurrentY = Y
    PrimeraVez = True
  End If
End Sub
```

Para realizar un dibujo, el usuario arrastrará el ratón con el botón izquierdo pulsado, lo que hace que se genere el evento **MouseMove**. La respuesta a este evento es la ejecución del procedimiento *Form_MouseMove*.

El código que se presenta a continuación realiza las operaciones enunciadas al principio de la exposición de esta aplicación y las rutinas correspondientes a cada uno de los botones de la barra de herramientas. Es importante que recuerde que los objetos no son persistentes. Para que lo fueran habría que asignar a la propiedad **AutoRedraw** el valor **True**; las ventajas e inconvenientes de esta forma de proceder ya ha sido ampliamente expuesta anteriormente. Recuerde también la función de las propiedades **CurrentX** y **CurrentY** con cada método gráfico.

El proceso de dibujar comienza cuando el botón izquierdo del ratón se mantiene pulsado. Si además está pulsado el botón de la barra de herramientas de dibujar a mano alzada, se realizará esta función al arrastrar el ratón. Si está pulsado el botón de dibujar líneas, cajas o elipses, es necesario que cada una de sus rutinas asociadas permita variar la figura que estamos dibujando hasta obtener la que deseamos, momento en que soltaremos el botón izquierdo del ratón. Este efecto se consigue utilizando el modo de dibujo *Not Xor* (*DrawMode = vbNotXorPen*). Este modo de dibujo realiza la operación booleana siguiente:

Destino	*Pluma*	*(Destino Not Xor Pluma)*
0	0	1
0	1	0
1	0	0
1	1	1

La tabla anterior indica que si el formulario sobre el que se dibuja (el destino) es de color blanco (todo unos), el color del dibujo es el color de la pluma, característica que utilizaremos para dibujar. En cambio, si el destino es de color negro, el color del dibujo es el color inverso de la pluma (en cuanto a 0 y 1 se refiere), característica que utilizaremos para borrar un dibujo existente; esto es, si el dibujo es negro sobre fondo blanco y lo dibujamos de nuevo con una pluma negra, borramos el dibujo (resultado blanco). En general diremos que un uno (1) en el destino se transforma en el bit correspondiente de la pluma (pintar) y un cero (0) en el destino se invierte con respecto al bit correspondiente de la pluma (borrar).

En resumen, el efecto de variar una figura dinámicamente se consigue borrando la figura existente y dibujando una nueva. Una figura existente queda definida por las coordenadas (*CX*, *CY*) y (**CurrentX**, **CurrentY**). Una elipse o círculo existente queda definida/o por las coordenadas (*CX*, *CY*) y por las variables *Radio* y *Aspecto*. Como estas variables son estáticas, conservan su valor de una vez para la siguiente. En las figuras nuevas, además del punto inicial (*CX*, *CY*), interviene el punto actual (*X*, *Y*). Por ejemplo:

```
Line (CX, CY)-(CurrentX, CurrentY) ' borrar línea
Line (CX, CY)-(X, Y)               ' dibujar nueva línea
```

El código del procedimiento *Form_MouseMove* que se presenta a continuación, de forma resumida, realiza las siguientes operaciones:

- Comprueba si se ha pulsado el botón izquierdo del ratón, en cuyo caso dibuja.

- Obtiene el contexto de dispositivo del área de trabajo.

- Establece el modo de dibujo *vbNotXorPen*.

- Cuando la figura a dibujar sea un rectángulo o un círculo se comprueba si se ha pulsado la tecla *Ctrl*, en cuyo caso se hace que ambas distancias, *CX* - *X* y *CY* - *Y* sean iguales a la mayor en valor absoluto, obteniendo así cuadrados o círculos. Para ello, se invoca al procedimiento *AnchoIgualAlto* perteneciente al módulo *Tablero.bas*. No comentaremos este procedimiento porque no tiene interés para lo que estamos exponiendo. Si lo desea, puede verlo en el disco que acompaña al libro.

- Se ejecuta la rutina de dibujo correspondiente al botón pulsado. El botón pulsado lo indica la propiedad **Value** del objeto **Button**.

- La primera vez que se invoca al método gráfico que hay en cada rutina de dibujo no se ejecuta ninguna acción de borrar, porque no hay nada dibujado (variable *PrimeraVez* a valor **True**). Cuando se dibuja una línea o una caja, automáticamente las coordenadas finales (*X*, *Y*) pasan a almacenarse en las propiedades (**CurrentX**, **CurrentY**):

- Una vez finalizado el dibujo, se restaura el modo de dibujo utilizado de forma predeterminada (*vbCopyPen*).

```
Private Sub Form_MouseMove(Button As Integer, Shift As Integer, _
                          X As Single, Y As Single)
  ' Mostrar en la barra de estado las coordenadas X, Y del ratón
  If menuVerBarraHerramientas.Checked Then
    BarraDeEstado.Panels(1).Text = "X: " & X & ", Y: " & _
                                   Y - BarraDeHerramientas.Height
  Else
    BarraDeEstado.Panels(1).Text = "X: " & X & ", Y: " & Y
  End If

  ' Si se ha pulsado botón izquierdo, dibujar
  If Button = 1 Then
    ' Dibujar a mano alzada
    If BarraDeHerramientas.Buttons("lapiz").Value Then
      Line -(X, Y)
      Exit Sub
    End If

    ' Modo de dibujo
    DrawMode = vbNotXorPen  ' Not Xor

    ' Si se ha pulsado la tecla Ctrl se dibujarán
    ' cuadrados y círculos
    If Shift = vbCtrlMask Then
      AnchoIgualAlto CX, CY, X, Y
    End If

    ' Dibujar líneas
    If BarraDeHerramientas.Buttons("linea").Value Then
      ' Borrar la línea anterior
      If Not PrimeraVez Then Line (CX, CY)-(CurrentX, CurrentY)
      ' Dibujar una nueva línea
      Line (CX, CY)-(X, Y)
```

```
    ' Dibujar cajas
    ElseIf BarraDeHerramientas.Buttons("caja").Value Then
      ' Borrar la caja anterior
      If Not PrimeraVez Then Line (CX, CY)-(CurrentX, CurrentY), , B
      Line (CX, CY)-(X, Y), , B

    ' Dibujar elipses o elipses de color.
    ' Observe el método BarraDeHerramientas_ButtonClick
    ElseIf BarraDeHerramientas.Buttons("elipse").Value Or _
         BarraDeHerramientas.Buttons("elipsec").Value Then
      ' Radio y Aspecto son variables estáticas
      Static Radio As Single, Aspecto As Single
      If Not PrimeraVez Then
        Circle (CX, CY), Radio, , , , Aspecto ' borrar
      Else
        Radio = 0: Aspecto = 1
      End If
      ' Calcular el radio (mayor eje de la elipse)
      If Abs(CX - X) > Abs(CY - Y) Then
        Radio = Abs(CX - X)
      Else
        Radio = Abs(CY - Y)
      End If
      If (CX - X) <> 0 Then
        ' Aspecto será 1 si Ctrl está pulsada
        Aspecto = Abs(CY - Y) / Abs(CX - X)
      End If
      Circle (CX, CY), Radio, , , , Aspecto

    ' Dibujar cajas de color
    ElseIf BarraDeHerramientas.Buttons("cajac").Value Then
      ' Borrar la caja anterior
      If Not PrimeraVez Then Line (CX, CY)-(CurrentX, CurrentY), , BF
      Line (CX, CY)-(X, Y), , BF
    End If
  End If
  PrimeraVez = False
  ' Restaurar el modo de dibujo predeterminado
  DrawMode = vbCopyPen
End Sub
```

Recuerde que para rellenar de color un rectángulo o una elipse es necesario establecer las propiedades **FillStyle** y **FillColor**. Por lo tanto, edite el procedimiento *BarraDeHerramientas_ButtonClick* como se indica a continuación. El color elegido para rellenar la figura es el mismo que el color de la pluma utilizada para pintar el borde de la figura. Recuerde también que cuando el valor de la propiedad **FillStyle** es *vbFSTransparent* la propiedad **FillColor** es ignorada.

```
Private Sub BarraDeHerramientas_ButtonClick(ByVal Button As _
                                             MSComctlLib.Button)
  On Error Resume Next
  Select Case Button.Key
    Case "lapiz", "linea", "caja", "elipse", "texto"
      FillStyle = vbFSTransparent
    Case "cajac", "elipsec"
      FillStyle = vbFSSolid ' color sólido
      FillColor = ForeColor ' color de relleno
    Case "rellenar"
      ' ...
  End Select
End Sub
```

Rellenar un área de color

Para rellenar en nuestra aplicación un área de color (cualquier área del dibujo delimitada por líneas o por superficies de otro color) seguiremos el siguiente proceso: primero elegiremos el color, después haremos clic en el botón *Rellenar con color*, situaremos el cursor dentro del área que se desea colorear y pulsaremos el botón derecho del ratón. En general, podremos elegir cualquier botón con cualquiera de los eventos, pulsar o soltar el botón.

```
Private Sub Form_MouseDown(Button As Integer, Shift As Integer, _
                           X As Single, Y As Single)
  If Button = 1 Then ' se pulsó el botón izquierdo
    CX = X: CurrentX = X
    CY = Y: CurrentY = Y
    PrimeraVez = True
  ElseIf Button = 2 Then ' se pulsó el botón derecho
    Dim vr As Long
    If BarraDeHerramientas.Buttons("rellenar").Value Then
      X = ScaleX(X, ScaleMode, vbPixels)
      Y = ScaleX(Y, ScaleMode, vbPixels)
      vr = ExtFloodFill(fMainForm.hdc, X, Y, Point(X, Y), FLOODFILLSURFACE)
    End If
  End If
End Sub
```

Observará en el código anterior que para rellenar una superficie de color hemos invocado a la función **ExtFloodFill**. Esta función pertenece a la API de Windows y tiene la sintaxis siguiente:

```
Private Declare Function ExtFloodFill Lib "gdi32" ( _
         ByVal hdc As Long, ByVal X As Long, ByVal Y As Long, _
         ByVal crColor As Long, ByVal wFillType As Long) As Long
```

El primer parámetro de esta función, *hdc*, es el controlador del contexto de dispositivo sobre el que vamos a pintar (propiedad **hDC** del contenedor; en nuestro caso del formulario). El parámetro *wFillType* permite especificar el tipo de relleno. La función devuelve un valor distinto de cero si se ejecuta satisfactoriamente; en otro caso devuelve cero.

Si el tipo de relleno es *FLOODFILLSURFACE* (valor 1), la zona a colorear comienza en el punto (*X*, *Y*) especificado y continúa en todas las direcciones llenando un área que tiene por color el especificado por *crColor* y limitada por cualquier otro color. Es útil para rellenar áreas delimitadas por múltiples colores:

```
vr = ExtFloodFill(fMainForm.hdc, X, Y, Point(X, Y), FLOODFILLSURFACE)
```

Si el tipo de relleno es *FLOODFILLBORDER* (valor 0), la zona a colorear comienza en el punto (*X*, *Y*) expresado en píxeles y avanza en todas las direcciones hasta encontrar el color especificado por *crColor*:

```
vr = ExtFloodFill(fMainForm.hdc, X, Y, ForeColor, FLOODFILLBORDER)
```

Para invocar una función de la API de Windows, utilice la sentencia **Declare** para declararla previamente a nivel del módulo, como muestra el ejemplo anterior. Para obtener la declaración de una determinada función de la API utilice el complemento *Visor de API* suministrado con Visual Basic.

Igual que sucedía con los rectángulos y con las elipses, para rellenar de color una superficie es necesario establecer las propiedades **FillStyle** y **FillColor**.

```
Private Sub BarraDeHerramientas_ButtonClick(ByVal Button As _
                                          MSComctlLib.Button)
  On Error Resume Next
  Select Case Button.Key
    Case "lapiz", "linea", "caja", "elipse", "texto"
      FillStyle = vbFSTransparent
    Case "cajac", "elipsec", "rellenar"
      FillStyle = vbFSSolid ' color sólido
      FillColor = ForeColor ' color de relleno
    Case "color"
      ' Establecer el indicador para fijar el color por omisión
      CommonDialog1.Color = RGB(0, 0, 0) ' negro
      CommonDialog1.Flags = cdlCCRGBInit
      ' Visualizar la caja de diálogo
      CommonDialog1.ShowColor
      ' Establecer el color del primer plano del formulario
      ForeColor = CommonDialog1.Color
      If BarraDeHerramientas.Buttons("rellenar").Value Then
        FillStyle = vbFSSolid ' color sólido
        FillColor = ForeColor ' color de relleno
```

```
    End If
  End Select
End Sub
```

En nuestro ejemplo, si hubiéramos utilizado el botón izquierdo no obtendríamos un resultado satisfactorio por el punto de color que se pinta inicialmente.

Dibujar texto

Para escribir texto, hay que pulsar el botón *Texto* de la caja de herramientas, hacer clic en el punto donde se desee comenzar y escribirlo. El texto tecleado será enviado al formulario por medio del método **Print**.

Para mostrar el texto sobre el formulario escribiremos el código en el procedimiento que responda al evento **KeyPress** desencadenado por él. Por lo tanto, añada a este procedimiento y edítelo como se indica a continuación:

```
Private Sub Form_KeyPress(KeyAscii As Integer)
  If BarraDeHerramientas.Buttons("texto").Value Then
    Print Chr(KeyAscii);
  End If
End Sub
```

Cuando **Print** escribe una expresión, ésta es finalizada con un retorno de carro. En este instante, la propiedad **CurrentX** es puesta a cero y la propiedad **CurrentY** es incrementada en la altura definida por **TextHeight**. Si a continuación de la expresión colocamos un punto y coma, una vez escrita la misma no se produce un retorno de carro. En este caso, la propiedad **CurrentX** es incrementada en el valor **TextWidth** y la propiedad **CurrentY** no cambia.

Precisamente, las coordenadas (**CurrentX**, **CurrentY**) para el primer carácter fueron fijadas por el procedimiento *Form_MouseDown* al hacer clic en el punto donde se deseaba que comenzara el texto.

Modificar la anchura de la pluma

Finalmente vamos a añadir a la barra de herramientas una lista desplegable que permita modificar la anchura de la pluma de dibujar.

Para ello, añada al final de la barra de herramientas un separador y un nuevo botón con estilo *tbrPlaceholder*. Recuerde que un objeto **Button** con este estilo actúa como un contenedor para otros controles. A continuación, asígnele una anchura suficiente (propiedad **Width**) para colocar una lista desplegable, según muestra la figura siguiente:

Después de añadir la lista desplegable, asigne a su propiedad **List**, durante el diseño, los valores 1, 2, 3, y 4, y a su propiedad **MouseIcon** el valor 1 (puntero en forma de flecha).

Utilizar un objeto **Button** estilo *tbrPlaceholder* es útil para alinear y dar tamaño al control cuando se cambia el tamaño del formulario, según muestra el procedimiento escrito a continuación:

```
Private Sub Form_Resize()
  With BarraDeHerramientas.Buttons("controles")
    Combo1.Move .Left + 130, .Top + 130, Combo1.Width
    Combo1.ZOrder 0 ' traer al frente
  End With
End Sub
```

El método **ZOrder** trae al frente (argumento cero) o envía al fondo (argumento 1) según el orden Z, el objeto para el que es invocado. El orden Z determina la posición de un objeto en una pila de objetos. **ZOrder** organiza los objetos solamente dentro de la capa o nivel donde se presenta el objeto.

Cada vez que el usuario seleccione un valor de la lista se desencadenará el evento **Click**. Añada, por lo tanto, el controlador de este evento para que asigne a la propiedad **DrawWidth** del formulario el valor seleccionado:

```
Private Sub Combo1_Click()
  fMainForm.DrawWidth = Combo1.List(Combo1.ListIndex)
End Sub
```

Pruebe ahora el funcionamiento de la aplicación. Todo marcha bien excepto que no se puede escribir texto. Esto es así porque cuando un formulario no tiene controles visibles y habilitados, acepta automáticamente todos los eventos de teclado; pero cuando tiene controles visibles o habilitados los eventos de teclado son desencadenados por los controles. Por lo tanto, el control que ha añadido hace que los eventos de teclado no ocurran en el formulario.

Para que los eventos de teclado sean controlados sólo a nivel del formulario y no permitir que sus controles los reciban, haga lo siguiente:

1. Asigne a su propiedad **KeyPreview** el valor **True**.

2. En el procedimiento que responde al evento **KeyPress** del formulario asigne a *KeyAscii* el valor cero y/o en el procedimiento que responde al evento **KeyDown** asigne a *KeyCode* también cero.

```
Private Sub Form_KeyPress(KeyAscii As Integer)
  If BarraDeHerramientas.Buttons("texto").Value Then
    Print Chr(KeyAscii);
    KeyAscii = 0
  End If
End Sub
```

Menú Dibujar

Para finalizar la aplicación vamos a escribir los procedimientos asociados con cada una de las órdenes del menú *Dibujar*. Cada una de estas órdenes simplemente tiene que llamar al procedimiento *BarraDeHerramientas_ButtonClick* simulando haber pulsado el botón correspondiente de la barra de herramientas. Por ejemplo, el procedimiento asociado con la orden *Dibujar a mano alzada* será así:

```
Private Sub menuDibujarManoAlzada_Click()
  Dim Botón As Button
  Set Botón = BarraDeHerramientas.Buttons("lapiz")
  Botón.Value = tbrPressed
  BarraDeHerramientas_ButtonClick Botón
End Sub
```

El procedimiento anterior declara una variable *Botón* de tipo **Button**, le asigna una referencia al botón correspondiente de la barra de herramientas, pone el botón referenciado en estado de pulsado y llama al procedimiento *BarraDeHerramientas_ButtonClick* pasando como argumento la referencia al botón.

Como el proceso descrito se va a repetir para todas las órdenes del menú *Dibujar*, para simplificar vamos a hacer que dichas órdenes formen una matriz de controles denominada *menuDibujarGrafico*. Según esto el procedimiento común para las órdenes de este menú sería el siguiente:

```
Private Sub menuDibujarGrafico_Click(Index As Integer)
  Dim Botón As Button, claveBoton As String

  Select Case Index
    Case 0
      claveBoton = "lapiz"
    Case 1
      claveBoton = "linea"
    Case 2
      claveBoton = "caja"
```

```
      Case 3
        claveBoton = "elipse"
      Case 4
        claveBoton = "cajac"
      Case 5
        claveBoton = "elipsec"
      Case 6
        claveBoton = "rellenar"
      Case 7
        claveBoton = "texto"
      Case 8
        claveBoton = "color"
    End Select

    Set Botón = BarraDeHerramientas.Buttons(claveBoton)
    If claveBoton <> "color" Then Botón.Value = tbrPressed
    BarraDeHerramientas_ButtonClick Botón
  End Sub
```

CAPÍTULO 8

ARRASTRAR CONTROLES Y DATOS

Cuando estamos diseñando una aplicación Visual Basic, a menudo seleccionamos un control y lo arrastramos a una determinada posición. Esta característica puede ser puesta a disposición del usuario de una aplicación durante la ejecución de la misma. La forma de ejecutar una acción como ésta es hacer clic en el objeto y, con el botón izquierdo del ratón pulsado, arrastrarlo hacia la posición deseada. Además de arrastrar controles, Visual Basic proporciona otra característica no menos potente y muy útil que es la posibilidad de arrastrar texto o gráficos de un control a otro, de un control a otra aplicación de Windows, y viceversa, o desde un lugar a otro dentro de la misma aplicación.

ARRASTRAR Y COLOCAR CONTROLES

Cuando, durante la ejecución, se arrastra un control hacia una nueva posición, nosotros mismos deberemos programar cuál será esa nueva posición. De no hacerlo así, al soltar el botón, el objeto vuelve automáticamente a su posición inicial. Esto es así porque a menudo, la acción de arrastrar sólo se utiliza para indicar que se debe llevar a cabo alguna acción (por ejemplo, copiar una carpeta desde un CD al disco), conservando el control su posición original cuando el usuario suelta el botón del ratón.

Arrastre automático

Para permitir al usuario seleccionar un control y arrastrarlo, asigne a la propiedad **DragMode** del control el valor 1 (*vbAutomatic*). Esta operación puede hacerla durante el diseño o durante la ejecución. Por ejemplo:

```
objeto.DragMode = 1 ' modo de arrastre automático
```

Cuando se arrastra un control, Visual Basic muestra un cuadro gris en lugar del propio control. Si lo desea, durante el diseño, puede sustituir este cuadro por otra imagen, asignando a la propiedad **DragIcon** el fichero gráfico deseado; o durante la ejecución, de alguna de las formas siguientes:

```
Picture1.DragIcon = Picture2.DragIcon
Picture1.DragIcon = Picture2.Picture
Picture1.DragIcon = LoadPicture("imagen.ico")
```

Cuando el usuario suelta el botón para dejar de arrastrar un objeto, se genera el evento **DragDrop** desencadenado por el objeto sobre el que se arrastra. El esquema del procedimiento correspondiente a este evento cuando el control se arrastra sobre un formulario es:

```
Private Sub Form_DragDrop(Source As Control, _
                          X As Single, Y As Single)

End Sub
```

El argumento *Source* referencia el control que se arrastra, que puede ser de cualquier tipo, excepto un menú, un temporizador y los controles gráficos **Line** y **Shape**. La palabra *Form* que aparece en el nombre del procedimiento *Form_DragDrop* especifica el objeto sobre el que se arrastra; en general puede ser un formulario o un control. Los argumentos *X*, *Y* son las coordenadas correspondientes al puntero del ratón referidas al objeto (formulario o control) sobre el que se arrastra.

Mientras la propiedad de arrastrar un control automáticamente esté activa (**DragMode** = *vbAutomatic*), dicho control no reconoce otros eventos del ratón. Dicho de otra forma, como la operación de arrastrar empieza con un clic sobre el control, parece lógico que el control debiera reconocer el evento **MouseDown**, pero no sucede así.

Durante la ejecución, cuando el usuario seleccione y arrastre el objeto sobre el formulario (*Form*) para dejarlo caer en una nueva posición, ocurrirá el evento **DragDrop** justamente en el momento en que suelte el botón izquierdo del ratón para dejarlo en la posición alcanzada. Si no hay una respuesta a este evento, el objeto retorna automáticamente a su posición inicial. Para dejar el objeto en la nueva posición, responda a este evento con el método **Move** y las coordenadas correspondientes al puntero del ratón. Por ejemplo:

```
Private Sub Form_DragDrop(Source As Control, _
                          X As Single, Y As Single)
  Dim CX As Single, CY As Single
  CX = Source.Width / 2
  CY = Source.Height / 2
  Source.Move X - CX, Y - CY
End Sub
```

Con el fin de que el centro del objeto sea el que se sitúe en la posición indicada por las coordenadas (*X*, *Y*) del puntero del ratón y no la esquina superior izquierda del mismo, se resta a *X* una cantidad igual a la mitad de la anchura del objeto, y a *Y* una cantidad igual a la mitad de la altura.

Cuando una operación de arrastrar y colocar está en proceso y el puntero del ratón entra en, sale de o está encima de un control cualquiera del formulario, se genera el evento **DragOver** asociado con dicho control. Por ejemplo, si el control sobre el que se arrastra se denomina *Destino*, el esquema del procedimiento que responde a este evento es de la forma siguiente:

```
Private Sub Destino_DragOver(Source As Control, X As Single, _
                             Y As Single, State As Integer)
End Sub
```

Cuando se da el evento **DragOver** aparece un nuevo parámetro *State*. Si este parámetro toma el valor 0 (*vbEnter* - entrar) es porque el puntero del ratón entra en el objeto, en nuestro caso en *Picture1*; si toma el valor 1 (*vbLeave* - salir) es porque el puntero del ratón deja o sale del objeto, y si toma el valor 2 (*vbOver* - encima) es porque el control *Source* está encima del objeto.

Normalmente, los estados *vbEnter* y *vbLeave* se utilizan para distinguir cuándo estamos dentro del área de un objeto, mientras que el estado *vbOver* es útil para saber si el puntero del ratón está encima de una determinada zona de un objeto. En este último caso será necesario evaluar los argumentos *X* e *Y*. Por ejemplo:

```
Private Sub Destino_DragOver(Source As Control, X As Single, _
                             Y As Single, State As Integer)
If State = vbEnter Then
    Label1.Caption = "Entra"
  ElseIf State = vbLeave Then
    Source.DragIcon = LoadPicture("imagen1.ico")
    Label1.Caption = "Sale"
  ElseIf State = vbOver Then
    Source.DragIcon = LoadPicture("imagen2.ico")
    Label1.Caption = "Encima"
  End If
End Sub
```

Arrastre manual

Hasta ahora hemos visto que cuando la propiedad **DragMode** de un determinado control tiene un valor 1 (modo de arrastre automático) dicho control reconoce los eventos **DragOver** y **DragDrop** pero no reconoce otros eventos del ratón como, por ejemplo, **MouseDown**. Además del modo de arrastre automático, Visual Basic proporciona el modo de arrastre manual (propiedad **DragMode** = 0) que permite controlar cuándo un objeto puede ser arrastrado y cuándo no. Por ejemplo, usted puede querer arrastrar un objeto en respuesta a un evento **MouseDown**, a una pulsación de una tecla, o a una orden de un menú.

Cuando la propiedad **DragMode** vale 0 (*vbManual*), la forma de permitir o no arrastrar un objeto es utilizando el método **Drag**, cuya sintaxis es la siguiente:

[*control.*]**Drag** *acción*

El valor del argumento *acción* puede ser 0, 1 o 2. Un valor 0 (*vbCancel*) cancela la operación de arrastrar, un valor 1 (*vbBeginDrag*) inicia la operación de arrastrar, un valor 2 (*vbEndDrag*) finaliza la operación de arrastrar y además permite que se dé el evento **DragDrop**.

Según lo expuesto, para realizar una operación de arrastre manual los pasos a seguir son los siguientes:

- Asignar a la propiedad **DragMode** del objeto a arrastrar el valor *vbManual*:

```
Fuente.DragMode = vbManual
```

- Permitir arrastrar el control cuando ocurra el evento **MouseDown**:

```
Private Sub Fuente_MouseDown(Button As Integer, _
                      Shift As Integer, X As Single, Y As Single)
  Fuente.Drag vbBeginDrag ' iniciar el arrastre
End Sub
```

- Responder a los eventos **DragDrop** y/o **DragOver** desencadenados por el objeto destino de la operación:

```
Private Sub Destino_DragOver(Source As Control, _
                             X As Single, Y As Single)
  ' ...
End Sub

Private Sub Destino_DragDrop(Source As Control, _
                             X As Single, Y As Single)
  ' ...
End Sub
```

Ejemplo de arrastrar y colocar

El siguiente ejemplo emula el funcionamiento de la papelera en un sistema Macintosh, en el cual, para borrar un fichero que aparece en una lista *Fuente*, simplemente se selecciona y se arrastra hasta la papelera, donde se deja caer. La papelera, para indicar que tiene algo, aumentará de volumen. Para borrar cualquier otro fichero de la lista se procede de igual forma.

Estos ficheros que se han eliminado de la lista *Fuente* y que se encuentran en la papelera aún no están físicamente borrados de la unidad de almacenamiento correspondiente. Para ver lo que hay en la papelera haga un doble clic sobre la misma y aparecerá una segunda ventana.

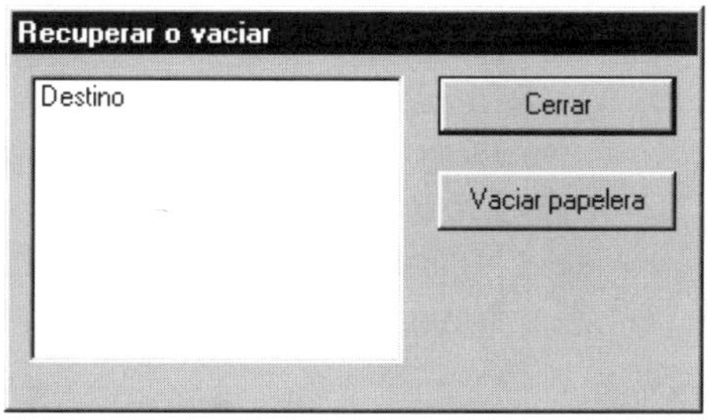

La lista *Destino* indica los ficheros que hay en la papelera. Cualquiera de estos ficheros puede ser devuelto a la lista *Fuente* seleccionándolo y arrastrándolo hasta dejarlo caer sobre la misma; este proceso equivale a recuperar el fichero. Para borrar definitivamente los ficheros que se encuentran en la papelera, se pulsa el botón *Vaciar papelera*.

Nuestro primer paso es crear los iconos necesarios para nuestra aplicación: papelera vacía (*papelera.ico*), papelera oscura vacía (*papeosva.ico*), papelera llena o con algún fichero (*papelle.ico*), papelera oscura llena o con algún fichero (*papeosll.ico*) y un icono indicando que hemos seleccionado un fichero y lo trasladamos de lugar (*fichero.ico*). Para crear los iconos, cargue y ejecute un editor cualquiera de iconos.

Inicie una nueva aplicación y cree un formulario titulado *Tirar en la papelera* con los controles que se indican en la tabla siguiente (observe unas páginas más atrás la correspondiente figura). Guarde la aplicación con el nombre *papelera.vbp*, y el formulario con el nombre *papele01.frm.*

Objeto	**Propiedad**	**Valor**
Formulario	Name	Form1
	Caption	Tirar en la papelera
	BorderStyle	3
	ControlBox	False
Lista	Name	Fuente
	DragIcon	fichero.ico
	Sorted	True
	Tag	Fuente
Botón	Name	Salir
	Caption	Salir
Caja de imagen	Name	Vacía
	AutoSize	True
	BorderStyle	1
	DragIcon	papeosva.ico
	Picture	papelera.ico
	Visible	False
Caja de imagen	Name	Llena
	AutoSize	True
	BorderStyle	1
	DragIcon	papeosll.ico
	Picture	papelle.ico
	Visible	False
Caja de imagen	Name	Papelera
	AutoSize	True
	BorderStyle	0
	Picture	papelera.ico
	Visible	True

La propiedad **ControlBox** del formulario permite habilitar (**True**) o inhabilitar (**False**) el menú de control de dicho formulario. La propiedad **Icon** del formulario permite que se visualice el icono asociado a la misma cuando el formulario se minimiza.

La propiedad **Tag** de un objeto permite almacenar un único dato, que será utilizado para identificar el objeto. Otras veces, esta propiedad se utiliza con fines de almacenamiento.

Las cajas de imagen nombradas *Vacía* y *Llena*, que durante la ejecución permanecen ocultas, sirven para proveer a la caja de imagen *Papelera* de la imagen adecuada en cada momento. Observe que cada una de ellas almacena dos imágenes, la real en la propiedad **Picture** y la oscurecida en la propiedad **DragIcon**. En este caso, la propiedad **DragIcon** se ha utilizado con fines de almacenamiento y no con intención de arrastrar. Observe también que la caja de imagen *Papelera* inicialmente muestra la papelera vacía.

Cree un nuevo formulario titulado *Recuperar o vaciar* con los controles que se indican en la tabla siguiente (observe unas páginas más atrás la correspondiente figura). A continuación, guarde la aplicación con el nombre que ya tiene, y el formulario con el nombre *papele02.frm*.

Objeto	**Propiedad**	**Valor**
Formulario	Name Caption BorderStyle ControlBox	Form2 Recuperar o vaciar 3 False
Lista	Name Sorted Tag	Destino True Destino
Botón	Name Index Caption Default	Orden 0 Cerrar True
Botón	Name Index Caption	Orden 1 Vaciar papelera

En primer lugar escriba el código asociado con el botón *Salir* para el evento **Click**. El objetivo de este procedimiento es finalizar la aplicación:

```
Private Sub Salir_Click()
  Unload Me
  End
End Sub
```

La sentencia *Unload Me* del procedimiento anterior invoca al procedimiento *Form_Unload* que se va encargar de cerrar todos los formularios de la aplicación:

```
Private Sub Form_Unload(Cancel As Integer)
  Dim i As Integer
  'Cerrar todos los formularios
  For i = Forms.Count - 1 To 1 Step -1
    Unload Forms(i)
  Next
End Sub
```

Para hacer más sencilla la aplicación, en lugar de que sea un sistema de ficheros el que muestre la lista de ficheros de un determinado directorio, vamos a generar nosotros una lista que emule a la lista de ficheros mencionada.

El siguiente procedimiento, que se ejecutará cuando se inicie la aplicación, genera la lista de elementos para demostración y además asigna a la lista *Destino* el icono que se tiene que visualizar cuando se seleccione y arrastre un elemento de dicha lista; este icono es el mismo que se ha utilizado para la lista *Fuente*. También asigna a la propiedad **ListIndex** de la lista *Fuente* el valor 0, lo que hará que quede seleccionado automáticamente el primer elemento de la misma:

```
Private Sub Form_Load()
  Dim i As Integer

  Form2!Destino.DragIcon = Fuente.DragIcon ' icono de arrastrar
  For i = 1 To 15
    Fuente.AddItem "Fuente_" + Format(i, "00") 'lista
  Next
  Fuente.ListIndex = 0 'seleccionar primer elemento
End Sub
```

Un clic con el botón izquierdo del ratón (**Button** = 1) sobre un elemento de la lista selecciona dicho elemento, cuya posición es almacenada en la propiedad **ListIndex** de la lista (el primer elemento ocupa la posición 0). El número de elementos de la lista está determinado por la propiedad **ListCount**.

Nuestro siguiente objetivo es arrastrar la lista (un elemento de la lista) manteniendo pulsado el botón derecho del ratón (**Button** = 2), y dejar caer en la papelera el elemento seleccionado. Cuando se pulsa un botón del ratón se da el evento **MouseDown**. Si en la lista hay elementos y el botón pulsado es el derecho, iniciamos el proceso de arrastre de la lista *Fuente*.

Observe que no se ha utilizado el arrastre automático, porque una vez iniciada la operación de arrastrar, el control *Fuente* no reconocería otros eventos del ratón. Esto es, si hubiéramos utilizado el arrastre automático, al hacer clic sobre el objeto para iniciar el arrastre, los eventos del ratón, como, por ejemplo, **MouseDown**, no serían reconocidos. Esto, implicaría no poder seleccionar un elemento:

```
Private Sub Fuente_MouseDown(Button As Integer, Shift As Integer, _
                             X As Single, Y As Single)
  If Fuente.ListCount > 0 Then 'si la lista no está vacía
    If Button = 2 Then 'si se pulsó el botón derecho
      Fuente.Drag vbBeginDrag 'iniciar arrastrar
    End If
  End If
End Sub
```

El elemento seleccionado lo dejaremos caer en la papelera cuando estemos sobre ella y soltemos, en nuestro caso, el botón derecho del ratón. Cuando se entra en el control durante la operación de arrastre, se genera el evento **DragOver**; y cuando estando sobre él se suelta el botón, el arrastre finaliza y se desencadena el evento **DragDrop**. El evento **DragOver** lo utilizaremos para indicar al usuario cuándo entra y cuándo sale de la papelera. Cuando entre, cambiaremos la imagen de la papelera a oscura, y cuando salga volveremos a poner la imagen real:

```
Private Sub Papelera_DragOver(Source As Control, X As Single, _
                              Y As Single, State As Integer)
  Select Case State
    Case 0 'entra en papelera
      If Form2!Destino.ListCount = 0 Then
        Papelera.Picture = Vacía.DragIcon
      Else
        Papelera.Picture = LLena.DragIcon
      End If
    Case 1 'sale de papelera
      If Form2!Destino.ListCount = 0 Then
        Papelera.Picture = Vacía.Picture
      Else
        Papelera.Picture = LLena.Picture
      End If
  End Select
End Sub
```

Según hemos dicho, en el momento de soltar el botón derecho del ratón se da el evento **DragDrop**, que lo utilizaremos para mover el elemento seleccionado de la lista *Fuente* a la lista *Destino*. El elemento seleccionado lo dejaremos caer sobre la papelera sólo si el control arrastrado (parámetro *Source*) es la lista *Fuente*. Cuando se trate de otro control, por ejemplo la lista *Destino*, se realizará un aviso acústico. La operación mover implica añadir el elemento seleccionado de la lista *Fuente* a la lista *Destino* y borrarlo de la lista *Fuente*. Si después de realizar este movimiento verificamos que no hay un elemento seleccionado en la lista *Destino* (**ListIndex** = –1), seleccionaremos el elemento 0 de la misma. Por último, se cambia la apariencia de la papelera para que muestre la imagen llena sin oscurecer, que estaba vacía o llena, pero oscurecida:

```
Private Sub Papelera_DragDrop(Source As Control, _
                              X As Single, Y As Single)
  If Source.Tag = "Fuente" Then
    Form2!Destino.AddItem Source.List(Source.ListIndex)
    If Form2!Destino.ListIndex = -1 Then
      Form2!Destino.ListIndex = 0
    End If
    BorrarElemento Source
  Else
    Beep
  End If
  If Papelera.Picture <> LLena.Picture Then
    Papelera.Picture = LLena.Picture ' llena sin oscurecer
  End If
End Sub
```

Para ver el contenido de la lista *Destino* hay que hacer un doble clic en la papelera:

```
Private Sub Papelera_DblClick()
  Form2.Show
End Sub
```

Cuando la lista destino está presente en la pantalla, se permitirá al usuario mover un elemento directamente desde la lista *Fuente* a la lista *Destino*. Esto es, en lugar de dejar caer el elemento en la papelera, lo dejará caer directamente en la lista *Destino*, obteniendo los mismos resultados. Por lo tanto, el procedimiento *Destino_DragDrop* es muy similar al procedimiento *Papelera_DragDrop* anteriormente explicado:

```
Private Sub Destino_DragDrop(Source As Control, _
                             X As Single, Y As Single)
  If Source.Tag = "Fuente" Then
    If Form1!Papelera.Picture <> Form1!LLena.Picture Then
      Form1!Papelera.Picture = Form1!LLena.Picture
    End If
    Destino.AddItem Source.List(Source.ListIndex)
    If Destino.ListIndex = -1 Then
      Destino.ListIndex = 0
    End If
    BorrarElemento Source
  End If
End Sub
```

Otra operación a tener en cuenta es que el usuario pueda recuperar un elemento borrado de la lista *Fuente* que se encuentre en la lista *Destino*. Este proceso consiste en arrastrar la lista *Destino*, manteniendo pulsado el botón derecho del ratón (**Button** = 2), y dejar caer en la lista *Fuente* el elemento seleccionado. Si en la lista *Destino* hay elementos y el botón pulsado es el derecho, iniciamos el proceso de arrastre:

```
Private Sub Destino_MouseDown(Button As Integer, _
                    Shift As Integer, X As Single, Y As Single)
  If Destino.ListCount > 0 Then
    If Button = 2 Then
      Destino.Drag vbBeginDrag
    End If
  End If
End Sub
```

Como ya sabe, al soltar el botón derecho del ratón para finalizar el arrastre y dejar caer el objeto, se da el evento **DragDrop**, que utilizaremos para mover el elemento seleccionado de la lista *Destino* a la lista *Fuente*. El elemento seleccionado lo dejaremos caer sobre la lista *Fuente* sólo si el control arrastrado (parámetro *Source*) es la lista *Destino*. Cuando se trate de otro control, por ejemplo de la propia lista *Fuente*, no se tendrá en cuenta. La operación mover implica añadir el elemento seleccionado de la lista *Destino* a la lista *Fuente* y borrarlo de la lista *Destino*. También, si no hay un elemento seleccionado en la lista *Fuente* (**ListIndex** = −1), se selecciona el elemento 0 de la misma:

```
Private Sub Fuente_DragDrop(Source As Control, _
                            X As Single, Y As Single)
  If Source.Tag = "Destino" Then
    Fuente.AddItem Source.List(Source.ListIndex)
    'Si no hay un elemento seleccionado
    If Fuente.ListIndex = -1 Then
      Fuente.ListIndex = 0 'seleccionar primer elemento
    End If
    BorrarElemento Source
  End If
End Sub
```

Para borrar definitivamente todos los elementos de la lista *Destino*, el usuario hará clic en el botón *Vaciar papelera* (**Index** = 1). El código asociado con este botón realiza las siguientes operaciones: verifica si hay elementos en la lista, cambia el puntero del ratón utilizando la sentencia *Screen.MousePointer* para que indique "esperar", borra los elementos de la lista uno a uno (por ejemplo, si cada elemento es una carpeta, escriba el código adecuado para eliminarla), modifica la apariencia de la papelera para que indique vacía y restaura el puntero del ratón. Para cerrar esta ventana, haga clic en el botón *Cerrar* (**Index** = 0):

```
Private Sub Orden_Click(Index As Integer)
  Dim i As Integer

  If Index = 1 Then 'vaciar papelera
```

```
    If Destino.ListCount <= 0 Then 'si no hay elementos
      Beep
      Exit Sub
    End If
    Screen.MousePointer = 11 'cambiar cursor del ratón
    For i = 1 To Destino.ListCount
      Destino.ListIndex = 0
      'Aquí escriba el código necesario para borrar
      'los elementos referenciados en la lista
      Destino.RemoveItem 0 'borrar el elemento seleccionado
    Next i
    Form1!Papelera.Picture = Form1!Vacía.Picture
    Screen.MousePointer = 0
  Else 'cerrar la ventana
    Orden(0).SetFocus
    Form2.Hide
  End If
End Sub
```

Para borrar un elemento de la lista *Fuente* o de la lista *Destino*, escriba el siguiente procedimiento y guárdelo en un módulo de nombre *papemod1.bas*. En el procedimiento distinguimos dos casos: borrar un elemento que no es el primero y borrar el elemento primero. Para borrar un elemento que no es el primero, seleccionamos el elemento anterior a él y después lo borramos, y si se trata del primer elemento, primero lo borramos y a continuación, si quedan elementos en la lista, seleccionamos el primero. Cuando se trate de la lista *Destino* y se borre el último elemento que quede, hay que modificar también la apariencia de la papelera para que indique vacía:

```
Public Sub BorrarElemento(Source As Control)
  If Source.ListIndex > 0 Then
    'Borrar un elemento que no es el primero
    Source.ListIndex = Source.ListIndex - 1
    Source.RemoveItem Source.ListIndex + 1
  Else
    'Borrar primer elemento
    Source.RemoveItem Source.ListIndex
    If Source.ListCount > 0 Then 'si la lista no está vacía
      'seleccionar el primer elemento
      Source.ListIndex = 0
    End If
  End If
  If Source.Tag = "Destino" Then
    If Source.ListCount = 0 Then
      Form1!Papelera.Picture = Form1!Vacía.Picture
    End If
  End If
End Sub
```

ARRASTRAR TEXTO O GRÁFICOS

En el apartado anterior hemos tratado cómo arrastrar un control sobre otro, lo que llevaba implícito escribir algún código para obtener los resultados perseguidos. Arrastrar texto o gráficos significa mover datos desde un control o aplicación a otro control o aplicación, y viceversa, o bien desde un lugar a otro dentro de una misma aplicación o control; genéricamente entre un *origen* y un *destino*. Esta operación se denomina *arrastrar y colocar OLE* (*OLE drag and drop*). OLE significa vinculación e incrustación de objetos, tecnología que permite crear aplicaciones que pueden contener componentes de otras aplicaciones.

Casi todos los controles de Visual Basic aceptan arrastrar y colocar OLE en cierta medida y en muchos casos no es necesario escribir nada de código, lo que se contrapone a lo expuesto en el apartado anterior.

Arrastrar y colocar OLE automáticamente

Arrastrar y colocar OLE de forma automática significa que puede arrastrar datos de un control a otro sólo con establecer las propiedades **OLEDragMode** y **OLEDropMode** de esos controles a 1 (*vbOLEDragAutomatic*). En esta modalidad no es necesario escribir código para responder a cualquiera de los eventos de arrastrar y colocar OLE.

Un ejemplo muy sencillo. Inicie una nueva aplicación y coloque sobre el formulario dos cajas de texto. Después asigne a sus propiedades **OLEDragMode** y **OLEDropMode** el valor *vbOLEDragAutomatic* (automático; el objeto controla todas las operaciones OLE de arrastrar y colocar). Ejecute la aplicación, escriba texto en una de las cajas, selecciónelo y arrástrelo sobre la otra. Observará cómo sin haber escrito nada de código, la operación se ejecuta satisfactoriamente.

El medio por el que los datos se mueven desde el origen al destino es el objeto **DataObject**. Este objeto proporciona la propiedad **Files** y los métodos **SetData**, **GetData**, **GetFormat** y **Clear** necesarios para almacenar, recuperar, analizar y eliminar los datos del objeto **DataObject**.

Cuando el origen o el destino de los datos arrastrados es el Explorador de Windows, la propiedad **Files** proporciona los nombres de los ficheros arrastrados.

Eventos desencadenados al arrastrar y colocar OLE

Cuando se realiza una operación de arrastrar y colocar OLE, se desencadenan una serie de eventos tanto en el origen como en el destino.

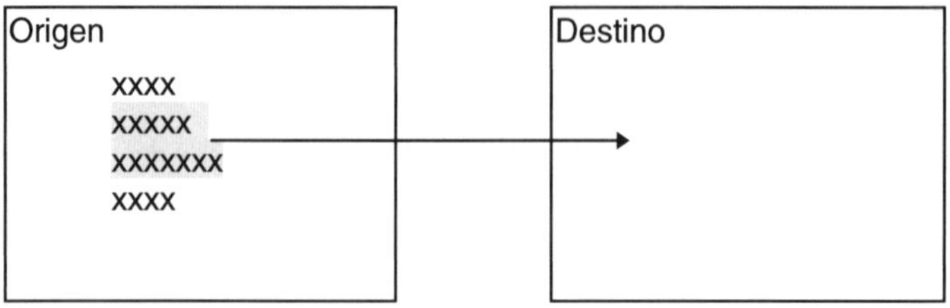

La tabla siguiente indica qué eventos se desencadenan en el origen y cuáles en el destino:

Evento	*Origen*	*Destino*	*Significado*
OLEDragDrop		x	Se desencadena cuando se coloca un componente de datos del origen en el destino.
OLEDragOver		x	Ocurre cuando un componente de datos se arrastra sobre otro.
OLEStartDrag	x		Ocurre cuando se inicia una operación de arrastrar. Especifica qué formatos de datos y efectos de colocación (copiar, mover o rechazar datos) acepta el origen.
OLESetData	x		Permite al origen comprobar qué datos debe cargar en el objeto **DataObject** con el fin de pasarlos al destino.
OLEGiveFeedback	x		Se produce después de cada evento **OLEDragOver**. Proporciona al usuario una indicación visual, un icono personalizado, para indicar lo que va a ocurrir.
OLECompleteDrag	x		Informa al origen de la acción que se realizó cuando el objeto se colocó en el destino.

Los eventos relacionados con el origen siempre se desencadenan, tanto si la operación de arrastrar y colocar es automática como si es manual. Sin embargo, los eventos del lado destino sólo se desencadenan en una operación manual.

Si se necesita especificar los formatos de datos y los efectos de colocación que se aceptan (copiar, mover o no colocar) habrá que realizar la operación de arrastre OLE manualmente. También se utilizará este tipo de arrastre cuando el control desde el que se desea arrastrar no acepta arrastre automático.

Arrastrar y colocar OLE manualmente

Según se ha especificado anteriormente, la utilización de arrastrar y colocar OLE de forma manual puede ser el método más adecuado cuando se quiere controlar cada paso del proceso, y es la única opción cuando un control no acepta arrastrar y colocar de forma automática. Para ello, si el control de origen tiene la propiedad **OLEDragMode**, debe asignar a esta propiedad el valor cero (*Manual*) para tener un control manual sobre la operación de arrastre y después utilizar el método **OLEDrag** en el control. Si el control acepta el arrastre OLE manual, pero no el automático, no tendrá la propiedad **OLEDragMode**, pero aceptará el método **OLEDrag** y los eventos de arrastrar y colocar OLE.

Resumiendo, una operación manual de arrastrar y colocar consta de: iniciar el arrastre y arrastrar sobre el destino. Iniciar el arrastre implica:

- Llamar al método **OLEDrag** para iniciar una operación de arrastre manual y permitir al evento **OLEStartDrag** establecer las condiciones de dicha operación. Normalmente se llama a este método desde el evento **MouseMove** de los objetos.

- Utilizar el evento **OLEStartDrag** para especificar los efectos permitidos de la acción de colocar y los formatos de datos compatibles.

- Opcionalmente, situar los datos en el objeto **DataObject**.

Y arrastrar sobre el destino implica:

- Asignar a la propiedad **OLEDropMode** del control de destino el valor uno (*vbOLEDropManual*) para que al arrastrar sobre él se desencadene el evento **OLEDragOver**.

- Responder al evento **OLEDragOver** para informar al origen de la acción que se va a tomar.

- Responder al evento **OLEDragDrop** para recuperar los datos y colocarlos en el destino.

Diseño de una aplicación destino de los datos

Como ejemplo, vamos a diseñar una aplicación que permita arrastrar ficheros desde el explorador de Windows a una caja de texto. Para ello, empiece por iniciar un nuevo proyecto. Asigne al formulario el título "Arrastrar y colocar OLE". Después coloque sobre el formulario una caja de texto multilínea, elimine los datos que tenga asignados a su propiedad **Text**, asigne a su propiedad **ScrollBars** el valor 3 y a su propiedad **OLEDropMode** el valor uno (*Manual*). A continuación guarde el proyecto con el nombre *DestinoOLE.vbp*.

En este caso el origen es una aplicación Windows existente, el *Explorador de Windows*. Por lo tanto, la programación relativa al origen (iniciar el arrastre) no tenemos que realizarla. Sólo tendremos que realizar la programación relativa a arrastrar sobre el destino.

Según hemos dicho anteriormente, cuando el valor de la propiedad **OLEDropMode** del control de destino es *vbOLEDropManual*, se desencadena el evento **OLEDragOver** siempre que se arrastre sobre el control. La sintaxis del procedimiento que responde a este evento es:

```
Private Sub Text1_OLEDragOver(Data As DataObject, Effect As Long, _
                              Button As Integer, Shift As Integer, _
                              X As Single, Y As Single, _
                              State As Integer)
End Sub
```

El argumento *Data* hace referencia a un objeto **DataObject** que contiene los formatos de los datos que proporcionará el origen y posiblemente contenga también los datos. Si el objeto **DataObject** no contiene datos, éstos se obtendrán cuando el control llame al método **GetData**. No puede utilizar aquí los métodos **SetData** y **Clear**.

El argumento *Effect* se utiliza para especificar la acción que se llevaría a cabo si se colocara el objeto:

- *vbDropEffectNone* (valor 0). El destino no puede aceptar los datos.
- *vbDropEffectCopy* (valor 1). El destino adquiere una copia de los datos sin afectar al origen.
- *vbDropEffectMove* (valor 2). El destino adquiere una copia de los datos y los elimina del origen.

Cuando se establece este argumento, se desencadena el evento **OLEGiveFeedback** del origen. Este evento contiene su propio argumento *Effect*, que se utiliza normalmente para cambiar la imagen del puntero del ratón e indicar al usuario visualmente la acción de copiar, mover o no colocar, que se llevará a cabo cuando se arrastren los datos seleccionados.

Argumentos *Button*, *Shift*, *X* e *Y*. Vea los argumentos de los procedimientos del ratón en el capítulo anterior.

El argumento *State* indica el estado del componente de origen respecto del de destino en una operación de arrastre. Los valores que puede tomar son:

- *vbEnter* (valor 0). El componente de origen entra dentro del área del destino.
- *vbLeave* (valor 1). El componente de origen sale fuera del área del destino.
- *vbOver* (valor 2). El componente de origen se ha movido de una posición a otra dentro del área del destino.

Continuando con nuestra aplicación, al arrastrar sobre el control *Text1* de destino se desencadena el evento **OLEDragOver**. El procedimiento que responda a este evento tiene que informar al origen de la acción que se va a tomar:

```
Private Sub Text1_OLEDragOver(Data As DataObject, Effect As Long, _
                              Button As Integer, Shift As Integer, _
                              X As Single, Y As Single, _
                              State As Integer)
  ' Si los datos están en el formato adecuado,
  ' informar al origen de la acción que se va a tomar
  If Data.GetFormat(vbCFFiles) Then
    Effect = vbDropEffectCopy And Effect
  Else
    ' Si los datos no están en el formato deseado, no colocar
    Effect = vbDropEffectNone
  End If
End Sub
```

El procedimiento anterior consulta al objeto **DataObject** si algún elemento de datos del mismo coincide con el formato especificado (*VbCFText*, *VbCFBitmap*, *VbCFMetafile*, *VbCFEMetafile*, *VbCFDIB*, *VbCFPalette*, *VbCFFiles* - lista de ficheros - o *VbCFRTF*). Si la consulta es positiva, el argumento *Effect* informa al origen de que se va a realizar una acción de copiar si se coloca el dato; en otro caso, informará al origen de no colocar.

Cuando el usuario coloca el origen sobre el destino se desencadena el evento **OLEDragDrop**. El procedimiento que responda a este evento tendrá como finalidad recuperar los datos del objeto **DataObject** y colocarlos en el destino:

```
Private Sub Text1_OLEDragDrop(Data As DataObject, Effect As Long, _
                              Button As Integer, Shift As Integer, _
                              X As Single, Y As Single)
  If Data.GetFormat(vbCFFiles) Then
```

```
    Dim NombreFichero
    Form1.MousePointer = vbHourglass
    For Each NombreFichero In Data.Files
      ColocarFichero NombreFichero, Text1
    Next NombreFichero
    Form1.MousePointer = vbDefault
  End If
End Sub
```

El procedimiento anterior consulta al objeto **DataObject** si el formato de los datos del mismo coincide con *VbCFFiles* (lista de ficheros), en cuyo caso recorre la colección **Files** de dicho objeto para obtener los nombres de los ficheros arrastrados e invocar al procedimiento *ColocarFichero* por cada uno de ellos para colocar los datos en el destino.

```
Public Sub ColocarFichero(ByVal NombreFichero As String, _
                          CajaTexto As TextBox)
  Dim NumeroFichero As Integer
  Dim Texto As String, LineaTexto As String
  On Error GoTo RutinaError:
  ' Abrir el fichero
  NumeroFichero = FreeFile
  Open NombreFichero For Input _
                   Access Read _
                   Lock Read Write As #NumeroFichero
  ' Añadir el texto a la caja de texto
  CajaTexto.SelStart = Len(CajaTexto)
  CajaTexto.SelText = Input(LOF(NumeroFichero), #NumeroFichero)
  ' Cerrar el fichero
  Close #NumeroFichero
  Exit Sub
RutinaError:
  If Err.Number = 7 Then
    MsgBox "Fichero demasiado grande para esta aplicación"
  Else
    MsgBox Err.Description
  End If
End Sub
```

Diseño de una aplicación origen de los datos

El ejemplo que se expone a continuación muestra cómo diseñar una aplicación origen de los datos arrastrados sobre otra aplicación destino, que en nuestro caso va a ser la aplicación *DestinoOLE* diseñada anteriormente.

Inicie un nuevo proyecto, asigne al formulario el título *Explorador* y coloque sobre él un control *Drive1* de la clase **DriveListBox**, otro *Dir1* de la clase **Dir-**

ListBox, y otro *File1* de la clase **FileListBox**. Después asigne a la propiedad **MultiSelect** de *File1* el valor 2 para que el control permita la selección de múltiples ficheros. Finalmente guarde la aplicación con el nombre *OrigenOLE*. El aspecto del formulario será similar al de la figura siguiente:

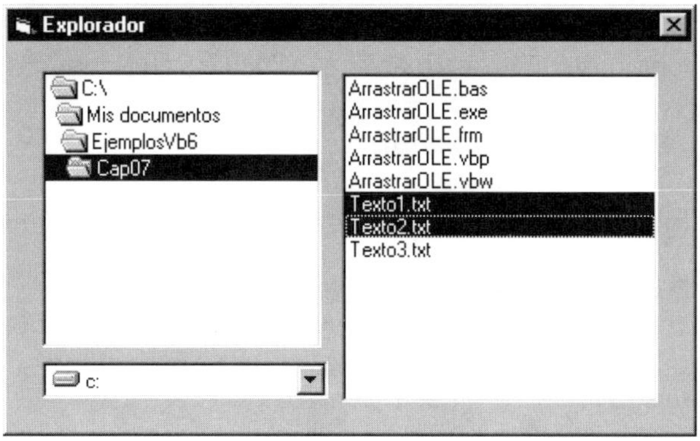

Para sincronizar los controles *Driver1*, *Dir1* y *File1* entre sí añada al formulario los siguientes procedimientos:

```
Private Sub Dir1_Change()
  File1.Path = Dir1.Path
End Sub

Private Sub Drive1_Change()
  Dir1.Path = Drive1.Drive
End Sub
```

Para tener un control manual sobre la operación de arrastre, asegúrese de que el valor de la propiedad **OLEDragMode** del control de origen *File1* es *Manual*, y después, desde el código, invoque método **OLEDrag** en el control:

```
Private Sub File1_MouseDown(Button As Integer, Shift As Integer, _
                            X As Single, Y As Single)
  File1.OLEDrag
End Sub
```

El método **OLEDrag** no tiene argumentos y su propósito fundamental es iniciar un arrastre manual y desencadenar el evento **OLEStartDrag**. De esta forma, en el procedimiento que responda a este evento podremos especificar los efectos de colocación y los formatos de datos de una operación de arrastre, así como colocar datos en el objeto **DataObject**, si procede.

El evento **OLEStartDrag** utiliza dos argumentos: *Data* y *AllowedEffects*. El argumento *Data* es un objeto **DataObject** sobre el que se almacenarán los formatos de los datos arrastrados y en muchos casos, incluso los datos, especialmente si el origen acepta más de un formato, o cuando lleva mucho tiempo crear los datos. El argumento *AllowedEffects* especifica los efectos de colocación que acepta el origen de arrastre (vea el argumento *Effect* explicado anteriormente).

Para almacenar los datos y los formatos en el objeto **DataObject** cuando comience la operación de arrastre utilice el método **SetData**, cuya sintaxis es:

objeto.**SetData** [*datos*], [*formato*]

Según lo expuesto edite el procedimiento *File1_OLEStartDrag* así:

```
Private Sub File1_OLEStartDrag(Data As DataObject, _
                              AllowedEffects As Long)
  Dim I As Integer
  ' Formatos de datos que acepta el objeto
  Data.SetData , vbCFFiles
  ' Añadir la lista de ficheros seleccionados a la colección Files
  For I = 0 To File1.ListCount - 1
    If File1.Selected(I) Then
      If Right(File1.Path, 1) = "\" Then
        Data.Files.Add File1.Path & File1.List(I)
      Else
        Data.Files.Add File1.Path & "\" & File1.List(I)
      End If
    End If
  Next I
  ' Efectos de colocación que acepta el origen
  AllowedEffects = vbDropEffectCopy
End Sub
```

El procedimiento anterior almacena en el objeto **DataObject** el formato *VbCFFiles* de los datos (lista de ficheros), recorre la lista de ficheros buscando los que están seleccionados para almacenarlos en la colección **Files** de dicho objeto, y especifica los efectos de colocación que acepta el origen.

Si desea personalizar los punteros del ratón para cada una de las acciones que puedan darse durante una operación de arrastre, edite el procedimiento que responda al evento **OLEGiveFeedback** del origen. Este evento se desencadena automáticamente cuando se establece el argumento *Effect* del procedimiento que responde al evento **OLEDragOver**.

```
Private Sub File1_OLEGiveFeedback(Effect As Long, _
                              DefaultCursors As Boolean)
  On Error GoTo RutinaError
  ChDir App.Path
  DefaultCursors = False ' punteros personalizados
```

```
  Screen.MousePointer = vbCustom
  If Effect = vbDropEffectNone Then
    Screen.MouseIcon = LoadPicture("nocolocar.cur")
  ElseIf Effect = vbDropEffectCopy Then
    Screen.MouseIcon = LoadPicture("copiar.cur")
  ElseIf Effect = vbDropEffectMove Then
    Screen.MouseIcon = LoadPicture("mover.cur")
  Else
    DefaultCursors = True ' cursores predeterminados
  End If
  Exit Sub
RutinaError:
  Screen.MousePointer = vbDefault
  DefaultCursors = True ' punteros predeterminados
  MsgBox Err.Description
End Sub
```

El argumento *Effect* informa de si se va a copiar, mover o rechazar el dato, y el argumento *DefaultCursors* especifica si se utilizan o no los punteros predeterminados de OLE.

En la mayoría de los casos no es necesario especificar punteros personalizados del ratón, ya que su comportamiento predeterminado lo maneja OLE.

Si utiliza punteros del ratón personalizados durante una operación de arrastrar, debe restablecer el puntero del ratón en el procedimiento que responda al evento **OLECompleteDrag**:

```
Private Sub File1_OLECompleteDrag(Effect As Long)
  Screen.MousePointer = vbDefault
End Sub
```

Cuando al iniciar la operación de arrastre se hayan situado datos en el objeto **DataObject**, se pueden recuperar en el procedimiento conducido por el evento **OLEDragDrop**, utilizando el método **GetData**, cuya sintaxis es la siguiente:

objeto.**GetData** (*FormatoDatos*)

CAPÍTULO 9

APLICACIONES MDI

Si ya ha trabajado con distintas aplicaciones Windows, habrá notado que hay varios estilos de interfaz de usuario: la *interfaz de documento único* (*SDI - Single Document Interface*), la *interfaz de documentos múltiples* (*MDI - Multiple Document Interface*) y la interfaz estilo *explorador*. Hasta ahora en este libro sólo hemos utilizado los estilos SDI y explorador. La interfaz de múltiples documentos fue diseñada para simplificar el intercambio de información entre documentos dependientes todos de una misma aplicación. Así, en lugar de tener múltiples copias abiertas de la misma aplicación, tendremos una sola copia y múltiples ventanas de documentos abiertas. Un ejemplo de aplicación con una interfaz MDI es un procesador de textos como *Word*.

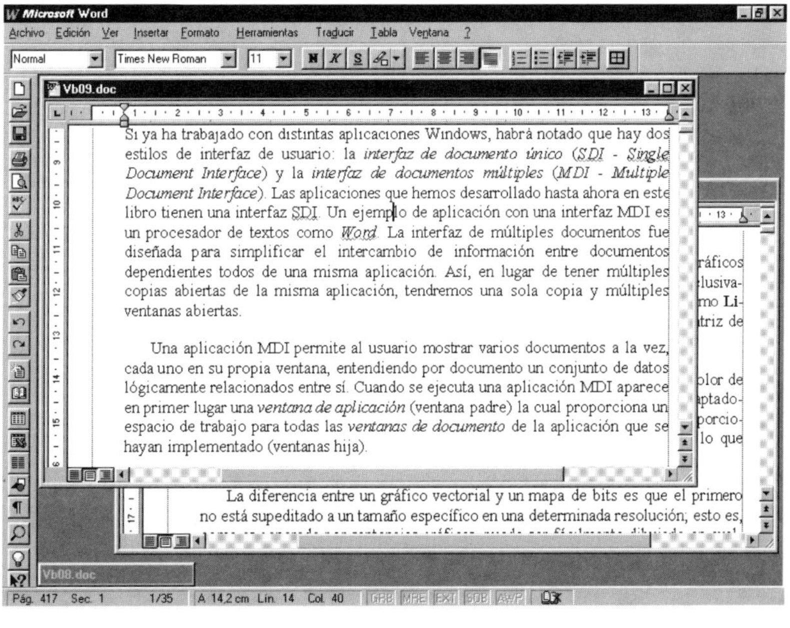

Cuando se ejecuta una aplicación MDI aparece en primer lugar una *ventana de aplicación* (ventana padre) la cual proporciona un espacio de trabajo para todas las *ventanas de documento* que se creen (ventanas hija). De esta forma el usuario puede trabajar con varios documentos a la vez, cada uno en su propia ventana, entendiendo por documento un conjunto de datos (texto, imágenes, etc.).

Las ventanas de documento pueden crearse para que contengan diferentes tipos de información; esto es, una ventana puede mostrar un documento de texto y otra un documento gráfico. Un ejemplo es la aplicación Microsoft Excel que permite crear y mostrar varias ventanas de documento de diferentes tipos.

Una ventana de documento es un formulario normal cuya propiedad **MDIChild** tiene asignado el valor **True**. Por lo tanto, tratándose de formularios normales, es fácil comprender lo que decíamos antes respecto a que una aplicación podía incluir varias ventanas de documento de tipos similares o diferentes.

CREACIÓN DE UNA APLICACIÓN MDI

En Visual Basic, una aplicación MDI consta de un único formulario padre y de un número variable de formularios hijo contenidos en el espacio de trabajo del formulario padre.

Partiendo de una nueva aplicación estándar, para crear una aplicación MDI:

1. Agregue un formulario MDI (formulario padre). Para ello, ejecute la orden *Agregar formulario MDI* del menú *Proyecto*.

2. Agregue los formularios hijo de la aplicación. Para agregar cada uno de ellos, ejecute la orden *Agregar formulario* del menú *Proyecto*, o bien seleccione uno existente, caso del formulario inicial, y asigne a su propiedad **MDIChild** el valor **True**.

   Durante el diseño, los formularios hijo no está limitados en tamaño al área del formulario padre (formulario MDI). Así mismo, puede realizar su diseño como lo haría con cualquier otro formulario.

3. Ejecute la orden *Propiedades* del menú *Proyecto*, haga clic en la pestaña *General* y seleccione como formulario inicial el formulario MDI.

Si la propiedad **AutoShowChildren** del formulario MDI vale **True** (valor predeterminado), al ejecutar la aplicación la carga de un formulario hijo (**Load**) supone su visualización automática. Por ejemplo:

```
Private Sub MDIForm_Load()
  Load Form1 ' si AutoShowChildren es True, Form1 se visualiza
End Sub
```

Puede utilizar la propiedad **AutoShowChildren** para cargar formularios hijo como ocultos y mostrarlos después invocando al método **Show**. Esto le permite actualizar distintas propiedades como títulos, posición y menús, antes de hacerlos visibles.

Durante la ejecución, todos los formularios hijo se muestran dentro del área de trabajo del formulario padre. Cuando se minimiza un formulario hijo su icono aparece en el fondo del formulario padre en lugar de aparecer en la barra de tareas, y cuando se maximiza su título se combina con el título del formulario MDI visualizándose ambos en la barra de título del formulario padre. También, cuando se visualice un formulario hijo que tenga su propia barra de menús, el formulario padre visualizará esta barra y no la suya. El formulario padre visualizará su barra de menús sólo cuando no haya ningún formulario hijo presente.

Una aplicación MDI puede tener también formularios estándar. Un formulario estándar, a diferencia de un formulario hijo, puede aparecer fuera de los límites del formulario padre.

Los únicos controles que se pueden colocar en un formulario padre son aquellos que disponen de la propiedad **Align**. Respecto a los controles estándar, esta característica sólo la cumplen los controles **PictureBox** y **Data**. Cuando se incluye un control de este tipo, queda alineado automáticamente a la parte superior del área de trabajo del formulario padre, ocupando toda la anchura del área de trabajo. Entonces los formularios hijos serán visualizados y manipulados en el área de trabajo que haya quedado libre en su ventana padre. Por lo tanto si necesita colocar en un formulario MDI otros controles que no disponen de la propiedad **Align**, añada primero un control **PictureBox** y después coloque dentro de él los controles que necesite. Controles *ActiveX* como *ToolBar* o *StatusBar* tienen la propiedad **Align**, razón por la cual pueden colocarse directamente sobre el formulario padre.

EDITOR DE TEXTO MDI

Una aplicación MDI típica es un editor de texto capaz de tener varios documentos abiertos simultáneamente; de ahí, el nombre de interfaz de múltiples documentos.

Para crear en Visual Basic una aplicación de este tipo, necesitamos al menos dos formularios, un formulario MDI (formulario padre) y un formulario hijo, que crearemos durante el diseño. Después, durante la ejecución, podremos crear cuantos ejemplares necesitemos del formulario hijo.

Por lo tanto, empiece por crear un nuevo proyecto. Después, siguiendo los pasos descritos en el apartado anterior, agregue un formulario MDI y asígnele el título *Editor MDI*. Cambie su propiedad **Name** y asígnele el valor *FormMDI*.

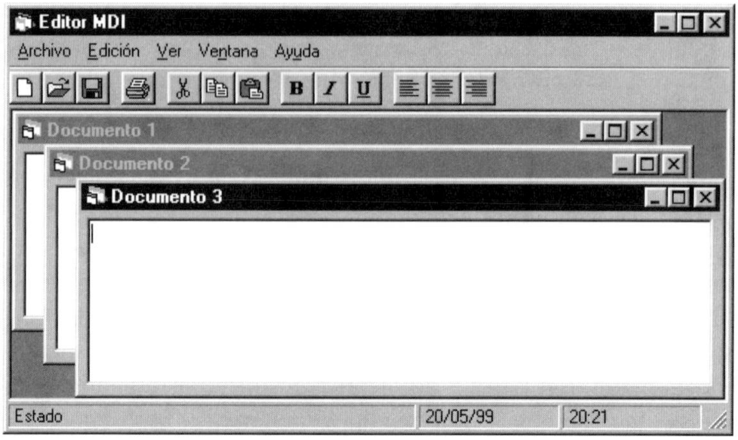

A continuación vamos a colocar en *FormMDI* una barra de menús, una barra de herramientas denominada *tbToolBar*, un control lista de imágenes denominado *imlToolbarIcons* y un control de diálogo común denominado *dlgCommonDialog*.

La barra de menús contendrá los menús típicos de las operaciones que puede realizar el formulario padre:

- *Archivo* con las órdenes: *Nuevo* y *Salir*. La orden *Nuevo* permite crear un nuevo documento vacío.
- *Ver* con las órdenes: *Barra de herramientas* y *Barra de estado*.
- *Ayuda* con la orden *Acerca de*.

La lista de imágenes, control *ImageList*, contendrá las imágenes necesarias para la barra de herramientas que se describe a continuación.

La barra de herramientas, control *Toolbar*, contendrá los botones: *Nuevo*, *Abrir*, *Guardar*, separador, *Imprimir*, separador, *Cortar*, *Copiar*, *Pegar*, separador, *Negrita*, *Cursiva*, *Subrayado*, separador, *Alinear a la izquierda*, *Centrar* y *Alinear a la derecha*. Cuando finalice su diseño obtendrá una barra como la de la figura siguiente:

La razón de añadir los controles, barra de herramientas, lista de imágenes y diálogo común en el formulario MDI y no en el formulario hijo, es para que no se repitan por cada formulario hijo nuevo que se cree, como se verá a continuación.

El trabajo realizado hasta ahora, concluye el diseño del formulario padre (formulario MDI).

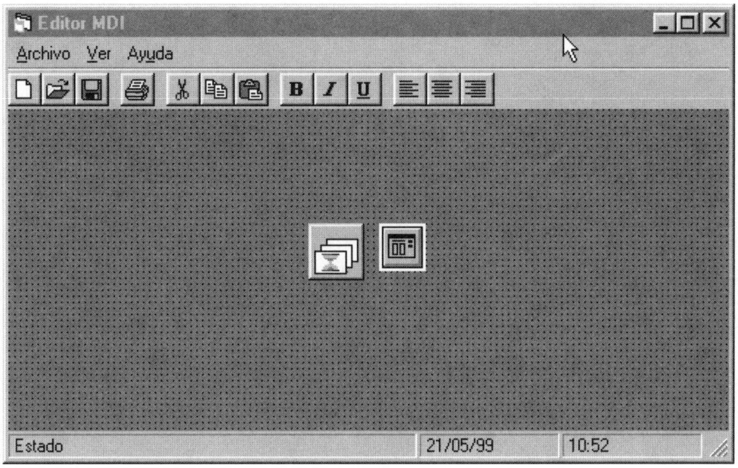

Continuamos con el diseño del formulario hijo. Modifique el nombre del formulario *Form1* para que sea *frmDocumento* y asigne a su propiedad **MDIChild** el valor **True**.

A continuación vamos a colocar en *frmDocumento* una barra de menús típica de un procesador de textos y un control *RichTextBox*, denominado *rtfText*, que actuará como soporte del documento. Asigne a la propiedad **ScrollBars** de *rtfText* el valor 3.

Recuerde que la barra de menús del formulario hijo sustituirá automáticamente a la barra del formulario padre, cuando durante la ejecución haya uno activo:

- *Archivo* con las órdenes: *Nuevo*, *Abrir*, *Guardar*, *Guardar como*, *Configurar impresora*, *Imprimir* y *Salir*.
- *Edición* con las órdenes: *Cortar*, *Copiar*, y *Pegar*.
- *Ver* con las órdenes: *Barra de herramientas* y *Barra de estado*.
- *Ventana* con las órdenes: *Nueva ventana*, *Cascada*, *Mosaico horizontal*, *Mosaico vertical* y *Organización iconos*.
- *Ayuda* con la orden *Acerca de*.

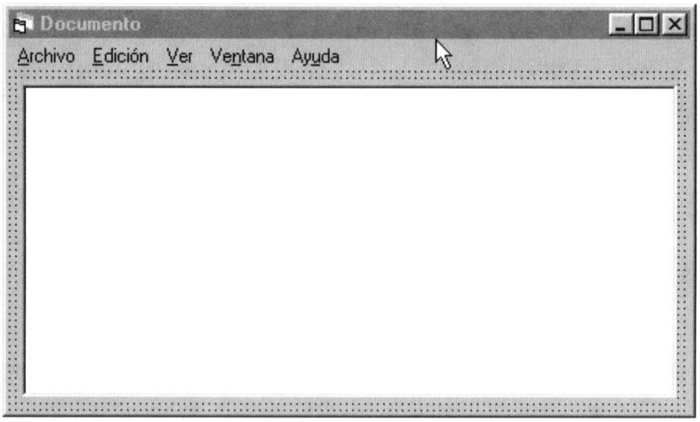

El control *RichTextBox* permite al usuario escribir y modificar texto, al tiempo que proporciona características más avanzadas que el control *TextBox* convencional, como aplicar formato a cualquier parte del texto, y no tiene el límite de capacidad de 64 KB del control *TextBox*. Para utilizarlo deberá agregar el fichero *richtx32.ocx* al proyecto.

De forma resumida, este control proporciona la mayoría de las propiedades del control *TextBox* convencional y además las siguientes:

- Formato de carácter y de párrafo al texto seleccionado. Mediante estas propiedades puede poner el texto en negrita, en cursiva o subrayado, modificar el color, y crear superíndices y subíndices.

- Alinear los párrafos a la izquierda, a la derecha o al centro, así como establecer sangrías francesas.

- Abrir y guardar ficheros con formato RTF o texto ASCII normal. Para ello podemos utilizar los métodos **LoadFile** y **SaveFile** o bien las propiedades **SelRTF** y **TextRTF** junto con las instrucciones de entrada y salida de ficheros de Visual Basic.

- Incrustar objetos OLE (hoja *Excel*, documento *Word*, etc.) mediante la colección **OLEObjects**, lo que permite crear documentos que contengan otros documentos u objetos. Cada objeto insertado está representado por un objeto **OLEObject**. Para insertar un objeto simplemente tiene que arrastrarlo sobre este control desde el Explorador de Windows, por ejemplo; o bien puede arrastrar una parte resaltada de un fichero abierto por otra aplicación. Cuando se arrastra un objeto para colocarlo en el control, el punto de inserción seguirá al cursor del ratón hasta que se suelte el botón del mismo.

- Utilizar el portapapeles para realizar las operaciones típicas de cortar, copiar y pegar.

- Imprimir todo o parte del documento. Para realizar esta operación disponemos del método **SelPrint**.

Para finalizar el diseño de la aplicación añada el diálogo *Acerca de*. Después guarde el proyecto con el nombre *editorMDI*.

Una vez finalizado el diseño, vamos a escribir el código necesario para que la aplicación se comporte según el planteamiento realizado.

Puesto que no es posible llamar a un procedimiento de un formulario desde otro formulario, tenemos que organizar el código que tenga que ser accedido desde varios lugares en procedimientos separados pertenecientes a un módulo, para permitir que sean accedidos desde cualquier parte. Por ejemplo, en la aplicación *Editor MDI* ahora hay dos órdenes que requieren ejecutar un mismo procedimiento: orden *Nuevo* en el formulario padre o botón *Nuevo* de la barra de herramientas del formulario padre, y orden *Nuevo* del formulario hijo.

Para no duplicar el código, vamos a distribuirlo en tres bloques: código perteneciente al formulario padre, código perteneciente al formulario hijo y código común a ambos. El código común lo escribiremos en un módulo estándar denominado *Modulo1*.

Inicio de la aplicación

Cuando se carga un formulario hijo, se carga y se presenta automáticamente su formulario padre (el formulario MDI). Sin embargo, cuando se carga el formulario padre, sus formularios hijos no se cargan automáticamente. Esto nos conduce a pensar que si el formulario hijo es el formulario inicial predeterminado, al iniciar la aplicación se cargarán los dos formularios, el MDI y el hijo. Ahora si el formulario inicial predeterminado es el formulario padre, la aplicación sólo cargará el formulario MDI. El primer formulario hijo se cargará cuando se ejecute la orden *Nuevo* del menú *Archivo*.

Pensando en futuras versiones de esta aplicación, y por lo tanto en posibles modificaciones como, por ejemplo, añadir una ventana de presentación, vamos a iniciar la aplicación sin cargar ningún formulario. Por lo tanto, abra la ventana *Propiedades del proyecto* y seleccione de la lista *Objeto inicial* el procedimiento **Main**. Después edítelo como se indica a continuación:

```
Public frmMDI As FormMDI
```

```
Sub Main()
  Set frmMDI = New FormMDI
  frmMDI.Show
End Sub
```

La variable *frmMDI* es una referencia al formulario padre que se crea en el instante en el que se invoca al método **Show** para visualizarlo. Recuerde que si al declarar la variable se utiliza la palabra clave **New**, la primera vez que se utilice esa variable se creará un objeto de la clase especificada (estos conceptos fueron explicados en el capítulo 2 al hablar de objetos).

Agregue un módulo estándar a la aplicación denominado *Modulo1* y escriba el código anterior en el mismo.

Procedimientos comunes

Cuando se inicie la aplicación y se cargue el formulario MDI, desearemos a continuación cargar un documento vacío. Como esta operación necesitaremos realizarla también desde otras partes (botón *Nuevo*, archivo *Nuevo*, ventana *Nueva*) vamos a escribir un procedimiento *CargarNuevoDoc* que incluiremos en el módulo estándar *Modulo1*:

```
Public Sub CargarNuevoDoc()
  Static lContadorDocs As Long
  Dim frmDoc As frmDocumento
  lContadorDocs = lContadorDocs + 1
  Set frmDoc = New frmDocumento
  frmDoc.Caption = "Documento " & lContadorDocs
  frmDoc.Show
End Sub
```

Este procedimiento declara una variable estática que actuará como contador de documentos abiertos. Después crea un nuevo formulario de la clase *frmDocumento*, le asigna el título "Documento" más el número de documento y lo visualiza invocando al método **Show**.

Abrir un documento

Cuando el usuario haga clic en la orden *Abrir...* del menú *Archivo* o pulse el botón *Abrir* de la barra de herramientas, tiene que visualizarse la caja de diálogo estándar *Abrir*. En ella, el usuario elegirá el fichero que quiere visualizar. El fichero seleccionado se visualizará sobre el formulario activo. Si no hubiera un formulario activo, entonces se creará uno nuevo, Asimismo, cambiaremos también el título del formulario para que coincida con el nombre del fichero seleccionado:

```
Public Sub ArchivoAbrir()
  Dim sFichero As String

  If frmMDI.ActiveForm Is Nothing Then CargarNuevoDoc

  With frmMDI.dlgCommonDialog
    .DialogTitle = "Abrir"
    .CancelError = False
    .Filter = "Todos los archivos (*.*)|*.*"
    .ShowOpen
    If Len(.FileName) = 0 Then
      Exit Sub
    End If
    sFichero = .FileName
  End With
  frmMDI.ActiveForm.rtfText.LoadFile sFichero
  frmMDI.ActiveForm.Caption = sFichero
End Sub
```

Guardar un documento

Cuando el usuario edite un documento y seleccione la orden *Guardar* del menú *Archivo* o pulse el botón *Guardar* de la barra de herramientas, se almacenará el contenido del control *rtfText* del formulario activo en el fichero especificado. El nombre de este fichero será:

- El especificado en la caja de diálogo común *Guardar* cuando el fichero es de nueva creación; esto es, cuando el título del formulario es "Documento n". En este caso, cuando se guarde el fichero cambiaremos también el título del formulario para que coincida con el nombre especificado para el fichero. Además, verificaremos si el usuario pulsó el botón *Cancelar*, lo que supone abandonar el proceso iniciado.
- El título del formulario cuando el contenido de *rtfText* se inició abriendo un fichero existente.

Para poder ejecutar las acciones expresadas, visualice la ventana de código correspondiente a *Modulo1* y escriba:

```
Public Sub ArchivoGuardar()
  Dim sFichero As String
  If Left(frmMDI.ActiveForm.Caption, 9) = "Documento" Then
    With frmMDI.dlgCommonDialog
      .DialogTitle = "Guardar"
      .CancelError = False
      .Filter = "Todos los archivos (*.*)|*.*"
      .ShowSave
      If Len(.FileName) = 0 Then ' se pulsó Cancelar
```

```
        Exit Sub
      End If
      sFichero = .FileName
    End With
    frmMDI.ActiveForm.Caption = sFichero
    frmMDI.ActiveForm.rtfText.SaveFile sFichero
  Else
    sFichero = frmMDI.ActiveForm.Caption
    frmMDI.ActiveForm.rtfText.SaveFile sFichero
  End If
End Sub
```

Como la aplicación puede tener varios ejemplares del mismo formulario hijo, *ArchivoGuardar* necesita saber qué formulario tiene que usar. Para especificarlo, utilice la propiedad **ActiveForm** del formulario MDI, que devuelve el formulario hijo que está activo.

Imprimir un documento

Cuando el usuario edite un documento y seleccione la orden *Imprimir* del menú *Archivo* o pulse el botón *Imprimir* de la barra de herramientas, se imprimirá el contenido del control *rtfText* del formulario activo en la impresora seleccionada en la caja de diálogo común *Imprimir*. Además, verificaremos si el usuario pulsó el botón *Cancelar*, lo que supone no realizar la impresión.

Para poder ejecutar las acciones expresadas, visualice la ventana de código correspondiente a *Modulo1* y escriba:

```
Public Sub ArchivoImprimir()
  On Error Resume Next
  If frmMDI.ActiveForm Is Nothing Then Exit Sub

  With frmMDI.dlgCommonDialog
    .DialogTitle = "Imprimir"
    .CancelError = True
    .Flags = cdlPDReturnDC + cdlPDNoPageNums
    If frmMDI.ActiveForm.rtfText.SelLength = 0 Then
      .Flags = .Flags + cdlPDAllPages
    Else
      .Flags = .Flags + cdlPDSelection
    End If
    .ShowPrinter
    If Err <> MSComDlg.cdlCancel Then ' no se seleccionó Cancelar
      frmMDI.ActiveForm.rtfText.SelPrint .hDC
    End If
  End With
End Sub
```

El indicador *cdlPDReturnDC* del cuadro de diálogo *Imprimir* devuelve un contexto de dispositivo para la impresora seleccionada. El contexto de dispositivo se devuelve en la propiedad **hDC** del cuadro de diálogo. El indicador *cdlPDNoPageNums* inhabilita el botón de opción *Páginas* y el control de edición asociado. El indicador *cdlPDAllPages* devuelve o establece el estado del botón de opción *Todo*. Y el indicador *cdlPDSelection* devuelve o establece el estado del botón de opción *Selección*. Si no se especifican *cdlPDPageNums* ni *cdlPDSelection*, el botón de opción *Todo* estará en el estado seleccionado.

Estas constantes se enumeran en la biblioteca de objetos del control *CommonDialog* de Microsoft, denominada **MSComDlg**, dentro del *Examinador de objetos*.

Cortar, copiar y pegar

Cuando el usuario edite un documento y seleccione alguna parte del texto del control *rtfText* del formulario activo, podrá cortarla o copiarla para pegarla en otra parte del documento o en otro documento. Para obtener el texto seleccionado hemos utilizado la propiedad **SelRTF**. Esta propiedad a diferencia de la propiedad **SelText** obtiene el texto con formato enriquecido. Lógicamente, el movimiento del texto se hace a través del objeto **Clipboard**.

```
Public Sub EdiciónCortar()
  On Error Resume Next
  Clipboard.SetText frmMDI.ActiveForm.rtfText.SelRTF
  frmMDI.ActiveForm.rtfText.SelText = vbNullString
End Sub

Public Sub EdiciónCopiar()
  On Error Resume Next
  Clipboard.SetText frmMDI.ActiveForm.rtfText.SelRTF
End Sub

Public Sub EdiciónPegar()
  On Error Resume Next
  frmMDI.ActiveForm.rtfText.SelRTF = Clipboard.GetText
End Sub
```

Barras de herramientas y de estado

Cuando el usuario quiera mostrar u ocultar la barra de herramientas o la de estado, seleccionará la orden *Barra de herramientas* o *Barra de estado* del menú *Ver*. Cuando se lleve a cabo alguna de estas acciones, la orden correspondiente quedará señalada o no dependiendo de que la barra esté visible u oculta, respectivamente. Esto implica saber a quién pertenece el menú *Ver*, ya que éste aparece tanto en la barra de menús del formulario MDI como en la del formulario hijo. Para ello, como puede observar a continuación, el procedimiento común invocado recibirá como parámetro una referencia al formulario propietario del menú:

```
Public Sub VerBarraHerramientas(frm As Form)
  frm.VerBarraHerramientas.Checked = Not frm.VerBarraHerramientas.Checked
  frmMDI.tbToolBar.Visible = frm.VerBarraHerramientas.Checked
End Sub

Public Sub VerBarraEstado(frm As Form)
  frm.VerBarraEstado.Checked = Not frm.VerBarraEstado.Checked
  frmMDI.sbStatusBar.Visible = frm.VerBarraEstado.Checked
End Sub
```

Formulario hijo

Cuando se invoca al método **Show** en el procedimiento *CargarNuevoDoc* para visualizar el formulario documento, se crea y se carga dicho formulario, lo cual implica que se desencadene el evento **Load**, circunstancia que aprovecharemos para ajustar el tamaño del formulario invocando al método *Form_Resize*.

```
Private Sub Form_Load()
  Form_Resize
End Sub
```

El evento **Resize** se desencadena cuando un objeto se muestra la primera vez o cuando cambia su estado. Por ejemplo, para un formulario hijo, este evento ocurrirá cuando se visualice por primera vez, cuando se minimice o maximice, o bien cuando modifiquemos su tamaño utilizando el ratón. La respuesta a este evento será ajustar el tamaño del control *rtfText* contenido en el formulario hijo, acorde al tamaño de dicho formulario.

```
Private Sub Form_Resize()
  On Error Resume Next
  rtfText.Move 20, 20, Me.ScaleWidth - 40, Me.ScaleHeight - 40
  rtfText.RightMargin = rtfText.Width - 300
End Sub
```

Cuando se visualizan varios ejemplares de *frmDocumento*, todos comparten el mismo código, pero cada uno de ellos guarda sus propias propiedades y reconoce sus propios eventos. Según esto, cuando se escriba código para múltiples ejemplares, no se debe utilizar el identificador del formulario para referirse a los controles o a sus propiedades. Si es necesario hacer referencia al formulario actual, se utilizará la palabra clave **Me**, como se puede observar en el código anterior.

Me se utiliza para hacer referencia al formulario cuyo código se está ejecutando. Esta palabra clave también es útil cuando se necesita pasar una referencia del formulario actual como argumento de un procedimiento.

Orden Nuevo

Si ya existe al menos un documento y el usuario quiere crear otro nuevo, puede ejecutar la orden *Nuevo* del menú *Archivo* del formulario hijo (menú que se estará visualizando). La respuesta a este evento será el procedimiento siguiente:

```
Private Sub ArchivoNuevo_Click()
  Modulo1.CargarNuevoDoc
End Sub
```

Orden Abrir

Cuando el usuario haga clic en la orden *Abrir* del menú *Archivo*, se visualizará el contenido del fichero seleccionado en el control *rtfText*. Para llevar a cabo esta acción, simplemente hay que invocar al procedimiento *ArchivoAbrir* de *Modulo1*. Visualice la ventana de código correspondiente a la orden *Abrir* del menú *Archivo* y escriba:

```
Private Sub ArchivoAbrir_Click()
  Modulo1.ArchivoAbrir
End Sub
```

Orden Guardar

Cuando el usuario edite un documento y seleccione la orden *Guardar*, se almacenará el contenido de control *rtfText* del formulario activo en el fichero especificado. Para poder ejecutar esta acción simplemente hay que invocar al procedimiento *ArchivoGuardar* de *Modulo1*. Visualice la ventana de código correspondiente a la orden *Guardar* del menú *Archivo* y escriba:

```
Private Sub ArchivoGuardar_Click()
  Modulo1.ArchivoGuardar
End Sub
```

Orden Guardar como

Cuando el usuario edite un documento y seleccione la orden *Guardar como*, será porque quiere almacenar el contenido de control *rtfText* del formulario activo en un fichero con otro nombre. El nombre de este fichero será el especificado en la caja de diálogo común *Guardar como*. Cuando se guarde el fichero modificaremos también el título del formulario para que coincida con el nombre especificado para el fichero. Además, verificaremos si el usuario pulsó el botón *Cancelar*, lo que supone abandonar el proceso iniciado.

Para poder ejecutar la acciones especificadas, visualice la ventana de código correspondiente a la orden *Guardar como* del menú *Archivo* y escriba:

```
Private Sub ArchivoGuardarComo_Click()
  Dim sFichero As String

  If frmMDI.ActiveForm Is Nothing Then Exit Sub

  With frmMDI.dlgCommonDialog
    .DialogTitle = "Guardar como"
    .CancelError = False
    .Filter = "Todos los archivos (*.*)|*.*"
    .ShowSave
    If Len(.FileName) = 0 Then ' se pulsó Cancelar
      Exit Sub
    End If
    sFichero = .FileName
  End With
  frmMDI.ActiveForm.Caption = sFichero
  frmMDI.ActiveForm.rtfText.SaveFile sFichero
End Sub
```

El documento ha cambiado

Cuando el usuario salga de la aplicación, debe tener la oportunidad de guardar su trabajo si por despiste no lo ha hecho. Para hacer esto posible, la aplicación necesita conocer qué documentos han cambiado, lo que se puede hacer interrogando a su propiedad **Tag**. Por ejemplo, para indicar que el contenido de *rtfText* del formulario hijo activo ha cambiado desde la última vez que fue guardado, asigne a la propiedad **Tag** de dicho formulario el valor "cambió":

```
Private Sub rtfText_Change()
  Me.Tag = "cambió" ' el documento cambió
End Sub
```

Consecuentemente, cada vez que el usuario guarde el documento, el procedimiento utilizado para ello, *ArchivoGuardar* o *ArchivoGuardarComo_Click*, asignará a la propiedad **Tag** del formulario correspondiente una cadena nula (""). De esta forma, disponemos de un indicador para saber si es necesario guardar o no un fichero cuando decidimos cerrar la ventana que lo contiene.

```
Public Sub ArchivoGuardar()
  '...
    frmMDI.ActiveForm.rtfText.SaveFile sFichero
```

```
    frmMDI.ActiveForm.Tag = "" ' sin cambios
  End If
End Sub

Private Sub ArchivoGuardarComo_Click()
  '...
  frmMDI.ActiveForm.rtfText.SaveFile sFichero
  Me.Tag = "" ' sin cambios
End Sub
```

La propiedad **Tag** es particular de cada formulario y empieza a ser útil cuando el usuario decide cerrar un documento o salir de la aplicación. Esto ocurre cuando el usuario ejecuta la orden *Cerrar* del menú de control de alguno de los formularios hijo, cuando ejecuta la orden *Cerrar* del menú de control del formulario padre o cuando ejecuta la orden *Salir* del menú *Archivo* de la aplicación.

Orden Cerrar del menú de control del formulario

Cuando el usuario ejecuta la orden *Cerrar* del menú de control del formulario padre, Visual Basic intenta descargar dicho formulario. Esto hace que se desencadene el evento **QueryUnload** primero para el formulario padre y luego para cada uno de los formularios hijo. El esquema del procedimiento conducido por este evento es:

```
Sub Form_QueryUnload(Cancel As Integer, UnloadMode As Integer)

End Sub
```

Si el código de este procedimiento asigna al parámetro *Cancel* el valor **True**, el formulario asociado no se descarga. En otro caso, se van cerrando primero cada uno de los formularios hijo y por último el formulario padre.

Ya que este procedimiento va a ser invocado antes de que un formulario sea descargado, es el lugar y el momento de dar al usuario la oportunidad de guardar el contenido de *rtfText*. Por lo tanto, añada al procedimiento conducido por el evento **QueryUnload** del formulario hijo el código siguiente:

```
Private Sub Form_QueryUnload(Cancel As Integer, UnloadMode As Integer)
  Dim Msg As String, sFichero As String
  Dim Respuesta As Integer

  If Me.Tag = "cambió" Then
    Me.SetFocus 'activar el formulario
    sFichero = Me.Caption
    Msg = "El texto de " & sFichero & " ha cambiado." & _
          vbCrLf & "¿Quiere guardar los cambios?"
```

```
    Respuesta = MsgBox(Msg, vbYesNoCancel + vbQuestion, frmMDI.Caption)
    Select Case Respuesta
      Case vbYes        'el usuario selecciona Sí
        'Obtener el nombre del fichero
        Modulo1.ArchivoGuardar
      Case vbNo         'el usuario selecciona No
        Cancel = False 'se descarga el formulario
      Case vbCancel     'el usuario selecciona Cancelar
        Cancel = True  'no se descarga el formulario
    End Select
  End If
End Sub
```

Cuando el usuario ejecuta la orden *Cerrar* del menú de control de un formulario hijo, también se da el evento **QueryUnload** y, por lo tanto, también se invoca el procedimiento anterior, pero sólo para este formulario.

Orden Salir

Supongamos que el procedimiento asociado con la orden *Salir* del menú *Archivo* correspondiente a la barra de menús del formulario hijo es así:

```
Private Sub ArchivoSalir_Click()
  End
End Sub
```

En este caso, cuando el usuario ejecuta la orden *Salir*, no se produce el evento **QueryUnload**; por lo tanto, no se ejecutará el procedimiento que responde a este evento y el usuario habrá finalizado la aplicación sin la posibilidad de ser avisado de si tiene o no que guardar su trabajo. Para solucionar este problema, modifique el procedimiento de la forma siguiente:

```
Private Sub ArchivoSalir_Click()
  Unload frmMDI ' descargar el formulario MDI
  End
End Sub
```

La sentencia **Unload** permite descargar un formulario o un control de la memoria, pero antes de que el formulario sea descargado se desencadena el evento **QueryUnload**, seguido del evento **Unload**. Para un formulario MDI se produce el evento **Query_Unload** del objeto **MDIForm**, seguido del evento **Query_Unload** y del evento **Unload** de cada formulario hijo. Finalmente se produce el evento **Unload** del objeto **MDIForm**.

Orden Configurar impresora

La orden *Configurar impresora* del menú *Archivo* permitirá al usuario, como su nombre indica, configurar la impresora que va a utilizar. Para editar el procedimiento vinculado con esta orden, visualice la ventana de código, seleccione el identificador correspondiente a la orden *Configurar impresora* y escriba:

```
Private Sub ArchivoConfigurarPágina_Click()
  With frmMDI.dlgCommonDialog
    .DialogTitle = "Configurar impresora"
    .CancelError = False
    .Flags = cdlPDPrintSetup
    .ShowPrinter
  End With
End Sub
```

El indicador *cdlPDPrintSetup* hace que el sistema presente el cuadro de diálogo *Configurar impresora* en vez del cuadro de diálogo *Imprimir*.

Orden Imprimir

La orden *Imprimir* del menú *Archivo* permitirá al usuario seleccionar la impresora y demás características bajo las cuales desea imprimir el documento. El procedimiento vinculado con esta orden simplemente invocará al procedimiento *ArchivoImprimir* del *Modulo1*.

```
Private Sub ArchivoImprimir_Click()
  Modulo1.ArchivoImprimir
End Sub
```

Ordenes cortar, copiar y pegar

Las órdenes *Cortar*, *Copiar* y *Pegar* del menú *Ver* permitirán al usuario copiar o mover texto de un lugar a otro dentro del mismo documento, o a otro documento. Los procedimientos vinculados con estas órdenes lo único que harán será invocar a los respectivos procedimientos en el *Modulo1*.

```
Private Sub EdiciónCortar_Click()
  Modulo1.EdiciónCortar
End Sub

Private Sub EdiciónCopiar_Click()
  Modulo1.EdiciónCopiar
End Sub
```

```
Private Sub EdiciónPegar_Click()
  Modulo1.EdiciónPegar
End Sub
```

Menú Ver

Las órdenes *Barra de herramientas* y *Barra de estado* del menú *Ver* del formulario hijo permitirán al usuario visualizar u ocultar la barra especificada por la orden. Los procedimientos vinculados con estas órdenes simplemente invocarán a los respectivos procedimientos en el *Modulo1*.

```
Private Sub VerBarraHerramientas_Click()
  Modulo1.VerBarraHerramientas Me
End Sub

Private Sub VerBarraEstado_Click()
  Modulo1.VerBarraEstado Me
End Sub
```

El argumento **Me** hace referencia al formulario cuyo código se está ejecutando. En este caso, al formulario hijo.

Menú Ventana

Muchas aplicaciones MDI incorporan un menú *Ventana*. Éste es un menú especial que visualiza los títulos de todos los formularios hijo abiertos. Además, normalmente, incorporan otras órdenes como *Nueva ventana* para visualizar una nueva ventana para un nuevo documento y *Cascada*, *Mosaico horizontal*, *Mosaico vertical* y *Organizar iconos* para organizar los formularios hijo.

Para crear un menú de este tipo tiene que:

1. Seleccionar el formulario donde lo va a colocar.
2. Añadir un menú *Ventana* a la barra de menús del formulario.
3. Seleccionar la propiedad **WindowList**. Esta propiedad determina si un objeto **Menu** mantiene una lista de los formularios hijo actuales contenidos en un objeto **MDIForm**.
4. Opcionalmente puede añadir otras órdenes como *Nueva ventana*, *Cascada*, *Mosaico horizontal*, *Mosaico vertical* y *Organizar iconos*.

Para disponer los formularios hijo en cascada (solapados), en mosaico (lado a lado) o bien poner los iconos correspondientes a estos formularios ordenadamente sobre el formulario padre, utilice el método **Arrange** del formulario MDI. Este método tiene un argumento cuyo valor (0 - *vbCascade*, 1 - *vbTileHorizontal*, 2 - *vbTileVertical*, 3 - *vbArrangeIcons*) especifica la operación, *cascada*, *mosaico horizontal*, *mosaico vertical* u *organizar iconos*, que se desea realizar. Las constantes correspondientes a estas operaciones puede obtenerlas a través del examinador de objetos.

El código para cada una de estas órdenes es el siguiente:

```
Private Sub VentanaNueva_Click()
  Modulo1.CargarNuevoDoc
End Sub

Private Sub VentanasEnCascada_Click()
  frmMDI.Arrange vbCascade
End Sub

Private Sub VentanasMosaicoHorizontal_Click()
  frmMDI.Arrange vbTileHorizontal
End Sub

Private Sub VentanasMosaicoVertical_Click()
  frmMDI.Arrange vbTileVertical
End Sub

Private Sub VentanaOrganizarIconos_Click()
  frmMDI.Arrange vbArrangeIcons
End Sub
```

Orden Acerca de

La orden *Acerca de* del menú *Ayuda* del formulario hijo permitirá al usuario visualizar un formulario con información relativa a la aplicación. El procedimiento vinculado con esta orden simplemente mostrará el formulario modal *Acerca de* correspondiente.

```
Private Sub AyudaAcercaDe_Click()
  frmAcercaDe.Show vbModal
End Sub
```

Selección actual del texto

La barra de herramientas colocada en el formulario MDI tiene una serie de botones relacionados con los formatos de las fuentes y con la alineación de los párrafos. Un poco más adelante veremos los procedimientos vinculados con estos botones. Ahora lo que queremos hacer es que los botones permanezcan en el estado de pulsado o no en función de las características de la fuente o del párrafo donde está situado el punto de inserción. Por ejemplo, si el punto de inserción está sobre un carácter en cursiva perteneciente a un párrafo alineado a la izquierda, los botones *Cursiva* y *Alinear a la izquierda* deberán mostrarse pulsados. Cuando el punto de inserción se mueva a otra posición, los botones cambiarán al estado que les corresponda.

Para realizar el proceso descrito puede utilizar el evento **SelChange**. Este evento permite comprobar las distintas propiedades que proporcionan información acerca de la selección actual (como **SelItalic** o **SelAlignment**) o posición actual del punto de inserción de modo que pueda actualizar los botones de una barra de herramientas. Según esto, y de acuerdo a la composición de la barra de herramientas de nuestra aplicación, el procedimiento que responda a este evento puede ser el siguiente:

```
Private Sub rtfText_SelChange()
  frmMDI.tbToolBar.Buttons("Negrita").Value = _
    IIf(rtfText.SelBold, tbrPressed, tbrUnpressed)
  frmMDI.tbToolBar.Buttons("Cursiva").Value = _
    IIf(rtfText.SelItalic, tbrPressed, tbrUnpressed)
  frmMDI.tbToolBar.Buttons("Subrayado").Value = _
    IIf(rtfText.SelUnderline, tbrPressed, tbrUnpressed)
  frmMDI.tbToolBar.Buttons("Alinear a la izquierda").Value = _
    IIf(rtfText.SelAlignment = rtfLeft, tbrPressed, tbrUnpressed)
  frmMDI.tbToolBar.Buttons("Centrar").Value = _
    IIf(rtfText.SelAlignment = rtfCenter, tbrPressed, tbrUnpressed)
  frmMDI.tbToolBar.Buttons("Alinear a la derecha").Value = _
    IIf(rtfText.SelAlignment = rtfRight, tbrPressed, tbrUnpressed)
End Sub
```

Las propiedades **SelBold**, **SelItalic**, **SelStrikethru** y **SelUnderline** devuelven o establecen estilos (negrita, cursiva, tachado y subrayado, respectivamente) de fuente del texto seleccionado actualmente en un control **RichTextBox**.

La función **IIf** devuelve uno de entre dos valores, dependiendo de la evaluación de una expresión. Su sintaxis es:

```
IIf ( expresión, ValorDevueltoSiTrue, ValorDevueltoSiFalse )
```

Formulario padre

Cuando se invoca al método **Show** en el procedimiento **Main** para visualizar el formulario MDI, se crea y se carga dicho formulario, lo cual implica que se desencadene el evento **Load**, circunstancia que aprovecharemos para cargar un nuevo formulario hijo.

```
Private Sub MDIForm_Load()
  CargarNuevoDoc
End Sub
```

Barra de menús del formulario MDI

Según hemos visto, cada vez que se activa un formulario hijo, su menú sustituye al menú que se esté visualizando en el formulario padre. Ahora bien, si no hay un formulario hijo cargado, o si dicho formulario no tiene un menú, entonces se visualizará el menú del formulario padre, si lo tiene.

En una aplicación Windows es normal que el formulario padre visualice un menú aunque no haya cargado un formulario hijo. Por ejemplo, si estando la aplicación *editorMDI* en ejecución el usuario cierra uno a uno todos los documentos (orden *Cerrar* del menú de control del formulario hijo), se encontrará con que no puede continuar. Para solucionar este problema, durante el diseño añadimos al formulario padre una barra de menús.

Orden Nuevo

Si no hay ningún documento abierto, y el usuario quiere crear otro nuevo, puede ejecutar la orden *Nuevo* del menú *Archivo* del formulario padre (menú que se estará visualizando; dicho menú será reemplazado por el menú del formulario hijo cuando se cargue éste). La respuesta a este evento será el procedimiento siguiente:

```
Private Sub ArchivoNuevo_Click()
  Modulo1.CargarNuevoDoc
End Sub
```

Orden Salir

La orden *Salir* del menú *Archivo* del formulario MDI sólo se puede ejecutar si no hay cargado ningún formulario hijo. En cuanto haya cargado un formulario hijo, la barra de menús del formulario MDI habrá sido automáticamente reemplazada por la barra de menús del formulario hijo. Para escribir el procedimiento asociado con esta orden, abra la ventana de código correspondiente al formulario MDI, seleccione dicha orden y escriba:

```
Private Sub ArchivoSalir_Click()
  'Descargar el formulario MDI
  Unload Me
End Sub
```

Menú Ver

Las órdenes *Barra de herramientas* y *Barra de estado* del menú *Ver* del formulario MDI permitirán al usuario visualizar u ocultar la barra especificada por la orden. Los procedimientos vinculados con estas órdenes simplemente invocarán a los respectivos procedimientos en el *Modulo1*.

```
Private Sub VerBarraHerramientas_Click()
  Modulo1.VerBarraHerramientas Me
End Sub

Private Sub VerBarraEstado_Click()
  Modulo1.VerBarraEstado Me
End Sub
```

El argumento **Me** hace referencia al formulario cuyo código se está ejecutando. En este caso, al formulario MDI.

Menú Ayuda

La orden *Acerca de...* del menú *Ayuda* del formulario MDI permitirá al usuario visualizar un formulario con información relativa a la aplicación. El procedimiento vinculado con esta orden simplemente mostrará el formulario modal *Acerca de* correspondiente.

```
Private Sub AyudaAcercaDe_Click()
  frmAcercaDe.Show vbModal
End Sub
```

Barra de herramientas

La barra de herramientas es hoy en día una característica bastante común en las aplicaciones Windows. Su función es permitir un acceso rápido a las órdenes utilizadas más frecuentemente en una aplicación.

Cuando el usuario hace clic en un botón de la barra de herramientas se desencadena el evento **ButtonClick**. Para programar la respuesta de un botón individual de la barra al evento **ButtonClick**, utilice el valor del argumento *Button* del procedimiento que se muestra a continuación:

```
Private Sub tbToolBar_ButtonClick( _
                    ByVal Button As MSComCtlLib.Button)
  On Error Resume Next
  Select Case Button.Key
    Case "Nuevo"
      Modulo1.CargarNuevoDoc
```

```
    Case "Abrir"
      Modulo1.ArchivoAbrir
    Case "Guardar"
      Modulo1.ArchivoGuardar
    Case "Imprimir"
      Modulo1.ArchivoImprimir
    Case "Cortar"
      Modulo1.EdiciónCortar
    Case "Copiar"
      Modulo1.EdiciónCopiar
    Case "Pegar"
      Modulo1.EdiciónPegar

    Case "Negrita"
      ActiveForm.rtfText.SelBold = Not ActiveForm.rtfText.SelBold
      Button.Value = _
        IIf(ActiveForm.rtfText.SelBold, tbrPressed, tbrUnpressed)
    Case "Cursiva"
      ActiveForm.rtfText.SelItalic = Not ActiveForm.rtfText.SelItalic
      Button.Value = _
        IIf(ActiveForm.rtfText.SelItalic, tbrPressed, tbrUnpressed)
    Case "Subrayado"
      ActiveForm.rtfText.SelUnderline = Not ActiveForm.rtfText.SelUnderline
      Button.Value = _
        IIf(ActiveForm.rtfText.SelUnderline, tbrPressed, tbrUnpressed)

    Case "Alinear a la izquierda"
      ActiveForm.rtfText.SelAlignment = rtfLeft
    Case "Centrar"
      ActiveForm.rtfText.SelAlignment = rtfCenter
    Case "Alinear a la derecha"
      ActiveForm.rtfText.SelAlignment = rtfRight
  End Select
End Sub
```

Observe que este procedimiento invoca a los mismos procedimientos que las órdenes correspondientes.

Barra de estado

Una barra de estado aparece normalmente en la parte inferior de un formulario MDI y tiene como misión mostrar información acerca del elemento seleccionado o del estado de la aplicación. La barra de estado de nuestra aplicación está formada por un control *StatusBar*, a la que se la han añadido tres paneles: el primero de estilo *sbrText*, el segundo de estilo *sbrDate* y el tercero de estilo *sbrTime*.

Diálogo Acerca de

El formulario *Acerca de*, denominado *frmAcercaDe* en nuestra aplicación, puede componerlo a su gusto. A continuación se muestra un ejemplo:

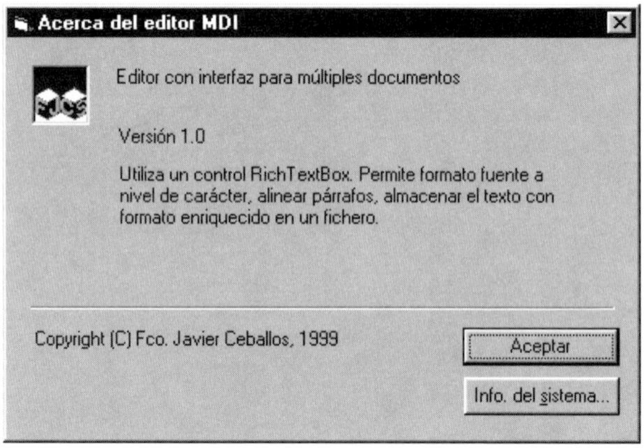

Para cerrar este formulario, el usuario hará clic en el botón *Aceptar*, y para visualizar una ventana con información acerca de su sistema hará clic en el botón *Info del sistema*. Para ello, añada los siguientes procedimientos a este formulario:

```
Private Sub Aceptar_Click()
  Unload Me
End Sub

Private Sub InfoSys_Click()
  Call StartSysInfo ' invoca a msinfo32.exe de Windows
End Sub
```

PARTE 2

Trabajar con bases de datos

- Acceso a una base de datos
- Objetos ADO
- Herramientas de acceso a datos

CAPÍTULO 10

ACCESO A UNA BASE DE DATOS

El propósito de este capítulo es que conozca las ventajas de trabajar con bases de datos en lugar de hacerlo con ficheros, como estudiamos en un capítulo anterior.

¿QUÉ ES UNA BASE DE DATOS?

Una base de datos es una colección de datos clasificados y estructurados que son guardados en uno o varios ficheros pero referenciados como si de un único fichero se tratara. Visual Basic incluye a partir de la edición estándar un *Administrador visual de datos* que le permitirá crear y manipular bases de datos *Microsoft Access*, *Dbase*, *Foxpro*, *Paradox*, *ODBC* y ficheros de texto.

Los datos de una base de datos están clasificados en *campos* y en *registros* o fichas. Por ejemplo, piense en el listín de teléfonos. Los datos relativos a un teléfono (nombre, dirección, teléfono, etc.) son *campos* que agrupamos en una ficha o *registro*. El conjunto de todas las fichas de todos los teléfonos forman la base de datos. Una base de datos puede estar formada por una o más *tablas*.

Nombre	Dirección	Teléfono	
Alfons González Pérez	Argentona, Barcelona	93-3333333	Director
Ana María Cuesta Suñer	Gijón, Asturias	98-4454545	
Elena Veiguela Suarez	Muxía, La Coruña	981-425323	
Miguel López Trujillo	Mataporquera, Cantabria	942-232323	Es propi
Pedro Aguado Rodríguez	Alcalá de Henares, Madrid	91-8888888	
Sonia Febril Parra	Valdeolivas, Granada	958-565656	

Una tabla es una colección de datos presentada en forma de una matriz bidimensional, donde las filas son los *registros* y las columnas los *campos*.

La figura anterior muestra una tabla "tfnos" con seis registros de cuatro campos cada uno, *Nombre*, *Dirección*, *Teléfono* y *Notas*.

PROGRAMACIÓN DE BASES DE DATOS

Es difícil que en una aplicación no se utilice una base de datos, ya que siempre hay algo que almacenar. Las bases de datos actuales, en general, son todas relacionales. Constan de un conjunto de tablas divididas en filas y columnas. El acceso a las mismas se hace generalmente utilizando el lenguaje SQL (*Structured Query Language* - Lenguaje de consulta estructurado). Por otra parte, dada la gran cantidad de situaciones diferentes en las que se puede utilizar una base de datos, es lógico que existan muchos tipos y muchas formas de acceder a ellas. Por eso, para que los programadores puedan acceder de forma estándar a una base de datos, los fabricantes suelen desarrollar junto con la base de datos el controlador ODBC (*Open Database Connectivity* - Conectividad abierta de bases de datos) de acceso correspondiente, que proporciona al programador un conjunto de funciones estándar (API - *Application Programming Interface*; Interfaz de programación de aplicaciones) para acceder al motor de la base.

Otros fabricantes, con el fin de facilitar más las cosas, dotaron a sus herramientas de desarrollo de una nueva capa de software, conocida como *motor de bases de datos*, intercalada entre el código de la aplicación y el controlador ODBC. Un ejemplo es *MS Jet*, el motor de base de datos que proporciona Microsoft en muchos de sus productos (Visual Basic, Visual C++, Excel, Word, etc.). Se trata de una capa de software independiente de la aplicación que lo utiliza para acceder a los datos de la base.

Finalmente, en las herramientas de desarrollo actuales han proliferado los controles y los objetos de acceso a datos, los cuales establecen un puente entre la interfaz del usuario y el motor de acceso a datos.

Visual Basic proporciona varias formas de acceso a bases de datos remotas, las cuales se describen a continuación:

- *Objetos ActiveX de acceso a datos* (ADO - *ActiveX Data Objects*). Microsoft, a partir de la versión 6 de Visual Basic, introduce el modelo de objetos ADO para el acceso a bases de datos. Este modelo es más sencillo y proporciona mejor integración con las tecnología de Microsoft y con otras tecnologías, una interfaz común para acceso a datos locales y remotos, conjuntos de registros (*recordsets*) remotos y locales, una interfaz de enlace con los datos accesible para el usuario y un conjuntos de registros jerárquicos.

* *Control de datos ADO* (ADODC - *ADO Data Control*). Permite crear una conexión con una base de datos de una forma fácil y rápida mediante objetos *ActiveX* de acceso a datos.

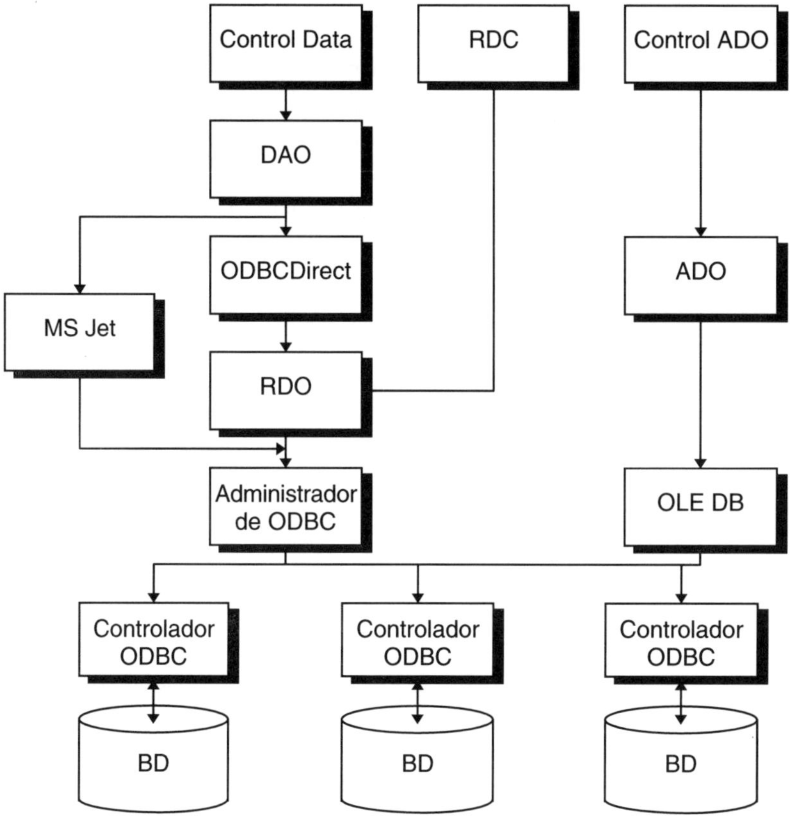

* *Objetos de acceso a datos* (DAO - *Data Access Objects*). El modelo de objetos DAO admite dos entornos diferentes de bases de datos o espacios de trabajo: *MS Jet* y *acceso directo a ODBC* (*ODBCDirect*).

  Microsoft Jet permite acceder a bases de datos Microsoft *Access*, o bien a bases de datos Microsoft conectadas a ODBC y a orígenes de datos conectados a ISAM (*Indexed Sequential Access Method* - Método de acceso secuencial indexado) para permitir el acceso a formatos de bases de datos externas como son dBASE, Microsoft Excel y Paradox. *MS Jet* carga estos controladores ISAM cuando se hace referencia a ellos en una aplicación.

  El *acceso directo a ODBC* (*ODBCDirect*) permite tener acceso a servidores de bases de datos a través de ODBC sin cargar el motor de base de datos *MS Jet*.

- *Control de datos* (DC - *Data Control*). El control *Data* implementa el acceso a los datos mediante el motor de bases de datos *MS Jet*, el mismo motor de bases de datos de *Microsoft Access*.

- *RDO*. Es una interfaz de acceso a datos mediante ODBC orientada a objetos, que incorpora un estilo sencillo de DAO y cuya interfaz expone prácticamente toda la flexibilidad y eficacia de bajo nivel de ODBC. Sin embargo, RDO presenta limitaciones al no proporcionar un acceso apropiado a las bases de datos *MS Jet*, y al sólo permitir el acceso a bases de datos relacionales a través de los controladores ODBC existentes. El control remoto de datos (RDC - *RemoteData Control*) implementa el acceso mediante RDO.

- *Conectividad abierta de bases de datos* (ODBC - *Open Database Connectivity*). Se trata de una interfaz de programación para acceso a servidores de base de datos que proporciona un lenguaje común para las aplicaciones Windows que necesiten acceder a una base de datos en una red. Para utilizar esta interfaz con distintas bases de datos debe instalar previamente los correspondientes controladores ODBC.

- *VBSQL*. Es una biblioteca de Visual Basic para *SQL Server*. Concretamente se trata de una interfaz de programación (API) para *DB-Library*.

¿Cuáles son las ventajas de uno u otro método? Básicamente las ventajas dependen del tipo de usuario para el que se realice la aplicación. El motor *Jet* funciona bien en monousuario y en redes pequeñas; tiene sus problemas de bloqueo cuando varios usuarios acceden a una misma información o incluso a informaciones colindantes. Con bases de datos grandes es aconsejable trabajar con ODBC. La ventaja de trabajar con el motor *Jet* es que no necesitamos depender de ningún *driver* ODBC externo, que las aplicaciones son más sencillas y dan menos problemas de configuración. Utilizar RDO es similar en muchos aspectos a utilizar DAO; no obstante hay algunas diferencias, ya que RDO está implementado y diseñado para utilizarlo estrictamente con bases de datos relacionales. RDO no tiene ningún procesador de consultas propio; depende del origen de datos para procesar todas las consultas y crear los conjuntos de resultados. Los objetos de datos propiamente dichos se generan a partir de los conjuntos de resultados y los cursores devueltos por el controlador ODBC. Finalmente, el acceso a datos basado en OLE DB y ADO es adecuado para una gama amplia de aplicaciones cliente/servidor. Las principales ventajas son fácil utilización, gran velocidad, uso de poca memoria y poca utilización de disco.

Recordemos, como principio de diseño, que aunque la tecnología posibilite múltiples y enrevesadas posibilidades, las aplicaciones que deben funcionar cada día deben ser lo más sencillas posibles, tanto para el usuario como para el programador que debe soportarlas. Por lo tanto, el modelo de objetos ADO es el que se aconseja utilizar de ahora en adelante.

EL CONTROL DE DATOS ADO

El control de datos ADO permite crear aplicaciones para visualizar, editar y actualizar información de muchos tipos de bases de datos, como Microsoft *Access*, Microsoft FoxPro, SQL y Oracle. En general, un proveedor de datos puede ser cualquier origen escrito para la especificación OLE DB.

Para hacer que una aplicación se comunique con una base de datos a través del control de datos ADO hay que:

- Añadir dicho control al formulario y especificar la base de datos de la que se desea obtener la información. Esto nos permitirá editar, visualizar o actualizar uno o más registros de la base de datos.

- Añadir otros controles y enlazarlos al control de datos ADO para visualizar la información de cada uno de los registros de la base. Entre ellos están los controles intrínsecos de Visual Basic como **CheckBox**, **ComboBox**, **Image**, **Label**, **ListBox**, **PictureBox** y **TextBox** y controles *ActiveX* como **DataGrid**, **DataCombo**, **Chart** y **DataList**.

La figura siguiente muestra el aspecto de este control y la funcionalidad de cada uno de sus botones:

 Posicionarse en el primer registro.

 Posicionarse en el registro anterior.

 Posicionarse en el registro siguiente.

 Posicionarse en el último registro.

Cómo utilizar el control de datos ADO

El control de datos ADO puede utilizarse para crear aplicaciones de bases de datos sencillas sin escribir nada de código, o bien para crear aplicaciones más complejas, en cuyo caso será necesario el soporte de código Visual Basic.

Para ver con detalle la manera de utilizar el control de datos ADO, vamos a desarrollar una aplicación para acceder a una base *academia.mdb* creada con *Microsoft Access* o con el *Administrador visual de datos* de Visual Basic y formada por dos tablas denominadas *Clases e Idiomas.*

La base de datos sobre la que vamos a trabajar se llama *academia.mdb.* Está formada por dos tablas: *Clases* y *Idiomas.*

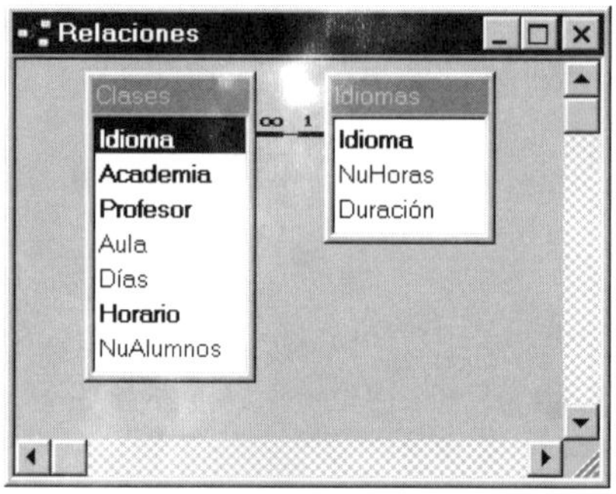

La tabla *Clases* almacena los datos relativos a cada una de las clases. Utiliza como clave los campos *Idioma, Academia, Profesor* y *Horario* sin duplicados.

Campo	Tipo	Significado
Idioma	Cadena de 10 caracteres	Idioma y nivel
Academia	Cadena de 20 caracteres	Dirección de la academia
Profesor	Cadena de 30 caracteres	Profesor que imparte la clase
Aula	Cadena de 7 caracteres	Aula en la que se imparte la clase
Días	Cadena de 20 caracteres	Días de la semana que se imparten
Horario	Cadena de 15 caracteres	Horas en las que se imparte cada clase
NuAlumnos	Numérico	Número de alumnos de la clase

La tabla *Idiomas* almacena los distintos idiomas que se imparten en las diferentes academias. Utiliza como clave el campo *Idioma* sin duplicados.

Campo	Tipo	Significado
Idioma	Cadena de 10 caracteres	Idioma y nivel
NuHoras	Numérico	Número de horas por semana
Duración	Numérico	Duración del curso en semanas

En la base de datos se establece una relación de uno a varios; esto es, un registro en la tabla *Idiomas* está relacionado con varios registros de la tabla clases (todos los que tienen el mismo campo *Idioma*).

Integridad referencial

Se entiende por integridad referencial las reglas que se establecen para preservar las relaciones entre las tablas cuando se agregan, cambian o eliminan registros. Al exigir la integridad referencial, se impide a los usuarios que agreguen registros a una tabla relacionada para la cual no hay clave principal, cambiar los valores de la tabla principal que darían lugar a registros huérfanos en la tabla relacionada, así como eliminar los registros de una tabla principal cuando hay registros relacionados coincidentes.

Si en *Microsoft Access* selecciona la opción "Actualizar en cascada campos relacionados" o "Eliminar en cascada los campos relacionados" para una relación (haga doble clic sobre la línea de relación de la relación que desea editar; ver figura anterior), el motor de bases de datos *Microsoft Jet* permitirá realizar cambios y eliminaciones, pero cambiará o eliminará los registros relacionados para el cumplimiento de las reglas.

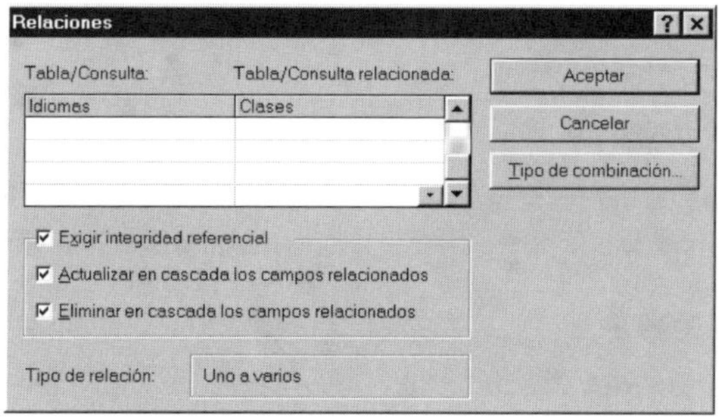

Características de la aplicación

La aplicación deberá reunir fundamentalmente las siguientes características:

- Visualizará en un formulario cada uno de los campos del registro seleccionado, permitiendo modificar cualquiera de ellos.
- El campo *Idioma* se corresponderá con una lista desplegable a la que se añadirán los distintos idiomas registrados en la base de datos.
- Permitirá moverse de un registro a otro utilizando los botones de la barra de herramientas o mediante las órdenes *Primero*, *Anterior*, *Siguiente* y *Último* de un menú *Registro*.

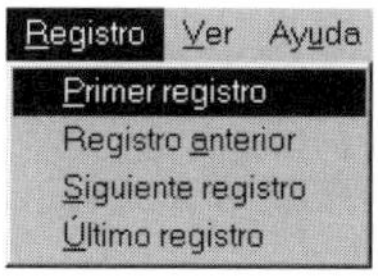

La figura siguiente muestra el aspecto final de la aplicación.

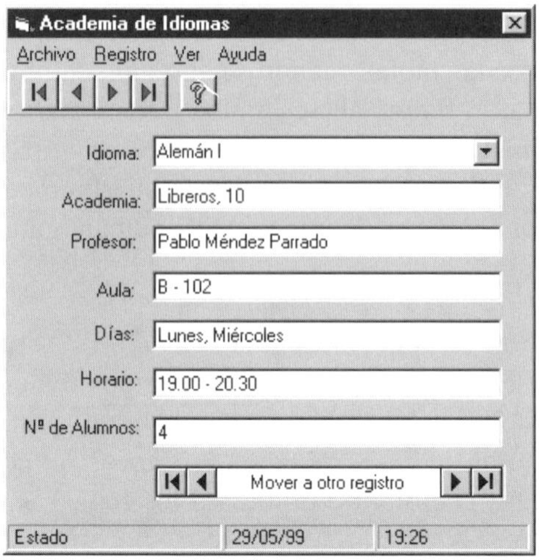

Origen de conexión

Para que un control ADO de una aplicación pueda establecer una conexión con un origen de datos es necesario crear el origen de conexión. Para realizar esta operación hay que asignar a la propiedad **ConnectionString** del control uno de los valores siguientes:

1. Un fichero de vínculo a datos.
2. Un nombre de origen de datos ODBC.
3. Una cadena de conexión.

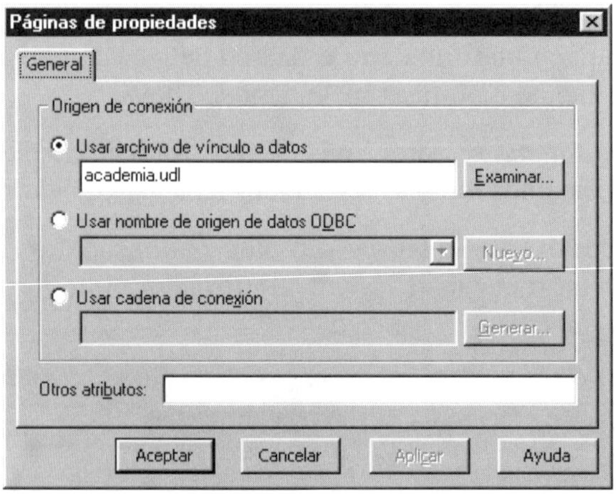

Crear un vínculo de datos OLE DB

Para crear un origen de datos OLE DB para cada base de datos a la que desea tener acceso a través de ADO, siga los pasos que se indican a continuación:

1. Abra el *explorador de Windows* y sitúese en la carpeta donde desee crear el origen de datos OLE DB. En este ejemplo nos situaremos en la carpeta ...*\cap10\ControlADO* que es donde tenemos ubicada la base de datos *academia.mdb*.

2. Haga clic con el botón derecho del ratón en el panel derecho del *explorador* y seleccione la orden *Nuevo* del menú contextual. De la lista de tipos de ficheros, haga clic en *Microsoft Data Link*. Después cambie el nombre del nuevo fichero por *academia.udl*.

3. Haga clic con el botón derecho del ratón sobre el nuevo fichero *academia.udl* y seleccione *Propiedades* en el menú contextual.

4. Haga clic en la pestaña *Proveedor* y seleccione proveedor de OLE DB *Microsoft Jet 3.51*. Haga clic en el botón *Siguiente* para ir a la página *Conexión*.

5. Haga clic en el botón explorar [...] y seleccione la base de datos *academia.mdb*. Haga clic en *Probar conexión* para comprobar la conexión. Si la conexión es correcta, haga clic en *Aplicar*. Haga clic en la pestaña *General*. Establezca el atributo de sólo lectura. Haga clic en *Aceptar*.

   Otra opción es registrar la base de datos, como se indica a continuación.

Crear un origen de datos ODBC

Para registrar la base de datos como un origen de datos ODBC, copie primeramente la base de datos en su directorio de trabajo (nosotros copiaremos el fichero *academia.mdb* en el directorio *cap10\ControlADO*). A continuación diríjase al panel de control de Windows y ejecute el *administrador ODBC de 32 bits*:

1. Haga clic en el botón *Agregar* de la ventana *DSN de usuario* (*Data Source Name*).
2. En la ventana *Crear nuevo origen de datos* que se presenta, elija el tipo de controlador ODBC a utilizar (en nuestro caso *Access*) y pulse *Finalizar*.
3. En la ventana *Instalación de ODBC* que se presenta, escriba un nombre para su base de datos (en nuestro caso *Academia de idiomas*). Este nombre será utilizado posteriormente por nuestra aplicación.

4. Haga clic en el botón *Seleccionar* base de datos de esta misma ventana.
5. En la ventana *Seleccionar base de datos* que se presenta, elija el fichero *.mdb* de base de datos (en nuestro caso *academia.mdb*) y haga clic en el botón *Aceptar*.
6. Haga clic en el botón *Aceptar* de la ventana *Instalación de ODBC* y cierre, botón *Aceptar*, la ventana *Administrador de orígenes de datos ODBC*.

Crear una cadena de conexión

Para crear una cadena de conexión, haga clic en el botón *Generar* de la ventana mostrada anteriormente. Esta ventana se visualiza cuando intenta establecer la propiedad **ConnectionString** de un control ADO.

Diseño del formulario

Para empezar, cree una nueva aplicación y asigne al formulario por omisión el título *Academia de Idiomas*. A continuación sitúe sobre él los controles que se especifican en la tabla siguiente. Ajuste los tamaños y guarde la aplicación con el nombre *academia.vbp* y el formulario con el nombre *academia.frm* (carpeta *cap10\ControlADO* en el disquete).

Objeto	**Propiedad**	**Valor**
Menú Archivo	Caption Name	&Archivo mnuArchivo
Orden Salir de Academia	Caption Name	&Salir de Academia ArchivoSalir
Menú Registro	Caption Name	&Registro mnuRegistro
Orden Primero	Caption Name Index	&Primero MnuRegElemento 1
Orden Siguiente	Caption Name Index	&Siguiente MnuRegElemento 2
Orden Anterior	Caption Name Index	&Anterior MnuRegElemento 3
Orden Último	Caption Name Index	Ú&ltimo MnuRegElemento 4

Menú Ver	Caption Name	&Ver mnuVer
Orden Barra de herramientas	Caption Name	Barra de &herramientas VerBarraHerramientas
Orden Barra de estado	Caption Name	Barra de &estado VerBarraEstado
Menú Ayuda	Caption Name	A&yuda mnuAyuda
Orden Acerca de...	Caption Name	&Acerca de... AyudaAcercaDe
Etiqueta	Caption Name	Idioma: Label1
Lista desplegable	Name Style Text	ListaIdioma 0 (nada)
Etiqueta	Caption Name	Academia: Label2
Caja de texto	Name Index Text	ClasesCampo 0 (nada)
Etiqueta	Caption Name	Profesor: Label3
Caja de texto	Name Index Text	ClasesCampo 1 (nada)
Etiqueta	Caption Name	Aula: Label4
Caja de texto	Name Index Text	ClasesCampo 2 (nada)
Etiqueta	Caption Name	Días: Label5
Caja de texto	Name Index Text	ClasesCampo 3 (nada)
Etiqueta	Caption Name	Horario: Label6
Caja de texto	Name Index Text	ClasesCampo 4 (nada)
Etiqueta	Caption Name	Nº de Alumnos: Label7

Caja de texto	Name Index Text	ClasesCampo 5 (nada)
 Control de datos ADO	Name Caption ConnectionString RecordSource	adodc1 Mover a otro registro academia.udl select * from Clases

Observe que las etiquetas utilizadas hacen referencia a los campos de la tabla *Clases* de la base de datos, que las cajas de texto forman una matriz de controles denominada *ClasesCampo* y que las órdenes del menú *Registro* forman también una matriz de controles denominada *MnuRegElemento* (en este caso, el primer índice es el 1, para más adelante hacerlos coincidir con los botones de la barra de herramientas).

Si el control de datos ADO no está disponible en la caja de herramientas, ejecute la orden *Componentes* del menú *Proyecto* y en el diálogo *Componentes* seleccione *Microsoft ADO Data Control.*

A continuación añada al formulario una barra de herramientas denominada *tbToolBar*, un control lista de imágenes denominado *imlToolbarIcons* para proporcionar las imágenes a los botones de la barra de herramientas, y una barra de estado denominada *sbStatusBar*. Observe la interfaz gráfica de la aplicación presentada anteriormente.

Controles dependientes

Los formularios pueden tener dos tipos de controles: controles dependientes de datos de tablas de bases de datos y controles no dependientes. Cuando el usuario interactúa con un control dependiente, el valor que introduce o elige se almacena en el origen de datos, que generalmente es un campo de una tabla. Un control se vincula a datos al establecer sus propiedades **DataSource** y **DataField**.

Visual Basic proporciona varios controles estándar que permiten manipular los datos de un conjunto de registros proporcionado por un control ADO. Estos controles son: *PictureBox*, *Label*, *TextBox*, *CheckBox*, *ComboBox*, *ListBox*, *Image* y el control *OLE*.

Además de los controles estándar citados, Visual Basic proporciona otros controles dependientes de datos como *DataGrid*, *DataCombo*, *DataList*, *MSHFlexGrid*, *MaskedEdit*, *RichTextBox* y *Chart*.

Conectar el control ADO con el origen de datos

Para conectar el control de datos con la base de datos y enlazarlo con los controles que van a visualizar los datos de cada registro, siga estos pasos:

1. Visualice el formulario en la ventana de diseño y seleccione el control ADO.

2. Especifique el *nombre del origen de conexión*. Para ello, seleccione su propiedad **ConnectionString**, pulse el botón [...] de la derecha, y elija en la caja de diálogo que se visualiza, una de las opciones que se visualizan. Nosotros elegiremos *Usar archivo de vínculo a datos*. Haga clic en el botón *Examinar* y seleccione el fichero de vínculo de datos deseado (en nuestro ejemplo, *academia.udl*).

3. Especifique la *consulta* que quiere hacer para obtener el conjunto de registros deseado de la base de datos. Para ello, seleccione su propiedad **RecordSource**, pulse el botón [...] de la derecha y escriba en la caja de texto SQL del diálogo que se visualiza, la sentencia SQL requerida para obtener el conjunto de registros deseado (en nuestro ejemplo seleccionaremos todos: *select * from Clases*). También puede especificar el nombre de la tabla (*Clases*).

4. Enlace el control *ListaIdioma* con el control *Adodc1* para que visualice el dato nombre. Para ello, seleccione dicho control y su propiedad **DataSource**; pulse el botón ▼ de la derecha, y elija en la lista que se visualiza, el control de datos deseado (en nuestro ejemplo, *Adodc1*). A continuación seleccione su propiedad **DataField**, pulse el botón ▼ situado a su derecha, en la ventana de propiedades, y elija en la lista que se visualiza, el campo deseado del registro (en nuestro ejemplo, *Idioma*).

5. Repita el paso 4 para el resto de los controles.

Para que tanto la base de datos como el archivo de vínculo a datos no dependan de un camino específico, guárdelos en el directorio de la aplicación, y cuando se inicie la misma, haga que el directorio actual sea el de la aplicación:

```
Private Sub Form_Initialize()
  ChDir App.Path
End Sub
```

Ahora guarde el proyecto con el nombre *...\ControlAdo\academia.vbp* y ejecútelo. Observe que se visualiza el primer registro de su base de datos. Haga clic en los botones del control *Adodc1* y observe cómo puede situarse en el siguiente, anterior, último y primer registro. Además, si quiere, puede modificar la información visualizada en cada una de las cajas. Cuando cambie de registro, los cambios se guardarán en la base de datos.

A continuación, detenga la aplicación y escriba el siguiente procedimiento para la orden *Salir* del menú *Archivo*:

```
Private Sub ArchivoSalir_Click()
  Unload Me
  End
End Sub
```

La sentencia **Unload Me** invoca al procedimiento *Form_Unload* que se encargará de descargar todos los formularios:

```
Private Sub Form_Unload(Cancel As Integer)
  Dim i As Integer
  'Cerrar todos los formularios
  For i = Forms.Count - 1 To 1 Step -1
    Unload Forms(i)
  Next
End Sub
```

También, para que el texto de cualquier control vinculado a los campos de la tabla *Clases* quede seleccionado cuando el usuario lo enfoque, lo que permitirá reemplazarlo automáticamente, escriba los procedimientos indicados a continuación como respuesta al evento **GotFocus**:

```
Private Sub ListaIdioma_GotFocus()
  'Seleccionar el texto de la caja
  ListaIdioma.SelStart = 0
  ListaIdioma.SelLength = Len(ListaIdioma.Text)
End Sub

Private Sub ClasesCampo_GotFocus(Index As Integer)
  'Seleccionar el texto de la caja
  ClasesCampo(Index).SelStart = 0
  ClasesCampo(Index).SelLength = Len(ClasesCampo(Index).Text)
End Sub
```

Las órdenes del menú *Ver* tienen como finalidad ocultar o visualizar la barra a la que hacen referencia. Por lo tanto los procedimientos vinculados con dichas órdenes serán los siguientes:

```
Private Sub VerBarraHerramientas_Click()
  VerBarraHerramientas.Checked = Not VerBarraHerramientas.Checked
  tbToolBar.Visible = VerBarraHerramientas.Checked
End Sub
```

```
Private Sub VerBarraEstado_Click()
  VerBarraEstado.Checked = Not VerBarraEstado.Checked
  sbStatusBar.Visible = VerBarraEstado.Checked
End Sub
```

La orden *Acerca de* del menú *Ayuda* visualizará un formulario con información acerca de la aplicación. Diseñe este formulario a su gusto y añádalo al proyecto. Para visualizarlo escriba un procedimiento similar al siguiente:

```
Private Sub AyudaAcercaDe_Click()
  frmAcercaDe.Show vbModal, Me
End Sub
```

Tipo de cursor

Recibe el nombre de *cursor* un conjunto lógico de registros administrado por el origen de datos o por el administrador de controladores ODBC. El nombre de *cursor* es porque indica la posición actual dentro del conjunto de registros, igual que el cursor de la pantalla indica la posición actual dentro de la pantalla.

Si observa las propiedades **CursorLocation** y **CursorType** del control de datos, verá que tienen asignados los valores predeterminados *adUseClient* y *adOpenStatic* respectivamente. La propiedad **CursorLocation** (localización del cursor) se refiere al lugar donde está situada la biblioteca de cursores, en el cliente (*adUseClient*) o en el servidor (*adUseServer*); y la propiedad **CursorType** (tipo de cursor) se refiere al tipo de cursor que será utilizado cuando se abra el **Recordset** (conjunto de registros obtenidos de una tabla de una base de datos o del resultado de una sentencia SQL). Hay cuatro tipos de cursores:

- *adOpenStatic*. Cursor estático. Trabaja sobre un copia estática del conjunto de registros obtenido. Por lo tanto, los cambios realizados por otros usuarios no son visibles. Éste es el único tipo de cursor permitido cuando se abre un objeto **Recordset** en el lado del cliente.

- *adOpenForwardOnly*. Es idéntico al cursor estático, a excepción de que éste sólo permite moverse hacia adelante.

- *adOpenDynamic*. Cursor dinámico. Los cambios realizados por otros usuarios son visibles. Permite moverse en cualquier sentido.

- *adOpenKeyset*. La actualización de los datos ocurre cuando el usuario se posiciona sobre el registro. Es igual que el cursor dinámico, excepto en que no permite ver los registros añadidos por otros usuarios. Los registros borrados por otros usuarios son inaccesibles. Los cambios hechos por otros usuarios sí son visibles.

Tipo de bloqueo

Si crea una aplicación que se va a ejecutar en un entorno multiusuario o en la que varios ejemplares de un formulario pueden acceder a los mismos datos, deberá programar pensando en que los datos serán accedidos por varios usuarios, lo que implica bloquear registros para restringir el acceso cuando sea necesario. Esto puede hacerlo asignando a la propiedad **LockType** el tipo de bloqueo que debe utilizar el proveedor para abrir el **Recordset**. Hay cuatro tipos de bloqueo:

- *adLockReadOnly*. Predeterminado. Sólo lectura.
- *adLockPessimistic*. Bloqueo pesimista, registro a registro. Cuando de establece este tipo de bloqueo, el proveedor de datos bloquea los registros en el origen de datos mientras dure el proceso de modificación.
- *adLockOptimistic*. Bloqueo optimista, registro a registro. En este caso, el proveedor de datos bloquea los registros sólo cuando llama al método **Update**.
- *adLockBatchOptimistic*. Actualizaciones optimistas por lotes.

Utilizar controles dependientes no estándar

Un control dependiente no estándar, como *DataGrid*, a diferencia de los controles dependientes estándar, permite que se presenten o manipulen varios registros al mismo tiempo. Por lo tanto, una forma rápida y sencilla de examinar todos los registros de una tabla de base de datos es utilizar una cuadrícula de acceso a datos (control *DataGrid*).

Para utilizar cualquier control dependiente no estándar es necesario agregar dicho control a la aplicación. Para ello, ejecute la orden *Componentes* del menú *Proyecto*. También es necesario establecer una referencia con la biblioteca de objetos ADO, *Microsoft ActiveX Data Objetc*, para lo cual tiene que ejecutar la orden *Referencias* del mismo menú.

Un control *DataGrid* permite acceder a una celda individual y modificar los datos directamente sobre ella. También permite seleccionar filas o columnas enteras. Cada columna tiene sus propios atributos (fuente, borde, ajuste de texto, color, etc.) que se pueden establecer independientemente de los de las otras columnas. Durante el diseño se puede establecer la anchura de cada columna y la altura de una fila, así como columnas "ocultas", y es posible evitar que los usuarios cambien el formato durante la ejecución.

El control *DataGrid* depende de otros dos objetos: el objeto **Recordset** del control de datos y la colección **Columns** del propio control *DataGrid*. Esto es así porque, en realidad, un *DataGrid* es una colección de objetos **Column**, de los cuales cada uno tiene un número variable de filas. Cada columna corresponde a un campo de la tabla de la base de datos, mientras que cada fila corresponde a un registro. Por lo tanto, la propiedad **Count** de la colección **Columns** determina el número de columnas y la propiedad **RecordCount** del objeto **Recordset** del control de datos determina el número de filas.

Las propiedades **Row** y **Col** indican en todo momento cuál es la celda actualmente seleccionada. Puede cambiarse a otra celda en el código o durante la ejecución mediante el ratón o las teclas de dirección. Cuando se cambia a otra celda, los datos subyacentes se vuelven a colocar automáticamente en el registro que contiene la celda seleccionada.

Para modificar la información de una celda durante la ejecución, hay que seleccionarla y asignar la nueva información a la propiedad **Value** del objeto **Column** al que pertenece.

Siguiendo con la aplicación, añada un nuevo formulario *Form2* y asígnele el título *Edición de Idiomas*, ponga su propiedad **ControlBox** a valor **False** y sitúe sobre él los controles especificados en la tabla siguiente:

Objeto	**Propiedad**	**Valor**
Control de datos	Name Caption ConnectionString RecordSource Visible	Adodc2 Otro idioma academia.udl select * from idioma False
Cuadrícula de acceso a datos (*DataGrid*)	Name AllowAddNew AllowDelete AllowRowSizing Caption DataSource	DataGrid2 True True False Edición de Idiomas Adodc2
Botón de pulsación	Caption Default Name	&Cerrar True Cerrar
Botón de pulsación	Caption Name	&Borrar selección Borrar

Cuando selecciona el control *DataGrid* puede ver y editar sus propiedades a través de la ventana de propiedades del entorno de Visual Basic. No obstante, puede editar también algunas propiedades que no aparecen en esa ventana, seleccionando la propiedad *(Personalizado)* o haciendo clic en el control *DataGrid* con el botón derecho del ratón y eligiendo la orden *Propiedades*. De esta forma visualiza el diálogo *Páginas de propiedades* del control *DataGrid*.

El resultado que obtendrá una vez finalizado el diseño del formulario será similar al siguiente:

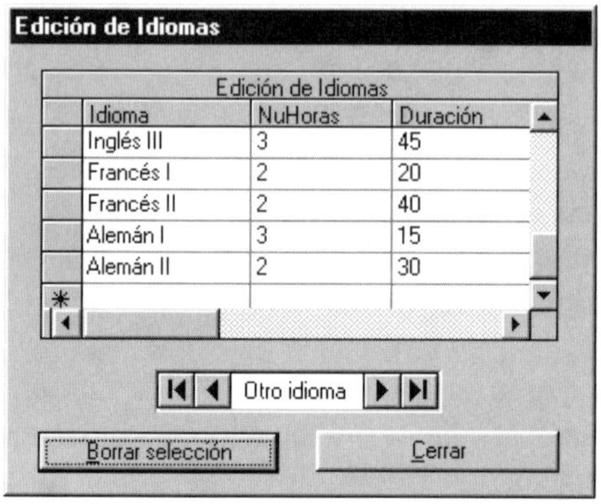

Para visualizar el formulario *Edición de Idiomas* anterior, vamos añadir a nuestro proyecto un menú *Tabla* con las características siguientes:

Objeto	**Propiedad**	**Valor**
Menú Tabla	Caption Name	&Tabla mnuTabla
Orden Idiomas	Caption Name	&Idiomas TablaIdiomas

A continuación, vincule el siguiente procedimiento con la orden *Idiomas* del menú *Tabla*:

```
Private Sub TablaIdiomas_Click()
  Form2.Show
End Sub
```

Para que al visualizar el formulario, el control *DataGrid* se llene automáticamente con el conjunto de registros del control de datos, es suficiente asignar a su propiedad **DataSource** el nombre del control de datos. Esto permite a los usuarios examinar y modificar tablas completas de bases de datos o de resultados de consultas.

Resumiendo, para utilizar un control *DataGrid*:

- Agregue un control de datos ADO a un formulario y asigne a su propiedad **ConnectionString**, el nombre del fichero *.udl* (vínculo de datos OLE DB) que especifica la base de datos, y a su propiedad **RecordSource**, el nombre de la tabla o la sentencia SQL requerida para obtener el conjunto de registros.
- Agregue un control *DataGrid* al formulario y enlácelo con el control de datos ADO, asignando a su propiedad **DataSource** el nombre del mismo.

A continuación, para recuperar todos los campos de la base de datos, haga clic en el control *DataGrid* con el botón derecho del ratón y seleccione la orden *Recuperar campos*.

Cuando se muestra el formulario, el conjunto de registros obtenido de la base de datos especificada por el control ADO se muestra en la cuadrícula de datos incluyendo encabezados de columnas y barras de desplazamiento, si procede. Puede moverse a cualquier celda y editarla; la actualización será automática cuando se mueva a una nueva fila, suponiendo que el **Recordset** del control de datos es un objeto actualizable (propiedad **LockType**) y que la propiedad **AllowUpdate** del control *DataGrid* es **True**. También podrá añadir nuevos registros, si la propiedad **AllowAddNew** del control *DataGrid* es **True**, y borrar registros si **AllowDelete** es **True**.

Para añadir un registro, sitúese en la última fila vacía y escriba los datos deseados. Después cambie a otro registro y los datos se almacenarán automáticamente en la base de datos.

Para borrar un registro, seleccione la fila correspondiente de la cuadrícula y pulse la tecla *Supr* (*Del*).

Para confirmar la acción de borrar un registro, escriba en el procedimiento conducido por el evento **WillChangeRecord** el código siguiente:

```
Private Sub Adodc2_WillChangeRecord( _
                         ByVal adReason As ADODB.EventReasonEnum, _
                         ByVal cRecords As Long, _
                         adStatus As ADODB.EventStatusEnum, _
                         ByVal pRecordset As ADODB.Recordset)
  Dim BotonesIcono As Integer
  Dim msg As String
  BotonesIcono = vbYesNo + vbQuestion
  ' Si la acción es borrar el registro ...
  If adReason = adRsnDelete Then
    msg = "¿Está usted seguro de que quiere eliminar" & vbCrLf & _
          Adodc2.Recordset.Fields(0) & "?"
```

```
    If MsgBox(msg, BotonesIcono, "¿Borrar registro?") <> vbYes Then
      adStatus = adStatusCancel 'cancelar la operación
      Exit Sub
    End If
  End If
End Sub
```

Los eventos ADO que ocurren antes de que se inicie una operación tienen nombres con el formato **Will*Evento*** y los que ocurren tras concluir la operación tienen nombres con el formato ***Evento*Complete**.

Después de realizar cambios en la tabla *Idiomas* (se han añadido o borrado registros) habrá que actualizar en el formulario *Form1* el conjunto de registros soportado por *Adodc1* y la lista *ListaIdioma*. Para ello, cuando el usuario haga clic en el botón *Cerrar*, deberá ejecutarse el siguiente procedimiento:

```
Private Sub Cerrar_Click()
  If CambióIdiomas Then
    Dim i As Integer
    ' Actualizar la lista de idiomas
    Form1.ListaIdioma.Clear
    Adodc2.Recordset.MoveFirst
    Do Until Adodc2.Recordset.EOF
      Form1.ListaIdioma.List(i) = Adodc2.Recordset("Idioma")
      i = i + 1
      Adodc2.Recordset.MoveNext
    Loop
    ' Actualizar el conjunto de registros de Adodc1
    Form1.Adodc1.Refresh
  End If
  Unload Form2
End Sub
```

El método **Refresh** permite reconstruir el conjunto de registros obtenido de la consulta sobre la tabla *Clases* después de las modificaciones realizadas sobre la tabla *Idiomas*.

Los métodos **MoveFirst**, **MovePrevious**, **MoveNext** y **MoveLast** permiten posicionarse en el registro primero, anterior, siguiente o último, respectivamente, de un conjunto de registros.

Defina la variable *CambióIdiomas* a nivel de *Form2* para controlar cuándo el conjunto de registros obtenido de la tabla *Idiomas* ha sufrido algún cambio.

```
Private CambióIdiomas As Boolean
```

Cuando el usuario realiza algún cambio en el conjunto de registros visualizado en el control *DataGrid2*, se desencadena el evento **AfterUpdate** justo después de que los datos cambiados se hayan escrito en la base de datos. Por lo tanto, utilizaremos este evento para asignar a la variable *CambióIdiomas* el valor **True**.

```
Private Sub DataGrid2_AfterUpdate()
  CambióIdiomas = True
End Sub
```

Operaciones con rangos

El control *DataGrid* permite seleccionar rangos de celdas, pero no proporciona métodos para trabajar con ellos, por lo que esta labor queda para el desarrollador.

Por ejemplo, suponga que quiere eliminar un conjunto de registros seleccionados en un control *DataGrid*. Para realizar este proceso tiene que saber que en un control *DataGrid* siempre hay un único registro actual identificado por la propiedad **Bookmark**, que se corresponde con el registro actual del cursor, incluso en el caso de que se hayan seleccionado múltiples filas, y que cuando se selecciona un registro del control *DataGrid* (una fila), su marcador se agrega a la colección de marcadores devuelta por la propiedad **SelBookmarks**.

Para más información sobre el control *DataGrid* consulte la ayuda.

Según lo expuesto, después de seleccionar varios registros manteniendo pulsada la tecla *Ctrl* y haciendo clic con el ratón en la *columna de selección* de la cuadrícula para cada uno de ellos, puede borrarlos ejecutando el código escrito en el siguiente procedimiento asociado al botón *Borrar selección*:

```
Private Sub Borrar_Click()
  Dim mReg
  On Error GoTo RutinaDeError

  For Each mReg In DataGrid2.SelBookmarks
    ' Hacer que el registro actual sea el siguiente de
    ' los registros seleccionados
    Adodc2.Recordset.Bookmark = mReg
    ' Eliminar el registro actual
    Adodc2.Recordset.Delete
  Next
  Exit Sub

RutinaDeError:
  MsgBox Err.Description
End Sub
```

Observe que para borrar los registros seleccionados, realizamos un bucle sobre la colección **SelBookmarks**, utilizando la sentencia **For Each** (la colección **SelBookmarks** contiene un marcador por cada fila seleccionada de un control *DataGrid*). En el bucle asignamos a la propiedad **Bookmark** del objeto **Recordset** del control *Adodc2*, el marcador obtenido de la colección; así se define el registro correspondiente como registro actual. Después eliminamos el registro.

Inicio de la aplicación

Según se ha podido comprobar, cuando se inicia la aplicación el formulario principal muestra el primer registro de la tabla *Clases* de la base de datos *Academia*. Asimismo, utilizando los botones del control *Adodc1* puede situarse en el siguiente, anterior, último y primer registro. Además, si lo desea, puede modificar la información de cualquier registro visualizado. Lo que no se debe permitir es modificar el campo *Idioma*, para evitar que el usuario introduzca un idioma que no exista en la tabla *Idiomas*. Para ello, añada el siguiente procedimiento como respuesta al evento **KeyPress** sobre la caja de texto de *ListaIdioma*:

```
Private Sub ListaIdioma_KeyPress(KeyAscii As Integer)
  KeyAscii = 0
End Sub
```

Además, para que la lista *ListaIdioma* contenga todos los idiomas que figuran en la tabla *Idiomas*, genere el conjunto de registros desde esa tabla y añádalos a la lista. Este proceso se realizará al cargar el formulario *Form1*.

```
Private Sub Form_Load()
  ' La carga de Form1 implica que se construya el conjunto
  ' de registros generado por "select * from Clases"
  Dim i As Integer

  ' Visualizar el formulario
  Form1.Show
  Form1.Refresh

  Screen.MousePointer = vbHourglass 'reloj de arena
  ' La carga de Form2 implica que se construya el conjunto
  ' de registros generado por "select * from Idiomas"
  Load Form2

  ' Añadir los idiomas a la lista desplegable
  Do Until Form2.Adodc2.Recordset.EOF
    ListaIdioma.List(i) = Form2.Adodc2.Recordset("Idioma")
    i = i + 1
    Form2.Adodc2.Recordset.MoveNext
  Loop
```

```
    Screen.MousePointer = vbDefault 'restaurar cursor
    'Situarse en el primer registro
    Adodc1.Recordset.MoveFirst
End Sub
```

Observe que para acceder al valor de un campo específico de la tabla *Idiomas* hemos utilizado la sintaxis simplificada, gracias a los valores predeterminados:

```
Adodc2.Recordset("Idioma")
```

En la línea de código anterior, Visual Basic supone que la colección predeterminada de un objeto **Recordset** es **Fields** y la propiedad predeterminada de un objeto **Field** es **Value**. Según lo expuesto, la sintaxis completa es:

```
Adodc2.Recordset.Fields("Idioma").Value
```

La colección **Fields** de un objeto **Recordset** representa a los objetos **Field** de una fila de datos, llamada registro. Un objeto **Field** se corresponde con una columna de datos (los datos relativos a un determinado campo).

Para determinar si un objeto **Recordset** contiene registros o si se han sobrepasado sus límites al moverse de un registro a otro, utilizaremos las propiedades **BOF** y **EOF**.

La propiedad **BOF** devuelve **True** si la posición del registro actual está antes del primer registro y **False** en otro caso.

La propiedad **EOF** devuelve **True** si la posición del registro actual está después del último registro y **False** en otro caso.

Cuando se abre un objeto **Recordset** que contiene al menos un registro, el primer registro es el registro actual y las propiedades **BOF** y **EOF** toman el valor **False**. Si el objeto **Recordset** no contiene registros, las propiedades **BOF** y **EOF** tomarán el valor **True** y el valor de la propiedad **RecordCount** del objeto **Recordset** es cero.

Navegar a través de un conjunto de registros

Las propiedad **Recordset** del control de datos hace referencia al objeto **Recordset** de ADO subyacente. Dicho objeto puede ser manipulado independientemente del control, con o sin controles dependientes. Por ejemplo, la siguiente tabla muestra los métodos que están relacionados con los botones del control de datos:

Para hacer que el registro actual sea	*Utilizar el método* **Move...**
El registro primero del *recordset*	Adodc1.Recordset.**MoveFirst**
El registro siguiente del *recordset*	Adodc1.Recordset.**MoveNext**
El registro anterior del *recordset*	Adodc1.Recordset.**MovePrevious**
El registro último del *recordset*	Adodc1.Recordset.**MoveLast**.

Por lo tanto, una alternativa a los botones del control de datos es que las órdenes pertenecientes al menú *Registro* de nuestra aplicación, invoquen al método correspondiente de la tabla anterior. Según esto, el código asociado con cada una de las órdenes del menú *Registro* puede ser el siguiente:

```
Private Sub MnuRegElemento_Click(Index As Integer)
  On Error Resume Next
  Select Case Index
    Case 1
      RegPrimero
    Case 2
      RegAnterior
    Case 3
      RegSiguiente
    Case 4
      RegUltimo
  End Select
End Sub

Private Sub RegPrimero()
  Adodc1.Recordset.MoveFirst
End Sub

Private Sub RegUltimo()
  Adodc1.Recordset.MoveLast
End Sub

Private Sub RegAnterior()
  Adodc1.Recordset.MovePrevious
  If Adodc1.Recordset.BOF Then
    Adodc1.Recordset.MoveFirst
  End If
End Sub

Private Sub RegSiguiente()
  Adodc1.Recordset.MoveNext
  If Adodc1.Recordset.EOF Then
    Adodc1.Recordset.MoveLast
  End If
End Sub
```

Estos procedimientos tienen que ser también invocados por los botones correspondientes en la barra de herramientas. Por lo tanto, escriba también el procedimiento que responda al evento **ButtonClick** generado cuando el usuario hace clic sobre los botones de dicha barra:

```
Private Sub tbToolBar_ButtonClick(ByVal Button As MSComctlLib.Button)
  On Error Resume Next
  Select Case Button.Key
    Case "primero"
      RegPrimero
    Case "anterior"
      RegAnterior
    Case "siguiente"
      RegSiguiente
    Case "ultimo"
      RegUltimo
    Case "Ayuda"
      frmAcercaDe.Show vbModal, Me
  End Select
End Sub
```

Por último, para que no haya duplicidad de botones, haremos invisible el control de datos *Adodc1* durante la ejecución de la aplicación. Para ello, ponga en la tabla de propiedades su propiedad **Visible** a valor **False**. Esto quiere decir que mientras estemos diseñando la aplicación veremos el control de datos, pero no lo veremos cuando la aplicación se esté ejecutando. De este modo nadie podrá saber si está hecha con un control de datos o no, y además podremos controlar que el usuario se mueva con los botones o no.

Ejecute ahora la aplicación y observe que tanto con las órdenes del menú *Archivo* como con los botones de movimiento de la barra de herramientas obtiene los mismos resultados que con los botones del control *Adodc1*.

Manipular la base de datos

Vamos a incrementar la funcionalidad de nuestra aplicación permitiendo al usuario realizar las siguientes operaciones referidas a los registros de la base: *Nuevo*, *Editar*, *Grabar*, *Borrar*, *Cancelar*, *Refrescar* y *Buscar*. Para ello, empiece por añadir las órdenes correspondientes al menú *Registro* y los botones equivalentes a la barra de herramientas.

El separador y las órdenes añadidas formarán parte de la matriz de controles *MnuRegElemento* a la que pertenecen las órdenes ya existentes. La propiedad *Index* de cada orden tiene el mismo valor que la propiedad *Index* del botón equivalente de la barra de herramientas (recuerde que el primer índice es el 1).

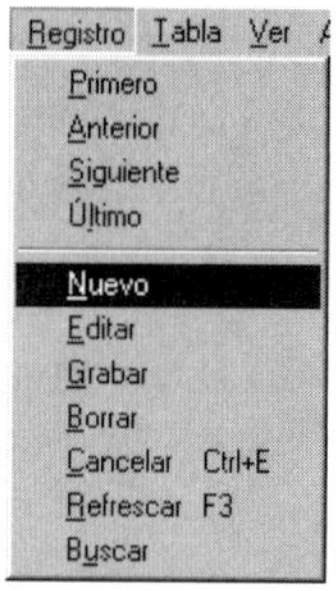

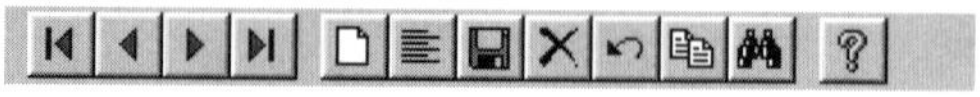

Para facilitar las operaciones definiremos un tipo enumerado que defina los valores de la propiedad *Index* de los elementos del menú *Registro* o de los botones de la barra de herramientas:

```
Public Enum OperacionesBd
  primero = 1
  anterior
  siguiente
  último
  separador
  nuevo
  editar
  grabar
  Borrar
  cancelar
  refrescar
  buscar
End Enum
```

Habilitar o inhabilitar un control

Inhabilitar controles permite evitar que el usuario pueda realizar operaciones sin sentido como cambiar de registro en mitad de una operación de altas. Si dicha operación se diera, se perderían los datos y la base de datos empezaría a comportarse de manera extraña. Otro ejemplo de lo que no debe hacerse es permitir al usuario que pulse el botón *Nuevo* (dar de alta un registro) repetidas veces. Si lo hace, ¿qué pasaría?, ¿se darían de alta varios registros en blanco? En cualquier caso, el comportamiento de la base de datos no sería el deseado. Esto lo podemos evitar inhabilitando el botón *Nuevo*, después de que el usuario lo haya pulsado, hasta que pulse el botón *Grabar*.

Para habilitar o inhabilitar un control en general, actuaremos sobre su propiedad **Enabled**. Si a la propiedad **Enabled** le asignamos un valor **True** (valor que tiene inicialmente) el control está habilitado y se puede actuar sobre él. Si a la propiedad **Enabled** le asignamos un valor **False**, el control queda inhabilitado, lo que significa que no responde a los clic que el usuario haga sobre él.

Según lo expuesto, añada los procedimientos siguientes al formulario: uno para inhabilitar los botones de la barra de herramientas y las órdenes correspondientes del menú *Registro*, y otro para inhabilitar las cajas de texto:

```
Private Sub InhabilitarBotonesYOrdenes()
  Dim n As Integer
  For n = primero To buscar
    If n = separador Then n = n + 1
    MnuRegElemento(n).Enabled = False
    tbToolBar.Buttons(n).Enabled = False
  Next n
End Sub

Private Sub InhabilitarCajas()
  Dim n As Integer
  For n = 0 To Controls.Count - 1
    If TypeOf Controls(n) Is TextBox Then
      Controls(n).Enabled = False
    End If
  Next n
End Sub
```

Un razonamiento análogo nos conduce a los procedimientos que permiten habilitar todos los botones de la barra de herramientas y todas las cajas de texto:

```
Private Sub HabilitarBotonesYOrdenes()
  Dim n As Integer
  For n = primero To buscar
    If n = separador Then n = n + 1
    MnuRegElemento(n).Enabled = True
    tbToolBar.Buttons(n).Enabled = True
  Next n
End Sub

Private Sub HabilitarCajas()
  Dim n As Integer
  For n = 0 To Controls.Count - 1
    If TypeOf Controls(n) Is TextBox Then
      Controls(n).Enabled = True
    End If
  Next n
End Sub
```

A continuación, modifique el procedimiento *Form_Load* del formulario *Form1* para que inhabilite el botón *Grabar* de la barra de herramientas y la orden correspondiente del menú *Registro*, así como las cajas de texto:

```
Private Sub Form_Load()
  ' ...
  ' Inhabilitar el botón Grabar y las cajas de texto
  tbToolBar.Buttons(grabar).Enabled = False
  MnuRegElemento(grabar).Enabled = False
  InhabilitarCajas
End Sub
```

Nuevo

Cuando el usuario pulse el botón *Nuevo*, se deberán habilitar todas las cajas para poder escribir e inhabilitar todos los botones excepto el de *Grabar* y el de *Cancelar* (ídem para las órdenes del menú *Registro*). Así se evitará que el usuario se vaya a otro registro durante una operación de alta de un registro. Para ello, escriba el procedimiento *RegNuevo* que será invocado desde los procedimientos *MnuRegElemento_Click* y *tbToolBar_ButtonClick* escritos anteriormente.

```
Private Sub RegNuevo()
  HabilitarCajas
  InhabilitarBotonesYOrdenes
  tbToolBar.Buttons(grabar).Enabled = True
  tbToolBar.Buttons(cancelar).Enabled = True
  MnuRegElemento(grabar).Enabled = True
  MnuRegElemento(cancelar).Enabled = True
  Adodc1.Recordset.AddNew 'añadir un nuevo registro
  ListaIdioma.SetFocus 'poner el cursor en la caja "Idioma"
End Sub
```

El método **AddNew** crea un nuevo registro vacío que puede editar y agregar al objeto **Recordset**.

Editar

Si en lugar de pulsar el botón *Nuevo* pulsa el botón de *Editar*, el proceso es el análogo; esto es, se deberán habilitar todas las cajas para poder escribir e inhabilitar todos los botones excepto el de *Grabar* y el de *Cancelar* (ídem para las órdenes del menú *Registro*). Así se evitará que el usuario se vaya a otro registro durante una operación de edición de un registro. Para editar el registro simplemente reescribiremos aquellos campos que sea preciso modificar. Según lo expuesto, escriba el procedimiento *RegEditar* que será invocado desde los procedimientos *MnuRegElemento_Click* y *tbToolBar_ButtonClick* escritos anteriormente.

```
Private Sub RegEditar()
  HabilitarCajas
  InhabilitarBotonesYOrdenes
```

```
  tbToolBar.Buttons(grabar).Enabled = True
  tbToolBar.Buttons(cancelar).Enabled = True
  MnuRegElemento(grabar).Enabled = True
  MnuRegElemento(cancelar).Enabled = True
  ClasesCampo(0).SetFocus 'poner el cursor en la caja "Academia"
End Sub
```

Grabar

Una vez editado un registro nuevo (**AddNew**) o efectuados los cambios en los campos del registro actual, hay que utilizar el método **Update** para guardar el registro nuevo (se guarda al final del conjunto de registros) o los cambios, excepto cuando después de hacer la edición se realiza un movimiento a otro registro; en este caso, ADO llamará automáticamente al método **Update** y guardará los cambios. A continuación, pondremos los controles en su estado inicial. Todo este proceso lo realizaremos desde el botón u orden *Grabar*. Para ello, escriba el procedimiento *RegGrabar* que será invocado desde los procedimientos *MnuRegElemento_Click* y *tbToolBar_ButtonClick* escritos anteriormente.

```
Private Sub RegGrabar()
  Adodc1.Recordset.Update
  HabilitarBotonesYOrdenes
  tbToolBar.Buttons(grabar).Enabled = False
  MnuRegElemento(grabar).Enabled = False
  InhabilitarCajas
End Sub
```

Cancelar

Cuando el usuario empieza a dar de alta un registro y a mitad de camino piensa que no es ésa la operación que quería hacer, o bien cuando empieza a modificar un registro y se da cuenta de que no era ése el que quería modificar, ¿cómo volver atrás? Para restaurar el contenido del registro anterior utilizaremos el método **CancelUpdate**, el cual será invocado desde el botón u orden *Cancelar*. También pondremos los controles en su estado inicial. Por lo tanto, añada el procedimiento *RegCancelar* que será invocado desde los procedimientos *MnuRegElemento_Click* y *tbToolBar_ButtonClick*.

```
Private Sub RegCancelar()
  Adodc1.Recordset.CancelUpdate
  HabilitarBotonesYOrdenes
  tbToolBar.Buttons(grabar).Enabled = False
  MnuRegElemento(grabar).Enabled = False
  InhabilitarCajas
End Sub
```

Borrar

Para borrar el registro que se está visualizando, el usuario pulsará el botón *Borrar*. Antes de borrarlo, pediremos conformidad al usuario. En caso afirmativo, se invocará al método **Delete**. Así mismo, manejaremos los posibles errores que puedan producirse. Después de borrar el registro actual, el registro eliminado sigue siendo el actual hasta que se pasa a otro registro; por ejemplo, al siguiente (ver los métodos para moverse de un registro a otro explicados anteriormente). Una vez abandonado el registro eliminado, ya no es accesible. Según lo expuesto, el procedimiento vinculado con el botón u orden *Borrar* será así:

```
Private Sub RegBorrar ()
  Dim r As Integer
  On Error GoTo RutinaDeError

  r = MsgBox("¿Desea borrar el registro?", vbYesNo, "Atención")
  If r <> vbYes Then Exit Sub
  Adodc1.Recordset.Delete    'borrar el registro actual
  Adodc1.Recordset.MoveNext 'situarse en el registro siguiente
  If Adodc1.Recordset.EOF Then
    Adodc1.Recordset.MoveLast
  End If
  Exit Sub

RutinaDeError:
  r = MsgBox(Error, vbOKOnly, "Se ha producido un error:")
  Adodc1.Recordset.CancelUpdate
End Sub
```

Refrescar

El botón *Refrescar* sirve para ver el contenido actualizado de la base de datos. Por ejemplo, si la base de datos estuviera ordenada por un determinado campo y añadiéramos un nuevo registro, con este botón podríamos verlo en su sitio y no al final. En resumidas cuentas, el botón u orden *Refrescar* a través de sus respectivos controladores invocan al procedimiento *RegRefrescar* que a su vez invoca al método **Requery** para reconstruir el conjunto de registros como si se volviera a hacer de nuevo, adecuando los cambios más recientes. Su código fuente es el siguiente:

```
Private Sub RegRefrescar()
  Adodc1.Recordset.Requery
  HabilitarBotonesYOrdenes
  tbToolBar.Buttons(grabar).Enabled = False
  MnuRegElemento(grabar).Enabled = False
End Sub
```

Buscar

Finalmente, el botón u orden *Buscar* permitirá al usuario buscar un registro determinado a partir del actual, utilizando el método **Find** y código SQL. El lenguaje SQL es un lenguaje avanzado para la consulta y modificación de bases de datos. El operador SQL **Like** permite realizar búsquedas de texto. Por lo tanto, lo utilizaremos para buscar la cadena deseada por los registros de la base de datos. Según esto, escriba el procedimiento *RegBuscar* que será invocado desde los procedimientos *MnuRegElemento_Click* y *tbToolBar_ButtonClick.*

```
Private Sub RegBuscar()
  Dim Buscado As String, Criterio As String

  Buscado = InputBox("¿Qué nombre quieres buscar?")
  If Buscado = "" Then Exit Sub
  Criterio = "Profesor Like '*" & Buscado & "*'"
  BuscarElPrimero Criterio
End Sub
```

El procedimiento de búsqueda, *BuscarElPrimero,* se ha escrito en un método independiente con el fin de poder utilizarlo desde otras partes del formulario. Tiene un único parámetro que es una cadena de caracteres correspondiente al criterio empleado en la búsqueda. El método **Find** de este procedimiento, localiza y presenta el primer registro que cumpla el criterio de que el nombre contenga una subcadena igual a la especificada por *Buscado* (observe que el criterio de búsqueda es '*subcadena*', donde * indica cualquier conjunto de caracteres). Por ejemplo, podríamos buscar "Pedro Aguado Rodríguez" por "Aguado", por "agua", etc.

```
Private Sub BuscarElPrimero(Criterio As String)
  ' Buscar desde el siguiente registro a la posición actual
  Adodc1.Recordset.MoveNext
  If Not Adodc1.Recordset.EOF Then
    Adodc1.Recordset.Find Criterio
  End If
  If Adodc1.Recordset.EOF Then
    Adodc1.Recordset.MoveFirst
    ' Buscar desde el principio
    Adodc1.Recordset.Find Criterio
    If Adodc1.Recordset.EOF Then
      Adodc1.Recordset.MoveLast
      MsgBox ("No encuentro ese nombre")
    End If
  End If
End Sub
```

Mover la aplicación de directorio

Suponiendo que tanto la base de datos como el fichero *.udl* (vínculo de datos OLE DB que especifica el camino completo de donde está ubicada la base de datos) están en el mismo directorio que la aplicación, pruebe a mover todo, la base de datos, el fichero *.udl* y la aplicación, a otro directorio. A continuación, abra la aplicación desde Visual Basic y ejecútela. Observará que el sistema le avisa de que no encuentra la base de datos.

Vuelva al modo de diseño y compruebe el valor de la propiedad **ConnectionString** del control *Adodc1*. Observará que dicho valor especifica el camino del fichero *.udl*. Quiere esto decir que cada vez que mueva este fichero de directorio, tiene que modificar el valor de esta propiedad, y cada vez que mueva la base de datos tiene que modificar el contenido del fichero *.udl*.

La mejor solución al problema planteado es tener la base de datos y el fichero *.udl* en el mismo directorio que la aplicación, asignar a la propiedad **ConnectionString** el nombre del fichero *.udl* sin especificar la ruta (en nuestro caso *academia.udl*), modificar el fichero *.udl* para no especificar la ruta de la base de datos (en nuestro caso poner sólo *academia.mdb*) y añadir al procedimiento *Form_Load* o al procedimiento *Form_Initialize* la sentencia siguiente:

```
Private Sub Form_Load()
  ' ...
  ChDir App.Path
End Sub
```

La sentencia *ChDir App.Path* especifica que la ruta de acceso cuando haya que buscar ficheros es la correspondiente al directorio donde se ejecuta la aplicación.

Trabajando con controles independientes

En los apartados anteriores hemos centrado todo el trabajo en el control de datos ADO y en los controles dependientes de él. Esto no quiere decir que no podamos añadir otros controles, como una lista, independientes al control de datos, que trabajen conjuntamente con él y con sus controles dependientes.

Como ejemplo, vamos a añadir al formulario *Form1* de la aplicación anterior una lista que contenga los nombres de los profesores de nuestra base de datos, según se puede observar en la figura siguiente. Guarde esta nueva versión en un nueva carpeta *ListBox*.

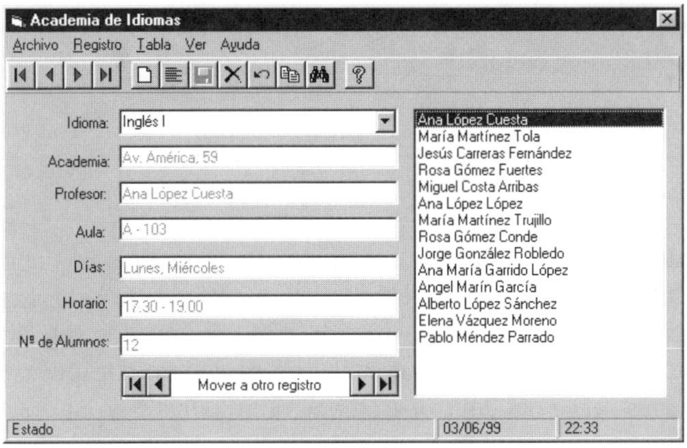

A continuación modifique el procedimiento *Form_Load* para que añada los nombres de los profesores a la lista incluida en el formulario:

```
Private Sub Form_Load()
  ' ...
  ' Añadir a la lista los nombres de los profesores
  Do While Not Adodc1.Recordset.EOF
    If Not IsNull(Adodc1.Recordset("Profesor")) Then
      List1.AddItem Adodc1.Recordset("Profesor")
    End If
    Adodc1.Recordset.MoveNext ' siguiente registro
  Loop
  List1.ListIndex = 0 ' seleccionar el primer elemento
  Screen.MousePointer = vbDefault ' restaurar cursor
  ' Situarse en el primer registro
  Adodc1.Recordset.MoveFirst
  ' Inhabilitar el botón Grabar y las cajas de texto
  tbToolBar.Buttons(grabar).Enabled = False
  MnuRegElemento(grabar).Enabled = False
  InhabilitarCajas
End Sub
```

Una vez que la lista está cargada, es preciso que cuando el usuario seleccione un elemento de la misma, haciendo doble clic, se actualicen los controles dependientes con los datos del registro correspondiente. Para ello, escriba el procedimiento que se indica a continuación:

```
Private Sub List1_DblClick()
  BuscarElPrimero "Profesor Like '" & List1.Text & "'"
End Sub
```

Otra forma de realizar el proceso anterior es a través de la propiedad **AbsolutePosition** del **Recordset**. Esta propiedad establece o devuelve un valor de tipo

Long entre 1 y el número de registros del objeto **Recordset**, correspondiente al registro actual. Por ejemplo:

```
Private Sub List1_DblClick()
  Adodc1.Recordset.AbsolutePosition = List1.ListIndex + 1
End Sub
```

El método anterior funciona bien siempre que haya una correspondencia ordinal entre el conjunto de registros y los elementos de la lista. Esto es, no funcionaría bien si la lista estuviera clasificada y el conjunto de registros no. Asigne a la propiedad **Sort** de la lista el valor **True** y pruébelo. Después, asigne a la propiedad **RecordSource** del control ADO el valor *select * from Clases order by Profesor*, lo que permite obtener un conjunto de registros ordenado por el campo *Profesor*, y observe cómo ahora, al estar ordenados la lista y el conjunto de registros por el mismo campo, todo vuelve a funcionar correctamente. La primera versión, la que empleaba el método *BuscarElPrimero*, no era dependiente de ningún factor de los expuestos, pero en bases de datos grandes resulta un poco mas lenta.

Hasta ahora hemos sincronizado la lista con el conjunto de registros pero sólo en una dirección, cuando la selección se hace en la lista. Pero cuando nos movemos sobre el conjunto de registros utilizando, por ejemplo los botones, el elemento seleccionado en la lista no cambia. Solucionemos este caso.

Eventos ADO

Cada vez que se visualiza un registro, éste pasa a ser el registro actual. Pero antes de que una operación modifique la posición actual del **Recordset** se desencadena el evento **WillMove**, y después de que la posición actual haya cambiado, el evento **MoveComplete**. Por lo tanto, el procedimiento conducido por cualquiera de estos eventos es un buen lugar para sincronizar la lista con el control *Adodc1* cuando navegamos por la base de datos. Pero antes, debe haberse completado la carga del formulario para que la lista haya sido completada. Vamos a utilizar la propiedad **Tag** de *Form1* para obtener información acerca de esto. Cuando se inicia la aplicación, **Tag** toma el valor "" (cadena vacía). Este valor lo cambiaremos por "Form1 cargado" cuando finalice la carga del formulario. Por lo tanto, edite el procedimiento *Form_Load* y añada la línea siguiente:

```
Private Sub Form_Load()
  ' ...
  Form1.Tag = "Form1 cargado" ' finalizó la carga del formulario
End Sub
```

A continuación, añada el procedimiento conducido por el evento **MoveComplete** y edítelo como se indica a continuación. El parámetro *pRecordset* de este procedimiento hace referencia al **Recordset** para el que ha ocurrido este evento.

```
Private Sub Adodc1_MoveComplete(ByVal adReason As ADODB.EventReasonEnum, _
                                ByVal pError As ADODB.Error, _
                                adStatus As ADODB.EventStatusEnum, _
                                ByVal pRecordset As ADODB.Recordset)
  If Form1.Tag = "" Then Exit Sub
  List1.ListIndex = pRecordset.AbsolutePosition - 1
End Sub
```

El parámetro *adReason* es un entero que se corresponde con el tipo de operación realizada, causa por la que ha ocurrido el evento. Estas constantes se pueden observar en la biblioteca *ADODB* con el examinador de objetos.

Constante	*Valor*	*Causa del evento ADO*
adRsnAddNew	1	**AddNew**
adRsnDelete	2	**Delete**
adRsnUpdate	3	**Update**
adRsnUndoUpdate	4	**UndoUpdate**
adRsnUndoAddNew	5	**UndoAddNew**
adRsnUndoDelete	6	**UndoDelete**
adRsnRequery	7	**Requery**
adRsnResynch	8	**Resynch**
adRsnClose	9	**Close**
adRsnMove	10	**Move**
adRsnFirstChange	11	**FirstChange**
adRsnMoveFirst	12	**MoveFirst**
adRsnMoveNext	13	**MoveNext**
adRsnMovePrevious	14	**MovePrevious**
adRsnMoveLast	15	**MoveLast**

Un evento **WillMove** o **MoveComplete** puede ocurrir debido a **AddNew**, **Delete**, **Requery**, **Resync**, **Move**, **MoveFirst**, **MoveNext**, **MovePrevious** y **MoveLast**.

El significado del parámetro *adStatus* depende del evento desencadenado. Si fue **WillMove** y la operación que ha provocado este evento terminó correctamente, *adStatus* vale *adStatusOK*, o bien *adStatusCantDeny* si el método conducido por este evento no puede solicitar la cancelación de la operación. En cambio, si fue **MoveComplete** y la operación que ha provocado el evento terminó correctamente, *adStatus* vale *adStatusOK*, o bien *adStatusErrorsOccurred* si la operación falló. Por ejemplo, el siguiente procedimiento será cancelado si la causa por la que ha ocurrido el evento **WillMove** fue retroceder un registro.

```
Private Sub Adodc1_WillMove(ByVal adReason As ADODB.EventReasonEnum, _
                            adStatus As ADODB.EventStatusEnum, _
                            ByVal pRecordset As ADODB.Recordset)
  If adReason = adRsnMovePrevious Then adStatus = adStatusCancel
  // ...
End Sub
```

Además de estos eventos, el control ADO puede desencadenar otros, algunos de los cuales se comentan a continuación.

El evento **WillChangeField** ocurre antes de que una operación pendiente modifique el valor de uno o varios campos del conjunto de registros y el evento **FieldChangeComplete** ocurre después de que el valor de algún campo haya sido modificado.

El evento **WillChangeRecord** ocurre antes de que uno o varios registros del **Recordset** se modifiquen y el evento **RecordChangeComplete** ocurre después de que uno o varios registros cambien.

Guarde los cambios efectuados y ejecute la aplicación. Compruebe cómo ahora están sincronizados los controles *Adodc1* y *Lista1*. Pero si cuando se desplaza por los registros de la base de datos intenta retroceder más allá del primer registro o avanzar más allá del último registro, o bien añade un nuevo registro, observará que se produce un error. Por lo tanto, hay que añadir el código necesario para solucionar estos problemas. Los dos primeros casos son fáciles de detectar comprobando el valor de las propiedades **BOF** y **EOF** del **Recordset**. El tercer caso se puede detectar a través de la propiedad **EditMode** de **Recordset**.

La propiedad **EditMode** de **Recordset** indica el estado de edición del registro actual. Si el registro actual no se está editando, su valor es *dbEditNone*; si los datos del registro actual se han modificado pero no se han guardado aún, su valor es *adEditInProgress*; si se ha invocado el método **AddNew**, su valor es *adEditAdd*; y si el registro actual se ha eliminado, su valor es *adEditDelete*.

Teniendo en cuenta lo expuesto, vuelva a editar el procedimiento *Adodc1_-MoveComplete* y modifíquelo como se puede observar a continuación:

```
Private Sub Adodc1_MoveComplete(ByVal adReason As ADODB.EventReasonEnum, _
                                ByVal pError As ADODB.Error, _
                                adStatus As ADODB.EventStatusEnum, _
                                ByVal pRecordset As ADODB.Recordset)
  If Form1.Tag = "" Or pRecordset.BOF Or pRecordset.EOF Then Exit Sub
```

```
  If pRecordset.EditMode = adEditNone Then
    List1.ListIndex = pRecordset.AbsolutePosition - 1
  End If
End Sub
```

Guarde los cambios efectuados y ejecute la aplicación. Compruebe cómo ahora los errores comentados ya no se producen. Pero si modifica, añade o borra un registro, observará que la lista no se actualiza. Los eventos **FieldChangeComplete** y **RecordChangeComplete** de ADO comentados anteriormente pueden ayudarnos en esto.

Utilizando el evento **FieldChangeComplete** podemos saber qué campo del registro actual ha cambiado y qué posición absoluta ocupa el registro en la base de datos. Para almacenar esta información y poder utilizarla en otro procedimiento, utilizaremos la propiedad **Tag** del control ADO y la propiedad **Tag** de la lista, respectivamente. Después edite el procedimiento conducido por este evento como se puede observar a continuación. Para entenderlo debe saber que el argumento *Fields* es una colección de objetos **Field** correspondientes a los campos que han cambiado y que *cFields* es el número de campos de esa colección.

```
Private Sub Adodc1_FieldChangeComplete(ByVal cFields As Long, _
            Fields As Variant, ByVal pError As ADODB.Error, _
            adStatus As ADODB.EventStatusEnum, _
            ByVal pRecordset As ADODB.Recordset)
  Dim i As Integer
  For i = 0 To cFields - 1
    If Fields(i).Name = "Profesor" Then Adodc1.Tag = "Profesor"
  Next i
  List1.Tag = pRecordset.AbsolutePosition
End Sub
```

Tenga precaución al utilizar el valor almacenado de la propiedad **AbsolutePosition**, ya que la posición de un determinado registro cambia cuando se elimina un registro anterior y tampoco hay seguridad de que un registro dado tendrá la misma posición si se vuelve a construir el objeto **Recordset**. Si prevé que algo de lo comentado puede ocurrir, la solución pasa por utilizar marcadores (propiedad **Bookmark**).

También, en lugar de verificar qué campo del registro actual ha sido modificado, podíamos haber verificado qué control dependiente ha cambiado. Para obtener esta información hay que examinar su propiedad **DataChanged**; si vale **True** es que los datos que hay actualmente en el control dependiente no son iguales que los del registro actual.

Siguiendo con el ejemplo, piense ahora que el usuario puede modificar el campo *Profesor* de un registro existente (operación *Editar*) o añadir un nuevo registro (operación *Nuevo*); en ambos casos, hay que modificar la lista. Cuando después de cualquiera de las operaciones anteriores el usuario grabe los cambios, se desencadenará el evento **RecordChangeComplete**. La respuesta a este evento será cambiar la entrada de la lista correspondiente al registro modificado o añadir una nueva entrada al final. Según lo explicado, escriba el procedimiento conducido por el evento **RecordChangeComplete**, como se indica a continuación:

```
Private Sub Adodc1_RecordChangeComplete(
                        ByVal adReason As ADODB.EventReasonEnum, _
                        ByVal cRecords As Long, _
                        ByVal pError As ADODB.Error, _
                        adStatus As ADODB.EventStatusEnum, _
                        ByVal pRecordset As ADODB.Recordset)
  ' Si se modificó un registro y se grabó (Update) ...
  If adReason = adRsnUpdate And Adodc1.Tag = "Profesor" Then
    List1.List(List1.Tag - 1) = pRecordset("Profesor")
    List1.ListIndex = List1.Tag - 1
    Adodc1.Tag = ""
  End If
End Sub
```

En el procedimiento anterior se ha recurrido al valor almacenado en *List1.Tag*, porque después de ejecutar una actualización, la propiedad **AbsolutePosition** toma el valor *1* en este procedimiento.

Cuando se borra un registro se produce primero el evento **RecordChangeComplete** y después el evento **MoveComplete**, puesto que la posición actual cambia. Entonces, para actualizar la lista cuando se borre un registro, utilizaremos el procedimiento *Adodc1_RecordChangeComplete* para tomar nota de que el cambio en el registro es causa de una operación *Delete*, y el procedimiento *Adodc1_MoveComplete* para eliminar la entrada de la lista correspondiente al registro borrado; esto lo hacemos así porque después de ejecutar una actualización la propiedad **AbsolutePosition** toma el valor *1* en el siguiente procedimiento:

```
Private Sub Adodc1_RecordChangeComplete(
                        ByVal adReason As ADODB.EventReasonEnum, _
                        ByVal cRecords As Long, _
                        ByVal pError As ADODB.Error, _
                        adStatus As ADODB.EventStatusEnum, _
                        ByVal pRecordset As ADODB.Recordset)
  ' Si se modificó un registro y se grabó (Update) ...
  If adReason = adRsnUpdate And Adodc1.Tag = "Profesor" Then
    List1.List(List1.Tag - 1) = pRecordset("Profesor")
    List1.ListIndex = List1.Tag - 1
    Adodc1.Tag = ""
```

```
  ElseIf adReason = adRsnDelete Then
    List1.Tag = "Delete"
  End If
End Sub

Private Sub Adodc1_MoveComplete(ByVal adReason As ADODB.EventReasonEnum, _
                               ByVal pError As ADODB.Error, _
                               adStatus As ADODB.EventStatusEnum, _
                               ByVal pRecordset As ADODB.Recordset)
  If Form1.Tag = "" Or pRecordset.BOF Or pRecordset.EOF Then Exit Sub
  If pRecordset.EditMode = adEditNone Then
    List1.ListIndex = pRecordset.AbsolutePosition - 1
  End If
  If List1.Tag = "Delete" Then
    List1.RemoveItem pRecordset.AbsolutePosition - 1
    List1.Tag = ""
  End If
End Sub
```

Finalmente queda volver a ordenar la lista después de que el usuario solicite reconstruir el conjunto de registros (orden *Refrescar*); por ejemplo, porque ha añadido un nuevo registro al final del conjunto de registros y quiere disponer del conjunto de registros ordenado. Como esta operación implica un cambio de la posición actual, se desencadenará el evento **MoveComplete** después de que se produzca este cambio. Por lo tanto, la respuesta a este evento cuando la causa que lo desencadenó fue **Requery**, será limpiar la lista y obtener de nuevo los nombres del conjunto de registros, desde el primero hasta el último, y añadirlos secuencialmente a la lista.

```
Private Sub Adodc1_MoveComplete(ByVal adReason As ADODB.EventReasonEnum, _
                               ByVal pError As ADODB.Error, _
                               adStatus As ADODB.EventStatusEnum, _
                               ByVal pRecordset As ADODB.Recordset)
  If Form1.Tag = "" Or pRecordset.BOF Or pRecordset.EOF Or _
     List1.Tag = " Actualizar lista " Then Exit Sub
  If pRecordset.EditMode = adEditNone Then
    List1.ListIndex = pRecordset.AbsolutePosition - 1
  End If
  If List1.Tag = "Delete" Then
    List1.RemoveItem pRecordset.AbsolutePosition - 1
    List1.Tag = ""
  End If
  If adReason = adRsnRequery Then
    'Volver a construir la lista ordenada
    List1.Clear
    List1.Tag = "Actualizar lista"
    pRecordset.MoveFirst
```

```
    Do While Not pRecordset.EOF
      If Not IsNull(pRecordset("Profesor")) Then
        List1.AddItem pRecordset("Profesor")
      End If
      pRecordset.MoveNext ' siguiente registro
    Loop
    List1.ListIndex = 0 ' seleccionar el primer elemento
    List1.Tag = ""
  End If
End Sub
```

Observe que cada **Move** origina un evento **MoveComplete**, lo que hace que el procedimiento *Adodc1_MoveComplete* se llame a sí mismo, operación que no deseamos. Por eso, y mientras dure la operación de actualización de la lista, hemos almacenado en la propiedad **Tag** del control *List1* el valor "Actualizar lista", lo que nos permitirá de una forma sencilla abandonar la ejecución del procedimiento cuando se inicie por la causa descrita.

DataList y DataCombo

Los controles *DataCombo* y *DataList* son parecidos a los controles lista y lista desplegable estándar, aunque su desarrollo ha sido orientado para ser utilizados con bases de datos. En este sentido, ambos controles se pueden rellenar automáticamente desde un campo de una base de datos accedida a través de un control de datos ADO. Una característica que distingue a los controles *DataCombo* y *DataList* es su capacidad para tener acceso a dos tablas diferentes y vincular datos de la primera tabla a un campo de la segunda. Esto se lleva a cabo mediante dos orígenes de datos.

En una primera aproximación, para utilizar estos controles es necesario asignar valores a las propiedades **RowSource** y **ListField**.

La propiedad **RowSource** especifica el control de datos ADO a partir del cual se rellena la lista de los controles *DataList* y *DataCombo*.

La propiedad **ListField** se utiliza conjuntamente con **RowSource**. Permite seleccionar qué campo del **Recordset** se utilizar para rellenar la lista del control.

Por ejemplo, volvamos a la aplicación inicial *...\ControlAdo\academia.vbp*. Cópiela en una nueva carpeta *DataList-Combo* con la intención de desarrollar una nueva versión. Añada al formulario *Form1* un control *DataList* denominado *DataList1*. Si este control no lo tiene aún en la caja de herramientas del proyecto, ejecute la orden *Componentes* del menú *Proyecto* y seleccione *Microsoft DataList*

Controls. El aspecto que obtendrá cuando ejecute la aplicación es el mismo que el que obtuvo con la versión anterior:

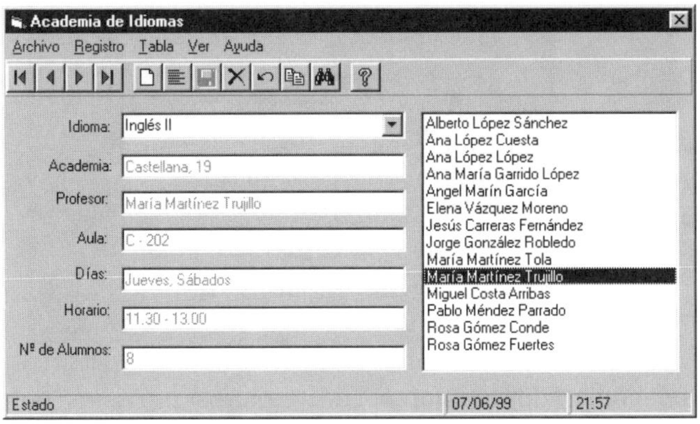

A continuación seleccione el control *DataList1* y asigne a su propiedad **RowSource** el nombre del control ADO origen de los datos, en nuestro caso, *Adodc1*, y a **ListField** el nombre del campo que se quiere utilizar para rellenar la lista, en nuestro caso *Profesor* (la propiedad **BoundColumn** queda automáticamente establecida al mismo valor).

Si ahora ejecuta la aplicación observará que ha conseguido prácticamente la misma funcionalidad que en la versión anterior y sin escribir nada de código.

Finalmente, para que cuando el usuario haga doble clic sobre un elemento de la lista se visualice automáticamente en los controles dependientes el registro correspondiente, añada el siguiente procedimiento:

```
Private Sub DataList1_DblClick()
  Dim Criterio As String
  Criterio = "Profesor Like '*" & DataList1.Text & "*'"
  BuscarElPrimero Criterio
End Sub
```

Una característica importante de estos controles es que permiten pasar un campo seleccionado a un segundo control de datos. Por ejemplo, basándonos en la figura siguiente (las tablas contienen un campo *ID-Idioma* que no estamos utilizando en la realidad), la aplicación *academia* podría utilizar un control *DataCombo* para que el usuario pudiera elegir un *Idioma* de la tabla *Idiomas* provista por un control ADO denominado *Adodc2*. Después, la aplicación pasaría el campo *ID-Idioma* correspondiente al *Idioma* seleccionado a una segunda tabla *Clases* provista por un control de datos *Adodc1*, quedando vinculados los registros actuales de ambas tablas. Observe el detalle de que al visualizar el control *Data-*

Combo los nombres de los idiomas, evita al usuario trabajar con códigos difíciles de memorizar cuando lo que quiere es introducir registros en la tabla *Clases*.

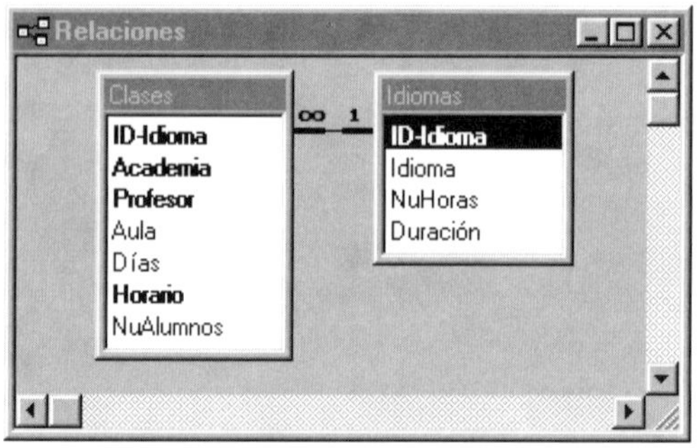

Para relacionar dos conjuntos de registros provistos por sendos controles ADO a través de un control *DataList* o *DataCombo*, es necesario asignar valores a las propiedades **DataSource**, **DataField** y **BoundColumn**, además de a las descritas anteriormente.

La propiedad **DataSource** especifica el origen de datos que el receptor de datos utilizará para enlazar con una base de datos.

La propiedad **DataField** especifica el nombre del campo al que será enlazado el receptor de datos.

La propiedad **BoundColumn** especifica el nombre del campo de origen de un objeto **Recordset** que será pasado a otro **Recordset** destino de los datos. Este campo debe ser del mismo tipo que el campo especificado por **DataField** que será actualizado en el **Recordset** destino. El valor de ese campo puede obtenerse o establecerse a través de la propiedad **BoundText**.

Para entender el ejercicio siguiente, piense en el cometido actual de la lista desplegable estándar *ListaIdioma*:

1. Proporciona la lista de idiomas obtenida a partir de la tabla *Idiomas*. En el inicio se llena desde el procedimiento *Form_Load* y durante la ejecución, cuando hay algún cambio en dicha lista, desde el procedimiento vinculado al botón *Cerrar* de *Form2*. Por ejemplo:

```
Private Sub Form_Load()
  ' ...
  ' Añadir los idiomas a la lista desplegable
  Do Until Form2.Adodc2.Recordset.EOF
    ListaIdioma.List(i) = Form2.Adodc2.Recordset("Idioma")
    i = i + 1
```

```
      Form2.Adodc2.Recordset.MoveNext
    Loop
    ' ...
  End Sub
```

2. Es un control vinculado al campo *Idioma* (propiedad **DataField**) del conjunto de registros obtenido a través de *Adodc1* (propiedad **DataSource**) desde la tabla *Clases* de la base de datos *Academia*. Esta conexión, a través de estas propiedades, permite no sólo obtener sino también establecer el valor del campo *Idioma* del registro actual del conjunto de registros.

Pues bien, si en lugar de utilizar un control *ComboBox* estándar utilizamos un control *DataCombo*, el punto 2 no variará, pero el punto 1 puede ser automatizado por medio de las propiedades **RowSource** y **ListField**.

Sustituya entonces la lista desplegable *ListaIdioma* del formulario *Form1* de nuestra aplicación por un control *DataCombo* de igual nombre, estilo *dbcDropdownList*. Después añada un nuevo control ADO, *Adodc2*, y asigne a su propiedad **ConnectionString** el fichero de vínculo de datos *academia.udl*, y a su propiedad **RecordSource** la sentencia SQL *select * from Idiomas* o la tabla *Idiomas*. Finalmente, asigne a las propiedades de *ListaIdioma* indicadas a continuación los valores siguientes:

Propiedad	*Valor*
RowSource	*Adodc2* de *Form1*
ListField	*Idioma* del **Recordset** subyacente en *Adodc2*
DataSource	*Adodc1* de *Form1*
DataField	*Idioma* del **Recordset** subyacente en *Adodc1*
BoundColumn	*Idioma* del **Recordset** subyacente en *Adodc2*

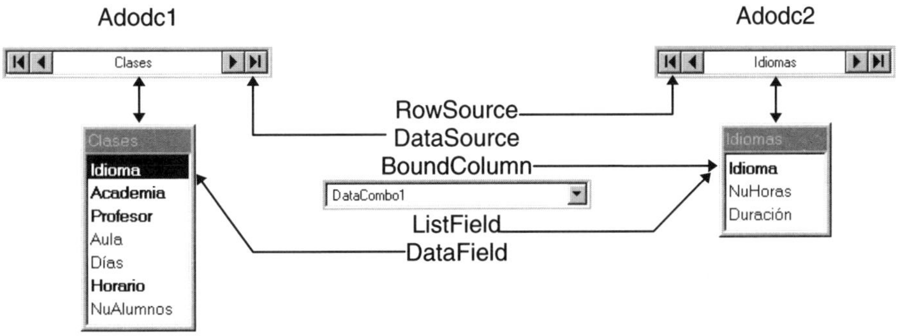

En este ejercicio, el valor de **BoundColumn** coincide con el de **ListField** y con el de **DataField**, pero esto no es más que una simple coincidencia. **BoundColumn** hace referencia al campo de un **Recordset** que proporciona el valor al otro **Recordset**, **ListField** es el campo con el que se ha llenado la tabla y **DataField** es el campo que será reemplazado con el valor de **BoundText**.

Llegado a este punto, revisemos el código. Ahora el procedimiento *Form_Load* no tiene que llenar la lista, por lo tanto edítelo como se puede observar a continuación:

```
Private Sub Form_Load()
  ' La carga de Form1 implica que se construyan los conjuntos de
  ' registros generados por "select * from Clases order by Profesor"
  ' y por "select * from Idiomas"
  ' Visualizar el formulario

  ' Inhabilitar el botón Grabar y las cajas de texto
  tbToolBar.Buttons(grabar).Enabled = False
  MnuRegElemento(grabar).Enabled = False
  InhabilitarCajas
End Sub
```

El procedimiento *ListaIdioma_KeyPress* ya no es necesario, por lo tanto bórrelo.

Finalmente, edite el procedimiento *Cerrar_Click* de *Form2* para que cuando el usuario modifique la tabla de *Idiomas* y pulse el botón *Cerrar*, actualice los dos conjuntos de registros (*Clases* e *Idiomas*):

```
Private Sub Cerrar_Click()
  If CambióIdiomas Then
    ' Actualizar los conjuntos de registros de
    ' Adodc1 y Adodc2
    Form1.Adodc1.Refresh
    Form1.Adodc2.Refresh
  End If
  Unload Form2
End Sub
```

Grabe los cambios efectuados y ejecute la aplicación. Observe ahora cómo con mucho menos código todo funciona como realmente esperaba cuando diseñó la versión anterior.

CAPÍTULO 11

OBJETOS ADO

Las tecnologías actuales de acceso a datos tienen que satisfacer los nuevos escenarios demandados por las empresas, tales como los sistemas de información basados en la *Web*. Anteriormente las aplicaciones se diseñaban sólo para acceder a datos servidos por un ordenador principal. Ahora las aplicaciones *Web* necesitan acceder a datos distribuidos en diferentes lugares del mundo, en diferentes plataformas hardware, con sistemas operativos diferentes, y con diferentes formas de almacenamiento.

Según lo expuesto, sería aconsejable disponer de una manera común de acceso a esos datos guardados en formatos diferentes. Eso significaría poder utilizar una misma tecnología de acceso a datos para acceder a una base de datos relacional, a una base de datos en un servidor de una red local, a una hoja de cálculo, o a un documento de texto. En esta línea, Microsoft ofrece una solución, utilizar OLE DB como un proveedor de datos y objetos ADO (*ActiveX Data Objects* - Objetos *ActiveX* para acceso a datos), como tecnología de acceso a datos, argumentando que el acceso a datos basado en OLE DB y ADO es adecuado para una gama amplia de aplicaciones, desde pequeños procesos en estaciones de trabajo a aplicaciones *Web* a gran escala. OLE DB es un conjunto de interfaces COM (modelo básico de componentes que permite a los mismos comunicarse independientemente del lenguaje y de la plataforma) que puede proporcionar acceso uniforme a los datos almacenados en diversas fuentes de información. La figura siguiente puede proporcionarle una visión amplia de lo expuesto.

Los componentes OLE DB constan de proveedores de datos que exponen sus datos, consumidores de datos que utilizan los datos, y componentes de servicios que procesan y transportan datos (como procesadores de preguntas, cursores y servicios comerciales).

Observe que el acceso desde la aplicación a un origen de datos se realiza a través de una conexión, el entorno necesario para el intercambio de datos. La aplicación puede tener acceso al origen de datos directamente (a veces llamado sistema de dos capas) o indirectamente (a veces llamado sistema de tres capas) a través de un intermediario como es *Microsoft Internet Information Server* (IIS).

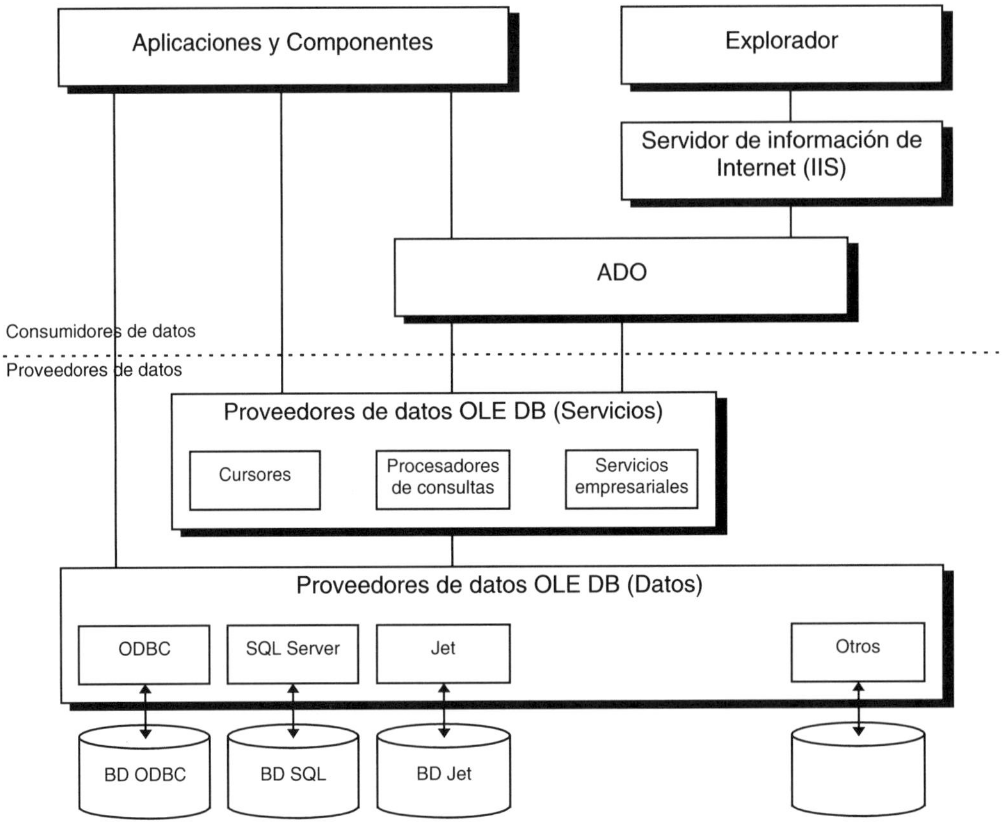

PROVEEDORES DE DATOS OLE DB

La versatilidad y flexibilidad de la tecnología ADO se debe en gran medida al hecho de que permite conectarse a varios proveedores de datos diferentes y mostrar independientemente de las características específicas de cada proveedor, el mismo modelo de programación.

Precisamente, por tener cada proveedor características específicas, el modo en que la aplicación interactúa con ADO varía ligeramente entre los distintos proveedores. Estas diferencias, como verá un poco más adelante, serán tenidas en cuenta en la propiedad **ConnectionString** del objeto de conexión, en el uso de un objeto **Command**, o en el comportamiento del objeto **Recordset** específico del proveedor.

La tabla siguiente indica los proveedores de datos que Microsoft proporciona con la versión 6 de Visual Basic:

Proveedor de datos Microsoft OLE DB para	*Nombre*
ODBC	`MSDASQL`
Microsoft Index Server	`MSIDXS`
Microsoft Active Directory Service	`ADSDSOObject`
Microsoft Jet	`Microsoft.Jet.OLEDB.3.51`
Microsoft SQL Server	`SQLOLEDB`
Oracle	`MSDAORA`

Vamos a comentar algunos de ellos que podemos utilizar a continuación.

Proveedor de Microsoft OLE DB para ODBC

Actualmente no todos los proveedores de bases de datos implementan su interfaz OLE DB. No obstante, es posible obtener acceso a prácticamente todos los sistemas administradores de bases de datos actuales a través de ODBC. El proveedor de Microsoft para ODBC permite a ADO conectarse a cualquier origen de datos ODBC. Para conectarse a este proveedor puede utilizar la siguiente sintaxis:

"[**Provider=MSDASQL;**] { **DSN=***nombre* | **FileDSN=***nombre-fichero* } **;**
[**DATABASE=***basde-de-datos***;**] **UID=***usuario***; PWD=***contraseña*"

Observe que el proveedor de datos se denomina *MSDASQL* y que *DSN* (*Data Source Name*) es el nombre del origen de datos que hace referencia a la base de datos que se desea utilizar.

Crear un DSN

Para registrar una base de datos como un origen de datos ODBC, diríjase al panel de control de Windows y ejecute el *administrador ODBC de 32 bits*:

1. Haga clic en el botón *Agregar* de la página *DSN de usuario* de la ventana *Administrador de orígenes de datos ODBC*.
2. En la ventana *Crear nuevo origen de datos* que se presenta, elija el tipo de controlador ODBC a utilizar, por ejemplo *SQL Server*, y pulse *Finalizar*. Los

datos que le serán solicitados a continuación dependerán del controlador ODBC seleccionado. Por ejemplo, supongamos que seleccionó *SQL Server*, porque quiere acceder a una base de datos *academia.mdf*.

3. En la ventana *Crear un nuevo origen de datos para SQL Server* que se presenta, escriba el nombre del origen de datos y del servidor SQL.

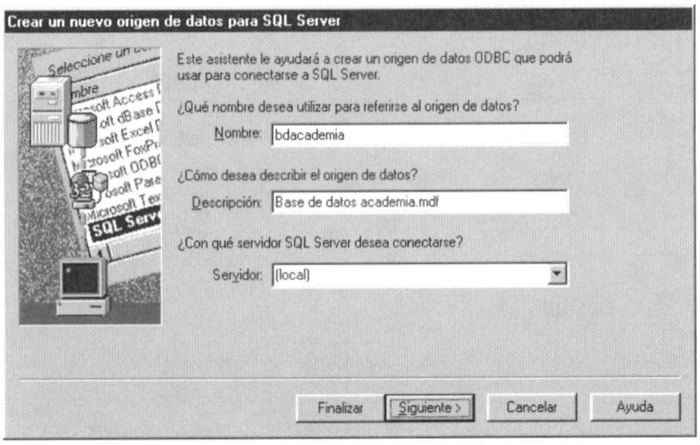

4. Haga clic en el botón *Siguiente*. En la ventana que se visualiza escriba el nombre del usuario de conexión con *SQL Server* (por ejemplo “sa” u otro).

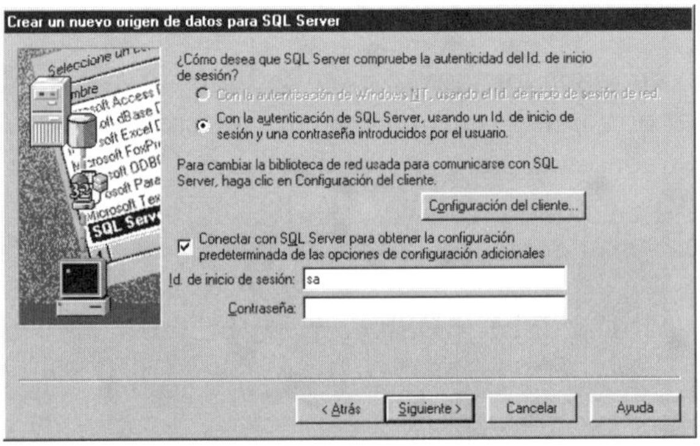

5. Haga clic en el botón *Siguiente*. En la ventana que se visualiza seleccione la base de datos predeterminada para la conexión especificada.

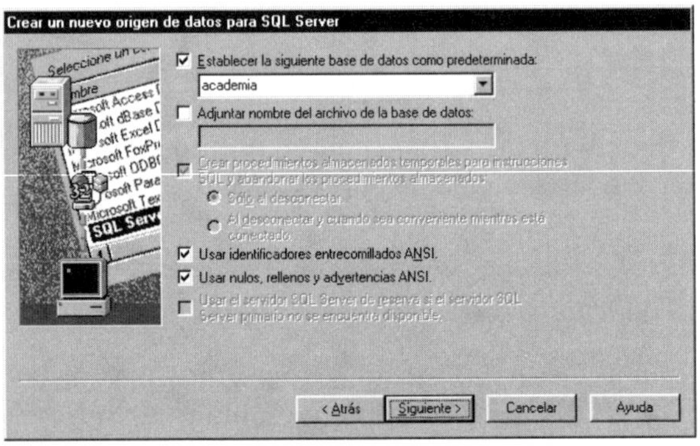

6. Haga clic en el botón *Siguiente*, y en la ventana que se visualiza haga clic en *Finalizar*.

Otros proveedores de Microsoft OLE DB

Hay otros proveedores de datos proporcionados por Microsoft Visual Basic, como *Microsoft Jet* o *Microsoft SQL Server*, que implementan su interfaz OLE DB. En este caso, para conectarse a ese proveedor puede utilizar la siguiente sintaxis sin un DSN (conexión sin DSN):

"[**Provider=***proveedor***;**] **DRIVER=***controlador***; SERVER=***servidor***; DATABASE=***base-de-datos***; UID=***usuario***; PWD=***contraseña*"

Más adelante veremos un ejemplo.

MODELO DE OBJETO ADO

El modelo de objeto ADO define una colección de objetos programables, que soportan el modelo de objeto componente (COM) y la automatización OLE, que pueden interaccionar con la tecnología OLE DB. El modelo de objeto de ADO, comparado con otros objetos de acceso a datos como RDO o DAO, tiene menos objetos y es más simple de utilizar. Según se puede observar en la figura siguiente, hay siete objetos en el modelo de objeto ADO (los rectángulos en blanco corresponden a los objetos y los sombreados son colecciones), los cuales se describen brevemente a continuación:

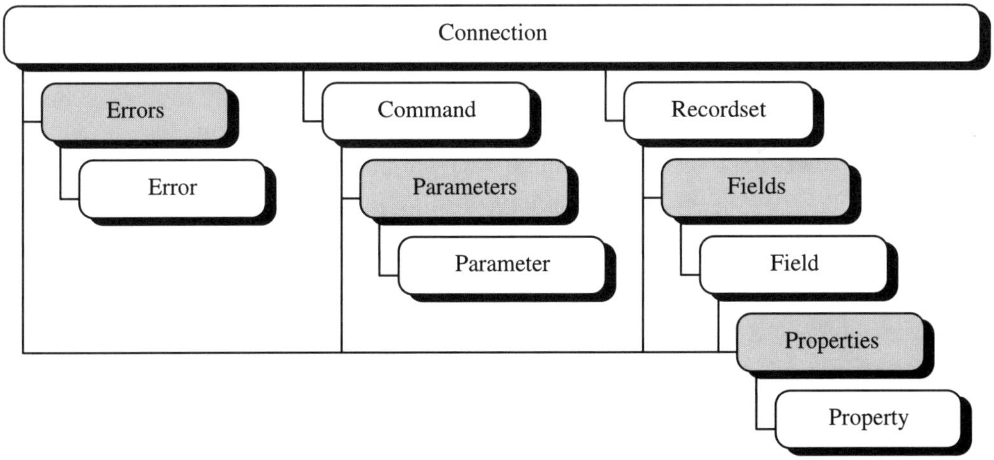

- **Connection**. Una conexión es el entorno necesario para el intercambio de datos. El modelo encarna el concepto de una conexión con el objeto **Connec-**

tion. Un objeto **Connection** representa una conexión abierta con un origen de datos. Almacena información acerca del tipo de cursor, cadena de conexión, tiempo límite para preguntas, tiempo límite para conexión, y base de datos por omisión. Cuando se crea un objeto **Connection** se está ejecutando la misma función que realiza el control de datos ADO cuando se establece su propiedad **ConnectionString**. Un objeto **Connection** puede soportar múltiples objetos de más bajo nivel como son los objetos **Recordset** y los objetos **Command**.

- **Command**. De una forma sencilla podemos decir que un objeto **Command** es una sentencia SQL que se ejecuta desde la aplicación contra un origen de datos. Un objeto **Command** almacena información sobre una orden (por ejemplo una pregunta), definiciones de parámetros, etc. Es útil para definir preguntas parametrizadas o ejecutar un procedimiento almacenado que devuelva valores a través de parámetros. Soporta varias propiedades para describir el tipo y propósito de la pregunta, lo que ayuda a optimizar la operación. También se puede ejecutar una pregunta y obtener un **Recordset** sin definir explícitamente el objeto **Command**. Para ello, pase una cadena de consulta al método **Execute** del objeto **Connection** o al método **Open** de un objeto **Recordset**.

- **Parameter**. A menudo los objetos **Command** requieren partes variables, los parámetros, que pueden ser modificados antes de emitir la orden; por ejemplo, para recuperar datos desde diferentes especificaciones. Son especialmente útiles para ejecutar órdenes que se comportan como funciones. En este caso se sabe lo que hace la orden, pero no se conoce necesariamente cómo trabaja. Por ejemplo, *Ingresar cantidad, cuenta, entidad bancaria, sucursal.*

- **Recordset**. Conjunto de registros resultado de una pregunta, incluyendo un cursor. El **Recordset** es el medio principal para examinar y modificar los datos de los registros recuperados de un origen de datos. Se puede abrir un objeto **Recordset** (esto es, ejecutar una pregunta) sin abrir explícitamente un objeto **Connection**. Sin embargo, si se crea primero un objeto **Connection**, es posible abrir múltiples **Recordset** sobre la misma conexión.

- **Field**. Un registro (fila de una tabla) de un **Recordset** consta de uno o más campos. Si imaginamos un **Recordset** como una cuadrícula, cada campo se corresponde con una columna de datos. Los objetos **Recordset** utilizan la colección **Fields** para guardar todos sus objetos **Field**. Cada objeto **Field** se corresponde con una columna de datos del objeto **Recordset**.

- **Error**. Cualquier operación que incluya objetos ADO puede generar uno o más errores relativos al proveedor de datos. Cada objeto **Error** representa un error específico del proveedor, no un error ADO. Puesto que una sola sentencia puede generar más de un error, existe una colección **Errors** asociada con el objeto **Connection** que almacenará esos objetos **Error**. Cada vez que se ejecuta una nueva sentencia, la colección **Errors** es borrada.

- **Property**. Cada objeto ADO tiene un conjunto único de propiedades que describen o controlan su comportamiento. Se clasifican en dos tipos: *predefinidas* y *dinámicas*. Las *predefinidas* son propiedades implementadas en el objeto ADO y están disponibles inmediatamente en cualquier nuevo objeto; no figuran en la colección **Properties**. Las *dinámicas* son definidas por el proveedor de datos y aparecen en la colección **Properties** del objeto ADO. Un objeto **Property** representa una propiedad dinámica de un objeto ADO. Por ejemplo, una propiedad puede indicar si un objeto **Recordset** soporta transacciones o actualizaciones.

Eventos

Los eventos son notificaciones de que ciertas operaciones están a punto de suceder o han sucedido ya. Permiten gestionar de manera eficaz una aplicación que conste de varias tareas asíncronas. Los eventos ADO que ocurren antes de que se inicie una operación tienen nombres con el formato **Will*Evento*** y los que ocurren tras concluir la operación tienen nombres con el formato ***Evento*Complete**. Existen dos familias de eventos: de conexión y orientados a conjuntos de registros.

Los eventos de conexión son generados cuando comienzan transacciones en una conexión (se confirman o se deshacen), cuando se ejecuta una orden (objeto **Command**), y cuando se abre o cierra una conexión (objeto **Connection**). La tabla siguiente resume este tipo de eventos:

BeginTransComplete, **CommitTransComplete**, **RollbackTransComplete**	Notificación de que se ha comenzado, confirmado o deshecho la transacción de la conexión actual.
WillConnect, **ConnectComplete**, **Disconnect**	Notificación de que la conexión actual va a comenzar, ha comenzado o ha finalizado.
WillExecute, **ExecuteComplete**	Notificación de que la ejecución de la orden actual en la conexión va a comenzar, ha comenzado o ha finalizado.
InfoMessage	Notificación de que hay información adicional sobre la operación actual.

Los eventos relativos a conjuntos de registros son generados para informar del progreso de la recuperación de los datos, cuando se exploran los registros de un **Recordset**, cuando se cambia un campo en un registro, cuando se cambia un registro o cuando se realiza cualquier cambio en el **Recordset** completo. Algunos de estos eventos ya fueron tratados en el capítulo anterior. La tabla siguiente resume este tipo de eventos:

FetchProgress, **FetchComplete**	Notificación del progreso o finalización de una operación de recuperación de datos.
WillChangeField, **FieldChangeComplete**	Notificación de que el valor del campo actual va a cambiar o ha cambiado.
WillMove, **MoveComplete**, **EndOfRecordset**	Notificación de que la posición del registro actual en un **Recordset** va a cambiar, ha cambiado o ha llegado al final.
WillChangeRecord, **RecordChangeComplete**	Notificación de que algo va a cambiar o ha cambiado en el registro actual del **Recordset**.
WillChangeRecordset, **RecordsetChangeComplete**	Notificación de que algo va a cambiar o ha cambiado en el **Recordset** actual.

ADO comparado con RDO y DAO

Aunque ADO encapsula la funcionalidad proporcionada por DAO y RDO, en las aplicaciones de acceso a datos existentes que utilizan DAO y RDO, es necesario reescribir algunos de los elementos del lenguaje para que sean compatibles con la tecnología ADO. En algunos casos, esto supondrá una conversión simple de algunas funciones en el código existente, y en otros casos, quizás sea mejor volver a escribir la aplicación que deseamos utilice la tecnología ADO.

DAO fue la primera interfaz orientada a objetos para acceso a datos, expuesta por el motor de bases de datos *MS Jet*, que permitió a los desarrolladores de Visual Basic acceder directamente a tablas *Access*, así como a otras bases de datos, a través de ODBC. DAO es ideal para aplicaciones instaladas en máquinas personales o en redes locales pequeñas.

RDO es una interfaz orientada a objetos para acceso a datos que se comunica directamente con ODBC sin necesidad de atravesar el motor *MS Jet*. RDO, aunque tiene sus limitaciones (no accede muy bien a bases de datos *MS Jet* o ISAM y sólo puede acceder a las bases de datos relacionales para las que exista un controlador ODBC) es, sin embargo, la interfaz elegida por muchos desarrolladores de base de datos *SQL Server*, *Oracle*, y otras bases de datos relacionales grandes.

ADO es el sucesor de DAO/RDO. Funcionalmente ADO es muy similar a RDO. ADO proporciona un modelo de objeto más simple que el modelo de objeto utilizado por DAO y RDO, lo que se traduce en menos objetos y más propiedades, métodos y eventos. Por ejemplo, ADO no tiene ningún objeto equivalente a **rdoEngine** ni a **rdoEnvironment**. Tampoco desde ADO es posible, actualmente, crear bases de datos ODBC, a pesar de tener acceso a través de los proveedores de servicios OLE DB a bases de datos ODBC.

En general, probablemente es demasiado pronto para migrar la mayoría de las aplicaciones DAO (excepto ésas que utilizan *ODBCDirect*) a ADO, ya que ADO actualmente no soporta DDL (*Data Definition Language* - Lenguaje de definición de datos, utilizado para crear, modificar y borrar tablas y bases de datos), usuarios, grupos, etc. En el futuro, Microsoft proporcionará un DDL para ADO con el fin de ayudar a realizar las migraciones de DAO a ADO y proporcionar soporte de DDL para los proveedores de datos OLE DB.

ACCESO A LOS DATOS CON ADO

ADO es la única interfaz de datos que necesitamos conocer para cualquier solución de acceso a datos basada en *Web* o en la tecnología cliente-servidor.

Una aplicación típica con ADO debe realizar las siguientes operaciones para acceder a un origen de datos:

- *Crear el objeto de conexión.* En esta operación se especifica la cadena de conexión que incluye el nombre del origen de datos, la identificación del usuario, la contraseña, el tiempo límite para realizar la conexión, el origen de datos por omisión, y dónde se localiza el cursor. Un objeto **Connection** representa una única sesión con un origen de datos. Asimismo, es posible controlar transacciones a través del objeto **Connection** utilizando los métodos **BeginTrans**, **CommitTrans**, y **RollbackTrans**.

- *Abrir la conexión.* Esta operación abre la conexión con el origen de datos.

- *Ejecutar una sentencia SQL.* Una vez abierta la conexión, se puede ejecutar de forma asíncrona una pregunta y elegir el conjunto de registros donde se almacenará el resultado; ADO proporcionará un cursor (puntero a los registros resultantes de una consulta; el cursor es inherente al controlador utilizado para acceder al origen de datos) en segundo plano para obtener el conjunto de registros resultante de la pregunta. De esta forma la aplicación podrá realizar otros procesos sin tener que esperar.

- *Utilizar el conjunto de registros resultante.* Finalizada la operación anterior y dependiendo del tipo del cursor, la aplicación podrá explorar y cambiar los registros desde el lado del servidor o del cliente.

- *Finalizar la conexión.* Esta operación termina la conexión con el origen de los datos.

Aunque los objetos ADO tienen muchas propiedades y métodos, utilizar la tecnología ADO es realmente fácil. ADO representa el futuro de la tecnología de acceso a datos.

Crear una aplicación utilizando objetos ADO

Para ver con detalle la manera de utilizar los objetos ADO, vamos a desarrollar la misma aplicación que explicamos en el capítulo anterior. Recuerde que allí el objetivo era acceder a una base de datos *academia.mdb* creada con *Microsoft Access* o con el *Administrador visual de datos* de Visual Basic y formada por dos tablas denominadas *Clases e Idiomas.*

Aquí el objetivo va a ser acceder a una base de datos *academia.mdf* creada con *Microsoft SQL Server 7.* Este sistema administrador de bases de datos no tiene las limitaciones del motor *MS Jet.* Un ejemplo de lo que estamos diciendo puede usted comprobarlo cuando hablemos de consultas parametrizadas.

Para que una aplicación pueda acceder a una base de datos *SQL Server* hay que tener iniciado el *Administrador de servicios de SQL Server.* Esto implica tener instalado *Microsoft SQL Server* o al menos los servicios necesarios, o bien estar conectado a un servidor SQL y tener en nuestra máquina instalados los servicios de cliente necesarios.

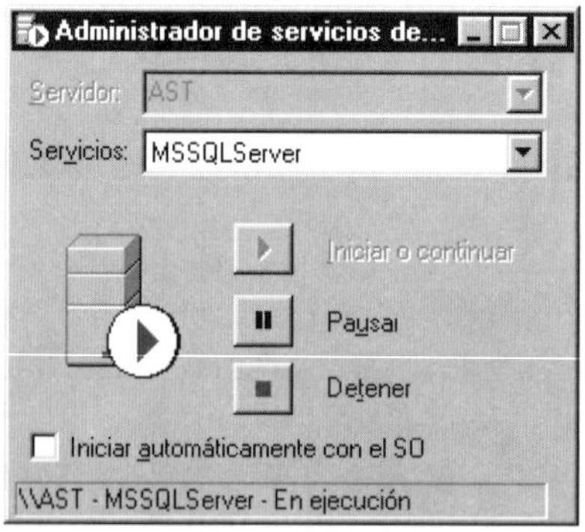

Observará a lo largo de este capítulo, que una vez creados los orígenes de datos que sustituirán a los controles de datos ADO empleados en el capítulo anterior, el desarrollo de la aplicación es prácticamente igual. No obstante, el autor ha preferido repetir la parte del desarrollo en la que se producen los cambios más relevantes, simplemente por motivos didácticos. En cualquier caso, usted será quien decida detenerse más o menos en cada una de las partes en función de lo que haya aprendido cuando realizó la aplicación anterior.

La base de datos sobre la que vamos a trabajar se llama *academia.mdf* y está formada por dos tablas: *Clases* y *Idiomas*.

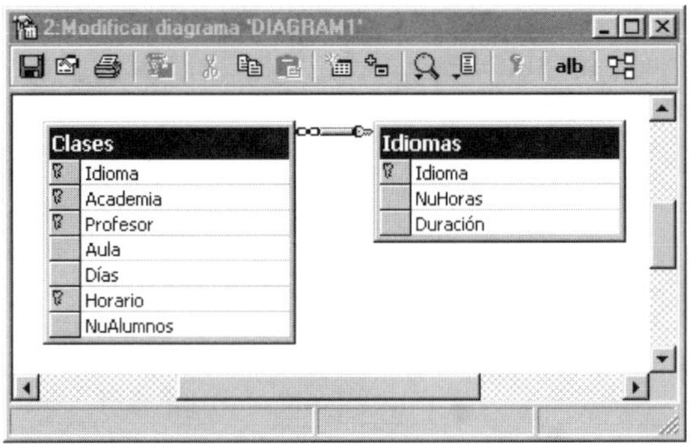

La tabla *Clases* almacena los datos relativos a cada una de las clases. Utiliza como clave los campos *Idioma*, *Academia*, *Profesor* y *Horario* sin duplicados.

Campo	Tipo	Significado
Idioma	Cadena de 10 caracteres	Idioma y nivel
Academia	Cadena de 20 caracteres	Dirección de la academia
Profesor	Cadena de 30 caracteres	Profesor que imparte la clase
Aula	Cadena de 7 caracteres	Aula en la que se imparte la clase
Días	Cadena de 20 caracteres	Días de la semana que se imparten
Horario	Cadena de 15 caracteres	Horas en las que se imparte cada clase
NuAlumnos	Numérico	Número de alumnos de la clase

La tabla *Idiomas* almacena los distintos idiomas que se imparten en las diferentes academias. Utiliza como clave el campo *Idioma* sin duplicados.

Campo	Tipo	Significado
Idioma	Cadena de 10 caracteres	Idioma y nivel
NuHoras	Numérico	Número de horas por semana
Duración	Numérico	Duración del curso en semanas

En la base de datos se establece una relación de uno a varios; esto es, un registro en la tabla *Idiomas* está relacionado con varios registros de la tabla *Clases* (todos los que tienen el mismo campo *Idioma*).

Características de la aplicación

La aplicación deberá reunir fundamentalmente las siguientes características:

- Visualizará en un formulario cada uno de los campos del registro seleccionado, permitiendo modificar cualquiera de ellos.
- El campo *Idioma* se corresponderá con una lista desplegable a la que se añadirán los distintos idiomas registrados en la base de datos.
- Permitirá moverse de un registro a otro utilizando los botones de la barra de herramientas o mediante las órdenes *Primero*, *Anterior*, *Siguiente* y *Último* de un menú *Registro*.

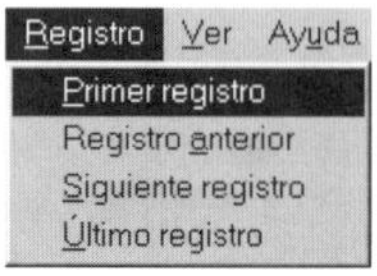

Las figura siguiente muestra el aspecto final de la aplicación.

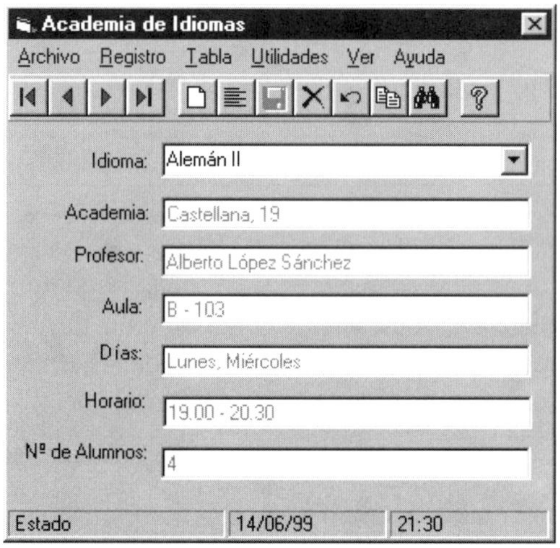

Diseño del formulario

Para empezar, cree una nueva aplicación y asigne al formulario por omisión el título *Academia de Idiomas*. A continuación sitúe sobre él los controles que se especifican en la tabla siguiente. Ajuste los tamaños y guarde la aplicación con el nombre *academia.vbp* y el formulario con el nombre *academia.frm* (carpeta *cap11\ObjetosADO* en el disquete).

Objeto	Propiedad	Valor
Menú Archivo	Caption Name	&Archivo mnuArchivo
Orden Salir de Academia	Caption Name	&Salir de Academia ArchivoSalir
Menú Registro	Caption Name	&Registro mnuRegistro
Orden Primero	Caption Name Index	&Primero MnuRegElemento 1
Orden Siguiente	Caption Name Index	&Siguiente MnuRegElemento 2
Orden Anterior	Caption Name Index	&Anterior MnuRegElemento 3
Orden Último	Caption Name Index	Ú&ltimo MnuRegElemento 4
Menú Ver	Caption Name	&Ver mnuVer
Orden Barra de herramientas	Caption Name	Barra de &herramientas VerBarraHerramientas
Orden Barra de estado	Caption Name	Barra de &estado VerBarraEstado
Menú Ayuda	Caption Name	A&yuda mnuAyuda
Orden Acerca de...	Caption Name	&Acerca de... AyudaAcercaDe
Etiqueta	Caption Name	Idioma: Label1
Lista desplegable	Name Style Text	ListaIdioma 0 (nada)
Etiqueta	Caption Name	Academia: Label2
Caja de texto	Name Index Text	ClasesCampo 1 (nada)
Etiqueta	Caption Name	Profesor: Label3

Caja de texto	Name Index Text	ClasesCampo 2 (nada)
Etiqueta	Caption Name	Aula: Label4
Caja de texto	Name Index Text	ClasesCampo 3 (nada)
Etiqueta	Caption Name	Días: Label5
Caja de texto	Name Index Text	ClasesCampo 4 (nada)
Etiqueta	Caption Name	Horario: Label6
Caja de texto	Name Index Text	ClasesCampo 5 (nada)
Etiqueta	Caption Name	Nº de Alumnos: Label7
Caja de texto	Name Index Text	ClasesCampo 6 (nada)

Observe que las etiquetas utilizadas hacen referencia a los campos de la tabla *Clases* de la base de datos, que las cajas de texto forman una matriz de controles denominada *ClasesCampo* (observe que el primer índice que hemos utilizado es el 1) y que las órdenes del menú *Registro* forman también una matriz de controles denominada *MnuRegElemento* (en este caso, el primer índice es también el 1, para más adelante hacerlos coincidir con los botones de la barra de herramientas).

A continuación añada al formulario una barra de herramientas denominada *tbToolBar*, un control lista de imágenes denominado *imlToolbarIcons* para proporcionar las imágenes a los botones de la barra de herramientas, y una barra de estado denominada *sbStatusBar*. Observe la interfaz gráfica de la aplicación presentada anteriormente.

Abrir una conexión con el origen de datos

Antes de empezar a trabajar con los objetos ADO es necesario que la aplicación informe a Visual Basic de tal requerimiento. Esto se hace estableciendo una referencia a la biblioteca ADO: ejecute la orden *Referencias* del menú *Proyecto* y seleccione *Microsoft ActiveX Data Objects Library*.

El primer paso para acceder a la información de una base de datos es crear un objeto **Connection** y establecer un vínculo con la base de datos. Para realizar esta operación hay que ejecutar los siguientes pasos:

1. Declarar una variable de tipo **Connection**. Para nuestra aplicación, declare la siguiente variable pública a nivel del formulario (pública para poderla utilizar posteriormente en otro formulario *Form2*):

```
Public cnAcademia As Connection
```

2. Crear un objeto **Connection**:

```
Set cnAcademia = New Connection
```

3. Establecer las propiedades de la conexión:

```
With cnAcademia
' Proveedor de datos Microsoft OLE DB para SQL Server
  .Provider = "SQLOLEDB"
  .ConnectionString = "server=ast;database=academia;uid=usuario1;pwd="
End With
```

4. Crear un vínculo con el origen de datos a través del método **Open**:

```
cnAcademia.Open
```

Añada el código de los puntos 2, 3 y 4 al procedimiento *Form_Load* del formulario *Form1*.

Para que el código anterior funcione tiene que haber creado una base de datos *academia* con *SQL Server* y un usuario de conexión *usuario1* (en SQL Server se denomina *inicio de sesión*), o bien utilizar como usuario de conexión *sa* (administrador del sistema). Para el ejemplo que nos ocupa, después de crear la base de datos *academia* con las tablas anteriormente especificadas, se creó un inicio de sesión con las propiedades siguientes:

Nombre	*usuario1*
Base de datos:	*academia*
Funciones de servidor:	*Database Creators*
Acceso a base de datos:	*Academia*
Funciones de base de datos:	*public, db_creator*

La propiedad **Provider** del objeto **Connection** permite establecer o devolver el nombre del proveedor OLE DB de una conexión. Vea el apartado "Proveedores de datos OLE DB" expuesto anteriormente.

Aunque existe una base de datos predeterminada, puede proporcionar un parámetro *database* para especificar de forma explícita dicha base de datos, o incluso puede especificar otra base de datos diferente a la predeterminada. Puede conseguir resultados idénticos estableciendo la propiedad **DefaultDatabase** (base de datos predeterminada) del objeto **Connection** después de invocar al método **Open**, en lugar de utilizar el parámetro *database*:

```
cnAcademia.Open
cnAcademia.DefaultDatabase = "academia"
```

La propiedad **ConnectionString** permite especificar un origen de datos.

Según lo explicado en el apartado "Proveedores de datos OLE DB" expuesto anteriormente y suponiendo que hubiéramos creado un origen de datos *bdacademia* para la base de datos *academia.mdf* creada con *SQL Server*, también podríamos escribir:

```
With cnAcademia
' Proveedor de datos Microsoft OLE DB para ODBC
  .Provider = "MSDASQL"
  .ConnectionString = "dsn=bdacademia;database=academia;uid=usuario1;pwd="
End With
```

Si la base de datos fuera una base de datos *Access* (por ejemplo, *academia.mdb*), podríamos proceder así:

```
With cnAcademia
' Proveedor de datos Microsoft OLE DB para Microsoft Jet
  .Provider = "Microsoft.Jet.OLEDB.3.51"
  .ConnectionString = "academia.mdb"
End With
```

Observe que los puntos 3 y 4 pueden también ejecutarse invocando al método **Open** del objeto **Connection** con todos sus argumentos. Por ejemplo:

```
cnAcademia.Open "provider=SQLOLEDB;server=ast;database=academia", "usuario1"
```

La sintaxis correspondiente a este método es la siguiente:

objeto_connection.**Open** *ConnectionSTring*, *UserID*, *Password*, *OpenOptions*

ConnectionString es un parámetro opcional de tipo **String** que contiene información acerca de la conexión.

UserID es un parámetro opcional de tipo **String** que contiene el nombre de usuario que se utiliza al establecer la conexión. Por ejemplo "sa" (administrador del sistema).

Password es un parámetro opcional de tipo **String** que contiene la contraseña que se utiliza al establecer la conexión.

OpenOptions es un parámetro opcional que toma un valor de los especificados por la enumeración **ConnectOptionEnum**. Si se establece su valor a *adAsyncConnect*, la conexión se abrirá de forma asíncrona. Se emitirá un evento **ConnectComplete** cuando la conexión esté disponible.

Abrir el conjunto de registros

Después de que tengamos una conexión abierta, el siguiente paso es crear un conjunto de registros adecuado a la información que necesitemos. El conjunto de registros puede contener todos los registros de una tabla, unos pocos campos y registros de una tabla, información combinada de varias tablas, u otra información que deseemos seleccionar. Para realizar esta operación hay que ejecutar los siguientes pasos:

1. Declarar una variable de tipo **Recordset**. Para nuestra aplicación, declare la siguiente variable pública a nivel del formulario (pública para poderla utilizar posteriormente en otro formulario *Form2*):

   ```
   Public rsClases As Recordset
   ```

2. Crear un objeto **Recordset**:

   ```
   Set rsClases = New Recordset
   ```

3. Establecer las propiedades del conjunto de registros. Por ejemplo:

   ```
   With rsClases
     .Source = "SELECT * from Clases order by Profesor"
     .ActiveConnection = cnAcademia
     .CursorType = adOpenStatic
     .CursorLocation = adUseClient
     .LockType = adLockOptimistic
   End With
   ```

4. Abrir el conjunto de registros invocando al método **Open**:

   ```
   rsClases.Open Options:=adCmdText
   ```

Añada el código de los puntos 2, 3 y 4 al procedimiento *Form_Load* del formulario *Form1*.

Observe que los puntos 3 y 4 pueden también ejecutarse invocando al método **Open** del objeto **Recordset** con todos sus argumentos:

recordset.**Open** *Source*, *ActiveConnection*, *CursorType*, *LockType*, *Options*

Source es un parámetro opcional de tipo **Variant** que representa un objeto **Command**, una instrucción SQL, un nombre de tabla, una llamada a un procedimiento almacenado, o bien el nombre de fichero de un **Recordset**.

ActiveConnection es un parámetro opcional de tipo **Variant** que representa un objeto **Connection**, o bien la propiedad **ConnectionString**.

CursorType es un parámetro opcional que toma un valor de los especificados por la enumeración **CursorTypeEnum**. Determina el tipo de cursor que el proveedor debe utilizar al abrir el **Recordset**. Vea el apartado "tipo de cursor" en el capítulo anterior.

LockType es un parámetro opcional que toma un valor de los especificados por la enumeración **LockTypeEnum**. Determina el tipo de bloqueo que debe utilizar el proveedor al abrir el **Recordset**. Vea el apartado "tipo de bloqueo" en el capítulo anterior.

Options es un parámetro opcional de tipo **Long** que indica cómo debe evaluar el proveedor el argumento *Source* si representa algo distinto a un objeto **Command**, o bien que se debe restaurar el **Recordset** desde un fichero en el que se guardó anteriormente. Puede ser un valor de los especificados por la enumeración **CommandTypeEnum**. Por ejemplo, algunos de los valores son:

- *adCmdUnknown*. Tipo de orden desconocida. Empleando este valor, podría especificar una orden SQL.
- *adCmdTable*. Nombre de una tabla de la base de datos.
- *adCmdText*. Texto correspondiente a una orden o a una llamada a un procedimiento almacenado. Este valor es adecuado para especificar una orden SQL.
- *adCmdStoredProc*. Nombre de un procedimiento almacenado.

Visualizar los datos del conjunto de registros

Una vez creado el conjunto de registros, el siguiente paso es visualizar los datos almacenados en el mismo, sobre el formulario. Recuerde que cuando en el capítulo anterior utilizamos un control de datos ADO ¿qué hicimos para mostrar los registros? Simplemente utilizamos controles dependientes. Un control se vincula a un origen de datos asignando los valores apropiados a sus propiedades **DataSource** y **DataField**. Precisamente es lo que tenemos que hacer cuando se inicie la aplicación; vincular los controles de nuestro formulario con el origen de datos *rsClases*. Para ello, añadiremos al procedimiento *Form_Load* el código siguiente:

```
Set ListaIdioma.DataSource = rsClases
ListaIdioma.DataField = rsClases.Fields(0).Name
For i = 1 To 6
  Set ClasesCampo(i).DataSource = rsClases
  ClasesCampo(i).DataField = rsClases.Fields(i).Name
Next i
```

Después de haber escrito todo el código indicado anteriormente, el procedimiento *Form_Load* tendrá el aspecto siguiente:

```
Private Sub Form_Load()
  Dim i As Integer
  ' Visualizar el formulario
  Form1.Show
  Form1.Refresh

  Screen.MousePointer = vbHourglass 'reloj de arena

  ' Crear un objeto conexión
  Set cnAcademia = New Connection
  ' Establecer sus propiedades
  With cnAcademia
  ' Proveedor de datos Microsoft OLE DB para SQL Server
    .Provider = "SQLOLEDB"
    .ConnectionString = "server=ast;database=academia;uid=usuario1;pwd="
  End With
  ' Crear un vínculo con el origen de datos
  cnAcademia.Open

  ' Crear un conjunto de registros desde la tabla Clases
  Set rsClases = New Recordset
  ' Establecer sus propiedades
  With rsClases
    .Source = "SELECT * from Clases order by Profesor"
    .ActiveConnection = cnAcademia
    .CursorType = adOpenStatic
    .CursorLocation = adUseClient
    .LockType = adLockOptimistic
  End With
  ' Abrir el conjunto de registros
  rsClases.Open Options:=adCmdText
```

```
  ' Conectar los controles con los campos del conjunto de registros
  ' para poder visualizar los datos
  Set ListaIdioma.DataSource = rsClases
  ListaIdioma.DataField = rsClases.Fields(0).Name
  For i = 1 To 6
    Set ClasesCampo(i).DataSource = rsClases
    ClasesCampo(i).DataField = rsClases.Fields(i).Name
  Next i
  Screen.MousePointer = vbDefault ' restaurar cursor
End Sub
```

Ahora guarde el proyecto con el nombre *academia.vbp* y ejecútelo. Observará que se visualiza el primer registro de su base de datos. A continuación, detenga la aplicación y escriba el siguiente procedimiento para la orden *Salir* del menú *Archivo*:

```
Private Sub ArchivoSalir_Click()
  Unload Me
  End
End Sub
```

La sentencia **Unload Me** invoca al procedimiento *Form_Unload* que se encargará de descargar todos los formularios:

```
Private Sub Form_Unload(Cancel As Integer)
  Dim i As Integer
  'Cerrar todos los formularios
  For i = Forms.Count - 1 To 1 Step -1
    Unload Forms(i)
  Next
End Sub
```

También, para que el texto de cualquier control vinculado a los campos del origen de datos *rsClases* quede seleccionado cuando el usuario lo enfoque, lo que permitirá reemplazarlo automáticamente, escriba los procedimientos indicados a continuación como respuesta al evento **GotFocus**:

```
Private Sub ListaIdioma_GotFocus()
  'Seleccionar el texto de la caja
  ListaIdioma.SelStart = 0
  ListaIdioma.SelLength = Len(ListaIdioma.Text)
End Sub

Private Sub ClasesCampo_GotFocus(Index As Integer)
  'Seleccionar el texto de la caja
  ClasesCampo(Index).SelStart = 0
  ClasesCampo(Index).SelLength = Len(ClasesCampo(Index).Text)
End Sub
```

Las órdenes del menú *Ver* tienen como finalidad ocultar o visualizar la barra a la que hacen referencia. Por lo tanto los procedimientos vinculados con dichas órdenes serán los siguientes:

```
Private Sub VerBarraHerramientas_Click()
  VerBarraHerramientas.Checked = Not VerBarraHerramientas.Checked
  tbToolBar.Visible = VerBarraHerramientas.Checked
End Sub

Private Sub VerBarraEstado_Click()
  VerBarraEstado.Checked = Not VerBarraEstado.Checked
  sbStatusBar.Visible = VerBarraEstado.Checked
End Sub
```

La orden *Acerca de* del menú *Ayuda* visualizará un formulario con información acerca de la aplicación. Diseñe este formulario a su gusto y añádalo al proyecto. Para visualizarlo escriba un procedimiento similar al siguiente:

```
Private Sub AyudaAcercaDe_Click()
  frmAcercaDe.Show vbModal, Me
End Sub
```

Inicio de la aplicación

Según se ha podido comprobar, cuando se inicia la aplicación el formulario principal muestra el primer registro de la tabla *Clases* de la base de datos *Academia*, pero todavía no puede moverse por el conjunto de registros, operación que nos permitirá, además de verlos, modificarlos. Lo que no se debe permitir es modificar el campo *Idioma*, para evitar que el usuario introduzca un idioma que no exista en la tabla *Idiomas*. Para ello, añada el siguiente procedimiento como respuesta al evento **KeyPress** de la caja de texto de *ListaIdioma*:

```
Private Sub ListaIdioma_KeyPress(KeyAscii As Integer)
  KeyAscii = 0
End Sub
```

Además, para que la lista *ListaIdioma* contenga todos los idiomas que figuran en la tabla *Idiomas*, genere el conjunto de registros desde esa tabla y añádalos a la lista. Este proceso se realizará al cargar el formulario *Form1*.

```
Public rsIdiomas As Recordset

Private Sub Form_Load()
  ' ...
  ' Abrir el conjunto de registros
  rsClases.Open Options:=adCmdText
```

```
  ' Crear un conjunto de registros desde la tabla Idiomas
  Set rsIdiomas = New Recordset
  ' Establecer sus propiedades
  With rsIdiomas
    .Source = "SELECT * from Idiomas"
    .ActiveConnection = Form1.cnAcademia
    .CursorType = adOpenStatic
    .CursorLocation = adUseClient
    .LockType = adLockOptimistic
  End With
  ' Abrir el conjunto de registros
  rsIdiomas.Open Options:=adCmdText

  ' Añadir los idiomas a la lista desplegable
  Do Until rsIdiomas.EOF
    ListaIdioma.List(i) = rsIdiomas("Idioma")
    i = i + 1
    rsIdiomas.MoveNext
  Loop

  ' Conectar los controles con los campos del conjunto de registros
  ' para poder visualizar los datos
  Set ListaIdioma.DataSource = rsClases
  ListaIdioma.DataField = rsClases.Fields(0).Name
  For i = 1 To 6
    Set ClasesCampo(i).DataSource = rsClases
    ClasesCampo(i).DataField = rsClases.Fields(i).Name
  Next i

  Screen.MousePointer = vbDefault ' restaurar cursor
End Sub
```

La sentencia *rsIdiomas("Idioma")* utilizada en el procedimiento anterior es equivalente a:

```
rsIdiomas.Fields("Idioma").Value
```

La propiedad **EOF** devuelve **True** si la posición del registro actual se encuentra después del último registro y la propiedad **BOF** devuelve **True** si la posición del registro actual se encuentra antes del primer registro.

Cuando se abre un objeto **Recordset** que contiene al menos un registro, el primer registro es el registro actual y las propiedades **BOF** y **EOF** toman el valor **False**. Si el objeto **Recordset** no contiene registros, las propiedades **BOF** y **EOF** tomarán el valor **True** y el valor de la propiedad **RecordCount** del objeto **Recordset** es cero.

Navegar a través de un conjunto de registros

Un objeto **Recordset** proporciona varios métodos para navegar a través de sus registros. Por ejemplo, la siguiente tabla muestra los métodos relacionados con los botones de una barra de herramientas para pasar al primer, último, siguiente o anterior registro y convertirlo en el registro actual:

Para hacer que el registro actual sea	*Utilizar el método* **Move...**
El registro primero del *recordset*	*recordset*.**MoveFirst**
El registro siguiente del *recordset*	*recordset*.**MoveNext**
El registro anterior del *recordset*	*recordset*.**MovePrevious**
El registro último del *recordset*	*recordset*.**MoveLast**

Según esto, el código asociado con cada una de las órdenes del menú *Registro* puede ser el siguiente:

```
Private Sub MnuRegElemento_Click(Index As Integer)
  On Error Resume Next
  Select Case Index
    Case 1
      RegPrimero
    Case 2
      RegAnterior
    Case 3
      RegSiguiente
    Case 4
      RegUltimo
  End Select
End Sub

Private Sub RegPrimero()
  rsClases.MoveFirst
End Sub

Private Sub RegUltimo()
  rsClases.MoveLast
End Sub

Private Sub RegAnterior()
  rsClases.MovePrevious
  If rsClases.BOF Then
    rsClases.MoveFirst
  End If
End Sub

Private Sub RegSiguiente()
  rsClases.MoveNext
```

```
  If rsClases.EOF Then
    rsClases.MoveLast
  End If
End Sub
```

Estos procedimientos tienen que ser también invocados por los botones correspondientes en la barra de herramientas. Por lo tanto, escriba también el procedimiento que responda al evento **ButtonClick** generado cuando el usuario hace clic sobre los botones de dicha barra:

```
Private Sub tbToolBar_ButtonClick(ByVal Button As MSComctlLib.Button)
  On Error Resume Next
  Select Case Button.Key
    Case "primero"
      RegPrimero
    Case "anterior"
      RegAnterior
    Case "siguiente"
      RegSiguiente
    Case "ultimo"
      RegUltimo
    Case "Ayuda"
      frmAcercaDe.Show vbModal, Me
  End Select
End Sub
```

Ejecute ahora la aplicación y observe que tanto con las órdenes del menú *Archivo* como con los botones de movimiento de la barra de herramientas puede moverse a través del conjunto de registros de la tabla *Clases*. Además, si quiere, puede modificar la información visualizada en cada una de las cajas. Cuando cambie de registro, los cambios se guardarán en la base de datos.

Manipular la base de datos

Vamos a incrementar la funcionalidad de nuestra aplicación permitiendo al usuario realizar las siguientes operaciones referidas a los registros de la base: *Nuevo*, *Editar*, *Grabar*, *Borrar*, *Cancelar*, *Refrescar* y *Buscar*. Para ello, empiece por añadir las órdenes correspondientes al menú *Registro* y los botones equivalentes a la barra de herramientas.

El separador y las órdenes añadidas formarán parte de la matriz de controles *MnuRegElemento* a la que pertenecen las órdenes ya existentes. La propiedad *Index* de cada orden tiene el mismo valor que la propiedad *Index* del botón equivalente de la barra de herramientas (recuerde que el primer índice es el 1).

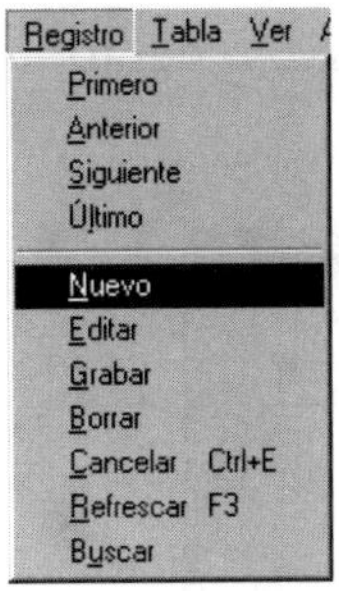

Los procedimientos asociados con las órdenes del menú *Registro* y sus correspondientes botones de la barra de herramientas se implementan como se explicó en el capítulo anterior ("Acceso a una base de datos"), excepto en que allí el origen de datos era *Adodc1.Recordset* y aquí es *rsClases*.

Utilizar controles dependientes no estándar

Un control dependiente no estándar, como *DataGrid*, a diferencia de los controles dependientes estándar, permite que se presenten o manipulen varios registros al mismo tiempo. Por lo tanto, una forma rápida y sencilla de examinar todos los registros de una tabla de base de datos es utilizando una cuadrícula de acceso a datos (control *DataGrid*). Para más detalles sobre este tema, consulte el capítulo anterior.

Siguiendo con la aplicación, añada un nuevo formulario *Form2* y asígnele el título *Edición de Idiomas*, ponga su propiedad **ControlBox** a valor **False** y sitúe sobre él los controles especificados en la tabla siguiente:

Objeto	**Propiedad**	**Valor**
Cuadrícula de acceso a datos (*DataGrid*)	Name AllowAddNew AllowDelete AllowRowSizing Caption	DataGrid2 True True False Edición de Idiomas
Botón de pulsación	Caption Default Name	&Cerrar True Cerrar
Botón de pulsación	Caption Name	&Borrar selección Borrar

A continuación modifique el diseño predeterminado del control *DataGrid* para dotarle de las columnas y demás propiedades que necesite.

El resultado que obtendrá una vez finalizado el diseño del formulario será similar al siguiente:

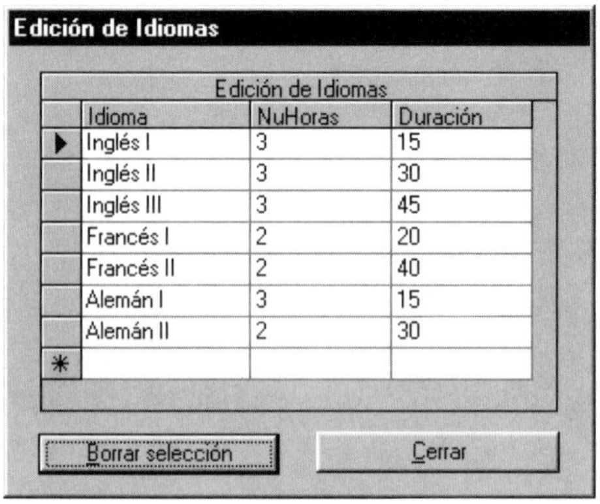

Para añadir, insertar o eliminar columnas en un control *DataGrid*, primero tiene que visualizar el menú contextual correspondiente a este control (clic con el botón derecho del ratón) y después seleccionar la orden *Modificar*. A continuación seleccione del mismo menú la orden *Eliminar*, *Insertar* o *Agregar*, dependiendo de la operación que quiera realizar. Posteriormente, edite sus propiedades a través de la ventana de propiedades del entorno de Visual Basic, o bien a través de la ventana *Páginas de propiedades* que se visualiza cuando selecciona la orden *Propiedades* del menú contextual.

Para visualizar el formulario *Edición de Idiomas* anterior, añada al proyecto un menú *Tabla* con una orden *Idiomas*, y después vincule el siguiente procedimiento con dicha orden:

```
Private Sub TablaIdiomas_Click()
  Form2.Show
End Sub
```

Para que al visualizar el formulario, el control *DataGrid* se llene automáticamente con el conjunto de registros de un determinado origen de datos, realice los pasos siguientes:

- Cree el conjunto de registros que desea visualizar. En nuestro caso es *rsIdiomas* y está formado por todos los registros de la tabla *Idiomas*. Este conjunto de registros es creado en el procedimiento *Form_Load* del formulario *Form1*.
- Asigne a su propiedad **DataSource** el nombre del origen de datos.

Según lo expuesto, para obtener los resultados esperados, escriba el procedimiento *Form_Load* del formulario *Form2* así:

```
Private Sub Form_Load()
  ' Referencia al conjunto de registros rsIdiomas de Form1
  Set rsIdiomas = Form1.rsIdiomas
  ' Conectar la cuadrícula con el origen de datos
  Set DataGrid2.DataSource = rsIdiomas
End Sub
```

A continuación declare la variable privada *rsIdiomas* de *Form2* así:

```
Private WithEvents rsIdiomas As Recordset
```

¿Por qué utilizar una variable *rsIdiomas* en *Form2* y no usar directamente *Form1.rsIdiomas*? Porque en *Form2* necesitamos controlar los eventos desencadenados por el *recordset* obtenido de *Idiomas*. Observe que para declarar *rsIdiomas* en *Form2* hemos utilizado la palabra reservada **WithEvents** (con eventos).

En la declaración anterior, **WithEvents** especifica que la variable *rsIdiomas* se utilizará para controlar los eventos de un objeto **Recordset** ¿Qué objeto? El referenciado por dicha variable; esto es, *Form1.rsIdiomas*. De no hacerlo así, *Form2* no podría responder a los eventos desencadenados por un objeto **Recordset** perteneciente a *Form1*.

Según lo expuesto, cuando se muestre el formulario se ejecutará el procedimiento *Form_Load* que vinculará el conjunto de registros *rsIdiomas* obtenido de la base de datos con la cuadrícula de datos, la cual mostrará, además de los registros, los encabezados de columnas y barras de desplazamiento, si procede. Puede moverse a cualquier celda y editarla; la actualización será automática cuando se mueva a una nueva fila, suponiendo que el **Recordset** es un objeto actualizable (propiedad **LockType**) y que la propiedad **AllowUpdate** del control *DataGrid* es **True**. También podrá añadir nuevos registros, si **AllowAddNew** del control *DataGrid* es **True**, y borrar registros si su propiedad **AllowDelete** es **True**.

Añadir un registro

Para añadir un registro, sitúese en la última fila vacía y escriba los datos deseados. Después cambie a otro registro y los datos se almacenarán automáticamente en la base de datos.

Borrar un registro

Para borrar un registro, seleccione la fila correspondiente de la cuadrícula y pulse la tecla *Supr* (*Del*).

Para confirmar la acción de borrar un registro, y borrar ese registro y los relacionados con él, escriba en el procedimiento conducido por el evento **WillChangeRecord** el código indicado a continuación. Este procedimiento realizará las operaciones siguientes:

1. Solicitará confirmación de la operación de borrado.
2. Obtendrá los registros de *rsClases* relacionados con el registro seleccionado de *rsIdiomas* que se desea borrar.
3. Borrará los registros seleccionados en el punto anterior y actualizará los conjuntos de registros. Esto es así porque *SQL Server*, a diferencia de *Access*, aplica la integridad referencial en todos sus términos, sin dejar ninguna alternativa para saltársela.

```
Private Sub rsIdiomas_WillChangeRecord( _
                         ByVal adReason As ADODB.EventReasonEnum, _
                         ByVal cRecords As Long, _
                         adStatus As ADODB.EventStatusEnum, _
                         ByVal pRecordset As ADODB.Recordset)
  Dim BotonesIcono As Integer, msg As String
  BotonesIcono = vbYesNo + vbQuestion
  ' Si la acción es borrar el registro ...
  If adReason = adRsnDelete Then
    msg = "¿Está usted seguro de que quiere eliminar" & vbCrLf & _
          rsIdiomas.Fields(0) & "?"
    If MsgBox(msg, BotonesIcono, "¿Borrar registro?") <> vbYes Then
      adStatus = adStatusCancel 'cancelar la operación
      Exit Sub
    End If

    ' Obtener un recordset filtrado
    Form1.rsClases.Filter = "Idioma = '" & rsIdiomas("Idioma") & "'"
    If Form1.rsClases.RecordCount <> 0 Then
      ' Form1.rsClases contiene ahora los registros que cumplen
      ' el filtro especificado. Eliminar esos registros.
      Do Until Form1.rsClases.EOF
        Form1.rsClases.Delete
        Form1.rsClases.MoveNext
      Loop
    End If
    ' Eliminar el filtro actual y actualizar el recordset
    Form1.rsClases.Filter = ""
  End If
End Sub
```

La propiedad **Filter** de un **Recordset** permite descartar los registros que no cumplan el filtro especificado. En el ejemplo, se descartan de *Form1.rsClases* todos los registros cuyo campo *Idioma* no sea igual al idioma especificado por la expresión *rsIdiomas("Idioma")*. El **Recordset** filtrado se convierte entonces en el cursor actual. De esta forma, resulta fácil eliminar los registros de la tabla *Clases* relacionados con el registro seleccionado de la tabla *Idiomas*.

Para eliminar el filtro actual y volver a disponer de todos los registros que haya en el **Recordset**, asigne a la propiedad **Filter** una cadena de longitud cero (""), o bien la constante **adFilterNone**.

Después de realizar cambios en la tabla *Idiomas* (se han añadido o borrado registros) hay que actualizar la lista *ListaIdioma* y es aconsejable actualizar los conjuntos de registros. Para ello, cuando el usuario haga clic en el botón *Cerrar*, deberá ejecutarse el siguiente procedimiento:

```
Private Sub Cerrar_Click()
  If CambióIdiomas Then
    Dim i As Integer
    ' Actualizar la lista de idiomas
    Form1.ListaIdioma.Clear
    rsIdiomas.MoveFirst
    Do Until rsIdiomas.EOF
      Form1.ListaIdioma.List(i) = rsIdiomas("Idioma")
      i = i + 1
      rsIdiomas.MoveNext
    Loop

    ' Actualizar los conjuntos de registros
    rsIdiomas.Requery
    Form1.rsClases.Requery
  End If
  Unload Form2
End Sub
```

El método **Requery** actualiza los datos de un objeto **Recordset** volviendo a ejecutar la consulta que se utilizó para obtener dicho objeto.

Defina la variable *CambióIdiomas* a nivel de *Form2* para controlar cuándo el conjunto de registros obtenido de la tabla *Idiomas* ha sufrido algún cambio.

```
Private CambióIdiomas As Boolean
```

Siempre que el usuario realice algún cambio en el conjunto de registros visualizado en el control *DataGrid2*, se desencadenará el evento **AfterUpdate** justo después de que los datos cambiados se hayan escrito en la base de datos. Por lo tanto, utilizaremos este evento para asignar a la variable *CambióIdiomas* el valor **True**.

```
Private Sub DataGrid2_AfterUpdate()
  CambióIdiomas = True
End Sub
```

Operaciones con rangos

El control *DataGrid* permite seleccionar rangos de celdas, pero no proporciona métodos para trabajar con ellos, por lo que esta labor queda para el desarrollador.

Por ejemplo, suponga que quiere eliminar un conjunto de registros seleccionados en un control *DataGrid*. Para realizar este proceso recuerde que en un control *DataGrid* siempre hay un único registro actual identificado por la propiedad **Bookmark**, que se corresponde con el registro actual del cursor, incluso en el caso de que se hayan seleccionado múltiples filas, y que cuando se selecciona un registro del control *DataGrid* (una fila), su marcador se agrega a la colección de marcadores devuelta por la propiedad **SelBookmarks**.

Según lo expuesto, después de seleccionar varios registros manteniendo pulsada la tecla *Ctrl* y haciendo clic con el ratón en la *columna de selección* de la cuadrícula para cada uno de ellos, puede borrarlos ejecutando el código escrito en el siguiente procedimiento asociado al botón *Borrar selección*:

```
Private Sub Borrar_Click()
  Dim mReg
  On Error GoTo RutinaDeError

  For Each mReg In DataGrid2.SelBookmarks
    ' Hacer que el registro actual sea el siguiente de
    ' los registros seleccionados
    rsIdiomas.Bookmark = mReg
    ' Eliminar el registro actual
    rsIdiomas.Delete
  Next
  Exit Sub
RutinaDeError:
  MsgBox Err.Description
End Sub
```

Observe que para borrar los registros seleccionados, realizamos un bucle sobre la colección **SelBookmarks**, utilizando la sentencia **For Each** (la colección **SelBookmarks** contiene un marcador por cada fila seleccionada de un control *DataGrid*). En el bucle asignamos a la propiedad **Bookmark** del objeto *rsIdiomas*, el marcador obtenido de la colección; así se define el registro correspondiente como registro actual. Después eliminamos el registro.

Consultas

Una consulta solicita del origen de datos un conjunto de registros, objeto **Recordset**, con la información requerida. Las consultas se escriben normalmente en SQL. Un ejemplo lo hemos visto anteriormente con el método **Open** de un **Recordset**. No obstante, este método sólo permite ejecutar consultas simples. Cuando necesitemos ejecutar consultas más complejas, que tengan parámetros, o bien ejecutar una consulta repetidas veces, entonces tendremos que recurrir a objetos **Command**. Un objeto **Command** se declara así:

```
Dim cmdCambiarHorario As Command
```

¿Qué podemos hacer con un objeto **Command**?

Utilizar su propiedad **CommandText** para definir una sentencia SQL para realizar una consulta:

```
Dim ordenSQL As String
Dim nRegs As Integer
Set cmdCambiarHorario = New Command
ordenSQL = "UPDATE Clases SET Horario = '20.30 - 22.00' WHERE Idio-
ma = 'Alemán I'"
With cmdCambiarHorario
  .ActiveConnection = cnAcademia
  .CommandText = ordenSQL
  .CommandType = adCmdText
End With
```

La propiedad **ActiveConnection** permite asociar el objeto **Command** con una conexión abierta.

El contenido de **CommandText** puede ser también cualquier otro tipo de orden reconocida por el proveedor, como una llamada a un procedimiento almacenado (los procedimientos almacenados serán expuestos un poco más adelante). Algunos proveedores no admiten llamadas a consultas parametrizadas o a procedimientos almacenados.

Se debe especificar el tipo de orden antes de su ejecución para optimizar el rendimiento. Utilice para ello su propiedad **CommandType**. Esta propiedad tiene el mismo significado que la propiedad **CommandType** del objeto **Recordset**.

Para ejecutar la consulta, la sentencia SQL o el procedimiento almacenado especificado en la propiedad **CommandText**, utilice el método **Execute**. Cuando esta operación termina se genera un evento **ExecuteComplete**. Por ejemplo:

```
cmdCambiarHorario.Execute nRegs
```

La sintaxis de este método para un objeto **Command** que devuelva un conjunto de registros es:

```
Set recordset = command.Execute(RecordsAffected, Parameters, Options)
```

Y para un objeto **Command** que no devuelva un conjunto de registros:

```
command.Execute RecordsAffected, Parameters, Options
```

RecordsAffected es un parámetro opcional de tipo **Long** en el que el proveedor devuelve el número de registros afectados por la operación.

Parameters es un parámetro opcional de tipo **Variant**. Se trata de una matriz con los valores de los parámetros pasados con una instrucción SQL (los parámetros de salida no devuelven valores correctos cuando se pasan en este argumento).

Options es un parámetro opcional de tipo **Long** que indica cómo el proveedor tiene que evaluar la propiedad **CommandText** del objeto **Command**. Tiene el mismo significado que la propiedad **CommandType** del objeto **Recordset**.

Puede probar el código anterior añadiendo al proyecto *academia* un menú *Utilidades* con una orden *Cambiar horario* y asociar esta orden con el procedimiento siguiente:

```
Private Sub UtilsCambiarHorario_Click()
  Dim cmdCambiarHorario As Command
  Dim ordenSQL As String
  Dim nRegs As Integer

  Set cmdCambiarHorario = New Command
  ordenSQL = "UPDATE Clases SET Horario = '20.30 - 22.00' WHERE
Idioma = 'Alemán I'"
  With cmdCambiarHorario
    .ActiveConnection = cnAcademia
    .CommandText = ordenSQL
    .CommandType = adCmdText
  End With
  cmdCambiarHorario.Execute nRegs
  MsgBox nRegs & " fueron actualizados"
End Sub
```

Este ejemplo actualiza la tabla *Clases* con una orden SQL **UPDATE**. Esta tarea ha sido realizada construyendo un **Recordset** con las clases de “Alemán I”, cambiando el horario a "20.30 - 22.00". Esta forma de modificar una base de datos es más eficiente y más rápida que utilizar un cursor.

Puede también utilizar la propiedad **Name** para identificar el objeto **Command** como un método del objeto **Connection** asociado.

Así mismo, puede pasar un objeto **Command** a la propiedad **Source** de un **Recordset** para obtener los datos.

Consulta parametrizada

Para proporcionar más flexibilidad en las actualizaciones, puede definir una consulta parametrizada utilizando objetos **Parameter**. Un objeto **Parameter** representa un parámetro o un argumento asociado con un objeto **Command** que define una consulta parametrizada o una llamada a un procedimiento almacenado. La colección **Parameters** contiene todos los objetos **Parameter** de un objeto **Command**.

Por ejemplo, el procedimiento anterior no es nada flexible. Lo sería si preguntara al usuario por el idioma de las clases cuyo horario desea cambiar, así como por el nuevo horario que desea establecer. Esto se puede hacer realizando la misma consulta *cmdCambiarHorario* anterior, pero especificando como parámetros el *idioma* de las clases cuyo horario desea cambiar, y el nuevo *horario* que desea establecer.

Para incluir un parámetro en una consulta se utiliza el signo de interrogación (?) en lugar del valor deseado para un determinado campo: *campo = ?*. Cualquier parámetro especificado de esta manera, forma parte de la colección **Parameters** del objeto **Command** correspondiente. Por lo tanto, utilizando esta colección podemos asignar los valores deseados a los parámetros antes de realizar la consulta.

Según lo expuesto, modifique el procedimiento anterior como se indica a continuación:

```
Private Sub UtilsCambiarHorario_Click()
  Dim cmdCambiarHorario As Command
  Dim ordenSQL As String
  Dim nregs As Integer

  Set cmdCambiarHorario = New Command
  ordenSQL = "UPDATE Clases SET Horario = ? WHERE Idioma = ?"
  With cmdCambiarHorario
    .ActiveConnection = cnAcademia
    .CommandText = ordenSQL
```

```
    .CommandType = adCmdText
  End With
  cmdCambiarHorario.Parameters(0) = InputBox$("Horario: (hh.mm - HH.MM) ")
  cmdCambiarHorario.Parameters(1) = InputBox$("Idioma: ")
  cmdCambiarHorario.Execute nregs
  MsgBox nregs & " fueron actualizados"
End Sub
```

Consulta compilada

La propiedad **Prepared** permite controlar antes de la ejecución de una consulta si el proveedor guarda una versión compilada (preparada) de la misma. Si esta propiedad vale **False**, el proveedor ejecutará el objeto **Command** directamente, sin crear una versión compilada. Si vale **True** y el objeto **Command** está vinculado a una conexión abierta cuando se establece la propiedad **CommandText**, el proveedor almacena la consulta compilada antes de que se lleve a cabo la primera ejecución del objeto **Command** por los métodos **Execute** u **Open**. Esto aumentará el rendimiento en las ejecuciones siguientes de esta orden.

Un ejemplo, cuando anteriormente añadimos el procedimiento asociado con el botón *Borrar selección* de *Form2* que permitía borrar uno o más registros de la tabla *Idiomas*, la característica de integridad referencial de nuestra base de datos hizo que tuviéramos que escribir el código necesario para borrar previamente los registros de la tabla *Clases* relacionados. Este proceso resulta más fácil y más rápido en ejecución si utiliza un objeto **Command**. Para comprobarlo añada el procedimiento *BorrarRegsDeClases* a *Form2* y sustituya el código que escribió entonces en *rsIdiomas_WillChangeRecord* por una llamada a este procedimiento:

```
Private Sub BorrarRegsDeClases()
  Dim cmdBorrarRegs As Command
  Dim ordenSQL As String
  Dim nregs As Integer

  Set cmdBorrarRegs = New Command
  ordenSQL = "DELETE Clases WHERE Idioma = ?"
  With cmdBorrarRegs
    .ActiveConnection = Form1.cnAcademia
    .CommandText = ordenSQL
    .CommandType = adCmdText
    .Prepared = True
  End With
  cmdBorrarRegs.Parameters(0) = rsIdiomas("Idioma")
  cmdBorrarRegs.Execute nregs
  MsgBox nregs & " fueron borrados de la tabla Clases"
End Sub
```

Procedimientos almacenados

Un procedimiento almacenado es una colección precompilada de sentencias SQL y de sentencias de control de flujo almacenadas bajo un nombre. Admite variables declaradas por el usuario, ejecución condicional y otras características de programación. Pueden aceptar parámetros, parámetros de salida, y devolver resultados. Se almacena dentro de una base de datos y se puede ejecutar realizando una llamada al mismo desde una aplicación. La ventaja de un procedimiento almacenado es que se compila en el servidor cuando se crea, por lo que se ejecuta más rápido que las instrucciones SQL individuales que son enviadas desde el cliente al servidor para ser ejecutadas contra la base de datos.

Por ejemplo, si tiene instalado *SQL Server*, puede utilizar el *Administrador corporativo* para abrir, ejecutar, depurar, copiar, suprimir y volver a nombrar procedimientos almacenados en la base de datos. Para cada base de datos, la vista de datos muestra los procedimientos almacenados en la base de datos seleccionada. Si hace doble clic en el icono de procedimiento almacenado que se visualiza en la vista de datos, se abre el procedimiento almacenado en el editor.

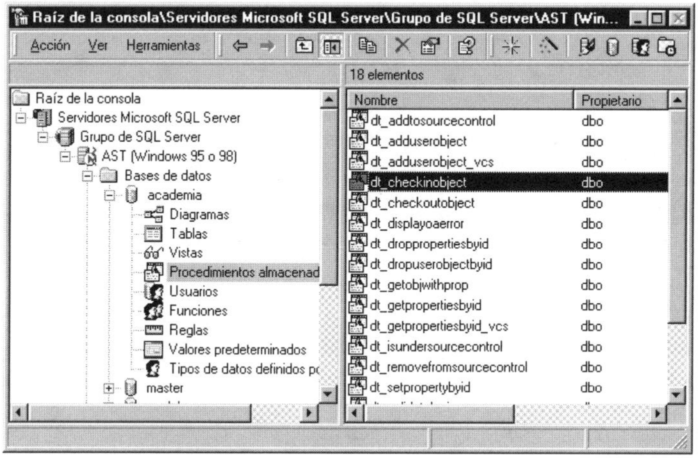

Para añadir un procedimiento almacenado nuevo a la base de datos *Academia*, haga clic utilizando el botón derecho del ratón sobre el icono *Procedimientos almacenados* y seleccione la orden *Nuevo procedimiento almacenado*. Después escriba el procedimiento almacenado en la ventana que se visualiza. La figura siguiente le muestra el procedimiento almacenado *pa_BorrarRegistros*. Su función es eliminar de la tabla *Clases* todos los registros cuyo campo *Idioma* sea igual al valor dado por el parámetro *paramIdioma* especificado.

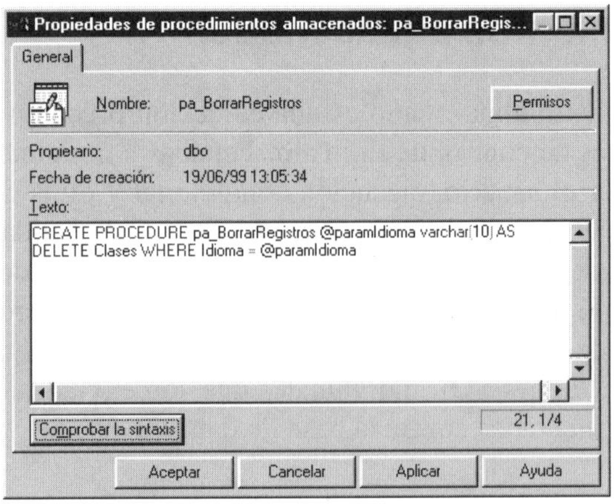

Para ejecutar un procedimiento almacenado con ADO, generalmente utilizaremos un objeto **Command**. Por ejemplo:

```
Set cmdBorrarRegs = New Command
With cmdBorrarRegs
  .ActiveConnection = Form1.cnAcademia
  .CommandText = "pa_BorrarRegistros"
  .CommandType = adCmdStoredProc
End With
```

Observe que la propiedad **CommandText** almacena el nombre del procedimiento almacenado y la propiedad **CommandType** el valor *adCmdStoredProc* especificando que la propiedad **CommandText** hace referencia a un procedimiento almacenado.

Si el procedimiento almacenado espera algún parámetro, lo que hay que hacer es crearlos utilizando el método **CreateParameter** de ADO. Este método crea un objeto **Parameter** con las propiedades especificadas. Su sintaxis es así:

```
Set parameter = command.CreateParameter (Name, Type, Direction, Size, Value)
```

donde *Name* es un argumento de tipo **String** que representa el nombre del parámetro en el procedimiento almacenado; *Type* es un valor de tipo **Long** que especifica el tipo de datos que asume el parámetro (vea la propiedad **Type** en la ayuda); *Direction* es un valor de tipo **Long** que permite elegir entre parámetros de entrada y de salida; *Size* es un valor de tipo **Long** que especifica la longitud máxima del valor del parámetro en caracteres o en bytes; y *Value* es un argumento de tipo **Variant** que especifica el valor del objeto **Parameter**.

Por ejemplo, para crear el parámetro necesario para el procedimiento *pa_BorrarRegistros* escribiríamos el siguiente código:

```
Dim prmIdioma As Parameter
Set prmIdioma = cmdBorrarRegs.CreateParameter( "paramIdioma", _
                adVarChar, adParamInput, 10, rsIdiomas("Idioma"))
```

Una vez creado el parámetro hay que añadirlo a la colección de parámetros del objeto **Command**, para lo cual utilizaremos el método **Append** de ADO:

```
cmdBorrarRegs.Parameters.Append prmIdioma
```

En estos momentos disponemos de un objeto **Command** que podemos ejecutar invocando al método **Execute**. Su ejecución implica invocar al procedimiento almacenado *pa_BorrarRegistros*:

```
cmdBorrarRegs.Execute nregs
```

Según lo explicado y suponiendo que la base de datos *Academia* dispone del procedimiento almacenado *pa_BorrarRegistros*, el procedimiento *BorrarRegsDeClases* podría escribirse también así:

```
Private Sub BorrarRegsDeClases()
  Dim cmdBorrarRegs As Command
  Dim prmIdioma As Parameter
  Dim nregs As Integer

  Set cmdBorrarRegs = New Command
  With cmdBorrarRegs
    .ActiveConnection = Form1.cnAcademia
    .CommandText = "pa_BorrarRegistros"
    .CommandType = adCmdStoredProc
  End With
  Set prmIdioma = cmdBorrarRegs.CreateParameter( "paramIdioma", _
                  adVarChar, adParamInput, 10, rsIdiomas("Idioma"))
  cmdBorrarRegs.Parameters.Append prmIdioma
  cmdBorrarRegs.Execute nregs
  MsgBox nregs & " fueron borrados de la tabla Clases"
End Sub
```

Transacciones

Una *transacción* delimita el comienzo y el final de una serie de operaciones de acceso a datos que tiene lugar a través de una conexión. ADO asegura que los cambios en un origen de datos resultantes de las operaciones en una transacción se realizan correctamente o no se realiza ninguno.

Una transacción se utiliza cuando se quiere tener un control sobre los cambios antes de que ellos sean guardados en la base de datos, con el fin de tener la posibilidad de cancelarlos todos como una sola unidad. Por ejemplo, cuando borramos un registro de la tabla *Idiomas*, previamente hay que borrar todos los registros relacionados en la tabla *Clases*. Si una de las actualizaciones fallara, el proceso no estaría bien terminado, bien por quedar registros huérfanos en la tabla *Clases*, o bien por quedar un registro de la tabla *Idiomas* no relacionado.

El objeto **Connection** puede administrar transacciones en la conexión abierta, a través de los métodos **BeginTrans**, **CommitTrans** y **RollbackTrans** y la propiedad **Attributes**.

El método **BeginTrans** permite iniciar una nueva transacción. **CommitTrans** guarda las modificaciones y termina la transacción actual. Y **RollbackTrans** cancela las modificaciones efectuadas durante la transacción actual y termina la transacción.

Como ejemplo vamos a realizar los borrados de la tabla *Idiomas* supervisados por transacciones. Como no todos los proveedores aceptan transacciones, antes de utilizarlas debemos verificar que el proveedor define la propiedad "Transaction DDL". Si el proveedor no aceptase transacciones, la llamada a alguno de los métodos comentados devolverá un error. Esto puede hacerse ejecutando el siguiente código, por ejemplo cuando se carga el formulario inicial:

```
' Verificar que el proveedor define la propiedad
' Transaction DDL (admite transacciones)
Dim Transacciones As Boolean
For i = 0 To cnAcademia.Properties.Count - 1
  If cnAcademia.Properties(i).Name = "Transaction DDL" Then
    MsgBox "Transacciones permitidas"
    Exit For
  End If
Next i
```

El siguiente procedimiento muestra el código que incluyendo transacciones actualiza las dos tablas, *Idiomas* y *Clases*, como consecuencia de eliminar uno o más registros de la tabla *Idiomas*. Si ocurre un error durante la operación de borrado en algunas de las dos tablas, la transacción cancela los cambios con la sentencia **RollbackTrans**.

```
Private Sub rsIdiomas_WillChangeRecord( _
                              ByVal adReason As ADODB.EventReasonEnum, _
                              ByVal cRecords As Long, _
                              adStatus As ADODB.EventStatusEnum, _
                              ByVal pRecordset As ADODB.Recordset)
  Dim BotonesIcono As Integer, msg As String
  On Error Resume Next
  BotonesIcono = vbYesNo + vbQuestion
```

```
' Si la acción es borrar el registro...
If adReason = adRsnDelete Then
  ' Asegurar que la colección Errors está vacía
  Form1.cnAcademia.Errors.Clear
  ' Iniciar la transacción
  Form1.cnAcademia.BeginTrans

  msg = "¿Está usted seguro de que quiere eliminar" & vbCrLf & _
        rsIdiomas.Fields(0) & "?"
  If MsgBox(msg, BotonesIcono, "¿Borrar registro?") <> vbYes Then
    ' Cancelar la transacción
    Form1.cnAcademia.RollbackTrans
    adStatus = adStatusCancel ' cancelar la operación
    Exit Sub
  End If

  BorrarRegsDeClases

  ' Verificar si hubo errores
  Dim ErrorX As Error
  If Form1.cnAcademia.Errors.Count > 0 Then
    ' Notificar los errores al usuario
    For Each ErrorX In Form1.cnAcademia.Errors
      MsgBox "Error #: " & ErrorX.Number & vbCr & _
             ErrorX.Description
    Next
    ' Cancelar la transacción
    Form1.cnAcademia.RollbackTrans
    adStatus = adStatusCancel ' cancelar la operación
  Else
    Form1.cnAcademia.CommitTrans
  End If
End If
End Sub
```

CAPÍTULO 12

HERRAMIENTAS DE ACCESO A DATOS

La Edición empresarial de Visual Basic 6 permite acceder desde su entorno de desarrollo a una serie de utilidades visuales de acceso a datos para ayudarle a conectarse y explorar cualquier base de datos compatible con ODBC, crear y modificar bases de datos *SQL Server* utilizando diagramas de bases de datos, diseñar, ejecutar y guardar consultas, y diseñar objetos, como tablas, desencadenantes y procedimientos almacenados, entre otros. Estas utilidades son las siguientes:

- Diseñador del entorno de datos.
- Utilidades visuales de bases de datos: vista de datos, diseñador de bases de datos, diseñador de consultas y editor de código fuente.
- Diseñador de informes de datos.
- Los objetos Format.
- El editor SQL.
- El depurador T-SQL.
- Asistentes para accesos a los datos.

DISEÑADOR DEL ENTORNO DE DATOS

El *diseñador del entorno de datos* proporciona un entorno interactivo durante el diseño para crear por programa aplicaciones que durante la ejecución accedan a bases de datos. Con el diseñador de entorno de datos puede llevar a cabo las tareas siguientes:

- Agregar un *diseñador del entorno de datos* a un proyecto Visual Basic.

- Crear objetos **Connection**.

- Crear objetos **Command** basados en procedimientos almacenados, tablas, vistas, sinónimos e instrucciones SQL.
- Crear jerarquías de objetos **Command** basadas en una agrupación de objetos **Command**, o asociar entre sí uno o varios objetos **Command**.
- Escribir y ejecutar código para los objetos **Connection** y **Recordset**.
- Arrastrar y colocar campos de un objeto **Command** del diseñador de entorno de datos a un formulario de Visual Basic o al diseñador de informe de datos.

Este diseñador puede ser referenciado en el código durante la ejecución o añadido a un proyecto durante el diseño.

Para añadir a un proyecto una referencia al objeto *diseñador del entorno de datos*, ejecute la orden *Referencias* del menú *Proyecto* y seleccione en la ventana *Referencias* la referencia a la biblioteca *Microsoft Data Environment* (*msde.dll*).

Para añadir un objeto *diseñador del entorno de datos* a un proyecto, ejecute la orden *Data Environment* de *Más diseñadores ActiveX...* del menú *Proyecto*.

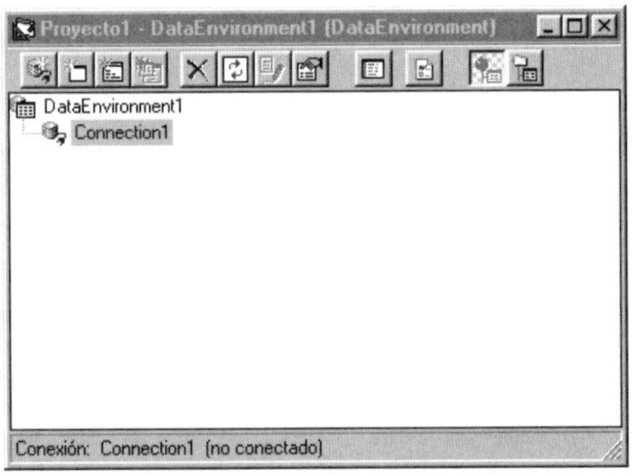

Como ejemplo, cree una nuevo proyecto *...\DataEnvironment\academia* y añada al mismo un *diseñador del entorno de datos* denominado *DataEnvironment1*.

Establecer una conexión

Después de añadir un *diseñador del entorno de datos* a un proyecto, hay que establecer una conexión entre el diseñador y el origen de datos. Hay dos formas de realizar este proceso: manualmente o a través de la *vista de datos*.

Como ejemplo, vamos a realizar una conexión *cnAcademia* para acceder a la base de datos *academia* de *SQL Server* que utilizamos en el capítulo anterior. Para asignar el nombre *cnAcademia* a la conexión haga clic utilizando el botón derecho del ratón sobre el objeto *Connection1* del diseñador y seleccione la orden *Cambiar nombre*. Después escriba el nuevo nombre.

Para establecer manualmente una conexión entre el diseñador y la base de datos *academia* haga clic utilizando el botón derecho del ratón sobre el objeto *cnAcademia* del diseñador y seleccione la orden *Propiedades*, o bien haga clic en el botón del mismo nombre de la barra de herramientas del diseñador. En la ventana de propiedades que se visualiza, seleccione el proveedor de datos que desee utilizar para conectarse:

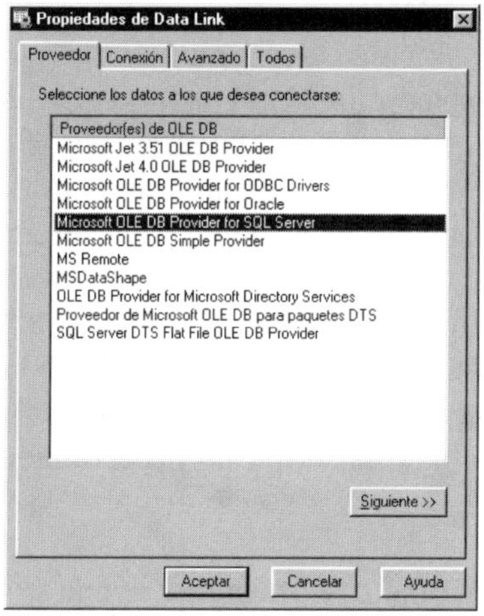

Después haga clic en *Siguiente* y en la ventana que se visualiza especifique los datos relativos al servidor, usuario de conexión y base de datos. Esta ventana depende del proveedor de datos seleccionado.

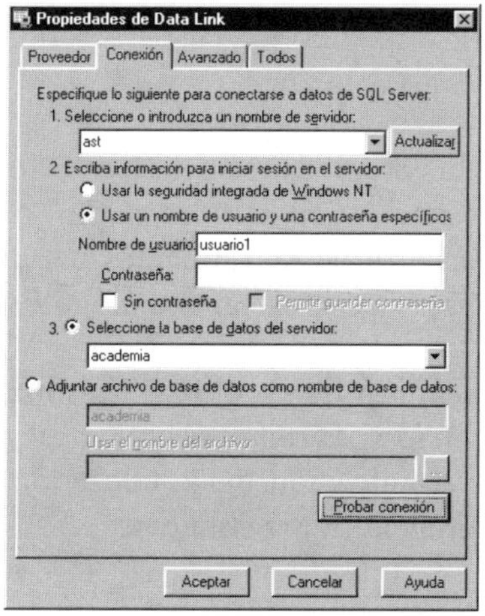

Finalmente, pruebe la conexión haciendo clic en el botón *Probar conexión* y cierre la ventana haciendo clic en *Aceptar*.

Un objeto **Connection** representa una conexión a una base de datos remota que se utiliza como un origen de datos. Si es necesario, puede añadir nuevas conexiones al objeto *diseñador del entorno de datos* haciendo clic con el botón derecho del ratón en el objeto **DataEnvironment** del diseñador y seleccionando la orden *Agregar conexión* de su menú contextual, o bien haciendo clic en el botón del mismo nombre de la barra de herramientas del diseñador del entorno de datos.

Establecer consultas

El objeto conexión proporciona un vínculo con una base de datos o con un origen de datos. Sin embargo, el objeto conexión por si mismo no proporciona un vínculo con una tabla específica o con un conjunto de registros de la base de datos. Por esta razón, es necesario crear objetos **Command**.

Los objetos **Command** definen información de detalle específica acerca de cómo deben recuperarse los datos a través de una conexión; por lo tanto, son objetos hijo del objeto conexión. Cada objeto **Command** representa un objeto de la base de datos (una tabla, una vista, un procedimiento almacenado o un sinónimo) o una consulta SQL.

Para agregar un objeto **Command** a una conexión, haga clic en el botón *Agregar comando* de la barra de herramientas del diseñador del entorno de datos, o bien haga clic con el botón derecho del ratón en un objeto **Connection** o en el diseñador y seleccione *Agregar comando* del menú contextual. El nombre predeterminado del objeto puede cambiarlo haciendo clic con el botón derecho del ratón en el objeto *Command1* del diseñador y seleccionando la orden *Cambiar nombre*. Por ejemplo, siguiendo los pasos descritos añada los objetos **Command** *cmdClases* y *cmdIdiomas*.

Para especificar las propiedades del objeto **Command** haga clic sobre él con el botón derecho del ratón y elija *Propiedades*, o bien haga clic en el botón del mismo nombre de la barra de herramientas del diseñador. Después rellene adecuadamente las páginas necesarias en el diálogo *Propiedades* que se visualiza.

El diálogo *Propiedades* de un objeto **Command** muestra las páginas: *General*, *Parámetros*, *Relación*, *Agrupar*, *Agregados* y *Avanzadas*. Como ejemplo, y siguiendo con nuestra aplicación, haga clic en la ficha general y establezca los valores que se indican en la figura siguiente:

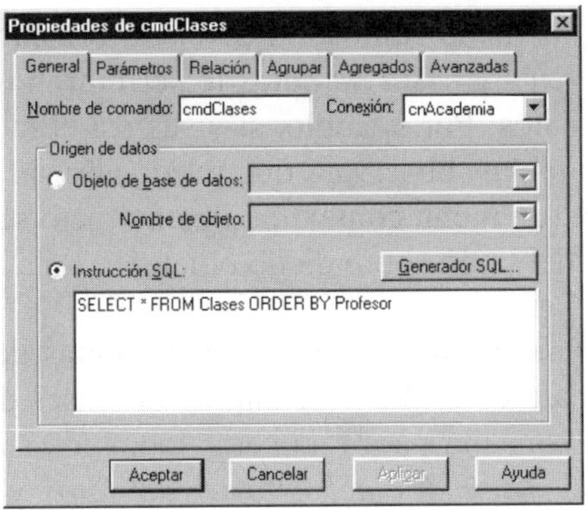

Si selecciona, como sucede en nuestro caso, la opción *Instrucción SQL* como el origen de datos, escriba una consulta SQL válida para la base de datos especificada, o bien haga clic en el botón *Generador SQL* para generar la consulta. La sentencia SQL anterior selecciona todos los registros de la tabla *Clases* ordenados por el campo *Profesor*; equivale a haber seleccionado como origen de datos el objeto *dbo.Clases* de tipo *Tabla* (*dbo* es el propietario de la base de datos).

A continuación, seleccione la página de propiedades *Avanzadas* y elija como tipo de bloqueo *Optimistic* para ambos objetos **Command**.

UTILIDADES VISUALES DE BASES DE DATOS

Las utilidades visuales de bases de datos están estrechamente relacionadas con el diseñador del entorno de datos, y son las siguientes: vista de datos, diseñador de bases de datos, diseñador de consultas y editor de código fuente.

La *vista de datos* presenta una vista de la estructura de la base de datos de una conexión específica. Asimismo, permite usar otras utilidades como el diseñador de consultas y el diseñador de bases de datos, para controlar visualmente la estructura de una base de datos. Para abrir la ventana *vista de datos*, haga clic en la orden *Ventana de la vista de datos* del menú *Ver* o en el icono del mismo nombre de la barra de herramientas estándar de Visual Basic.

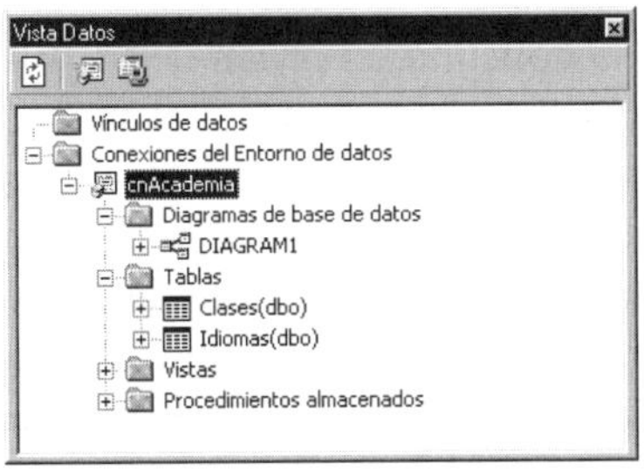

Las órdenes del menú contextual asociado con cada objeto de la base de datos mostrados en la ventana *vista de datos* le permitirán realizar diversas operaciones sobre la base de datos. Por ejemplo, si visualiza el menú contextual asociado con cualquiera de las tablas, observará que puede abrir la ventana de diseño o la ventana de ejecución (un menú contextual de un objeto se visualiza haciendo clic con el botón derecho del ratón sobre dicho objeto).

El *diseñador de consultas* utiliza herramientas de diseño visuales para crear sentencias SQL para consultar o actualizar las bases de datos. Como ejemplo, vamos a crear una consulta para recuperar todos los registros de la tabla *Idiomas*. Para ello, vaya al *diseñador del entorno de datos* y seleccione el objeto **Command** *cmdIdiomas*; después haga clic en el botón *Propiedades* y en el diálogo que se visualiza, seleccione la opción *Instrucción SQL* y haga clic en el botón *Generador SQL* para visualizar el *diseñador de consultas*:

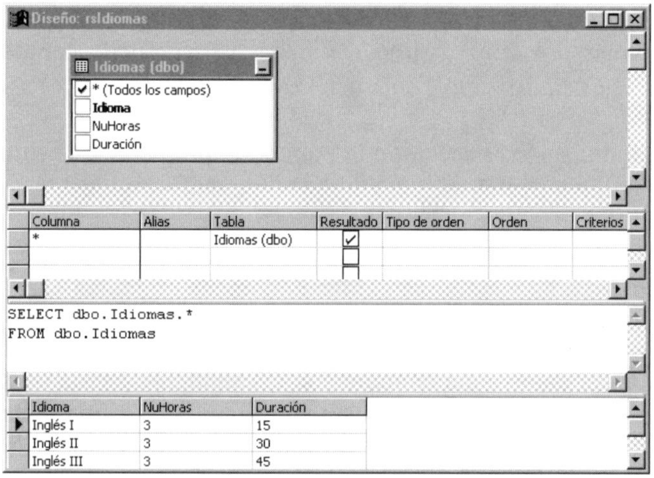

El *diseñador de consultas* tiene cuatro paneles. De arriba a abajo son: panel de diagramas, cuadrícula SQL, panel SQL y cuadrícula de resultados.

Para crear la consulta anteriormente mencionada, diríjase a la ventana *vista de datos* y arrastre la tabla *Idiomas* sobre el panel de diagramas del *diseñador de consultas*. Después, diríjase a la cuadrícula SQL y especifique las columnas con las que trabajará en la consulta, el orden de las filas en la salida de la consulta, si es necesario, y los criterios de búsqueda, si procede. Finalmente, puede probar la sintaxis de la sentencia SQL (ejecute la orden *Comprobar sintaxis SQL* del menú contextual del panel SQL) y ejecutar la consulta para observar en el panel de resultados la salida que produce (seleccione la orden *Ejecutar* del menú contextual de la cuadrícula de resultados). Si los resultados son los que esperaba, cierre el *diseñador de consultas*. La sentencia SQL creada aparecerá en la ventana de propiedades del objeto **Command** *cmdIdiomas*.

El *diseñador de bases de datos* es una herramienta visual que le permite crear, modificar o eliminar objetos de la base de datos (tabla, índice, desencadenante, vista, clave, regla, procedimiento almacenado, etc.) mientras está conectado directamente a ella. Para interactuar con la base de datos del servidor, se utilizan diagramas de base de datos. Los diagramas de base de datos representan gráficamente las tablas en la base de datos, sus columnas, las relaciones entre las tablas, así como los índices y restricciones. Por ejemplo, diríjase a la ventana *vista de datos* y ejecute la orden *Nuevo diagrama* para visualizar la ventana de diagramas.

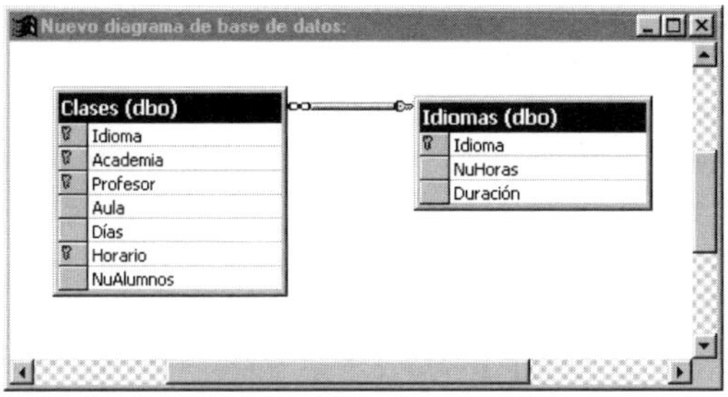

A continuación puede arrastrar las tablas desde la *vista de datos* a la ventana de *diagrama de base de datos* y establecer los vínculos necesarios. En el caso de que ya exista un diagrama puede abrirlo ejecutando la orden *Abrir* de su menú contextual.

Puede realizar cambios libremente en el diagrama de base de datos sin que afecten a la base de datos. Cuando modifica un objeto de la base de datos mediante un diagrama de base de datos, las modificaciones que realiza no se guardan en la base de datos hasta que almacene la tabla o el diagrama de base de datos. De este modo, puede experimentar con escenarios de tipo "qué sucedería si"...

Para mostrar el *editor de código*, por ejemplo, para editar un procedimiento almacenado, ejecute la orden *Nuevo procedimiento almacenado* de su menú contextual, o bien la orden *Diseño* si el procedimiento ya existe.

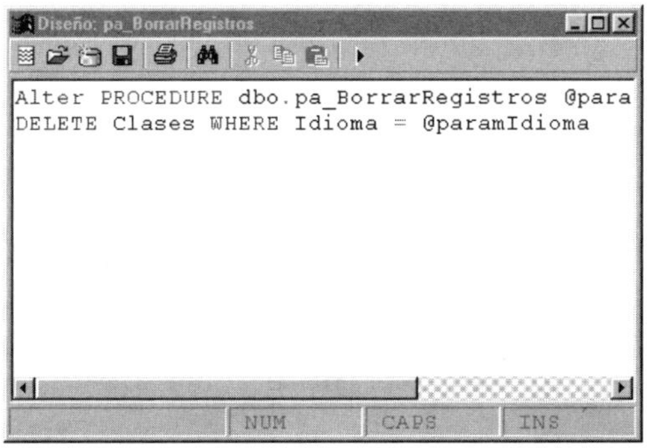

Para mostrar el *editor de código* fuente para un determinado objeto de la base de datos de los mostrados en el *diseñador del entorno de datos*, ejecute la orden *Ver código* de su menú contextual.

CONTROLES DEPENDIENTES

Una vez creado un objeto **Command** podemos diseñar un formulario para que visualice cada campo del conjunto de registros subyacente en un control dependiente. Esto se hace de forma similar a como vimos cuando expusimos el control de datos ADO en un capítulo anterior.

Para vincular un control dependiente a un objeto **DataEnvironment** hay que establecer sus propiedades **DataSource**, **DataMember** y **DataField** con los valores nombre del objeto **DataEnvironment**, nombre del objeto **Command** que contiene el conjunto de registros al que se desea acceder y nombre del campo del conjunto de registros que se desea visualizar, respectivamente.

Por ejemplo, coloque una caja de texto en el formulario *Form1* del proyecto y enlácelo con el conjunto de registros obtenido a partir de la tabla *Clases* para que visualice el campo *Profesor*. Para ello, seleccione dicho control y su propiedad **DataSource**; pulse el botón ▼ de la derecha, y elija en la lista que se visualiza, el objeto **DataEnvironment** (en nuestro caso, *DataEnvironment1*). A continuación seleccione su propiedad **DataMember**, pulse el botón ▼ que está a su derecha, en la ventana de propiedades, y elija en la lista que se visualiza, el objeto **Command** deseado (en nuestro ejemplo, *cmdClases*). Finalmente, seleccione su propiedad **DataField**, pulse el botón ▼ y elija en la lista que se visualiza, el campo deseado del registro (en nuestro ejemplo, *Profesor*).

Lo explicado en el párrafo anterior se puede hacer mucho más fácil aprovechando la característica de "arrastrar y colocar" que soporta el *diseñador del entorno de datos*. Esto significa que usted puede seleccionar un campo desde el objeto **Command** y colocarlo sobre un formulario del proyecto. Haciendo esto se coloca automáticamente un control vinculado al campo arrastrado, generalmente una caja de texto, sobre el formulario. Como ejemplo, pruebe a arrastrar el campo *Idioma* de *cmdClases* y colocarlo sobre el formulario *Form1*.

También, si lo desea puede añadir todos los campos del conjunto de registros devuelto por un objeto **Command** (por ejemplo, por *cmdClases*) arrastrando dicho objeto **Command** desde el *diseñador del entorno de datos* a un formulario. Visual Basic creará entonces pares de controles etiqueta/control dependiente para cada uno de los campos.

Una vez añadidos los controles dependientes, sólo queda agregar la funcionalidad necesaria para moverse a través del conjunto de registros. Por ejemplo, la siguiente sentencia avanza al registro siguiente:

```
DataEnvironment1.rscmdClases.MoveNext
```

Cuando escriba esta sentencia podrá observar que el objeto *DataEnvironment1* tiene varias propiedades, entre ellas *rscmdClases* que referencia el conjunto de registros devuelto por el objeto **Command** *cmdClases*.

Otra forma de proceder es tomar como origen de datos para los controles dependientes directamente el conjunto de registros en vez del objeto **DataEnvironment**. Esto lo tenemos que hacer durante la ejecución. Como ejemplo, y continuando con nuestra aplicación, elimine el formulario *Form1* y agregue los formularios *academia.frm*, *idiomas.frm* y *acercade.frm* que diseñamos en el proyecto *academia* del capítulo anterior. A continuación modifique el procedimiento *Form_Load* de *Form1* como se indica a continuación. El resto del código de *Form1* sería el mismo.

```
Private Sub Form_Load()
  Dim i As Integer
  ' Visualizar el formulario
  Form1.Show
  Form1.Refresh

  Screen.MousePointer = vbHourglass 'reloj de arena

  ' Obtener una referencia al conjunto de registros
  ' devuelto por cmdClases
  Set rsClases = DataEnvironment1.rscmdClases
  rsClases.Open
  ' Obtener una referencia al conjunto de registros
  ' devuelto por cmdIdiomas
  Set rsIdiomas = DataEnvironment1.rscmdIdiomas
  rsIdiomas.Open

  ' Añadir los idiomas a la lista desplegable
  Do Until rsIdiomas.EOF
    ListaIdioma.List(i) = rsIdiomas("Idioma")
    i = i + 1
    rsIdiomas.MoveNext
  Loop

  ' Conectar los controles con los campos del conjunto de registros
  ' para poder visualizar los datos
  Set ListaIdioma.DataSource = rsClases
  ListaIdioma.DataField = rsClases.Fields(0).Name
```

```
  For i = 1 To 6
    Set ClasesCampo(i).DataSource = rsClases
    ClasesCampo(i).DataField = rsClases.Fields(i).Name
  Next i

  ' Inhabilitar el botón Grabar y las cajas de texto
  tbToolBar.Buttons(grabar).Enabled = False
  MnuRegElemento(grabar).Enabled = False
  InhabilitarCajas

  Screen.MousePointer = vbDefault ' restaurar cursor
End Sub
```

La clave está en obtener una referencia a cada conjunto de registros proporcionado por las propiedades *rscmdClases* y *rscmdIdiomas* de *DataEnvironment1*. Estas referencias, denominadas *rsClases* y *rsIdiomas*, serán ahora los orígenes de datos para los controles dependientes que puede observar en la figura siguiente:

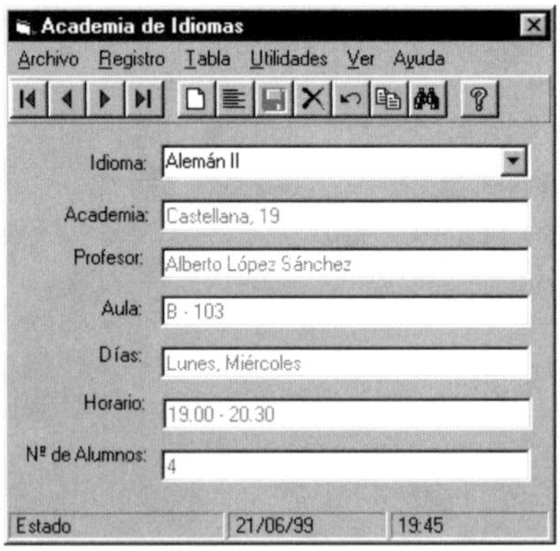

Puesto que los controles de la figura anterior se vinculan al conjunto de registros referenciado por *rsClases*, no debe establecer la vinculación con el objeto **DataEnvironment**.

El formulario *Form2* de esta aplicación visualizaba una cuadrícula con los registros de *rsIdiomas*. Aquí también sería necesario realizar algún cambio, puesto que el objeto conexión viene dado ahora por *DataEnvironment1.cnAcademia*. Puede definir una variable *cnAcademia* para referenciar este objeto e iniciarla en el procedimiento *Form_Load* de *Form2* así:

```
Private cnAcademia As Connection

Private Sub Form_Load()
  ' Referencia al objeto conexión
  Set cnAcademia = DataEnvironment1.cnAcademia
  ' Referencia al conjunto de registros rsIdiomas de Form1
```

```
  Set rsIdiomas = Form1.rsIdiomas
  ' Conectar la cuadrícula con el origen de datos
  Set DataGrid2.DataSource = rsIdiomas
End Sub
```

Finalmente sustituya todas las apariciones *Form1.cnAcademia* por *cnAcademia*. El resto del código permanecerá invariable.

JERARQUÍA DE RELACIONES

Una jerarquía de relaciones consta de un objeto **Command** primario y de uno o más objetos **Command** secundarios relacionados entre sí mediante la vinculación de los campos del objeto primario con los campos y los parámetros de los objetos secundarios, de tal forma que los objetos **Command** secundarios se convierten en campos del objeto **Command** primario.

Por ejemplo, podría crear una jerarquía de relaciones entre las tablas *Idiomas* y *Clases*. Al establecer una relación entre la tabla *Clases* y la tabla *Idiomas* basada en el campo *Idioma*, el conjunto de registros de *Clases* se convierte en un campo del conjunto de registros de *Idiomas*. Por tanto, el valor de este campo en cada fila se convierte en una referencia a un conjunto de registros que contiene todas las clases de un idioma específico.

Para realizar el ejemplo propuesto, cree un nuevo proyecto *...\DataReport\academia* y añada al mismo un *diseñador del entorno de datos* denominado *DataEnvironment1*. Después agregue dos objetos **Command**, *cmdClases* y *cmdIdiomas*, igual que hicimos en el ejemplo anterior.

Partiendo de los dos objetos **Command** del mismo nivel que observamos en el *diseñador del entorno de datos*, vamos a crear una jerarquía de relaciones. Para ello:

- Haga clic con el botón derecho del ratón en el objeto **Command** que será el objeto secundario de la relación (en nuestro caso *cmdClases*) y, a continuación, visualice su diálogo *Propiedades*.

- Seleccione la ficha *Relación* y, a continuación, elija *Relacionar con un comando primario*. En la lista *Comando primario*, seleccione el nombre del objeto **Command** primario (en nuestro caso *cmdIdiomas*). Defina la relación entre los dos objetos **Command** (*Campos primarios*, *Idioma*; *Campos secundarios*, *Idioma*; *Agregar*).

- Haga clic en *Aceptar* para aceptar las definiciones de las relaciones y cerrar el diálogo *Propiedades*.

También se puede crear un objeto **Command** secundario a partir de un objeto **Command** primario, lo cual resulta más fácil. Supongamos que partimos del objeto **Command** *cmdIdiomas*. Para crear el objeto **Command** secundario *cmdClases*, siga los pasos indicados a continuación:

- Seleccione el objeto **Command** primario (en nuestro caso *cmdIdiomas*) y haga clic en el botón *Agregar comando secundario* de la barra de herramientas del diseñador del entorno de datos.

- Seleccione el objeto **Command** secundario y haga clic en el botón *Propiedades* de la barra de herramientas del diseñador del entorno de datos. Cambie el nombre predeterminado que aparece en la ficha *General* por otro más descriptivo, por ejemplo *cmdClases*. Después especifique el origen de datos.

- Seleccione la *ficha Relación* y defina la relación seleccionando los campos o parámetros de cada uno de los objetos **Command** que contengan datos comunes.

- Haga clic en *Aceptar* para aceptar las definiciones de las relaciones y cerrar el diálogo *Propiedades*.

Utilizando cualquiera de las dos formas el resultado al que se llega se muestra en la figura siguiente:

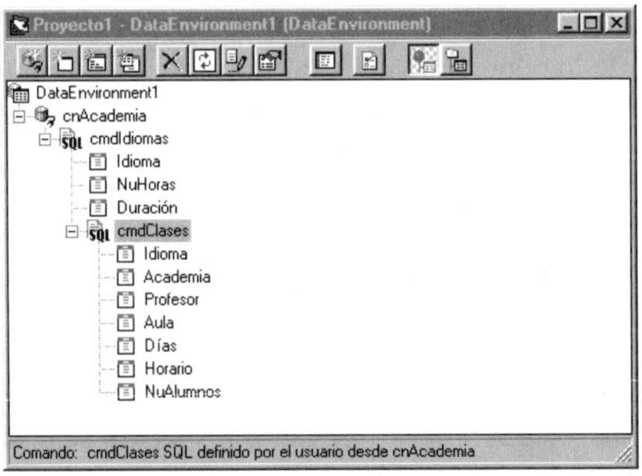

Después de haber definido una relación, puede utilizar el control *cuadrícula jerárquica* para mostrar los datos como una jerarquía.

DISEÑADOR DE INFORMES DE DATOS

El *diseñador de informes de datos* es un generador de informes que puede utilizarse con un origen de datos como el diseñador de entorno de datos para crear informes con datos procedentes de muchas tablas relacionales diferentes. Algunas de sus características son: permite colocar campos arrastrados desde el diseñador del entorno de datos, posee un conjunto de controles propios análogos a los controles intrínsecos de Visual Basic, permite mostrar una vista preliminar del informe, así como imprimirlo y exportar la información del informe de datos a HTML y texto.

Como ejemplo, vamos a crear un informe para mostrar los datos del cursor jerárquico que hemos generado en el apartado anterior.

Para crear un informe de datos nuevo, ejecute la orden *Agregar Data Report* (agregar informe de datos) del menú *Proyecto*. Si el diseñador no aparece en el menú *Proyecto*, haga clic en *Componentes*, en la ficha *Diseñadores*, y seleccione *Data Report* (informe de datos) para agregar el diseñador al menú.

Asigne a su propiedad **Name** el valor *DataReport1* y a su propiedad **Caption** la cadena "Informe de clases por cada idioma".

A continuación asigne a su propiedad **DataSource** el valor *DataEnvironment1* y a su propiedad **DataMember** el valor *cmdIdiomas*.

Ejecute la orden *Obtener estructura* del menú contextual del diseñador de informes. Responda *Sí* a la pregunta que se le formula sobre si desea reemplazar el diseño existente. El diseñador de informes tomará el aspecto siguiente:

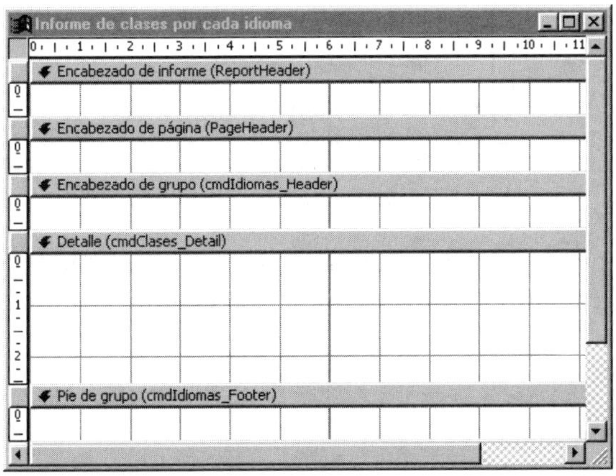

Observe que los encabezados de grupo corresponden a idiomas y los detalles a clases. Esto es, cada sección posee una correspondencia unívoca con un objeto **Command** en el entorno de datos.

Asigne a las propiedades *GridX* y *GridY* del objeto **DataReport** el valor 4. Así mismo asigne un tamaño 11 al tipo de letra predeterminado.

Arrastre el campo *Idioma* (objeto *cmdIdiomas*) del diseñador del entorno de datos a la sección *cmdIdiomas_Header* (cabecera). Ponga la propiedad *ForcePageBreak* (forzar a romper página) a valor 1 (romper antes de presentar un nuevo grupo.

Arrastre el objeto *cmdClases* del diseñador del entorno de datos a la sección *cmdClases_Detail* (detalle). Después elimine la etiqueta y la caja de texto correspondiente al idioma.

Es importante que ajuste los tamaños de las secciones para eliminar espacios perdidos. Puede hacerlo utilizando el ratón o desde la ventana de propiedades.

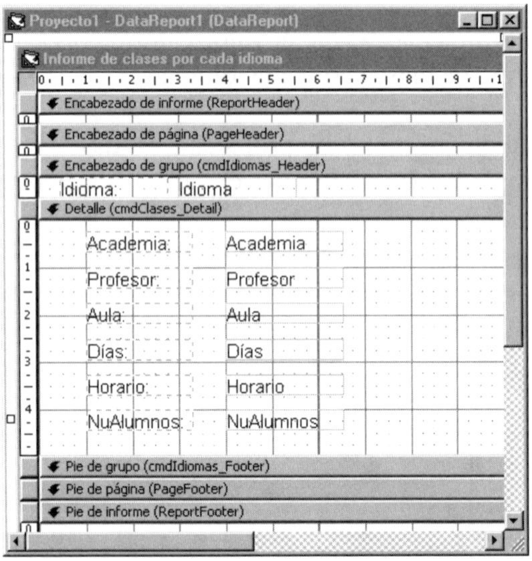

Sólo nos queda visualizar el informe. Para ello, añada, por ejemplo, un botón *Informe* al formulario *Form1* y edite el procedimiento asociado como se indica a continuación:

```
Private Sub Informe_Click()
  DataReport1.Show
End Sub
```

Si ahora ejecuta la aplicación y hace clic en el botón *Informe*, obtendrá un resultado similar al siguiente.

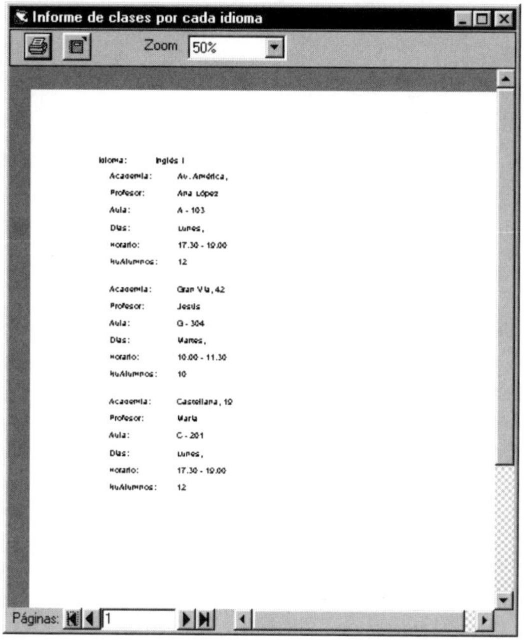

Observe el control situado en el fondo de la ventana para avanzar de un grupo a otro. Cada grupo corresponde a un idioma. Asimismo, en la parte superior de la ventana tiene dos botones, uno para imprimir el informe y otro para exportar el informe a un documento *html* o *txt*.

Para más información, consulte la ayuda en línea.

PARTE 3

Programación orientada a objetos

- Clases de objetos
- Herencia y polimorfismo

CAPÍTULO 13

CLASES DE OBJETOS

La programación orientada a objetos (POO) es una forma de programación que utiliza objetos, ligados mediante mensajes, para la solución de problemas. Puede considerarse como una extensión natural de la programación estructurada en un intento de potenciar los conceptos de modularidad y reutilización del código.

MECANISMOS BÁSICOS DE LA POO

Los mecanismos básicos de la programación orientada a objetos son: *objetos*, *mensajes*, *métodos* y *clases*.

Objetos

Un programa tradicional se compone de procedimientos y de datos. Un programa orientado a objetos se compone solamente de *objetos*. Un objeto es una encapsulación genérica de datos y de los procedimientos para manipularlos. Dicho de otra forma, un *objeto* es una entidad que tiene unos atributos particulares, las *propiedades*, y unas formas de operar sobre ellos, los *métodos*. Por lo tanto, un objeto contiene, por una parte, operaciones que definen su comportamiento, y por otra, variables manipuladas por esas operaciones que definen su estado.

Por ejemplo, un formulario es un objeto. El color de fondo del formulario, la anchura, la altura, etc. son propiedades. Las rutinas, lógicamente transparentes al usuario, que permiten maximizar la ventana, minimizarla, etc. son métodos.

Mensajes

Cuando se ejecuta un programa orientado a objetos, los objetos están recibiendo, interpretando y respondiendo a *mensajes* de otros objetos. Esto marca una clara diferencia con respecto a los elementos de datos pasivos de los sistemas tradicionales. En Visual Basic un *mensaje* está asociado con un procedimiento, de tal forma que cuando un objeto recibe un mensaje la respuesta a ese mensaje es ejecutar el procedimiento asociado. Este procedimiento recibe el nombre de *método*.

Por ejemplo, cuando un usuario quiere maximizar una ventana, lo que hace simplemente es pulsar el botón de la misma que realiza esa acción. Eso, provoca que Windows envíe un mensaje a la ventana para indicar que tiene que maximizarse. Como respuesta a este mensaje se ejecutará el método programado para ese fin.

Métodos

Un *método* se implementa en una *clase* de objetos y determina cómo tiene que actuar el objeto cuando recibe un *mensaje*. En adición, las *propiedades* permitirán almacenar información para dicho objeto. Un *método* puede también enviar *mensajes* a otros objetos solicitando una acción o información.

La estructura más interna de un *objeto* está oculta para otros usuarios y la única conexión que tiene con el exterior son los *mensajes*. Los datos que están dentro de un objeto solamente pueden ser manipulados por los *métodos* asociados al propio objeto.

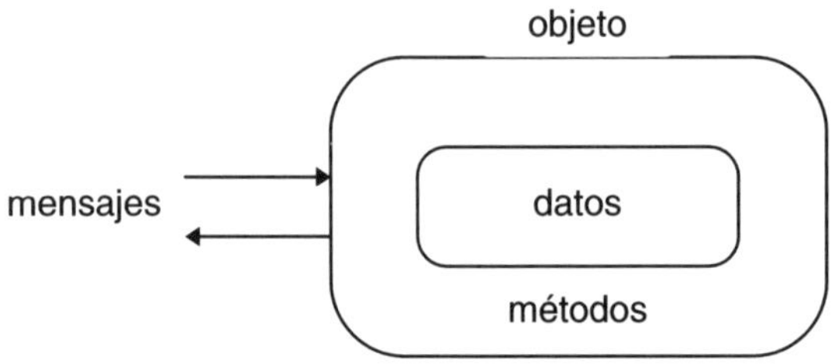

La ejecución de un programa orientado a objetos realiza fundamentalmente tres cosas:

1. Crea los objetos necesarios.
2. Los mensajes enviados a unos y a otros objetos dan lugar a que se procese internamente la información.
3. Finalmente, cuando los objetos no son necesarios, son borrados, liberándose la memoria ocupada por los mismos.

Clases

Una *clase* es un tipo de objetos definido por el usuario. Una *clase* equivale a la generalización de un tipo específico de objetos. Por ejemplo, piense en un molde para hacer flanes; el molde es la clase y los flanes los objetos.

Un *objeto* de una determinada clase se crea en el momento en que se defina una variable de dicha *clase*.

CARACTERÍSTICAS DE LA POO

Las características fundamentales de la POO son: *abstracción*, *encapsulamiento*, *herencia* y *polimorfismo*.

Abstracción

Por medio de la abstracción conseguimos no detenernos en los detalles concretos de las cosas que no interesen en cada momento, sino generalizar y centrarse en los aspectos que permitan tener una visión global del tema. Por ejemplo, el estudio de un ordenador podemos realizarlo a nivel de funcionamiento de sus circuitos electrónicos, en términos de corriente, tensión, etc., o a nivel de transferencia entre registros, centrándose así el estudio en el flujo de información entre las unidades que lo componen (memoria, unidad aritmética, unidad de control, registros, etc.), sin importarnos el comportamiento de los circuitos electrónicos que componen estas unidades.

Encapsulamiento

Esta característica permite ver un objeto como una caja negra en la que se ha introducido de alguna manera toda la información relacionada con dicho objeto. Esto nos permitirá manipular los objetos como unidades básicas, permaneciendo oculta su estructura interna.

La abstracción y la encapsulación están representadas por la *clase*. La *clase* es una abstracción, porque en ella se definen las propiedades de un determinado conjunto de objetos con características comunes, y es una encapsulación porque constituye una caja negra que encierra tanto los datos que almacena cada objeto como los métodos que permiten manipularlos.

Herencia

La herencia permite el acceso automático a la información contenida en otras clases. De esta forma, la reutilización del código está garantizada. Con la herencia todas las clases están clasificadas en una jerarquía estricta. Cada clase tiene su superclase (la clase superior en la jerarquía), y cada clase puede tener una o más subclases (las clases inferiores en la jerarquía). Las clases que están en la parte inferior en la jerarquía se dice que *heredan* de las clases que están en la parte superior en la jerarquía.

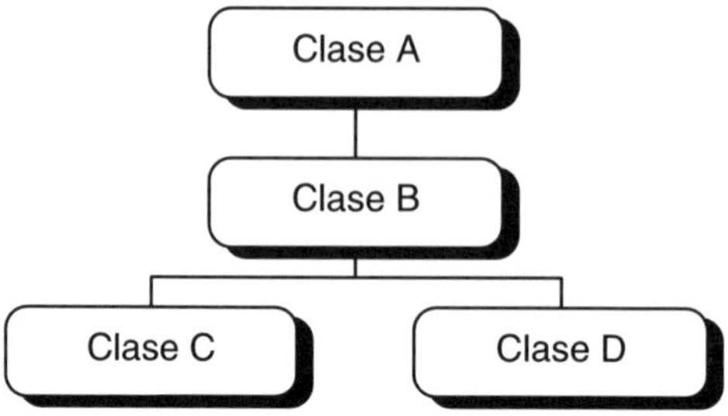

Polimorfismo

Esta característica permite implementar múltiples formas de un mismo método, dependiendo cada una de ellas de la clase sobre la que se realice la implementación. Esto hace que se pueda acceder a una variedad de métodos distintos (todos con el mismo nombre) utilizando exactamente el mismo medio de acceso.

CONSTRUCTORES Y DESTRUCTORES

Un *constructor* es un procedimiento especial de una clase que es llamado automáticamente siempre que se crea un objeto de esa clase. Su función es iniciar el objeto.

Un *destructor* es un procedimiento especial de una clase que es llamado automáticamente siempre que se destruye un objeto de esa clase. Su función es realizar cualquier tarea final en el momento de destruir el objeto.

VISUAL BASIC 6.0 Y LA POO

Visual Basic 6.0 soporta la abstracción, la encapsulación, el polimorfismo y la reutilización del código.

Los objetos de Visual Basic están encapsulados; es decir, contienen sus propias *propiedades*, *métodos* y *eventos*. Las propiedades son los datos que describen un objeto. Los eventos son acciones que pueden ser reconocidas por un objeto (un clic sobre un botón es un evento que produce un mensaje). Un método agrupa el código que se ejecuta en respuesta a un evento.

Al conjunto de propiedades y métodos se le llama *interfaz*. Los objetos, además de su interfaz predeterminada, pueden implementar interfaces adicionales para proporcionar polimorfismo. La mayoría de los lenguajes orientados a objetos proporcionan polimorfismo mediante la herencia. Visual Basic utiliza la técnica de interfaz múltiple del modelo de objetos componente (COM) que permite que los programas evolucionen con el tiempo, agregando nueva funcionalidad sin afectar al código existente. El polimorfismo permite manipular muchos tipos diferentes de objetos sin preocuparse de su tipo.

Los objetos de Visual Basic se crean a partir de *clases*. Por lo tanto, un objeto es una *instancia* o un *ejemplar* de una clase. La clase define las interfaces de un objeto, si el objeto es público, y en qué circunstancias se puede crear. Las descripciones de las clases se almacenan en *bibliotecas de tipos* que se pueden explorar con el *examinador de objetos*.

Para utilizar un objeto hay que asignar una *referencia* al mismo a una *variable objeto*. Por ejemplo:

```
Private MiTexto As TextBox 'declara MiTexto de la clase TextBox
Set MiTexto = Text2         'asigna a MiTexto el objeto Text2
MiTexto.SetFocus 'enfocar el objeto referenciado por MiTexto
```

Si Visual Basic puede determinar durante la compilación a qué tipo de objeto se refiere la variable objeto, podrá deducir si el método o la propiedad invocada pertenece a dicho objeto y realizar el *enlace durante el diseño*. En otro caso realizará un *enlace durante la compilación* que consiste en añadir el código necesario para saber durante la ejecución lo que antes sabíamos durante el diseño.

El *enlace* realizado durante el diseño es más rápido que el realizado durante la compilación. La interfaz predeterminada de un objeto de Visual Basic es una *interfaz dual* que admite enlaces durante el diseño y durante la compilación. Si una variable objeto está correctamente definida (es decir, **Dim** *Var* **As** *NombreClase*) usará la forma más rápida de enlace.

La reutilización del código es la capacidad de trasladar características de un objeto a otro, lo que se logra con alguna forma de herencia. Existen principalmente dos formas de reutilización del código: binario y fuente. La reutilización de código binario se consigue mediante la creación y uso de un objeto, mientras que la reutilización de código fuente se consigue por herencia, lo que no se permite en Visual Basic.

En una jerarquía de clases, la herencia muestra cómo los objetos que se derivan de otros objetos más simples heredan su comportamiento. Por el contrario, los modelos de objetos son jerarquías que describen la contención. Es decir, muestran cómo objetos complejos como una hoja de cálculo, contienen colecciones de otros objetos, como imágenes. Un control *ActiveX* normalmente opera como un componente software reutilizable que se incorpora en cualquier aplicación Visual Basic.

LA CLASE FORM

Quizá se sorprenda al descubrir que ya ha estado trabajando con clases cuando sepa que *Form1*, ese nombre tan familiar que aparece en cada nuevo proyecto, es realmente una clase. Prueba de ello es que en alguna ocasión seguro que habrá visto código escrito similar al siguiente:

```
Public frmPpal As Form1
Sub Main()
  Set frmPpal = New Form1
  frmPpal.Show
End Sub
```

La primera línea del código anterior declara una variable *frmPpal* de la clase *Form1*. Después, en el procedimiento *Main*, se crea un objeto de la clase *Form1* y se asigna a la variable anteriormente declarada una referencia al mismo.

Pero también se estará preguntado, si *Form1* es una clase ¿cómo es que algunas veces en el código se hace referencia a *Form1* como si fuera una variable objeto? Por ejemplo:

```
Form1.Show
Form1.Refresh
```

Lo que sucede es que Visual Basic crea una variable objeto global por cada clase de formulario, cuya declaración permanece oculta para el usuario. Es como si Visual Basic hubiera agregado la siguiente declaración al proyecto:

```
Public Form1 As New Form1
```

Recordará que una variable objeto declarada utilizando **New** es iniciada con el valor **Nothing**, valor que es reemplazado la primera vez que se haga referencia a ella en el código, con una referencia a una instancia de la clase *Form1*. Ahora comprenderá por qué *Form1.Show* no provoca un error.

La razón por la que la declaración anterior está oculta es porque Visual Basic la modifica cada vez que se modifica la propiedad **Name** de un formulario.

Para liberar la memoria y los recursos utilizados por un formulario secundario referenciado por una o más variables objeto, no basta con descargarlo, sino que después de descargarlo debe establecer también todas esas variables a **Nothing** (incluyendo la variable *nombre-formulario*).

Recuerde que Visual Basic mantiene una colección especial llamada **Forms** que contiene una referencia a cada uno de los formularios cargados en el proyecto, de modo que siempre puede encontrarlos y controlarlos.

En el capítulo 2 ya fueron expuestos los conceptos de objeto, crear un objeto y colección de objetos. Si no los recuerda o simplemente dejó su estudio para más adelante, ahora es el momento de repasar o de estudiar éstos y otros conceptos que allí se expusieron. A continuación centraremos nuestro estudio en profundizar sobre los temas de cómo crear nuestros propios objetos y cómo crear una jerarquía de objetos propia.

También puede agregar propiedades, métodos y eventos a las clases de formulario escribiendo el código necesario en sus módulos de código. Por ejemplo, los controles que añade a un formulario, así como las variables que declara a nivel del mismo, son propiedades del formulario. Por eso, puede escribir sentencias como:

```
Form1.Command1.Caption = "Parar"
```

Las respuestas a los eventos desencadenados por acciones sobre él o sobre sus controles, son procedimientos. Por ejemplo:

```
Private Sub Command1_Click()

End Sub
```

También puede crear eventos personalizados en los formularios. Esto lo veremos un poco más adelante.

Pues bien, todo lo que se aplica a las clases de formulario, puede aplicarse también a los módulos de clase.

MÓDULOS DE CLASE

Visual Basic permite definir nuestras propias clases de objetos utilizando *módulos de clase*. Una clase está formada por los *métodos*, por las *propiedades* que definen las características comunes a todos los objetos de esa clase y por los *eventos* que puede desencadenar un objeto de esa clase, a los que la aplicación podrá responder. Precisamente la clave de la programación orientada a objetos está en abstraer los métodos, las propiedades y los eventos comunes a un conjunto de objetos y almacenarlos en una clase. Los *métodos*, las *propiedades* y los *eventos* reciben genéricamente el nombre de *miembros* de la clase.

Cada módulo de clase define una sola *clase*. Los *métodos* de la clase son los procedimientos y las funciones definidas en el módulo, las *propiedades* las variables definidas a nivel del módulo o los procedimientos **Property**, y los *eventos* se declaran también a nivel del módulo mediante la palabra clave **Event**.

Un módulo de clase tiene sus propias propiedades, las cuales se indican en la tabla siguiente:

Propiedad	*Descripción*
Name	Nombre de la *clase*.
DataBindingBehavior	Determina si es posible enlazar un objeto con un origen de datos.
DataSourceBehavior	Determina si un objeto puede comportarse como un origen de datos para otros objetos.
Persistable	Determina si un objeto puede guardar y restaurar datos entre varias instancias. El valor predeterminado es cero y significa que el objeto no puede ser persistente.
Instancing	Determina si puede crear instancias de una clase pública fuera de un proyecto y, si es así, cómo funcionan. El valor predeterminado es *Private*, que significa que otras aplicaciones no pueden crear instancias de ella.

Crear una clase

Para crear una clase, básicamente hay que ejecutar los pasos siguientes:

1. Crear un módulo de clase y establecer sus propiedades.
2. Agregar las propiedades de la clase.
3. Agregar los métodos.
4. Agregar los eventos necesarios y escribir el código que desencadene el evento en el lugar apropiado.
5. Crear las constantes que sean necesarias para la clase utilizando una enumeración (**Enum**).

Para ver con detalle cada uno de los puntos expuestos, vamos a escribir una clase de objetos *CAsignatura*. Esta clase estará formada por los datos privados *m_Nombre*, *m_Nota* y *m_Fecha* y por los métodos *AsignarNota*, *ObtenerNota*,

AsignarFecha, *ObtenerFecha* y *CopiarObjAsig*. Para ello, inicie un nuevo proyecto y guárdelo con el nombre *Clases*.

Crear un módulo de clase

Para crear un módulo de clase ejecute la orden *Agregar módulo de clase* del menú *Proyecto* y seleccione *Módulo de clase*. Después asigne al nuevo módulo las propiedades indicadas a continuación, con la intención de crear la clase *CAsignatura*:

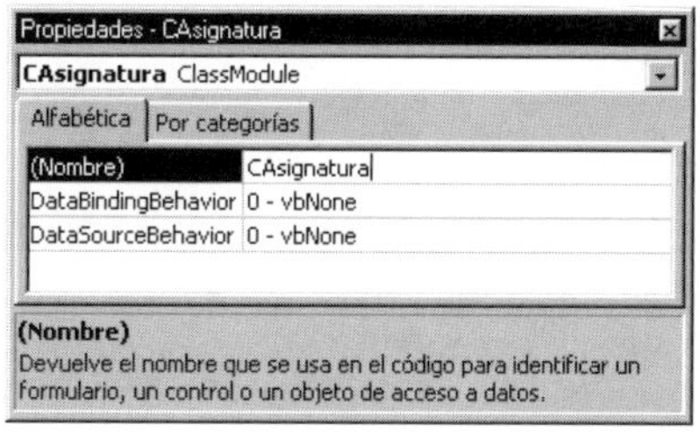

Siempre que estemos creando una clase estándar, sólo es necesario establecer la propiedad **Name**. Ahora, cuando creemos un servidor *ActiveX*, como veremos en un capítulo posterior, la clase también expondrá su propiedad **Instancing**, que será necesario establecer.

Agregar propiedades

La forma más sencilla de definir las propiedades de una clase es agregar variables públicas o privadas al módulo de clase. Por ejemplo:

```
Public m_P1 As Single
Private m_P2 As String
```

La propiedad *m_P1* será accesible desde cualquier parte de la aplicación a través de un objeto de la clase (*objeto.propiedad*) y la propiedad *m_P2* sólo será accesible desde el código del módulo de clase. En este último caso decimos que la clase oculta la propiedad *m_P2*.

Siguiendo lo expuesto, escriba en la ventana de código del módulo de clase las propiedades de la clase *CAsignatura*:

```
'Clase CAsignatura
'-----------------------------------------------------
'Propiedades
Private m_Nombre As String
Private m_Nota As Single
Private m_Fecha As String
'-----------------------------------------------------
```

Agregar métodos

Los métodos de una clase son procedimientos **Sub** o funciones **Function** escritos en el módulo de clase. De forma predeterminada son declarados públicos. La función de los métodos es proporcionar un acceso controlado a las propiedades de la clase. Por ejemplo:

```
'Métodos
Public Function ObtenerNombre() As String
  ObtenerNombre = m_Nombre 'retorna el nombre
End Function

Public Sub AsignarNombre(Nom As String)
  If Nom = "" Then
    m_Nombre = "Sin nombre"
  Else
    m_Nombre = Nom 'establece el nombre
  End If
End Sub
```

La función *ObtenerNombre* retorna el valor a la propiedad *Nombre*, y la función *AsignarNombre* asigna un valor a la propiedad *Nombre*. Observe que se controla el no asignar una cadena vacía.

Análogamente, a continuación se muestran el resto de los métodos que permiten el acceso a las otras propiedades. En este caso, los hemos escrito de la forma más simple, con la intención de centrarnos en los métodos y no en el código.

```
'Métodos
Public Function ObtenerNota() As Single
  ObtenerNota = m_Nota 'retorna la nota
End Function

Public Sub AsignarNota(Nota As Single)
   m_Nota = Nota 'establece la nota
End Sub

Public Function ObtenerFecha() As Date
  ObtenerFecha = m_Fecha 'retorna la fecha
End Function

Public Sub AsignarFecha(Fecha As Date)
  m_Fecha = Fecha 'Establecer una fecha
End Sub
```

Crear objetos de una clase

Una clase no es más que una plantilla para crear objetos de esa clase. Para crear un objeto de una clase durante la ejecución, se utiliza la palabra clave **New** de acuerdo con la siguiente sintaxis:

Dim *MiObjeto* **As New** *MiClase*

o bien, más recomendable,

Dim *MiObjeto* **As** *MiClase*
Set *MiObjeto* = **New** *MiClase*

Si utiliza la primera forma, debe recordar que el objeto referenciado por *MiObjeto* de la clase *MiClase* se crea en el momento en que se invoca a una de sus propiedades o métodos; esto es, cuando se ejecute una sentencia de algunas de las formas siguientes:

MiObjeto.propiedad = valor
MiObjeto.método

Por ejemplo, el siguiente procedimiento, perteneciente a un determinado formulario, crea un objeto de la clase *CAsignatura*.

```
Private Asignatura As CAsignatura

Private Sub Form_Load()
  Set Asignatura = New CAsignatura 'crear un objeto
End Sub
```

Si ahora deseamos asignar valores a los datos del objeto *Asignatura*, como por ejemplo, el nombre de la asignatura y la nota correspondiente ¿cómo procedemos? pues utilizando los métodos implementados en la clase que nos permitan acceder a esos datos, ya que no es posible acceder directamente a las propiedades puesto que fueron declaradas privadas. Por ejemplo:

```
Private Sub IntroDatos_Click()
  Dim X As String
  X = InputBox("Nombre: ")
  Asignatura.AsignarNombre X
  X = InputBox("Nota: ", , 0)
  Asignatura.AsignarNota CSng(X)
End Sub
```

Este procedimiento, invoca a los métodos *AsignarNombre* y *AsignarNota* para el objeto *Asignatura*, con la intención de asignarle los datos nombre y nota introducidos a través del teclado.

De aquí tiene que deducir que cada objeto tiene sus propias propiedades, pero no sucede lo mismo con los métodos, donde todos utilizan una misma copia.

Destruir objetos

La regla principal acerca del tiempo de vida de un objeto es muy sencilla: un objeto se destruye cuando se libera la última referencia al mismo ¿Cómo sabemos acerca de esto? Las reglas de COM indican que cuando el número de referencias llega a cero, se produce el evento **Terminate** del objeto. Aparte de ésta, no hay más información fiable acerca de este hecho.

Sí es importante saber que cuando una variable sale fuera del ámbito en el que fue definida, o cuando se le asigna el valor **Nothing**, el objeto referenciado por ella se destruye automáticamente, si ésta es la última referencia al mismo. Por ejemplo, observando el código anterior, *Asignatura* es la única referencia al objeto creado de la clase *CAsignatura*. Si en algún lugar del código, donde esta variable objeto sea visible, ejecutamos la siguiente sentencia, el objeto sería destruido, además de invocarse el procedimiento conducido por el evento **Terminate**.

```
Set Asignatura = Nothing
```

Interfaz privada y pública

Un aspecto importante del principio de encapsulamiento orientado a objetos es la capacidad de proteger u ocultar los datos o estructura interna de un objeto. Como veremos a continuación, ocultar los datos significa poder efectuar modificaciones en la implementación de una clase sin afectar al código desarrollado por el usuario de la clase.

¿Cómo se ocultan los datos de un objeto? Hemos visto que esto se hace declarando privadas las propiedades de la clase representativas de esos datos. También podemos declarar privados los métodos que interese de la clase.

Según lo expuesto, la *interfaz privada* está formada por las propiedades y métodos que permanecen ocultos a los usuarios de los objetos de la clase en cuestión; esto es, propiedades y métodos que no son accesibles desde otros módulos, sino que sólo son accesibles desde el módulo de clase que los contiene. Por ejemplo, la interfaz privada de la clase *CAsignatura* es:

```
Private m_Nombre As String
Private m_Nota As Single
Private m_Fecha As String
```

Una interfaz privada permite al diseñador de la clase realizar cambios en su implementación sin que afecte al código escrito por los usuarios de esa clase. Por ejemplo, podríamos modificar el tipo del dato miembro *m_Fecha*, realizando a su vez los retoques precisos en los métodos de acceso *ObtenerFecha* y *AsignarFecha*, y las aplicaciones de los usuarios de esta clase de objetos no se verían alteradas, ya que lo único que hacen ellos es invocar a dichos métodos.

La interfaz pública está formada por las propiedades y métodos a los que los usuarios de los objetos de la clase tienen acceso; esto es, propiedades y métodos accesibles desde otros módulos por estar declarados **Public** a nivel del módulo de clase. Así, la interfaz pública de la clase *CAsignatura* está formada por los métodos *ObtenerNombre*, *AsignarNombre*, *ObtenerNota*, *AsignarNota*, *ObtenerFecha* y *AsignarFecha*.

Según lo expuesto, hacer que una propiedad sea de sólo lectura es tan sencillo como implementar sólo el procedimiento que da acceso a la obtención del dato.

Agregar propiedades mediante procedimientos

Según lo que hemos visto hasta ahora ¿qué operaciones se pueden realizar con una propiedad? La respuesta es asignarle un valor y obtener su valor. Por ejemplo, si se trata de la propiedad nombre del objeto *CAsignatura*:

```
Asignatura.AsignarNombre X
X = Asignatura.ObtenerNombre
```

Si trasladamos estas operaciones a la propiedad **Caption** de un botón de pulsación, por ejemplo, recordamos que el código utilizado era mucho más intuitivo:

```
Command1.Caption = X
X = Command1.Caption
```

Para poder utilizar las propiedades de un objeto de esta forma hay que definirlas mediante procedimientos **Property** (procedimientos de propiedad). Hay tres clases de procedimientos de propiedad: **Property Get** que retorna el valor de una propiedad, **Property Let** que establece el valor de una propiedad y **Property Set** que establece una referencia a un objeto. Estos procedimientos son generalmente utilizados por parejas; esto es, **Property Get** con **Property Let** y **Property Get** con **Property Set**, y la sintaxis utilizada para invocarlos es:

Property Get: *variable* = [*objeto*.]*nombre_propiedad*[(*argumentos*)]
Property Let: [*objeto*.]*nombre_propiedad*[(*argumentos*)] = *argumento*
Property Set: **Set** [*objeto*.]*nombre_propiedad*[(*argumentos*)] = *variable*

Es importante recordar que cuando se invoca al procedimiento **Property Let** o al **Property Set**, el argumento especificado a la derecha del signo igual es pasado al último argumento especificado en la definición del mismo. Esto es,

```
PropiedadX(a, b, c) = d
```

```
Public Property Let PropiedadX(a, b, c, d)
  '...
End Property
```

Como ejemplo, parece más lógico establecer y obtener el dato nombre de un objeto *CAsignatura* utilizando el operador de asignación, que llamando a métodos que realicen esta operación. Esto es, se trata de realizar las operaciones

```
Asignatura.AsignarNombre X
X = Asignatura.ObtenerNombre
```

de la forma

```
Asignatura.Nombre = X
X = Asignatura.Nombre
```

La sintaxis utilizada en las dos líneas anteriores dejan claro que *Nombre* es una propiedad del objeto *Asignatura*. Por lo tanto, según hemos planteado la clase *CAsignatura*, esta propiedad que es accesible al usuario tiene que permitir el acceso al dato miembro oculto *m_Nombre*. Esta cuestión la resolveremos utilizando los procedimientos **Property Let** y **Property Get** mostrados a continuación:

```
Property Let Nombre(Nom As String)
  If Nom = "" Then
    m_Nombre = "Sin nombre"
  Else
    m_Nombre = Nom 'establece el nombre
  End If
End Property

Property Get Nombre() As String
  Nombre = m_Nombre 'retorna el nombre
End Property
```

Ahora, cuando se ejecute la sentencia *Asignatura.Nombre = X*, será invocado el procedimiento **Property Let**, que establece el valor de *m_Nombre*, y cuando se ejecute la sentencia *X = Asignatura.Nombre*, será invocado el procedimiento **Property Get**, que devuelve el valor de *m_Nombre*.

Siguiendo un razonamiento análogo para el resto de las propiedades, se obtienen como resultado los procedimientos siguientes:

```
Property Let Nota(N As Single)
  m_Nota = N 'establece la nota
End Property

Property Get Nota() As Single
  Nota = m_Nota 'retorna la nota
End Property

Property Let Fecha(F As Date)
   m_Fecha = F 'establece la fecha
End Property

Property Get Fecha() As Date
  Fecha = m_Fecha 'retorna la fecha
End Property
```

Cuando los objetos se organicen jerárquicamente, como veremos más adelante, en alguna ocasión necesitaremos que un objeto tenga una propiedad que haga referencia a otro objeto; por ejemplo, a un objeto de su clase padre. Para definir esta propiedad utilizaremos el procedimiento **Property Set**.

Propiedad predeterminada

Cuando un objeto tiene una propiedad predeterminada, se puede utilizar sólo el nombre del objeto para referirse a ella. Por ejemplo, si en la clase *CAsignatura* el dato miembro nombre fuera la propiedad predeterminada, sería válido escribir:

```
Asignatura = X ' equivale a Asignatura.Nombre = X
```

Para hacer que una propiedad o un método de una clase sean la propiedad o el método predeterminado:

1. Sitúese en la ventana de código del módulo de clase y ejecute la orden *Atributos del procedimiento...* del menú *Herramientas*.

2. En el diálogo *Atributos del procedimiento* que se visualiza, haga clic en el botón *Avanzadas* para expandirlo.

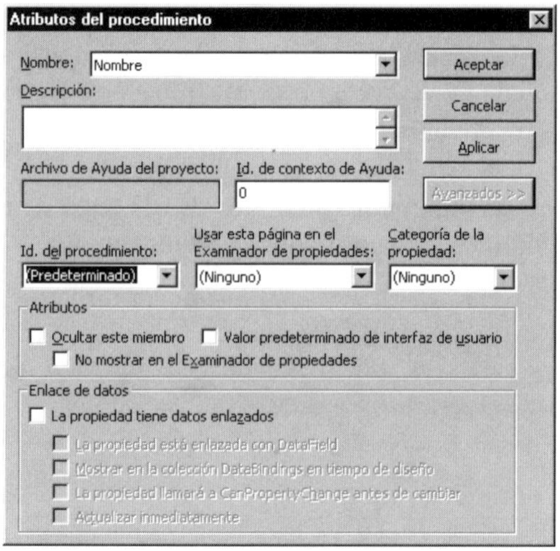

3. Seleccione de la lista *Nombre*, la propiedad o el método de la clase que desea sea el predeterminado.

4. Seleccione de la lista *Id. del procedimiento*, el estado *predeterminado* y haga clic en el botón *Aceptar*.

Añadir un constructor y un destructor

Igual que sucedía con los formularios, cuando se crea un objeto de una clase, se desencadena el evento **Initialize**, y cuando se destruye, el evento **Terminate**. Por lo tanto, podemos utilizar el procedimiento conducido por el evento **Initialize** para establecer valores y realizar operaciones iniciales y el procedimiento conducido por el evento **Terminate** para realizar cualquier operación que sea necesaria en el momento de destruir el objeto. Como ejemplo, añada al módulo de clase *CAsignatura* los siguientes procedimientos:

```
Private Sub Class_Initialize()
  'Iniciar el objeto
  m_Nombre = ""
  m_Nota = 0
  m_Fecha = Now
  Debug.Print "Objeto " & m_Nota & " " & m_Fecha & " construido"
End Sub

Private Sub Class_Terminate()
  'Operaciones al destruir el objeto
  Debug.Print "Objeto " & m_Nota & " " & m_Fecha & " destruido"
End Sub
```

El primer procedimiento recibe genéricamente el nombre de *constructor* y el segundo el de *destructor*. Como se puede observar, el constructor contiene el código que se ha pensado que es necesario ejecutar en el momento que se crea el objeto, tal como establecer los valores predeterminados para el nombre, la fecha y hora. También se ha colocado un mensaje que visualiza los datos del objeto que se construye, o en el destructor los datos del objeto que se destruye. Dicho mensaje se ha puesto únicamente con fines didácticos.

Utilizar una clase

Una vez que hayamos agregado una clase a un procedimiento, estamos en condiciones de crear objetos de esa clase en otros módulos, por ejemplo en un formulario, y realizar una programación en base a objetos.

Como ejemplo, coloque cinco botones de pulsación en el formulario *Form1* del proyecto *Clases* sobre el que estamos trabajando. Después establezca las propiedades de los botones que se especifican en la tabla siguiente.

Objeto	Propiedad	Valor
Botón de pulsación	Caption Name	Introducir datos IntroDatos
Botón de pulsación	Caption Name	Nuevo objeto NuevoObjeto
Botón de pulsación	Caption Name	Objeto temporal ObjetoTemp
Botón de pulsación	Caption Name	Ver datos VerDatos
Botón de pulsación	Caption Name	Salir Salir

Cuando finalice el diseño, el resultado será similar al de la figura siguiente:

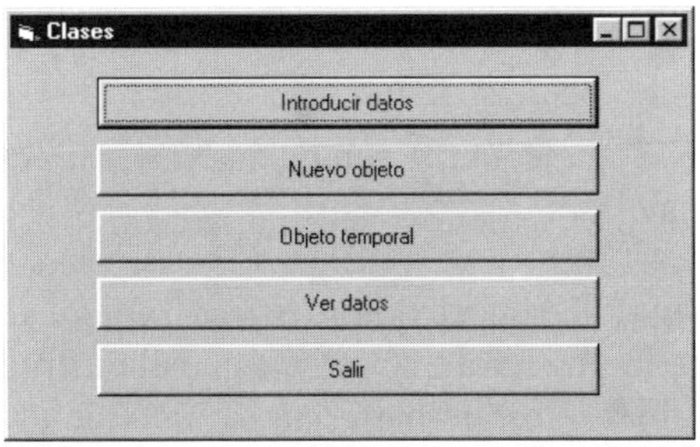

Escriba el procedimiento asociado con el botón *Salir* para que descargue el formulario y finalice así la aplicación.

```
Private Sub Salir_Click()
  Unload Form1
End Sub
```

Este procedimiento libera la memoria utilizada por *Form1*, por tratarse del formulario principal. Esto implica liberar también la memoria utilizada por las variables a nivel del formulario y las referencias que existan a los objetos, lo que hará que se llame al destructor de la clase de cada objeto que se destruya.

Así mismo, es importante recordar que si el programa se finaliza con el botón *Terminar* de Visual Basic o con una última sentencia **End** en el procedimiento *Salir_Click*, la aplicación se detiene en ese instante y por lo tanto, no se ejecuta el destructor de la clase de cada objeto que se destruya.

A continuación escriba los procedimientos asociados con el resto de los botones de pulsación.

El botón *Introducir datos* permitirá asignar datos a un objeto *CAsignatura*. Si el objeto no existe se crea. Para saber si una variable objeto está referenciando o no un objeto utilice la sintaxis *VarObjeto Is Nothing* como se puede observar a continuación (no se puede utilizar la sintaxis *If VarObjeto = Nothing...*)

```
Private Sub IntroDatos_Click()
  Dim X As String
  On Error Resume Next

  If Asignatura Is Nothing Then
    Set Asignatura = New CAsignatura 'crear un objeto
  End If
  X = InputBox("Nombre: ")
  Asignatura.Nombre = X
  X = InputBox("Nota: ", , 0)
  Asignatura.Nota = X
End Sub
```

Recuerde que si se ejecuta la sentencia **New** para crear un objeto, se invocará al constructor de la clase.

Cuando se haga clic en el botón *Nuevo objeto*, inicialmente se destruirá el objeto *Asignatura*, lo que hará que se invoque al destructor de la clase. Después se creará un nuevo objeto, lo que hará que se invoque al constructor de la clase, se solicitarán los datos nombre y nota y se asignarán al objeto creado.

```
Private Sub NuevoObjeto_Click()
  Dim X As String
  On Error Resume Next
  Set Asignatura = Nothing 'destruir objeto
  Set Asignatura = New CAsignatura 'crear objeto
  X = InputBox("Nombre: ")
  Asignatura.Nombre = X
  X = InputBox("Nota: ", , 0)
  Asignatura.Nota = X
End Sub
```

El procedimiento *ObjetoTemp_Click* que se ejecuta al hacer clic en el botón *Objeto temporal*, demuestra el tiempo de vida de un objeto referenciado por una variable local *ObjetoTemp*. Observe cómo cuando se ejecuta este procedimiento se invoca al constructor y cómo después de asignar la nota se invoca al destructor, porque finaliza el procedimiento y salimos fuera del ámbito de la variable.

```
Private Sub ObjetoTemp_Click()
  Dim ObjetoTemp As CAsignatura, X As String
  Set ObjetoTemp = New CAsignatura
  On Error Resume Next
  X = InputBox("Nombre: ")
  ObjetoTemp.Nombre = X
  X = InputBox("Nota: ", , 0)
  ObjetoTemp.Nota = X
End Sub
```

El botón *Ver datos* simplemente tiene que visualizar los datos del objeto existente de la clase *CAsignatura*. Ahora bien, si se hace clic en este botón antes que en ningún otro, no tiene que hacer nada porque no hay ningún objeto creado.

```
Private Sub VerDatos_Click()
  If Asignatura Is Nothing Then Exit Sub
  MsgBox "Objeto " & Asignatura.Nombre & " " & _
                     Asignatura.Nota & " " & _
                     Asignatura.Fecha
End Sub
```

Miembros amigos de la clase

Un miembro amigo de una clase (procedimiento de propiedad o método) se comporta como un miembro público para el resto de los módulos del proyecto, de forma que parece que forma parte de la interfaz pública de la clase, aunque no es así. Para indicar que un miembro es amigo de la clase hay que utilizar la palabra reservada **Friend**.

¿Cuál es el papel de los miembros **Friend**? De una forma sencilla podemos decir: saltarse algunos sistemas de protección a la hora de acceder a los miembros de una clase. Por ejemplo, suponga que necesita diseñar una clase *CFecha* que tenga un miembro de un tipo *tFecha* definido por el usuario (TDU):

```
' Clase CFecha
Private f As tFecha
```

Este miembro no puede definirse público porque un módulo de clase no permite definir un miembro de datos público de un tipo definido por el usuario. En cualquier caso nosotros queremos que sea privado, y permitir el acceso al mismo a través de procedimientos de propiedad públicos. Pero nos encontramos con otro inconveniente, que los tipos definidos por el usuario no se pueden utilizar como parámetros o tipos de retorno para procedimientos públicos o miembros de datos públicos. Solución, declarar los procedimientos de propiedad amigos de la clase:

```
Friend Property Get fecha() As tFecha
  fecha = f
End Property

Friend Property Let fecha(Nuevafecha As tFecha)
  f = Nuevafecha
End Property
```

Como en un módulo de clase no se pueden declarar tipos definidos por el usuario públicos, definiremos el tipo *tFecha* en un módulo estándar denominado *TDU.bas*. ¿Por qué necesitamos que sea público? Porque el resto de los módulos del proyecto que utilicen objetos *CFecha* tienen que tener acceso a él si quieren acceder al miembro de tipo *tFecha* de los objetos.

```
Public Type tFecha
  día As Integer
  mes As String
  año As Integer
End Type
```

Conclusión: como los miembros **Friend** no forman parte de una interfaz, se pueden utilizar para pasar tipos definidos por el usuario de un objeto a otro sin exponerlos públicamente.

Para probar el código anterior, coloque un botón en el formulario y añada al módulo del formulario el código siguiente:

```
Private MiFecha As CFecha
Private hoy As tFecha, otrafecha As tFecha
```

```
Private Sub Command1_Click()
  Set MiFecha = New CFecha
  hoy.día = 1: hoy.mes = 2: hoy.año = 2001
  MiFecha.fecha = hoy
  otrafecha = MiFecha.fecha
  Debug.Print otrafecha.día & "/" & _
              otrafecha.mes & "/" & _
              otrafecha.año
End Sub
```

Cuando estudiemos los temas relativos a componentes *ActiveX*, veremos que en algunas ocasiones dentro de ese contexto, los miembros **Friend** pueden resultar interesantes porque como no forman parte de la interfaz de un objeto, los programas que utilizan los objetos del componente no pueden tener acceso a ellos, pero sí tienen acceso los propios objetos del componente.

Agregar eventos a una clase

Según hemos visto, las propiedades y los métodos son la forma que tiene la aplicación para comunicar con un objeto. Por el contrario, los eventos son la forma que tiene el objeto de comunicar con la aplicación.

Por ejemplo, puede resultar interesante advertir al usuario de ciertos errores que puedan ocurrir al crear un objeto *CAsignatura*; por ejemplo, que alguno de los datos introducidos no es correcto. Seguro que usted tiene la solución para esto, pero vamos a pensar en esta otra: el objeto comunicará a la aplicación que el dato que se intenta almacenar no es correcto. De esta forma la aplicación podrá responder a ese evento de la forma más apropiada en cada caso.

Declarar un evento

Para declarar un evento, tiene que hacerlo en la sección de declaraciones del módulo de la clase así:

[**Public**] **Event** *nombre_procedimiento* [(*lista_argumentos*)]

El tipo **Event** es **Public** de forma predeterminada. **Public** indica que el evento sea visible a través del proyecto. El resto de la sintaxis fue explicado cuando hablamos de procedimientos.

Por ejemplo, añada al módulo de clase *CAsignatura.cls* la línea de código siguiente:

```
Public Event Error(ByVal Código As Integer, Cancelar As Boolean)
```

El parámetro *Código* será utilizado para notificar a la aplicación un código que identifique el error (por ejemplo, 2001 si el nombre es una cadena vacía y 2002 si la nota no es correcta) y el parámetro *Cancelar* puede establecerse a **True** para cancelar el método que desencadenó el evento.

Desencadenar un evento

Una vez declarado el evento, utilice la sentencia **RaiseEvent** para desencadenarlo. En nuestro caso, el evento se desencadenará cuando se intente asignar un dato, nombre o nota, no correcto a un objeto de la clase *CAsignatura*, instante en el que se ejecutará el procedimiento **Property Let** correspondiente. Según esto modifique estos procedimientos como se muestra a continuación:

```
Property Let Nombre(Nom As String)
  Dim Cancelar As Boolean
  If Nom = "" Then
    RaiseEvent Error(2001, Cancelar)
  End If
  If Cancelar Then Exit Property
  m_Nombre = Nom 'establece el nombre
End Property

Property Let Nota(N As Single)
  Dim Cancelar As Boolean
  If N < 0 Or N > 10 Then
    RaiseEvent Error(2002, Cancelar)
  End If
  If Cancelar Then Exit Property
  m_Nota = N 'establece la nota
End Property
```

Controlar un evento

Para controlar los eventos desencadenados por un objeto, declare una variable de la clase del objeto calificada con la palabra clave **WithEvents**. La declaración tiene que hacerse a nivel del módulo. Por ejemplo, abra la ventana de código correspondiente al formulario del proyecto *Clases* y modifique la declaración de la variable objeto *Asignatura* así:

```
Private WithEvents Asignatura As CAsignatura
```

La palabra clave **WithEvents** especifica que la variable *Asignatura* permitirá controlar los eventos del objeto de tipo *CAsignatura* referenciado por ella.

En cuanto declare una variable **WithEvents**, el nombre de la variable aparecerá en la lista *Objeto* de la ventana de código del formulario y el evento en la lista *Procedimiento*. Por lo tanto, para controlar el evento, seleccione *Asignatura* en la lista de la izquierda de la ventana de código y *Error* en la lista de la derecha. Después complete el procedimiento conducido por este evento para realizar las operaciones que más le interesen. En nuestro caso, simplemente hemos lanzado un mensaje de error al usuario y hemos asignado al parámetro *Cancelar* el valor **True** con la intención de cancelar el método que desencadenó el evento. Piense que este procedimiento ha sido invocado por un procedimiento **Property Let** y que el parámetro *Cancelar* ha sido pasado por referencia.

```
Private Sub Asignatura_Error(ByVal Código As Integer, Cancelar As Boolean)
  MsgBox "Error: " & Código & ". Inicie otra vez la operación."
  Cancelar = True
End Sub
```

Guarde el código escrito hasta ahora y ejecute la aplicación. Observará que todo funciona correctamente excepto cuando hace clic en el botón *Objeto temporal*. Resulta que aquí cuando deja el nombre vacío o introduce una nota fuera del rango 0 a 10, no se desencadena el evento *Error* ¿Qué está pasando? El procedimiento asociado con este botón declara un objeto *CAsignatura* local, razón por la cual no podemos utilizar **WithEvents**, con lo que no dispondremos de eventos para este objeto.

Habrá observado que el mecanismo para controlar un evento de una variable **WithEvents** es exactamente el mismo que el utilizado para controlar los eventos desencadenados por los controles de un formulario. Esto demuestra que un control se trata como una *propiedad* de la clase del formulario y el nombre de dicha propiedad es el valor asignado a la propiedad **Name** del control.

Agregar eventos personalizados a un formulario

Según hemos visto anteriormente, para agregar un evento a una clase de objetos, tiene que declararlo en la sección de declaraciones del módulo de esa clase. Entonces, si lo que necesitamos es agregar un nuevo evento a un formulario, por ejemplo a *Form1*, ¿cómo proceder si no tenemos acceso al módulo de código de la clase *Form1*? Lo que vamos a hacer es declarar el evento en el módulo de código del formulario. Por ejemplo, cree un nuevo proyecto *EventoForm* y añada en la sección de declaraciones de *Form1* la siguiente declaración:

```
Event MiEvento()
```

A continuación, agregamos un módulo de clase denominado, por ejemplo *CForm1*, y añadimos al mismo la siguiente declaración:

```
Private WithEvents FormConEventos As Form1
```

Hemos creado una clase *CForm1* a la que hemos añadido la variable privada *FormConEventos* de tipo *Form1*. La palabra clave **WithEvents** especifica que la variable *FormConEventos* permitirá controlar los eventos del objeto de tipo *Form1* referenciado por ella. Por lo tanto, ahora puede observar que el nombre de la variable aparece en la lista *Objeto* de la ventana de código del módulo de clase *CForm1* y el evento en la lista *Procedimiento*. Por lo tanto, para controlar el evento, seleccione *FormConEventos* en la lista de la izquierda de la ventana de código y *MiEvento* en la lista de la derecha.

```
Private Sub FormConEventos_MiEvento()
  Debug.Print "Se desencadenó MiEvento"
End Sub
```

Si *FormConEventos* fuera una referencia al formulario *Form1* de nuestra aplicación, todo estaría solucionado; cada vez que *Form1* desencadenase el evento *MiEvento* sería ejecutado *FormConEventos_MiEvento*.

Para acceder a la variable *FormConEventos* de *CForm1*, con el fin de asignarle una referencia a *Form1*, añadiremos a la clase la propiedad que también vamos a denominar *Form1*. Por tratarse de asignar una referencia a un objeto, esta propiedad estará implementada al menos por el procedimiento de propiedad **Set**:

```
Public Property Set Form1(ByVal NuevoForm1 As Form1)
  Set FormConEventos = NuevoForm1
End Property
```

Si en algún momento necesitara obtener la referencia almacenada en la variable *FormConEventos*, añada también el procedimiento de propiedad **Get**:

```
Public Property Get Form1() As Form1
  Set Form1 = FormConEventos
End Property
```

Según lo explicado anteriormente, cuando se inicie la aplicación, hay un objetivo que cumplir: iniciar *FormConEventos* con una referencia a *Form1*. Esto implica crear un objeto *CForm1* y asignar a su propiedad *Form1* una referencia al formulario *Form1*. Para ello, agregaremos a *Form1* una variable *EsteForm* de tipo *CForm1* y la iniciaremos en *Form_Load* como se muestra a continuación:

```
Private EsteForm As CForm1

Private Sub Form_Load()
  Set EsteForm = New CForm1
  Set EsteForm.Form1 = Me
End Sub
```

La primera línea crea un objeto *EsteForm* y la segunda asigna a la propiedad *Form1* de ese objeto una referencia al formulario *Form1* (indirectamente se asigna esa referencia a la variable objeto *FormConEventos* de *CForm1*). Recuerde que esta variable permite controlar los eventos del objeto de tipo *Form1*.

Cuando *Form1* desencadene el evento *MiEvento* será atrapado y respondido por el objeto referenciado por *FormConEventos*, esto es, por *Form1*. Por ejemplo, si añade un botón de pulsación a *Form1* y le asocia el procedimiento *Command1_Click* que se puede observar a continuación, cada vez que el usuario haga clic en este botón se desencadenará *MiEvento* y como respuesta se ejecutará el procedimiento *FormConEventos_MiEvento* del módulo de clase.

```
Private Sub Command1_Click()
  RaiseEvent MiEvento
End Sub
```

Análogamente, si añade una caja de texto a *Form1* y escribe el procedimiento conducido por su evento **Change**, según se puede observar a continuación, cada vez que el usuario cambie el contenido de la caja de texto se desencadenará *MiEvento*.

```
Private Sub Text1_Change()
  RaiseEvent MiEvento
End Sub
```

MODELOS DE OBJETOS

Después de definir una clase mediante la creación de un módulo de clase y la asignación de propiedades y métodos, se puede crear cualquier número de objetos a partir de dicha clase. Pero ¿cómo se hace el seguimiento de los objetos creados? ¿Declarando una variable de objeto por cada uno de los objetos? ¿Manteniendo una matriz o una colección de referencias a los objetos? La práctica nos enseñará que, a medida que agreguemos más y más clases, existen claras relaciones entre los objetos de esas clases que se pueden definir según un modelo de objetos.

De una forma sencilla podemos enunciar que un *modelo de objetos* expresa el hecho de que unos objetos son más importantes que otros. Se puede decir que estos objetos se componen de otros objetos.

Los usuarios de C++ y de otros lenguajes de programación orientada a objetos están acostumbrados a ver jerarquías de clases. Una jerarquía de clases describe la *herencia*; es decir, muestra cómo los objetos se derivan de objetos más simples al heredar su comportamiento. Por el contrario, los modelos de objetos son jerarquías que describen la *contención*. Es decir, muestran cómo objetos complejos contienen colecciones de otros objetos.

Por ejemplo, podríamos crear un objeto *CUniversidad*, el cual podría contener otro tipo de objetos tales como *CEdificio* (por ejemplo, *E. Politécnica* o *Facultad CC. EE.*). A su vez, cada uno de estos objetos podría contener objetos *CAula*, estos podrían contener objetos *CProfesor* y *CAlumno* y estos últimos, objetos *CAsignatura*. La figura siguiente muestra gráficamente el modelo de objetos:

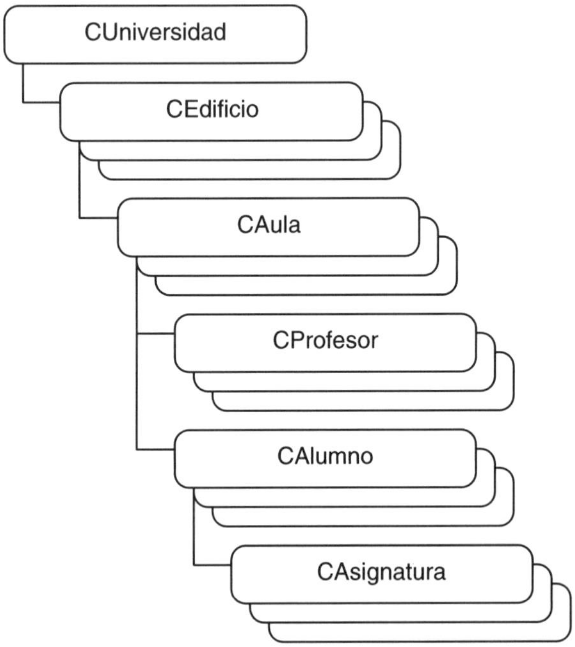

La pregunta que nos hacemos ahora es ¿cómo se definen las dependencias entre los objetos? Lógicamente la respuesta es mediante propiedades y colecciones de objetos (las colecciones de objetos fueron expuestas en el capítulo 2). Por ejemplo, partiendo de que una clase está formada por las *propiedades* que definen las características comunes a todos los objetos de esa clase y por los *métodos* que permiten el acceso a su estructura interna, expresar el hecho de que un objeto puede contener otro tipo de objetos, no es más que añadir una propiedad que referencie una colección de objetos. ¿Cómo se puede implementar esta propiedad? Considere la clase *CUniversidad* y su colección de objetos *CEdificio*. Para implementar esta colección podría:

- Declarar una variable pública *m_colEdificios* de tipo **Collection**. Ésta es la solución más sencilla, pero también la peor, porque puede colocar cualquier cosa en el objeto **Collection** sin que nada se lo impida.

```
Public m_colEdificios As Collection
```

- Declarar una variable privada *m_colEdificios* de tipo **Collection**. En este caso tendríamos que agregar también métodos para añadir y eliminar objetos de la colección. Este diseño mejora la robustez, pero pierde la posibilidad de utilizar **For Each ... Next** con la colección.

```
Private m_colEdificios As Collection
```

- Diseñar una clase de colección propia *CcolEdificios* y declarar una variable privada *m_colEdificios* de tipo *CcolEdificios*. Este diseño, además de ser el más robusto, le permite utilizar **For Each ... Next** con la colección.

```
Private m_colEdificios As CcolEdificios
```

Clases de colección propias

Vamos a demostrar prácticamente cómo para crear una colección propia un módulo de clase es la manera más robusta de implementar dicha colección.

Empecemos por generar un nuevo proyecto que guardaremos como *ModDeObjs*, con la intención de construir el modelo de objetos expuesto en la figura anterior. Según esto, la primera clase que vamos a diseñar es *CAsignatura*. Esta clase ya ha sido explicada anteriormente. Por eso ahora la escribiremos de una forma sencilla, sin entrar en detalles. La interfaz pública de esta clase expone al usuario de la misma tres propiedades: *Fecha*, *Nombre* y *Nota*. Dichas propiedades permitirán acceder a los datos nombre de la asignatura y nota obtenida cuando el alumno se examinó de la misma en la fecha especificada.

```
' Clase CAsignatura
' -----------------
' Variables locales para almacenar los valores de las propiedades
Private m_Nombre As String ' copia local
Private m_Nota As Single   ' copia local
Private m_Fecha As Date    ' copia local

Public Property Let Nombre(ByVal vDato As String)
  'Propiedad para asignar el dato nombre
  m_Nombre = vDato
End Property

Public Property Get Nombre() As String
  'Propiedad para asignar el dato nombre
  Nombre = m_Nombre
End Property
```

```
Public Property Let Nota(ByVal vDato As Single)
  'Propiedad para asignar el dato nota
  m_Nota = vDato
End Property

Public Property Get Nota() As Single
  'Propiedad para obtener el dato nota
  Nota = m_Nota
End Property

Public Property Let Fecha(ByVal vDato As Date)
  'Propiedad para asignar el dato fecha
  m_Fecha = vDato
End Property

Public Property Get Fecha() As Date
  'Propiedad para obtener el dato fecha
  Fecha = m_Fecha
End Property
```

La siguiente clase que vamos a diseñar es *CAlumno*. Pero para que un alumno pueda matricularse de un conjunto de asignaturas, esta clase tiene que incluir una propiedad que sea una colección de objetos *CAsignatura*. Empecemos entonces por diseñar esta colección.

Añada al proyecto un módulo de clase denominado *CcolAsignaturas*. Después agregue la siguiente variable local para contener la colección:

```
Private m_Col As Collection
```

Los métodos *Add*, *Remove*, *Item* y *Count* básicamente delegan en sus respectivos métodos del objeto **Collection**. Los métodos *Item* y *Count* serán implementados para que sean de sólo lectura (escribir sólo el procedimiento de propiedad **Get**).

```
Public Function Add(Nombre As String, Nota As Single, _
        Fecha As Date, Optional sClave As String) As CAsignatura
  On Error GoTo TratamientoError

  ' Crear un nuevo objeto para añadirlo a la colección
  Dim objNuevo As CAsignatura
  Set objNuevo = New CAsignatura

  ' Establecer las propiedades del nuevo objeto
  objNuevo.Nombre = Nombre
  objNuevo.Nota = Nota
  objNuevo.Fecha = Fecha
  If Len(sClave) = 0 Then
```

```
      m_Col.Add objNuevo, Nombre
    Else
      m_Col.Add objNuevo, sClave
    End If

    ' Devolver el objeto creado
    Set Add = objNuevo
    Set objNuevo = Nothing
    Exit Function
TratamientoError:
    MsgBox Err.Description
End Function

Public Sub Remove(vntIndClave As Variant)
    ' Propiedad para quitar un elemento de la colección.
    ' vntIndClave contiene el índice o la clave del elemento
    ' en la colección.
    m_Col.Remove vntIndClave
End Sub

Public Property Get Item(vntIndClave As Variant) As CAsignatura
    ' Propiedad para acceder a un elemento de la colección.
    ' vntIndClave contiene el índice o la clave del elemento
    ' en la colección.
    Set Item = m_Col(vntIndClave)
End Property

Public Property Get Count() As Long
    ' Propiedad para obtener el número de elementos de la
    ' colección.
    Count = m_Col.Count
End Property
```

Puede hacer que **Item** sea la propiedad predeterminada de la clase *CcolAsignaturas*, para poder utilizar la sintaxis *ObjColección("clave")*, igual que podía hacerlo con el objeto **Collection**. Para ello siga los pasos indicados en el apartado "Propiedad predeterminada" expuesto anteriormente en este mismo capítulo.

Asimismo, podrá utilizar **For Each ... Next** con un objeto de nuestra colección, simplemente delegando todo el trabajo en el objeto **Collection**, para lo cual debe agregar el método siguiente:

```
Public Property Get NewEnum() As IUnknown
    ' Propiedad que permite enumerar
    ' esta colección con la sintaxis For...Each
    Set NewEnum = m_Col.[_NewEnum]
End Property
```

Un objeto **Collection** permite recorrer sus elementos utilizando una sentencia **For Each ... Next** gracias a un objeto que incorpora para realizar este proceso y que genéricamente se denomina *enumerador*. Entonces, como la clase *CcolAsignaturas* está basada en la clase **Collection**, puede delegar este proceso en el método **_NewEnum** del objeto **Collection**.

Los corchetes utilizados en *[_NewEnum]* son necesarios a causa de que este método se encuentra oculto dentro de la biblioteca de tipos (un método oculto, por convenio, lleva un subrayado inicial).

Conclusión, para que las clases de colección acepten **For Each... Next**, tiene que proporcionar un método **NewEnum** oculto con el *Id. de procedimiento* correcto. Pues bien, para ocultar el método **NewEnum** y asignarle el *Id. de procedimiento* necesario:

1. Sitúese en la ventana de código del módulo de clase y ejecute la orden *Atributos del procedimiento...* del menú *Herramientas*.
2. En el diálogo *Atributos del procedimiento* que se visualiza, haga clic en el botón *Avanzadas* para expandirlo.
3. Seleccione de la lista *Nombre*, el método de la clase que desea ocultar; en nuestro caso **NewEnum**.
4. Active la opción *Ocultar este miembro* para ocultar **NewEnum** en la biblioteca de tipos.
5. Escriba en el cuadro de texto de la lista *Id. del procedimiento* el valor *–4* y haga clic en el botón *Aceptar* (el valor *–4* es el identificador de procedimiento requerido por **For Each ... Next**).

Finalmente, escriba el constructor de la clase *CcolAsignaturas* para que cada vez que se construya un objeto de la misma, cree también un nuevo objeto **Collection** referenciado por *m_Col*, y el destructor para que libere los recursos ocupados por la colección referenciada por *m_Col* cuando se destruya el objeto *CcolAsignaturas*:

```
Private Sub Class_Initialize()
  ' Crea la colección cuando se crea un objeto de la clase
  Set m_Col = New Collection
End Sub

Private Sub Class_Terminate()
  ' Destruye la colección cuando se termina con el objeto de
  ' la clase
  Set m_Col = Nothing
End Sub
```

A continuación puede observar en su totalidad cómo ha quedado finalmente diseñado el módulo de clase *CcolAsignaturas*:

```
' Clase de colección CcolAsignaturas
' ---------------------------------
' Variable local para contener la colección
Private m_Col As Collection

Public Function Add(Nombre As String, Nota As Single, _
         Fecha As Date, Optional sClave As String) As CAsignatura
  On Error GoTo TratamientoError
  ' Crear un nuevo objeto para añadirlo a la colección
  Dim objNuevo As CAsignatura
  Set objNuevo = New CAsignatura

  ' Establecer las propiedades del nuevo objeto
  objNuevo.Nombre = Nombre
  objNuevo.Nota = Nota
  objNuevo.Fecha = Fecha
  If Len(sClave) = 0 Then
    m_Col.Add objNuevo, Nombre
  Else
    m_Col.Add objNuevo, sClave
  End If

  ' Devolver el objeto creado
  Set Add = objNuevo
  Set objNuevo = Nothing
  Exit Function
TratamientoError:
  MsgBox Err.Description
End Function

Public Sub Remove(vntIndClave As Variant)
  ' Propiedad para quitar un elemento de la colección.
  ' vntIndClave contiene el índice o la clave del elemento
  ' en la colección.
  m_Col.Remove vntIndClave
End Sub

Public Property Get Item(vntIndClave As Variant) As CAsignatura
  ' Propiedad para acceder a un elemento de la colección.
  ' vntIndClave contiene el índice o la clave del elemento
  ' en la colección.
  Set Item = m_Col(vntIndClave)
End Property

Public Property Get Count() As Long
  ' Propiedad para obtener el número de elementos de la
  ' colección.
```

```
  Count = m_Col.Count
End Property

Public Property Get NewEnum() As IUnknown
  ' Propiedad que permite enumerar
  ' esta colección con la sintaxis For...Each
  Set NewEnum = m_Col.[_NewEnum]
End Property

Private Sub Class_Initialize()
  ' Crea la colección cuando se crea un objeto de la clase
  Set m_Col = New Collection
End Sub

Private Sub Class_Terminate()
  ' Destruye la colección cuando se termina con el objeto de
  ' la clase
  Set m_Col = Nothing
End Sub
```

Una vez que hemos diseñado la colección *CcolAsignaturas* podemos pasar a escribir la clase *CAlumno*. Esta clase tendrá dos datos miembro privados: *m_colAsignaturas* de tipo *CcolAsignaturas* para almacenar las asignaturas de las que se matricule un alumno y *m_Nombre* de tipo **String** para almacenar el nombre del alumno.

Para acceder a estos miembros, añadiremos a la interfaz pública de la clase las propiedades *colAsignaturas* de sólo lectura y *Nombre* de lectura y escritura.

```
' Clase CAlumno
' -------------
' Variables locales para almacenar los valores de las propiedades
Private m_colAsignaturas As CcolAsignaturas
Private m_Nombre As String

Public Property Get colAsignaturas() As CcolAsignaturas
  ' Propiedad para acceder a la colección de asignaturas
  Set colAsignaturas = m_colAsignaturas
End Property

Public Property Let Nombre(ByVal vData As String)
  ' Propiedad para asignar el dato nombre
  m_Nombre = vData
End Property

Public Property Get Nombre() As String
  ' Propiedad para obtener el dato nombre
  Nombre = m_Nombre
End Property
```

¿Por qué hemos implementado la propiedad *colAsignaturas* en vez de declarar público el miembro *m_colAsignaturas*? Piense un momento: ¿qué pasa si el usuario de la clase escribe accidentalmente *Set objeto.m_colAsignaturas = Nothing*? Eso es, se destruirá la colección *m_colAsignaturas*. Si convertimos *m_colAsignaturas* en una propiedad de sólo lectura, se evita dicha posibilidad.

Cuando se cree un objeto de la clase *CAlumno* debe advertir que hay que crear también un objeto *CcolAsignaturas* y referenciarlo por el miembro *m_colAsignaturas*. Esta labor la desempeñará el constructor de la clase:

```
Private Sub Class_Initialize()
  ' Constructor de CAlumno
  Set m_colAsignaturas = New CcolAsignaturas
End Sub
```

Cuando en el procedimiento anterior se ejecute **New**, se invocará al constructor de la clase *CcolAsignaturas* para construir un objeto de la misma. La referencia devuelta por **New** es almacenada en el miembro *m_colAsignaturas*.

Asimismo, cuando se destruya un objeto de la clase *CAlumno*, habrá que destruir también el objeto colección referenciado por el miembro *m_colAsignaturas*, proceso que realizará el destructor de la clase:

```
Private Sub Class_Terminate()
  ' Destructor de CAlumno
  Set m_colAsignaturas = Nothing
End Sub
```

Análogamente a como hemos construido las clases *CAsignatura* y *CAlumno* podemos construir una clase *CProfesor*. Un objeto de esta clase puede almacenar los datos nombre del profesor y nombre de la asignatura que imparte.

```
' Clase CProfesor
' ---------------
' Variables locales para almacenar los valores de las propiedades
Private m_Nombre As String     ' copia local
Private m_Asignatura As String ' copia local

Public Property Let Nombre(ByVal vDato As String)
  ' Propiedad para asignar el dato nombre
  m_Nombre = vDato
End Property

Public Property Get Nombre() As String
  ' Propiedad para asignar el dato nombre
  Nombre = m_Nombre
End Property
```

```
Public Property Let Asignatura(ByVal vDato As String)
  ' Propiedad para asignar el dato asignatura
  m_Asignatura = vDato
End Property

Public Property Get Asignatura() As String
  ' Propiedad para obtener el dato asignatura
  Asignatura = m_Asignatura
End Property
```

Continuando con el modelo de objetos que nos hemos propuesto diseñar, el paso siguiente es implementar la clase *CAula*. Un aula sirve para impartir clase a un conjunto de alumnos por un conjunto de profesores. Por lo tanto, es previo implementar una colección propia *CcolAlumnos* que permita almacenar los alumnos de un aula y otra *CcolProfesores* que permita almacenar los profesores que imparten asignaturas en esa aula. Después implementaremos la clase *CEdificio*, pero si concebimos un edificio como un conjunto de aulas, es previo implementar la colección *CcolAulas*. Finalmente, implementaremos la clase *CUniversidad*, pero como una Universidad no es más que un conjunto de edificios (sus facultades y escuelas), es previo construir la colección *CcolEdificios*.

Como ejercicio y siguiendo el mismo razonamiento que se ha realizado para implementar la colección *CcolAsignaturas* y la clase *CAlumno*, implemente las colecciones y clases a las que nos hemos referido en el párrafo anterior. Cuando termine, habrá finalizado el modelo de objetos de la figura mostrada unas páginas más atrás. Puede ver el diseño de este modelo en el disco que acompaña al libro.

Utilizar un modelo de objetos

Visualice el formulario *Form1* del proyecto *moddeobjs.vbp* y añada al mismo las etiquetas, las cajas de texto, la lista y los botones de pulsación que se pueden observar en la figura siguiente:

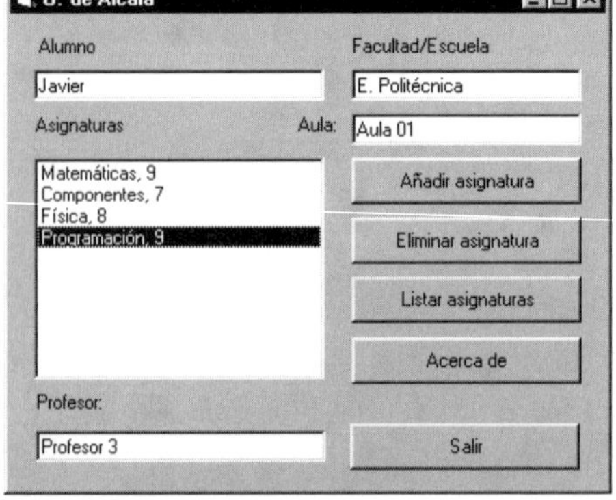

En la caja de texto etiquetada *Alumno* aparecerá el nombre del alumno, en la etiquetada *Facultad/Escuela* aparecerá el nombre o identificador de la facultad o escuela a la que pertenece, en la etiquetada *Aula* el identificador del aula que utiliza para sus clases, el nombre de cada asignatura en las que se ha matriculado junto con la nota obtenida aparecen en la lista y en la etiquetada *Profesor* el profesor que imparte la asignatura seleccionada en la lista.

A continuación vamos a dar funcionalidad a los botones con la única finalidad de enseñarle a trabajar con una jerarquía de clases que describen la contención. Quiere esto decir que sólo se ha buscado un enfoque didáctico de la aplicación; no un enfoque práctico. Queda como ejercicio para usted el dar a esta aplicación un enfoque práctico, lo que le exigirá implementar nuevos formularios e incluso una base de datos.

Para disponer de unos datos iniciales que nos permitan trabajar con los objetos de las clases diseñadas, escriba en el procedimiento *Form_Load* el código necesario para crear un objeto *Universidad*, con un edificio, un aula, un alumno y cuatro profesores que imparten cada uno de ellos una asignatura.

```
Private Universidad As CUniversidad

Private Sub Form_Load()
  Dim edificio As CEdificio, aula As CAula
  Dim Profesor As CProfesor, alumno As CAlumno

  ' Prueba para una universidad, con un edificio, un aula,
  ' un alumno, cuatro asignaturas y cuatro profesores
  Set Universidad = New CUniversidad
  Universidad.Nombre = "U. de Alcalá"
  Form1.Caption = Universidad.Nombre

  Set edificio = New CEdificio
  Set aula = New CAula
  Set Profesor = New CProfesor
  Set alumno = New CAlumno
  ' Establecer el edificio y el aula
  Set edificio = Universidad.colEdificios.Add("E. Politécnica")
  Set aula = edificio.colAulas.Add("Aula 01")
  ' Establecer los profesores del Aula 01
  Set Profesor = aula.colProfesores.Add("Profesor 1", "Matemáticas")
  Set Profesor = aula.colProfesores.Add("Profesor 2", "Física")
  Set Profesor = aula.colProfesores.Add("Profesor 3", "Programación")
  Set Profesor = aula.colProfesores.Add("Profesor 4", "Componentes")
  ' Datos del alumno
  Set alumno = aula.colAlumnos.Add("Javier")
  ' Cargar el formulario "Datos Asignatura"
  Load DatosAsig
```

```
    ' Visualizar el alumno actual y su facultad/escuela
    txtAlumno.Text = alumno.Nombre
    txtFacEsc.Text = edificio.Nombre
    txtAula.Text = aula.Nombre
End Sub
```

Una vez ejecutado el procedimiento *Form_Load* tenemos un objeto *Universidad* de la clase *CUniversidad*, un objeto *CEdificio* identificado por *E. Politécnica* que se ha añadido a la colección del objeto *CUniversidad*, un objeto *CAula* identificado por *Aula 01* que se ha añadido a la colección del objeto *CEdificio*, un objeto *CAlumno* que se ha añadido a la colección del objeto *CAula* y cuatro objetos *CProfesor* que también se han añadido a la colección del objeto *CAula*. También, se ha cargado pero no se ha visualizado el formulario *DatosAsig*, que puede observarse a continuación, que permitirá añadir objetos *CAsignatura* a la colección del objeto *CAlumno*. Así mismo, se han asignado a las propiedades *Text* de las cajas de texto de *Form1*, el nombre del alumno, de la facultad o escuela y del aula.

Cuando el usuario haga clic en el botón *Añadir asignatura* se visualizará el siguiente diálogo, que diseñaremos un poco más adelante, y se ejecutará el procedimiento *AñadirAsig_Click* que se expone un poco más adelante.

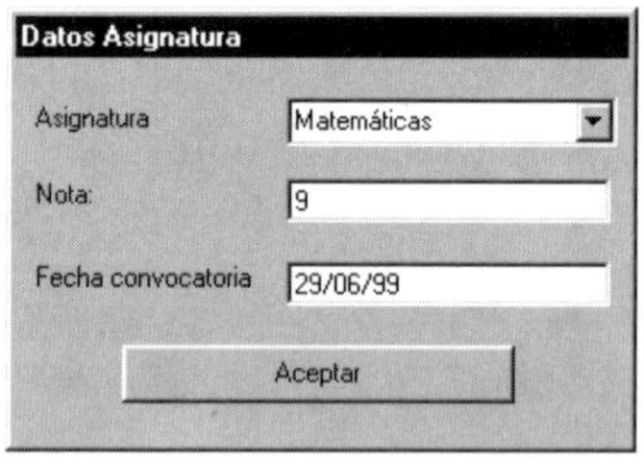

Según se puede observar a continuación, el procedimiento *AñadirAsig_Click* obtiene una referencia al aula del edificio y de la universidad cuyos datos figuran en *Form1*. Esa aula tiene un alumno identificado por *txtAlumno* cuyas asignaturas y notas deseamos introducir y visualizar en la lista *List1* de *Form1*. Después, limpia la lista del formulario *Datos Asignatura* y la llena con las asignaturas que se imparten en esa aula, asigna a las cajas de texto de este diálogo los valores predeterminados del nuevo objeto *CAsignatura* que deseamos añadir y visualiza dicho diálogo. En este instante el usuario introducirá los datos correspondientes a la asignatura nueva y pulsará el botón *Aceptar*. Los datos introducidos se asignan a las propiedades del objeto *CAsignatura* que se añade a la colección de asignaturas del alumno en proceso. Finalmente, se actualiza la lista y se visualiza el profesor correspondiente a la asignatura seleccionada en la lista.

El proceso descrito se repetirá para cada asignatura que se desee añadir a la colección de asignaturas del alumno con el que estamos trabajando.

```
Private Sub AñadirAsig_Click()
  Dim Prof As Variant
  Dim aula As CAula, Asig As CAsignatura
  Set aula = Universidad.colEdificios(txtFacEsc.Text) _
             .colAulas(txtAula.Text)
  Set Asig = New CAsignatura

  With DatosAsig
    .lstAsignatura.Clear ' borrar la lista anterior
    ' Lista de las asignaturas que se imparten en esta aula
    For Each Prof In aula.colProfesores
      .lstAsignatura.AddItem Prof.Asignatura
    Next
    ' Valores predeterminados
    .lstAsignatura.ListIndex = 0
    .txtNota.Text = Asig.Nota
    .txtFecha.Text = Asig.Fecha
  End With
  DatosAsig.Show vbModal ' modal

  With Asig
    ' Asignar los datos introducidos en el diálogo
    .Nombre = DatosAsig.lstAsignatura.Text
    .Nota = DatosAsig.txtNota.Text
    .Fecha = DatosAsig.txtFecha.Text
  End With
  ' Agregar la nueva asignatura a la colección de asignaturas
  aula.colAlumnos(txtAlumno.Text).colAsignaturas.Add _
                          Asig.Nombre, Asig.Nota, Asig.Fecha
  ' Actualizar la lista de Asignaturas
  ListaAsigs.Value = True
  List1.ListIndex = List1.ListCount - 1
  ' Profesor que imparte la asignatura seleccionada
  Form1.txtProfesor.Text = ProfesorDeLaAsignatura()
End Sub
```

Observe cómo utilizamos con nuestras colecciones la sentencia **For Each**. Esto es posible porque la interfaz de la colección implementa y oculta con el identificador adecuado el método *NewEnum*.

Observe también las expresiones de la forma *colAlumnos(txtAlumno.Text)*. Son posibles porque el método *Item* de la colección es el método predeterminado (también lo hemos llamado propiedad predeterminada puesto que es un procedimiento de propiedad).

Según lo expuesto, añada un nuevo formulario titulado *Datos Asignatura* y denominado *DatosAsig* que contenga los controles que observó en la figura mostrada anteriormente.

Puesto que el diálogo *Datos Asignatura* es modal (observe el procedimiento *AñadirAsig_Click*), el proceso normal de la aplicación no continuará mientras no se introduzcan los datos y se haga clic en el botón *Aceptar*, momento en el que se oculta la caja de diálogo y se retorna al procedimiento *AñadirAsig_Click*. Por lo tanto, el procedimiento asociado con este botón es así:

```
Private Sub Aceptar_Click()
  DatosAsig.Hide
End Sub
```

El procedimiento *AñadirAsig_Click*, después de actualizar la lista, invoca al procedimiento *ProfesorDeLaAsignatura* para mostrar en la caja de texto *Profesor* el profesor que imparte la asignatura seleccionada. Lo que hace este procedimiento es recorrer la colección de profesores del aula del edificio y de la universidad cuyos datos figuran en *Form1*, buscando quién tiene asignada la asignatura seleccionada en la lista. Recuerde que cada objeto *CProfesor* almacena el nombre del profesor y la asignatura que imparte.

```
Private Function ProfesorDeLaAsignatura() As String
  Dim Prof As Variant
  For Each Prof In Universidad.colEdificios(txtFacEsc.Text) _
                  .colAulas(txtAula.Text).colProfesores
    With Prof
      If Left(List1.Text, InStr(List1.Text, ",") - 1) = .Asignatura Then
        ProfesorDeLaAsignatura = .Nombre
      End If
    End With
  Next
End Function
```

La actualización de la caja de texto *Profesor* tiene también que ocurrir cada vez que se seleccione un nuevo elemento en la lista. Para ello, edite el procedimiento conducido por el evento clic de este control, como se puede observar a continuación:

```
Private Sub List1_Click()
  ' Visualizar el profesor de la asignatura seleccionada
  Form1.txtProfesor.Text = ProfesorDeLaAsignatura()
End Sub
```

El botón *Eliminar asignatura* tiene como misión poder anular la matrícula de una o más asignaturas de las que un alumno se ha matriculado. Para ello, el procedimiento asociado obtiene una referencia al alumno del aula del edificio y de la universidad cuyos datos figuran en *Form1*. Después elimina la asignatura seleccionada en la lista de la colección de asignaturas del alumno en proceso y actualizará la lista de asignaturas. Finalmente selecciona el último elemento de la lista y actualiza la caja de texto *Profesor*.

```
Private Sub EliminarAsig_Click()
  Dim Alum As CAlumno
  ' Obtener una referencia al alumno cuyos datos figuran
  ' en el formulario
  Set Alum = Universidad.colEdificios(txtFacEsc.Text) _
             .colAulas(txtAula.Text).colAlumnos(txtAlumno.Text)
  If List1.ListCount And List1.ListIndex <> -1 Then
    ' El índice del primer elemento de una lista es 0, pero
    ' en una colección es 1
    Alum.colAsignaturas.Remove List1.ListIndex + 1
    ' Actualizar lista de Asignaturas
    ListaAsigs.Value = True 'invoca a ListaAsigs_Click
    If List1.ListCount Then
      List1.ListIndex = List1.ListCount - 1
      Form1.txtProfesor.Text = ProfesorDeLaAsignatura()
    Else
      Form1.txtProfesor.Text = ""
    End If
  End If
End Sub
```

El procedimiento anterior, para actualizar la lista invoca al procedimiento *ListaAsigs_Click*. Lo que hace este procedimiento es limpiar la lista y volverla a llenar con las asignaturas almacenadas en la colección de asignaturas correspondiente al alumno del aula del edificio y de la universidad cuyos datos figuran en *Form1*. *ListaAsigs_Click*. Este procedimiento puede también ejecutarse haciendo clic en el botón *Listar asignaturas*.

```
Private Sub ListaAsigs_Click()
  Dim Asig As Variant
  List1.Clear
  For Each Asig In Universidad.colEdificios(txtFacEsc.Text) _
                  .colAulas(txtAula.Text) _
                  .colAlumnos(txtAlumno.Text).colAsignaturas
    With Asig
      List1.AddItem .Nombre & ", " & .Nota
    End With
  Next
End Sub
```

El resto de los procedimientos, asociados con el botón *Acerca de* para visualizar el diálogo que su título indica, con el botón *Salir* y con la descarga de los formularios, se muestran a continuación:

```
Private Sub AcercaDe_Click()
  frmAcercaDe.Show
End Sub

Private Sub Form_Unload(Cancel As Integer)
  Dim i As Integer
  'Cerrar todos los formularios
  For i = Forms.Count - 1 To 1 Step -1
    Unload Forms(i)
  Next
End Sub

Private Sub Salir_Click()
  Unload Form1
End Sub
```

Puede ver la aplicación completa en la carpeta *...\cap13\ModDeObjs* en el disco que acompaña al libro.

GENERADOR DE CLASES DE VISUAL BASIC

Las versiones profesional y empresarial de Visual Basic ponen a su disposición la utilidad denominada *Generador de clases* diseñada para ayudarle a generar una clase o una jerarquía de clases y colecciones. Esta utilidad efectúa el seguimiento de la jerarquía de las clases y colecciones, y genera la estructura de código necesaria para implementar las clases y las colecciones, incluidas propiedades, métodos, eventos y enumeraciones.

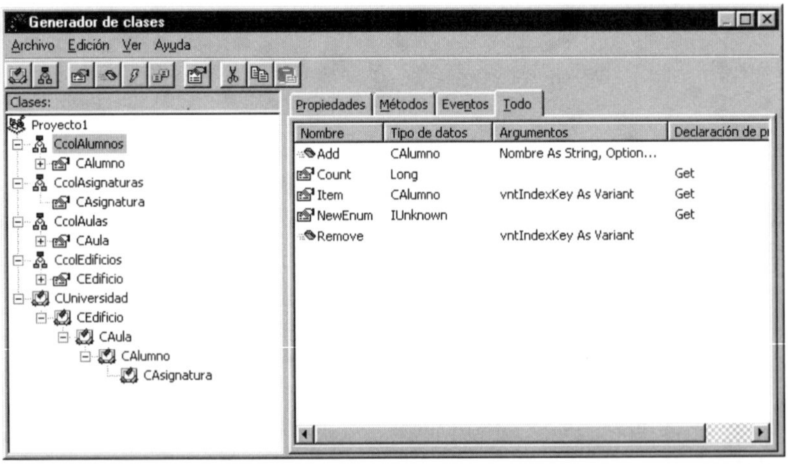

Para iniciar el *Generador de clases* tiene que ejecutar la orden *Agregar módulo de clase* del menú *Proyecto* y seleccionar el icono *Generador de clases de VB* en la ventana que se visualiza.

CAPÍTULO 14

HERENCIA Y POLIMORFISMO

La *herencia* es una característica de la programación orientada a objetos que permite el acceso automático a la información contenida en otras clases, lo que garantiza la reutilización del código. Con la herencia todas las clases están clasificadas en una jerarquía estricta. Cada clase tiene su superclase (la clase superior en la jerarquía), y cada clase puede tener una o más subclases (las clases inferiores en la jerarquía). Las clases que están en la parte inferior en la jerarquía se dice que *heredan* de las clases que están en la parte superior en la jerarquía. Por ejemplo, la figura siguiente indica que las clases *CCuentaCorriente* y *CCuentaAhorro* heredan de la clase *CCuenta*.

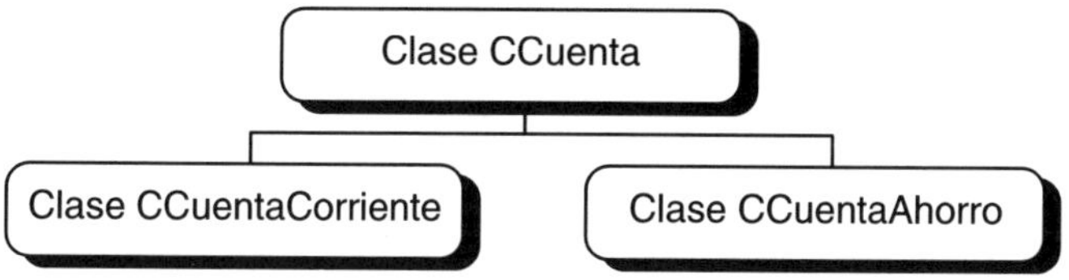

Los usuarios de C++ y de otros lenguajes de programación orientada a objetos están acostumbrados a ver jerarquías de clases para describir la *herencia*. Una jerarquía de clases muestra cómo los objetos se derivan de otros objetos más simples heredando su comportamiento. Por el contrario, en Visual Basic una jerarquía de objetos define las relaciones entre los objetos que componen el programa, en base a qué objetos contienen colecciones de otros objetos. Una jerarquía así definida recibe el nombre de *modelo de objetos*. Los modelos de objetos fueron tratados ampliamente en el capítulo de "Clases de objetos".

Polimorfismo significa múltiples formas de un mismo método, dependiendo cada una de ellas de la clase a la que pertenece el método. Esto es, muchas clases pueden proporcionar la misma propiedad o el mismo método en formas diferentes; por ejemplo, la clase *CCuentaCorriente* y la clase *CCuentaAhorro* podrían tener ambas el método *CálculoIntereses* con el mismo cometido pero con resultados diferentes. El polimorfismo significa que es posible invocar al método *CálculoIntereses* sin saber si el objeto para el que es invocado es de la clase *CCuentaCorriente* o de la clase *CCuentaAhorro*, cuestión que se sabrá más tarde, lo que garantiza que se aplicará el método adecuado al objeto. Esto es, el polimorfismo permite manipular muchos tipos diferentes de objetos sin preocuparse de su tipo.

La mayoría de los lenguajes orientados a objetos proporcionan polimorfismo mediante la herencia. Visual Basic utiliza la técnica de interfaz múltiple del modelo de objetos componente (COM) que permite que los programas evolucionen con el tiempo, agregando nueva funcionalidad sin afectar al código existente.

La *reutilización del código* es la capacidad de trasladar características de un objeto a otro, lo que se logra con alguna forma de herencia. Existen principalmente dos formas de reutilización del código: binario y fuente. La reutilización de código binario se consigue mediante la creación y uso de un objeto, mientras que la reutilización de código fuente se consigue por herencia. Visual Basic sólo acepta la reutilización de código binario. El ejemplo más claro lo tenemos en la utilización de controles en un formulario.

Conclusión: la mayoría de las herramientas de programación orientada a objetos proporcionan polimorfismo a través de la herencia, entendiendo por herencia el hecho de que una clase hija en una jerarquía de clases, herede la funcionalidad de su clase padre. En Visual Basic al no existir la herencia desde este punto de vista, el software evoluciona añadiendo nuevas interfaces a una clase y el polimorfismo también se proporciona a través de las interfaces múltiples.

POLIMORFISMO MEDIANTE INTERFACES

Sabemos que una interfaz es un conjunto de propiedades y métodos. En el siguiente ejemplo de código se creará una interfaz *CCuenta* y se implementará en dos clases, *CCuentaCorriente* y *CCuentaAhorro*.

Empecemos entonces por crear un proyecto que incluya las clases *CCuentaCorriente* y *CCuentaAhorro*. Cree un nuevo proyecto denominado *Banco* y agregue al mismo dos módulos de clase denominados *CCuentaCorriente* y *CCuentaAhorro*.

La clase *CCuentaCorriente* estará formada por las siguientes propiedades y métodos:

Propiedad	Significado
Nombre	Miembro de tipo **String** que almacena el nombre del propietario de la cuenta.
Cuenta	Miembro de tipo **String** que almacena el número de la cuenta. Este número estará precedido por CC (cuenta corriente).
Saldo	Miembro de tipo **Single** que almacena el saldo de la cuenta.
TipoDeInterés	Miembro de tipo **Single** que almacena el tipo de interés.
Transacciones	Miembro de tipo **Integer** que almacena el número de transacciones efectuadas sobre esa cuenta.
ImportePorTrans	Miembro de tipo **Single** que almacena el importe que la entidad bancaria cobrará por cada transacción.
TransExentas	Miembro de tipo **Integer** que almacena el número de transacciones gratuitas.

Método	Significado
Initialize	Es el constructor de la clase. Inicia los miembros *m_TipoDeInterés*, *m_ImportePorTrans* y *m_TransExentas*.
Estado	Es un procedimiento sin parámetros que visualiza el saldo de la cuenta.
Comisiones	Es un procedimiento sin parámetros que se ejecuta los días uno de cada mes para cobrar el importe de las transacciones efectuadas que no estén exentas.
Ingreso	Es un procedimiento que tiene un parámetro *Cantidad* de tipo **Single** que añade la cantidad especificada al saldo actual de la cuenta.
Reintegro	Es un procedimiento que tiene un parámetro *Cantidad* de tipo **Single** que resta la cantidad especificada del saldo actual de la cuenta.

El código correspondiente a esta clase se expone a continuación:

```
' Variables locales para almacenar los valores de las propiedades
Private m_Nombre As String          'copia local
Private m_Cuenta As String          'copia local
Private m_Saldo As Single           'copia local
Private m_TipoDeInterés As Single   'copia local
Private m_Transacciones As Integer  'copia local
Private m_ImportePorTrans As Single 'copia local
Private m_TransExentas As Integer   'copia local

Public Property Let Nombre(ByVal vDato As String)
  m_Nombre = vDato
End Property
```

```
Public Property Get Nombre() As String
  Nombre = m_Nombre
End Property

Public Property Let Cuenta(ByVal vDato As String)
  m_Cuenta = vDato
End Property

Public Property Get Cuenta() As String
  Cuenta = m_Cuenta
End Property

Public Property Let Saldo(ByVal vDato As Single)
  m_Saldo = vDato
End Property

Public Property Get Saldo() As Single
  Saldo = m_Saldo
End Property

Public Property Let TipoDeInterés(ByVal vDato As Single)
  m_TipoDeInterés = vDato
End Property

Public Property Get TipoDeInterés() As Single
  TipoDeInterés = m_TipoDeInterés
End Property

Public Property Let Transacciones(ByVal vDato As Integer)
  m_Transacciones = vDato
End Property

Public Property Get Transacciones() As Integer
  Transacciones = m_Transacciones
End Property

Public Property Let ImportePorTrans(ByVal vDato As Single)
  m_ImportePorTrans = vDato
End Property

Public Property Get ImportePorTrans() As Single
  ImportePorTrans = m_ImportePorTrans
End Property

Public Property Let TransExentas(ByVal vDato As Integer)
  m_TransExentas = vDato
End Property
```

```
Public Property Get TransExentas() As Integer
  TransExentas = m_TransExentas
End Property

Private Sub Class_Initialize()
  m_TipoDeInterés = 0.75
  m_TransExentas = 6
  m_ImportePorTrans = 10
End Sub

Public Sub Estado()
  MsgBox "Saldo: " & m_Saldo
End Sub

Public Sub Comisiones()
  ' Se aplican mensualmente por el mantenimiento de la cuenta
  Dim n As Integer, día As Integer
  día = Val(Now)
  If día <> 1 Then Exit Sub
  n = m_Transacciones - m_TransExentas
  If n > 0 Then m_Saldo = m_Saldo - n * m_ImportePorTrans
  m_Transacciones = 0
End Sub

Public Sub Reintegro(Cantidad As Single)
  If m_Saldo - Cantidad > 0 Then
    m_Saldo = m_Saldo - Cantidad
    m_Transacciones = m_Transacciones + 1
  Else
    MsgBox "No dispone de fondos"
  End If
End Sub

Public Sub Ingreso(ByVal Cantidad As Single)
  m_Saldo = m_Saldo + Cantidad
  m_Transacciones = m_Transacciones + 1
End Sub
```

La clase *CCuentaAhorro* estará formada por las siguientes propiedades y métodos:

Propiedad	Significado
Nombre	Miembro de tipo **String** que almacena el nombre del propietario de la cuenta.
Cuenta	Miembro de tipo **String** que almacena el número de la cuenta. Este número estará precedido por CA (cuenta de ahorro).
Saldo	Miembro de tipo **Single** que almacena el saldo de la cuenta.

TipoDeInterés	Miembro de tipo **Single** que almacena el tipo de interés.
Mantenimiento	Miembro de tipo **Single** que almacena la comisión que cobrará la entidad bancaria por el mantenimiento de la cuenta.

Método	**Significado**
Estado	Es un procedimiento sin parámetros que visualiza el saldo de la cuenta.
Comisiones	Es un procedimiento sin parámetros que se ejecuta los días uno de cada mes para cobrar el importe correspondiente al mantenimiento de la cuenta.
Ingreso	Es un procedimiento que tiene un parámetro *Cantidad* de tipo **Single** que añade la cantidad especificada al saldo actual de la cuenta.
Reintegro	Es un procedimiento que tiene un parámetro *Cantidad* de tipo **Single** que resta la cantidad especificada del saldo actual de la cuenta.

El código correspondiente a esta clase se expone a continuación:

```
' Variables locales para almacenar los valores de las propiedades
Private m_Nombre As String        'copia local
Private m_Cuenta As String        'copia local
Private m_Saldo As Single         'copia local
Private m_TipoDeInterés As Single 'copia local
Private m_Mantenimiento As Single 'copia local

Public Property Let Nombre(ByVal vDato As String)
  m_Nombre = vDato
End Property

Public Property Get Nombre() As String
  Nombre = m_Nombre
End Property

Public Property Let Cuenta(ByVal vDato As String)
  m_Cuenta = vDato
End Property

Public Property Get Cuenta() As String
  Cuenta = m_Cuenta
End Property

Public Property Let Saldo(ByVal vDato As Single)
  m_Saldo = vDato
End Property
```

```
Public Property Get Saldo() As Single
  Saldo = m_Saldo
End Property

Public Property Let TipoDeInterés(ByVal vDato As Single)
  m_TipoDeInterés = vDato
End Property

Public Property Get TipoDeInterés() As Single
  TipoDeInterés = m_TipoDeInterés
End Property

Public Property Let Mantenimiento(ByVal vDato As Single)
  m_Mantenimiento = vDato
End Property

Public Property Get Mantenimiento() As Single
  Mantenimiento = m_Mantenimiento
End Property

Private Sub Class_Initialize()
  m_Mantenimiento = 70
  m_TipoDeInterés = 1.75
End Sub

Public Sub Estado()
  MsgBox "Saldo: " & m_Saldo
End Sub

Public Sub Comisiones()
  ' Se aplican mensualmente por el mantenimiento de la cuenta
  Dim día As Integer
  día = Val(Now)
  If día = 1 Then m_Saldo = m_Saldo - m_Mantenimiento
End Sub

Public Sub Ingreso(Cantidad As Single)
  m_Saldo = m_Saldo + Cantidad
End Sub

Public Sub Reintegro(Cantidad As Single)
  If m_Saldo - Cantidad > 0 Then
    m_Saldo = m_Saldo - Cantidad
  Else
    MsgBox "No dispone de fondos"
  End If
End Sub
```

Para ver cómo trabajan las clases *CCuentaCorriente* y *CCuentaAhorro* vamos a diseñar un formulario como el siguiente:

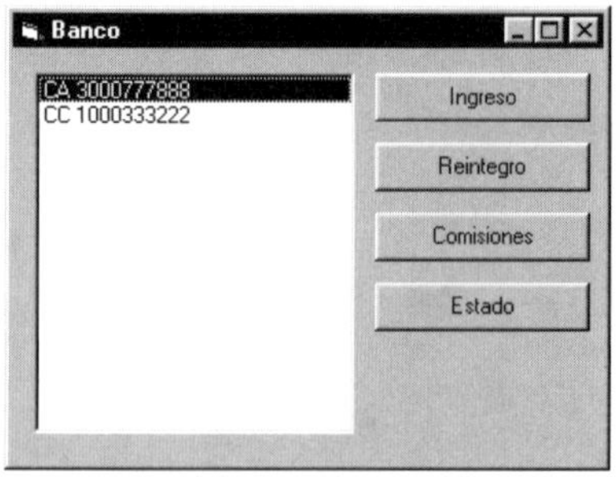

El formulario presentará una lista con las cuentas de los clientes del banco y cuatro botones para realizar las operaciones de ingreso, reintegro, cobrar comisiones y ver el estado de la cuenta seleccionada (en nuestro caso ver el saldo).

Para realizar una prueba simple que garantice el buen funcionamiento de las clases diseñadas, crearemos dos clientes: uno con una cuenta de ahorro y otro con una cuenta corriente. Los datos iniciales para cada cliente los asignaremos en el momento de cargar el formulario. También añadiremos todas las cuentas abiertas a un control lista. En la cuenta que se seleccione en esta lista, será donde se efectúen las operaciones indicadas por los botones. Según lo expuesto, escriba el procedimiento *Form_Load* así:

```
Private Cliente1 As CCuentaAhorro, Cliente2 As CCuentaCorriente

Private Sub Form_Load()
  ' Prueba: se crean dos clientes
  Set Cliente1 = New CCuentaAhorro
  Cliente1.Nombre = "ABC"
  Cliente1.Cuenta = "CA 3000777888"
  Cliente1.Saldo = 500000

  Set Cliente2 = New CCuentaCorriente
  Cliente2.Nombre = "DEF"
  Cliente2.Cuenta = "CC 1000333222"
  Cliente2.Saldo = 1000000

  ' Añadir las cuentas a la lista
  Cuentas.AddItem Cliente1.Cuenta
  Cuentas.AddItem Cliente2.Cuenta
  ' Seleccionar el primer elemento de la lista
  Cuentas.ListIndex = 0
End Sub
```

Para realizar un ingreso en la cuenta de un cliente, el usuario seleccionará la cuenta en la lista y hará clic en el botón *Ingreso*, instante en el que será preguntado por la cantidad a ingresar. El procedimiento asociado con este botón para que realice el proceso descrito es el siguiente:

```
Private Sub Ingreso_Click()
  Dim Cantidad As String
  Cantidad = InputBox("Cantidad: ", , 0)
  If Cantidad = "" Then Exit Sub
  Select Case Cuentas.Text
    Case Cliente1.Cuenta
      Cliente1.Ingreso CSng(Cantidad)
    Case Cliente2.Cuenta
      Cliente2.Ingreso CSng(Cantidad)
  End Select
End Sub
```

Para obtener un reintegro de la cuenta de un cliente, el usuario seleccionará la cuenta en la lista y hará clic en el botón *Reintegro*, momento en el que será preguntado por la cantidad a reintegrar. El procedimiento asociado con este botón para que realice el proceso descrito es el siguiente:

```
Private Sub Reintegro_Click()
  Dim Cantidad As String
  Cantidad = InputBox("Cantidad: ", , 0)
  If Cantidad = "" Then Exit Sub
  Select Case Cuentas.Text
    Case Cliente1.Cuenta
      Cliente1.Reintegro CSng(Cantidad)
    Case Cliente2.Cuenta
      Cliente2.Reintegro CSng(Cantidad)
  End Select
End Sub
```

Para cobrar las comisiones por el mantenimiento de las cuentas de cada cliente, el usuario de la aplicación seleccionará cada una de ellas en la lista y hará clic en el botón *Comisiones*. El procedimiento asociado con este botón para que realice el proceso descrito es el siguiente:

```
Private Sub Comisiones_Click()
  Select Case Cuentas.Text
    Case Cliente1.Cuenta
      Cliente1.Comisiones
    Case Cliente2.Cuenta
      Cliente2.Comisiones
  End Select
End Sub
```

Para ver el estado de la cuenta de un cliente, el usuario seleccionará la cuenta en la lista y hará clic en el botón *Estado*. El procedimiento asociado con este botón para que realice el proceso descrito es el siguiente:

```
Private Sub Estado_Click()
```

```
    Select Case Cuentas.Text
      Case Cliente1.Cuenta
        Cliente1.Estado
      Case Cliente2.Cuenta
        Cliente2.Estado
    End Select
End Sub
```

Añadir una interfaz

Observando las clases *CCuentaCorriente* y *CCuentaAhorro* vemos que hay propiedades y métodos comunes a ambas, aunque el proceso realizado por cada uno de ellos no sea el mismo en las dos clases. Las propiedades comunes a las que nos referimos son *Nombre*, *Cuenta*, *Saldo* y *TipoDeInterés*; y los métodos, *Estado*, *Comisiones*, *Ingreso* y *Reintegro*.

Esto nos conduce a pensar en agrupar este código común en una nueva clase que podemos denominar *ICuenta* (a continuación veremos que es más propio denominarla interfaz) y utilizar su interfaz en las clases en las que sea necesaria. Lógicamente, en nuestro caso, dicha interfaz será necesaria en las clases *CCuentaCorriente* y *CCuentaAhorro*, para conseguir los mismos resultados proporcionados por la aplicación anterior.

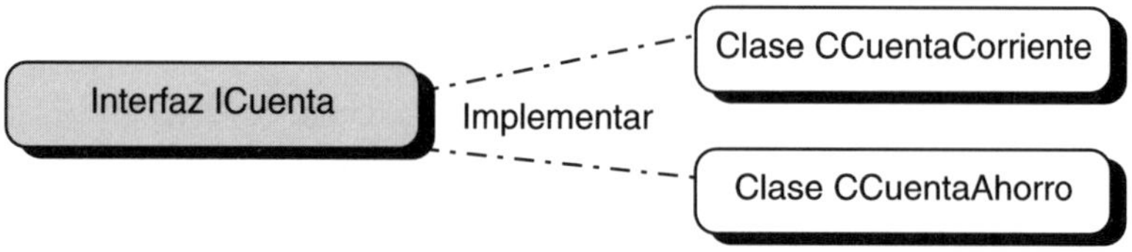

En Visual Basic cada clase tiene una interfaz predeterminada con el mismo nombre que la clase. Es casi lo mismo. Una *interfaz* encapsula los prototipos que representan los métodos y las propiedades comunes a varios tipos de objetos; es decir, una interfaz sólo contiene las declaraciones, no el código. En cambio, una *clase* proporciona una implementación de todos los métodos y propiedades de una o más interfaces; es decir, las clases proporcionan el código que tiene que ejecutarse cuando un método es invocado.

Según lo expuesto hasta ahora, observe cómo quedarían las clases *CCuentaCorriente* y *CCuentaAhorro* después de quitar el código común a ambas:

```
' Clase CCuentaCorriente
' Variables locales para almacenar los valores de las propiedades
Private m_Nombre As String        'copia local
Private m_Cuenta As String        'copia local
Private m_Saldo As Single         'copia local
```

```
Private m_TipoDeInterés As Single    'copia local
Private m_Transacciones As Integer   'copia local
Private m_ImportePorTrans As Single 'copia local
Private m_TransExentas As Integer    'copia local

Public Property Let Transacciones(ByVal vDato As Integer)
  m_Transacciones = vDato
End Property

Public Property Get Transacciones() As Integer
  Transacciones = m_Transacciones
End Property

Public Property Let ImportePorTrans(ByVal vDato As Single)
  m_ImportePorTrans = vDato
End Property

Public Property Get ImportePorTrans() As Single
  ImportePorTrans = m_ImportePorTrans
End Property

Public Property Let TransExentas(ByVal vDato As Integer)
  m_TransExentas = vDato
End Property

Public Property Get TransExentas() As Integer
  TransExentas = m_TransExentas
End Property

Private Sub Class_Initialize()
  m_TipoDeInterés = 0.75
  m_TransExentas = 6
  m_ImportePorTrans = 10
End Sub

' Clase CCuentaAhorro
' Variables locales para almacenar los valores de las propiedades
Private m_Nombre As String           'copia local
Private m_Cuenta As String           'copia local
Private m_Saldo As Single            'copia local
Private m_TipoDeInterés As Single    'copia local
Private m_Mantenimiento As Single 'copia local

Public Property Let Mantenimiento(ByVal vDato As Single)
  m_Mantenimiento = vDato
End Property

Public Property Get Mantenimiento() As Single
  Mantenimiento = m_Mantenimiento
End Property
```

```
Private Sub Class_Initialize()
  m_Mantenimiento = 70
  m_TipoDeInterés = 1.75
End Sub
```

A continuación añada al proyecto un módulo de clase denominado *ICuenta* y escriba los métodos y propiedades indicados a continuación (observe que se corresponden con los métodos y propiedades que hay que añadir y reescribir en las clases anteriores, independientemente de que se vayan o no a utilizar):

```
Public Property Let Nombre(ByVal vDato As String)
End Property

Public Property Get Nombre() As String
End Property

Public Property Let Cuenta(ByVal vDato As String)
End Property

Public Property Get Cuenta() As String
End Property

Public Property Let Saldo(ByVal vDato As Single)
End Property

Public Property Get Saldo() As Single
End Property

Public Property Let TipoDeInterés(ByVal vDato As Single)
End Property

Public Property Get TipoDeInterés() As Single
End Property

Public Sub Estado()
End Sub

Public Sub Comisiones()
End Sub

Public Sub Reintegro(Cantidad As Single)
End Sub

Public Sub Ingreso(ByVal Cantidad As Single)
End Sub
```

Observe que los métodos añadidos a *ICuenta* no contienen código. Esto no siempre es así, como veremos más adelante, pero es lógico que el código se escriba según las necesidades de la clase en la que se añada la interfaz. En C++ podríamos implementar esta interfaz en una *clase abstracta*. Una clase abstracta es una clase a partir de la cual no se puede crear objetos, pero Visual Basic siempre permite crear objetos a partir de sus clases, incluso, aunque no contengan código; por eso, a modo de comparación, a una interfaz no se la puede considerar realmente una clase abstracta, aunque por analogía se utilice este término.

Una vez diseñada la interfaz *ICuenta*, puede añadirla a las clases *CCuentaCorriente* y *CCuentaAhorro*. Para añadir una interfaz a una clase, utilice la sentencia:

Implements [*NombreInterfaz* | *Clase*]

Esta sentencia debe añadirla en la sección *General* del módulo de clase. Por ejemplo:

```
Option Explicit
Implements ICuenta
```

Implements no admite interfaces de salida. Por tanto, se pasarán por alto los eventos que declare en el módulo de clase.

Una vez que la haya añadido, la clase proporciona sus propias versiones de todos los métodos y propiedades aportados por la interfaz. Para comprobarlo, seleccione en la lista *Objeto* de la ventana de código del módulo de clase la interfaz *ICuenta* y despliegue la lista *Procedimiento*.

Cuando implemente una interfaz en una clase, dicha clase se compromete a responder a cualquier propiedad o método que se invoque de la interfaz. Por lo tanto, debe reescribir "todas" las propiedades y métodos de la interfaz añadida.

Después de añadir la interfaz *ICuenta* a las clases *CCuentaCorriente* y *CCuentaAhorro* y escribir el código para cada uno de los métodos y propiedades, obtendrá el siguiente resultado:

```
Implements ICuenta
' Clase CCuentaCorriente
' Métodos y propiedades propios de CCuentaCorriente
'  ...

'----------------------------------------------------
' Interfaz proporcionada por ICuenta
'----------------------------------------------------
Private Property Let ICuenta_Nombre(ByVal RHS As String)
  m_Nombre = RHS
End Property
```

```
Private Property Get ICuenta_Nombre() As String
  ICuenta_Nombre = m_Nombre
End Property

Private Property Let ICuenta_Cuenta(ByVal RHS As String)
  m_Cuenta = RHS
End Property

Private Property Get ICuenta_Cuenta() As String
  ICuenta_Cuenta = m_Cuenta
End Property

Private Property Let ICuenta_Saldo(ByVal RHS As Single)
  m_Saldo = RHS
End Property

Private Property Get ICuenta_Saldo() As Single
  ICuenta_Saldo = m_Saldo
End Property

Private Property Let ICuenta_TipoDeInterés(ByVal RHS As Single)
  m_TipoDeInterés = RHS
End Property

Private Property Get ICuenta_TipoDeInterés() As Single
  ICuenta_TipoDeInterés = m_TipoDeInterés
End Property

Private Sub ICuenta_Estado()
  MsgBox "Saldo: " & m_Saldo
End Sub

Private Sub ICuenta_Comisiones()
  ' Se aplican mensualmente por el mantenimiento de la cuenta
  Dim n As Integer, día As Integer
  día = Val(Now)
  If día <> 1 Then Exit Sub
  n = m_Transacciones - m_TransExentas
  If n > 0 Then m_Saldo = m_Saldo - n * m_ImportePorTrans
  m_Transacciones = 0
End Sub

Private Sub ICuenta_Ingreso(ByVal Cantidad As Single)
  m_Saldo = m_Saldo + Cantidad
  m_Transacciones = m_Transacciones + 1
End Sub

Private Sub ICuenta_Reintegro(Cantidad As Single)
  If m_Saldo - Cantidad > 0 Then
    m_Saldo = m_Saldo - Cantidad
```

```
    m_Transacciones = m_Transacciones + 1
  Else
    MsgBox "No dispone de fondos"
  End If
End Sub

Implements ICuenta
' Clase CCuentaAhorro
' Métodos y propiedades propios de CCuentaAhorro
' ...

'-------------------------------------------------------
' Interfaz proporcionada por ICuenta
'-------------------------------------------------------
Private Property Let ICuenta_Nombre(ByVal RHS As String)
  m_Nombre = RHS
End Property

Private Property Get ICuenta_Nombre() As String
  ICuenta_Nombre = m_Nombre
End Property

Private Property Let ICuenta_Cuenta(ByVal RHS As String)
  m_Cuenta = RHS
End Property

Private Property Get ICuenta_Cuenta() As String
  ICuenta_Cuenta = m_Cuenta
End Property

Private Property Let ICuenta_Saldo(ByVal RHS As Single)
  m_Saldo = RHS
End Property

Private Property Get ICuenta_Saldo() As Single
  ICuenta_Saldo = m_Saldo
End Property

Private Property Let ICuenta_TipoDeInterés(ByVal RHS As Single)
  m_TipoDeInterés = RHS
End Property

Private Property Get ICuenta_TipoDeInterés() As Single
  ICuenta_TipoDeInterés = m_TipoDeInterés
End Property

Private Sub ICuenta_Estado()
  MsgBox "Saldo: " & m_Saldo
End Sub
```

```
Private Sub ICuenta_Comisiones()
  ' Se aplican mensualmente por el mantenimiento de la cuenta
  Dim día As Integer
  día = Val(Now)
  If día = 1 Then m_Saldo = m_Saldo - m_Mantenimiento
End Sub

Private Sub ICuenta_Ingreso(ByVal Cantidad As Single)
  m_Saldo = m_Saldo + Cantidad
End Sub

Private Sub ICuenta_Reintegro(Cantidad As Single)
  If m_Saldo - Cantidad > 0 Then
    m_Saldo = m_Saldo - Cantidad
  Else
    MsgBox "No dispone de fondos"
  End If
End Sub
```

Observará que mientras los métodos de la interfaz predeterminada de la clase son **Public**, los proporcionados por la interfaz añadida son **Private** ¿Por qué? Porque si los métodos proporcionados por la interfaz añadida fueran **Public** formarían parte de la interfaz predeterminada; es decir que cualquier objeto de la clase podría invocarlos, en lugar de poder ser invocados sólo a través de una variable de la clase de la interfaz. Un poco más adelante se profundizará sobre este tema.

Polimorfismo

Según dijimos al principio de este capítulo, Visual Basic proporciona el polimorfismo mediante interfaces múltiples. Polimorfismo significa que:

- Múltiples versiones de un mismo método pueden aparecer en otras tantas clases.
- El prototipo del método es proporcionado por una interfaz.
- El acceso a las múltiples versiones del método se hace utilizando exactamente el mismo medio de acceso: una variable de la clase de la interfaz. Una referencia a una interfaz también es una referencia al objeto que implementa la interfaz.
- La versión del método accedida depende de la clase del objeto referenciado por la variable a la que nos hemos referido en el punto anterior.

Por ejemplo, agregue el código siguiente al procedimiento que responde al evento **Load** de *Form1* de la nueva versión del proyecto *Banco*:

```
Private Sub Form_Load()
  Dim ClienteCA As CCuentaAhorro
  Dim ClienteCC As CCuentaCorriente
  Dim Cliente As ICuenta

  Set ClienteCA = New CCuentaAhorro
  Set ClienteCC = New CCuentaCorriente

  ' Ingreso de ClienteCA
  Set Cliente = ClienteCA
  Cliente.Ingreso 100000

  ' Ingreso de ClienteCC
  Set Cliente = ClienteCC
  Cliente.Ingreso 500000
End Sub
```

Presione *F8* para ejecutar el código paso a paso. Observe que cuando la variable *Cliente* contiene una referencia a *ClienteCA* (objeto de la clase *CCuentaAhorro*), se invoca la versión de *Ingreso* de *CCuentaAhorro* y de la misma forma para *CCuentaCorriente.*

La variable *Cliente* puede contener una referencia a cualquier objeto que implemente la interfaz *ICuenta*, lo que la define como el medio común de acceso a los métodos y propiedades proporcionados por *ICuenta.* La versión del método accedida pertenecerá al objeto referenciado en ese instante por la variable *Cliente.*

Cuando se asigna un objeto *CCuentaAhorro* o *CCuentaCorriente* a una variable de tipo *ICuenta*, Visual Basic pregunta al objeto si acepta la interfaz *ICuenta.* El método utilizado para esto se denomina **QueryInterface**. Si la respuesta es no, se produce un error. Si la respuesta es sí, el objeto se asigna a la variable. A través de dicha variable sólo se puede tener acceso a los métodos y propiedades de la interfaz *ICuenta.*

Colección de objetos de clases diferentes

La clase *CCuentaCorriente* tiene ahora dos interfaces: la interfaz *ICuenta* y la interfaz *CCuentaCorriente* predeterminada. Igualmente sucede con la clase *CCuentaAhorro.*

Para ver cómo trabajan las nuevas clases *CCuentaCorriente* y *CCuentaAhorro* vamos a diseñar un formulario igual al utilizado en la versión anterior de este proyecto. Recuerde que el formulario presentaba una lista con las cuentas de los clientes del banco y cuatro botones para realizar las operaciones de ingreso, reintegro, cobrar comisiones y ver el estado de la cuenta seleccionada.

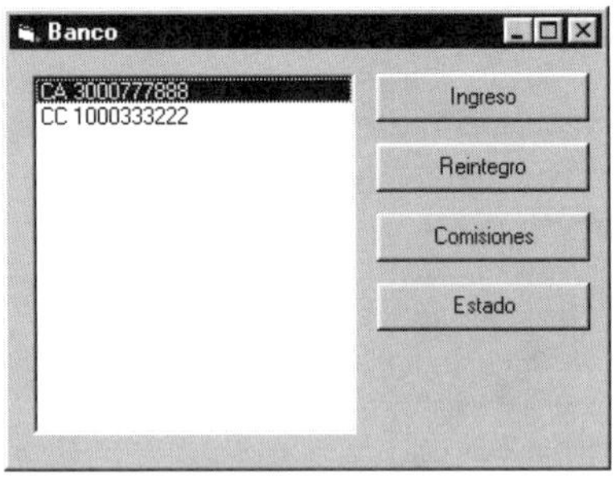

Para soportar el conjunto de clientes añadiremos al proyecto una colección denominada *CcolClientes* de objetos *ICuenta*:

```
' Clase de colección CcolClientes de objetos ICuenta
Private mCol As Collection 'variable local para contener la colección

Public Sub Add(objNuevo As ICuenta, Optional sClave As String)
  ' Añadir el objeto
  If Len(sClave) = 0 Then
    mCol.Add objNuevo
  Else
    mCol.Add objNuevo, sClave
  End If
End Sub

Public Property Get Item(vntIndexKey As Variant) As ICuenta
  ' Obtener una referencia a un elemento de la colección
  Set Item = mCol(vntIndexKey)
End Property

Public Property Get Count() As Long
  ' Obtener el número de elementos de la colección
  Count = mCol.Count
End Property

Public Sub Remove(vntIndexKey As Variant)
  ' Quitar un elemento de la colección
  mCol.Remove vntIndexKey
End Sub

Public Property Get NewEnum() As IUnknown
  ' Enumerar esta colección con la sintaxis For...Each
  Set NewEnum = mCol.[_NewEnum]
End Property

Private Sub Class_Initialize()
  ' Crea la colección cuando se crea la clase
  Set mCol = New Collection
End Sub
```

```
Private Sub Class_Terminate()
  ' Destruye la colección cuando se termina la clase
  Set mCol = Nothing
End Sub
```

De los métodos expuestos cabe destacar *Add*. Observe que este método añade un objeto de cualquier clase que contenga la interfaz *ICuenta*, a la colección. Los demás métodos fueron comentados ampliamente en el capítulo dedicado a "Clases de objetos".

En esta prueba, los datos iniciales para cada cliente los asignaremos en el momento de cargar el formulario. También añadiremos todas las cuentas abiertas a un control lista. En la cuenta que se seleccione en esta lista, será donde se efectúen las operaciones indicadas por los botones. Como ejercicio, queda para el lector agregar una interfaz gráfica para dar de alta los clientes que se añadirán a la colección. Según lo expuesto, escriba el procedimiento *Form_Load* así:

```
Private colClientes As CcolClientes

Private Sub Form_Load()
  ' Prueba: se crean dos clientes
  Dim ClienteCA As CCuentaAhorro, ClienteCC As CCuentaCorriente
  Dim sCuenta As String
  Set colClientes = New CcolClientes ' colección

  Set ClienteCA = New CCuentaAhorro
  sCuenta = "CA 3000777888"
  colClientes.Add ClienteCA, sCuenta
  colClientes(sCuenta).Nombre = "Cliente ABC"
  colClientes(sCuenta).Cuenta = sCuenta
  colClientes(sCuenta).Saldo = 500000

  Set ClienteCC = New CCuentaCorriente
  sCuenta = "CC 1000333222"
  colClientes.Add ClienteCC, sCuenta
  colClientes(sCuenta).Nombre = "DEF"
  colClientes(sCuenta).Cuenta = sCuenta
  colClientes(sCuenta).Saldo = 1000000

  ' Añadir la cuenta a la lista
  Dim ClienteX As Variant
  For Each ClienteX In colClientes
    Cuentas.AddItem ClienteX.Cuenta
  Next

  ' Seleccionar el primer elemento de la lista
  Cuentas.ListIndex = 0
End Sub
```

Advierta que con *ClienteCA*, referencia a un objeto de tipo *CCuentaAhorro*, sólo tiene acceso a la interfaz predeterminada del objeto referenciado. Igual sucede con *ClienteCC*. En cambio, la expresión *colClientes(sCuenta)*, equivalente a *colClientes.Item(sCuenta)*, según está definida la propiedad *Item*, obtiene una referencia a la interfaz *ICuenta* del objeto *CCuentaAhorro* o *CCuentaCorriente* identificado por *sCuenta*. Esto significa que mediante esa expresión tiene acceso a los métodos y propiedades de la interfaz *ICuenta*.

Los procedimientos asociados con los botones *Ingreso*, *Reintegro*, *Comisiones* y *Estado* son análogos a los expuestos en la versión anterior de este proyecto, con la diferencia de que todos ellos hacen uso de la sentencia **For Each** para enumerar la colección y del polimorfismo para llamar a la versión de *Ingreso*, *Reintegro*, *Comisiones* o *Estado* de la clase del objeto referenciado. A continuación se pueden observar estos procedimientos:

```
Private Sub Ingreso_Click()
  Dim Cantidad As String, ClienteX As Variant
  Cantidad = InputBox("Cantidad: ", , 0)
  If Cantidad = "" Then Exit Sub
  For Each ClienteX In colClientes
    If Cuentas.Text = ClienteX.Cuenta Then
      ClienteX.Ingreso CSng(Cantidad)
    End If
  Next
End Sub

Private Sub Reintegro_Click()
  Dim Cantidad As String, ClienteX As Variant
  Cantidad = InputBox("Cantidad: ", , 0)
  If Cantidad = "" Then Exit Sub
  For Each ClienteX In colClientes
    If Cuentas.Text = ClienteX.Cuenta Then
      ClienteX.Reintegro CSng(Cantidad)
    End If
  Next
End Sub

Private Sub Comisiones_Click()
  Dim ClienteX As Variant
  For Each ClienteX In colClientes
    If Cuentas.Text = ClienteX.Cuenta Then
      ClienteX.Comisiones
    End If
  Next
End Sub

Private Sub Estado_Click()
  Dim ClienteX As Variant
```

```
  For Each ClienteX In colClientes
    If Cuentas.Text = ClienteX.Cuenta Then
      ClienteX.Estado
    End If
  Next
End Sub
```

Variables de objeto genéricas

El polimorfismo es una característica que aumenta mucho el rendimiento de una aplicación. Para explicarlo, añada al formulario un botón *Listar* con el fin de poder realizar un listado de todos los clientes almacenados en la colección *colClientes*. Para ello, agregue el código siguiente al procedimiento que responde al evento **Click** del botón *Listar*:

```
Private Sub Listar_Click()
  Dim i As Integer
  For i = 1 To colClientes.Count
    ListarDatosCliente colClientes(i)
  Next
End Sub
```

El procedimiento *Listar_Click* invoca a su vez al procedimiento *ListarDatosCliente* que recibe como argumento un objeto de alguna de las clases que implementa la interfaz *ICuenta*. Este procedimiento lo puede escribir así:

```
Private Sub ListarDatosCliente(Cliente As Object)
  Debug.Print Cliente.Nombre, Cliente.Cuenta, Cliente.Saldo
End Sub
```

Cuando se declara una variable de tipo **Object** o de tipo **Variant**, Visual Basic no puede determinar durante la compilación qué tipo de objeto referenciará la variable. Por lo tanto, Visual Basic debe utilizar *enlaces durante la compilación* para determinar durante la ejecución si el objeto real tiene las propiedades y los métodos invocados a través de esa variable ¿En qué consiste este tipo de enlace? En que Visual Basic añade durante la compilación código adicional para determinar durante la ejecución si el objeto acepta el método o la propiedad invocado. Si no lo acepta lo notificará mediante un mensaje de error.

Por el contrario, las interfaces permiten *enlaces durante el diseño*. Esto es, si Visual Basic conoce durante la compilación la interfaz que se va a llamar, puede comprobar si dicha interfaz acepta el método o propiedad invocado, así como compilar un salto directo a dicho método o propiedad mediante una tabla virtual de funciones (*vtable*). Esto es muchas veces más rápido que el enlace durante la compilación. Según lo expuesto, debe escribir *ListarDatosCliente* así:

```
Private Sub ListarDatosCliente(Cliente As ICuenta)
  Debug.Print Cliente.Nombre, Cliente.Cuenta, Cliente.Saldo
End Sub
```

Bibliotecas

Para suministrar interfaces estándar para otros tiene que hacerlo a través de bibliotecas. Para crear una biblioteca puede utilizar el tipo de proyecto *DLL ActiveX* o *EXE ActiveX* de las versiones profesional o empresarial de Visual Basic, o bien si tiene experiencia con Microsoft Visual C++, puede utilizar el programa *MkTypLib* proporcionado con *Microsoft Visual Studio.*

Para crear una interfaz mediante un módulo de clase, abra un nuevo proyecto de tipo *DLL ActiveX* o *EXE ActiveX.* Agregue un módulo de clase y asigne a su propiedad **Instancing** el valor *MultiUse* (especifica que otras aplicaciones pueden crear objetos de esta clase). Después, añada las propiedades y los métodos que necesite.

Como ejemplo, añada a un proyecto de tipo *DLL ActiveX* las propiedades y los métodos de la interfaz *ICuenta.* Asigne a la propiedad **Name** del proyecto el valor *InCuenta.* Después, guarde la clase y el proyecto con el nombre *ICuenta* y ejecute la orden *Generar ...* del menú *Archivo* para generar el fichero *ICuenta.dll.*

Un convenio que se sugiere seguir es utilizar el prefijo "I" para las interfaces abstractas y el "C" para las clases (una clase tiene una interfaz predeterminada de su mismo nombre).

El proceso descrito no está limitado a implementar interfaces abstractas ni a incluir cada interfaz en un fichero. Por ejemplo, podemos generar un fichero *CCuentaAC.dll* que incluya las clases *CCuentaAhorro* y *CCuentaCorriente.* Para ello, abra un nuevo proyecto de tipo *DLL ActiveX*, asigne a su propiedad **Name** el valor *CCuentaAC*, añada los módulos de clase *CCuentaAhorro.cls* y *CCuentaCorriente.cls* (asegúrese de que el valor de la propiedad **Instancing** de ambos módulos es *MultiUse*) y guarde el proyecto con el nombre *CCuentaAC.vbp.*

Como las clases *CCuentaAhorro.cls* y *CCuentaCorriente.cls* implementan la interfaz *ICuenta*, tiene que establecer una referencia a dicha interfaz para poder utilizarla. Para ello, haga clic en *Referencias* en el menú *Proyecto* para abrir el cuadro de diálogo *Referencias.* Si registró la biblioteca de tipos, aparecerá en la lista de referencias y podrá seleccionarla. Si la biblioteca de tipos no se encuentra en la lista, puede usar el botón *Examinar* para buscarla.

Reutilización del código

Una forma sencilla de reutilizar código existente es permitir al proyecto acceder al código existente en bibliotecas de código. Para tener acceso al código proporcionado por una biblioteca, el proyecto sólo tiene que establecer una referencia a dicha biblioteca.

Por ejemplo, suponiendo que disponemos de las bibliotecas *ICuenta.dll* y *CCuentaAC.dll* a las que nos referimos en el apartado anterior, podemos realizar una nueva versión del proyecto *Banco*, que utilice ahora estas bibliotecas.

Una forma rápida de realizar el ejercicio propuesto, es cargar la última versión del proyecto *Banco* y eliminar los módulos de clase *CCuentaAhorro.cls*, *CCuentaCorriente.cls* y *ICuenta.cls*. A continuación, haga clic en *Referencias* en el menú *Proyecto* para abrir el cuadro de diálogo *Referencias* y seleccione las biblioteca *CCuentaAC*, que proporciona las clases *CCuentaAhorro* y *CCuentaCorriente*, y la biblioteca *InCuenta*, que proporciona la interfaz *ICuenta*. Después ejecute el proyecto y verá que todo funciona como se esperaba.

También se habrá dado cuenta de que la sentencia **Implements** proporciona una buena forma de reutilizar código. Puede implementar una clase abstracta, como hemos descrito anteriormente, o bien la interfaz de una clase totalmente funcional. Y, además, puede delegar en un objeto.

Delegar en un objeto significa añadir a una clase *X* un miembro que sea un objeto de otra clase *Y* para tener acceso en la clase *X* a todos los métodos y propiedades del objeto miembro.

Por ejemplo, volviendo a retomar nuestro proyecto *Banco*, suponga que deseamos incrementar la oferta de cuentas añadiendo una nueva "supercuenta". Esta "supercuenta" tendrá las mismas características que la cuenta de ahorro excepto en el tipo de interés que estará incrementado en 0.25 a costa de exigir un saldo mínimo de una cantidad determinada. Parece lógico entonces añadir una nueva clase *CSuperCuenta* que utilice la funcionalidad de la clase *CCuentaAhorro*:

```
' Clase CSuperCuenta
Implements CCuentaAhorro
Private ObjetoMiembro As CCuentaAhorro
```

Puede crear el objeto miembro en el constructor de la clase *CSuperCuenta*:

```
Private Sub Class_Initialize()
  Set ObjetoMiembro = New CCuentaAhorro
End Sub
```

Tiene que implementar todos los miembros de la interfaz del objeto miembro en el módulo de clase. Sin embargo, puede ser muy selectivo en la forma en que delega en las propiedades y los métodos del objeto miembro. Por ejemplo, suponga que la clase *CCuentaAhorro* tiene un método perteneciente a su interfaz pública denominado *CálculoIntereses*. Entonces, el método *CálculoIntereses* de la clase *CSuperCuenta*:

- Podría delegar directamente en el objeto miembro mediante el paso de argumentos, si los hubiere, sin modificar:

```
Private Function CCuentaAhorro_CálculoIntereses() As Single
  CCuentaAhorro_CálculoIntereses = ObjetoMiembro.CálculoIntereses
End Function
```

- Podría ejecutar parte del código antes de llamar al objeto interno:

```
Private Function CCuentaAhorro_CálculoIntereses() As Single
   ' Escriba aquí su código
  CCuentaAhorro_CálculoIntereses = ObjetoMiembro.CálculoIntereses
End Function
```

- O bien podría ejecutar únicamente su propio código y pasar por alto completamente el del objeto interno:

```
Private Function CCuentaAhorro_CálculoIntereses() As Single
   ' Escriba aquí su código
End Function
```

Continuando, vuelva a la última versión del proyecto *Banco* y añada un nuevo módulo de clase denominado *CSuperCuenta*. Según el enunciado expuesto anteriormente, todos los métodos y propiedades de la clase *CSuperCuenta* delegarán en los métodos y propiedades respectivos de la clase *CCuentaAhorro* y en los de la interfaz *ICuenta* implementa por ésta, excepto *Reintegro*, que ahora tendrá que contemplar en sus cálculos que este tipo de cuenta exige un saldo mínimo. Según lo expuesto, la clase *CSuperCuenta* puede escribirse así:

```
' Clase CSuperCuenta

Implements ICuenta
Implements CCuentaAhorro

Private Cuenta As ICuenta ' para acceder a la interfaz ICuenta
Private CuentaA As CCuentaAhorro ' para acceder a la interfaz
                                 ' CCuentaAhorro
```

```
Private Sub Class_Initialize()
  Set CuentaA = New CCuentaAhorro
  Set Cuenta = CuentaA
  Cuenta.TipoDeInterés = Cuenta.TipoDeInterés + 0.25
End Sub

Private Property Get CCuentaAhorro_Mantenimiento() As Single
  CCuentaAhorro_Mantenimiento = CuentaA.Mantenimiento
End Property

Private Property Let CCuentaAhorro_Mantenimiento(ByVal RHS As Single)
  CuentaA.Mantenimiento = RHS
End Property

Private Property Let ICuenta_Nombre(ByVal RHS As String)
  Cuenta.Nombre = RHS
End Property

Private Property Get ICuenta_Nombre() As String
  ICuenta_Nombre = Cuenta.Nombre
End Property

Private Property Let ICuenta_Cuenta(ByVal RHS As String)
  Cuenta.Cuenta = RHS
End Property

Private Property Get ICuenta_Cuenta() As String
  ICuenta_Cuenta = Cuenta.Cuenta
End Property

Private Property Let ICuenta_Saldo(ByVal RHS As Single)
  Cuenta.Saldo = RHS
End Property

Private Property Get ICuenta_Saldo() As Single
  ICuenta_Saldo = Cuenta.Saldo
End Property

Private Property Let ICuenta_TipoDeInterés(ByVal RHS As Single)
  Cuenta.TipoDeInterés = RHS
End Property

Private Property Get ICuenta_TipoDeInterés() As Single
  ICuenta_TipoDeInterés = Cuenta.TipoDeInterés
End Property

Private Sub ICuenta_Estado()
  Cuenta.Estado
End Sub
```

```
Private Sub ICuenta_Comisiones()
  Cuenta.Comisiones
End Sub

Private Sub ICuenta_Ingreso(ByVal Cantidad As Single)
  Cuenta.Ingreso Cantidad
End Sub

Private Sub ICuenta_Reintegro(Cantidad As Single)
  If Cantidad + 250000 > Cuenta.Saldo Then
    MsgBox "Saldo insuficiente. Su saldo mínimo es 250000"
  Else
    Cuenta.Reintegro Cantidad
  End If
End Sub
```

Nuevas versiones de las clases

El hecho de que la sentencia **Implements** permita a las clases implementar interfaces adicionales (múltiples interfaces) es la clave para crear nuevas versiones de una clase sin perder la compatibilidad con las aplicaciones que ya están utilizando dicha clase. En este sentido debe tener presente las siguientes consideraciones:

- Una vez que una interfaz está definida y en uso, nunca debe cambiar. De esta forma no se pierde la compatibilidad.

- Las nuevas versiones de las clases pueden proporcionar nuevas características si implementa interfaces nuevas y expandidas.

- Las nuevas versiones de las clases pueden ser compatibles si sigue proporcionando las interfaces antiguas.

- Las nuevas versiones de las aplicaciones, cuando sea necesario, pueden aprovechar las nuevas características (las interfaces nuevas y expandidas) de las clases que ya está utilizando.

Por ejemplo, suponga que ha creado una biblioteca *cambio.dll* para distribuir una clase *CCambio* que proporciona a través de su interfaz predeterminada una función *Cambio* que permite obtener el equivalente de una cantidad expresada en una moneda fraccionaria en otra no fraccionaria (por ejemplo, obtener el equivalente en pesetas de una cantidad en dólares). El módulo de clase podría contener el código siguiente:

```
' Interfaz CCambio ----------------------------------
```

```
Public Function IDInterfaz() As String
  IDInterfaz = "CCambio"
End Function

Public Function Cambio(C As Currency, TC As Currency) As Long
  ' C es la cantidad y TC el tipo de cambio
  Cambio = Int(C * TC + 0.5)
End Function
```

Para probar la interfaz proporcionada por la clase *CCambio* cree un nuevo proyecto *cambio.vbp*, diseñe un formulario *Form1* como el que se puede observar a continuación y establezca una referencia a la biblioteca *cambio.dll*:

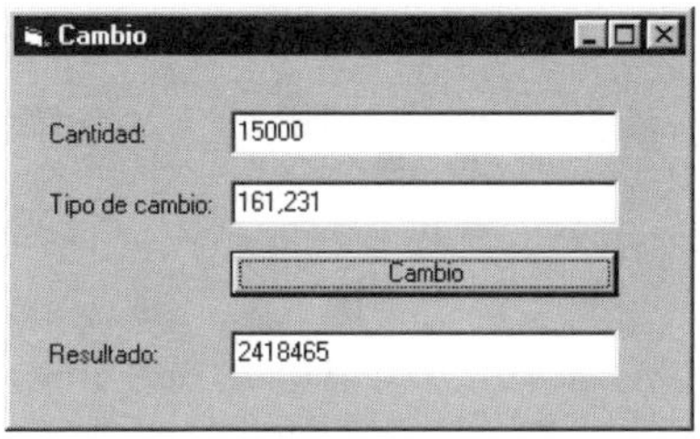

Este formulario admite una cantidad (por ejemplo en dólares) y el tipo de cambio, y además al hacer clic en el botón *Cambio* muestra el resultado en la moneda correspondiente (por ejemplo en pesetas). Por lo tanto, el procedimiento que responde al evento clic del botón nombrado *btCambio*, puede ser así:

```
Private Sub btCambio_Click()
  Dim obj As CCambio
  Set obj = New CCambio
  TxtResultado.Text = obj.Cambio(txtCantidad, txtTipoDeCambio)
  Debug.Print obj.IDInterfaz
End Sub
```

Pero, con la introducción del *Euro*, moneda fraccionaria, nos hemos percatado de que nuestra aplicación no sirve porque no proporciona resultados fraccionarios. Todo es debido a que la función *Cambio* de la interfaz *CCambio* devuelve un entero. Pensando en la solución del problema llegamos a la conclusión de que mientras las dos monedas existan (*Pesetas* y *Euros*) debemos conservar la interfaz *CCambio* antigua y añadir una nueva interfaz *CCambio2* que dé solución al problema planteado. Creamos entonces una nueva versión de la biblioteca *cambio.dll* para que contenga dos módulos de clase: uno nuevo, *CCambio2.cls*, con una clase abstracta *CCambio2*, y el antiguo, *CCambio.cls*, ahora con dos interfaces, *CCambio* y *CCambio2*, totalmente funcionales:

```
' Módulo de clase CCambio2.cls
' Interfaz abstracta CCambio2 -----------------------------------
```

```
Public Function IDInterfaz() As String
End Function

Public Function Cambio(C As Currency, TC As Currency) As Currency
End Function
```

```
' Módulo de clase CCambio.cls
Implements CCambio2

' Interfaz CCambio -----------------------------------
Public Function IDInterfaz() As String
  IDInterfaz = "CCambio"
End Function

Public Function Cambio(C As Currency, TC As Currency) As Long
  ' C es la cantidad y TC el tipo de cambio
  Cambio = Int(C * TC + 0.5)
End Function

' Interfaz CCambio2 ----------------------------------
Private Function CCambio2_IDInterfaz() As String
  CCambio2_IDInterfaz = "CCambio2"
End Function

Private Function CCambio2_Cambio(C As Currency, TC As Currency) As Currency
  ' C es la cantidad y TC el tipo de cambio
  CCambio2_Cambio = C * TC
End Function
```

Quizás se le ocurran otras soluciones como incluir en la biblioteca dos clases *CCambio* y *CCambio2* independientes una de la otra y totalmente funcionales, o bien utilizar la delegación en un objeto; ambas darían los mismos resultados.

Finalizado el diseño anterior, vuelva a generar la biblioteca *cambio.dll*. Después cargue el proyecto *cambio.vbp*, asegúrese de que tiene establecida una referencia a la nueva versión de *cambio.dll*, y ejecute la aplicación. Observará que todo funciona correctamente. Ahora puede modificar la aplicación para que se beneficie de las nuevas características aportadas por *cambio.dll*. Para ello, edite el procedimiento *Cambio_Click* así:

```
Private Sub btCambio_Click()
  ' Utilizando la interfaz CCambio2
  Dim obj As CCambio, obj2 As CCambio2
  Set obj = New CCambio
  Set obj2 = obj ' obtener una referencia a la interfaz CCambio2
  TxtResultado.Text = obj2.Cambio(txtCantidad, txtTipoDeCambio)
  Debug.Print obj2.IDInterfaz
End Sub
```

Ahora que un objeto de la clase *CCambio* tiene dos interfaces, la predeterminada *CCambio* y una secundaria *CCambio2* ¿cómo se obtiene una referencia a una de ellas? En el código anterior observará que primero se crea un objeto de la clase:

```
Dim obj As CCambio
Set obj = New CCambio
```

La variable objeto utilizada para almacenar una referencia al objeto, *obj*, por definición es una referencia a la interfaz predeterminada. Para obtener una referencia a una interfaz secundaria de ese objeto, se declara una variable objeto de la clase que define esa interfaz y se le asigna la referencia al objeto:

```
Dim obj2 As CCambio2
Set obj2 = obj ' obtener una referencia a la interfaz CCambio2
```

PARTE 4

Objetos COM

- Componentes software
- Crear controles ActiveX

CAPÍTULO 15

COMPONENTES SOFTWARE

Un *componente software* o *componente ActiveX* (en la terminología antigua *componente OLE*) es una unidad de código ejecutable, proporcionada por un fichero *.exe*, *.dll* u *.ocx*, que sigue la especificación *ActiveX* para proporcionar objetos.

El desarrollo de componentes software mediante la tecnología *ActiveX* no se debe confundir con la programación orientada a objetos (POO). La programación orientada a objetos se ocupa de crear objetos, mientras que *ActiveX* se ocupa de que los objetos funcionen juntos.

Desde el punto de vista de un programador, un componente software es un elemento que se puede seleccionar de una barra de herramientas o de una biblioteca de objetos para insertarlo en una aplicación, normalmente en su interfaz gráfica, para ahorrarse escribir el código equivalente a la función que desarrolla, que en la mayoría de los casos suele ser bastante compleja. Piense por ejemplo en un componente para comunicaciones o para acceso a bases de datos.

Desde un punto de vista técnico, diremos que un componente software es una porción de código empaquetado independientemente y pensado para realizar una función determinada. Esto es, un componente software es un objeto completamente autónomo que aporta servicios concretos, que se ejecuta de manera independiente, y que sigue unas normas pactadas para que cualquier aplicación orientada a componentes pueda utilizarlo. El lenguaje utilizado para crear componentes es totalmente transparente; esto significa que el componente es independiente de la plataforma sobre la que va a ejecutarse (Windows, UNIX, Apple, etc.).

Desde el punto de vista de una red, un componente software es una porción de código empaquetado independientemente que puede vivir en cualquier lugar de la red. En este caso, el componente software recibe el nombre de componente distribuido, y puede actuar como cliente y como servidor. Un componente servidor distribuido puede ser accedido por cualquier cliente remoto mediante invocaciones a métodos. Los clientes no necesitan saber dónde reside el componente servidor o en qué sistema operativo se ejecuta; puede residir en la propia máquina donde está el cliente o en cualquier otra máquina de la red. ¿De qué manera se comunican los componentes distribuidos? Existen distintas formas; la más conocida es mediante llamadas remotas (*Remote Procedure Call - RPC*).

MODELOS DE COMPONENTES

Los fabricantes y usuarios convencidos de las ventajas de la orientación a objetos han ido en busca de una arquitectura destinada a la comunicación de objetos independiente de plataformas y de lenguajes de programación concretos (por ejemplo, piense en un componente Visual Basic ejecutándose en una máquina Windows NT, utilizado por una aplicación Java ejecutándose en una máquina UNIX). El resultado ha sido la puesta en escena de las arquitecturas CORBA (*Common Object Request Broker Arquitecture*) y DCOM (*Distributed Common Object Model*) para varios modelos de componentes como, por ejemplo, *Java Beans* y *ActiveX*. En la consecución de CORBA han participado, entre otros, fabricantes como Sun y Microsoft, mientras que DCOM es exclusiva de Microsoft. Tanto CORBA como DCOM se encuentran disponibles en los sistemas operativos Windows 9x y NT.

En la actualidad estamos manejando varios conceptos que conviene mencionar antes de seguir:

- *COM* (*Component Object Model*). Modelo básico de componentes que permite a los mismos comunicarse independientemente del lenguaje y de la plataforma. COM es un modelo de componentes propietarios, a diferencia de DCOM que es un modelo de componentes distribuidos. Si COM se preocupa de la estructura binaria de los componentes, DCOM lo hace de los protocolos de comunicación entre componentes distribuidos.
- *OLE* (*Object Linking and Embedding*). Es un sistema de manipulación de objetos basado en COM que ha ido creciendo hasta englobar casi todo.
- *OLE Automatizado*. Es un sistema que permite acceder a objetos fuera de nuestra aplicación como si fueran propios.
- *OCX*. Controles a medida basados en OLE y por lo tanto en COM. Los controles OCX sustituyeron a los VBX con el fin de poder utilizarlos en plataformas de 32 bits. También existen OCX para plataformas de 16 bits.
- *ActiveX*. Controles a medida basados en OLE y por lo tanto en COM que van más allá de un ordenador aislado o una pequeña red local para abarcar Inter-

net en su totalidad. Podemos decir que la tecnología *ActiveX* es la tecnología OLE, pero ampliada para incluir capacidades de comunicación a través de Internet.

OLE

Haciendo un poco de historia, los inicios COM se remontan a los tiempos en los que apareció OLE 1.0 con la idea de manipular texto y gráficos desde una misma aplicación, lo que exigía un intercambio de datos entre aplicaciones. Este requisito fue cubierto en Windows 3.0 por medio de la técnica DDE (*Dynamic Data Exchange* - Intercambio dinámico de datos). Esta técnica consistía en que una aplicación contenedora mantuviera vínculos con ficheros creados por otras aplicaciones, de forma que los cambios producidos en estos ficheros por sus respectivas aplicaciones fueran reflejados automáticamente en la aplicación contenedora. Problemas: dependencia de la estructura de directorios, pérdidas de vínculos y un elevado número de ficheros concernientes a un único documento. Buscando mejores soluciones, Microsoft introduce con Windows 3.1 OLE (*Object Linking and Embedding* - Vinculación e incrustación de objetos). Esta técnica permite incrustar o vincular un objeto (por ejemplo, un gráfico en un documento de texto) sin que la aplicación contenedora tenga que conocer el tipo de datos de dicho objeto. En este caso, para modificar el objeto incrustado, la aplicación contenedora invocará a la aplicación que fue utilizada para crear el objeto. Problema: cada vez que se manipulaba el objeto había que abrir una nueva ventana, la correspondiente a la aplicación utilizada para crearlo, debido a la ausencia de un protocolo de comunicación eficiente entre las dos aplicaciones. Fue entonces cuando nació COM.

COM

El modelo de objeto componente (COM) es la base de la tecnología OLE. Para entender COM (y por consiguiente la tecnología OLE), es crucial tener presente que no se trata de un lenguaje orientado a objetos, sino de un estándar (conjunto de normas). El lenguaje, la estructura y los detalles de implementación quedan para el programador de la aplicación.

COM especifica un modelo de componentes software y los requisitos de programación que permiten a los objetos COM (anteriormente llamados componentes OLE, componentes software o a veces simplemente objetos) interactuar con otros objetos.

Un objeto COM puede estar dentro de un único proceso, en otros procesos, incluso en máquinas remotas. Asimismo, puede estar escrito en otro lenguaje y estructuralmente puede ser bastante diferente. Ésta es la razón por la que COM está definido como un estándar binario; es un estándar aplicable después de que un programa haya sido traducido al código ejecutable (las DLL son, por ejemplo, objetos de tipo binario).

DCOM

El modelo de objeto componente distribuido (DCOM o COM Distribuido) nace como consecuencia de la informática distribuida, la cual tiene lugar desde el momento en el que se unieron dos ordenadores para compartir recursos. Lógicamente, la unión de dos ordenadores necesitó del desarrollo de un hardware que permitiera dicha conexión.

Haciendo un poco de historia, hace algunos años las aplicaciones eran de un solo nivel. Este modelo de aplicación envolvía todo: la interfaz del usuario, las reglas empresariales y el acceso a los datos. Pero cuando aparece la informática distribuida surgen algunos problemas triviales como la compartición de información. Por ejemplo, piense en dos ordenadores que están ejecutando la misma aplicación y cuyos usuarios desean compartir los mismos datos. Como el modelo de aplicación de un solo nivel no podía dar solución a este problema, aparece el modelo de aplicación de dos niveles. Una aplicación según este modelo envuelve la interfaz del usuario y las reglas empresariales, pero se desvincula del acceso a los datos. Resultado de este modelo es la arquitectura cliente/servidor. Utilizando esta arquitectura tenemos: de un lado, un ordenador con todos los datos comunes a todos los usuarios, ordenador que actúa como servidor de los datos, y de otro lado, varios ordenadores conectados físicamente al servidor que actúan como clientes ejecutando una aplicación que accede a los datos del servidor.

Las aplicaciones cliente/servidor son muy útiles en entornos donde no es necesario acceder a muchas bases de datos y el número de usuarios no es excesivo. Cuando alguno de estos parámetros aumenta considerablemente surgen los problemas intrínsecos a esta arquitectura. Como ejemplo, piense en el mantenimiento de la aplicación o en la seguridad; al tener descentralizada la aplicación, el mantenimiento habría que realizarlo en cada cliente, lo que nos conduciría a un coste insostenible en cuanto el número de usuarios creciera ostensiblemente. Lo mismo diríamos de la seguridad. Sin embargo, podemos aprovechar las ventajas de esta arquitectura y minimizar los problemas si aumentamos el número de niveles. Por ejemplo, si en el modelo anterior separamos la interfaz del usuario y las reglas empresariales, estamos yendo a un modelo de tres niveles. En general, la idea es dividir una aplicación en sus partes fundamentales. Cada una de estas partes se puede implementar como un componente con unas determinadas entradas y salidas. De esta forma, construir una aplicación supone ensamblar los componentes que intervienen en la misma.

El empleo del modelo multinivel para construir una aplicación simplifica tanto la creación como el mantenimiento de la aplicación, porque:

- Pueden intervenir programadores especializados para crear cada uno de los componentes sin que cada uno tenga que preocuparse de cómo se desarrolla el resto de los componentes.

- Cuando haya que modificar un componente, por ejemplo las reglas empresariales, simplemente se modifica; el resto de los componentes permanece inalterado, lógicamente mientras no se modifiquen las entradas y las salidas.

- Cada componente puede utilizar una estructura de datos propia que no tiene por qué coincidir con la almacenada en la base de datos, lo que se traduce en una comunicación más fluida; esto es, el componente de acceso a datos tomará el registro completo, pero lo distribuirá de forma optimizada entre el resto de los componentes haciendo que el tráfico de información sea mínimo.

El canal de comunicación que hay que establecer entre los componentes para poder construir la aplicación dependerá de dónde se encuentren ubicados los mismos; por ejemplo, será la memoria del ordenador si todos los componentes se encuentran en el mismo ordenador, o será una red de ordenadores si los componentes se encuentran en diferentes ordenadores.

Vemos entonces que el modelo multinivel es una arquitectura cliente/servidor, no sólo desde el punto de vista de acceso a los datos, sino también desde el punto de vista de la aplicación; esto es, ahora un cliente puede pedir a un servidor tanto un componente como un dato. Ésta es la clave de la informática distribuida. Ahora podemos centralizar los diferentes componentes de una aplicación en un servidor. Esto nos conduce a una centralización relativa de la aplicación donde todos los problemas de la descentralización desaparecen; por ejemplo, si queremos cambiar cualquiera de los componentes de la aplicación, sólo será necesario cambiarlo en el servidor de componentes.

La informática distribuida debe proporcionar a los clientes un servicio de directorio, un servicio de gestión de aplicaciones y un servicio de seguridad. El servicio de directorio indicará dónde se encuentran ubicados los servicios de aplicaciones y estará actualizado en tiempo real. El servicio de gestión de aplicaciones administrará todos los servicios de aplicaciones. Así, si un servidor de componentes se cae, el servicio de gestión de aplicaciones debe ser capaz de restaurarlo o de sustituirlo por otro servidor que tenga los mismos componentes, especificado por el servicio de directorio. Y el servicio de seguridad debe identificar a cada cliente cuando entre en el sistema y aplicarle las restricciones que correspondan.

Cuando un sistema multinivel está funcionando en sólo un ordenador (todos los componentes están en la misma máquina), el protocolo de comunicación más común es COM. COM define cómo los componentes y sus clientes interactúan. Esta interacción está definida de tal forma que no es necesaria la intervención de ningún otro componente del sistema. Simplemente, el cliente invoca a los métodos del componente. La figura siguiente ilustra cómo se produce la comunicación entre un objeto COM y su cliente cuando ambos pertenecen al mismo proceso:

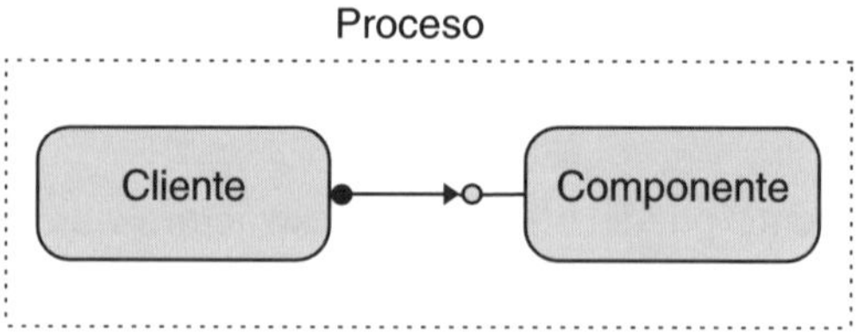

Si el cliente y el componente están en diferentes procesos, la comunicación se realizará utilizando alguna de las formas de comunicación proporcionadas por el sistema operativo (*Local Procedure Calls*). COM proporciona esta comunicación de forma totalmente transparente; para ello, intercepta las llamadas realizadas por el cliente y las dirige al componente. La figura siguiente ilustra cómo se produce este tipo de comunicación:

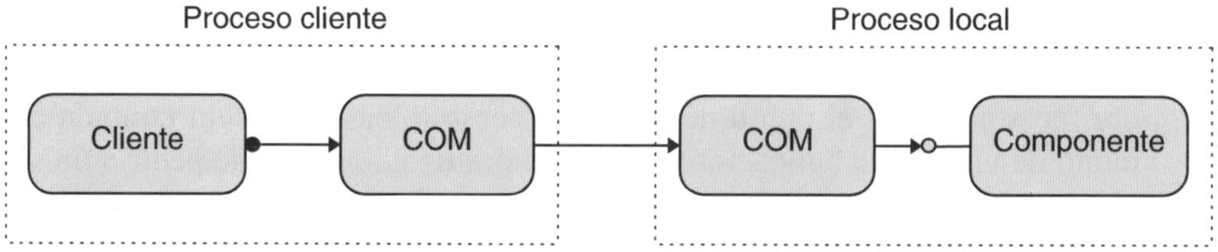

COM sirve para conectar un cliente y un componente, pero una vez establecida la conexión, el cliente y el objeto se comunican directamente, sin soportar la carga que supone COM, lo que redunda en un mejor rendimiento del proceso.

Cuando un sistema multinivel está funcionando en un sistema distribuido (los componentes están en diferentes máquinas) el protocolo de comunicación más común es DCOM. Este protocolo se apoya en los protocolos típicos de Internet, como TCP/IP, lo que permite que los servidores de aplicaciones estén ubicados en cualquier lugar de la red. Simplemente, lo que hace DCOM es reemplazar la comunicación local entre procesos por un protocolo de comunicación de red. La figura siguiente ilustra cómo se produce este tipo de comunicación:

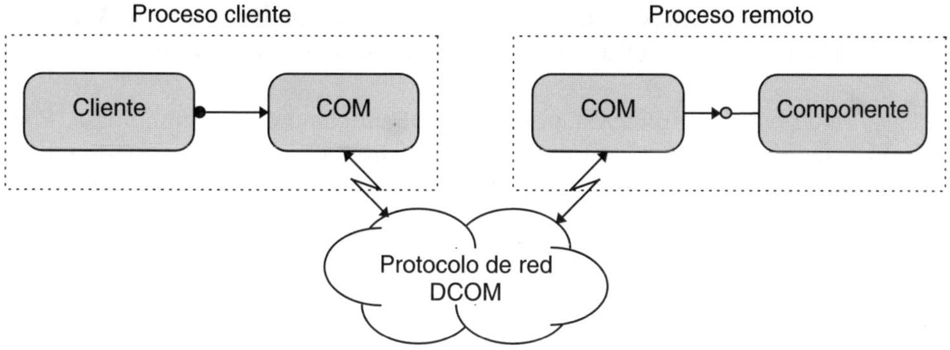

OLE 2

Después de crear OLE, Microsoft decidió ampliarlo para permitir a las aplicaciones, no sólo compartir datos, sino compartir también funcionalidad. Esto es, OLE 2 (en la actualidad denominado simplemente OLE) permite compartir toda clase de objetos entre aplicaciones, incluyendo, además de los objetos de datos, los objetos programables: objetos que permiten acceder a la funcionalidad de otras aplicaciones. Por ejemplo, piense en un tipo de objeto "hoja de cálculo" que puede ser creado por la aplicación Microsoft Excel. Una aplicación Visual Basic con capacidad para contener un objeto OLE, puede requerir acceder a un objeto hoja de cálculo y controlarlo sin ningún problema. El control de objetos creados por otras aplicaciones se denomina "OLE automatizado" (*OLE automation*) o simplemente "automatización". La aplicación que suministra el objeto programable recibe el nombre de "componente *ActiveX*" y la aplicación que accede al objeto programable se denomina "cliente OLE".

Recuerde que OLE está construido sobre COM y que COM define un conjunto estricto de normas que los programadores deben seguir para construir objetos COM (objetos OLE). Estas normas definen el protocolo de comunicación que debe ser soportado por todos los objetos COM.

ActiveX

Básicamente, *ActiveX* es una nueva extensión de OLE (de OLE 2; puede llamarla OLE 3 si quiere) en un intento de incorporar el concepto de OLE al desarrollo de aplicaciones para Internet. Por esta causa, para no crear confusión Microsoft prefirió no conservar el nombre OLE para esta nueva tecnología y llamó a OLE extendido ahora a Internet, *ActiveX*. Esto significa que la mayor parte de la terminología OLE ha sido transferida a *ActiveX*, de forma que:

- Los controles OLE (controles OCX) son llamados ahora controles *ActiveX*.

- Los componentes OLE son llamados ahora componentes *ActiveX*.
- Los documentos OLE son llamados ahora documentos *ActiveX*.

No obstante, *ActiveX* supone más que un cambio de terminología. Por ejemplo, anteriormente un control OLE estaba diseñado para ser utilizado en un sistema cerrado y ahora los controles *ActiveX* permiten crear páginas *Web* dinámicas e interactivas.

COMPONENTES ACTIVEX

Un *componente ActiveX* es un fragmento reutilizable de código compuesto por uno o más objetos *ActiveX*. Las aplicaciones pueden utilizar *componentes existentes*, como los incluidos en las aplicaciones que componen *Microsoft Office*, *componentes de código*, *documentos ActiveX* o *controles ActiveX* proporcionados por diversos proveedores. Asimismo, con la edición profesional o empresarial de Visual Basic, puede también crear sus propios controles *ActiveX*.

Los componentes *ActiveX* interactúan con la aplicación y entre sí mediante una relación *cliente-servidor*. El *cliente* es la aplicación o componente que utiliza la funcionalidad proporcionada por otro componente denominado *servidor*.

Un componente *ActiveX* (servidor *ActiveX*) dependiendo de cómo esté implementado, puede ejecutarse en el mismo proceso que la aplicación cliente o en un proceso diferente. Si el componente es:

- Una *aplicación habilitada para ActiveX* se ejecuta en un proceso diferente que la aplicación cliente.

- Un *componente de código* se ejecuta en el mismo proceso que la aplicación cliente, o bien en un proceso diferente.

- Un *control ActiveX* se ejecuta en el mismo proceso que la aplicación cliente.

- Un *documento ActiveX* se ejecuta en el mismo proceso que la aplicación cliente, o bien en un proceso diferente.

En general, si un componente *ActiveX* se implementa como parte de un fichero ejecutable (*.exe*) se ejecutará en un proceso diferente que la aplicación cliente, y si se implementa como parte de una biblioteca dinámica (*.dll*) se ejecutará en el mismo proceso que la aplicación cliente.

Las aplicaciones cliente que utilizan componentes de una biblioteca dinámica suelen ser más rápidas. La siguiente figura muestra gráficamente un componente ejecutándose en el mismo espacio de proceso que la aplicación cliente:

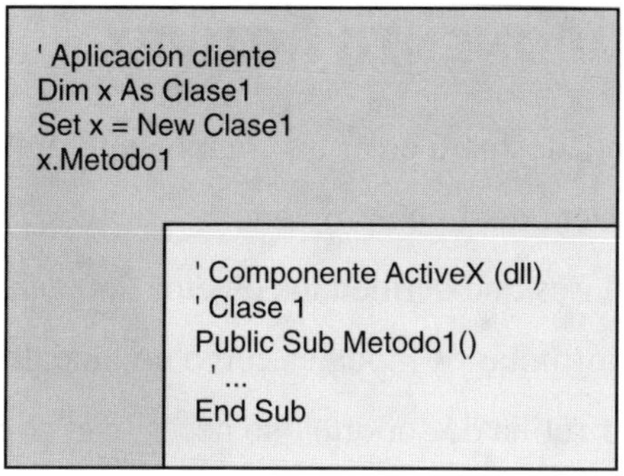

El hecho de que un componente se ejecute en un proceso diferente que la aplicación cliente significa que el cliente puede decirle que haga algo y continuar con otras tareas mientras el componente realiza el trabajo. Asimismo, el componente puede indicar al cliente que ha terminado la tarea con una *notificación asíncrona*. La siguiente figura muestra gráficamente un componente ejecutándose en un proceso diferente que la aplicación cliente:

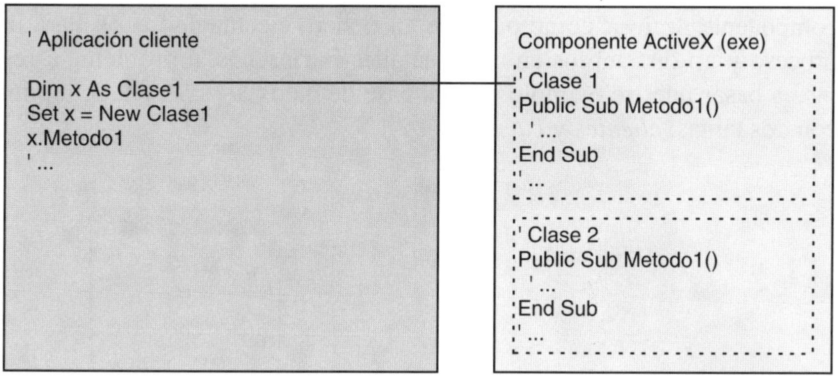

Para trabajar con los objetos proporcionados por un componente *ActiveX* se almacena en una variable objeto una referencia al objeto con el que se desea trabajar y luego se escribe el código que utiliza los métodos, propiedades y eventos de dicho objeto.

Si recuerda, en el capítulo acerca de "Herencia y polimorfismo" ya vimos un ejemplo de componente *ActiveX* implementado como parte de una biblioteca dinámica (*.dll*).

En el caso de los componentes compatibles con la vinculación e incrustación de objetos, puede insertar objetos en su aplicación sin necesidad de escribir código, utilizando el control *contenedor OLE*.

CREAR UN COMPONENTE ACTIVEX

Los pasos recomendados para crear un componente *ActiveX* son los siguientes:

1. Iniciar un proyecto del tipo apropiado.
2. Construir las clases que definen los objetos del componente.
3. Mostrar tanto formularios modales como no modales, si procede.
4. Crear cualquier rutina de soporte que necesite el componente.
5. Crear una aplicación cliente para comprobar el funcionamiento del componente.
6. Compilar el componente y dejarlo listo para que sea utilizado.

A continuación analizaremos cada uno de estos pasos con detalle. Como en el capítulo sobre "Herencia y polimorfismo" ya implementamos un componente *ActiveX* como parte de una biblioteca dinámica (*.dll*) vamos a implementar ahora un componente *ActiveX* como parte de un fichero ejecutable (*.exe*). Para ilustrar este proceso y no distraernos en otros detalles intrínsecos al problema a resolver, vamos a basar nuestro ejemplo en una base de datos *SQL Server* denominada *banco* con dos tablas: *clientes* y *cuentas*:

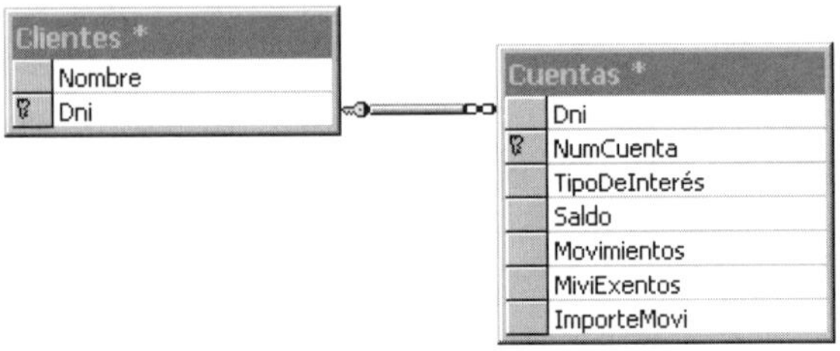

Iniciar un proyecto del tipo apropiado

Cuando se inicia la creación de un componente *ActiveX* lo primero es elegir el tipo de componente que se desea crear. Si lo que deseamos es construir un componente que se ejecute en el mismo proceso del cliente crearemos un proyecto de tipo *DLL ActiveX* y si lo que queremos es que el componente se ejecute en un proceso aparte, crearemos un proyecto de tipo *EXE ActiveX*.

Entonces, según lo expuesto, inicie un nuevo proyecto de tipo *EXE ActiveX*. Después de crear el proyecto, puede sustituir su nombre predeterminado por *BancoActiveX*, renombrar la clase predeterminada, añadir más clases, módulos estándar (*.bas*) y formularios, para manipular todas las tareas proporcionadas por el componente. Asimismo, en este tipo de proyecto, podemos, si es necesario, añadir un procedimiento **Main** para ejecutar las acciones que sean necesarias en el instante de la carga del componente.

Puesto que el proyecto *BancoActiveX* va a trabajar con la base de datos *SQL Server* denominada *banco*, es necesario establecer una referencia a la biblioteca que vayamos a utilizar para manipular la base de datos; en nuestro caso, utilizaremos la biblioteca ADO. Por lo tanto, ejecute la orden *Referencias* del menú *Proyecto* y seleccione *Microsoft ActiveX Data Objects Library*.

A continuación, añada un módulo estándar (*.bas*) para ejecutar las tareas de iniciación del componente *ActiveX*. Ejecute la orden *Agregar módulo* del menú *Proyecto* y asigne a la propiedad **Name** del módulo el nombre *BaseDeDatos*. Después, añada a este módulo el siguiente código:

```
Public cnBanco As Connection
Public rsClientes As Recordset
Public rsCuentas As Recordset

Private Sub Main()
  Set cnBanco = New Connection
  With cnBanco
  ' Proveedor de datos Microsoft OLE DB para SQL Server
    .Provider = "SQLOLEDB"
    .ConnectionString = "server=ast;database=banco;uid=sa;pwd="
  End With
  cnBanco.Open
End Sub
```

Cuando se ejecute el componente *ActiveX*, el procedimiento **Main** realizará una conexión con la base de datos *banco* de *SQL Server*. Para que esto suceda así, hay que establecer las propiedades del proyecto como se puede observar en la figura siguiente:

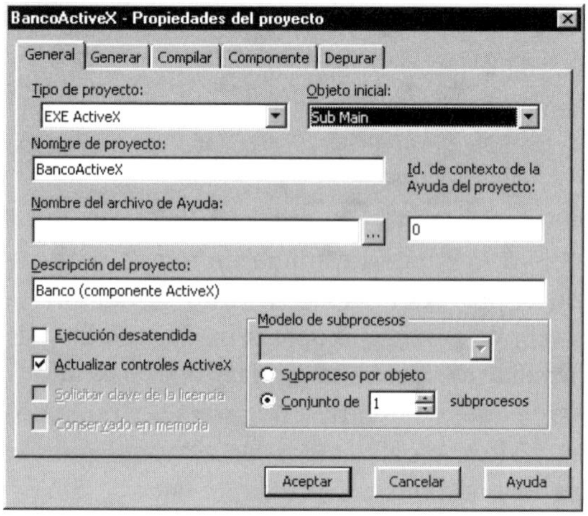

Observe que el tipo de proyecto es *EXE ActiveX*, lo que supone que el componente se ejecute en un proceso distinto al del cliente; el objeto inicial es *Sub Main*, procedimiento que se ejecutará cuando se cargue el componente; el nombre del proyecto es *BancoActiveX*, que se corresponderá con el nombre de la biblioteca de tipos del componente; y la descripción del proyecto es *Banco (componente ActiveX)* que es la descripción que el programador verá cuando agregue al proyecto una referencia al componente *BancoActiveX*.

Durante el diseño hemos establecido las propiedades del proyecto y después estableceremos las propiedades de las clases que añadamos. Sin embargo, hay una serie de propiedades para controlar la conducta del componente *ActiveX* que sólo pueden establecerse durante la ejecución. Estas propiedades forman parte del objeto **App** (objeto interno a Visual Basic utilizado por la aplicación para referirse a ella misma). Para una aplicación de tipo *EXE estándar*, estas propiedades se pueden utilizar para determinar el nombre del programa, la ruta del fichero ejecutable, y si hay otra copia del programa ejecutándose. Para el caso de la aplicación que nos ocupa, pueden resultar de interés también las propiedades siguientes:

- **OLEServerBusyTimeout**. Devuelve o establece el número de milisegundos durante los cuales una aplicación puede reintentar una petición de automatización. Transcurrido ese tiempo será mostrado el diálogo predeterminado *Componente ocupado*, o bien un mensaje alternativo.

- **OLEServerBusyMsgText**. Devuelve o establece el texto del mensaje alternativo al que nos hemos referido en el párrafo anterior.

- **OLEServerBusyMsgTitle**. Devuelve o establece el texto que será mostrado en la barra de título del diálogo *Componente ocupado*.

- **OLEServerBusyRaiseError**. Determina si una petición de automatización rechazada genera un error en lugar de mostrar el diálogo predeterminado o un mensaje alternativo. Si la propiedad es **True** se generará un error; si es **False**, se mostrará el diálogo predeterminado o un mensaje alternativo.

Generalmente, los valores para estas propiedades se asignan en el procedimiento **Main**.

Construir las clases de los objetos del componente

Una vez iniciado el proyecto del componente *ActiveX*, estamos listos para añadir las clases de los objetos que serán proporcionados por el componente. Cada objeto requiere una clase en un módulo de clase.

Para empezar, cambie el nombre *Class1* de la clase predeterminada por *CCuenta* (propiedad **Name**). Después asigne un valor de los siguientes a la propiedad **Instancing**:

- *Private*. La clase sólo se puede utilizar dentro del componente. No está disponible para las aplicaciones cliente.

- *PublicNonCreatable*. Un objeto de la clase puede ser utilizado por una aplicación cliente sólo si ha sido creado por el componente. Esto es, la aplicación cliente no puede crear objetos de la clase utilizando **New** o **CreateObject**..

- *SingleUse*. Las aplicaciones cliente pueden crear y utilizar objetos de la clase; sin embargo, cada vez que una aplicación crea un objeto, se inicia una nueva instancia del componente. No está disponible en proyectos *DLL ActiveX*.

- *GlobalSingleUse*. Similar a *SingleUse*, excepto en que las propiedades y los métodos de la clase pueden invocarse como si fueran funciones globales; esto es, no es necesario crear primero explícitamente un objeto de la clase, ya que se creará uno automáticamente. No está disponible en proyectos *DLL ActiveX*.

- *MultiUse*. Similar a *SingleUse*, excepto en que sólo se inicia una instancia del componente.

- *GlobalMultiUse*. Similar a *MultiUse*, con la diferencia de que las propiedades y los métodos de la clase pueden invocarse como si se tratara de funciones globales.

Otra propiedad de interés es **Persistable**. Cuando esta propiedad vale *vbPersistable*, se agregan a la clase los eventos **InitProperties**, **ReadProperties** y **WriteProperties** y el método **PropertyChanged**.

Después de establecer las propiedades de la clase, en nuestro caso hemos asignado a la propiedad **Instancing** el valor *MultiUse*, estamos listos para añadir las propiedades, los métodos y los eventos.

Las propiedades son los miembros de la clase que almacenan información. En nuestro caso esta información va a ser la correspondiente a los campos de las tablas *Clientes* y *Cuentas*:

```
' Variables locales para almacenar los valores de las propiedades
Private m_Nombre As String          'copia local
Private m_Dni As String             'copia local
Private m_Cuenta As String          'copia local
Private m_Saldo As Single           'copia local
Private m_TipoDeInterés As Single   'copia local
Private m_Movimientos As Integer    'copia local
Private m_ImporteMovi As Single     'copia local
Private m_MoviExentos As Integer    'copia local
```

Utilizaremos el constructor de la clase para asignar valores iniciales a estas variables:

```
' Constructor
Private Sub Class_Initialize()
  m_Nombre = "nombre"
  m_Dni = 0
  m_Cuenta = 0
  m_Saldo = 0
  m_TipoDeInterés = 1.75
  m_Movimientos = 0
  m_ImporteMovi = 10
  m_MoviExentos = 6
End Sub
```

A continuación escribimos los métodos de propiedad que darán acceso a las variables privadas anteriores. Estos métodos pueden simplemente establecer o recuperar los valores de las variables privadas, o bien pueden proporcionar funcionalidad adicional para verificar los datos. Para añadir cada uno de estos métodos puede utilizar el diálogo *Agregar procedimiento*. Este diálogo se visualiza ejecutando la orden *Agregar procedimiento* del menú *Herramientas*.

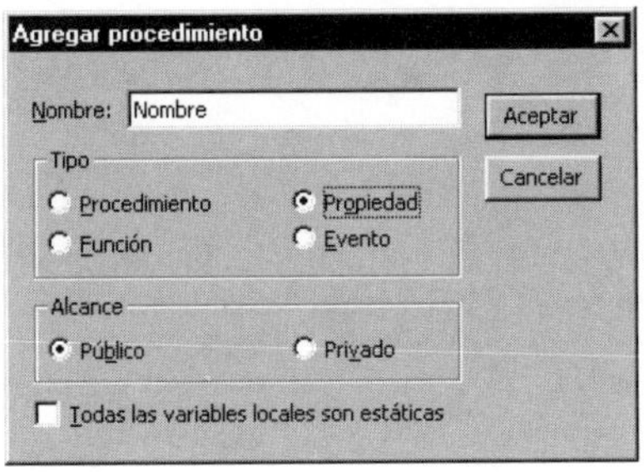


```
' Propiedades
Public Property Let Nombre(ByVal vDato As String)
  m_Nombre = vDato
End Property

Public Property Get Nombre() As String
  Nombre = m_Nombre
End Property

Public Property Let Dni(ByVal vDato As String)
  m_Dni = vDato
End Property

Public Property Get Dni() As String
  Dni = m_Dni
End Property

Public Property Let Cuenta(ByVal vDato As String)
  m_Cuenta = vDato
End Property

Public Property Get Cuenta() As String
  Cuenta = m_Cuenta
End Property

Public Property Let Saldo(ByVal vDato As Single)
  m_Saldo = vDato
End Property

Public Property Get Saldo() As Single
  Saldo = m_Saldo
End Property

Public Property Let TipoDeInterés(ByVal vDato As Single)
  m_TipoDeInterés = vDato
End Property
```

```
Public Property Get TipoDeInterés() As Single
  TipoDeInterés = m_TipoDeInterés
End Property

Public Property Let Movimientos(ByVal vDato As Integer)
  m_Movimientos = vDato
End Property

Public Property Get Movimientos() As Integer
  Movimientos = m_Movimientos
End Property

Public Property Let ImporteMovi(ByVal vDato As Single)
  m_ImporteMovi = vDato
End Property

Public Property Get ImporteMovi() As Single
  ImporteMovi = m_ImporteMovi
End Property

Public Property Let MoviExentos(ByVal vDato As Integer)
  m_MoviExentos = vDato
End Property

Public Property Get MoviExentos() As Integer
  MoviExentos = m_MoviExentos
End Property
```

Después de crear las propiedades, añadimos los métodos. Los métodos son los elementos de la clase que ejecutan tareas específicas sobre los datos miembro de la clase. Se trata de procedimientos **Sub** o **Function** declarados **Public** para que puedan ser accedidos desde fuera de la clase. Escribiremos un procedimiento **Sub** cuando no sea necesario retornar un valor, o **Function** si es necesario retornar un valor. Para añadir un procedimiento de alguno de estos tipos proceda igual que hizo para añadir los procedimientos de propiedad, excepto en que ahora el tipo de procedimiento será **Sub** o **Function**. La clase *CCuenta* tiene cuatro procedimientos: *Comisiones*, *Reintegro*, *Ingreso* y *BuscarCliente*.

El día primero de cada mes el método *Comisiones* cargará sobre el saldo del objeto *CCuenta* para el que ha sido invocado dicho método, el importe de las transacciones efectuadas sobre esa cuenta; *Reintegro* resta del saldo la cantidad solicitada; e *Ingreso* acumula sobre el saldo, la cantidad especificada. Después de realizar cualquier operación de las anteriores, se actualiza la base de datos. Finalmente, *BuscarCliente* busca un cliente por su cuenta, D.N.I., o bien por el nombre, operación necesaria para realizar cualquier transacción sobre la base de datos.

```
Public Sub Comisiones()
  ' Se aplican mensualmente por el mantenimiento de la cuenta
  Dim n As Integer, día As Integer
  día = Val(Now)
  If día <> 1 Then Exit Sub
  n = m_Movimientos - m_MoviExentos
  If n > 0 Then m_Saldo = m_Saldo - n * m_ImporteMovi
  m_Movimientos = 0
  ' Actualizar la base de datos
  rsCuentas.Fields("Saldo") = m_Saldo
  rsCuentas.Fields("Movimientos") = m_Movimientos
  rsCuentas.Update
End Sub

Public Sub Reintegro(Cantidad As Single)
  If m_Saldo - Cantidad > 0 Then
    m_Saldo = m_Saldo - Cantidad
    m_Movimientos = m_Movimientos + 1
    ' Actualizar la base de datos
    rsCuentas.Fields("Saldo") = m_Saldo
    rsCuentas.Fields("Movimientos") = m_Movimientos
    rsCuentas.Update
  Else
    MsgBox "No dispone de fondos"
  End If
End Sub

Public Sub Ingreso(ByVal Cantidad As Single)
  m_Saldo = m_Saldo + Cantidad
  m_Movimientos = m_Movimientos + 1
  ' Actualizar la base de datos
  rsCuentas.Fields("Saldo") = m_Saldo
  rsCuentas.Fields("Movimientos") = m_Movimientos
  rsCuentas.Update
End Sub
```

El método *BuscarCliente* devuelve **True** si existe en la base de datos un cliente con una cuenta, D.N.I. o nombre especificado, o **False** en caso contrario. Para obtener todos los datos del cliente la selección del registro correspondiente se realiza en las dos tablas de la base de datos. Una vez obtenidos los datos del cliente buscado, se almacenan en las variables privadas o estructura de datos interna del objeto.

```
Public Function BuscarCliente() As Boolean
  Dim sOrdenSQL As String
  If Val(m_Cuenta) <> 0 Then
    sOrdenSQL = "Select * From Cuentas Where NumCuenta = " & m_Cuenta
    RsDeCuentas sOrdenSQL  ' recordset de la tabla Cuentas
    m_Dni = rsCuentas.Fields("Dni")
```

```
    sOrdenSQL = "Select * From Clientes Where Dni = " & m_Dni
    RsDeClientes sOrdenSQL ' recordset de la tabla Clientes
  ElseIf Val(m_Dni) <> 0 Then
    sOrdenSQL = "Select * From Cuentas Where Dni = " & m_Dni
    RsDeCuentas sOrdenSQL
    sOrdenSQL = "Select * From Clientes Where Dni = " & m_Dni
    RsDeClientes sOrdenSQL
  ElseIf m_Nombre <> "nombre" Then
    sOrdenSQL = "Select * From Clientes Where Nombre = '" & m_Nombre & "'"
    RsDeClientes sOrdenSQL
    m_Dni = rsClientes.Fields("Dni")
    sOrdenSQL = "Select * From Cuentas Where Dni = " & m_Dni
    RsDeCuentas sOrdenSQL
  Else
    BuscarCliente = False
    Exit Function
  End If
  ' Almacenar los datos obtenidos de la base de datos en las variables
  m_Nombre = rsClientes.Fields("Nombre")
  m_Dni = rsCuentas.Fields("Dni")
  m_Cuenta = rsCuentas.Fields("NumCuenta")
  m_Saldo = rsCuentas.Fields("Saldo")
  m_TipoDeInterés = rsCuentas.Fields("TipoDeInterés")
  m_Movimientos = rsCuentas.Fields("Movimientos")
  m_ImporteMovi = rsCuentas.Fields("MoviExentos")
  m_MoviExentos = rsCuentas.Fields("ImporteMovi")
  BuscarCliente = True
End Function
```

Este procedimiento invoca a los procedimientos *RsDeCuentas* y *RsDeClientes* para obtener un *recordset* de la tabla *Cuentas* el primero, y un *recordset* de la tabla *Clientes* el segundo, según la orden SQL pasada como parámetro.

```
Private Sub RsDeCuentas(sSQL As String)
  Set rsCuentas = Nothing
  Set rsCuentas = New Recordset
  With rsCuentas
    .Source = sSQL
    .ActiveConnection = cnBanco
    .CursorType = adOpenStatic
    .CursorLocation = adUseClient
    .LockType = adLockOptimistic
  End With
  rsCuentas.Open Options:=adCmdText
End Sub

Private Sub RsDeClientes(sSQL As String)
  Set rsClientes = Nothing
  Set rsClientes = New Recordset
  With rsClientes
```

```
      .Source = sSQL
      .ActiveConnection = cnBanco
      .CursorType = adOpenStatic
      .CursorLocation = adUseClient
      .LockType = adLockOptimistic
    End With
    rsClientes.Open Options:=adCmdText
  End Sub
```

Mostrar un formulario

Un componente *ActiveX* puede exponer no sólo objetos de sus clases, sino también formularios cuando sean necesarios para visualizar resultados de alguna de sus tareas. Aunque se trata de formularios estándar hay, sin embargo, alguna diferencia en la forma en que dichos formularios son expuestos a las aplicaciones cliente.

Una aplicación cliente no puede referenciar directamente un formulario de un componente, sino que el componente debe proporcionar un método que cree una instancia del formulario y lo visualice. Por ejemplo, vamos a añadir al componente un formulario, *frmDatosCliente*, como el siguiente:

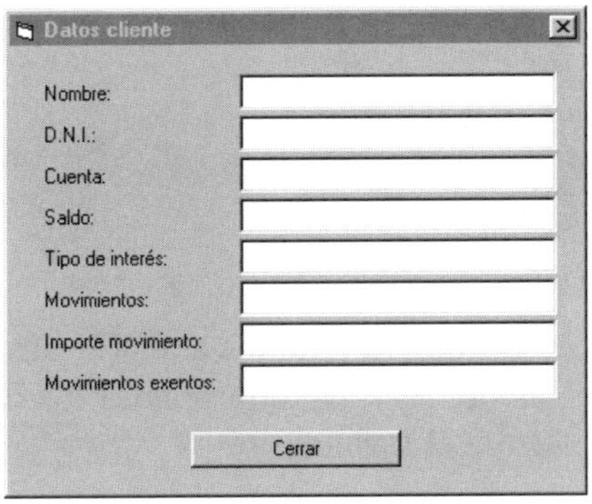

El formulario tiene ocho etiquetas que especifican la información que se visualizará en las otras ocho etiquetas más a la derecha, con borde y fondo blanco. Estas últimas forman una matriz de controles denominada *campo*, con índices de 1 a 8, y serán utilizadas para visualizar la información relativa a un determinado cliente. También tiene un botón, *btCerrar*, cuyo procedimiento asociado simplemente ocultará el formulario:

```
Private Sub btCerrar_Click()
  Me.Hide
End Sub
```

Para manipular el formulario en la clase *CCuenta*, añada a la sección de declaraciones de dicha clase la siguiente línea:

```
Private frmDatos As frmDatosCliente
```

Cada vez que se cree un objeto de la clase *CCuenta*, tendremos que crear una instancia del formulario *frmDatosCliente*, la cual será destruida cuando se destruya el objeto *CCuenta*. Según esto, escriba el constructor y el destructor de la clase así:

```
' Constructor
Private Sub Class_Initialize()
  m_Nombre = "nombre"
  m_Dni = 0
  m_Cuenta = 0
  m_Saldo = 0
  m_TipoDeInterés = 1.75
  m_Movimientos = 0
  m_ImporteMovi = 10
  m_MoviExentos = 6
  ' Crear un formulario
  Set frmDatos = New frmDatosCliente
  Load frmDatos
End Sub

' Destructor
Private Sub Class_Terminate()
  Unload frmDatos
  Set frmDatos = Nothing
End Sub
```

Para visualizar el formulario, vamos a añadir otro método a la clase *CCuenta* denominado *DatosCliente*. Este método pondrá los datos del cliente actual sobre los controles y visualizará el formulario.

```
Public Sub DatosCliente()
  With frmDatos
    .campo(1) = m_Nombre
    .campo(2) = m_Dni
    .campo(3) = m_Cuenta
    .campo(4) = m_Saldo
    .campo(5) = m_TipoDeInterés
    .campo(6) = m_Movimientos
    .campo(7) = m_ImporteMovi
    .campo(8) = m_MoviExentos
  End With
  frmDatos.Show 1 ' vbModal
End Sub
```

¿Por qué proporcionamos nuestras propias constantes, cuando Visual Basic ya incluye *vbModal* y *vbModeless*? Porque es posible que el componente se utilice con una herramienta de desarrollo que no disponga de estas constantes. Si quiere puede definir un tipo **Enum** con las constantes que necesitemos; por ejemplo:

```
Public Enum ModalidadForm
  frmModal = vbModal
  frmNoModal = vbModeless
End Enum
```

Crear una aplicación cliente

Una vez diseñado el componente *ActiveX*, hay que comprobar cómo funciona. En esta parte puede utilizar todas las herramientas de depuración proporcionadas por Visual Basic.

Para verificar el comportamiento de un componente *ActiveX* básicamente hay que hacer dos cosas:

1. Iniciar el componente *ActiveX*. Para ello, pulse las teclas *Ctrl+F5*; Visual Basic compila y ejecuta el componente.

2. Iniciar una segunda instancia de Visual Basic para crear y ejecutar una aplicación cliente que utilice los servicios del componente *ActiveX*.

Para crear una aplicación cliente, inicie una nueva instancia de Visual Basic y cree una aplicación de tipo *EXE estándar*. Asigne al proyecto el nombre *ClienteBanco*. Después, asigne al proyecto una referencia a la biblioteca *Banco*:

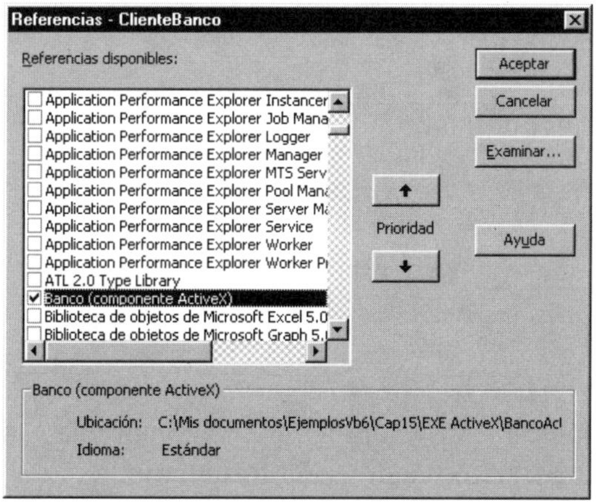

Como aún no ha creado la biblioteca, cosa que haremos cuando esté verificado el componente, debe haber iniciado el componente *ActiveX* para que aparezca una referencia al mismo en la lista de referencias que se puede observar en la figura anterior.

A continuación diseñamos los formularios, módulos y clases de la aplicación cliente. Tenga presente que para probar adecuadamente el componente *ActiveX*, la aplicación cliente debe crear, al menos, una instancia de cada objeto que pueda proporcionar dicho componente y ejecutar sobre ellos toda la funcionalidad ofrecida por sus interfaces públicas.

Continuando con el diseño de la aplicación cliente, seleccione el formulario *Form1* y asígnele el nombre *frmClienteBanco* y el título "Cliente banco". Después coloque sobre el mismo los controles que se pueden observar a continuación:

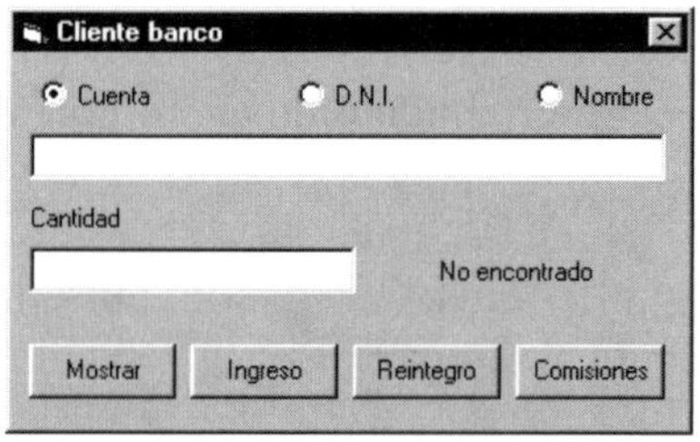

El dato que se escriba en la primera caja de texto será interpretado como indique la opción seleccionada. De esta forma podremos acceder a los datos de un cliente, bien por su número de cuenta, bien por su D.N.I. o bien por su nombre. Los botones de pulsación pasarán a estar inhabilitados y todos los de opción al estado sin seleccionar, siempre que dicha caja de texto reciba el foco, señal de que se quiere introducir un nuevo dato.

```
Private Sub txtDato_GotFocus()
  ' Inhabilitar los botones hasta que se seleccione una opción
  btMostrar.Enabled = False
  btIngreso.Enabled = False
  btReintegro.Enabled = False
  btComisiones.Enabled = False
  Opción(0) = False
  Opción(1) = False
  Opción(2) = False
End Sub
```

El cliente lógicamente estará representado por una variable *Cliente* de la clase *CCuenta* que declararemos a nivel del formulario:

```
Private Cliente As CCuenta
```

El objeto *Cliente* será iniciado de nuevo siempre que se haya introducido un número de cuenta, un D.N.I. o un nombre y seleccionado una opción. En este instante se asignará el dato tecleado al miembro correspondiente del objeto y se habilitarán los botones de pulsación para permitir realizar la operación deseada.

```
Private Sub Opción_Click(Index As Integer)
  If txtDato.Text = "" Then
    Opción(Index) = False: Exit Sub
  End If
  ' Iniciar el objeto
  Set Cliente = Nothing
  Set Cliente = New CCuenta
  ' Asignar el dato al campo seleccionado
  If Index = 0 Then
    Cliente.Cuenta = txtDato
  ElseIf Index = 1 Then
    Cliente.Dni = txtDato
  ElseIf Index = 2 Then
    Cliente.Nombre = txtDato
  End If
  ' Habilitar los botones
  btMostrar.Enabled = True
  btIngreso.Enabled = True
  btReintegro.Enabled = True
  btComisiones.Enabled = True
End Sub
```

El botón *Mostrar* visualizará los datos relativos al cliente especificado. Para ello, el procedimiento vinculado al mismo realizará dos acciones. La primera, ver si existe en la base de datos un cliente que tenga el número de cuenta, el D.N.I. o el nombre especificado, información que será proporcionada por el método *BuscarCliente* del objeto, y además, si el cliente existe, este método llenará la estructura de datos interna del objeto con los datos obtenidos de la base de datos. La segunda, si existe el cliente buscado, mostrará sus datos en un formulario, formulario que será proporcionado por el método *DatosCliente* del objeto. Asimismo, indicará al usuario el éxito o no de la búsqueda a través de una etiqueta.

```
Private Sub btMostrar_Click()
  MousePointer = vbHourglass
  etResultado.Caption = "No encontrado"
  With Cliente
    If .BuscarCliente Then
      etResultado.Caption = "Encontrado"
      .DatosCliente
    End If
  End With
  MousePointer = vbDefault
End Sub
```

Dependiendo de la configuración del sistema, el orden de inicio de los programas, etc., el formulario modal *Datos cliente* creado y mostrado por el método *DatosCliente* del objeto, puede aparecer delante de *Cliente banco* o no ¿Por qué? Porque aunque *Cliente banco* sea el propietario de *Datos cliente*, ambos formularios se están ejecutando en procesos diferentes.

El formulario *Datos cliente* no es en realidad modal con respecto al formulario *Cliente banco*. Para comprobarlo, haga clic en cualquier lugar del formulario *Cliente banco*; no se produce un sonido del sistema indicando que *Cliente banco* está desactivado, sino que aparece el cuadro de diálogo *Solicitud del componente pendiente*, como muestra la figura siguiente:

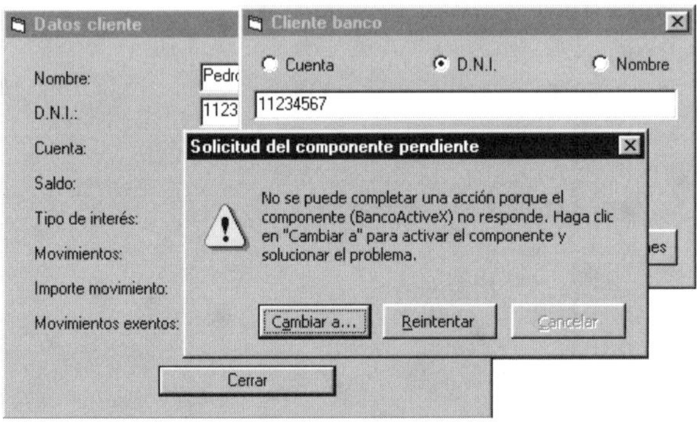

Este diálogo aparece porque *Cliente banco* está esperando la respuesta del método **Show** ejecutado desde el método *DatosCliente* del objeto *Cliente*, y a su vez **Show** está esperando la respuesta del formulario modal *Datos cliente*. Haga clic en *Cambiar a...* para traer al frente el formulario modal *Datos cliente*.

Análogamente al procedimiento *btMostrar_Click*, los procedimientos vinculados con los botones *Ingreso*, *Reintegro* y *Comisiones*, invocarán al método *BuscarCliente* para localizar en la base de datos el cliente sobre el que se quiere realizar la operación indicada por el título del botón seleccionado. Lógicamente, para las operaciones ingreso y reintegro será necesario teclear la cantidad a ingresar o reintegrar, en la caja de texto destinada a tal fin.

```
Private Sub btIngreso_Click()
  etResultado.Caption = "No encontrado"
  If txtCantidad.Text = "" Then Exit Sub
  If Cliente.BuscarCliente Then
    etResultado.Caption = "Encontrado"
    Cliente.Ingreso CSng(txtCantidad.Text)
  End If
End Sub
```

```
Private Sub btReintegro_Click()
  etResultado.Caption = "No encontrado"
  If txtCantidad.Text = "" Then Exit Sub
  If Cliente.BuscarCliente Then
    etResultado.Caption = "Encontrado"
    Cliente.Reintegro CSng(txtCantidad.Text)
  End If
End Sub

Private Sub btComisiones_Click()
  etResultado.Caption = "No encontrado"
  If Cliente.BuscarCliente Then
    etResultado.Caption = "Encontrado"
    Cliente.Comisiones
  End If
End Sub
```

Compilar el componente

Una vez probado y depurado el componente *ActiveX* en el entorno de desarrollo, podemos pasar a compilar y probar el fichero *.exe* resultante. El proceso de compilación se ejecuta de la misma forma que para cualquier otro proyecto de Visual Basic (orden *Generar* del menú *Archivo*), pero presenta más opciones, algunas de las cuales comentamos a continuación.

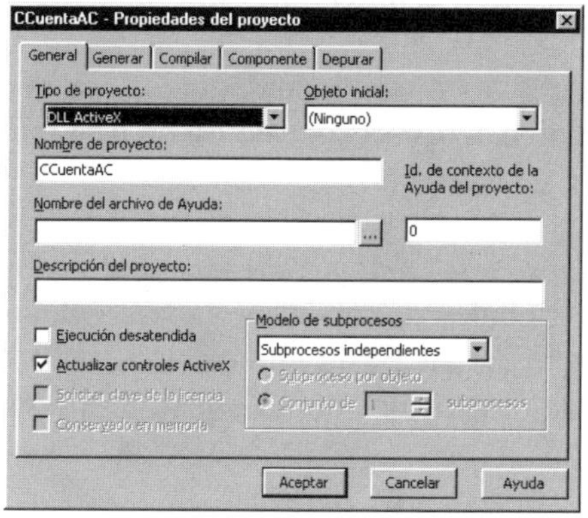

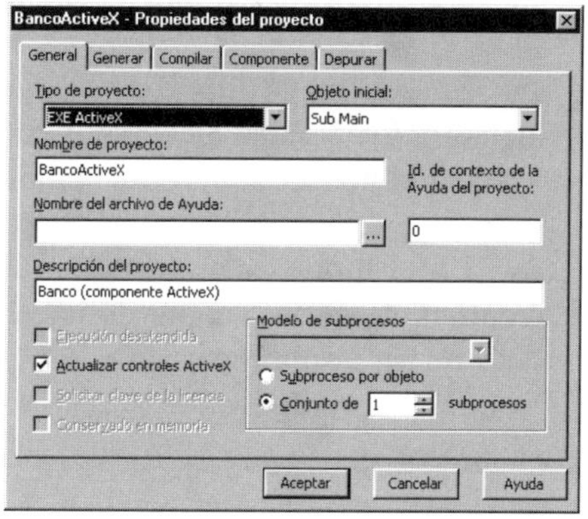

Los proyectos con *ejecución desatendida* están pensados para su ejecución sin ninguna interacción por parte del usuario (el servidor no puede tener formularios ni diálogos que requieran la intervención del usuario). Cualquier interacción con el usuario, como un mensaje, es enviada a un registro de eventos.

La opción *actualizar controles ActiveX* permite actualizar automáticamente los controles *ActiveX* siempre que instale una versión más reciente.

La opción *solicitar clave de la licencia* habilita la licencia para los proyectos que producen controles *ActiveX* (fichero *.ocx*, no para los ficheros *.exe* o *.dll*). La licencia (fichero *.vbl*) deberá registrarse en la máquina del usuario para que pueda utilizar los componentes durante el diseño.

La opción *conservado en memoria* permite retener un proyecto en memoria. Sin embargo, hay un coste de rendimiento, ya que un proyecto retenido en memoria no se descarga hasta que se termina el proceso.

Subprocesos múltiples

Los subprocesos múltiples (llamados también hilos) permiten que sobre el componente *ActiveX* se puedan ejecutar varios subprocesos simultáneamente, lo cual significa que una aplicación cliente para iniciarse, no tiene que esperar a que termine otra aplicación cliente que ya se esté ejecutando.

Según se puede observar en la figura anterior, el modelo de ejecución de subprocesos que se puede elegir difiere según se trate de un proyecto tipo *DLL ActiveX* (el componente *ActiveX* se ejecuta en el mismo proceso que la aplicación cliente) o tipo *EXE ActiveX* (el componente *ActiveX* se ejecuta en un proceso diferente al de la aplicación cliente).

Si el proyecto es de tipo *DLL ActiveX*, el modelo de subprocesos que se puede elegir es: *subproceso único* o *subprocesos independientes*.

Si se elige un *subproceso único* todos los objetos manipulados por el componente *ActiveX* serán ejecutados en un único subproceso; esto es, en este modelo de ejecución no hay subprocesos múltiples.

En el modelo de ejecución de *subprocesos independientes*, cada subproceso contiene su propia copia de los datos globales del objeto, e ignora cualquier objeto de otro subproceso. De esta forma, Visual Basic elimina los conflictos que pudieran derivarse en el acceso a los datos globales de un objeto desde múltiples subprocesos.

Si el proyecto es tipo *EXE ActiveX*, el modelo de subprocesos que se puede elegir es: un *subproceso por objeto* o *conjunto de n subprocesos*.

En el modelo de un *subproceso por objeto*, cada objeto nuevo de una clase con la propiedad *MultiUse* se creará en un subproceso nuevo. Asimismo, cada subproceso tendrá una única copia de todas las variables y objetos globales para no interferir con ningún otro subproceso. El gran inconveniente de este modelo es que usted no tendrá control sobre el número de subprocesos creados por los clientes. Si se crean demasiados subprocesos, se colapsará el sistema operativo con la carga de mantenimiento de subprocesos, y si hay demasiados *subprocesos activos*, el sistema operativo se colapsará aún más rápidamente. En general, necesitará el mismo número de subprocesos activos que de procesadores para garantizar que no haya nunca un procesador inactivo. Cuando sólo tenga un procesador, no podrá tener muchos subprocesos activos.

En el modelo de *conjunto de n subprocesos*, cada objeto nuevo de una clase con la propiedad *MultiUse* se creará en un subproceso del conjunto; esto es, a medida que los clientes solicitan objetos, Visual Basic crea cada objeto en el siguiente subproceso del conjunto y vuelve a comenzar con el primer subproceso cuando llega al final del conjunto. Un conjunto de subprocesos de un solo subproceso equivale al modelo de *subproceso único*; un conjunto de subprocesos mayor equivale al modelo de *subprocesos independientes.*

En los subprocesos múltiples ejecutables, el procedimiento **Main** se ejecuta de manera independiente para cada subproceso. Visual Basic no ofrece ningún modo de determinar qué subproceso se creó primero.

Importante: Los subprocesos múltiples en una máquina de procesador único puede que no proporcionen el rendimiento esperado. Sólo producirán una sensible mejora del rendimiento con una mezcla de tareas largas y cortas.

Finalizar la compilación

Una vez establecidas las opciones de compilación, ejecute la orden *Generar...* del menú *Archivo* para generar el fichero *.exe* correspondiente a la biblioteca de tipos que incluye el componente *ActiveX* (componente COM).

Posteriormente, para poder utilizar el componente primeramente hay que registrarlo. En la máquina donde se ha desarrollado el componente, el registro del mismo ocurre automáticamente después del proceso de compilación. Ahora, cuando se vaya a utilizar en otra máquina, hay que registrarlo de alguna de las formas siguientes:

- Ejecutando el componente, si éste lo permite. Por ejemplo:

  ```
  mibiblioteca.exe
  ```

- Utilizando el programa *regsvr32.exe*. Por ejemplo:

  ```
  regsvr32 "c:\windows\system\mibiblioteca.dll"
  ```

- Utilizando un programa de instalación.

Lógicamente, cuando no vaya a utilizar más una biblioteca puede desregistrarla. Si la biblioteca es de tipo *EXE* proceda análogamente a como se puede observar a continuación:

```
mibiblioteca.exe /UnRegserver
```

Y si es de tipo *DLL* proceda de esta otra forma:

```
regsvr32 /u "c:\windows\system\mibiblioteca.dll"
```

Asimismo, Microsoft proporciona la utilidad *regtlib.exe* que permite registrar bibliotecas de tipos (ficheros con extensión *.tlb*, *.olb*, *.exe*, o *.dll*). Por ejemplo:

Registrar: `regtlib c:\msoffice\excel\xl5en32.olb`
Desregistrar: `regtlib /u c:\msoffice\excel\xl5en32.olb`

Operaciones asíncronas

Generalmente, en cualquier proceso, una llamada desde una aplicación cliente a un método del componente *ActiveX* debe finalizar antes de que pueda ejecutarse el siguiente paso en el cliente. Esta manera de proceder es lo que define a una operación síncrona. Las operaciones síncronas funcionan bien con procesos cortos. En cambio, un proceso largo mantendrá bloqueado al cliente hasta su finalización, impidiendo al usuario realizar otras tareas. En este caso es recomendable utilizar operaciones asíncronas, las cuales permiten al cliente iniciar el proceso en el componente y recuperar el control inmediatamente para continuar con otras tareas. Lógicamente, el componente deberá notificar al cliente la finalización del proceso cuando ésta se produzca.

Por ejemplo, en una operación de impresión no tiene sentido que la aplicación esté esperando a que termine el proceso; la aplicación cliente debe iniciar la operación de impresión y a continuación recuperar inmediatamente el control para permitir al usuario realizar otras operaciones. Cuando esto sucede así, decimos que la aplicación cliente y el servidor de impresión trabajan independientemente; esto es, no necesitan estar sincronizados para proporcionar los resultados solicitados. Cuando la impresión finalice, el componente se lo notificará a la aplicación cliente para que responda a este evento, si es preciso.

En Visual Basic es posible implementar un componente que admita operaciones asíncronas; pero para hacerlo, necesitamos resolver dos problemas:

1. Cómo retornar inmediatamente desde el método invocado y diferir la ejecución del código.

2. Cómo notificar al cliente que el resultado está disponible cuando la operación esté completada.

La respuesta al primer punto es: almacenando en una cola las peticiones realizadas por las aplicaciones cliente y utilizando un evento externo para procesarlas. Y la respuesta al segundo punto es: añadiendo un evento al componente.

Como ejemplo, vamos a implementar en nuestro componente *ActiveX* un método que incremente al saldo de cada cliente los intereses que se hayan producido después de un determinado período de tiempo. Este método, que denominaremos *CalcularIntereses*, puede llevar bastante tiempo, dependiendo del tamaño de la base de datos y de la complejidad de los cálculos.

Para que la aplicación cliente continúe sus operaciones, el método *CalcularIntereses* debe devolver el control inmediatamente; y para que esto suceda y además se lleven a cabo los cálculos necesarios en el componente, éste debe añadir a una cola las peticiones realizadas por las aplicaciones cliente y procesarlas en su propio tiempo. Cuando los cálculos correspondientes a una petición finalicen, el componente debe avisar al cliente de tal hecho.

La cola de llamadas puede estar formada por una colección. Por lo tanto, añada el siguiente código a una nueva clase *CCuentas* (no a *CCuenta*; ésta manipula una cuenta y *CCuentas* opera sobre todas las cuentas):

```
Private ColaLlamadas As Collection

Private Sub Class_Initialize()
  ' Crear un objeto colección
  Set ColaLlamadas = New Collection
End Sub

Private Sub Class_Terminate()
  Set ColaLlamadas = Nothing
End Sub
```

Cuando la aplicación cliente necesite calcular los intereses, llamará al método *CalcularIntereses* y registrará la llamada en *ColaLlamadas* con el fin de poder devolver el control inmediatamente a la aplicación cliente. Añada, por lo tanto, este método a la clase *CCuentas* y escríbalo como se puede observar a continuación:

```
Public Sub CalcularIntereses(sID As String)
  ' sID sirve para identificar a la aplicación cliente
  ColaLlamadas.Add sID
End Sub
```

Según se ha escrito el método *CalcularIntereses*, el control será devuelto nada más ejecutar el método **Add**, pero ¿cuándo y dónde se realizan los cálculos?

Para procesar una cola de llamadas de una forma independiente, necesitamos algún evento externo que recuerde al componente que mire la cola, por si hay llamadas, procesarlas. Para esto necesitamos los servicios de un temporizador.

Para añadir un temporizador a un componente *ActiveX* necesitamos que el proyecto incluya un formulario. En nuestro proyecto ya tenemos uno. Coloquemos en él un temporizador denominado *Timer1*. Para poder referenciar el control *Timer* desde la clase *CCuentas* añadiremos a la misma la siguiente declaración:

```
Private frmDatos As frmDatosCliente
```

A continuación vamos a añadir a la clase *CCuentas* el código necesario para crear una instancia del control *Timer1*. Abra la ventana de código de la clase *CCuentas* y escriba en la sección de declaraciones la línea siguiente:

```
Private WithEvents tempo As Timer
```

La palabra clave **WithEvents** en la declaración de la variable *tempo* indica que con esta variable no sólo tenemos acceso al objeto **Timer** referenciado por ella, sino que también podemos controlar sus eventos.

Modifique el constructor y el destructor de la clase *CCuentas* para que cuando se cree un objeto *CCuentas*, se cree también una instancia del formulario y se asigne a *tempo* una referenciada al control *Timer1* del mismo, y cuando se destruya el objeto se destruya el formulario y se deshaga dicha asignación.

```
Private Sub Class_Initialize()
  ' Crear un objeto colección
  Set ColaLlamadas = New Collection
  ' Crear un formulario
  Set frmDatos = New frmDatosCliente
  ' Asignar el temporizador y habilitarlo
  Set tempo = frmDatos.Timer1
  tempo.Enabled = True
  tempo.Interval = 1000
End Sub

Private Sub Class_Terminate()
  Set ColaLlamadas = Nothing
  Set frmDatos = Nothing
  tempo.Enabled = False
  Set tempo = Nothing
End Sub
```

Una vez añadido un temporizador a la clase, el componente puede utilizar el método conducido por el evento **Timer** para examinar la cola de llamadas, procesar la más antigua si hay alguna, eliminar de la cola la llamada procesada, e informar al cliente de que su petición ha sido procesada. Este ciclo se repetirá por cada llamada registrada en la cola de llamadas.

Para que el componente pueda informar al cliente de que su petición ha sido procesada, añada un evento a la clase *CCuentas* según se indica a continuación:

```
Public Event Hecho(sID As String, nregs As Long)
```

Finalmente, el método conducido por el evento **Timer**, según lo expuesto, puede ser así:

```
Private Sub tempo_Timer()
  Dim nregs As Long, sID As String
  If ColaLlamadas.Count = 0 Then Exit Sub
  ' Calcular intereses
  ' Procesar la llamada más antigua
  sID = ColaLlamadas(1)
  ' Escriba aquí su código
  ' ...
  ' Eliminar la llamada de la cola
  ColaLlamadas.Remove 1
  RaiseEvent Hecho(sID, nregs)
End Sub
```

Una vez finalizado el diseño, puede generar la biblioteca correspondiente ejecutando la orden *Generar...* del menú *Archivo*.

Para utilizar el nuevo componente tenemos que realizar algunos cambios en la aplicación cliente. Cargue, por lo tanto, la aplicación *ClienteBanco* y añada a nivel del formulario la siguiente declaración:

```
Private WithEvents Clientes As CCuentas
```

El objeto *Clientes* nos dará acceso a los métodos de *CCuentas*, concretamente al método *CalcularIntereses*, y nos permitirá controlar el evento *Hecho*.

A continuación añada al formulario un menú *Opciones* con la orden *Intereses* y edite el procedimiento asociado con dicha orden, como se puede observar a continuación.

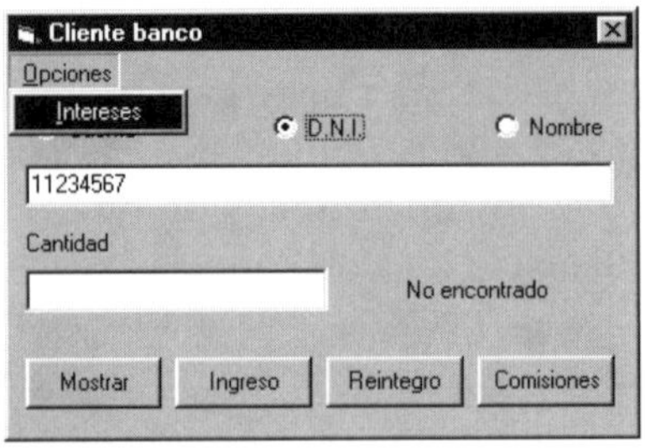


```
Private Sub OpIntereses_Click()
  Set Clientes = New CCuentas
  Clientes.CalcularIntereses App.ThreadID
End Sub
```

Este procedimiento crea un objeto *CCuentas* e invoca al método *CalcularIntereses* con el fin de acumular sobre los saldos de cada uno de los clientes los intereses producidos. Observe que se pasa un argumento que tiene como único objetivo identificar a la aplicación cliente, por si hubiera varias en ejecución realizando peticiones al componente. De esta forma, cuando se produzca el evento *Hecho*, podremos identificar a qué aplicación cliente corresponde.

El procedimiento conducido por el evento *Hecho* verificará si la notificación corresponde a la aplicación que hizo la petición, y en caso afirmativo, emitirá un mensaje indicando cuántos registros de la base de datos se procesaron y destruirá el objeto *Clientes*.

```
Private Sub Clientes_Hecho(sID As String, nregs As Long)
  If sID = App.ThreadID Then
    MsgBox nregs & " registros procesados"
    Set Clientes = Nothing
  End If
End Sub
```

OBJETOS DE APLICACIONES ESTÁNDAR

Hay aplicaciones que disponen de su propia biblioteca de objetos, que podemos utilizar en desarrollos apropiados para simplificar las tareas de programación. Ya hemos visto que una biblioteca de objetos proporciona definiciones de todos los objetos, así como los métodos y propiedades para manipularlos.

Una biblioteca de objetos es un fichero con extensión *.olb* o *.tlb*, o forma parte de un fichero *.dll* o *.exe*.

Por ejemplo, si en nuestra aplicación Visual Basic queremos utilizar una hoja de cálculo Microsoft Excel, antes de empezar a escribir el código, debemos comprobar si Microsoft Excel proporciona una biblioteca de objetos. Para ello:

1. Ejecute la orden *Referencias* del menú *Proyecto* para abrir el diálogo *Referencias* que muestra una lista de todas las referencias disponibles.

2. Busque en la lista la biblioteca de objetos de Microsoft Excel. Si no apareciera, utilice el botón *Examinar* y abra el fichero *xl5es32.olb* o *xl5en32.olb*, que corresponden a la versión en castellano e inglés, respectivamente, de Excel versión 7, o bien el fichero *excel8.olb* correspondiente a la versión 8 de Excel.

3. Seleccione la referencia.

Ahora, su aplicación Visual Basic contiene una referencia a la biblioteca de objetos de Microsoft Excel. Si abre el *examinador de objetos* (pulse la tecla F2), podrá ver las clases de objetos que proporciona Microsoft Excel, así como sus métodos y propiedades. En el examinador de objetos puede seleccionar un método o propiedad en la lista *Miembros* y pulsar el botón *Copiar* para después pegar la sintaxis en su código. Asimismo, puede solicitar ayuda sobre cualquier objeto o miembro seleccionándolo y haciendo clic en el botón de *Ayuda* (el nombre del fichero de ayuda tiene el patrón *vba*.hlp*).

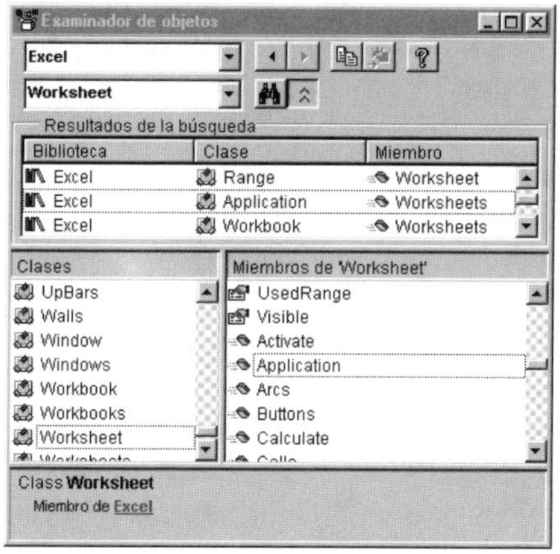

A continuación, para utilizar un objeto en una aplicación Visual Basic:

1. Cree una variable objeto de la clase adecuada.

```
Dim HojaExcel As Excel.Worksheet
```

2. Asigne a la variable un ejemplar de la clase.

```
Set HojaExcel = CreateObject("Excel.Sheet.5")
```

En el caso de que el componente *ActiveX* no proporcionara una biblioteca de objetos:

1. Cree una variable objeto de la clase **Object**.

   ```
   Dim HojaExcel As Object
   ```

2. Asigne a la variable un ejemplar de la clase utilizando la función **CreateObject** o **GetObject**.

   ```
   Set HojaExcel = CreateObject("Excel.Sheet.5")
   ```

En cualquier caso, a continuación, utilice los métodos y propiedades del objeto para ejecutar tareas.

```
HojaExcel.Application.Visible = True
HojaExcel.Cells(1, 1).Value = "Hola"
HojaExcel.Cells(1, 2).Value = "Adiós"
HojaExcel.PrintOut
```

Cuando finalice el trabajo con la variable objeto, asígnele el valor **Nothing**.

```
Set HojaExcel = Nothing
```

Nota: el idioma a utilizar con los nombres de las propiedades y métodos depende de la versión en castellano o en inglés que tenga de la biblioteca del componente *ActiveX*. Por ejemplo, si está utilizando la biblioteca de tipos de Excel en castellano, podrá escribir:

```
HojaExcel.Aplicación.Visible = True
HojaExcel.Celdas(1, 1).Value = "Hola"
```

El autor utilizará la biblioteca de tipos en inglés porque la biblioteca en castellano presenta diferentes problemas quizás por defectos en la traducción. Un ejemplo lo tiene en la última línea del ejemplo anterior; hemos utilizado la propiedad **Value** porque **Valor** no es reconocida, a pesar de lo indicado por el *examinador de objetos*.

Prioridad de las referencias

Cuando en el código se hace referencia a un objeto, Visual Basic busca en las bibliotecas de objetos relacionadas en la lista *Referencias disponibles* de la caja de diálogo *Referencias*, en el mismo orden en el que aparecen. Por lo tanto, si dos aplicaciones utilizan el mismo nombre para un objeto, Visual Basic toma la primera definición que aparece. Para alterar el orden de una biblioteca de objetos, la caja de diálogo *Referencias* incluye dos botones de prioridad que permiten subir o bajar una referencia específica a otra posición en la lista

Acceso a los objetos de otras aplicaciones

Independientemente de que un componente *ActiveX* proporcione o no una biblioteca de tipos, puede utilizar la función **CreateObject** para crear un objeto nuevo y asignar una referencia al mismo a una variable objeto, o bien la función **GetObject** para asignar a una variable objeto una referencia a un objeto existente. No obstante, para manipular el objeto es necesario conocer qué métodos y propiedades tiene, para lo que tendrá que recurrir a la documentación del componente *ActiveX*. Por ejemplo, si se trata del componente Excel tendrá que recurrir al fichero de ayuda *vbaxl.hlp* o similar.

La función **CreateObject** tiene la siguiente sintaxis:

Set *VariableObjeto* = **CreateObject(***clase***)**

donde *VariableObjeto* es una variable de tipo **Object** (suponiendo que no hay una biblioteca de objetos) o de una clase específica proporcionada por la biblioteca de tipos, utilizada para referenciar el objeto creado. Y *clase* utiliza la sintaxis *"Aplicación.TipoObjeto"*. *Aplicación* es la aplicación que produce el objeto y *TipoObjeto* es el tipo o clase de objeto a crear, aunque no tiene exactamente que coincidir con el nombre de una clase de la biblioteca. Por ejemplo, *Aplicación* para un objeto de Microsoft Excel es *Excel* y *TipoObjeto* es *Sheet* en lugar de *Worksheet* (los calificativos de *Aplicación* puede verlos en el registro de Windows buscando por *Aplicación*).

```
Private HojaExcel As Excel.Worksheet
Set HojaExcel = CreateObject("Excel.Sheet.5")
```

Cuando se ejecuta la última sentencia del ejemplo anterior, se arranca la aplicación que proporciona el objeto (Microsoft Excel) y se crea un objeto de la clase especificada (*Worksheet*). A diferencia de cuando se crea un objeto vinculado o incrustado, cuando se crea un objeto de una clase de un componente no se visualiza una imagen de los datos asociados, ni los datos del objeto son mantenidos por Visual Basic. Este objeto forma parte de la aplicación que lo ha creado, pero puede ser manipulado por Visual Basic utilizando la referencia al objeto.

Excel como componente ActiveX

Cree un nuevo proyecto Visual Basic, añada al formulario seis botones de pulsación como muestra la figura siguiente y guárdelo con el nombre *XlsActiveX.vbp*.

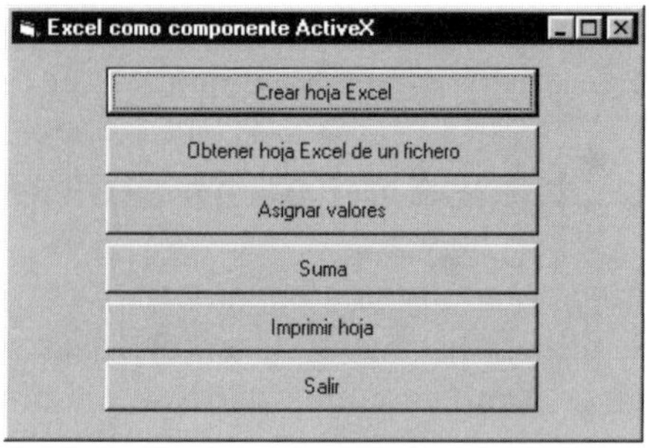

Declare a nivel del formulario la variable que referenciará el objeto hoja de cálculo:

```
Private HojaExcel As Excel.Worksheet
```

Cuando el usuario haga clic en el botón *Crear hoja Excel* se creará un objeto hoja de cálculo. Por lo tanto, el procedimiento asociado con este botón será:

```
Private Sub CrearHoja_Click()
  Set HojaExcel = CreateObject("Excel.Sheet.5")
  HojaExcel.Application.Visible = True
End Sub
```

La propiedad **Application** referencia al objeto aplicación Microsoft Excel y la propiedad **Visible** de éste es puesta a **True** para visualizar Excel.

El botón *Asignar valores* establecerá una serie de valores en unas celdas determinadas. El procedimiento asociado con este botón es:

```
Private Sub AsignarValores_Click()
  Dim L As Integer, C As Integer, Valor
  If HojaExcel Is Nothing Then Exit Sub
  C = 3
  For L = 1 To 5
    Valor = InputBox("Celda(" & L & "," & C & ")")
    HojaExcel.Cells(L, C).Value = Valor
  Next
End Sub
```

El método **Cells** devuelve un objeto **Range** que representa una sola celda. La propiedad **Value** de una celda representa el valor de dicha celda. Como en este caso **Value** es la propiedad predeterminada se podría omitir.

Un objeto **Range** representa un conjunto de celdas. Devuelve un objeto **Range**. Por ejemplo, la tabla siguiente ilustra algunas referencias de estilo *A1* usando el método **Range**:

Referencia	Significado
Range("A1:C7")	Celdas A1 a C7
Range("C7")	Celda C7
Range("C1:D6,G7:H14")	Una selección de área múltiple
Range("B:B")	Columna B
Range("3:3")	Fila 3
Range("C:H")	Columnas C a H
Range("1:8")	Filas 1 a 8
Range("1:1,3:3,5:5")	Filas 1, 3 y 5
Range("A:A,D:D,G:G")	Columnas A, D y G

La finalidad del botón *Suma* es obtener la suma de los valores asignados a las celdas *C1:C5*. El procedimiento asociado se muestra a continuación:

```
Private Sub Suma_Click()
  If HojaExcel Is Nothing Then Exit Sub
  HojaExcel.Cells(7, 3).Formula = "=SUM(C1:C5)"
  HojaExcel.Cells(7, 3).Font.Bold = True
End Sub
```

La propiedad **Formula** devuelve o establece la fórmula del objeto, en notación modelo *A1*. La fórmula es una cadena de caracteres. La propiedad **FormulaL1C1** devuelve o establece la fórmula del objeto, en notación modelo *L1C1*.

La propiedad **Font** devuelve el objeto **Font**. Los atributos de la fuente son propiedades del objeto **Font**.

Las líneas que se pueden observar a continuación producen el mismo resultado que las dos últimas líneas del procedimiento anterior. En este caso, para acceder a la celda *C7* hemos utilizado el método **Range** en lugar de **Cells**.

```
HojaExcel.Range("C7").Formula = "=SUM(C1:C5)"
HojaExcel.Range("C7").Font.Bold = True
```

Las líneas que se pueden observar a continuación producen el mismo resultado que el ejemplo anterior:

```
HojaExcel.Range("C7").Formula = "=SUM(C1:C5)"
HojaExcel.Range("C7").Select
HojaExcel.Application.ActiveCell.Font.Bold = True
```

El método **Select** permite seleccionar un objeto. Para seleccionar una celda o un rango de celdas, utilice el método **Select**. Para activar sólo una celda, utilice el método **Activate**.

La propiedad **ActiveCell** devuelve un objeto **Range** que representa la celda activa de la ventana activa.

Al trabajar con Microsoft Excel, generalmente selecciona una o varias celdas y, a continuación, lleva a cabo una acción, como dar formato a las celdas o introducir valores en ellas. En Visual Basic no suele ser necesario seleccionar las celdas antes de modificarlas. El método **Select** activa hojas y objetos de hojas; la propiedad **Selection** devuelve un objeto que representa la selección actual de la hoja activa del libro activo. Para utilizar la propiedad **Selection** es necesario activar un libro, activar o seleccionar una hoja y, a continuación, seleccionar un rango (u otro objeto) empleando el método **Select**.

Las líneas que se pueden observar a continuación producen el mismo resultado que el ejemplo anterior:

```
HojaExcel.Range("C7").Formula = "=SUM(C1:C5)"
HojaExcel.Range("C7").Select
HojaExcel.Application.Selection.Font.Bold = True
```

Si el usuario quiere imprimir la hoja de cálculo hará clic en el botón *Imprimir hoja* cuyo procedimiento asociado es:

```
Private Sub ImprimirHoja_Click()
  If HojaExcel Is Nothing Then Exit Sub
  On Error Resume Next 'para cuando cancele la impresión
  HojaExcel.PrintOut
End Sub
```

La sintaxis del método **PrintOut** es:

Object.**PrintOut**(*from, to, copies, preview, activePrinter, printToFile, collate*)

Todos los parámetros son opcionales. *Object* hace referencia al objeto que se imprime; *from* es el número de la página por la que se empieza a imprimir (si se omite, la impresión comienza por el principio); *to* es el número de la última página a imprimir (si se omite, la impresión se realiza hasta la última página); *copies* establece el número de copias que deben imprimirse (si se omite, se imprimirá una sola copia); *preview*, cuando es **True**, hace que Microsoft Excel invoque la presentación preliminar antes de imprimir el objeto, y si es **False** o se omite, se imprime el objeto inmediatamente; *activePrinter* establece el nombre de la impresora activa; *printToFile* envía la impresión a un fichero cuando es **True** (Microsoft Excel pedirá al usuario que introduzca el nombre del fichero de salida; no es posible especificar el nombre del fichero de salida desde Visual Basic); con *collate*, si es **True**, se intercalarán varias copias.

Para finalizar la aplicación, el usuario hará clic en el botón *Salir*. El procedimiento asociado con este botón pregunta al usuario si quiere guardar la hoja de cálculo y si quiere o no cerrar la aplicación Excel.

```
Private Sub Salir_Click()
  Dim Resp As Integer, NombreFichero As String

  If Not (HojaExcel Is Nothing) Then
    Resp = MsgBox("¿Desea guardar la hoja?", vbYesNo, "Mensaje:")
    If Resp = vbYes Then
      Do
        NombreFichero = HojaExcel.Application.GetSaveAsFilename
      Loop Until NombreFichero <> ""
      HojaExcel.SaveAs NombreFichero
    End If
    Resp = MsgBox("¿Desea cerrar Excel?", vbYesNo, "Mensaje:")
    If Resp = vbYes Then
      On Error Resume Next 'para cuando Excel esté cerrada
      HojaExcel.Application.Quit
    End If
  End If
  ' Destruir el objeto hoja de cálculo
  Set HojaExcel = Nothing
  End
End Sub
```

El método **GetSaveAsFilename** presenta el cuadro de diálogo estándar *Guardar como* y devuelve el nombre del fichero que selecciona el usuario.

El método **SaveAs** guarda los cambios realizados a la hoja o al libro en el fichero especificado.

El método **Quit** sale de Microsoft Excel. Observe también, cómo al salir ponemos la variable objeto *HojaExcel* a valor **Nothing** para destruir el objeto hoja de cálculo. Lo que sucede es que se liberaran los recursos del sistema ocupados por el objeto y se reduce el contador de referencias del objeto, si procede.

Obtener un objeto OLE existente en la aplicación

Para establecer una referencia a un objeto proporcionado por un componente *ActiveX* hay que utilizar la función **GetObject**, cuya sintaxis es la siguiente:

Set *VariableObjeto* = **GetObject(**[*RutaFichero*][, *clase*]**)**

El argumento *RutaFichero* es la ruta completa del fichero que contiene el objeto que se desea recuperar; puede ser una cadena vacía u omitirse. Por ejemplo:

```
Private HojaExcel As Excel.Worksheet
Set HojaExcel = GetObject(App.Path & "\hoja1.xls")
```

Si el fichero almacena más de una clase de objetos, utilice el argumento opcional *clase* para especificar qué objeto del fichero desea activar. Por ejemplo:

```
Set MiObjeto = GetObject("c:\dir01\midoc.cbn", "MiApp.Chart")
```

Si el argumento *RutaFichero* es una cadena de longitud cero (""), **GetObject** devuelve una instancia del nuevo objeto del tipo especificado:

```
Dim MiHoja As Excel.Worksheet
Set MiHoja = GetObject("", "Excel.Sheet")
```

En el supuesto de que el componente *ActiveX* no esté ejecutándose (en nuestro caso *Excel*) la línea anterior lo ejecuta y obtiene una referencia a un objeto hoja de cálculo que se crea nuevo. Para hacer visible la aplicación Excel, recuerde que tiene que ejecutar:

```
MiHoja.Application.Visible = True
```

Si el argumento *RutaFichero* se omite, **GetObject** devuelve el objeto activo actual del tipo especificado. Si no existe ningún objeto del tipo especificado, se produce un error. Por ejemplo:

```
Dim MiHoja As Excel.Application
Set MiHoja = GetObject(, "Excel.Application")
```

Cuando se ejecuta el ejemplo anterior, el componente *ActiveX* (en nuestro caso *Excel*) debe estar en ejecución, de lo contrario se producirá un error.

Obtener un objeto guardado en un fichero

Para obtener un objeto de un componente *ActiveX* almacenado en un fichero utilizaremos la función **GetObject**. Por ejemplo, modifique la aplicación anterior para que incluya un nuevo botón que permita obtener una hoja de cálculo que se supone almacenada en el directorio actual de la aplicación. El procedimiento asociado sería el siguiente:

```
Private Sub ObtenerHoja_Click()
  Dim NombreHoja As String
  On Error GoTo RutinaError
NombreHoja:
  NombreHoja = InputBox("Nombre de la hoja")
  If NombreHoja = "" Then Exit Sub ' se pulsó Cancelar
```

```
  ' Buscamos la hoja en el directorio de la aplicación
  Set HojaExcel = GetObject(App.Path & "\" & NombreHoja)
  HojaExcel.Application.Visible = True
  ' Activar la ventana que contiene la hoja de cálculo
  HojaExcel.Application.Windows(NombreHoja).Activate
  Exit Sub
RutinaError:
  MsgBox Err.Description
  If Err = 432 Then Resume NombreHoja
End Sub
```

La colección **Windows** del objeto **Application** contiene todos las ventanas de la aplicación, mientras que la colección **Windows** del objeto **Workbook** contiene únicamente las ventanas del libro especificado. Un libro puede agrupar varias hojas de cálculo.

El método **Activate** activa el objeto especificado. En el ejemplo anterior, trae la ventana al frente del orden Z.

Word como componente ActiveX: WordBasic

Word como componente *ActiveX* ofrece a una aplicación cliente un único objeto denominado "Basic". Usted utiliza el objeto "Basic" para enviar a Word instrucciones de *WordBasic*. Las instrucciones de *WordBasic* pueden devolver números o cadenas directamente a la aplicación cliente, lo cual permite utilizar instrucciones de *WordBasic* como una extensión del lenguaje de programación de la aplicación cliente. A partir de Word 97, *WordBasic* fue reemplazado por *Visual Basic for Applications* (VBA). En este apartado utilizaremos *WordBasic* como lenguaje para manipular Word y en un próximo apartado lo veremos con VBA.

Cree un nuevo proyecto Visual Basic, añada al formulario dos etiquetas, dos cajas de texto, un control de datos ADO, otra etiqueta más, dos botones de pulsación y colóquelos como muestra la figura siguiente. A continuación, guarde el proyecto con el nombre *carta.vbp*.

Las cajas de texto permitirán visualizar los campos *Título* y *Autor* de la tabla *Libros* de una base de datos *LibrosRevs.mdb*. La navegación por la base de datos se hará con un control de datos. Esta primera parte no requiere código y tiene como finalidad simplemente ver el contenido de la base de datos.

La segunda parte que requiere código escrito, permitirá confeccionar una carta utilizando Microsoft Word como componente *ActiveX*.

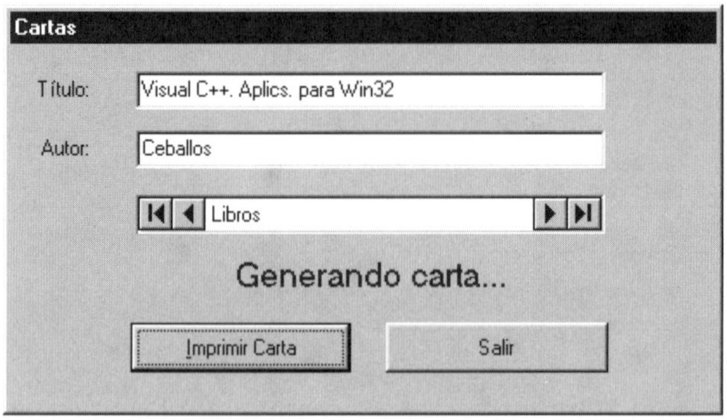

El primer paso para poner Word a disposición de una aplicación cliente consiste en definir una variable objeto que hará referencia al objeto "Basic" en Word. En Visual Basic debe declarar una variable de tipo **Object**. Por lo tanto, declare a nivel del formulario la variable siguiente:

```
Private DocWord As Object 'objeto OLE de Word
```

Antes de utilizar la variable objeto, debe asignar a la misma una referencia a un objeto de tipo "Basic", para lo cual debe crear una instancia de esta clase de objeto. En Visual Basic debe utilizar la función **CreateObject** para crear un objeto y la palabra clave **Set** para asignarlo a la variable objeto. Por ejemplo:

```
Set DocWord = CreateObject("Word.Basic")
```

Una vez que haya puesto el objeto "Basic" a disposición de la aplicación cliente, podrá utilizar la mayoría de las instrucciones o funciones de *WordBasic* para actuar sobre Word y sobre documentos de Word. Utilice las instrucciones de *WordBasic* de la misma forma en que lo haría en las macros de Word. Puede encontrar una referencia a cada una de estas instrucciones en el fichero de ayuda de Word denominado *Wrdbasic.hlp*.

Continuando con la aplicación, cuando ésta se inicie deseamos que la etiqueta "Generando carta..." esté oculta. Para ello, añada al procedimiento *Form_Load* el código que se indica a continuación:

```
Private Sub Form_Load()
  Label3.Visible = False 'ocultar etiqueta de "Generando carta"
End Sub
```

Después el usuario podrá navegar por la base de datos o imprimir una carta. Para realizar esta última acción, pulsará el botón *Imprimir Carta*, lo que hará que se ejecute el procedimiento que se expone a continuación, que en resumen, realiza las operaciones siguientes:

- Inicia una copia de Word.
- Crea un nuevo documento.
- Inserta el texto en el documento.
- Accede al conjunto de registros de la tabla *Libros* de la base de datos.
- Inserta en el texto los títulos de los libros obtenidos de la base de datos.
- Lanza la impresión del documento compuesto.
- Opcionalmente visualiza el documento.

```
Private Sub ImprimirCarta_Click()
  Dim Libro As String 'para almacenar el título del libro
  Dim r As Integer    'valor devuelto por MsgBox
  Dim n As Integer

  Label3.Visible = True 'visualizar etiqueta "Generando carta..."
  Screen.MousePointer = vbHourglass 'reloj de arena
  'Iniciar una copia de Word
  Set DocWord = CreateObject("Word.Basic")
  'Crear un nuevo documento vacío (equivale a FileNew)
  DocWord.ArchivoNuevo
  DocWord.Negrita 'equivale a Bold
  DocWord.Insertar "Estimado Sr. " & "Fulano:"
          'insertar equivale a Insert
  DocWord.Insertar vbCrLf 'insertar retorno de carro
  DocWord.Insertar vbTab 'sangrar el texto
  DocWord.Insertar "La editorial RA-MA tiene el gusto de "
  DocWord.Insertar "enviarle los títulos por usted solicitados "
  DocWord.Insertar "del autor " & Text2.Text & "."
  DocWord.Insertar vbCrLf
  DocWord.Insertar vbTab 'sangrar el texto
  DocWord.Insertar "Al mismo tiempo aprovechamos para "
  DocWord.Insertar "adjuntarle el catálogo de nuestras "
  DocWord.Insertar "publicaciones que podrá obtener en "
  DocWord.Insertar "su librería habitual."
  DocWord.Insertar vbCrLf

  'Acceder a los registros de la base de datos
  n = 1
  While Not Adodc1.Recordset.EOF
    'Para evitar que libro sea campo nulo (valor Null)
    If Not IsNull(Adodc1.Recordset.Fields("Título")) Then
      Libro = Adodc1.Recordset.Fields("Título")
    Else
      Libro = " "
    End If
    'Si libro fuera Null el programa causaría un error
```

```
      DocWord.Insertar Libro & vbCrLf
      Adodc1.Recordset.MoveNext
      DoEvents 'ejecutar mensajes de otras aplicaciones
      n = n + 1
    Wend
    Adodc1.Recordset.MoveFirst
    DocWord.ArchivoImprimirPredeter 'lanzar la tarea de impresión
    Form1.SetFocus 'volver al formulario antes de MsgBox
    r = MsgBox("¿Desea ver el documento?", vbYesNo, "Atención:")
    If r = vbYes Then
      AppActivate "Microsoft Word"
    Else
      DocWord.ArchivoCerrar 2 'cerrar sin guardar (2)
      Set DocWord = Nothing   'liberar los recursos
    End If
    Label3.Visible = False  'ocultar la etiqueta "Generando carta"
    Screen.MousePointer = vbDefault 'restaurar el puntero del ratón
  End Sub
```

Para finalizar la aplicación el usuario pulsará el botón *Salir* cuyo procedimiento asociado es el siguiente:

```
Private Sub Salir_Click()
  On Error Resume Next
  DocWord.ArchivoCerrar 0 'pregunta al usuario si desea guardarlo
  If Not (DocWord Is Nothing) Then Set DocWord = Nothing
  End
End Sub
```

Obtener un documento guardado en un fichero Word

La aplicación anterior permitía construir cartas partiendo de un documento Word nuevo. Tanto el texto como los datos procedentes de una base de datos, eran insertados directamente por la aplicación Visual Basic. Otra forma de elaborar una carta puede ser partiendo de un documento Word con una serie de huecos a rellenar. Esto permite enviar una misma carta a diferentes personas, sólo con incluir los datos particulares de dicha persona en los lugares adecuados.

Una forma de construir una carta de este tipo, es editar el documento Word y establecer una marca en cada lugar donde se deba insertar un dato particular. Para insertar una marca en un documento Word, coloque el punto de inserción en el lugar del texto donde desea incluirla y ejecute la orden *Marcador...* del menú *Edición*. Esto hará que se visualice una ventana como la siguiente:

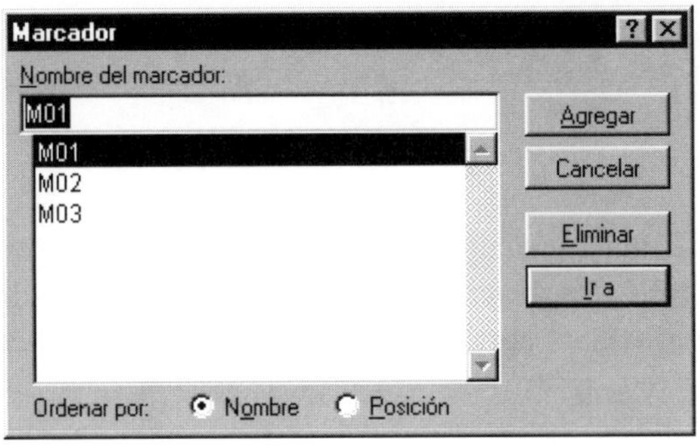

Observe que a cada marca se le asigna un nombre. Para nuestra aplicación hemos elegido los nombres *M01*, *M02* y *M03*. En *M01* insertaremos el *Nombre*, en *M02* la *Dirección* y en *M03* la fecha actual.

Los datos que hay que insertar en el lugar indicado por las marcas procederán de una base de datos. En nuestro caso, proceden de la tabla *Direcciones* de una base de datos *Clientes.mdb*.

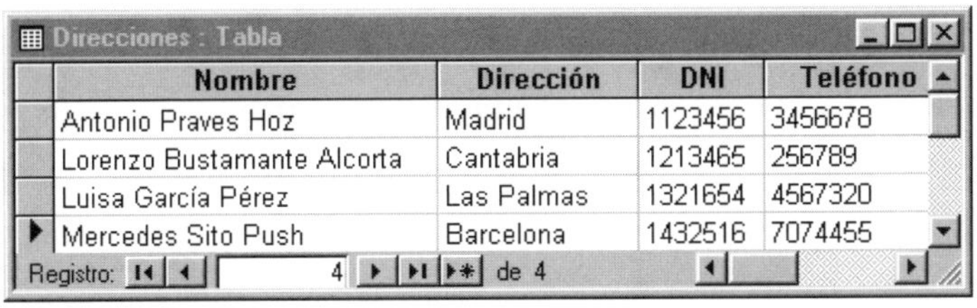

El siguiente paso es diseñar una aplicación que partiendo de esta base de datos produzca una carta idéntica para cada persona de la base de datos, en la que solo variarán los datos *Nombre*, *Dirección* y fecha, que para todos será la actual.

Según lo expuesto, inicie una nueva aplicación con los controles que muestra la figura siguiente. Después, guarde la aplicación con el nombre *cartas.vbp*.

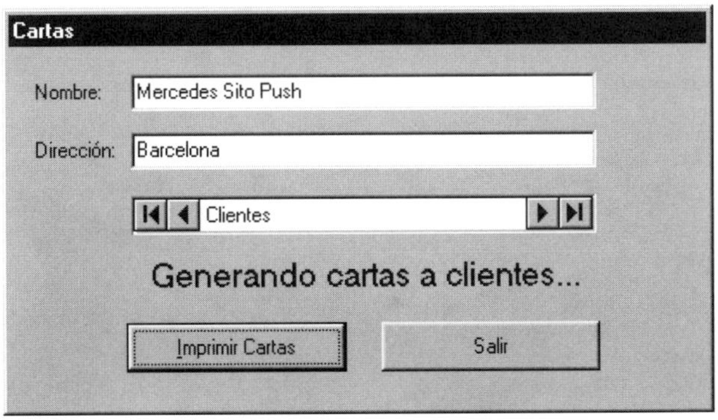

El primer paso para poner Word a disposición de una aplicación cliente consiste en definir una variable objeto que hará referencia al objeto "Basic" en Word:

```
Private DocWord As Object 'documento de Word
```

Cuando el usuario ejecute la aplicación, deseamos que la etiqueta "Generando cartas a clientes..." permanezca oculta hasta que haga clic en el botón *Imprimir Cartas*. Para ello, añada al procedimiento *Form_Load* el código siguiente:

```
Private Sub Form_Load()
  Label3.Visible = False 'ocultar la etiqueta "Generando cartas..."
End Sub
```

A continuación, igual que en la aplicación anterior, el usuario podrá navegar por la base de datos o imprimir cartas a clientes. Para realizar esta última acción, pulsará el botón *Imprimir Cartas*, lo que hará que se ejecute el procedimiento que se expone a continuación, que en resumen, realiza las operaciones siguientes:

- Declara una matriz *DatoVariable* de cadenas para almacenar los datos nombre, dirección y fecha actual.
- Obtiene la fecha actual, el nombre del documento y el número de marcadores insertados en el mismo.
- Inicia una copia de Word y accede a la base de datos *Clientes.mdb.*
- Por cada registro de la base, imprime una carta insertando los datos nombre y dirección obtenidos de cada uno de los registros.

```
Private Sub ImprimirCarta_Click()
  Dim DatoVariable(1 To 3) As String, fNombre As String
  Dim x As Integer           'variable auxiliar
  Dim marcadores As Integer ' número de marcadores en el documento

  Label3.Visible = True 'visualizar etiqueta "Generando cartas..."
  Screen.MousePointer = vbHourglass 'reloj de arena
  'Obtener la fecha
  DatoVariable(3) = Format(Now, "d-mmmm-yyyy")
  'Nombre del documento
  fNombre = InputBox("Nombre del documento:", , "carta.doc")
  If fNombre = "" Then GoTo Salir
  marcadores = InputBox("Nro. de marcadores en el documento:", , 1)
  If marcadores <= 0 Then GoTo Salir

  'Iniciar una copia de Word
  Set DocWord = CreateObject("Word.Basic")

  'Acceder a los registros de la base de datos
```

```
    While Not Adodc1.Recordset.EOF
      'Si algún campo fuera Null el programa causaría un error
      If Not IsNull(Adodc1.Recordset.Fields("Nombre")) Then
        DatoVariable(1) = Adodc1.Recordset.Fields("Nombre")
      Else
        DatoVariable(1) = " "
      End If
      If Not IsNull(Adodc1.Recordset.Fields("Dirección")) Then
        DatoVariable(2) = Adodc1.Recordset.Fields("Dirección")
      Else
        DatoVariable(2) = " "
      End If
      'Llamar al procedimiento que escribe la carta
      Documento DatoVariable(), marcadores, fNombre
      Adodc1.Recordset.MoveNext
      DoEvents 'ejecutar mensajes de otras aplicaciones
    Wend
    Adodc1.Recordset.MoveFirst
  Salir:
    Label3.Visible = False 'ocultar la etiqueta "Generando cartas..."
    Form1.SetFocus 'volver al formulario antes del MsgBox
    Screen.MousePointer = vbDefault 'restaurar ratón
  End Sub
```

Este procedimiento llama por cada registro de la base de datos, al procedimiento *Documento* pasándole como argumentos el nombre, la dirección y la fecha actual para insertarlos en el documento Word que deseamos imprimir.

El procedimiento *Documento* que se presenta a continuación, abre el documento Word *fNom*, inserta los datos nombre, dirección y fecha en los lugares indicados por los marcadores *M01*, *M02* y *M03*, respectivamente, imprime el documento y lo cierra.

```
Private Sub Documento(DatoVar() As String, marc As Integer, fNom As String)
  Dim x As Integer    'variable auxiliar

  'Abrir el documento fNom que suponemos en el directorio de app
  DocWord.ArchivoAbrir App.Path & "\" & fNom, 0, 1
  'Insertar los datos variables en el documento
  For x = 1 To marc
    'Los marcadores se han nombrado M01 y M02
    DocWord.EdiciónMarcador "M" & Format(x, "00"), 0, 0, 0, 1
    DocWord.Insertar DatoVar(x)
  Next x
  DocWord.ArchivoImprimirPredeter 'lanzar la tarea de impresión
  DoEvents 'ejecutar mensajes de otras aplicaciones
  DocWord.ArchivoCerrar 2 'cerrar el documento sin guardarlo
End Sub
```

Para finalizar la aplicación el usuario pulsará el botón *Salir* cuyo procedimiento asociado es el siguiente:

```
Private Sub Salir_Click()
  On Error Resume Next 'por si ya estuviera cerrado el documento
  DocWord.ArchivoCerrar 0 'pregunta al usuario si desea guardarlo
  If Not (DocWord Is Nothing) Then Set DocWord = Nothing
  End
End Sub
```

Word como componente ActiveX: VBA

El lenguaje Visual Basic para Aplicaciones (*Visual Basic for Applications*: VBA) se incluye con Word a partir de Word 97, reemplazando a *WordBasic*. VBA trabaja de forma muy diferente a *WordBasic*, pero conociendo Visual Basic es mucho más sencillo de utilizar. No obstante, VBA en Word incluye soporte total para *WordBasic* a través de la propiedad **WordBasic**.

Si usted dispone de plantillas Word 95 con macros que necesita utilizar con Word 97, puede abrir las plantillas con Word 97 y dejar que Word convierta las macros a procedimientos VBA.

La diferencia fundamental entre *VBA* y *WordBasic* está en que el lenguaje *WordBasic* se basa en una lista de más o menos 900 sentencias, y *VBA* se basa en una jerarquía de objetos, cada uno de los cuales expone un conjunto específico de métodos y propiedades, similares a las sentencias y funciones de *WordBasic*.

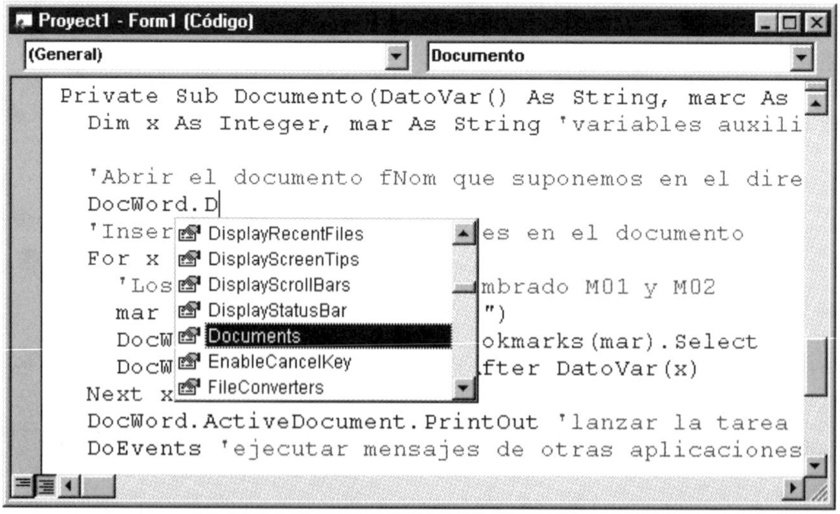

Para realizar una tarea en Visual Basic, deberá especificar el objeto adecuado. Por ejemplo, si desea aplicar formatos de caracteres del cuadro de diálogo *Fuente*, utilice el objeto **Font**. A continuación, deberá determinar cómo se atravesará la jerarquía de objetos de Word desde el objeto **Application** hasta el objeto **Font**; es decir, los objetos que contienen el objeto **Font** que desea modificar. Una vez determinada la ruta de acceso del objeto (por ejemplo, *Selection.Font*), utilice el *Examinador de objetos*, la *Ayuda* proporcionada por *vbawrd8.hlp*, o bien el *Generador automático de instrucciones* del editor de Visual Basic, que puede observar en la figura anterior, para determinar las propiedades y los métodos que pueden aplicarse al objeto.

Como ejemplo vamos a escribir la misma aplicación anterior, pero ahora utilizando VBA en lugar de *WordBasic*. Cree un nuevo proyecto Visual Basic y diseñe un formulario como el mostrado en la figura siguiente. Después, guárdelo con el nombre *cartas.vbp*.

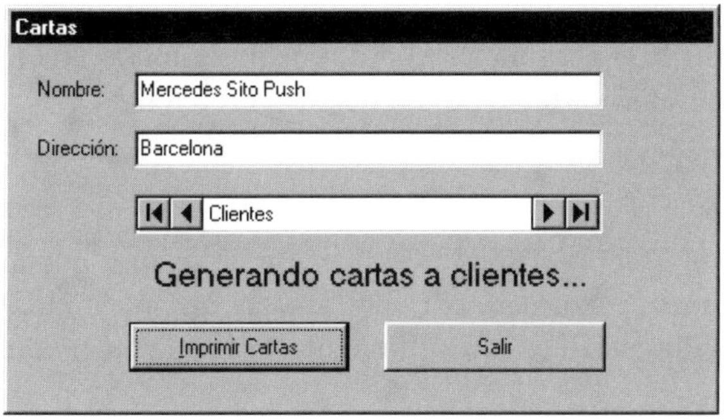

Puesto que el proyecto *carta.vbp* va a trabajar con la base de datos *clientes.mdb* a través de un control de datos ADO, es previo agregar este control. Por lo tanto, ejecute la orden *Componentes* del menú *Proyecto* y seleccione *Microsoft ADO Data Control.*

Asimismo, como también queremos utilizar un documento Word, antes de empezar a escribir el código ejecute la orden *Referencias* del menú *Proyecto* para establecer una referencia a la biblioteca de objetos de Microsoft Word. Si no apareciera, utilice el botón *Examinar* y abra el fichero *MSWord8.olb.*

Ahora, su aplicación Visual Basic contiene una referencia a la biblioteca de objetos de Microsoft Word. Si abre el *examinador de objetos*, podrá ver las clases de objetos que proporciona Word, así como sus métodos y propiedades. En el examinador de objetos puede seleccionar un método o propiedad en la lista *Miembros* y solicitar ayuda haciendo clic en el botón de *Ayuda* (en Word 97 el nombre del fichero de ayuda es *vbawrd8.hlp*).

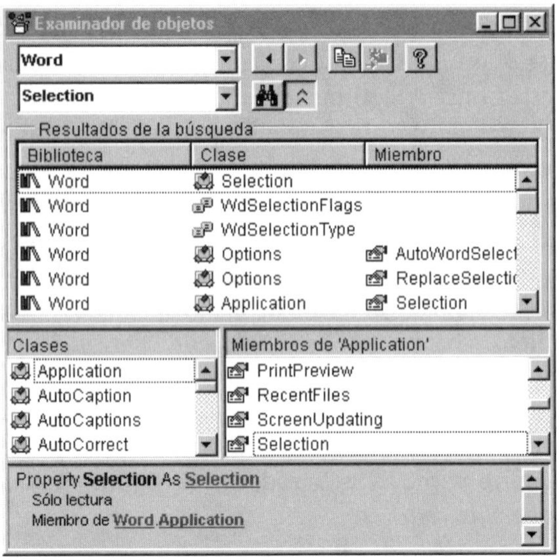

El primer paso para poner Word a disposición de una aplicación cliente consiste en definir una variable objeto que haga referencia al objeto Word:

```
Private DocWord As Word.Application 'aplicación Word
```

Cuando el usuario ejecute la aplicación, deseamos que la etiqueta "Generando cartas a clientes..." permanezca oculta hasta que haga clic en el botón *Imprimir Cartas*. Para ello, añada al procedimiento *Form_Load* el código siguiente:

```
Private Sub Form_Load()
  Label3.Visible = False 'ocultar la etiqueta "Generando cartas..."
End Sub
```

A continuación, igual que en la aplicación anterior, el usuario podrá navegar por la base de datos o imprimir cartas a clientes. Para realizar esta última acción, pulsará el botón *Imprimir Cartas*, lo que hará que se ejecute el procedimiento que se expone a continuación, que en resumen, realiza las operaciones siguientes:

- Declara una matriz *DatoVariable* de cadenas para almacenar los datos nombre, dirección y fecha actual.
- Obtiene la fecha actual, el nombre del documento y el número de marcadores insertados en el mismo.
- Inicia una copia de Word y accede a la base de datos *Clientes.mdb*.
- Por cada registro de la base, imprime una carta insertando los datos nombre y dirección obtenidos de cada uno de los registros.

```
Private Sub ImprimirCarta_Click()
  Dim DatoVariable(1 To 3) As String, fNombre As String
  Dim x As Integer          'variable auxiliar
  Dim marcadores As Integer 'número de marcadores en el documento

  Label3.Visible = True 'visualizar etiqueta "Generando cartas..."
  Screen.MousePointer = vbHourglass 'reloj de arena
  'Obtener la fecha
  DatoVariable(3) = Format(Now, "d-mmmm-yyyy")
  'Nombre del documento
  fNombre = InputBox("Nombre del documento:", , "carta.doc")
  If fNombre = "" Then GoTo Salir
  marcadores = InputBox("Nro. de marcadores en el documento:", , 1)
  If marcadores <= 0 Then GoTo Salir

  'Iniciar una copia de Word
  Set DocWord = New Word.Application
  DocWord.Application.Visible = True

  'Acceder a los registros de la base de datos
  While Not Adodc1.Recordset.EOF
    'Si algún campo fuera Null el programa causaría un error
    If Not IsNull(Adodc1.Recordset.Fields("Nombre")) Then
      DatoVariable(1) = Adodc1.Recordset.Fields("Nombre")
    Else
      DatoVariable(1) = " "
    End If
    If Not IsNull(Adodc1.Recordset.Fields("Dirección")) Then
      DatoVariable(2) = Adodc1.Recordset.Fields("Dirección")
    Else
      DatoVariable(2) = " "
    End If
    'Llamar al procedimiento que escribe la carta
    Documento DatoVariable(), marcadores, fNombre
    Adodc1.Recordset.MoveNext
    DoEvents 'ejecutar mensajes de otras aplicaciones
  Wend
  Adodc1.Recordset.MoveFirst
Salir:
  Label3.Visible = False 'ocultar la etiqueta "Generando cartas..."
  Form1.SetFocus 'volver al formulario antes del MsgBox
  Screen.MousePointer = vbDefault 'restaurar ratón
End Sub
```

Este procedimiento llama por cada registro de la base de datos, al procedimiento *Documento* pasándole como argumentos el nombre, la dirección y la fecha actual para insertarlos en el documento Word que deseamos imprimir.

El procedimiento *Documento* que se presenta a continuación, abre el documento Word *fNom*, inserta los datos nombre, dirección y fecha en los lugares indicados por los marcadores *M01*, *M02* y *M03*, respectivamente, imprime el documento y lo cierra.

```
Private Sub Documento(DatoVar() As String, marc As Integer, fNom As String)
  Dim x As Integer, mar As String 'variables auxiliares

  'Abrir el documento fNom que suponemos en el directorio de app
  DocWord.Documents.Open App.Path & "\" & fNom
  'Insertar los datos variables en el documento
  For x = 1 To marc
    'Los marcadores se han nombrado M01 y M02
    mar = "M" & Format(x, "00")
    DocWord.ActiveDocument.Bookmarks(mar).Select
    DocWord.Selection.InsertAfter DatoVar(x)
  Next x
  DocWord.ActiveDocument.PrintOut 'lanzar la tarea de impresión
  DoEvents 'ejecutar mensajes de otras aplicaciones

  'Cerrar el documento sin guardarlo
  DocWord.ActiveDocument.Close wdDoNotSaveChanges
End Sub
```

Para finalizar la aplicación el usuario pulsará el botón *Salir* cuyo procedimiento asociado es el siguiente:

```
Private Sub Salir_Click()
  On Error Resume Next 'por si ya estuviera cerrado el documento
  'Pregunta al usuario si desea guardar los cambios
  DocWord.ActiveDocument.Close wdPromptToSaveChanges
  DocWord.Quit
  If Not (DocWord Is Nothing) Then Set DocWord = Nothing
  End
End Sub
```

CAPÍTULO 16

CREAR CONTROLES ACTIVEX

Según comentamos en el capítulo anterior, una de las extensiones de COM es OLE y una vertiente de OLE son los controles OLE, también denominados controles OCX (*OLE Custom control*), evolución natural de los controles VBX característicos de Visual Basic. Así mismo OLE (*Object Linking and Embedding*) ha evolucionado convirtiéndose en un proyecto que va mucho más allá de la vinculación e incrustación de objetos, de ahí que Microsoft prefiriera no conservar el nombre OLE para esta nueva tecnología, por lo que la rebautizó como *ActiveX*. Según esto los controles *OCX* de versiones anteriores han pasado ahora a ser controles *ActiveX*. Esto no significa que un control *OCX* sea exactamente un control *ActiveX*, dado que un control *ActiveX* puede ser un fichero ejecutable (*.exe*), una biblioteca dinámica (*.dll*), o bien puede estar contenido en un fichero *OCX* (uno o más controles *ActiveX*), situación bastante habitual.

CONTROL ACTIVEX

Un control *ActiveX* es un objeto que encapsula propiedades, atributos y eventos, y que se ejecuta en el mismo proceso que la aplicación cliente. Hacemos esta observación porque anteriormente hemos visto los servidores automatizados, los cuales son componentes *ActiveX* que a diferencia de los controles no se ejecutan localmente en nuestra aplicación, sino que proporcionan una interfaz para que otras aplicaciones al margen de la nuestra puedan utilizarlo.

La utilización de objetos *ActiveX* es evidente en Internet. Por ejemplo, una página HTML que utilice esta tecnología puede ser animada, cargar ficheros automáticamente, o bien realizar consultas a bases de datos. Para ello, cuando accedemos a una página HTML que utiliza un control *ActiveX*, junto con la página se baja el control que será ejecutado en la máquina cliente.

Crear un control ActiveX

Un control *ActiveX* creado con Visual Basic se compone siempre de un objeto **UserControl** y de otros controles que se colocan en él. Para crear un control *ActiveX* desde Visual Basic, podemos aprovecharnos de las ventajas que proporciona el asistente *Control ActiveX.*

Como ejemplo, vamos a construir un control *ActiveX* que proporcione la funcionalidad de un reloj despertador. Para ello:

1. Cree un nuevo proyecto de tipo *Control ActiveX.* Visual Basic, ediciones profesional y empresarial, agrega automáticamente al proyecto un diseñador **UserControl** denominado *UserControl1.*

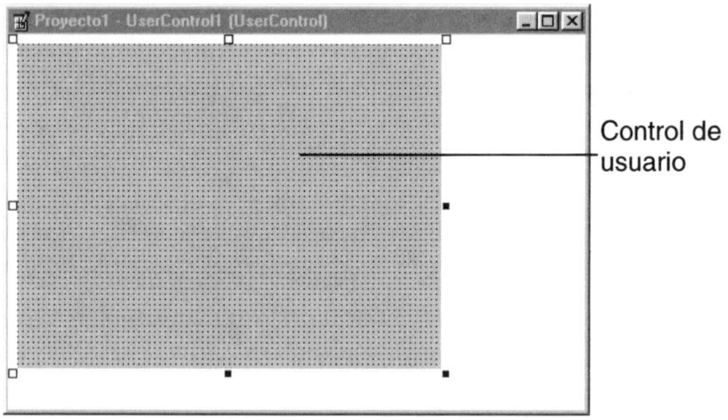

2. Ejecute la orden *Propiedades* del menú *Proyecto* para visualizar el diálogo *Propiedades.* Seleccione la ficha *General* y complétela como se muestra en la figura siguiente:

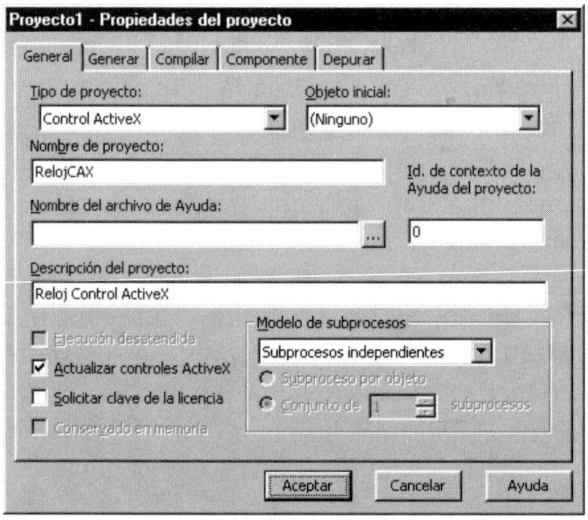

3. Seleccione el control de usuario *UserControl1* y asigne a su propiedad **Name** el valor *RelojActiveX*.

4. Ejecute la orden *Guardar proyecto* del menú *Proyecto* y asigne al control de usuario el nombre *RelojActiveX.ctl* y al proyecto *RelojCAX.vbp*.

Al igual que los formularios, los objetos **UserControl** se almacenan en ficheros de texto normal que contienen el código fuente y los valores de las propiedades del objeto **UserControl** y de sus controles. Visual Basic emplea la extensión *.ctl* para este tipo de ficheros.

Cuando finalice los pasos anteriores, habrá creado un control *ActiveX* básico denominado *RelojCAX*. Después, puede compilar el control. Si lo hace Visual Basic generará el fichero *RelojCAX.ocx*. Al final de este proceso, Visual Basic se encarga de registrarlo en el sistema para que pueda ser utilizado por cualquier aplicación cliente (puede utilizar también el programa *regsvr32*).

Para probar que *RelojCAX* es un control *ActiveX* operativo, aunque sin funcionalidad, puede abrir una segunda instancia de Visual Basic. En el diálogo que se visualiza elija el tipo de proyecto *EXE estándar* y haga clic en *Abrir*. A continuación, si generó el control *ActiveX RelojCAX.ocx*, ejecute la orden *Componentes* del menú *Proyecto* y seleccione dicho control (aparecerá como *Reloj Control ActiveX*, descripción que escribimos anteriormente en la ventana de propiedades del proyecto del control). Después de esta operación, la caja de herramientas visualizará el control; añádalo sobre el formulario. Observará cómo dicho control queda incrustado en *Form1*.

Añadir una interfaz al control ActiveX

En este apartado vamos a construir una interfaz que permita al usuario acceder al control. Empecemos por implementar una interfaz gráfica de usuario similar a la mostrada en la figura siguiente:

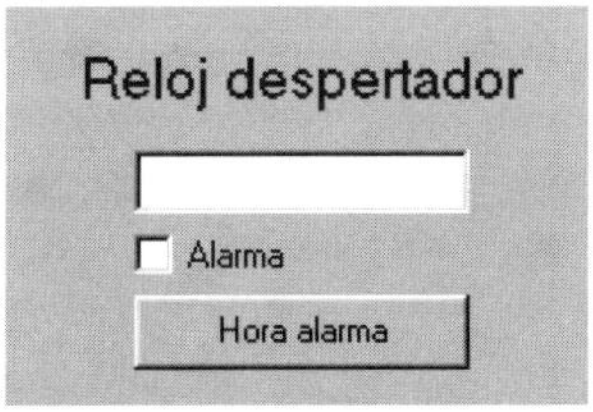

La interfaz gráfica de este control está formada por una etiqueta "Reloj despertador", otra etiqueta *etHora* con borde y fondo blanco, un botón de opción *opAlarmaSiNo* y un botón de pulsación *btHoraAlarma*.

Para establecer un tamaño fijo para el control *ActiveX* escriba el procedimiento que responde al evento **Resize** así:

```
Private Sub UserControl_Resize()
  ' Establecer un tamaño fijo para el control
  Width = 3000
  Height = 2000
End Sub
```

Este procedimiento se ejecutará cuando coloque el control sobre un formulario y cada vez que intente redimensionarlo.

Ya tenemos creada la interfaz gráfica del control *ActiveX*. Para utilizarla, compile de nuevo el control (si aún tiene activado el proyecto de prueba *Proyecto1*, antes debe quitar el control del formulario *Form1* y de la caja de herramientas). Cambie al *Proyecto1* e inserte, igual que lo hizo anteriormente, el control *Reloj Control ActiveX*. Observará que ahora el control mantiene el tamaño fijado en su procedimiento *UserControl_Resize* escrito anteriormente. Otra forma de verificar un control en desarrollo es agregando el proyecto de prueba al proyecto del control formando un grupo de proyectos.

Grupo de proyectos

Visual Basic permite cargar dos o más proyectos en un grupo de proyectos. De esta forma podemos tener cargados el proyecto del control *ActiveX* y el proyecto de prueba bajo una única instancia de Visual Basic.

Para agregar un proyecto de prueba *Proyecto1* al proyecto *RelojCAX* actual, ejecute la orden *Agregar proyecto* del menú *Archivo*. Después de realizar esta tarea el *explorador de proyectos* mostrará la información que se muestra en la figura siguiente:

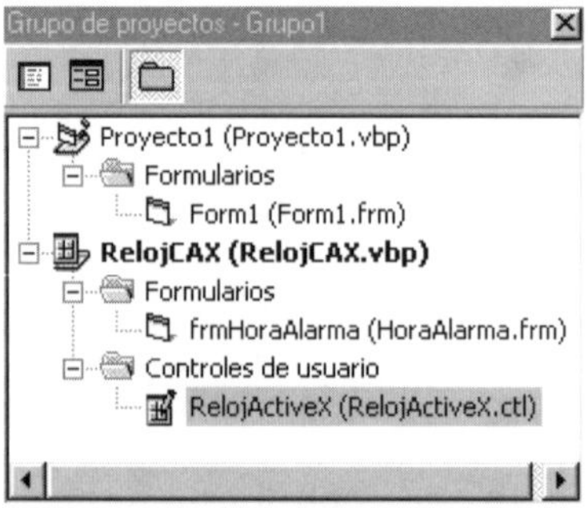

Para guardar el grupo de proyectos ejecute la orden *Guardar grupo de proyectos* del menú *Archivo*.

Para depurar el control durante el diseño, hay que ejecutar el control mientras el *Proyecto1* sigue estando en modo de diseño. Para ello:

1. Diríjase al *explorador de proyectos* y haga doble clic en *RelojActiveX* para traer la ventana del control al frente.

2. Pulse las teclas *Ctrl+F4* para cerrar la ventana del control *RelojActiveX*. Esta acción hace también que dicho control se ponga en ejecución. Observará este hecho porque aparecerá en la caja de herramientas su icono predeterminado.

3. Diríjase al *explorador de proyectos* y utilizando el botón derecho del ratón haga clic sobre *Proyecto1*. Después, ejecute la orden *Establecer como inicial* del menú contextual que se visualiza para hacer que *Proyecto1* sea el proyecto actual (aparecerá remarcado en negrita).

4. Coloque sobre *Form1* el control *ActiveX* (en nuestro caso, *RelojActiveX*).

5. Ejecute el proyecto *Proyecto1* y observe el comportamiento del control.

Completar el control ActiveX

Para que el control *ActiveX* permita activar la alarma, declararemos en la sección *General* del control, la variable *m_HoraAlarma* de tipo **Date**.

```
Private m_HoraAlarma As Date ' hora alarma
```

El botón *Hora alarma* del control visualizará un diálogo como el siguiente:

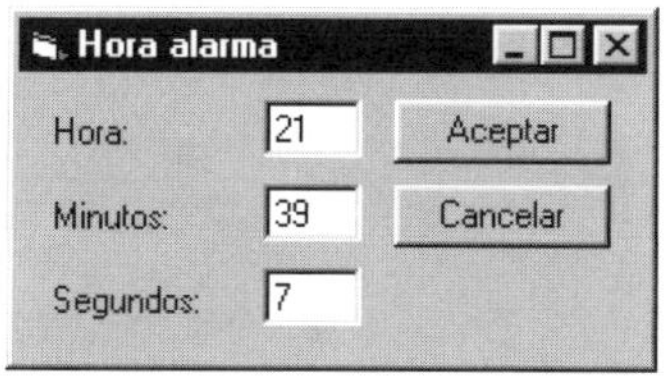

Asegúrese de que *RelojCAX* es el proyecto activo e inserte en este proyecto un nuevo formulario titulado *Hora alarma*. Asigne a su propiedad **Name** el valor *frmHoraAlarma*. Después coloque sobre él tres etiquetas tituladas *Hora*, *Minutos* y *Segundos*, tres cajas de texto nombradas *txtHora*, *txtMinutos* y *txtSegundos*, y dos botones nombrados *btAceptar* y *btCancelar*. A continuación abra su ventana de código y agregue los elementos siguientes:

- Una variable *m_frmHoraAlarma* para almacenar la hora a la que se estableció la alarma. Se declarará pública para que pueda ser accedida desde el control.

```
Public m_frmHoraAlarma As Date ' hora alarma
```

- El procedimiento conducido por el evento **Load** para iniciar las cajas de texto con el valor de *m_frmHoraAlarma*:

```
Private Sub Form_Load()
  txtHora = Format(m_frmHoraAlarma, "Hh")
  txtMinutos = Format(m_frmHoraAlarma, "Nn")
  txtSegundos = Format(m_frmHoraAlarma, "Ss")
End Sub
```

- Los procedimientos de validación de los valores introducidos en las cajas de texto.

```
Private Sub txtHora_Validate(Cancel As Boolean)
  If Not IsNumeric(txtHora.Text) Or _
     txtHora.Text < 0 Or _
     txtHora.Text > 23 Then
    Beep
    Cancel = True
  End If
End Sub

Private Sub txtMinutos_Validate(Cancel As Boolean)
  If Not IsNumeric(txtMinutos.Text) Or _
     txtMinutos.Text < 0 Or _
     txtMinutos.Text > 59 Then
    Beep
    Cancel = True
  End If
End Sub

Private Sub txtSegundos_Validate(Cancel As Boolean)
  If Not IsNumeric(txtSegundos.Text) Or _
     txtSegundos.Text < 0 Or _
     txtSegundos.Text > 59 Then
    Beep
    Cancel = True
  End If
End Sub
```

- El procedimiento vinculado al botón *Aceptar* para obtener los datos introducidos por el usuario en las cajas de texto, almacenarlos en *m_frmHoraAlarma* y finalmente descargar el formulario.

```
Private Sub btAceptar_Click()
  m_frmHoraAlarma = txtHora & ":" & txtMinutos & ":" & txtSegundos
  Unload frmHoraAlarma
End Sub
```

- Y el procedimiento vinculado al botón *Cancelar* para simplemente descargar el formulario.

```
Private Sub btCancelar_Click()
  Unload frmHoraAlarma
End Sub
```

Cuando el usuario haga clic en el botón *Hora alarma* del control *ActiveX* se tiene que visualizar el diálogo *Hora alarma* y sus cajas de texto deben presentar de forma predeterminada los valores correspondientes a la última hora de alarma fijada y que el control guarda en su variable *m_HoraAlarma*. Para ello, vincule con este botón el siguiente procedimiento:

```
Private Sub btHoraAlarma_Click()
  ' Valor actual de la hora de alarma
  frmHoraAlarma.m_frmHoraAlarma = m_HoraAlarma
  ' Mostrar el diálogo modal "Hora alarma"
  frmHoraAlarma.Show vbModal
  ' Valor nuevo de la hora de alarma
  m_HoraAlarma = frmHoraAlarma.m_frmHoraAlarma
End Sub
```

El paso siguiente es visualizar la hora actual en el control *ActiveX*. Para ello necesitamos un temporizador que genere el evento **Timer** con un intervalo igual o inferior a un segundo. Por lo tanto, coloque un control *Timer* sobre el control de usuario, asigne a su propiedad **Interval** el valor 1000, asegúrese de que su propiedad **Enabled** tiene el valor **True** y edite el procedimiento conducido por el evento **Timer** como se indica a continuación:

```
Private Sub Timer1_Timer()
  etHora.Caption = Format(Now, "Hh:Nn:Ss")
End Sub
```

La alarma se activará cuando el usuario haga clic en la casilla de verificación *Alarma*. El control conocerá este hecho a través de la casilla de verificación *opAlarmaSiNo*. Si la casilla de verificación está señalada, el valor de su propiedad **Value** es 1 y 0 si no lo está. Por lo tanto, para hacer sonar la alarma cuando corresponda, modifique el procedimiento *Timer1_Timer* como se indica a continuación:

```
Private Sub Timer1_Timer()
  etHora.Caption = Format(Now, "Hh:Nn:Ss")
  ' Verificar si la alarma tiene que sonar
  If opAlarmaSiNo And (m_HoraAlarma < etHora.Caption) Then
    Beep
  End If
End Sub
```

En este instante habremos creado un control *ActiveX* capaz de proporcionarnos por sí mismo un despertador. Ejecute ahora el proyecto de prueba y verifique cómo funciona dicho control.

Propiedades de un control ActiveX

Las propiedades de un control *ActiveX* pueden agruparse de la siguiente forma:

- *Propiedades definidas por el usuario.* Son propiedades implementadas por el desarrollador y sólo tienen significado para el componente que las contiene. A su vez, éstas pueden dividirse en dos grupos: *propiedades de tipos estándar*, que son definidas para almacenar un tipo de datos predefinido, y *propiedades de tipos enumerados*, cuyos valores proceden de una enumeración.

- *Propiedades comunes.* Son propiedades predefinidas en *ActiveX* con un significado simple; por ejemplo, color de fondo. Es importante resaltar que estas propiedades constituyen simplemente un conjunto de nombres para favorecer la uniformidad en el desarrollo de controles *ActiveX*. Es posible utilizar su implementación por omisión o bien realizar una personalizada.

- *Propiedades ambientales.* Son propiedades soportadas por el contenedor con el fin de poder asignar al control *ActiveX* ciertos valores por omisión.

En general, las propiedades de los controles deben implementarse siempre empleando *procedimientos de propiedades* en lugar de miembros de datos públicos. De lo contrario, el control no funcionará correctamente en Visual Basic. Los procedimientos de propiedades son necesarios porque hay que notificar a Visual Basic todos los cambios de valor de las propiedades. Para ello se invoca el método **PropertyChanged** del objeto **UserControl** al final de todos los **Property Let** o **Property Set** ejecutados con éxito.

Como se ha podido comprobar en las pruebas realizadas con el control *RelojActiveX*, anteriormente en este capítulo, las instancias de un control nunca existen por sí mismas. Siempre se colocan en objetos contenedores, como por ejemplo formularios de Visual Basic. De ahí que de forma predeterminada, las únicas propiedades que tendrá el control serán las propiedades extendidas que proporciona su contenedor. Por lo tanto, le toca a usted decidir qué propiedades adicionales precisa el control, así como agregar el código para guardar y recuperar los valores de tales propiedades.

Un objeto **UserControl** tiene acceso a las propiedades extendidas a través de su objeto **Extender**. Por ejemplo:

```
Private Sub UserControl_InitProperties()
  Extender.Name = "ControlX"
End Sub
```

Las propiedades extendidas están dirigidas al programador que usará el control. En general, el autor de un control no debe intentar establecerlas.

Añadir una propiedad de un tipo estándar

Una propiedad de éstas almacena un dato de un tipo predefinido (**Integer**, **String**, etc.). Por ejemplo, vamos a añadir una propiedad *FormatoHM* que permita cambiar la hora visualizada en el formato H:M:S (horas, minutos y segundos) por omisión, al formato H:M y viceversa. Cualquier otro formato provocará que se utilice el formato H:M.

Para añadir la propiedad *FormatoHM*, ejecute la orden *Agregar procedimiento* del menú *Herramientas*, y rellene el diálogo que se visualiza como se indica a continuación:

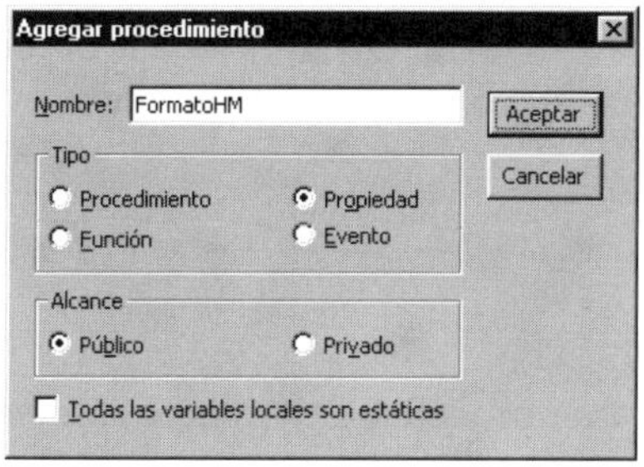

En la caja de texto aludida por *Nombre* escriba el nombre *FormatoHM* que hemos elegido para nuestra propiedad. Éste es el nombre que se utilizará para acceder a los datos almacenados en la variable miembro *m_FormatoHora* que añadiremos a la clase del control (sección *General*):

```
Private m_FormatoHora As String
```

La implementación de esta propiedad queda así:

```
Public Property Get FormatoHM() As String
  FormatoHM = m_FormatoHora
End Property
```

Para asegurarnos de que el nuevo formato almacenado en el dato miembro *m_FormatoHora* del *RelojActiveX* es un valor de los permitidos, edite el método *Property Let FormatoHM* así:

```
Public Property Let FormatoHM(ByVal vNewValue As String)
  m_FormatoHora = vNewValue
  If m_FormatoHora <> "Hh:Nn:Ss" And m_FormatoHora <> "Hh:Nn" Then
    m_FormatoHora = "Hh:Nn"
  End If
  PropertyChanged "FormatoHM"
End Property
```

Si no se invoca a **PropertyChanged**, la instancia del control que se esté utilizando no recibirá el evento **WriteProperties** y los valores que se hayan establecido para las propiedades durante el diseño se perderán (un poco más adelante explicaremos este evento). Asimismo, **PropertyChanged** sirve para informar al entorno de desarrollo de que una propiedad ha cambiado para que pueda sincronizar los valores mostrados en la ventana *Propiedades*, en el diálogo *Páginas de propiedades*, etc. Las propiedades que sólo están disponibles durante la ejecución no necesitan llamar al método **PropertyChanged**, a no ser que estén enlazadas a datos.

Utilice el evento **InitProperties** del objeto **UserControl** para asignar a la variable *m_FormatoHora* el formato " Hh:Nn:Ss" predeterminado. Este evento ocurre cuando se crea una nueva instancia de un objeto.

```
Private Sub UserControl_InitProperties()
  m_FormatoHora = "Hh:Nn:Ss"
End Sub
```

Esta nueva forma de proceder exige modificar en el método *Timer1_Timer* la línea que visualiza la hora con un determinado formato, y la comparación para que se realice siempre con datos con el mismo formato:

```
Private Sub Timer1_Timer()
  etHora.Caption = Format(Now, m_FormatoHora)
  ' Verificar si la alarma tiene que sonar
  If opAlarmaSiNo And (m_HoraAlarma < Format(Now, "Hh:Nn:Ss")) Then
    Beep
  End If
End Sub
```

Para asignar una descripción para esta propiedad, descripción que podrá ver en la ventana *Propiedades* cuando la seleccione, ejecute la orden *Atributos del procedimiento* del menú *Herramientas* y proceda según se muestra en la figura siguiente:

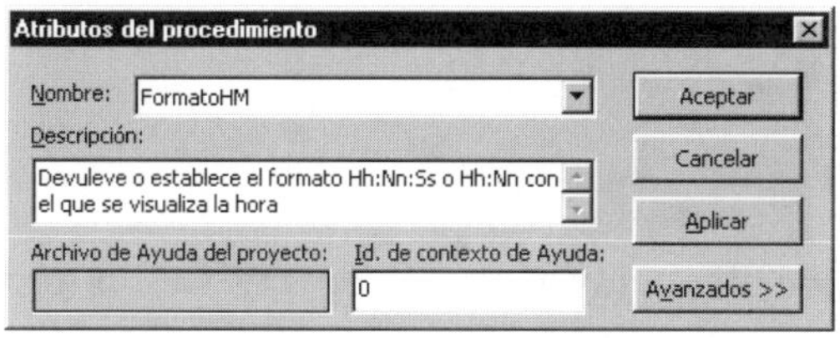

Ahora pruebe el control *RelojActiveX*. Póngalo en ejecución y diríjase al formulario *Form1*. Seleccione el control, diríjase a la ventana de propiedades y modifique el valor de su propiedad *FormatoHM*; observe los resultados.

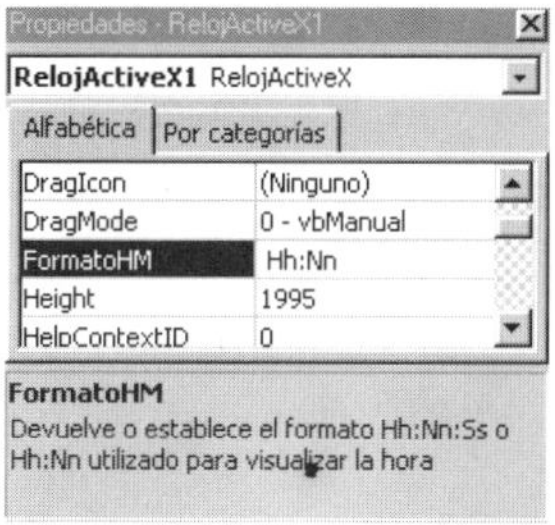

Siempre que cree un procedimiento **Property Get** y otro **Property Let** para una propiedad, ésta se mostrará automáticamente en la ventana *Propiedades*. Cuando desee que esto no ocurra, haga clic en el botón *Avanzados* del diálogo *Atributos del procedimiento* y active la casilla "No mostrar en el Examinador de propiedades".

Añadir una propiedad de un tipo enumerado

Una propiedad de un tipo enumerado, a diferencia de las anteriores, acepta un valor entre varios de una lista. Normalmente los valores permitidos se proporcionarán a través de constantes pertenecientes a un tipo enumerado. Por ejemplo, vamos a añadir una propiedad *FormatoEx* que permita cambiar la hora visualizada en el formato H:M:S (horas, minutos y segundos) predeterminado, al formato H:M más el día de la semana o el nombre del mes.

Para añadir la propiedad *FormatoEx*, procederemos de forma similar a como lo hicimos cuando añadimos la propiedad *FormatoHM*, excepto en que ahora es necesario declarar una enumeración que defina los valores posibles que puede tomar la propiedad. Por ejemplo, 1 cuando deseemos añadir el día de la semana a la hora actual, y 2 cuando deseemos añadir el nombre del mes; cualquier otro valor no modifica el formato actual. Por lo tanto escriba en la sección *General* del control las declaraciones siguientes:

```
Public Enum FORMATO
  Hora_DíaSemana = 1
  Hora_Mes
End Enum
Private m_FormatoEx As FORMATO
```

La misión de **Property Get** y **Property Let** es proporcionar un nuevo formato, razón por la cual **Property Let** actuará sobre la variable miembro *m_FormatoHora* del control. Por lo tanto, edítelos como se indica a continuación:

```
Public Property Get FormatoEx() As FORMATO
  FormatoEx = m_FormatoEx
End Property

Public Property Let FormatoEx(ByVal DiaSem_Mes As FORMATO)
  m_FormatoEx = DiaSem_Mes
  If DiaSem_Mes = Hora_DíaSemana Then
    m_FormatoHora = "Hh:Nn ddd"
  ElseIf DiaSem_Mes = Hora_Mes Then
    m_FormatoHora = "Hh:Nn mmm"
  End If
  PropertyChanged "FormatoEx"
End Property
```

Ahora pruebe el control *RelojActiveX*. Póngalo en ejecución y diríjase al formulario *Form1*. Seleccione el control y modifique el valor de su propiedad *FormatoEx*. Observe que ahora puede seleccionar el valor de una lista.

Añadir una propiedad común

Una propiedad *común*, igual que las anteriores, puede ser accedida tanto por el control como por su contenedor, pero tiene un significado predefinido para ambos. Por ejemplo, procediendo de forma análoga a como lo hemos hecho anteriormente, añada la propiedad predefinida *BackColor*.

La forma más sencilla de implementar una propiedad de éstas es simplemente delegando en las propiedades existentes del objeto **UserControl**, o bien en las de los controles colocados en él.

Según lo expuesto, para crear la propiedad *BackColor* del control, puede simplemente delegar en la propiedad *BackColor* del objeto **UserControl**, como muestran los procedimientos expuestos a continuación:

```
Public Property Get BackColor() As OLE_COLOR
  BackColor = UserControl.BackColor
End Property

Public Property Let BackColor(ByVal NuevoColor As OLE_COLOR)
  UserControl.BackColor = NuevoColor
  PropertyChanged "BackColor"
End Property
```

La propiedad *BackColor* creada para nuestro control se limita a obtener o guardar su valor en la propiedad *BackColor* del objeto **UserControl**. Esto es, los métodos escritos delegan su trabajo en el método correspondiente del objeto **UserControl**.

Se sugiere utilizar el tipo de datos **OLE_COLOR** en las propiedades relacionadas con colores, porque así, en la ventana *Propiedades*, aparecerá automáticamente el botón con puntos suspensivos que permite el acceso al cuadro de diálogo estándar de selección de colores.

Si ahora prueba a cambiar el color de fondo del control, encontrará conveniente asignar a la propiedad *BackColor* de más de un control constituyente el valor de la propiedad *BackColor* del control *ActiveX*, para que todo el fondo se vea uniforme. Por ejemplo, tiene sentido que las propiedades *BackColor* de la etiqueta "Reloj despertador" y de la casilla de verificación tengan ese mismo color. Para ello, modifique *Property Let BackColor* así:

```
Public Property Let BackColor(ByVal NuevoColor As OLE_COLOR)
  UserControl.BackColor = NuevoColor
  Label1.BackColor = NuevoColor
  opAlarmaSiNo.BackColor = NuevoColor
  PropertyChanged "BackColor"
End Property
```

Cuando el número de controles constituyentes del control *ActiveX* sea elevado puede utilizar una estructura similar a la siguiente:

```
Dim controlx As Object
For Each controlx In Controls
  If (TypeOf controlx Is CheckBox) _
      Or (TypeOf controlx Is ...) _
      Or (        ...            ) Then
    controlx.BackColor = NuevoColor
  End If
Next
```

Puesto que ya ha establecido *BackColor*, ¿qué ocurrirá si ahora desea proporcionar al usuario del control una forma de establecer el color de fondo de la etiqueta que visualiza la hora? O bien, ¿qué ocurrirá si desea proporcionar al usuario del control una forma de establecer la fuente de la etiqueta "Reloj despertador" y de la etiqueta que visualiza la hora? Por ejemplo, podría agregar una propiedad llamada *HoraBackColor*, de forma similar al ejemplo anterior, que establezca la propiedad **BackColor** de la etiqueta *etHora*, y análogamente podría implementar las propiedades *LabelFont* y *HoraFont*. Por ejemplo:

```
Public Property Get HoraFont() As Font
  Set HoraFont = etHora.Font
End Property

' Utilizar Property Set para las propiedades de objeto
Public Property Set HoraFont(ByVal NewFont As Font)
  Set etHora.Font = NewFont
  PropertyChanged "HoraFont"
End Property
```

Utilizar las propiedades ambientales

Las propiedades *ambientales*, a diferencia de las propiedades predefinidas, están implementadas en el contenedor sobre el que reside el control. Esto quiere decir que las propiedades ambientales se utilizan para aportar información al control acerca del contenedor; por ejemplo, color de fondo o tipo de fuente. De esta forma, resultará sencillo ajustar algunas de las características del control a las de su contenedor.

Un control *ActiveX* puede acceder a las propiedades ambientales de su contenedor por medio de la propiedad **Ambient** del objeto **UserControl**. Esta propiedad devuelve un objeto **AmbientProperties**. Este objeto contiene todas las propiedades de ambiente estándar que define el *estándar de controles ActiveX*, tanto si las contempla el contenedor donde se coloca la instancia del control como si no.

La propiedad más importante del objeto **AmbientProperties** es **UserMode**, que permite a una instancia del control determinar si se está ejecutando durante el diseño (**UserMode** = **False**) o durante la ejecución.

Otras propiedades como **ForeColor**, **BackColor**, **Font** y **TextAlign** pueden utilizarse en el evento **InitProperties**, que recibe cada instancia del objeto **UserControl** cuando se coloca en un contenedor, para establecer las propiedades del mismo nombre del control a los valores que indican las propiedades de ambiente. Esta técnica es muy recomendable. Por ejemplo:

```
Private Sub UserControl_InitProperties()
  m_FormatoHora = "Hh:Nn:Ss"
```

```
  BackColor = UserControl.Ambient.BackColor
End Sub
```

Persistencia

La persistencia se define como la capacidad que tiene un componente para retener su estado de una a otra ejecución del mismo. Tal capacidad se consigue guardando el estado del objeto *ActiveX* con el fin de poderlo recuperar posteriormente.

Habrá observado que cuando coloca un control *RelojActiveX* sobre el formulario *Form1* del proyecto de prueba, se ejecuta el procedimiento conducido por el evento **InitProperties**, que inicia las propiedades *FormatoHM* y *BackColor*. Pero cuando volvemos de nuevo al diseñador para continuar depurando el control y después volvemos otra vez al proyecto de prueba, los valores de dichas propiedades se pierden. ¿Qué está ocurriendo? Que cuando se cierra la aplicación, o bien cuando se cierra el diseñador de formularios, no se guarda el estado del control y por lo tanto, tampoco se puede recuperar. Pero hay dos eventos que se generan en estas transiciones: **WriteProperties** y **ReadProperties**.

El evento **WriteProperties** ocurre cuando está a punto de guardarse una instancia de un objeto. Por lo tanto, podemos responder al mismo guardando el estado del objeto, para poder restaurarlo después. En la mayoría de los casos, el estado del objeto consiste sólo en valores de propiedades. Por ejemplo:

```
Private Sub UserControl_WriteProperties(PropBag As PropertyBag)
  'Escribir los valores de las propiedades en el almacén
  PropBag.WriteProperty "FormatoHM", m_FormatoHora, "Hh:Nn:Ss"
  PropBag.WriteProperty "FormatoEx", m_FormatoEx, 0
  PropBag.WriteProperty "BackColor", UserControl.BackColor, &H8000000F
  PropBag.WriteProperty "HoraFont", etHora.Font, Ambient.Font
End Sub
```

La interfaz del objeto **PropertyBag** permite almacenar los valores de las propiedades, independientemente del formato que utilice el contenedor para guardar sus datos de origen. Dicha interfaz proporciona dos métodos: **ReadProperty** y **WriteProperty**.

El método **ReadProperty** se utiliza para leer el valor de una propiedad; tiene dos parámetros: el nombre de la propiedad cuyo valor se quiere recuperar y el valor predeterminado de la propiedad. Mientras que el método **WriteProperty** se utiliza para escribir el valor de una propiedad; tiene tres parámetros: el nombre de la propiedad cuyo valor se quiere guardar, el nombre de la variable donde está ese valor almacenado y el valor predeterminado de la propiedad. El valor de una propiedad puede ser incluso un objeto.

¿Dónde se guardan los valores de las propiedades? Visual Basic almacena los valores de las propiedades de una instancia de un control en el fichero correspondiente al contenedor donde está colocada la instancia del control. En el caso de formularios, en los ficheros *.frm*/*.frx*, en el caso de objetos **UserControl** en los ficheros *.ctl*/*.ctx*, las páginas de propiedades en los ficheros *.pag*/*.pgx*, y en el caso de objetos **UserDocument** *.dob*/*.dox*.

Los valores de las propiedades se recuperan en el evento **ReadProperties** del objeto **UserControl**. Este evento ocurre cuando se carga una instancia existente de un objeto que tenía el estado guardado.

```
Private Sub UserControl_ReadProperties(PropBag As PropertyBag)
  'Recuperar los valores de las propiedades desde el almacén
  m_FormatoHora = PropBag.ReadProperty("FormatoHM", "Hh:Nn:Ss")
  m_FormatoEx = PropBag.ReadProperty("FormatoEx", 0)
  UserControl.BackColor = PropBag.ReadProperty("BackColor", &H8000000F)
  Label1.BackColor = UserControl.BackColor
  opAlarmaSiNo.BackColor = UserControl.BackColor
  Set etHora.Font = PropBag.ReadProperty("HoraFont", Ambient.Font)
End Sub
```

Observe que cuando recuperamos el valor de la propiedad *BackColor* lo aplicamos a todos los objetos que lo utilizan.

Añadir métodos

Para implementar métodos en un control *ActiveX*, agregue procedimientos públicos, **Sub** y **Function**, al módulo de código del objeto **UserControl** que forma la base de la clase del control.

Si el control no es invisible durante la ejecución, debe incluir un método **Refresh** que se limitará a llamar a *UserControl.Refresh*. En el caso de los controles dibujados por el usuario, esto provocará el evento **Paint**; en los controles formados con controles constituyentes provocará una actualización de todos ellos.

```
Public Sub Refresh()
  UserControl.Refresh
End Sub
```

Añadir eventos

Según hemos visto, las propiedades y los métodos son la forma que tiene el programador para comunicar desde un contenedor con un control *ActiveX*. Por el contrario, los *eventos* son la forma que tiene el control para comunicar con el contenedor.

Como ejemplo, vamos a añadir a nuestro control la funcionalidad necesaria para que pueda producir un evento *EvHoraMinutos* cada minuto y enviar un mensaje a su contenedor por cada uno de ellos. La relación entre un mensaje y un evento es que cuando se produce un determinado evento, una aplicación se entera de ello porque recibe un mensaje que indica el hecho ocurrido. De esta forma, la aplicación puede responder al evento ocurrido (al mensaje).

Al igual que sucedía con las propiedades y los métodos, los eventos pueden ser añadidos ejecutando la orden *Agregar procedimiento* del menú *Herramientas*:

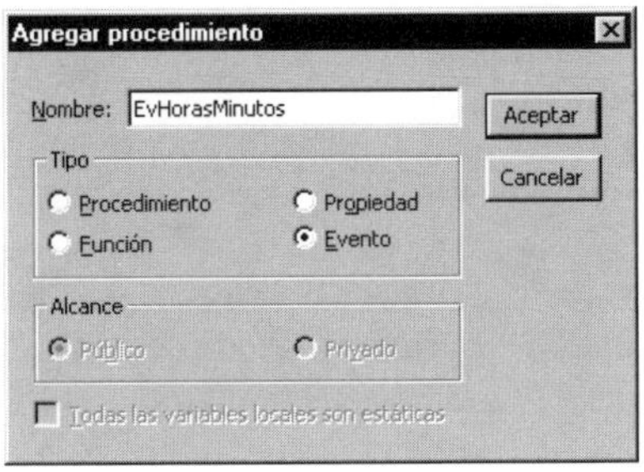

También puede añadir un evento manualmente escribiendo una línea análoga a la siguiente:

```
Public Event EvHorasMinutos(ByVal Hora As Integer, ByVal Minutos As Integer)
```

Un evento puede tener parámetros por valor o por referencia. Utilizaremos parámetros por referencia cuando sea necesario permitir al contenedor modificar valores en el control. En nuestro caso, utilizamos los parámetros por valor *Hora* y *Minutos* para notificar al contenedor la hora y los minutos transcurridos. De esta forma el contenedor puede realizar algún proceso en base a este tiempo; por ejemplo, poner sonido al reloj para que toque a las medias y a las horas.

Para disparar el evento *EvHoraMinutos* cada minuto, modifique el método *Timer1_Timer* como se indica a continuación:

```
Private Sub Timer1_Timer()
  etHora.Caption = Format(Now, m_FormatoHora)

  ' Verificar si la alarma tiene que sonar
  If opAlarmaSiNo And (m_HoraAlarma < Format(Now, "Hh:Nn:Ss")) Then
    Beep
  End If
```

```
  If Format(Now, "Ss") = 0 Then
    RaiseEvent EvHorasMinutos(Format(Now, "Hh"), Format(Now, "Nn"))
  End If
End Sub
```

Para probar que este evento se genera, puede añadir al formulario *Form1* del proyecto de prueba el siguiente procedimiento:

```
Private Sub RelojActiveX1_EvHorasMinutos(ByVal Hora As Integer, _
                                         ByVal Minutos As Integer)
  Debug.Print Hora, Minutos
End Sub
```

Además de añadir un evento propio, puede añadir otros predefinidos como, por ejemplo, *Click*; bien del objeto **UserControl**, o bien de cualquier otro control constituyente. Por ejemplo:

```
Public Event Click() ' declaración del evento Click

' Cuando el cuadro de texto txtHora provoca un evento
' Click, el control lo reenvía provocando el evento
' Click declarado
Private Sub etHora_Click()
   RaiseEvent Click
End Sub

' También puede provocar el evento Click del control
' cuando el usuario hace clic en UserControl
Private Sub UserControl_Click()
   RaiseEvent Click
End Sub
```

Los métodos anteriores reenvían el evento **Click** generado por la etiqueta *etHora* o por el objeto **UserControl**. Si fuera necesario distinguir quién generó el evento bastaría con utilizar un parámetro.

Los eventos del ratón del objeto **UserControl** se programan de forma análoga. Ahora, los eventos del ratón de los controles constituyentes del control *ActiveX* son algo más complicados, ya que proporcionan las coordenadas X e Y referidas a la esquina superior izquierda del control constituyente, no del **UserControl**. El siguiente código muestra cómo se trata esto cuando la propiedad **ScaleMode** del **UserControl** tiene el mismo valor que la del contenedor:

```
' Declaración del evento MouseMove
Public Event MouseMove(Button As Integer, _
             Shift As Integer, X As Single, Y As Single)
```

```
Private Sub etHora_MouseMove(Button As Integer, _
  Shift As Integer, X As Single, Y As Single)
  RaiseEvent MouseMove(Button, Shift, _
    X + etHora.Left, Y + etHora.Top)
End Sub
```

Si la propiedad **ScaleMode** del objeto **UserControl** tiene distinto valor, tendría que escribir el método como se muestra a continuación:

```
Private Sub etHora_MouseMove(Button As Integer, _
  Shift As Integer, X As Single, Y As Single)
  RaiseEvent MouseMove(Button, Shift, _
    ScaleX(X + etHora.Left, vbTwips, vbContainerPosition), _
    ScaleY(Y + etHora.Top, vbTwips, vbContainerPosition))
End Sub
```

El método **ScaleX** invocado en el procedimiento anterior traduce de *vbTwips* al sistema de coordenadas que tenga el contenedor. El valor devuelto de **ScaleX** (la nueva coordenada X) se pasa como el argumento X del evento **MouseMove**. Si las unidades del objeto **UserControl** fueran píxeles escribiríamos *vbPixels* en lugar de *vbTwips*.

Agregar un diálogo *Acerca de* al control

Normalmente, los controles *ActiveX* tienen una propiedad **About** que se visualiza en la parte superior de la ventana *Propiedades* la cual permite visualizar un diálogo *Acerca de* el control.

Para crear un diálogo *Acerca de*, agregue un formulario al proyecto de control *ActiveX* con los controles que estime convenientes. En nuestro ejemplo vamos a asignar al formulario el nombre *frmAcercaDe*.

A continuación añada en la ventana de código del **UserControl** el siguiente procedimiento:

```
Public Sub MostrarFrmAcercaDe()
  frmAcercaDe.Show vbModal
  Unload frmAcercaDe
  Set frmAcercaDe = Nothing
End Sub
```

Cuando se cierra el diálogo *Acerca de*, es importante descargarlo y establecer la variable que lo referencia a **Nothing**, porque se libera la memoria que utilizaba. Esto constituye una cortesía con el usuario del control.

Una vez añadido el procedimiento *MostrarFrmAcercaDe*, selecciónelo y haga clic en la orden *Atributos del procedimiento* del menú *Herramientas* para abrir el cuadro de diálogo *Atributos del procedimiento*. Después haga clic en el botón *Avanzados* y seleccione *AboutBox* de la lista *Id. del procedimiento*.

Páginas de propiedades

Según hemos visto, las propiedades simples que se crean mediante procedimientos **Property** aparecen automáticamente en la ventana *Propiedades* del proyecto.

Las páginas de propiedades proporcionan una alternativa a la ventana *Propiedades* para ver o editar las propiedades. Puede agrupar en una página varias propiedades relacionadas o bien utilizar una página para proporcionar una interfaz de tipo caja de diálogo para una propiedad que sea demasiado compleja para la ventana *Propiedades*. Un objeto **PropertyPage** representa una página, es decir, una ficha del diálogo *Páginas de propiedades*.

Puede añadir a un control una o varias páginas de propiedades. Cada página de propiedades que añada pasa automáticamente a formar parte del diálogo *Páginas de propiedades*. Cuando una página de propiedades no sea necesaria, la eliminaremos porque así se reduce el tamaño del control *ActiveX*. Todos los detalles de presentar las páginas en un diálogo y de administrar los botones *Aceptar*, *Cancelar* y *Aplicar* de dicho diálogo son controlados por Visual Basic.

Desde el punto de vista de diseño, una página de propiedades no es más que una caja de diálogo, un formulario. Por lo tanto, según lo expuesto, todo lo que tiene que hacer es diseñar cada una de las páginas para que agrupen las propiedades que usted desee.

Como ejemplo vamos a añadir un diálogo página de propiedades al control *Reloj* que contenga las páginas *Formato*, *Color* y *Fuente*.

Para añadir una página de propiedades al proyecto *RelojCAX*, selecciónelo en la ventana *Explorador de proyectos* y ejecute la orden *Agregar página de propiedades* del menú *Proyecto*. A continuación, diríjase a la ventana *Propiedades*, seleccione la propiedad **Name** y cambie el nombre de la página de propiedades añadida por *pagFormato*. Seleccione su propiedad **Caption** y cambie el título a *Formato*. El título es lo que aparecerá en la pestaña de la página de propiedades cuando esté en uso.

Para guardar la página que acaba de crear, ejecute la orden *Guardar...* del menú *Archivo*.

Pasemos al diseño de la página. Diríjase a la ventana *Explorador de proyectos* y haga doble clic sobre la página *pagFormato* para traerla al frente. Después coloque sobre ella los controles que se muestran en la figura siguiente: un marco con dos botones de opción, *OpcionHMS* y *OpcionHM*, cuyas propiedades **Caption** tienen asignados los valores "Hh:Nn:Ss" y "Hh:Nn", respectivamente, y otro marco con una lista desplegable *ListaFormatoEx* a la que hemos asignado, en su propiedad **List**, los elementos *(Ninguno)*, *1 - Hora más día semana* y *2 - Hora más mes*.

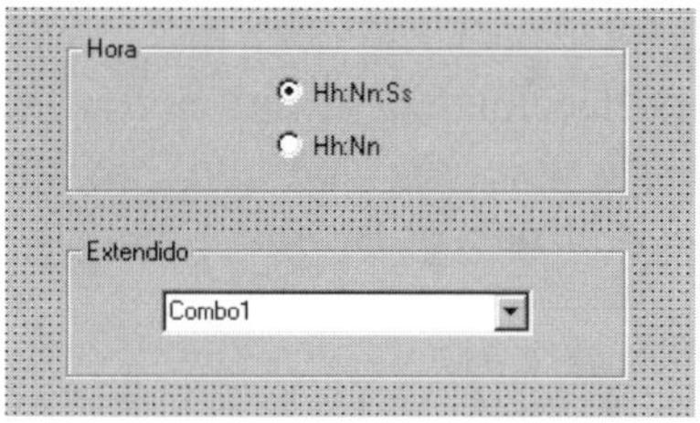

Para conectar la página de propiedades al control *ActiveX*, diríjase al *Explorador de proyectos*, seleccione el control, y haga doble clic en su propiedad **PropertyPages**, acción que visualizará el diálogo mostrado a continuación:

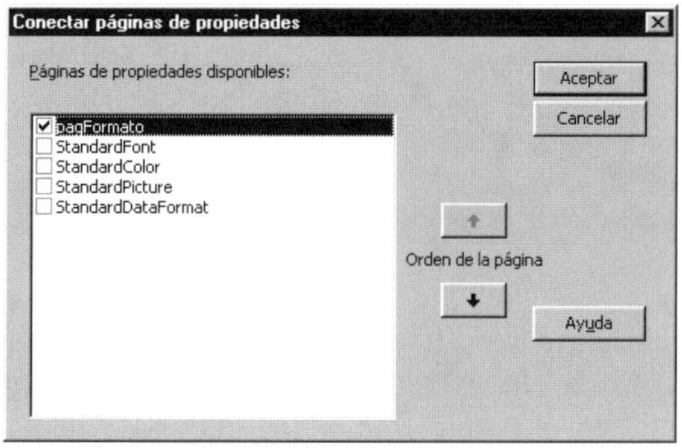

Este cuadro de diálogo le muestra las páginas de propiedades que puede conectar a su control *ActiveX*. Seleccione *pagFormato* y haga clic en *Aceptar*.

En este instante habremos creado un control *ActiveX* capaz de proporcionarnos un diálogo *Páginas de propiedades*. Para comprobarlo puede generar de nuevo el fichero *RelojCAX.ocx*, crear un nuevo proyecto de tipo *EXE estándar* y colocar dicho control sobre el formulario visualizado. A continuación, para visualizar el diálogo *Páginas de propiedades* de este control, haga clic sobre él con el botón derecho del ratón y ejecute la orden *Propiedades*.

Volvamos al proyecto anterior para añadir el código necesario para hacer operativa la hoja de propiedades. Para ello, seleccione la página de propiedades y abra su ventana de código. En la lista *Objeto* puede observar el objeto **PropertyPage** que representa la página actual; selecciónelo y observe en su lista *Procedimiento* los eventos **SelectionChanged** y **ApplyChanges**.

El evento **SelectionChanged** ocurre cuando las páginas de propiedades del control seleccionado se presentan por primera vez. Por lo tanto, es útil para obtener los valores actuales de las propiedades del control *ActiveX*. En el supuesto de que estemos utilizando varios controles *ActiveX* iguales, este evento también se producirá cuando el número de controles seleccionados simultáneamente cambie, hecho que puede suceder puesto que el diálogo *Páginas de propiedades* es no modal. Los controles seleccionados están referenciados por la colección **SelectedControls**. En el caso de una selección múltiple, una página de propiedades sólo aparecerá si todos los controles seleccionados actualmente tienen esa página.

Según lo expuesto, para mostrar los valores actuales de las propiedades agrupadas en *pagFormato* (*FormatoHM* y *FormatoEx*) cuando esta página se muestre por primera vez, escriba el procedimiento conducido por el evento **SelectionChanged** así:

```
Private Sub PropertyPage_SelectionChanged()
  If SelectedControls(0).FormatoHM = "Hh:Nn:Ss" Then
    OpcionHM.Value = True
  ElseIf SelectedControls(0).FormatoHM = "Hh:Nn" Then
    OpcionHM.Value = True
  End If

  ListaFormatoEx.Text = ListaFormatoEx.List(SelectedControls(0).FormatoEx)
End Sub
```

Cuando el usuario modifica el valor de las propiedades de una página, los cambios no deben ser efectivos de forma inmediata, sino que se deben aplicar si el usuario hace clic en el botón *Aplicar* del diálogo *Páginas de propiedades*, en el botón *Aceptar*, o si cambia de página de propiedades. Esto permite que el usuario deshaga con facilidad los cambios que haya realizado en una página de propiedades. Para notificar a la página de propiedades que active el botón *Aplicar*, debe establecer a **True** su propiedad **Changed**.

Según lo expuesto, para activar el botón *Aplicar* del diálogo *Páginas de propiedades* del control *RelojCAX* cuando se modifique alguna propiedad de las expuestas por *pagFormato*, agregue el código siguiente para responder al evento que por esta causa se haya producido para cada uno de los controles de dicha página:

```
Private Sub OpcionHMS_Click()
  Changed = True
End Sub
```

```
Private Sub OpcionHM_Click()
  Changed = True
End Sub

Private Sub ListaFormatoEx_Click()
  Changed = True
End Sub
```

Cuando el usuario haga clic en el botón *Aplicar* o en *Aceptar* del diálogo *Páginas de propiedades*, o bien cuando estando el botón *Aplicar* activo cambie a otra página, la página de propiedades actual recibirá el evento **ApplyChanges**. Por lo tanto, éste será el evento que utilizaremos para establecer los nuevos valores asignados a las propiedades. Según esto, añada a la página *pagFormato* el siguiente procedimiento:

```
Private Sub PropertyPage_ApplyChanges()
  If OpcionHMS.Value Then
    SelectedControls(0).FormatoHM = "Hh:Nn:Ss"
  ElseIf OpcionHM.Value Then
    SelectedControls(0).FormatoHM = "Hh:Nn"
  End If
  SelectedControls(0).FormatoEx = ListaFormatoEx.ListIndex
End Sub
```

En el caso de utilizar múltiples controles, el procedimiento anterior lo escribiríamos así:

```
Private Sub PropertyPage_ApplyChanges()
  Dim objControl As Variant
  For Each objControl In SelectedControls
    If OpcionHMS.Value Then
      SelectedControls(0).FormatoHM = "Hh:Nn:Ss"
    ElseIf OpcionHM.Value Then
      SelectedControls(0).FormatoHM = "Hh:Nn"
    End If
    SelectedControls(0).FormatoEx = ListaFormatoEx.ListIndex
  Next
End Sub
```

Añadir una página de propiedades común

Si observa el diálogo *Conectar páginas de propiedades* mostrado anteriormente, verá que Visual Basic proporciona cuatro páginas de propiedades comunes para ser utilizadas con controles *ActiveX*: *StandardFont*, *StandardColor*, *StandardPicture* y *StandardDataFormat*. Estas páginas permiten seleccionar la fuente, el color, la imagen y el formato de los datos, respectivamente.

Para añadir cualquiera de estas páginas a la hoja de propiedades del control *ActiveX*, solo tiene que seleccionarla en el diálogo *Conectar páginas de propiedades*. Lógicamente la página actuará sobre la propiedad del control correspondiente si esta existe. Por ejemplo, si añade las cuatro páginas, *StandardFont* actuará sobre la propiedad *HoraFont* del control, *StandardColor* sobre la propiedad *BackColor*, pero *StandardPicture* y *StandardDataFormat* no tiene propiedad con la que emparejarse.

Cambiar el icono

La propiedad **ToolboxBitmap** del control *ActiveX* devuelve o establece un mapa de bits que se usará como representación de la imagen del control en el cuadro de herramientas. El tamaño del mapa de bits en la caja de herramientas es de 16 x 15 píxeles; por lo tanto, el mapa de bits utilizado se escalará a estas dimensiones si fuera necesario. Esta propiedad es de lectura y escritura durante el diseño del control y no está disponible durante la ejecución.

ASISTENTES PARA CREAR CONTROLES ACTIVEX

La edición profesional o empresarial de Visual Basic proporciona dos asistentes específicos para crear sus propios controles *ActiveX*: el *asistente para interfaz de control ActiveX* y el *asistente para páginas de propiedades*.

El *asistente para interfaz de control ActiveX* le ayuda a crear una interfaz pública para un control *ActiveX* generado por Visual Basic después de haber creado la interfaz gráfica de usuario. Permite agregar y eliminar nombres estándar o personalizados de propiedades, métodos y eventos del control, así como definir atributos para las propiedades, métodos y eventos públicos.

El *asistente para páginas de propiedades* le ayuda a crear páginas de propiedades para los controles de usuario. Se pueden crear páginas de propiedades cuando se crea un control *ActiveX* con el *asistente para la interfaz de control ActiveX*, o para controles de usuario ya existentes que se hayan creado manualmente.

Para poner en práctica la utilización de los asistentes vamos a crear un nuevo control *ActiveX*, sencillo, denominado *Identifica*:

1. Inicie un nuevo proyecto de tipo *Control ActiveX*.

2. Sustituya el valor de la propiedad **Name** del control por *Identifica* y asigne a la propiedad **ToolboxBitmap** el mapa de bits representativo del control.

3. Sustituya el nombre de la propiedad **Name** del proyecto por *pIdentifica*.

4. Añada al control del usuario una etiqueta transparente *Nombre del usuario* y a continuación una caja de texto; asigne a su propiedad **Name** el valor *txtNombreUsuario*. Debajo de la primera etiqueta añada otra etiqueta transparente *DNI* y a continuación una caja de texto; asigne a su propiedad **Name** el valor *txtDNI*. Finalmente ajuste el tamaño del control.

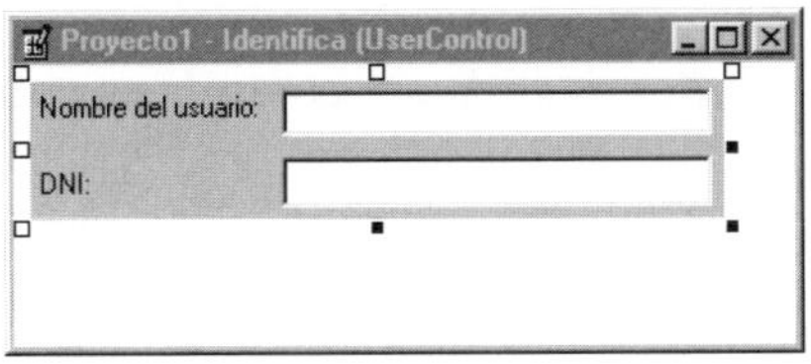

4. Guarde el proyecto.

5. Abra la ventana de código del control y edite el procedimiento *UserControl_Initialize* como se indica a continuación. Lo que hace este procedimiento es fijar la posición de los controles que forman parte del control.

```
Private Sub UserControl_Initialize()
  Label1.Top = 60
  Label1.Left = 60
  Label2.Top = Label1.Top + Label1.Height + 285
  Label2.Left = 60
  txtNombreUsuario.Top = Label1.Top
  txtNombreUsuario.Left = Label1.Left + Label1.Width + 105
  txtDNI.Top = Label2.Top
  txtDNI.Left = Label2.Left + Label2.Width + 105
End Sub
```

6. A continuación edite el procedimiento *UserControl_Resize*, como se indica a continuación, para que cuando el control *Identifica* se coloque sobre un formulario y se redimensione, sus controles (las cajas de texto) se redimensionen también automáticamente.

```
Private Sub UserControl_Resize()
  Dim X As Long
  X = 810
  If UserControl.Width < txtNombreUsuario.Left + X Then
    UserControl.Width = txtNombreUsuario.Left + X + 60
  Else
    txtNombreUsuario.Width = UserControl.Width - _
                             txtNombreUsuario.Left - 60
    txtDNI.Width = UserControl.Width - txtDNI.Left - 60
  End If
  If UserControl.Height < X + 60 Then UserControl.Height = X + 60
End Sub
```

En este momento puede probar el control en un proyecto. Para ello, sin salir de este proyecto, agregue un nuevo proyecto y proceda como se explicó en el apartado "Grupo de proyectos" expuesto anteriormente en este mismo capítulo.

Crear la interfaz pública del control

Una vez creada la interfaz gráfica del control, es el momento de crear su interfaz pública, esto es, añadir las propiedades, métodos y eventos a los que tendrá acceso el usuario del control. Para ello, utilizando el diálogo *Agregar procedimiento*:

1. Añada los procedimientos correspondientes a la propiedad *NombreUsuario*:

```
Public Property Get NombreUsuario() As String
  NombreUsuario = txtNombreUsuario.Text
End Property

Public Property Let NombreUsuario(ByVal vNewValue As String)
  txtNombreUsuario.Text = vNewValue
End Property
```

2. Añada los procedimientos correspondientes a la propiedad *DNI*:

```
Public Property Get DNI() As String
  DNI = txtDNI.Text
End Property

Public Property Let DNI(ByVal vNewValue As String)
  txtDNI.Text = vNewValue
End Property
```

3. Añada el evento *Cambió*:

```
Public Event Cambió()
```

4. Genere el evento cuando el contenido de las cajas de texto cambie:

```
Private Sub txtNombreUsuario_Change()
  RaiseEvent Cambió
End Sub

Private Sub txtDNI_Change()
  RaiseEvent Cambió
End Sub
```

5. Guarde el proyecto.

Utilizar el asistente para interfaz de control ActiveX

Los miembros personalizados que acabamos de añadir a la interfaz pública sólo constituyen una parte de ésta. Puede ser que desee dar a los usuarios de este control acceso a propiedades comunes como *BackColor*, *ForeColor* o *Font*, entre otras. La manera más sencilla de realizar este proceso es utilizando el *asistente para interfaz de control ActiveX.*

Para utilizar el asistente mencionado, primero añádalo a la lista de complementos de Visual Basic ejecutando la orden *Administrador de complementos* del menú *Complementos*. Después ejecútelo, haga clic en el botón *Siguiente* y proceda a seleccionar las propiedades comunes que quiera añadir a su control según se muestra en la figura siguiente. Por ejemplo, añada a la interfaz pública las propiedades *BackColor*, *ForeColor*, *BackStyle*, *BorderStyle*, *Font* y los eventos *KeyDown*, *KeyPress* y *KeyUp*.

La siguiente página del asistente, *Crear miembros de la interfaz*, muestra los miembros personalizados que ya tiene añadidos. También permite añadir nuevos elementos o bien editar o borrar elementos existentes. Crear nuevos elementos realiza la misma función que el diálogo *Agregar procedimiento*. Por lo tanto aquí no realizaremos ninguna operación.

La siguiente página, *Asignación*, permite delegar la funcionalidad de las propiedades, métodos y eventos de su control en la proporcionada por el control del usuario o por los controles constituyentes. Por ejemplo, para delegar la funcionalidad de la propiedad *BackColor* del objeto **UserControl** en la propiedad del mismo nombre de nuestro control, proceda como se puede observar en la figura siguiente. Cuando el asistente cree esta propiedad, añadirá los procedimientos mostrados a continuación. Como ejemplo, repita este proceso para cada miembro público que añadió anteriormente.

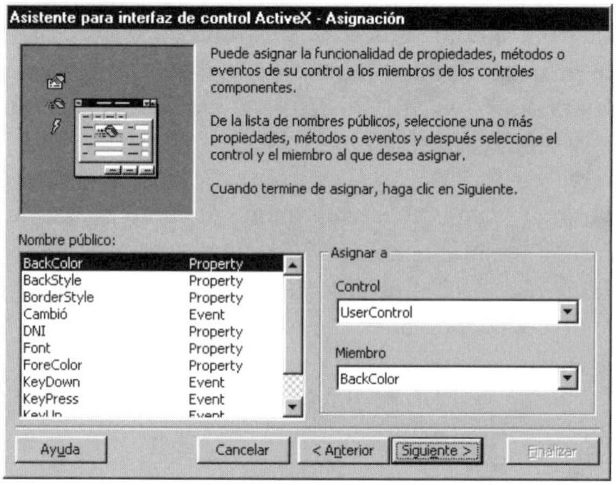


```
Public Property Get BackColor() As OLE_COLOR
  BackColor = UserControl.BackColor
End Property

Public Property Let BackColor(ByVal New_BackColor As OLE_COLOR)
  UserControl.BackColor() = New_BackColor
  PropertyChanged "BackColor"
End Property
```

La siguiente página, *Establecer atributos*, permite establecer los atributos de los miembros no asignados (propiedades, métodos y eventos). Cualquier miembro que no cambie utilizará los valores predeterminados.

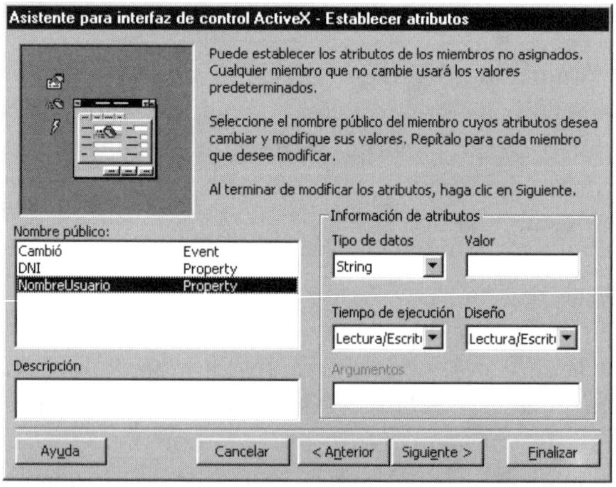

Cuando haya terminado en esta página, haga clic en el botón *Finalizar*.

Utilizar el asistente para páginas de propiedades

Como ya dijimos anteriormente, el *asistente para páginas de propiedades* le ayuda a crear páginas de propiedades para un control de usuario existente. Para utilizar este asistente, primero debe añadirlo a la lista de complementos de Visual Basic, si aún no lo ha hecho. Si ya lo ha añadido, ejecútelo desde el menú *Complementos*, haga clic en el botón *Siguiente* y proceda a seleccionar las páginas de propiedades que desea utilizar en el control.

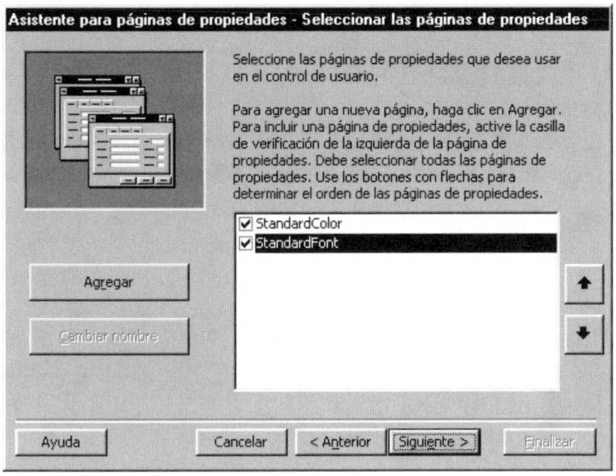

Como puede observar en la figura anterior, el asistente inserta un par de páginas por usted, *StandardColor* y *StandardFont*. No obstante, puede eliminarlas si no desea incorporarlas. Si quiere añadir más páginas, haga clic en el botón *Añadir* y será preguntado por el nombre de la nueva página que desea añadir. Como ejemplo añada una página titulada *General*. Cuando haya finalizado la definición de páginas, haga clic en el botón *Siguiente*.

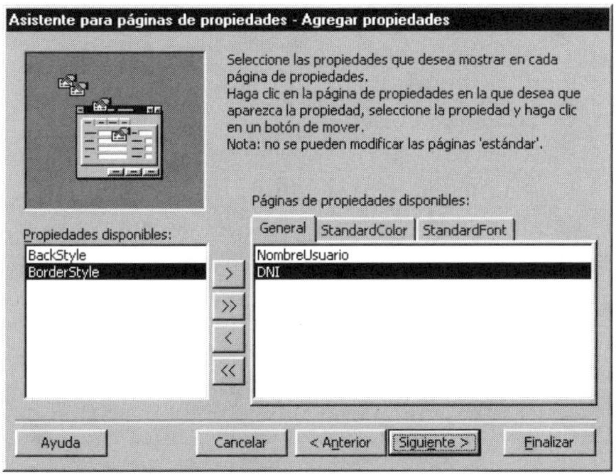

La siguiente página, *Agregar propiedades*, le permite seleccionar las propiedades que quiere visualizar en cada una de las páginas. Haga clic en la pestaña de la página objeto de diseño del cuadro de la derecha, seleccione las propiedades para esa página en la lista de la izquierda y muévalas a la misma haciendo clic en el botón [>]. Por ejemplo, mueva a la página *General* las propiedades *NombreUsuario* y *DNI*. Observe que las propiedades de las páginas *StandardColor* y *StandardFont* ya han sido asignadas automáticamente; usted no puede añadir ni eliminar propiedades en estas páginas. Cuando haya finalizado, haga clic en el botón *Finalizar* y pruebe el control.

CONTROL VINCULADO A UN ORIGEN DE DATOS

Una característica interesante de los controles *ActiveX* es su capacidad para trabajar con datos; esto es, un control *ActiveX* puede diseñarse para que pueda enlazarse a un origen de datos (por ejemplo, a un control ADO) o incluso para que actúe como un origen de datos.

Un control *ActiveX* diseñado para que pueda enlazarse a un origen de datos se comporta igual que los controles intrínsecos de Visual Basic que poseen esta característica. Para añadir esta característica a un control *ActiveX* hay que realizar tres pasos:

1. Indicar que es posible enlazar el control con un origen de datos (propiedad **DataBindingBehavior**).

2. Seleccionar las propiedades del control que se pueden y quieren enlazar a un campo de una base de datos.

3. Especificar la propiedad que de forma predeterminada será enlazada con el campo de la base de datos especificado por la propiedad **DataField**.

Como ejercicio, vamos a hacer que nuestro control *Identifica* se pueda vincular con un origen de datos. Para ello:

1. Asigne a su propiedad **DataBindingBehavior** el valor *1 - vbSimpleBound*. Este valor indica que el control puede ser enlazado con un origen de datos mediante un enlace simple (enlace a campos únicos) en contraposición al enlace complejo (enlace a un conjunto de filas).

2. Abra la ventana de código del control y sitúe el punto de inserción sobre la propiedad *NombreUsuario*. Después, ejecute la orden *Atributos del procedimiento* del menú *Herramientas*.

3. Observe que el nombre de la propiedad que se visualiza es *NombreUsuario*. Haga clic en el botón *Avanzados*. Seleccione la casilla "La propiedad tiene datos enlazados". De esta forma esta propiedad permitirá efectuar enlaces con datos y aparecerá en la colección **DataBindings**. Esta colección contiene todas las propiedades enlazables durante la ejecución; estas propiedades sólo aparecerán en la ventana *Propiedades* del control cuando la casilla "Mostrar en la colección DataBindings en tiempo de diseño" haya sido seleccionada.

4. Seleccione la casilla "La propiedad está enlazada con DataField". De esta forma, el usuario final no tiene que utilizar la colección **DataBindings**, sino que puede utilizar **DataField** para especificar el campo de la base de datos que será enlazado con *NombreUsuario*. Lógicamente, sólo una propiedad del control puede ser enlazada con **DataField**.

5. Haga clic en *Aceptar*.

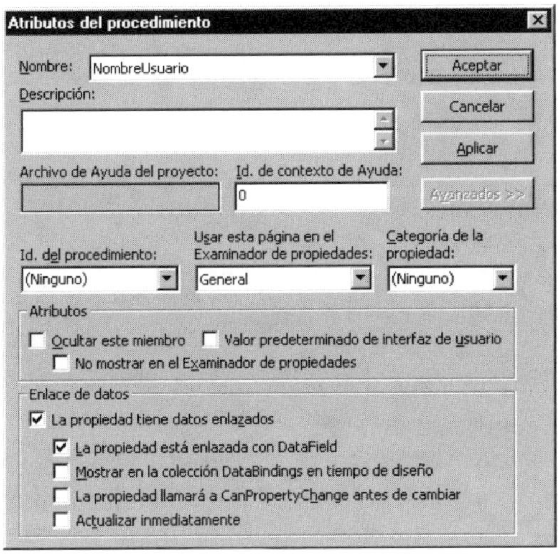

Para probar el control que acabamos de diseñar, añada al formulario *Form1* del proyecto de prueba, en el que ya tenemos un ejemplar del control, un control de datos ADO (*Microsoft ADO Data Control*) conectado a una base de datos; en nuestro caso a la base de datos *clientes.mdb*.

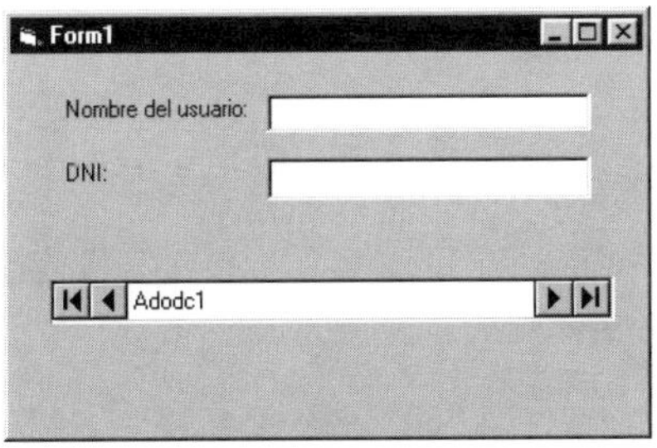

Para conectar el control ADO con la base de datos asigne a su propiedad **ConnectionString** el fichero de vínculo a datos *clientes.udl* y a **RecordSource** la tabla *Direcciones*. A continuación, para conectar el control *Identifica* con el origen de datos asigne a su propiedad **DataSource** el nombre *Adodc1* de control ADO y a su propiedad **DataField** el campo *Nombre* de la tabla *Direcciones*. Para más información sobre este tema consulte el capítulo titulado "Acceso a una base de datos". Finalmente ejecute el proyecto y observe los resultados.

CREAR UN ORIGEN DE DATOS

En el apartado anterior hemos visto cómo vincular un control *ActiveX* a un origen de datos. Ahora vamos a estudiar cómo diseñar un control *ActiveX* que sea un origen de datos. Para realizar este diseño usted debe estar familiarizado con ADO, ya que ésta es la tecnología que tenemos que utilizar (no podemos utilizar DAO). El estudio sobre ADO fue realizado en capítulos anteriores en este mismo libro.

Para diseñar un control que sea un origen de datos, éstos son los pasos que debe ejecutar:

1. Crear el control e indicar que es posible utilizarlo como un origen de datos para otros objetos (propiedad **DataSourceBehavior**).

2. Escribir el código necesario para generar el conjunto de registros de la base de datos al que accederá el origen de datos.

3. Escribir el código necesario para que el control permita navegar a través del conjunto de registros.

Como ejemplo, vamos a crear un nuevo control *ActiveX* que denominaremos *Control de datos simple*. Para ello, siga los pasos descritos a continuación:

1. Cree un nuevo proyecto de tipo *Control ActiveX* y asigne a su propiedad **Name** el valor *CDatosSimple*.

2. Asigne a su propiedad **DataSourceBehavior** el valor *1 - vbDataSource*. Este valor indica que el control puede actuar como un origen de datos.

3. Para poder utilizar la biblioteca de objetos ADO tiene que establecer una referencia. Para ello, ejecute la orden *Referencias* del menú *Proyecto* y seleccione *Microsoft ActiveX Data Objects Library*.

4. Guarde el proyecto.

5. Declare en la sección *General* las variables siguientes para generar a continuación el conjunto de registros al que accederá el control:

```
Private rsClientes As Recordset
Private cnClientes As Connection
```

6. Cuando el usuario coloque un ejemplar del control sobre un formulario se producirá el evento **Initialize**. Por lo tanto, utilizaremos el procedimiento que responda a este evento para abrir una conexión con la base de datos y para abrir el conjunto de registros:

```
Private Sub UserControl_Initialize()
  ' Abrir una conexión con la base de datos
  On Error GoTo RutinaError
  Set cn = New Connection
  With cn
  ' Proveedor de datos Microsoft OLE DB para Microsoft Jet
    .Provider = "Microsoft.Jet.OLEDB.3.51"
    .ConnectionString = App.Path & "\clientes.mdb"
  End With
  cn.Open

  ' Abrir un conjunto de registros
  Set rs = New Recordset
  With rs
    .Source = "SELECT * from Direcciones"
    .ActiveConnection = cn
    .CursorType = adOpenStatic
    .CursorLocation = adUseClient
    .LockType = adLockOptimistic
  End With
  rs.Open Options:=adCmdText
  Exit Sub
RutinaError:
  MsgBox Err.Description
End Sub
```

Los valores que hemos especificado para los diversos parámetros utilizados podrían proporcionarse utilizando uno o más formularios. Como esta técnica ya fue explicada, dejamos este trabajo para el lector.

7. Cuando un receptor de datos solicita un nuevo origen de datos ocurre el evento **GetDataMember**, al que el control responderá para enviar datos a la aplicación que lo contiene. **GetDataMember** ocurre cuando se establece la propiedad **DataField** de un receptor de datos (por ejemplo, una caja de texto).

El evento **GetDataMember** sólo está disponible cuando se asigna a la propiedad **DataSourceBehavior** de un objeto el valor *vbDataSource* (o bien *vbOLEDBProvider* con clases). El procedimiento que responde a este evento tiene dos parámetros: una cadena que contiene el nombre del miembro de datos que se debe enlazar como un origen de datos y una referencia a un objeto *recordset* de ADO:

```
Private Sub UserControl_GetDataMember(DataMember As String,
                                      Data As Object)
  ' ...
End Sub
```

En el caso de que un proveedor de datos disponga de múltiples conjuntos de datos, un receptor tendrá que elegir cuál utilizar. Para ello, identificaremos a cada conjunto de datos, denominado también "miembro de datos", con una cadena única que almacenaremos en la colección **DataMembers** del proveedor, colección que posteriormente proporcionará los valores para la propiedad **DataMember** de los receptores de datos. Por ejemplo:

```
Private Sub UserControl_Initialize()
  ' Agrega cadenas a la colección DataMembers
  With DataMembers
    .Add "ID-Proveedor01"
    .Add "ID-Proveedor02"
  End With
  ' ...
End Sub
```

Después, cuando utilice un control de usuario como origen de datos, el argumento *DataMember* del evento **GetDataMember** contendrá el valor de la propiedad **DataMember** del receptor de datos. De esta forma, podrá determinar qué miembro de datos ha sido solicitado y devolver los datos apropiados a través del argumento *Data*.

Como en nuestro caso sólo hay un miembro de datos *rs*, nos limitaremos a escribir el procedimiento *UserControl_GetDataMember* así:

```
Private Sub UserControl_GetDataMember(DataMember As String,
                                      Data As Object)
  Set Data = rs
End Sub
```

8. Añada cuatro botones al formulario del control del usuario. Asigne a su propiedad **Style** el valor *1 - Graphical*, elimine el contenido de su propiedad **Caption**, asigne a su propiedad **Name** los valores *Primero*, *Anterior*, *Siguiente* y *Ultimo*, respectivamente, y asigne a su propiedad **Picture** una ima-

gen similar a la que se muestra en la figura siguiente. Finalmente ponga la propiedad **BorderStyle** del control del usuario a valor *1 - Fixed Single* y ajuste su tamaño al contorno de los botones.

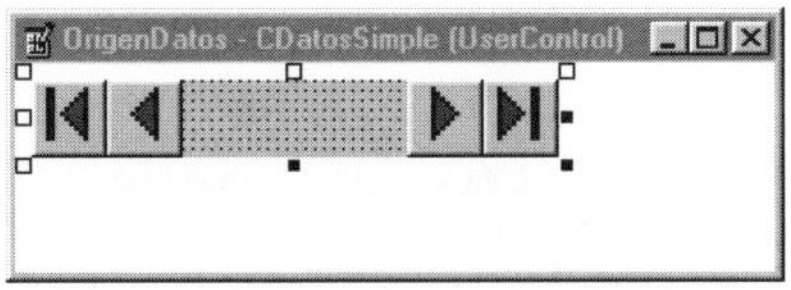

9. Para que el control guarde la apariencia que muestra la figura anterior después de colocarlo sobre un formulario y ajustar su tamaño, abra la ventana de código del control y edite el procedimiento que responde al evento **Resize** así:

```
Private Sub UserControl_Resize()
  Dim W As Long, X As Long
  W = Primero.Width: X = 60
  If UserControl.Width < 4 * W + X Then UserControl.Width = 4 * W + X
  UserControl.Height = W + X
  Primero.Top = 0
  Primero.Left = 0
  Anterior.Top = 0
  Anterior.Left = W
  Siguiente.Top = 0
  Siguiente.Left = UserControl.Width - 2 * W - X
  Ultimo.Top = 0
  Ultimo.Left = UserControl.Width - W - X
End Sub
```

10. Añada los procedimientos que responden al evento **Click** de cada uno de los botones para que realicen la función indicada por su nombre:

```
Private Sub Primero_Click()
  rs.MoveFirst
End Sub

Private Sub Ultimo_Click()
  rs.MoveLast
End Sub

Private Sub Anterior_Click()
  rs.MovePrevious
  If rs.BOF Then rs.MoveFirst
End Sub

Private Sub Siguiente_Click()
  rs.MoveNext
  If rs.EOF Then rs.MoveLast
End Sub
```

11. Guarde el proyecto y pruebe el control.

Para probar el control, cree un nuevo proyecto de tipo *EXE estándar* y coloque sobre el formulario predeterminado un *Control de datos simple* y una caja de texto:

A continuación, asigne a la propiedad **DataSource** de la caja de texto el nombre *CDatosSimple1* del control y a su propiedad **DataField** el campo *Nombre* correspondiente al conjunto de registros asociado con el control. Finalmente, ejecute el proyecto y utilizando los botones del control muévase por la base de datos.

PARTE 5

Extensiones de Visual Basic

- Visual Basic y la API de Windows
- Multimedia
- Comunicaciones
- Complementos

CAPÍTULO 17

VISUAL BASIC Y LA API DE WINDOWS

Un programador de aplicaciones Windows, además de conocer el entorno de trabajo de Windows, debe conocer también su entorno de programación, conocido generalmente como interfaz de programación de aplicaciones para Windows (*Windows Application Programming Interface*, abreviadamente *Windows API*). La característica primaria de la API de Windows la constituyen las funciones y los mensajes Windows. Cuando necesite capacidades que vayan más allá del lenguaje y los controles comunes proporcionados por Visual Basic, puede llamar directamente a los procedimientos incluidos en la API de Windows.

Las funciones Windows son el corazón de las aplicaciones Windows. Hay miles de funciones de Windows que ejecutan una amplia variedad de tareas dispuestas para ser llamadas; por ejemplo, desde C o desde Visual Basic. Los mensajes son utilizados por Windows para permitir que las aplicaciones se comuniquen entre sí y con el propio sistema Windows.

BIBLIOTECAS DINÁMICAS

Una biblioteca dinámica (*Dynamic Link Library*, abreviadamente *DLL*) permite que las aplicaciones Windows compartan código y recursos. Una DLL es en realidad un fichero ejecutable que contiene procedimientos que pueden ser utilizados por todas las aplicaciones. En otras palabras, una DLL es una biblioteca de procedimientos que Windows lee y ejecuta atendiendo a las necesidades del programa que se ejecuta. Lo opuesto a una DLL es una biblioteca estática, donde los procedimientos necesarios para la ejecución del programa son copiados en el programa durante el proceso de compilación y enlace que lo genera.

La utilización de bibliotecas dinámicas tiene ventajas. La fundamental es que permiten realizar acciones especiales que no podemos realizar directamente en Visual Basic. Otra ventaja es que como están separadas del programa, se pueden actualizar sin tener que modificar los programas que las utilizan. También es una ventaja el ahorro de memoria principal y de disco, ya que como es Windows quien administra la utilización de las DLL, no existe duplicidad de código cuando las utilizan varias aplicaciones.

Sin embargo, también tienen inconvenientes. Uno de ellos es el tiempo que Windows tiene que emplear en leer los procedimientos que el programa necesita utilizar de una DLL. Otra desventaja es que cada programa ejecutable necesita que estén presentes las DLL que utiliza. Cuando se utilizan bibliotecas estáticas, los procedimientos que el programa necesita se incluyen en el mismo, por lo que ni se pierde tiempo en leerlas, ni la biblioteca tiene que estar presente.

Los procedimientos que generalmente llamamos funciones por estar escritos en C, tipos y constantes de la API de Windows, están disponibles básicamente en las bibliotecas *Kernel*, *GDI* y *User*. Los ficheros *kernel.exe*, *gdi.exe*, *user.exe*, *kernel32.dll*, *gdi32.dll* y *user32.dll*, localizados en el directorio *system* de Windows, contienen las bibliotecas mencionadas. Visual Basic puede utilizar DLL creadas en cualquier lenguaje, con muy pocas excepciones.

Para acceder a las funciones de las bibliotecas dinámicas, Visual Basic utiliza la sentencia **Declare**. Afortunadamente, Microsoft dispone de un fichero llamado *win32api.txt*, que contiene las sentencias **Declare** de casi todas las funciones de la API de Windows, ya que hay unas pocas funciones que Visual Basic no puede utilizar porque trabajan con punteros. Este fichero está ubicado en el subdirectorio *Winapi* del directorio principal de Visual Basic o Visual Studio.

Puede cargar el fichero *win32api.txt* en un editor de texto, como Microsoft Word o WordPad, para encontrar las declaraciones, tipos y constantes que desea usar. Después, para usarlas en la aplicación, basta con copiarlas desde el fichero al módulo correspondiente de la aplicación Visual Basic.

Además, Visual Basic incluye un *Visor de la API de Windows* que permite acceder al contenido del fichero *win32api.txt* de una forma fácil y cómoda.

La aplicación *Visor de la API* le permite desplazarse por las declaraciones, constantes y tipos incluidos en cualquier fichero de texto o en una base de datos de Microsoft Jet. Después de encontrar el procedimiento que desee, puede copiar el código en el portapapeles y pegarlo en el módulo correspondiente de la aplicación Visual Basic. Puede agregar a su aplicación tantas declaraciones, tipos y constantes como quiera.

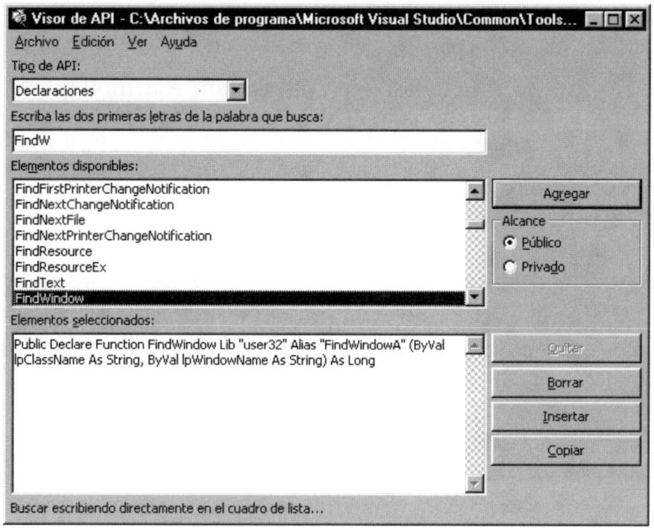

DECLARAR UN PROCEDIMIENTO DE UNA DLL

Ya que un procedimiento de una DLL es externo a la aplicación Visual Basic que lo va a utilizar, deberá proporcionarse a dicha aplicación cierta información que permita localizar y por lo tanto ejecutar el procedimiento de la DLL deseado. Esta información se aporta incluyendo en la sección de declaraciones del formulario o del módulo correspondiente de la aplicación, una declaración del procedimiento que desea utilizar, mediante la sentencia **Declare** cuya sintaxis se muestra a continuación.

Si el procedimiento devuelve un valor, escriba la declaración como **Function**:

Declare Function *nombrePúblico* **Lib** "*nombreBiblioteca*" [**Alias** "*alias*"] [([[**ByVal**] *variable* [**As** *tipo*] [,[**ByVal**] *variable* [**As** *tipo*]]...])] **As Type**

Si el procedimiento no devuelve ningún valor, escriba la declaración como **Sub**:

Declare Sub *nombrePúblico* **Lib** "*nombreBiblioteca*" [**Alias** "*alias*"] [([[**ByVal**] *variable* [**As** *tipo*] [,[**ByVal**] *variable* [**As** *tipo*]]...])]

Observe las cláusulas **Lib** (*Library* - biblioteca) y **ByVal** (por valor). La cláusula **Lib** de la sentencia **Declare** indica a Visual Basic dónde puede encontrar la biblioteca que contiene el procedimiento.

De forma predeterminada, los procedimientos de DLL declarados en *módulos estándar* son públicos (**Public**). En cambio, los procedimientos de DLL declarados en otro tipo de módulo son privados para ese módulo y debe identificarlos como tales, precediendo la declaración con la palabra clave **Private**. Por ejemplo:

```
Private Declare Function GetModuleHandle Lib "kernel32" Alias _
  "GetModuleHandleA" (ByVal lpModuleName As String) As Long
```

Ocasionalmente, un procedimiento de una DLL puede tener un nombre no válido para Visual Basic porque contiene un carácter no válido (por ejemplo, un guión), o porque coincide con una palabra reservada de Visual Basic (tal como **GetObject**). En este caso, será necesario utilizar un alias. Por ejemplo:

```
Public Declare Function lopen Lib "kernel32" Alias "_lopen" _
  (ByVal lpPathName As String, ByVal iReadWrite As Long) As Long
```

En este ejemplo, *lopen* pasa a ser el nombre con el que se hará referencia al procedimiento desde la aplicación Visual Basic. El nombre *_lopen* es el reconocido en la DLL.

Puede también utilizar la cláusula **Alias** en cualquier otra situación en la que sea conveniente sustituir el nombre completo por otro nombre. Por ejemplo,

```
Public Declare Function DirWin Lib "kernel32" _
  Alias "GetWindowsDirectoryA" (ByVal lpBuffer As String, _
  ByVal nSize As Long) As Long
```

ahora podrá llamar a la función con el nombre más corto:

```
Dim RutaWin As String

RutaWin = String(145, Chr(0))
RutaWin = Left(RutaWin, DirWin(RutaWin, Len(RutaWin)))
```

Si trabaja con funciones de la API de Windows que utilizan cadenas, debe agregar una cláusula **Alias** a las sentencias **Declare** para especificar el juego de caracteres correcto. Para cada una de estas funciones, existe una versión ANSI y otra Unicode. Para distinguir unas de otras se ha incluido un sufijo "A" (para ANSI) y "W" (para Unicode). Para las funciones de la API que utilice en Visual Basic, debe especificar la versión ANSI de una función, ya que las versiones Unicode sólo son compatibles con Windows NT.

El alias especificado debe escribirse cuidadosamente, poniendo los caracteres que sean mayúsculas en mayúsculas y los que no en minúsculas.

```
Public Declare Function CloseWindow Lib "user32" Alias _
  "CloseWindow" (ByVal hwnd As Long) As Long
```

Según se expuso en el capítulo 2, los argumentos de una función pueden ser pasados por valor o por referencia. Por omisión, Visual Basic pasa los argumentos por referencia (utilizando direcciones de 32 bits). Para pasar un argumento por valor, escriba la palabra clave **ByVal** delante de la declaración del argumento. Como documentación puede utilizar también la palabra **ByRef** para pasar un argumento por referencia, aunque no sea necesario.

Un argumento de tipo **Any** indica que la función acepta en ese argumento más de un tipo de datos. Por ejemplo:

```
Public Declare Function MapWindowPoints Lib "user32" Alias _
  "MapWindowPoints" (ByVal hwndFrom As Long, ByVal hwndTo As Long, _
  lppt As Any, ByVal cPoints As Long) As Long
```

Esta función puede ser llamada pasando al parámetro *lppt* una matriz de estructuras *POINT* o con una estructura *RECT*, según sus necesidades:

Los argumentos de cadena son un caso especial que veremos más adelante. Pasar una cadena por *valor* significa que está pasando la dirección del primer byte de datos de la cadena. En cambio, si pasa una cadena por *referencia*, lo que está haciendo es pasar la dirección de donde está almacenada otra dirección.

LLAMAR A UNA FUNCIÓN DE UNA DLL

Una vez que se ha declarado una función, puede ser invocada exactamente igual que otras funciones intrínsecas de Visual Basic. Por ejemplo,

```
Private Declare Function IsIconic Lib "user32" Alias "IsIconic" _
  (ByVal hwnd As Long) As Long

If IsIconic(Form2.hWnd) Then ...
```

Este ejemplo llama a la función *IsIconic* para verificar si el formulario *Form2* está minimizado.

Cuando busque información referente a una función de una DLL, si emplea documentación que utiliza el lenguaje C, recuerde que C pasa todos los argumentos por valor, excepto las matrices que las pasa por referencia de forma predeterminada.

TIPOS DE DATOS EN LAS LLAMADAS

Visual Basic incorpora muchos tipos de datos, de los cuales algunos no son soportados por las funciones de las bibliotecas dinámicas. Por lo tanto, hay que poner una especial atención cuando se llame a estas funciones.

Cadenas de caracteres

Las funciones de la mayoría de las DLL esperan cadenas referenciadas por variables de tipo *LPSTR*; esto es, cadenas de caracteres estándar C, las cuales finalizan con un carácter nulo (0 ANSI). En cambio, Visual Basic emplea el tipo de datos *BSTR* (*binary string*), que está formado por un encabezado, y contiene información acerca de la longitud de la cadena y por la cadena propiamente dicha. Cada carácter ocupa dos bytes y termina con un carácter nulo de dos bytes.

Una variable de tipo *BSTR* es un puntero (dirección de memoria) al primer byte de datos de la cadena (no al encabezado). Por lo tanto, si pasamos sin más un argumento que sea un dato de tipo *BSTR* (paso por referencia) significa que se pasa un puntero al dato; como éste a su vez es un puntero, lo que estamos pasando es un puntero a un puntero, lo cual no es correcto. En definitiva, si una función espera como argumento una cadena (tipo *LPSTR*), lo que hay que hacer es anteponer la palabra **ByVal** a la declaración del parámetro dentro de la declaración de la función. De esta forma, la función de la DLL (función C) verá el argumento pasado como un puntero a una cadena. Por ejemplo:

```
Public Declare Function sndPlaySound Lib "winmm.dll" Alias _
  "sndPlaySoundA" (ByVal lpszSoundName As String, _
  ByVal uFlags As Long) As Long
```

Como el argumento *lpszSoundName* está precedido por la cláusula **ByVal**, Visual Basic pasa la dirección que apunta al primer byte de la cadena:

```
Dim FichWav As String, vr As Long
FichWav = Dir(GetWindowsDirectory() & "\" & "*.wav")
vr = sndPlaySound(FichWav, 1)
```

Según lo expuesto, si declara una cadena y no le asigna un dato y luego la pasa por valor a una función de una DLL, el argumento pasado será NULL (dirección nula) no una cadena vacía (“”). Para evitar confusiones en el código, utilice la constante *vbNullString* para pasar un valor NULL a un argumento LPSTR.

Ya que las cadenas son pasadas por referencia a una función de una DLL, puede suceder que la función modifique la cadena Visual Basic. En este caso hay que tener cuidado, ya que si la longitud de la variable de caracteres no es suficiente, como la función no puede incrementar dicha longitud, simplemente escribe a continuación del final, destruyendo así áreas de memoria. Para evitar este problema, declare la cadena de caracteres lo suficientemente grande.

Por ejemplo, la función *GetWindowsDirectory*, cuya declaración es

```
Public Declare Function GetWindowsDirectory Lib "kernel32" Alias _
  "GetWindowsDirectoryA" (ByVal lpBuffer As String, _
  ByVal nSize As Long) As Long
```

devuelve en su primer argumento el camino del directorio Windows. Como medida de seguridad, para llamar a la función declare el primer argumento como una cadena de longitud 255. Esto es,

```
Dim DirWin As Long, Camino As String * 255
DirWin = GetWindowsDirectory(Camino, Len(Camino))
```

Otra solución puede ser definir una cadena de longitud variable y rellenarla a nulos. Esto es,

```
Dim DirWin As Long, Camino As String
Camino = String(255, 0)
DirWin = GetWindowsDirectory(Camino, Len(Camino))
```

Bytes

El tipo **Byte** de datos ocupa 1 byte. Por ejemplo, si necesita definir un tipo de datos de Visual Basic que sea igual que el siguiente tipo escrito en C,

```
typedef struct
{
  char a;
  short b;
  long c;
} MiTipo;
```

debe declararlo así:

```
Type MiTipo
  a As Byte
  b As Integer
  c As Long
End Type
```

Cuando pase datos binarios a un procedimiento de una DLL, hágalo mediante una matriz del tipo **Byte** en lugar de utilizar una variable de tipo **String**. Se supone que las variables **String** contienen caracteres, por lo que los datos binarios pueden no leerse correctamente en procedimientos externos si se han pasado como una variable **String**. Así mismo, cuando el procedimiento de una DLL requiera un *buffer* de memoria, utilice el tipo apropiado de datos o una matriz de tipo **Byte**.

Matrices numéricas

A una función de una DLL se le pueden pasar elementos individuales de una matriz numérica de la misma forma que se pasa una variable cualquiera del mismo tipo base que dicha matriz. Así mismo, vimos también en el capítulo 2 que a una función Visual Basic (**Function** o **Sub**) se le puede pasar como argumento una matriz íntegra. Por ejemplo:

```
Public Declare Sub Fx( a() As Integer, f As Integer, c As Integer )
'...
Dim MiMatriz(1 To Filas, 1 To Cols) As Integer
Call Fx(MiMatriz(), Filas, Cols)
```

Por el contrario, a una función de una DLL no se le puede pasar una matriz íntegra de la misma forma que a una función Visual Basic, a no ser que dicha función haya sido escrita específicamente para Visual Basic. Para pasar una matriz íntegra a una función de una DLL, se pasa el primer elemento de la matriz por referencia. Esto funciona porque los elementos de la matriz están colocados en posiciones sucesivas de memoria. Una función de una DLL a la que se le pasa el primer elemento de una matriz tiene acceso a todos los elementos de la matriz.

Tipos definidos por el usuario

Algunas funciones de las DLL aceptan un tipo definido por el usuario como argumento (una estructura en C). Puede pasar elementos individuales de un tipo definido por el usuario de la misma forma que pasaría variables ordinarias numéricas o de cadena. En cambio, una estructura como tal hay que pasarla por referencia. Esto funciona porque Visual Basic pasa la dirección del primer elemento; el resto de los elementos están almacenados a continuación del primero.

```
Type RECT
  Left As Long
  Top As Long
  Right As Long
  Bottom As Long
End Type
```

```
Public Declare Function InvertRect Lib "user32" Alias _
  "InvertRect" (ByVal hdc As Long, lpRect As RECT) As Long

Dim rectángulo As RECT
```

La llamada siguiente pasa la estructura *rectángulo* a la función *InvertRect*:

```
InvertRect hDC, rectángulo
```

También es posible pasar estructuras que incluyan miembros que sean objetos, matrices o cadenas de caracteres de longitud fija o variable.

Punteros nulos

Algunas funciones de las DLL esperan recibir como argumento un puntero nulo. Para pasar un puntero nulo a una función, declare el argumento de tipo **String** y pase la constante *vbNullString*. Por ejemplo:

```
Public Declare Function FindWindow Lib "user32" Alias _
  "FindWindowA" (ByVal lpClassName As String, _
  ByVal lpWindowName As String) As Long
```

La llamada a esta función será de la forma:

```
hWndExcel = FindWindow(vbNullString, "Microsoft Excel")
```

También, puede pasar un puntero nulo a una función, declarando el argumento de tipo **Any** o **Long** y pasando la constante 0 de tipo **Long** por valor (**ByVal**). Por ejemplo,

```
Public Declare Function FindWindow Lib "User32" Alias _
  "FindWindowA" (ByVal lpClassName As Any, _
   ByVal lpWindowName As String) As Long
```

La llamada a esta función será de la forma:

```
hWndExcel = FindWindow(0&, "Microsoft Excel")
```

Punteros a funciones

Un puntero a una función es una convención que permite pasar la dirección de una función definida por el usuario como argumento a otra función declarada en la aplicación. Veamos un ejemplo; observe la función *EnumWindows* de la API:

```
Private Declare Function EnumWindows Lib "user32" ( _
  ByVal lpEnumFunc As Long, ByVal lParam As Long) As Long
```

EnumWindows es una función de enumeración que permite acceder secuencialmente a los controladores (*handles*) de cada una de las ventanas abiertas en el sistema que no sean ventanas hija. *EnumWindows* funciona llamando repetidamente a una función definida por el usuario que se pasa en el primer argumento *lpEnumFunc*, hasta finalizar la lista de ventanas o bien hasta que la función referenciada por *lpEnumFunc* devuelva **False**. Cada vez que *EnumWindows* llama a la función referenciada por *lpEnumFunc*, le pasa el controlador de la siguiente ventana abierta para realizar las operaciones indicadas en la misma. Esta función definida por el usuario recibe el nombre de *función de devolución de llamada* (función *callback*). El segundo parámetro permite pasar a la función referenciada por *lpEnumFunc* un valor definido en la aplicación.

Para especificar que está pasando una función definida por el usuario como argumento, debe preceder el nombre de la función con la palabra clave **AddressOf**. Por ejemplo, para pasar la función *MiFunc* como argumento, puede llamar a la función *EnumWindows* de la forma siguiente:

```
w = EnumWindows(AddressOf MiFunc, x)
```

Este código tiene que escribirlo en un módulo estándar.

Una función de devolución de llamada debe tener un conjunto de argumentos específicos, determinado por la API. Por ejemplo, *EnumWindowsProc* es una función de devolución de llamada utilizada con *EnumWindows*. Su sintaxis es

```
Public Function EnumWindowProc (ByVal hWnd As Long, _
                                ByVal lParam As Long) As Long
```

donde *hWnd* es el controlador de la ventana pasado por *EnumWindows* y *lParam* es un valor pasado desde la aplicación, el que nos interese en cada caso.

AddressOf

Si llama a una función declarada mediante el operador **AddressOf**, deberá tener en cuenta las condiciones siguientes:

- **AddressOf** sólo se puede utilizar inmediatamente antes de un argumento en una lista de argumentos; ese argumento puede ser el nombre de una función, una propiedad o un procedimiento definido por el usuario.

- La propiedad, función o procedimiento al que llame con **AddressOf** debe encontrarse en el mismo proyecto que los procedimientos y declaraciones relacionadas.

- Sólo puede usar el operador **AddressOf** con funciones, propiedades o procedimientos definidos por el usuario que residan en un módulo estándar. No puede usarlo con funciones externas declaradas con la instrucción **Declare** ni con funciones a las que se hace referencia desde las bibliotecas de tipos.

- Puede pasar un puntero de función a un parámetro de tipo **As Any** o **As Long** en una declaración realizada en un tipo definido por el usuario, una función o un procedimiento.

Puede que en algunas ocasiones necesite almacenar un puntero de función en una variable intermedia antes de pasarlo a una función de una DLL. Esto resulta útil si desea pasar punteros de función desde una función de Visual Basic a otra. Pero es necesario si llama a una función en la que necesita pasar el puntero mediante una estructura que contiene un miembro que es un puntero de función.

Para asignar un puntero de función a un miembro de una estructura, debe crear una función empaquetadora. Por ejemplo, en el código siguiente se crea la función de empaquetador *FnPtrToLong*, que permite colocar un puntero de función en cualquier estructura:

```
Function FnPtrToLong (ByVal Dirección As Long) As Long
  FnPtrToLong = Dirección
End Function
```

A continuación, para almacenar la dirección en un miembro *Ptr* de tipo **Long** de una estructura *s* (o simplemente en una variable de tipo **Long**) escriba:

```
s.Ptr = FnPtrToLong(AddressOf MiFnCallBack)
```

La función *MiFnCallBack* se denomina "función de devolución de llamada".

No se puede escribir:

```
s.Ptr = AddressOf MiFnCallBack
```

Handles

Un *handle* (también llamado controlador) es un valor **Long** único definido por el entorno operativo y utilizado para referirse a objetos tales como formularios y controles; un *handle* es un número de identificación (ID). Por ejemplo, **hWnd** (*handle to Window*) es un *handle* para referirse a una ventana, **hDC** (*handle to Device Context*) es un *handle* para referirse al contexto de dispositivo de un objeto. Las funciones de las bibliotecas dinámicas utilizan mucho este tipo de parámetro. Cuando una función de una DLL espera recibir como argumento un *handle*, declárelo de tipo **ByVal Long**. Por ejemplo,

```
Private Declare Function IsIconic Lib "user32" Alias "IsIconic" _
  (ByVal hwnd As Long) As Long
```

El entorno operativo asigna un *handle* a cada formulario de una aplicación Visual Basic para posteriormente identificarlos. La propiedad **hWnd** de un formulario o de un control no gráfico permite acceder a este *handle*. Por ejemplo,

```
Private Sub Command1_Click()
  If IsIconic(Form2.hWnd) Then
    MsgBox "Form2 está minimizado"
  End If
End Sub
```

Por contexto de dispositivo se entiende un conjunto de atributos (color de fondo, tipo de letra, espaciado entre caracteres, posición actual de la pluma, paleta de colores, etc.) que determinan la localización y la apariencia de un objeto. Una aplicación no puede acceder al contexto de dispositivo directamente, pero sí lo puede hacer indirectamente a través de la propiedad **hDC** del objeto (formulario, caja de imagen u objeto **Printer**). Por ejemplo,

```
' Declaración de la función Windows FloodFill
Private Declare Function FloodFill Lib "gdi32" Alias "FloodFill" _
  (ByVal hdc As Long, ByVal x As Long, ByVal y As Long, _
  ByVal crColor As Long) As Long

Sub Form_Click()
  ScaleMode = vbPixels' escala en píxeles
  ForeColor = RGB(0, 0, 0) ' se dibuja en negro
  ' Dibujar un triángulo
  Line (100, 50)-(300, 50)
  Line -(200, 200)
  Line -(100, 50)
  FillStyle = vbFSSolid ' rellenar con color sólido
  FillColor = RGB(128, 128, 255) ' color
  'Invocar a la función para colorear el triángulo
  FloodFill hDC, 200, 100, ForeColor
End Sub
```

Propiedades

Las propiedades deben ser pasadas por valor. Por ejemplo,

```
Private Declare Function GetDeviceCaps Lib "gdi32" Alias _
  "GetDeviceCaps" (ByVal hdc As Long, ByVal nIndex As Long) As Long

Const HORZRES = 8  'resolución horizontal en píxeles
Const VERTRES = 10 'resolución vertical en píxeles
Const LOGPIXELSX = 88 'píxeles/pulgada en X
Const LOGPIXELSY = 90 'píxeles/pulgada en Y

Sub Form_Click()
  Print "Resolución de la pantalla:"
  Print GetDeviceCaps(hdc, HORZRES); "x"; _
        GetDeviceCaps(hdc, VERTRES)
  Print "Resolución de la impresora:"
  Print GetDeviceCaps(Printer.hdc, LOGPIXELSX); "x"; _
        GetDeviceCaps(Printer.hdc, LOGPIXELSY)
End Sub
```

Este ejemplo obtiene la resolución de la pantalla y de la impresora actualmente seleccionada. Para ello, se pasa a la función la propiedad **hDC**.

Para pasar una propiedad por referencia, se debe utilizar una variable intermedia. Todas las cadenas son pasadas por referencia; por lo tanto, para pasar una propiedad que sea una cadena de caracteres a una función de una DLL, primero se asigna la propiedad a una variable de caracteres y después se pasa la variable. Por ejemplo, para almacenar el camino del directorio Windows en la propiedad **Path** de la lista de ficheros *File1*, escriba

```
Private Declare Function GetWindowsDirectory Lib "kernel32" Alias _
  "GetWindowsDirectoryA" (ByVal lpBuffer As String, _
  ByVal nSize As Long) As Long

Dim DirWin As Long, Camino As String
Camino = String(255, 0)
DirWin = GetWindowsDirectory(Camino, Len(Camino))
File1.Path = Camino
```

Para pasar propiedades numéricas por referencia, utilice la misma técnica.

Formularios y controles (variables objeto)

No se puede pasar un formulario o un control a una función de una DLL, a no ser que la función haya sido escrita específicamente para Visual Basic; tampoco se puede pasar cualquiera de los objetos especiales (Screen, Clipboard, Printer o Debug).

TIPOS DE WINDOWS

El fichero *windef.h* y otros definen nuevos nombres para algunos de los tipos estándar. La siguiente tabla presenta estos tipos con sus equivalentes en C y en Visual Basic. Esto le facilitará la utilización de documentación para programación en Windows, escrita en lenguaje C.

Windows	C	Visual Basic	Definición
ATOM	WORD	ByVal Integer	Entero
BOOL	int	ByVal Long	Boolean
BYTE	unsigned char	ByVal Byte	Entero
COLORREF	DWORD	ByVal Long	Entero
CHAR	char	ByVal Byte	Entero
DWORD	unsigned long	ByVal Long	Entero
HANDLE	WORD	ByVal Long	Entero
HDC	HANDLE	ByVal Long	Entero
HICON	HANDLE	ByVal Long	Entero
HMENU	HANDLE	ByVal Long	Entero
HWND	HANDLE	ByVal Long	Entero
INT	int	ByVal Long	Entero
LONG	long	ByVal Long	Entero
LPARAM	LONG	ByVal Long	Entero
LPCSTR	const char far *	ByVal String	Cadena de caracteres
LPDWORD	DWORD far *	Long	Puntero a un entero
LPINT	int far *	Long	Puntero a un entero
LPRECT	RECT far *	tipo	Puntero a una estructura
LPSTR	char far *	ByVal String	Cadena de caracteres
LPUINT	unsigned int far *	Long	Puntero a un entero
LPVOID	void far *	Any	Puntero genérico
LPWORD	WORD far *	Long	Puntero a un entero
LRESULT	LONG	ByVal Long	Entero
NULL	void *	Any/ByVal Long	Puntero a void
SHORT	short	ByVal Integer	Entero
UINT	unsigned int	ByVal Long	Entero
WORD	unsigned int	ByVal Integer	Entero
WPARAM	unsigned int	ByVal Long	Entero

MENSAJES

La característica primaria de la API de Windows la constituyen las funciones y los mensajes Windows. Haciendo uso de los mensajes de Windows, se puede obtener información de un control, que no se puede obtener utilizando sólo las características propias de Visual Basic. Para utilizar las funciones y los mensajes Windows, es necesario conocer de cada una/o de ellas/os su finalidad, sintaxis, valor que devuelve y parámetros que utiliza. Encontrará una amplia información, tanto de las funciones como de los mensajes Windows, en "Microsoft Windows SDK".

Un mensaje consta de tres partes:

- Número de mensaje, identificado por el nombre del mensaje.
- Un parámetro WPARAM.
- Un parámetro LPARAM.

Por ejemplo, EM_GETLINE copia una línea de un objeto multilínea a un área de memoria (*buffer*). El parámetro WPARAM define el número de línea; la primera línea es la 0. El parámetro LPARAM apunta al área de memoria donde se almacena la línea. El número máximo de caracteres que se pueden copiar se pone en la primera palabra del *buffer*.

La sintaxis para enviar un mensaje es la siguiente:

```
Public/Private Declare Function SendMessage Lib "User32" _
                                   Alias "SendMessageA" ( _
                                      ByVal hwnd As Long, _
                                      ByVal wMsg As Long, _
                                      ByVal wParam As Long, _
                                      lParam As Any) As Long
```

El parámetro *hwnd* es el *handle* de la ventana que recibe el mensaje, y el parámetro *wMsg* es el mensaje que se envía. Los parámetros *wParam* y *lParam* contienen información adicional al mensaje que encontrará en la descripción del propio mensaje. Por ejemplo:

```
Pos& = SendMessage(hWnd, EM_GETLINE, Clng(NumLínea), Buffer$)
```

Cada uno de estos mensajes se encuentra definido en un fichero escrito en lenguaje C del SDK de Windows (*Software Development Kit*), y las definiciones equivalentes en Visual Basic se encuentran en el fichero *win32api.txt*. Por ejemplo:

```
Public Const EM_GETLINE = &HC4
```

PUNTEROS EN VISUAL BASIC

Visual Basic, a partir de su versión 5, permite trabajar con punteros o direcciones por medio de las funciones **VarPtr**, **StrPtr**, y **ObjPtr**. Estas funciones no están documentadas; no obstante, si las utiliza observará que el *generador automático de instrucciones* del editor de Visual Basic le muestra la sintaxis de las mismas cuando intenta escribir sus parámetros.

¿En qué biblioteca residen? Abra el examinador y busque cualquiera de esas funciones. El resultado será negativo. Haga clic sobre el examinador de objetos utilizando el botón derecho y ejecute la orden *Mostrar miembros ocultos* del menú contextual que se visualiza. Vuelva a realizar la búsqueda. Comprobará que dichas funciones pertenecen a la clase *_HiddenModule* de la biblioteca *VBA*.

La función **VarPtr** devuelve un puntero (la dirección) a la variable pasada como argumento. Esto es, el puntero es a la variable y no a su contenido. Su sintaxis es:

Function VarPtr(*Ptr* As Any) As Long

La función **StrPtr** devuelve un puntero (la dirección) a la cadena de texto referenciada por la variable pasada como argumento. Esto es, el puntero es al contenido de la variable de cadena. Su sintaxis es:

Function StrPtr(*Ptr* As String) As Long

La función **ObjPtr** devuelve un puntero (la dirección) a la interfaz predeterminada del objeto pasado como argumento. Lógicamente el argumento es una variable que referencia un objeto. Su sintaxis es:

Function ObjPtr(*Ptr* As Unknown) As Long

Una función de la API que justifica la utilidad de estas funciones es *CopyMemory*:

```
Declare Sub CopyMemory Lib "kernel32" Alias "RtlMoveMemory" ( _
    Destination As Any, Source As Any, ByVal Length As Long)
```

Esta función copia el contenido de un bloque de memoria en otro bloque de memoria. El parámetro *Destination* hace referencia a la dirección de comienzo del bloque destino de los datos, *Source* a la dirección de comienzo del bloque de memoria origen de los datos, y *Length* es la longitud en *bytes* del bloque que se desea copiar.

Veamos un ejemplo. Muchos de los mensajes que envía Windows consisten en una información empaquetada en un dato de tipo **Long** (32 bits) en el que los 16 bits de menor orden (*low word* - palabra de menor peso) representan una información y los 16 bits de mayor orden (*high word* - palabra de mayor peso) representan otra información. Un ejemplo es el mensaje WM_COMMAND que se envía cuando el usuario selecciona una orden de un menú, cuando un control envía un mensaje de notificación a su ventana padre, o bien cuando un acelerador (teclas de método abreviado) se traduce. Este mensaje proporciona en la palabra de mayor peso de su parámetro *wParam* el código de notificación y en la de menor peso el identificador del elemento del menú que generó ese mensaje. Para obtener la información empaquetada en *wParam* los programadores de C/C++ disponen de dos macros: HIWORD y LOWORD. En cambio, en Visual Basic no disponemos de una funcionalidad análoga, pero podríamos escribirlas.

Por ejemplo, la siguiente función obtiene la palabra (WORD) de menor peso de un dato de tipo **Long**:

```
Public Function LoWord(ByVal dw As Long) As Integer
  If dw And &H8000& Then
    LoWord = dw Or &HFFFF0000
  Else
    LoWord = dw And &HFFFF&
  End If
End Function
```

El código de la función anterior podemos hacerlo más simple utilizando la función *CopyMemory*. La función *LoWord* deberá extraer la palabra de menor peso del parámetro *dw* de tipo **Long**. Esto es, deberá leer los dos primeros bytes y devolverlos como resultado:

```
Public Function LoWord(ByVal dw As Long) As Integer
  CopyMemory LoWord, dw, 2
End Function
```

Este procedimiento indica que hay que copiar dos bytes de la memoria a partir de la dirección de *dw* en la posición de memoria *LoWord* correspondiente al resultado de la función. En este caso no ha sido necesario utilizar la función **VarPtr** para obtener la dirección del origen de los datos *dw* porque Visual Basic, en una llamada a una función, de forma predeterminada pasa los argumentos por referencia; es decir, en el ejemplo que nos ocupa VB ha pasado la dirección de *dw*, no su contenido.

Para probar la función que acabamos de escribir, cree un nuevo proyecto de tipo *EXE estándar* y añada un módulo *LoHiWord.bas* con el código siguiente:

```
Public Declare Sub CopyMemory Lib "kernel32" Alias _
  "RtlMoveMemory" (Destination As Any, Source As Any, _
  ByVal Length As Long)

Public Function LoWord(ByVal dw As Long) As Integer
  CopyMemory LoWord, dw, 2
End Function
```

A continuación añada un botón al formulario titulado *Low Word* y vincúlelo con el procedimiento siguiente:

```
Private Sub btLowWord_Click()
  Dim dato As Long
  dato = &HA000B
  Debug.Print LoWord(dato) ' resultado: 11
End Sub
```

La función *HiWord* es un poco más complicada. En este caso hay que copiar los dos bytes de mayor peso; es decir los dos bytes siguientes a los dos que copiamos anteriormente. La función podría escribirse así:

```
Public Function HiWord(ByVal dw As Long) As Integer
  CopyMemory HiWord, ByVal VarPtr(dw) + 2, 2
End Function
```

El destino y el tamaño de los datos se escriben de forma análoga a como lo hicimos en *LoWord*, pero la fuente la deben constituir los dos bytes superiores de *dw*. Entonces, lo que hay que hacer es calcular la dirección a partir de la cual están almacenados esos dos bytes. Si la solución fuera *dw+2* estaríamos cometiendo un error, ya que en este caso lo que haría Visual Basic sería sumar 2 al contenido de *dw*, y lo que nosotros queremos es sumar 2 a la dirección de *dw*, ya que cada byte ocupa una posición de memoria, de ahí la expresión *VarPtr(dw) + 2*. Observe que en este caso lo que hay que pasar es el valor resultante de la expresión, por lo que debemos anteponer a la misma la palabra reservada **ByVal**.

Para probar esta otra función, proceda análogamente a como lo hizo para *LoWord*.

Otro ejemplo, ahora con estructuras. Recuerde que en el capítulo de “Formularios y controles”, durante el diseño de la aplicación *panel.vbp*, necesitamos obtener de un valor RGB los valores correspondientes de rojo, verde y azul. En esa ocasión lo hicimos así:

```
Dim Color As Long
Dim NivelRojo As Integer, NivelVerde As Integer
Dim NivelAzul As Integer
```

```
' ...
NivelRojo = Color And &HFF&
Color = Color \ 256
NivelVerde = Color And &HFF&
Color = Color \ 256
NivelAzul = Color And &HFF&
```

Otra solución sería definir una estructura del tamaño de un **Long** (4 bytes) con cuatro miembros de tamaño de un *byte*: uno para el rojo, otro para el verde y otro para el azul; el cuarto *byte*, como ya estudiamos, no se utiliza.

```
Public Type tRGB
  Rojo As Byte
  Verde As Byte
  Azul As Byte
  Relleno As Byte
End Type
```

Observe que una variable de tipo *tRGB* tiene un tamaño de 4 bytes, igual que una variable de tipo **Long**. Entonces, si copiamos byte a byte la información de color de una variable de tipo **Long** en otra variable de tipo *tRGB*, tendremos acceso directo a los niveles de rojo, verde y azul a través de los miembros de la estructura. El procedimiento siguiente muestra esto con claridad:

```
Private Sub btRGB_Click()
  Dim Color As Long    ' 4 bytes de longitud
  Dim stColor As tRGB ' 4 bytes de longitud
  Color = RGB(127, 205, 60)
  ' Copiar byte a byte Color en stColor
  CopyMemory ByVal VarPtr(stColor), Color, LenB(stColor)
  ' Acceder a los niveles individuales de color
  Debug.Print stColor.Rojo, stColor.Verde, stColor.Azul
End Sub
```

Observe que para calcular la longitud en bytes de la estructura hemos utilizado la función **LenB**.

Otro ejemplo, ahora con cadenas de caracteres. Sabemos, por lo que hemos estudiado hasta ahora, que el tipo **String** no es más que un envoltorio para el tipo *BSTR* de *ActiveX*. Una variable de tipo *BSTR* es un puntero (dirección de memoria) al primer byte de datos de la cadena (no a su encabezado que se corresponde con la longitud de la cadena). Recuerde que Visual Basic almacena una cadena como un conjunto de caracteres Unicode (2 bytes por carácter).

Para ilustrar el trabajo con cadenas de caracteres utilizando punteros, vamos a escribir una función que copie una cadena referenciada por una variable de tipo

String en una matriz de tipo **Integer** (de tipo **Integer** porque cada carácter ocupa dos bytes). De esta forma podremos manipular la cadena carácter a carácter sin tener que utilizar las funciones de cadena **Mid**, **Left**, etc.

La función *StringToArray* que se muestra a continuación, declara una matriz *mtCadena* de tipo **Integer** que almacenará la cadena Unicode *strCadena* pasada como argumento a la función. Calcula la longitud de la cadena, incluyendo el carácter nulo de terminación, en caracteres y en bytes. Asigna a la matriz un número de elementos igual a la longitud de la cadena. Invoca a la función *CopyMemory* para copiar byte a byte la cadena *strCadena* en la matriz *mtCadena*. En la llamada se pasa como primer argumento *mtCadena(1)* por referencia, por lo tanto, se está pasando la dirección de comienzo de la matriz; como segundo argumento se pasa *StrPtr(strCadena)* por valor, que se corresponde con la dirección de comienzo de la cadena; y como tercer parámetro se pasa el número de bytes que hay que copiar. Finalmente, la función devuelve la matriz.

Tenga presente que *VarPtr(strCadena)* no nos devuelve un puntero al comienzo de la cadena, sino un puntero al puntero que apunta a la cadena.

```
Public Function StringToArray(ByVal strCadena As String)
  Dim mtCadena() As Integer
  Dim LongStr As Long, BytesStr As Long
  LongStr = Len(strCadena) + 1 ' más carácter nulo de terminación
  BytesStr = LongStr * 2
  ReDim mtCadena(1 To LongStr) As Integer
  CopyMemory mtCadena(1), ByVal StrPtr(strCadena), BytesStr
  StringToArray = mtCadena
End Function
```

Para probar la función StringToArray, añada un botón al formulario y vincúlelo, por ejemplo, con el siguiente procedimiento:

```
Private Sub btCadenaAMatriz_Click()
  Dim cadena As String, matriz() As Integer, i As Integer
  cadena = "esto es una cadena Unicode"
  matriz = StringToArray(cadena)
  i = 1
  Do While matriz(i) <> 0
    Debug.Print Chr(matriz(i));
    i = i + 1
  Loop
End Sub
```

Este procedimiento escribe carácter a carácter la cadena de caracteres almacenada en *matriz*. Observe que detectamos el fin de la cadena buscando el carácter nulo de terminación.

SUBCLASIFICACIÓN

La subclasificación es una técnica que le permite interceptar los mensajes de Windows enviados a un objeto. Al interceptar estos mensajes, puede escribir su propio código para cambiar o extender el comportamiento del objeto. Para llevar a cabo esta técnica es necesario realizar los siguientes pasos:

1. Activar la subclasificación para la ventana cuyo flujo de mensajes se desea interceptar. Este proceso requiere invocar a la función *SetWindowLong* de la API con el *handle* de la ventana, el índice GWL_WNDPROC para crear una subclase de la clase de ventana utilizada para crear la ventana y con una función de devolución de llamada (*WindowProc* - Procedimiento de ventana) para interceptar los mensajes. *SetWindowLong* devuelve el procedimiento de ventana anterior.

```
Public Sub ActivarSubclas(hVentSubcla As Long)
  lpProcVentAnt = SetWindowLong(hVentSubcla, GWL_WNDPROC, _
                                AddressOf WindowProc)
End Sub
```

2. Escribir el código de la función *WindowProc* para tratar el mensaje interceptado. Como este procedimiento de ventana sustituye al procedimiento de ventana predeterminado, tiene que realizar la labor de este último, para lo cual debe invocar a la función *CallWindowProc*, y además interceptar los mensajes cuyo comportamiento deseemos programar. La función *CallWindowProc* devuelve un valor que depende del mensaje procesado; cero si no se pudo procesar el mensaje. La declaración de *WindowProc* es como sigue:

```
Public Function WindowProc(ByVal hWnd As Long, _
                    ByVal uMsg As Long, ByVal wParam As Long, _
                    ByVal lParam As Long) As Long
  ' Ejecutar el procedimiento de ventana predeterminado
  WindowProc = CallWindowProc(lpProcVentAnt, _
                         hWnd, uMsg, wParam, lParam)
  ' Interceptar el mensaje
  ' ...
End Function
```

3. Desactivar la subclasificación para la ventana, si procede.

```
Public Sub DesactivarSubclas(hVentSubcla As Long)
  lpProcVentAnt = SetWindowLong(hVentSubcla, GWL_WNDPROC, lpProcVentAnt)
End Sub
```

Como ejemplo, cree una nueva aplicación de tipo *EXE estándar* y coloque sobre el formulario dos botones: uno para activar la subclasificación y otro para desactivarla. La aplicación simplemente imprimirá en la ventana *Inmediato* los mensajes interceptados.

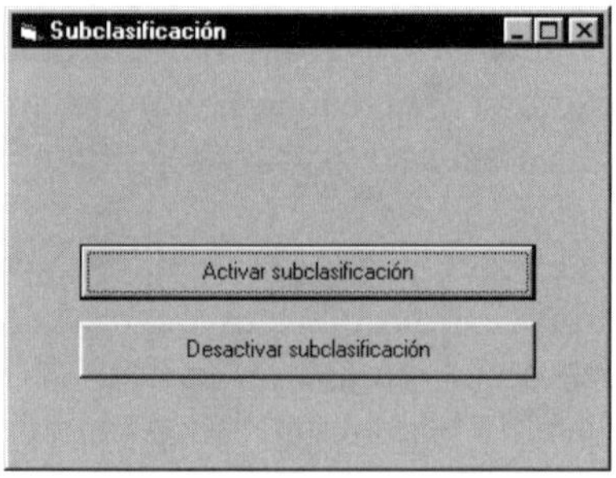

A continuación agregue al proyecto un módulo estándar para declarar las funciones de la API y escribir los procedimientos de ventana, de activar subclasificación y de desactivarla, mencionados anteriormente.

```
' Módulo estándar Subclas.bas
'----------------------------

Public Declare Function SetWindowLong Lib "user32" Alias _
  "SetWindowLongA" (ByVal hWnd As Long, _
  ByVal nIndex As Long, ByVal dwNewLong As Long) As Long

Public Declare Function CallWindowProc Lib "user32" Alias _
  "CallWindowProcA" (ByVal lpPrevWndFunc As Long, _
  ByVal hWnd As Long, ByVal Msg As Long, _
  ByVal wParam As Long, ByVal lParam As Long) As Long

Public Const GWL_WNDPROC = -4

Public lpProcVentAnt As Long ' procedimiento de ventana anterior

Public Sub ActivarSubclas(hVentSubcla As Long)
  lpProcVentAnt = SetWindowLong(hVentSubcla, GWL_WNDPROC, _
                                AddressOf WindowProc)
End Sub

Public Sub DesactivarSubclas(hVentSubcla As Long)
  lpProcVentAnt = SetWindowLong(hVentSubcla, GWL_WNDPROC, _
                                lpProcVentAnt)
End Sub

Public Function WindowProc(ByVal hWnd As Long, _
                    ByVal uMsg As Long, ByVal wParam As Long, _
                    ByVal lParam As Long) As Long
  ' Interceptar el mensaje
  Debug.Print "Mensaje: "; hWnd, uMsg, wParam, lParam
```

```
  ' Ejecutar el procedimiento de ventana predeterminado
  WindowProc = CallWindowProc(lpProcVentAnt, _
                              hWnd, uMsg, wParam, lParam)
End Function
```

Finalmente, añada a la ventana de código del formulario los procedimientos siguientes:

```
Private Sub ActivarSubclas_Click()
  Subclas.ActivarSubclas Me.hWnd
End Sub

Private Sub DesactivarSubclas_Click()
  Subclas.DesactivarSubclas Me.hWnd
End Sub
```

EDITOR DE TEXTOS UTILIZANDO DLL

El siguiente ejemplo utiliza una caja de texto multilínea para implementar un editor de textos y para demostrar la utilización de la función *SendMessage* y de varios mensajes de la API de Windows.

El editor realizará las siguientes operaciones:

- Cuando el usuario escriba líneas de texto, se indicará en la línea de estado (línea del fondo) el número de la línea sobre la que se encuentra el punto de inserción y el número total de líneas del texto.

- Tendrá un menú *Fichero* con las órdenes, *Nuevo*, *Abrir*, *Guardar* y *Salir*. Con respecto a las dos primeras órdenes, no implementaremos su función, pero sí visualizarán el mensaje "¿Quiere salvar los cambios?" cuando alguna de ellas se ejecute y el texto haya cambiado. Este mensaje no aparecerá si previamente se ha ejecutado la orden *Guardar*. La orden *Salir* estará operativa y también detectará si el texto ha cambiado y no se ha guardado, con el fin de notificar al usuario si desea guardar los cambios antes de salir.

- Tendrá un menú *Edición* con las órdenes *Deshacer*, *Cortar*, *Copiar*, *Pegar* y *Borrar*. Todas estas órdenes estarán operativas.

Inicie una nueva aplicación y cree un formulario titulado *Editor* con los controles que se indican en la tabla siguiente. Guarde la aplicación con el nombre *editor.vbp*, y el formulario con el nombre *editor.frm*.

Objeto	Propiedad	Valor
Menú Fichero	Caption Name	&Fichero MenúFichero
Orden Nuevo	Caption Name	&Nuevo NuevoFichero
Orden Abrir	Caption Name	&Abrir AbrirFichero
Orden Guardar	Caption Name	&Guardar GuardarFichero
Separador	Caption Name	- Separador1
Orden Salir	Caption Name	&Salir SalirFichero
Menú Edición	Caption Name	&Edición MenúEdición
Orden Deshacer	Caption Name	&Deshacer DeshacerEdición
Separador	Caption Name	- Separador2
Orden Cortar	Caption Name	Cor&tar CortarEdición
Orden Copiar	Caption Name	&Copiar CopiarEdición
Orden Pegar	Caption Name	&Pegar PegarEdición
Orden Borrar	Caption Name	&Borrar BorrarEdición
Formulario	Name Caption	Form1 Editor
Caja de texto	Name Multiline ScrollBars	Text1 True 2 - Vertical
Etiqueta	Name Caption AutoSize	Label1 1 de 1 True
Temporizador	Name Interval Enabled	Timer1 350 True

Una vez finalizado el diseño, obtendrá un resultado similar al siguiente:

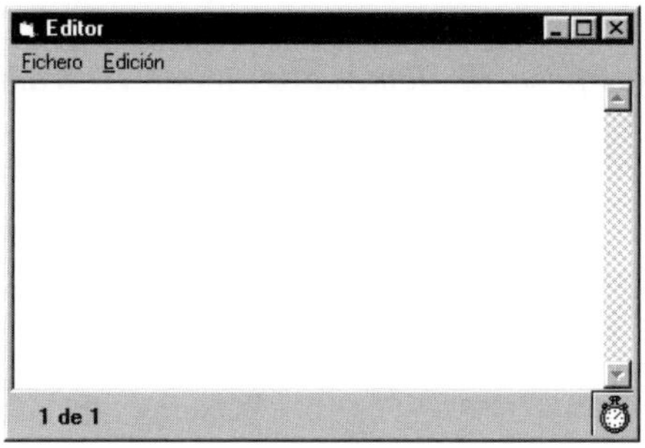

Realice las siguientes definiciones a nivel del formulario:

```
Dim Botón As Integer, LActual  As Integer
```

Cuando el usuario ejecute la orden *Salir*, el procedimiento asociado *SalirFichero* llama a la función *TextoModificado* para verificar si se ha modificado el texto. Escriba el procedimiento *SalirFichero* que se muestra a continuación.

```
Private Sub SalirFichero_Click()
  If TextoModificado() Then
    Mensaje
  End If
  If Botón = vbCancel Then Exit Sub
  End
End Sub
```

Recuerde que las constantes *vbCancel*, *vbYes* y *vbNo* que puede obtener a través del examinador de objetos, se corresponden con los valores devueltos por la función **MsgBox**.

Si el texto ha sido modificado, el procedimiento *Mensaje* invoca a la función *MensajeGuardar* que visualiza una ventana con un título que dice "El fichero ha sido modificado", una pregunta dirigida al usuario que dice "¿Quiere salvar los cambios?" y tres botones, *Sí*, *No* y *Cancelar*, para que el usuario responda a la pregunta formulada. La variable *Botón* almacena esta respuesta (*vbYes* si pulsó *Sí*, *vbNo* si pulsó *No* y *vbCancel* si pulsó *Cancelar*). Si el texto no ha sido modificado, simplemente finaliza la aplicación.

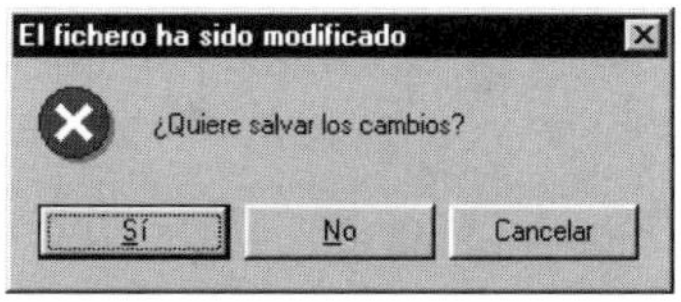

Abra la ventana de código e inicie un nuevo procedimiento denominado *Mensaje* (orden *Agregar procedimiento...* del menú *Herramientas*) y escriba el código que se muestra a continuación:

```
Private Sub Mensaje()
  Botón = MensajeGuardar()
  Select Case Botón
    Case vbNo
      Exit Sub
    Case vbYes
      ' Guarde aquí el fichero
      MsgBox "Guardado"
  End Select
End Sub
```

Las funciones *TextoModificado* y *MensajeGuardar* se detallan un poco más adelante, en el módulo *editor.bas*.

Cuando el usuario ejecute la orden *Guardar*, el procedimiento asociado guardará el texto y pondrá el indicador de modificado a cero (**False** - no modificado) para lo cual invocará al procedimiento *NoModificado* que se presenta un poco más adelante, en el módulo *editor.bas*:

```
Private Sub GuardarFichero_Click()
  ' Guarde aquí el fichero
  MsgBox "Guardado"
  NoModificado
End Sub
```

Cuando el usuario ejecute la orden *Nuevo*, el procedimiento asociado verificará si se ha modificado el texto actualmente en proceso, en cuyo caso permitirá guardarlo, y a continuación limpiará la ventana de texto y pondrá el indicador de modificado a cero (**False** - no modificado):

```
Private Sub NuevoFichero_Click()
  If TextoModificado() Then
    Mensaje
  End If
  If Botón = vbCancel Then Exit Sub
  Text1.Text = ""
  NoModificado
End Sub
```

Cuando el usuario ejecute la orden *Abrir*, el procedimiento asociado verificará si se ha modificado el texto actualmente en proceso, en cuyo caso permitirá guardarlo, y a continuación cargará en la ventana de texto el fichero elegido de la lista (esta operación no se implementa) y pondrá el indicador de modificado a cero (**False** - no modificado):

```
Private Sub AbrirFichero_Click()
  If TextoModificado() Then
    Mensaje
  End If
  If Botón = vbCancel Then Exit Sub
  'Código para elegir de la lista el fichero que desea abrir
  Text1.Text = "Se visualizará el texto del fichero elegido"
  NoModificado
End Sub
```

Suponga ahora que el usuario sale de la aplicación ejecutando la orden *Cerrar* del menú de control de la ventana. En este caso se da el evento **Unload** y el formulario se descarga. Por lo tanto, el procedimiento conducido por este evento tiene que ejecutar las mismas acciones que el procedimiento *SalirFichero_Click*, con la diferencia de que aquí no se necesita una sentencia **End**:

```
Private Sub Form_Unload(Cancel As Integer)
  If TextoModificado() Then
    Botón = MensajeGuardar()
    Select Case Botón
      Case vbCancel
        Cancel = -1
        Exit Sub
      Case vbYes
        ' Guarde aquí el fichero
        MsgBox "Guardado"
    End Select
  End If
End Sub
```

El parámetro *Cancel* de este procedimiento es verificado automáticamente por el sistema al finalizar la ejecución del mismo. Si su valor es cero, el formulario se descarga; si su valor es distinto de cero, el formulario no se descarga. Entonces, si el usuario intenta cerrar la aplicación a través del menú de control y el texto ha sido modificado, igual que en procedimientos anteriores, se visualiza una caja de diálogo advirtiéndole de este hecho; si pulsa el botón *Cancelar* de esta caja, el formulario no debe descargarse, para lo cual hay que poner el parámetro *Cancel* a un valor distinto de cero.

Para reflejar en la línea de estado el número de línea donde actualmente se encuentra el punto de inserción (*LActual*) y el número total de líneas (*TLíneas*), se utiliza un temporizador cuyo procedimiento asociado actualiza cada 350 milisegundos (propiedad **Interval**) las variables que contienen estos valores. Las variables *LActualAnt* y *TLíneasAnt* contienen los valores anteriores a los actuales.

Escriba el siguiente procedimiento conducido por el evento **Timer**. La función *LíneaActual* devuelve el número de línea donde actualmente se encuentra el punto de inserción, y la función *TotalLíneas*, el número total de líneas. Ambas funciones se detallan un poco más adelante, en el módulo *editor.bas*:

```
Private Sub Timer1_Timer()
  Dim LActualAnt As Integer, TLíneasAnt As Integer, TLíneas As Integer
  LActual = LíneaActual()
  TLíneas = TotalLíneas()
  If LActual <> LActualAnt Or TLíneas <> TLíneasAnt Then
    Label1.Caption = LActual & " de " & TLíneas
    LActualAnt = LActual
    TLíneasAnt = TLíneas
  End If
End Sub
```

A continuación vamos a escribir los procedimientos para las órdenes correspondientes al menú *Edición*:

```
Private Sub DeshacerEdición_Click()
  Deshacer
End Sub

Private Sub CortarEdición_Click()
  Cortar
End Sub

Private Sub CopiarEdición_Click()
  Copiar
End Sub

Private Sub PegarEdición_Click()
  Pegar
End Sub

Private Sub BorrarEdición_Click()
  Borrar
End Sub
```

Estos procedimientos llaman a otros tantos procedimientos definidos en el módulo *editor.bas*, y tras enviar un mensaje a Windows realizan la operación a la que hacen referencia.

Para completar la aplicación, vamos a desarrollar un procedimiento que permita borrar la línea sobre la que se encuentra el punto de inserción cuando el usuario pulse las teclas *Ctrl+Y*. Para ello, hay que tener en cuenta que la línea 1 de nuestro editor es la 0 para Windows, valor devuelto por el mensaje EM_LINEFROMCHAR:

```
Private Sub Text1_KeyDown(KeyCode As Integer, Shift As Integer)
  Dim LongLínea As Integer
  If Shift = vbCtrlMask And KeyCode = Asc("Y") Then
    LActual = LíneaActual() - 1 'para Windows una menos
    Text1.SelStart = CaracteresAntes(LActual)
    LongLínea = CaracteresAntes(LActual + 1) - Text1.SelStart
    Text1.SelLength = LongLínea
    Text1.SelText = ""
  End If
End Sub
```

Para finalizar la aplicación, cree un nuevo módulo llamado *editor.bas* y escriba las siguientes declaraciones, definiciones, funciones y procedimientos referenciados en los procedimientos hasta ahora expuestos. Simplemente por claridad en el diseño, el autor ha preferido incluir todos los procedimientos y funciones que llaman a funciones de la API de Windows en un módulo aparte. Al final podrá comprobar que es posible prescindir de este módulo y, por lo tanto, reducir el número total de procedimientos desarrollados:

```
Dim hwnd As Integer, vr As Integer
Public Declare Function SendMessage Lib "User32" Alias _
    "SendMessageA"( ByVal hwnd As Long, _
                    ByVal wMsg As Long, _
                    ByVal wParam As Long, lParam As Long) As Long

' Constantes correspondientes a los mensajes que serán enviados
Public Const WM_CUT = &H300
Public Const WM_COPY = &H301
Public Const WM_PASTE = &H302
Public Const WM_CLEAR = &H303

Public Const EM_GETMODIFY = &HB8
Public Const EM_SETMODIFY = &HB9
Public Const EM_GETLINECOUNT = &HBA
Public Const EM_LINEINDEX = &HBB
Public Const EM_UNDO = &HC7
Public Const EM_LINEFROMCHAR = &HC9

Function MensajeGuardar() As Integer
  Dim Título As String, Msg As String
  Título = "El fichero ha sido modificado"
  Msg = "¿Quiere salvar los cambios?"
  MensajeGuardar = MsgBox(Msg, 19, Título)
End Function
```

```
Function TextoModificado() As Integer
  TextoModificado = SendMessage(Form1!Text1.hwnd, EM_GETMODIFY, 0, 0&) * -1
End Function

Sub NoModificado()
  vr = SendMessage(Form1!Text1.hwnd, EM_SETMODIFY, 0, 0&) * -1
End Sub

Function LíneaActual() As Integer
  LíneaActual = SendMessage(Form1!Text1.hwnd, EM_LINEFROMCHAR, -1, 0&) + 1
End Function

Function TotalLíneas() As Integer
  TotalLíneas = SendMessage(Form1!Text1.hwnd, EM_GETLINECOUNT, 0, 0&)
End Function

Sub Deshacer()
  vr = SendMessage(Form1!Text1.hwnd, EM_UNDO, 0, 0&)
End Sub

Sub Cortar()
  vr = SendMessage(Form1!Text1.hwnd, WM_CUT, 0, 0&)
End Sub

Sub Copiar()
  vr = SendMessage(Form1!Text1.hwnd, WM_COPY, 0, 0&)
End Sub

Sub Pegar()
  vr = SendMessage(Form1!Text1.hwnd, WM_PASTE, 0, 0&)
End Sub

Sub Borrar()
  vr = SendMessage(Form1!Text1.hwnd, WM_CLEAR, 0, 0&)
End Sub

Function CaracteresAntes(LActual As Integer) As Integer
  CaracteresAntes = SendMessage(Form1!Text1.hwnd, _
                                EM_LINEINDEX, LActual, 0&)
End Function
```

En este módulo aparece en primer lugar la sentencia **Declare** para la función de la API de Windows *SendMessage*.

La siguiente tabla expone los mensajes utilizados en nuestra aplicación *Editor*.

Mensaje	**Significado**
WM_CUT	Mueve el texto seleccionado en un control al portapapeles.
WM_COPY	Copia el texto seleccionado en un control en el portapapeles.
WM_PASTE	Copia el texto del portapapeles en un control.
WM_CLEAR	Borra el texto seleccionado en un control sin copiarlo en el portapapeles.
EM_UNDO	Deshace el último cambio.
EM_GETMODIFY	Determina si se ha modificado el texto del control.
EM_SETMODIFY	Activa (*wParam* = **True**) o desactiva (*wParam* = **False**) el indicador de modificado del control.
EM_LINEINDEX	Devuelve la posición que ocupa en el texto el primer carácter de la línea especificada. Este valor se corresponde con el número de caracteres que hay antes del principio de la línea.
EM_LINEFROMCHAR	Devuelve el número de línea correspondiente al texto seleccionado (*wParam* = −1) o la posición en el texto de un determinado carácter (*wParam* > 0).
EM_GETLINECOUNT	Determina el número de líneas de texto que hay en un control multilínea.

Lógicamente, nos estamos refiriendo a un control que permite la edición. En nuestro caso se trata de una caja de texto multilínea.

CARGAR UNA APLICACIÓN UNA SOLA VEZ

Seguramente, en alguna ocasión se habrá encontrado con alguna aplicación Windows que permite ejecutarse múltiples veces, y también se habrá encontrado con aplicaciones Windows en las que una vez que están en ejecución, si intenta ejecutarlas de nuevo simplemente traen a primer plano su ventana principal.

Para saber si una aplicación está ejecutándose es suficiente con verificar la propiedad **PrevInstance**. El valor de esta propiedad es **True** cuando ya hay en ejecución una instancia de la aplicación, y **False** en otro caso. Por ejemplo:

```
Private Sub Form_Load()
  If App.PrevInstance Then
    MsgBox "Ya hay una copia activa de la aplicación"
    End
  End If
End Sub
```

El procedimiento anterior correspondiente a una aplicación SDI evita que dicha aplicación sea cargada más de una vez (esta forma de proceder puede aplicarla también a una aplicación MDI). Pero lo que no hace este procedimiento es traer la ventana principal de la aplicación que se está ejecutando al primer plano. Para realizar esto, tendremos que:

1. Buscar la ventana principal de la instancia previa que está en ejecución.
2. Restaurar dicha ventana si está minimizada.
3. Colocarla la primera en el orden Z para hacerla visible.

Para encontrar ejemplares previos de una aplicación tendremos que utilizar la función *FindWindow* de la API. Por ejemplo:

```
Private Declare Function FindWindow Lib "user32" Alias _
  "FindWindowA" (ByVal lpClassName As String, _
  ByVal lpWindowName As String) As Long
```

El primer parámetro de *FindWindow* hace referencia al nombre de la clase de Windows (una estructura *WNDCLASS*) correspondiente a la ventana que estamos buscando; un valor *vbNullString* validaría cualquier nombre de clase. El segundo parámetro hace referencia al título de la ventana; un valor *vbNullString* validaría cualquier título. Cuando los parámetros especificados se corresponden con los de alguna ventana, *FindWindow* retorna un *handle* que identifica a dicha ventana; en otro caso retorna 0.

Para obtener el nombre de la clase de la ventana que estamos buscando disponemos en la API de la función *GetClassName* cuya sintaxis es:

```
Private Declare Function GetClassName Lib "user32" Alias
  "GetClassNameA" (ByVal hWnd As Long, _
  ByVal lpClassName As String, ByVal nMaxCount As Long) As Long
```

El parámetro *hWnd* hace referencia al controlador de la ventana, el parámetro *lpClassName* hace referencia a la cadena de caracteres que almacenará el nombre de la clase, y el parámetro *nMaxCount* es la longitud de la cadena anterior. Según lo expuesto, podríamos escribir una función *NombreClaseVentana* que devuelva el nombre de la clase de la ventana pasada como argumento, así:

```
Private Function NombreClaseVentana(ByVal hVent As Long) As String
  Dim sNombre As String, cNombre As Integer
  sNombre = String(80, 0)
  cNombre = GetClassName(hVent, sNombre, 80)
  NombreClaseVentana = Left(sNombre, cNombre)
End Function
```

Una vez localizada la ventana principal de la instancia previa, podremos restaurarla si está minimizada invocando a la función *ShowWindow* de la API con el parámetro *SW_RESTORE* y colocarla la primera invocando a la función *SetForegroundWindow* de la API. El procedimiento siguiente recoge el proceso descrito:

```
Private Sub Form_Load()
  If App.PrevInstance Then
    Dim NombreClase As String, título As String
    Dim hWndForm As Long
    NombreClase = NombreClaseVentana(hWnd)
    título = Caption
    'Cambio el título para no encontrar la primera instancia
    Caption = "Otra instancia"
    'Buscar y mostrar la primera instancia
    hWndForm = FindWindow(NombreClase, título)
    If IsIconic(hWndForm) Then
      ShowWindow hWndForm, SW_RESTORE
    End If
    SetForegroundWindow hWndForm
    End
  End If
End Sub
```

Un detalle importante: piense que cuando se realiza la búsqueda del formulario principal de la instancia previa de la aplicación, la instancia actual ya ha cargado el formulario principal que es de la misma clase y tiene el mismo título, con lo cual, si no cambiamos el título de este formulario, *FindWindow* lo encontraría antes, ya que ha sido colocado a la cabeza en la lista que Windows mantiene de las ventanas abiertas.

El argumento *hWnd* en la llamada a *NombreClaseVentana* es la propiedad **hWnd** del formulario de la instancia actual (**Me**), que es de la misma clase que el formulario de la instancia previa, razón por la que lo hemos utilizado. Igualmente, la propiedad **Caption** corresponde al título del formulario de la instancia actual.

Para comprender el código escrito, debe tener presente que cuando se trata de una misma aplicación, cada copia se ejecuta en un proceso diferente, y salvo excepciones, no es posible el envío de mensajes entre instancias.

Para verificar el funcionamiento de lo anteriormente expuesto, cree un nuevo proyecto de tipo *EXE estándar* y añada además de los procedimientos anteriores, las siguientes declaraciones:

```
Private Const SW_RESTORE = 9
```

```
Private Declare Function FindWindow Lib "user32" Alias _
  "FindWindowA" (ByVal lpClassName As String, _
  ByVal lpWindowName As String) As Long
Private Declare Function IsIconic Lib "user32" ( _
  ByVal hWnd As Long) As Long
Private Declare Function ShowWindow Lib "user32" ( _
  ByVal hWnd As Long, ByVal nCmdShow As Long) As Long
Private Declare Function SetForegroundWindow Lib "user32" ( _
  ByVal hWnd As Long) As Long
Private Declare Function GetClassName Lib "user32" Alias _
  "GetClassNameA" (ByVal hWnd As Long, _
  ByVal lpClassName As String, ByVal nMaxCount As Long) As Long
```

Quizás, en un intento de verificar si ya hay una instancia previa antes de crear un nuevo formulario de una segunda instancia, se le ocurra iniciar la aplicación a través del procedimiento **Main**, así:

```
Public Sub Main()
  If App.PrevInstance Then
    Dim NombreClase As String, título As String
    Dim hWndForm As Long
    ' ...
    'Buscar y mostrar la primera instancia
    hWndForm = FindWindow(NombreClase, título)
    If IsIconic(hWndForm) Then
      ShowWindow hWndForm, SW_RESTORE
    End If
    SetForegroundWindow hWndForm
    End
  Else
    Form1.Show
  End If
End Sub
```

Pero ¿cómo obtenemos el nombre de la clase y el título del formulario? Si escribimos una sentencia como la siguiente,

```
NombreClase = NombreClaseVentana(Form1.hWnd)
```

la expresión *Form1.hWnd*, según se expuso al hablar de “La clase *Form*” en el capítulo de “Clases de objetos”, crea una nueva instancia de la clase *Form1*. Si no queremos esto, la única salida que nos queda es, como se expone a continuación, especificar el nombre de la clase y el título explícitamente, lo cual no es recomendable porque el nombre de la clase puede variar por varias causas, por ejemplo, al cambiar la versión de Visual Basic.

```
Public Sub Main()
  If App.PrevInstance Then
```

```
    Dim NombreClase As String, título As String
    Dim hWndForm As Long
    NombreClase = "ThunderRT6FormDC"
    título = "Mi Aplicación"
    'Buscar y mostrar la primera instancia
    hWndForm = FindWindow(NombreClase, título)
    If IsIconic(hWndForm) Then
      ShowWindow hWndForm, SW_RESTORE
    End If
    SetForegroundWindow hWndForm
    End
  Else
    Form1.Show
  End If
End Sub
```

Si la aplicación fuera una aplicación MDI, se introduce una nueva variante y es que el título del formulario principal cambia cuando cualquier formulario hijo se maximice. Lo que sí permanece invariable en el título del formulario principal cuando la aplicación esté en ejecución es el valor asignado a la propiedad **Caption** del formulario MDI. Pero, si utilizamos esta parte del título con *FindWindow*, esta función no encontrará el formulario buscado cuando el usuario haya maximizado una ventana hija. La solución a este problema podemos encontrarla recorriendo la lista que Windows mantiene de las ventanas abiertas, buscando aquellas que sean de la misma clase que la ventana principal de nuestra aplicación y comprobando cuál de ellas tiene un título que incluya en su parte inicial el título asignado al formulario MDI.

Como ejemplo, cree una aplicación MDI según se expuso en el capítulo "Aplicaciones MDI". A continuación edite el procedimiento *MDIForm_Load* como se muestra a continuación. Observe que este procedimiento es el mismo explicado anteriormente, con la excepción de que se ha sustituido la llamada a *FindWindow* por la llamada a *ControladorVentana*. Esta función, igual que *FindWindow*, buscará la ventana de la clase y título especificados por sus argumentos, con el fin de devolver su controlador.

```
Private Sub MDIForm_Load()
  If App.PrevInstance Then
    Dim hWndFormMDI As Long
    Dim NombreClase As String, título As String
    NombreClase = NombreClaseVentana(Me.hWnd)
    título = Me.Caption
    Me.Caption = "Otra instancia"
    hWndFormMDI = ControladorVentana(NombreClase, título)
    If IsIconic(hWndFormMDI) Then
      ShowWindow hWndFormMDI, SW_RESTORE
    End If
```

```
      SetForegroundWindow hWndFormMDI
      End
    End If
    ' Visualizar el formulario hijo
    Load Form1 ' si AutoShowChildren es True, Form1 se visualiza
  End Sub
```

La función *ControladorVentana* y demás declaraciones y procedimientos, serán incluidos en un módulo estándar denominado *modEnumWindows*:

```
' Módulo modEnumWindows.bas
' ------------------------
' Datos relativos al formulario MDI inicial
Public ClaseFrmMDI As String
Public TítuloFrmMDI As String
Public ControladorFrmMDI As Long

' Declaraciones
Public Const SW_RESTORE = 9

Public Declare Function FindWindow Lib "user32" Alias _
  "FindWindowA" (ByVal lpClassName As String, _
  ByVal lpWindowName As String) As Long
Public Declare Function SetForegroundWindow Lib "user32" ( _
  ByVal hWnd As Long) As Long
Public Declare Function IsIconic Lib "user32" ( _
  ByVal hWnd As Long) As Long
Public Declare Function ShowWindow Lib "user32" ( _
  ByVal hWnd As Long, ByVal nCmdShow As Long) As Long
Public Declare Function EnumWindows Lib "user32" ( _
  ByVal lpEnumFunc As Long, ByRef lParam As Any) As Long
Public Declare Function GetWindowText Lib "user32" Alias _
  "GetWindowTextA" (ByVal hWnd As Long, _
  ByVal lpString As String, ByVal cch As Long) As Long
Public Declare Function GetClassName Lib "user32" Alias _
  "GetClassNameA" (ByVal hWnd As Long, _
  ByVal lpClassName As String, ByVal nMaxCount As Long) As Long
```

Para recorrer la lista de ventanas abiertas en el sistema utilizaremos la función *EnumWindows* de la API, especificando en su primer argumento la dirección de una función de devolución de llamada del tipo *EnumWindowsProc*, según explicamos en el apartado "Punteros a funciones" expuesto anteriormente en este mismo capítulo.

En nuestro ejemplo, la función *EnumWindows* será invocada por la función *ControladorVentana* que tiene dos parámetros correspondientes a la clase y al título de la ventana que buscamos en la lista de ventanas soportada por el sistema.

La función devuelve el controlador de la ventana cuya clase y título se correspondan con los especificados, o bien un cero (valor por omisión) si no se encuentra.

```
Public Function ControladorVentana(Clase As String, _
                                   Nombre As String) As Long
  ClaseFrmMDI = Clase
  TítuloFrmMDI = Nombre
  EnumWindows AddressOf EnumWindowsProc, 0
  ControladorVentana = ControladorFrmMDI
End Function
```

EnumWindows llamará de forma iterativa a la función de devolución de llamada *EnumWindowsProc*. Cada vez que *EnumWindows* llame a la función especificada le pasará el controlador de la siguiente ventana registrada en la lista del sistema para realizar con ella las operaciones anteriormente comentadas.

Observe que *EnumWindowsProc* obtiene, invocando a la función *NombreClaseVentana*, el nombre de la clase de la ventana identificada por *hWnd* (argumento pasado por *EnumWindows*) para comprobar si se trata de la clase de la ventana principal de la aplicación, y además, si su título, obtenido por la función *GetWindowText* de la API, incluye en su parte inicial el título asignado al formulario MDI inicial. Si la comprobación resulta satisfactoria, almacena el controlador de dicha ventana en la variable *ControladorFrmMDI* y devuelve **False** para interrumpir la iteración iniciada por *EnumWindows*; en otro caso, devuelve **True** para indicar a *EnumWindows* que siga iterando.

```
Public Function EnumWindowsProc(ByVal hWnd As Long, _
                                ByVal lParam As Long) As Long
  Dim ClaseActual As String
  Dim TítuloActual As String * 255

  ClaseActual = NombreClaseVentana(hWnd)
  ' Si las clases coinciden comprobar el nombre
  If ClaseActual = ClaseFrmMDI Then
    If GetWindowText(hWnd, TítuloActual, 255) <> 0 Then
      If Left$(TítuloActual, Len(TítuloFrmMDI)) = TítuloFrmMDI Then
        ' Hay una instancia cargada
        ControladorFrmMDI = hWnd
        ' Interrumpir la iteración
        EnumWindowsProc = False
        Exit Function
      End If
    End If
  End If
  ' Seguir iterando
  EnumWindowsProc = True
End Function
```

Finalmente, añada al módulo estándar la función *NombreClaseVentana* mostrada a continuación:

```
Public Function NombreClaseVentana(ByVal hVentana As Long) As String
  Dim sNombre As String, cNombre As Integer
  sNombre = String(80, 0)
  cNombre = GetClassName(hVentana, sNombre, 80)
  NombreClaseVentana = Left(sNombre, cNombre)
End Function
```

Esta forma de proceder para no abrir una segunda instancia de una aplicación MDI puede aplicarse también a aplicaciones SDI.

Paso de información entre aplicaciones

Una aplicación puede estar diseñada para manipular un determinado tipo de ficheros. Por ejemplo, Visual Basic abre un proyecto a partir de un fichero *.vbp*, Word abre ficheros *.doc*, etc. Basta con dirigirse al *Explorador* y hacer doble clic en uno de estos ficheros para que la aplicación que lo manipula se cargue automáticamente.

Vincular un determinado tipo de ficheros con una aplicación diseñada para manipularlos es sencillo. Por ejemplo, supongamos que la aplicación anterior ha sido diseñada para manipular ficheros con extensión *.app* (cree un fichero vacío con esta extensión). Diríjase al *Explorador* de Windows, haga doble clic sobre el fichero *.app* y si este tipo de ficheros no está vinculado con una aplicación, le será mostrado un diálogo como el siguiente, para que pueda vincularlo:

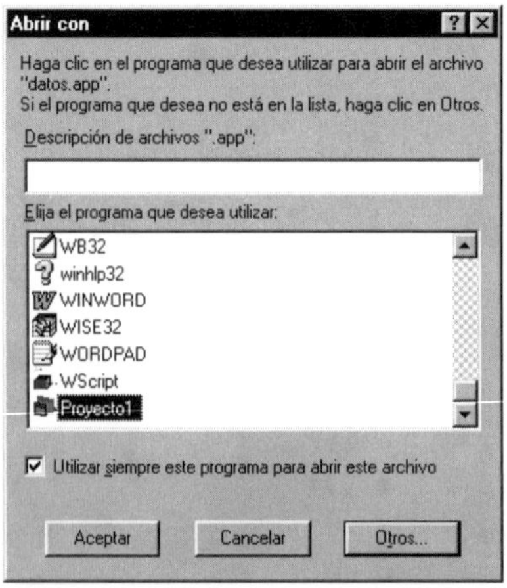

Haga clic en el botón *Otros* y elija la aplicación con la que desea manipular ese tipo de ficheros. Para deshacer este vínculo, diríjase al *Explorador* de Windows, ejecute la orden *Opciones de carpeta* del menú *Ver*, haga clic en la pestaña *Tipos de archivo* del diálogo que se visualiza, seleccione *Archivo APP* en la lista de tipos de archivo registrados, haga clic en el botón *Quitar* y después en *Aceptar*.

Ahora, cada vez que haga doble clic sobre un fichero con extensión *.app* se cargará la aplicación *Proyecto1*, si aún no estaba cargada. En el caso de Visual Basic se cargará una instancia de la aplicación por cada fichero con extensión *.vbp* sobre el que hagamos doble clic; en cambio, con Word sólo se cargará una instancia de la aplicación, pero se abrirá una nueva ventana hija por cada fichero con extensión *.doc* sobre el que hagamos doble clic. En nuestra aplicación ya tenemos implementado el código para que se cargue una sola instancia; pero ¿cómo manipular con la misma instancia de la aplicación cada nuevo fichero *.app* sobre el que se haga doble clic?

La solución a la pregunta planteada pasa por notificar a la instancia de la aplicación que ya tenemos cargada, que se requiere su utilización para tratar una nueva información. Para ello, utilizando la función *SendMessage*, enviaremos un mensaje *WM_COPYDATA* a la instancia previa de la aplicación (recuerde que anteriormente habíamos dicho que no era posible el envío de mensajes entre instancias, salvo alguna excepción; ésta es una de ellas). La sintaxis de esta función es la siguiente:

```
Public Declare Function SendMessage Lib "user32" Alias _
  "SendMessageA" (ByVal hwnd As Long, ByVal wMsg As Long, _
  ByVal wParam As Long, lParam As Any) As Long
```

El parámetro *hwnd* es el controlador de la ventana a la que se envía el mensaje; *wMsg* es el mensaje, en nuestro caso *WM_COPYDATA*; *wParam* es el controlador de la ventana a la que se envían los datos (para este mensaje coincide con *hwnd*); y *lParam* es un puntero a los datos enviados. Para este mensaje, *lParam* es un puntero a una estructura de tipo *COPYDATASTRUCT* que tiene tres miembros: *dwData* que se suele utilizar para enviar algún tipo de información de interés nuestro, *lpData* que es un puntero a los datos, y *cbData* que especifica el tamaño en *bytes* de los datos apuntados por *lpData*.

```
Public Type COPYDATASTRUCT
  dwData As Long
  cbData As Long
  lpData As Long
End Type
```

Cuando nos dirigimos al *Explorador* de Windows y hacemos doble clic sobre un fichero con la intención de que sea abierto con la aplicación vinculada, la aplicación *Explorador* envía el nombre del fichero a la aplicación vinculada a este tipo de ficheros por medio de la función **Command**. En general, **Command** devuelve unos argumentos que aparecen después del nombre de la aplicación en la línea de órdenes. Por lo tanto, en nuestro caso, el bloque de datos a enviar a la instancia previa cuando el usuario intente cargar una segunda instancia, es la cadena de caracteres devuelta por **Command**.

Para que la instancia previa de la aplicación pueda recibir los datos, debe interceptar el mensaje *WM_COPYDATA*. Esto se puede hacer aplicando la técnica de subclasificación vista anteriormente en este mismo capítulo.

Según esto modifique el procedimiento *MDIForm_Load* como se indica a continuación. Observe que si ya hay una instancia previa de la aplicación, se trae al frente su ventana principal y se le envía la "línea de órdenes" invocando a la función *EnviarDatos*. Si no hay una instancia previa, se visualiza la ventana principal de la nueva instancia creada y se invoca a la función *Subclasificar* pasando como argumento el controlador de dicha ventana, para poder interceptar su cola de mensajes.

```
Private Sub MDIForm_Load()
  If App.PrevInstance Then
    Dim hWndFormMDI As Long
    Dim NombreClase As String, título As String
    NombreClase = NombreClaseVentana(Me.hWnd)
    título = Me.Caption
    Me.Caption = "Otra instancia"
    hWndFormMDI = ControladorVentana(NombreClase, título)
    If IsIconic(hWndFormMDI) Then
      ShowWindow hWndFormMDI, SW_RESTORE
    End If
    SetForegroundWindow hWndFormMDI
    If Len(Command) <> 0 Then
      EnviarDatos hWndFormMDI, Command
    End If
    End
  End If
  ' Visualizar el formulario hijo
  Load Form1 ' si AutoShowChildren es True, Form1 se visualiza
  ' Subclasificar la ventana
  Subclasificar MDIForm1.hWnd
End Sub
```

A continuación, abra la ventana de código correspondiente al módulo estándar y añada las siguientes declaraciones:

```
Public AntProc As Long

Public Const WM_COPYDATA = &H4A
Public Const GWL_WNDPROC = (-4)
```

```
Public Type COPYDATASTRUCT
  dwData As Long
  cbData As Long
  lpData As Long
End Type

Public Declare Function SendMessage Lib "user32" Alias _
  "SendMessageA" (ByVal hWnd As Long, ByVal wMsg As Long, _
  ByVal wParam As Long, lParam As Any) As Long
Public Declare Function SetWindowLong Lib "user32" Alias _
  "SetWindowLongA" (ByVal hWnd As Long, ByVal nIndex As Long, _
  ByVal dwNewLong As Long) As Long
Public Declare Function CallWindowProc Lib "user32" Alias _
  "CallWindowProcA" (ByVal lpPrevWndFunc As Long, _
  ByVal hWnd As Long, ByVal Msg As Long, ByVal wParam As Long, _
  ByVal lParam As Long) As Long
Public Declare Sub CopyMemory Lib "kernel32" Alias _
  "RtlMoveMemory" (Destination As Any, Source As Any, _
  ByVal Length As Long)
```

La función *EnviarDatos* es la encargada de enviar los datos a la instancia previa. Tiene dos parámetros: *hVent* y *Datos*. El primero es el controlador de la ventana principal de la instancia previa y el segundo es la cadena de caracteres que deseamos enviar. Antes de enviar los datos hay que llenar una estructura de tipo *COPYDATASTRUCT*. Después, para enviar los datos, *EnviarDatos* invocará a *SendMessage* para que envíe el mensaje *WM_COPYDATA* a la ventana principal de la instancia previa. El parámetro *wParam* de este mensaje almacena el controlador de la ventana a la que se envía el mensaje y el parámetro *lParam* es un puntero a una estructura de tipo *COPYDATASTRUCT* que referencia los datos a enviar. Según esto, escriba esta función así:

```
Public Sub EnviarDatos(ByVal hVent As Long, ByVal Datos As String)
  ' Estructura para enviar los datos a la otra instancia
  Dim stDatos As COPYDATASTRUCT
  ' Longitud de Datos en Bytes
  stDatos.cbData = LenB(Datos)
  ' Puntero a Datos
  stDatos.lpData = StrPtr(Datos)
  ' Enviar Datos
  SendMessage hVent, WM_COPYDATA, hVent, stDatos
End Sub
```

Recuerde que cuando se inició la primera instancia de la aplicación, se invocó al procedimiento *Subclasificar* para poder interceptar la cola de mensajes de su ventana principal. Como ya explicamos anteriormente, este proceso requiere invocar a la función *SetWindowLong* con el controlador, en nuestro caso, de la ventana principal de la aplicación, la constante *GWL_WNDPROC* para crear una subclase de esa clase de ventana y con una función de devolución de llamada, en nuestro caso *WindowProc*, para interceptar los mensajes de esa ventana:

```
Public Sub Subclasificar(hFrmMDI)
  AntProc = SetWindowLong(hFrmMDI, GWL_WNDPROC, AddressOf WindowProc)
End Sub
```

SetWindowLong devuelve una referencia al procedimiento de ventana anterior.

Según lo expuesto hasta ahora, la ventana principal de la primera instancia de la aplicación debe estar pendiente de los mensajes WM_COPYDATA, proceso que se realiza en el procedimiento de ventana *WindowProc* especificado al subclasificar la ventana. Como este procedimiento sustituye ahora al procedimiento de ventana predeterminado, lo que debe hacer es: primero invocar a través de la función *CallWindowProc* de la API al procedimiento de ventana predeterminado para poder procesar cualquier mensaje recibido por esta ventana que no necesita un tratamiento especial; y segundo, tratar adecuadamente el mensaje *WM_COPYDATA* para poder recuperar los datos recibidos. Observe que este proceso consiste en realizar una copia de la estructura de datos de tipo *COPYDATASTRUCT* desde la posición de memoria en la que fue ubicada por el sistema, y a continuación, realizar una copia de la cadena de caracteres apuntada por el miembro *lpData* de la estructura. La cadena de caracteres recuperada habrá que almacenarla en el espacio de proceso de esta instancia para que pueda ser posteriormente utilizada. En nuestro caso, invocamos al procedimiento *CargarNuevoDoc* para crear un nuevo formulario hijo con la intención de que almacene la información procedente del fichero sobre el que el usuario hizo doble clic.

```
Public Function WindowProc(ByVal hWnd As Long, _
                           ByVal wMsg As Long, _
                           ByVal wParam As Long, _
                           ByVal lParam As Long) As Long
  ' Ejecutar el procedimiento de ventana predeterminado.
  WindowProc = CallWindowProc(AntProc, hWnd, wMsg, wParam, lParam)
  'Si es el mensaje WM_COPYDATA, interceptarlo
  If wMsg = WM_COPYDATA Then
    Dim stDatos As COPYDATASTRUCT
    CopyMemory stDatos, ByVal lParam, LenB(stDatos)
    Dim Datos As String
    Datos = Space(stDatos.cbData / LenB(" "))
    CopyMemory ByVal StrPtr(Datos), ByVal stDatos.lpData, _
               ByVal stDatos.cbData
    ' Abrir un nuevo documento en la instancia previa
    CargarNuevoDoc Datos
  End If
End Function
```

La función *CargarNuevoDoc* crea una nueva instancia de *Form1* y asigna el nombre del fichero al que nos hemos referido en el párrafo anterior, a la propiedad **Caption** de dicho formulario. A partir de aquí, se supone que se abrirá el fichero para su posterior tratamiento.

```
Public Sub CargarNuevoDoc(Datos As String)
  Dim frmDoc As Form1
  Set frmDoc = New Form1
  frmDoc.Caption = Mid(Datos, InStrRev(Datos, "\") + 1)
  frmDoc.Show
  ' Procese aquí el documento
  ' ...
End Sub
```

En resumen, ahora sabe cómo iniciar una sola instancia de una aplicación y cómo enviar información entre aplicaciones. Como ejercicio, puede completar los aspectos que se le ocurran sobre el ejemplo propuesto.

INFORMACIÓN DEL SISTEMA

Muchas aplicaciones tienen una caja de diálogo que permite verificar información acerca de la memoria disponible, del espacio libre en el disco, del tipo de procesador instalado, del sistema operativo instalado, de los recursos disponibles, etc. Un ejemplo es la caja de diálogo *Acerca de Microsoft Word.*

¿Qué son los recursos? Los recursos del sistema no se refieren al código y a los datos, sino a los objetos gráficos que forman la interfaz del usuario, tales como iconos, cursores, mapas de bits, cadenas de caracteres, tipos de letra, menús, aceleradores, cuadros de diálogo y recursos definidos por el usuario, que se mantienen independientes del programa; esto es, los recursos están incluidos en el fichero .EXE del programa, pero no residen en el segmento normal de datos del programa. Cuando Windows carga el programa para su ejecución en memoria, suele dejar los recursos en el disco; y cuando necesita un recurso en particular, lo carga entonces en memoria; y cuando no lo necesita, pero necesita más memoria libre, lo descarga. Ahora podrá comprender por qué a veces, cuando carga una nueva aplicación y los recursos libres del sistema son pocos, obtiene un error. Para ubicar los recursos en memoria, Windows asigna un número determinado de segmentos de 64K, lo que quiere decir que podemos tener mucha memoria libre y muy pocos recursos libres.

Existen actualmente tres tipos de recursos del sistema proporcionados por: USER.EXE, dedicados a mantener ventanas y menús; GDI.EXE, utilizados para manipular gráficos (pinceles, lápices, regiones, tipos de letra, mapas de bits y paletas de colores), y generales, dedicados a propósitos varios.

GetSystemInfo

La función de la API de Windows que retorna información acerca de la configuración del sistema es *GetSystemInfo*, cuya sintaxis es:

```
Declare Sub GetSystemInfo Lib "Kernel32" Alias "GetSystemInfo" ( _
  lpSystemInfo As SYSTEM_INFO)
```

Esta función tiene un parámetro que es un puntero a una estructura de tipo *SYSTEM_INFO* que contiene información acerca del sistema:

```
Public Type SYSTEM_INFO
  dwOemID As Long
  dwPageSize As Long
  lpMinimumApplicationAddress As Long
  lpMaximumApplicationAddress As Long
  dwActiveProcessorMask As Long
  dwNumberOrfProcessors As Long
  dwProcessorType As Long
  dwAllocationGranularity As Long
  dwReserved As Long
End Type
```

dwOemId

Especifica el tipo de arquitectura del procesador del sistema. Es un parámetro obsoleto que se mantiene por compatibilidad con versiones de Windows NT anteriores a la 3.51. En Windows 9x este parámetro es siempre puesto a cero, valor definido por: *PROCESSOR_ARCHITECTURE_INTEL.*

A partir de Windows NT 3.51 y de Windows 95, el parámetro que se utiliza en su lugar es *wProcessorArchitecture*.

wProcessorArchitecture

El valor de este parámetro puede ser uno de los siguientes:

PROCESSOR_ARCHITECTURE_INTEL
Windows NT: PROCESSOR_ARCHITECTURE_MIPS
Windows NT: PROCESSOR_ARCHITECTURE_ALPHA
Windows NT: PROCESSOR_ARCHITECTURE_PPC
Windows NT: PROCESSOR_ARCHITECTURE_UNKNOWN

dwPageSize

Especifica el tamaño de la página utilizado por la función *VirtualAlloc*.

lpMinimumApplicationAddress

Especifica la dirección más baja accesible por las aplicaciones y DLL.

lpMaximumApplicationAddress

Especifica la dirección más alta accesible por las aplicaciones y DLL.

dwActiveProcessorMask

Devuelve una máscara que representa el conjunto de procesadores configurados en el sistema. El bit 0 es el procesador 0; el bit 31 es el procesador 31.

dwNumberOfProcessors

Especifica el número de procesadores en el sistema.

dwProcessorType

Especifica el tipo de procesador. Este parámetro se mantiene por compatibilidad con Windows 95 y versiones de Windows NT anteriores a la 3.51. Para versiones posteriores, en su lugar podemos utilizar *wProcessorArchitecture*, *wProcessorLevel* y *wProcessorRevision*. Puede tomar los valores siguientes:

En Windows 95	PROCESSOR_INTEL_386
	PROCESSOR_INTEL_486
	PROCESSOR_INTEL_PENTIUM
En Windows NT	PROCESSOR_INTEL_386
	PROCESSOR_INTEL_486
	PROCESSOR_INTEL_PENTIUM
	PROCESSOR_MIPS_R4000
	PROCESSOR_ALPHA_21046

dwAllocationGranularity

Especifica el incremento utilizado por el sistema en la asignación de memoria. En el pasado este valor era fijo, 64K. Hoy en día depende de la arquitectura.

GetVersionEx

En orden a crear una aplicación de 32 bits que aproveche las características de cada plataforma, es necesario determinar el sistema operativo sobre el que corre actualmente la aplicación. Para ello puede utilizar la función de la API de Windows *GetVersionEx*. Una aplicación de 32 bits podría correr en MS-DOS, o bien en Windows utilizando la extensión Win32s, en Windows 95, Windows NT y posteriores.

La función *GetVersionEx* retorna una estructura de tipo *OSVERSIONINFO* que identifica al sistema operativo sobre el que corre actualmente la aplicación y la versión del mismo. Su sintaxis es:

```
Declare Function GetVersionEx Lib "kernel32" Alias "GetVersionExA" _
  (ByVal lpVersionInformation As OSVERSIONINFO) As Long
```

Esta función tiene un parámetro que es un puntero a una estructura *OSVERSIONINFO* que contiene la información acerca del sistema operativo:

```
Public Type OSVERSIONINFO
  dwOSVersionInfoSize As Long
  dwMajorVersion As Long
  dwMinorVersion As Long
  dwBuildNumber As Long
  dwPlatformId As Long
  szCSDVersion As String * 128 'Cadena de mantenimiento para uso de PSS
End Type
```

dwOSVersionInfoSize

Especifica el tamaño en bytes de la estructura de datos. Antes de llamar a la función **GetVersionEx** hay que asignar el tamaño de la estructura a este miembro.

dwMajorVersion

Identifica el número principal de la versión del sistema operativo.

dwMinorVersion

Identifica el número secundario de la versión del sistema operativo.

dwBuildNumber

En Windows 9x la palabra menos significativa identifica el número de construcción del sistema operativo y la más significativa contiene los números de versión principal y secundario. En Windows NT identifica el número de construcción del sistema operativo.

dwPlatformId

Identifica la plataforma soportada por el sistema operativo. Este miembro puede tomar uno de los valores siguientes:

Valor	*Plataforma*
VER_PLATFORM_WIN32s	Win32s sobre Windows 3.1.
VER_PLATFORM_WIN32_WINDOWS	Win32 sobre Windows 95 o 98. Para Windows 95, *dwMinorVersion* es 0. Para Windows 98, *dwMinorVersion* es 10.
VER_PLATFORM_WIN32_NT	Win32 sobre Windows NT.

szCSDVersion

En Windows 95 contiene una cadena de caracteres terminada en cero que proporciona información adicional acerca del sistema operativo. En Windows NT da información acerca del último paquete de servicios instalado sobre el sistema operativo; por ejemplo "*Service Pack 3*".

GlobalMemoryStatus

A fin de proporcionar más memoria a las aplicaciones que la que está presente en forma de RAM, Windows utiliza espacio del disco duro para simular RAM. La cantidad de RAM más el tamaño del fichero de intercambio (llamado también fichero de paginación) da el tamaño total de la memoria utilizable. Windows utiliza un fichero de intercambio dinámico que permanece a 0K mientras no se necesite y puede crecer hasta llegar a utilizar, si es necesario, todo el espacio disponible en el disco. Windows permite también limitar el tamaño del fichero de intercambio, así como no utilizar memoria virtual.

La función de la API de Win32 que retorna información acerca de la cantidad de memoria disponible, tanto física como virtual, es *GlobalMemoryStatus*. Su sintaxis es:

```
Public Declare Sub GlobalMemoryStatus Lib "kernel32" Alias _
  "GlobalMemoryStatus" (lpBuffer As MEMORYSTATUS)
```

Esta función tiene un parámetro que es un puntero a una estructura de tipo *MEMORYSTATUS* que contiene la información acerca del actual estado de la memoria física y virtual.

```
Public Type MEMORYSTATUS
  dwLength As Long
  dwMemoryLoad As Long
  dwTotalPhys As Long
  dwAvailPhys As Long
  dwTotalPageFile As Long
  dwAvailPageFile As Long
  dwTotalVirtual As Long
  dwAvailVirtual As Long
End Type
```

dwLength

Especifica el tamaño en bytes de la estructura de datos. Antes de llamar a la función *GlobalMemoryStatus* hay que asignar el tamaño de la estructura (32 bytes) a este miembro.

dwMemoryLoad

Contiene un número entre 0 y 100 que da una idea general de la utilización actual de la memoria (0 indica que la memoria no se está utilizando y 100 indica que la utilización de la memoria es total).

dwTotalPhys

Indica el número total de bytes de la memoria física.

dwAvailPhys

Indica el número total de bytes disponibles de la memoria física.

dwTotalPageFile

Indica el número total de bytes que pueden ser almacenados en el fichero de intercambio (memoria virtual). Observe que este número no representa el tamaño físico actual del fichero de intercambio en el disco.

dwAvailPageFile

Indica el número de bytes disponibles en el fichero de intercambio (memoria virtual).

dwTotalVirtual

Indica el número total de bytes que pueden ser descritos en el espacio de direcciones virtual del proceso que llama.

dwAvailVirtual

Indica el número de bytes disponibles en el espacio de direcciones virtual del proceso que llama.

GetDiskFreeSpace

Esta función da información acerca del disco especificado, incluyendo la cantidad de espacio libre en el mismo. Su sintaxis es:

```
Public Declare Function GetDiskFreeSpace Lib "kernel32" Alias _
  "GetDiskFreeSpaceA" (ByVal lpRootPathName As String, _
  lpSectorsPerCluster As Long, lpBytesPerSector As Long, _
  lpNumberOfFreeClusters As Long, _
  lpTotalNumberOfClusters As Long) As Long
```

lpRootPathName

Referencia una cadena de caracteres que especifica el directorio raíz del disco. Si este parámetro es nulo (puntero nulo), la función utiliza la raíz del directorio actual. Si este parámetro es un nombre de un recurso de red compartido, hay que finalizarlo con una barra invertida adicional; por ejemplo, *MiServidor**MiRecurso* lo especificaríamos así: *MiServidor**MiRecurso*\.

lpSectorsPerCluster

Referencia a una variable que especifica el número de sectores por *cluster*.

lpBytesPerSector

Referencia a una variable que especifica el número de bytes por sector.

lpNumberOfFreeClusters

Referencia a una variable que especifica el número de *clusters* libres en el disco.

lpTotalNumberOfClusters

Referencia a una variable que especifica el número total de *clusters* en el disco.

GetSystemDirectory

La función *GetSystemDirectory* permite obtener la ruta de acceso al directorio *system* de Windows.

```
Public Declare Function GetSystemDirectory Lib "kernel32" Alias _
  "GetSystemDirectoryA" (ByVal lpBuffer As String, _
  ByVal nSize As Long) As Long
```

lpBuffer

Este parámetro referencia la cadena que contiene el directorio *system*. La ruta correspondiente no finaliza con "\" excepto para el directorio raíz.

uSize

Especifica el tamaño máximo en caracteres del *buffer* que contiene la ruta de acceso. Este valor será al menos *MAX_PATH*.

Acerca de

Para poner en práctica lo explicado, cree una nueva aplicación denominada *utils* y añada al formulario *Form1* un menú *Opciones* con la orden *Salir*, otro menú *Utilidades* al que incorporará una orden para cada una de las utilidades que vayamos exponiendo hasta el final de este capítulo, y el menú *Ayuda* con la orden *Acerca de*. Como primer paso, vamos a implementar el procedimiento asociado con la orden *Acerca de* para que cuando el usuario haga clic en dicha orden se visualice una caja de diálogo como la siguiente:

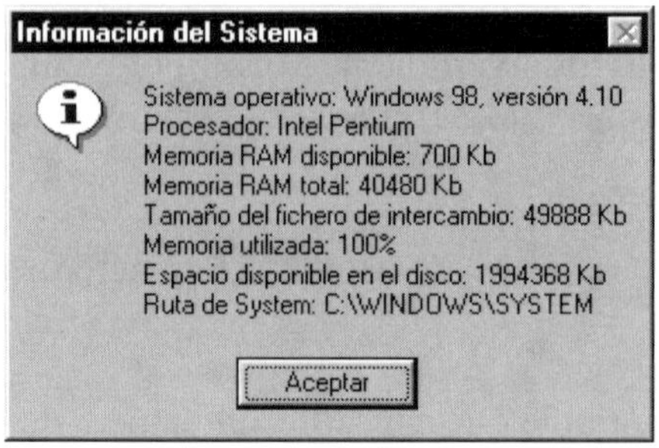

Para diseñar esta caja de diálogo, obtenga la información que se visualiza en ella utilizando las funciones de la API anteriormente expuestas, almacene dicha información en una cadena de caracteres e invoque al procedimiento **MsgBox** para visualizar la ventana de información correspondiente. Observe a continuación el procedimiento que realiza el proceso descrito:

```
Private Sub AyudaAcercaDe_Click()
  Dim Info As String, Temp As String
  Dim vr As Long

  ' Sistema operativo y versión
  Dim lpVersionInfo As OSVERSIONINFO
  Info = "Sistema operativo: "
  ' Antes de llamar a la función hay que especificar
  ' el tamaño de la estructura
  lpVersionInfo.dwOSVersionInfoSize = Len(lpVersionInfo)
  GetVersionEx lpVersionInfo
  Select Case lpVersionInfo.dwPlatformId
    Case VER_PLATFORM_WIN32s
      Temp = "Windows 3.1"
    Case VER_PLATFORM_WIN32_WINDOWS
      If lpVersionInfo.dwMinorVersion = 0 Then
        Temp = "Windows 95"
      ElseIf lpVersionInfo.dwMinorVersion = 10 Then
        Temp = "Windows 98"
      End If
    Case VER_PLATFORM_WIN32_NT
      Temp = "Windows NT"
    Case Else
      Temp = "Desconocido"
  End Select
  Info = Info & Temp & ", versión "
  Temp = lpVersionInfo.dwMajorVersion & "." & _
         lpVersionInfo.dwMinorVersion
```

```
Info = Info & Temp & vbCrLf & "Procesador: "

' Información del sistema
Dim lpSystemInfo As SYSTEM_INFO
GetSystemInfo lpSystemInfo
Select Case lpSystemInfo.dwProcessorType
  Case PROCESSOR_INTEL_386
    Temp = "Intel 386"
  Case PROCESSOR_INTEL_486
    Temp = "Intel 486"
  Case PROCESSOR_INTEL_PENTIUM
    Temp = "Intel Pentium"
  Case Else
    Temp = "Desconocido"
End Select
Info = Info & Temp & vbCrLf & "Memoria RAM disponible: "

' Memoria física y virtual
Dim lpBuffer As MEMORYSTATUS
lpBuffer.dwLength = Len(lpBuffer) ' tamaño de la estructura
GlobalMemoryStatus lpBuffer
' Memoria RAM disponible
Temp = lpBuffer.dwAvailPhys / 1024 & " Kb"
Info = Info & Temp & vbCrLf & "Memoria RAM total: "
' Memoria RAM total
Temp = lpBuffer.dwTotalPhys / 1024 & " Kb"
Info = Info & Temp & vbCrLf & "Tamaño del fichero de intercambio: "
' Tamaño del fichero de intercambio
Temp = lpBuffer.dwTotalPageFile / 1024 - lpBuffer.dwAvailPageFile / 1024
Info = Info & Temp & " Kb" & vbCrLf & "Memoria utilizada: "
' Utilización de la memoria
Temp = lpBuffer.dwMemoryLoad & "%"
Info = Info & Temp & vbCrLf & "Espacio disponible en el disco: "

' Espacio en el disco
Dim lpRootPathName As String, lpSectorsPerCluster As Long
Dim lpBytesPerSector As Long, lpNumberOfFreeClusters As Long
Dim lpTotalNumberOfClusters As Long
vr = GetDiskFreeSpace("c:\", lpSectorsPerCluster, _
                      lpBytesPerSector, lpNumberOfFreeClusters, _
                      lpTotalNumberOfClusters)
Temp = lpNumberOfFreeClusters * lpSectorsPerCluster * _
      lpBytesPerSector \ 1024
Info = Info & Temp & " Kb" & vbCrLf & "Ruta de System: "

' Ruta de System
Dim lpDir As String * MAX_PATH
vr = GetSystemDirectory(lpDir, MAX_PATH)
Info = Info & lpDir & vbCrLf
```

```
  ' Visualizar la información obtenida
  MsgBox Info, vbOKOnly + vbInformation, "Información del Sistema"
End Sub
```

Las llamadas a las funciones de la API que hace el procedimiento anterior, exigen que incluya en un módulo estándar las declaraciones de funciones, de tipos y definiciones de constantes, correspondientes. Por lo tanto, utilizando el *Visor API* (este visor permite acceder a las constantes, declaraciones y tipos del fichero *win32api.txt*) añada al módulo *Utilids.bas* el código que se indica a continuación:

```
' Declaraciones y definiciones para información del sistema
Type SYSTEM_INFO
  dwOemID As Long
  dwPageSize As Long
  lpMinimumApplicationAddress As Long
  lpMaximumApplicationAddress As Long
  dwActiveProcessorMask As Long
  dwNumberOrfProcessors As Long
  dwProcessorType As Long
  dwAllocationGranularity As Long
  dwReserved As Long
End Type

Type OSVERSIONINFO
  dwOSVersionInfoSize As Long
  dwMajorVersion As Long
  dwMinorVersion As Long
  dwBuildNumber As Long
  dwPlatformId As Long
  szCSDVersion As String * 128
End Type

Type MEMORYSTATUS
  dwLength As Long
  dwMemoryLoad As Long
  dwTotalPhys As Long
  dwAvailPhys As Long
  dwTotalPageFile As Long
  dwAvailPageFile As Long
  dwTotalVirtual As Long
  dwAvailVirtual As Long
End Type

Public Const VER_PLATFORM_WIN32s = 0       'Win32s sobre Windows 3.1
Public Const VER_PLATFORM_WIN32_WINDOWS = 1 'Win32 sobre Windows 95
Public Const VER_PLATFORM_WIN32_NT = 2      'Windows NT
Public Const MAX_PATH = 32

Public Const PROCESSOR_INTEL_386 = 386
```

```
Public Const PROCESSOR_INTEL_486 = 486
Public Const PROCESSOR_INTEL_PENTIUM = 586

Declare Sub GetSystemInfo Lib "Kernel32" ( _
  lpSystemInfo As SYSTEM_INFO)
Declare Function GetVersionEx Lib "Kernel32" Alias _
  "GetVersionExA" (lpVersionInformation As OSVERSIONINFO) As Long
Declare Sub GlobalMemoryStatus Lib "Kernel32" ( _
  lpBuffer As MEMORYSTATUS)
Declare Function GetDiskFreeSpace Lib "Kernel32" Alias _
  "GetDiskFreeSpaceA" (ByVal lpRootPathName As String, _
  lpSectorsPerCluster As Long, lpBytesPerSector As Long, _
  lpNumberOfFreeClusters As Long, _
  lpTotalNumberOfClusters As Long) As Long
Declare Function GetSystemDirectory Lib "Kernel32" Alias _
  "GetSystemDirectoryA" (ByVal lpBuffer As String, _
  ByVal nSize As Long) As Long
```

FORMULARIOS FLOTANTES

Ya que Windows permite ejecutar múltiples aplicaciones simultáneamente, puede ocurrir que necesitemos ver de forma continua una ventana inactiva ocultada por otras ventanas. La solución sería, mantener esa ventana siempre superpuesta a las demás; a una ventana con estas características la denominaremos ventana flotante.

Para hacer que una ventana sea flotante, esto es, que permanezca siempre visible, utilizaremos la función de la API de Windows *SetWindowPos*, cuya sintaxis es la siguiente:

```
Declare Function SetWindowPos Lib "User32" Alias "SetWindowPos" ( _
  ByVal hwnd As Long, ByVal hWndInsertAfter As Long, _
  ByVal x As Long, ByVal y As Long, ByVal cx As Long, _
  ByVal cy As Long, ByVal wFlags As Long) As Long
```

El parámetro *hWnd* identifica la ventana que queremos designar como flotante; *hWndInsertAfter* identifica la ventana después de la cual va a ser colocada la ventana flotante; también puede ser un valor como HWND_TOPMOST = –1 (colocar la ventana flotante superpuesta a todas las demás y mantenerla en esa posición) o HWND_NOTOPMOST = –2 (quitar la ventana flotante), entre otros; *x* e *y* especifican las coordenadas para situar la esquina superior izquierda de la ventana; *cx* y *cy* especifican la nueva anchura y altura de la ventana, y *wFlags* representa una combinación de valores, como SWP_NOSIZE = 1 (ignora *cx* y *cy*) o SWP_NOMOVE = 2 (ignora *x* e *y*).

Para ver de una forma práctica lo expuesto, añada una nueva orden *Ventana flotante* al menú *Utilidades* de la aplicación *utils*, diseñe un formulario con su propiedad **Visible** puesta a valor **False** y coloque sobre él una casilla de verificación que permita especificar si mantenemos el formulario flotante.

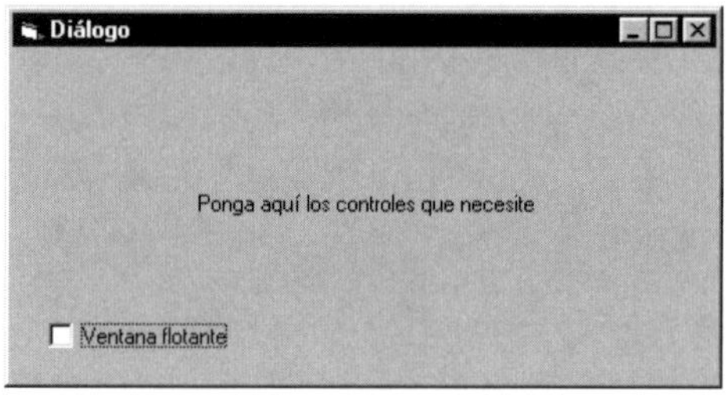

Cuando el usuario active la opción de *Ventana flotante*, se ejecutará el procedimiento *Check1_Click*, que hará de esta caja de diálogo una ventana flotante:

```
Private Sub Check_VFlot_Click()
  Call FormFlotante((hwnd), (Check_VFlot.Value))
End Sub
```

Este procedimiento invoca al procedimiento *FormFlotante* que recibe como argumentos el *handle* de la caja de diálogo y el valor 0 o 1 de la propiedad **Value** de su casilla *Ventana flotante*. Cuando este valor es 1, la caja de diálogo pasa a ser una ventana flotante superpuesta a todas, y cuando es 0 deja de serlo.

Añada al módulo *Utilids.bas* las definiciones de constantes, declaraciones de funciones y el procedimiento *FormFlotante* que se muestran a continuación:

```
Public Const HWND_NOTOPMOST = -2
Public Const HWND_TOPMOST = -1
Public Const SWP_NOMOVE = &H2
Public Const SWP_NOSIZE = &H1

Declare Function SetWindowPos Lib "User32" (ByVal hwnd _
  As Long, ByVal hWndInsertAfter As Long, ByVal x _
  As Long, ByVal y As Long, ByVal cx As Long, ByVal cy _
  As Long, ByVal wFlags As Long) As Long

Sub FormFlotante(hWndFlot As Integer, Acción As Integer)
  'Si acción es distinto de cero, el formulario hWndFlot
  'pasa a ser flotante, y si es cero, deja de ser flotante
  Dim wFlags As Integer
  wFlags = SWP_NOSIZE Or SWP_NOMOVE
  If Acción <> 0 Then
    Call SetWindowPos(hWndFlot, HWND_TOPMOST, 0, 0, 0, 0, wFlags)
  Else
    Call SetWindowPos(hWndFlot, HWND_NOTOPMOST, 0, 0, 0, 0, wFlags)
  End If
End Sub
```

SALIR DE WINDOWS DE UNA FORMA CONTROLADA

Para finalizar una sesión Windows bajo el control de una aplicación Visual Basic, hay que utilizar la función de la API de Windows *ExitWindowsEx* cuya sintaxis es la siguiente:

```
Declare Function ExitWindowsEx Lib "User32" ( _
  ByVal uFlags As Long, ByVal dwReserved As Long) As Long
```

Esta función permite reiniciar Windows, salir de Windows, o salir de Windows y arrancar el ordenador de nuevo. El argumento *uFlags* especifica la acción a tomar: reiniciar Windows (*EWX_LOGOFF*), salir de Windows (*EWX_SHUTDOWN*) o salir de Windows y arrancar el ordenador de nuevo (*EWX_REBOOT*). El argumento *dwReserved* es un valor reservado y es ignorado.

Cuando la función *ExitWindowsEx* es invocada, Windows envía el mensaje *WM_QUERYENDSESSION* para notificar a todas las aplicaciones que ha habido una solicitud de reiniciar o terminar Windows. Si todas las aplicaciones consienten terminar, Windows envía el mensaje *WM_ENDSESSION* a todas las aplicaciones antes de terminar. De esta forma todas las aplicaciones pueden finalizar controladamente; por ejemplo, un procesador de textos preguntará al usuario si desea guardar el documento en curso. En el caso de que una o más aplicaciones rehúsen finalizar, esta función retorna un 0; entonces Windows enviará un mensaje notificándolo y no finalizará; en otro caso, retornará un valor distinto de cero y se realizará la acción solicitada.

La utilización de *ExitWindows* es una buena forma de finalizar una sesión asegurándose de no perder datos. Como ejemplo, añada al menú *Utilidades* de la aplicación *utils*, las órdenes *Reiniciar Windows*, *Salir de Windows* y *Reiniciar el ordenador*. A continuación, añada al módulo *utilids.bas* las definiciones y declaraciones siguientes:

```
Public Const EWX_LOGOFF = 0
Public Const EWX_SHUTDOWN = 1
Public Const EWX_REBOOT = 2
Public Const EWX_FORCE = 4

Declare Function ExitWindowsEx Lib "User32" ( _
  ByVal uFlags As Long, ByVal dwReserved As Long) As Long
```

Después, abra la ventana de código correspondiente a *Form1* y edite las funciones controladoras de las órdenes descritas así:

```
Private Sub UtilReW_Click()
  If ExitWindowsEx(EWX_LOGOFF, 0) = 0 Then
```

```
    MsgBox "No se puede reiniciar Windows"
  End If
End Sub

Private Sub UtilSalirW_Click()
  If ExitWindowsEx(EWX_SHUTDOWN, 0) = 0 Then
    MsgBox "No se puede salir de Windows"
  End If
End Sub

Private Sub UtilReiniciar_Click()
  If ExitWindowsEx(EWX_REBOOT, 0) = 0 Then
    MsgBox "No se puede reiniciar el ordenador"
  End If
End Sub
```

EJECUTAR UNA APLICACIÓN WINDOWS O DE CONSOLA

Supongamos que tenemos una herramienta Windows que en ocasiones necesitamos ejecutar. Para no forzar al usuario a utilizar la ventana *Ejecutar* de Windows, y escribir la orden que ejecuta la aplicación en cuestión, podemos implementar en la aplicación una orden que visualice un diálogo que nos permita elegir la aplicación y ejecutarla.

Para ilustrar esto, piense que su aplicación necesita visualizar información acerca del sistema. Como Windows proporciona una utilidad *msinfo32.exe* creada especialmente para esto, sólo tiene que pensar en cómo lanzar esta aplicación desde la suya.

La función de la API que permite crear un nuevo proceso y su hilo primario a partir de un determinado fichero ejecutable es *CreateProcess*. La sintaxis de esta función es la siguiente:

```
Declare Function CreateProcess Lib "kernel32" Alias "CreateProcessA" ( _
  ByVal lpApplicationName As String, _
  ByVal lpCommandLine As String, _
  lpProcessAttributes As SECURITY_ATTRIBUTES, _
  lpThreadAttributes As SECURITY_ATTRIBUTES, _
  ByVal bInheritHandles As Long, _
  ByVal dwCreationFlags As Long, _
  lpEnvironment As Any, _
  ByVal lpCurrentDriectory As String, _
  lpStartupInfo As STARTUPINFO, _
  lpProcessInformation As PROCESS_INFORMATION) As Long
```

lpApplicationName es un puntero al nombre del módulo ejecutable.

lpCommandLine es un puntero a una cadena de caracteres correspondiente a la línea de órdenes a ejecutar.

lpProcessAttributes es un puntero a una estructura *SECURITY_ATTRIBUTES* que contiene los atributos de seguridad para el proceso.

lpThreadAttributes es un puntero a una estructura *SECURITY_ATTRIBUTES* que contiene los atributos de seguridad para el hilo.

bInheritHandles indica si el nuevo proceso hereda los *handles* del proceso que hace la llamada.

dwCreationFlags controla la prioridad y la forma en la que se crea el proceso.

lpEnvironment referencia las variables del entorno para el nuevo proceso.

lpCurrentDirectory es el nombre del directorio actual.

lpStartupInfo es un puntero a una estructura *STARTUPINFO* que especifica cómo se visualizará la ventana principal.

lpProcessInformation es un puntero a una estructura *PROCESS_INFORMATION* que recibe información para identificar al proceso.

Si el parámetro *lpApplicationName* es nulo (*vbNullString*), el nombre del módulo debe ser la primera subcadena de *lpCommandLine* delimitada por un espacio en blanco. Especifique una estructura *STARTUPINFO* para indicar cómo se visualizará la ventana principal del nuevo proceso y otra estructura *PROCESS_INFORMATION* para que el sistema almacene en la misma datos que identifiquen al nuevo proceso; por ejemplo, los *handles* del proceso y de su hilo primario. Para más detalles sobre los parámetros de *CreateProcess*, recurra a la ayuda proporcionada por el SDK.

Cuando se invoca a la función *CreateProcess* para ejecutar un nuevo programa, ésta retorna sin esperar a que el nuevo proceso finalice. Por tal motivo, en muchos casos será útil invocar a la función *WaitForSingleObject* para esperar hasta que la ejecución del proceso especificado finalice. Su sintaxis es:

```
Public Declare Function WaitForSingleObject Lib "kernel32" ( _
  ByVal hHandle As Long, ByVal dwMilliseconds As Long) As Long
```

El parámetro *hHandle* hace referencia al proceso por el que se desea esperar y *dwMilliseconds* es el tiempo máximo de espera. Un valor *INFINITE* indica esperar hasta que el proceso especificado termine.

Como ejemplo, añada al menú *Utilidades* de la aplicación *Recursos* la orden *Ejecutar una aplicación Windows o de consola* y vincúlela a la siguiente función:

```
Private Sub UtilEjecWinCon_Click()
  Dim vr As Long
  Dim aplic As String, X As String

  ' Si ocurre un error ejecutar ManipularError
  On Error GoTo ManipularError
  ' Generar un error cuando se pulse Cancelar
  CommonDialog1.CancelError = True
  ' Filtros
  X = "Ejecutables (*.exe; *.com; *.bat; *.pif)|" & _
          "*.exe; *.com; *.bat; *.pif|" & _
          "Todos los ficheros (*.*)|*.*"
  CommonDialog1.Filter = X
  CommonDialog1.FilterIndex = 1
  ' Visualizar la caja de diálogo Abrir
  CommonDialog1.ShowOpen
  ' Nombre de la aplicación elegida
  aplic = CommonDialog1.FileTitle

  Screen.MousePointer = 11 'reloj de arena
  ' Ejecutar la aplicación
  Dim pa As SECURITY_ATTRIBUTES, ta As SECURITY_ATTRIBUTES
  Dim si As STARTUPINFO, pi As PROCESS_INFORMATION

  ' Rellenar estructuras
  pa.nLength = Len(pa)
  ta.nLength = Len(ta)

  si.cb = Len(si)
  si.dwFlags = STARTF_USESHOWWINDOW
  si.wShowWindow = SW_NORMAL

  vr = CreateProcess(vbNullString, aplic, pa, ta, 1&, _
                     NORMAL_PRIORITY_CLASS, _
                     0&, vbNullString, si, pi)

  ' CreateProcess retorna inmediatamente
  If vr = 0 Then ' CreateProcess no se ejecutó con éxito
    MsgBox "No se puede ejecutar la aplicación"
    Screen.MousePointer = 1
    Exit Sub
  End If
  Screen.MousePointer = 1
  Exit Sub

ManipularError:
  If Err.Number = cdlCancel Then Exit Sub
  MsgBox Err.Description
  Screen.MousePointer = 1
End Sub
```

Observe que es necesario asignar al parámetro correspondiente de cada estructura utilizada por *CreateProcess* la longitud de la misma. Esto no lo hemos hecho con *pi* porque esta estructura es llenada por *CreateProcess*.

Las declaraciones correspondientes a la API necesarias para ejecutar el procedimiento anterior, las puede ver en el fichero *utilids.bas* del directorio *EjectApp* en el disco que acompaña al libro.

Pruebe a ejecutar la aplicación; concretamente la orden *Ejecutar una aplicación Windows o de consola*. Elija, por ejemplo, el fichero de acceso directo *msinfo32.exe* y observe los resultados.

Una aplicación de consola *Win32* no utiliza la interfaz gráfica de usuario, sino que se ejecuta desde la línea de órdenes, haciendo a menudo la E/S por consola. Una aplicación DOS es una aplicación de consola. Según esto, supongamos que tenemos una herramienta DOS que en ocasiones necesitamos ejecutar desde Windows. Una vez que el usuario ejecute la herramienta DOS, ¿cómo se entera la aplicación Visual Basic de que dicha herramienta ha finalizado?

Para ilustrar esto, cree primero un fichero denominado *progdos.bat* que contenga la línea que se indica a continuación:

```
DIR C:\ /AD /S > DIR.TXT
```

Esta herramienta DOS crea el fichero *dir.txt* con los nombres de los subdirectorios del directorio raíz (se hace una búsqueda recursiva).

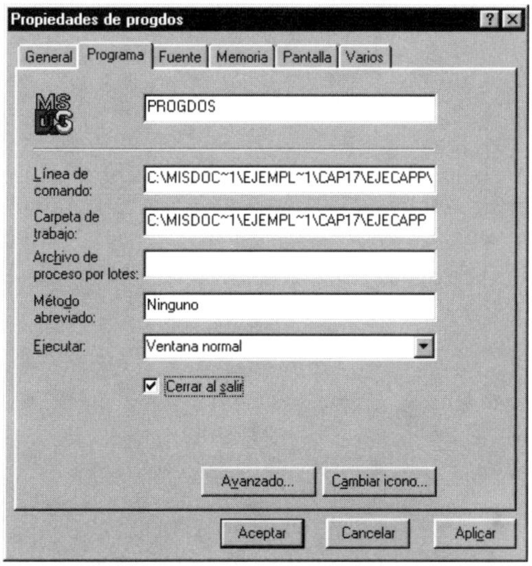

A continuación, si está en Windows 9x cree un acceso directo a *progdos.bat* denominado *progdos* y accediendo a sus propiedades (observe la figura anterior) especifique que la aplicación se cierre al salir. Asimismo, añada al directorio de trabajo el fichero *command.com*; *CreateProcess* lo requiere para ejecutar *progdos*.

El fichero de acceso directo es necesario para que puedan ser utilizados los estilos en los que se puede presentar una ventana. Por ejemplo, el estilo 2 significa ventana minimizada (transformada en un icono) y enfocada.

Ahora modifique el procedimiento *UtilEjecWinCon_Click* escrito anteriormente de la forma siguiente:

```
Private Sub UtilEjecWinCon_Click()
  Dim vr As Long
  Dim aplic As String, X As String

  ' Si ocurre un error ejecutar ManipularError
  On Error GoTo ManipularError
  ' Generar un error cuando se pulse Cancelar
  CommonDialog1.CancelError = True
  ' Filtros
  X = "Ejecutables (*.exe; *.com; *.bat; *.pif)|" & _
           "*.exe; *.com; *.bat; *.pif|" & _
           "Todos los ficheros (*.*)|*.*"
  CommonDialog1.Filter = X
  CommonDialog1.FilterIndex = 1
  ' Visualizar la caja de diálogo Abrir
  CommonDialog1.ShowOpen
  ' Nombre de la aplicación elegida
  aplic = CommonDialog1.FileTitle

  Screen.MousePointer = 11 'reloj de arena

  ' Ejecutar la aplicación
  Dim pa As SECURITY_ATTRIBUTES, ta As SECURITY_ATTRIBUTES
  Dim si As STARTUPINFO, pi As PROCESS_INFORMATION

  ' Rellenar estructuras
  pa.nLength = Len(pa)
  ta.nLength = Len(ta)

  si.cb = Len(si)
  si.dwFlags = STARTF_USESHOWWINDOW
  si.wShowWindow = SW_NORMAL

  vr = CreateProcess(vbNullString, aplic, pa, ta, 1&, _
                     NORMAL_PRIORITY_CLASS, _
                     0&, vbNullString, si, pi)
  'Esperar a que la aplicación finalice
```

```
  If vr <> 0 Then ' CreateProcess se ejecutó con éxito
    WaitForSingleObject pi.hProcess, INFINITE
    ' Liberar el controlador del proceso creado
    CloseHandle pi.hProcess
  Else
    MsgBox "No se puede ejecutar la aplicación"
    Screen.MousePointer = 1
    Exit Sub
  End If
  Screen.MousePointer = 1

  If aplic = "progdos.bat" Then
    ' Abrir el fichero
    Open "dir.txt" For Input As #1
    Do While Not EOF(1)
      Line Input #1, X
      Debug.Print X
      vr = DoEvents()
    Loop
    Close #1
  End If
Exit Sub

ManipularError:
  If Err.Number = cdlCancel Then Exit Sub
  MsgBox Err.Description
  Screen.MousePointer = 1
End Sub
```

Pruebe a ejecutar la aplicación. Elija el fichero de acceso directo *progdos* y observe los resultados. Todo ha funcionado correctamente, pero si elimina el fichero *dir.txt* creado y también elimina la llamada a *WaitForSingleObject* que hemos incluido en el procedimiento anterior, observará que obtiene un error debido a que el fichero *dir.txt* aún no está disponible. Esto ocurre porque la función *CreateProcess*, igual que la función **Shell** de Visual Basic, ejecuta otros programas de manera asíncrona. Esto quiere decir que no se puede esperar de una aplicación iniciada con *CreateProcess* o con **Shell**, que termine su ejecución antes de que se ejecuten las sentencias que siguen a dicha función en la aplicación.

Un detalle; *WaitForSingleObject* bloquea la aplicación hasta que el proceso termina. Si no deseamos esto, podemos lanzar el proceso con *CreateProcess* o con **Shell** y utilizar, como se explica a continuación, las funciones de la API de Windows *GetActiveWindow*, *GetForegroundWindow* e *IsWindow* para esperar a que el proceso lanzado termine. La sintaxis de estas funciones es:

```
Declare Function GetActiveWindow Lib "User32" () As Long
Declare Function IsWindow Lib "User32" (ByVal hwnd As Long) As Long
Declare Function GetForegroundWindow Lib "User32" () As Long
```

La función *GetActiveWindow* devuelve el *handle* correspondiente a la ventana activa asociada con el proceso que llama a la función (si la función no se ejecuta satisfactoriamente, *GetActiveWindow* devuelve un 0); la función *IsWindow* devuelve un valor **True** si la ventana especificada existe, y un valor **False** si no existe y la función *GetForegroundWindow* devuelve el *handle* de la ventana con la que el usuario está trabajando actualmente. En este caso, el sistema asigna una prioridad más alta al proceso que crea la ventana que a otros procesos. Añada las declaraciones de estas funciones al fichero *utilids.bas*.

¿Cómo utilizamos estas funciones? Piense que cuando el usuario ejecuta la orden *Ejecutar una aplicación Windows o de consola*, tienen que sucederse los siguientes hechos: primero se lanza el proceso para su ejecución; una vez activo este proceso, se toma el *handle* de la ventana activa, que en este instante es la ventana correspondiente a dicho proceso, y por último se establece un bucle con *IsWindow* que verifique cuándo la ventana deja de existir, lo que ocurrirá cuando finalice la aplicación (la ventana donde se ejecuta el proceso lanzado, se cierra). Según esto, escriba y analice la siguiente versión de *UtilEjecWinCon_Click*:

```
Private Sub UtilEjecWinCon_Click()
  Dim hWndAct As Long, vr As Long
  Dim aplic As String, X As String

  ' Si ocurre un error ejecutar ManipularError
  On Error GoTo ManipularError
  ' Generar un error cuando se pulse Cancelar
  CommonDialog1.CancelError = True
  ' Filtros
  X = "Ejecutables (*.exe; *.com; *.bat; *.pif)|" & _
          "*.exe; *.com; *.bat; *.pif|" & _
          "Todos los ficheros (*.*)|*.*"
  CommonDialog1.Filter = X
  CommonDialog1.FilterIndex = 1
  ' Visualizar la caja de diálogo Abrir
  CommonDialog1.ShowOpen
  ' Nombre de la aplicación elegida
  aplic = CommonDialog1.FileTitle

  Screen.MousePointer = 11 'reloj de arena
  hWndAct = GetActiveWindow() 'handle de la ventana activa

  vr = Shell(aplic, vbNormalFocus) 'se ejecuta la app
  'Esperar a que se active la tarea
  Do While GetActiveWindow() = hWndAct
    vr = DoEvents()
  Loop
  hWndAct = GetForegroundWindow() 'handle de la ventana de la tarea
```

```
  'Esperar a que finalice la tarea
  Do While IsWindow(hWndAct)
    vr = DoEvents()
  Loop
  Screen.MousePointer = 1

  If aplic = "progdos.bat" Then
    ' Abrir el fichero
    Open "dir.txt" For Input As #1
    Do While Not EOF(1)
      Line Input #1, X
      Debug.Print X
      vr = DoEvents()
    Loop
    Close #1
  End If
Exit Sub

ManipularError:
  If Err.Number = cdlCancel Then Exit Sub
  MsgBox Err.Description
  Screen.MousePointer = 1
End Sub
```

Observe que hay dos bucles: uno para esperar a que el proceso lanzado se active para poder obtener el *handle* de la nueva ventana, y otro para esperar a que dicho proceso finalice (se cierra la ventana). En el cuerpo de estos bucles se ha utilizado la función **DoEvents** para permitir que otras aplicaciones compartan los recursos del ordenador.

Si en lugar de utilizar la función *GetForegroundWindow* para obtener el *handle* de la ventana activa planea utilizar *Screen.ActiveForm.hWnd*, la aplicación no funcionará, ya que la ventana que crea Windows para ejecutar el proceso lanzado no es un formulario de la misma.

ABRIR O IMPRIMIR UN DETERMINADO FICHERO

La función de la API de Windows *ShellExecute* permite ejecutar un fichero o bien la aplicación asociada con ese fichero. Su sintaxis es la siguiente:

```
Public Declare Function ShellExecute Lib "shell32.dll" Alias _
  "ShellExecuteA" (ByVal hwnd As Long, _
  ByVal lpOperation As String, ByVal lpFile As String, _
  ByVal lpParameters As String, ByVal lpDirectory As String, _
  ByVal nShowCmd As Long) As Long
```

Si el fichero es, por ejemplo, un documento, se ejecuta la aplicación asociada con el fichero y se muestra su contenido; si es un fichero de sonido, se ejecuta la aplicación asociada y se reproduce el sonido almacenado en el fichero; si es un fichero ejecutable, se ejecuta sin más; etc.

El argumento *hwnd* es el controlador de la ventana padre desde donde se lanza el proceso. El argumento *lpOperation* puede ser la cadena de caracteres "open", "print" o "explore". Si es "open", la función abre el fichero especificado por *lpFile*; el fichero puede ser un fichero ejecutable, un documento o una carpeta. Si es "print", la función imprime el fichero especificado por *lpFile*; el fichero debería ser un documento; si es un fichero ejecutable, la función procede como si *lpOperation* valiera "open". Si es "explore", la función explora la carpeta especificada por *lpFile*. Si *lpOperation* es *vbNullString*, la función procede como si valiera "open".

La función *ShellExecute* retorna un valor mayor que 32 si se ejecuta con éxito.

Por ejemplo, añada al menú *Utilidades* la orden *Abrir un fichero*. A continuación, añada la función controladora de esta orden y edítela así:

```
Private Sub UtilAbrirFichero_Click()
  Dim hWndAct As Long, vr As Long
  Dim aplic As String, X As String

  ' Si ocurre un error ejecutar ManipularError
  On Error GoTo ManipularError
  ' Generar un error cuando se pulse Cancelar
  CommonDialog1.CancelError = True
  ' Filtros
  X = "Ejecutables (*.exe; *.com; *.bat; *.pif)|" & _
          "*.exe; *.com; *.bat; *.pif|" & _
          "Todos los ficheros (*.*)|*.*"
  CommonDialog1.Filter = X
  CommonDialog1.FilterIndex = 1
  ' Visualizar la caja de diálogo Abrir
  CommonDialog1.ShowOpen
  ' Nombre de la aplicación elegida
  aplic = CommonDialog1.FileTitle

  Screen.MousePointer = 11 'reloj de arena

  If ShellExecute(hwnd, vbNullString, aplic, vbNullString, _
               vbNullString, SW_SHOW) <= 32 Then
    MsgBox "El proceso requerido falló"
  End If
```

```
  Screen.MousePointer = 1
  Exit Sub

ManipularError:
  If Err.Number = cdlCancel Then Exit Sub
  MsgBox Err.Description
  Screen.MousePointer = 1
End Sub
```

AÑADIR UN ICONO A LA BARRA DE TAREAS

La barra de tareas de Windows 95 o NT 4.0 o posteriores, incluye un menú *Inicio*, botones de la barra de tareas, un menú contextual y un área de estado; en esta área generalmente se muestran iconos de aplicaciones activas así como la fecha.

Las aplicaciones pueden poner sus iconos en el área de estado para indicar el estado de una operación o para notificar un evento al usuario. Por ejemplo, una aplicación puede poner un icono de impresión en la barra de estado para notificar al usuario que un trabajo de impresión está en curso. El área de estado se localiza a la derecha o al fondo de la barra de herramientas, dependiendo de su orientación horizontal o vertical, respectivamente.

La información que el usuario puede recibir generalmente a través de uno de estos iconos es la siguiente:

- Cuando el usuario pone el cursor del ratón encima del icono, el sistema visualizará una descripción abreviada (*tooltip*) relativa a lo que representa.
- Cuando el usuario hace clic con el botón izquierdo del ratón sobre el icono, la aplicación visualizará una ventana con información adicional.
- Cuando el usuario hace clic con el botón derecho del ratón sobre el icono, la aplicación debería visualizar un menú contextual.
- Cuando el usuario hace doble clic con el botón izquierdo del ratón sobre el icono, la aplicación debería ejecutar la orden por omisión del menú contextual.

Para añadir, modificar o eliminar un icono del área de estado de la barra de tareas utilizaremos la función *Shell_NotifyIcon*. Esta función envía un mensaje al sistema para realizar una de las operaciones descritas. Su sintaxis es:

```
Declare Function Shell_NotifyIcon Lib "shell32.dll" Alias " _
  Shell_NotifyIconA" (ByVal dwMessage As Long, _
                      lpData As NOTIFYICONDATA) As Long
```

El parámetro *dwMessage* es el valor del mensaje a enviar. Este valor puede ser uno de los siguientes:

NIM_ADD	Añade un icono al área de estado.
NIM_DELETE	Elimina un icono del área de estado.
NIM_MODIFY	Modifica un icono del área de estado.

El parámetro *lpData* es un puntero a una estructura *NOTIFYICONDATA* cuyo contenido depende del valor de *dwMessage*.

```
Public Type NOTIFYICONDATA
  cbSize As Long
  hwnd As Long
  uID As Long
  uFlags As Long
  uCallbackMessage As Long
  hIcon As Long
  szTip As String * 64
End Type
```

cbSize es el tamaño de la estructura.

hWnd es el *handle* de la ventana que recibe el mensaje de notificación asociado con el icono del área de estado.

uID es el identificador del icono.

uFlags puede ser: NIF_MESSAGE Or NIF_ICON Or NIF_TIP. Cada indicador que se especifique implica que el miembro correspondiente de los especificados a continuación contenga datos válidos:

> *uCallbackMessage* es el identificador del mensaje definido por la aplicación. Es enviado a la ventana *hWnd* siempre que se dé un evento del ratón sobre el icono del área de estado asociado con la aplicación.
>
> *hIcon* es el *handle* del icono.
>
> *szTip* permite introducir una descripción abreviada para el icono.

Antes de invocar a la función *Shell_NotifyIcon* hay que llenar la estructura anterior con datos válidos. La función retornará un valor distinto de cero si se ejecuta satisfactoriamente.

Como ejemplo, cree una aplicación de tipo *EXE estándar* denominada *prIconBar*. Después añada un módulo estándar *modIconBar.bas* con las declaraciones siguientes:

```
' Módulo modIconBar.bas
' --------------------
```

```
Private Type NOTIFYICONDATA
  cbSize As Long
  hWnd As Long
  uId As Long
  uFlags As Long
  uCallBackMessage As Long
  hIcon As Long
  szTip As String * 64
End Type

' Tipo de operación que podemos realizar con el icono
Private Const NIM_ADD = &H0
Private Const NIM_MODIFY = &H1
Private Const NIM_DELETE = &H2

' Indicar qué campos son válidos en NOTIFYICONDATA
Private Const NIF_MESSAGE = &H1
Private Const NIF_ICON = &H2
Private Const NIF_TIP = &H4

' Declaración de Shell_NotifyIcon
Private Declare Function Shell_NotifyIcon Lib "shell32" Alias _
  "Shell_NotifyIconA" (ByVal dwMessage As Long, _
  lpData As NOTIFYICONDATA) As Boolean

' Identificador del mensaje definido por la aplicación
Public Const WM_APP = &H8000& ' Long (&) para que no sea negativo
Public Const WM_NOTIFYICON = WM_APP + 100 ' mensaje

' Variable para contener los datos asociados con el icono
Private stIconData As NOTIFYICONDATA

' Variable que indica si el icono se está mostrando
Private IconoMostrado As Boolean

Public Sub MostrarIcono()
  ' Llenar la estructura stIconData necesaria para Shell_NotifyIcon

  ' Tamaño de la estructura
  stIconData.cbSize = Len(stIconData)

  ' handle de la ventana que recibe el mensaje del icono
  stIconData.hWnd = Form1.hWnd

  ' Identificador del icono
  stIconData.uId = Form1.hWnd ' o simplemente vbNull

  ' Todos los campos son válidos
  stIconData.uFlags = NIF_ICON Or NIF_TIP Or NIF_MESSAGE
```

```
  ' Mensaje que se mandará a la ventana principal
  stIconData.uCallBackMessage = WM_NOTIFYICON

  ' Icono a utilizar
  stIconData.hIcon = Form1.Icon

  ' Descripción breve
  stIconData.szTip = "Mi Aplicación" & vbNullChar

  ' Llamar a Shell_NotifyIcon para añadir el icono
  IconoMostrado = Shell_NotifyIcon(NIM_ADD, stIconData)
End Sub

Public Sub OcultarIcono()
 ' Eliminar el icono
  IconoMostrado = Not (Shell_NotifyIcon(NIM_DELETE, stIconData) _
                  Or Not IconoMostrado)
End Sub
```

Como habrá observado, el módulo *modIconBar.bas* incluye las declaraciones necesarias para invocar a *Shell_NotifyIcon*. También define el mensaje *WM_NOTIFYICON* que será enviado al formulario principal siempre que se dé un evento del ratón sobre el icono. Observe que para definir este mensaje hemos tomado como referencia la constante *WM_APP* (&H8000&) de la API. Esto es así porque Windows establece unos rangos para los distintos grupos de mensajes empleados, con el fin de que cuando el usuario defina uno, no entre en conflicto con alguno de los definidos. Estos rangos son:

0 a *WM_USER – 1*	Mensajes reservados para ser utilizados por el sistema (WM_USER = &H400).
WM_USER a *&H7FFF*	Mensajes para ser utilizados por las clases de ventana privadas.
WM_APP a *&HBFFF*	Mensajes disponibles para ser utilizados por las aplicaciones.
&HC000 a *&HFFFF*	Mensajes de cadena para ser utilizados por las aplicaciones.
Mayor que *&HFFFF*	Mensajes reservados para ser utilizados en un futuro por el sistema.

Asimismo, proporciona dos procedimientos, uno para mostrar el icono en el área de estado de la barra de tareas y otro para ocultarlo. Esto facilita mucho el visualizar el icono cuando se arranque la aplicación y el ocultarlo cuando se cierre. Por ejemplo, abra la ventana de código correspondiente al formulario principal de la aplicación y escriba:

```
Private Sub Form_Load()
  ' Establecer un icono por omisión
  MostrarIcono
End Sub

Private Sub Form_Unload(Cancel As Integer)
  ' Eliminar icono
  OcultarIcono
End Sub
```

Observe que cuando se inicia la aplicación, el procedimiento *Form_Load* invoca a *MostrarIcono* para añadir el icono de la aplicación al área de estado de la barra de tareas, y cuando finaliza la aplicación, el procedimiento *Form_Unload* invoca a *OcultarIcono* para eliminar dicho icono. Ambos procedimientos, *MostrarIcono* y *OcultarIcono*, utilizan la estructura *stIconData*, llenada en el primero, para invocar a *Shell_NotifyIcon* y realizar la operación deseada.

Cuando el usuario ejecute la aplicación y pase el ratón por encima del icono colocado en el área de estado, el sistema enviará a la ventana identificada por *hWnd* (formulario principal de la aplicación) el mensaje *WM_NOTIFYICON* especificado por el miembro *uCallBackMessage* de la estructura *stIconData*. Para manipular este mensaje habrá que interceptarlo en el procedimiento de ventana del formulario principal. Esto significa que hay que activar la subclasificación para este formulario. Esta técnica fue expuesta anteriormente en el apartado "Subclasificación" de este mismo capítulo. Por lo tanto, empiece por añadir a nuestro proyecto *prIconBar* el módulo *Subclas.bas* que allí implementamos. Este módulo proporcionaba las funciones *ActivarSubclas*, para activar la subclasificación para la ventana pasada como argumento y *DesactivarSubclas*, para desactivar la subclasificación:

```
Private Sub Form_Load()
  ' Establecer un icono por omisión
  MostrarIcono
  ActivarSubclas Me.hWnd
End Sub

Private Sub Form_Unload(Cancel As Integer)
  ' Eliminar icono
  OcultarIcono
  DesactivarSubclas Me.hWnd
End Sub
```

Subclas.bas también redefinía el procedimiento de ventana *WindowProc* para interceptar los mensajes deseados. En nuestro caso necesitamos interceptar el mensaje *WM_NOTIFYICON*. Por lo tanto, modifique *WindowProc* así:

```
Public Function WindowProc(ByVal hWnd As Long, _
                    ByVal uMsg As Long, ByVal wParam As Long, _
                    ByVal lParam As Long) As Long
  ' Ejecutar el procedimiento de ventana predeterminado
  WindowProc = CallWindowProc(lpProcVentAnt, _
                              hWnd, uMsg, wParam, lParam)
  ' Interceptar el mensaje WM_NOTIFYICON
  If uMsg = WM_NOTIFYICON And lParam <> WM_MOUSEMOVE Then
    ProcesarEventoIcon wParam, lParam
  End If
End Function
```

El parámetro *lParam* de *WM_NOTIFYICON* se corresponde con el evento que ha tenido lugar sobre el icono colocado en el área de estado de la barra de tareas. De entre todos los que se pueden dar, vamos a procesar sólo los siguientes (añada sus declaraciones al módulo *Subclas.bas*):

```
Public Const WM_MOUSEMOVE = &H200
Public Const WM_LBUTTONDOWN = &H201
Public Const WM_LBUTTONDBLCLK = &H203
Public Const WM_RBUTTONDOWN = &H204
```

Para procesar estos mensajes, *WindowProc* invoca al procedimiento *ProcesarEventoIcon*, excepto para el mensaje *WM_MOUSEMOVE*, que simplemente se descarta para no perder tiempo.

El procedimiento *ProcesarEventoIcon* deberá verificar qué evento ha ocurrido sobre el icono (clic con el botón izquierdo, doble clic con el botón izquierdo, etc.) y notificárselo a la ventana principal con el mensaje correspondiente, para que ésta pueda manipularlo. Añada este procedimiento al módulo *Subclas*:

```
Public Sub ProcesarEventoIcon(ByVal wParam As Long, ByVal lParam As Long)
  Select Case lParam
    Case WM_LBUTTONDOWN
      ' Procesar clic con el botón izquierdo
    Case WM_LBUTTONDBLCLK
      ' Procesar doble clic con el botón izquierdo
    Case WM_RBUTTONDOWN
      ' Procesar clic con el botón derecho
  End Select
End Sub
```

Ejecute la aplicación y observe cómo el icono aparece en el área de estado y desaparece cuando cierra la aplicación.

MENÚS CONTEXTUALES

Un elemento característico en la interfaz de usuario de Windows 9x y Windows NT (o posteriores) es el menú contextual; se trata de un menú que se visualiza flotante al hacer clic con el botón derecho del ratón. La idea es que en un entorno orientado a objetos, el usuario interactúe sobre cada uno de ellos a través del menú contextual asociado con cada uno de ellos. Un ejemplo es el escritorio de Windows; la interfaz del usuario lo trata como un objeto, de forma que cuando el usuario hace clic con el botón derecho del ratón, se visualiza un menú contextual que especifica las acciones que se pueden llevar a cabo sobre el escritorio.

Como ejemplo, vamos a crear un menú contextual para nuestra aplicación *IconBar*, que se visualice al hacer clic con el botón izquierdo/derecho del ratón sobre el icono visualizado en el área de estado asociado con la aplicación. Asimismo, tendrá una primera orden *Restaurar* que traerá al frente la ventana principal de la aplicación. Para ello, abra el editor de menús y edite los menús:

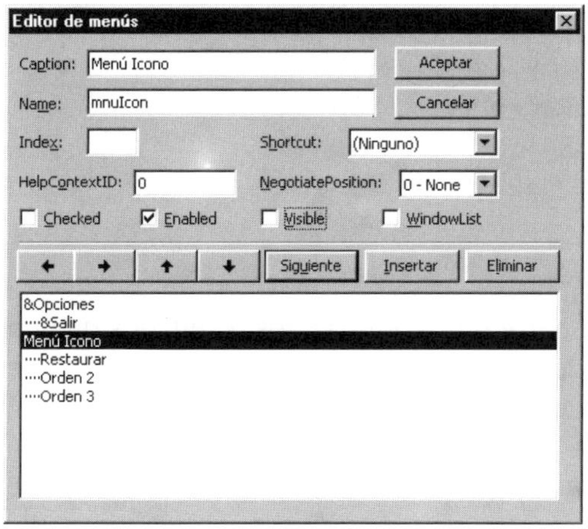

Observe el menú contextual, *Menú Icono*, lo hemos situado al final y no es visible (propiedad **Visible** no señalada; para más detalles consulte "Menús emergentes" en el capítulo 3).

A continuación abra la ventana de código de *Form1* y edite los procedimientos asociados con cada una de las órdenes de los menús:

```
Private Sub OpcionesSalir_Click()
  Unload Form1
End Sub

Public Sub mnuIconRestaurar_Click()
  Debug.Print "Orden 1"
```

```
  If IsIconic(Form1.hWnd) Then
    ShowWindow Form1.hWnd, SW_RESTORE
  End If
  SetForegroundWindow Form1.hWnd
End Sub

Private Sub mnuIconOrden2_Click()
  Debug.Print "Orden 2"
End Sub

Private Sub mnuIconOrden3_Click()
  Debug.Print "Orden 3"
End Sub
```

Finalmente, edite el procedimiento *ProcesarEventoIcon* para que utilice las órdenes del menú contextual de la siguiente manera:

```
Public Sub ProcesarEventoIcon(ByVal wParam As Long, ByVal lParam As Long)
  Select Case lParam
    Case WM_LBUTTONDOWN
      Form1.PopupMenu Form1.mnuIcon
    Case WM_LBUTTONDBLCLK
      Form1.mnuIconRestaurar_Click
    Case WM_RBUTTONDOWN
      Form1.PopupMenu Form1.mnuIcon
  End Select
End Sub
```

Ejecute la aplicación y observe los resultados que obtiene al accionar el ratón sobre el icono de la aplicación que aparece en el área de estado y sobre las órdenes del menú contextual que se visualiza.

Como ejercicio, puede intentar realizar un control *ActiveX* invisible durante la ejecución, con una interfaz que ofrezca los métodos *Mostrar*, *Ocultar* y las propiedades *DescripcionBreve* e *Icono*, por ejemplo. Cuando lo haya construido podrá incluirlo en su aplicación y obtener los mismos resultados que en el ejemplo anterior, utilizando expresiones como:

```
IconBar.Mostrar
IconBar.Ocultar
IconBar.DescripcionBreve = "Mi Aplicación"
```

CAPÍTULO 18

MULTIMEDIA

Multimedia, que viene de *multi* (variedad, multiplicidad) y de *media* (medios) se ha definido casi con unanimidad como la herramienta que emplea el ordenador para controlar e integrar diferentes sistemas electrónicos (discos CD-ROM, videodiscos, videocámaras, videocasetes, sintetizadores de vídeo y audio, equipos Hi-Fi, etc.). Se pueden citar como componentes hardware básicos e imprescindibles en un entorno multimedia el lector CD-ROM y la tarjeta de sonido.

Actualmente existen muchas publicaciones que tratan la multimedia como un mundo prefabricado, lo que es una idea falsa. No obstante, sí es verdad que existen muchos componentes software que ensamblándolos en nuestra aplicación permiten obtener de una forma fácil resultados satisfactorios en la mayoría de los casos. Pero ésta no es la única forma; podemos utilizar también diferentes técnicas de programación para controlar los dispositivos multimedia sin ningún tipo de limitación, lo que supone un enfoque más personalizado de la aplicación. En este capítulo podrá encontrar ambas formas de trabajar.

Para acceder a una unidad CD-ROM o a una tarjeta de sonido, el hardware, así como los controladores de dispositivos admitidos, deben estar instalados y configurados para su ordenador. La tabla siguiente indica el hardware necesario para los tipos de dispositivo MCI (*Media Control Interface* - Interfaz de control de medios) más utilizados:

Tipo de dispositivo	*Hardware*
CD de audio	Unidad de CD-ROM.
Secuenciador	Tarjeta de sonido (por ejemplo, *Sound Blaster 16*™)
Audio por forma de onda	Tarjeta de sonido.

Para acceder a un tipo de dispositivo MCI específico, debe estar instalado el controlador de dispositivo MCI correspondiente. La tabla siguiente indica los controladores de dispositivo requeridos por los tipos de dispositivos MCI más frecuentes:

Tipo de dispositivo	*Controlador de dispositivo*
CD de audio	*mcicda.drv*
Secuenciador	*mciseq.drv*
Audio por forma de onda	*mciwave.drv*
Reproductor de ficheros AVI	*mciavi.drv*
Videodisco	*mcipionr.drv*
Cintas de vídeo	*mcivisca.drv*

La sección *[mci]* del archivo *system.ini* contiene una lista de los tipos de dispositivos MCI instalados. Su fichero tendrá este aspecto si tiene instalados los seis dispositivos anteriores:

```
[mci]
cdaudio=mcicda.drv
sequencer=mciseq.drv
waveaudio=mciwave.drv
avivideo=mciavi.drv
videodisc=mcipionr.drv
vcr=mcivisca.drv
```

ARQUITECTURA MULTIMEDIA

Windows proporciona los siguientes servicios multimedia:

- Una interfaz de control de medios (MCI), para controlar dispositivos de medios. Comprende:
  - ◊ Una interfaz basada en mensajes o en cadenas de texto, que permite la comunicación con los controladores de dispositivos MCI instalados.
  - ◊ Controladores de dispositivos MCI para reproducir y grabar audio por forma de onda, para reproducir ficheros MIDI (*Musical Instrument Digital Interface* - Interfaz digital para instrumentos musicales) o un CD de audio desde una unidad CD-ROM.

- Una interfaz de programación de aplicaciones (API) de nivel bajo para servicios multimedia. Comprende:
  - ◊ Soporte de nivel bajo para reproducir y grabar audio con dispositivos MIDI y WAV (*wave form audio* - audio por forma de onda).
  - ◊ Soporte de nivel bajo para servicios de temporización precisos.

- También proporciona servicios para operar con ficheros multimedia, opciones en el panel de control que permiten a los usuarios instalar controladores de dispositivos multimedia, utilidad para configurar el mapa de sonidos, etc.

Aunque los servicios multimedia son proporcionados por un conjunto de ficheros, la arquitectura total puede verse como muestra la figura siguiente:

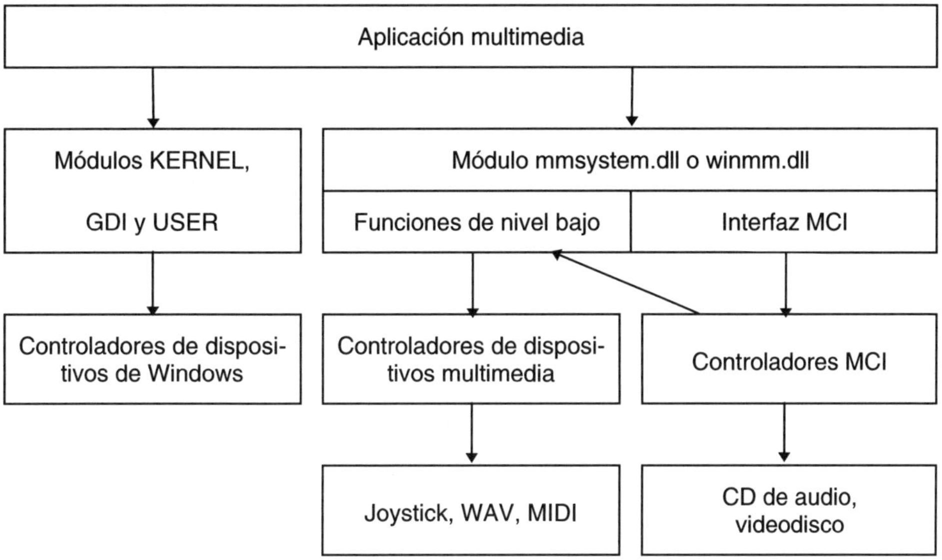

La biblioteca *mmsystem* para aplicaciones de 16 bits o la biblioteca *winmm.dll* para aplicaciones de 32 bits, proporciona los servicios MCI y también las funciones de nivel bajo. Los controladores de dispositivo multimedia (*drivers*) proporcionan comunicación entre las funciones de nivel bajo y los dispositivos multimedia y la MCI proporcionan un control a nivel alto de los dispositivos multimedia.

TIPOS DE DATOS MULTIMEDIA

Entre los tipos de datos multimedia que distingue Windows los más comunes son: audio por forma de onda (WAV), sonido MIDI, y vídeo.

Audio por forma de onda es una grabación digitalizada de un sonido. Con una tarjeta de sonido y las herramientas Windows adecuadas es fácil grabar y modificar un fichero de este tipo. Este tipo de ficheros pueden almacenar voz, música y efectos de sonido exactamente igual a como serían oídos por el usuario. En Windows, los ficheros de sonido por forma de onda tienen extensión *.wav*.

El sonido MIDI se almacena como una serie de instrucciones, no como una forma de onda. Un sintetizador (normalmente incluido en la tarjeta de sonido del ordenador) interpreta las instrucciones para producir el sonido. En este caso la calidad del sonido depende de la calidad del sintetizador. Este tipo de ficheros puede almacenar sólo música. Con respecto al audio por forma de onda, el sonido MIDI es más fácil de editar y los ficheros ocupan menos espacio. En Windows, los ficheros de sonido MIDI típicamente tienen extensión *.mid.*

El vídeo es un registro en múltiples pistas que incluye sonido por forma de onda e imágenes en movimiento. Las imágenes en movimiento se graban como una serie de imágenes inmóviles. En Windows los ficheros de vídeo típicamente tienen extensión *.avi*. Otros ficheros de vídeo muy utilizados también son los *.mov* de *Quicktime* de *Apple*.

MULTIMEDIA MCI

El control MCI proporciona una forma fácil de grabar y reproducir ficheros multimedia de los dispositivos anteriormente expuestos. Está formado por un conjunto de botones que permiten enviar órdenes MCI a dispositivos tales como tarjetas de sonido, secuenciadores MIDI, unidades de CD-ROM, reproductores CD de audio, reproductores de videodiscos y grabadoras y reproductoras de cintas de vídeo. Para incluir un control de este tipo en un formulario, primero debe ejecutar la orden *Componentes* del menú *Proyecto* y añadir el control *Microsoft Multimedia Control*. La figura siguiente muestra el aspecto de este control.

Cada uno de los botones, según el orden en el que aparecen, se denominan: *Prev* (anterior), *Next* (siguiente), *Play* (reproducir), *Pause* (pausa), *Back* (atrás), *Step* (adelante), *Stop* (detener), *Record* (grabar) y *Eject* (expulsar), y tienen asociada una acción predeterminada que se ejecuta cada vez que se hace clic en el botón correspondiente.

Un clic en alguno de los botones hace que se envíe, a la ventana que contiene el control, el mensaje correspondiente. Por ejemplo, un clic en el botón *Play* de un supuesto control *MMControl1*, hace que éste envíe a su ventana padre el mensaje **PlayClick**. Si la respuesta a este mensaje es el procedimiento *MMControl1_Play-*

Click, primero se ejecutará este procedimiento (si se ha implementado) y después la acción predeterminada asociada con el botón.

```
Private Sub MMControl1_PlayClick(Cancel As Integer)

End Sub
```

El control MCI se compone de un juego de órdenes de dispositivo que permiten controlar los periféricos audiovisuales. El valor de su propiedad **Command** especifica la orden a ejecutar.

Para una acción determinada, la primera orden que se transmite es **Open**. Esta orden abre el dispositivo MCI especificado. Para ello, utiliza las propiedades: **Notify** (False), **Wait** (True), **Shareable**, **DeviceType** y **FileName**. Una vez abierto el dispositivo, puede utilizar la propiedad **Command** para transmitir otra orden o hacer clic en el botón asociado, si éste está presente. Por ejemplo, suponiendo que ha colocado un control MCI denominado *MMControl1* en una ventana, la ejecución de las líneas de código que se muestran a continuación hará que se visualice dicho control, que permitirá reproducir el fichero *tada.wav*:

```
MMControl1.Notify = False
MMControl1.Wait = True
MMControl1.Shareable = False
MMControl1.DeviceType = "WaveAudio"
MMControl1.FileName = "tada.wav"
MMControl1.Command = "Open"
MMControl1.Command = "Play"
```

Si la propiedad **Notify** vale **False** (valor predeterminado) la orden siguiente que se ejecute no generará el evento **Done**.

Si la propiedad **Wait** vale **True** el control MCI espera a que concluya la orden MCI siguiente; después devuelve el control a la aplicación.

Si la propiedad **Shareable** vale **False** ningún otro control o aplicación tiene acceso a este dispositivo.

La propiedad **DeviceType** especifica el tipo de dispositivo abierto: *AVIVideo*, *CDAudio*, *DAT*, *DigitalVideo*, *MMMovie*, *Other*, *Overlay*, *Scanner*, *Sequencer*, *VCR*, *VideoDisc* o *WaveAudio*. Esta propiedad no es necesario establecerla cuando la extensión del nombre del fichero especifique el tipo de dispositivo que se debe utilizar (propiedad **FileName**).

La propiedad **FileName** especifica el fichero que hay que abrir cuando se ejecute **Open**, o bien guardar cuando se ejecute **Save**.

Una vez abierto el dispositivo, pueden transmitirse cualquiera de las órdenes siguientes:

Play Activa la reproducción de un dispositivo. Utiliza las propiedades **Notify** (False), **Wait** (True), **From** y **To**.

Pause Interrumpe una reproducción o grabación. Utiliza las propiedades: **Notify** (False) y **Wait** (True).

Si se ejecuta esta orden cuando el dispositivo está activado, se restablecerá la reproducción o grabación.

Stop Detiene la reproducción o grabación. Utiliza las propiedades: **Notify** (False) y **Wait** (True).

Back Retrocede. Utiliza las propiedades **Notify** (False) y **Wait** (True).

Step Avanza. Utiliza las propiedades **Notify** (False), **Wait** (True) y **Frames**.

Prev Retrocede al principio de la pista actual. Cuando se ejecuta de nuevo sin haber transcurrido tres segundos desde la ejecución anterior, **Prev** retrocede al principio de la pista anterior o el principio de la primera pista si se encuentra en ésta. Utiliza las propiedades **Notify** (False), **Wait** (True).

Next Avanza al principio de la pista siguiente. Si se encuentra en la última pista se sitúa en el principio de ésta. Utiliza las propiedades **Notify** (False) y **Wait** (True).

Seek Si no se encuentra reproduciendo, busca una posición. Si se encuentra reproduciendo, prosigue con la reproducción desde una posición indicada. Utiliza las propiedades **Notify** (False), **Wait** (True) y **To**.

Record Graba. Utiliza las propiedades **Notify** (True), **Wait** (False), **From**, **To**, **RecordMode** (0 - insertar).

Eject Abre el medio. Utiliza las propiedades **Notify** (False) y **Wait** (True).

Sound Emite sonido. Utiliza las propiedades **Notify** (False), **Wait** (False) y **FileName**.

Save Guarda un fichero abierto. Utiliza las propiedades **Notify** (False), **Wait** (True) y **FileName**.

La orden **Close** es la última orden MCI del dispositivo que se transmite. Devuelve el dispositivo al conjunto de recursos disponibles del sistema y cierra el fichero de datos asociado con dicho dispositivo. Utiliza las propiedades **Notify** (False) y **Wait** (True).

Cuando se disponga a realizar grabaciones de audio mediante el control MCI, debe abrirse un nuevo fichero. Esta acción garantiza que el fichero de datos que va a contener el sonido grabado tendrá un formato compatible con el sistema de grabación. También, antes de cerrar el dispositivo MCI, debe transmitirse la orden MCI **Save** para almacenar en el fichero los datos grabados.

Si desea utilizar los botones del control MCI, deberá establecer las propiedades *botón***Visible** y **Enable** a **True**. Si no desea utilizar los botones del control pero desea utilizar el control MCI por sus funciones multimedia en sí, establezca las propiedades *botón***Visible** y **Enable** a **False**. Una aplicación puede ser capaz de controlar los dispositivos MCI con o sin la interacción del usuario.

La propiedad *botón***Visible** permite hacer o no visible el botón. El valor predeterminado es **True**.

Así mismo, la propiedad **AutoEnable** determina si el control MCI puede habilitar o inhabilitar los botones del control de forma individual. El valor predeterminado es **True**, lo que significa que están habilitados los botones cuyas funciones estén disponibles e inhabilitados los botones cuyas funciones no estén disponibles. Si el valor es **False**, no habilita ni inhabilita los botones; esto es, la aplicación controla los estados de los botones mediante la configuración de las propiedades **Enabled** y *botón***Enabled**.

También es posible controlar múltiples dispositivos en un mismo formulario.

Para administrar los recursos de multimedia de forma apropiada, deben cerrarse los dispositivos MCI que se encuentren abiertos antes de salir de la aplicación o bien cerrar la ventana que contiene dichos dispositivos. Puede utilizarse para ello el procedimiento *Form_Unload*. Por ejemplo:

```
Private Sub Form_Unload(Cancel As Integer)
  MMControl1.Command = "Close"
End Sub
```

Si utilizamos un mismo control para abrir varios medios (*CDAudio*, *WaveAudio*, etc.) hay que cerrar (**Close**) el dispositivo cada vez que cambiemos de medio, y en el caso de *CDAudio* poner la propiedad **FileName** a valor nulo (“”).

Para poder capturar los errores que puedan producirse disponemos de la propiedad **Error** y de la propiedad **ErrorMessage** que devuelven el código de error y el mensaje asociado de la última orden MCI utilizada.

La propiedad **Can***Orden* indica si el dispositivo puede ejecutar la orden especificada; por ejemplo, **CanRecord** determina si el dispositivo puede grabar; esto es, será **True** si el dispositivo puede grabar y **False** en caso contrario. Otras propiedades de este estilo son: **CanEject**, **CanPlay** y **CanStep**. Por ejemplo, la siguiente línea visualiza u oculta el botón *Record*.

```
MMControl1.RecordVisible = MMControl1.CanRecord
```

La propiedad **TimeFormat** especifica el formato de unidades de tiempo utilizado para informar sobre la posición; por ejemplo, si elegimos el formato *mciFormatTmsf* la propiedad **TrackPosition** especifica la posición de la pista actual como un entero 1, 2, 3, etc. (en un CD de audio una pista se corresponde con una canción). El formato más simple y práctico es *mciFormatMilliseconds* (milisegundos) disponible para todos los dispositivos multimedia. Otros formatos como *mciFormatSmpte##* son específicos para un tipo de dispositivos; concretamente el formato *mciFormatSmpte##* es el más adecuado para el manejo de vídeo (*##* puede ser de 24, 25 y 30 fotogramas por segundo). La propiedad **Tracks** indica el número total de pistas. La propiedad **Length** indica la longitud del fichero multimedia.

El evento (mensaje) **StatusUpdate** es útil cuando queramos ejecutar un proceso cada cierto tiempo (actúa como un temporizador). El intervalo se especifica en milisegundos por medio de la propiedad **UpdateInterval**. Si el valor de esta propiedad es cero milisegundos, no tiene lugar el evento **StatusUpdate**.

Para más detalles consulte cada una de las propiedades en la ayuda que Visual Basic proporciona para este control.

Cuando se crean y se distribuyen aplicaciones que utilizan el control MCI, debe instalarse el fichero apropiado en el subdirectorio *system* del cliente. El asistente de configuración incluido en Visual Basic proporciona herramientas que ayudan a escribir programas de configuración que instalan las aplicaciones.

CD de audio

Para que una aplicación pueda tomar el control del CD-ROM hay que asignar a la propiedad **DeviceType** del control MCI el valor "CDAudio".

Como ejemplo, construya un nuevo proyecto denominado *cdmci.vbp* y añada a *Form1* un control MCI denominado *MMControl1*, como vimos en la figura anterior. Asigne a *Form1* el título "CD de audio" y a continuación escriba el siguientes procedimiento:

```
Private Sub Form_Load()
  Form1.Show 'visualizar el formulario
  ' Establecer las propiedades requeridas para abrir MCI
  MMControl1.Notify = False
  MMControl1.Wait = True
  MMControl1.Shareable = False
  ' Cerrar el dispositivo por si estuviera abierto
  MMControl1.Command = "Close"
  ' Abrir el dispositivo MCI de audio
  MMControl1.DeviceType = "CDAudio"
  MMControl1.Command = "Open"
End Sub
```

Ejecute ahora la aplicación, haga clic en el botón *Play* y escuche la reproducción del CD que haya introducido en su reproductor. Observe que los botones *Next* y *Prev* le permiten avanzar o retroceder, respectivamente, una canción. También tiene operativos los botones *Pause* y *Stop*.

Si el usuario sale de la aplicación a través de la orden *Cerrar* del menú de control del formulario, deben realizarse dos operaciones antes de descargar el formulario: parar la reproducción y cerrar el dispositivo MCI. Para ello, escriba el siguiente procedimiento conducido por el evento **Unload**:

```
Private Sub Form_Unload(Cancel As Integer)
  MMControl1.Command = "Stop"
  MMControl1.Command = "Close"
End Sub
```

Si nuestro CD no puede grabar no necesitamos la orden *Record*. Por lo tanto, asigne durante el diseño a la propiedad **RecordVisible** el valor **False** para ocultar el botón, o bien añada al procedimiento *Form_Load* la sentencia,

```
MMControl1.RecordVisible = MMControl1.CanRecord
```

La sentencia anterior oculta el botón *Record* si el dispositivo no está capacitado para grabar.

Proceda de forma análoga para los botones *Back* y *Step*.

A continuación vamos a añadir al formulario un control deslizante (*slider*) denominado *slider1* para poder ver la posición que ocupa en el CD la canción que está sonando. Ponga la propiedad **Enabled** de este control a valor **False** para que el usuario no pueda actuar sobre él. El resultado será similar al siguiente:

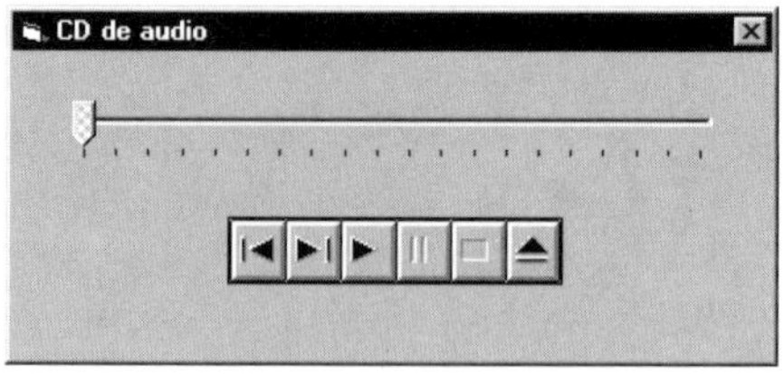

El control deslizante es un control personalizado de 32 bits que sólo se puede ejecutar en Windows 95 y Windows NT 3.51 o en versiones superiores.

Las propiedades de este control que interesan para nuestra aplicación son: **Min** que devuelve o establece el valor mínimo para el control, **Max** que devuelve o establece el valor máximo para el control, y **Value** que devuelve o establece el valor actual del control, valor apuntado por el cursor del control. Para más información sobre éstas y el resto de las propiedades recurra a la ayuda en línea que proporciona Visual Basic sobre el control *slider*.

Asignemos entonces los valores mínimo y máximo para el control deslizante. Antes, elijamos para el control MCI el formato de tiempo *mciFormatTmsf* (formato: pistas, minutos, segundos y tramas) para que las unidades sean pistas (en un CD de audio una pista equivale a una canción). Según lo expuesto, añada al procedimiento *Form_Load* las sentencias siguientes:

```
MMControl1.TimeFormat = mciFormatTmsf
Slider1.Min = 1
Slider1.Max = MMControl1.Tracks
```

Para mantener actualizada la posición del control deslizante necesitamos un procedimiento que se ejecute periódicamente (por ejemplo, cada 5 segundos) para que cuando ocurra un cambio de pista, modifique la propiedad **Value** del control deslizante. Según lo estudiado anteriormente, este procedimiento será conducido por el evento **StatusUpdate** y la frecuencia con la que se dé vendrá fijada por la propiedad **UpdateInterval**. Para ello, añada al procedimiento *Form_Load* las sentencias siguientes:

```
MMControl1.UpdateInterval = 5000
Pista = 1
```

La variable *Pista* sirve para almacenar el número de orden de la pista actual. Declare esta variable de tipo **Long** a nivel del formulario.

A continuación escriba el procedimiento conducido por el evento **StatusUpdate** así:

```
Private Sub MMControl1_StatusUpdate()
  ' Actualizar el indicador del control de deslizamiento
  ' cuando finalice una canción y empiece la siguiente
  If Pista <> MMControl1.TrackPosition Then
    Pista = MMControl1.TrackPosition
    Slider1.Value = Pista
  End If
  ' Situarse al principio cuando finalice la última canción
  If MMControl1.Mode = mciModeStop And Pista = MMControl1.Tracks Then
    MMControl1.From = 1
    Slider1.Value = 1
  End If
End Sub
```

Observe que si la pista no ha cambiado no se ejecuta ninguna acción, y si ha cambiado, actualizamos la variable *Pista* y la propiedad **Value** del control deslizante. También se ha contemplado el caso de volver al principio cuando deje de sonar la última canción.

Según lo expuesto, el procedimiento *Form_Load* quedará así:

```
Private Sub Form_Load()
  Form1.Show ' visualizar el formulario
  ' Establecer las propiedades requeridas para abrir MCI
  MMControl1.Notify = False
  MMControl1.Wait = True
  MMControl1.Shareable = False
  ' Abrir el dispositivo MCI de audio
  MMControl1.DeviceType = "CDAudio"
  ' Por si tuviera un valor de un proceso anterior
  MMControl1.Command = "Open"
  ' Ocultar o hacer visible el botón Record
  MMControl1.RecordVisible = MMControl1.CanRecord
  ' Formato: pistas, minutos, segundos y tramas
  MMControl1.TimeFormat = mciFormatTmsf
  ' Intervalo del control deslizante
  Slider1.Min = 1
  Slider1.Max = MMControl1.Tracks
  ' Intervalo en ms para que se dé el evento StatusUpdate
  MMControl1.UpdateInterval = 5000
  Pista = 1
End Sub
```

Observe que cuando el usuario haga clic en el botón *Next* o en el botón *Prev* del control MCI, también quedará actualizado el control deslizante. Pero para que estas acciones no dependan del tiempo que tarda en ejecutarse *MMControl1_StatusUpdate*, utilizaremos el suceso *Botón***Completed**, que tiene lugar cuando finaliza una orden MCI activada por un botón del control MCI. Por lo tanto, añada las funciones siguientes:

```
Private Sub MMControl1_NextCompleted(Errorcode As Long)
  Pista = MMControl1.TrackPosition
  Slider1.Value = Pista
End Sub

Private Sub MMControl1_PrevCompleted(Errorcode As Long)
  Pista = MMControl1.TrackPosition
  Slider1.Value = Pista
End Sub
```

Podríamos haber utilizado también el evento **Done**, pero es una forma menos eficiente, ya que este evento tiene lugar cada vez que finaliza una orden MCI. En este caso habría que poner la propiedad **Notify** a valor **True**.

Si observa la funcionalidad de los botones *Stop* y *Pause* cuando ejecuta la aplicación, comprobará que es la misma, la de una pausa. Para que al hacer clic en el botón *Stop*, además de detenerse la reproducción, la posición sea de nuevo la inicial, añada el procedimiento siguiente:

```
Private Sub MMControl1_StopCompleted(Errorcode As Long)
  MMControl1.From = 1
  Slider1.Value = 1
End Sub
```

Supongamos ahora que el usuario ejecuta la aplicación y no ha introducido el CD. Esta operación hará que se produzca un error cuando el procedimiento *Form_Load* intente obtener el número de pistas. La solución es la siguiente:

```
Private Sub Form_Load()
  On Error GoTo RutinaError
  Form1.Show ' visualizar el formulario
  ' Establecer las propiedades requeridas para abrir MCI
  MMControl1.Notify = False
  MMControl1.Wait = True
  MMControl1.Shareable = False
  MMControl1.UpdateInterval = 0
  ' Abrir el dispositivo MCI de audio
  MMControl1.DeviceType = "CDAudio"
  ' Por si tuviera un valor de un proceso anterior
  MMControl1.Command = "Open"
  ' Ocultar o hacer visible el botón Record
  MMControl1.RecordVisible = MMControl1.CanRecord
```

```
  ' Formato: pistas (byte de menor peso)
  MMControl1.TimeFormat = mciFormatTmsf
  ' Intervalo del control deslizante
  Slider1.Min = 1
  Slider1.Max = MMControl1.Tracks
  ' Intervalo en ms para que se dé el evento StatusUpdate
  MMControl1.UpdateInterval = 5000
  Pista = 1
  Slider1.Value = Pista
  Exit Sub
RutinaError:
  vr = DoEvents()
  Resume
End Sub
```

Lo que se ha hecho ha sido añadir una rutina de tratamiento del error para que intente ejecutar sucesivamente (**Resume**) la línea que produce el error (para el caso planteado, *MMControl1.Tracks*). De esta forma, cuando el usuario se percate de que tiene el CD fuera y lo introduzca, la aplicación continuará normalmente. Observe también que inicialmente se ha puesto la propiedad **UpdateInterval** a valor 0 para que no se produzca el evento **StatusUpdate** mientras el CD no esté introducido.

Otro caso que nos podemos plantear es que el usuario haga clic en el botón *Eject* cuando el CD se está reproduciendo; esto es, que cambie el CD mientras se ejecuta la aplicación. Dado que esta acción puede producirse en cualquier momento durante la ejecución de la aplicación, utilizaremos el procedimiento conducido por el evento **StatusUpdate** para comprobar periódicamente si el CD-ROM está o no abierto. Cuando el CD-ROM se abre para introducir un nuevo CD el estado es "preparado" (*mciModeReady*). En este caso mantendremos la aplicación a la espera permitiendo que se ejecuten otros eventos. Cuando se introduzca el CD el estado pasará de "preparado" a "detenido". En este instante actualizaremos los valores del control deslizante para que refleje el número de pistas del nuevo CD y apunte a la primera. Observe más adelante la propiedad **Mode**.

```
Private Sub MMControl1_StatusUpdate()
  ' Si el CD-ROM está abierto...
  If MMControl1.Mode = mciModeReady Then
    While MMControl1.Mode = mciModeReady
      vr = DoEvents()
    Wend
    ' Iniciar el control de deslizamiento
    Slider1.Max = MMControl1.Tracks
    Slider1.Value = 1
    Slider1.Refresh
  End If
```

```
    ' Actualizar el indicador del control de deslizamiento
    ' cuando finalice una canción y empiece la siguiente
    If Pista <> MMControl1.TrackPosition Then
      Pista = MMControl1.TrackPosition
      Slider1.Value = Pista
    End If
    ' Situarse al principio cuando finalice la última canción
    If MMControl1.Mode = mciModeStop And Pista = MMControl1.Tracks Then
      MMControl1.From = 1
      Slider1.Value = 1
    End If
  End Sub
```

Audio por forma de onda

Para que una aplicación pueda tomar el control del reproductor de audio por forma de onda hay que asignar a la propiedad **DeviceType** del control MCI el valor "WaveAudio".

Como ejemplo, construya un nuevo proyecto denominado *wavmci.vbp* y añada a *Form1* una caja de texto para visualizar el nombre del fichero *wav*, un botón para visualizar la caja de diálogo estándar *Abrir* y un control MCI. Asigne a *Form1* el título "Reproductor de audio por forma de onda" y añada al formulario un control de diálogo estándar *CommonDialog1* con el fin de obtener el nombre del fichero *.wav* que deseamos reproducir.

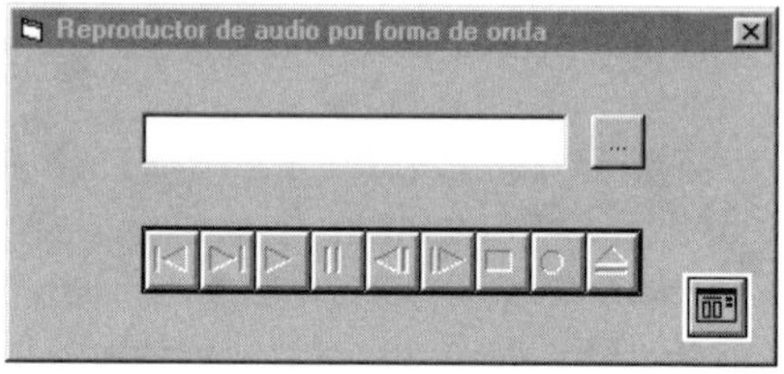

Las propiedades requeridas para abrir el reproductor de audio por forma de onda, son establecidas por el procedimiento *Form_Load.*

```
Private Sub Form_Load()
  ' Establecer las propiedades requeridas para abrir MCI
  MMControl1.Notify = False
  MMControl1.Wait = True
  MMControl1.Shareable = False
  MMControl1.DeviceType = "WaveAudio"
End Sub
```

A continuación, el procedimiento *cmdAbrir_Click* asociado con el botón *cmdAbrir* visualizará la caja de diálogo estándar *Abrir*, asignará el nombre del fichero *wav* elegido a la propiedad **FileName** del control MCI y abrirá dicho control para que pueda reproducir el fichero seleccionado.

```
Private Sub cmdAbrir_Click()
  ' Propiedades de la caja de diálogo Abrir
  CommonDialog1.Filter = "Ficheros (*.wav)|*.wav"
  CommonDialog1.FilterIndex = 1
  ' Visualizar la caja de diálogo Abrir
  CommonDialog1.ShowOpen
  ' Nombre del fichero elegido
  Text1.Text = CommonDialog1.FileTitle
  MMControl1.FileName = Text1.Text
  ' Abrir el dispositivo MCI de audio (wav)
  MMControl1.Command = "Open"
End Sub
```

La orden *Cerrar* del menú de control del formulario descarga el formulario (se produce el evento **Unload**) y finaliza la aplicación. Aprovechamos el procedimiento conducido por el evento **Unload** para cerrar el control MCI.

```
Private Sub Form_Unload(Cancel As Integer)
  MMControl1.Command = "Stop"
  MMControl1.Command = "Close"
End Sub
```

Audio y vídeo entrelazado

Los ficheros AVI (*audio-video interleaved*) se utilizan con aplicaciones que capturan, editan, y reproducen películas de audio y vídeo entrelazado. En general, los ficheros AVI contienen múltiples secuencias de tipos diferentes de datos, aunque lo más común es que utilicen secuencias de vídeo y de audio o solamente de vídeo. Para tomar el control sobre el reproductor de AVI asigne a la propiedad **DeviceType** el valor "AVIVideo".

Como ejemplo, construya un nuevo proyecto denominado *avimci.vbp* y añada a *Form1* una caja de texto para visualizar el nombre del fichero *avi*, un botón para visualizar la caja de diálogo estándar *Abrir* y un control MCI. Oculte los botones *Record* y *Eject* de este control. Asigne a *Form1* el título "Reproductor de AVI", añada al formulario un control de diálogo estándar *CommonDialog1* con el fin de obtener el nombre del fichero *.avi* que deseamos reproducir y una caja de imagen *Picture1* sobre la que se reproducirá dicho fichero.

Las propiedades requeridas para abrir el reproductor de audio-vídeo entrelazado, son establecidas por el procedimiento *Form_Load*.

```
Private Sub Form_Load()
  ' Establecer las propiedades requeridas para abrir MCI
  MMControl1.Notify = False
  MMControl1.Wait = True
  MMControl1.Shareable = False
  MMControl1.DeviceType = "AVIVideo"
  MMControl1.hWndDisplay = Picture1.hWnd
End Sub
```

La propiedad **hWndDisplay** especifica dónde se producirá la salida cuando se utilizan dispositivos que emplean una ventana para mostrar la salida.

Como en nuestra aplicación lo que deseamos es visualizar la película sobre la caja de imagen *Picture1*, hemos asignado el *handle* de esta caja de imagen a la propiedad **hWndDisplay** del control MCI. Si omitimos esta asignación, el fichero AVI se reproducirá sobre una ventana propia del dispositivo.

A continuación, el procedimiento *cmdAbrir_Click* asociado con el botón *cmdAbrir* visualizará la caja de diálogo estándar *Abrir*, asignará el nombre del fichero *avi* elegido a la propiedad **FileName** del control MCI y abrirá dicho control para que pueda reproducir el fichero seleccionado.

```
Private Sub cmdAbrir_Click()
  ' Propiedades de la caja de diálogo Abrir
  CommonDialog1.Filter = "Ficheros (*.avi)|*.avi"
  CommonDialog1.FilterIndex = 1
  ' Visualizar la caja de diálogo Abrir
  CommonDialog1.ShowOpen
  ' Nombre del fichero elegido
  Text1.Text = CommonDialog1.FileTitle
  MMControl1.FileName = Text1.Text
  ' Abrir el dispositivo MCI de audio-vídeo (avi)
  MMControl1.Command = "Open"
End Sub
```

La orden *Cerrar* del menú de control del formulario descarga el formulario (se produce el evento **Unload**) y finaliza la aplicación. Aprovechamos el procedimiento conducido por el evento **Unload** para cerrar el control MCI.

```
Private Sub Form_Unload(Cancel As Integer)
  MMControl1.Command = "Stop"
  MMControl1.Command = "Close"
End Sub
```

Ejemplo de multimedia MCI

El siguiente ejemplo presenta una aplicación multimedia que permite reproducir indistintamente ficheros WAV, MID o AVI.

Cree una nueva aplicación, asigne al formulario el título "Reproductor Multimedia 1.0 para Windows 98", asigne a su propiedad **MaxButton** el valor **False** y ponga sobre él los controles que se indican en la tabla siguiente.

Objeto	**Propiedad**	**Valor**
Botón de pulsación	Caption Name Picture Style	(nada) WAV Wav.ico 1 - Graphical
Botón de pulsación	Caption Name Picture Style	(nada) MID Mid.ico 1 - Graphical
Botón de pulsación	Caption Name Picture Style	(nada) AVI Avi.ico 1 - Graphical
Marco	Caption Name	Opciones Frame1
Casilla de verificación	Caption Name	Repetir Repetir
Casilla de verificación	Caption Name	AVI sin sonido AVISinSonido
Caja de imagen	Name Picture	Picture1 (Ninguno)

Control MCI	Name EjectVisible RecordVisible UpdateInterval	MMControl1 False False 2000
Etiqueta	Caption Name BorderStyle	Parado Estado 1 - Fixed Single
Etiqueta	Caption Name BorderStyle	Ficheros MIDI TipoFichero 1 - Fixed Single
Unidades de disco	Name	Drive1
Lista de directorios	Name	Dir1
Lista de ficheros	Name	File1

Cuando finalice el diseño del formulario, el resultado será similar al de la figura siguiente:

La propiedad **Graphical** de los botones de pulsación se pone a valor **True** para especificar que el botón visualizará un icono, especificado por su propiedad **Picture,** en lugar de un texto.

Cuando el usuario ejecute la aplicación, lo primero que se hace es establecer la propiedades requeridas para abrir el dispositivo MCI. Este proceso se realiza desde el procedimiento *Form_Load.*

```
Private Sub Form_Load()
  ' Establecer las propiedades requeridas para abrir MCI
  MMControl1.Notify = True ' para Done
  MMControl1.Wait = True
  MMControl1.Shareable = False
  MMControl1.hWndDisplay = Picture1.hWnd ' para los AVI
  Picture1.Picture = LoadPicture(App.Path + "\startre.bmp")
```

```
  bReproduciendo = False
  MIDI_Click
End Sub
```

Además, el procedimiento *Form_Load* visualiza un mapa de bits en la caja de imagen como mero adorno, pone la variable *bReproduciendo* de tipo **Boolean** a valor **False** y a continuación invoca al procedimiento *MIDI_Click* que establece el tipo de ficheros MIDI como tipo por defecto a reproducir, indicándolo en el panel *TipoFichero*. Defina la variable *bReproduciendo* a nivel del formulario.

```
Private Sub MIDI_Click()
  MMControl1.Command = "Close"
  File1.Pattern = "*.mid"
  TipoFichero.Caption = "Ficheros MIDI"
End Sub
```

Observe que no es necesario establecer el valor de la propiedad **DeviceType** cuando la extensión del nombre del fichero especifique qué dispositivo se debe utilizar. Así mismo, como vamos a utilizar el mismo control MCI para abrir varios medios (*WaveAudio*, *Sequencer* y *AVIVideo*), hay que cerrar el dispositivo cada vez que cambiemos de medio; de ahí la orden MCI **Close**.

El paso siguiente es seleccionar el fichero que se desea reproducir. Para sincronizar los controles *Drive1*, *Dir1* y *File1* piense en que el usuario primero seleccionará una unidad de disco (control *Drive1*). Un clic sobre este control hace que éste reconozca el evento **Change**. Por lo tanto, para que se visualice simultáneamente la lista de directorios correspondiente a la nueva unidad seleccionada, el procedimiento *Drive1_Change* tiene que asignar la nueva unidad a la propiedad **Path** del control *Dir1*:

```
Private Sub Drive1_Change()
  ' Path = directorio actual en la unidad especificada por Drive
  Dir1.Path = Drive1.Drive
End Sub
```

El control *Dir1* visualiza la nueva lista de directorios y reconoce el evento **Change**, lo que hace que se ejecute el procedimiento *Dir1_Change*. Para que se visualice simultáneamente la lista de ficheros correspondiente al directorio actual con la extensión especificada por la propiedad **Pattern** del control *File1* (*Form_Load* establece esta extensión por defecto) el procedimiento *Dir1_Change* tiene que asignar el nuevo camino a la propiedad **Path** del control *File1*:

```
Private Sub Dir1_Change()
  File1.Path = Dir1.Path
End Sub
```

El control *File1* visualiza la nueva lista de ficheros. Para seleccionar uno, el usuario hará clic sobre él, y para reproducirlo, hará clic en el botón *Play*. Esto quiere decir que el procedimiento *File1_Click* debe obtener la ruta de acceso al fichero elegido y asignar a la propiedad **FileName** del control MCI dicho fichero para así abrirlo cuando se ejecute la orden MCI **Open**.

```
Private Sub File1_Click()
  Dim camino As String
  MMControl1.Command = "Close"
  If Right(Dir1.Path, 1) = "\" Then
    camino = Dir1.Path + File1.FileName
  Else
    camino = Dir1.Path + "\" + File1.FileName
  End If
  MMControl1.FileName = camino
  MMControl1.Command = "Open"
End Sub
```

La misión de los botones WAV y AVI es la misma que la del botón MIDI; esto es, cerrar el dispositivo MCI abierto, elegir el tipo de fichero *.wav* o *.avi*, respectivamente, y especificarlo en la etiqueta *TipoFichero*. Los procedimientos asociados se escriben a continuación.

```
Private Sub WAV_Click()
  MMControl1.Command = "Close"
  File1.Pattern = "*.wav"
  TipoFichero.Caption = "Ficheros WAV"
End Sub

Private Sub AVI_Click()
  MMControl1.Command = "Close"
  File1.Pattern = "*.avi"
  TipoFichero.Caption = "Ficheros AVI"
End Sub
```

En la etiqueta *Estado* informaremos al usuario sobre el estado del dispositivo MCI actual. La aplicación puede obtener la información de estado de las propiedades **Position**, **Length** o **Mode**. Por ejemplo, la propiedad **Mode** es de sólo lectura y especifica el modo actual de un dispositivo MCI abierto. Los valores posibles para esta propiedad y su significado son:

Valor	Constante	Modo del dispositivo
524	*mciModeNotOpen*	No preparado
525	*mciModeStop*	Detenido
526	*mciModePlay*	Reproduciendo
527	*mciModeRecord*	Grabando

528	*mciModeSeek*	Buscando
529	*mciModePause*	Pausa
530	*mciModeReady*	Preparado

El procedimiento adecuado para realizar este proceso tiene que ejecutarse periódicamente para garantizar la actualización de la información que se visualiza. Por eso implementaremos un procedimiento conducido por el evento **StatusUpdate**. Este evento tiene lugar de forma automática en intervalos de tiempo fijados por la propiedad **UpdateInterval**.

```
Private Sub MMControl1_StatusUpdate()
  Select Case (MMControl1.Mode)
    Case mciModeNotOpen: Estado.Caption = "No preparado"
    Case mciModeStop:    Estado.Caption = "Parado"
    Case mciModePlay:    Estado.Caption = "Reproduciendo"
    Case mciModePause:   Estado.Caption = "Pausa"
    Case mciModeReady:   Estado.Caption = "Preparado"
  End Select
End Sub
```

Cuando el usuario haga clic en la opción *Repetir* es porque desea repetir indefinidamente hasta que pulse el botón *Stop* del control MCI, la reproducción del fichero que se va a iniciar o que ya está iniciada. Cuando pulse el botón *Play*, se ejecutará el procedimiento indicado a continuación, que pone la variable *bReproduciendo* a valor **True**:

```
Private Sub MMControl1_PlayClick(Cancel As Integer)
  bReproduciendo = True
End Sub
```

La variable *bReproduciendo* nos permitirá verificar en el procedimiento que se puede observar a continuación, si el estado "parado" (*mciModeStop*) se debe a que la reproducción finalizó porque se terminó el fichero, en cuyo caso *bReproduciendo* valdrá **True**, o a que se pulsó el botón *Stop*, en cuyo caso *bReproduciendo* valdrá **False**.

Entonces, si la reproducción finalizó y *bReproduciendo* vale **True** es que se pulsó el botón *Play* pero no el botón *Stop*. Si además la opción *Repetir* está activa, se vuelve a reproducir el fichero seleccionado. Previamente nos situamos en el punto de partida.

```
Private Sub MMControl1_Done(NotifyCode As Integer)
  If MMControl1.Mode = mciModeStop And bReproduciendo = True Then
    bReproduciendo = False
    MMControl1.From = 0& ' punto de partida
    If Repetir.Value Then
```

```
      MMControl1.Command = "Play"
      bReproduciendo = True
    End If
  End If
End Sub
```

Cuando el usuario hace clic en el botón *Stop* del control MCI, ponemos la variable *bReproduciendo* a valor **False** y nos situamos en el punto de partida.

```
Private Sub MMControl1_StopCompleted(Errorcode As Long)
  bReproduciendo = False
  ' Para que la siguiente orden funcione bien hay que esperar
  ' a que "Stop" se complete, de ahí el evento StopCompleted
  MMControl1.From = 0& ' punto de partida
End Sub
```

Una diferencia entre el procedimiento conducido por el evento **Done** y el conducido por el evento *botón***Completed** es que el primero tiene lugar cuando concluye el proceso que desencadena la orden MCI enviada por software o pulsando un botón del control MCI y el segundo tiene lugar al finalizar una orden MCI que fue activada por un botón.

Con la opción *AVI sin sonido* lo que deseamos es desconectar el sonido durante la reproducción de un AVI (esta opción no funciona con el controlador MCI para ficheros *MIDI* y *WaveAudio*). Para ello lo único que tenemos que hacer es asignar a la propiedad **Silent** del control MCI el valor **True** (sin sonido) cuando el usuario active la opción y cuando la desactive el valor **False** (con sonido).

```
Private Sub AVISinSonido_Click()
  Select Case AVISinSonido.Value
    Case 1: MMControl1.Silent = True   ' sonido desconectado
    Case 0: MMControl1.Silent = False  ' sonido conectado
  End Select
End Sub
```

Por último, utilizaremos el procedimiento conducido por el evento **Unload** para cerrar el control MCI, ya que este evento se produce cuando cerramos la aplicación a través de la orden *Cerrar* del menú de control del formulario.

```
Private Sub Form_Unload(Cancel As Integer)
  MMControl1.Command = "Stop"
  MMControl1.Command = "Close"
End Sub
```

MULTIMEDIA UTILIZANDO LA API DE WINDOWS

Desarrollar aplicaciones multimedia utilizando la API de 32 bits de Microsoft Windows puede ser tan simple como añadir vídeo o sonido a una aplicación, o tan complejo como construir una herramienta de edición para personalizar presentaciones multimedia. Precisamente este apartado trata de ayudarle a incorporar capacidades multimedia en sus aplicaciones o a crear aplicaciones multimedia utilizando las funciones que proporciona la biblioteca *winmm.dll* para aplicaciones de 32 bits.

Servicios de audio

Windows proporciona los servicios de audio según la arquitectura que puede observarse en la figura siguiente:

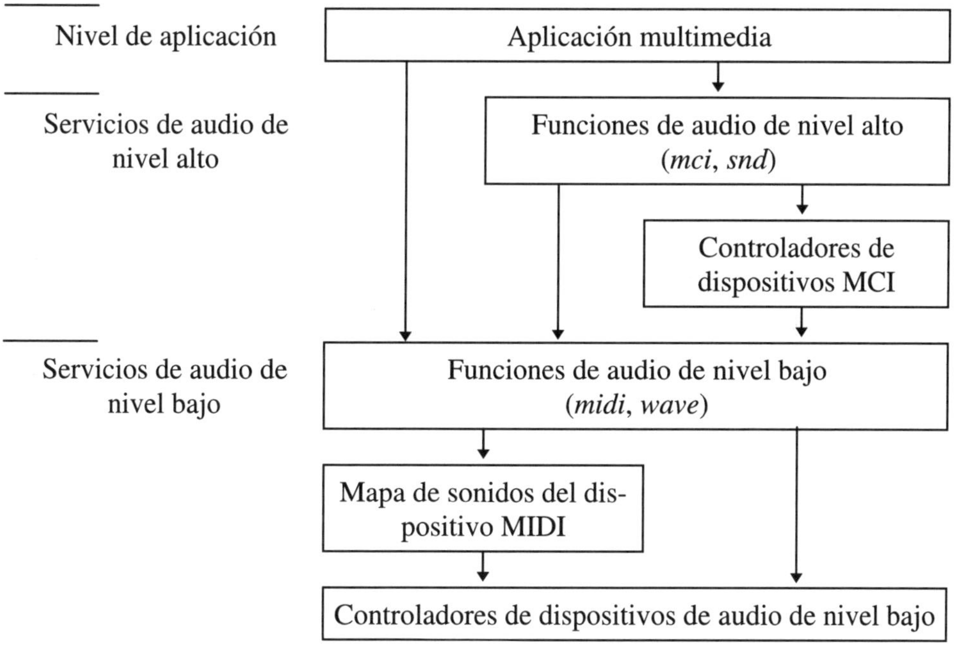

Por ejemplo, podemos reproducir ficheros *wav* en una aplicación con una simple llamada a la función *PlaySound* (no pertenece a la interfaz MCI, sino a las funciones de audio de nivel alto):

```
vr = PlaySound("tada.wav", 0&, SND_SYNC)
```

La línea de código anterior reproduce el fichero de audio por forma de onda *tada.wav*. La función *PlaySound* ha sustituido a la función *sndPlaySound* de versiones anteriores.

El primer parámetro de esta función especifica el nombre del fichero a reproducir. Si este parámetro es *vbNullString*, se detiene cualquier sonido *wav* que se esté reproduciendo. Este parámetro puede corresponderse también con el alias de un evento del sistema o con el identificador de un recurso. Por ejemplo, suponga que ha añadido el fichero de audio *tada.wav* como un recurso de tipo *sonido* identificado por *wav*. Para reproducirlo, tendríamos que escribir:

```
snd = LoadResCustom("wav", "sonido")
vr = PlaySound(snd, 0, SND_ASYNC Or SND_NODEFAULT Or SND_NOSTOP)
```

Para más detalles consulte "Ficheros de recursos" en el capítulo 7.

Cuando el primer parámetro es el identificador de un recurso, el segundo parámetro especifica el *handle* al fichero ejecutable que contiene el recurso. En los demás casos, este parámetro es nulo (0&).

El tercer parámetro es una combinación de constantes unidas por el operador **Or** que especifican cómo se reproducirá el sonido.

Para determinar si el nombre especificado por el primer parámetro es un alias, un nombre de un fichero *wav* o un identificador de un recurso, podemos utilizar las constantes SND_ALIAS, SND_FILENAME, o SND_RESOURCE. Si no especificamos ninguna de estas constantes, **PlaySound** buscará una asociación con el nombre del sonido especificado en el registro de Windows o en el fichero *win.ini*. Si no la encuentra, interpretará que el nombre del sonido se corresponde con un fichero *wav*. Si no se puede reproducir el sonido, la función retorna **False**. Otros parámetros son:

Parámetro	**Significado**
SND_SYNC	Modo síncrono. La función no retorna hasta que la música finalice.
SND_ASYNC	Modo asíncrono. La función retorna una vez iniciada la música (sonido en *background*).
SND_NODEFAULT	Si no se puede ejecutar el fichero especificado, silencio (no tocar el fichero por omisión).
SND_LOOP	La música seguirá sonando repetidamente hasta que la función **PlaySound** sea llamada de nuevo con un valor **NULL** como nombre de fichero.
SND_NOSTOP	Si hay un fichero ejecutándose, no interrumpirlo.

Para ver de una forma práctica lo expuesto, inicie una nueva aplicación denominada *música*. Añada al formulario un botón de nombre *Música* y escriba el código que se indica a continuación.

```
Const SND_SYNC = &H0          'Modo síncrono. La función no retorna
                              'hasta que la música finalice.
Const SND_ASYNC = &H1         'Modo asíncrono. La función retorna una
                              'vez iniciada la música (sonido en
                              'background).
Const SND_NODEFAULT = &H2 'Si no se puede ejecutar el fichero
                              'especificado, silencio (no tocar el
                              'fichero por defecto)
Const SND_LOOP = &H8          'La música seguirá sonando repetidamente
                              'hasta que la función PlaySound sea
                              'llamada de nuevo con un valor nulo como
                              'nombre de fichero.
Const SND_NOSTOP = &H10       'Si hay un fichero ejecutándose, no
                              'interrumpirlo.

' PlaySound es una función de la API de Windows
' que permite ejecutar ficheros .wav.
Private Declare Function PlaySound Lib "winmm.dll" _
  Alias "PlaySoundA" (ByVal lpszName As String, _
  ByVal hModule As Long, ByVal dwFlags As Long) As Long
```

A continuación escriba el procedimiento que responda al evento clic del botón *Música*:

```
Private Sub Música_Click()
  Dim Id As Integer
  ChDir App.Path
  Id = PlaySound("tada.wav", 0&, SND_ASYNC Or SND_NODEFAULT Or SND_NOSTOP)
  If Id = 0 Then
    MsgBox ("No se puede reproducir el fichero")
  End If
End Sub
```

Interfaz de control de medios

La arquitectura de audio de Windows proporciona dos formas de acceso a los servicios de audio: funciones de audio de nivel alto (*mci...*, *snd...*) y funciones de audio de nivel bajo (*midi...*, *wave...*). Cuando utilizamos funciones de audio *mci...* distinguimos dos clases de órdenes: las enviadas por medio de cadenas y las enviadas por medio de mensajes. Para una determinada aplicación puede utilizar una forma u otra, o bien ambas.

Las órdenes enviadas por medio de mensajes utilizan constantes y estructuras del lenguaje de programación C. La función de la API que utilizaremos para enviar un mensaje a un dispositivo MCI es *mciSendCommand*. Por ejemplo:

```
Ret = mciSendCommand(MCI_ALL_DEVICE_ID, MCI_CLOSE, MCI_WAIT, 0&)
```

Las órdenes enviadas por medio de cadenas utilizan texto que comenta el mensaje a enviar. Es Windows quien se encarga posteriormente de convertir el texto en el mensaje correspondiente antes de enviarlo al controlador MCI que lo tiene que procesar. Este tipo de órdenes constituye un duplicado de las órdenes enviadas por medio de mensajes. La función de la API que utilizaremos para enviar una cadena a un dispositivo MCI es *mciSendString*. Por ejemplo:

```
Ret = mciSendString("open cdaudio", lpszReturnString,
                    Len(lpszReturnString), 0&)
```

Las órdenes enviadas por medio de mensajes devuelven la información en forma de estructuras, fáciles de interpretar por una aplicación escrita en C. Estas estructuras pueden contener información sobre muchos aspectos diferentes de un dispositivo. En cambio, las órdenes enviadas por medio de cadenas recuperan la información en forma de texto; una cadena cada vez. Posteriormente la aplicación analizará cada cadena para interpretarla. En algunos casos, podrá observar que las órdenes enviadas por medio de mensajes son más fáciles de utilizar que las órdenes enviadas por medio de cadenas, pero las cadenas son más fáciles de recordar e implementar. Algunas aplicaciones MCI utilizan las órdenes enviadas por medio de cadenas cuando el valor retornado no importa o simplemente es "cierto" o "falso", y las órdenes enviadas por medio de mensajes cuando hay que recuperar información del dispositivo. La totalidad de las cadenas y mensajes que se pueden utilizar con cada uno de los dispositivos puede verlos en la ayuda suministrada con Visual Basic.

Dispositivos MCI

Para controlar un dispositivo MCI, hay que:

1. Abrir el dispositivo.
2. Enviarle las órdenes necesarias.
3. Cerrar el dispositivo.

Por ejemplo, la siguiente secuencia de órdenes MCI reproduce la séptima canción (pista) de un CD de audio:

```
Dim Ret As Long
Dim lpszReturnString As String * 128
```

```
Ret = mciSendString("open cdaudio", lpszReturnString, _
        Len(lpszReturnString), 0&)
Ret = mciSendString("set cdaudio time format tmsf", _
        lpszReturnString, Len(lpszReturnString), 0&)
Ret = mciSendString("play cdaudio from 7 to 8", lpszReturnString, _
        Len(lpszReturnString), 0&)
Ret = mciSendString("close cdaudio", lpszReturnString, _
        Len(lpszReturnString), 0&)
```

En el ejemplo anterior podemos ver que:

- Las órdenes básicas **open**, **set**, **play** y **close** utilizadas con el dispositivo CD de audio son las mismas que utilizaríamos con cualquier otro dispositivo MCI como, por ejemplo, "audio por forma de onda".

- La orden **open** para el dispositivo CD de audio indica el tipo de dispositivo. Para un dispositivo de audio por forma de onda indicaría además el nombre del fichero a reproducir. Por ejemplo:

```
Dim Ret As Long
Dim sCadena As String, fWav As String

fWav = "tada.wav"
sCadena = "open " & fWav & " type waveaudio alias FicheroWav"
Ret = mciSendString(Cadena, _
        lpszReturnString, Len(lpszReturnString), 0&)
```

- La orden **set** especifica el formato de tiempo utilizado en cada caso. Por ejemplo, para el dispositivo CD de audio se ha especificado *tmsf* (*tracks/minutes/seconds/frames*), mientras que para el dispositivo de audio por forma de onda especificaríamos *milliseconds* o *samples*, por ejemplo.

```
Ret = mciSendString("set FicheroWav time format milliseconds", _
                   lpszReturnString, Len(lpszReturnString), 0&)
```

- Las variables o constantes especificadas con las cláusulas **from** y **to** estarán de acuerdo con el formato especificado. Por ejemplo, para el dispositivo CD de audio las variables o constantes en nuestro caso especifican un rango de pistas, pero para un dispositivo de audio por forma de onda especificarían un rango en milisegundos, por ejemplo.

```
Ret = mciSendString("play FicheroWav from 0", _
                   lpszReturnString, Len(lpszReturnString), 0&)
```

Órdenes MCI

La siguiente tabla resume algunas de las órdenes MCI que puede utilizar:

Cadena	*Mensaje*	*Descripción*
break	MCI_BREAK	Especifica la tecla que se utilizará para abortar una orden que fue invocada utilizando **wait**.
capability	MCI_GETDEVCAPS	Obtiene las características del dispositivo.
close	MCI_CLOSE	Cierra el dispositivo.
info	MCI_INFO	Obtiene información sobre el dispositivo.
load	MCI_LOAD	Carga datos desde un dispositivo.
open	MCI_OPEN	Inicia el dispositivo.
pause	MCI_PAUSE	Detiene la reproducción.
play	MCI_PLAY	Reproducir.
record	MCI_RECORD	Registrar datos.
resume	MCI_RESUME	Reanuda la reproducción o el registro en el dispositivo sobre el que se ha hecho una pausa.
save	MCI_SAVE	Grabar datos en un fichero en el disco.
seek	MCI_SEEK	Avanzar o retroceder.
set	MCI_SET	Realizar una operación sobre un dispositivo.
status	MCI_STATUS	Obtener información acerca del estado de un dispositivo.
stop	MCI_STOP	Detener la reproducción.
sysinfo	MCI_SYSINFO	Retorna información acerca del dispositivo.

Abrir un dispositivo

Antes de utilizar un dispositivo hay que iniciarlo utilizando la orden **open**, que sirve para cargar el controlador del dispositivo en memoria, si es que no está cargado, y recuperar el identificador del dispositivo para utilizarlo en órdenes posteriores. El identificador del dispositivo puede ser recuperado también utilizando la función *mciGetDeviceID*. Cuando se abre un dispositivo se puede utilizar un **alias** que permite identificar al dispositivo. Por ejemplo:

```
Cadena = "open " & fWav & " type waveaudio alias FicheroWav"
Ret = mciSendString(Cadena, lpszReturnString, _
                    Len(lpszReturnString), 0&)
```

Usando distintos "alias" podemos utilizar múltiples ejemplares de un mismo dispositivo.

Tipos de dispositivos

Un tipo de dispositivo se corresponde con un conjunto de controladores (*drivers*) que comparten una serie de órdenes comunes utilizadas para controlar dispositivos multimedia o ficheros de datos. La siguiente tabla indica algunos de los tipos de dispositivos más utilizados:

Tipo de dispositivo	*Constante*	*Descripción*
animation	MCI_DEVTYPE_ANIMATION	Dispositivo de animación.
avivideo		Audio y vídeo entrelazado.
cdaudio	MCI_DEVTYPE_CD_AUDIO	CD de audio.
digitalvideo	MCI_DEVTYPE_DIGITAL_VIDEO	Vídeo digital en una ventana.
other	MCI_DEVTYPE_OTHER	Dispositivo MCI no definido.
sequencer	MCI_DEVTYPE_SEQUENCER	Secuenciador MIDI.
waveaudio	MCI_DEVTYPE_WAVEFORM_AUDIO	Audio por forma de onda.

Los nombres de *tipo de dispositivo* son utilizados con las órdenes enviadas por medio de cadenas y las constantes con las órdenes enviadas por medio de mensajes.

En el ejemplo anteriormente expuesto podemos observar que cuando se abre un dispositivo se puede utilizar la cláusula **type** para especificar su tipo.

Si la orden **open** especifica solamente el nombre del fichero, MCI utiliza la extensión del fichero para seleccionar el tipo de dispositivo apropiado de la lista registrada en la sección *[mci extensions]* del fichero *system.ini* o en el registro de Windows.

Reproducir un fichero

La orden **play** inicia la reproducción de un fichero sobre un dispositivo. Cuando no se utilizan cláusulas, la orden **play** inicia la reproducción desde la posición actual. Cuando la reproducción finaliza, la posición actual es la final. Para modificar dicha posición podemos utilizar la orden **seek**.

Las cláusulas **from** y **to** permiten especificar la posición inicial y final de la reproducción que se desea realizar. Por ejemplo, la siguiente orden reproduce solamente la canción 4 de un CD de audio.

```
Ret = mciSendString("play cdaudio from 4 to 5", lpszReturnString,
                    Len(lpszReturnString), 0&)
```

Detener un dispositivo

La orden **stop** suspende la operación actual en un dispositivo. Algunos dispositivos admiten también la orden **pause**. Esta orden normalmente suspende la operación actual en el dispositivo, pero dejándolo listo para reanudarla utilizando la orden **resume**.

Cerrar un dispositivo

La orden **close** cierra un dispositivo o fichero permitiendo así que otras aplicaciones puedan abrirlos. Si cierra una aplicación sin cerrar previamente los dispositivos que ésta esté utilizando, cuando otras aplicaciones intenten utilizarlos verán el acceso a los mismos denegado hasta que Windows sea restaurado.

Cuando se cierra un dispositivo externo como un CD de audio, el controlador deja el dispositivo en su modo actual de operación. Por ejemplo, si cierra el CD de audio cuando está sonando, continuará sonando hasta finalizar.

CD de audio

Cuando en la orden **open** se especifica que el tipo de dispositivo, cláusula **type**, es "cdaudio", tomamos el control sobre el reproductor de CD de audio de nuestro ordenador.

Como ejemplo y utilizando como plantilla la aplicación *cdmci.vbp* desarrollada y explicada paso a paso anteriormente en este mismo capítulo, construya una nueva aplicación denominada *cdapi.vbp*. Asigne a *Form1* el título "CD de audio" y añada al mismo los controles que se muestran en la figura siguiente:

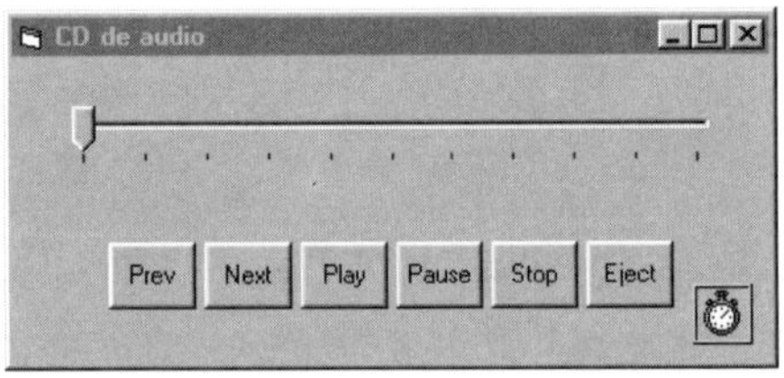

A continuación añada un módulo estándar denominado *cdapi.bas* con la declaración siguiente:

```
Declare Function mciSendString Lib "winmm.dll" Alias _
  "mciSendStringA" (ByVal lpstrCommand As String, _
                    ByVal lpstrReturnString As String, _
                    ByVal uReturnLength As Long, _
                    ByVal hwndCallback As Long) As Long
```

y escriba a nivel del formulario las definiciones siguientes:

```
Private Ret As Long, PistaActual As Long, vr As Integer
Private lpszReturnString As String * 128
Private CadenaMci As String
```

Añada a la aplicación las funciones que se indican a continuación. Éstas serán utilizadas a lo largo del desarrollo de la aplicación y devuelven: *fnPistaActual*, el ordinal de la pista actual; *fnCDPresente*, **True** si el CD está presente; *fnPistas*, el número total de pistas; y *fnModo*, el modo actual (*stopped*, *playing*, etc.).

```
Private Function fnPistaActual() As Long
  ' Recuperar el número de pista que está actualmente
  ' reproduciéndose
  Ret = mciSendString("status cdaudio current track", _
                      lpszReturnString, Len(lpszReturnString), 0)
  fnPistaActual = Val(lpszReturnString)
End Function

Private Function fnCDPresente() As Boolean
  ' ¿Está el CD-ROM presente?
  Ret = mciSendString("status cdaudio media present", _
                      lpszReturnString, Len(lpszReturnString), 0)
  fnCDPresente = lpszReturnString
End Function

Private Function fnPistas() As Integer
  ' Número de pistas
  Ret = mciSendString("status cdaudio number of tracks", _
                      lpszReturnString, Len(lpszReturnString), 0)
  fnPistas = Val(lpszReturnString)
End Function


Private Function fnModo() As String
  ' Número de pistas
  Ret = mciSendString("status cdaudio mode", _
                      lpszReturnString, Len(lpszReturnString), 0)
  fnModo = TrimNull(Trim(lpszReturnString))
  ' hemos quitado los caracteres nulos de terminación
End Function
```

Cuando se inicie la aplicación, el procedimiento *Form_Load* abrirá el dispositivo CD de audio, establecerá el formato de tiempo *tracks/minutes/seconds/frames*, obtendrá el número total de canciones (pistas) del CD, establecerá los límites del control deslizante e iniciará algunas variables y propiedades, según puede observar a continuación.

```
Private Sub Form_Load()
  On Error GoTo RutinaError
  bPrev.Enabled = False
  bNext.Enabled = False
  bPlay.Enabled = False
  bPause.Enabled = False
  bStop.Enabled = False
  Timer1.Enabled = False
  Form1.Show
  ' Abrir el dispositivo MCI de audio
  Ret = mciSendString("open cdaudio", lpszReturnString, _
                      Len(lpszReturnString), 0&)
  ' Formato: pistas (byte de menor peso)
  Ret = mciSendString("set cdaudio time format tmsf", _
                      lpszReturnString, Len(lpszReturnString), 0&)
  ' Intervalo del control deslizante
  Slider1.Min = 1
  Slider1.Max = fnPistas()
  ' Valores iniciales
  PistaActual = 1
  bPrev.Enabled = True
  bNext.Enabled = True
  bPlay.Enabled = True
  bPause.Tag = "NoPausa"
  Timer1.Enabled = True
  Exit Sub

RutinaError:
  vr = DoEvents()
  Resume
End Sub
```

Para que no se produzca un error cuando el procedimiento *Form_Load* intente obtener el número de pistas y el usuario no haya introducido un CD, se ha añadido una rutina de tratamiento del error para que intente ejecutar sucesivamente (**Resume**) la línea que produce el error. De esta forma, cuando el usuario se percate de que tiene el CD fuera y lo introduzca, la aplicación continuará normalmente. Observe también que inicialmente se ha puesto la propiedad **Enabled** de *Timer1* a valor **False** para que no se ejecute el procedimiento conducido por el evento **Timer** mientras el CD no esté introducido.

Cuando el usuario finalice la aplicación tiene que cerrarse el dispositivo MCI. Para realizar esta operación utilizaremos el procedimiento conducido por el evento **Unload**.

```
Private Sub Form_Unload(Cancel As Integer)
  Ret = mciSendString("stop cdaudio", lpszReturnString, _
                      Len(lpszReturnString), 0&)
```

```
  Ret = mciSendString("close cdaudio", lpszReturnString, _
                      Len(lpszReturnString), 0&)
End Sub
```

A continuación se exponen los procedimientos asociados con cada uno de los botones. En el código encontrará los comentarios suficientes para entender el proceso que realiza cada uno de ellos, razón por la que no entraremos en más detalles.

```
Private Sub Prev_Click()
  Dim PistaPrev As Long
  ' Recuperar el número de pista que está actualmente
  ' reproduciéndose
  PistaActual = fnPistaActual()
  PistaPrev = PistaActual - 1

  ' Verificar si la pista actual es la primera. Si lo es saltar al
  ' principio de la misma. En otro caso, saltar a la pista
  ' anterior. En cualquier caso, continuar la reproducción del CD.
  If PistaPrev > 0 Then
    CadenaMci = "play cdaudio from " & PistaPrev
    CadenaMci = CadenaMci & " To " & fnPistas()
    Ret = mciSendString(CadenaMci, lpszReturnString, _
                        Len(lpszReturnString), 0)
  Else
    Ret = mciSendString("play cdaudio from 1", lpszReturnString, _
                        Len(lpszReturnString), 0)
  End If
  Slider1.Value = fnPistaActual()
End Sub

Private Sub Next_Click()
  Dim PistaSig As Long

  ' Recuperar el número de pista que está actualmente
  ' reproduciéndose
  PistaActual = fnPistaActual()
  PistaSig = PistaActual + 1

  ' Verificar si la pista actual es la última. Si lo es saltar al
  ' principio de la misma. En otro caso, saltar a la pista
  ' siguiente. En cualquier caso, continuar la reproducción del CD.
  If PistaSig < fnPistas() Then
    CadenaMci = "play cdaudio from " & PistaSig
    CadenaMci = CadenaMci & " To " & fnPistas()
    Ret = mciSendString(CadenaMci, lpszReturnString, _
                        Len(lpszReturnString), 0)
  Else
    CadenaMci = "play cdaudio from " & PistaSig
```

```
    Ret = mciSendString(CadenaMci, lpszReturnString, _
                        Len(lpszReturnString), 0)
  End If
  Slider1.Value = fnPistaActual()
End Sub

Private Sub Play_Click()
  'Los dispositivos MCICDA, MCISEQ, y MCIPIONR no soportan "resume"
  If bPause.Tag = "Pausa" Then ' continuar
    Ret = mciSendString("play cdaudio", _
            lpszReturnString, Len(lpszReturnString), 0&)
    bPause.Tag = "NoPausa"
  Else ' empezar
    Ret = mciSendString("play cdaudio from 1", _
            lpszReturnString, Len(lpszReturnString), 0&)
    Slider1.Value = 1
  End If
  bPlay.Enabled = False
  bPause.Enabled = True
  bStop.Enabled = True
End Sub

Private Sub Pause_Click()
  If bPause.Tag = "NoPausa" Then
    Ret = mciSendString("pause cdaudio", _
            lpszReturnString, Len(lpszReturnString), 0&)
    bPause.Tag = "Pausa"
  End If
  bPlay.Enabled = True
  bPause.Enabled = False
  bStop.Enabled = False
End Sub

Private Sub Stop_Click()
  Ret = mciSendString("stop cdaudio", lpszReturnString, _
          Len(lpszReturnString), 0&)
  Play.Enabled = True
  Pause.Enabled = False
  Eject.Enabled = True
End Sub

Private Sub Eject_Click()
bPrev.Enabled = False
  bNext.Enabled = False
  bPlay.Enabled = False
  bPause.Enabled = False
  bStop.Enabled = False
  Ret = mciSendString("set cdaudio door open", _
                      lpszReturnString, Len(lpszReturnString), 0)
End Sub
```

Para actualizar automáticamente el cursor del control deslizante para que indique el número de orden de la canción que está sonando, el procedimiento adecuado será aquel que se ejecute periódicamente cada cierto tiempo (en nuestro ejemplo cada cinco segundos); esto es, un procedimiento conducido por el evento **Timer**. También contemplaremos el caso de que el usuario cambie el CD mientras se ejecuta la aplicación. Dado que esta acción puede producirse en cualquier momento durante la ejecución de la aplicación, utilizaremos este mismo procedimiento con el fin de comprobar periódicamente si el CD está o no presente. Si el CD no está presente, mantendremos la aplicación a la espera permitiendo que se ejecuten otros eventos. Cuando se introduzca el CD, actualizaremos los valores del control deslizante para que refleje el número de pistas del nuevo CD y apunte a la primera.

```
Private Sub Timer1_Timer()
  ' Si el CD-ROM está abierto...
  If Not fnCDPresente() Then
    While Not fnCDPresente()
      vr = DoEvents()
    Wend
    ' Iniciar el control de deslizamiento
    Slider1.Max = fnPistas()
    Slider1.Value = 1
    Slider1.Refresh
    bPrev.Enabled = True
    bNext.Enabled = True
    bPlay.Enabled = True
  End If

  ' Actualizar el indicador del control de deslizamiento
  ' cuando finalice una canción y empiece la siguiente
  If PistaActual <> fnPistaActual() Then
    PistaActual = fnPistaActual()
    Slider1.Value = PistaActual
  End If
  ' Situarse al principio cuando finalice la última canción
  If fnModo() = "stopped" And PistaActual = fnPistas() Then
    Ret = mciSendString("seek cdaudio to start", "", 0&, 0&)
    Slider1.Value = 1
  End If
End Sub
```

Ejecute ahora la aplicación, haga clic en el botón *Play* y escuche la reproducción del CD que haya introducido en su reproductor. Observe que los botones *Next* y *Prev* le permiten avanzar o retroceder, respectivamente, una canción. También tiene operativos los botones *Pause*, *Stop* y *Eject*.

Audio por forma de onda

Cuando en la orden **open** se especifica que el tipo de dispositivo, cláusula **type**, es "waveaudio" tomamos el control sobre el reproductor de audio por forma de onda.

Como ejemplo y utilizando como plantilla la aplicación *wavmci.vbp* desarrollada y explicada paso a paso anteriormente en este mismo capítulo, construya una nueva aplicación denominada *wavapi.vbp*. Asigne a *Form1* el título "Reproductor de audio por forma de onda" y añada al mismo los controles que se muestran en la figura siguiente:

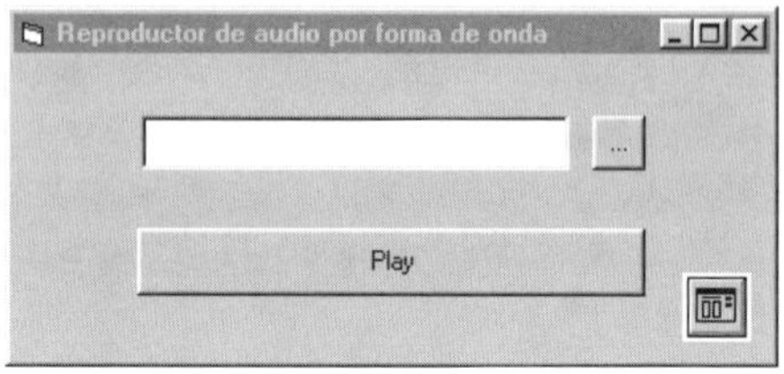

En primer lugar añada un módulo estándar denominado *wavapi.bas* con la declaración siguiente:

```
Declare Function mciSendString Lib "winmm.dll" Alias _
  "mciSendStringA" (ByVal lpstrCommand As String, _
                    ByVal lpstrReturnString As String, _
                    ByVal uReturnLength As Long, _
                    ByVal hwndCallback As Long) As Long
```

y escriba a nivel del formulario las definiciones siguientes:

```
Private Ret As Long
Private lpszReturnString As String * 256
```

Para reproducir un fichero *.wav*, el usuario primeramente lo seleccionará haciendo clic en el botón [...]. Esto hace que se ejecute el procedimiento *cmdAbrir_Click*, el cual visualiza la caja de diálogo estándar *Abrir* que permite al usuario elegir un fichero *.wav*, cierra el dispositivo MCI por si estuviera abierto, abre el dispositivo MCI para reproducir el fichero elegido y establece el formato de tiempo *milliseconds*.

```
Private Sub cmdAbrir_Click()
  Dim CadenaMci As String
  ' Propiedades de la caja de diálogo Abrir
  CommonDialog1.Filter = "Ejecutables (*.wav)|*.wav"
  CommonDialog1.FilterIndex = 1
```

```
  ' Visualizar la caja de diálogo Abrir
  CommonDialog1.ShowOpen
  ' Nombre de la aplicación elegida
  Text1.Text = CommonDialog1.FileTitle
  ' Cerrar el dispositivo MCI (wav) si está abierto
  Ret = mciSendString("close FicheroWav", lpszReturnString, _
                      Len(lpszReturnString), 0&)
  ' Abrir el dispositivo MCI de audio (wav)
  CadenaMci = "open " & Text1.Text & " type waveaudio alias FicheroWav"
  Ret = mciSendString(CadenaMci, lpszReturnString, _
                      Len(lpszReturnString), 0&)
  Ret = mciSendString("set FicheroWav time format milliseconds", _
                      lpszReturnString, Len(lpszReturnString), 0&)
End Sub
```

A continuación el usuario hará clic en el botón *Play* para reproducir el fichero seleccionado. Por lo tanto el procedimiento asociado con este botón es:

```
Private Sub Play_Click()
  Ret = mciSendString("play FicheroWav From 0", _
                      lpszReturnString, Len(lpszReturnString), 0&)
End Sub
```

Después de reproducir una vez el fichero seleccionado, para reproducirlo otra vez hay que situarse al principio. Esto es lo que hace la cláusula **From** 0.

La orden *Cerrar* del menú de control del formulario descarga el formulario (se produce el evento **Unload**) y finaliza la aplicación. Aprovechamos el procedimiento conducido por el evento **Unload** para cerrar el control MCI.

```
Private Sub Form_Unload(Cancel As Integer)
  Ret = mciSendString("close FicheroWav", lpszReturnString, _
           Len(lpszReturnString), 0&)
End Sub
```

Audio y vídeo entrelazado

Para tomar el control sobre el reproductor de AVI especifique en la orden **open** que el tipo de dispositivo, cláusula **type**, es "avivideo".

Como ejemplo y utilizando como plantilla la aplicación *avimci.vbp* desarrollada y explicada paso a paso anteriormente en este mismo capítulo, construya una nueva aplicación denominada *aviapi.vbp*. Asigne a *Form1* el título "Reproductor de AVI" y añada al mismo una caja de texto para visualizar el nombre del fichero *avi*, un botón para visualizar la caja de diálogo estándar *Abrir*, un control MCI, un control de diálogo estándar *CommonDialog1* con el fin de obtener el nombre del fichero *.avi* que deseamos reproducir y una caja de imagen *Picture1* sobre la que se reproducirá dicho fichero cuando se haga clic en un botón *Play*.

En primer lugar añada un módulo estándar denominado *aviapi.bas* con las declaraciones siguientes:

```
Declare Function mciSendString Lib "winmm.dll" Alias _
      "mciSendStringA" (ByVal lpstrCommand As String, _
                        ByVal lpstrReturnString As String, _
                        ByVal uReturnLength As Long, _
                        ByVal hwndCallback As Long) As Long
Declare Function mciGetErrorString Lib "winmm.dll" Alias _
  "mciGetErrorStringA" (ByVal dwError As Long, _
                        ByVal lpstrBuffer As String, _
                        ByVal uLength As Long) As Long
```

y escriba a nivel del formulario las definiciones siguientes:

```
Dim Ret As Long
Dim lpszReturnString As String * 128
```

Para reproducir un fichero *.avi*, el usuario primeramente lo seleccionará haciendo clic en el botón [...]. Esto hace que se ejecute el procedimiento *cmdAbrir_Click*, el cual visualiza la caja de diálogo estándar *Abrir* que permite al usuario elegir un fichero *.avi*, cierra el dispositivo MCI por si estuviera abierto y abre el dispositivo MCI para reproducir el fichero elegido.

```
Private Sub cmdAbrir_Click()
  Dim CadenaMci As String
  ' Propiedades de la caja de diálogo Abrir
  CommonDialog1.Filter = "Ejecutables (*.avi)|*.avi"
  CommonDialog1.FilterIndex = 1
```

```
  ' Visualizar la caja de diálogo Abrir
  CommonDialog1.ShowOpen
  ' Nombre de la aplicación elegida
  Text1.Text = CommonDialog1.FileTitle
  ' Cerrar el dispositivo MCI de audio-vídeo (avi) si estuviera abierto
  Ret = mciSendString("close FicheroAvi", lpszReturnString, _
                      Len(lpszReturnString), 0&)

  ' Abrir el dispositivo MCI de audio-vídeo (avi)
  CadenaMci = "open " & Text1.Text & " type avivideo alias FicheroAvi"
  ' Reproducir el AVI dentro de un control que tiene su propio handle
  CadenaMci = CadenaMci & " style child parent " & CStr(Picture1.hWnd)
  Ret = mciSendString(CadenaMci, lpszReturnString, _
                      Len(lpszReturnString), 0&)
  If Ret > 0 Then MsgError Ret
  Ret = mciSendString("set FicheroAvi time format frames", _
                      lpszReturnString, Len(lpszReturnString), 0&)
  If Ret > 0 Then MsgError Ret
End Sub
```

Si la función *mciSendString* devuelve un valor distinto de cero es que ha ocurrido un error MCI. Para visualizar el mensaje correspondiente invocamos a la función *MsgError* que recibe como parámetro el número de error. Por lo tanto, ejecute la orden *Agregar procedimiento* del menú *Herramientas* y añada el siguiente procedimiento:

```
Private Sub MsgError(nerror As Long)
  Dim strError As String * 255
  Ret = mciGetErrorString(nerror, strError, 255)
  MsgBox strError
End Sub
```

La función *mciGetErrorString* de la API de Windows obtiene el mensaje de error correspondiente al código *nerror* pasado como argumento.

A continuación, para reproducir el fichero *.avi* elegido el usuario hará clic en el botón *Play*. Por lo tanto escriba el procedimiento asociado con este botón así:

```
Private Sub Play_Click()
  Ret = mciSendString("play FicheroAvi from 0", lpszReturnString, _
        Len(lpszReturnString), 0&)
  If Ret > 0 Then MsgError Ret
End Sub
```

La orden *Cerrar* del menú de control del formulario descarga el formulario (se produce el evento **Unload**) y finaliza la aplicación. Aprovechamos el procedimiento conducido por el evento **Unload** para cerrar el control MCI.

```
Private Sub Form_Unload(Cancel As Integer)
  Ret = mciSendString("close FicheroAvi", lpszReturnString, _
                      Len(lpszReturnString), 0&)
  If Ret > 0 Then MsgError Ret
End Sub
```

PONER SONIDO A UNA APLICACIÓN

Para poner sonido a una aplicación podemos utilizar la función **PlaySound**. Para ello, lo primero que hay que hacer es crear los ficheros *.wav* necesarios utilizando los recursos de la tarjeta de sonido. Por ejemplo, la aplicación *calcula* que realicé en el capítulo 8 de mi otro libro *Visual Basic. Curso de Programación* visualizaba una calculadora. Nuestro objetivo ahora es añadir sonido a esa calculadora de forma que al hacer clic en cualquiera de las teclas de la misma, se reproduzca el sonido correspondiente a la tecla pulsada.

Para realizar este proceso primero hay que construir un fichero *.wav* por cada tecla; esto es, *uno.wav* con el sonido "uno", *dos.wav* con el sonido "dos", etc. El paso siguiente es añadir la función **PlaySound** en los procedimientos que se ejecutan cuando se pulsa cada una de las teclas, para que se ejecute el fichero de sonido correspondiente a la tecla pulsada:

```
Private Sub Dígito_Click(Index As Integer)
  Dim Número As String, Ret As Long
  Select Case Dígito(Index).Caption
    Case "0"
      Ret = PlaySound("cero.wav", 0&, SND_ASYNC Or SND_NODEFAULT)
    Case "1"
      Ret = PlaySound("uno.wav", 0&, SND_ASYNC Or SND_NODEFAULT)
    Case "2"
      Ret = PlaySound("dos.wav", 0&, SND_ASYNC Or SND_NODEFAULT)
    Case "3"
      Ret = PlaySound("tres.wav", 0&, SND_ASYNC Or SND_NODEFAULT)
    Case "4"
      Ret = PlaySound("cuatro.wav", 0&, SND_ASYNC Or SND_NODEFAULT)
    Case "5"
      Ret = PlaySound("cinco.wav", 0&, SND_ASYNC Or SND_NODEFAULT)
    Case "6"
      Ret = PlaySound("seis.wav", 0&, SND_ASYNC Or SND_NODEFAULT)
    Case "7"
      Ret = PlaySound("siete.wav", 0&, SND_ASYNC Or SND_NODEFAULT)
    Case "8"
      Ret = PlaySound("ocho.wav", 0&, SND_ASYNC Or SND_NODEFAULT)
    Case "9"
      Ret = PlaySound("nueve.wav", 0&, SND_ASYNC Or SND_NODEFAULT)
  End Select
```

```
  If Pantalla.Caption = "0." And Dígito(Index).Caption _
      = "0" And PuntoDecimal = NO Then
    Exit Sub
  End If
  If UltimaEntrada <> "DÍGITO" Then
    Pantalla.Caption = ""
    PuntoDecimal = NO
  End If
  Número = Pantalla.Caption
  Pantalla.Caption = Número & Dígito(Index).Caption
  UltimaEntrada = "DÍGITO"
End Sub

Private Sub PuntoD_Click()
  Ret = PlaySound("punto.wav", 0&, SND_ASYNC Or SND_NODEFAULT)
  If UltimaEntrada <> "DÍGITO" Then
    Pantalla.Caption = "0."
  ElseIf PuntoDecimal = NO Then
    Pantalla.Caption = Pantalla.Caption & "."
  End If
  PuntoDecimal = SI
  UltimaEntrada = "DÍGITO"
End Sub

Private Sub Operación_Click(Index As Integer)
  Select Case Operación(Index).Caption
    Case "+"
      Ret = PlaySound("mas.wav", 0&, SND_ASYNC Or SND_NODEFAULT)
    Case "-"
      Ret = PlaySound("menos.wav", 0&, SND_ASYNC Or SND_NODEFAULT)
    Case "X"
      Ret = PlaySound("por.wav", 0&, SND_ASYNC Or SND_NODEFAULT)
    Case "/"
      Ret = PlaySound("dividido.wav", 0&, SND_ASYNC Or SND_NODEFAULT)
    Case "="
      Ret = PlaySound("igual.wav", 0&, SND_ASYNC Or SND_NODEFAULT)
  End Select
  If NumOperandos = 0 And Operación(Index).Caption = "-" Then
    UltimaEntrada = "DÍGITO"
  End If
  If UltimaEntrada = "DÍGITO" Then
    NumOperandos = NumOperandos + 1
  End If
  If NumOperandos = 1 Then
    Operando1 = Val(Pantalla.Caption)
  ElseIf NumOperandos = 2 Then
    Operando2 = Val(Pantalla.Caption)
    Select Case Operador
      Case "+": Operando1 = Operando1 + Operando2
      Case "-": Operando1 = Operando1 - Operando2
```

```
        Case "X": Operando1 = Operando1 * Operando2
        Case "/": Operando1 = Operando1 / Operando2
        Case "=": Operando1 = Operando2
      End Select
      Pantalla.Caption = Str(Operando1)
      NumOperandos = 1
    End If
    UltimaEntrada = "OPERADOR"
    Operador = Operación(Index).Caption
  End Sub

  Private Sub TantoPorCiento_Click()
    Dim Resultado As Double
    Ret = PlaySound("tpc.wav", 0&, SND_SYNC Or SND_NODEFAULT)
    If UltimaEntrada = "DÍGITO" Then
      Resultado = Operando1 * Val(Pantalla.Caption) / 100
      Pantalla.Caption = Str(Resultado)
      Operación_Click (0) 'para "=", Index es 0
      UltimaEntrada = "OPERADOR"
    End If
  End Sub

  Private Sub Iniciar_Click()
    Ret = PlaySound("borrart.wav", 0&, SND_ASYNC Or SND_NODEFAULT)
    Pantalla.Caption = "0."
    Form_Load
  End Sub

  Private Sub BorrarEntrada_Click()
    Ret = PlaySound("borrard.wav", 0&, SND_ASYNC Or SND_NODEFAULT)
    Pantalla.Caption = "0."
    PuntoDecimal = NO
    UltimaEntrada = "CE"
  End Sub
```

Observe que el sonido se ejecuta asíncronamente para que la función *PlaySound* retorne inmediatamente después de comenzar el sonido y no demore la aparición de los números y resultados en la pantalla. Hay una excepción: y es el "tanto por ciento" que se ejecuta síncronamente porque la propia función simula que pulsa la tecla igual y entonces el sonido "igual" anularía al sonido "tanto por ciento".

Añada al procedimiento *Form_Load* la línea:

```
ChDir App.Path
```

Esta línea hace que los ficheros *.wav* referenciados en la aplicación se busquen en el directorio donde se ejecuta la aplicación.

HIPERMEDIA

En un sistema multimedia la cantidad de información que ponemos a disposición del usuario es tan grande y variada (texto, gráficos, imágenes, sonido o vídeo) que es necesario organizar unos caminos que permitan localizarla de una forma fácil. Esta organización, denominada *hipermedia*, es similar a la tan recurrida ayuda proporcionada por cualquier aplicación Windows que se precie, basada en enlaces *hipertexto* tan conocidos por todos, con la diferencia de que en un sistema multimedia los enlaces que establezcamos tienen que ser capaces de enlazar cualquier tipo de información. Un enlace entre dos puntos de un sistema *hipermedia* recibe el nombre *hiperenlace*, y uno de estos puntos es lo que conocemos como *zona activa* (*hotspot*). Las zonas activas pueden ser rectangulares o poligonales.

Una zona activa rectangular puede ser implementada mediante una etiqueta, utilizando su propiedad **BackStyle** para hacerla transparente y que no tape la información que haya debajo de ella; o también, utilizando un control imagen. En cualquier caso, escribiremos el código que deseemos que se ejecute utilizando los eventos **Click** o **DblClick**, por ejemplo. El inconveniente que se presenta con esta forma de implementar zonas activas es que cuando haya una gran cantidad de ellas necesitaremos colocar una gran cantidad de controles, lo que implica recurrir a matrices de controles, a la creación dinámica de los mismos y a escribir una base de datos que almacene la localización de cada control, con el inconveniente de que al cambiar a una nueva pantalla hay que destruir las zonas activas creadas y crear otras nuevas para la nueva pantalla, lo que supone tiempo de ejecución.

La forma de trabajo anterior se simplifica si utilizamos regiones. Una *región* es un área formada por la combinación de rectángulos, elipses y polígonos. El tipo más simple de región es un área formada por un rectángulo (para obtener más detalles, puede ver "Regiones" en mi libro *Visual C++. Aplicaciones para Windows*).

La función de la API que construye una región rectangular es

```
Declare Function CreateRectRgn Lib "gdi32" ( _
  ByVal X1 As Long, ByVal Y1 As Long, _
  ByVal X2 As Long, ByVal Y2 As Long) As Long
```

Los argumentos *X1* e *Y1* se corresponden con la esquina superior izquierda del rectángulo, y *X2* e *Y2* con la esquina inferior derecha.

Para saber si un determinado punto (por ejemplo, el especificado por las coordenadas correspondientes a la posición del cursor del ratón) está dentro de la región, utilizaremos la función de la API:

```
Declare Function PtInRegion Lib "gdi32" ( _
  ByVal hRgn As Long, ByVal x As Long, _
  ByVal Y As Long) As Long
```

Cuando no vayamos a utilizar más una región la destruiremos utilizando la función de la API:

```
Declare Function DeleteObject Lib "gdi32" ( _
  ByVal hObject As Long) As Long
```

Como ejemplo, vamos a realizar una aplicación que nos permita editar zonas activas rectangulares sobre una imagen de tipo *enhanced metafile* (*emf*; metarchivo enriquecido). Para ello, definiremos una estructura de registro que almacene el nombre de la imagen, las coordenadas de las esquinas superior izquierda e inferior derecha de la zona activa, el controlador de la misma y un comentario relativo a lo que representa dicha zona activa. Una vez editadas las zonas activas las guardaremos en un fichero en el disco para posteriores trabajos. Evidentemente el controlador de la zona no sería necesario guardarlo puesto que no es fijo cada vez que se cree la misma zona, pero resulta más cómodo que tener que declarar otra estructura sin él.

```
Type RegZonaActiva
  Imag As String * 24
  X1 As Integer
  Y1 As Integer
  X2 As Integer
  Y2 As Integer
  hRgn As Integer
  Texto As String * 64
End Type
```

Cree una nueva aplicación, asigne al formulario el título "Hipermedia", a su propiedad **MaxButton** el valor **False** y ponga sobre él los controles que se indican en la tabla siguiente. Después guarde la aplicación y el formulario con el nombre *hipermed*.

Objeto	Propiedad	Valor
Caja de imagen	Name Picture	Imagen (Ninguno)
Caja de texto	Name Multiline	Text1 True
Lista de ficheros	Name	File1
Menú Fichero	Caption Name	Fichero mnuFichero

Orden 1	Caption Name	&Guardar zona activa FicheroGuardar
Separador	Caption Name	- Separador1
Orden 2	Caption Name	&Salir FicheroSalir
Menú Zona activa	Caption Name	&Zona activa mnuZonaActiva
Orden 1	Caption Name	Definir ZonaActivaDefinir
Orden 2	Caption Name	Probar ZonaActivaProbar

Cuando ejecute la aplicación, una vez finalizada, el aspecto puede ser similar al siguiente:

Observe que la caja de imagen presenta la imagen almacenada en el fichero seleccionado de la lista de ficheros y que la caja de texto visualiza el comentario correspondiente a la zona activa sobre la que se haya hecho clic.

Añada a la aplicación un módulo estándar, *hipermed.bas*, con las siguientes declaraciones:

```
Declare Function CreateRectRgn Lib "gdi32" ( _
  ByVal X1 As Long, ByVal Y1 As Long, _
  ByVal X2 As Long, ByVal Y2 As Long) As Long
Declare Function PtInRegion Lib "gdi32" ( _
  ByVal hRgn As Long, ByVal x As Long, _
  ByVal Y As Long) As Long
Declare Function DeleteObject Lib "gdi32" ( _
  ByVal hObject As Long) As Long

Type RegZonaActiva
  Imag As String * 24
```

```
    X1 As Integer
    Y1 As Integer
    X2 As Integer
    Y2 As Integer
    hRgn As Integer
    Texto As String * 64
End Type

Public Const nregs = 128
```

Defina también a nivel del formulario las variables:

```
Private ZonaActiva(1 To nregs) As RegZonaActiva, i As Integer
Private Dibujando As Boolean
Private cx As Single, cy As Single
Private DMInicial As Integer
```

Cuando el usuario ejecute la aplicación, lo primero que se hace es establecer qué tipo de imágenes vamos a visualizar en la caja de imagen, en qué directorio se encuentran, y los colores del fondo y del primer plano de la caja de imagen, así como inhabilitar las órdenes del menú *Zona activa* hasta que haya una imagen cargada. Este proceso se realiza desde el procedimiento *Form_Load*.

```
Private Sub Form_Load()
  File1.Path = App.Path       'directorio donde están las imágenes
  File1.Pattern = "*.wmf" 'tipo de imágenes
  Dibujando = False
  Imagen.BackColor = RGB(255, 255, 255) 'fondo blanco
  Imagen.ForeColor = RGB(0, 0, 0)       'primer plano en negro
  'Desactivar las órdenes del menú Zona activa
  ZonaActivaDefinir.Enabled = False
  ZonaActivaProbar.Enabled = False
End Sub
```

A continuación, cargaremos una imagen y permitiremos al usuario definir zonas activas sobre ella, probar las zonas activas establecidas y guardar las zonas activas en un fichero para la siguiente vez que se ejecute la aplicación. Con todo ello, la idea que se persigue es que usted vea cómo se trabaja con regiones, no una aplicación profesional con todas las opciones que uno pueda imaginar. Este trabajo queda como ejercicio personal.

Cargar una imagen

Cuando ejecute la aplicación observará en la lista de ficheros las imágenes que puede cargar. Para cargar una y visualizarla en la caja de imagen, haga doble clic sobre ella. Por lo tanto, el procedimiento que tiene que escribir es:

```
Private Sub File1_DblClick()
  'Cargar imagen
  Imagen.Picture = LoadPicture(App.Path & "\" & File1.FileName)
  'Modo de prueba
  ZonaActivaDefinir.Enabled = True
  ZonaActivaProbar.Enabled = True
  ZonaActivaDefinir.Checked = False
  ZonaActivaProbar.Checked = True
End Sub
```

Observe también que la aplicación se inicia en modo de prueba.

Establecer y probar zonas activas

La primera vez que cargue una imagen, lógicamente lo que querrá hacer es establecer zonas activas y probarlas. En nuestro caso, por facilidad, utilizaremos zonas activas rectangulares.

Para establecer una zona activa, primeramente haremos clic en la orden *Definir* del menú *Zona activa*, y después, haremos clic sobre la imagen y arrastraremos el ratón con la intención de pintar un rectángulo que delimite la zona activa. Al soltar el botón del ratón almacenaremos en una matriz los datos de la zona activa. Vuelva hacia atrás y observe que la matriz se denomina *ZonaActiva*, que tiene *nregs* elementos y que cada elemento es del tipo *RegZonaActiva*, estructura que hemos definido al principio de este ejemplo.

```
Private Sub ZonaActivaDefinir_Click()
  ZonaActivaDefinir.Checked = True
  ZonaActivaProbar.Checked = False
End Sub
```

Según lo expuesto, los eventos que se producirán sobre la caja de imagen son **MouseDown**, **MouseMove** y **MouseUp** (observe también el capítulo sobre *Gráficos* para aclaraciones sobre las operaciones gráficas en las que tenga dudas).

Utilizaremos el evento **MouseDown** para establecer los valores iniciales de la zona activa que queremos definir o para identificar una zona activa establecida y visualizar el comentario correspondiente en la caja de texto.

```
Private Sub Imagen_MouseDown(Button As Integer, Shift As Integer, _
                             x As Single, y As Single)
  Dim z As Integer
  'Establecer una zona activa
  If ZonaActivaDefinir.Checked Then 'si clic en la orden Definir
    If Button = 1 Then ' si pulsó el botón izquierdo del ratón
      'Valores iniciales
```

```
      cx = x: cy = y
      Imagen.CurrentX = x: Imagen.CurrentY = y
      Dibujando = True
      DMInicial = Imagen.DrawMode
      Imagen.DrawMode = 10 'Not Xor
    End If
  Else
    'Identificar una zona activa existente
    For z = 1 To i
      If PtInRegion(ZonaActiva(z).hRgn, x, y) Then
        Text1.Text = Trim(ZonaActiva(z).Texto)
        Exit Sub
      Else
        Text1.Text = ""
      End If
    Next z
  End If
End Sub
```

La variable *Dibujando* de tipo **Boolean** informa a los procedimientos conducidos por los eventos **MouseMove** y **MouseUp**, de si estamos definiendo una nueva zona activa, en cuyo caso tienen que ejecutarse.

Así mismo, utilizaremos el evento **MouseMove** para pintar, mientras movemos el ratón, el rectángulo que delimita la zona activa.

```
Private Sub Imagen_MouseMove(Button As Integer, Shift As Integer, _
                             x As Single, y As Single)
  If Dibujando Then
    'Borrar el rectángulo anterior
    Imagen.Line (cx, cy)-(Imagen.CurrentX, Imagen.CurrentY), , B
    'Dibujar el nuevo rectángulo
    Imagen.Line (cx, cy)-(x, y), , B
  End If
End Sub
```

Finalmente, utilizaremos el evento **MouseUp** para almacenar en el siguiente elemento vacío de la matriz *ZonaActiva*, los datos que definen la zona activa. Observe que es indiferente pintar el rectángulo de arriba a abajo o de abajo a arriba y que el usuario será preguntado por el comentario que desea asociar a la zona activa establecida, comentario que, posteriormente, cuando se haga clic sobre la zona activa, será visualizado en la caja de texto *Text1*.

Otro detalle a tener en cuenta es que cada vez que se define una zona activa, se pasa automáticamente a modo de prueba. Esto obliga al usuario a hacer clic en la orden *Definir* del menú *Zona activa* cada vez que desee establecer una nueva zona, pero evita errores de clics no deseados durante la fase de definición de zonas.

```
Private Sub Imagen_MouseUp(Button As Integer, Shift As Integer, _
                            x As Single, y As Single)
  Dim temp As Integer
  If Dibujando Then
    'Si el rectángulo se dibujó en sentido invertido
    If x < cx Then
      temp = x: x = cx: cx = temp
    End If
    If y < cy Then
      temp = y: y = cy: cy = temp
    End If
    Imagen.DrawMode = DMInicial
    i = i + 1
    If i > nregs Then
      MsgBox "No se pueden definir más de 128 zonas activas"
      Exit Sub
    End If
    ZonaActiva(i).Imag = File1.FileName
    ZonaActiva(i).X1 = cx: ZonaActiva(i).Y1 = cy
    ZonaActiva(i).X2 = x: ZonaActiva(i).Y2 = y
    ZonaActiva(i).hRgn = CreateRectRgn(cx, cy, x, y)
    ZonaActiva(i).Texto = InputBox("Comentario para esta zona activa")
    Dibujando = False
    ZonaActivaDefinir.Checked = False
    ZonaActivaProbar.Checked = True
  End If
End Sub
```

Para probar las zonas establecidas tiene que estar señalada la orden *Probar* del menú *Zona activa*. Dándose esta circunstancia, un clic sobre una zona activa hará que se visualice sobre la caja de texto el comentario asociado con dicha zona. Este proceso es ejecutado por el procedimiento asociado con la caja de imagen, conducido por el evento **MouseDown**, el cual fue expuesto anteriormente en este mismo apartado. El procedimiento asociado con la orden *Probar* es:

```
Private Sub ZonaActivaProbar_Click()
  ZonaActivaDefinir.Checked = False
  ZonaActivaProbar.Checked = True
End Sub
```

Guardar y recuperar las zonas activas

Después de definir las zonas activas sobre una o más imágenes, podemos proceder de dos formas para guardarlas en un fichero en disco: ejecutar la orden *Guardar zonas activas* del menú *Fichero* o cerrar la aplicación, en cuyo caso el proceso de guardar será automático.

Para conseguir lo expuesto, cuando el usuario ejecute la orden *Salir* del menú *Fichero* tiene que ejecutarse un procedimiento como el siguiente:

```
Private Sub FichreroSalir_Click()
  Unload Form1
End Sub
```

Este procedimiento descargará el formulario, lo que provoca que se produzca el evento **Unload**, lo que permite ejecutar este otro procedimiento:

```
Private Sub Form_Unload(Cancel As Integer)
  'Eliminar las regiones activas
  EliminarRegiones
  'Guardar las zonas activas de todas las imágenes
  AbrirCerrarFichero (0)
End Sub
```

El procedimiento *Form_Unload*, que se ejecuta también si el usuario cierra la aplicación desde la orden *Cerrar* del menú de sistema o desde el botón asociado en la barra de título, elimina las regiones establecidas en la imagen que se visualiza y guarda en un fichero en disco los datos almacenados en la matriz correspondiente a las zonas activas de todas las imágenes tratadas en el directorio actual. Para ello, invoca al procedimiento *AbrirCerrarFichero*.

```
Private Sub AbrirCerrarFichero(modo As Integer)
  Dim NumFichero As Integer, x As Integer, L As Long
  'Obtener un número libre de fichero
  NumFichero = FreeFile
  'Longitud del registro
  L = Len(ZonaActiva(0))
  Open App.Path & "\" & "hipermed.dat" For Random As NumFichero Len = L
  For x = 1 To i
    Put #NumFichero, , ZonaActiva(x)
  Next x
  Close #NumFichero
End Sub
```

Este mismo procedimiento es invocado, como podemos observar a continuación, cuando se ejecuta la orden *Guardar zonas activas* del menú *Fichero*.

```
Private Sub FicheroGuardar_Click()
  'Guardar las zonas activas de todas las imágenes
  AbrirCerrarFichero (0)
End Sub
```

Para recuperar los datos del fichero cuando se arranque la aplicación, modifique el procedimiento *AbrirCerrarFichero* como se muestra a continuación:

```
Private Sub AbrirCerrarFichero(modo As Integer)
  Dim NumFichero As Integer, x As Integer, L As Long
  'Obtener un número libre de fichero
  NumFichero = FreeFile
  'Longitud del registro
  L = Len(ZonaActiva(0))
  On Error Resume Next
  If modo = 1 Then ' abrir para leer
    Open App.Path & "\" & "hipermed.dat" For Random As NumFichero Len = L
    If Err.Number = 53 Then Exit Sub
    For x = 1 To LOF(NumFichero) \ L
      Get #NumFichero, , ZonaActiva(x)
    Next x
    i = x - 1
  ElseIf modo = 0 Then ' abrir para escribir
    Open App.Path & "\" & "hipermed.dat" For Random As NumFichero Len = L
    For x = 1 To i
      Put #NumFichero, , ZonaActiva(x)
    Next x
  End If
  Close #NumFichero
End Sub
```

Observe que el parámetro *modo* permite distinguir si el procedimiento se ha invocado para guardar datos en el fichero o para recuperarlos del mismo.

Una vez recuperados los datos del fichero y almacenados en una matriz en memoria, tenemos que preocuparnos de restablecer las zonas activas, si las hubiere, de la imagen que se cargue en la caja de imagen. Para ello, modifique el procedimiento *File1_DblClick* así:

```
Private Sub File1_DblClick()
  Dim x As Integer
  'Cargar imagen
  Imagen.Picture = LoadPicture(App.Path & "\" & File1.FileName)
  'Eliminar las regiones activas
  EliminarRegiones
  'Abrir el fichero para leer
  AbrirCerrarFichero (1)
  'Definir sobre la imagen las regiones obtenidas del fichero
  For x = 1 To i
    If Trim(ZonaActiva(x).Imag) = File1.FileName Then
      Imagen.Line (ZonaActiva(x).X1, ZonaActiva(x).Y1)- _
           (ZonaActiva(x).X2, ZonaActiva(x).Y2), RGB(0, 255, 0), B
      ZonaActiva(x).hRgn = CreateRectRgn(ZonaActiva(x).X1, _
                                         ZonaActiva(x).Y1, _
```

```
                                    ZonaActiva(x).X2, _
      .                             ZonaActiva(x).Y2)
    End If
  Next
  'Modo de prueba
  ZonaActivaDefinir.Enabled = True
  ZonaActivaProbar.Enabled = True
  ZonaActivaDefinir.Checked = False
  ZonaActivaProbar.Checked = True
End Sub
```

Observe que este procedimiento primero elimina las zonas activas de la imagen actual, por ejemplo, si cambiamos de imagen, para lo que invoca al procedimiento *EliminarRegiones*, y después pinta y establece las zonas activas correspondientes a la imagen cargada, lo cual es posible porque cada registro almacena el nombre del fichero gráfico al que se refieren los datos almacenados en el mismo.

```
Private Sub EliminarRegiones()
  Dim x As Integer
  'Eliminar las regiones activas
  For x = 1 To i
    If ZonaActiva(x).hRgn Then
      DeleteObject (ZonaActiva(x).hRgn)
      ZonaActiva(x).hRgn = 0
    End If
  Next
End Sub
```

Una observación: no dude a quién están referidas las coordenadas especificadas en la función *CreateRectRgn*. Lógicamente, en nuestro caso a la caja de imagen, porque el procedimiento que analiza si se ha hecho clic en una zona activa, *Imagen_MouseDown*, está ligado a dicha caja. Pero si dicho procedimiento estuviera ligado a otro control, evidentemente la zona activa se supondría en el mismo, que es donde se hace clic y a quien corresponden las coordenadas del ratón.

CONTROL MEDIA PLAYER

El control *Microsoft Media Player* (contenido en *msdxm.ocx*) es un control *ActiveX* utilizado para añadir la capacidad de reproducción de multimedia a documentos, aplicaciones y a páginas *Web*.

El control *Media Player* ha sido diseñado para que sea un reproductor de todos los tipos de datos multimedia, incluyendo tanto formatos para la navegación por Internet, como formatos locales no utilizados generalmente en Internet.

Entre los formatos estándar utilizados en Internet podemos citar:

- ASF (*Advanced Streaming Format*).
- VOD (*Video On Demand*).
- MPEG-1, MPEG-2, y MPEG-3 (*Motion Picture Experts Group*)

Además de los formatos estándar listados anteriormente, *Media Player* también soporta: RA (*Real Audio*) y RV (*Real Video*).

Entre los formatos utilizados localmente podemos citar:

- AVI (*Audio-Video Interleaved*)
- MOV (*Quicktime*)
- MIDI (*Musical Instrument Digital Interface*)
- Indeo 5
- WAV (*Waveform Audio*)
- SND (*Sound File*)
- AU (*UNIX audio*)

Asimismo, *Media Player* soporta y detecta automáticamente la mayoría de los algoritmos de compresión/descompresión (*codecs*) utilizados hoy en día. La descompresión tiene lugar en el lado del cliente.

Utilizar Media Player en una aplicación Visual Basic

El control *Media Player* actualmente no se proporciona con Visual Basic, pero puede obtenerlo del servidor *Web* de Microsoft a través de Internet. Si ya lo tiene instalado en su sistema, para utilizarlo en una aplicación lo primero que debe hacer es incluirlo en la caja de herramientas del entorno Visual Basic. Para ello, ejecute la orden *Componentes* del menú *Herramientas* y seleccione *Windows Media Player* de la lista de controles.

Como ejemplo, construya un nuevo proyecto denominado *MediaPlayer.vbp* y añada a *Form1* una caja de texto para visualizar el nombre del fichero a reproducir, un control de diálogo estándar *CommonDialog1* que permite acceder a los diálogos estándar, un botón para visualizar la caja de diálogo estándar *Abrir* y un control *Media Player*. Después, asigne a *Form1* el título "Media Player".

Para visualizar la caja de diálogo estándar *Abrir* y permitir al usuario que elija el fichero que desea reproducir, escriba el siguiente procedimiento vinculado al botón que ha colocado sobre el formulario:

```
Private Sub cmdAbrir_Click()
```

```
  ' Propiedades de la caja de diálogo Abrir

  CommonDialog1.Filter = "Locales (*.wav;*.mid;*.avi)|*.wav;*.mid;*.avi|" & _
                         "Internet (*.asf;*.vod;*.mpeg)|*.asf;*.vod;*.mpeg|" & _
                         "Todos (*.*)|*.*"
  CommonDialog1.FilterIndex = 1
  ' Visualizar la caja de diálogo Abrir
  CommonDialog1.ShowOpen
  ' Nombre del fichero elegido
  Text1.Text = CommonDialog1.FileTitle
  MediaPlayer1.FileName = Text1.Text
End Sub
```

La iniciación del control la realizaremos en el procedimiento *Form_Load*. En este ejemplo, simplemente cambiaremos el valor de la propiedad **AutoStart** a **False** y el de **AutoRewind** a **True**.

```
Private Sub Form_Load()
  MediaPlayer1.AutoStart = False
  MediaPlayer1.AutoRewind = True
End Sub
```

Una vez finalizado el ejemplo, ejecute la aplicación y pruebe los resultados.

CAPÍTULO 19

COMUNICACIONES

Este capítulo explica cómo utilizar el puerto serie para comunicar con otras máquinas. Antes de empezar el desarrollo de una aplicación que implemente comunicaciones serie, resultar útil hacer una breve descripción del funcionamiento básico de la propia interconexión RS-232.

Las señales disponibles en un conector RS-232 están pensadas únicamente para asegurar la correcta transmisión y recepción de datos desde un equipo denominado DTE (*Data Terminal Equipment* - Equipo terminal de datos) a un DCE (*Data Communication Equipment* - Equipo de comunicación de datos). Un DTE es generalmente un ordenador y un DCE un *modem*. El enlace estándar entre un DTE y un DCE se puede observar en la figura siguiente.

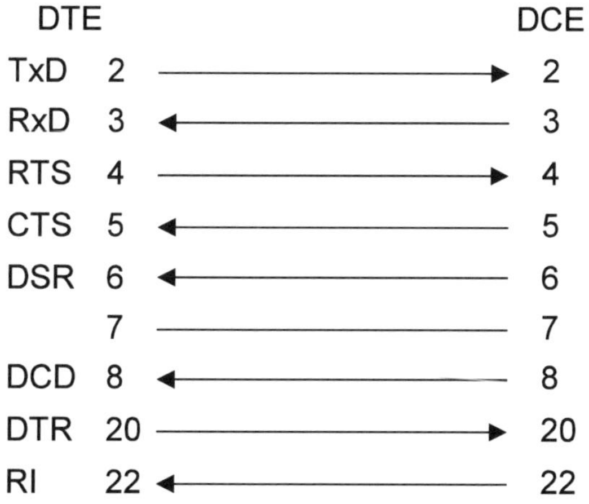

La función de cada una de las señales es la siguiente:

Señal	Nombre	Dirección	Función
TxD	Transmitted Data	hacia DCE	Salida de datos DTE
RxD	Received Data	hacia DTE	Entrada de datos DTE
RTS	Request To Send	hacia DCE	DTE desea cambiar a modo transmisión
CTS	Clear To Send	hacia DTE	DCE listo para transmitir
DSR	Data Set Ready	hacia DTE	DCE listo para comunicar con DTE
	Signal Common		Línea común del circuito (masa)
DCD	Data Carrier Detect	hacia DTE	Detectar si está conectado
DTR	Data Terminal Ready	hacia DCE	Pone a trabajar al *modem*
RI	Ring Indicator	hacia DTE	Anuncia una llamada

TxD se encarga de transportar los datos serie hasta el *modem*. Para ello, han tenido que activarse RTS, CTS, DSR y DTR.

RxD, recepción de datos, no depende de ninguna otra función RS-232.

RTS tiene como misión conmutar un *modem semi-duplex* entre modos de recepción y transmisión. Cuando el DTE quiere transmitir, informa al *modem* de su deseo activando esta patilla. Cuando el *modem* conmuta para transmisión, lo informa al DTE activando la patilla CTS, indicando que ya puede enviar los datos.

El *modem* origen no transmite ni activa su DSR hasta recibir el tono de respuesta del *modem* remoto.

DCD, detección de señal de línea recibida, se activa cuando el *modem* recibe una portadora remota. En *modems semi-duplex*, evidentemente, DCD se activa únicamente en el *modem* receptor.

Una vez que el *modem* esté conectado a la línea, DTR deberá permanecer activa mientras dure la conexión; si se inhibe, se produce la desconexión, interrumpiendo bruscamente el enlace.

Además del enlace estándar, existen otros, como la conexión denominada *modem* nulo (cable de seis hilos), utilizada generalmente para transferir ficheros entre dos ordenadores. Esta conexión, como su nombre indica, no es en absoluto un *modem*, sino una conexión directa entre dos ordenadores (DTE) para comunicarse siguiendo las reglas lógicas del RS-232. Otra solución para la comunicación DTE-DTE más sencilla todavía, es la conexión de dos hilos (TxD y RxD).

De lo expuesto puede deducirse que para que exista una comunicación entre dos equipos tiene que haber un acoplamiento entre ellos. El acoplamiento puede realizarse por software o por hardware.

El acoplamiento hardware sólo es posible si ambos equipos están físicamente conectados mediante un cable. Se suele realizar mediante las señales DTR/DSR o bien utilizando simplemente las señales secundarias RTS/CTS.

El acoplamiento software no siempre es posible, ya que para que pueda darse, los equipos deben reconocer caracteres de control. En un acoplamiento software es el receptor el que controla el acoplamiento. Lo hace de la forma siguiente:

- Cuando su cola de entrada está llena, envía un carácter de desconexión (normalmente ASCII_XOFF - &H13).
- Cuando el transmisor recibe este carácter se detiene.
- Cuando la cola de entrada del receptor puede recibir más caracteres, envía un carácter de conexión (normalmente ASCII_XON - &H11).
- Cuando el transmisor recibe este carácter reinicia el envío de caracteres.

COMUNICACIONES CON EL PUERTO SERIE

La gestión de los puertos de comunicación no es una tarea fácil. Lo primero que hay que pensar es que los datos llegan a los puertos de forma asíncrona; es decir, su llegada es imprevisible. Esto sugiere que el dato que llega tiene que procesarse inmediatamente, puesto que pueden llegar otros datos. De esta tarea se encarga el *hardware* del PC, de forma que cuando detecta la llegada de un dato, interrumpe el flujo normal del proceso para ceder el control a la rutina de proceso de comunicaciones. Esta rutina tiene que ser una rutina de Windows en lugar de una rutina de la aplicación. Esto es así por dos razones:

- Windows debe mantener el control de la multitarea. En efecto, si la llegada de un dato hiciera que se transfiriera el control del procesador a su aplicación, Windows perdería su habilidad para gestionar la multitarea. Esto quiere decir que Windows tiene que estar entre la aplicación y el hardware.

- Windows no puede dirigir el dato recibido directamente a la aplicación. La razón es que los datos que se reciben en el puerto de comunicaciones no llegan con la identidad de la aplicación que los tiene que recibir. Por lo tanto, Windows tiene que guardar en un *buffer* los datos que llegan para una aplicación. Para qué aplicación, debe determinarse por adelantado; esto es, su aplicación debe haberle pedido a Windows la propiedad del puerto utilizando la función correspondiente. Esta misma función establece dos *buffers*: uno para la entrada y otro para la salida.

Cuando una aplicación solicita a Windows la propiedad de un puerto, Windows sólo se lo dará si ninguna otra aplicación lo tiene. Por el mismo motivo, mientras su aplicación tiene el control de un puerto, Windows se lo prohíbe a las demás aplicaciones que lo soliciten. Cuando su aplicación finalice la operación de E/S con un puerto, debe dejar el control del mismo para que otras aplicaciones puedan utilizarlo, lo cual requiere llamar a la función que permite cerrar el puerto.

Para establecer una comunicación, de forma general debe seguir los siguientes pasos:

1. Abrir el puerto de comunicaciones (COM1, COM2, etc.)
2. Establecer la máscara de comunicaciones para especificar los eventos que serán atendidos.
3. Definir el tamaño de los *buffers* de las colas de entrada y salida.
4. Construir una estructura de tipo **DCB** que especifique la configuración del puerto (*DCB - Device Control Block*). Esta estructura contiene, entre otros, los datos velocidad de transmisión, paridad, bits por carácter y bits de parada.
5. Configurar el puerto con los datos de la estructura de tipo **DCB**.
6. Enviar datos al puerto de comunicaciones.
7. Recibir datos por el puerto de comunicaciones.
8. Verificar errores.
9. Cerrar el puerto cuando la comunicación haya finalizado.

Como ejemplo, vamos a realizar una aplicación que permita transferir datos entre dos ordenadores personales. Para probar la aplicación, debe conectar vía puerto de comunicaciones los dos ordenadores. Una vez realizada la conexión, asegúrese de que está bien hecha utilizando un paquete de comunicaciones comercial, como el programa *Conexión directa por cable* de Windows.

CONTROL DE COMUNICACIONES

Visual Basic incluye un control personalizado, *Microsoft Communications Control*, que permite establecer una comunicación serie entre máquinas, basada en el estándar RS232, de una forma rápida y sencilla. Para poder utilizar este control en una aplicación, hay que añadir al proyecto el control *ActiveX mscomm32.ocx* para aplicaciones de 32 bits. Este control tiene los eventos y propiedades siguientes:

Eventos

OnComm

Propiedades

Break	CDHolding	CommEvent	CommID
CommPort	CTSHolding	DSRHolding	DTREnable
EOFEnable	Handshaking	InBufferCount	InBufferSize
Index	Input	InputLen	InputMode
Name	NullDiscard	Object	OutBufferCount
OutBufferSize	Output	Parent	ParityReplace
PortOpen	RThreshold	RTSEnable	Settings
SThreshold	Tag		

Para obtener una amplia información sobre cada una de estas propiedades, recurra a la ayuda en línea de Visual Basic.

Como ejemplo, cree una nueva aplicación de tipo *EXE estándar* denominada *Comm* que utilice una caja de diálogo como ventana principal. Asigne a la propiedad **Caption** el título "Comm".

A continuación, sitúe sobre el formulario creado por omisión los controles con las propiedades que se especifican a continuación:

Objeto	**Propiedad**	**Valor**
Etiqueta	Caption	Texto a transmitir:
Caja de texto	Name Multiline ScrollBars	txtTX True 2 - Vertical
Etiqueta	Caption	Texto recibido:
Caja de texto	Name Multiline ScrollBars	txtRX True 2 - Vertical
Botón de pulsación	Name Caption	cmdEnviar &Enviar
Barra de estado	Name Style	StatusBar1 1 - sbrSimple

Para utilizar el control de comunicaciones lo que vamos a hacer es establecer una referencia al mismo en lugar de colocar dicho control sobre el formulario (simplemente para que aprenda otra forma de proceder). Para ello, ejecute la orden *Referencias* del menú *Proyecto*. A continuación, en el diálogo que se visualiza haga clic en el botón *Examinar* y seleccione el fichero *mscomm32.ocx*. Después haga clic en *Aceptar*.

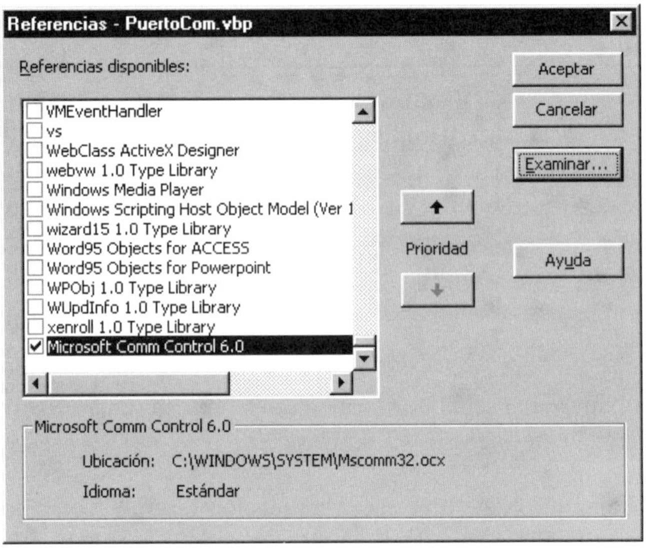

Una vez que haya añadido al formulario una referencia a *MSComm*, abra su ventana de código y añada la siguiente línea:

```
Private WithEvents PuertoCom As MSComm
```

En la declaración anterior, **WithEvents** especifica que la variable *PuertoCom* se utilizará para controlar los eventos de un objeto **MSComm**, ¿qué objeto? El referenciado por dicha variable. Para ello, edite el procedimiento *Form_Load* como se muestra a continuación:

```
Private Sub Form_Load()
  ' Crear un objeto MSComm
  Set PuertoCom = New MSComm
End Sub
```

Ahora, con el objeto **MSComm** referenciado por *PuertoCom*, podemos acceder a cualquier puerto serie. Por ejemplo, para especificar que deseamos utilizar el puerto COM2 escribiríamos:

```
PuertoCom.CommPort = 2
```

Asimismo, si abre la lista *Objeto* en la ventana de código, observará el objeto *PuertoCom* (control de comunicaciones). Si lo selecciona, puede observar en la lista *Procedimiento* el evento **OnComm**. Este evento se genera siempre que cambia el valor de la propiedad **CommEvent** para indicar que se ha producido un evento o un error en la comunicación.

La propiedad **CommEvent** contiene la constante numérica correspondiente al evento o al error que se ha generado. A continuación indicamos estas constantes.

Constantes de eventos:

Constante	Valor	Descripción
comEvSend	1	Evento "enviar datos".
comEvReceive	2	Evento "recibir datos".
comEvCTS	3	Cambio en la línea "preparado para enviar" (CTS).
comEvDSR	4	Cambio en la línea "equipo de datos preparado" (DSR).
comEvCD	5	Cambio en la línea "detección de portadora" (CD).
comEvRing	6	Detección de llamada.
comEvEOF	7	Fin de fichero.

Constantes de errores:

Constante	Valor	Descripción
comEventBreak	1001	Señal de interrupción recibida.
comEventCTSTO	1002	Tiempo de espera de "preparado para enviar" sobrepasado.
comEventDSRTO	1003	Tiempo de espera de "equipo de datos preparado" sobrepasado.
comEventFrame	1004	Error de trama.
comEventOverrun	1006	Pérdida de información en el puerto.
comEventCDTO	1007	Tiempo de espera de "detección de portadora" sobrepasado.
comEventRxOver	1008	Desbordamiento del *buffer* de recepción.
comEventRxParity	1009	Error de paridad.
comEventTxFull	1010	*Buffer* de transmisión lleno.
comEventDCB	1011	Error inesperado al recuperar el "bloque de control de dispositivos" (DCB) para el puerto.

El tipo de los datos recuperados por la propiedad **Input** está determinado por el valor de la propiedad **InputMode**, que puede tomar alguno de los valores siguientes:

Constante	Valor	Descripción
comInputModeText	0	(Predeterminado) Los datos se recuperan como texto mediante la propiedad **Input**.
comInputModeBinary	1	Los datos se recuperan como datos binarios mediante la propiedad **Input**.

Constantes de protocolos:

Constante	Valor	Descripción
comNone	0	Sin protocolo.
comXonXoff	1	Protocolo XON/XOFF.
comRTS	2	Protocolo RTS/CTS (Petición de envío/preparado para enviar).
comRTSXOnXOff	3	Ambos protocolos (RTS y XON/XOFF).

Importante: Tenga en cuenta que si establece las propiedades **RThreshold** o **SThreshold** a 0 (valor predeterminado para ambas propiedades), se desactiva la interceptación de los eventos *comEvReceive* y *comEvSend*, respectivamente.

Continuando con la aplicación, añada una barra de menús con los menús y las órdenes que se especifican en la tabla siguiente:

Objeto	Propiedad	Valor
Menú Conexión	Caption Name	Cone&xión mnuConexion
Orden Establecer	Caption Name	&Establecer ConexionEstablecer
Orden Cortar	Caption Name	&Cortar ConexionCortar
Separador	Caption Name	- Separador
Orden Salir	Caption Name	&Salir ConexionSalir
Menú Configuración	Caption Name	&Configuración mnuConfig
Orden Parámetros COM	Caption Name	&Parámetros COM ConfigParams
Menú Ayuda	Caption Name	&Ayuda mnuAyuda
Orden Acerca de	Caption Name	&Acerca de Comm... AyudaAcercaDe

El resultado que obtendrá será similar al mostrado en la figura siguiente:

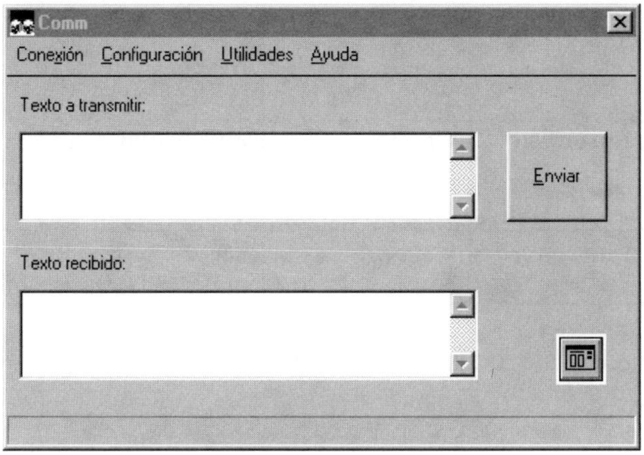

La orden *Parámetros COM* visualizará una caja de diálogo que permitirá al usuario establecer las características bajo las que se realizará la comunicación. Según esto, vamos a diseñar una caja de diálogo (*frmConfiguración*) con los controles que se indican en la tabla siguiente:

Objeto	**Propiedad**	**Valor**
Etiqueta	Caption	Puerto:
Lista desplegable	Name List	lstPuerto COM1, COM2, COM3, COM4
Etiqueta	Caption	Baudios:
Lista desplegable	Name List	lstBaudios 300, 600, 1200, 2400, ..., 256000
Etiqueta	Caption	Paridad:
Lista desplegable	Name List	lstParidad N - Ninguna, E - Par, O - Impar, M - Marca, S - Espacio
Etiqueta	Caption	Bits por carácter:
Lista desplegable	Name List	lstBitsCar 5, 6, 7, 8
Etiqueta	Caption	Bits de parada:
Lista desplegable	Name List	lstBitsParada 1, 1.5, 2
Etiqueta	Caption	Control de flujo:
Lista desplegable	Name List	lstControlFlujo Ninguno, Xon/Xoff, Hardware (RTS/CTS), Ambos (RTS y XON/XOFF)

Lista desplegable	Name List	lstModoLectura Modo texto, Modo binario
Botón de pulsación	Caption Name Default	cmdAceptar
Botón de pulsación	Caption Name Default	&Cancelar cmdCancelar True
Botón de pulsación	Caption Name	&Predeterminados cmdPredeterminados

La caja de diálogo diseñada será similar a la siguiente:

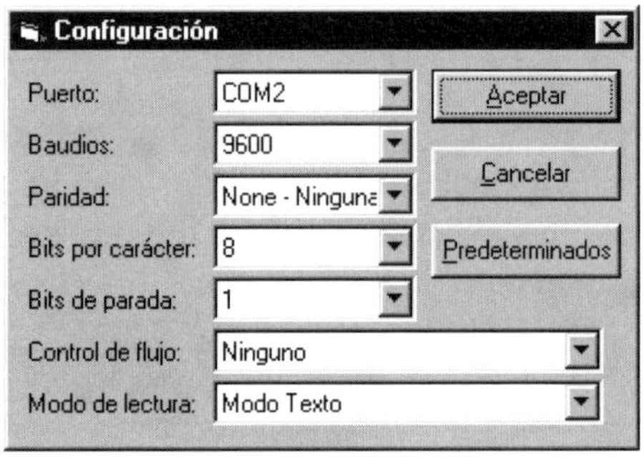

Después, añada en la sección *General* de este formulario las declaraciones especificadas a continuación:

```
Public bDatosVálidos As Boolean
Public sPuerto As String
Public sBaudios As String
Public sParidad As String
Public sBitsCar As String
Public sBitsParada As String
Public nControlFlujo As HandshakeConstants ' entero
Public nModoLectura As InputModeConstants  ' entero
```

Manipular las comunicaciones

El control de comunicaciones proporciona dos formas de manipular las comunicaciones:

1. Notificando cuándo ocurre un evento; por ejemplo, ha llegado un carácter o ha ocurrido un cambio en la línea DCD (detección de portadora) o RTS (petición de envío). Para manipular estos eventos y los posibles errores en las

comunicaciones, implementaremos el procedimiento conducido por el evento **OnComm** del control de comunicaciones.

2. Verificando el valor de la propiedad **CommEvent** del control de comunicaciones después de cada función crítica en la aplicación, para saber qué evento se ha dado o qué error ha ocurrido. Esta alternativa es preferible cuando la aplicación es pequeña; por ejemplo, un marcador de llamadas telefónicas, ya que no tiene sentido generar un evento después de recibir cada carácter puesto que los únicos caracteres que se recibirán son las respuestas del módem.

Cada control de comunicaciones que utilice se corresponde con un único puerto serie. Esto es, si necesitamos acceder simultáneamente a más de un puerto serie, hay que utilizar más de un control de comunicaciones.

Por ejemplo, para establecer una comunicación a través del puerto COM2 utilizando un control de comunicaciones *PuertoCom*, los pasos son los siguientes:

1. Especifique el puerto que va a abrir. Para realizar esta operación, asigne a la propiedad **CommPort** de *PuertoCom* el valor correspondiente a ese puerto:

   ```
   PuertoCom.CommPort = 2
   ```

   Puede asignar a la propiedad **CommPort** cualquier número entre 1 y 16 (el valor predeterminado es 1). Cualquier otro valor producirá un error.

2. Especifique las características de comunicación. Para ello, asigne a la propiedad **Settings** de *PuertoCom* los valores que definen las mismas:

   ```
   ' 19200 baudios, paridad ninguna, 8 bits por carácter
   ' y 1 bit de parada
   PuertoCom.Settings = "19200,N,8,1"
   ```

   La propiedad **Settings** permite especificar la velocidad en baudios, la paridad y el número de bits de datos y de parada. De forma predeterminada, la velocidad en baudios es de 9600. La paridad sirve para la validación de los datos. Normalmente no se utiliza y se establece a "N". El valor de bits de datos indica el número de bits que representan un bloque de datos. El bit de parada indica cuándo se ha recibido un bloque de datos.

3. Abra el puerto de comunicacines. Para realizar esta operación, asigne el valor **True** a la propiedad **PortOpen** de *PuertoCom*:

   ```
   PuertoCom.PortOpen = True
   ```

Si la sentencia anterior se ejecuta con éxito, tendremos establecida la conexión. En otro caso, se producirá un error; bien porque la propiedad **CommPort** no se ha establecido correctamente, porque el dispositivo no admite la configuración especificada, o bien porque el dispositivo externo no funciona correctamente.

4. Cuando quiera enviar datos al puerto de comunicaciones, utilice la propiedad **Output** de *PuertoCom*. Esta propiedad permite escribir caracteres en el *buffer* de transmisión:

```
PuertoCom.Output = str
```

5. Para recibir datos a través del puerto, implemente la función que responda al evento **OnComm** y utilice la propiedad **Input** para obtener los datos. Esta propiedad retorna una cadena de caracteres tomados del *buffer* de recepción. Los caracteres leídos son eliminados automáticamente.

```
Private Sub PuertoCom_OnComm()
  Dim str As String

  Select Case PuertoCom.CommEvent
    Eventos
    Case comEvCD
      ' ...
    Case comEvReceive
      ' Leer caracteres del puerto
      str = PuertoCom.Input
    Case comEvSend
      ' ...
End Sub
```

La propiedad **CommEvent** retorna el evento o el error más reciente ocurrido durante un proceso de comunicaciones.

6. Utilice la propiedad **PortOpen** de *PuertoCom*, para cerrar el puerto de comunicaciones cuando éstas finalicen. Para ello, asigne a esta propiedad el valor **False**.

```
PuertoCom.PortOpen = False
```

Interfaz de comunicaciones

Para facilitar la implementación de las comunicaciones vía RS232, vamos a implementar una interfaz con las operaciones más comunes. Integraremos esta interfaz que resumimos en la tabla siguiente, en el formulario principal:

Función	Descripción
Iniciar	Lee del registro de Windows la configuración inicial que asignaremos al puerto.
Terminar	Guarda en el registro de Windows la configuración actual del puerto.
EstablecerConexion	Abre el puerto de comunicaciones.
LeerCarsPuerto	Lee datos de la cola de entrada del puerto de comunicaciones.
EscribirCarsPuerto	Escribe datos en la cola de salida del puerto de comunicaciones.
CortarConexion	Cierra el puerto de comunicaciones.
OnComm1	Función que responde a los eventos que ocurren sobre el puerto de comunicaciones.

Para implementar estas funciones, añada las declaraciones siguientes en la sección *General* del formulario principal:

```
Private sPuerto As String
Private sBaudios As String
Private sParidad As String
Private sBitsCar As String
Private sBitsParada As String
Private nControlFlujo As HandshakeConstants 'entero
Private nModoLectura As InputModeConstants  'entero

'Tamaño de las colas de recepción y de transmisión
Const COLARX As Integer = 4096
Const COLATX As Integer = 4096
```

A continuación escribiremos cada una de las funciones descritas.

Función Iniciar

La función *Iniciar* obtiene del registro de Windows la configuración que se registró la última vez que se ejecutó la aplicación, o en su defecto la configuración predeterminada para el dispositivo de comunicaciones (último campo). Para obtener detalles acerca del registro de Windows, recurra al capítulo 3.

```
Private Sub Iniciar()
  'No se verifica que los datos obtenidos sean buenos
  sPuerto = GetSetting(App.Title, "MSComm", "Puerto", "2")
  sBaudios = GetSetting(App.Title, "MSComm", "Baudios", "9600")
  sBitsParada = GetSetting(App.Title, "MSComm", "BitsParada", "1")
  sParidad = GetSetting(App.Title, "MSComm", "Paridad", "None - Ninguna")
```

```
  sBitsCar = GetSetting(App.Title, "MSComm", "BitsCar", "8")
  nControlFlujo = GetSetting(App.Title, "MSComm", "ControlFlujo", "0")
  nModoLectura = GetSetting(App.Title, "MSComm", "ModoLectura", "0")
End Sub
```

Función Terminar

La función *Terminar* será invocada cuando se corte la comunicación para guardar en el registro de Windows la configuración actual del dispositivo de comunicaciones. Esta configuración es la que será utilizada de forma predeterminada la próxima vez que se ejecute la aplicación.

```
Private Sub Terminar()
  SaveSetting App.Title, "MSComm", "Puerto", sPuerto
  SaveSetting App.Title, "MSComm", "Baudios", sBaudios
  SaveSetting App.Title, "MSComm", "BitsParada", sBitsParada
  SaveSetting App.Title, "MSComm", "Paridad", sParidad
  SaveSetting App.Title, "MSComm", "BitsCar", sBitsCar
  SaveSetting App.Title, "MSComm", "ControlFlujo", nControlFlujo
  SaveSetting App.Title, "MSComm", "ModoLectura", nModoLectura
End Sub
```

Función EstablecerConexion

La función *EstablecerConexion* permite abrir el puerto de comunicaciones especificado por la variable miembro *sPuerto*. Para ello:

1. Cierra el puerto actual por si estuviera abierto y especifica el número del puerto que se desea abrir.

2. Establece el tamaño de las colas de recepción y transmisión y las limpia.

3. Establece los parámetros de comunicación.

4. Establece el control de flujo y el modo de lectura.

5. Establece el número mínimo de caracteres que puede admitir el *buffer* de transmisión antes de que el control **MSComm** asigne a la propiedad **CommEvent** el valor *comEvSend*, y el número de caracteres que se va a recibir antes de que asigne a la propiedad **CommEvent** el valor *comEvReceive*, y genere el evento **OnComm**.

6. Abre el puerto de comunicaciones.

```
Private Function EstablecerConexion() As Boolean
  On Error Resume Next
```

```
With PuertoCom
  ' Cerrar el control si estuviera abierto
  If .PortOpen = True Then .PortOpen = False
  ' Especificar el puerto COM que se desea abrir
  .CommPort = sPuerto ' número del puerto (1, 2, ...)
  ' Establecer el tamaño de las colas de recepción y transmisión
  .InBufferSize = COLARX  ' cola de recepción
  .OutBufferSize = COLATX ' cola de transmisión
  ' Limpiar las colas Rx y Tx
  .InBufferCount = 0
  .OutBufferCount = 0

  ' Establecer los parámetros de la comunicación
  Dim sSettings As String
  ' Baudios, paridad, número de bits de datos y de parada
  ' Longitud del bit de paro:
  sSettings = sBaudios & "," & Left(sParidad, 1) & "," & _
              sBitsCar & "," & sBitsParada
  .Settings = sSettings

  ' Establecer el control de flujo
  .Handshaking = nControlFlujo
  ' Cómo se leerán los datos del puerto
  .InputMode = nModoLectura

  ' Caracteres que puede admitir el buffer de transmisión antes
  ' de que el control genere el evento OnComm.
  ' Su valor predeterminado es 0
  .SThreshold = 1
  ' Caracteres que se van recibir antes de que el control genere
  ' el evento OnComm. Su valor predeterminado es 0.
  .RThreshold = 1

  ' Abrir el puerto de comunicaciones
  .PortOpen = True
  If .PortOpen = False Then
    ' Error al abrir el puerto (verifique la configuración)
    Beep
    MsgBox "Error: No se puede abrir el puerto COM" & _
           sPuerto, vbOKOnly + vbCritical, App.Title
    If sBitsParada > "1" Then
      MsgBox _
        "1 bit en cualquier longitud de carácter, o bien " & _
        vbCrLf & "1.5 bits en longitud de carácter 5, y " & _
        vbCrLf & "2 bits en longitud de carácter 6 a 8", _
        vbOKOnly + vbInformation, App.Title
    End If
    EstablecerConexion = False
    Exit Function
  End If
```

```
  End With
  ' El puerto se abrió con éxito
  EstablecerConexion = True
  StatusBar1.SimpleText = "Puerto de comunicaciones abierto"
  ' Habilitar/Inhabilitar órdenes del menú Conexión
  ConexionEstablecer.Enabled = False
  ConexionCortar.Enabled = True
End Function
```

Controlar eventos

Vimos que la función *EstablecerConexion*, antes de abrir el puerto de comunicaciones, establece las propiedades **SThreshold** y **RThreshold**, que indican, respectivamente, los caracteres que puede admitir el *buffer* de transmisión y los caracteres que se van a recibir, respectivamente, antes de que el control genere el evento **OnComm**. El valor predeterminado para estas propiedades es cero. Si **SThreshold** es cero, no se generará el evento **OnComm** en la transmisión, y si lo es **RThreshold**, no se generará el evento **OnComm** en la recepción.

Según lo expuesto, diríjase a la lista *Objeto* de la ventana de código del formulario principal, seleccione el control *PuertoCom* y añada el procedimiento *PuertoCom_OnComm* que responderá al evento **OnComm**.

PuertoCom_OnComm será invocado automáticamente cada vez que se produzca sobre el puerto de comunicaciones un evento o un error de los expuestos anteriormente. Para saber de qué evento o error se trata y aplicar el tratamiento correspondiente, el procedimiento implementará básicamente una sentencia **Select Case**. Al mismo tiempo visualizará sobre la barra de estado el mensaje correspondiente al evento o error ocurrido.

Por ejemplo, si el evento ocurrido es que se recibió información en la cola de recepción del dispositivo de comunicaciones (*comEvReceive*), este procedimiento leerá dicha información y la procesará; en nuestro caso la visualizará en la caja de texto correspondiente. Según lo expuesto, edite el procedimiento como se indica a continuación:

```
Private Sub PuertoCom_OnComm()
  Dim sEvento As String, sError As String, sRecibida As String

  ' Controlar cada evento o error escribiendo
  ' código en cada caso
  Select Case PuertoCom.CommEvent
    ' Eventos
    Case comEvCD
      sEvento = "Cambio en la línea CD."
```

```
    Case comEvCTS
      sEvento = "Cambio en la línea CTS."
    Case comEvDSR
      sEvento = "Cambio en la línea DSR."
    Case comEvRing
      sEvento = "Cambio en el indicador de llamadas."
    Case comEvReceive
      sEvento = "Recibido(s) " & PuertoCom.RThreshold & _
                " carácter/caracteres."
      ' Leer caracteres del puerto
      If LeerCarsPuerto(sRecibida) > 0 Then
        txtRX.Text = txtRX.Text & sRecibida
      End If
    Case comEvSend
      sEvento = "Hay SThreshold = " & PuertoCom.SThreshold & _
                " carácter/caracteres en el búfer de transmisión."
    Case comEvEOF
      sEvento = "Se ha encontrado un carácter EOF en la entrada."
    ' Errores
    Case comBreak
      sError = "Se ha recibido una interrupción."
    Case comEventFrame
      sError = "Error de trama."
    Case comEventOverrun
      sError = "Datos perdidos."
    Case comEventRxOver
      sError = "Desbordamiento del búfer de recepción."
    Case comEventRxParity
      sError = "Error de paridad."
    Case comEventTxFull
      sError = "Búfer de transmisión lleno."
    Case comEventDCB
      sError = "Error inesperado al recuperar el DCB."
  End Select
  If Not IsEmpty(sEvento) Then
    StatusBar1.SimpleText = sEvento
  ElseIf Not IsEmpty(sError) Then
    Dim vr As VbMsgBoxResult
    Beep
    sError = sError & vbNewLine & "Aceptar para ignorar. " & _
             "Cancelar para salir"
    vr = MsgBox(sError, vbOKCancel + vbExclamation, App.Title)
    If vr = vbCancel Then
      ' Cerrar el puerto
      PuertoCom.PortOpen = False
      ConexionEstablecer.Enabled = True
      ConexionCortar.Enabled = False
    End If
  End If
End Sub
```

Vemos que si el evento que se produjo fue *comEvReceive*, el procedimiento *PuertoCom_OnComm* invoca primero a la función *LeerCarsPuerto* para leer los caracteres recibidos y después añade dicha información a la caja de texto *txtRX* de la interfaz gráfica del usuario.

Función LeerCarsPuerto

La función *LeerCarsPuerto* lee datos del puerto COM, los almacena en una cadena de caracteres y devuelve el número de caracteres leídos.

```
Private Function LeerCarsPuerto(ByRef sRecibida As String) As Long
  sRecibida = PuertoCom.Input
  LeerCarsPuerto = Len(sRecibida)
End Function
```

Función EscribirCarsPuerto

La función *EscribirCarsPuerto* escribe en el puerto COM datos procedentes de una cadena de caracteres pasada como argumento.

```
Private Function EscribirCarsPuerto(str As String) As Boolean
  PuertoCom.Output = str
  EscribirCarsPuerto = True
End Function
```

Función CortarConexion

La función *CortarConexion* cierra el puerto de comunicaciones. Antes de cerrarlo, verifica si quedan datos en la cola de transmisión. Si hay datos intenta enviarlos, y si no, cierra el puerto de comunicaciones.

```
Private Function CortarConexion() As Boolean
  If ConexionCortar.Enabled = True Then
    Dim bTiempoSobrepasado As Boolean, Tiempo As Long

    ' Establecer un periodo de 10 segundos a partir de la hora
    ' actual antes de cerrar el puerto, por seguridad
    bTiempoSobrepasado = False
    Tiempo = Now

    StatusBar1.SimpleText = "Cerrando la conexión..."
    While PuertoCom.OutBufferCount > 0
      ' Permitir procesar mensajes pendientes
      DoEvents
      If DateDiff("s", Now, Tiempo) > 10 Or _
         bTiempoSobrepasado = True Then
        Dim vr As VbMsgBoxResult
```

```
      vr = MsgBox("Datos no enviados", vbAbortRetryIgnore, _
                  App.Title)
      Select Case vr
        ' Intentar enviar los datos durante otros 10 segundos
        Case vbRetry
          Tiempo = Now
        ' Ignorar el tiempo límite
        Case vbIgnore
          bTiempoSobrepasado = True
        Case vbAbort
          StatusBar1.SimpleText = ""
          CortarConexion = False
          Exit Function
      End Select
    End If
  Wend
  ' Tx vacío. Cerrar el puerto.
  PuertoCom.PortOpen = False
  ConexionEstablecer.Enabled = True
  ConexionCortar.Enabled = False
 End If
 StatusBar1.SimpleText = "Conexión concluida"
 CortarConexion = True
End Function
```

La función *CortarConexión*, puesto que establece un lazo que impediría que otras aplicaciones se ejecuten, invoca a la función *DoEvents* para permitir ejecutar cualquier otro mensaje que estuviera esperando en alguna cola de cualquier otra aplicación.

INTERFAZ DEL USUARIO

Cuando se ejecute la aplicación, una de las primeras tareas que hay que realizar es leer la configuración almacenada en el registro de Windows. Este proceso lo realizaremos desde el procedimiento *Form_Load* del formulario principal. Además, inhabilitaremos la orden *Cortar* del menú *Conexión* y el botón *Enviar*, y visualizaremos el mensaje "Preparado" en la barra de estado.

```
Private Sub Form_Load()
  ' Crear un objeto MSComm
  Set PuertoCom = New MSComm
  ' Habilitar/Inhabilitar órdenes
  ConexionCortar.Enabled = False
  cmdEnviar.Enabled = False
  Iniciar ' leer la configuración del registro de Windows
  StatusBar1.SimpleText = "Preparado"
End Sub
```

Cuando se establece una conexión entre dos equipos, previamente hay que especificar los parámetros bajos los cuales se realizará la misma. Para realizar esta operación la aplicación proporciona la orden *Parámetros COM* en el menú *Configuración*. Cuando el usuario ejecute esta orden se visualizará la caja de diálogo *Configuración* que mostrará los valores actuales de los parámetros de comunicación. Asimismo, le permitirá establecer los nuevos valores. Una vez establecidos, si el usuario hizo clic en el botón *Aceptar* se actualizarán las variables correspondientes con los valores seleccionados y se invocará a la función *EstablecerConexion* para abrir el puerto de comunicaciones especificado.

Para no permitir modificar la configuración del puerto de comunicaciones cuando esté abierto, el procedimiento inicia su ejecución preguntado si hay un puerto abierto, en cuyo caso lo notifica y termina.

Según lo expuesto, añada el procedimiento conducido por el evento **Click** para la orden *Parámetros COM* y edítelo como se indica a continuación:

```
Private Sub ConfigParams_Click()
  If PuertoCom.PortOpen = True Then
    MsgBox "Cierre primero la conexión"
    Exit Sub
  End If
  ' Visualizar en los controles los parámetros de comunicación
  ' actuales. Inicialmente fueron recuperados del registro
  frmConfiguración.sPuerto = sPuerto
  frmConfiguración.sBaudios = sBaudios
  frmConfiguración.sParidad = sParidad
  frmConfiguración.sBitsCar = sBitsCar
  frmConfiguración.sBitsParada = sBitsParada
  frmConfiguración.nControlFlujo = nControlFlujo
  frmConfiguración.nModoLectura = nModoLectura

  ' Visualizar el formulario Configuración
  frmConfiguración.Show vbModal, Me
  ' Si se pulsó el botón Aceptar ...
  If frmConfiguración.bDatosVálidos = True Then
    ' Asignar los nuevos valores a las variables correspondientes
    sPuerto = frmConfiguración.sPuerto
    sBaudios = frmConfiguración.sBaudios
    sParidad = frmConfiguración.sParidad
    sBitsCar = frmConfiguración.sBitsCar
    sBitsParada = frmConfiguración.sBitsParada
    nControlFlujo = frmConfiguración.nControlFlujo
    nModoLectura = frmConfiguración.nModoLectura
    ' Descargar el formulario
    Unload frmConfiguración
    ' Establecer la conexión con los parámetros establecidos
    If EstablecerConexion = True Then
```

```
      ' Habilitar el botón de Enviar
      cmdEnviar.Enabled = True
    End If
  End If
End Sub
```

La variable *bDatosVálidos* del diálogo *Configuración* toma el valor **True** cuando se hace clic en su botón *Aceptar* y **False** cuando se hace clic en *Cancelar*.

La orden *Establecer* del menú *Conexión* tiene como función abrir el puerto de comunicaciones y establecer una conexión con los parámetros actuales. Si este proceso se realiza con éxito, se habilita también el botón *Enviar*. Por lo tanto, edite el procedimiento asociado con la misma, así:

```
Private Sub ConexionEstablecer_Click()
  ' Si la conexión ya está establecida, la orden Establecer
  ' está inhabilitada
  If EstablecerConexion = True Then
    cmdEnviar.Enabled = True
  End If
End Sub
```

Para cerrar el puerto de comunicaciones, la interfaz gráfica de la aplicación proporciona la orden *Cortar* del menú *Conexión*. Para hacer operativa esta orden, vincúlela con el procedimiento siguiente:

```
Private Sub ConexionCortar_Click()
  ' Si la conexión está cerrada, la orden Cortar
  ' está inhabilitada
  Terminar
  CortarConexion
  cmdEnviar.Enabled = False
End Sub
```

Observe que *ConexionCortar_Click* primero llama a la función *Terminar* para guardar la configuración actual en el registro de Windows, después invoca a la función *CortarConexion* y finalmente inhabilita el botón *Enviar*.

Si el usuario cierra la aplicación sin haber ejecutado previamente la orden *Cortar* estando el puerto abierto, será cerrado automáticamente cuando el control sea destruido. No obstante, el procedimiento conducido por el evento **Unload** que se genera cuando se descarga el formulario, prevé también esta situación.

```
Private Sub ConexionSalir_Click()
  If PuertoCom.PortOpen Then CortarConexion
  Unload frmPpal
End Sub
```

```
Private Sub Form_Unload(Cancel As Integer)
  Dim i As Integer
  Terminar
  ' Recorrer la colección Forms y descargar todos los formularios
  For i = Forms.Count - 1 To 0 Step -1
    Unload Forms(i)
  Next
End Sub
```

Enviar y recibir datos

Para enviar datos, el usuario arrancará la aplicación, establecerá la comunicación, escribirá el texto a enviar en la caja de *Texto a transmitir* y pulsará el botón *Enviar*. Por lo tanto, añada el procedimiento que responda al evento **Click** sobre este botón y edítelo como se muestra a continuación:

```
Private Sub cmdEnviar_Click()
  ' Enviar los datos que hay en la caja de transmisión
  If txtTX.Text <> "" Then
    EscribirCarsPuerto txtTX.Text
    txtTX.Text = ""
    txtTX.SetFocus
  End If
End Sub
```

El procedimiento anterior envía la información a la cola de salida invocando a la función *EscribirCarsPuerto* y después limpia la caja *Texto a transmitir* y sitúa el foco de nuevo en esa caja.

La aplicación está finalizada. Ahora puede compilarla y ejecutarla. Para realizar las pruebas en un solo ordenador, puede unir los *pins* numerados 2 y 3 de su puerto serie. De esta forma, lo que transmita lo recibirá de nuevo. Otra solución es conectar un módem. Si envía una orden *ATZ* más *CR*, el módem le devolverá *OK*.

Como ejemplo, puede añadir a la aplicación un menú *Utilidades* con una orden *Enviar fichero* que permita transmitir ficheros de texto. A continuación se presenta un código que realiza esta operación:

```
Private Sub Marcar_Colgar_Click()
  Dim Número As String, nFichero As Integer
  On Error GoTo Salir
  If Marcar_Colgar.Caption = "Marcar" Then
    If Text1.Text <> "" Then
      'pulsos=ATDP, tonos=ATDT
      Número = "ATDP" & Text1.Text & ";" & Chr(13)
      nFichero = FreeFile
```

```
        Open "COM2" For Output As #nFichero
        Print #nFichero, Número
        Label1.Caption = "Cuando se establezca la comunicación, pulse Colgar"
        Marcar_Colgar.Caption = "Colgar"
      End If
    Else
      Número = "ATH"
      Print #nFichero, Número & Chr(13)
      Close #nFichero
      Label1.Caption = "Teclee el número y pulse Marcar"
      Marcar_Colgar.Caption = "Marcar"
    End If
    Exit Sub
Salir:
    MsgBox "Error de E/S en el dispositivo COM"
End Sub
```

Habilite o inhabilite la orden *Enviar fichero* del menú *Utilidades* donde lo haya hecho con la orden *Cortar* del menú *Conexión*.

Caja de diálogo configuración

Anteriormente vimos que para especificar los parámetros bajos los cuales se realizará la comunicación entre dos equipos, el usuario disponía del diálogo *Configuración* que podía visualizar ejecutando la orden *Parámetros COM*. Inicialmente, este diálogo visualizará los parámetros de comunicación actuales. Para ello, cuando se cargue, invocará al procedimiento *ActualizarDatos* que veremos un poco más adelante.

```
Private Sub Form_Load()
  ActualizarDatos True ' mostrar los valores actuales
  bDatosVálidos = False
End Sub
```

Cuando el usuario haga clic en el botón *Aceptar* del diálogo *Configuración*, los valores seleccionados serán almacenados en las variables públicas correspondientes a cada uno de los parámetros, para así quedar a disposición de los procedimientos del formulario principal. Para realizar esta operación, el procedimiento asociado con este botón invoca al procedimiento *ActualizarDatos*.

```
Private Sub cmdAceptar_Click()
  ActualizarDatos False ' actualizar variables
  bDatosVálidos = True  ' se pulsó el botón Aceptar
  Hide
End Sub
```

En cambio, si el usuario hace clic en el botón *Cancelar* del diálogo *Configuración*, lo que tiene que suceder es que se recuperen los valores que hayan cambiado desde que visualizó el diálogo. Para realizar esta operación, el procedimiento asociado con este botón, invoca también al procedimiento *ActualizarDatos*.

```
Private Sub cmdCancelar_Click()
  ActualizarDatos True   ' recuperar los valores que había
  bDatosVálidos = False ' se pulsó el botón Cancelar
  Hide
End Sub
```

Según hemos dicho, a cada control del diálogo *Configuración* que muestra un parámetro le hemos hecho corresponder una variable pública de nombre similar al del parámetro (esto sólo se ha hecho para escribir menos código cuando desde el formulario principal tengamos que acceder a estos valores). Pues bien, la función *ActualizarDatos* muestra los valores de las variables en los controles, cuando recibe como argumento **True** y actualiza las variables con los valores mostrados por los controles, cuando recibe como argumento **False**.

```
Public Sub ActualizarDatos(ByVal bActualizar As Boolean)
  If bActualizar Then
    ' Se actualizan los controles desde las variables
    lstPuerto.Text = "COM" & sPuerto
    lstBaudios.Text = sBaudios
    lstParidad.Text = sParidad
    lstBitsCar.Text = sBitsCar
    lstBitsParada.Text = sBitsParada
    lstControlFlujo.ListIndex = nControlFlujo
    lstModoLectura.ListIndex = nModoLectura
  Else
    ' Se actualizan las variables desde los controles
    sPuerto = Mid(lstPuerto.Text, 4) ' COMn
    sBaudios = lstBaudios.Text
    sParidad = lstParidad.Text
    sBitsCar = lstBitsCar.Text
    sBitsParada = lstBitsParada.Text
    nControlFlujo = lstControlFlujo.ListIndex
    nModoLectura = lstModoLectura.ListIndex
  End If
End Sub
```

En cambio, si el usuario hace clic en el botón *Restaurar* se establecerán los valores predeterminados.

```
Private Sub cmdPredeterminados_Click()
  ' Se actualizan los controles desde las variables
```

```
    lstPuerto.Text = "COM2"
    lstBaudios.Text = 9600
    lstParidad.Text = "None - Ninguna"
    lstBitsCar.Text = 8
    lstBitsParada.Text = 1
    lstControlFlujo.ListIndex = 0 ' Sin protocolo
    lstModoLectura.ListIndex = 0 ' Modo texto
End Sub
```

MARCADOR DE TELÉFONOS

Si dispone de un *modem*, la siguiente aplicación le permitirá marcar cualquier teléfono que previamente teclee en la caja destinada a tal fin.

Inicie una nueva aplicación y cree un formulario titulado *Teléfono* con los controles que se indican en la tabla siguiente. Guarde la aplicación con el nombre *telefono.vbp*, y el formulario con el nombre *telefono.frm*.

Objeto	Propiedad	Valor
Etiqueta	Caption Name AutoSize WordWrap	Teclee el número ... Label1 True True
Caja de texto	Name Text	Text1 (nada)
Botón	Caption Name Default	Marcar Marcar_Colgar True
Control MSComm	Name CommPort	MSComm2 2

Después del diseño, el formulario tendrá el aspecto siguiente:

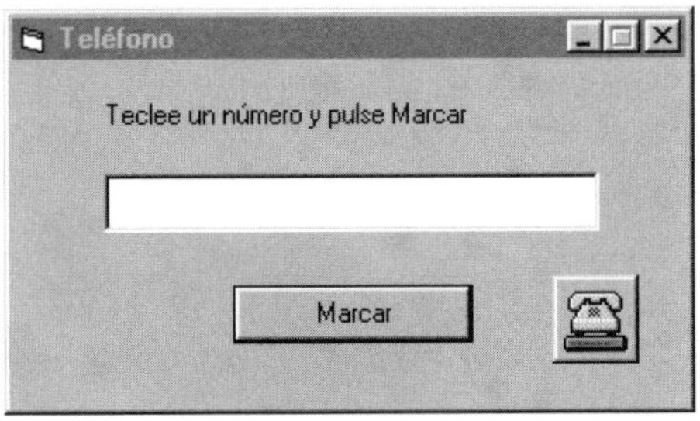

Antes de probar esta aplicación, asegúrese de que el *modem* está conectado y de qué puerto utiliza (COM1, COM2, COM3 o COM4); en el ejemplo hemos supuesto que el *modem* utiliza el puerto COM2.

Cuando ejecute esta aplicación, primeramente teclee en la caja de texto el número que desea marcar y después pulse el botón titulado *Marcar*. En este instante el título del botón cambia a *Colgar*. Espere y no descuelgue el teléfono hasta ser avisado. La opción de *Colgar* es para cerrar el puerto y por seguridad; esto es, si no se pudiera establecer una conexión, tener la posibilidad de volver al punto de partida.

Cuando pulse el botón denominado *Marcar_Colgar*, el código verifica si el título del mismo es *Marcar* o *Colgar*. Si es *Marcar*, se abre el puerto y se envía al mismo una cadena de caracteres formada por un prefijo y el número tecleado. Después se cambia el título *Marcar* por *Colgar* y a través de la etiqueta se visualiza un mensaje de "Espere..." hasta que el *modem* devuelva "OK". En este instante será avisado de que puede descolgar el teléfono y hablar; el *modem* se desconectará dejando la línea libre.

La cadena de caracteres que hay que enviar al *modem* para marcar un número es de la forma: *"ATDT" & número & ";" & vbCr*; y para desconectar se envía la cadena *"ATH" & vbCr*. El punto y coma le dice al *modem* que después de marcar vuelva al modo orden. El retorno de carro (*vbCr*) es requerido para enviar una orden al *modem*.

AT (*ATtention*) es la orden requerida para enviar órdenes a un *modem* compatible *Hayes*. DP (*Dial Pulse*) indica que el teléfono es de pulsos, y DT (*Dial Tone*) indica que el teléfono es de tonos.

```
Private Sub Marcar_Colgar_Click()
  Dim Número As String, vr As Integer
  Dim DatosRecibidos As String

  On Error GoTo RutinaError
  If Marcar_Colgar.Caption = "Marcar" Then
    If Text1.Text <> "" Then
      'Cerrar el puerto si está abierto
      If MSComm2.PortOpen Then
        MSComm2.PortOpen = False
      End If
      'Orden de llamada (pulsos=ATDP, tonos=ATDT)
      Número = "ATDP" & Text1.Text & ";" & vbCr
      'Establecer las características de comunicación
      MSComm2.CommPort = 2 'puerto COM2
      MSComm2.Settings = "9600,n,8,1"
      'Abrir el puerto. Si no es posible, se produce el error 68
```

```
      MSComm2.PortOpen = True
      'Limpiar los buffers de recepción y transmisión
      MSComm2.InBufferCount = 0
      MSComm2.OutBufferCount = 0
      'Marcar el número
      MSComm2.Output = Número
      'Cambiar etiqueta
      Label1.Caption = "Espere; no descuelgue hasta ser avisado"
      Marcar_Colgar.Caption = "Colgar"
      'Esperar a que el modem devuelva "OK"
      Do
        vr = DoEvents()
        'Leer del buffer de recepción en busca de OK
        If MSComm2.InBufferCount Then
          DatosRecibidos = DatosRecibidos & MSComm2.Input
          If InStr(DatosRecibidos, "OK") Then
            MsgBox "Descuelgue el teléfono y pulse Aceptar/Entrar"
            Exit Do
          End If
        End If
      Loop
      'Desconectar el modem
      MSComm2.Output = "ATH" & vbCr
    End If
  Else
    'Colgar. Cerrar el puerto
    MSComm2.Output = "ATH" & vbCr
    MSComm2.PortOpen = False
    Label1.Caption = "Teclee el número y pulse Marcar"
    Marcar_Colgar.Caption = "Marcar"
  End If
  Exit Sub
RutinaError:
  If Err = 68 Then
    MsgBox "COM2: no está disponible"
  Else
    MsgBox Err.Description
  End If
End Sub

Private Sub Form_Unload(Cancel As Integer)
  'Colgar y cerrar el puerto si estuviera abierto
  If MSComm2.PortOpen Then
    MSComm2.Output = "ATH" & vbCr
    MSComm2.PortOpen = False
  End If
  End
End Sub
```

CAPÍTULO 20

COMPLEMENTOS

Después de crear una aplicación de Visual Basic, puede que desee distribuirla a otros. Pero debe pensar que independientemente del acabado de la aplicación, hay siempre puntos en los que la mayoría de los usuarios se preguntan: ¿cómo funciona esto? La mejor manera de anticiparse a sus preguntas es proporcionar un fichero de ayuda para la aplicación. Cuando haya completado esta parte, puede distribuir libremente la aplicación creada a cualquiera que utilice Microsoft Windows. Puede distribuir sus aplicaciones en disquetes, en CD, en redes locales, o bien en una *Intranet* o en *Internet*.

Visual Basic ofrece herramientas tanto para generar un sistema de ayuda como para crear el medio de distribución. Éstos son los dos temas que expondremos a continuación.

AÑADIR UN SISTEMA DE AYUDA A UNA APLICACIÓN

Cuando las aplicaciones son sencillas, se puede proporcionar una ayuda en línea utilizando unas pocas cajas de diálogo para visualizar mensajes. Ahora, cuando las aplicaciones empiezan a ser complicadas, el usuario espera tener asistencia desde un menú de ayuda, pulsando *F1* o pulsando *Mayús+F1*, igual que la tiene en Windows o en aplicaciones profesionales para Windows.

Visual Basic ofrece compatibilidad para dos sistemas de ayuda diferentes: el sistema tradicional de ayuda de Windows y la nueva ayuda en formato *HTML*. Las herramientas de programación de Visual Basic permiten agregar a sus aplicaciones ambos tipos de ayuda.

Si dota a su aplicación con el sistema tradicional de ayuda (fichero *.hlp*), tiene que utilizar el motor de ayuda Windows, *WinHelp* (*winhelp.exe*), para activar su sistema de ayuda. Esto requiere que la información de ayuda de una aplicación determinada sea compilada en un formato especial. Para ello, Visual Basic, en su directorio *Tools*, incluye un programa *Help Workshop* (*hcw.exe*) que crea ficheros de ayuda en el formato requerido por *WinHelp*.

Posteriormente, Microsoft ha puesto en circulación un programa de libre distribución denominado *HTML Help Workshop* que mejora las prestaciones del anterior. *HTML Help Workshop* es un programa correspondiente a la siguiente generación de generadores de ayuda en línea. Una diferencia con respecto al anterior programa es que para visualizar el contenido de la ayuda (fichero *.chm*), este programa utiliza los componentes subyacentes de *Microsoft Internet Explorer*. Soporta *HTML*, *ActiveX*, *Java*, *Javascript*, *Visual Basic Script* y los formatos *jpeg*, *gif*, *png* de imágenes HTML.

Soporte de ayuda proporcionado por Visual Basic

Agregar un sistema de ayuda a su aplicación Visual Basic es bastante sencillo. Suponiendo que ya tiene generado el fichero de ayuda, basta con que asigne a la propiedad **HelpFile** del objeto **App** el nombre del fichero de ayuda (*.hlp* o *.chm*), para poder mostrar la ayuda cuando el usuario presione la tecla F1 o solicite ayuda a través menú de *Ayuda*. También puede proporcionar un tema de ayuda contextual para cualquier elemento de la interfaz de usuario de la aplicación utilizando la propiedad **HelpContextID**. El proceso de implementación de la ayuda es básicamente el mismo para *WinHelp* y para el formato *HTML*.

Para asignar un fichero de ayuda a la propiedad **HelpFile**, seleccione la orden *Propiedades del proyecto* del menú *Proyecto* para visualizar el diálogo:

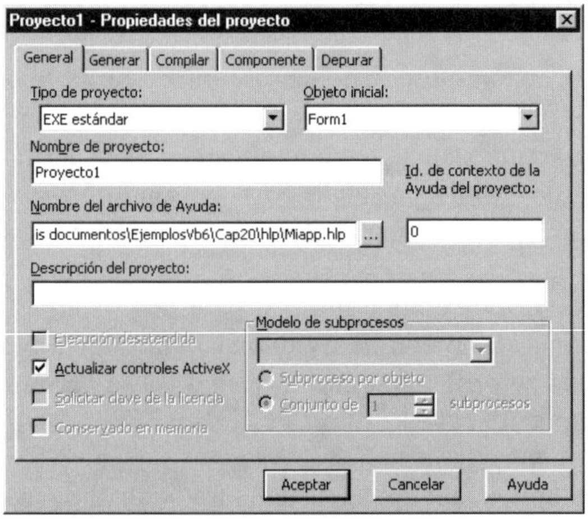

Después, diríjase a la caja *Nombre del archivo de Ayuda* de la ficha *General* y escriba la ruta de acceso y el nombre del fichero de ayuda de su aplicación (*.hlp* - ayuda tradicional, o bien *.chm* - ayuda HTML).

La propiedad HelpFile

Otra forma de asignar un fichero de ayuda a su aplicación es estableciendo la propiedad **HelpFile** por programa. Por ejemplo, el código siguiente podría especificar un fichero de ayuda en formato HTML ubicado en el mismo directorio que el fichero ejecutable de la aplicación:

```
Private Sub Form_Load()
  App.HelpFile = App.Path & "\MiApp.chm"
End Sub
```

Cuando arranque una aplicación que ejecute el procedimiento anterior y pulse *F1* se mostrará el fichero de ayuda especificado.

Por otra parte, cuando desea incluir la ayuda correspondiente a los mensajes de error en un fichero de ayuda diferente, puede utilizar la propiedad **HelpFile** del objeto **Err** para especificar dicho fichero.

La propiedad HelpContextID

La propiedad **HelpContextID** permite vincular un elemento de la interfaz de usuario (un control, un formulario o un menú) con un tema relacionado, especificado en un fichero de ayuda.

Cada tema de ayuda en un fichero de ayuda puede estar identificado por un valor de tipo **Long** denominado identificador de contexto. Este identificador es el que debemos asignar, cuando lo creamos necesario, al elemento o elementos de la interfaz relacionados. Por ejemplo:

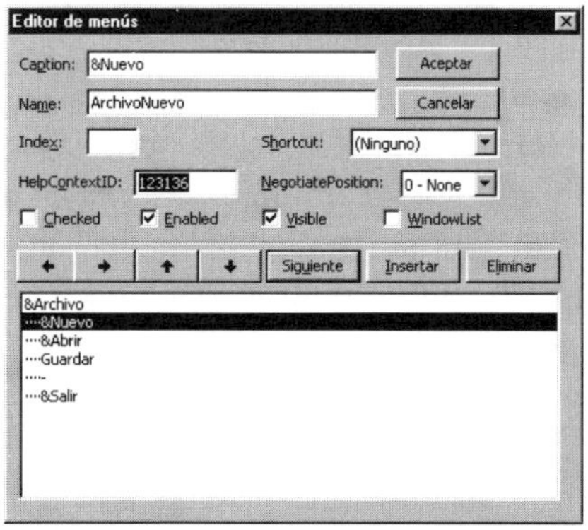

En la figura anterior puede observar que se ha asignado a la propiedad **HelpContextID** del elemento *Abrir* del menú *Archivo* el identificador de contexto 123136. Este identificador lógicamente estará relacionado con un tema de ayuda incluido en el fichero de ayuda asociado con la aplicación.

Nota: para el control *CommonDialog* y, posiblemente para otros controles, el nombre de esta propiedad es **HelpContext** en vez de **HelpContextID**.

También puede establecer la propiedad **HelpContextID** por programa de la manera siguiente:

```
Const HID_FILE_NEW As Long = &H1E100
Const HID_FILE_OPEN As Long = &H1E101

Private Sub Form_Load()
  App.HelpFile = App.Path & "\MiApp.hlp"
  ArchivoNuevo.HelpContextID = HID_FILE_NEW
  ArchivoAbrir.HelpContextID = HID_FILE_OPEN
End Sub
```

Si pulsa *F1* sobre un elemento con un valor cero de la propiedad **HelpContextID** (valor predeterminado), se mostrará el tema predeterminado del fichero de ayuda.

La propiedad WhatsThisHelp

Si asignamos a la propiedad **WhatsThisHelp** de un formulario el valor **True**, se activa la ayuda de tipo ¿Qué es esto?, pero se inhabilita la ayuda interactiva del formulario.

La ayuda de tipo ¿Qué es esto? proporciona el texto de ayuda en una ventana emergente. Se utiliza habitualmente para proporcionar una asistencia sencilla para algunos elementos de la interfaz. Visual Basic admite temas de ayuda del tipo ¿Qué es esto? tanto con los ficheros *.hlp* como con los ficheros *.chm*.

Para activar la ayuda de tipo ¿Qué es esto? en un formulario, asigne a su propiedad **WhatsThisHelp** el valor **True**. Después, para que aparezca el botón de ayuda en la barra de título del formulario, asigne a su propiedad **WhatsThisButton** el valor **True**. Esta última operación requiere que quite los botones de maximizar y minimizar, de lo contrario no se visualizará el botón esperado.

Si necesita utilizar los botones de maximizar y minimizar, puede activar la ayuda de tipo ¿Qué es esto? sin utilizar botón de ayuda. Para ello, asigne a la propiedad **WhatsThisHelp** del formulario el valor **True** e invoque su método **WhatsThisMode**, o bien al método **ShowWhatsThis** de un control.

A continuación, asigne a la propiedad **WhatsThisHelpID** de cada control al que desee proporcionar ayuda de tipo ¿Qué es esto? el identificador de contexto correspondiente.

Por ejemplo, cree una nueva aplicación, asigne a la propiedad **WhatsThisHelp** del formulario el valor **True** y coloque sobre el formulario un botón denominado *cmdCerrar*. Después escriba el código siguiente (en el disco, puede ver la aplicación ejemplo, *MiApp*, completa en el directorio *cap20*):

```
Const HID_FILE_CLOSE As Long = &H1E102

Private Sub Form_Load()
  App.HelpFile = App.Path & "\Miapp.hlp"
  cmdCerrar.WhatsThisHelpID = HID_FILE_CLOSE
End Sub

Private Sub cmdCerrar_MouseDown(Button As Integer, _
                      Shift As Integer, X As Single, Y As Single)
  If Button = 2 Then
    cmdAbrir.ShowWhatsThis
  End If
End Sub
```

Ahora, cuando haga clic con el botón derecho del ratón sobre el botón, observará que se muestra una ventana emergente mostrando la ayuda relacionada con este control. Pero, si quiere aplicar este tipo de ayuda a muchos controles, quizás sea mejor añadir al formulario un menú *Ayuda* con una orden *Ayuda contextual* y proceder como se muestra a continuación:

```
Const HID_FILE_CLOSE As Long = &H1E102

Private Sub Form_Load()
  App.HelpFile = App.Path & "\Miapp.hlp"
  cmdCerrar.WhatsThisHelpID = HID_FILE_CLOSE
End Sub

Private Sub AyudaContextual_Click()
  Form1.WhatsThisMode
End Sub
```

En este otro caso, cuando haga clic en la orden *Ayuda contextual* del menú *Ayuda*, observará que el puntero del ratón se convierte en un puntero de tipo ¿Qué es esto? activando la ayuda interactiva. Si ahora se dirige al botón *cmdCerrar* y hace clic sobre él, se le mostrará una ventana emergente mostrando la ayuda relacionada con este control.

Diseñando el sistema de ayuda

Para construir un sistema de ayuda tradicional, además de las herramientas comentadas hasta ahora, se necesita un procesador de textos que soporte ficheros *.rtf* (*Rich Text Format*); por ejemplo, *Microsoft Word*. Después siga el proceso que se explica a continuación.

El primer lugar, trataremos de reunir la información y planificar el sistema de ayuda. Para ello, determine:

- ¿Quién va a utilizar la aplicación? Personas sin experiencia, con alguna experiencia, con experiencia o expertos.

- ¿Cuál va a ser el contenido del sistema de ayuda? Un sistema de ayuda contiene varios componentes: el menú de ayuda y los tópicos que aparecen en la pantalla de contenido.

El *Índice de la ayuda* aparece cuando el usuario pulsa *F1* e informa al usuario del contenido del sistema de ayuda. Desde esta pantalla, el usuario elige un tema y recibe ayuda directamente. Como normas generales, esta pantalla debe agrupar sus entradas por categorías, evitar incluir más de 15 entradas, y limitar a tres el número de subniveles a los que el usuario debe acceder para visualizar ayuda sobre un tema.

A continuación planificamos la estructura de los temas de ayuda. La tabla siguiente muestra en su columna *Título* el esquema del sistema de ayuda que pretendemos crear. Cada fila de la tabla representa una página. Generalmente, desde la primera página del sistema de ayuda saltaremos al resto de las páginas que componen la ayuda total. Los sangrados indican la dependencia de las líneas. Una frase doblemente subrayada supone un salto a otra página, y una frase simplemente subrayada visualizará un ventana flotante. Cada frase, tema, coincide con una página del documento perteneciente a la ayuda. Cada página está identificada por el primer identificador que aparece en la columna *ID de contexto* de la fila correspondiente. El resto de los *ID* indican a qué página se saltará cuando se haga clic en la frase correspondiente de la columna *Título*.

Según la tabla siguiente, la primera página del documento que contiene el índice del sistema de ayuda está identificada por *main_index*, la siguiente página por *menu_file*, y así sucesivamente hasta llegar a la última página. Según esto, cada tema del sistema de ayuda, que en el documento que agrupa la información de ayuda se corresponde con una página, se identifica por una *cadena de contexto*, que debe ser única, incluyendo la primera página que visualiza el índice o contenido del sistema de ayuda.

Título	*ID de contexto*	*Palabras clave*
<<MiApp>> Índice de la ayuda **Cómo ...** << ... >> **Órdenes** menú Archivo menú Editar ...	main_index menu_file menu_edit	 archivos: administrar
Órdenes del menú Archivo Nuevo Abrir ...	menu_file HID_FILE_NEW HID_FILE_OPEN	.
Órdenes del menú Editar Deshacer Cortar ...	menu_edit HID_EDIT_UNDO HID_EDIT_CUT	.

La columna de *Palabras clave* es la que aparecerá, según muestra la figura siguiente, en la ficha *Índice* del sistema de ayuda. También puede observar que una misma palabra clave puede tener varios *temas relacionados*.

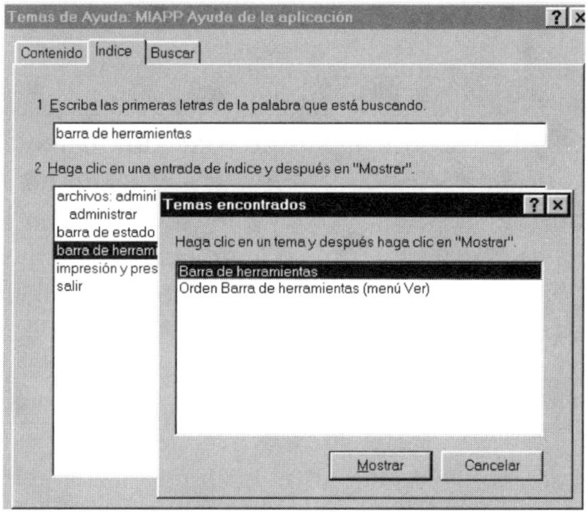

En la figura siguiente se visualizan dos páginas (observe el salto de página). La primera página, la que contiene la información sobre el tema "Índice de la ayuda", está identificada por *main_index*, la siguiente página por *menu_file* (los identificadores de principio de página se distinguen porque van precedidos por el carácter *#*). El identificador *main_index* simplemente identifica una página de ayuda. Otros identificadores, además de identificar a una página, podrían identificar a una orden o a un control de la aplicación, lo que habilita automáticamente la ayuda sensible al contexto; por ejemplo, HID_FILE_NEW.

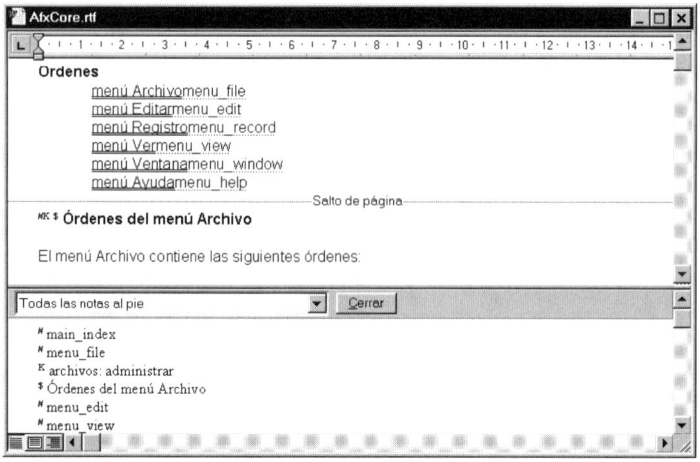

Según muestra la figura anterior, en cualquier página de ayuda pueden observarse elementos como los siguientes:

- El encabezado formado por los caracteres # (identificador de contexto), K (palabra clave) y $ (temas relacionados con la palabra clave), cuyos identificadores están especificados como notas al pie.

- Identificadores en minúsculas o en mayúsculas, por ejemplo *menu_file*, *menu_edit*, etc., que aparecerán también en el pie de página precedidos por el carácter #. Son los identificadores de contexto (identificadores de temas) y son *caracteres ocultos* (cuando se visualiza el texto, no aparecen). Observe que estos identificadores, una vez definidos, se colocan justo a continuación de una cadena de caracteres doble o simplemente subrayada, indicando así el tema al que hay que saltar cuando el usuario haga clic en dicha cadena subrayada. El enlace se hace con las notas al pie de página. Si el identificador corresponde a un elemento de la ventana de la aplicación, entonces podemos obtener ayuda sensible al contexto.

- Palabras con subrayado doble. Indican un salto al tema (página) identificado por el identificador de contexto escrito en texto oculto justamente a continuación. Estas palabras aparecerán en el sistema de ayuda en negro o en otro color y subrayadas con una línea continua. Si se hace clic sobre ellas, se produce un salto al tema especificado.

- Palabras con subrayado simple. Indican un salto al tema (página) identificado por el identificador de contexto escrito en texto oculto justamente a continuación. Estas palabras aparecerán en la ventana de ayuda en negro o en otro color y subrayadas con una línea discontinua. Si se hace clic sobre ellas, se visualizará una ventana flotante conteniendo la información correspondiente al tema especificado.

- Mapas de bits. Se pueden añadir mapas de bits utilizando los códigos RTF: *bmc*, *bml* o *bmr*. El fichero de ayuda compilado contiene una única copia de los datos gráficos separados del texto. No es necesario que especifique la ruta del fichero. La figura siguiente le indica la sintaxis que tiene que emplear. El significado de cada uno de los códigos es el siguiente:

  bmc Alinea el gráfico como si fuera un carácter.

  bml Alinea el gráfico al margen izquierdo; el texto se ajusta al lado derecho del gráfico.

  bmr Alinea el gráfico al margen derecho; el texto se ajusta al lado izquierdo del gráfico.

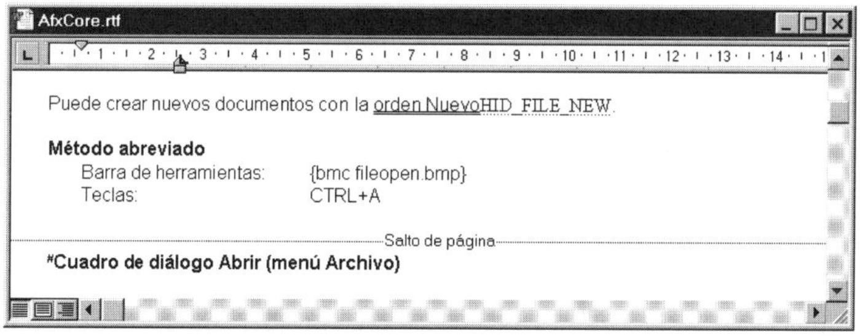

Para codificar una referencia gráfica como un salto o como una zona activa para una ventana emergente, proceda igual que si de una cadena de caracteres se tratara.

- Notas al pie correspondientes a los caracteres especiales (#, K, $) que encabezan cada una de las páginas.

Hablemos ahora de las notas al pie. Ya hemos dicho que las notas al pie precedidas por el carácter # identifican un tema. Las notas al pie precedidas por el carácter K son las que aparecerán en la página *Índice* de la ventana *Temas de ayuda* que se visualizará al ejecutar la orden *Temas de ayuda* del menú *Ayuda* de la aplicación. Las notas al pie precedidas por el carácter $ son las que aparecerán en una segunda lista que se visualizará al pulsar el botón *Mostrar* de la página *Índice* a la que nos hemos referido anteriormente; esta segunda lista hace referencia a los temas relacionados del elemento seleccionado en la página *Índice* y sólo aparecerá cuando haya más de un tema relacionado con el elemento seleccionado.

Para asignar un identificador de contexto a un tema de ayuda, suponiendo que haya iniciado un nuevo documento en su procesador de textos (*Microsoft Word*, en nuestro caso):

1. Coloque el punto de inserción en la primera posición de la página y ejecute la orden de insertar notas al pie. Con Microsoft Word, al ejecutar la orden *Nota al pie...* del menú *Insertar*, se visualiza la ventana siguiente:

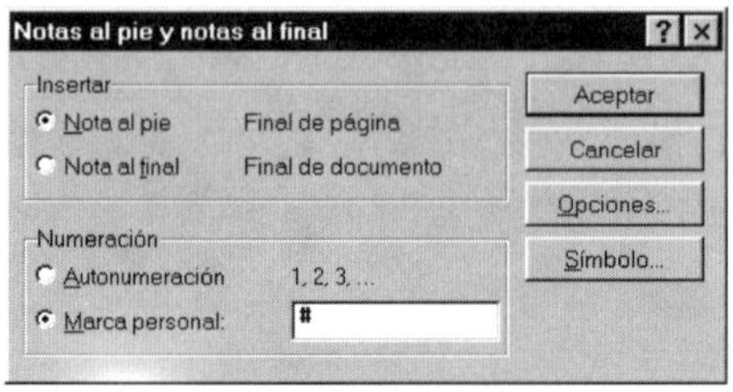

2. Inserte el carácter # como *marca personal* de *nota al pie*. Observe que en el pie de página aparece el carácter # seguido de un espacio (aparece como superíndice: $^{\#}$).

3. Escriba como nota al pie el *identificador de contexto* (el identificador del tema, que puede coincidir con el identificador de un objeto de la aplicación).

Asegúrese de que sólo haya un espacio en blanco entre el carácter # y el identificador de contexto.

Para añadir una nota al pie marcada con K o con $, proceda de la misma forma que se indicó para añadir una nota al pie marcada con #.

Una vez que ha escrito toda la información correspondiente al sistema de ayuda de su aplicación, guarde el fichero con formato RTF. En nuestro caso, uno de los ficheros ha sido guardado con el nombre *afxcore.rtf*. Para guardar un fichero con formato RTF con Microsoft Word, ejecute la orden *Guardar como...* del menú *Archivo*, y en la ventana que se visualiza, elija en la lista "Guardar como:" la opción "Formato RTF (*.rtf)".

Hemos visto que el menú de ayuda estándar tiene una orden *Temas de ayuda*, y que cuando se ejecuta esta orden se visualiza una ventana con tres páginas: *Contenido*, *Índice* y *Buscar*. Las páginas *Índice* y *Buscar* ya han sido explicadas. La página *Contenido* presenta una estructura de libros que agrupan los temas por contenidos. Para construir el contenido de esta página, tiene que hacerlo a través de la utilidad *Help Workshop*. En el disco que acompaña a este libro, en el directorio correspondiente a este capítulo, puede encontrar todos los ficheros que intervienen en la generación de un sistema de ayuda tradicional, que puede utilizar como punto de partida para crear los sistemas de ayuda para sus aplicaciones (este conjunto de ficheros es muy sencillo generarlo con el asistente *AppWizard* de Visual C++). Por ejemplo, ejecute *Help Workshop*, abra el fichero *MiApp.cnt* y realice las modificaciones que crea necesarias.

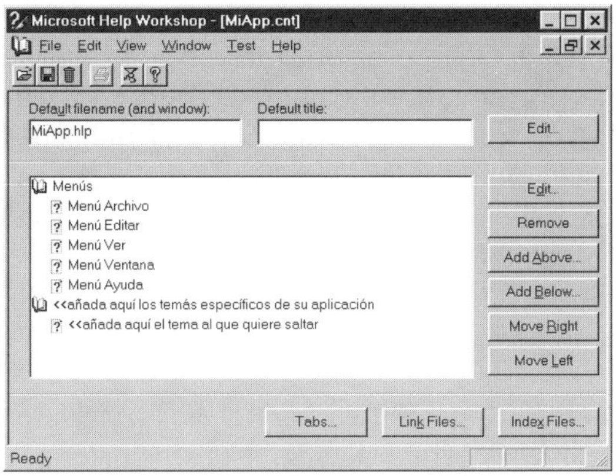

Construir el fichero de ayuda

Para controlar cómo el compilador de ayuda (*hcw.exe*) crea el fichero de ayuda (*.hlp*) a partir de los ficheros *.rtf*, podemos crear un fichero proyecto de ayuda con extensión *.hpj* (*help project*). Para crear este fichero se puede utilizar cualquier editor, pero el fichero se debe guardar en ASCII (sólo texto sin formato). No obstante, este proceso se automatiza cuando se utiliza *Help Workshop*. Por ejemplo, para la aplicación *MiApp*, hemos creado el proyecto de ayuda *miapp.hpj* que puede observarse en la figura siguiente:

Observe que un fichero de este tipo está dividido en secciones, en nuestro caso en cuatro: [OPTIONS], [FILES] , [ALIAS] y [MAP]. Además de éstas, existen otras secciones, como [BITMAPS], [CONFIG], [WINDOWS] y [BAGGAGE]. Cada una de ellas es construida a través del botón correspondiente de la ventana mostrada en la figura anterior.

La sección [OPTIONS] especifica las opciones que controlan cómo se construye el fichero de ayuda. Por ejemplo, COMPRESS indica si se aplica compresión durante la construcción, TITLE indica el título de la ventana de ayuda y CONTENTS hace referencia al identificador de contexto del tema (normalmente una tabla de contenido o un índice) que se visualiza cuando se pulsa *F1*. Si no se especifica, se asume como tema el primero del primer fichero especificado en la sección [FILES]. La sección [OPTIONS] es opcional, pero cuando se especifica tiene que ser la primera.

La sección [FILES] especifica los ficheros *.rtf* que proporcionan la información para construir el fichero de ayuda. Esta sección es necesaria.

La sección [ALIAS] permite igualar un identificador de contexto a otro. De esta forma ambos quedarían asociados al mismo contexto de ayuda. Los identificadores corresponden a las notas al pie precedidas por el carácter #. Cuando se incluya esta sección, debe preceder a la sección [MAP].

La sección [MAP] asocia las cadenas de contexto con números de contexto. Por ejemplo, si edita el fichero *MiApp.hpj* observará que se incluyen dos ficheros que contienen la información antes aludida:

```
[MAP]
#include Afxhelp.hm
#include MiApp.hm
```

Es aconsejable que los ficheros *.hm* que utilice residan en el directorio *hlp* de la aplicación.

La sección [BITMAPS] está obsoleta y se mantiene simplemente por compatibilidad. Se utilizaba para especificar las rutas de los ficheros de mapas de bits a los que se hace referencia en los ficheros *.rtf*.

Una vez construido el proyecto de ayuda, el fichero de ayuda se construye invocando al compilador de ayuda *hcw* (pulse el botón *Save and Compile* de *Help Workshop*).

Función WinHelp

Otra forma de hacer que una aplicación utilice la ayuda es invocando a la función **WinHelp** de la API de Windows o de la biblioteca MFC. Esta función puede ser invocada especialmente para solicitar ayuda a través de un fichero diferente a los especificados en el fichero *.hpj*.

La declaración de la función **WinHelp** de la API de Windows es la siguiente:

```
Declare Function WinHelp Lib "user32" Alias "WinHelpA" ( _
              ByVal hwnd As Long, _
              ByVal lpHelpFile As String, _
              ByVal wCommand As Long, _
              ByVal dwData As Long) As Long
```

donde *hwnd* es el controlador de la ventana que solicita la ayuda, *lpHelpFile* es el fichero de ayuda, *wCommand* es el tipo de ayuda y *dwData* permite utilizar datos adicionales. Por ejemplo, añada una orden *Índice* al menú *Ayuda* de la aplicación *MiApp* y vincule el siguiente procedimiento con la misma:

```
Private Sub AyudaIndice_Click()
  WinHelp hwnd, App.Path & "\hlp\Miapp.hlp", HELP_CONTENTS, 0
End Sub
```

El código anterior visualizará la ventana de ayuda de Windows mostrando el fichero de ayuda especificado. Una alternativa al procedimiento anterior puede ser la siguiente:

```
Private Sub AyudaIndice_Click()
  SendKeys "{F1}"
End Sub
```

La instrucción **SendKeys** envía una o más pulsaciones de teclas a la ventana activa, como si se hubieran presionado desde el teclado. Pero esta forma de proceder sólo funcionará como la anterior si no está activado el tipo de ayuda ¿Qué es esto?

HTML Help Workshop

Microsoft *HTML Help Workshop* (*hhw.exe*) es un programa que permite crear sistemas de ayuda basados en HTML (*Hypertext Markup Language*) para distribuirlos en disco o a través de servidores *Web*. Es uno de los varios componentes de *HTML Help*, producto basado en *WinHelp*, que se distribuye con *Microsoft Internet Explorer 4.0* y versiones posteriores. Por lo tanto, el usuario final de nuestra aplicación debe tener instalado *Internet Explorer 4.0* o superior para que funcione la ayuda HTML. No funcionará con *Netscape*. Debe asegurarse también de que ha instalado la utilidad *HTML Help Wprkshop*.

Con una interfaz fácil de utilizar, *HTML Help Workshop* permite organizar todos los ficheros que componen el sistema de ayuda de una aplicación en un único fichero de proyecto (*.hhp*) y personalizar los ficheros HTML (*.htm*, *.html*) a través de un editor de textos. También permite editar ficheros índice (*.hhk*) de contenido (*.hhc*), añadir ficheros gráficos (*.gif*, *.jpeg*, *.png*) e insertar controles *ActiveX*.

Asimismo, *HTML Help Workshop* permite construir un sistema de ayuda *HTML* a partir de un sistema de ayuda *WinHelp* existente. Para ello, un asistente se encargará de convertir el fichero de proyecto *WinHelp* (*.hpj*) en un fichero de proyecto *HTML Help* (*.hhp*), los ficheros de temas *WinHelp* (*.rtf*) en ficheros de temas *HTML Help* (*.htm*, *.html*), los ficheros de contenido *WinHelp* (*.cnt*) en ficheros de contenido *HTML Help* (*.hhc*), y el índice *WinHelp* en un fichero índice *HTML Help* (*.hhk*). Asimismo, los ficheros gráficos *WinHelp* (tales como *.bmp* o *.wmf*) serán convertidos en ficheros gráficos HTML *.gif*, *.jpeg* o *.png* dependiendo del formato aceptado por el explorador.

Convertir un fichero de ayuda WinHelp

Para convertir un fichero de ayuda *WinHelp* existente en un fichero de ayuda *HTML*, tiene que realizar los siguientes pasos:

1. Ejecute *HTML Help Workshop*.
2. Ejecute la orden *New* del menú *File* y seleccione *Project*.
3. Haga clic en la casilla *Convert WinHelp project* y después en *Siguiente*.
4. Especifique el camino del fichero *.hpj* que quiere convertir y el camino del fichero *.hhp* que quiere crear. Haga clic en *Siguiente* y después en *Finalizar*.
5. Haga clic en el botón *Compile HTML file* de la barra de herramientas.
6. Haga clic en el botón *View Compiled file* para ver los resultados obtenidos.

Todos los ficheros referenciados por el fichero de proyecto *.hpj* deben estar en las localizaciones especificadas en el mismo, de lo contrario obtendrá un error. Asimismo, *HTML Help Workshop* sólo permite convertir proyectos completos.

A continuación, utilizando las herramientas de *Internet Explorer* o similares, puede modificar las páginas HTML que desee de su proyecto.

Como ejemplo, realice los pasos anteriores sobre la aplicación *MiApp* desarrollada anteriormente.

Vincular el sistema de ayuda HTML a una aplicación

Al principio de este capítulo, ya expusimos que para agregar un sistema de ayuda a su aplicación Visual Basic, basta con que asigne a la propiedad **HelpFile** del objeto **App** el nombre del fichero de ayuda *.hlp* o *.chm*. Para mostrar la ayuda presione la tecla F1 o solicite ayuda a través menú de *Ayuda*. Por ejemplo, puede añadir una orden *Ayuda HTML* al menú *Ayuda* de su aplicación para vincularla con el siguiente procedimiento:

```
Private Sub AyudaHtml_Click()
  SendKeys "{F1}"
End Sub
```

Asimismo, Windows proporciona un programa, *hh.exe*, que se ejecuta siempre que un usuario abre un fichero de ayuda HTML (*.chm*). Para realizar el proceso descrito, el programa *hh.exe* llama a *hhctrl.ocx*. Por ejemplo, el procedimiento anterior podría escribirse también así:

```
Private Sub AyudaHtml_Click()
  Dim aplic As String
  aplic = "hh " & App.Path & "\Miapp.chm"
  Shell aplic, vbNormalFocus
End Sub
```

Ayuda HTML sensible al contexto

Para obtener ayuda puntual de un elemento de la interfaz gráfica de la aplicación, el usuario hará clic en el ?, el cursor del ratón se transformará en una flecha con un interrogante que el usuario utilizará para hacer clic en el elemento de la interfaz gráfica del cual quiere obtener ayuda. El resultado será la ventana de ayuda, presentando la ayuda solicitada, si existe. Para que nuestra aplicación permita realizar el proceso descrito, tiene que realizar los siguientes pasos:

1. Cree un fichero de cabecera, por ejemplo *MiAppMap.h*, que almacene las constantes de ayuda que se derivan de los ID de los elementos de la aplicación (consulte el apartado anterior "Ayuda sensible al contexto"). Este juego de constantes ya está definido en los ficheros *Afxhelp.hm* y *Miapp.hm*. Copie en *MiAppMap.h* las constantes de ayuda que necesite de estos ficheros y anteponga a cada constante la directriz **#define**. Por ejemplo:

```
#define HID_FILE_NEW                              0x1E100
#define HID_FILE_OPEN                             0x1E101
#define HID_FILE_CLOSE                            0x1E102
```

2. Cree un fichero de cabecera, por ejemplo *MiAppAlias.h*, que almacene los vínculos entre los identificadores de *MiAppMap.h* y los ficheros *.htm* del directorio *hlp\html* generados por *HTML Help Workshop*. Una forma sencilla de averiguar esta información es mediante *Microsoft FrontPage Express*; abra un fichero *.html*, haga clic con el botón derecho del ratón sobre el marcador que se visualiza a la izquierda del título y seleccione la orden *Propiedades del marcador* del menú contextual que se visualiza; una ventana le mostrará la constante de ayuda vinculada con el fichero *html*. Por ejemplo:

```
HID_FILE_NEW          = html\afxc72d3.htm
HID_FILE_OPEN         = html\afxc8rhq.htm
HID_FILE_CLOSE        = html\afxc45r9.htm
```

3. Ejecute la aplicación *HTML Help Workshop*, abra el fichero *MiApp.hpp* y haga clic en el botón *HtmlHelp API information* situado al lado izquierdo. Para incluir el fichero *MiAppMap.h* haga clic en la etiqueta *Map* y en el botón *Header file*. Después, para incluir el fichero *MiAppAlias.h* haga clic en la etiqueta *Alias* y en el botón *Include*.

4. Ejecute la orden *Compile* del menú *File*. Obtendrá *MiApp.chm*.

5. Copie el fichero *MiApp.chm* en el directorio donde está el fichero ejecutable.

Una vez realizados los pasos anteriores, añada al formulario los identificadores de contexto correspondientes a los temas de ayuda contextual que quiere utilizar. Después, edite el procedimiento *Form_Load* y asigne a la propiedad **HelpContextID** de los elementos deseados de la interfaz gráfica, el identificador de contexto adecuado. Por ejemplo:

```
Const HID_FILE_NEW  As Long = &H1E100
Const HID_FILE_OPEN As Long = &H1E101

Private Sub Form_Load()
  App.HelpFile = App.Path & "\Miapp.chm"
  ArchivoNuevo.HelpContextID = HID_FILE_NEW
  ArchivoAbrir.HelpContextID = HID_FILE_OPEN
End Sub
```

Cuando ejecute la aplicación y seleccione uno de los elementos a los que ha añadido ayuda contextual, pulsando *F1* se mostrará el tema correspondiente del fichero de ayuda.

Para implementar el tipo de ayuda ¿Qué es esto? en formato HTML, todos los temas de dicha ayuda deben estar incluidos en un fichero *.txt* que se compila dentro del fichero *.chm*. Para más detalles recurra a la ayuda en línea proporcionada por la utilidad *HTML Help Workshop*.

ASISTENTE DE EMPAQUETADO Y DISTRIBUCIÓN

Después de crear una aplicación Visual Basic, puede que necesitemos proporcionársela a usuarios finales, en disquetes, en CD, a través de una red local, o bien a través de *Intranet* o *Internet*. Esto requiere primero empaquetar la aplicación y después distribuirla.

Empaquetar significa comprimir los ficheros que componen la aplicación en uno o varios ficheros *.cab*. Simultáneamente se crea el programa que permitirá la instalación de esos paquetes. Y finalmente se distribuyen los paquetes junto con el programa de instalación, a través del medio elegido.

Para realizar el proceso anteriormente descrito de una forma sencilla, Visual Basic proporciona el *asistente de empaquetado y distribución* (anteriormente llamado *asistente para instalación*).

El *asistente de empaquetado y distribución* proporciona una variada gama de opciones para la distribución de su aplicación:

- Múltiples disquetes, pudiendo dividir los paquetes que sean muy grandes entre varios disquetes.
- Copiar los paquetes en un directorio del disco duro para su distribución a través de una red o de un CD-ROM.
- A través de *Internet* utilizando *Microsoft Internet Explorer*, versión 3.0 o posterior, para transferir de forma automática los paquetes de código.

Generar el programa de instalación

Como ejemplo, vamos a generar el programa de instalación para la aplicación *academia* que escribimos en el capítulo de "Acceso a una base de datos". Si el proyecto para el que quiere crear un programa de instalación está abierto, guárdelo y cierre Visual Basic.

Para iniciar el *asistente de empaquetado y distribución*, primero compruebe si existe la orden correspondiente en el menú *Complementos*; si no es así, añádala.

Para ello, ejecute el *Administrador de complementos* desde el menú *Complementos*, seleccione el asistente de la lista que se visualiza y establezca las opciones de comportamiento de carga, según puede observar en la figura siguiente:

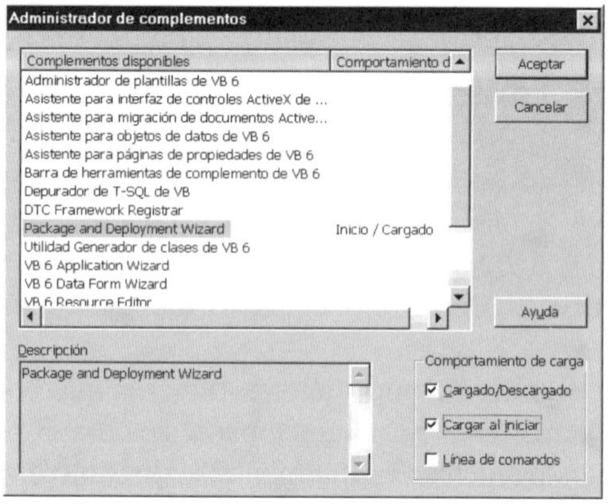

Cuando se abre el asistente de empaquetado y distribución, desde el menú *Complementos*, debe estar abierta la aplicación que se desea empaquetar para distribuir.

Otra forma de proceder es abrir el menú *Inicio* de Windows y seleccionar *Asistente de empaquetado y distribución* en el submenú *Visual Basic* (o en el submenú *Herramientas* de *Visual Studio*). Se visualizará una ventana como la siguiente:

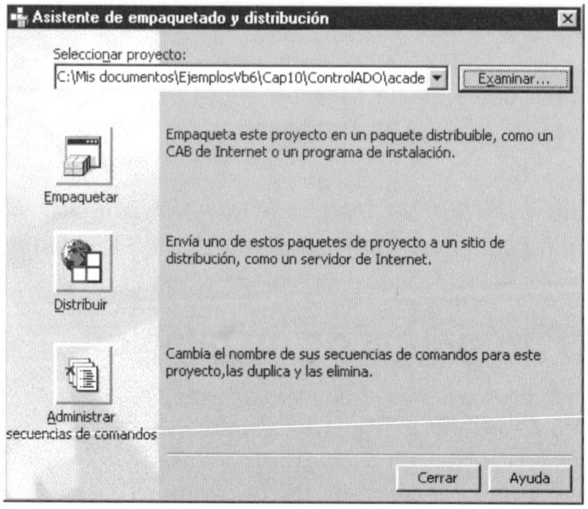

Seleccione el proyecto que desea empaquetar y distribuir. Es necesario haber guardado y compilado el proyecto antes de poder ejecutar este asistente. Después elija una de las tres opciones presentadas:

- *Empaquetar*. Conduce al primer paso del proceso de empaquetado de su aplicación. Finalizado este proceso, puede volver a esta pantalla principal para distribuir la misma.

- *Distribuir*. Conduce al primer paso del proceso de distribución de su paquete. Puede utilizar esta opción cuando ya tiene su proyecto empaquetado para distribuir.

- *Administrar secuencias de comandos*. Permite cambiar los nombres de los ficheros de órdenes de empaquetado y distribución.

Haga clic en el botón *Empaquetar*. Esto hará que el asistente le presente varios diálogos. Cada diálogo le pedirá información acerca del proyecto y le permitirá elegir qué opciones quiere incorporar al programa de instalación, cómo se va a distribuir, si quiere que el asistente compile la aplicación en el supuesto de que no lo hubiera hecho, etc. Además, le informará de cuándo es opcional cierta información y qué información debe introducir antes de que pueda pasar al próximo diálogo. A medida que avanza, si necesita más información, pulse *F1* o haga clic en el botón *Ayuda*.

Tipo de empaquetado

El diálogo *Tipo de empaquetado* permite elegir el tipo de paquete que desea crear: *paquete de instalación estándar* o *archivo de dependencias*. El primero crea un paquete para ser instalado mediante un programa de instalación (*setup.exe*) y el segundo crea un fichero con información acerca de los componentes necesarios para su aplicación durante la ejecución.

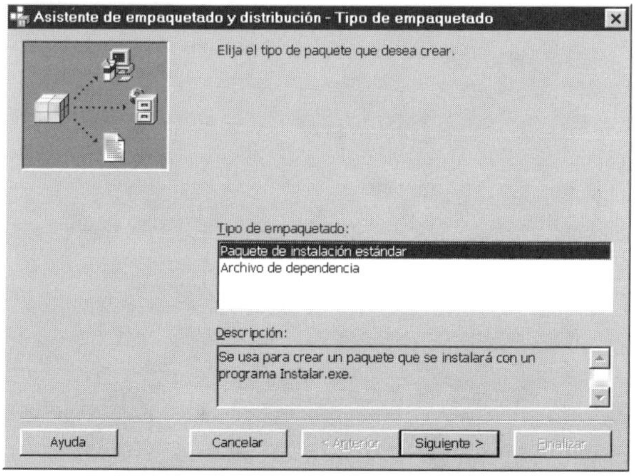

Seleccione *paquete de instalación estándar* y haga clic en *Siguiente*.

Carpeta para el paquete

Este diálogo permite crear o seleccionar una carpeta para almacenar el paquete de instalación.

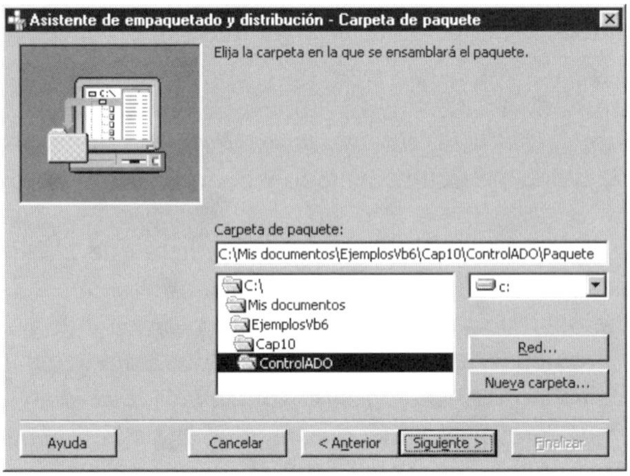

Para nuestro ejemplo elija la opción predeterminada. Después haga clic en *Siguiente*.

Archivos incluidos

El diálogo *Archivos incluidos* muestra una lista de los archivos que se incluirán en el paquete y le permite agregar otros ficheros o eliminar ficheros no deseados.

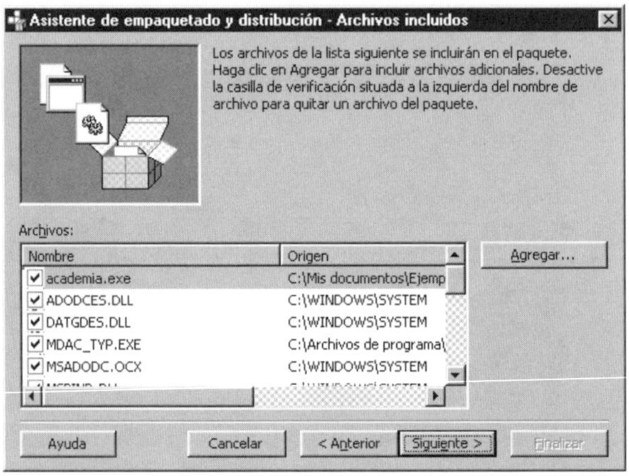

Acepte la lista mostrada y haga clic en *Siguiente*.

Opciones de .cab

Este diálogo permite especificar cuántos ficheros *.cab* deseamos crear: uno de gran tamaño o bien varios más pequeños. Para una distribución en disquetes, debe elegir la opción *Múltiples archivos .cab*; en cualquier otro caso elija *Un único archivo .cab* o *Múltiples archivos .cab*, según prefiera.

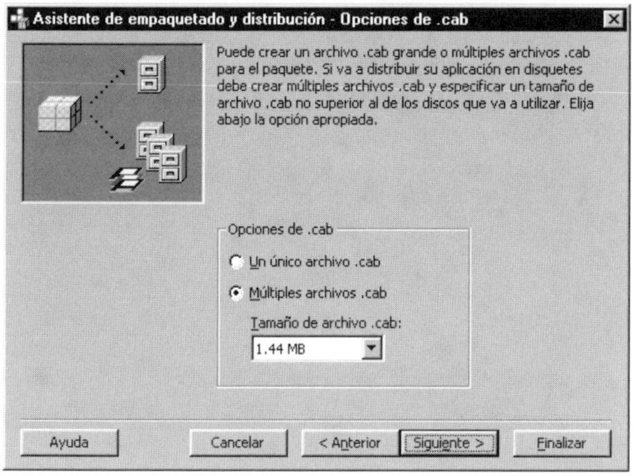

Para nuestro ejemplo elija *Múltiples archivos .cab*. Después haga clic en *Siguiente*.

Título de instalación

Este diálogo permite escribir un nombre para la instalación, nombre que aparecerá cuando un usuario ejecute el programa de instalación para instalar la aplicación.

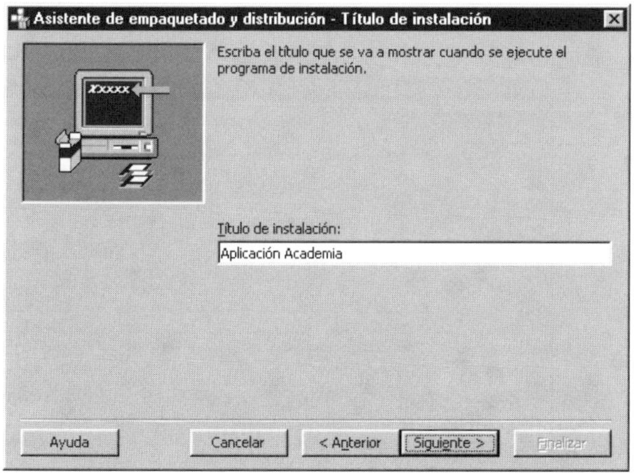

Elementos del menú Inicio

El diálogo *Elementos del menú Inicio* permite especificar los grupos y los elementos de grupo del menú *Inicio* que deberán crearse en el equipo del usuario final durante la instalación de la aplicación.

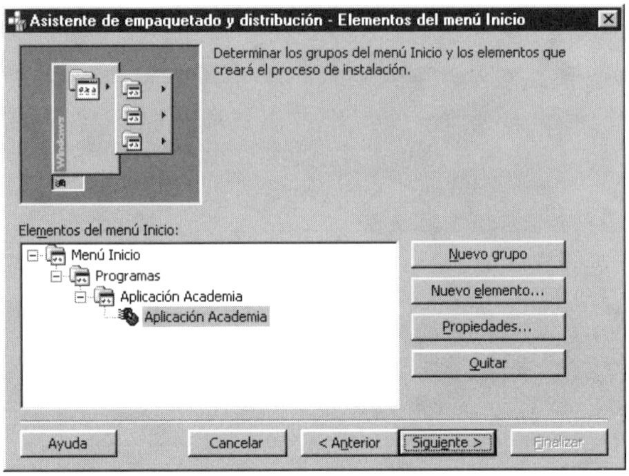

Si agrega un grupo o un elemento al directorio *Menú Inicio*, aparecerá dentro del menú principal que se abre cuando hace clic en el botón *Inicio* de Windows. Si agrega un grupo o un elemento al subdirectorio *Programas*, dicho grupo o programa aparecerá cuando hace clic en *Inicio* y a continuación en *Programas*.

Ubicaciones de instalación

Este diálogo muestra el nombre y la ubicación original de cada uno de los ficheros del paquete, así como la ubicación en la que serán instalados. Si lo desea puede cambiar la ubicación de instalación de cada uno de estos ficheros.

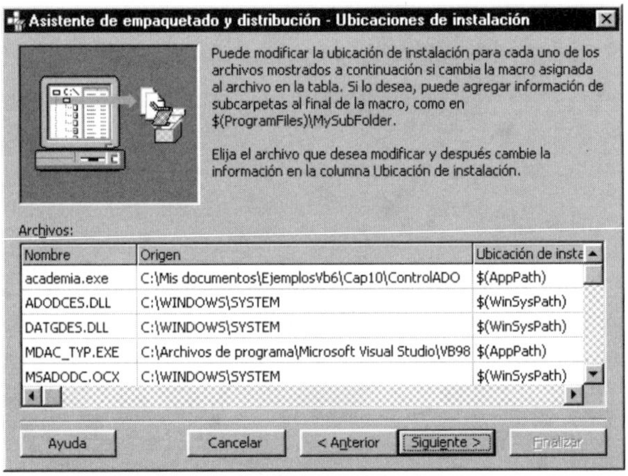

Archivos compartidos

Este diálogo permite especificar los ficheros que se instalarán como compartidos. Un *fichero compartido* puede ser utilizado por otras aplicaciones en el equipo del usuario y no podrá eliminarse cuando el usuario final proceda a desinstalar la aplicación mientras exista alguna otra aplicación que lo utiliza.

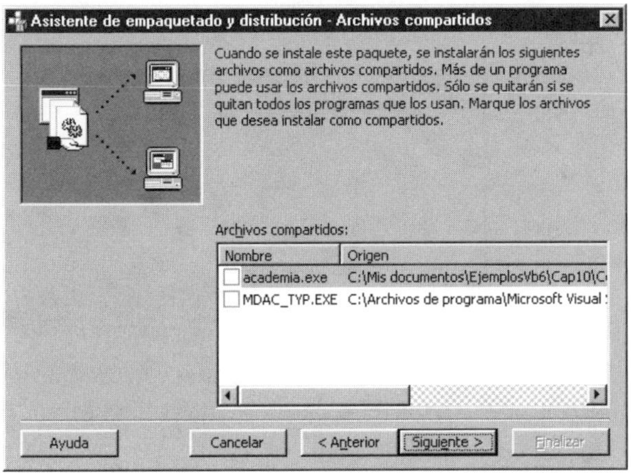

Finalizado

En este instante el asistente ya tiene la información necesaria para iniciar la generación del paquete. La configuración utilizada será guardada en un fichero cuando haga clic en *Finalizar*. De esta forma podrá volver a utilizar la misma configuración la próxima vez que tenga que preparar la instalación del mismo proyecto, o bien le permitirá identificar el paquete para distribuirlo.

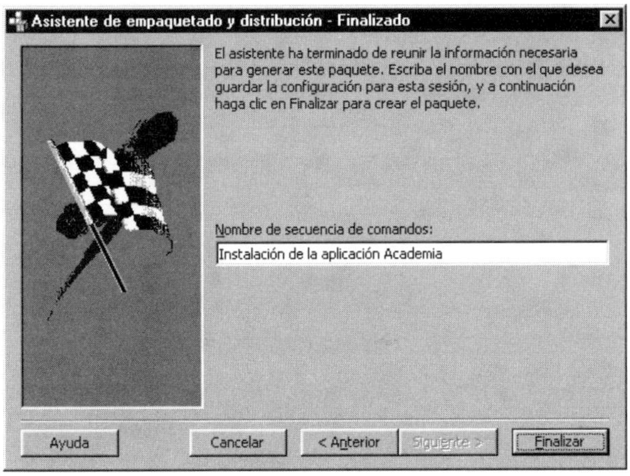

Cuando finalice el proceso de empaquetado le será mostrado un informe similar al siguiente:

Cuando haga clic en *Cerrar* le volverá a ser presentada la ventana inicial. Si hace clic en el botón *Distribuir*, será preguntado por el paquete que desea distribuir y por el medio de distribución.

Paquete que se va a distribuir

Este diálogo permite seleccionar el paquete que desea distribuir. La lista de paquetes sólo muestra los paquetes correspondientes al proyecto actual.

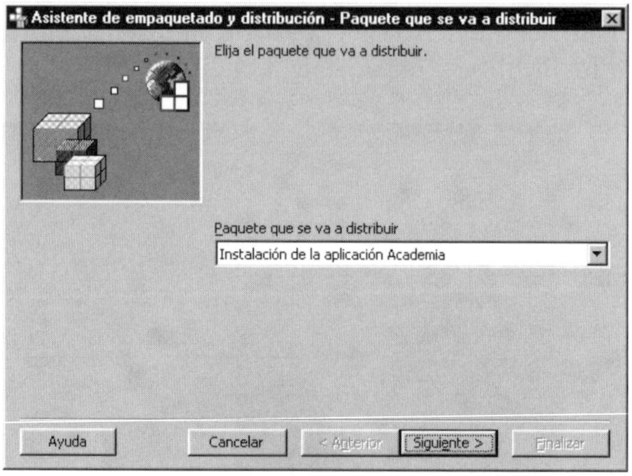

Método de distribución

Este diálogo permite elegir el modo de distribución del paquete seleccionado: disquetes, carpeta (distribuye el paquete en la carpeta indicada de una unidad local o de red), o bien publicación en Web.

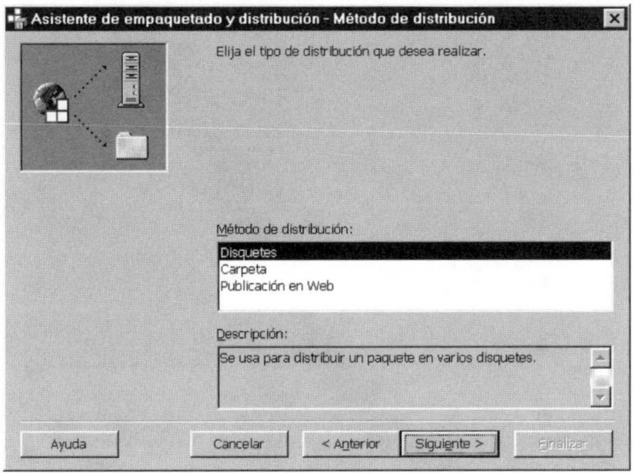

Unidad de disquete

Este diálogo permite seleccionar la unidad de disquete en la que el asistente deberá escribir el paquete de instalación. También puede elegir dar formato al disquete antes de escribir en él.

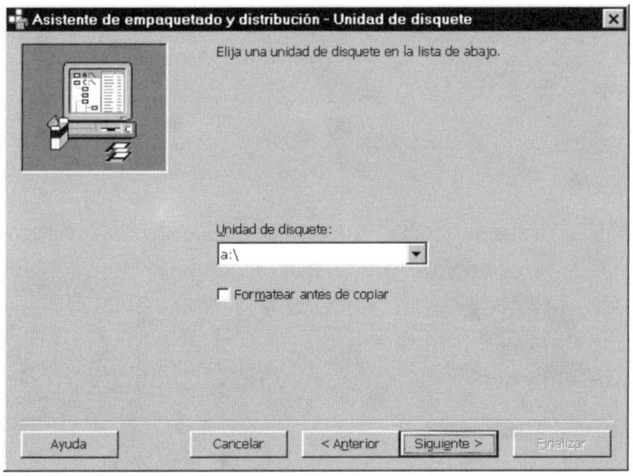

Finalizado

En este instante el asistente ya tiene la información necesaria para iniciar la distribución del paquete. La configuración utilizada será guardada en un fichero cuando haga clic en *Finalizar*. De esta forma podrá volver a utilizar la misma configuración la próxima vez que tenga que distribuir la misma aplicación.

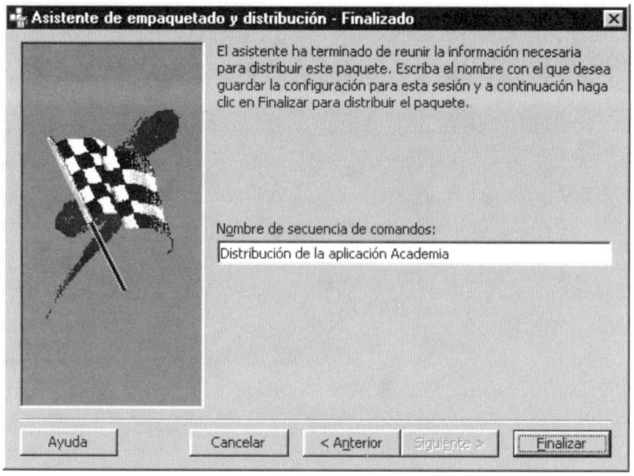

Kit de herramientas de instalación

Para distribuir sus aplicaciones, dispone de dos herramientas: *el asistente de empaquetado y distribución* que hemos expuesto en el apartado anterior y el *kit de herramientas de instalación* que le permite personalizar parte de lo que ocurre durante el proceso de instalación.

El *kit de herramientas de instalación* es un proyecto incluido en el paquete de Visual Basic que el *asistente de empaquetado y distribución* utiliza cuando crea un programa de instalación. Contiene los formularios y el código que el programa de instalación de la aplicación utiliza. Se localiza en el directorio:

```
...\Wizards\PDWizard\Setup1
```

Observe los ficheros resultantes del proceso de empaquetado y distribución que ha realizado en el apartado anterior. Comprobará que en el proceso de instalación participan dos programas: *setup.exe* y *setup1.exe*. El primero realiza un proceso de preinstalación, incluyendo la instalación del fichero de instalación principal de la aplicación *setup1.exe*, y de cualquier otro fichero necesario. Pues bien, el *kit de herramientas de instalación* lo que permite es personalizar este segundo programa. Permite modificar las pantallas que se ven durante el proceso de instalación o crear directamente un programa de instalación. No modifique los ficheros del proyecto *kit de herramientas de instalación* sin realizar primero una copia de seguridad en otro directorio, ya que, como hemos indicado, dichos ficheros son utilizados por el *asistente de empaquetado y distribución*.

Deberá crear un programa de instalación personalizado cuando necesite agregar características adicionales no contempladas por la secuencia de instalación del asistente. En este caso, puede cargar el proyecto *setup1.vbp* en Visual Basic y modificar la apariencia o las características del proyecto.

PARTE 6

Internet

- Visual Basic e Internet
- Aplicaciones en Internet

CAPÍTULO 21

VISUAL BASIC E INTERNET

¿Quién no ha oído hablar de Internet? La respuesta es evidente, porque donde quiere que esté oirá hablar de Internet ¿Por qué? Porque hoy en día forma parte del mundo de los negocios y del comercio, aunque en sus inicios no fue ésta la intención. Hay muchas empresas que le proporcionan conexión las 24 horas del día por un precio asequible. Pero ¿qué es Internet?, ¿qué servicios ofrece?

¿QUÉ ES INTERNET?

Internet, es decir inter-red, es una red de redes informáticas distribuidas por todo el mundo que intercambian información entre sí mediante la familia de protocolos TCP/IP. Puede imaginarse Internet como una gran nube con ordenadores conectados:

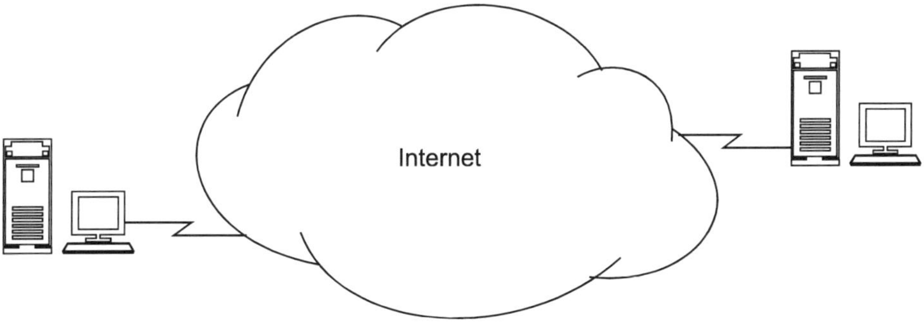

Internet surgió de un programa de investigación realizado por la Agencia de Proyectos de Investigación Avanzados de Defensa (DARPA) de los Estados Unidos sobre la conexión de redes informáticas. El resultado fue ARPANet (1969).

Esta red crece y a principios de los ochenta se conecta con CSNet y MILNet, dos redes independientes, lo que se considera como el nacimiento de Internet (*International Network of computers*). También forman parte de esta red, NSI (*NASA Science Internet*) y NSFNet (*National Science Foundation Net*).

Durante muchos años Internet ha servido para que muchos departamentos de investigación de distintas universidades distribuidas por todo el mundo pudieran colaborar e intercambiar información. Sólo recientemente ha comenzado a formar parte de los negocios y de nuestra vida cotidiana.

Internet ha hecho que el mundo empresarial se haya replanteado sus sistemas de comunicación internos y externos y en la mayoría de los casos los haya encauzado vía Internet. Esto ha dado lugar a dos subpoblaciones dentro de Internet: *intranets* y *extranets*.

Intranet

Una *intranet* no es más que una red local que utiliza los mismos protocolos que Internet, independientemente de que esté o no conectada a Internet ¿Qué ventajas tiene una *intranet*? Fundamentalmente dos: independencia de los proveedores habituales de soluciones y una única forma de trabajar que evita tener que aprender sistemas nuevos, lo que redunda en un ahorro de formación. Por otra parte, una *intranet* suele estar dotada de una velocidad bastante mayor que la habitual en Internet, lo que posibilita una comunicación muy fluida, incluso cuando se trata de flujos de información multimedia.

Extranet

Piense en una empresa con varias sucursales, cada una de las cuales tiene una *intranet* instalada. Una *extranet* no es más que la unión de dos o más *intranets* utilizando como puente Internet ¿Qué ventajas tiene una *extranet*? Es un sistema barato, pues sólo requiere que las *intranets* estén conectadas a Internet, y seguro; esto es, si una determinada *intranet* se viene abajo, no hay problema de rutas alternativas; Internet es una auténtica telaraña mundial que casi siempre asegura una ruta completa.

Terminología Internet

Desde el punto de vista físico, Internet no es una simple red, sino miles de redes informáticas que trabajan conjuntamente bajo los protocolos TCP/IP (*Transmision Control Protocol/Internet Protocol* - Protocolo de Control de Transmisiones/Protocolo Internet), entendiendo por protocolo un conjunto de normas que regulan la comunicación entre los distintos dispositivos de una red. Desde el punto de vista del usuario, Internet es una red pública que interconecta universidades, centros de investigación, servicios gubernamentales y empresas.

El conjunto de protocolos de Internet está compuesto por muchos protocolos relacionados con la asociación formada por TCP e IP y relacionados con las diferentes capas de servicios de la red; esto es, las funciones de una red se pueden agrupar en capas de servicios de la red. Imagínese las capas como distintas estaciones por las que debe pasar un paquete de información cuando realiza la ruta de un ordenador a otro conectados a diferentes puntos dentro de Internet. Por ejemplo, el protocolo TCP/IP visto desde este punto de vista puede imaginárselo de forma resumida así:

Aplicación (FTP, Telnet, Gopher, Word Wide Web)
API de Windows Sockets
Transporte (TCP y UDP)
Red (IP)
Enlace (controlador de dispositivo, tarjeta de red, protocolos de control de la línea)

Entre dos capas puede haber una interfaz de programación (API) para interpretar los mensajes o paquetes a medida que van pasando.

Utilizar una interfaz de programación, como la API de Windows *Sockets*, libera al programador de tratar con detalles de cómo se pasan los paquetes de información entre las capas inferiores.

La capa de enlace y de red se encarga de empaquetar la información y de llevar los paquetes de un lugar a otro de la red ¿Cómo se identifican estos lugares? La respuesta es: con direcciones de Internet que permitan identificar tanto el ordenador como el usuario, ya que un mismo ordenador puede tener dados de alta diferentes usuarios. Estas direcciones son especificadas según un convenio de *sistema de nombres de dominio* (DNS).

Un DNS tiene el formato siguiente:

```
[subdominio].[subdominio].[...].dominio
```

Por ejemplo:

```
uni.alcala.es
```

En este ejemplo, *es* es el dominio, *alcala* es un subdominio de *es*, y *uni* un subdominio de *alcala*. Algunos dominios de nivel superior son:

Dominio	**Cobertura**
com	organizaciones comerciales
edu	instituciones educativas
net	suministradores de servicios de red
us	Estados Unidos
de	Alemania
es	España

Cada nombre de dominio se corresponde con una única dirección de Internet o dirección IP. Una dirección IP es un valor de 32 bits dividida en cuatro campos de 8 bits. Por ejemplo:

```
130.206.82.7
```

Para referirse a un usuario perteneciente a un determinado dominio, la sintaxis empleada es:

```
usuario@[subdominio].[subdominio].[...].dominio
```

Los programas que gestionan los nombres de dominio se denominan *servidores de nombres*. Cada servidor de nombres posee información completa de una determinada zona (subconjunto de un dominio) y de otros servidores de nombres responsables de otras zonas. De esta forma, cuando llega una solicitud de información sobre la zona de la que es responsable un determinado servidor, éste sencillamente proporciona la información. Sin embargo, cuando llega una solicitud de información para una zona diferente, el servidor de nombres se pone en contacto con el servidor de esa zona. Los servidores DNS constituyen la base de datos distribuida de nombres de Internet.

La capa de transporte es responsable de la entrega fiable de los datos. En esta capa se emplean dos protocolos diferentes: TCP y UDP. TCP toma mensajes de usuario de longitud variable y los pasa al nivel de red, solicitando acuse de recibo; y UDP es similar, salvo en que no solicita acuse de recibo de los datos.

La capa de aplicación proporciona una interfaz a la aplicación que ejecuta un usuario. Dicho de otra forma, proporciona el conjunto de órdenes que el usuario utiliza para comunicarse con otros ordenadores de la red.

Existen muchos protocolos en TCP/IP. A continuación se indican algunos bastante conocidos:

- *FTP* (*File Transfer Protocol* - Protocolo de transferencia de ficheros). Copia ficheros de una máquina a otra.

- *Gopher*. Protocolo que permite buscar y recuperar documentos mediante un sistema de menús.

- *POP 2* y *POP 3* (*Post Office Protocol* - Protocolo de oficina de correos). Protocolo para gestionar el correo electrónico en base a su recepción y envío posterior.

- *SMTP* (*Simple Mail Transfer Protocol* - Protocolo de transferencia correo). Protocolo para controlar el intercambio de correo electrónico entre dos agentes de transferencia de mensajes (MTA) en Internet.

- *Telnet* (*Telecomunications NetWork Protocol* - Protocolo de telecomunicaciones de red). Protocolo utilizado para establecer conexiones entre terminales remotos. Permite establecer conexiones entre máquinas con diferentes sistemas operativos.

- *USENet*. Nombre con el que se denomina al conjunto de los grupos de discusión y noticias establecidos en Internet. La idea de USENet es servir como tablón electrónico de anuncios.

- *WWW* (*World Wide Web* - La telaraña mundial). Sistema avanzado para la búsqueda de información en Internet basado en hipertexto y multimedia. El software utilizado consiste en buscadores (*browsers*) con una interfaz gráfica.

SERVICIOS EN INTERNET

En este apartado vamos a exponer los servicios disponibles para intercambiar información con otros usuario a través de Internet, así como las herramientas más populares que facilitan este intercambio. Los servicios más comunes son el correo electrónico, la conexión remota, transferencia de ficheros, grupos de noticias y la WWW. Programas que facilitan estos servicios hay muchos, y su manejo, además de sencillo, es similar. Por eso, independientemente de los que utilice como ejemplo el autor, usted puede emplear los suyos de forma análoga.

En cualquier caso, tenga presente que sólo podrá acceder a Internet si además de un ordenador y un módem (un módem es un dispositivo que conecta un ordenador a una línea telefónica), ha contratado dicho servicio con un proveedor de Internet, o bien si su ordenador forma parte de una red que le ofrece acceso a Internet.

Correo electrónico

El correo electrónico (*e-mail*) es uno de los servicios más utilizados en todo el mundo. Como su nombre indica, tiene como finalidad permitir enviar y recibir mensajes. Si usted tiene instalado, por ejemplo, Microsoft *Outlook Express*, cuando ejecute esta aplicación verá una ventana similar a la siguiente:

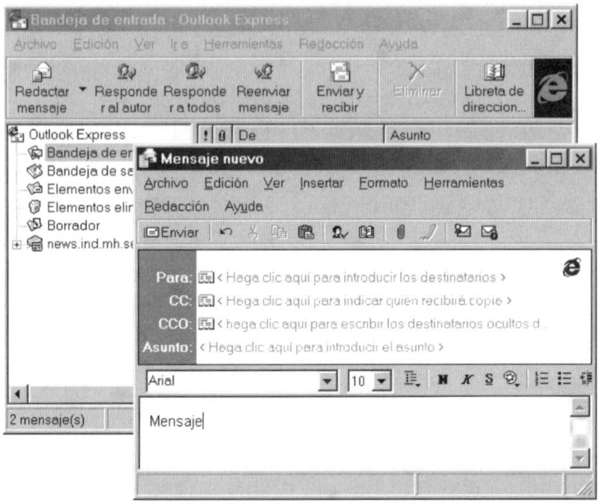

Si el usuario hace clic en el botón *Redactar mensaje* de la ventana *Outlook Express*, se visualiza la ventana *Mensaje nuevo* que puede observar en la figura anterior. En esta ventana, el usuario suministra al programa:

- La dirección IP incluyendo el nombre de conexión del destinatario (dirección de correo electrónico) en la caja de texto *Para:*.
- La dirección de otros destinatarios a los que quiere enviar copia del mensaje (caja de texto *CC:* y *CCO:*).
- El tema del mensaje (caja de texto *Asunto:*).
- El contenido del mensaje que quiere enviar (caja de texto de la parte inferior de la ventana *Mensaje nuevo*).

Para enviar el mensaje a la bandeja de salida ejecute la orden *Enviar mensaje* del menú *Archivo* de la ventana *Nuevo mensaje* o bien haga clic en el botón *Enviar* de su barra de herramientas.

Para enviar los mensajes de la bandeja de salida a sus destinatarios, o bien recibir mensajes de otros destinatarios, haga clic en el botón *Enviar y recibir* de la ventana *Outlook Express*.

Para visualizar un mensaje de la lista de mensajes recibidos que se visualiza en la ventana *Outlook Express*, haga clic sobre él.

Así mismo, utilizando las órdenes de los menús, puede realizar operaciones como imprimir mensajes, borrarlos, reenviarlos, responder al autor, etc.

Mediante este sistema se pueden enviar informes, datos y documentos en cuestión de segundos o minutos. Si lo desea puede adjuntar con el mensaje algún fichero, normalmente comprimido. Además, no tiene por qué preocuparse si interrumpe al destinatario, ya que tal interrupción es inexistente debido a que el mensaje se deposita en su buzón para ser leído por él cuando le resulte más conveniente; no es necesario concertar citas para comunicarse con el destinatario y puede enviarle el correo cuando le apetezca.

El sistema informático se encarga de su envío y posterior recepción. Si el sistema de correo no pudiera entregar el mensaje, bien porque la dirección de correo no fuera correcta, bien porque el buzón del usuario estuviese deteriorado, o por otras causas, recibiría a su vez un correo electrónico indicándoselo.

Conexión remota (telnet)

La orden *telnet* (de Windows, Unix, etc.) proporciona la capacidad de mantener sesiones como un terminal del ordenador remoto, lo que le permite ejecutar órdenes como si estuviera conectado localmente.

Para iniciar una sesión *telnet* vaya al menú *Inicio* de Windows y seleccione la orden *Ejecutar*; escriba *telnet* y pulse la tecla *Entrar*. Se visualiza la ventana *Telnet*. Ejecute la orden *Sistema remoto* del menú *Conectar* y en la ventana que se le presenta escriba la dirección IP (nombre del *host*) del ordenador remoto al que quiere conectarse.

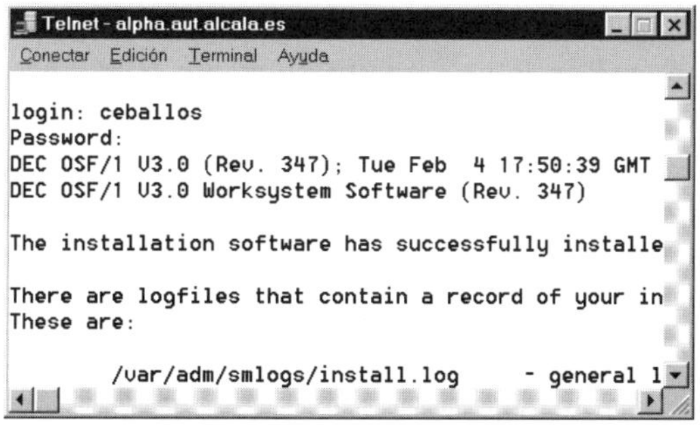

Si tiene éxito en la conexión con el ordenador, para abrir una sesión de trabajo en dicho ordenador, debe conocer un nombre de usuario y una contraseña válida para el ordenador remoto. Asumiendo que haya introducido un nombre de usuario y una contraseña válidos, habrá abierto una sesión de trabajo con éxito, lo que le permitirá poder trabajar de forma interactiva en el ordenador remoto.

Lo normal es que usted establezca una conexión con un ordenador remoto en el que tenga abierta una cuenta. Un usuario tiene abierta una cuenta cuando el administrador del ordenador remoto lo da de alta, asignándole un nombre de usuario y una contraseña para que pueda entrar en el sistema.

Transferencia de ficheros (ftp)

El protocolo de transferencia de ficheros (*ftp*) es un método sencillo y efectivo de transferir ficheros ASCII y binarios entre ordenadores conectados a una red TCP/IP.

Para abrir una sesión *ftp*, nuestro ordenador debe estar conectado a una red TCP/IP, así como tener instalado un cliente *ftp*, y debemos conocer la dirección IP del ordenador remoto al que deseamos conectarnos para iniciar una sesión de transferencia de ficheros.

Si tiene éxito en la conexión con el ordenador, para abrir una sesión de transferencia de ficheros en dicho ordenador debe conocer un nombre de usuario y una contraseña válida para el ordenador remoto. Asumiendo que haya introducido un nombre de usuario y una contraseña válidos, habrá abierto una sesión *ftp* con éxito, lo que le permite transferir los ficheros deseados.

Debido al crecimiento explosivo de Internet, muchas organizaciones han puesto a disposición de los usuarios enormes bases de datos accesibles vía *ftp*. Pero según lo expuesto hasta ahora, ¿cómo puede acceder un usuario a cada uno de los ordenadores remotos que sirven esa información si no tiene abierta una cuenta? La respuesta es: como *usuario anónimo*.

Hay un convenio estándar en Internet que permite acceder vía *ftp* a muchas bases de datos como un *usuario anónimo*. El convenio establece que se utilice como nombre de usuario, *anonymous*, y como contraseña la dirección de correo electrónico (*usuario@direcciónIP_ordenador_remoto*). Por ejemplo:

```
$ ftp ftp.microsoft.com
login: anonymous
password: ceballos@cisneros.uni.alcala.es
```

Este ejemplo indica que el usuario *ceballos* de la máquina *cisneros.uni.alcala.es* desea iniciar una sesión con el servidor *ftp.microsoft.com*.

Podrá establecer la conexión con el ordenador remoto y la posterior apertura de la sesión *ftp*, utilizando una interfaz de línea de órdenes o una interfaz gráfica de usuario. En el ejemplo anterior se ha utilizado una interfaz de línea de órdenes.

Las órdenes *ftp* utilizadas con mayor frecuencia son la siguientes:

Orden ftp	*Significado*
ascii	Establece el modo ASCII para la transferencia de ficheros.
binary	Establece el modo binario para la transferencia de ficheros.
bye	Finaliza la sesión *ftp* y sale.
cd	Cambia de directorio de trabajo en el ordenador remoto.
close	Finaliza la sesión *ftp*.
ftp	Inicia una sesión *ftp*.
get	Obtiene un fichero del ordenador remoto.
help	Proporciona las órdenes *ftp* disponibles o información relativa a la orden especificada.
lcd	Cambia al directorio local de trabajo. Suele utilizarse para seleccionar los directorios al que irán a parar los ficheros transferidos.
ls	Lista el contenido de un directorio remoto.
mget	Obtiene un grupo de ficheros que pueden haberse especificado utilizando algún comodín.
mput	Envía un grupo de ficheros que pueden haberse especificado utilizando algún comodín.
open	Inicia una conexión *ftp* con el ordenador remoto especificado.
put	Envía un fichero al ordenador remoto.

Una interfaz de línea de órdenes proporciona un acceso pleno a las facilidades de *ftp*, pero el riesgo de cometer errores es alto, ya que es fácil equivocarse al escribir la orden.

Afortunadamente existen varias interfaces gráficas de usuario que eliminan la posibilidad de error a la que hacíamos mención anteriormente.

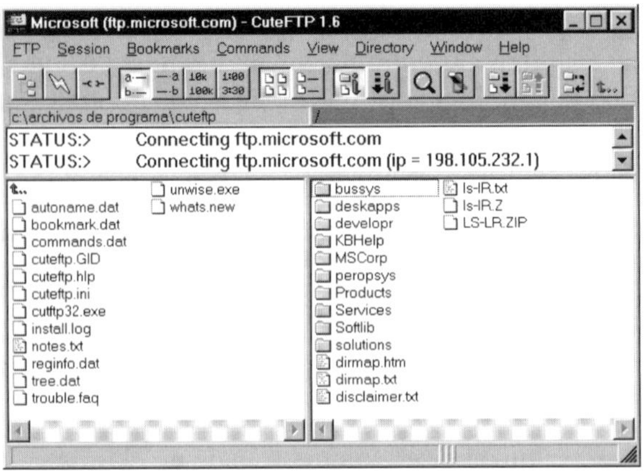

Noticias (news)

Los grupos de noticias, noticias USENET, *netnews* o simplemente *news*, son fórums de discusión en línea. Los artículos de noticias de USENET se clasifican en grupos de noticias por temas (ordenadores, aplicaciones, alpinismo, etc.).

Para poder acceder a los grupos de noticias hace falta el programa *Microsoft Outlook Express* que hemos visto anteriormente o un programa de características similares. Hay muchos programas que ofrecen acceso a los grupos de noticias. Por ejemplo, si usted tiene instalado *Microsoft Outlook Express*, cuando ejecute esta aplicación y elija leer noticias, verá una ventana similar a la siguiente.

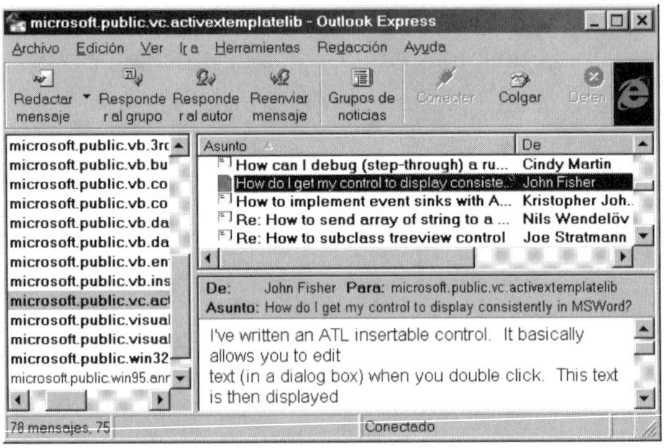

Cuando realizamos una conexión con un servidor de noticias, aparece una lista de noticias relativas al grupo de noticias que hemos seleccionado de la lista de los grupos a los que estamos suscritos. Para ver otro grupo de noticias, elíjalo de la lista.

Para suscribirse a grupos de noticias, haga clic en el botón *Grupos de noticias* de la barra de herramientas de *Outlook Express* y elija los que le interesen de la lista que se le presenta. Por cada uno que elija, haga clic en el botón *Realizar suscripción*. Para buscar grupos de noticias que contengan en el nombre una palabra específica, escriba dicha palabra en la caja *Mostrar grupos de noticias que contengan*.

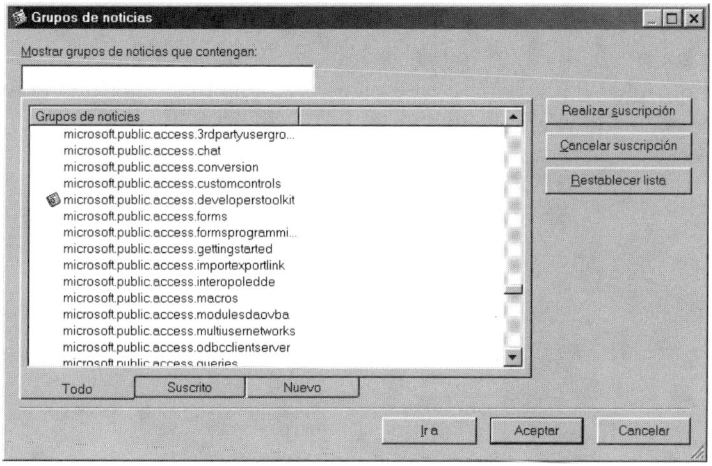

Para enviar un nuevo mensaje al grupo de noticias, elija el grupo de noticias, haga clic en el botón *Redactar mensaje*, escriba el asunto de su mensaje, escriba su mensaje y haga clic en el botón *Publicar* (*Enviar mensaje*) de la ventana actual.

En los grupos de noticias en los que hay un moderador, éste suele generar una lista de las preguntas planteadas frecuentemente (FAQ) con el fin de evitar la repetición de las mismas preguntas. Estas listas se suelen enviar cada cierto tiempo a los grupos de noticias. En cualquier caso, están localizadas en el directorio */pub/usenet/news.answers* del nodo *rtfm.mit.edu*.

Conversaciones

Existen varias aplicaciones en el mercado que ofrecen a personas de todo el mundo llamar a cualquier otra persona mediante una red o un módem, hablar con otra persona a través de Internet, ver a la persona a la que se llama, trabajar con otros usuarios en una aplicación, ver la lista de quienes están conectados, enviar mensajes escritos en conversación, etc.

Lógicamente, para acceder a las posibilidades enunciadas su ordenador debe tener instalada una tarjeta de sonido con un micrófono y una cámara de vídeo. Si le faltan estos elementos la comunicación sólo podrá establecerla por escrito.

Por ejemplo, Microsoft *NetMeeting* es una de estas aplicaciones. *NetMeeting* utiliza las características de audio, vídeo y datos de manera predeterminada. Cada usuario sólo puede mantener una conexión de audio o vídeo con otro usuario a la vez. Puede cambiar una conexión de audio o vídeo de una persona a otra, o en la misma conferencia puede haber varias parejas de usuarios con conexiones abiertas de audio o vídeo. En cambio, por escrito, puede mantener una conversión con varios usuarios a la vez.

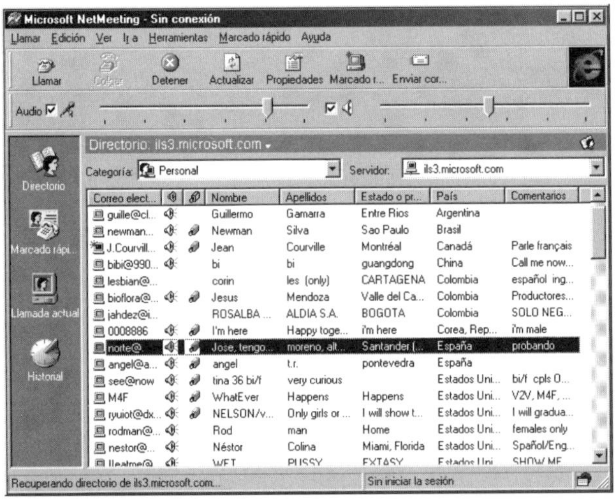

Herramientas para búsqueda de información

A medida que Internet ha ido creciendo, los usuarios de la misma han ido buscando cada vez formas más atractivas de presentar la información. Esto ha dado lugar a la aparición de nuevas herramientas de búsqueda adaptadas en cada caso al modo de presentar la información. Entre algunas de las más populares podemos citar: *world wide web*, *gopher* y *archie*.

World Wide Web (WWW)

La *world wide web*, también conocida por *www* o simplemente *Web*, es uno de los logros más interesantes en Internet. La *Web* es un sistema hipermedia interactivo que permite conectarse a grandes cantidades de información en Internet. Un sistema hipermedia está compuesto por páginas que contienen texto cuidadosamente formateado, imágenes llenas de color, sonido, vídeo y enlaces a otras páginas distribuidas por todo el mundo. Puede acceder a esas otras páginas simplemente seleccionando uno de los enlaces. La información se recupera automáticamente sin necesidad de saber dónde está.

El proyecto *Web*, que fue iniciado en el centro europeo de investigación nuclear (*European Center for Nuclear Research*), ha crecido a una velocidad impresionante. Esto se debe fundamentalmente a que soporta información de todo tipo: texto, sonido y gráficos.

La forma de establecer una conexión es muy sencilla. Suponiendo que físicamente está conectado a Internet, inicie uno de los programas de los muchos que hay para navegar por este sistema de información, y automáticamente le mostrará una pantalla de información que le conducirá a muchas otras. Por ejemplo, si inicia la aplicación Microsoft *Internet Explorer*, se visualizará una ventana similar a la siguiente:

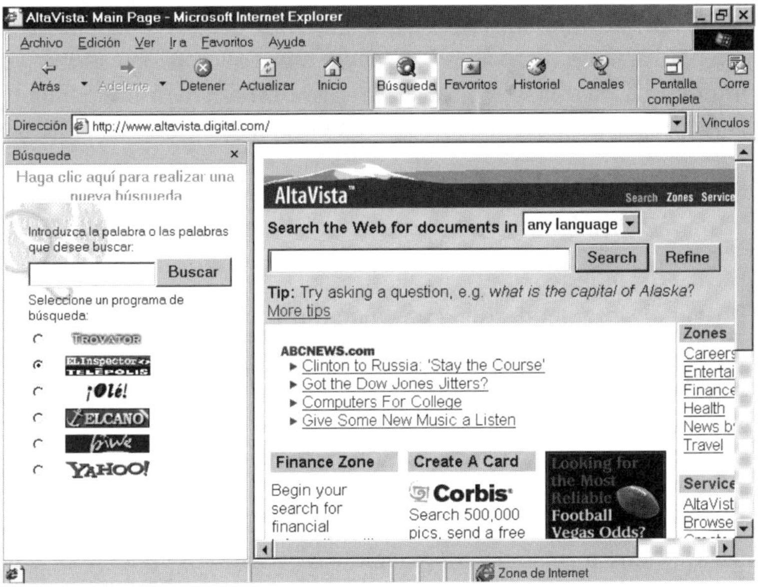

La ventana del explorador tiene una barra de menús donde están todas las órdenes que puede utilizar y una barra de herramientas correspondientes a las órdenes más utilizadas para navegar por la *Web*.

Los botones *Atrás* y *Adelante* le permiten moverse a través de las páginas que usted ya ha visitado.

El botón *Detener* detiene una página que se está cargando actualmente, quizás porque usted ha cambiado de opinión una vez que ha visto parte de la página.

El botón *Actualizar* vuelve a cargar la página que se esté visualizando en ese momento. A veces esto es necesario debido a fallos en la red.

El botón *Inicio* le permite volver a la página de inicio. Para cambiar su página de inicio, vaya a la página que desea que aparezca cuando arranque por primera vez el explorador, ejecute la orden *Opciones de Internet* del menú *Ver*, haga clic en la pestaña *General* y por último haga clic en *Usar actual.*

Cuando hace clic en el botón *Búsqueda* de la barra de herramientas, aparece el panel de búsqueda del explorador a la izquierda de la ventana. Este panel le proporciona acceso a diversos servicios de búsqueda que ofrecen diferentes clases de capacidades de búsqueda. Pruebe los distintos servicios de búsqueda para ver las clases de información que proporcionan.

Si desea buscar información adicional rápidamente, puede utilizar la característica *Búsqueda automática*; escriba **go**, **find** o **?** seguido de una palabra o una frase, en la barra de direcciones (espacio en el que puede escribir y mostrar la dirección de una página *Web*). *Internet Explorer* iniciará inmediatamente una búsqueda mediante el servicio de búsqueda predeterminado.

Una vez que esté en una página *Web*, puede buscar un texto específico en dicha página. Para iniciar la búsqueda, haga clic en uno de los vínculos siguientes:

- Buscar en Internet
- Buscar en Internet desde la barra de direcciones
- Buscar texto en la página *Web* actual
- Buscar un sitio *Web* cuando una dirección *Web* no funciona

Gopher

Gopher permite acceder a la información realizando selecciones en una serie de menús. Hay dos formas de conectarse a un sistema *gopher*: instalar un programa cliente o utilizar *telnet*. Por ejemplo:

```
telnet gopher.msu.edu
```

Si quiere hacer una prueba, ejecute la orden anterior y utilice el nombre de conexión *gopher*.

Una vez establecida la conexión se presentará un sistema de menús. Utilizando las teclas de dirección elija un elemento del menú y pulse *Entrar*.

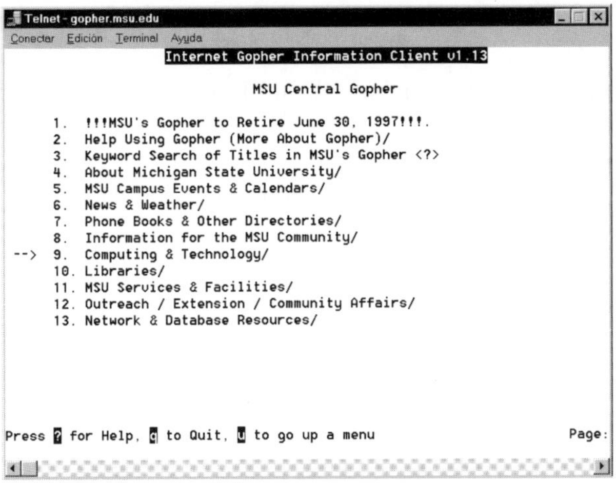

En la parte inferior de la pantalla, dispondrá de una línea de ayuda para recordarle las operaciones que puede realizar.

El software del cliente *gopher* está disponible a través de *ftp* como usuario anónimo en el directorio */pub/gopher* del dominio *boombox.micro.umn.edu.*

Archie

Internet es un lugar inmenso, por lo que cualquier búsqueda puede representar un gran problema cuando no se sabe dónde buscar. Esto es lo que ocurre con el *ftp* anónimo cuando no sabemos dónde están ubicados los ficheros que buscamos. *Ftp* no presentaría este problema si contara con un sistema de ayuda al usuario que consultara las bases de datos de todo el mundo accesibles como usuario anónimo. Precisamente esto es lo que hace *archie.*

Archie es un programa de consulta de bases de datos que contacta con servidores *ftp* como usuario anónimo en todo el mundo, solicitando de cada uno de ellos la lista completa de todos sus ficheros. Con esta información, *archie* construye una base de datos indexada que después podemos consultar para localizar los ficheros que estamos buscando.

Lógicamente existen varios nodos en todo el mundo que disponen de servidores *archie*, los cuales se actualizan aproximadamente una vez al mes. Advierta que el proceso de generación de la base de datos de ficheros de Internet consume mucho tiempo.

Si desea conectarse a un servidor *archie* puede hacerlo a través de *telnet*, por ejemplo, así:

```
telnet archie.rediris.es
```

Si quiere hacer una prueba, ejecute la orden anterior y utilice el nombre de conexión *archie*.

Una vez realizada la conexión, obtendrá un indicador como el siguiente:

```
archie>
```

A continuación, para realizar una búsqueda siga los pasos que se indican a continuación:

1. Opcionalmente, configure los parámetros del servidor. Para ver los valores por omisión de los parámetros ejecute la orden *show*. Para modificar un parámetro, utilice la orden *set*.

   Por ejemplo, si el parámetro *search* vale:

   - *regex*, su cadena se interpreta como una expresión regular de UNIX.
   - *exact*, su cadena de búsqueda debe coincidir exactamente con el nombre del fichero que busca.
   - *sub*, su cadena de búsqueda coincide si un nombre de fichero la contiene como subcadena.
   - *subcase*, igual que *sub* y, además, las mayúsculas y minúsculas deben coincidir.

   Puede modificar el valor de este parámetro, por ejemplo, así:

   ```
   archie> set search sub
   ```

2. Realice la consulta utilizando la orden *find*. Por ejemplo:

   ```
   archie> find mfc
   ```

3. Si queremos recibir copia escrita utilizaremos la orden *mail*. Por ejemplo:

   ```
   archie> mail ceballos@cisneros.uni.alcala.es
   ```

4. Para salir utilice la orden *quit*. Por ejemplo:

   ```
   archie> quit
   ```

La información en Internet

Dentro de la información disponible en Internet encontraremos muchos programas de libre distribución. A efectos de su uso, estos programas se dividen en:

- *Programas de dominio público* (*freeware*). Son de distribución gratuita, por lo que se pueden utilizar con total libertad. No obstante, el autor tiene todos los derechos.

- *Programas de coste compartido* (*shareware*). Son programas que se pueden utilizar gratuitamente durante un periodo de prueba; pasado este periodo, si satisfacen nuestras necesidades y por consiguiente queremos seguir utilizándolos, deberíamos pagar al autor la cantidad solicitada. La información del coste y dónde debe hacerse efectivo, nos la muestra el programa cada vez que lo iniciamos.

Por otra parte, los programas u otro tipo de información que se distribuyen a través de Internet, suelen estar en un formato comprimido para ahorrar tanto espacio de almacenamiento en el servidor de información como tiempo en la transferencia de dicha información.

Para realizar el proceso de compresión y posteriormente el de descompresión, existen varios programas. A continuación se citan algunos muy conocidos:

- *pkzip/pkunzip*. Son dos programas (compresor y descompresor) muy utilizados en el entorno de los ordenadores personales. La extensión de los ficheros comprimidos es *.zip*.

- *compress/uncompress*. Son dos programas (compresor y descompresor) muy utilizados en el entorno UNIX. La extensión de los ficheros comprimidos es *.z*.

- *tar*. Este programa no es en realidad un compresor/descompresor, sino una orden UNIX para trabajar con cintas magnéticas. Su propiedad de agrupar ficheros y/o directorios para almacenarlos en una cinta magnética ha hecho que actualmente se utilice como si de un compresor se tratara. La extensión de los ficheros agrupados es *.tar*.

- *RAR*. Este programa es una utilidad potente que permite crear y manipular ficheros comprimidos. Hay varias versiones de *RAR*, para distintas plataformas, actualmente disponibles: *RAR* para DOS, OS/2, Windows (*WinRAR*) y Unix (Linux, BSD, SCO, Sparc Y HP-UX). El formato del fichero comprimido puede ser RAR (extensión *.rar*) o ZIP (extensión *.zip*).

PÁGINAS WEB

Anteriormente ha aprendido cómo acceder a la *Web*; si ya lo ha hecho, habrá visto muchas páginas con magníficos gráficos, listas, formularios y otros elementos muy atractivos. Pero ¿cómo se puede crear una página *Web* de estas características a la que otros usuarios puedan acceder? Hay muchas herramientas que le permitirán realizarlo. Para ello, antes debe conocer básicamente lo que es HTML (*HyperText Markup Language*), el lenguaje utilizado para construir páginas *Web*.

Qué es HTML

HTML es un lenguaje utilizado para desarrollar páginas y documentos *Web*. A diferencia de los lenguajes convencionales, HTML utiliza una serie de etiquetas ASCII especiales intercaladas en un documento escrito en ASCII. Dichas etiquetas serán posteriormente interpretadas por los exploradores encargados de visualizar la página o el documento *Web* con el fin de establecer el formato.

Para editar una página HTML y posteriormente visualizarla, todo lo que necesita es un editor de texto ASCII y un explorador *Web*. Para ver una página HTML no necesita una conexión a la red; cualquier explorador *Web* debe permitirle hacerlo trabajando en local. No obstante, existen otras herramientas como *FrontPage* que facilitan la generación de páginas HTML.

Posteriormente, las páginas deben ser colocadas en un servidor *Web* para que otros usuarios puedan acceder a ellas.

Etiquetas básicas HTML

Las etiquetas indican a los exploradores *Web* cómo tienen que mostrar el texto y los gráficos. Normalmente se escriben entre los símbolos < y >, y suele haber una etiqueta de comienzo y otra de fin para enmarcar el texto que va a ser formateado por ellas. Por ejemplo:

```
<HTML>
  <HEAD>
    <TITLE>
      Título del documento
    </TITLE>
  </HEAD>
  <BODY>
    Cuerpo del documento: texto, imágenes, sonido y órdenes HTML
  </BODY>
</HTML>
```

Guarde ahora estas líneas en un fichero de texto ASCII con el nombre *prueba.html*. A continuación, diríjase al directorio donde lo ha guardado y haga doble clic sobre el nombre del fichero. El resultado será el siguiente:

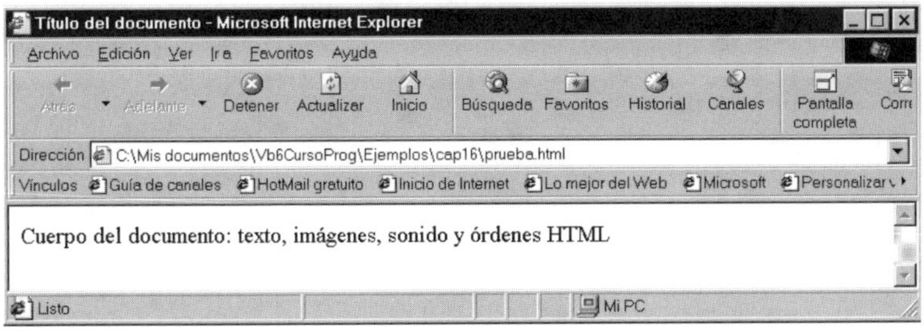

La tabla siguiente describe las etiquetas básicas de HTML:

Etiqueta	Descripción
HTML	Delimita el documento HTML.
HEAD	Contiene la información inicial del documento. Por ejemplo, el título.
TITLE	Contiene el título de la página. Aparece como título de la ventana del explorador *Web*.
BODY	Delimita el cuerpo del documento.

Etiquetas de formato de texto

Igual que en un documento Word, las páginas HTML pueden tener cabeceras. Las cabeceras son insertadas con la etiqueta <H*n*>; donde *n* es un valor de 1 a 6. El tamaño del texto es mayor cuanto mayor es el nivel (el nivel más alto es el 1). Los niveles no tiene por qué emplearse consecutivamente.

Si desea insertar algún tipo de separador, por ejemplo, una raya horizontal, puede hacerlo con la etiqueta <HR> (*horizontal rule* - raya horizontal).

Para introducir un párrafo utilice la etiqueta <P> o nada. Un párrafo va precedido automáticamente por una línea en blanco. Los retornos de carro en el texto son ignorados; por lo tanto, cuando quiera introducir uno utilice la etiqueta <BR>.

El siguiente ejemplo clarifica lo expuesto hasta ahora:

```
<HTML>
  <HEAD>
    <TITLE>
      Título del documento
    </TITLE>
  </HEAD>
```

```
  <BODY>
    <H1>Ejemplo de un documento HTML</H1>
    <HR>
    <H3>El cuerpo del documento puede contener:</H3>
    <H4>Texto, imágenes, sonido y órdenes HTML</H4>
    <P>
       HTML es un lenguaje utilizado para desarrollar páginas y
       documentos Web.
    <P>
       A diferencia de los lenguajes convencionales, HTML utiliza
       una serie de etiquetas ASCII especiales intercaladas en un
       documento escrito en ASCII.
    <BR>
       Dichas etiquetas serán
       posteriormente interpretadas por los exploradores
       encargados de visualizar la página o el documento Web, con
       el fin de establecer el formato.
    <HR>
  </BODY>
</HTML>
```

Observe la colocación de las etiquetas. A HTML no le importa que las etiquetas estén al final de la línea o en cualquier otra parte. También hay etiquetas que no requieren poner la etiqueta final; por ejemplo <HR>, <P> o <BR>.

Los exploradores *Web* ignoran dónde terminan las líneas de texto. El texto se ajustará en todo momento al tamaño de la ventana.

El resultado del código HTML anterior es el siguiente:

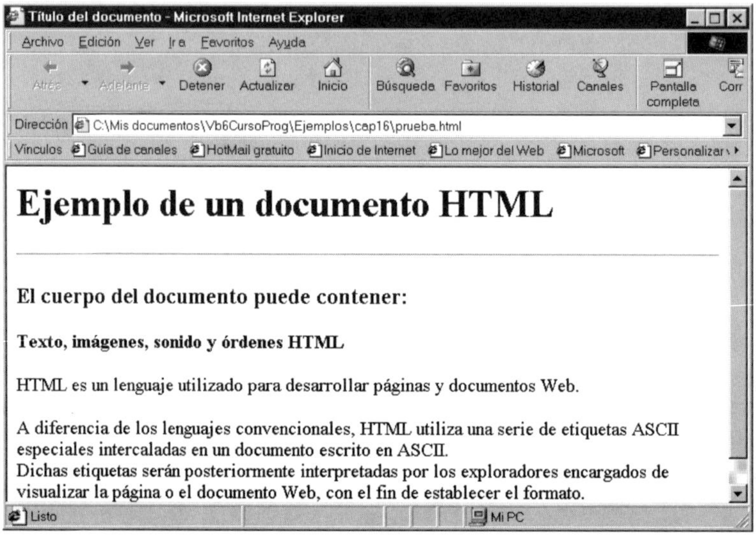

HTML también proporciona un número de etiquetas para dar formato a las palabras y a los caracteres. Por ejemplo, la etiqueta <B> indica negrita y la <I> itálica. La etiqueta <CODE> visualiza un texto monoespaciado. <FONT> permite especificar el nombre, el tamaño y el color del tipo de letra a utilizar. Por ejemplo:

```
<FONT SIZE=2><FONT FACE="Arial">
    Tipo de fuente Arial, tamaño 2; <B>negrita</B> y <I>cursiva</I>
</FONT>
```

La información también se puede organizar en listas empleando la etiqueta <LI>. Por ejemplo, si en la página anterior introduce la siguiente modificación, obtendrá esta información en forma de lista en lugar de en línea.

```
<LI>Texto <LI>Imágenes <LI>Sonido <LI>Órdenes HTML
```

La lista puede numerarse utilizando las etiquetas <OL> y </OL>. Por ejemplo, con la siguiente línea, la lista anterior se presentaría numerada.

```
<OL><LI>Texto <LI>Imágenes <LI>Sonido <LI>Órdenes HTML</OL>
```

El resultado será:

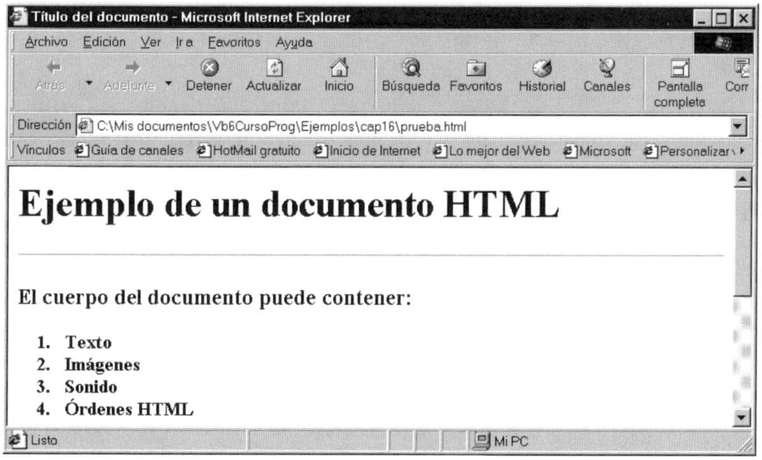

URL

A los recursos de la *Web* se accede por medio de una dirección descriptiva conocida como URL (*Universal Resource Locator* - Localizador de recursos universal). Todo aquello a lo que se puede acceder en la *Web* tiene un URL.

Los URL son básicamente una extensión de la ruta que define a un fichero (*path*). Un URL añade, además, un prefijo que identifica el método de recuperación de la información que ha de emplearse (*http*, *ftp*, *gopher*, *telnet*, *news*, etc.), así como un nombre de dominio o dirección IP que indica el servidor que almacena la información. Finalmente aparece la ruta de acceso al fichero. Por ejemplo:

```
http://www.microsoft.com/spain/faq/faqvc.html
```

Enlaces entre páginas

Hemos dicho que la *world wide web* es un servicio de información basado en hipertexto. Se denomina hipertexto a la capacidad de asociar a una palabra o imagen de un documento un código oculto, de forma que cuando un usuario haga clic en esa palabra o imagen, el sistema lo transporta desde el lugar actual a otro lugar del mismo o de otro documento. Estos códigos especiales se denominan enlaces, focos, saltos o accesos directos.

Para definir un enlace se utilizan las etiquetas <A> y </A>. Estas etiquetas delimitan al texto que se quiere utilizar para enlazar con otra página. Este texto aparecerá subrayado para el usuario.

Para indicar al explorador la página que tiene que recuperar cuando el usuario haga clic en un enlace, utilice con la etiqueta <A> el atributo HREF seguido del URL de la página que se quiere recuperar.

También, en documentos largos, se puede utilizar el atributo NAME para asignar un nombre a un enlace y después utilizar HREF en otro lugar dentro de la misma página para saltar a ese enlace. Por ejemplo, el siguiente código implementa estas dos facilidades:

```
<HTML>
  <HEAD>
    <TITLE>
      Título del documento
    </TITLE>
  </HEAD>
  <BODY>
    <H1>Ejemplo de un documento HTML</H1>
    <HR>
    <H3>El cuerpo del documento puede contener:</H3>
    <H4>
    <OL><LI>Texto <LI>Imágenes <LI>Sonido <LI>Órdenes HTML</OL>
    </H4>
    <P>
      <A NAME="Definición">HTML</A> es un lenguaje utilizado para
      desarrollar páginas y documentos Web.
    <P>
```

```
      A diferencia de los lenguajes convencionales, HTML utiliza
      una serie de etiquetas ASCII especiales intercaladas en un
      documento escrito en ASCII.
   <BR>
      Dichas etiquetas serán posteriormente interpretadas por los
      exploradores encargados de visualizar la página o el
      documento Web, con el fin de establecer el formato.
   <P>
      Para editar una página <A HREF="#Definición">HTML</A> y
      posteriormente visualizarla, todo lo que necesita es un
      editor de texto ASCII y un explorador Web.
   <HR>
      Haga clic <A HREF="http://www.buscador.com/ini/inicio.html">
      aquí</A> para ir a la página de inicio
  </BODY>
</HTML>
```

El resultado puede verlo en la figura siguiente:

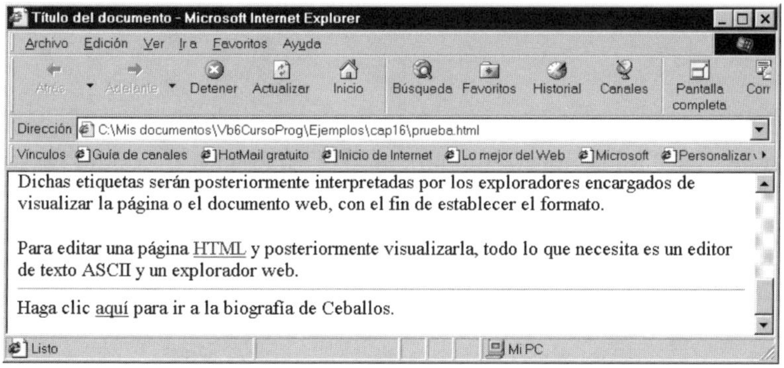

Gráficos

Una forma de insertar imágenes en un documento HTML es utilizando la etiqueta <IMG> y sus atributos SRC, que permite especificar el nombre del fichero que contiene la imagen (habitualmente *.gif* o *.jpeg*), y ALIGN, que permite indicar cómo el explorador debe alinear la imagen con cualquier texto que esté cerca de ella (TOP, MIDDLE o BOTTOM).

Cuando realice una página *Web*, piense en que hay exploradores que no soportan gráficos. Para contemplar esta posibilidad, utilizaremos el atributo ALT que permite especificar un texto en el lugar de la imagen cuando el explorador no pueda mostrarla. Por ejemplo:

```
<HTML>
  ...
    <HR>
       <CENTER>
       El profesor Ceballos resolviendo dudas a sus alumnos.
       <IMG SRC="ceballos.jpeg" ALIGN=BOTTOM
       ALT=" [Foto del profesor Ceballos]">
       </CENTER>
    <HR>
       Haga clic <A HREF="http://www.buscador.com/ini/inicio.html">
       aquí</A> para ir a la página de inicio
  </BODY>
</HTML>
```

La etiqueta <CENTER> centra la imagen y el título de la imagen.

También, desde un documento puede saltar a otro. Por ejemplo:

```
Haga clic <A HREF="ceballos.html">
aquí</A> para ir a la biografía de Ceballos.
```

El ejemplo anterior indica que cuando el usuario haga clic en la palabra "aquí", se cargará un nuevo documento HTML guardado como *ceballos.html.*

Igual que utilizamos una palabra para un salto a otro lugar, podemos utilizar una imagen; esto es, un clic sobre una imagen gráfica le puede conducir a otro lugar. Por ejemplo:

```
<CENTER>
<A HREF="prueba.html">
<IMG SRC="ceballos.jpeg" ALIGN=BOTTOM
ALT="Foto del profesor Ceballos">
</A>
</CENTER>
```

El código anterior realizará un salto a la página *prueba.html* cuando el usuario haga clic sobre la imagen *ceballos.jpeg*. Cuando ejecute este código, observe que al pasar el ratón por encima de la imagen, el cursor se transforma en una mano y aparece una etiqueta que visualiza "Foto del profesor Ceballos".

Marcos

Las páginas HTML que hemos escrito en los apartados anteriores ocupan toda la ventana del explorador. Sin embargo, utilizando marcos es posible visualizar múltiples documentos en una misma página.

Una forma de insertar un marco flotante en una página es utilizando la etiqueta <IFRAME> con los atributos SRC, WIDTH y HEIGHT. SRC especifica el URL del documento que se quiere visualizar, y WIDTH y HEIGHT indican la anchura y la altura del marco. Por ejemplo:

```
<CENTER>
    El autor:<BR>
    <IFRAME SRC="ceballos.html" WIDTH=650 HEIGHT=300></IFRAME>
</CENTER>
```

El código anterior crea un marco para visualizar el documento *ceballos.html.*

Al atributo SRC se le puede asignar también una dirección URL de cualquier página de cualquier servidor. Esto es,

```
<IFRAME SRC="http://www.microsoft.com" WIDTH=650 HEIGHT=300></IFRAME>
```

La figura siguiente muestra un marco dentro de una página. El código puede verlo en el fichero *marco.html* del disco.

PÁGINAS WEB DINÁMICAS

El lenguaje HTML que hemos visto en los apartados anteriores es suficiente para visualizar documentos, imágenes, sonidos y otros elementos multimedia; pero el resultado es siempre una página estática.

Entonces, ¿qué podemos hacer para construir una página dinámica?, entendiendo por página dinámica una página que actualiza su contenido mientras se visualiza.

Haciendo un poco de historia, una de las primeras formas que se encontraron para dar dinamismo a las páginas HTML fue la CGI (*Common Gateway Interface*). Esta interfaz permite escribir pequeños programas que se ejecutan en el servidor para aportar un contenido dinámico. El resultado es un código HTML, que se incluye en la página *Web* justo antes de ser enviada al cliente. Pese a que la CGI es fácil de utilizar, en general no es un buen sistema porque cada vez que un cliente solicita una página con algún programa basado en esa interfaz, el programa tiene que ser cargado en memoria para ser ejecutado, lo que ocasiona un tiempo de espera elevado. Además, si el número de usuarios es elevado, los requerimientos de memoria también serán elevados, ya que todos los procesos se deben poder cargar en memoria y ejecutar.

Una alternativa a la CGI fue ISAPI (*Internet Server Application Programming Interface*). Esta API proporciona la funcionalidad necesaria para construir una aplicación servidora de Internet. A diferencia de CGI que trabaja sobre ejecutables, ISAPI trabaja sobre DLL. Esta diferencia hace que ISAPI sea un sistema más rápido, ya que por tratarse de una biblioteca dinámica sólo será cargada una vez y podrá ser compartida por múltiples procesos, lo que supone pocos requerimientos de memoria.

Posteriormente, las técnicas anteriores fueron sustituidas por la incorporación de secuencias de órdenes (*scripts*) ejecutadas directamente en el interior de la página HTML. Esto es, en lugar de consultar al servidor acerca de un ejecutable, el explorador puede ahora procesar las secuencias de órdenes a medida que carga la página HTML. El tratamiento de estas secuencias de órdenes puede hacerse tanto en el servidor *Web* como en el cliente. Los lenguajes más comunes para la escritura de secuencias de órdenes son *VBScript* y *JavaScript*.

Apoyándose en la técnica anterior y en un intento de potenciar la inclusión de contenido dinámico en páginas *Web*, Microsoft lanza una nueva tecnología, las páginas ASP (*Active Server Page* - Página activa del servidor o activada en el servidor). Una página ASP, dicho de una forma sencilla, es un fichero *.asp* que puede contener: texto, código HTML, secuencias de órdenes y componentes *ActiveX*. Con tal combinación se pueden conseguir de una forma muy sencilla páginas dinámicas y aplicaciones para la *Web* muy potentes.

Cuando un cliente solicita una ASP, el servidor la intenta localizar dentro del directorio solicitado, igual que sucede con las páginas HTML. Si la encuentra, ejecutará las rutinas *VBScript* o *JScript* que contenga. Cuando el servidor ejecuta estas rutinas, genera un resultado consistente en código HTML estándar que sustituirá a las rutinas *VBScript* o *JScript* correspondientes de la página ASP. Una vez procesada la página, el servidor envía al cliente el contenido de la misma en HTML estándar, siendo así accesible desde cualquier navegador. Una herramienta que permite crear este tipo de páginas es *Microsoft Visual Interdev*.

Si comparamos la tecnología ASP con la CGI o con la ISAPI, llegaremos a la conclusión de que es bastante más sencilla y más potente.

Una alternativa más para crear páginas *Web* dinámicas es la tecnología para Internet de Visual Basic. Esta tecnología permite vincular código estándar Visual Basic con las páginas HTML (*HyperText Markup Language* - Lenguaje para hipertexto) que luego utilizaremos como interfaz de usuario, dotándolas de contenido dinámico e interactivo.

VBScript en una página Web

Para incluir una rutina Visual Basic en una página HTML hay que utilizar la etiqueta <SCRIPT> con el atributo LANGUAGE. Por ejemplo:

```
<SCRIPT LANGUAGE="VBScript">
    <!--
      comentario HTML
    -->
</SCRIPT>
```

Observe que el atributo LANGUAGE de la etiqueta <SCRIPT> indica que el código que hay hasta </SCRIPT> es código *VBScript* (*Visual Basic Script*).

Cualquier expresión de caracteres incluida entre las marcas `<!--` y `-->` es interpretada como un comentario por HTML.

La razón de por qué se incluye una rutina Visual Basic como un comentario HTML, es porque no todos los exploradores del mercado pueden procesar este tipo de rutinas. De esta forma, un explorador que no pueda procesar la etiqueta <SCRIPT LANGUAGE="VBScript">, tomará el código que hay hasta </SCRIPT> como un comentario; en otro caso, interpretará el código según el lenguaje especificado por el atributo LANGUAGE.

Las páginas *Web* tiene tres secciones: <HEAD>, <BODY> y <FORM>. Las dos primeras ya las conocemos; la tercera permite introducir formularios. Cuando se carga una página, lo primero que se carga es la parte que hay entre las etiquetas <HEAD> y </HEAD>.

El código Visual Basic que se incluya en la sección <HEAD> tiene ámbito global; en cambio, el que se incluya en las secciones <BODY> y <FORM> tiene ámbito local. Por lo tanto, éste es el lugar idóneo para colocar una rutina Visual Basic que sea accesible desde otras partes de la página.

El siguiente ejemplo muestra una página HTML con un botón. Cuando el usuario haga clic en él, se visualizará un mensaje que dice "Hola mundo".

```
<HTML>
  <HEAD>
    <TITLE>
      Visual Basic Script
    </TITLE>
  </HEAD>
  <BODY>
    <H2>Ejemplo de un documento HTML que incluye una rutina
        (script) Visual Basic</H2>
    <HR>
    <INPUT TYPE="BUTTON" VALUE="Haga clic aquí" NAME="Hola">
      <SCRIPT LANGUAGE="VBScript">
        <!--
          Sub Hola_OnClick
            MsgBox "Hola mundo"
          End Sub
        -->
      </SCRIPT>
    <HR>
  </BODY>
</HTML>
```

El código anterior introduce en la página *Web* un botón de pulsación por medio del código:

```
<INPUT TYPE="BUTTON" VALUE="Haga clic aquí" NAME="Hola">
```

Cuando el usuario haga clic en el botón *Hola* ocurrirá el evento **OnClick** que hará que se ejecute el procedimiento *Hola_OnClick.* Observe que este procedimiento forma parte de nuestra rutina Visual Basic. El resultado es la página que se muestra a continuación:

En la ayuda en línea de Visual Basic puede encontrar una exposición detallada de cada uno de los elementos de HTML.

Objetos de Internet Explorer

Igual que Windows es el entorno de Visual Basic, *Internet Explorer* es el entorno de *VBScript.* En este apartado vamos a exponer la forma de controlar e interaccionar con este entorno.

Para facilitar el desarrollo de páginas *Web*, Microsoft, a través de sus productos *Internet Explorer* o *Visual Interdev*, proporciona un modelo de objetos HTML (*Scripting Object Model*). Se trata de un modelo de programación orientada a objetos que simplifica el desarrollo de aplicaciones *Web*, reduciendo enormemente la complejidad y cantidad de código exigido para escribir aplicaciones que involucran la interacción entre el cliente (*browser*) y el servidor. Este modelo define una jerarquía de objetos, con sus eventos, propiedades y métodos, que se resumen en la figura siguiente (los rectángulos en tono gris indican que pueden existir múltiples objetos a la vez):

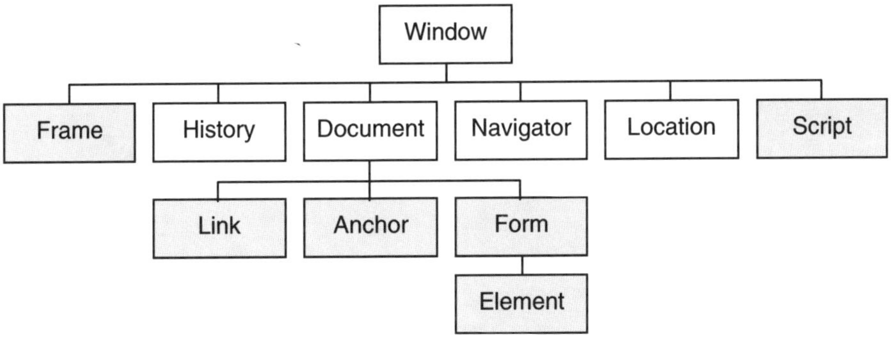

Objeto window

El objeto *window* es el más alto de la jerarquía. Los otros objetos son propiedades de éste. Cada objeto *window* contiene un conjunto de objetos *frame*, *history*, *document*, *navigator*, *location* y *script*. El objeto *window* representa la ventana de *Internet Explorer*.

Para conocer más detalles sobre este objeto, así como aclaraciones sobre sus propiedades, métodos y eventos que se indican a continuación, puede consultar la ayuda proporcionada por Visual Basic.

Propiedades: name, parent, self, top, location, defaultStatus, status, frames, history, navigator, document.

Eventos: onLoad, onUnload.

Métodos: alert, confirm, prompt, open, close, setTimeout, clearTimeout, navigate.

El siguiente ejemplo pone la fecha y la hora en la barra de estado de la ventana que muestra la página HTML:

```
<HTML>
<HEAD>
    <SCRIPT LANGUAGE="VBScript">
<!--

REM Fecha y hora en la barra de estado

Sub PoneFecha()
    Dim FechaHora
    FechaHora = date & " -- " & time
    window.status = FechaHora
    Rem Actualizar la fecha cada segundo
    window.setTimeout "PoneFecha",1000
End Sub
Rem Llamar al procedimiento PoneFecha
window.SetTimeOut "PoneFecha",1000

-->
    </SCRIPT>
<TITLE>New Page</TITLE>
</HEAD>
<BODY>
</BODY>
</HTML>
```

La propiedad *status* permite obtener o poner un texto en la barra de estado y la propiedad *setTimeout* permite ejecutar el procedimiento especificado (en el ejemplo *PoneFecha*) cada *n* milisegundos (en el ejemplo, cada 1000).

Este otro ejemplo que se expone a continuación presenta un mensaje que se va desplazando a lo largo de la barra de estado:

```
<HTML>
<HEAD>
    <SCRIPT LANGUAGE="VBScript">
<!--

REM Rutina de desplazamiento en la barra de estado

dim mensaje

mensaje = "                    Bienvenido a mi página Web. Con ella "
mensaje = mensaje +"quiero facilitarte que te puedas informar "
mensaje = mensaje +"de los horarios de clases que se imparten "
mensaje = mensaje +"desde mi Departamento. También podrás ver "
mensaje = mensaje +"las horas de atención al alumno. Si estás "
mensaje = mensaje +"realizando el proyecto fin de carrera bajo "
mensaje = mensaje +"mi dirección te atenderé en las horas. "
mensaje = mensaje +"denominadas proyectos."

window.setTimeOut "Rotar",400

Rem Procedimiento para hacer rotar un mensaje sobre
Rem la barra de estado

Sub Rotar()
   Dim caracter
   caracter = Left(mensaje,1)
   mensaje = Mid(mensaje,2,len(mensaje))
   mensaje = mensaje + caracter
   window.status = mensaje
   window.setTimeOut "Rotar",150
End Sub
-->
    </SCRIPT>
<TITLE>New Page</TITLE>
</HEAD>
<BODY>
</BODY>
</HTML>
```

Objeto frames

El objeto *frames* es una propiedad del objeto *window*. Es una matriz de ventanas marco contenidas en la ventana padre. Cada elemento de la matriz es una ventana que tiene sus propias propiedades, incluyendo un documento. Como es una matriz podemos acceder a sus elementos utilizando un índice. También podemos acceder a sus elementos a través de la propiedad *Item* (*Item* se puede omitir porque es la propiedad predeterminada) y podemos averiguar el número de elementos con la propiedad *length*. *Name* devuelve el nombre de la ventana.

```
<HTML>
<HEAD>
    <SCRIPT LANGUAGE="VBScript">
<!--

ObtenerNombres()

Rem Procedimiento para acceder a los elementos de una colección
Sub ObtenerNombres()
    Dim i, nombres
    For i = 0 To frames.length - 1
      nombres = nombres + frames.item(i).Name + Chr(13)
    Next
End Sub
MsgBox nombres, 0, "Marcos"

-->
    </SCRIPT>
<TITLE>New Page</TITLE>
</HEAD>
<BODY>
</BODY>
</HTML>
```

Objeto history

El objeto *history* es una propiedad del objeto *window*. Se utiliza para acceder a la lista de sitios visitados previamente durante la actual sesión de exploración. Los métodos de este objeto permiten moverse por esa lista, pero, por seguridad, no permiten averiguar su URL ni ninguna otra información.

Objeto navigator

El objeto *navigator* es una propiedad del objeto *window* y retorna información del explorador que nuestro visitante esté utilizando. Esto nos puede servir para tratar de compatibilizar el código escrito con el explorador *Netscape Navigator*.

Propiedades: appCodeName, appName, appVersion, userAgent.

El siguiente ejemplo examina el explorador que hay en la máquina y si es *Microsoft Internet Explorer*, carga una página activa. En otro caso, visualiza una página genérica:

```
<HTML>
<HEAD>

    <SCRIPT LANGUAGE="VBScript">
```

```
<!--
If window.navigator.appname="Microsoft Internet Explorer" Then
  window.navigate("./rotar.htm")
End If
-->
    </SCRIPT>

<TITLE>Internet Explorer</TITLE>
<CENTER>
<H1>Página optimizada para Internet Explorer</H1>
<P>

Haga clic en este botón para descargar el explorador.<BR>
<A HREF="http://www.microsoft.com/ie">
<IMG SRC="./ie_anima.gif" WIDTH="88" HEIGHT="31" VSPACE="5"
  ALT=Microsoft Internet Explorer"></A><BR>

</CENTER>
</HEAD>
<BODY>
</BODY>
</HTML>
```

El resultado del código anterior puede ser el siguiente:

Objeto location

El objeto *location* es una propiedad del objeto *window*. Se aplica a los objetos *window* y *frame* y proporciona información de los URL actuales de las ventanas.

Propiedades: hRef, Protocol, Host, Hostname, Port, PathName, Search.

Objeto script

El objeto *script* es una propiedad del objeto *window*. Referencia cualquier secuencia de órdenes (código precedido por la etiqueta SCRIPT).

Objeto document

El objeto *document* es una propiedad del objeto *window*. Hace referencia al documento HTML actual del explorador y a los objetos que hay sobre la página (enlaces, formularios, botones, objetos *ActiveX*, etc.)

El objeto *document* proporciona propiedades para cambiar el color de fondo del documento, el color de los enlaces, etc. También proporciona algunas propiedades más avanzadas, como **cookie**, que permite almacenar información en el ordenador cliente para leerla la siguiente vez que el documento sea cargado.

Para más detalles sobre este objeto, así como aclaraciones sobre sus propiedades, métodos y eventos que se indican a continuación, puede consultar la ayuda proporcionada por *Visual Studio* o por Microsoft *ActiveX Control Pad*.

Propiedades: linkColor, aLinkColor, vLinkColor, bgColor, fgColor, anchors, links, forms, location, lastModified, title, cookie, referrer.

Métodos: write, writeLn, open, close, clear.

Es importante que tenga presente que las secuencias de órdenes Visual Basic son ejecutadas en el ordenador cliente. Además, *VBScript* carece de órdenes para manipular ficheros en el disco, lo que hace que sea un lenguaje seguro, visto desde el sistema cliente, ya que no pueden ser alterados sus ficheros. Pero esta seguridad en ocasiones es un límite, ya que algunas aplicaciones necesitan almacenar, y posteriormente leer, algunos bytes en el disco.

La solución al problema planteado es utilizar la propiedad **cookie**. La propiedad **cookie** es una cadena de caracteres almacenada por y para la página actual. Tenga en cuenta que al almacenarse la cadena de caracteres como un fichero de texto, cualquier información previa será sobreescrita, y que la cantidad de información que podemos almacenar está limitada. De esta forma es posible guardar una pequeña información en el ordenador del cliente para que la próxima vez que la rutina *VBScript* sea ejecutada encuentre la información allí.

Una razón para utilizar esta propiedad puede ser compartir código entre páginas, ya que una rutina Visual Basic está limitada a una página. Esto es, si una página que contiene una rutina carga otra página, la rutina *VBScript* cesa y deja de existir. El siguiente ejemplo solicita el nombre al usuario:

```
<HTML>
<HEAD>
<TITLE>New Page</TITLE>
    <SCRIPT LANGUAGE="VBScript">
<!--
If document.cookie = "" Then
  NombreUsuario = InputBox("Por favor, introduce tu nombre:")
  document.cookie=NombreUsuario
Else
  NombreUsuario=document.cookie
End If
document.write "<H1>Bienvenido a nuestra página, " & _
  NombreUsuario & "</H1>"
document.write "<BR>"
document.write "Esta página fue abierta el " & date() & _
  ", a las " & time()
document.write "<BR>"
document.write "La cadena almacenada es: " & document.cookie
-->
    </SCRIPT>
</HEAD>
<BODY>
</BODY>
</HTML>
```

Para probar una página que haga uso de la propiedad **cookie**, hay que tener un servidor *Web* instalado. La cadena de caracteres es guardada en el ordenador cliente por el explorador sólo si ella ha sido suministrada por un servidor. Puede utilizar cualquier servidor *Web*; por ejemplo, *Microsoft Personal Web Server* o *FrontPage*. *Microsoft Personal Web Server* es un servidor *Web* personal que puede utilizarse para alojar un sitio *Web* en su equipo personal de casa o como parte de la Intranet corporativa, o bien para crear y probar un sitio *Web* antes de alojarlo en un proveedor de servicios Internet.

Objeto link

El objeto *link* es una propiedad del objeto *document*. Es un array de propiedades de sólo lectura. Por cada enlace (*hiperlink*) que aparece en un documento HTML, se construye un objeto *link*. Un enlace es el valor asignado al atributo HREF de la etiqueta <A>. Por ejemplo, <A HREF="http://www.microsoft.com">.

Propiedades: hRef, Protocol, Host, Hostname, Port, PathName, Search, Hash.

Objeto anchor

El objeto *anchor* es una propiedad del objeto *document*. Es un array de propiedades de sólo lectura. Es similar al objeto *link*, excepto en que representa los valores de los atributos que no son *hiperlink*. El primer elemento es *anchors(0)* y su valor es el atributo NAME de la etiqueta <A>. Por ejemplo, <A NAME="Definición">.

Objeto form

El objeto *form* es una propiedad del objeto *document*. Este objeto representa un formulario contenido en el documento. A su vez, todo aquello que esté contenido entre las etiquetas HTML < FORM> y < /FORM> pertenece al formulario. Los formularios de un documento son accesibles por su nombre (NAME) o a través de una matriz: la matriz de formularios del documento.

Propiedades: Action, Encoding, Method, Target, Elements.

Objeto element

El objeto *element* es una propiedad del objeto *form*. Los elementos son controles *ActiveX* intrínsecos o extrínsecos. Igual que los formularios, ellos pueden ser referenciados por su nombre o a través de la matriz de controles del formulario.

GENERAR APLICACIONES PARA INTERNET

Una aplicación para Internet se puede describir en términos de relaciones *cliente-servidor*, donde el *cliente* es un explorador y el *servidor* es un servidor *Web*. Piense por ejemplo en lo que hace un usuario cuando quiere ver una página de Internet. Hace la petición al servidor *Web* utilizando un explorador, el explorador envía la petición al servidor *Web* y éste devuelve una respuesta al explorador, que se corresponde normalmente con una página HTML.

Existen dos tipos principales de aplicaciones Visual Basic para Internet: aplicaciones IIS (*Internet Information Server* - Servidor de información de Internet) y aplicaciones DHTML (*Dynamic HTML* - HTML dinámico). Una aplicación IIS reside y se ejecuta en un servidor *Web*. En cambio, una aplicación DHTML reside y se procesa en su mayor parte en el equipo cliente (donde se ejecuta el explorador) en respuesta a las acciones que el usuario realiza en el explorador, y en menor medida en el servidor, al que hace llamadas siempre que sea necesario.

Las aplicaciones DHTML requieren que el usuario final tenga Microsoft Internet Explorer versión 4.0 o posterior, mientras las aplicaciones IIS son independientes tanto del explorador como del sistema operativo.

DESARROLLO DE UNA APLICACIÓN DHTML

En su forma más sencilla, una aplicación DHTML puede ser una única página de código HTML que utiliza código Visual Basic y el modelo de objetos HTML dinámico, para responder instantáneamente a los eventos que se producen en la página (por ejemplo, un clic en un botón, el explorador abrió una página, etc.).

El proceso de creación de una aplicación DHTML es similar al de creación de cualquier otra aplicación Visual Basic. Como ejemplo vamos a realizar una aplicación que presente una página como la siguiente. La idea es presentar al usuario una interfaz que le permita expresar una misma cantidad en pesetas y en euros. La cantidad será introducida en pesetas o en euros en la caja correspondiente, dependiendo de la opción elegida (cambio de pesetas a euros, o bien de euros a pesetas). Al usuario sólo le será permitido escribir en la caja adecuada a la operación elegida. Una vez introducida la cantidad, el usuario pulsará el botón para realizar los cálculos. El título del botón reflejará el tipo de operación a realizar.

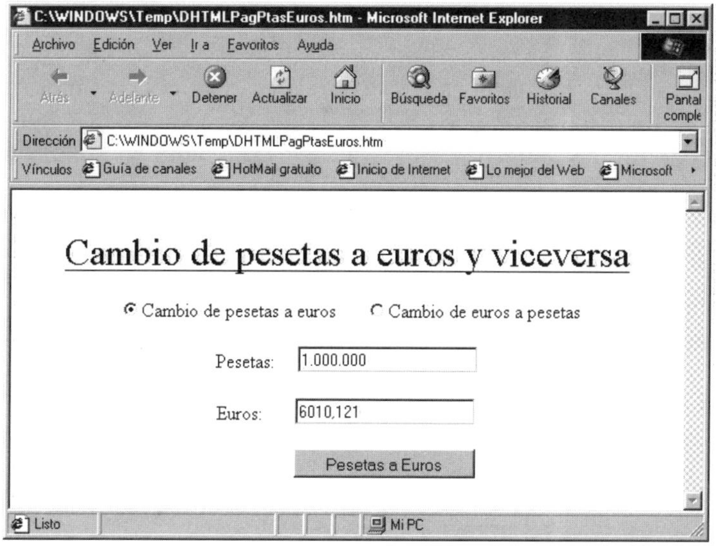

Inicie un nuevo proyecto Visual Basic y seleccione *Aplicación DHTML* como tipo del proyecto. La estructura del proyecto que se crea es la siguiente:

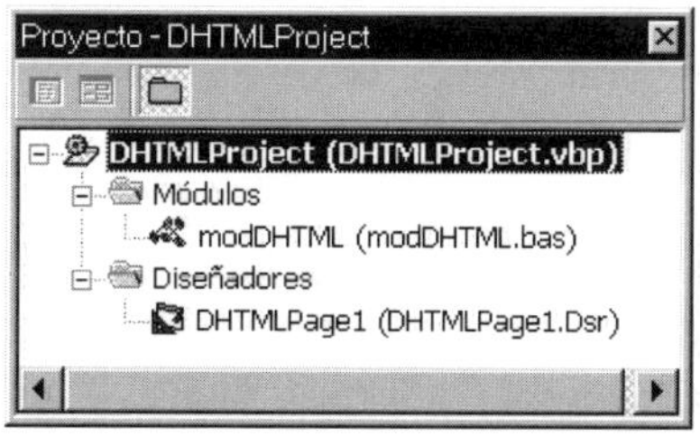

Observe que dicha estructura está compuesta por un módulo de código Visual Basic y por un diseñador. El diseñador permite componer una página HTML única, que dará lugar a la interfaz del usuario.

Diseño de una página HTML

Para diseñar la página HTML, abra la carpeta *Diseñadores* en la ventana *Proyectos* y haga doble clic en *DHTMLPage1* para mostrar esa página en la ventana principal.

Hay tres métodos para crear las páginas de la interfaz de usuario de su aplicación DHTML:

- Partiendo de cero y agregando elementos HTML de la caja de herramientas.
- Utilizando un editor HTML externo y, a continuación, hacer referencia a éstas en el *diseñador* de páginas.
- Combinando los dos métodos.

Utilizando el primer método, cree una página como la mostrada en la figura siguiente. La disposición que observa de los elementos depende del tamaño de la ventana de diseño. El explorador la visualizará como ha podido observar en una figura anterior.

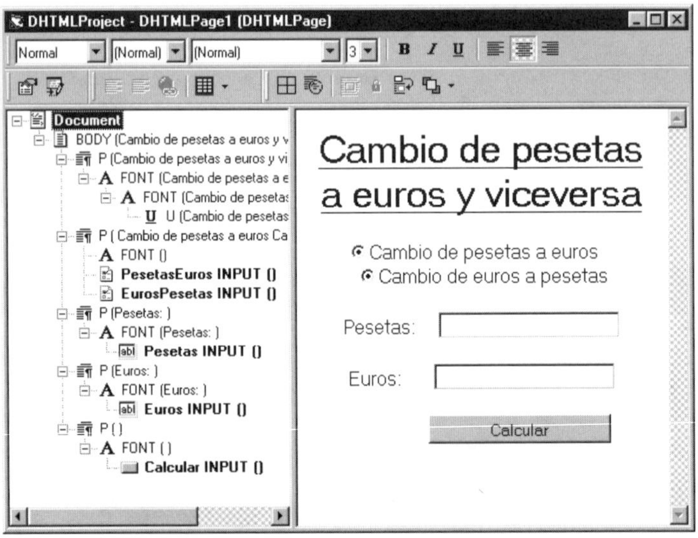

Para realizar el diseño de la página mostrada en la figura anterior, Visual Basic proporciona un conjunto de elementos HTML que incluyen los objetos HTML más comunes, como botones, cuadros de texto, botones de opción, casillas de verificación e imágenes. Estos elementos aparecen automáticamente en una ficha HTML de la caja de herramientas al agregar una página al proyecto. Puede utilizar el *Examinador de objetos* para obtener ayuda acerca de las propiedades y los métodos de cada uno de estos elementos.

Para crear encabezados, párrafos y otros elementos de texto, sitúese en el panel *Detalle* del diseñador (panel de la derecha), pulse la tecla *Entrar* hasta llegar a la ubicación en la que desea que aparezca el texto, escriba el texto y, a continuación, establezca sus propiedades. También puede alinear los elementos de texto utilizando los botones de alineación de la barra de herramientas correspondiente. Por ejemplo, en la figura anterior todas las líneas están centradas, incluso las que contienen elementos HTML.

Para agregar un elemento a una página HTML, seleccione el elemento en la caja de herramientas y dibújelo sobre el panel *Detalle*. Para establecer las propiedades de un elemento, seleccione el elemento en el diseñador y, a continuación, introduzca los valores adecuados en la ventana de *Propiedades*.

Además de los elementos HTML a los que nos hemos referido anteriormente, puede agregar cualquier control *ActiveX* a la página. Es posible que necesite abrir el cuadro de diálogo *Componentes* y agregar el control *ActiveX* deseado al proyecto, para que éste aparezca en la caja de herramientas.

Para establecer las propiedades de la página, como el color de fondo (**bgcolor**), seleccione el elemento *BODY* e introduzca los valores deseados en la lista de la ventana *Propiedades*.

Modos de colocación de los elementos

Hay dos modos de colocar los elementos en la página: *absoluto* y *relativo*. Para cambiar del modo absoluto al modo relativo y viceversa, haga clic en el botón *Posición absoluta* de la barra de herramientas. Si el cambio de modo es para un elemento existente en la página, seleccione previamente el "borde" del elemento.

Observe que cuando selecciona el "cuerpo" de un elemento, el borde muestra unas líneas diagonales, y cuando selecciona el "borde" de un elemento, el borde no muestra esas líneas diagonales. Para mover o eliminar un elemento debe seleccionar el borde del mismo.

En el modo *absoluto*, todos los elementos que arrastra o mueve sobre la página se ubican en la posición exacta donde los ha colocado con el cursor.

En el modo *relativo* de colocación, cada elemento nuevo que arrastra en la pantalla se coloca en la primera posición disponible después del punto de inserción. Puede agregar algunas etiquetas <P> de párrafo y/o espacios en blanco a la página, para separar un elemento del siguiente.

Los modos *absoluto* y *relativo* tienen ventajas e inconvenientes. El modo absoluto proporciona un mayor control sobre el diseño de la página, pero no es tan flexible como el modo relativo. En el modo relativo, la página puede ajustar dinámicamente sus elementos al espacio de pantalla del explorador. En cambio, en el modo absoluto, si la pantalla del explorador es pequeña o la resolución del equipo es mucho menor que la resolución del equipo de desarrollo, puede que sólo aparezca ante el usuario final una parte de una página.

También puede colocar los elementos por capas, unos encima de otros, mediante las propiedades de orden Z. El *orden Z* asigna un número de secuencia a los elementos e indica cómo se superponen los elementos. Para establecer el orden Z de un elemento con respecto a otros, utilice el botón *Orden* de la barra de herramientas.

Según lo explicado y observando la figura anterior, añada a la aplicación que estamos desarrollando los controles indicados en la tabla siguiente:

Objeto	**Propiedad**	**Valor**
Elemento de texto: Cambio de pesetas ...	align	center
<P>	align	center
Botón de opción (Option)	Id checked	PesetasEuros True
Elemento de texto: Cambio de pesetas ...	align	center
Botón de opción (Option)	Id checked	EurosPesetas False
Elemento de texto: Cambio de euros ...	align	center
<P>	align	center
Elemento de texto: Pesetas:		
Caja de texto	Id readOnly value	Pesetas False (nada)
<P>	align	center

Elemento de texto: Euros:		
Caja de texto	Id readOnly value	Euros True (nada)
<P>	align	center
Elemento de texto: (espacios en blanco)		
Botón de pulsación	Id value	Calcular Pesetas a Euros

Enlazar la página HTML con código Visual Basic

La ventana del diseñador de páginas tiene dos paneles: el panel *Detalle*, a la derecha, y el panel *Vista en forma de árbol*, a la izquierda. El panel *Detalle* muestra la página HTML tal como aparecería en el explorador en un área de visualización equivalente. El panel *Vista en forma de árbol* se utiliza para mostrar los elementos que constituyen la página HTML. Cuando inicia un proyecto de aplicación DHTML, este panel contiene tres elementos: el objeto **Document**, el objeto **Body** y un párrafo o etiqueta <P>.

El objeto **Document** representa la página HTML que se muestra al usuario en el explorador *Web*. Los eventos del objeto **Document** proporcionan acceso al modelo de objetos de HTML dinámico y permiten controlar las acciones del usuario en el explorador. Para mostrar este objeto, el proyecto incluye un objeto **BaseWindow** que representa un ejemplar del explorador.

A su vez, el objeto **Document** contiene el objeto **DHTMLPage**. Este objeto permite enlazar la página HTML con el código Visual Basic correspondiente durante la ejecución de la aplicación. La funcionalidad que proporciona permite manipular eventos como la carga, descarga, inicialización y terminación de las páginas HTML. No es posible tener acceso al objeto **DHTMLPage** directamente a través del objeto **Document**.

Para visualizar la ventana de código puede hacer doble clic en un elemento, bien en el panel *Detalle* o bien en la *Vista en forma de árbol*. El sistema seleccionará el evento predeterminado correspondiente al elemento sobre el que se ha hecho clic. Para escribir código para otro evento, selecciónelo de la lista de eventos. La figura siguiente muestra la lista de objetos del proyecto que estamos desarrollando. En ella puede distinguir, además de los elementos HTML añadidos a la página, los objetos anteriormente comentados.

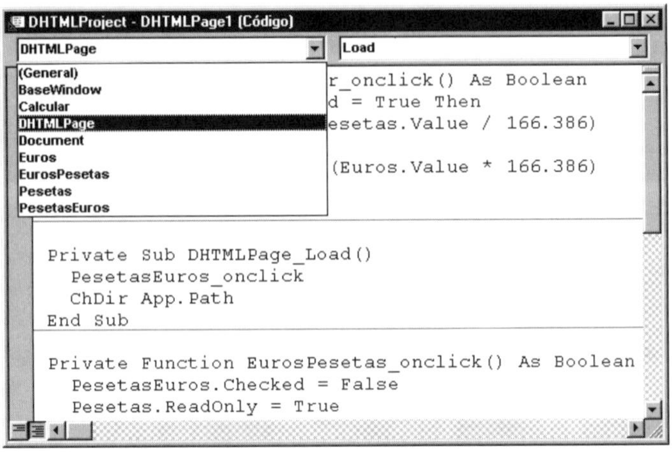

Cuando el usuario ejecute la aplicación, lo primero que hará será seleccionar la modalidad de cambio: pesetas a euros, o bien euros a pesetas. Según el diseño realizado, la modalidad predeterminada es "pesetas a euros". Pero, suponga que una vez iniciada la aplicación el usuario selecciona la modalidad "euros a pesetas" ¿Qué tiene que ocurrir? Se borrarán las dos cajas de texto, se habilitará la caja de texto *Euros* para escritura y la caja de texto *Pesetas* pasará a ser de sólo lectura, pondremos el foco en la caja de texto *Euros*, cambiaremos el título del botón para que ponga "Euros a Pesetas", y la opción señalada será ahora "euros a pesetas".

```
Private Function EurosPesetas_onclick() As Boolean
  Pesetas.Value = ""              'borrar caja de texto Pesetas
  Euros.Value = ""                'borrar caja de texto Euros
  Pesetas.ReadOnly = True         'Pesetas de sólo lectura
  Euros.ReadOnly = False          'Euros de lectura y escritura
  Euros.focus                     'enfocar la caja de texto Euros
  Calcular.Value = "Euros a Pesetas" 'título del botón
  PesetasEuros.Checked = False 'quitar la señal de la opción actual
  EurosPesetas_onclick = True  'señalar la opción "euros a pesetas"
End Function
```

Análogamente, cuando la opción seleccionada sea "pesetas a euros", se borrarán las dos cajas de texto, se habilitará la caja de texto *Pesetas* para escritura y la caja de texto *Euros* pasará a sólo lectura, pondremos el foco sobre la caja de texto *Pesetas*, cambiaremos el título del botón para que ponga "Pesetas a Euros", y la opción señalada será ahora "pesetas a euros".

```
Private Function PesetasEuros_onclick() As Boolean
  Pesetas.Value = ""              'borrar caja de texto Pesetas
  Euros.Value = ""                'borrar caja de texto Euros
  Pesetas.ReadOnly = False        'Pesetas de lectura y escritura
  Euros.ReadOnly = True           'Euros de sólo lectura
  Pesetas.focus                   'enfocar la caja de texto Pesetas
```

```
  Calcular.Value = "Pesetas a Euros" 'título del botón
  EurosPesetas.Checked = False 'quitar la señal de la opción actual
  PesetasEuros_onclick = True  'señalar la opción "pesetas a euros"
End Function
```

Como la modalidad de cambio predeterminada es "pesetas a euros", al iniciar la aplicación podemos invocar al método anterior para establecer la opción predeterminada por software. Según hemos indicado anteriormente, cuando se inicia la ejecución del proyecto y se carga la página HTML inicial, se produce el evento **Load**. Entonces, utilizaremos el método que responde a este evento para invocar al método *PesetasEuros_onclick*:

```
Private Sub DHTMLPage_Load()
  PesetasEuros_onclick
  ChDir App.Path
End Sub
```

Una vez que el usuario haya elegido la modalidad de cambio, introducirá la cantidad en la caja de texto adecuada (en la habilitada para escribir) y pulsará el botón para realizar los cálculos. El método que responde a este evento es:

```
Private Function Calcular_onclick() As Boolean
  If PesetasEuros.Checked Then
    If Pesetas.Value = "" Then Exit Function
    Euros.Value = CCur(Pesetas.Value / 166.386)
  Else
    If Euros.Value = "" Then Exit Function
    Pesetas.Value = CCur(Euros.Value * 166.386)
  End If
End Function
```

Agregar páginas al proyecto

Si necesita agregar más páginas HTML a la aplicación, haga clic con el botón derecho sobre la carpeta *Diseñadores* en la ventana *Proyecto* y seleccione *Agregar DHTML Page* en los menús contextuales que se visualizan.

Cuando agrega páginas al proyecto, debe decidir cómo guardará cada página. La propiedad **SourceFile** del diseñador refleja el método elegido para guardar la página. Si elige guardarla en el diseñador hasta que compile el proyecto, la propiedad **SourceFile** permanecerá en blanco. Si especifica un fichero *.htm*, entonces **SourceFile** indicará la ruta de acceso a dicho fichero.

Por ejemplo, seleccione la página *DHTMLPage1* del proyecto y haga clic en el botón *Propiedades del diseñador de páginas DHTML* de la barra de herramientas. Se visualizará el diálogo siguiente:

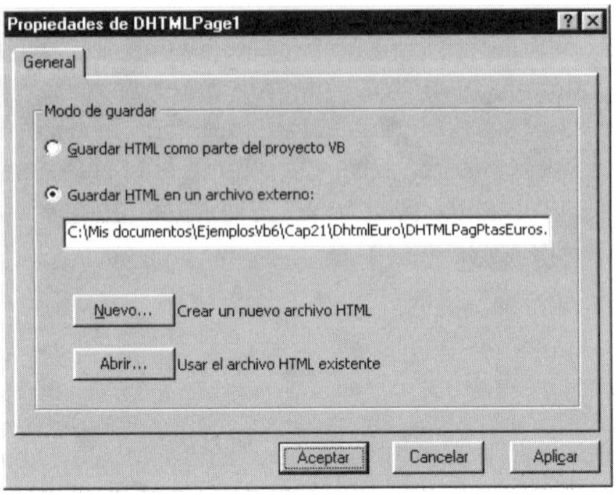

Haga clic en *Nuevo*, seleccione el directorio de la aplicación y escriba el nombre del fichero externo donde quiere guardar la página HTML. En nuestro caso en *DHTMLPagPtasEuros.htm*. A continuación observe el valor de la propiedad **SourceFile** de esta página. Comprobará que contiene la ruta de acceso de dicho fichero.

Añada una nueva página *DHTMLPage2* y guárdela en el fichero externo *DHTMLPagDefEuros.htm*. Añada a esta página, a modo de ejemplo, un único elemento de texto: "Un euro equivale a 166,386 pesetas".

Crear hipervínculos

Un hipervínculo es un elemento de HTML que permite crear un vínculo entre una página y otra, o bien entre una página y otra parte de texto o una imagen de la misma página, de forma que al seleccionarlo, abre esa otra página *Web* o se mueve a la otra ubicación de la página actual.

Hay dos formas de crear un hipervínculo: a partir de un texto o imagen existente, o bien nuevo, utilizando el elemento *Hiperlink* de la caja de herramientas.

Para crear un hipervínculo a partir de un texto o imagen existente en una página HTML, resalte el texto o la imagen que desee convertir en un hipervínculo y haga clic en el botón *Convertir la selección en vínculo* de la barra de herramientas. A continuación selecciónelo y establezca sus propiedades.

Como ejemplo, seleccione la palabra *euros* del segundo elemento de texto de *DHTMLPage1* y cree un hipervínculo. Después a través de su página de propiedades, asígnele el nombre *HipervinculoDefEuro* y la página *DHTMLPagDefEuros.htm*, según se puede observar en la figura siguiente:

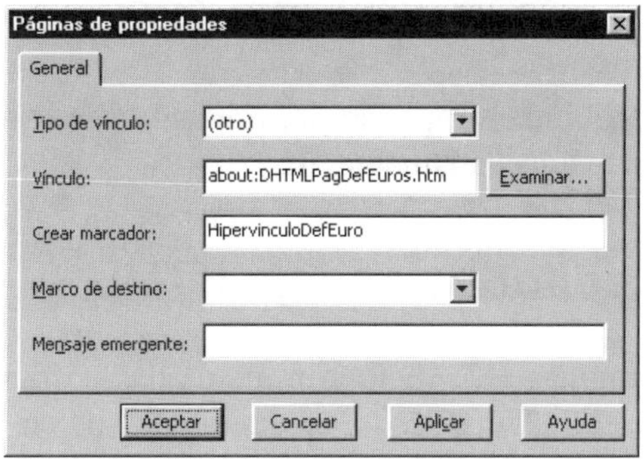

Ahora, cuando ejecute la aplicación y haga clic en el hipervínculo *euros*, se mostrará la página *DHTMLPagDefEuros.htm* que añadió anteriormente.

Probar, compilar y distribuir la aplicación DHTML

Una vez finalizada la aplicación puede ejecutarla y depurarla desde el entorno de Visual Basic igual que cualquier otra aplicación. Para depurar una aplicación DHTML tiene a su disposición todas las herramientas de depuración disponibles en Visual Basic: puntos de interrupción, variables de inspección, instrucciones de depuración, etc.

Una vez depurada la aplicación puede generar el fichero *.dll* correspondiente ejecutando la orden *Generar nombre-fichero.dll* del menú *Archivo*. Cuando se realiza este proceso se genera también el fichero *.htm* externo si aún no lo había generado.

Ahora podrá observar que una aplicación DHTML consta de: una o más páginas HTML, el código de Visual Basic que controla los eventos generados desde las páginas HTML (ficheros *.dsr*), un componente para la ejecución que aloja la página en el explorador *Web* o en el control explorador de *Web* (objeto **BaseWindow**) y un fichero *.dll* con el diseñador de páginas y su código correspondiente al que tiene acceso el componente para la ejecución y que se genera automáticamente cuando depura o compila el proyecto.

Para distribuir la aplicación utilice el asistente de empaquetado y distribución de Visual Basic. En el paquete (fichero *.cab*) deben incluirse el fichero *.dll* del proyecto (incluido el fichero *dll* de ejecución de Visual Basic), y los ficheros *.dsr* y *.dsx* del proyecto. Todos ellos son incluidos automáticamente por el asistente. En cambio, las páginas HTML asociadas con el proyecto no las incluye el asistente en el fichero *.cab*, sino que las copia a la ubicación del sitio *Web* especificada al distribuir dicho fichero. Asegúrese también de agregar los ficheros a los que hacen referencia las páginas HTML (por ejemplo, las imágenes), ya que el asistente no lo hace.

Una vez distribuida la aplicación, pruébela para asegurarse de que todos los vínculos funcionan adecuadamente.

Utilizar un editor de código HTML

Si la página o páginas HTML fueron guardadas en ficheros externos, es posible iniciar y abrir cada página desde un editor HTML en Visual Basic para examinarla. Esto puede ser conveniente si desea ajustar la apariencia de la página o si desea trabajar con el código fuente HTML. Cuando se inicia un editor externo, Visual Basic guarda el proyecto actual y cualquier cambio efectuado en la página y, a continuación, abre la página en el editor HTML predeterminado del sistema. Si no tiene instalado un editor HTML, el sistema abre el *Bloc de Notas* y muestra el código fuente HTML. Por ejemplo, suponiendo que tiene cargada la aplicación anterior, y que tiene instalado *FrontPage Express*, si hace clic en el botón *Iniciar editor* de la barra de herramientas, se visualizará la ventana siguiente:

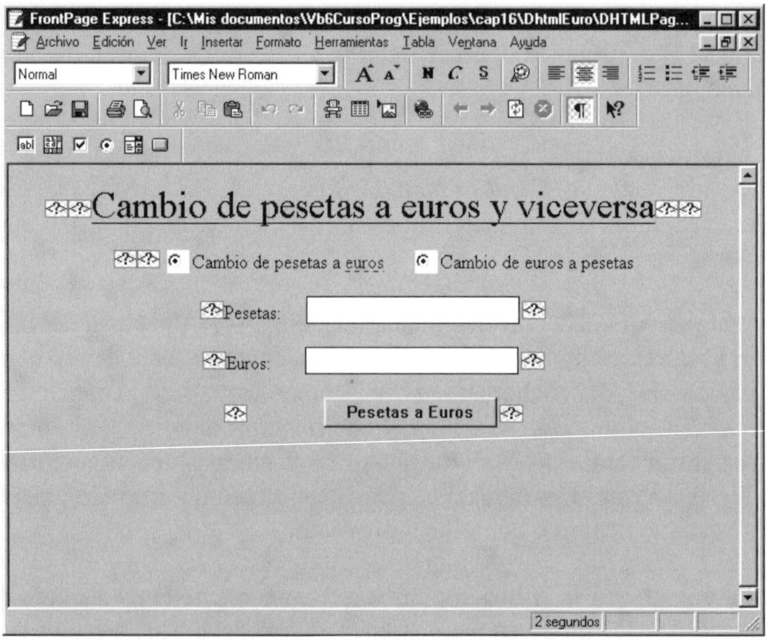

Microsoft FrontPage Express

FrontPage Express es un editor de páginas Web que ofrece toda la eficacia de HTML. Puede usar *FrontPage Express* para crear y dar formato a páginas *Web* en HTML trabajando en una vista *WYSIWYG* ("lo que se ve es lo que se obtiene").

Sus características de fácil uso permiten crear páginas *Web* eficaces y sofisticadas. Por ejemplo, puede hacer lo siguiente:

- Aplicar etiquetas HTML eligiéndolas en la lista de la barra de herramientas, sin tener que escribirlas manualmente.
- Seleccionar texto o párrafos y aplicarles formato y alineación al hacer clic en un botón de la barra de herramientas.
- Insertar imágenes que haya creado o imágenes prediseñadas de sus colecciones favoritas (las colecciones no se incluyen con *FrontPage Express*).
- Abrir directamente páginas *Web* existentes en la *Web* (si está instalado el *asistente para la publicación en la Web*) o a partir de un fichero de su equipo o de una red.
- Guardar el trabajo directamente en la *Web* (mediante el *asistente para la publicación en Web*) o en un fichero.
- Agregar marquesinas (texto con desplazamiento).

DESARROLLO DE UNA APLICACIÓN IIS

Una aplicación IIS (*Internet Information Server*) es una aplicación Visual Basic que reside en un servidor *Web* y responde a las peticiones enviadas por un explorador. Lógicamente, lo que verá como resultado el usuario de una aplicación IIS será una sucesión de páginas HTML.

Desde el punto de vista del programador, una aplicación IIS consta de un objeto especial denominado **WebClass** (*clase Web*) que, a su vez, contiene varios recursos denominados **WebItem** (*elementos Web*). El objeto **WebClass** es el corazón de la aplicación: procesa los datos recibidos del explorador y envía información a los usuarios. Los objetos **WebItem** son las páginas HTML y otros datos que el objeto **WebClass** puede enviar al explorador como respuesta a una petición.

Comparando este tipo de aplicación con el tipo de aplicación DHTML expuesta anteriormente, existen algunas diferencias que enumeramos a continuación:

- Las aplicaciones DHTML están destinadas a su uso en Intranet y dependen de Internet Explorer 4.0 o posterior, mientras que las aplicaciones IIS pueden emplearse tanto en Internet como en una Intranet y no dependen del explorador o de un sistema operativo específico, ya que pueden generar código HTML puro independiente del cliente Web, algo que no es necesariamente cierto cuando se utiliza Java, controles *ActiveX* o HTML dinámico.

- Las aplicaciones IIS emplean el modelo de objetos ASP (*Active Server Page* - Página activa de servidor o activada en el servidor), mientras que las aplicaciones DHTML emplean el modelo de objetos HTML dinámico.

- Las aplicaciones IIS realizan la mayor parte del procesamiento en el servidor Web, mientras que las aplicaciones DHTML lo realizan en el equipo del explorador.

- Para crear y probar las aplicaciones IIS, necesita tener Internet Explorer 4.0 o posterior y un servidor *Web* capaz de ejecutar páginas ASP. Por ejemplo Windows 9x y *Personal Web Server* 3.0 o posterior, con páginas ASP, o bien Windows NT e *Internet Information Server* 3.0 o posterior, con páginas ASP.

Estructura de una aplicación IIS

Según hemos indicado anteriormente, una aplicación IIS consta de uno o más objetos **WebClass** y de uno o más objetos **WebItem** por cada objeto **WebClass**.

Un objeto **WebItem** (elemento *Web*) proporciona contenido al explorador y expone eventos. Puede ser un fichero HTML de plantilla o un elemento *Web* personalizado. Las plantillas se diferencian de las páginas HTML normales en que suelen incluir áreas de sustitución que la *clase Web* puede procesar antes de enviar la página al explorador. Esto permite personalizar la respuesta al usuario. En cambio un elemento *Web* personalizado contiene código escrito correspondiente a uno o más controladores de evento. Los controladores de evento pueden generar una respuesta para el explorador o pasar el procesamiento a otros elementos de la *clase Web*.

Cuando desde el entorno de Visual Basic se crea un proyecto de tipo *Aplicación IIS*, se crea automáticamente un objeto **WebClass**. Un proyecto *Aplicación IIS* es un tipo de proyecto *DLL ActiveX* que incluye automáticamente una instancia del *diseñador de clase Web*, que es la base sobre la que se crea la aplicación. Existe una relación unívoca entre el *diseñador de clase Web* y la *clase Web*, de tal forma que si desean agregar *clases Web* adicionales a la aplicación, deben agregarse diseñadores adicionales. Por ejemplo, cree un nuevo proyecto *ProyWeb* de tipo *Aplicación IIS* y observe el *Explorador de proyectos*:

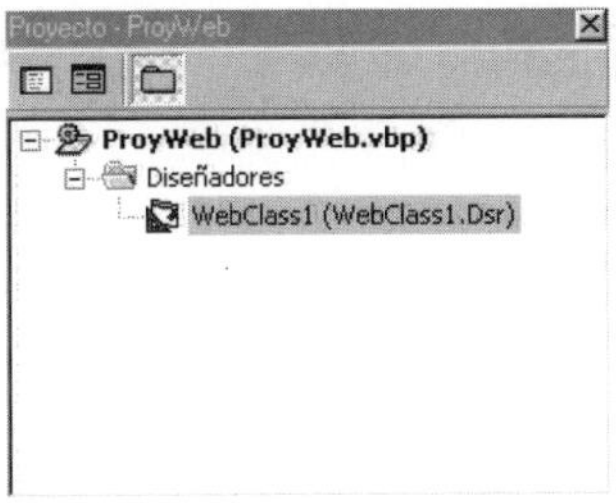

Por otra parte, una *clase Web* está asociada a un único cliente durante todo su ciclo de vida. Normalmente, se crea una instancia de la *clase Web* cada vez que un cliente produce una petición y se destruye cuando la respuesta se ha enviado al explorador.

Asimismo, cada una de las *clases Web* de una aplicación IIS tiene asociado un fichero ASP que Visual Basic genera automáticamente durante el proceso de compilación o de depuración, para almacenar la *clase Web* que será procesada en el servidor *Web*. Por ejemplo, ejecute la aplicación *ProyWeb*, acepte los valores por omisión de los diálogos que le sean presentados y observe la dirección que aparece en su explorador. Por ejemplo:

```
http://localhost/ProyWeb/WebClass1.ASP
```

La ruta de acceso al fichero ASP actúa como la *dirección URL base* de la *clase Web* y sus *elementos Web* correspondientes, por lo tanto puede actuar como un punto de entrada a la aplicación.

Una página ASP es un fichero de texto con extensión *.asp* que puede contener: texto, etiquetas HTML y secuencias de órdenes (*scripts* escritos en *VBScript* y/o *JavaScript*). Poner este fichero a disposición de los usuarios de la *Web* implica guardar el fichero en el sitio *Web* adecuado. Asegúrese de que la carpeta correspondiente al sitio *Web* tiene la propiedad de "carpeta *Web* compartida".

Todo el proceso de las secuencias de órdenes lo hace el servidor *Web*, el cual transmite el código HTML estándar resultante al explorador.

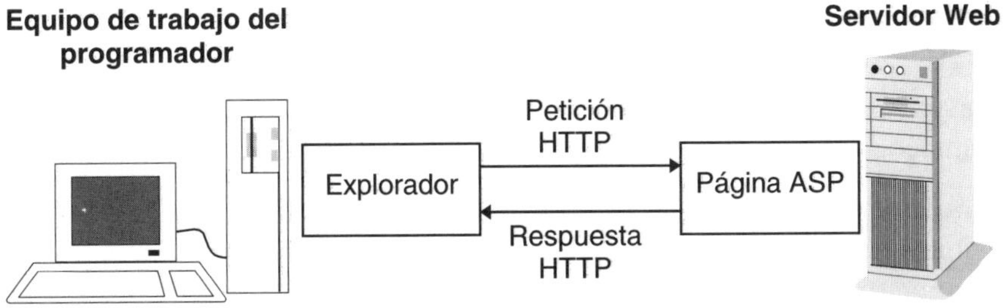

Según lo expuesto la estructura de una aplicación IIS puede verse de la forma siguiente:

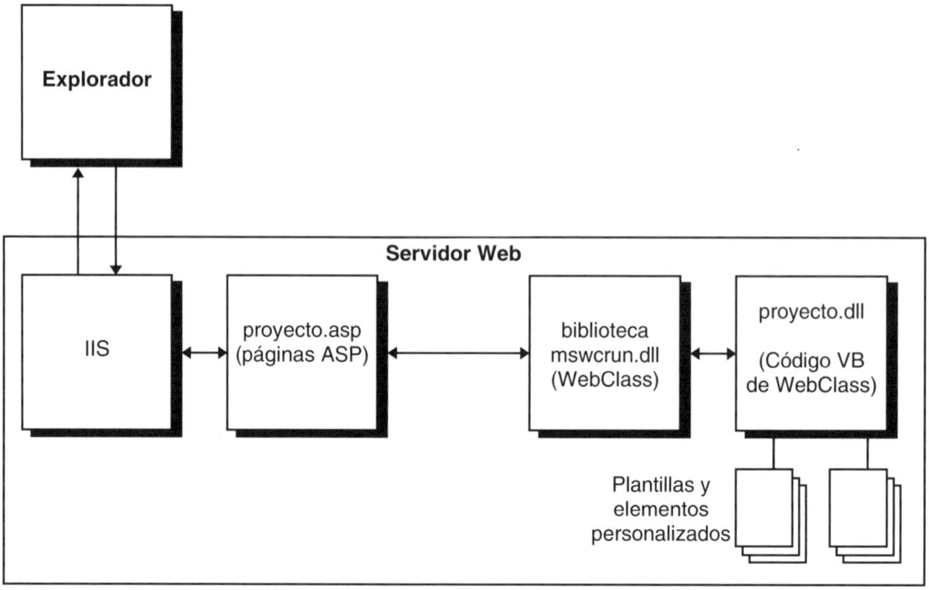

Modelo de objetos ASP

Una aplicación IIS se aloja en un fichero ASP, razón por la cual la *clase Web* puede utilizar varios de los objetos definidos en el modelo de objetos ASP. Entre ellos se incluyen:

- **Request**. Recibe peticiones de usuarios finales del explorador.

```
Request.Form("Tema")
```

- **Response**. Envía información al explorador para mostrarla al usuario.

```
Response.Write "<HTML>"
```

- **Session**. Mantiene información acerca de la sesión actual del usuario, y almacena y recupera la información de estado.

- **Application**. Administra estados compartidos por varias instancias de la *clase Web*.

- **Server**. Crea otros objetos y define las propiedades específicas del servidor que puedan afectar al procesamiento de la *clase Web*.

- **BrowserType**. Determina la capacidad del explorador del usuario y toma decisiones de procesamiento basadas en esa información.

```
If BrowserType.javascript And BrowserType.javaapplets Then ...
```

Propiedades del objeto WebClass

Según se ha dicho anteriormente, el objeto **WebClass** es el motor de la aplicación IIS. Por tal motivo debemos poner especial atención en establecer una serie de propiedades para dicha clase que enumeramos a continuación:

- **StateManagement**. Esta propiedad puede establecerla desde la ventana *Propiedades* del objeto **WebClass**. Indica si la *clase Web* permanece viva entre sucesivas peticiones del explorador o se destruye al completar cada petición. El valor *wcNoState*, valor asignado, indica que la instancia de la clase se destruya; y el valor *wcRetainInstance* indica que no se destruya hasta que la instancia de la clase llame a **ReleaseInstance** o hasta que termine el tiempo de espera de la sesión ASP.

- **Public**. Esta propiedad puede establecerla desde la ventana *Propiedades* del objeto **WebClass** y su valor predeterminado es **True**, porque para que una aplicación IIS pueda funcionar, una *clase Web* debe proporcionar acceso público.

- *Ejecución desatendida*. Para acceder a esta opción tiene que abrir el diálogo *Propiedades del proyecto* y seleccionar la ficha *General*. No permite utilizar formularios o diálogos que requieran la intervención del usuario.

- *Subprocesos independientes*. Para acceder a esta opción tiene que abrir el diálogo *Propiedades del proyecto* y seleccionar la ficha *General*. Permite que varias instancias de una clase DLL se puedan asignar a diferentes subprocesos. Esto es necesario para que cada instancia tenga su propia copia de los datos e ignore cualquier otra instancia.

- *Conservado en memoria*. Para acceder a esta opción tiene que abrir el diálogo *Propiedades del proyecto* y seleccionar la ficha *General*. Permite retener el proyecto Visual Basic en memoria, con el consiguiente aumento de velocidad.

Administrar los ficheros del proyecto

Considere la estructura del directorio del proyecto de la aplicación IIS que está desarrollando, como un espejo de la estructura del directorio que utilizará en el servidor *Web* cuando distribuya la aplicación, para que organice los ficheros del proyecto según esa estructura. Por ejemplo, si piensa utilizar un directorio separado para las imágenes en el servidor *Web*, agregue un subdirectorio análogo en el directorio del proyecto.

Lo anterior le permitirá reemplazar las direcciones URL absolutas por *direcciones URL relativas*; es decir, rutas de acceso que indican la ubicación de un elemento, un gráfico por ejemplo, relativa al directorio del proyecto. Por ejemplo:

```
imagenes\logotipo.gif
```

donde *imágenes* será un subdirectorio del directorio del proyecto.

Agregar diseñadores

Supongamos que deseamos realizar una aplicación que visualice una página *Web* de presentación relativa a la editorial *RA-MA* con dos enlaces: *Buscar* y *Nuevo*. Cuando el usuario haga clic en el enlace *Buscar* se presentará otra página con una caja de texto que permita escribir el tema a buscar y un botón *Buscar* que iniciará la búsqueda en una base de datos *libros.mdb* almacenada en el servidor; la base de datos tiene una tabla *libros* que almacena los datos *Título*, *Autor*, *Editorial* y *Fecha* de publicación; el resultado de la búsqueda será enviado al explorador. El enlace *Nuevo* visualizará en el explorador las novedades de la editorial.

Una vez que haya creado un proyecto de tipo *Aplicación IIS*, diríjase al *Explorador de proyectos* y haga doble clic en el diseñador para mostrarlo en la ventana principal. Si necesita añadir más *clases Web*, haga clic en la orden *Agregar WebClass* del menú *Proyecto*. En la mayoría de los casos, sólo necesitará una *clase Web*, pero puede optar por usar múltiples *clases Web* si desea dividir su aplicación en partes que se puedan reutilizar en otras aplicaciones.

Para el problema planteado sólo necesitará una *clase Web*. Además, necesitará añadir un diseñador del entorno de datos para establecer una conexión con la base de datos *libros*. Por lo tanto, ejecute la orden *Más diseñadores ActiveX* del menú *Proyecto* y añada un diseñador *DataEnvironment1*. Después asigne a la conexión el nombre *cnLibros* y vincúlela con la base de datos *libros*. Para ello, haga clic en el botón *Propiedades* de la barra de herramientas y:

1. Seleccione el proveedor *Microsoft Jet OLE DB*. haga clic en *Siguiente*.
2. Seleccione el nombre de la base de datos *libros.mdb*.
3. Pruebe la conexión; si se realiza con éxito, haga clic en *Aceptar*.

Observe ahora en la ventana *Propiedades* la propiedad **ConnectionSource** del objeto **Connection** *cnLibros*; almacena los datos relativos al origen de datos.

Agregar plantillas HTML

Las plantillas HTML que agregue a una aplicación IIS permiten al objeto **WebClass** enviar páginas HTML al explorador en respuesta a las peticiones del usuario. Cada plantilla HTML estará asociada con una página HTML. Por lo tanto lo primero que debe hacer es crear las páginas HTML. Para ello, puede utilizar el editor preferido por usted. El autor ha utilizado la herramienta *FrontPage Express* de *Internet Explorer* para crear dos páginas: *editorial.htm*, que es la página principal, y *BuscarTema.htm*, que permitirá enviar al servidor la cadena de caracteres que deseamos buscar entre los títulos de los libros de la base de datos.

La página *editorial.htm* es una página de presentación en la que se incluyen durante la ejecución los enlaces *Buscar* y *Nuevo*, según se puede observar en la figura siguiente. Esto es, cuando diseñe la página no establezca los enlaces, sino ponga unas marcas en su lugar. Durante la ejecución, estas marcas (*WC@*) serán sustituidas por el enlace real en el instante en el que el servidor envíe la página al explorador. Cuando finalice el diseño, la página tendrá un aspecto similar al siguiente:

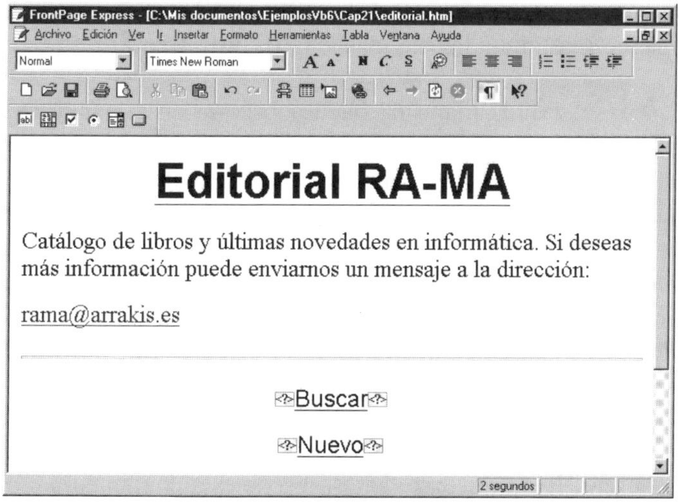

A continuación, utilizando el propio editor de páginas, visualice el código correspondiente a la página que acaba de diseñar para insertar las marcas a las que nos hemos referido anteriormente. Cuando haya finalizado, puede guardar la página con el nombre *editorial.htm* y cerrar el editor.

```
...
<hr>

<p align="center"><font size="5" face="Arial">
   <u><WC@:BUSCAR>Buscar</WC@:BUSCAR></u></font></p>
```

```
<p align="center"><font size="5" face="Arial">
   <u><WC@:NUEVO>Nuevo</WC@:NUEVO></u></font></p>

<hr>
...
```

Ahora, primero guarde el proyecto y después añada al mismo la plantilla HTML que estará asociada con esta página que acaba de crear. Para ello, haga clic en el botón *Agregar elemento de plantilla de elemento Web* de la barra de herramientas del diseñador. Le será mostrado un diálogo para que seleccione la página HTML, en nuestro caso *editorial.htm*, del directorio donde la haya guardado. Una vez añadida, asigne a su propiedad **Name** el nombre *Principal*.

Después de añadir la plantilla observará que si el fichero *editorial.htm* seleccionado estaba en un directorio diferente al de la aplicación, fue copiado en este directorio con el mismo nombre; y si estaba en el mismo directorio, fue copiado con el nombre *editorial1.htm*. De ahora en adelante, cualquier cambio tendrá que hacerlo sobre este último fichero; cuando los haga, puede guardarlos ejecutando la orden *Actualizar plantilla HTML* del menú contextual de la plantilla.

También deberá copiar en el directorio de la aplicación todos los ficheros a los que hagan referencia las páginas HTML utilizadas.

Una vez añadida la plantilla, puede observar en el panel de la derecha del diseñador de la *clase Web*, que Visual Basic ha examinado el fichero vinculado para buscar etiquetas HTML que sean capaces de iniciar y enviar una petición al servidor. Estas etiquetas incluyen elementos de formulario, etiquetas de imagen, hipervínculos y muchas otras etiquetas que contienen una referencia a una dirección URL. Asimismo, observe en la ventana *Propiedades* el valor predeterminado de la propiedad **TagPrefix**; es *WC@*, la marca que anteriormente hemos utilizado. Esto quiere decir que es posible establecer la marca que deseemos en cada caso.

Cuando el usuario haga clic en el enlace *Buscar*, la aplicación deberá mostrar la página *BuscarTema.htm* que permitirá escribir el título parcial o completo que se desea buscar. Igual que hizo antes, diseñe esta página para que tenga el aspecto que se puede observar en la figura siguiente.

Asigne a la propiedad *Nombre* de la caja de texto el valor *Tema* y a las propiedades *Nombre* y *Etiqueta* del botón el valor *Buscar*.

Análogamente a como procedió anteriormente, añada al proyecto una nueva plantilla *BuscarTema* y vincúlela con esta página HTML.

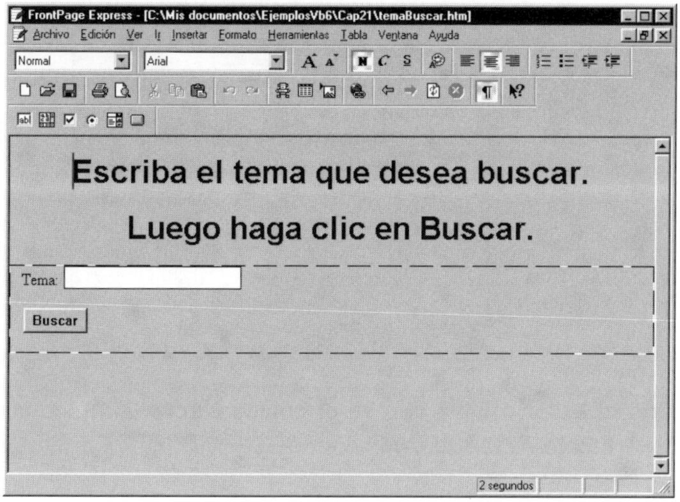

Agregar elementos personalizados

Una acción de buscar generará dinámicamente una página HTML. Lo mismo sucederá cuando el usuario haga clic en *Nuevo*. ¿Cómo visualizamos estas páginas? La respuesta es, utilizando dos *elementos Web* personalizados.

A diferencia de los *elementos Web* de plantilla, que se vinculan a páginas HTML estáticas, los *elementos Web* personalizados son contenedores que suelen agrupar un conjunto de procedimientos de código que el objeto **WebClass** puede invocar. Por lo tanto, el código que escribamos en estos procedimientos será el que genere las páginas esperadas y las envíe al explorador.

Añada entonces dos *elementos Web* personalizados denominados *ResultadoBuscar* y *ResultadoNuevo*. Para ello, utilice el botón *Agregar elemento de Web personalizado* de la barra de herramientas del diseñador.

Cuando el usuario haga clic en el enlace *Buscar* será enviada al explorador la página *BuscarTema.htm*; y cuando el usuario haga clic en el botón *Buscar* de esta página es cuando tiene que ejecutarse el elemento *ResultadoBuscar*. Para realizar esta conexión, diríjase al panel izquierdo del diseñador y seleccione el elemento *BuscarTema*; después, diríjase al panel derecho del diseñador y haga clic con el botón derecho del ratón sobre la etiqueta *Form1*; seleccione la orden *Conectar con elemento Web* en el menú contextual que se muestra, elija el elemento *ResultadoBuscar* del diálogo que se visualiza y haga clic en *Aceptar*. Observe que en el panel derecho del diseñador de la *clase Web* aparece el elemento seleccionado en la columna *Destino*, indicando que la página HTML vinculada con la plantilla *BuscarTema* está conectada con dicho elemento.

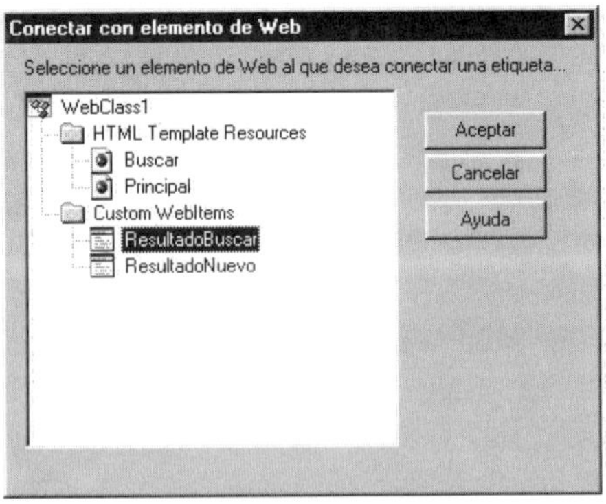

Cuando el usuario haga clic en el enlace *Nuevo*, simplemente tiene que ejecutarse el elemento *ResultadoNuevo*.

Responder a los eventos de la clase Web

En una *clase Web* distinguimos tres tipos de evento: *estándar*, *de plantilla* y *personalizado*. Puede localizar los primeros en la ventana de código, y los otros en la ventana de código y en el diseñador.

Piense que todo el proceso comienza cuando desde un cliente *Web*, *Microsoft Internet Explorer* por ejemplo, se solicita la página principal. Esta acción hará que el objeto *WebClass1* genere el evento **Start**. La respuesta a este evento será desplazarse al elemento *Principal* de la aplicación, lo que dará lugar a que se active el evento **Respond** para este elemento. El código siguiente muestra cómo puede lograrlo:

```
Private Sub WebClass_Start()
  ' Start se genera cuando se accede a la Web
  Set NextItem = Principal
  ' Se activa el evento Respond para Principal
End Sub
```

El evento **Start** ocurre cuando el usuario tiene acceso a la aplicación por primera vez, especificando la dirección URL base correspondiente al fichero ASP asociado con la *clase Web* de la aplicación IIS.

La respuesta al evento **Respond** del elemento *Principal* será invocar al método **WriteTemplate** para enviar al cliente la página asociada con dicho elemento:

```
Private Sub Principal_Respond()
  ' Mostrar la página principal (editorial.htm)
  Principal.WriteTemplate
End Sub
```

El método **WriteTemplate** es la forma más sencilla de enviar código HTML al explorador en respuesta a una acción del usuario. La página resultante se muestra en el explorador.

Podría haber invocado a **WriteTemplate** para el elemento *Principal* directamente desde el procedimiento que responde al evento **Start**, pero se recomienda que active el evento **Respond** estableciendo la propiedad **NextItem** y llame al método **WriteTemplate** solamente desde el procedimiento que responda al evento **Respond** del objeto **WebItem**.

El evento **Respond** se genera también cuando una petición del usuario activa un objeto **WebItem** y no existe un evento que corresponda directamente al elemento seleccionado. Por ejemplo, si se dirige al panel izquierdo del diseñador de la *clase Web* y selecciona el elemento *Principal*, observará la etiqueta *Hiperlink1* en el panel derecho. Si hace doble clic sobre esta etiqueta observará que se añade el evento *Hiperlink1* que corresponde directamente al elemento *Principal.*

Cuando el elemento *Principal* envíe la página *editorial.htm*, se encontrará con que dicha página tiene marcas sustituibles, por lo que generará el evento **ProcessTag** por cada una de las marcas. El procedimiento que responde a este evento tiene tres parámetros: *TagName*, que recibe el nombre de la etiqueta que se va a reemplazar; *TagContents*, que recibe el contenido actual de la etiqueta y que generalmente sustituiremos por el valor deseado; y *SendTags* que recibe **False**, lo que indica que el área de sustitución, incluidas las marcas, se reemplazará con el valor del parámetro *TagContents*; si *SendTags* se establece a **True**, se hace la sustitución, pero las marcas se conservan. En nuestro caso, el procedimiento verificará de qué marca se trata, para insertar el enlace correspondiente.

```
Private Sub Principal_ProcessTag(ByVal TagName As String, _
                      TagContents As String, SendTags As Boolean)
  ' ProcessTag se genera cuando se encuentran marcas sustituibles.
  ' Insertar el enlace al elemento ResultadoBuscar o al ResultadoNuevo
  If TagName = "WC@:BUSCAR" Then
    TagContents = "<A href=" & URLFor(BuscarTema) & ">Buscar</A>"
  ElseIf TagName = "WC@:NUEVO" Then
    TagContents = "<A href=" & URLFor(ResultadoNuevo) & ">Nuevo</A>"
  End If
End Sub
```

Siempre que **WriteTemplate** encuentre una etiqueta con un prefijo de símbolo de sustitución en una plantilla HTML, generará el evento **ProcessTag** para permitir al objeto **WebClass** reemplazar el contenido de esa etiqueta.

Antes de que el objeto **WebClass** muestre un elemento *Web* en el explorador, debe conocer su dirección URL. Sin embargo, los objetos **WebItem** no tienen una página ASP asociada; su dirección URL está compuesta por la dirección URL de la página ASP asociada con el objeto **WebClass** y un parámetro que identifica al elemento *Web*. Por ejemplo:

```
http://localhost/ProyWeb/WebClass1.ASP?WCI=ResultadoNuevo
```

El método **URLFor** permite obtener fácilmente la dirección URL de un objeto **WebItem** pasado como argumento.

Llegados a este punto, el explorador ya habrá recibido la página *editorial.htm* que ahora visualiza los dos enlaces *Buscar* y *Nuevo*. Si el usuario hace clic en el enlace *Buscar* se activará el evento **Respond** para el elemento *Web* referenciado, en este caso para la plantilla *BuscarTema*. La respuesta a este evento será enviar la plantilla al explorador:

```
Private Sub BuscarTema_Respond()
  ' Se hizo clic en Buscar. Mostrar la página BuscarTema.htm
  BuscarTema.WriteTemplate
End Sub
```

Después de que se ejecute el procedimiento anterior, el explorador mostrará la página *BuscarTema.htm*. El usuario podrá entonces escribir en la caja *Tema* la cadena que desea buscar y hacer la petición al servidor pulsando el botón *Buscar*. Esta acción activa el evento **Respond** para el elemento *Web* vinculado *ResultadoBuscar*. El procedimiento que responda a este evento generará una página HTML resultado de una consulta a la base de datos, que obtiene aquellos libros cuyo título incluya la cadena enviada. Para editar este procedimiento, diríjase al panel izquierdo del diseñador y haga doble clic sobre elemento *Web ResultadoBuscar*. Después escriba el código que se muestra a continuación:

```
Private Sub ResultadoBuscar_Respond()
  ' Se pulsó el botón Buscar del formulario. Obtener el texto
  ' introducido en la caja Tema. Buscar aquellos libros en
  ' cuyo título se halle el texto obtenido.
  GenerarCodigoHTML "Select Titulo, Autor From Libros " & _
                    "Where Titulo Like '%" & _
                    Request.Form("Tema") & "%'"
End Sub
```

Análogamente, cuando el usuario haga clic en el enlace *Nuevo* de la página principal, se activará el evento **Respond** para el elemento *Web* referenciado, en este caso para el elemento *Web ResultadoNuevo*. El procedimiento que responda a dicho evento generará una página HTML resultado de una consulta a la base de datos, que obtiene aquellos libros cuya fecha de publicación esté dentro de los últimos tres meses. Para editar este procedimiento proceda igual que en el anterior:

```
Private Sub ResultadoNuevo_Respond()
  ' Se hizo clic en el enlace Nuevo. Buscar los libros
  ' publicados en los tres últimos meses.
  GenerarCodigoHTML "Select Titulo, Autor, Fecha From Libros " & _
                    "Where Fecha > #" & Date - 90 & "#"
End Sub
```

Los dos procedimientos anteriores invocan al procedimiento *GenerarCodigoHTML* pasándole como argumento la consulta que se desea realizar contra la base de datos *libros*. Este procedimiento abrirá la base de datos, construirá un conjunto de registros resultado de la consulta y generará una página HTML, para ser enviada al explorador, con una tabla que visualizará los registros obtenidos de la consulta.

```
Private Sub GenerarCodigoHTML(Consulta As String)
  ' Realizar una consulta a la base de datos Libros,
  ' generar código HTML con el resultado de la consulta,
  ' y enviarlo al explorador
  Dim rs As Recordset
  ChDir App.Path

  ' Abrir la conexión
  DataEnvironment1.cnLibros.Open
  ' Ejecutar la consulta
  Set rs = DataEnvironment1.cnLibros.Execute(Consulta)
  With Response
    ' Iniciar una página HTML
    .Write "<HTML><BODY><H1>Libros:</H1>"
    .Write "<TABLE BORDER=1>"
    .Write "<TD><STRONG>Título</STRONG>"
    .Write "<TD><STRONG>Autor</STRONG><TR>"
    ' Añadir a una tabla HTML los registros obtenidos en la consulta
    Do While Not rs.EOF
      .Write "<TD>" & rs("Titulo") & "<TD>" & rs("Autor") & "<TR>"
      rs.MoveNext
    Loop
    ' Finalizar la página HTML
    .Write "</TABLE></BODY></HTML>"
  End With
  rs.Close ' cerrar el conjunto de registros rs
  DataEnvironment1.cnLibros.Close ' cerrar la conexión
End Sub
```

Existen dos formas de enviar código HTML al explorador: una la vimos anteriormente cuando utilizamos el método **WriteTemplate**, y la otra consiste en escribir código Visual Basic que genera el flujo de código HTML, según se puede observar en el procedimiento anterior. Para enviar el código HTML al explorador hemos utilizado el método **Write** del objeto ASP **Response**.

Distribuir una aplicación IIS

Una vez finalizada su aplicación, compílela para generar el fichero *.dll*. A continuación, puede empaquetarla mediante el asistente de empaquetado y distribución, que generará un fichero *.cab*. A continuación, utilizando también el asistente, puede distribuir el fichero *.cab* y los ficheros de soporte relacionados, en una ubicación especificada de un servidor *Web*. Los ficheros de la aplicación que deben distribuirse incluyen:

- Los ficheros *.dll* correspondientes al objeto **WebClass** y a la biblioteca de ejecución de Visual Basic, y los ficheros *.dsr* y *.dsx* del proyecto. Estos ficheros se empaquetarán automáticamente en el fichero *.cab* cuando ejecute el asistente.

- Las páginas HTML asociadas al proyecto. El asistente no empaqueta estas páginas en el fichero *.cab*, sino que las copia a la ubicación del sitio *Web* indicada cuando distribuye el fichero *.cab*.

- Los ficheros referenciados por las páginas HTML, por ejemplo, las imágenes. El asistente no detecta automáticamente las dependencias entre ficheros, pero usted puede agregarlas a la lista de dependencias de ficheros mostrada por el asistente.

Es necesario empaquetar las aplicaciones IIS en un fichero *.cab* y desplegarlas en el sitio *Web* para que al descomprimirse fichero *.cab* en el servidor *Web* se instalen y registren los componentes necesarios.

La distribución del fichero *.cab* debe realizarse en un directorio virtual del servidor. Si no hay uno, tiene que crearlo manualmente y definirlo como virtual. Utilice el administrador de servidores de Internet en IIS para definir ese directorio virtual y establecer un alias para él.

CAPÍTULO 22

APLICACIONES EN INTERNET

A medida que Internet se va integrando en nuestro trabajo diario, la programación en este entorno adquiere mayor importancia. Microsoft, consciente del impacto que Internet está teniendo en el trabajo diario de mucha gente y, por lo tanto, de la necesidad que ésta tiene de encontrar nuevas formas que faciliten la creación de aplicaciones, incluyó la biblioteca de funciones *WinInet* (API de *Windows Internet*). Así mismo, a partir de la versión 6, incluyó las aplicaciones para DHTML e IIS vistas en el capítulo anterior, así como un asistente para la publicación en *Web*. Si a todo esto añadimos la biblioteca *WinSock* (API de *Windows Sockets*), el control *WinSock*, el control *Web Browser*, el control *Inet* y los controles *MAPI*, entre otros, disponemos de una biblioteca de funciones y de controles que harán mucho más fácil la creación de aplicaciones para Internet.

En este capítulo, veremos cómo crear en pocos pasos un explorador *Web*, cómo utilizar el protocolo HTTP para bajar el código HTML de una página *Web*, cómo utilizar el protocolo FTP para bajar un fichero desde un URL, y cómo utilizar los *sockets* en distintas aplicaciones (por ejemplo, para crear un servidor o un cliente de mensajes).

CREAR UN EXPLORADOR WEB

Crear nuestro propio explorador *Web* en Visual Basic es una tarea fácil porque *Microsoft Internet Explorer*, aplicación base del visor de información en Visual Basic, puede ser utilizado como un control en nuestros proyectos. En realidad, todo lo que tendremos que hacer para visualizar una página *Web* en nuestro explorador *Web* será añadir a nuestra aplicación un nuevo control *Web Browser* (en mi lista de componentes aparece como *Microsoft Internet Controls - shdocvw.dll*), insertar un control de esa clase en nuestro formulario, e invocar al método **Navigate** con el URL de la página *Web* a la que deseamos acceder.

Para realizar lo expuesto, cree un nuevo proyecto *Exe estándar* denominado *WebBrowser*.

A continuación, inserte el control *Web Browser* (explorador de la *Web*) seleccionándolo de la lista de componentes:

1. Haga clic en el menú *Proyecto*, *Componentes*, y seleccione de la lista de componentes *Microsoft Internet Controls*.

2. Observe en la caja de herramientas el control *Web Browser* que acaba de añadir. Arrastre un control (*WebBrowser1*) de ese tipo sobre el formulario (*Form1*) de su aplicación. Si lo desea, puede poner su propiedad **Offline** a **True**, para que se mantenga fuera de línea cuando inicie la aplicación.

3. Coloque una etiqueta (*etURL*), una caja de texto (*txtURL*) y un botón de pulsación (*btExplorar*). La caja de texto permitirá al usuario escribir la dirección URL a la que se conectará cuando haga clic en el botón *Explorar*. El aspecto que tendrá el formulario durante la ejecución será similar al siguiente:

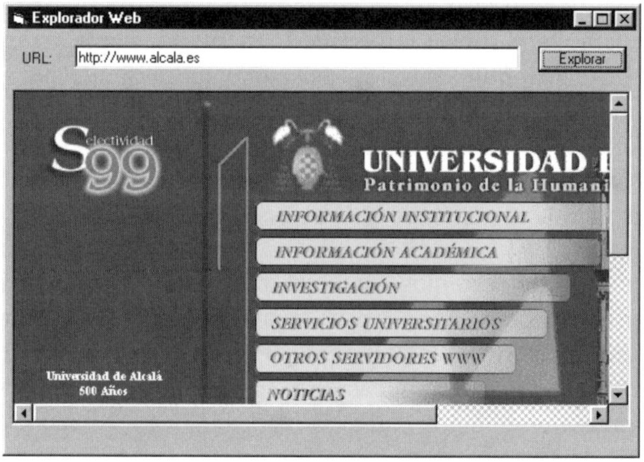

4. Añada el controlador que manipule el evento **Load** de *Form1* para que asigne una dirección URL predeterminada y almacene la anchura y la altura iniciales del formulario, con la intención de redimensionar y recolocar los controles cuando se modifique el tamaño del formulario durante la ejecución.

```
Private AnchoForm As Integer, AltoForm As Integer

Private Sub Form_Load()
  AnchoForm = Form1.Width
  AltoForm = Form1.Height
  txtURL.Text = "http://www.alcala.es"
End Sub
```

5. Añada el controlador que manipule el evento **Resize** de *Form1* para que redimensione y recoloque los controles implicados cuando se modifique el tamaño del formulario.

```
Private Sub Form_Resize()
  Dim X As Integer, Y As Integer
  ' Cuando la ventana está minimizada no se puede redimensionar
  If Form1.WindowState = vbMinimized Then Exit Sub
  If Form1.Width < 4800 Then Form1.Width = 4800  'anchura mínima
  If Form1.Height < 3400 Then Form1.Height = 3400 'altura mínima
  X = Form1.Width - AnchoForm
  Y = Form1.Height - AltoForm
  txtURL.Width = txtURL.Width + X
  btExplorar.Left = btExplorar.Left + X
  WebBrowser1.Width = WebBrowser1.Width + X
  WebBrowser1.Height = WebBrowser1.Height + Y
  AnchoForm = Form1.Width
  AltoForm = Form1.Height
End Sub
```

7. Añada el controlador que manipule el evento **Click** del botón *Explorar* y edítelo como se muestra a continuación:

```
Private Sub btExplorar_Click()
  WebBrowser1.Navigate (txtURL)
End Sub
```

Ejecute la aplicación y observe los resultados. Cuando haga clic sobre el botón *Explorar* o pulse la tecla *Entrar*, se visualizará la página *Web* correspondiente al URL de la caja de texto.

WININET

Cuando un desarrollador se plantea implementar una aplicación para acceder a un servidor *gopher*, *ftp* o *http*, tiene tres caminos:

- Utilizar el objeto *Web Browser* (explorador de la *Web*) si sólo desea presentar páginas *Web* a través de su aplicación.

- Utilizar la API de *Windows Sockets* (*WinSock*).

- Utilizar la API de *Windows Internet* (*WinInet*).

La utilización de *Windows Sockets* exige conocer un conjunto de funciones de bajo nivel, así como un determinado protocolo para poder entablar conversación con el servidor. Esta tarea se hace bastante más fácil si utilizamos el control *Win-*

Sock, puesto que no nos exige tener los conocimientos comentados. Veremos esto un poco más adelante.

La utilización de *Windows Internet* tampoco exige tener esos conocimientos a los que antes hemos aludido, porque el conjunto de funciones que componen esta interfaz son de alto nivel, pero desde Visual Basic es más sencillo utilizar el control *Microsoft Internet Transfer* (sólo protocolos *ftp* y *http*).

No obstante, si tenemos que desarrollar una aplicación *servidor* tendremos que utilizar *Windows Sockets*, ya que para esto no nos sirve *Windows Internet*.

Control Internet Transfer

El control *Internet Transfer*, también conocido como control *Inet*, permite construir proyectos que transfieran ficheros utilizando los protocolos más conocidos en Internet: protocolo de transferencia de hipertexto (HTTP) y protocolo de transferencia de ficheros (FTP).

Mediante el protocolo HTTP, puede conectarse con servidores *Web* para obtener documentos HTML. Con el protocolo FTP puede iniciar sesiones en servidores FTP para descargar y cargar ficheros.

Como los dos protocolos funcionan de forma distinta, la funcionalidad proporcionada por el control *Internet Transfer* depende del protocolo que se esté utilizando. Por ejemplo, el método **GetHeader** sólo funciona con HTTP. Sin embargo, hay algunos métodos que son comunes a ambos protocolos. Básicamente, para poder utilizar cualquiera de los protocolos, debe hacer lo siguiente:

- Establecer la propiedad **AccessType** a un servidor *proxy* válido. Si se desea utilizar el servidor *proxy* predeterminado (el que esté registrado en el equipo) simplemente establezca **AccessType** al valor *icUseDefault* y pase por alto la propiedad **Proxy**.

  Brevemente, un servidor *proxy* es un intermediario entre su equipo e Internet. Todos los equipos de una Intranet que necesitan conectarse con Internet deben hacerlo a través de un servidor *proxy*, que funciona como un *servidor de seguridad* entre la Intranet e Internet, ya que descarta las peticiones de usuarios finales no válidos y las peticiones externas para proteger la Intranet de acciones hostiles.

- Invocar el método **OpenURL** con una dirección URL válida, o bien invocar al método **Execute** con una dirección URL válida y una orden FTP o HTTP, según el protocolo elegido, y utilizar el método **GetChunk** para recuperar los datos del búfer.

Acceder al servidor

Hay dos formas de acceder a un servidor FTP o HTTP: la primera consiste en utilizar el método **OpenURL** y la segunda en utilizar el método **Execute** con el método **GetChunk** para recuperar los datos.

El método **OpenURL** abre y devuelve el documento ubicado en la dirección URL especificada (los datos retornados son de tipo **Variant**). Cuando termina la ejecución del método, la propiedad **URL** (y las partes de la dirección URL como el protocolo) se actualizan para reflejar la dirección URL actual. Por ejemplo, la línea siguiente devolverá el documento HTML de la dirección URL especificada:

```
Text1.Text = Inet1.OpenURL("http://www.alcala.es")
```

El método **Execute** es más flexible que **OpenURL**, pero puede requerir un poco más de programación. Se utiliza para enviar una solicitud a un servidor remoto, después esperaremos la respuesta. Sólo puede enviar solicitudes válidas para el protocolo que esté utilizando. En algunos casos, se necesitará utilizar el método **GetChunk** o **GetHeader** para obtener la respuesta dada por el servidor.

En general, se utilizará el evento **StateChanged** para determinar el momento de recuperar los datos con el método **GetChunk**. Para esto, utilice una sentencia **Select Case** y compruebe si el estado es *icResponseReceived* o *icResponseCompleted*. El estado *icResponseReceived* puede ocurrir aunque la operación no se haya completado totalmente. En cambio, el estado *icResponseCompleted* se produce cuando una operación se ha completado totalmente. En la práctica, utilizar el estado *icResponseReceived* permite analizar los datos hasta haber recuperado únicamente la información necesaria (suponga, por ejemplo, que sólo desea obtener el encabezado de un fichero HTML).

Por ejemplo, el código siguiente devolverá el documento HTML de la dirección URL especificada:

```
Private Sub btConectar_Click()
  Inet1.Execute txtURL.Text, "GET"
End Sub

Private Sub Inet1_StateChanged(ByVal State As Integer)
  ' ...
  Select Case State
    Case icResponseCompleted
      Dim vtDatos As Variant ' Variable de datos.
```

```
      Dim strDatos As String: strDatos = ""

      ' Obtiene el primer bloque
      vtDatos = Inet1.GetChunk(1024, icString)
      DoEvents
      Do
        strDatos = strDatos & vtDatos
        DoEvents
        ' Obtiene el bloque siguiente
        vtDatos = Inet1.GetChunk(1024, icString)
      Loop While Len(vtDatos) <> 0
      txtPágina.Text = strDatos
      stbEstado.SimpleText = "La solicitud se completó y " & _
                "se recibieron todos los datos."
  End Select
  ' ...
End Sub
```

El método **OpenURL** produce una transmisión *síncrona* de los datos (la operación de transferencia se produce antes de que se pueda ejecutar cualquier otro procedimiento). En cambio, el método **Execute** produce una transmisión *asíncrona* (después de invocar el método **Execute** es posible ejecutar otro código mientras se reciben datos en segundo plano). ¿Qué significa esto? Que mientras que con el método **OpenURL** obtenemos directamente los datos y los almacenamos donde queremos (en el ejemplo anterior, en una caja de texto), con el método **Execute** tendremos que observar el estado de conexión del control mediante el evento **StateChanged**, para invocar el método **GetChunk** en el momento adecuado de obtener los datos (en el ejemplo anterior, cuando el estado es *icResponseCompleted* - respuesta completada).

Protocolo FTP

En el capítulo anterior ya vimos algo acerca de este protocolo que ahora ampliaremos aquí. El protocolo FTP fue diseñado para mover ficheros de un ordenador a otro y manejar los problemas de traducción que inevitablemente ocurren cuando ordenadores con diferentes sistemas operativos prueban a comunicarse.

Para acceder a un servidor FTP, hay que proporcionar al servidor el nombre del usuario y la contraseña. Muchos servidores FTP permiten el acceso a los mismos utilizando *anonymous* como nombre de usuario y *guest* o la dirección de correo electrónico (*usuario@direcciónIP_ordenador_remoto*) como contraseña. Una vez establecida la conexión podemos utilizar las órdenes que se muestran a continuación, para manipular los ficheros deseados:

CD *directorio*. Cambia al directorio especificado.

```
Execute , "CD progs\misprogs"
```

CDUP. Cambia al directorio padre.

```
Execute , "CDUP"
```

DELETE *fichero*. Elimina el fichero especificado.

```
Execute , "DELETE ftexto.txt"
```

DIR [*directorio*]. Lista el directorio especificado. Si no se especifica un directorio, se lista el actual. Utilice el método **GetChunk** para obtener los datos.

```
Execute , "DIR /misprogs"
```

GET *fichero1 fichero2*. Recupera el fichero remoto *fichero1* y crea el nuevo fichero local *fichero2*.

```
Execute , "GET remoto.txt c:\docs\local.txt"
```

MKDIR *directorio*. Crea el directorio especificado. El éxito de la operación depende de los privilegios del usuario en el servidor remoto.

```
Execute , "MKDIR /Usr01"
```

PUT *fichero1 fichero2*. Copia el fichero local *fichero1* en el fichero remoto *fichero2*.

```
Execute , "PUT c:\local.txt /remoto.txt"
```

PWD. Devuelve el nombre del directorio actual. Puede utilizar el método **GetChunk** para obtener los datos.

```
Execute , "PWD"
```

QUIT. Cierra la conexión actual.

```
Execute , "QUIT"
```

RECV *fichero1 fichero2*. Igual que GET.

```
Execute , "RECV remoto.txt c:\docs\local.txt"
```

RENAME *fichero1 fichero2*. Cambia el nombre de un fichero. El éxito de la operación depende de los privilegios del usuario en el servidor remoto.

```
Execute , "RENAME viejo.txt nuevo.txt"
```

RMDIR *directorio*. Quita un directorio. El éxito de la operación depende de los privilegios del usuario en el servidor remoto.

```
Execute , "RMDIR Usr01"
```

SEND *fichero1*. Copia un fichero al sitio FTP. (Igual que PUT.)

```
Execute , "SEND c:\local.txt /remoto.txt"
```

SIZE *fichero1*. Devuelve el tamaño del fichero especificado.

```
Execute "SIZE /ftexto.txt"
```

Protocolo HTTP

El conjunto de órdenes HTTP varía de un servidor *Web* a otro, pero todos permiten recuperar y enviar documentos completos a un servidor *Web*, o bien recuperar sólo el encabezado de un documento. El encabezado es utilizado para transportar información tal como la dirección de correo del usuario que realiza la petición, la autorización, el nombre del software cliente, o la fecha de la última vez que fue modificado el documento. El encabezado es también útil para describir datos tal como la longitud del documento, el tipo de documento, o cómo ha sido comprimido. Las órdenes a las que nos hemos referido se describen a continuación:

GET. Obtiene el fichero indicado por la dirección URL.

```
Execute "http://www.microsoft.com/spanish/default.htm", "GET"
```

HEAD. Obtiene sólo los encabezados del fichero indicado en la propiedad URL.

```
Execute , "HEAD"
```

POST. Proporciona datos adicionales para admitir una petición al servidor.

```
Execute , "POST", str
```

PUT. Reemplaza los datos en la dirección URL especificada.

```
Execute , "PUT", "pag.htm"
```

Acceso a un servidor HTTP

Para explicar de una forma sencilla la programación de aplicaciones para acceso a Internet, un buen ejemplo es una aplicación que permita descargar una página *Web* y visualizar su código HTML. Esto no permite visualizar la página *Web* resultante de ese código. Realizar esta segunda tarea se escapa de nuestro objetivo, ya que requiere la funcionalidad de un explorador profesional, como, por ejemplo, el que hemos utilizado en la aplicación anterior.

Para construir la aplicación objetivo del ejemplo propuesto, empiece por crear un proyecto *EXE estándar* denominado *HTTP*. Después agregue a la caja de herramientas el componente *Microsoft Transfer* (*msinet.ocx*).

A continuación, básicamente, lo que tenemos que hacer es:

1. Establecer una sesión de Internet, para lo cual necesita colocar sobre el formulario un control *Inet*.

2. Suponiendo que no tiene un servidor *proxy*, asegúrese de que el valor de la propiedad **AccessType** es *icUseDefault* y pase por alto la propiedad **Proxy**.

3. Asignar la dirección URL y establecer la propiedad **Protocol** al valor *icHTTP*.

4. Invocar al método **OpenURL** o **Execute** y **GetChunk** del control para conectar con el servidor HTTP especificado. El resultado será la página HTML solicitada.

Según lo expuesto, construya un formulario, *frmMain*, similar al de la figura siguiente que tiene: una etiqueta "Dirección"; una caja de texto *txtURL* para escribir la dirección URL de la página a la que se quiere acceder; dos botones de pulsación, *btConectar* y *btCancelar*, para realizar o cancelar una conexión; una caja de texto multilínea *txtPágina* para visualizar el código de la página HTML accedida; y un control *Internet Transfer* o control *Inet* para establecer la conexión con el servidor que contiene la página HTML que deseamos descargar.

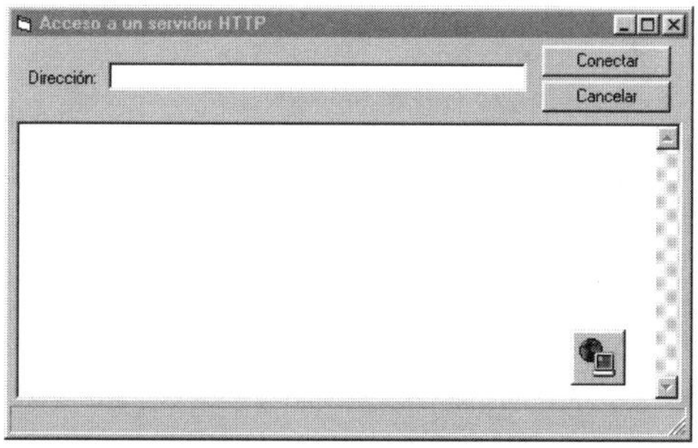

Análogamente a como hicimos en la aplicación anterior, añada el controlador que manipule el evento **Load** de *frmMain* para que asigne una dirección URL predeterminada y el evento **Resize** para que redimensione y recoloque los controles implicados cuando modifique el tamaño del formulario.

Añada el controlador que manipule el evento **Click** del botón *Conectar* y edítelo como se muestra a continuación:

```
Private Sub btConectar_Click()
  Dim URL As String
  btConectar.Enabled = False ' inhabilitar el botón
  txtPágina.Text = "" ' borrar el contenido previo
  ' Si el control está ocupado, no realizar otra conexión
  If Inet1.StillExecuting = True Then Exit Sub
  URL = txtURL.Text       ' dirección URL
  Inet1.Protocol = icHTTP ' protocolo HTTP
  ' Mostrar mensaje en la barra de estado
  stbEstado.SimpleText = "Conectando a """ & URL & """ ..."
  ' Realizar la conexión con el servidor para
  ' obtener (GET) el fichero indicado por la dirección URL
  Inet1.Execute URL, "GET"
End Sub
```

La propiedad **StillExecuting** del control *Inet* especifica si está ocupado. Su valor será **True** cuando el control esté realizando una operación como obtener un fichero de Internet, por lo cual no debe responder a ninguna otra solicitud mientras esté ocupado.

Una vez que hayamos establecido la conexión con un servidor, hay que observar el estado de conexión del control mediante el evento **StateChanged**, para invocar el método **GetChunk** cuando la respuesta a la petición realizada esté completada. La información leída la almacenamos en la caja de texto *txtPágina*. Por lo tanto, añada el controlador que manipule el evento **StateChanged** del control *Inet1* y edítelo como se muestra a continuación:

```
Private Sub Inet1_StateChanged(ByVal State As Integer)
  Select Case State ' estado de la conexión
    Case icResolvingHost
      stbEstado.SimpleText = "Buscando la dirección IP " & _
                             "del servidor"
    Case icHostResolved
      stbEstado.SimpleText = "Encontrada la dirección IP " & _
                             "del servidor"
    Case icConnecting
      stbEstado.SimpleText = "Conectando con el servidor"
    Case icConnected
      stbEstado.SimpleText = "Conectado con el servidor"
```

```
    Case icRequesting
      stbEstado.SimpleText = "Enviando petición al servidor"
    Case icRequestSent
      stbEstado.SimpleText = "Petición enviada con éxito"
    Case icReceivingResponse
      stbEstado.SimpleText = "Recibiendo respuesta del servidor"
    Case icResponseReceived
      stbEstado.SimpleText = "Respuesta recibida del servidor"
    Case icDisconnecting
      stbEstado.SimpleText = "Desconectando del servidor"
    Case icDisconnected
      stbEstado.SimpleText = "Desconectado con éxito del " & _
                             "servidor"
    Case icError
      stbEstado.SimpleText = "Error en la comunicación " & _
                             "con el servidor"
    Case icResponseCompleted
      Dim vtDatos As Variant ' variable de datos
      Dim strDatos As String: strDatos = ""

      ' Obtener el primer bloque
      vtDatos = Inet1.GetChunk(1024, icString)
      DoEvents
      Do
        strDatos = strDatos & vtDatos
        DoEvents
        ' Obtener el bloque siguiente
        vtDatos = Inet1.GetChunk(1024, icString)
      Loop While Len(vtDatos) <> 0
      txtPágina.Text = strDatos
      stbEstado.SimpleText = "Petición completada con éxito. " & _
                "Se recibieron todos los datos."
      btConectar.Enabled = True
  End Select
End Sub
```

Observe que se utiliza la barra de estado para informar al usuario del transcurso de la petición solicitada.

Finalmente, añada el controlador que manipule el evento **Click** del botón *Cancelar* y edítelo como se muestra a continuación:

```
Private Sub btCancelar_Click()
  Inet1.Cancel
  btConectar.Enabled = True
End Sub
```

Ahora ya puede ejecutar la aplicación. Si tiene una conexión a Internet, cuando haga clic en el botón *Conectar*, observará que sobre el formulario se escribe el código HTML de la página *Web* accedida.

Acceso a un servidor FTP

Aunque la mayoría de la gente utiliza el protocolo HTTP para navegar por Internet, no obstante algunas operaciones, como descargar un fichero de Internet, pueden ser ejecutadas más rápidamente si accedemos a servidores FTP. Por esta razón, vamos a realizar una aplicación que permita visualizar el contenido de un servidor FTP y descargar ficheros de ese servidor.

Para construir una aplicación que obedezca al ejemplo propuesto, empiece por crear un proyecto *EXE estándar* denominado *FTP*. Después agregue a la caja de herramientas el componente *Microsoft Transfer* (*msinet.ocx*).

A continuación, básicamente, lo que tenemos que hacer es:

1. Establecer una sesión de Internet, para lo cual necesita colocar sobre el formulario un control *Inet*.

2. Suponiendo que no tiene un servidor *proxy*, asegúrese de que el valor de la propiedad **AccessType** es *icUseDefault* y pase por alto la propiedad **Proxy**.

3. Establecer las propiedades **UserName**, **Password** y **URL** a los valores apropiados. Si va a iniciar una sesión en un servidor público, no es necesario especificar los valores de las propiedades **UserName** y **Password**, pues el control envía *anonymous* en la primera y la dirección de correo electrónico en la segunda.

4. Invocar al método **OpenURL** o **Execute** y **GetChunk** del control para conectar con el servidor FTP especificado. El resultado será el contenido del directorio o del fichero accedido.

Según lo expuesto, construya un formulario, *frmMain*, similar al de la figura siguiente que tiene: tres etiquetas "Dirección", "Número usuario" y "Contraseña", y las tres cajas de texto correspondientes, *txtURL*, *txtNombreUsuario* y *txtContraseña*, para escribir la dirección URL, y el nombre del usuario y la contraseña necesarios para acceder a un servidor FTP privado; dos botones de pulsación, *btConectar* y *btCancelar*, para realizar o cancelar una conexión; un control *ListView* denominado *clvLista* para visualizar la lista de directorios y ficheros de la dirección URL accedida, y su correspondiente control lista de imágenes denominado *imlTipoFichero*; y un control *Internet Transfer* o control *Inet* para establecer la conexión con el servidor FTP.

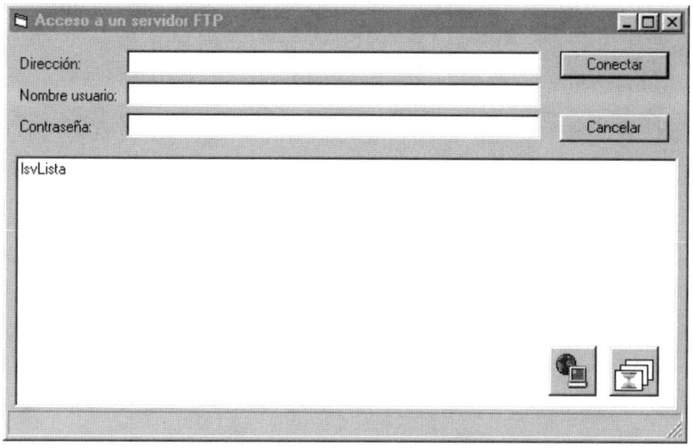

Análogamente a como hicimos en la aplicación anterior, añada el controlador que manipule el evento **Load** de *frmMain* para que asigne una dirección URL predeterminada y el evento **Resize** para que redimensione y recoloque los controles implicados cuando modifique el tamaño del formulario.

Añada el controlador que manipule el evento **Click** del botón *Conectar* y edítelo como se muestra a continuación:

```
Private Sub btConectar_Click()
  ' Si el control está ocupado, no realizar otra conexión
  If Inet1.StillExecuting = True Then Exit Sub

  ' Establecer las propiedades
  Inet1.URL = txtURL.Text                    ' dirección URL
  Inet1.UserName = txtNombreUsuario.Text     ' nombre de usuario
  Inet1.Password = txtContraseña.Text        ' contraseña
  Inet1.Protocol = icFTP                     ' protocolo FTP
  Inet1.RequestTimeout = 60                  ' segundos

  Directorio ' establecer la conexión
End Sub
```

Una vez que *btConectar_Click* ha asignado los parámetros de conexión, invoca al procedimiento *Directorio* para conectar la aplicación con el servidor FTP y acceder al directorio seleccionado, cuya ruta es obtenida por la función *ObtenerRuta*. Para realizar esta operación hay que establecer la propiedad **URL** e invocar al método **Execute** del control *Inet1* para que ejecute la operación "DIR".

```
Sub Directorio()
  On Error GoTo RutinaError

  ' Cada vez que se cambie de directorio, hay que
  ' establecer la conexión con la nueva ruta.
  Dim strURL As String, ruta As String
  ' Obtener la ruta del directorio seleccionado en la
  ' lista de directorios y mostrarla en la caja txtURL
  ruta = ObtenerRuta()
  If ruta = "" Then Exit Sub
  strURL = Inet1.URL & ruta
  txtURL.Text = Mid(strURL, InStrRev(strURL, "ftp"))
  stbEstado.SimpleText = "Conectando a """ & txtURL & """ ..."
  ' Conectar con el URL establecido y solicitar listar
  ' el directorio actual
  Inet1.Execute , "DIR"
  ' Esperar a que se establezca la conexión
  Do Until Not Inet1.StillExecuting
    DoEvents
  Loop

  RellenarListView ' invocar este procedimiento
  Exit Sub
RutinaError:
  stbEstado.SimpleText = "No se puede realizar la conexión"
End Sub
```

Cada vez que establezcamos una conexión con un servidor, hay que observar el estado de conexión del control mediante el evento **StateChanged**, para invocar el método **GetChunk** cuando la respuesta a la petición realizada esté completada. La información leída la almacenamos en la variable *strDatos* de tipo **String** definida a nivel del formulario. Por lo tanto, añada esta variable y edite el controlador que manipule el evento **StateChanged**, según se muestra a continuación:

```
Private Sub Inet1_StateChanged(ByVal State As Integer)
  strDatos = "" ' variable declarada en la sección General
  Select Case State

    ' ... (igual que se expuso en el acceso a un servidor HTTP)

    Case icResponseCompleted
      Dim vtDatos As Variant ' variable de datos

      Obtener el primer bloque
      vtDatos = Inet1.GetChunk(1024, icString)
      DoEvents
      Do
        strDatos = strDatos & vtDatos
        DoEvents
```

```
      ' Obtener el bloque siguiente
      vtDatos = Inet1.GetChunk(1024, icString)
    Loop While Len(vtDatos) <> 0
    stbEstado.SimpleText = "Petición completada con éxito. " & _
                 "Se recibieron todos los datos."
  End Select
End Sub
```

La función *ObtenerRuta* que se expone a continuación, devuelve la ruta del directorio seleccionado en la lista de directorios, y que por el hecho de haber sido seleccionado ha pasado a ser el nuevo directorio actual de trabajo. Dicha lista es visualizada por el control *ListView*. Tenga presente que inicialmente el directorio actual de trabajo es el directorio raíz.

```
Function ObtenerRuta() As String
  On Error GoTo RutinaError
  ' Obtener la ruta del directorio actual.
  ' Incialmente se devuelve /.
  Inet1.Execute , "PWD"
  Do Until Not Inet1.StillExecuting
    DoEvents
  Loop
  ObtenerRuta = strDatos
  Exit Function
RutinaError:
  ObtenerRuta = ""
  stbEstado.SimpleText = "No se puede realizar la conexión"
End Function
```

Cada vez que el procedimiento *Directorio* accede a la lista de directorios y ficheros del directorio actual, invoca al procedimiento *RellenarListView* para mostrar dicha lista en el control *clvLista* (el control *ListView* fue explicado en el capítulo "Controles ActiveX"). La respuesta del servidor a *Inet1.Execute , "DIR"* es una cadena, *strDatos*, que contiene los nombres de los ficheros y directorios separados por los caracteres *CR* y *LF* (*vbCrLf*). Los nombres de los directorios finalizan con el carácter "/". Entonces, antes de mostrar la lista necesitamos separar sus nombres, almacenando cada uno de ellos en una matriz de cadenas de caracteres, proceso que realiza de una forma sencilla la función **Split**.

```
Sub RellenarListView()
  On Error GoTo RutinaError
  Dim nFicheros As Long, i As Long
  Dim sFicheros() As String
  Dim sFicheros1() As String, n As Integer
  Dim ElementoLista As ListItem

  ' Obtener la lista de directorios y ficheros del
  ' directorio actual en una matriz de cadenas
```

```
    sFicheros = Split(strDatos, vbCrLf)
    nFicheros = UBound(sFicheros) - 1 ' el último está vacío
    ' Limpiar la lista de elementos mostrada por clvLista
    clvLista.ListItems.Clear
    ' Añadir el elemento directorio padre
    Set ElementoLista = clvLista.ListItems.Add(, , "..", , 1)
    ' Añadir el resto de directorios y ficheros
    For i = 0 To nFicheros - 1
      Dim numIcon As Integer
      numIcon = 4 ' icono de un fichero
      If Right(sFicheros(i), 1) = "/" Then
        ' Se trata de un directorio
        sFicheros(i) = Left(sFicheros(i), Len(sFicheros(i)) - 1)
        numIcon = 2 ' icono de un directorio
      End If
      strDatos = ""
      ' Añadir un elemento a la lista
      Set ElementoLista = clvLista.ListItems.Add(, , sFicheros(i), , numIcon)
      ' Si se trata de un fichero, obtener su tamaño
      If numIcon = 4 Then Inet1.Execute , "SIZE " & sFicheros(i)
      Do Until Not Inet1.StillExecuting
        DoEvents
      Loop
      ' Asignar el tamaño si es un fichero o "" si es un directorio
      ElementoLista.SubItems(1) = strDatos
  Next
  Exit Sub
RutinaError:
  stbEstado.SimpleText = "No se puede realizar la conexión"
End Sub
```

Si tiene una conexión a Internet, ya puede ejecutar la aplicación. Cuando haga clic en el botón *Conectar* de la aplicación, podrá especificar un servidor FTP y una vez establecida la conexión se visualizarán en el control *ListView* del formulario los directorios y ficheros a los que puede acceder.

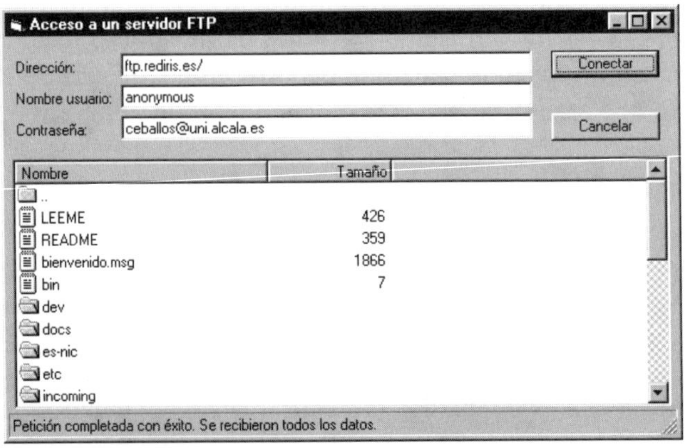

Una vez visualizados en el formulario la lista de directorios y ficheros correspondientes al directorio raíz relativo a la conexión, el siguiente paso es permitir al usuario navegar a través de la estructura de directorios derivada de él y descargar los ficheros que considere. Observe que los nombres de los directorios se distinguen de los nombres de ficheros por el icono y porque su columna tamaño aparece vacía. Cuando el usuario haga doble clic sobre el nombre de un directorio utilizando el botón izquierdo del ratón, la aplicación debe cambiar a ese directorio; asimismo, cuando haga doble clic en la primera línea, correspondiente al directorio padre, debe retroceder al directorio anterior; y si hace doble clic sobre un fichero será preguntado si quiere descargar dicho fichero. Resumiendo, el controlador de este evento tendrá que realizar las operaciones siguientes:

1. Si seleccionó un directorio, cambiar a dicho directorio (*CDUP* o *CD dir*). Después, tendrá que invocar al procedimiento *Directorio* para que obtenga el nombre del nuevo directorio seleccionado (*PWD*), liste su contenido (*DIR*) y lo muestre en el control *clvLista*.

2. Si seleccionó un fichero, preguntar si se desea descargar dicho fichero, y en caso afirmativo invocar al método **Execute** para que realice la operación *GET origen destino*.

```
Private Sub clvLista_DblClick()
  On Error GoTo RutinaError
  Dim ElementoLista As ListItem

  ' Si el control está ocupado, no realizar otra conexión
  If Inet1.StillExecuting = True Then Exit Sub

  ' Obtener el elemento seleccionado
  Set ElementoLista = clvLista.SelectedItem

  ' Si se trata del directorio padre ...
  If ElementoLista.Index = 1 Then
    Inet1.Execute , "CDUP" ' volver al directorio padre
    Do Until Not Inet1.StillExecuting
      DoEvents
    Loop

    ' Obtener la lista, DIR, del directorio seleccionado
    Directorio

  ElseIf ElementoLista.SubItems(1) = "" Then
    ' Si la columna "Tamaño" del elemento seleccionado
    ' está vacía, se trata de un directorio. Cambiar
    ' a ese directorio
    Inet1.Execute , "CD " & ElementoLista.Text
```

```
      Do Until Not Inet1.StillExecuting
        DoEvents
      Loop

      ' Obtener la lista, DIR, del directorio seleccionado
      Directorio

    Else ' se trata de un fichero ¿descargarlo?
      If MsgBox("¿Desea descargar el fichero?", 20) = vbYes Then
        Inet1.Execute , "GET " & ElementoLista.Text & _
                        " c:\temp\" & ElementoLista.Text
      End If
    End If
    Exit Sub
  RutinaError:
    stbEstado.SimpleText = "No se puede realizar la conexión"
  End Sub
```

Finalmente, añada el controlador que manipule el evento **Click** del botón *Cancelar* y edítelo como se muestra a continuación:

```
Private Sub btCancelar_Click()
  Inet1.RequestTimeout = 1
  Inet1.Cancel
End Sub
```

Ahora ya puede ejecutar la aplicación. Si tiene una conexión a Internet, cuando haga clic en el botón *Conectar*, observará la lista de directorios y ficheros del servidor accedido.

SOCKETS

La especificación de *sockets* (enchufes) define una interfaz de programación de redes basada en la interfaz de *sockets* de UNIX, versión 4.3 de BSD (*Berkeley Software Distribución*, Universidad de California).

En el capítulo dedicado a Internet vimos que las funciones de una red se agrupaban en capas de servicios de la red y que estas capas definían el camino por el que debe pasar un paquete de información cuando realiza la ruta de un ordenador a otro, conectados a diferentes puntos dentro de Internet. En cada una de las capas se distinguen unos servicios que operan bajo unos protocolos. Los servicios de una capa definen la interfaz de comunicación con la misma y los protocolos definen la forma en la que se transmite la información. De esta manera cada capa ofrece una interfaz a la capa superior y utiliza la interfaz de la capa inferior para interpretar los mensajes o paquetes a medida que van pasando.

Aplicación (FTP, Telnet, SMTP, Gopher, Word Wide Web)
API de Windows Sockets
Transporte (TCP y UDP)
Red (IP)
Enlace (controlador de dispositivo, tarjeta de red, protocolos de control de la línea)

Utilizar una interfaz de programación, como la API de Windows *Sockets*, libera al programador de tratar con los detalles de cómo se pasan los paquetes de información entre las capas inferiores.

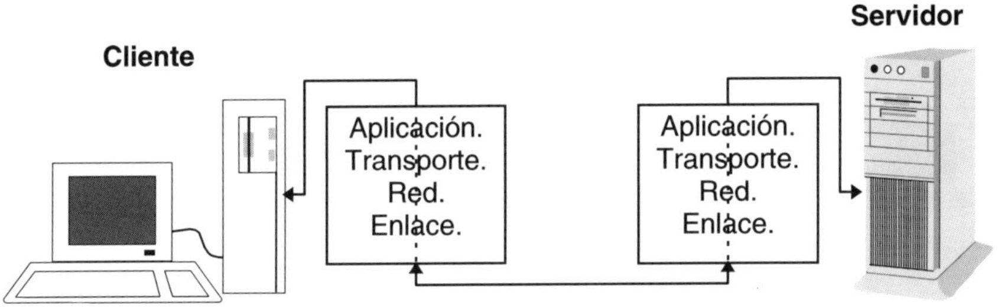

Un *socket* es un punto final en la comunicación; en otras palabras, un objeto a través del cual una aplicación puede enviar o recibir paquetes de datos a través de la red. Un *socket* tiene un tipo y está asociado con un proceso en ejecución, y puede tener un nombre. En la actualidad, los *sockets* intercambian datos sólo con otros *sockets* en el mismo dominio de comunicación bajo el protocolo IP.

Un *socket* permite conectarse a un equipo remoto e intercambiar datos con el protocolo de control de transmisión (TCP) o con el protocolo de datagramas de usuario (UDP). Ambos protocolos se pueden usar para crear aplicaciones cliente/servidor.

Por otra parte, el tipo de comunicación establecida puede ser orientada a conexión o no orientada a conexión. Ambos tipos son bidireccionales. Una comunicación orientada a conexión funciona de forma parecida a una llamada telefónica; esto es, primero se establece la conexión, después se intercambian peticiones y respuestas, y finalmente se libera la conexión. En cambio, en una comunicación no orientada a conexión, no se realiza una conexión, simplemente hay un intercambio de peticiones y respuestas. En este último caso, el servidor recibe junto con los datos la dirección del cliente, con el fin de poder devolverle la respuesta.

El tipo de comunicación orientado a conexión utiliza el protocolo TCP y es fiable; esto es, si se produce un error en la transmisión, la información será reenviada hasta que llegue correctamente a su destino. En cambio, el tipo de comunicación no orientado a conexión utiliza el protocolo UDP y no es fiable; esto es, utilizando este tipo de comunicación es posible que se pierdan paquetes de información, por lo que sólo es recomendable utilizarlo cuando ello no provoca ningún perjuicio (por ejemplo, un mensaje enviado a todas las máquinas con la hora del servidor para que todas ellas sincronicen su reloj con él). En ambos tipos de comunicación debe haber, al menos, un *socket* en la aplicación cliente (la que pide información) y otro *socket* en la aplicación servidora (la que proporciona la información solicitada) por cada uno de los *sockets* de los clientes.

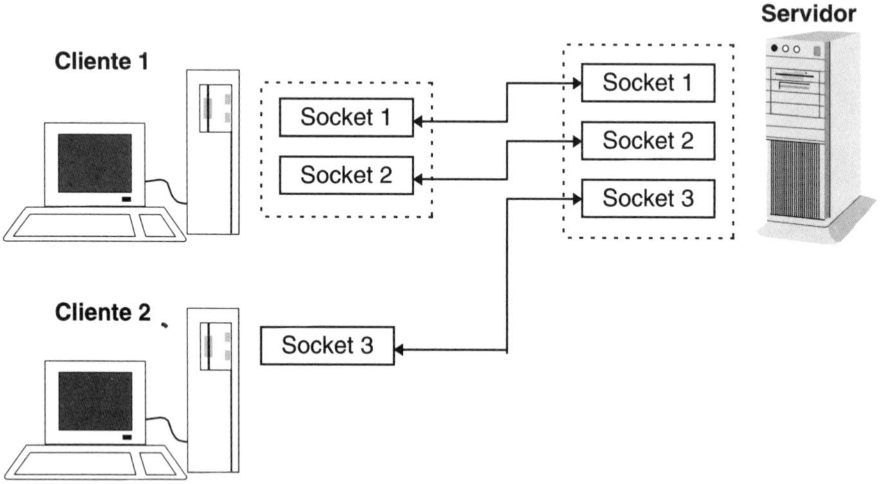

Comunicación orientada a conexión

En una comunicación orientada a conexión es necesario que exista una aplicación que ofrezca ciertos servicios (un servidor), como por ejemplo un servidor de mensajes, y otra o más que los soliciten (clientes). Ahora bien, un servidor no puede saber a priori qué aplicaciones ni en qué número le van a hacer peticiones, por lo que debe estar a la escucha. Cuando reciba una petición, la aceptará, la procesará y responderá al cliente. A continuación se volverá a poner a la escucha.

En la figura siguiente puede ver desde un punto de vista gráfico los procesos de creación de los *sockets* en la aplicación servidora y en la cliente, así como la comunicación entre ambas.

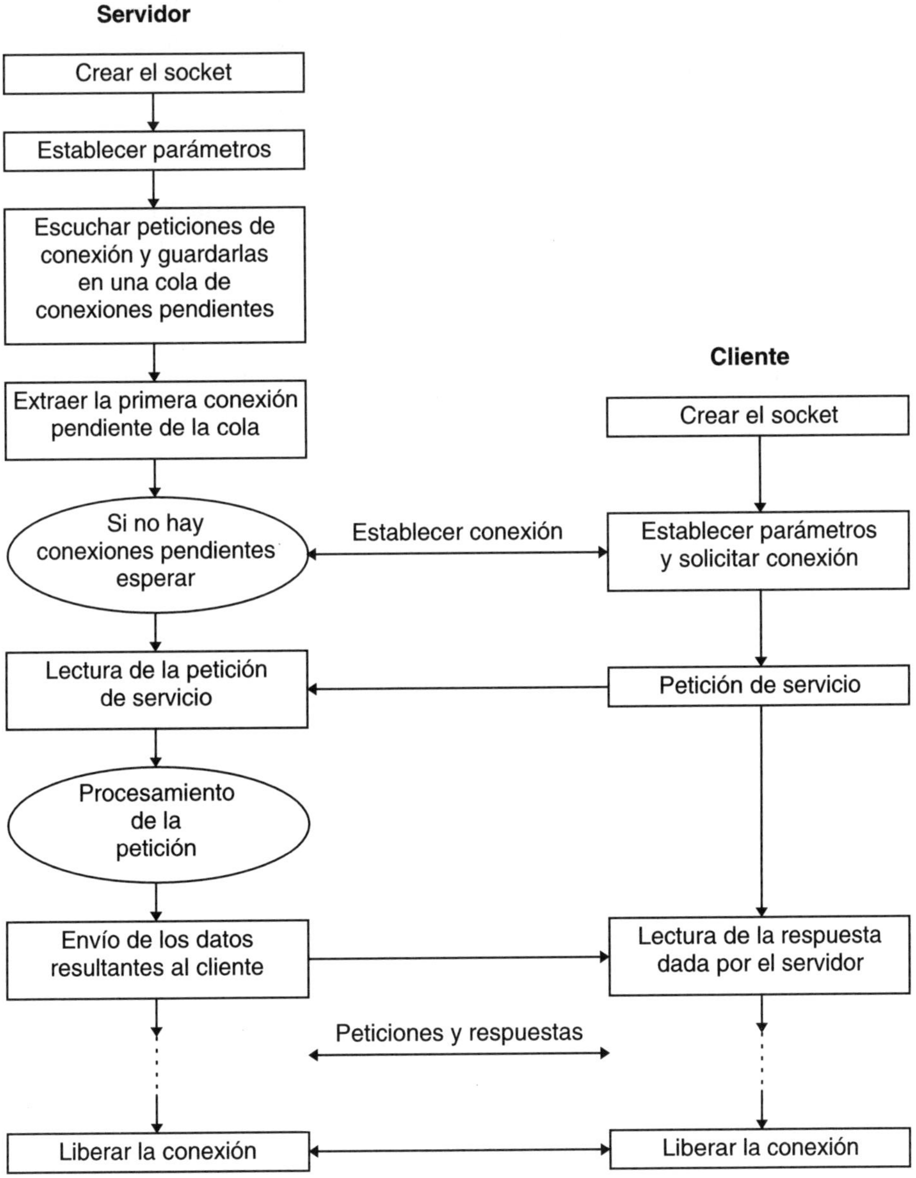

Utilizar sockets

Visual Basic proporciona dos maneras de utilizar *sockets*: la API de *Windows Sockets* de nivel inferior y el control *WinSock*.

La API de *Windows Sockets*, también llamada "conexiones lógicas de red", ha adquirido una especial relevancia en la interconexión de redes en Windows. En un principio sólo soportaba TCP/IP, y ahora se presenta como la mejor forma de desarrollar aplicaciones de red para Windows que no son RPC (llamada de procedimiento remoto).

La API de *Windows Sockets* está basada en una abstracción denominada *socket*, identificado por el nombre o dirección del servidor (*host*) en el que se encuentra. Como es lógico y según hemos visto en el apartado anterior, en un mismo servidor, incluso en una misma aplicación, puede existir más de un *socket*. Para distinguir uno de otro se utiliza un número (*puerto*), o bien un nombre (*servicio*) a través del cual se puede identificar al puerto. En Windows 9x, en el directorio *Windows*, y en NT, en el directorio *...\system32\driver\etc* existe un fichero *services* que especifica los servicios actualmente en uso y sus correspondientes puertos asociados. *Windows Sockets* reserva los puertos 1 a 1023 para servicios estándar, tales como FTP, TELNET, etc., los puertos 1024 a 5000 para su propio uso, y los puertos 5001 en adelante para nuestro uso.

El control *WinSock* le permite conectarse a un equipo remoto e intercambiar datos con el protocolo UDP (Protocolo de datagramas de usuario) o con el protocolo TCP (Protocolo de control de transmisión). Ambos protocolos se pueden utilizar para crear aplicaciones cliente/servidor. Para utilizar este componente tiene que cargar en su proyecto el control *Microsoft Winsock* (*mswinsck.ocx*). Al igual que el control *Timer*, el control *WinSock* no tiene una interfaz visible en tiempo de ejecución. Este control es la forma más fácil de establecer una conexión entre dos o más máquinas en una red.

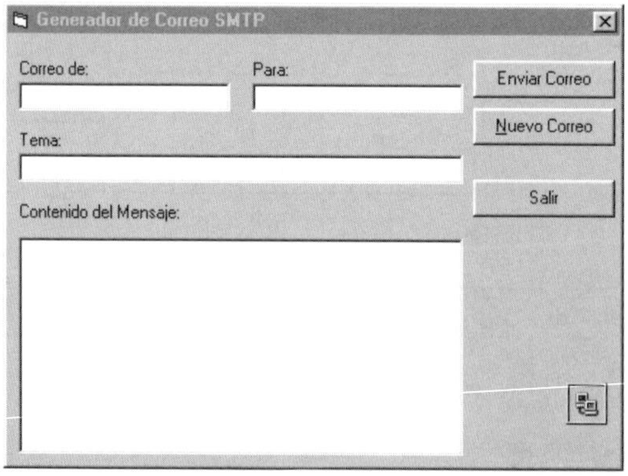

Como ejemplo, vamos a desarrollar una aplicación que permita enviar correo electrónico a otro usuario empleando el protocolo estándar (SMTP); esto es, un cliente SMTP. Para empezar, cree un proyecto *EXE estándar* y añada al formulario los controles que se muestran en la figura anterior. No olvide incluir un control *WinSock* denominado, por ejemplo, *miSocket*.

Una vez finalizado el diseño del formulario, abra la ventana de propiedades del control *miSocket* y establezca los valores que se pueden observar en la figura siguiente:

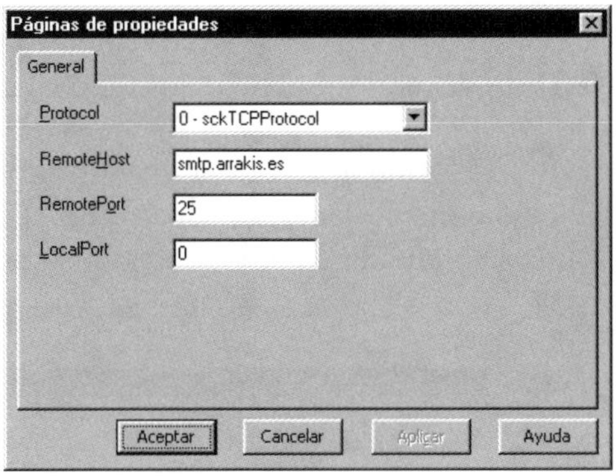

La propiedad **Protocol** especifica el tipo de protocolo a utilizar (TCP o UDP).

La propiedad **RemoteHost** identifica al servidor de correo SMTP.

La propiedad **RemotePort** especifica el puerto de comunicaciones utilizado por el servicio utilizado; el servicio SMTP tiene asociado el puerto 25.

Una vez establecidas las propiedades vamos a escribir el código. Cuando se ejecute esta aplicación, lo primero que debe hacer es abrir el puerto de comunicaciones, proceso que se realizará invocando al método **Connect** del control *miSocket* a través del controlador del evento **Load** del formulario:

```
Private Sub Form_Load()
  'Establecer la conexión con el servidor SMTP
  miSocket.Connect
  'Iniciar cajas
  CorreoDe = "@"
  Para = "@"
  Tema = ""
  Mensaje = ""
End Sub
```

Una vez realizada la conexión, el servidor enviará a la aplicación cliente una serie de datos para indicar el estado de dicha conexión. Esto hace que se active el evento **DataArrival** en el control *miSocket*, que utilizaremos para visualizar estos datos y los posteriores que sean enviados. Esto simplemente lo hacemos con fines didácticos. En la práctica puede ser necesario analizar los datos enviados por el servidor al cliente por si hubiera ocurrido alguna anomalía.

```
Private Sub miSocket_DataArrival(ByVal bytesTotal As Long)
  Dim strDatos As String
  miSocket.GetData strDatos
  MsgBox strDatos
End Sub
```

El método **GetData** del control obtiene los datos recibidos del servidor.

En este momento, el formulario estaría visualizado y la conexión con el servidor SMTP establecida. Por lo tanto, el usuario de la aplicación introduciría los datos relativos al mensaje que desea enviar, según se puede observar en la figura siguiente:

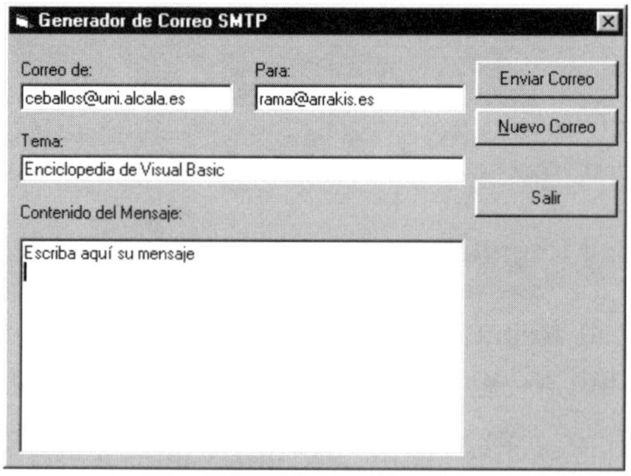

Después de que el usuario haya introducidos los datos pulsará el botón *Enviar Correo*. El controlador del evento **Click** de este botón es como se muestra a continuación:

```
Private Sub EnviarCorreo_Click()
  miSocket.SendData "MAIL From: " + CorreoDe + vbCrLf
  miSocket.SendData "RCPT To: " + Para + vbCrLf
  miSocket.SendData "DATA" + vbCrLf
  miSocket.SendData "From: " + CorreoDe + vbCrLf
  miSocket.SendData "Subject: " + Tema + vbCrLf
  miSocket.SendData Mensaje + vbCrLf
  miSocket.SendData vbCrLf + "." + vbCrLf
End Sub
```

Este procedimiento invoca al método **SendData** para enviar el correo al servidor utilizando el protocolo SMTP.

Para detectar posibles errores que se produzcan en los procesos de segundo plano, por ejemplo, un fallo al conectar o un fallo al enviar o recibir datos, puede escribir el controlador para el evento **Error** del control:

```
Private Sub miSocket_Error(ByVal Number As Integer, _
              Description As String, ByVal Scode As Long, _
              ByVal Source As String, ByVal HelpFile As String, _
              ByVal HelpContext As Long, CancelDisplay As Boolean)
  MsgBox Description
End Sub
```

Finalmente, se muestran a continuación los controladores para el evento **Click** de los botones *Nuevo Correo* y *Salir*:

```
Private Sub NuevoCorreo_Click()
  CorreoDe = "@"
  Para = "@"
  Tema = ""
  Mensaje = ""
End Sub

Private Sub Salir_Click()
  Unload Form1
  End
End Sub
```

Diseño de un servidor y un cliente con sockets

Como ejemplo, vamos a crear un servidor de mensajes y un cliente que podrá solicitar del servidor la lista de los destinatarios de mensajes (orden *listar*), enviar un mensaje (orden *enviar*), obtener un mensaje de los enviados (orden *obtener*) y borrar un mensaje de la lista de enviados (orden *borrar*). Los formatos de estas órdenes serán los siguientes:

```
listar
enviar destinatario,mensaje
obtener número_mensaje
borrar número_mensaje
```

El servidor mantendrá una matriz con los mensajes enviados por el cliente. Así, cuando reciba una petición *listar*, enviará al cliente la lista de destinatarios de mensajes; cuando reciba una petición *enviar*, almacenará el destinatario y el mensaje en la matriz (se supone que también se envía el mensaje); cuando reciba una petición *obtener*, obtendrá el mensaje indicado de la lista y lo enviará al cliente; y cuando reciba una petición *borrar*, eliminará el mensaje indicado de la matriz.

Servidor

Para construir el servidor objetivo del ejemplo propuesto empiece por crear un proyecto de tipo *EXE estándar* denominado *ServidorMsg*.

A continuación diseñe el formulario principal de la aplicación como indica la figura siguiente. En él puede observar un control *WinSock* (*Winsock1*), una caja de texto multilínea (*txtEdición*), una casilla de verificación *Eco en el cliente* (*chbEcoCliente*) y una barra de estado (*stbEstado*).

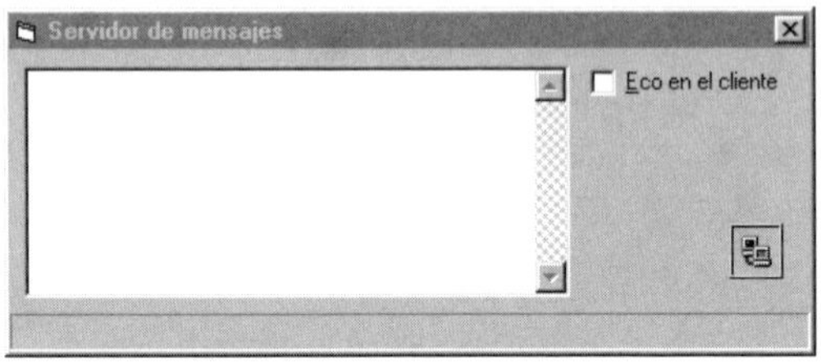

Para añadir el control *WinSock*, ejecute la orden *Componentes* del menú *Proyecto* y seleccione de la lista el control *Microsoft WinSock*.

El siguiente paso será añadir un tipo *TMensaje*. Cada objeto de este tipo almacenará un mensaje y su destinatario. Posteriormente crearemos una matriz *Mensaje* de tipo *TMensaje*. Añada esta tipo en un módulo *Globales.bas*.

```
Type TMensaje
  strNombre As String
  strMensaje As String
End Type
```

Abra la ventana de código del formulario y defina en la sección *General* una constante que represente cada una de las órdenes que puede recibir el servidor:

```
' Definir las órdenes: listar, enviar, obtener, borrar
Const LISTAR As String = "listar"
Const ENVIAR As String = "enviar"
Const OBTENER As String = "obtener"
Const BORRAR As String = "borrar"
```

En estos momentos estamos en condiciones de empezar a escribir el código correspondiente al servidor. Básicamente, lo que tenemos que hacer es:

1. Crear el *socket*. Después de haber añadido un control *WinSock* al formulario, se creará automáticamente un *socket* cuando invoquemos su método **Listen**.

2. Establecer los parámetros protocolo y puerto local. El protocolo seleccionado de forma predeterminada es TCP. Como puerto local elegiremos el 8000; recuerde que para nuestro uso están los puertos desde el 5001 en adelante. No obstante eche un vistazo al fichero *services* y asegúrese de que el puerto elegido no esté utilizado.

```
Winsock1.LocalPort = 8000
```

3. Escuchar peticiones de conexión y guardarlas en una cola de conexiones pendientes.

```
Winsock1.Listen
```

4. Extraer la primera conexión pendiente de la cola. Si no hay conexiones pendientes, el servidor queda en espera de que se pueda producir alguna.

```
Winsock1.Accept requestID
```

5. Lectura de la petición de servicio y procesamiento de la misma.

```
Winsock1.GetData DatosRecibidos, vbString
' Procesar la información recibida
```

6. Envío de los datos resultantes al cliente.

```
Winsock1.SendData DatosEnviar
```

7. Liberar la conexión.

```
Winsock1.Close
```

Cuando se inicie el servidor, iniciaremos la matriz dinámica *Mensaje* con un elemento, el de índice cero. Este elemento no lo utilizaremos para almacenar información; esto es, para nosotros el primer elemento será el de índice uno. Esta forma de proceder evita trabajar inicialmente con una matriz sin crear y evita errores durante el inicio. Por ejemplo, cuando más adelante expongamos el procedimiento *InterpretarOrden*, observará que necesita calcular el índice del último elemento, operación que da error si no hemos creado la matriz. También asignamos al servidor el número de puerto 8000 y le ponemos a escuchar.

```
Private Sub Form_Load()
  ReDim Mensaje(0)
  Winsock1.LocalPort = 8000
  Winsock1.Listen
End Sub
```

Cuando un cliente intenta una conexión con el servidor se produce el evento **ConnectionRequest**. La respuesta a este evento será el procedimiento *Winsock1_ConnectionRequest*. Abra la ventana de código del formulario, seleccione el objeto *Winsock1*, el evento **ConnectionRequest** y añada el procedimiento indicado. A continuación edítelo como se indica a continuación:

```
Private Sub Winsock1_ConnectionRequest(ByVal requestID As Long)
  ' Comprobar si el control está cerrado. Si no lo está,
  ' cerrar la conexión antes de aceptar la nueva conexión.
  If Winsock1.State <> sckClosed Then Winsock1.Close
  ' Aceptar la petición con el parámetro requestID.
  Winsock1.Accept requestID
  ' Informar a través de la barra de estado
  stbEstado.SimpleText = "Iniciando conexión: Equipo " & _
     Winsock1.RemoteHost & " -- " & _
     Winsock1.RemoteHostIP & " En el puerto " & _
     Winsock1.RemotePort
End Sub
```

El argumento *requestID* es el identificador de la solicitud de conexión entrante. Este argumento debe ser pasado al método **Accept**.

Cuando se recibe un dato del cliente se produce el evento **DataArrival**. La respuesta a este evento será la función *Winsock1_DataArrival*. Abra la ventana de código, seleccione el objeto *Winsock1*, el evento **DataArrival** y añada el procedimiento indicado. Este procedimiento básicamente realiza el siguiente proceso:

1. Lee la petición enviada por el cliente al servidor.

2. El servidor puede enviar al cliente el eco de los datos recibidos. Hay clientes, como *Telnet*, que de no ser por esta opción, no podrían visualizar las peticiones que el cliente envía al servidor. Para activar y desactivar esta opción dispone en el formulario de la casilla de verificación *chbEcoCliente*.

3. Borrar un carácter no deseado utilizando *backspace* en clientes como *Telnet*, implica enviar el carácter no deseado seguido del *backspace* al servidor. Por esta razón, una vez que el servidor lee los datos enviados por el cliente, busca caracteres *backspace* y elimina éste y el carácter anterior. Para realizar este proceso añada el procedimiento *BorrarCars* y edítelo como se indica a continuación:

```
Private Function BorrarCars(str As String)
  Dim i, longStr As Long
  Do ' procesar los caracteres BackSpace
    If str = vbBack Then
      str = "": BorrarCars = str
      Exit Function
    End If
    i = InStrRev(str, vbBack)
    If i > 0 Then
      ' Borrar vbBack y el carácter anterior
      BorrarCar str, i
      If i >= 2 Then BorrarCar str, i - 1
```

```
    End If
  Loop While i > 0
  BorrarCars = str
End Function

Private Sub BorrarCar(str As String, ByVal i As Long)
  Dim strRight As String, strLeft As String
  Dim longStr As Long
  ' Eliminar el carácter i de str
  longStr = Len(str)
  strRight = Right(str, longStr - i)
  strLeft = Left(str, i - 1)
  str = strLeft & strRight
End Sub
```

4. Cuando el bloque de datos leído por el servidor finaliza con *vbCrLf* (o su equivalente *vbNewLine*), significa que la orden recibida está completada y se puede procesar, de lo cual se encargará el procedimiento *InterpretarOrden*.

Según lo expuesto edite el procedimiento *OnDataArrivalWinsock1* como se indica a continuación:

```
Private Sub Winsock1_DataArrival(ByVal bytesTotal As Long)
  Dim DatosRecibidos As String, strTemp As String
  ' Obtener el bloque de datos recibidos
  Winsock1.GetData DatosRecibidos, vbString
  ' Si la opción "Eco en el cliente" está activada, enviar los
  ' datos a la máquina remota (cliente)
  If chbEcoCliente.Value = 1 Then Winsock1.SendData DatosRecibidos
  ' Los datos pueden llegar en bloques de uno o más caracteres.
  ' Cada orden recibida termina con CR+LF.
  ' Contemplar también la posibilidad de que termine con CR.
  If Right(DatosRecibidos, 2) <> vbNewLine And _
     Right(DatosRecibidos, 1) <> vbCr Then
    txtEdición.Text = txtEdición.Text + DatosRecibidos
    ' Tratar backspaces
    txtEdición.Text = BorrarCars(txtEdición.Text)
  Else ' fin de la orden
    ' Eliminar CR y LF
    DatosRecibidos = Replace(DatosRecibidos, vbCr, "")
    DatosRecibidos = Replace(DatosRecibidos, vbLf, "")
    ' Visualizar en el servidor los datos recibidos
    txtEdición.Text = txtEdición.Text + DatosRecibidos
    ' Interpretar la orden recibida en el servidor
    InterpretarOrden txtEdición.Text
    ' Limpiar la caja de texto del servidor
    txtEdición.Text = ""
  End If
End Sub
```

La constante *vbNewLine* representa el carácter nueva línea específico de la plataforma.

Añada ahora el procedimiento *InterpretarOrden*. Esta función se encarga de procesar cada una de las órdenes enviadas por el cliente. Después de procesar una orden, envía los resultados al cliente. Tiene cuatro partes bien diferenciadas, una para cada orden: *listar*, *enviar*, *obtener* y *borrar*.

El proceso de la orden *listar* consiste en enviar al cliente la lista de destinatarios de mensajes almacenados en la matriz *Mensaje*.

El proceso de la orden *enviar* consiste en dirigir el mensaje recibido del cliente al destinatario especificado y almacenar el destinatario y el mensaje en la matriz *Mensaje*. El proceso real de enviar el mensaje lo veremos en una aplicación posterior. Ahora supondremos sin más que se envía.

El proceso de la orden *obtener* consiste en recuperar de la matriz *Mensaje* el mensaje solicitado por el cliente y enviárselo.

El proceso de la orden *borrar* consiste en eliminar de la matriz *Mensaje* el mensaje especificado por el cliente.

```
Sub InterpretarOrden(orden As String)
  On Error Resume Next
  Dim i As Long, nro As Long
  Dim longEnviar As Long:  longEnviar = (Len(ENVIAR) + 1) ' 1 espacio
  Dim longObtener As Long: longObtener = (Len(OBTENER) + 1)
  Dim longBorrar As Long:  longBorrar = (Len(BORRAR) + 1)
  Dim nElementos As Long:  nElementos = UBound(Mensaje)
  ' Interpretar las órdenes listar, enviar, obtener, borrar
  ' Formato de LISTAR: listar
  If orden = LISTAR Then
    If nElementos = 0 Then
      Winsock1.SendData "No hay mensajes" & vbNewLine
      Exit Sub
    End If
    ' Enviar lista de destinatarios de mensajes
    For i = 1 To nElementos
      Winsock1.SendData Format(i, "0000") & _
                        Mensaje(i).strNombre & vbNewLine
    Next
    Winsock1.SendData "correcto" & vbNewLine
    stbEstado.SimpleText = "Lista de destinatarios enviada"

  ' Formato de ENVIAR: enviar destinatario,mensaje
  ElseIf InStr(orden, ENVIAR) > 0 And Len(orden) > longEnviar Then
    Dim longNombre As Long
```

```
    Dim nombre As String, sMensaje As String
    longNombre = InStr(orden, ",") - longEnviar
    nombre = Mid(orden, longEnviar, longNombre)
    sMensaje = Mid(orden, longEnviar + longNombre + 1)
    If nombre = "" Or sMensaje = "" Then
      Winsock1.SendData "No se envió el mensaje" & vbNewLine
      Winsock1.SendData "Formato: enviar destinatario,mensaje" & _
                        vbNewLine
      Exit Sub
    End If
    ' Añadir el nombre y el mensaje a la matriz
    ReDim Preserve Mensaje(nElementos + 1)
    Mensaje(UBound(Mensaje)).strNombre = nombre
    Mensaje(UBound(Mensaje)).strMensaje = sMensaje
    ' Aquí se envía el mensaje
    ' Enviar confirmación al cliente
    Winsock1.SendData "correcto" + vbNewLine
    stbEstado.SimpleText = "Mensaje enviado"

  ' Formato de OBTENER: obtener número_mensaje
  ElseIf InStr(orden, OBTENER) > 0 And Len(orden) > longObtener Then
    If nElementos = 0 Then
      Winsock1.SendData "No hay mensajes" & vbNewLine
      Exit Sub
    End If
    ' Obtener el mensaje especificado
    nro = CLng(Mid(orden, longObtener))
    If nro >= 1 And nro <= nElementos Then
      Winsock1.SendData Mensaje(nro).strMensaje & vbNewLine & _
                        "correcto" & vbNewLine
      stbEstado.SimpleText = "Mensaje obtenido"
    Else
      Winsock1.SendData "Formato: obtener número_mensaje" & _
                        vbNewLine
      Exit Sub
    End If

  ' Formato de BORRAR: borrar número_mensaje
  ElseIf InStr(orden, BORRAR) > 0 And Len(orden) > longBorrar Then
    If nElementos = 0 Then
      Winsock1.SendData "No hay mensajes" & vbNewLine
      Exit Sub
    End If
    ' Borrar el mensaje especificado
    nro = CLng(Mid(orden, longObtener))
    If i >= 1 And nro <= nElementos Then
      For i = nro To nElementos - 1
        Mensaje(i) = Mensaje(i + 1)
      Next
      ReDim Preserve Mensaje(nElementos - 1)
```

```
      Winsock1.SendData "correcto" & vbNewLine
    Else
      Winsock1.SendData "Formato: borrar número_mensaje" & vbNewLine
      Exit Sub
    End If
  End If
End Sub
```

Finalmente, cuando el cliente y el servidor estén en comunicación y se cierre el cliente, el servidor recibirá el evento **Close**. Para notificar este hecho, añada y edite el controlador de este evento, así:

```
Private Sub Winsock1_Close()
  Winsock1.Close
  stbEstado.SimpleText = "Se ha perdido la conexión con el cliente."
  Winsock1.Listen
End Sub
```

Ahora puede compilar y ejecutar la aplicación servidora. Para comprobar su funcionamiento, ejecute el cliente *Telnet*, conéctelo con el servidor (especifique el *host* que está ejecutando la aplicación servidora - para hacer una prueba local puede especificar *localhost* - y el número de puerto 8000) y pruebe a enviar las distintas órdenes programadas. La figura siguiente le muestra un ejemplo:

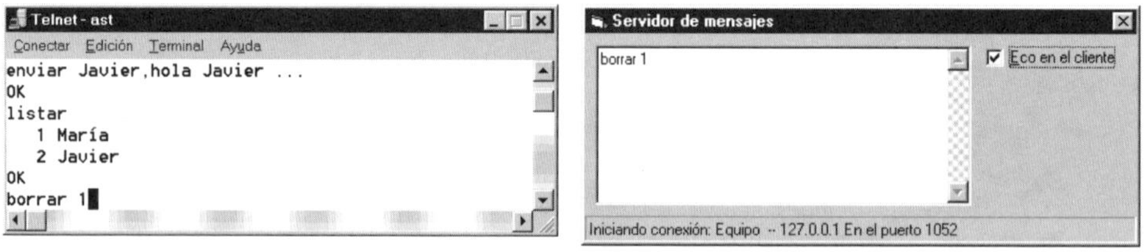

Cliente

En vez de utilizar un cliente como *Telnet*, podemos construir un cliente más amigable que evite al usuario tener que saber el formato de las órdenes que interpreta el servidor. Para ello, empiece por crear un proyecto de tipo *EXE estándar* denominado *ClienteMsg*.

A continuación diseñe el diálogo principal de la aplicación como indica la figura siguiente. En él puede observar un control *WinSock* (*Winsock1*), una caja de texto (*txtDest*) de una sola línea para escribir el destinatario del mensaje, una caja de texto multilínea (*txtMsg*) para escribir el texto del mensaje, un botón de pulsación *Conectar* (*btConectar*) para realizar la conexión con el servidor, un botón de pulsación *Enviar* (*btEnviar*) para enviar un mensaje al servidor, un botón de pulsación *Cerrar* (*btCerrar*) para cerrar la aplicación cliente, una lista desplegable de tipo *Dropdown List* (*listaMsgs*) para visualizar la lista de los destinatarios, un botón de pulsación *Listar* (*btListar*) para recuperar del servidor la lista de destinatarios, un botón de pulsación *Obtener* (*btObtener*) para recuperar el mensaje del destinatario seleccionado en la lista, un botón de pulsación *Borrar* (*btBorrar*) para eliminar el mensaje del destinatario seleccionado en la lista, y una barra de estado (*sbrEstado*) para visualizar mensajes relativos a las operaciones realizadas. Complete el diálogo con las etiquetas y marcos que se pueden observar en la figura.

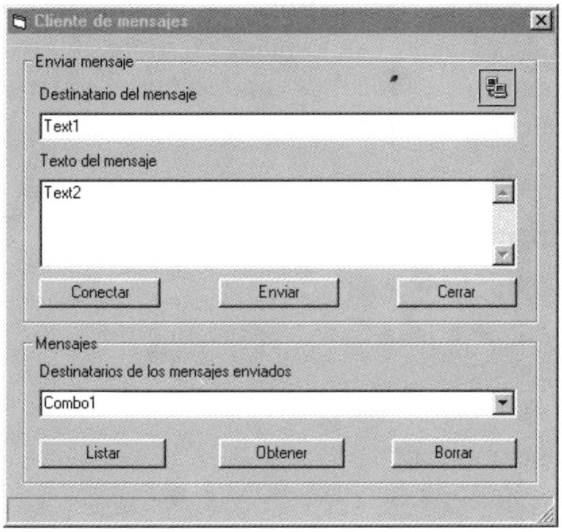

Para añadir el control *WinSock*, ejecute la orden *Componentes* del menú *Proyecto* y seleccione de la lista el control *Microsoft WinSock*.

Abra la ventana de código del formulario y defina en la sección *General* las constantes que identifican el tipo de petición realizado por el cliente:

```
Const ListaDeUsuarios = 5
Const ObtenerMensaje = 6
Const MensajeBorrado = 7
Const MensajeEnviado = 8
```

Cuando se inicie la aplicación cliente, no tiene sentido que los botones *enviar*, *listar*, *obtener* y *borrar* estén habilitados. Por lo tanto, edite el controlador del evento **Load** para inhabilitar estos botones y poner en la barra de estado el mensaje "No conectado".

```
Private Sub Form_Load()
  btEnviar.Enabled = False
  btListar.Enabled = False
  btObtener.Enabled = False
  btBorrar.Enabled = False
  sbrEstado.SimpleText = "No conectado"
End Sub
```

En estos momentos estamos en condiciones de empezar a escribir el código correspondiente al cliente. Básicamente lo que tenemos que hacer es:

1. Crear el *socket*. Después de haber añadido un control *WinSock* al formulario, se creará automáticamente un *socket* cuando invoquemos su método **Listen**.

2. Establecer los parámetros servidor, protocolo y puerto remoto, y solicitar conexión con el servidor. El nombre del servidor lo introducirá el usuario a través de un diálogo (**InputBox**). El protocolo seleccionado de forma predeterminada es TCP. Como puerto remoto elegiremos el del servidor, esto es, 8000. Como puerto local es indiferente el valor elegido (de forma predeterminada está elegido el 0).

   ```
   Winsock1.Connect Servidor, PuertoRemoto
   ```

3. Petición de servicio.

   ```
   Winsock1.SendData DatosEnviar
   ```

4. Lectura de la respuesta dada por el servidor.

   ```
   Winsock1.GetData DatosRecibidos, vbString
   ```

5. Liberar la conexión.

   ```
   Winsock1.Close
   ```

Cuando el usuario inicie la aplicación cliente, lo primero que debe hacer es conectarse con el servidor, para lo cual hará clic en el botón *Conectar*. El controlador de este evento, que se muestra a continuación, solicitará el nombre del servidor, realizará la conexión y habilitará los controles necesarios.

```
Private Sub btConectar_Click()
  On Error Resume Next
  Dim servidor As String
  Dim PuertoRemoto As Integer: PuertoRemoto = 8000
  servidor = InputBox("Servidor de mensajes", , "localhost")
  If servidor = "" Then Exit Sub
  ' Conectar con el servidor
  Winsock1.Connect servidor, PuertoRemoto
  If Winsock1.State <> sckClosed Then
    btConectar.Enabled = False
    btEnviar.Enabled = True
    btListar.Enabled = True
    sbrEstado.SimpleText = "Conectado"
  End If
End Sub
```

Una vez realizada la conexión con el servidor, el cliente puede enviar las siguientes peticiones de servicio:

```
enviar destinatario,mensaje
listar
obtener número_mensaje
borrar número_mensaje
```

Todas las peticiones se corresponderán con cadenas de caracteres finalizadas por CR+LF (*vbNewLine* o *vbCrLf*), puesto que el servidor detecta el final de una petición buscando estos caracteres. Estas peticiones serán enviadas automáticamente cuando el usuario haga clic sobre el botón correspondiente. Asimismo, la variable entera *InformacionRecibida* guardará información de la última petición realizada con el fin de identificar la respuesta del servidor. Defina esta variable en la sección *General*.

Para enviar un mensaje, el usuario escribirá el destinatario en la caja de texto *txtDest*, el mensaje en la caja de texto *txtMsg*, y hará clic en el botón *Enviar*. Por lo tanto, el controlador de este evento tiene que componer la orden *enviar* tomando los datos de las cajas de texto mencionadas y después enviar dicha petición al servidor.

```
Private Sub btEnviar_Click()
  Dim DatosEnviar As String
  DatosEnviar = "enviar " & txtDest & "," & txtMsg & vbNewLine
  Winsock1.SendData DatosEnviar
  InformacionRecibida = MensajeEnviado
End Sub
```

Cuando el usuario quiera obtener la lista de destinatarios, hará clic en el botón *Listar*. El controlador de este evento simplemente tiene que enviar la cadena de caracteres "listar " más *vbNewLine*.

```
Private Sub btListar_Click()
  Dim DatosEnviar As String
  DatosEnviar = "listar" & vbNewLine
  Winsock1.SendData DatosEnviar
  InformacionRecibida = ListaDeUsuarios
End Sub
```

Para obtener información acerca de un mensaje enviado, el usuario seleccionará en la lista desplegable el destinatario al que se envió dicho mensaje y hará clic en el botón *Obtener*. Recuerde que la orden *obtener* tiene un argumento correspondiente al número ordinal del mensaje que se desea obtener (1, 2, 3, ...). Los destinatarios en la lista desplegable se han colocado en el mismo orden que mantiene el servidor en su matriz. Entonces el índice del elemento seleccionado en la lista más uno (el primer índice en la lista es cero) será el número del mensaje que deseamos obtener. Según lo expuesto, el controlador de este evento tiene que componer la orden *obtener* tomando el índice del elemento y, después, enviar dicha petición al servidor. El nombre del destinatario lo presentaremos en la caja de texto *txtDest*.

```
Private Sub btObtener_Click()
  Dim DatosEnviar As String
  If listaMsgs.ListIndex = -1 Then Exit Sub
  txtDest = listaMsgs.Text
  DatosEnviar = "obtener " & CStr(listaMsgs.ListIndex + 1) & vbNewLine
  Winsock1.SendData DatosEnviar
  InformacionRecibida = ObtenerMensaje
End Sub
```

Para borrar un mensaje enviado, el usuario seleccionará en la lista desplegable el destinatario al que se envió dicho mensaje y hará clic en el botón *Borrar*. Puesto que la orden *borrar* utiliza el mismo argumento que *obtener*, la forma de proceder es análoga. En este caso hay que borrar también el destinatario de la lista desplegable. Cuando no queden elementos en la lista, es bueno inhabilitar los botones *Obtener* y *Borrar*. Por lo tanto, el controlador de este evento será:

```
Private Sub btBorrar_Click()
  Dim DatosEnviar As String
  If listaMsgs.ListIndex = -1 Then Exit Sub
  txtDest = listaMsgs.Text
  DatosEnviar = "borrar " & CStr(listaMsgs.ListIndex + 1) & vbNewLine
  Winsock1.SendData DatosEnviar
  InformacionRecibida = MensajeBorrado
  ' Eliminar el elemento seleccionado de la lista
  listaMsgs.RemoveItem listaMsgs.ListIndex
  If listaMsgs.ListCount = 0 Then
    btObtener.Enabled = False
    btBorrar.Enabled = False
  End If
End Sub
```

Al desplegar la lista habilitaremos los botones *Obtener* y *Borrar*, por si estuvieran inhabilitados, si tiene elementos. Cada vez que se despliega la lista, se produce el evento **DropDown**. Entonces, realizaremos este proceso en el controlador de este evento:

```
Private Sub listaMsgs_DropDown()
  If listaMsgs.ListCount Then
    btObtener.Enabled = True
    btBorrar.Enabled = True
  End If
End Sub
```

Cuando el cliente, como respuesta a una petición, recibe información del servidor, se produce el evento **DataArrival**. La respuesta a este evento será el procedimiento *Winsock1_DataArrival*. Abra la ventana de código, seleccione el objeto *Winsock1* y el evento **DataArrival**, y añada el procedimiento indicado. Este procedimiento, básicamente, realiza el siguiente proceso:

1. Lee la respuesta enviada por el servidor al cliente.

2. Si la información recibida es el resultado de la petición *listar*, añade la lista de destinatarios enviada por el servidor a la lista desplegable. El servidor envía la lista de destinatarios finalizando el nombre de cada uno de ellos con los caracteres CR+LF. Finalmente confirma el envío respondiendo "correcto".

3. Si la información recibida es el resultado de la petición *enviar*, visualiza en la barra de estado un mensaje indicando el resultado de la operación. Cuando el mensaje se envía satisfactoriamente, el servidor lo confirma respondiendo "correcto".

4. Si la información recibida es el resultado de la petición *obtener*, visualiza el texto del mensaje en la caja de texto correspondiente. También visualiza en la barra de estado un mensaje indicando el resultado de la operación.

5. Si la información recibida es el resultado de la petición *borrar*, visualiza en la barra de estado un mensaje indicando el resultado de la operación.

Según lo expuesto edite el procedimiento *Winsock1_DataArrival* como se indica a continuación:

```
Private Sub Winsock1_DataArrival(ByVal bytesTotal As Long)
  Dim DatosRecibidos As String

  ' Obtener el bloque de datos recibidos
  Winsock1.GetData DatosRecibidos, vbString
  Dim str As String, i As Integer, f As Integer
  i = 1
  Select Case InformacionRecibida
    Case ListaDeUsuarios:
      If InStr(DatosRecibidos, "No hay mensajes") > 0 Then
        sbrEstado.SimpleText = "No hay mensajes"
      Else
        listaMsgs.Clear
        f = InStr(i, DatosRecibidos, vbNewLine)
        str = Mid(DatosRecibidos, i, f - i)
        Do While (str <> "correcto")
          ' Los 4 primeros caracteres corresponden al
          ' número de mensaje (0001, 0002, ...)
```

```
        If str <> "listar" Then ' por si se activó el eco
          listaMsgs.AddItem Mid(str, 5)
        End If
        i = f + 2 ' 2 : CR+LF
        f = InStr(i, DatosRecibidos, vbNewLine)
        str = Mid(DatosRecibidos, i, f - i)
      Loop
      If str = "correcto" Then
        sbrEstado.SimpleText = "Lista de usuarios recibida"
      Else
        sbrEstado.SimpleText = "No se pudo obtener la lista"
      End If
    End If

  Case MensajeEnviado:
    If InStr(DatosRecibidos, "correcto") > 0 Then
      sbrEstado.SimpleText = "Mensaje enviado"
    Else
      sbrEstado.SimpleText = "No se pudo enviar el mensaje"
    End If

  Case ObtenerMensaje:
    f = InStr(DatosRecibidos, "correcto")
    If f > 0 Then
      str = Mid(DatosRecibidos, 1, f - 1)
      txtMsg = str
      sbrEstado.SimpleText = "Listo"
    ElseIf InStr(DatosRecibidos, "No hay mensajes") > 0 Then
      str = "No hay mensajes"
    Else
      str = "No se pudo obtener el mensaje"
    End If

  Case MensajeBorrado:
    f = InStr(DatosRecibidos, "correcto")
    If f > 0 Then
      sbrEstado.SimpleText = "Mensaje borrado"
    ElseIf InStr(DatosRecibidos, "No hay mensajes") > 0 Then
      sbrEstado.SimpleText = "No hay mensajes"
    Else
      sbrEstado.SimpleText = "No se pudo borrar el mensaje"
    End If
  End Select
End Sub
```

Cuando el usuario haga clic en el botón *Cerrar* colocado en el formulario, o bien en el botón cerrar de su barra de título, no hay ninguna acción especial que ejecutar. Simplemente descargamos el formulario y cerramos la conexión.

```
Private Sub btCerrar_Click()
  Unload frmMain
  End
End Sub

Private Sub Form_Unload(Cancel As Integer)
  Winsock1.Close
End Sub
```

Finalmente, cuando el cliente y el servidor estén en comunicación y se cierre el servidor, el cliente recibirá el mensaje *close*. Para notificar este hecho, añada y edite el procedimiento controlador de este mensaje, así:

```
Private Sub Winsock1_Error(ByVal Number As Integer, _
              Description As String, ByVal Scode As Long, _
              ByVal Source As String, ByVal HelpFile As String, _
              ByVal HelpContext As Long, CancelDisplay As Boolean)
  Winsock1.Close
  sbrEstado.SimpleText = Description
End Sub
```

Ahora puede ejecutar las aplicaciones servidor y cliente. Según el desarrollo que hemos realizado para nuestro cliente, no tiene sentido que active en el servidor la opción *Eco en el cliente*.

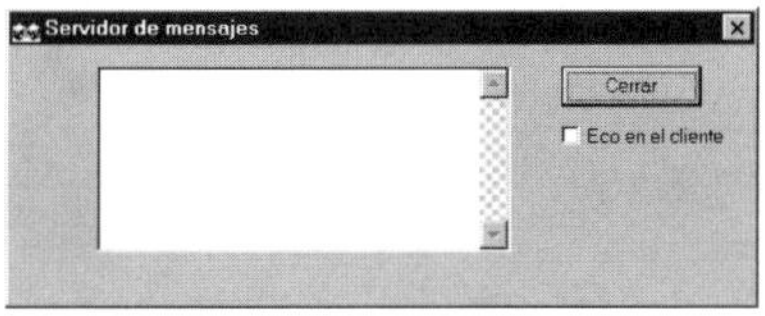

ENVIAR CORREO DESDE UNA APLICACIÓN

Las aplicaciones que utilizan correo electrónico son muy interesantes para empresas que conectan sus redes locales entre sí. De este modo pueden, por ejemplo, enviar pedidos y facturas como mensajes.

Con *Microsoft Outlook Express* (o con *Microsoft Exchange*) puede enviar y recibir mensajes por fax y por correo electrónico. Los mensajes se envían desde, y se almacenan en *Outlook Express*, de modo que existe un lugar adecuado en el que se pueden buscar todos los mensajes. Si ya tiene instalado *Outlook Express*, para abrirlo y enviar o recibir un mensaje, haga doble clic en el icono *Iniciar Outlook Express* situado en su escritorio.

Iniciar y finalizar una sesión MAPI

Los controles de la interfaz de programación de aplicaciones de mensajería (MAPI) permiten crear una aplicación Visual Basic para utilizar correo electrónico. Hay dos controles personalizados MAPI: *sesión MAPI* (*MAPI Session*) y *mensajes MAPI* (*MAPI Messages*). Para utilizarlos primero debe incorporarlos a la caja de herramientas. Para ello, ejecute la orden *Componentes* del menú *Proyecto* y seleccione de la lista de controles disponibles, *Microsoft MAPI Controls* (fichero *msmapi32.ocx*). Los controles MAPI son invisibles durante la ejecución.

La siguiente figura muestra un ejemplo de una aplicación que utiliza los controles MAPI para leer y enviar correo.

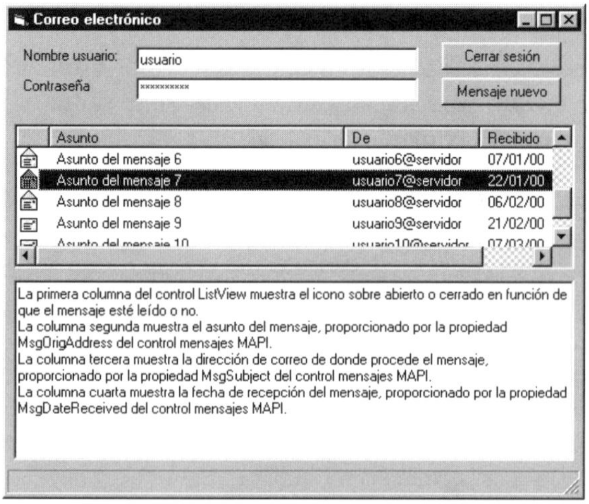

Establecer y finalizar una sesión MAPI

El control *sesión MAPI* (*MAPISession*) inicia o finaliza una sesión de mensajería.

Si la sesión se inicia con éxito, la propiedad **SessionID** contendrá el identificador para la sesión MAPI, el cual debe pasarse al control *mensajes MAPI* (*MAPIMessages*) o se producirá un error cuando se utilice dicho control. Para finalizar la sesión de mensajería debe utilizar también el control de *sesión MAPI.*

Como ejemplo, inicie un nuevo proyecto Visual Basic y coloque sobre el formulario los controles que se pueden observar en la figura siguiente. Hay que destacar que debe asignar a la propiedad **View** del control *ListView1* el valor *lvwReport* y a la propiedad **PasswordChar** de la caja de texto *txtContraseña* el valor "*". Guarde la aplicación y el formulario con el nombre *mail.*

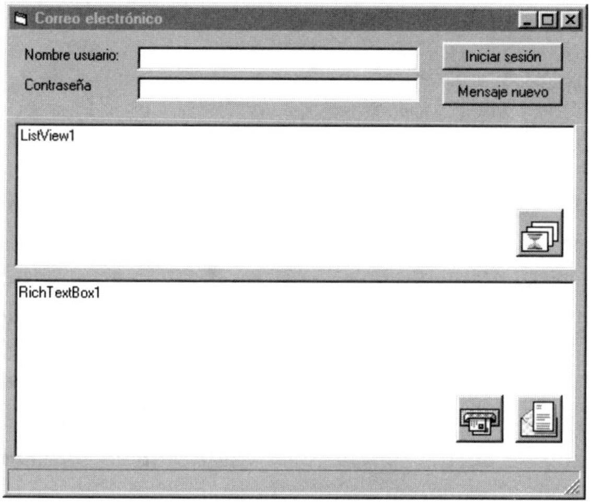

Una vez realizado el diseño, edite el controlador del evento **Resize** del formulario para que redimensione y recoloque los controles implicados cuando modifique el tamaño del formulario. Edite también el controlador del evento **Load** así:

```
Private Sub Form_Load()
  txtNombreUsuario.Text = ""
  txtContraseña.Text = ""
  MAPISession1.LogonUI = True
  StatusBar1.SimpleText = "Listo"
End Sub
```

La finalidad del botón *Iniciar sesión* es iniciar una sesión MAPI. Para ello, asocie a dicho botón el siguiente procedimiento:

```
Private Sub btIniciarMAPI_Click()
  If btIniciarMAPI.Caption = "Iniciar sesión" Then
    MAPISession1.UserName = txtNombreUsuario.Text
    MAPISession1.Password = txtContraseña.Text
    'Iniciar una sesión de mensajería
    MAPISession1.SignOn
    'Si no se inició, salir
    If MAPISession1.SessionID = 0 Then Exit Sub
    ' Asignar el identificador de la sesión al control de mensajes MAPI
    MAPIMessages1.SessionID = MAPISession1.SessionID
```

```
    ' Cambiar el título del botón e informar al usuario
    btIniciarMAPI.Caption = "Cerrar sesión"
    StatusBar1.SimpleText = "Se ha iniciado una sesión de mensajería"
    ' Cargar la lista de mensajes existentes en el buzón del usuario
    BuscarMensajes
  Else
    ListView1.ListItems.Clear
    MAPISession1.SignOff
    btIniciarMAPI.Caption = "Iniciar sesión"
    StatusBar1.SimpleText = "Se ha cerrado la sesión de mensajería"
  End If
End Sub
```

El método **SignOn** conecta al usuario de la cuenta especificada por las propiedades **UserName** y **Password**, y proporciona un controlador de sesión al subsistema de mensajería subyacente. El controlador de sesión se almacena en la propiedad **SessionID**. Dependiendo del valor de la propiedad **NewSession**, el controlador de sesión se puede referir a una sesión recién creada o a una existente.

La propiedad **UserName** contiene el nombre de la cuenta de usuario que da acceso al buzón de correo deseado. El valor predeterminado es una cadena vacía. Si **UserName** es una cadena vacía y la propiedad **LogonUI** es **True**, se mostrará un cuadro de diálogo similar al siguiente:

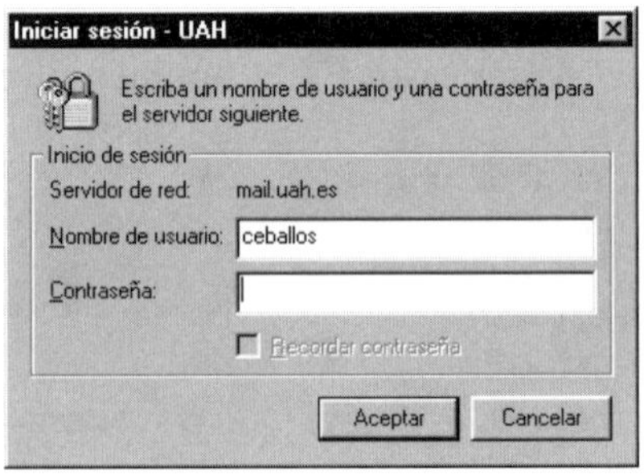

Cuando la conexión se haya establecido, se asigna el identificador de la sesión al control de mensajes MAPI *MAPIMessages1*, y se cambia el título del botón *btIniciarMAPI* para que la próxima vez que el usuario haga clic sobre él sea ejecutado el proceso que finaliza la sesión MAPI.

Para finalizar una sesión de mensajería y desconectar al usuario de la cuenta especificada por las propiedades **UserName** y **Password**, hay que invocar al método **SignOff**.

Mensajes MAPI

Después de haber establecido una sesión de mensajería y la propiedad **SessionID** del control *sesión MAPI* con el valor de la misma propiedad del control *mensajes MAPI*, es posible acceder al buzón de correo del usuario que realizó la conexión.

Con el control *mensajes MAPI* se puede:

- Acceder a los mensajes que están actualmente en la bandeja de entrada.
- Redactar un nuevo mensaje.
- Agregar y eliminar destinatarios de mensajes y datos adjuntos.
- Enviar mensajes.
- Guardar, copiar y eliminar mensajes.
- Mostrar la caja de diálogo *Libreta de direcciones*.
- Mostrar la caja de dialogo *Detalles*.
- Acceder a datos adjuntos, incluyendo datos adjuntos de vinculación e incrustación de objetos (OLE).
- Resolver el nombre de un destinatario durante el direccionamiento.
- Efectuar acciones de responder, responder a todos y reenviar mensajes.

Según lo anterior, las propiedades del control de mensajes se pueden clasificar en:

- Propiedades de libreta de direcciones
- Propiedades de ficheros de datos adjuntos (controladas por la propiedad **AttachmentIndex**)
- Propiedades de mensajes (controladas por la propiedad **MsgIndex**) y
- Propiedades de destinatarios (controladas por la propiedad **RecipIndex**).

Leer el buzón de correo del usuario es relativamente fácil. De este proceso se encargará el procedimiento *BuscarMensajes* invocado desde *btIniciarMAPI_Click* cada vez que se establece una sesión. *BuscarMensajes* tiene dos partes bien diferenciadas: invocar al método **Fetch** para recuperar los mensajes desde el servidor, y recuperar la información leído/no leído, asunto, dirección de origen y fecha de recepción de cada uno de los mensajes para mostrarla en un control *ListView*.

```
Private Sub BuscarMensajes()
  If MAPISession1.SessionID = 0 Then Exit Sub
  Dim icono As String, i As Integer, clave As String
  Dim elemento As ListItem
  'Obtener mensajes de la bandeja de entrada
```

```
  MAPIMessages1.Fetch
  'Obtener el texto de los mensajes 1 a MsgCount - 1
  For i = 0 To MAPIMessages1.MsgCount - 1
    'Mensaje de índice i
    MAPIMessages1.MsgIndex = i
    clave = "a" & CStr(i)
    icono = IIf(MAPIMessages1.MsgRead, "abierto", "cerrado")
    Set elemento = ListView1.ListItems.Add(, clave, "", , icono)
    elemento.SubItems(1) = MAPIMessages1.MsgSubject
    elemento.SubItems(2) = MAPIMessages1.MsgOrigAddress
    elemento.SubItems(3) = MAPIMessages1.MsgDateReceived
  Next i
End Sub
```

El número total de mensajes que hay en la bandeja de entrada viene dado por el valor de la propiedad **MsgCount**. Para seleccionar un mensaje específico de la bandeja de entrada asignamos a la propiedad **MsgIndex** del control el índice correspondiente al mismo. Una vez seleccionado un mensaje podemos acceder a la información del mismo utilizando las propiedades adecuadas (**MsgSubject** devuelve el asunto, **MsgOrigAddress** devuelve la dirección de origen, **MsgDateReceived** devuelve la fecha de recepción, **MsgNoteText** devuelve el texto del mensaje, etc.).

El conjunto de mensajes obtenido incluye todos los mensajes de la bandeja de entrada del tipo especificado por la propiedad **FetchMsgType**; el valor predeterminado de esta propiedad es una cadena nula, especificando un tipo de mensaje, generalmente, IPM (*interpersonal message*: mensaje recibido por una persona en vez de por un proceso). La disponibilidad de otros tipos de mensajes además de IPM depende de su sistema de correo.

Los mensajes se ordenan según se especifica en la propiedad **FetchSorted**. Cuando el valor de esta propiedad es **False** (valor predeterminado), los mensajes se agregan en el orden especificado en la bandeja de entrada del usuario; y cuando es **True**, se agregan en el orden en el que se reciben. Si la propiedad **FetchUnreadOnly** vale **True**, sólo se incluirán los mensajes no leídos.

Una vez obtenida la lista de mensajes, lo que queremos es mostrar en el control *RichTextBox1* el texto del mensaje que el usuario seleccione de esa lista. Para ello, escriba el controlador para el evento **Click** del control *ListView1* como se puede observar a continuación. Para ello, es suficiente con obtener el índice correspondiente al mensaje de la clave del elemento seleccionado de la lista (observe en el procedimiento anterior, que este valor se utilizó para formar la clave de cada uno de los elementos añadidos a la lista), asignárselo a la propiedad **MsgIndex** y obtener el texto del mensaje proporcionado por **MsgNoteText**.

```
Private Sub ListView1_ItemClick(ByVal Item As MSComctlLib.ListItem)
  MAPIMessages1.MsgIndex = Right(Item.Key, Len(Item.Key) - 1)
  RichTextBox1.Text = MAPIMessages1.MsgNoteText & vbCrLf
End Sub
```

Para permitir al usuario visualizar un mensaje de la lista haciendo doble clic sobre él y tener al mismo tiempo la posibilidad de enviarlo al portapapeles para insertarlo en otro documento, escriba el controlador que responda al evento doble clic (**DblClick**) del control *RichTextBox1*:

```
Private Sub RichTextBox1_DblClick()
  Dim vr As Long
  vr = MsgBox("Quiere enviarlo al portapapeles", vbYesNo)
  If vr = vbYes Then
    'Colocar el texto en el portapapeles
    Clipboard.SetText RichTextBox1.Text
  End If
End Sub
```

Para redactar un mensaje y enviarlo, el usuario pulsará el botón *Nuevo mensaje*. Por lo tanto, el controlador que responda al evento **Click** de este botón invocará al método **Compose** para redactar el mensaje y después al método **Send** para enviarlo. Redactar un mensaje implica especificar la dirección de correo del destinatario, el tema y el texto del mensaje.

```
Private Sub btNuevoMensaje_Click()
  If MAPISession1.SessionID = 0 Then Exit Sub
  'Redactar un mensaje
  MAPIMessages1.Compose
  'Enviar el mensaje
  MAPIMessages1.Send True
End Sub
```

El método **Compose** borra todos los componentes que hay en el *buffer* de redacción y establece la propiedad **MsgIndex** a -1.

El método **Send** con el argumento **True** le pide al usuario el mensaje a través de una caja de diálogo y se lo entrega al servidor de correo para su reparto. En cambio, si el argumento del método **Send** es **False**, entonces entrega el mensaje de salida al servidor de correo sin presentar una caja de diálogo. En este caso, debe especificar el destinatario y la ruta de acceso a los datos adjuntos, si los hubiere; de lo contrario, cuando intente enviar el mensaje, se producirá un error.

La siguiente figura muestra la caja de diálogo que se visualizaría al ejecutar el método **Send**, si tiene instalado el cliente de correo *Microsoft Outlook Express*.

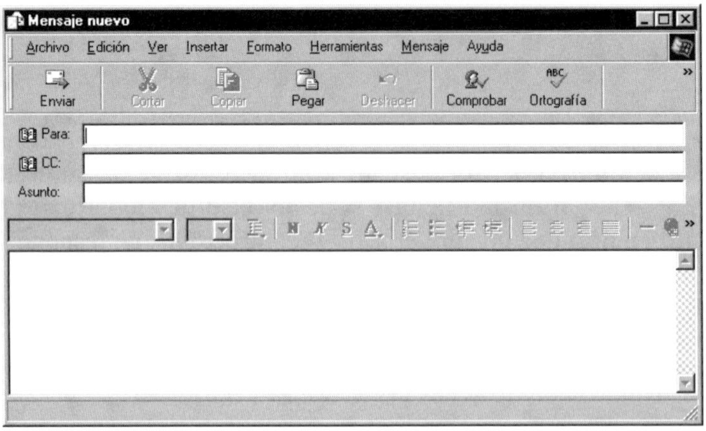

Al utilizar el control de mensajes, es necesario tener presente que hay dos *buffers*: el de *redacción* y el de *lectura*. El *buffer* de lectura está constituido por un conjunto indexado de mensajes que han sido traídos desde la bandeja de entrada del usuario, y el *buffer* de redacción permite crear o editar mensajes; éste se activa cuando la propiedad **MsgIndex** se establece a - 1.

Muchas de las acciones de mensajería son válidas solamente dentro del *buffer* de redacción, tales como el envío de mensajes, el resguardo de mensajes o la eliminación de mensajes, destinatarios y datos adjuntos.

Finalmente para asegurarnos de que la sesión de mensajería queda finalizada al cerrar la aplicación, escriba el siguiente procedimiento:

```
Private Sub Form_Unload(Cancel As Integer)
  'Cerrar la sesión
  On Error Resume Next 'por si ya estuviera cerrada
  MAPISession1.SignOff
End Sub
```

Utilizar MAPI en una aplicación

Lo expuesto hasta ahora simplemente muestra las posibilidades que proporcionan los controles MAPI. Pero el ejemplo expuesto, aunque es didáctico, no se ajusta a la práctica, ya que se trata de un cliente de correo que a su vez utiliza el cliente de correo predeterminado en nuestro sistema (por ejemplo *Outlook Express*).

No obstante, ahora ya sabe lo suficiente como para añadir a cualquier aplicación Visual Basic la posibilidad de crear y enviar un mensaje; por ejemplo, de los resultados generados por la misma. Si observa el menú *Archivo* de *Microsoft Word* o bien de *Microsoft Excel* comprobará que disponen de una orden *Enviar* que le brinda la posibilidad de enviar el documento actual; a esta funcionalidad es a la que nos referimos.

Como ejemplo, vamos a añadir al proyecto *ftp* que desarrollamos anteriormente la posibilidad de enviar por correo el fichero descargado del servidor de Internet seleccionado. Para ello, cargue el proyecto y añada al formulario los controles MAPI y un botón *btEnviar*. Después escriba el controlador para el evento **Click** de este botón como se puede observar a continuación:

```
Private Sub btEnviar_Click()
  On Error GoTo RutinaError
  Dim ElementoLista As ListItem

  ' Si el control Inet está ocupado, no realizar otra conexión
  If Inet1.StillExecuting = True Then Exit Sub

  ' Obtener el elemento seleccionado
  Set ElementoLista = clvLista.SelectedItem

  ' Si se trata de un directorio...
  If ElementoLista.Index = 1 Or _
     ElementoLista.SubItems(1) = "" Then
    MsgBox "Debe seleccionar el fichero a enviar"
  Else ' se trata de un fichero; enviarlo
    If MsgBox("¿Desea enviar el fichero?", 20) = vbYes Then
      ' Descargar el fichero
      Inet1.Execute , "GET " & ElementoLista.Text & _
                    " c:\temp\" & ElementoLista.Text
      MAPISession1.SignOn
      MAPIMessages1.SessionID = MAPISession1.SessionID
      MAPIMessages1.Compose
      MAPIMessages1.MsgSubject = ElementoLista.Text
      MAPIMessages1.AttachmentName = ElementoLista.Text
      MAPIMessages1.AttachmentPathName = "c:\temp\" & _
                                         ElementoLista.Text
      MAPIMessages1.Send True
      MAPISession1.SignOff
    End If
  End If
  Exit Sub

RutinaError:
  stbEstado.SimpleText = "No se puede realizar la conexión"
End Sub
```

El primer paso en este proceso es descargar el fichero y guardarlo en el disco. después se establece una sesión MAPI y se asigna el identificador de sesión a la propiedad **SessionID** del control de mensajes MAPI. A continuación se invoca al método **Compose** para crear un nuevo mensaje; esto implica especificar el tema, propiedad **MsgSubject**, y adjuntar el fichero a enviar (propiedades **Attachment-Name** y **AttachmentPathName**). Establecidas las propiedades indicadas, se invoca al método **Send** de *MAPIMessages1* con el argumento **True** para que visualice un diálogo que permita seleccionar o escribir la dirección de correo del destinatario al que se desea enviar el mensaje. Finalmente, se invoca al método **SignOff** de *MAPISession1* para cerrar la sesión de mensajería.

PARTE 7

Apéndices

- Códigos de caracteres
- Índice alfabético

APÉNDICE A

CÓDIGOS DE CARACTERES

UTILIZACIÓN DE CARACTERES ANSI CON WINDOWS

Una tabla de códigos es un juego de caracteres donde cada uno tiene asignado un número utilizado para su representación interna. Visual Basic utiliza UNICODE para almacenar y manipular cadenas, pero otros programas, como la API de Windows 9x, utilizan ANSI.

UNICODE es un juego de caracteres en el que se emplean 2 bytes (16 bits) para representar cada carácter. Esto permite la representación de cualquier carácter en cualquier lenguaje escrito en el mundo, incluyendo los símbolos del chino, japonés o coreano. Mientras que UNICODE es totalmente compatible con Windows NT, no sucede lo mismo con Windows 9x.

ANSI (*American National Standards Institute*) es el juego de caracteres estándar más utilizado por los equipos personales. Como el estándar ANSI sólo utiliza un byte para representar un carácter, está limitado a un máximo de 256 caracteres. Aunque es adecuado para el inglés, no acepta totalmente muchos otros idiomas. Para escribir un carácter ANSI que no esté en el teclado:

1. Localice en la tabla que se muestra en la página siguiente el carácter ANSI que necesite y observe su código numérico.
2. Pulse la tecla *Bloq Núm* (Num Lock) para activar el teclado numérico.
3. Mantenga pulsada la tecla *Alt* y utilice el teclado numérico para pulsar el 0 y a continuación las teclas correspondientes al código del carácter.

Por ejemplo, para escribir el carácter ± en el entorno Windows, mantenga pulsada la tecla *Alt* mientras escribe 0177 en el teclado numérico.

JUEGO DE CARACTERES ANSI

DEC	CAR	DEC	CAR	DEC	CAR	DEC	CAR
33	!	89	Y	146	'	202	Ê
34	"	90	Z	147	``	203	Ë
35	#	91	[	148	"	204	Ì
36	$	92	\	149	o	205	Í
37	%	93	]	150	–	206	Î
38	&	94	^	151	—	207	Ï
39	'	96	`	152	▒	208	Ð
40	(	97	a	153	▒	209	Ñ
41	)	98	b	154	▒	210	Ò
42	*	99	c	155	▒	211	Ó
43	+	100	d	156	▒	212	Ô
44	,	101	e	157	▒	213	Õ
45	-	102	f	157	▒	214	Ö
46	.	103	g	159	▒	215	×
47	/	104	h	160		216	Ø
48	0	105	i	161	¡	217	Ù
49	1	106	j	162	¢	218	Ú
50	2	107	k	163	£	219	Û
51	3	108	l	164	¤	220	Ü
52	4	109	m	165	¥	221	Ý
53	5	110	n	166	¦	222	Þ
54	6	111	o	167	§	223	ß
55	7	112	p	168	¨	224	à
56	8	113	q	169	©	225	á
57	9	114	r	170	ª	226	â
58	:	115	s	171	«	227	ã
59	;	116	t	172	¬	228	ä
60	<	117	u	173	-	229	å
61	=	118	v	174	®	230	æ
62	>	119	w	175	¯	231	ç
63	?	120	x	176	°	232	è
64	@	121	y	177	±	233	é
65	A	122	z	178	²	234	ê
66	B	123	{	179	³	235	ë
67	C	124	|	180	´	236	ì
68	D	125	}	181	µ	237	í
69	E	126	~	182	¶	238	î
70	F	127	▒	183	·	239	ï
71	G	128	▒	184	¸	240	ð
72	H	129	▒	185	¹	241	ñ
73	I	130	▒	186	º	242	ò
74	J	131	▒	187	»	243	ó
75	K	132	▒	188	¼	244	ô
76	L	133	▒	189	½	245	õ
77	M	134	▒	190	¾	246	ö
78	N	135	▒	191	¿	247	÷
79	O	136	▒	192	À	248	ø
80	P	137	▒	193	Á	249	ù
81	Q	138	▒	194	Â	250	ú
82	R	139	▒	195	Ã	251	û
83	S	140	▒	196	Ä	252	ü
84	T	141	▒	197	Å	253	ý
85	U	142	▒	198	Æ	254	þ
86	V	143	▒	199	Ç	255	ÿ
87	W	144	▒	200	È		
88	X	145	`	201	É		

UTILIZACIÓN DE CARACTERES ASCII

En MS-DOS y fuera del entorno Windows se utiliza el juego de caracteres ASCII. Para escribir un carácter ASCII que no esté en el teclado:

1. Busque el carácter en la tabla de códigos que coincida con la tabla activa. Utilice la orden **chcp** para saber qué tabla de códigos está activa.
2. Mantenga pulsada la tecla *Alt* y utilice el teclado numérico para pulsar las teclas correspondientes al número del carácter que desee.

Por ejemplo, si está utilizando la tabla de códigos 850, para escribir el carácter π mantenga pulsada la tecla *Alt* mientras escribe 227 en el teclado numérico.

JUEGO DE CARACTERES ASCII

VALOR DECIMAL	VALOR HEXA-DECIMAL	CONTROL CARACT.	CARACT.	VALOR DECIMAL	VALOR HEXA-DECIMAL	CARACT.	VALOR DECIMAL	VALOR HEXA-DECIMAL	CARACT.	VALOR DECIMAL	VALOR HEXA-DECIMAL	CARACT.	VALOR DECIMAL	VALOR HEXA-DECIMAL	CARACT.	VALOR DECIMAL	VALOR HEXA-DECIMAL	CARACT.
000	00	NUL		043	2B	+	086	56	V	129	81	ü	172	AC	¼	215	D7	╫
001	01	SOH	☺	044	2C	,	087	57	W	130	82	é	173	AD	¡	216	D8	╪
002	02	STX	☻	045	2D	-	088	58	X	131	83	â	174	AE	«	217	D9	┘
003	03	ETX	♥	046	2E	.	089	59	Y	132	84	ä	175	AF	»	218	DA	┌
004	04	EOT	♦	047	2F	/	090	5A	Z	133	85	à	176	B0	░	219	DB	█
005	05	ENQ	♣	048	30	0	091	5B	[	134	86	å	177	B1	▒	220	DC	▄
006	06	ACK	♠	049	31	1	092	5C	\	135	87	ç	178	B2	▓	221	DD	▌
007	07	BEL	•	050	32	2	093	5D	]	136	88	ê	179	B3	│	222	DE	▐
008	08	BS	◘	051	33	3	094	5E	∧	137	89	ë	180	B4	┤	223	DF	▀
009	09	HT	○	052	34	4	095	5F	_	138	8A	è	181	B5	╡	224	E0	α
010	0A	LF	◙	053	35	5	096	60	`	139	8B	ï	182	B6	╢	225	E1	ß
011	0B	VT	♂	054	36	6	097	61	a	140	8C	î	183	B7	╖	226	E2	Γ
012	0C	FF	♀	055	37	7	098	62	b	141	8D	ì	184	B8	╕	227	E3	π
013	0D	CR	♪	056	38	8	099	63	c	142	8E	Ä	185	B9	╣	228	E4	Σ
014	0E	SO	♫	057	39	9	100	64	d	143	8F	Å	186	BA	║	229	E5	σ
015	0F	SI	☼	058	3A	:	101	65	e	144	90	É	187	BB	╗	230	E6	µ
016	10	DLE	►	059	3B	;	102	66	f	145	91	æ	188	BC	╝	231	E7	τ
017	11	DC1	◄	060	3C	<	103	67	g	146	92	Æ	189	BD	╜	232	E8	Φ
018	12	DC2	↕	061	3D	=	104	68	h	147	93	ô	190	BE	╛	233	E9	Θ
019	13	DC3	‼	062	3E	>	105	69	i	148	94	ö	191	BF	┐	234	EA	Ω
020	14	DC4	¶	063	3F	?	106	6A	j	149	95	ò	192	C0	└	235	EB	δ
021	15	NAK	§	064	40	@	107	6B	k	150	96	û	193	C1	┴	236	EC	∞
022	16	SYN	▬	065	41	A	108	6C	l	151	97	ù	194	C2	┬	237	ED	∅
023	17	ETB	↨	066	42	B	109	6D	m	152	98	ÿ	195	C3	├	238	EE	∈
024	18	CAN	↑	067	43	C	110	6E	n	153	99	Ö	196	C4	─	239	EF	∩
025	19	EM	↓	068	44	D	111	6F	o	154	9A	Ü	197	C5	┼	240	F0	≡
026	1A	SUB	→	069	45	E	112	70	p	155	9B	¢	198	C6	╞	241	F1	±
027	1B	ESC	←	070	46	F	113	71	q	156	9C	£	199	C7	╟	242	F2	≥
028	1C	FS	∟	071	47	G	114	72	r	157	9D	¥	200	C8	╚	243	F3	≤
029	1D	GS	↔	072	48	H	115	73	s	158	9E	Pt	201	C9	╔	244	F4	⌠
030	1E	RS	▲	073	49	I	116	74	t	159	9F	ƒ	202	CA	╩	245	F5	⌡
031	1F	US	▼	074	4A	J	117	75	u	160	A0	á	203	CB	╦	246	F6	÷
032	20	SP	Space	075	4B	K	118	76	v	161	A1	í	204	CC	╠	247	F7	≈
033	21		!	076	4C	L	119	77	w	162	A2	ó	205	CD	═	248	F8	°
034	22		"	077	4D	M	120	78	x	163	A3	ú	206	CE	╬	249	F9	•
035	23		#	078	4E	N	121	79	y	164	A4	ñ	207	CF	╧	250	FA	·
036	24		$	079	4F	O	122	7A	z	165	A5	Ñ	208	D0	╨	251	FB	√
037	25		%	080	50	P	123	7B	{	166	A6	ª	209	D1	╤	252	FC	ⁿ
038	26		&	081	51	Q	124	7C	¦	167	A7	º	210	D2	╥	253	FD	²
039	27		'	082	52	R	125	7D	}	168	A8	¿	211	D3	╙	254	FE	■
040	28		(	083	53	S	126	7E	~	169	A9	⌐	212	D4	╘	255	FF	
041	29		)	084	54	T	127	7F	⌂	170	AA	¬	213	D5	╒			
042	2A		*	085	55	U	128	80	Ç	171	AB	½	214	D6	╓			

CÓDIGOS EXTENDIDOS

Segundo código	Significado
3	NUL (null character)
15	Shift Tab (—< + +)
16-25	Alt-Q/W/E/R/T/Y/U/I/O/P
30-38	Alt-A/S/D/F/G/H/I/J/K/L
44-50	Alt-Z/X/C/V/B/N/M
59-68	Keys F1-F10 (disabled as softkeys)
71	Home
72	Up arrow
73	PgUp
75	Left arrow
77	Right arrow
79	End
80	Down arrow
81	PgDn
82	Ins
83	Del
84-93	F11-F20 (Shift-F1 to Shift-F10)
94-103	F21-F30 (Ctrl-F1 through F10)
104-113	F31-F40 (Alt-F1 through F10)
114	Ctrl-PrtSc
115	Ctrl-Left arrow
116	Ctrl-Right arrow
117	Ctrl-End
118	Ctrl-PgDn
119	Ctrl-Home
120-131	Alt-1/2/3/4/5/6/7/8/9/0/—/=
132	Ctrl-PgUp
133	F11
134	F12
135	Shift-F11
136	Shift-F12
137	Ctrl-F11
138	Ctrl-F12
139	Alt-F11
140	Alt-F12

CÓDIGOS DEL TECLADO

Tecla	Código en Hex	Tecla	Código en Hex
Esc	01	Left/Right orrow	0F
!1	02	Q	10
@2	03	W	11
#3	04	E	12
$4	05	R	13
%5	06	T	14
^6	07	Y	15
&7	08	U	16
*8	09	I	17
(9	0A	O	18
)0	0B	P	19
_-	0C	{[	1A
+ =	0D	}]	1B
Backspace	0E	Enter	1C
Ctrl	1D	¦\	2B
A	1E	Z	2C
S	1F	X	2D
D	20	C	2E
F	21	V	2F
G	22	B	30
H	23	N	31
J	24	M	32
K	25	<,	33
L	26	>.	34
:;	27	?/	35
‘‘ ’	28	RightShift	36
~ ’	29	PrtScr*	37
LeftShift	2A	Alt	38
Spacebar	39	7Home	47
Caps Lock	3A	8Up arrow	48
F1	3B	9PgUp	49
F2	3C	—	4A
F3	3D	4Left arrow	4B
F4	3E	5	4C
F5	3F	6Right arrow	4D
F6	40	+	4E
F7	41	1End	4F
F8	42	2Down arrow	50
F9	43	3PgDn	51
F10	44	0Ins	52
F11	D9	Del	53
F12	DA		
Num Lock	45		
Scroll Lock	46		

APÉNDICE B

ÍNDICE

B

C

D

E

F

G

H

P

W

X

Z

NOTAS

NOTAS

NOTAS

Del mismo autor

- Curso de programación con **PASCAL** — ISBN: 84-86381-36-3, 224 páginas
- Curso de programación **GW BASIC/BASICA** — ISBN: 84-86381-87-8, 320 páginas
- Manual para **TURBO BASIC** Guía del programador — ISBN: 84-86381-43-6, 444 páginas
- Manual para **Quick C 2** Guía del programador — ISBN: 84-86381-65-7, 540 páginas
- Manual para **Quick BASIC 4.5** Guía del programador — ISBN: 84-86381-74-6, 496 páginas
- Curso de programación **Microsoft COBOL** — ISBN: 84-7897-001-0, 480 páginas
- Enciclopedia del lenguaje **C** — ISBN: 84-7897-053-3, 888 páginas
- Curso de programación **QBASIC y MS-DOS 5** — ISBN: 84-7897-059-2, 384 páginas

- Curso de programación **RM/COBOL-85** — ISBN: 84-7897-070-3, 396 páginas
- El abecé de **MS-DOS 6** — ISBN: 84-7897-114-9, 224 páginas
- Microsoft **Visual C ++** (ver. 1.5x de 16 bits) Aplicaciones para Windows — ISBN: 84-7897-180-7, 846 páginas+2 disquetes
- Curso de programación **C/C ++** — ISBN: 84-7897-200-5, 560 páginas+disquete
- Programación orientada a objetos **con C ++** (2ª edición) — ISBN: 84-7897-268-4, 704 páginas+disquete
- Microsoft **Visual C++** Programación avanzada en Win32 — ISBN: 84-7897-344-3, 888 páginas+CD ROM
- Microsoft **Visual C++** Aplicaciones para Win32 (2.ª edición) — ISBN: 84-7897-350-8, 792 páginas+disquete
- **Visual Basic** Curso de programación (2.ª edición) — ISBN: 84-7897-357-5, 528 páginas+disquete
- Enciclopedia de Microsoft **Visual Basic 6** — ISBN: 84-7897-386-9, 1.072 páginas+CD-ROM

Catálogo Gratuito

Si está usted conectado a **Internet** puede consultar nuestro catálogo completo y totalmente actualizado en: ***http://www.ra-ma.es***, si no, envíe por correo o fax (número: *España* 91 381 03 72, *Internacional* 34-91 381 03 72) este cupón y se lo remitiremos a su domicilio.

NOMBRE ______________________________

EMPRESA ______________________________

DIRECCIÓN (*) E: ☐ *P:* ☐ ______________________________

CIUDAD ______________________________

CÓDIGO POSTAL ______________ *PROVINCIA* ______________

TELÉFONO ______________ *FAX* ______________ *E-mail* ______________

(*) E: EMPRESA P: PARTICULAR

Autorizo a que estos datos sean introducidos en la base de datos confidencial de RA-MA para recibir futuras informaciones: Sí ☐ No ☐

Título del libro adquirido:

Enciclopedia de Microsoft® Visual Basic™ 6

¿Qué opinión general le merece?

______Excelente ______Bueno ______Regular ______Flojo

¿Por qué escogió este libro?

______Lo consulté en Internet
______Me lo recomendó un amigo
______Me lo recomendó un dependiente de librería
______Vi publicidad suya en ______________________
______Por la reputación del Autor
______Por la reputación de Ra-Ma
______Lo vi en un catálogo de Ra-Ma
______Por necesidad laboral o de estudios
______Leí una crítica suya en ______________________
______Lo vi expuesto en librería ______Grandes superficies
______Otros: ______________________

¿Dónde compró este libro?

______Librería ______Librería Grandes Superficies
______Tienda de productos informáticos
______Por catálogo (Nombre: ______________________)
______Directamente en Ra-Ma
______Otros: ______________________

¿Compró este libro con cargo a?

______Presupuesto Particular ______Presupuesto de Empresa

¿Cuántos libros sobre informática compra al año?

______1-3 ______3-5 ______5-7 ______7-9 ______más de 10

¿Cuántos libros de Ra-Ma ha comprado?

______1-3 ______3-5 ______5-7 ______7-9 ______más de 10

Indique el nivel de conocimientos informáticos que ha cubierto con este libro:

______Principiante ______Medio ______Avanzado

¿Con qué clase de ordenador trabaja?

______Apple Mac ______IBM-PC o compatible ______Otros

¿Qué tipo de programas informáticos utiliza con asiduidad?

______Animación
______Autoedición
______Bases de datos
______Comunicaciones
______Contabilidad
______Diseño gráfico
______Entornos CAD/CAM
______Entornos integrados/Automatización de oficinas
______Entretenimientos/Videojuegos
______Gestión económica
______Herramientas de desarrollo
______Hojas de cálculo
______Idiomas
______Infografía
______Lenguajes o técnicas de programación
______Multimedia
______Procesadores de texto
______Redes
______Sistemas operativos
______Software científico (programas estadísticos, matemáticos, etc.)
______Utilidades en general
______Otros: ______________________________

¿Dónde situaría su actividad laboral?

______Administración/Secretariado
______Dirección
______Gestión/Supervisión
______Ingeniero/Técnico
______Presidencia
______Universidad
______Otros: ______________________________

Especifique los pros y contras que ha encontrado a este libro: ______________________________

____

____

____

RA-MA Editorial
Carretera de Canillas, 144
28043 MADRID
ESPAÑA

ra-ma